Die Frankfurter Seminare Theodor W. Adornos
Band 3

Die Frankfurter Seminare Theodor W. Adornos

Gesammelte Sitzungsprotokolle 1949–1969

Herausgegeben von Dirk Braunstein

Band 3

Sommersemester 1961 – Wintersemester 1963/64

Herausgegeben von Dirk Braunstein

unter Mitwirkung von
Nico Bobka, Maischa Gelhard, Jessica Lütgens,
Hannes Weidmann, Lena Welling und Marcel Woznica

DE GRUYTER

ISBN 978-3-11-111028-8
e-ISBN (PDF) 978-3-11-072280-2
e-ISBN (EPUB) 978-3-11-072297-0

Library of Congress Control Number: 2020952381

Bibliografische Information der Deutschen Nationalbibliothek
Die Deutsche Nationalbibliothek verzeichnet diese Publikation in der Deutschen Nationalbibliografie; detaillierte bibliografische Daten sind im Internet über http://dnb.dnb.de abrufbar.

© 2022 Walter de Gruyter GmbH, Berlin/Boston
Dieser Band ist text- und seitenidentisch mit der 2021 erschienenen gebundenen Ausgabe.
Druck und Bindung: CPI books GmbH, Leck

www.degruyter.com

Inhalt

Editorische Richtlinien —— 1
        Textgestalt —— 1
        Anmerkungsapparat —— 4

Siglenverzeichnis —— 6

Protokolle

Sommersemester 1961: Idealismus und Materialismus —— 19
250	Brigitte Benecke, 18. Mai 1961 ——	**20**
251	Hartmut Wolf, 8. Juni 1961 ——	**24**
252	Gertraude Menzel, 15. Juni 1961 ——	**30**
253	Jutta Thomae, 22. Juni 1961 ——	**35**
254	Kurt Jürgen Huch, 29. Juni 1961 ——	**38**
255	Günther Zehm, 6. Juli 1961 ——	**43**
256	Jericho, 13. Juli 1961 ——	**50**
257	Gunter Wegeleben, 20. Juli 1961 ——	**53**
258	Willi Lautemann, 27. Juli 1961 ——	**56**

Sommersemester 1961: Probleme der qualitativen Analyse —— 63
259	Klaus Horn, 9. Mai 1961 ——	**64**
260	Sigrid Pesel, 16. Mai 1961 ——	**66**
261	Imme Wolff, 30. Mai 1961 ——	**68**
262	Nils Lindquist, 6. Juni 1961 ——	**73**
263	Klaus Döll, 13. Juni 1961 ——	**80**
264	Irmela Nitz, 20. Juni 1961 ——	**86**
265	Hans von Loesch, 27. Juni 1961 ——	**89**
266	Hilmar Tillack, 4. Juli 1961 ——	**92**
267	Margarete Lorenz, 11. Juli 1961 ——	**100**
268	Evelies Magnus, 18. Juli 1961 ——	**110**

Wintersemester 1961/62: Hegel, »Phänomenologie des Geistes«, Das absolute Wissen —— 122
269	Hartmut Wolf, 9. November 1961 ——	**123**
270	Kretschmer, 16. November 1961 ——	**132**
271	Arend Kulenkampff, 23. November 1961 ——	**139**

272   Willi Lautemann, 30. November 1961 —— **145**
273   Thomas Leithäuser, 7. Dezember 1961 —— **152**
274   Heinz Lüdde, 14. Dezember 1961 —— **154**
275   Claus Cebulla, 11. Januar 1962 —— **159**
276   Siegfried Bartels, 18. Januar 1962 —— **163**
277   Helmut Schanze, 25. Januar 1962 —— **166**
278   Hella Trost, 1. Februar 1962 —— **172**
279   Helga Jung, 8. Februar 1962 —— **176**
280   Konrad Blumenstock, 15. Februar 1962 —— **183**
281   Gunter Wegeleben, 22. Februar 1962 —— **190**

Wintersemester 1961/62: Musiksoziologie:
Vorlesung mit anschließenden Besprechungen —— 197
282   Klaus Horn, 14. November 1961 —— **198**
283   Margot Dolls, 21. November 1961 —— **202**
284   Fokko Cramer, 28. November 1961 —— **206**
285   Elken Lindquist, 5. Dezember 1961 —— **209**
286   Klaus Döll, 12. Dezember 1961 —— **213**
287   Ulrich Beyer, 19. Dezember 1961 —— **217**
288   Eberhard Drake, 9. Januar 1962 —— **221**
289   J. Jakob, 16. Januar 1962 —— **225**
290   Regina Schmidt, 23. Januar 1962 —— **228**
291   Werner Matthes, 30. Januar 1962 —— **233**
292   Hilmar Tillack, 6. Februar 1962 —— **245**
293   Irmela Nitz, 13. Februar 1962 —— **254**
294   Horst Petri, 20. Februar 1962 —— **257**

Sommersemester 1962: Hegel, Subjektive Logik —— 261
295   Peter Schafmeister, 10. Mai 1962 —— **262**
296   Niels Sewig, 17. Mai 1962 —— **269**
297   Heinrich Jost, 24. Mai 1962 —— **272**
298   Willi Lautemann, 7. Juni 1962 —— **277**
299   Siegfried Reck, 28. Juni 1962 —— **284**
300   Manfred Schlichting, 5. Juli 1962 —— **290**
301   Arend Kulenkampff, 12. Juli 1962 —— **293**
302   Thomas Leithäuser, 19. Juli 1962 —— **301**
303   Konrad Blumenstock, 26. Juli 1962 —— **305**

Sommersemester 1962: Soziologische Grundbegriffe [I] —— 308
304   Dietrich Urbach, 8. Mai 1962 —— **309**

305	Rüdeger Baumann, 15. Mai 1962	**317**
306	Christian Glaß, 22. Mai 1961	**324**
307	Elken Lindquist, 29. Mai 1962	**329**
308	Gisela Junghölter, 5. Juni 1962	**337**
309	Klaus Neubeck, 19. Juni 1962	**344**
310	Edgar Weick, 26. Juni 1962	**353**
311	Helga Fischer, 3. Juli 1962	**359**

Wintersemester 1962/63: Hegel, »Differenz des Fichteschen und Schellingschen Systems der Philosophie« —— 367

312	Gudrun Mohr, 8. November 1962	**368**
313	Gisela von Wysocki, 15. November 1962	**372**
314	Ulrich Rödel, 22. November 1962	**376**
315	Wolfgang Gutfleisch, 29. November 1962	**380**
316	Gunter Wegeleben, 6. Dezember 1962	**385**
317	Heinz Füg, 13. Dezember 1962	**392**
318	Inge Müller-Liebsch, 20. Dezember 1962	**398**
319	Klaus Barck, 10. Januar 1963	**405**
320	Hella Trost, 24. Januar 1963	**410**
321	Heinrich Jost, 31. Januar 1963	**414**
322	Bernhard Heuer, 7. Februar 1963	**417**
323	Gisbert Lepper, 14. Februar 1963	**424**
324	Leo Derrik, 21. Februar 1963	**430**

Wintersemester 1962/63: Soziologische Grundbegriffe II —— 435

325	Richard Herding, 6. November 1962	**436**
326	Edgar Balzter, 13. November 1962	**445**
327	Klaus Rolshausen, 27. November 1962	**451**
328	Klaus Körber, 4. Dezember 1962	**456**
329	Dietrich Fischer, 11. Dezember 1962	**459**
330	Klaus Voelkel, 18. Dezember 1962	**465**
331	Irmgard Lüter, 8. und 15. Januar 1963	**470**
332	Manfred Clemenz, 22. Januar 1963	**480**
333	Otmar Preus, 5. Februar 1963	**486**
334	Barbara Motika, 12. Februar 1963	**491**
335	Elken Lindquist, 19. Februar 1963	**495**

Sommersemester 1963: Kant, »Kritik der reinen Vernunft« —— 499

336	Bernhard Rang, 9. Mai 1963	**500**
337	Martin Puder, 16. Mai 1963	**506**

338   Günther Mensching, 30. Mai 1963 —— **513**

Sommersemester 1963: Begriff der soziologischen Theorie —— 519
339   Manfred Clemenz, 7. Mai 1963 —— **520**
340   Günter Wegeleben, 14. Mai 1963 —— **524**
341   Berndt-Schröter, 21. Mai 1963 —— **531**
342   U. Raible, 28. Mai 1963 —— **535**
343   Ulrich Beyer, 18. Juni 1963 —— **540**
344   Helmut Dahmer, 2. Juli 1963 —— **544**
345   Werner Brede, 9. Juli 1963 —— **550**
346   Jost von Maydell, 16. Juli 1963 —— **555**
347   Elisabeth Kloss, 23. Juli 1963 —— **560**

Wintersemester 1963/64: Hegel —— 566
348   Manfred Schlichting, 14. November 1963 —— **567**
349   Hans-Joachim Giegel, 21. November 1963 —— **571**
350   Klaus Barck, 28. November 1963 —— **576**
351   Ulrich Beyer, 5. Dezember 1963 —— **580**
352   Heinz Füg, 12. Dezember 1963 —— **585**
353   Axel Althaus, 19. Dezember 1963 —— **591**
354   Helga Pesel, 9. Januar 1964 —— **595**
355   Friedhelm Herborth, 16. Januar 1964 —— **600**
356   Hanns-Helge Schneider, 23. Januar 1964 —— **604**
357   Jeremy J. Shapiro, 30. Januar 1964 —— **609**
358   Günther Mensching, 6. Februar 1964 —— **613**
359   Heinz Lüdde, 13. Februar 1964 —— **619**

Wintersemester 1963/64: Besprechung ausgewählter Kapitel aus Max Webers »Wirtschaft und Gesellschaft« —— 622
360   Manfred Bretz, 12. November 1963 —— **623**
361   Werner Brede, 19. November 1963 —— **630**
362   Wolfgang Holler, 3. Dezember 1963 —— **633**
363   Jens Jahnke, 10. Dezember 1963 —— **639**
364   Edgar Balzter, 17. Dezember 1963 —— **642**
365   Jens Jahnke, 7. Januar 1964 —— **648**
366   Gerti Fey, 14. Januar 1964 —— **650**
367   Elizabeth Chempolil Koshy, 21. Januar 1964 —— **662**
368   Uta Lindgren, 28. Januar 1964 —— **668**
369   Hans-Volker Hacker, 4. Februar 1964 —— **674**
370   Gundula Kordatzki, 18. Februar 1964 —— **677**

371   Heinz Dieter Jaenicke, 25. Februar 1964 —— **689**

Personenverzeichnis —— **698**

Editorische Richtlinien

Textgestalt

Insofern die Sitzungsprotokolle dazu dienten, innerhalb des Seminars verlesen zu werden, hatte der Herausgeber, um sie Dekaden später einem Lesepublikum zugänglich zu machen, zum einen zu beachten, dass den Protokollen keine Werkförmigkeit eignet, zum anderen war auf den Wechsel des Mediums – von Texten, die von ihren Verfassern innerhalb des Seminarkontexts verfasst und verlesen wurden, hin zu Texten, die Teil eines öffentlich rezipierbaren Korpus werden –, zu reagieren. So hatte der Herausgeber, was die Darbietung des Texts betrifft, nicht lediglich den Rezipienten bei deren Rezeption zu helfen, als vielmehr sehr gelegentlich den Texten selbst, die für den unmittelbaren Gebrauch verfasst wurden und deren Verfasser damit rechneten, sie würden nach dem Verlesen im Seminar, spätestens aber nach dessen Beendigung jenem Vergessen anheimfallen, vor dem sie diese Edition nun bewahren will. Textdarbietung und Einrichtung des Anmerkungsapparats folgen dieser Aufgabe.

Diese Ausgabe ist entsprechend rezeptionsorientiert ediert. Im Vordergrund stehen die Sitzungsprotokolle, nicht die Umstände ihrer Entstehung, das heißt, es wird keine Textgenese dargestellt, sondern ein insofern ›fertiger‹ Text, als er seine intendierte Funktion beim Verlesen innerhalb des Seminars vollständig erfüllt hat. Weil die Texte Dekaden später nicht etwa gehört, sondern gelesen werden – zum ersten Mal und in einer grundlegend veränderten Rezeptionssituation –, sah sich der Herausgeber veranlasst, in die Textgestalt einzugreifen, um dieser Veränderung editorisch gerecht zu werden. Denn schwerlich dürften Rezipienten ein Interesse am Schreibprozess von Protokollen haben, deren häufig unbekannte Verfasser jene in aller Regel mit der Schreibmaschine verfassten. Aus diesem Grund schied jede Edition aus, deren Prinzipien an kritische oder gar historisch-kritische Maßgaben angelehnt wäre. Ein Grundsatz der Edition war des Weiteren von Anfang an, formale Fehler stillschweigend zu tilgen, um die Verfasser nicht etliche Jahrzehnte später gegebenenfalls einer Genugtuung derer auszusetzen, die es vermeintlich besser wissen: Ein Interesse daran, ob sich im Protokoll einer Verfasserin oder eines Verfassers etwa ein orthographischer Lapsus eingeschlichen hat oder nicht, will die Edition keinesfalls bedienen.

Das bedeutet im Einzelnen:

Sämtliche offenkundigen Interpunktions- und Rechtschreibfehler[1] wurden ebenso stillschweigend korrigiert wie offenkundige Grammatikfehler. Das um-

---

[1] Zugrunde gelegt wurde der »Duden«; vgl. Duden. Bd. 1. Rechtschreibung der deutschen

fasst neben wenigen fehlerhaften Numerusbildungen auch gelegentlich vorkommende eindeutig fehlerhafte Konjunktive, nämlich den Gebrauch des Konjunktiv II, wo der Konjunktiv I unzweifelhaft geboten wäre; auch hier werden offenkundige Grammatikfehler ebenfalls stillschweigend korrigiert. Alle anderen Eingriffe in die Textgestalt sind in den Anmerkungen mit Beschreibung des Originaltexts nachgewiesen.

Ebenfalls stillschweigend korrigiert sind fehlerhafte Werktitel, offensichtlich inkorrekte Dopplungen von Wörtern oder Satzteilen, wie sie bei der Abfassung eines Sitzungsprotokolls zuweilen unterlaufen sind, sowie kleine Versehen in der Zitation, wie etwa unterschlagene Hervorhebungen innerhalb der Quelle; bei offenkundig inkorrekten sowie bei unvollständigen Zitaten werden die entsprechenden Abschnitte in den Anmerkungen korrekt wiedergegeben.

Eine Ausnahme von der Korrektur in die damals geltende Rechtschreibung hat der Herausgeber bei lateinischen Wörtern gemacht, die ins Deutsche eingewandert sind. So wird etwa die Schreibung »status quo« nicht in die mögliche Schreibung »Status quo« umgewandelt, sondern als fachspezifischer Terminus beibehalten. In keinem Fall hat der Herausgeber in die Textgestalt inhaltlich einzugreifen versucht; nirgends sollte ein Text ›geglättet‹ oder einer abweichenden inhaltlichen oder formalen Ansicht angepasst werden. Sämtliche vom Herausgeber hinzugefügten Morpheme, Wörter oder Satzteile, die die Semantik des Texts verändern, sind durch eckige Klammern, »[ ]«, gekennzeichnet.

Im Übrigen werden die Texte der Vorlagen unterschiedslos als *eine* Textschicht wiedergegeben: Der gegebenenfalls mittels Sofortkorrekturen seitens der Verfasserinnen und Verfasser erstellte Text wird als gültig betrachtet und entsprechend dargelegt. Offenkundig nachträglich erfolgte Textierung – Benotungen, An- und Unterstreichungen sowie anderweitige Lektürespuren – findet keine Beachtung. Ausnahmen werden nur in den äußerst seltenen Fällen gemacht, wo Adorno in die Vorlage eingriff: Hier wird zwar der vom jeweiligen Verfasser hergestellte Text als gültig wiedergegeben, in den Anmerkungen werden jedoch zugleich Adornos Eingriffe nachgewiesen. – Keine Ausnahme ohne Ausnahme: Benotungen, mit denen Adorno zuweilen die als Prüfungsleistung eingereichten Sitzungsprotokolle auf deren ersten Seite beurteilte, bleiben unnachgewiesen.

In einigen wenigen Fällen ließ sich nicht entscheiden, welcher Korrekturvorgang vom Autor des Protokolls durchgeführt worden war und welcher danach geschah; etwa, wenn sichtlich zwei Korrektoren am Werk waren, von denen keiner als Verfasserin oder Verfasser des Sitzungsprotokolls identifiziert werden konnte.

Sprache und der Fremdwörter, hrsg. von der Dudenredaktion auf der Grundlage der amtlichen Rechtschreibregeln, 19. Aufl., Mannheim, Wien und Zürich 1986.

Nur in diesem unentscheidbaren Fall werden beide Korrekturvorgänge als gleichberechtigt behandelt. Weist hingegen die Vorlage eine Korrektur auf, ohne dass das Korrigierte, als zu Ersetzendes, gestrichen wurde, wird wie bei einer Sofortkorrektur verfahren, in der das Korrigierte zu streichen vergessen wurde, d. h., die Sofortkorrektur wird als verbindlicher Text betrachtet, bei dem das zu Ersetzende fortfällt. Korrekturen, die ihrerseits gestrichen wurden, werden nicht wiedergegeben.

Abkürzungen werden dann nicht aufgelöst, wenn der »Duden« sie aufführt.[2] Einzige Ausnahme ist die Abkürzung »u.«, die, wenn sie innerhalb des Textes (und nicht etwa in Literaturangaben oder als Teil einer umfassenderen Abkürzung, wie etwa »u.dgl.«) steht, ebenso wie das Pluszeichen, »+«, in entsprechenden Fällen um der Lesbarkeit willen zu »und« aufgelöst wurde. Abgekürzte Wörter in Werktiteln wurden stets aufgelöst. In wenigen Fällen hatte der Herausgeber abgekürzte Nachnamen stillschweigend zu ergänzen, so dass etwa »M.W.« zu »M. Weber« wurde.

Alle Auszeichnungen (Unterstreichungen, Versalien, Sperrungen) in der Vorlage werden kursiv wiedergegeben.

Eine Vereinheitlichung von Anführungszeichen innerhalb eines Protokolls wird im Allgemeinen nicht vorgenommen; eine Ausnahme wird gemacht bei Unregelmäßigkeiten bei der Nennung von Werktiteln, wenn also evident ist, dass die Unterschiede der Anführungen keine semantischen sind: Wenn die Vorlage etwa zunächst »Negative Dialektik« bietet, dann ›Negative Dialektik‹, dann *Negative Dialektik*, wird stets die erste benutzte Form für alle weiteren Kennzeichnungen von Werktiteln übernommen.

Sämtliche einfachen Absätze in den Vorlagen, seien sie durch einfachen Absatz markiert, durch Einzug, Auszug, Lehrzeile und ähnlichem, werden durch einfachen Absatz mit Einzug wiedergeben. Eine Ausnahme stellen durch Absätze getrennte Aufzählungen dar, etwa im Literaturverzeichnis innerhalb der Vorlage, die mit einfachen Absätzen ohne Einzug wiedergegeben werden. Bietet die Vorlage offenkundig Absätze höherer Ordnung, so werden diese Absätze durch Lehrzeilen wiedergegeben, während innerhalb dieser Absätze wiederum solche mit Einzug die Unterordnung gliedern. Daraus folgt, dass mehr als zwei Lehrzeilen nicht reproduziert werden, auch nicht bei der Wiedergabe von Titelblättern, wie sie sich zuweilen den Sitzungsprotokollen vorangestellt finden. Anfang und Ende eines Titelblatts sind in der Edition durch einen senkrechten Strich, »|«, gekennzeichnet. Sowohl die Elemente der Titelei als auch die Signatur eines Protokolls werden dennoch in ihrer Anordnung abzubilden versucht.

---

[2] S. vorige Anm.

Eckige Klammern in den Vorlagen sowie in Zitaten, die in den Anmerkungen gegeben werden, werden stets als geschweifte Klammern, »{ }«, wiedergegeben, um sie von den eckigen Klammern abzugrenzen, die für Einfügungen bzw. Auslassungen seitens des Herausgebers reserviert sind.

Anmerkungsziffern und -zeichen in der Vorlage werden stets durch fortlaufende Ziffern ersetzt und im Protokolltext in eckige Klammern gesetzt sowie – um Kollisionen mit vom Herausgeber ergänzten einfachen Ziffern zu vermeiden – mit einem vorangestellten Asterisk versehen: »[*1]«, »[*2]«, usw. Die Anmerkungen der Vorlage werden stets im Anschluss an den Haupttext wiedergegeben. Diese Vereinheitlichungen sind Resultat der veränderten Seitenaufteilung innerhalb dieser Edition.

Doppelte oder mehrfache Bindestriche, die schreibmaschinenbedingt als Ersatz für den Gedankenstrich verwendet wurden, »--«, sind stillschweigend durch einen Gedankenstrich ersetzt: »–«.

Anführungszeichen innerhalb von Passagen, die mit Anführungszeichen markiert sind, werden immer als einfache wiedergegeben. Schließt ein Zitat im Original mit einem Punkt ab, während in der Vorlage bei Satzende der Punkt erst nach den abschließenden Anführungszeichen gesetzt ist, wird der Punkt stillschweigend ins Zitat gesetzt; aus »›[...] xyz‹.« wird in diesem Fall also »›[...] xyz.‹«.

Etwaige Seitenzahlen, mit denen die Vorlage paginiert wurde, werden nicht mitgeteilt.

Sofern die Verfasser ihren Namen oder das Datum der protokollierten Sitzung nicht im Protokoll selbst vermerken, geschah die Zuordnung zu Verfasser und Datum, wenn möglich, entweder mittels der Kennzeichnung der Protokolle durch Dritte oder einer von Dritten nachträglich angefertigten Inhaltsangabe des Konvoluts, dem die Vorlage entstammt. Auf diese Weise sind auch gegebenenfalls jene Titel sowie Verfasser von Referatstexten eruiert, die selbst nicht mehr aufgefunden wurden.

Die überlieferten Sitzungsprotokolle sind zu Seminaren zusammengefasst, die chronologisch wiedergegeben werden, mit den philosophischen vor den soziologischen Seminaren, wie sie auch in den zeitgenössischen Vorlesungsverzeichnissen aufgeführt sind, ohne jedoch irgendeinen Vorrang jener vor diesen nahelegen zu wollen.

Anmerkungsapparat

Die vom Herausgeber gemachten Anmerkungen wollen eine Orientierungshilfe bieten, zumal vor dem Hintergrund der oben erläuterten veränderten Rezeptionssituation. Ihnen geht es nicht um die Kommentierung des Texts, nicht um

Rezeptionslenkung; keinesfalls sollen sie einer vermeintlich notwendigen ›Ergänzung‹ der überlieferten Texte dienen. Ebenso wenig ist an eine erste Sekundärliteratur zu den Sitzungsprotokollen gedacht. Stattdessen handelt es sich bei den Anmerkungen, neben vereinzelten formalen Beschreibungen bei Besonderheiten der Vorlage sowie Konjekturen, Korrekturen und Personennachweisen, zum größten Teil um Zitatnachweise und -kontextualisierungen. Dabei sind nicht zwangsläufig die damals benutzten Zitationsquellen – die im Übrigen auch gar nicht vollständig zu rekonstruieren wären – in Anspruch genommen, sondern die Anmerkungen weisen nach Möglichkeit den Text nach, dem das jeweilige Zitat entstammt, um die Leserschaft darüber zu informieren, wo sie es – möglichst unkompliziert – gegenwärtig finden kann. Hierzu gehört auch, nach Möglichkeit deutschsprachige Übersetzungen zitierter fremdsprachiger Schriften heranzuziehen, sofern es nicht, wie in einzelnen Fällen, innerhalb eines Sitzungsprotokolls gerade um das Originalzitat geht.

Edieren heißt, banal, auch interpretieren; jede Interpretation birgt die Möglichkeit eines Irrtums, und so macht sich der Herausgeber der vorliegenden, denn doch einigermaßen umfassenden Edition keine Illusionen darüber, dass er die Leserschaft mit der ein oder anderen Anmerkung womöglich unabsichtlich in die Irre führt, sie andererseits durch eine unterlassene Anmerkung, wo eine erwünscht wäre, mit dem Text der Sitzungsprotokolle alleine lässt.

Und schließlich sind alle Zitate sowie Titel von Schriften, die von Adorno stammen oder an denen er mitgewirkt hat, ohne Anführungszeichen kursiv gesetzt: eine Reminiszenz an das Vorgehen, wie es Rolf Tiedemann gewählt hatte, dessen Andenken diese Edition hiermit freundschaftlich gewidmet sei.

Siglenverzeichnis

Archivzentrum   Archivzentrum an der Universitätsbibliothek Johann Christian Senckenberg, Frankfurt a. M.

BGS   Walter Benjamin, Gesammelte Schriften, unter Mitw. von Theodor W. Adorno und Gershom Scholem hrsg. von Rolf Tiedemann und Hermann Schweppenhäuser, Frankfurt a. M.
- Bd. I: Abhandlungen, hrsg. von Rolf Tiedemann und Hermann Schweppenhäuser, 1974
- Bd. II: Aufsätze, Essays, Vorträge, hrsg. von Rolf Tiedemann und Hermann Schweppenhäuser, 1977
- Bd. IV: Kleine Prosa, Baudelaire-Übertragungen, hrsg. von Tillman Rexroth, 1972
- Bd. V: Das Passagen-Werk, hrsg. von Rolf Tiedemann, 1982
- Bd. VII: Nachträge, hrsg. von Rolf Tiedemann und Hermann Schweppenhäuser, unter Mitarb. von Christoph Gödde, Henri Lonitz und Gary Smith, 1989

FGA   J[ohann] G[ottlieb] Fichte, Gesamtausgabe der Bayerischen Akademie der Wissenschaften, hrsg. von Erich Fuchs, Hans Gliwitzky, Hans Jacob, Reinhard Lauth und Peter K. Schneider, Stuttgart
- Bd. I/1: Werke 1791–1794, hrsg. von Reinhard Lauth und Hans Jacob, unter Mitw. von Richard Schottky und Manfred Zahn, 1964
- Bd. I/2: Werke 1793–1795, hrsg. von Reinhard Lauth und Hans Jacob, unter Mitw. von Manfred Zahn, 1965
- Bd. I/4: Werke 1797–1798, hrsg. von Reinhard Lauth und Hans Gliwitzky, unter Mitw. von Richard Schottky, 1970
- Bd. I/7: Werke 1800–1801, hrsg. von Reinhard Lauth und Hans Gliwitzky, unter Mitw. von Erich Fuchs und Peter K. Schneider, 1988
- Bd. I/9: Werke 1806–1807, hrsg. von Reinhard Lauth und Hans Gliwitzky, unter Mitw. von Josef Beeler, Erich Fuchs, Marco Ivaldo, Ives Radrizzani, Peter K. Schneider und Anna-Maria Schnurr-Lorusso, 1995
- Bd. II/13: Nachgelassene Schriften 1812, hrsg. von Reinhard Lauth, Erich Fuchs, Peter K. Schneider, Hans Georg von Manz, Ives Radrizzani und Günter Zöller, 2002
- Bd. II/15: Nachgelassene Schriften 1813, hrsg. von Erich Fuchs, Hans Georg von Manz, Ives Radrizzani, Peter K. Schneider, Martin Siegel und Günter Zöller, unter Mitw. von Gunter Meckenstock und Erich Ruff, 2009
- Bd. III/2: Briefwechsel 1793–1795, hrsg. von Rainhard Lauth und Hans Jacob, unter Mitw. von Hans Gliwitzky und Manfred Zahn, 1970
- Bd, IV/1: Kollegnachschriften 1796–1798, hrsg. von Reinhard Lauth und Hans Gliwitzky, unter Mitw. von Michael Brüggen, Kurt Hiller, Peter Schneider und Anna Maria Schurr, 1977
- Bd. IV/2: Kollegnachschriften 1796–1804, hrsg. von Reinhard Lauth und Hans Gliwitzky, unter Mitw. von José Manzana, Erich Fuchs, Kurt Hiller und Peter K. Schneider, 1978

FGW   Sigm[und] Freud, Gesammelte Werke. Chronologisch geordnet, London
  Bd. IV: Zur Psychopathologie des Alltagslebens, unter Mitw. von Marie Bonaparte hrsg. von Anna Freud, E[dward] Bibring, W[ilhelm] Hoffer und E[rnst] Kris, 1941
  Bd. VII: Werke aus den Jahren 1906–1909, unter Mitw. von Marie Bonaparte hrsg. von Anna Freud, E[dward] Bibring, W[ilhelm] Hoffer, E[rnst] Kris und O[tto] Isakower, 1941
  Bd. VIII: Werke aus den Jahren 1909–1915, unter Mitw. von Marie Bonaparte hrsg. von Anna Freud, E[dward] Bibring, W[ilhelm] Hoffer, E[rnst] Kris und O[tto] Isakower, 1943
  Bd. IX: Totem und Tabu, unter Mitw. von Marie Bonaparte hrsg. von Anna Freud, E[dward] Bibring, W[ilhelm] Hoffer, E[rnst] Kris und O[tto] Isakower, 1940
  Bd. X: Werke aus den Jahren 1913–1917, unter Mitw. von Marie Bonaparte hrsg. von Anna Freud, E[dward] Bibring, W[ilhelm] Hoffer, E[rnst] Kris und O[tto] Isakower, 1946
  Bd. XI: Vorlesungen zur Einführung in die Psychoanalyse, unter Mitw. von Marie Bonaparte hrsg. von Anna Freud, E[dward] Bibring, W[ilhelm] Hoffer, E[rnst] Kris und O[tto] Isakower, 1944
  Bd. XII: Werke aus den Jahren 1917–1920, unter Mitw. von Marie Bonaparte hrsg. von Anna Freud, E[dward] Bibring, W[ilhelm] Hoffer, E[rnst] Kris und O[tto] Isakower, 1947
  Bd. XIII: Jenseits des Lustprinzips/Massenpsychologie und Ich-Analyse/Das Ich und das Es, unter Mitw. von Marie Bonaparte hrsg. von Anna Freud, E[dward] Bibring, W[ilhelm] Hoffer, E[rnst] Kris und O[tto] Isakower, 1940
  Bd. XIV: Werke aus den Jahren 1925–1931, unter Mitw. von Marie Bonaparte hrsg. von Anna Freud, E[dward] Bibring, W[ilhelm] Hoffer, E[rnst] Kris und O[tto] Isakower, 1948
  Bd. XV: Neue Folge der Vorlesungen zur Einführung in die Psychoanalyse, unter Mitw. von Marie Bonaparte hrsg. von Anna Freud, Edward Bibring und Ernst Kris, 1944
  Bd. XVI: Werke aus den Jahren 1932–1939, unter Mitw. von Marie Bonaparte hrsg. von Anna Freud, E[dward] Bibring, W[ilhelm] Hoffer, E[rnst] Kris und O[tto] Isakower, 1950

GS   Theodor W. Adorno, Gesammelte Schriften, hrsg. von Rolf Tiedemann, unter Mitw. von Gretel Adorno, Susan Buck-Morss und Klaus Schultz, Frankfurt a. M.
  Bd. 1:   Philosophische Frühschriften, 3. Aufl., 1996
  Bd. 2:   Kierkegaard. Konstruktion des Ästhetischen, 2. Aufl., 1990
  Bd. 3:   *Max Horkheimer und Theodor W. Adorno*, Dialektik der Aufklärung. Philosophische Fragmente, 3. Aufl., 1996
  Bd. 4:   Minima Moralia. Reflexionen aus dem beschädigten Leben, 2. Aufl., 1996
  Bd. 5:   Zur Metakritik der Erkenntnistheorie/Drei Studien zu Hegel, 5. Aufl., 1996
  Bd. 6:   Negative Dialektik/Jargon der Eigentlichkeit, 5. Aufl., 1996
  Bd. 7:   Ästhetische Theorie, 6. Aufl., 1996
  Bd. 8:   Soziologische Schriften I, 4. Aufl., 1996
  Bd. 9·1:   Soziologische Schriften II. Erste Hälfte, 3. Aufl., 1997
  Bd. 9·2:   Soziologische Schriften II. Zweite Hälfte, 3. Aufl., 1997

Bd. 10·1: Kulturkritik und Gesellschaft I: Prismen/Ohne Leitbild, 2. Aufl., 1996
Bd. 10·2: Kulturkritik und Gesellschaft II: Eingriffe/Stichworte, 2. Aufl., 1996
Bd. 11: Noten zur Literatur, 4. Aufl., 1996
Bd. 12: Philosophie der neuen Musik, 2. Aufl., 1990
Bd. 13: Die musikalischen Monographien, 3. Aufl., 1985
Bd. 14: Dissonanzen/Einleitung in die Musiksoziologie, 3. Aufl. 1990
Bd. 15: *Theodor W. Adorno und Hanns Eisler*, Komposition für den Film. Der getreue Korrepetitor, 2. Aufl., 1996
Bd. 16: Musikalische Schriften I–III: Klangfiguren/Quasi una fantasia/Musikalische Schriften III, 2. Aufl., 1990
Bd. 17: Musikalische Schriften IV: Moments musicaux. Impromptus, 1982
Bd. 18: Musikalische Schriften V, 1984
Bd. 19: Musikalische Schriften VI, 1984
Bd. 20·1: Vermischte Schriften I, 1986
Bd. 20·2: Vermischte Schriften II, 1986

HEH Husserliana · Edmund Husserl · Gesammelte Werke, hrsg. von H[erman] L[eo] Van Breda bzw. in Verb. mit Rudolf Boehm unter Leitung von Samuel IJsseling et al., Den Haag u. a.
Bd. I: Cartesianische Meditationen und Pariser Vorträge, hrsg. von S[tephan] Strasser, 1950
Bd. III: Ideen zu einer reinen Phänomenologie und phänomenologischen Philosophie. Erstes Buch. Allgemeine Einführung in die reine Phänomenologie, hrsg. von Walter Biemel, 1950
Bd. IV: Ideen zu einer reinen Phänomenologie und phänomenologischen Philosophie. Zweites Buch. Phänomenologische Untersuchungen zur Konstitution, hrsg. von Marly Biemel, 1952
Bd. XVII: Formale und Transzendentale Logik. Versuch einer Kritik der logischen Vernunft, hrsg. von Paul Janssen, 1974
Bd. XVIII: Logische Untersuchungen. Erster Band. Prolegomena zur reinen Logik, hrsg. von Elmar Holenstein, 1975
Bd. XIX/1: Logische Untersuchungen. Zweiter Band. Erster Teil. Untersuchungen zur Phänomenologie und Theorie der Erkenntnis, hrsg. von Ursula Panzer, 1984
Bd. XIX/2: Logische Untersuchungen. Zweiter Band. Zweiter Teil. Untersuchungen zur Phänomenologie und Theorie der Erkenntnis, hrsg. von Ursula Panzer, 1984
Bd. XXV: Aufsätze und Vorträge (1911–1921), hrsg. von Thomas Nenon und Hans Rainer Sepp, 1987

HGS Max Horkheimer, Gesammelte Schriften, hrsg. von Alfred Schmidt und Gunzelin Schmid Noerr, Frankfurt a. M.
Bd. 3: Schriften 1931–1936, hrsg. von Alfred Schmidt, 1988
Bd. 4: Schriften 1936–1941, hrsg. von Alfred Schmidt, 1988
Bd. 6: ›Zur Kritik der instrumentellen Vernunft‹ und ›Notizen 1949–1969‹, hrsg. von Alfred Schmidt, 1991
Bd. 7: Vorträge und Aufzeichnungen 1949–1973, 1. Philosophisches 2. Würdigungen 3. Gespräche, hrsg. von Gunzelin Schmid Noerr, 1985

	Bd. 8:	Vorträge und Aufzeichnungen 1949—1973. 4. Soziologisches 5. Universität und Studium, hrsg. von Gunzelin Schmid Noerr, 1985
	Bd. 12:	Nachgelassene Schriften 1931–1949, hrsg. von Gunzelin Schmid Noerr, 1985

HJu Georg Wilhelm Friedrich Hegel, Sämtliche Werke. Jubiläumsausgabe in zwanzig Bänden, auf Grund des von Ludwig Boumann, Friedrich Förster, Eduard Gans, Karl Hegel, Leopold von Henning, Heinrich Gustav Hotho, Philipp Marheineke, Karl Ludwig Michelet, Karl Rosenkranz und Johannes Schulze bes. Originaldruckes im Faksimileverfahren neu hrsg. von Hermann Glockner, Stuttgart

Bd. 1:	Aufsätze aus dem kritischen Journal der Philosophie und andere Schriften aus der Jenenser Zeit, mit Vorw. von Hermann Glockner, 1927
Bd. 2:	Phänomenologie des Geistes, mit Vorw. von Johannes Schulze, 1927
Bd. 3:	Philosophische Propädeutik, Gymnasialreden und Gutachten über den Philosophie-Unterricht, mit Vorw. von Karl Rosenkranz, 1927
Bd. 4:	Wissenschaft der Logik. Erster Teil. Die objektive Logik, mit Vorw. von Leopold von Henning, 1928
Bd. 5:	Wissenschaft der Logik. Zweiter Teil. Die subjektive Logik oder Lehre vom Begriff, mit Vorw. von Leopold von Henning, 1928
Bd. 7:	Grundlinien der Philosophie des Rechts oder Naturrecht und Staatswissenschaft im Grundrisse, mit Vorw. von Eduard Gans, 1928
Bd. 8:	System der Philosophie. Erster Teil. Die Logik, mit Vorw. von Leopold von Henning, 1929
Bd. 9:	System der Philosophie. Zweiter Teil. Die Naturphilosophie, mit Vorw. von Karl Ludwig Michelet, 1929
Bd. 11:	Vorlesungen über die Philosophie der Geschichte, mit Vorw. von Eduard Gans und Karl Hegel, 1928
Bd. 16:	Vorlesungen über die Philosophie der Religion. Zweiter Band, mit Vorw. von Philipp Marheineke, 1928
Bd. 17:	Vorlesungen über die Geschichte der Philosophie. Erster Band, mit Vorw. von Karl Ludwig Michelet, 1928
Bd. 19:	Vorlesungen über die Geschichte der Philosophie. Dritter Band, mit Vorw. von Karl Ludwig Michelet, 1928

HSW Georg Wilhelm Friedrich Hegel, Sämtliche Werke, hrsg. von Georg Lasson, Leipzig

Bd. I:	Erste Druckschriften, 1928 (Philosophische Bibliothek; 62)
Bd. II:	Phänomenologie des Geistes, 2. Aufl., 1921 (Philosophische Bibliothek; 114)
Bd. III:	Wissenschaft der Logik. Erster Teil, 1923 (Philosophische Bibliothek; 56)
Bd. IV:	Wissenschaft der Logik. Zweiter Teil, 1923 (Philosophische Bibliothek; 57)
Bd. V:	Encyclopädie der philosophischen Wissenschaften im Grundrisse, 2. Aufl., 1920 (Philosophische Bibliothek; 33)
Bd. VI:	Grundlinien der Philosophie des Rechts. Mit den von Gans redigierten Zusätzen aus Hegels Vorlesungen, 1911 (Philosophische Bibliothek; 124)
Bd. VIII:	Vorlesungen über die Philosophie der Weltgeschichte, Erster Halbband: 1. Einleitung des Herausgebers: Hegel als Geschichtsphilosoph. 2. Die Vernunft in der Geschichte, 1920 (Philosophische Bibliothek; 171e)

HVA Georg Wilhelm Friedrich Hegel's Werke. Vollständige Ausgabe durch einen Verein von Freunden des Verewigten: Ph[ilipp] Marheineke, J[ohann] Schulze, Ed[uard] Gans, L[eo]p[old] v. Henning, H[einrich] Hotho, K[arl] Michelet, F[riedrich] Förster, Berlin
Bd. 2: Phänomenologie des Geistes, hrsg. von Johann Schulze, 1832
Bd. 3: Wissenschaft der Logik. Erster Theil. Die objektive Logik. Erste Abtheilung. Die Lehre vom Seyn, hrsg. von Leopold von Henning, 1833
Bd. 4: Wissenschaft der Logik. Erster Theil. Die objektive Logik. Zweite Abtheilung. Die Lehre vom Wesen, hrsg. von Leopold von Henning, 1834
Bd. 5: Wissenschaft der Logik. Zweiter Theil. Die subjektive Logik, oder: Die Lehre vom Begriff, hrsg. von Leopold von Henning, 1834
Bd. 6: Encyclopädie der philosophischen Wissenschaften im Grundrisse. Erster Theil. Die Logik, hrsg. von Leopold von Henning, 1840
Bd. 7.1: Vorlesungen über die Naturphilosophie als der Encyclopädie der philosophischen Wissenschaften im Grundrisse. Zweiter Teil, hrsg. von Carl Ludwig Michelet, 1842
Bd. 8: Grundlinien der Philosophie des Rechts, oder Naturrecht und Staatswissenschaft im Grundrisse, hrsg. von Eduard Gans, 1833
Bd. 9: Vorlesungen über die Geschichte der Philosophie, hrsg. von Eduard Gans, 1837
Bd. 11: Vorlesungen über die Philosophie der Religion. Nebst einer Schrift über die Beweise vom Daseyn Gottes. Erster Theil, hrsg. von Philipp Marheineke, 2. Aufl., Berlin 1840
Bd. 18: Philosophische Propädeutik, hrsg. von Karl Rosenkranz, 1840

HW Georg Wilhelm Friedrich Hegel, Werke, auf der Grundlage der Werke von 1832–1845 neu edierte Ausgabe, Red.: Eva Moldenhauer und Karl Markus Michel, Frankfurt a. M. (Theorie-Werkausgabe)
Bd. 1: Frühe Schriften, 1971
Bd. 2: Jenaer Schriften (1801–1807), 1970
Bd. 3: Phänomenologie des Geistes, 1970
Bd. 4: Nürnberger und Heidelberger Schriften 1808–1817, 1970
Bd. 5: Wissenschaft der Logik · I. Erster Teil. Die objektive Logik. Erstes Buch, 1969
Bd. 6: Wissenschaft der Logik · II. Erster Teil. Die objektive Logik. Zweites Buch. Zweiter Teil. Die subjektive Logik, 1969
Bd. 7: Grundlinien der Philosophie des Rechts oder Naturrecht und Staatswissenschaft im Grundrisse. Mit Hegels eigenhändigen Notizen und den mündlichen Zusätzen, 1970
Bd. 8: Enzyklopädie der philosophischen Wissenschaften im Grundrisse (1830). Erster Teil. Die Wissenschaft der Logik. Mit den mündlichen Zusätzen, 1970
Bd. 9: Enzyklopädie der philosophischen Wissenschaften im Grundrisse (1830). Zweiter Teil. Die Naturphilosophie. Mit den mündlichen Zusätzen, 1970
Bd. 10: Enzyklopädie der philosophischen Wissenschaften im Grundrisse (1830). Dritter Teil. Die Philosophie des Geistes. Mit den mündlichen Zusätzen, 1970
Bd. 11: Berliner Schriften 1818–1831, 1970
Bd. 12: Vorlesungen über die Philosophie der Geschichte, 1970

	Bd. 13:	Vorlesungen über die Ästhetik · I, 1970
	Bd. 14:	Vorlesungen über die Ästhetik · II, 1970
	Bd. 16:	Vorlesungen über die Philosophie der Religion · I, 1969
	Bd. 17:	Vorlesungen über die Philosophie der Religion · II. Vorlesungen über die Beweise vom Dasein Gottes, 1969
	Bd. 18:	Vorlesungen über die Geschichte der Philosophie · I, 1971
	Bd. 20:	Vorlesungen über die Geschichte der Philosophie · III, 1971

IfS Institut für Sozialforschung, Frankfurt a. M.

KW Immanuel Kant, Werke in zwölf Bänden, hrsg. von Wilhelm Weischedel, Frankfurt a. M. 1968

    Bd. III: Kritik der reinen Vernunft · 1
    Bd. IV: Kritik der reinen Vernunft · 2
    Bd. V: Schriften zur Metaphysik und Logik · 1
    Bd. VI: Schriften zur Metaphysik und Logik · 2
    Bd. VII: Schriften zur Ethik und Religionsphilosophie · 1
    Bd. VIII: Schriften zur Ethik und Religionsphilosophie · 2
    Bd. IX: Kritik der Urteilskraft und naturphilosophische Schriften · 1
    Bd. X: Kritik der Urteilskraft und naturphilosophische Schriften · 2
    Bd. XI: Schriften zur Anthropologie, Geschichtsphilosophie, Politik und Pädagogik · 1

MEW Karl Marx, Friedrich Engels, Werke, hrsg. vom Institut für Marxismus-Leninismus beim ZK der SED bzw. vom Institut für Geschichte der Arbeiterbewegung Berlin bzw. von der Bundesstiftung Rosa Luxemburg · Gesellschaftsanalyse und Politische Bildung, Berlin

    Bd. 1: Karl Marx und Friedrich Engels, [1839 bis 1844], 13. Aufl., Leitung der Editionsarb.: Erich Kundel, Roland Nietzold, Richard Sperl und Hildegard Scheibler, editorische Bearb. von Anni Krüger, verantwortlich für die Red.: Waltraud Bergemann und Gisela Schmitt, 1981

    Bd. 2: Karl Marx und Friedrich Engels, [1844 bis 1846], 12. Aufl., Leitung der Editionsarb.: Ludwig Arnold, editorische Bearb. von Arthur Wilde, unter Mitarb. von Hilde Schönherr, verantwortlich für die Red.: Walter Schulz, 1990

    Bd. 3: Karl Marx und Friedrich Engels, [1845 bis 1846], 5. Aufl., Leitung der Editionsarb.: Ludwig Arnold, verantwortlich für die Red.: Walter Schulz, 1978

    Bd. 4: Karl Marx und Friedrich Engels, {Mai 1846–März 1848}, 8. Aufl., Leitung der Editionsarb.: Ludwig Arnold, editorische Bearb. von Arthur Wilde, unter Mitarb. von Marguerite Kuczynski, Hans-Dieter Krause und Hannes Skambraks, verantwortlich für die Red.: Walter Schulz, 1977

    Bd. 6: Karl Marx und Friedrich Engels, {November 1848–Juli 1849}, 7. Aufl., Leitung der Editionsarb.: Ludwig Arnold, editorische Bearb. von Horst Merbach und Richard Sperl, unter Mitarb. von Ella Ruben und Anna Krüger, verantwortlich für die Red.: Walter Schulz, 1982

Bd. 7: Karl Marx und Friedrich Engels, {August 1849–Juni 1951}, 9. Aufl., Leitung der Editionsarb.: Erich Kundel, Roland Nietzold, Richard Sperl und Hildegard Scheibler, editorische Bearb. von Anni Krüger, Leni Hoffmann und Eva-Maria Späthe, verantwortlich für die Red.: Waltraud Bergemann und Gisela Schmitt, 1990

Bd. 8: Karl Marx und Friedrich Engels, {August 1851–März 1853}, 4. Aufl., Leitung der Editionsarb.: Ludwig Arnold, editorische Bearb. von Marguerite Kuczynski, unter Mitarb. von Anna Krüger und Peter Langstein, verantwortlich für die Red.: Walter Schulz, 1973

Bd. 13: Karl Marx und Friedrich Engels, {Jan[uar] 1859–Feb[ruar] 1860}, 11. Aufl., Leitung der Editionsarb.: Ludwig Arnold, editorische Bearb. von Richard Sperl, unter Mitarb. von Käte Schwank und Anna Krüger, verantwortlich für die Red.: Walter Schulz und Richard Sperl, 1961

Bd. 17: Karl Marx und Friedrich Engels, {Juli 1870–Februar 1872}, 9. Aufl., Leitung der Editionsarb.: Ludwig Arnold, editorische Bearb. von Ruth Stolz, unter Mitarb. von Rosi Rudich und Heinz Ruschinski, verantwortlich für die Red.: Walter Schulz und Richard Sperl, 1999

Bd. 19: Karl Marx und Friedrich Engels, {März 1875–Mai 1883}, 9. Aufl., Leitung der Editionsarb.: Ludwig Arnold, editorische Bearb. von Käte Schwank, unter Mitarb. von Christa Müller und Peter Langstein, verantwortlich für die Red.: Walter Schulz und Richard Sperl, 1987

Bd. 20: Karl Marx und Friedrich Engels, {Anti-Dühring, Dialektik der Natur}, 10. Aufl., Leitung der Editionsarb.: Ludwig Arnold, editorische Bearb. von Bernhard Dohm, unter Mitarb. von Leni Hoffmann, verantwortlich für die Red.: Walter Schulz und Richard Sperl, 1990

Bd. 21: Karl Marx und Friedrich Engels, [Mai 1883–Dezember 1889], 7. Aufl., Leitung der Editionsarb.: Ludwig Arnold, editorische Bearb. von Charlotte Fischer, unter Mitarb. von Anna Krüger, Therese Winkelmann und Dieter Müller, verantwortlich für die Red.: Walter Schulz und Richard Sperl, 1981

Bd. 22: Karl Marx und Friedrich Engels, [Januar 1890–August 1895], 4. Aufl., Leitung der Editionsarb.: Horst Merbach, editorische Bearb. von Dieter Krause und Hanni Wettengel, unter Mitarb. von Renate Merkel und Adelheid Wolf, verantwortlich für die Red.: Walter Schulz und Richard Sperl, 1974

Bd. 23: Karl Marx, Das Kapital. Kritik der politischen Ökonomie. Erster Band. Buch I: Der Produktionsprozeß des Kapitals, Leitung der Editionsarb.: Horst Merbach, editorische Bearb. von Artur Schnickmann, unter Mitarb. von Jutta Nesler, Ilse Reinhold und Hannes Skambraks, verantwortlich für die Red.: Walter Schulz, 1962

Bd. 24: Karl Marx, Das Kapital. Kritik der politischen Ökonomie. Zweiter Band. Buch II: Der Zirkulationsprozeß des Kapitals. Hrsg. von Friedrich Engels, Leitung der Editionsarb.: Horst Merbach, editorische Bearb. von Ilse Reinhold, Jutta Nesler und Hannes Skambraks, verantwortlich für die Red.: Walter Schulz, 1963

Bd. 25:	Karl Marx, Das Kapital. Kritik der politischen Ökonomie. Dritter Band. Buch III: Der Gesamtprozeß der kapitalistischen Produktion. Hrsg. von Friedrich Engels, Leitung der Editionsarb.: Horst Merbach, editorische Bearb. von Artur Schnickmann, unter Mitarb. von Jutta Nesler und Hannes Skambraks, verantwortlich für die Red.: Walter Schulz, 1964
Bd. 26·1:	Karl Marx, Theorien über den Mehrwert. (Vierter Band des »Kapitals«). Erster Teil. Erstes bis siebentes Kapitel und Beilagen, Leitung der Editionsarb.: Horst Merbach, editorische Bearb. von Bernhard Dohm, Hannes Skambraks, verantwortlich für die Red.: Walter Schulz, 1965
Bd. 26·2:	Karl Marx, Theorien über den Mehrwert. (Vierter Band des »Kapitals«). Zweiter Teil. Achtes bis achtzehntes Kapitel, Leitung der Editionsarb.: Rolf Dlubek, Erich Kundel und Richard Sperl, editorische Bearb. von Horst Merbach und Artur Schnickmann, verantwortlich für die Red.: Walter Schulz, 1967
Bd. 26·3:	Karl Marx, Theorien über den Mehrwert (Vierter Band des »Kapitals«). Dritter Teil. Neunzehntes bis vierundzwanzigstes Kapitel und Beilagen, Leitung der Editionsarb.: Rolf Dlubek, Erich Kundel und Richard Sperl, editorische Bearb. von Artur Schnickmann, Manfred Müller, Jutta Nesler und Hannes Skambraks, verantwortlich für die Red.: Walter Schulz, 1968
Bd. 30:	Karl Marx und Friedrich Engels, [Briefe: Januar 1860 bis September 1864], 4. Aufl., Leitung der Editionsarb.: Horst Merbach, editorische Bearb.: Waldtraud Opitz, Leni Hoffmann und Manfred Müller, verantwortlich für die Red.: Walter Schulz, 1982
Bd. 31:	Karl Marx und Friedrich Engels, {Briefe: Okt[ober] 1864–Dez[ember] 1867}, 4. Aufl., Leitung der Editionsarb.: Horst Merbach, editorische Bearb.: Ruth Stolz, Heidi Wolf und Renate Merkel, verantwortlich für die Red.: Walter Schulz, 1986
Bd. 36:	Karl Marx und Friedrich Engels, [Briefe: April 1883 bis Dezember 1887], 2. Aufl., Leitung der Editionsarb.: Rolf Dlubek, Erich Kundel, Richard Sperl, editorische Bearb. von Werner Ettelt, Ruth Stolz, Käte Heidenreich, Rosie Rudich und Heidi Wolf, verantwortlich für die Red.: Walter Schulz, 1973
Bd. 40:	Karl Marx, Schriften und Briefe. November 1837–August 1844, 2. Aufl., Leitung der Editionsarb.: Rolf Dlubek, Erich Kundel und Richard Sperl, editorische Bearb. von Bernhard Dohm, Inge Taubert und Käte Heidenreich, verantwortlich für die Red.: Walter Schulz, 1990
Bd. 42:	Karl Marx, Ökonomische Manuskripte 1857/1858, Leitung der Editionsarb.: Erich Kundel, Roland Nietzold, Richard Sperl und Hildegard Scheibler, editorische Bearb. von Hildegard Scheibler, Gerda Lindner, Jutta Nesler und Resi Winkelmann, verantwortlich für die Red.: Waltraud Bergemann und Ludwig Lehmann, 1983

MWG	Max Weber, Gesamtausgabe, hrsg. von Horst Baier, Gangolf Hübinger, M. Rainer Lepsius, Wolfgang J. Mommsen, Wolfgang Schluchter und Johannes Winckelmann, Tübingen
Bd. I/7:	Zur Logik und Methodik der Sozialwissenschaften. Schriften 1900–1907, hrsg. von Gerhard Wagner, in Zusammenarb. mit Claudia Härpfer, Tom Kaden, Kai Müller und Angelika Zahn, 2018

Bd. I/9: Asketischer Protestantismus und Kapitalismus. Schriften und Reden 1904–1911, hrsg. von Wolfgang Schluchter, in Zusammenarb. mit Ursula Bube, 2014

Bd. I/12: Verstehende Soziologie und Werturteilsfreiheit. Schriften und Reden 1908–1917, hrsg. von Johannes Weiß, in Zusammenarb. mit Sabine Frommer, 2018

Bd. I/17: Wissenschaft als Beruf 1917/1919. Politik als Beruf 1919, hrsg. von Wolfgang J. Mommsen und Wolfgang Schluchter, in Zusammenarb. mit Birgitt Morgenbrod, 1992

Bd. I/18: Die protestantische Ethik und der Geist des Kapitalismus/Die protestantischen Sekten und der Geist des Kapitalismus. Schriften 1904–1920, hrsg. von Wolfgang Schluchter, in Zusammenarb. mit Ursula Bube, 2016

Bd. I/22-1: Wirtschaft und Gesellschaft. Die Wirtschaft und die gesellschaftlichen Ordnungen und Mächte. Nachlaß. Teilband 1: Gemeinschaften, hrsg. von Wolfgang J. Mommsen, in Zusammenarb. mit Michael Meyer, 2001

Bd. I/22-2: Wirtschaft und Gesellschaft. Die Wirtschaft und die gesellschaftlichen Ordnungen und Mächte. Nachlaß. Teilband 2: Religiöse Gemeinschaften, hrsg. von Hans G. Kippenberg, in Zusammenarb. mit Petra Schilm, unter Mitw. von Jutta Niemeier, 2001

Bd. I/22-3: Wirtschaft und Gesellschaft. Die Wirtschaft und die gesellschaftlichen Ordnungen und Mächte. Nachlaß. Teilband 3: Recht, hrsg. von Werner Gephart und Siegfried Hermes, 2010

Bd. I/22-4: Wirtschaft und Gesellschaft. Die Wirtschaft und die gesellschaftlichen Ordnungen und Mächte. Nachlaß. Teilband 4: Herrschaft, hrsg. von Edith Hanke, in Zusammenarb. mit Thomas Kroll, 2005

Bd. I/22-5: Wirtschaft und Gesellschaft. Die Wirtschaft und die gesellschaftlichen Ordnungen und Mächte. Nachlaß. Teilband 5: Die Stadt, hrsg. von Wilfried Nippel, 1999

Bd. I/23: Wirtschaft und Gesellschaft. Soziologie. Unvollendet 1919–1920, hrsg. von Knut Borchardt, Edith Hanke und Wolfgang Schluchter, 2013

Bd. I/24: Wirtschaft und Gesellschaft. Entstehungsgeschichte und Dokumente, hrsg. von Wolfgang Schluchter, 2009

Bd. I/25: Wirtschaft und Gesellschaft. Gesamtregister, bearb. von Edith Hanke und Christoph Morlok, 2015

NaS Theodor W. Adorno, Nachgelassene Schriften, hrsg. vom Theodor W. Adorno Archiv, Frankfurt a. M. und Berlin

Bd. I·1: Beethoven. Philosophie der Musik. Fragmente und Texte, hrsg. von Rolf Tiedemann, 3. Aufl., 1999

Bd. I·2: Zu einer Theorie der musikalischen Reproduktion. Aufzeichnungen, ein Entwurf und zwei Schemata, hrsg. von Henri Lonitz, 2001

Bd. I·3: Current of Music. Elements of a Radio Theory, hrsg. von Robert Hullot-Kentor, 2006

Bd. IV·1: Erkenntnistheorie (1957/58), hrsg. von Karel Markus, 2018

Bd. IV·2: Einführung in die Dialektik (1958), hrsg. von Christoph Ziermann, 2010

Bd. IV·3: Ästhetik (1958/59), hrsg. von Eberhard Ortland, 2009

Bd. IV·4: Kants »Kritik der reinen Vernunft« (1959), hrsg. von Rolf Tiedemann, 1995

Bd. IV·6:	Philosophie und Soziologie (1960), hrsg. von Dirk Braunstein, 2011	
Bd. IV·7:	Ontologie und Dialektik (1960/61), hrsg. von Rolf Tiedemann, 2002	
Bd. IV·9:	Philosophische Terminologie I und II, hrsg. von Henri Lonitz, 2016	
Bd. IV·10:	Probleme der Moralphilosophie (1963), hrsg. von Thomas Schröder, 1997	
Bd. IV·12:	Philosophische Elemente einer Theorie der Gesellschaft (1964), hrsg. von Tobias ten Brink und Marc Phillip Nogueira, 2008	
Bd. IV·13:	Zur Lehre von der Geschichte und von der Freiheit (1964/65), hrsg. von Rolf Tiedemann, 2000	
Bd. IV·14:	Metaphysik. Begriff und Probleme (1965), hrsg. von Rolf Tiedemann, 1998	
Bd. IV·15:	Einleitung in die Soziologie (1968), hrsg. von Christoph Gödde, 1993	
Bd. IV·16:	Vorlesung über Negative Dialektik. Fragmente zur Vorlesung 1965/66, hrsg. von Rolf Tiedemann, 2003	
Bd. IV·17:	Kranichsteiner Vorlesungen, hrsg. von Klaus Reichert und Michael Schwarz, 2014	
Bd. V·1:	Vorträge 1949–1968, hrsg. von Michael Schwarz, 2019	

NW Friedrich Nietzsche, Sämtliche Werke. Kritische Studienausgabe in 15 Bänden, hrsg. von Giorgio Colli und Mazzino Montinari, 2. Aufl., Berlin, New York 1988

Bd. 1:	Die Geburt der Tragödie · Unzeitgemäße Betrachtungen I–IV · Nachgelassene Schriften 1870–1873
Bd. 2:	Menschliches, Allzumenschliches I und II
Bd. 3:	Morgenröte · Idyllen aus Messina · Die fröhliche Wissenschaft
Bd. 4:	Also sprach Zarathustra I–IV
Bd. 5:	Jenseits von Gut und Böse · Zur Genealogie der Moral
Bd. 6:	Der Fall Wagner · Götzen-Dämmerung · Der Antichrist · Ecce homo · Dionysos-Dithyramben · Nietzsche contra Wagner
Bd. 11:	Nachgelassene Fragmente 1884–1885

SW Schellings Werke. Münchner Jubiläumsdruck. Nach der Originalausgabe in neuer Anordnung, hrsg. von Manfred Schröter, München

Bd. 1:	Jugendschriften 1793–1798, 1927
Bd. 2:	Schriften zur Naturphilosophie, 1799–1801, 1927
Bd. 3:	Schriften zur Identitätsphilosophie 1801–1806, 1927
Bd. 4:	Schriften zur Philosophie der Freiheit 1805–1815, 1927
Bd. 5:	Schriften zur geschichtlichen Philosophie 1821–1854, 1928
Ergänzungsbd. 1:	Zur Naturphilosophie 1792–1803, 1956
Ergänzungsbd. 2:	Zur Identitätsphilosophie 1804, 1956
Nachlaßbd.:	Die Weltalter. Fragmente. In den Urfassungen von 1811 und 1813, 1946

TWAA Theodor W. Adorno Archiv, Frankfurt a. M.

UAF Universitätsarchiv der Johann Wolfgang Goethe-Universität Frankfurt a. M.

Protokolle

Sommersemester 1961:
Idealismus und Materialismus

Philosophisches Hauptseminar mit Max Horkheimer

In diesem Semester hält Adorno zudem die philosophische Vorlesung »Ästhetik I« und gibt das soziologische Hauptseminar »Probleme der qualitativen Analyse«

Das Seminar findet donnerstags von 18 bis 20 Uhr statt

250–258 Archivzentrum Na 1, 889

250 Brigitte Benecke, 18. Mai 1961

Protokoll des philosophischen Seminars vom 18. Mai 1961

Das Seminar wird sich mit dem Thema Idealismus–Materialismus auseinandersetzen.

In der philosophischen Tradition pflegte man den Materialismus und Spiritualismus einander entgegenzustellen sowie den Idealismus und Realismus. Das erste Gegensatzpaar wurde dabei vorwiegend dem metaphysischen Bereich zugeordnet, das zweite dem erkenntnistheoretischen. Philosophiehistorisch bestehen Materialismus und Spiritualismus nicht in subjektiver Reflexion, treffen jedoch Aussagen über An-sich-Seiendes, über die Natur der Wirklichkeit oder des Seins, und korrespondieren darin dem Gegensatzpaar: Idealismus–Realismus, in dem freilich subjektive Reflexion wesentlich wirksam ist: Die Welt wird in ihrer Beziehung auf menschliche Subjekte gesehen.

Das Problem der Erkennbarkeit der Welt stellt sich hier wir dort.

Der Lehre Descartes' von den zwei Substanzen: der denkenden (res cogitans) und der physischen (res extensa) stellt sich Berkeleys Anerkennung nur *einer*, der geistigen, Substanz entgegen.[1]

Berkeley steht als Spiritualist in der Tradition des englischen Empirismus. Sein Credo lautet: *Esse est percipi* – Sein ist Vorgestelltwerden.[2] Der Ursprung aller

---

[1] »Einige Wahrheiten liegen so nahe und sind so offensichtlich, daß man nur die Augen zu öffnen braucht, um sie zu sehen. Zu diesen zähle ich die bedeutende Wahrheit, daß alle Chöre des Himmels und die ganze Vielfalt irdischer Objekte, kurz: alle Körper, die das gewaltige Weltgebäude bilden, nicht außerhalb eines Geistes bestehen können, daß ihr Sein ihr Wahrgenommen- oder Erkanntwerden ist, daß mithin, solange sie nicht von mir aktual wahrgenommen werden oder in meinem Geist oder dem eines anderen geschaffenen Geistwesens existieren, sie entweder überhaupt nicht sind oder im Geist eines ewigen Wesens bestehen müssen; ist es doch völlig unverständlich und der Inbegriff des Widersinns der Abstraktion, wenn irgendeinem Teil dieser Dinge ein Dasein unabhängig von einem Geist zugeschrieben wird. Um hiervon überzeugt zu sein, muß der Leser sich nur auf sich selbst besinnen und versuchen, in Gedanken das Sein eines Sinnendinges von seinem Wahrgenommenwerden zu trennen. [...] Aus dem Gesagten folgt, daß es keine andere Substanz gibt als *Geist* oder das, was wahrnimmt.« (George Berkeley, Eine Abhandlung über die Prinzipien der menschlichen Erkenntnis [1710], hrsg., eingel. und übers. von Arend Kulenkampff, Hamburg 2004 [Philosophische Bibliothek; 532], S. 28)

[2] »Daß weder unsere Gedanken noch unsere Gemütsbewegungen noch die Ideen der Einbildungskraft außerhalb des Geistes existieren, wird jeder zugeben. Es scheint aber ebenso offenkundig zu sein, daß die verschiedenen Sinnesempfindungen oder den Sinnen eingeprägten Ideen, wie sie auch miteinander vermischt oder verbunden sein, d. h. was für Gegenstände sie auch bilden mögen, nicht anders als in einem sie wahrnehmenden Geist existieren können. Das,

Vorstellung ist für ihn der unendliche Geist – Gott. Die wirkliche Körperwelt ist ein von Gott gewolltes System von Ideen.³

(Der Solipsismus – in dem dann jedes einzelne Individuum nur seiner eigenen Existenz ganz gewiß sein kann – ist eine der Folgen dieser Lehre von dem ausschließlichen Sein der Körperwelt in der Vorstellung des Geistes.)

Bereits Locke hatte die Frage aufgeworfen, ob man von den Dingen behaupten dürfe, daß sie wirklich sind,⁴ und an der traditionellen Vorstellung von an sich seienden Dingen mit seiner Unterscheidung der primären und sekundären Qualitäten gerüttelt.⁵

Hinter dem Dualismus von Descartes stand der Begriff der Gottheit als ens perfectissimum, die vollkommene, allgegenwärtige Substanz, die durch die Vernunft zu erfassen war.⁶

---

meine ich, sollte jedem intuitiv klar sein, der genau darauf achtet, was der Ausdruck *existieren*, angewandt auf Sinnendinge, bedeutet. Von dem Tisch, an dem ich schreibe, sage ich: er existiert, und das heißt: ich sehe und taste ihn. Befände ich mich außerhalb meiner Studierstube, so hätte meine Behauptung, daß er existiert, den Sinn, daß ich, wenn ich in meiner Studierstube wäre, ihn wahrnehmen könnte oder daß irgendein anderer Geist ihn gegenwärtig wahrnimmt. Ein Duft war da, heißt: er wurde gerochen; ein Ton erklang, besagt: er wurde gehört; eine Farbe oder Gestalt war da: sie wurde durch den Gesichtssinn oder den Tastsinn wahrgenommen. Hierin erschöpft sich für mich die Bedeutung dieser und ähnlicher Ausdrücke. Denn die Rede von der absoluten Existenz nichtdenkender Dinge ohne alle Beziehung auf ihr Wahrgenommenwerden scheint schlechthin unverständlich zu sein. Ihr *esse* ist *percipi*, und es ist nicht möglich, daß ihnen irgendein Dasein außerhalb der Geister oder denkenden Dinge, die sie wahrnehmen, zukäme.« (Ebd., S. 26)

3 Vgl. vor allem ebd., S. 55–58.

4 »Alles, was der Geist *in sich selbst* wahrnimmt oder was unmittelbar Objekt der Wahrnehmung, des Denkens oder des Verstandes ist, das nenne ich *Idee*; und die Kraft, eine Idee in unserm Geist zu erzeugen, nenne ich eine *Qualität* des Gegenstandes, dem jene Kraft innewohnt. Wenn beispielsweise ein Schneeball die Kraft besitzt, in uns die Ideen von weiß, kalt und rund zu erzeugen, so nenne ich die Kraft, diese Ideen, wie sie im Schneeball sind, in uns zu erzeugen, Qualitäten; sofern sie aber Sensationen oder Wahrnehmungen in unserm Verstande sind, nenne ich sie Ideen. Wenn ich also zuweilen von diesen Ideen rede, als wären sie in den Dingen selbst, so möchte ich darunter jene Qualitäten in den Objekten verstanden wissen, die die Ideen in uns erzeugen.« (John Locke, Versuch über den menschlichen Verstand [1690]. In vier Büchern. Band I: Buch I und II, übers. von Carl Winckler, Hamburg 2006 [Philosophische Bibliothek; 75], S. 146 f.)

5 Ebd., S. 147 f.

6 Bei Descartes heißt es etwa: »Wie kann die Idee eines höchstvollkommenen Seienden, die in uns ist, eine solche objektive Realität haben, daß sie gar keine andere als eine höchstvollkommene Ursache haben kann? Das wird [...] durch den Vergleich mit einer sehr vollkommenen Maschine erläutert, deren Idee sich im Geist eines Technikers befindet: Ebenso wie nämlich der objektive Gehalt dieser Idee irgendeine Ursache haben muß, nämlich das Wissen dieses oder eines anderen Technikers, von dem er sie übernommen hat, kann die Idee Gottes, die in uns ist,

Für Locke war Substanz der unbekannte Träger von Eigenschaften.[7] Locke hielt es für möglich, eine demonstrative Gewißheit über das Dasein Gottes zu erhalten.[8]

Für Hume war diese Erkenntnis unannehmbar. Er teilte alle Inhalte des Bewußtseins in »impressions«, Eindrücke, und »ideas«, Ideen, ein.[9] Er löste sowohl die dingliche Substanz als auch die Einheit des Ichs in ein »Bündel von Bewußtseinserscheinungen« auf. Hier stehen wir vor einem wesentlichen Unterschied zwischen Kant und den Empiristen. Das zeigt sich besonders in der Frage der Kausalität. Die bei Hume verlorengegangene Einheit der Erfahrung wird erst bei Kant in der Einheit der Apperzeption wieder auftreten. An Berkeley läßt sich die Einsicht in eine gegenseitige Vermittlung der Gegensatzpaare gewinnen.

Eine gegenseitige Vermittlung von Materialismus–Spiritualismus einerseits und Idealismus–Realismus andererseits begegnet schon in der antiken Philosophie.

Die »Arche« der Eleaten, ja aller Vorsokratiker stand entweder ganz im Zeichen des Hylozoismus oder ihm doch nahe.

Es gab noch keine vollständige Entmythologisierung des Materiebegriffs oder absolute Trennung durch subjektive Reflexion.

---

allein Gott selbst zur Ursache haben.« (René Descartes, Meditationen [1641], hrsg. und übers. von Christian Wohlers, Hamburg 2009 [Philosophische Bibliothek; 596], S. 15)

7 »Es gibt, wie ich anerkenne, noch eine Idee, deren Besitz für die Menschen von allgemeinem Nutzen sein würde, wie ja auch allgemein so geredet wird, als die Menschen sie hätten. Es ist die Idee der *Substanz*, die wir durch Sensation oder Reflexion weder besitzen noch erlangen können. Wenn die Natur Sorge trug, uns mit gewissen Ideen zu versehen, so dürfen wir wohl erwarten, daß es solche seien, die wir vermittels unserer eigenen Fähigkeiten zu erwerben außerstande sind. Wir sehen aber im Gegenteil, daß wir, weil diese Idee nicht auf eben den Wegen wie die anderen Ideen in unseren Geist gelangt, von der *Substanz* überhaupt keine *klare* Idee besitzen und darum mit diesem Wort lediglich die ungewisse Annahme von etwas uns selbst Unbekanntem bezeichnen, das heißt von etwas, wovon wir keine {besondere, deutliche, positive} Idee besitzen und das wir als *Substrat* oder Träger der uns bekannten Ideen ansehen.« (Locke, Versuch über den menschlichen Verstand, a.a.O. [s. Anm. 4], S. 95)

8 »Gott hat uns zwar keine angeborenen Ideen von sich selbst gegeben, er hat unserm Geist keine ursprünglichen Schriftzeichen eingeprägt, aus denen wir sein Dasein ablesen könnten; dennoch aber hat er sich nicht unbezeugt gelassen, indem er uns nämlich die Fähigkeiten verlieh, die unsere geistige Ausrüstung bilden. Wir besitzen Sinne, Wahrnehmung und Vernunft, so daß es uns an einem klaren Beweis für ihn nicht fehlen kann, solange wir noch *wir selber* sind.« (Ebd., S. 295)

9 Vgl. den Abschnitt »Über den Ursprung der Vorstellungen«, in: David Hume, Eine Untersuchung über den menschlichen Verstand [1748], hrsg. und eingel. von Manfred Kühn, übers. von Raoul Richter, Hamburg 2015 (Philosophische Bibliothek; 648), S. 18–23.

Mit Parmenides wird der Beginn des Nachdenkens über Erkenntnis und über das über die Natur Hinausgehende gesetzt.[10] Im wesentlichen war der antike Materialismus Metaphysik. War in der Antike ein nur nominalistischer Materialismus durch die Wirksamkeit des Hylozoismus ausgeschlossen, so wurden in der Moderne – etwa bei Scheler[11] – Materialismus und Nominalismus miteinander verbunden.

Anschließend wurde herausgestellt, daß der Gegensatz von Materialismus und Idealismus zunächst weniger mit erkenntnistheoretischen Erwägungen zu tun habe, als vielmehr in der »Dimension der Erklärung unseres Schicksals« zu suchen sei. Wird der Gang der menschlichen Verhältnisse wesentlich vom Bewußtsein oder von etwas Hartem, Undurchdringlichem beherrscht?, lautete die Frage, die sich am Ende der Seminarsitzung ergeben hatte.

---

10 Parmenides denkt nicht mehr über »Archē« nach, d. h. das Erste, die Ursache, den Urstoff, sondern über das Seiende und Nicht-Seiende, so etwa, wenn er sagt: »Wohlan so will ich denn verkünden (Du aber nimm mein Wort zu Ohren), welche Wege der Forschung allein denkbar sind: der eine Weg, daß *das Seiende* ist und daß es unmöglich nicht sein kann, das ist der Weg der Überzeugung (denn er folgt der Wahrheit), der andere aber, daß es nicht ist und daß dies Nichtsein notwendig sei, dieser Pfad ist (so künde ich Dir) gänzlich unerforschbar. Denn das Nichtseiende kannst Du weder erkennen (es ist ja unausführbar) noch aussprechen. [...] Denn *das Seiende* denken und sein ist dasselbe.« (Parmenides zitiert nach Hermann Diels, Die Fragmente der Vorsokratiker. Griechisch und deutsch [1903], Bd. 1, 2. Aufl., Berlin 1906, S. 116 f.)
11 Vgl. etwa den Abschnitt »Wahrnehmungsinhalt, Empfindung und die transbewußten ›Körperbilder‹«, in: Max Scheler, Die Wissensformen und die Gesellschaft [1926], 2. Aufl., in: Max Scheler, Gesammelte Werke, Bd. 8, hrsg. von Maria Scheler, Bern und München 1960, S. 284–315.

251 Hartmut Wolf,
8. Juni 1961

Protokoll der Sitzung des philosophischen
Hauptseminars vom 8. Juni 1961
============================

Im Mittelpunkt der Sitzung stand das Referat von Herrn Bartels mit dem Thema: Was ist das Idealistische an Kant und welche materialistischen Züge hat die Philosophie Kants?[12] Die Antwort auf diese Frage versucht der Referent zunächst in Form einer gedrängten Übersicht über die Grundzüge der Kritik der reinen Vernunft vorzubereiten.

In diesem Sinne ließe sich nicht ganz zu Unrecht die Thematik des Werkes in dem Satz: »Wie sind synthetische Urteile a priori möglich?«[13] zusammenfassen, aber von hier aus bliebe – wie in einem Einwand geltend gemacht wurde – die Erschütterung, die die Kritik der reinen Vernunft in vielen Zeitgenossen auslöste, so etwa in Kleist oder Hölderlin,[14] unverständlich.

---

12 Der Referatstext von Siegfried Bartels wurde nicht aufgefunden.
13 KW, Bd. III, S. 59 (B 19).
14 Kleist berichtet seiner Verlobten brieflich von seiner »Erschütterung«: »Vor kurzem wurde ich mit der neueren sogenannten kantischen Philosophie bekannt – und Dir muß ich jetzt daraus einen Gedanken mitteilen, indem ich nicht fürchten darf, daß er Dich so tief, so schmerzhaft erschüttern wird, als mich. Auch kennst Du das Ganze nicht hinlänglich, um sein Interesse vollständig zu begreifen. Ich will indessen so deutlich sprechen, als möglich. [Absatz] Wenn alle Menschen statt der Augen grüne Gläser hätten, so würden sie urteilen müssen, die Gegenstände, welche sie dadurch erblicken, seien grün – und nie entscheiden können, ob ihr Auge ihnen die Dinge zeige, wie sie sind, oder ob es nicht etwas zu ihnen hinzuthue, was nicht ihnen, sondern dem Auge gehöre. So ist es mit dem Verstande. Wir können nicht entscheiden, ob das, was wir Wahrheit nennen, wahrhaft Wahrheit ist, oder ob es uns nur so scheint. Ist's das letztere, so ist die Wahrheit, die wir hier sammeln nach dem Tode nichts mehr – und alles Bestreben, ein Eigenthum sich zu erwerben, das uns auch in das Grab folgt, ist vergeblich. – – [Absatz] Wenn die Spitze dieses Gedankens Dein Herz nicht trifft, so lächele nicht über einen Anderen, der sich tief in seinem heiligsten Innern davon verwundet fühlt. Mein einziges, mein höchstes Ziel ist gesunken, und ich habe keines mehr. –« (Heinrich von Kleist an Wilhelmine von Zenge, 22. März 1801, in: Heinrich von Kleist's Leben und Briefe, hrsg. von Eduard von Bülow, Berlin 1848, S. 156 f.) – Hölderlin schreibt über seine Kantlektüre an seine Mutter: »Ich studirte denjenigen Theil der Weltweisheit, der von den *Beweisen der Vernunft* für das Daseyn Gottes und von seinen Eigenschaften, die wir aus der Natur kennen *sollen*, mit einem Interesse dafür, dessen ich mich nicht schäme, wenn es gleich auf einige Zeit mich auf Gedanken führte, die Sie vielleicht unruhig gemacht hätten, wenn Sie sie gekannt hätten. Ich ahnete nämlich bald, daß jene *Beweise der Vernunft* für's Daseyn Gottes, und auch für Unsterblichkeit, so unvollkommen wären, daß sie von scharfen *Gegnern* ganz oder doch wenigstens in ihren Hauptheilen würden umgestoßen werden

In einem ersten Exkurs suchte das Seminar nach einem Verständnis für die eminente Wirkung des Werkes, die aus seiner eindeutigen Festlegung auf einen Gegenstand der reinen Vernunft nicht ohne weiteres ersichtlich wird. Ebenso erschien es unzureichend das Pathos dieses Werkes – wie es Herr Professor Adorno nannte – in der theoretischen Grundlegung eines vernünftigen Lebens, also gewissermaßen in einer Propädeutik zur Ethik, zu erblicken, da sich letztere gerade mit dem beschäftigt, was die Kritik der reinen Vernunft ähnlich den Fragen nach Gott, Freiheit und Unsterblichkeit mit einem non licet versieht.

Das Ungeheure dieses Denkens liegt eher in dem Versuch, von der Basis des Nominalismus aus diesen mit seinen eigenen Mitteln zu überwinden. Gerade in der konsequenten Deduktion auf das Subjekt gelingt es Kant, den vom Nominalismus sinnentleerten und auf eine bloße Funktion der Denkökonomie zurückgedrängten Begriffen einen Rest von Objektivität zu garantieren, indem er den Nachweis erbringt, daß auf Grund einer Analyse unserer Erkenntnisfähigkeit, die transzendentale Apperzeption, die reine Subjektivität des »Ich denke« zugleich der Grund der Objektivität der Erkenntnis sei.[15] Da aber die so gewonnenen kategorialen Begriffe rein formal sind, bedürfen sie, um Erkenntnis möglich zu machen, eines Inhaltes, der ihnen aber nur über die sinnliche Wahrnehmung zukommen kann. Demzufolge hat der Nachdruck des Satzes: »Wie sind synthetische Urteile a priori möglich?« auf dem Wort synthetisch zu liegen: Es kommt alles auf die Anstrengung des Subjektes an, das sich bemüht, eine zwar vor aller Erfahrung, aber doch auch nur für alle Erfahrung gültige formale Begriffsapparatur mit den durch die Anschauung gegebenen Materialien in eine Einheit zu bringen.

Im folgenden gab der Referent einen Überblick der Kantischen Ansichten über die Möglichkeiten, synthetische Urteile a priori in der Mathematik und Physik zu verifizieren,[16] um daraus zu folgern: »Während durch Mathematik und Natur-

---

können.« (Friedrich Hölderlin an Johanna Christiana Gock, 14. Februar 1791, in: Friedrich Hölderlin, Sämtliche Werke. ›Frankfurter Ausgabe‹. Historisch-kritische Ausgabe, hrsg. von D. E. Sattler, Bd. 19, hrsg. von D. E. Sattler und Anja Ross, Frankfurt a.M. und Basel 2007, S. 118f.)
15 »Das: *Ich denke,* muß alle meine Vorstellungen begleiten *können;* denn sonst würde etwas in mir vorgestellt werden, was gar nicht gedacht werden könnte, welches eben so viel heißt, als die Vorstellung würde entweder unmöglich, oder wenigstens für mich nichts sein.« (KW, Bd. III, S. 136 [B 131f.])
16 »*Wie ist reine Mathematik möglich? [Absatz] Wie ist reine Naturwissenschaft möglich? [Absatz]* Von diesen Wissenschaften, da sie wirklich gegeben sind, läßt sich nun wohl geziemend fragen: *wie* sie möglich sind; denn *daß* sie möglich sein müssen, wird durch ihre Wirklichkeit bewiesen. Was aber *Metaphysik* betrifft, so muß ihr bisheriger schlechter Fortgang, und weil man von keiner einzigen bisher vorgetragenen, was ihren wesentlichen Zweck angeht, sagen kann, sie sei wirklich

wissenschaften die prinzipielle Möglichkeit von synthetischen Erkenntnissen a priori belegt wird, kann die traditionelle Metaphysik nicht als Wissenschaft, sondern nur als Naturanlage angesehen werden.« Es geht demnach nicht darum, warum, sondern wie sie möglich sei. An dieser Stelle wurde zunächst darauf verwiesen, daß diese Formulierung mit Vorsicht aufzunehmen sei, da auch die Antinomien, die notwendige Widersprüche jeder Metaphysik aufzeigen, einem nicht naher zu begründenden, also natürlichen Interesse der Vernunft entsprächen.

Daneben liegt in der Vorstellung, die Metaphysik entspräche einer Naturanlage, die Tendenz verborgen, durch die Hypostasierung dieser Anlage eine Kette von Bedingungen, die sich aus innerer Notwendigkeit weiterknüpft, vorzeitig zu beenden.

Dem Gedankengang des Referates folgend, beschäftigte sich die Diskussion dann mit der Problematik des Dingbegriffes. Der Referent hatte Kant, wie folgt, zitiert: »Der Raum ist die subjektive Bedingung der Sinnlichkeit unter der allein uns äußere Anschauung möglich ist.«[17] Ebenso sei die Zeit »eine notwendige Vorstellung, die allen Anschauungen zu Grunde liegt.«[18] Über die Materialien an sich kann nichts ausgesagt werden, als daß sie sich auf die Formen der kategorialen Anschauung beziehen. Sie sich ohne diese vorzustellen, ist unmöglich, da jedes Vorstellen nach Kant als Leistung der Subjektivität bereits kategorial formiert ist. Trotzdem würde Kant die Existenz von etwas, das nicht voll auf Subjektivität reduziert werden kann, nie geleugnet haben. Das mag zunächst als Überrest eines naiven Realismus erscheinen, der die Welt der Empirie, aus der das Bewußtsein den größten Teil seiner Erfahrung a posteriori schöpft, unangetastet ließ. Zwar wird damit der Begriff der Synthesis höchst problematisch. Mit der Existenz von etwas an sich Seiendem wäre nämlich zugleich eine vom Subjekt unabhängige Formung oder Strukturierung gegeben, während in dieser Formung gerade die Leistung des Subjekts in der Synthesis besteht. Auf der anderen Seite aber würde der Begriff der Synthesis ebenso fragwürdig, wenn alles im Subjekt aufginge. Und

---

vorhanden, einen jeden mit Grunde an ihrer Möglichkeit zweifeln lassen. *[Absatz]* Nun ist aber diese *Art von Erkenntnis* in gewissem Sinne doch auch als gegeben anzusehen, und Metaphysik ist, wenn gleich nicht als Wissenschaft, doch als Naturanlage (metaphysica naturalis) wirklich.« (Ebd., S. 59f. [B 20f.])

17 »Der Raum ist nichts anders, als nur die Form aller Erscheinungen äußerer Sinne, d.i. die subjektive Bedingung der Sinnlichkeit, unter der allein uns äußere Anschauung möglich ist.« (Ebd., S. 75 [B 42; A 26])

18 »Die Zeit ist eine notwendige Vorstellung, die allen Anschauungen zum Grunde liegt.« (Ebd., S. 78 [B 46; A 31])

es gilt gerade als eine der Leistungen Kants, die Materialbedürftigkeit der rein formalen transzendentalen Apperzeption aufgezeigt zu haben. Für ihn gehört zum Wesen der Spontanität zugleich die Einsicht ihrer Bedingtheit: Sie bedarf der sinnlichen Wahrnehmung, um objektive Erkenntnis zu erzielen.

Bevor auf den Kernpunkt des Referates, auf den Versuch materialistische Momente in der kantischen Philosophie nachzuweisen, eingegangen wurde, bildeten abschließende Hinweise auf die Kritik der praktischen Vernunft den Anlaß, das Einheitsmoment der Kritiken zu betonen: Dort wird vom Einzelnen auf Grund seiner Einsicht in die Ideen der Sittlichkeit gefordert, moralisch zu handeln. Das ist zunächst analog zu der Unterscheidung zwischen einem formalen und einem empirischen Subjekt die Aufspaltung des Ich in einen, der gehorcht, und in einen, der befiehlt, zugleich aber auch die logische Schlußfolgerung eines Denkens, wie es sich bereits im Begriff der Notwendigkeit in der reinen Vernunft auswies: Als denkendes und vernünftiges Wesen muß der Mensch notwendig nach dem kategorischen Imperativ handeln.[19] Damit wird der Begriff der Vernunft, der bereits den Imperativ impliziert, zu dem verbindenden Element in den Kantischen Kritiken.

Nach diesen in den Vortrag eingefügten Erörterungen konzentrierte sich die Diskussion auf die Frage nach dem materialistischen Moment in Kants Philosophie. Dazu hatte der Referent in etwa ausgeführt: Die Kategorien und die Formen der reinen Anschauung bedürften, um so etwas wie Erfahrung ausmachen zu können, eines zu bestimmenden Materials. Sie seien aber nicht in der Lage, etwas über dieses Material an sich auszusagen. Es bliebe damit irrational, vom Subjekt unabhängig und – als Ding an sich in die Philosophie eingegangen – ein materialistischer Aspekt im Denken Kants. Der Hinweis auf Fichte konnte aber zeigen, daß der Begriff des Materialismus mit dem Verweis auf etwas Irrationales, vom Subjekt Unabhängiges, zu eng gefaßt sei. Zwar beschränkt sich bei Kant die Aktivität des Subjekts auf die Formung des Erkannten, und die Inhalte werden ihm über die sinnliche Wahrnehmung von außen gegeben, doch auch schon bei ihm wird deren Formung durch das Subjekt das eigentlich Entscheidende. Die Welt, die wir erkennen, bleibt eine Welt des Geistes und die Materie, der Anstoß zur Synthesis, die diese Welt hervorbringt, so unbestimmt, als sei sie nie gewesen. Fichte wird dann über Kant hinausgehen: Für ihn geht der Aktivität, die sich am Material abmüht, dessen Setzen durch den Geist voraus. In seiner ersten Wis-

---

19 Vgl. den Abschnitt »Von den Grundsätzen der reinen praktischen Vernunft«, KW, Bd. VII, S. 125–173 (A 35–100).

senschaftslehre setzt sich das Ich diese Welt, um sie zu überwinden, da das Handeln etwas haben müsse, »worauf« es handelt.[20] Gegen diesen Gedanken, der die Welt sieht als etwas, wie es nicht sein soll, damit es die Tätigkeit des Ichs umschaffen könne, wird sich später Hegel wenden. Er läßt auch der Welt, so wie sie ist, als einem Moment zur absoluten Wirklichkeit des Geistes eine Bedeutung zukommen. (Differenz des Fichteschen und Schellingschen Systems, Werke III, S. 146)[21]

Die Weiterentwicklung der Kantischen Ansichten bei Fichte – wie sie hier sehr vereinfachend dargelegt wurde – zeigt, daß der Dingbegriff Kants als Anstoß zur Synthesis etwas Gedachtes bleibt und damit eher ein Korrelat zum Kantischen Idealismus ist.

In einem neuen Ansatz wurde versucht, die Ausgangsfrage durch einen Vergleich der Funktion der Kategorien in der Kritik der reinen Vernunft und in der Kritik der Urteilskraft anzugehen. Sind sie in der Kritik der reinen Vernunft höchste Begriffe, so sucht die Urteilskraft aus dem empirisch Gegebenen allgemeine Gesetze zu ermitteln. Wenn diese dann mit dem Schema der Apperzeption nicht in Widerspruch stehen, so scheint das wie ein glücklicher Zufall. Erklärt man nämlich, das, womit es die Empirie zu tun habe, sei präformiert, dann gerät man in das Dilemma, die rein quantitativen Kategorien zu qualifizieren, indem sie sich einem bereits Präformierten anpassen.

Dann aber würde, neben der Frage, wodurch diese Präformierung bewirkt werde, mit der Strukturierung dessen, was ist, ein Sinnzusammenhäng hergestellt. Das wiederum wäre eher eine teleologische als eine materialistische Tendenz.

Trotzdem bleibt die Erkenntnisfähigkeit nach Kant auf eine Welt der Erscheinungen beschränkt und die Möglichkeit, die Dinge an sich zu erkennen, verschlossen. Diese Begrenzung impliziert indirekt ein Eingeständnis der Ohnmacht der Vernunft, das zu erkennen, was eigentlich ist. Von hier aus gesehen, läge das materialistische Moment nicht so sehr in dem positiven Vorhandensein, sondern in der Grenzziehung, die die Vernunft in ihre Schranken weist und die

---

20 »Die Logik also sagt: *Wenn* A ist, ist A; die Wissenschaftslehre: *Weil* A ist, ist A. Und hierdurch würde die Frage: Ist denn A gesetzt? so beantwortet: Es ist gesetzt, *denn* es ist gesetzt. *[Absatz]* Setzet: A in obigem Satze bedeute nicht das Ich, sondern irgend etwas anders, so läßt sich aus dem obigen die Bedingung einsehen, unter welcher man sagen könne: A ist gesetzt; und wie man berechtigt sei zu schließen: Wenn A gesetzt ist, so ist es gesetzt. – Nemlich der Satz: A = A gilt ursprünglich *nur vom Ich*; er ist von dem Satze der Wissenschaftslehre: Ich bin Ich, abgezogen; aller Gehalt also, worauf er anwendbar seyn soll, muß im Ich liegen, und unter ihm enthalten seyn.« (FGA, Bd. I/2, S. 140)

21 Auf welche Ausgabe sich das Sitzungsprotokoll bezieht, ist nicht ermittelt.

Möglichkeit einer letzten Endes sinnlosen Welt nicht ausschließt. Aber selbst in der Welt der Erscheinungen, in der Kant dem Subjekt Erkenntnismöglichkeit zubilligt und die mehr oder weniger seine eigene Welt ist, drückt sich etwas Willkürliches, Unvernünftiges aus, das nicht aufgeht im Vernünftigen. So bleiben gerade die transzendentalen Bestimmungen, die die Welt der Erscheinungen wesentlich als eine Welt des Subjekts ausweisen, unvermittelt. Ihre Anwendung vollzieht sich ohne Motivation, sie sind einfach da, als wären sie von außen gesetzt, und das Bewußtsein bedient sich ihrer, wie man sich Materialien bedient, und sie werden in Anwendung auf das Material der Erkenntnis selbst wie Materialien behandelt.

Hartmut Wolf[22]

---

22 Unterschrift.

252 Gertraude Menzel, 15. Juni 1961

Protokoll vom 15. 6. 1961

Teil I

Im Anschluß an das Referat der vorletzten Sitzung des Seminars[23] betonte Herr Professor Horkheimer noch einmal, daß sich für uns der Zusammenhang aller Intentionen der Kantischen Kritik der reinen Vernunft sowie überhaupt jeder Philosophie erst aus einer gewissen Distanz heraus ergibt. Nur wenn man weiß, daß die Kritik nicht nur die Auflösung der dritten Antinomie bedeutet,[24] daß sie nicht nur als Propädeutik zur Ethik angesehen werden darf, kann paradox Klingendes, wie die Frage nach materialistischen Momenten der Kantischen Philosophie, erkannt und verstanden werden.

Eigentlich wurde bisher nur das Idealistische an Kant hervorgehoben. Darauf, daß sich bei ihm besonders dort materialistische Züge finden, wo sich Kant als Philosoph der Aufklärung zeigt, wie in der Geschichtsphilosophie – als Beispiel wurde angeführt: die Not bringt den Menschen zur Vernunft[25] –, wurde noch nicht hingewiesen.

---

23 Weder das Protokoll noch ein Referatstext jener Sitzung wurden aufgefunden.
24 Diese Antinomie setzt sich zusammen aus der »Thesis«: »Die Kausalität nach Gesetzen der Natur ist nicht die einzige, aus welcher die Erscheinungen der Welt insgesamt abgeleitet werden können. Es ist noch eine Kausalität durch Freiheit zu Erklärung derselben anzunehmen notwendig.« (KW, Bd. IV, S. 426–428 [B 472f.; A 444f.]) – sowie der »Antithesis«: »Es ist keine Freiheit, sondern alles in der Welt geschieht lediglich nach Gesetzen der Natur.« (Ebd., S. 427 [B 473; A 445]); vgl. den Abschnitt »Der Antinomie der reinen Vernunft dritter Widerstreit der transzendentalen Ideen«, ebd., S. 426–433 (B 472–479; A 445–451).
25 In der Schrift »Über den Gemeinspruch: Das mag in der Theorie richtig sein, taugt aber nicht für die Praxis« [1793] etwa heißt es: »So wie allseitige Gewalttätigkeit und daraus entspringende Not endlich ein Volk zur Entschließung bringen mußte, sich dem Zwange, den ihm die Vernunft selbst als Mittel vorschreibt, nämlich dem öffentlicher Gesetze zu unterwerfen, und in eine *staatsbürgerliche* Verfassung zu treten: so muß auch die Not aus den beständigen Kriegen, in welchen wiederum Staaten einander zu schmälern oder zu unterjochen suchen, sie zuletzt dahin bringen, selbst wider Willen, entweder in eine *weltbürgerliche* Verfassung zu treten; oder, ist ein solcher Zustand eines allgemeinen Friedens (wie es mit übergroßen Staaten wohl auch mehrmalen gegangen ist) auf einer andern Seite der Freiheit noch gefährlicher, indem er den schrecklichsten Despotismus herbei führt, so muß sie diese Not doch zu einem Zustande zwingen, der zwar kein weltbürgerliches gemeines Wesen unter einem Oberhaupt, aber doch ein rechtlicher Zustand der *Föderation* nach einem gemeinschaftlich verabredeten *Völkerrecht* ist.« (KW, Bd. XI, S. 169f. [A 278f.])

Die Vernunft als oberste Erkenntniskraft, als die alles Empirische und Verstandesmäßige systematisch machende, ist nach Kant so angelegt, daß sie immer das Ganze der Wahrheit will.

Reine Vernünftigkeit enthält ein Zwangsmoment, nämlich, die Wahrheit zu erkennen. Im imperativischen Charakter der Ideen liegt somit ein Moment, das an den kategorischen Imperativ der praktischen Vernunft erinnert. Von hier aus läßt sich der kategorische Imperativ der praktischen Vernunft als ein Sinnesimplikat der theoretischen Vernunft annehmen.

Der Anspruch auf ganze Wahrheit, wie er im Prinzip der Ideen angelegt ist, bedeutet zugleich eine Kritik an dem isolierten Einzelurteil der Erfahrungserkenntnis. Während bei Fichte die Idee ihrer regulativen Bedeutung entkleidet wird, indem auch das Sinnesmaterial durch die produktive Einbildungskraft gesetzt ist[26] und somit der Begriff der Synthesis im Kantischen Sinne seine Bedeutung verliert, ist bei Kant Synthesis möglich und notwendig, da es etwas Getrenntes gibt: auf der einen Seite das sinnlich Mannigfaltige, das Gegebene, und auf der anderen Seite der Verstand in seiner kategorialen Funktion, der das Mannigfaltige in einer Anschauung durch die Synthesis des Verstandes verarbeitet und als zur Einheit des Selbstbewußtseins gehörig erkennt.

In der Identitätslehre Fichtes ist auch das Nicht-Ich vom Ich gesetzt und wird im Erkenntnisprozeß wieder als Ich selbst erkannt.[27]

Bei Kant hingegen muß etwas Gegebenes da sein, das Material, hinter dem das Gegebene steht, das Ding an sich.

Dieses Ding an sich ist einmal der Grund oder die unbekannte Ursache für die Erscheinungen und zum anderen die Idee unserer Vernunft, die die Aufgabe stellt, alle einzelnen Erkenntnisse zu einer vollständigen Erkenntnis zu bringen. Das Prinzip dieses Erkenntniswegs ist eben die Idee.

Es ist das Idealistische an Kant, daß sich das Ding an sich schließlich als die reine, ursprüngliche Apperzeption erweist, als das Selbstbewußtsein des Subjekts, von dem aus dann erst alle Vorstellungen von Gegenständen möglich sind.

---

26 »Aber die Sinne liefern uns bloß ein subjektives, von der Art des oben aufgezeigten; der Stoff, als solcher, fällt keineswegs in die Sinne, sondern kann nur durch produktive Einbildungskraft entworfen, oder gedacht werden.« (FGA, Bd. I/2, S. 440)

27 So heißt es etwa: »Das Ich soll etwas heterogenes, fremdartiges, von ihm selbst zu unterscheidendes in sich antreffen: von diesem Punkte kann am füglichsten unsre Untersuchung ausgehen. *[Absatz]* Aber dennoch soll dieses fremdartige *im Ich* angetroffen werden, und muß darin angetroffen werden. Wäre es *ausser dem Ich*, so wäre es für das Ich Nichts, und es würde daraus Nichts für das Ich erfolgen. Mithin muß es in gewisser Rüksicht dem Ich auch zugeschrieben werden können; so muß es überhaupt seyn eine Thätigkeit des Ich, die als solche nicht fremdartig seyn kann, sondern deren bloße *Richtung* vielleicht fremdartig, nicht im Ich sondern ausser dem Ich begründet ist.« (Ebd., S. 405)

Das nominalistische Subjekt der Aufklärung schafft, indem es den Schein von Sinn im Objekt zerstört, durch seine Verstandestätigkeit einen neuen Sinn, einen neuen Begriff der Wirklichkeit, der sich freilich – an den Konstruktionen der traditionellen Metaphysik gemessen – als bescheiden erweist, da er nur im Subjekt gründet. Hier zeigt sich ein Stück bürgerlichen Selbstbewußtseins, das auf die Formel gebracht wurde: arm aber ehrlich. Dieses Bewußtsein gilt gleichsam als Trost für die verlorengegangene Sicherheit der dogmatisch gesetzten Systeme. So ist die Aufgabe, die Kant dem Subjekt stellt, in der subjektiven Vernunft die objektive Vernunft noch einmal hervorzubringen. Das Subjekt der Aufklärung ist bei Kant ein kritisches, autonomes, das, um der Wahrheit willen, den Aberglauben zerstört. Aber das Subjekt vollzieht nicht nur als individuelles, empirisches die Kritik an der Unwahrheit: Indem es eins ist mit dem transzendentalen Subjekt, ist es nicht völlig eigenständig, ist es der Historizität nicht enthoben, ist es geschichtlich.

Das, wovon wir affiziert werden, die vom Ding an sich gelieferte Materie der Erkenntnis, ist so sehr bestimmt, daß sie in all ihrer Bestimmtheit verschwindet, daß sie absolut unbestimmt erscheint. Alles, was ich über sie präzidiere, geht vom Subjekt aus. So wirkt sie nicht individuell, einmalig, sondern wird, wenn sie durch unsere Empfindung vermittelt ist, sofort kategorial geordnet. Ihre Novität wird von uns nicht mehr apperzipiert, ihre Eigenart wird durch den Überfluß an kategorialen Denk- und Anschauungsfunktionen derart bestimmt, daß sie als reine Materie unbestimmt erscheint.

Der Grund hierfür liegt in der geschichtlichen Bewußtseinsbildung des Subjekts.

Im Vergleich zu Kant tritt bei Hegel Empfindung und Begriff in eine engere Beziehung. Hegel legt dem Begriff größere Bedeutung bei als der Empfindung, da in dem Augenblick, wo das Dies-da nicht mehr vorhanden ist, einzig sein Begriff übrigbleibt.

Teil II

Der Referent des Themas »Was ist das Idealistische und Materialistische an Hegel«[28] ging von einem Zitat aus der Wissenschaft der Logik aus, das die Hegelsche Auffassung des Idealismus charakterisiert, um von da aus das Materialistische an Hegel zu entwickeln. Das Zitat lautete: »Der Satz, daß das Endliche ideell ist,

---

28 Der entsprechende Referatstext von Röttges wurde nicht aufgefunden.

macht den Idealismus aus. Der Idealismus der Philosophie besteht in nichts anderem als darin, das Endliche nicht als ein wahrhaft Seiendes anzuerkennen. Jede Philosophie ist wesentlich Idealismus oder hat denselben wesentlich zu ihrem Prinzip«.[29]

Damit, daß Hegel die Bestimmung des einzelnen Seienden als ein Gesetztsein durch Anderes versteht, spricht er dem Begriff der Bestimmung ein materielles Moment zu. Das einzelne, endliche Seiende hat sein Sein also nicht durch sich selbst, ist nicht selbständig, sondern durch ein Anderes gesetzt. So ist das Endliche das Ideelle als eine Bestimmung, die unterschieden ist von etwas Anderem. Die erste Bestimmtheit des Seins ist die Qualität, die mit dem Sein, dem Etwas, dem Dasein noch identisch ist. Der Unterschied zwischen Etwas und einem Anderen muß nun notwendig der sein, daß die Qualität des Einen eine andere ist als die des Anderen. Die Grenze zwischen Etwas und einem Anderen liegt dort, wo das Etwas und das Andere aufhören; sie ist das Ende des Seins und das Ende des Nichtseins. So ist das Seiende als das Nichtseiende in der Grenze Idealität, da diese als in sich reflektierte Negation des Etwas die Momente des Etwas und des Anderen ideell enthält.

Der Begriff der Idealität vereinigt so Positivität und Negativität, was aber nicht als unmittelbare Einheit zu verstehen ist, sondern als dialektische Bewegung, innerhalb derer sich Positivität und Negativität aufheben. Der Vorwurf, daß es sich hier um eine Mystifikation handele, da alle diese Dinge im Absoluten spielen, wurde Hegel von den Materialisten oft gemacht. Das formale Gesetz der Dialektik bewirkt immer wieder eine Veränderung der Gegenstände im Bewußtsein, das sich mit der Veränderung der Gegenstände ändert, aber auch zugleich dasselbe bleibt.

Das Bewußtsein bei Hegel weiß zunächst einen Gegenstand als An-sich-Sein, das unabhängig von seinem Gewußtsein ist. (Beispiel: Knecht und dingliches Sein.)[30] Durch die Erfahrung aber – bei dem gegebenen Beispiel durch die Arbeit – formt das Bewußtsein das Material. So verliert der Gegenstand für das Selbstbewußtsein die Bedeutung der von ihm unabhängigen, an sich seienden Wirklichkeit und wird ein Sein, das durch ein Anderes, das für das Bewußtsein ideell ist. Danach besteht die Erfahrung des Bewußtseins darin, auf jeder Stufe einzusehen,

---

29 Der Passus lautet vollständig korrekt: »Der Satz, daß das *Endliche ideell ist*, macht den *Idealismus* aus. Der Idealismus der Philosophie besteht in nichts anderem als darin, das Endliche nicht als ein wahrhaft Seiendes anzuerkennen. Jede Philosophie ist wesentlich Idealismus oder hat denselben wenigstens zu ihrem Prinzip, und die Frage ist dann nur, inwiefern dasselbe wirklich durchgeführt ist.« (HW, Bd. 5, S. 172)
30 Vgl. den Abschnitt »Selbständigkeit und Unselbständigkeit des Selbstbewußtseins; Herrschaft und Knechtschaft«, HW, Bd. 3, S. 145–155.

daß der Gegenstand, der ihm das An-sich-Seiende zu sein schien, nicht an sich, sondern nur für das Bewußtsein an sich ist.

Es wurde dann im Seminar die Frage gestellt, was das Bewußtsein, wie es in der Phänomenologie Hegels auftritt, eigentlich sei. Herr Professor Adorno verwies zunächst darauf, daß es sich nicht um ein individuelles Bewußtsein handele, sondern um das der sich durch ihre Arbeit historisch entwickelnden Gattung. So ändert sich das gattungsmäßige, nicht individuelle Bewußtsein mit den Veränderungen der gesellschaftlichen Produktionsverhältnisse. Der Geist – bei Hegel – strukturiert sich nach der jeweiligen historischen Gesellschaftskonstruktion und bringt sie ebenso hervor. Wenn – nach dem Beispiel – der Knecht den Herrn erschlägt und in der Gesellschaft eine Stufe höhersteigt, Bürger wird, geht doch in seinem Bewußtsein nichts vom Feudalen verloren. Die Stufe des Feudalismus ist nämlich in der realen Geschichte nicht so gänzlich aufgehoben worden, wie es sich hier bei Hegel darstellt.

Der Gedanke, daß das Bewußtsein in Hegels Phänomenologie identisch sei mit der Sprache, weil in ihr sich die historischen Gehalte sedimentieren, darf nicht zu der Annahme führen, daß es sich um die Sprache schlechthin handele, sondern um die Hegels zur Zeit des Deutschen Idealismus.

253 Jutta Thomae, 22. Juni 1961

Protokoll vom 22. Juni 1961

In der letzten Seminarstunde wurde über den Begriff der Idealität weiter referiert und des längeren gesprochen; folgendes möge dies kurz skizzieren.

Die Idealität manifestiert sich im Begriff; jegliches Sein wird zur »Unwirklichkeit des Wirklichen« (Adorno), es kann nur durch Denken festgehalten werden. Dies möge noch einmal kurz die negative Seite der Idealität charakterisieren. Ihre positive Seite ist die Wirklichkeit der ausgeführten Idee; jedes Bestimmte wird negiert, wobei sich dessen Unmittelbarkeit jeweils auf einer höheren Stufe wiederherstellt. Die wiederhergestellte Unmittelbarkeit ist als Knotenpunkt selbst Ort von Vermittlung. Knotenpunkte sind charakterisiert durch den unmittelbaren Übergang von Positivität zu Negativität, der als eine Verschränkung zu denken ist. Als eine Identität von Identität und Nichtidentität, die nicht einfach zusammenfällt mit einer mechanistischen Einheit von Gegensätzen.

Weitere Aspekte der Hegelschen Logik wurden in der letzten Stunde herangezogen, um materialistische Momente sichtbar zu machen. In der Zeitlichkeit, der quantitativen Bestimmung des Unendlichen, als eines schlechten Unendlichen, drückt sich die Endlichkeit des Bewußtseins der jeweiligen Stufe aus. Nur an der Zeitlichkeit läßt sich die scheinende Bewegung des Geistes erkennen, denn alles endliche Sein wird als solches vernichtet, in dem es zum Begriff kommt, das heißt, es erweist sich als ein Moment des Begriffs.

Die Kritik Hegels an Kant zielt darauf ab, sich vom starren Dualismus zu befreien. Wenn Hegel zufolge bei Kant die sinnliche Welt als bloße Erscheinung dem Subjekt gegenüber stehen bleibt, das Ding an sich eine ebenso leere Bestimmung des Denkens ist wie die Idee, so muß es ihm darauf ankommen, diese abstrakt bleibenden Bestimmungen mit Leben zu füllen. Wenn Kants Welt der Erscheinungen schon von einem solchen inhaltlichen Reichtum sei, so fragt Hegel, warum dann noch die Trennung von Erscheinungen und Wesen. Im Schein ist auch das Sein, und nur durch ihn hindurch läßt sich das Sein erkennen; die Ideen sind nicht länger nur regulative Anweisungen für Erkenntnis, sondern ein positives Sein; Kants Ding an sich wird substantiell.

Auf welche Weise die Philosophien Kants und Hegels materialistische Elemente in ihr System hineinnehmen, läßt sich an der moralischen Sphäre recht deutlich aufzeigen. Bei Kant steht der intelligible Charakter dem empirischen schroff gegenüber. Dadurch, daß in den intelligiblen Bereich das Empirische nicht eindringen kann, moralisches Handeln von ihm unabhängig ist, kommt es bei Kant zum absoluten Freiheitsbegriff. Dem Intelligiblen ist das Empirische als reine Materialität entgegengesetzt. Hegel hebt diese Trennung auf, indem er alles Erscheinende in den Begriff hineinnimmt.

Der Wille bei Kant ist die reine praktische Vernunft, das Vermögen, zu handeln nach Gesetzen des praktischen Handelns.

Die Rechtsphilosophie Hegels, wo ebenfalls der Wille tragender Begriff ist, geht von ganz abstrakten Positionen aus, äußerlich gesetzten Normen, dem »abstrakten Recht«. Dem Subjekt als einem moralischen bleibt die Aufgabe, sich an diesem Gesetzten abzuarbeiten. Der Wille bei Hegel ist nicht nur Wille, sondern die Identität von Wille und Einsicht; kritisch ließe sich heute von Anpassung sprechen. Nicht wie bei einem mehr psychologisch definierten Willen, bei dem das Wollen der Handlung gegenüber steht, wird hier vor, während und nach der Handlung der Wille als gleicher Begriff durchgehalten; darin liegt Hegels Idealismus (Horkheimer). Wille ist intellektualisiert, nicht blind wie Schopenhauers Weltwille.

Hegel bestreitet die Absolutheit des sittlichen Willens bei Kant, für ihn ist Freiheit des Subjekts nur als eingeschränkte zu denken. Der berühmte Satz, daß Freiheit in der »Einsicht in die Notwendigkeit«[31] bestehe, enthält ein materialistisches Moment, welches er gegen das ideologische der Kantischen Moral wendet. Eben dieses Moment aber kann selbst zur Ideologie werden, wenn es so verstanden wird, sich positivistisch ans Vorgegebene zu halten.

Ausgehend von den materialistischen Elementen in Hegels Geistesbegriff brachte die Diskussion zur Sprache, wie stark der dialektische Materialismus mit idealistischen Momenten durchsetzt ist. Der Geist bei Hegel, der in sich Menschheitsgeschichte, Kultur und Wissenschaft trägt, manifestiert sich in der jeweiligen Struktur der Gesellschaft, die aber auch bei Hegel nicht allein durch die Produktionsverhältnisse, sondern ebenso durch die Produktivkräfte bestimmt wird, da auch in ihnen sich Geist manifestiert. Über die jeweilige relative Harmonie einer Epoche treibt nach Hegel die Entwicklung hinaus, weil Allgemeines und Besonderes in der Gesellschaft sich nicht so zueinander verhalten, wie es deren Begriff fordert, weil die Gesellschaft nicht für den Einzelnen da ist. So lange diese Spannung besteht, die auch bei Hegel schon in revolutionären Aktionen ihre jeweilige Lösung finden kann, kommt die Menschheit nicht zur Ruhe (Hork-

---

31 Friedrich Engels paraphrasiert Hegel in der Schrift »Herrn Eugen Dührings Umwälzung der Wissenschaft« [1877/78] mit den Worten: »Hegel war der erste, der das Verhältnis von Freiheit und Notwendigkeit richtig darstellte. Für ihn ist die Freiheit die Einsicht in die Notwendigkeit. ›*Blind ist die Notwendigkeit nur, insofern dieselbe nicht begriffen* wird.‹ Nicht in der geträumten Unabhängigkeit von den Naturgesetzen liegt die Freiheit, sondern in der Erkenntnis dieser Gesetze, und in der damit gegebenen Möglichkeit, sie planmäßig zu bestimmten Zwecken wirken zu lassen.« (MEW, Bd. 20, S. 106; vgl. HW, Bd. 8, S. 290)

heimer). Hier steht hinter der Dynamik der Begriff. Bei Marx, der in der Spannung zwischen Produktivkräften und Produktionsverhältnissen die Triebkraft der Weiterentwicklung sieht, steht hinter der theoretischen Intention das Interesse der Menschen. Beiden gemeinsam ist der Gedanke, daß die Entwicklung so lange weitertreiben muß, bis es zur wahren Harmonie kommt.

Die sehr idealistische Vorstellung bei Marx von der gradlinigen Aufwärtsentwicklung der Gesellschaft wäre sicherlich bei Hegel so nicht möglich. Wie fest das Marxsche System diesem Idealistischen verhaftet ist, geht auch daraus hervor, daß die Gradlinigkeit der Entwicklung die einzig mögliche sein soll, selbst wenn eine Katastrophe diesen Gang unterbrechen sollte, so könne nur der gleiche Weg mit den gleichen gesellschaftlichen Strukturen sich wiederholen.

254 Kurt Jürgen Huch,
   29. Juni 1961

Protokoll der Sitzung des philosophischen Hauptseminars am 29. 6. 61

Zentral in Hegels Kritik an Kant steht der Vorwurf der Abstraktheit: Kants Kategorien entrieten der Konkretion, weil sie unbestimmt blieben.[32] Die Bestimmung liegt für Hegel in der Beziehung der Begriffe, welche gleichwohl nicht als eine ihnen äußerlich bleibende Verknüpfung gedacht werden kann. Sondern indem ein Begriff als einzelner, zunächst abstrakter, analysiert wird, weist er selbst über sich hinaus, wird offenbar, daß er wesentlich Beziehung auf anderes, also gleichzeitig er selbst und mehr als er selbst ist. Konkretion, Bestimmtheit realisiert sich im Zusammenhang, welcher entsteht, wenn ein Begriff nicht als einzelner sistiert, wenn vielmehr seiner Reflexion in anderes zur Sprache verholfen wird. Hegels Wort, nur das Ganze sei das Wahre,[33] läßt sich in diesem Sinn modifizieren: Das Konkrete ist das Wahre. – Konkret und abstrakt – die Bedeutung dieser Begriffe ist bei Hegel umgekehrt: das einzelne Diesda, dessen Wirklichkeit die Umgangssprache konkret nennt, ist das Abstrakte, seine Beziehung auf anderes, das, was mehr ist als es selbst, heißt das Konkrete.

Konkret im alten Sinn des Wortes heißen bei Kant die Dinge der Erscheinungswelt. Die Ideen sind demgegenüber nur regulativ, bloße Postulate. Hegel, der Kant beim Wort nimmt, überführt diese Entgegensetzung ihrer Scheinhaftigkeit; die Dinge, sagt er, die Kant konkret nennt, sind selbst bloße Erscheinungen; die Ideen dagegen, deren Wesen es ist, den Schein als Schein zu überwinden, müssen eben darum mehr sein als bloße Erscheinungen und recht eigentlich konkret heißen. Kants impliziter Idealismus behauptet sich durch seine Trennung von Wesen und Erscheinung hindurch: Sollen die Phaenomena sich dem Bewußtsein als Einheit darstellen, so müssen sie gedacht sein –: ›Die Ordnung und Regelmäßigkeit also an den Erscheinungen, die wir *Natur* nennen, bringen wir selbst hinein, und würden sie auch nicht darin finden können, hätten wir sie nicht, oder die Natur unseres Gemüts ursprünglich hineingelegt.‹[34][*1]

---

[32] Vgl. etwa HW, Bd. 2, S. 103f.
[33] »Das Wahre ist das Ganze. Das Ganze aber ist nur das durch seine Entwicklung sich vollendende Wesen.« (HW, Bd. 3, S. 24)
[34] KW, Bd. III, S. 179 (A 125).

Die Apriorität des Denkens, die sich auch darin ausdrückt, daß die Erscheinungen ›Gesetze‹ heißen,[35] läßt die Trennung nichtig werden. Idealität kommt bereits der Erfahrungswelt zu, weil diese nicht anders denn als gedachte erfahren werden kann.

Noch weniger als im theoretischen darf im praktischen Vernunftgebrauch auf einer Trennung von Idee und Erfahrung, intelligiblem und empirischem Charakter insistiert werden, weil sonst ein Sittengesetz nicht denkbar ist: ›Wenn man uns nämlich auch einräumt, daß das intelligible Subjekt in Ansehung einer gegebenen Handlung noch frei sein kann, obgleich es als Subjekt, das auch zur Sinnenwelt gehörig, in Ansehung derselben mechanisch bedingt ist, so scheint es doch, man müsse ... auch einräumen: die Handlungen des Menschen haben in demjenigen ihren bestimmenden Grund, *was gänzlich außer ihrer Gewalt ist*, nämlich in der Kausalität eines von ihm unterschiedenen höchsten Wesens, von welchem das Dasein des ersteren und die ganze Bestimmung seiner Kausalität ganz und gar abhängt.‹[36][*2] Für Kant gibt der intelligible Charakter sich selbst den empirischen – beide sind formal identisch, nur dem Inhalt nach unterschieden.[37] Eben diese Vermittlung bezeichnet Kants Gegensatz zu Hume, für den empirische Handlungen ganz unabhängig von einer transzendentalen Ursache sind; eine solche wird von ihm eher als Hirngespinst diffamiert. Kants Kritik an Hume ist der Hegels an Kant zu vergleichen, sie geht auf das Fehlen der Vermittlung. ›Hume hatte es vielleicht in Gedanken, wiewohl er es niemals völlig entwickelte, daß wir, in Urteilen von gewisser Art, über unsern Begriff vom Gegenstande hinausgehen. Ich habe diese Art von Urteilen *synthetisch* genannt.‹[38][*3]

---

[35] »Sinnlichkeit gibt uns Formen (der Anschauung), der Verstand aber Regeln. Dieser ist jederzeit geschäftig, die Erscheinungen in der Ansicht durchzuspähen, um an ihnen irgend eine Regel aufzufinden. Regeln, so fern sie objektiv sind, (mithin der Erkenntnis des Gegenstandes notwendig anhängen), heißen Gesetze. Ob wir gleich durch Erfahrung viel Gesetze lernen, so sind diese doch nur besondere Bestimmungen noch höherer Gesetze, unter denen die höchsten (unter welchen andere alle stehen) a priori aus dem Verstande selbst herkommen, und nicht von der Erfahrung entlehnt sind, sondern vielmehr den Erscheinungen ihre Gesetzmäßigkeit verschaffen, und eben dadurch Erfahrung möglich machen müssen.« (Ebd., S. 180 [A 126])
[36] KW, Bd. VIII, S. 227 (A 180).
[37] Vgl. den Abschnitt »Auflösung der kosmologischen Ideen von der Totalität der Ableitung der Weltbegebenheiten aus ihren Ursachen«, KW, Bd. IV, S. 488–506 (B 560–586; A 532–558).
[38] Ebd., S. 648f. (B 792f.; A 764f.)

Das dialektische Verhältnis von Idealismus und Materialismus kann an Hegels Geistbegriff demonstriert werden. Indem der Geist durch nichts eingeschränkt ist, indem er alle Wirklichkeit in sich hat, ergibt sich die paradoxe Konsequenz, daß er, der idealistische Geist, den Materialismus viel mehr zur Geltung bringt als dies ein Denken vermöchte, das den Geist nicht derart verabsolutiert. Seine zentrale Stellung läßt die Prioritätsfrage gleichgültig werden; er treibt weiter nach der ihm immanenten Gesetzlichkeit, die, da sie nicht als notwendig einzusehen ist, von Feuerbach nicht zu unrecht als eine des reinen Wunders bezeichnet wurde.[39] Aus welchem Grund geht die Logik in die Naturphilosophie über? ›Die absolute *Freiheit* der Idee aber ist, daß sie nicht bloß ins *Leben übergeht*, noch als endliches Erkennen dasselbe in sich *scheinen* läßt, sondern in der absoluten Wahrheit ihrer selbst sich *entschließt*, das Moment ihrer Besonderheit oder des ersten Bestimmens und Andersseins, die *unmittelbare Idee* als ihren Widerschein, sich als *Natur* frei aus *sich zu entlassen.*‹[40][*4] Aus dem Begriff allein folgt der Übergang, in scholastischer Terminologie, von der Essentia zur Existentia, wodurch Geist und Nichtgeist zur Deckung gelangen – Hegels Denken selbst erscheint unter diesem Aspekt scholastisch, der Tradition der europäischen Aufklärung entgegen.

Die unbedingte Priorität des Begriffs zeigt sich in der Sphäre, auf welche Kant diesen allein bezogen dachte: der der Anschauung. Man könnte sagen, daß die Kategorie der Anschauung, die in der Logik nicht vorkommt, den Ausgangspunkt der Phänomenologie des Geistes, die sinnliche Gewißheit, bezeichnet. Eine solche Betrachtung ließe jedoch außer acht, daß die Phänomenologie nirgends den Übergang vom Begriff zur Unmittelbarkeit leistet. – Die Lösung dieser Aufgabe erscheint auch in der Logik zumindest problematisch. – Hegel muß sich auf Beispiele stützen,[41] damit implizit zugeben, daß der Begriff aus sich den Übergang nicht vollziehen kann. Beispiele sind beliebig und werden von Hegel selbst aus der philosophischen Methode verbannt.[42] Wenn der Begriff der Anschauung sich darin erfüllt, daß er in seiner Explikation auf Beispiele verwiesen ist, dann wird der Prozeß, der zum absoluten Wissen führt, deren Beliebigkeit nicht gerecht. Der

---

39 Vgl. etwa den Abschnitt »Das Geheimnis des Glaubens – das Geheimnis des Wunders«, in: Ludwig Feuerbach, Das Wesen des Christentums [1841]. Ausgabe in zwei Bänden, hrsg. von Werner Schuffenhauer, Berlin 1956, Bd. 1, S. 206–218.
40 HW, Bd. 8, S. 393.
41 Vgl. etwa HW, Bd. 5, S. 137–139.
42 So sagt Hegel etwa: »Die Begriffe bleiben ein der Natur, so wie die Natur ein den Begriffen Zufälliges. Richtig konstruierte Synthesen durch Kategorien hätten darum nicht notwendig ihre Belege in der Natur selbst; die Natur kann nur mannigfaltige Spiele darbieten, welche als zufällige Schemate für Verstandesgesetze gelten könnten, – Beispiele, deren Eigentümliches und Lebendiges gerade insofern wegfiele, als die Reflexionsbestimmungen allein in ihnen erkannt werden. Umgekehrt sind die Kategorien nur dürftige Schemate der Natur.« (HW, Bd. 2, S. 104)

übermächtige Begriff setzt sich gewaltsam über die Beispiele, auf die er gleichwohl nicht verzichten kann, hinweg. Die Priorität der Essenz über die Existenz ist im vorhinein stipuliert.

Hegels rechtsphilosophische Position muß mit ihrer historischen Grundlage: dem Liberalismus zusammengedacht werden. Das liberalistische Prinzip war zu Hegels Zeit fortschrittlich und hat sich mit der ihm eigenen Dialektik in seinem Denken sedimentiert. Diese Dialektik bestimmt sich dadurch, daß der Staat auf jeden Eingriff in die private Sphäre verzichtet, daß gleichwohl der, welcher auf Hilfe von außen, auf den Eingriff also, angewiesen ist, damit seinem Schicksal überlassen bleibt; er ist frei, aber frei zu verhungern. ›Als das direkteste Mittel hat sich ... gegen Armut sowohl als insbesondere gegen die Abwerfung von Scham und Ehre, der subjektiven Basen der Gesellschaft, und gegen die Faulheit und Verschwendung u. s. f., woraus der Pöbel hervorgeht, dies erprobt, die Armen ihrem Schicksal zu überlassen und sie auf den öffentlichen Bettel anzuweisen.‹[43][*5] Dennoch ist Hegels Verhältnis zum Liberalismus nicht ungebrochen: Er befürwortet staatliche Armenpflege dort, wo die Armut unverschuldet ist, weil er erkennt, daß steigender Reichtum bei wenigen mit der steigenden Armut der vielen erkauft wird. ›Es kommt hierin zum Vorschein, daß bei dem *Übermaße des Reichtums* die bürgerliche Gesellschaft *nicht reich genug* ist, d. h. an dem ihr eigentümlichen Vermögen nicht genug besitzt, dem Übermaße der Armut und der Erzeugung des Pöbels zu steuern‹[44].[*6] – Der Widerspruch, daß die Industrialisierung, die als Fortschritt erscheint, unmittelbar auch die Not, den Schrecken mit sich führt, läßt sich wahrscheinlich bis in die früheste Manufaktur des 16. Jahrhunderts zurückverfolgen. Umgekehrt gibt sich der Schrecken in seiner perfektionierten Gestalt als technologischer Aufschwung. Im Bürgertum sind Fortschritt und Reaktion seit je in einander verflochten.

Unerachtet dieses seiner eigenen Epoche wesentlichen Konflikts, glaubt Hegel den objektiven Geist in sich befriedet. Die Zeit der Revolutionen ist vorbei, das Individuum im vollkommenen Staat seinem Begriff gemäß aufgehoben. Die Gesetze dieses Staates sind den gesellschaftlichen Bedingungen angepaßt und bedürfen, da sie die denkbar besten sind, keiner räsonierenden Prüfung. Sie gehen material viel weiter als das moralische Gesetz Kants, gegen dessen Formalismus

---

43 Georg Wilhelm Friedrich Hegel, Grundlinien der Philosophie des Rechts [1820]. Mit Hegels eigenhändigen Randbemerkungen in seinem Handexemplar der Rechtsphilosophie, hrsg. von Johannes Hoffmeister, 4. Aufl., Hamburg 1955 (Philosophische Bibliothek; 124a), S. 201 f.; vgl. HW, Bd. 7, S. 390 f.
44 Hegel, Grundlinien der Philosophie des Rechts, hrsg. von Johannes Hoffmeister, a. a. O. (s. vorige Anm.), S. 201; vgl. HW, Bd. 7, S. 390.

Hegel polemisiert.⁴⁵ In der Tat enthält dieses ein Ideologiemoment: Nach Kant soll jeder unbedingt und jederzeit moralisch handeln können, was doch oft, z. B. im Konzentrationslager, nur um den Preis der Selbstaufgabe möglich ist. Gleichwohl darf das Sittengesetz nicht rein formal verstanden werden; es ist seinem Gehalt nach ebenso an sozialen Bedingungen orientiert wie die Gesetzlichkeit des Hegelschen Staates, wenn es auch diese Bedingungen nicht materialiter ausspricht. ›Aber der subjektive Effekt dieses Gesetzes, nämlich die ihm angemessene und durch dasselbe auch notwendige *Gesinnung*, das praktisch mögliche höchste Gut zu befördern, setzt doch wenigstens voraus, daß das letztere *möglich* sei, widrigenfalls es praktisch-unmöglich wäre, dem Objekte eines Begriffes nachzustreben, welcher im Grunde leer und ohne Objekt wäre‹⁴⁶.[*7] Da die moralische Handlung ihrer praktischen Möglichkeit nach umschrieben ist, ist die Frage, ob jemand moralisch handelt, keine moralische, sondern eine psychologische. – Für Hegel stellt sich nicht einmal mehr diese Frage. Das Individuum kann nicht anders denn moralisch handeln, weil es im vollkommenen Staat zu seiner höchsten Verwirklichung gelangt ist. Die Weltgeschichte, definiert als ›Fortschritt im Bewußtsein der Freiheit‹,⁴⁷ hat sich ihrem Begriff gemäß realisiert. Ginge sie ernsthaft weiter, so würde Hegel selber zugeben müssen, daß seine Philosophie in einem entscheidenden Punkt verfehlt sei.

[*1] Kritik der reinen Vernunft, Meiner-Ausgabe,⁴⁸ S. 184 a
[*2] Kritik der praktischen Vernunft, Meiner-Ausgabe,⁴⁹ S. 117
[*3] Kritik der reinen Vernunft, a. a. O., S. 697
[*4] Enzyklopädie der philosophischen Wissenschaften, Meiner-Ausgabe,⁵⁰ S. 197
[*5] Grundlinien der Philosophie des Rechts, § 245; Meiner-Ausgabe, S. 201 f.⁵¹
[*6] A.a.O. [S. 201]
[*7] Kritik der praktischen Vernunft, a.a.O., S. 164

---

45 Vgl. etwa ebd., S. 260–265.
46 KW, Bd. VII, S. 277 (A 257).
47 »Die Weltgeschichte ist der Fortschritt im Bewußtsein der Freiheit – ein Fortschritt, den wir in seiner Notwendigkeit zu erkennen haben.« (HW, Bd. 12, S. 32)
48 Vgl. Immanuel Kant, Kritik der reinen Vernunft [1781], hrsg. von Raymund Schmidt, Hamburg 1952 (Philosophische Bibliothek; 37a).
49 Vgl. Immanuel Kant, Kritik der praktischen Vernunft [1788], hrsg. von Karl Vorländer, 9. Aufl., Leipzig 1929 (Philosophische Bibliothek; 38).
50 Vgl. Georg Wilhelm Friedrich Hegel, Enzyklopädie der philosophischen Wissenschaften im Grundrisse (1830), hrsg. von Friedhelm Nicolin und Otto Pöggeler, 6. Aufl., Hamburg 1959 (Philosophische Bibliothek; 33).
51 Korrigiert aus: »S. 201«.

255 Günther Zehm, 6. Juli 1961

Protokoll

(Allgemeines philosophisches Seminar, Prof. Adorno und Prof Horkheimer, Sitzung vom 6. Juli 1961. Thema des Referats: »Idealistische und materialistische Dialektik«. Referent: Siegfried Blasche[52])

Das Referat führte aus, daß die materialistische Dialektik gerade *dort* ansetze, wo sich der Idealismus durch seine Forderung nach einem allumfassenden, unendlichen Prinzip »an das Begrenzte verlor«. So erhob sich die Frage, ob Hegel *tatsächlich*, indem er sein System panlogisch im absoluten Wissen enden ließ, der Dialektik und dem Prinzip der Unendlichkeit untreu wurde, und wo dieses Prinzip gegebenenfalls zu suchen sei. Es erwies sich, daß die Unendlichkeit Hegels in nichts anderem besteht als in der *Kraft der Negation*. Denn das Unendliche in seinem einfachen Begriff als abstraktes Draußen und Jenseits, als sogenannte schlechte Unendlichkeit, ist zunächst = Nichts, eine neue Definition des unvermittelt Absoluten. Aber mit dieser Definition ist es auch noch nicht der Beschränktheit und Endlichkeit entnommen; eben indem das Unendliche vom Endlichen ferngehalten wird, wird es lediglich verendlicht. Allein das Sich-Aufheben dieses Unendlichen und seine Negation im Endlichen als ein Prozeß ist das wahrhaft Unendliche. So sind Unendlichkeit und dialektischer Prozeß der Negation ein und dasselbe.

Prof. Adorno wies darauf hin, daß diese Unendlichkeitsdialektik den Idealismus nach *keiner* Seite hin übersteigt, daß sie im Gegenteil konsequenter Idealismus ist. Das Unendliche wird, wie er formulierte, dabei »zum Mark der Substanz des Endlichen«.

Weiter bedeutet die idealistische Konsequenz auch, daß die *Hoffnung* in einem solchen System keinen Platz erhält. Die Hoffnung ist, nach Prof. Horkheimer, das »Anderssein des Unendlichen vom Endlichen«, Unendlichkeit und Endlichkeit werden in diesem Affekt säuberlich auseinandergehalten, und das ist undialektisch. Das *nunc stans*, in dem Unendlichkeit und Endlichkeit zusammenfallen sollen, ist eine mystische Utopie.

Einwände, welche zu bedenken gaben, daß es bei Hegel dennoch die Hoffnung gäbe, so z. B. am Schluß der »Phänomenologie des Geistes«, wo von der

---

52 Der entsprechende Referatstext wurde nicht aufgefunden.

»geahnten Identität« die Rede ist,[53] oder im Kapitel über das »unglückliche Bewußtsein«[54], wo das Bewußtsein durch den festgehaltenen Widerspruch seiner Entäußerung »in seiner unversöhnten Unmittelbarkeit zur Verrücktheit zerrüttet« ist und in »sehnsüchtiger Schwindsucht zerfließt«,[55] diese Einwände wurden abgewiesen, da ja Hegel sich nicht im geringsten mit dem unglücklichen Bewußtsein identifiziert, sondern es als »frommen Subjektivismus« vielmehr *denunziert*.[56] Hegels Anschauungen deckten sich hier mit denen Goethes, welcher

---

53 Womöglich ist folgender Passus gemeint: »Indem *an sich* diese Einheit des Wesens und des Selbsts zustande gekommen, so hat das Bewußtsein auch noch diese *Vorstellung* seiner Versöhnung, aber als Vorstellung. Es erlangt die Befriedigung dadurch, daß es seiner reinen Negativität die positive Bedeutung der Einheit seiner mit dem Wesen *äußerlich* hinzufügt; seine Befriedigung bleibt also selbst mit dem Gegensatze eines Jenseits behaftet. Seine eigene Versöhnung tritt daher als ein *Fernes* in sein Bewußtsein ein, als ein Fernes der *Zukunft*, wie die Versöhnung, die das andere *Selbst* vollbrachte, als eine Ferne der *Vergangenheit* erscheint. So wie der *einzelne* göttliche Mensch einen *ansichseienden* Vater und nur eine *wirkliche* Mutter hat, so hat auch der allgemeine göttliche Mensch, die Gemeinde, ihr *eigenes Tun* und *Wissen* zu ihrem Vater, zu ihrer Mutter aber die *ewige Liebe*, die sie nur *fühlt*, nicht aber in ihrem Bewußtsein als wirklichen unmittelbaren *Gegenstand* anschaut. Ihre Versöhnung ist daher in ihrem Herzen, aber mit ihrem Bewußtsein noch entzweit und ihre Wirklichkeit noch gebrochen. Was als das *Ansich* oder die Seite der *reinen Vermittlung* in ihr Bewußtsein tritt, ist die jenseits liegende Versöhnung; was aber als *gegenwärtig*, als die Seite der *Unmittelbarkeit* und des *Daseins*, ist die Welt, die ihre Verklärung noch zu gewarten hat. Sie ist wohl *an sich* versöhnt mit dem Wesen; und vom *Wesen* wird wohl gewußt, daß es den Gegenstand nicht mehr als sich entfremdet erkennt, sondern in seiner Liebe als sich gleich.« (HW, Bd. 3, S. 573f.)
54 Vgl. ebd., S. 163–177.
55 »Insofern nun der seiner selbst gewisse Geist als schöne Seele nicht die Kraft der Entäußerung des an sich haltenden Wissens ihrer selbst besitzt, kann sie nicht zur Gleichheit mit dem zurückgestoßenen Bewußtsein und also nicht zur angeschauten Einheit ihrer selbst im Anderen, nicht zum Dasein gelangen; die Gleichheit kommt daher nur negativ, als ein geistloses Sein, zustande. Die wirklichkeitslose schöne Seele, in dem Widerspruche ihres reinen Selbsts und der Notwendigkeit desselben, sich zum Sein zu entäußern und in Wirklichkeit umzuschlagen, in der *Unmittelbarkeit* dieses festgehaltenen Gegensatzes – einer Unmittelbarkeit, die allein die Mitte und Versöhnung des auf seine reine Abstraktion gesteigerten Gegensatzes und die reines Sein oder das leere Nichts ist –, ist also, als Bewußtsein dieses Widerspruchs in seiner unversöhnten Unmittelbarkeit, zur Verrücktheit zerrüttet und zerfließt in sehnsüchtiger Schwindsucht. Es gibt damit in der Tat das harte Festhalten *seines Fürsichseins* auf, bringt aber nur die geistlose *Einheit* des Seins hervor.« (Ebd., S. 491)
56 Der Titel »Frommer Subjektivismus« ist ein vom Hrsg. Lasson zugefügter Nebentitel für den, ebenfalls vom Hrsg. so genannten, Abschnitt »Das unglückliche Bewußtsein«; vgl. Georg Wilhelm Friedrich Hegel, Die Phänomenologie des Geistes [1807]. Jubiläumsausgabe, hrsg. von Georg Lasson, Leipzig 1909 (Philosophische Bibliothek; 114), S. 139–151; hier: S. 139.

sagte: »Willst du ins Unendliche schreiten, schreit ins Endliche nach allen Seiten«[57].

Zur Frage nach dem erkenntnistheoretischen Primat von Denken oder Sein im Idealismus wurde festgehalten, daß man nicht sagen könne, Hegel habe diese Frage unter der erkenntnistheoretischen Reflexion aufgelöst und gleichsam verdampfen lassen. Sowohl in der Einleitung zur »Phänomenologie des Geistes« als auch in der Einleitung zur »Wissenschaft der Logik« wendet sich Hegel *überhaupt* gegen die herkömmliche erkenntnistheoretische Fragestellung, die er als *abstrakt* verwirft. Sie müsse abgelöst werden durch die Phänomenologie des Geistes selbst, von der er sagt: »Diese geistige Bewegung, die sich in ihrer Einfachheit ihre Bestimmtheit, und in dieser ihre Gleichheit mit sich selbst gibt, die somit die immanente Entwicklung des Begriffes ist, ist die absolute Methode des Erkennens, und zugleich die immanente Seele des Inhaltes selbst.«[58][*1]

Ebensowenig könne man sagen, daß der Idealismus bei Hegel ontologisch-metaphysische Züge bekomme. Niemand hat die traditionelle Ontologie und Metaphysik mehr als eine abgestorbene, überholte Form des theoretischen Denkens behandelt als Hegel. An die Stelle von Ontologie und Metaphysik rückt die dialektisch entwickelte Wissenschaft von der Logik, ja die Logik *ist* die Metaphysik.

Freilich bleibt dies bei Hegel im Grunde doch eine bloße Versicherung, wie Prof. Horkheimer merkte. Sie wird nicht eingelöst. Denn erst wenn die Welt in Ordnung wäre, wäre sie auch Logik. Das Prinzip der Negation allein schon ist aber Fingerzeigs genug, daß trotz aller Vermittlung und dialektischer Aufhebung eine Sphäre der Unangemessenheit zwischen Logik und Sein verbleibt. Das Sein ist letztlich keine logische Kategorie.

Das die Vermittlung bewirkende Prinzip ist die Subjektivität. Die Vermittlung selbst inhäriert das Moment der Relation zwischen Subjekt und Objekt; dieses ist ein Moment der Phänomenologie wie Einzelsubjekt und Einzelobjekt auch, man kann es auf keinen Fall zur »Urkategorie« erheben. Relation wird immer verstanden als Relation *von* Etwas, konkret und empirisch auffindbar. Das Hegelsche System kennt keine Urkategorien, keine Anfangskategorien, da es keinen Anfang kennt. Es gibt in ihm keine Reduktion auf ein Erstes, welches Thema der prima philosophia werden könnte. Hegel ist die ganze Kritik an der prima philosophia und selber prima philosophia – das ist seine bekannte Differenz zur Philosophie von Schelling, welcher einen Abgrund zwischen der unendlichen, absoluten

---

57 »Willst du in's Unendliche schreiten, / Geh nur im Endlichen nach allen Seiten.« (Johann Wolfgang Goethe, Gott, Gemüth und Welt [1815], in: Goethes Werke, hrsg. im Auftrage der Großherzogin Sophie von Sachsen, Bd. I·2, Weimar 1888, S. 213–220; hier: S. 216)
58 HSW, Bd. III, S. 7; vgl. HW, Bd. 5, S. 17.

Identität und der wirklichen, der sogenannten Potenzwelt postulierte: Letztere »fing an«, indem die absolute Identität sich den »Urzufall« »zuzog«.[59] Gegen dieses Konzept wandte Hegel ein, daß es keine unendliche Identität gäbe, die vorerst unendlich sei, um nachher endlich zu werden, Welt zu werden, sondern sie sei für sich selber schon endlich und unendlich *in Einem*. »Diese Untrennbarkeit ist ihr Begriff.«[60][*2] An dieser Stelle zeigt sich ein übriges Mal, wie der konsequente Idealismus Hegels, welcher alles zu Geist macht, in die Nähe des Materialismus gerät, für den das Prinzip von der Anfangslosigkeit der Welt eines der wichtigsten ist.

Allerdings wird die Härte, mit der Hegel mit der Philosophie des Anfangs verfährt, sehr abgeschwächt, sobald man sich vergegenwärtigt, daß Hegels Logik,

---

59 Bei Schelling heißt es: »Das unbefangene Seyn ist überall nur das, was sich selbst nicht weiß; sowie es sich selbst Gegenstand wird, ist es auch schon ein befangenes. Wenden *Sie* diese Bemerkungen auf das Vorliegende an, so ist das Subjekt in seiner reinen Wesentlichkeit als nichts – eine völlige Bloßheit aller Eigenschaften – es ist bis jetzt nur Es selbst, und so weit eine völlige Freiheit von allem Seyn und gegen alles Seyn; aber es ist ihm unvermeidlich, sich sich selbst anzuziehen, denn nur *dazu* ist es Subjekt, daß es sich selbst Objekt werde, da vorausgesetzt wird, daß nichts *außer* ihm sey, das ihm Objekt werden könne; *indem* es sich aber sich selbst anzieht, ist es nicht mehr als *nichts*, sondern als Etwas – in dieser Selbstanziehung macht es sich zu etwas; in der Selbstanziehung also liegt der Ursprung des Etwas-Seyns, oder des objektiven, des gegenständlichen Seyns überhaupt. Aber *als* das, was es Ist, kann sich das Subjekt nie habhaft werden, denn eben im sich-Anziehen *wird* es ein anderes, dieß ist der Grund-Widerspruch, wir können sagen, das Unglück in allem Seyn – denn entweder *läßt* es sich, so ist es als nichts, oder es zieht sich selbst an, so ist es ein anderes und sich selbst Ungleiches, – nicht mehr das mit dem Seyn, wie zuvor Unbefangene, sondern das sich mit dem Seyn befangen hat – es selbst empfindet dieses Seyn als ein zugezogenes und demnach zufälliges. Bemerken Sie hier, daß demgemäß der erste Anfang ausdrücklich als ein Zufälliges gedacht wird. Das erste *Seyende*, dieses *primum Existens*, wie ich es genannt habe, ist also zugleich das erste Zufällige (Urzufall). Diese ganze Construktion fängt also mit der Entstehung des ersten Zufälligen – sich selbst Ungleichen –, sie fängt mit einer *Dissonanz* an, und *muß* wohl so anfangen. Denn zuvor – vor der Zuziehung des Seyns, in seinem *an* und *vor* sich Seyn, war das Subjekt auch unendlich, aber inwiefern es die Endlichkeit noch vor sich hatte, aber eben darum ist es dort noch nicht *als* unendlich gesetzt [...].« (SW, Bd. 5, S. 170 f.)
60 »Die Antwort auf die Frage, *wie das Unendliche endlich werde*, ist somit diese, daß es nicht ein Unendliches *gibt*, das *vorerst* unendlich ist, und das nachher erst endlich zu werden, zur Endlichkeit herauszugehen nötig habe, sondern es ist für sich selbst schon ebensosehr endlich als unendlich. Indem die Frage annimmt, daß das Unendliche einerseits für sich, und daß das Endliche, das aus ihm heraus in die Trennung gegangen, – oder wo es hergekommen sein möchte, – abgesondert von ihm, wahrhaft real sei, – so wäre vielmehr zu sagen, diese Trennung sei *unbegreiflich*. Weder solches Endliches noch solches Unendliche hat Wahrheit; das Unwahre aber ist unbegreiflich. Man muß aber ebenso sagen, sie seien begreiflich; die Betrachtung derselben, auch wie sie in der Vorstellung sind, daß in dem Einen die Bestimmung des Andern liegt, die einfache Einsicht in diese ihre Untrennbarkeit haben, heißt sie begreifen; *diese Untrennbarkeit* ist *ihr Begriff*.« (HSW, Bd. III, S. 143 f.; vgl. HW, Bd. 5, S. 170)

ja darüber hinaus sein ganzes System eigentlich nichts anderes ist als eine ungeheure Propädeutik. »Die Kategorien sind die Gedanken Gottes vor der Erschaffung der Welt«, heißt es in der Einleitung zur »Wissenschaft der Logik«,[61] und man kann sogar, wie der Referent ausführte, sagen, die Kategorien seien die Gedanken Gottes vor dessen eigener Setzung. Auch muß man bedenken, daß durch den konsequenten Panlogismus Hegels, durch die immer wieder emphatisch postulierte Einheit von Begriff und Sein das Problem Schellings einfach überspielt wird, das Problem nämlich, das hundert gedachte Taler noch lange nicht hundert wirkliche Taler zu sein brauchen,[62] die Pein des intensiven Seins also, das Unlogische der Quodditas und ihrer kontingenten Fülle. Für Hegel, der den ontologischen Gottesbeweis bekanntlich akzeptierte, kann Sein nicht für sich und gegen den Begriff bestimmt gedacht werden. Es ist das Thema der Logik, die *Notwendigkeit* der Einheit von Begriff und Sein zu interpretieren, andererseits *basiert* diese Interpretation bereits auf dieser postulierten Einheit, also gewinnt die Logik einzig Gültigkeit unter der Voraussetzung, daß sie causa sui ist.

Den Beschluß der Sitzung bildete eine Debatte über die Struktur des Unmittelbaren. Hegel führt in der »Enzyklopädie der philosophischen Wissenschaften« aus, daß es nichts gibt, was nicht ebenso die Unmittelbarkeit enthält als die Vermittlung, so daß sich diese beiden Bestimmungen als untrennbar erweisen.[63] Zunächst kommt dem vom Wesen unterschiedenen *Schein* der Status des »an und für sich nichtigen Unmittelbaren« zu;[64] gerade diese seine Unmittelbarkeit ist

---

61 Tatsächlich heißt es an angegebener Stelle: »Dieses objektive Denken ist denn der *Inhalt* der reinen Wissenschaft. Sie ist daher so wenig formell, sie entbehrt so wenig der Materie zu einer wirklichen und wahren Erkenntnis, daß ihr Inhalt vielmehr allein das absolute Wahre, oder wenn man sich noch des Worts Materie bedienen wollte, die wahrhafte Materie ist, – eine Materie aber, der die Form nicht ein Äußerliches ist, da diese Materie vielmehr der reine Gedanke, somit die absolute Form selbst ist. Die Logik ist sonach als das System der reinen Vernunft, als das Reich des reinen Gedankens zu fassen. *Dieses Reich ist die Wahrheit, wie sie ohne Hülle an und für sich selbst ist.* Man kann sich deswegen ausdrücken, daß dieser Inhalt *die Darstellung Gottes* ist, *wie er in seinem ewigen Wesen vor der Erschaffung der Natur und eines endlichen Geistes ist.*« (HSW, Bd. III, S. 31; vgl. HW, Bd. 5, S. 43f.)
62 Vgl. HW, Bd. 5, S. 84–92; Hegel kritisiert hier die Argumentation Kants (vgl. KW, Bd. IV, S. 533f. [B 626f.; A 598f.]).
63 »Von dem Verhältnisse der *Unmittelbarkeit* und *Vermittlung im Bewußtsein* ist unten ausdrücklich und ausführlicher zu sprechen. Es ist hier nur vorläufig darauf aufmerksam zu machen, daß, wenn beide Momente auch als unterschieden *erscheinen, keines von beiden fehlen* kann und daß sie in *unzertrennlicher* Verbindung sind.« (HW, Bd. 8, S. 56)
64 »Genauer betrachtet, wird das Wesen zu einem nur Wesentlichen gegen ein Unwesentliches dadurch, daß das Wesen nur genommen ist als aufgehobenes Sein oder Dasein. Das Wesen ist auf diese Weise nur die *erste* oder die Negation, welche *Bestimmtheit* ist, durch welche das Sein nur Dasein, oder das Dasein nur ein *Anderes* wird. Das Wesen aber ist die absolute Negativität des

seine unabhängige Seite gegen das *Wesen*. Andererseits jedoch stellt die nichtige Unmittelbarkeit des Scheins nur die Negativität des Wesens an ihm selbst dar. Die Unmittelbarkeit, welche das Nichtsein des Scheins enthält, ist das eigene, absolute Ansichsein des Wesens, das meint, in den Worten von Hegel: »Die Unmittelbarkeit, welche die Bestimmtheit am Scheine gegen das Wesen hat, ist daher nichts anderes als die eigene Unmittelbarkeit des Wesens, aber nicht die seiende Unmittelbarkeit, sondern die schlechthin vermittelte oder reflektierte Unmittelbarkeit, welche der Schein ist«[65][*3]. Nach Hegels Ansicht hat dieses Verhältnis nicht die traditionelle Philosophie, sondern der sogenannte *gesunde Menschenverstand* am besten begriffen.[66] Denn für den Skeptizismus oder für den Kantschen Idealismus sollte der Schein (als Phänomen oder als Erscheinung) überhaupt keine Grundlage des eines Seins haben, sollte mit dem Ding-an-sich nichts zu tun haben – zugleich aber ließ der Skeptizismus mannigfaltige Bestimmungen seines Scheins zu, und auch die mit dem Schein identische Erscheinung des Kantschen Idealismus hatte den ganzen Reichtum der Welt zum Inhalt. Diese Richtungen rissen Wesen und Schein abstrakt auseinander, und deshalb konnten sie niemals über die Unmittelbarkeit des Seins als Bestimmtheit hinauskommen. Auch Leibniz, der zwar die Monaden ihre Vorstellungen aus sich selbst entwickeln läßt, überwindet die abstrakte Unmittelbarkeit der Vorstellungen nicht – »sie steigen wie Blasen auf«, sagt Hegel.[67] Und für Fichte ist die Erscheinung ebenfalls

---

Seins; es ist das Sein selbst, aber nicht nur als ein *Anderes* bestimmt, sondern das Sein, das sich sowohl als unmittelbares Sein, wie auch als unmittelbare Negation, als Negation, die mit einem Anderssein behaftet ist, aufgehoben hat. Das Sein oder Dasein hat sich somit nicht als Anderes, denn das Wesen ist, erhalten, und das noch vom Wesen unterschiedene Unmittelbare ist nicht bloß ein unwesentliches Dasein, sondern das *an und für sich* nichtige Unmittelbare; es ist nur ein *Unwesen*, der *Schein*.« (HSW, Bd. IV, S. 9; vgl. HW, Bd. 6, S. 19)

65 Der Satz lautet vollständig: »Die Unmittelbarkeit, welche die Bestimmtheit am Scheine gegen das Wesen hat, ist daher nichts anderes als die eigene Unmittelbarkeit des Wesens, aber nicht die seiende Unmittelbarkeit, sondern die schlechthin vermittelte oder reflektierte Unmittelbarkeit, welche der Schein ist – das Sein nicht als Sein, sondern nur als die Bestimmtheit des Seins, gegen die Vermittlung: das Sein als Moment.« (HSW, Bd. IV, S. 11; vgl. HW, Bd. 6, S. 22)

66 »Mit dem, was hier Glauben und unmittelbares Wissen heißt, ist {es} übrigens ganz dasselbe, was sonst Eingebung, Offenbarung des Herzens, ein von Natur in den Menschen eingepflanzter Inhalt, ferner insbesondere auch gesunder Menschenverstand, *common sense*, Gemeinsinn, genannt worden ist. Alle diese Formen machen auf die gleiche Weise die Unmittelbarkeit, wie sich ein Inhalt im Bewußtsein findet, eine Tatsache in diesem ist, zum Prinzip.« (HW, Bd. 8, S. 152)

67 »Der *Skeptizismus* läßt sich den Inhalt seines Scheins *geben*; es ist *unmittelbar* für ihn, welchen Inhalt er haben soll. Die *Leibnizische Monade* entwickelt aus ihr selbst ihre Vorstellungen; aber sie ist nicht die erzeugende und verbindende Kraft, sondern sie steigen in ihr als Blasen auf; sie sind gleichgültig, unmittelbar gegeneinander, und so gegen die Monade selbst. Ebenso ist die *Kantische* Erscheinung ein *gegebener* Inhalt der Wahrnehmung; er setzt Affektionen voraus, Be-

zwar eine reine Bestimmtheit am Ich, aber eine abstrakt unmittelbare, eine *Schranke* desselben, welche eine Seite der Gleichgültigkeit ihm gegenüber hat. Einzig der gesunde Menschenverstand, der die Begriffe der Scheinbarkeit und des In-Wirklichkeit-ganz-anders-Seins einst schuf und naiv handhabt, verfährt hier dialektisch. Während Engels spottet, der gesunde Menschenverstand reiche nur für den positivistischen Hausgebrauch,[68] formulierte Prof. Horkheimer: Nach Hegels Ansicht ist der gesunde Menschenverstand dialektisch, er weiß es nur nicht.

[*1] Hegel, »Logik« Bd. 1 (Lasson, 1934,[69] S. 7)
[*2] Hegel, ibid., S. 144
[*3] Hegel, »Logik« Bd. 2 (Lasson, 1934,[70] S. 11)

---

stimmungen des Subjekts, welche gegen sich selbst und gegen dasselbe unmittelbar sind. Der unendliche Anstoß des *Fichteschen* Idealismus mag wohl kein Ding-an-sich zugrunde liegen haben, so daß er rein eine Bestimmtheit im Ich wird. Aber diese Bestimmtheit ist eine dem Ich, das sie zu der seinigen macht und ihre Äußerlichkeit aufhebt, zugleich *unmittelbare*, eine *Schranke* desselben, über die es hinausgehen kann, welche aber eine Seite der Gleichgültigkeit an ihr hat, nach der sie, obzwar im Ich, ein *unmittelbares* Nichtsein desselben enthält. –« (HSW, Bd. IV, S. 10; vgl. HW, Bd. 6, S. 20 f.)

68 In Engels' Schrift »Die Entwicklung des Sozialismus von der Utopie zur Wissenschaft« [1880] heißt es: »Für den Metaphysiker sind die Dinge und ihre Gedankenabbilder, die Begriffe, vereinzelte, eins nach dem andern und ohne das andre zu betrachtende, feste, starre, ein für allemal gegebne Gegenstände der Untersuchung. Er denkt in lauter unvermittelten Gegensätzen; seine Rede ist ja, ja, nein, nein, was darüber ist, das ist vom Übel. Für ihn existiert ein Ding entweder, oder es existiert nicht: Ein Ding kann ebensowenig zugleich es selbst und ein andres sein. Positiv und negativ schließen einander absolut aus; Ursache und Wirkung stehn ebenso in starrem Gegensatz zueinander. Diese Denkweise erscheint uns auf den ersten Blick deswegen äußerst einleuchtend, weil sie diejenige des sogenannten gesunden Menschenverstands ist. Allein der gesunde Menschenverstand, ein so respektabler Geselle er auch in dem hausbacknen Gebiet seiner vier Wände ist, erlebt ganz wunderbare Abenteuer, sobald er sich in die weite Welt der Forschung wagt; und die metaphysische Anschauungsweise, auf so weiten, je nach der Natur des Gegenstands ausgedehnten Gebieten sie auch berechtigt und sogar notwendig ist, stößt doch jedesmal früher oder später auf eine Schranke, jenseits welcher sie einseitig, borniert, abstrakt wird und sich in unlösliche Widersprüche verirrt, weil sie über den einzelnen Dingen deren Zusammenhang, über ihrem Sein ihr Werden und Vergehn, über ihrer Ruhe ihre Bewegung vergißt, weil sie vor lauter Bäumen den Wald nicht sieht.« (MEW, Bd. 19, S. 203 f.)
69 Vgl. HSW, Bd. III.
70 Vgl. HSW, Bd. IV.

256 Jericho,
13. Juli 1961

Protokoll des philosophischen Seminars vom 13. 7. 61

Referate: Idealistische und materialistische Dialektik[71], p. 6–12
Bemerkungen zur affirmativen Seite des Materialismus[72]

Am Begriff der Wahrheit versuchte der Referent zu erklären, was er mit Relation als Urkategorie bei Hegel meint: Wenn Wahrheit nicht nur in der Identität des Urteils mit dem beurteilten Gegenstand, sondern in der Übereinstimmung einer Sache mit sich selbst, mit ihrem Begriff besteht, verlören Sache und Begriff ihre Selbständigkeit und würden zu Momenten an der Relation. Um in erster Annäherung das Spezifische des Hegelschen Denkens zu bestimmen, läßt sich zwar mit Recht sagen, daß Dialektik kein Moment im Denken und in der Wirklichkeit isoliert, sondern daß »die Relation die Totalität ist und die Totalität die Wahrheit«. Jedoch ist auch das falsch, weil der Begriff der Relation als schlechterdings erstes – ohne bezug auf die Momente, die in Relation gesetzt werden – abstrakt bliebe. Er wendet sich gegen die Isolierung einzelner Momente, kann aber seinerseits nicht wieder isoliert oder zur Urkategorie erhoben werden. Selbst der absolute Geist ist nicht *einfach* Urkategorie, da er nicht unabhängig von seiner Entfaltung zu fassen ist. Werden Ganzes und Moment unterschieden, so bleibt der Begriff des Ganzen selbst Moment innerhalb der Unterscheidung.

Die Wahrheit bedarf zu ihrer Entfaltung des denkenden Subjekts. Sie ist kein Rest, der nach Ausklammerung der subjektiven Zutat übrigbliebe; sie fordert nicht die Ausschaltung der Subjektivität, sondern ist vielmehr deren größte Anstrengung. Erst vermöge der Anstrengung, sich ganz in die Sache zu versenken, findet sich das Subjekt selbst in ihr, wie der Künstler aller Kraft bedarf, um im Kunstwerk zu erlöschen. Die Einsicht in die Objektivität schließt ebensosehr die Negation des Subjekts wie seine Bildung ein. »Die Objektivität des Begriffs ist seine Subjektivität.« Das Verhältnis von Subjekt und Objekt kann nicht im Sinne der vordialektischen Erkenntnistheorie auf einen Spruch gebracht werden, es ist auf jeder Stufe des historischen Prozesses ein anderes. Auch das Objekt wird durch das Subjekt umgebildet, die Subjekt-Objekt-Beziehung also als eine Arbeits-Bezie-

---

71 S. oben, Anm. 52.
72 Alfred Schmidt, »Bemerkungen zur affirmativen Seite des Materialismus«, Archivzentrum Na 1, 889.

hung begriffen. Die Natur des Menschen selber bestimmt sich durch die Arbeit, die er an einem Äußerlichen vollzieht.

Würde die Dialektik schematisch gefaßt, so müßten alle Momente gleichermaßen vernünftig und als Momente gleichermaßen bestimmt und aufgehoben sein. In der Entfaltung des Ganzen variieren aber die einzelnen Momente im Gewicht ihrer Wahrheit. Während Subjektives und Objektives als durcheinander vermittelt aufgezeigt werden, wird in der Identität doch die Differenz der Bestimmungen festgehalten. Mit der letztlich affirmativen Gesamtkonzeption Hegels hängt seine Tendenz zusammen, das Subjektive als bloßes Fürsichsein gegenüber den objektiven Momenten herabzusetzen. Die Versöhnung beider ist nicht gelungen. Das Subjektive kommt schlechter weg als die Sphäre der Entäußerung. Der Protest Kierkegaards gegen Hegel besteht eigentlich in der Verteidigung des »unglücklichen Bewußtseins«.[73] Das Ideologische an Hegel erscheint eben in dieser Ungerechtigkeit, die dem leidenden Subjekt, das vermöge seiner Reflexion sich wehrt, das Bestehende als vernünftig zu akzeptieren, auch noch »einen Eselstritt versetzt«.

Warum ist Identität von Begriff und Wirklichkeit, von Subjekt und Objekt notwendig Voraussetzung und Resultat der Hegelschen Philosophie? Das ist nicht mit der Wendung zu beantworten, daß Hegel eigentlich von der Nicht-Identität ausgehe. Die Identität wird bei ihm aber nicht abstrakt gesetzt; was immer das Subjekt von der Objektivität weiß, weiß es in Gestalt von Begriffen. Auch die Nicht-Identität ist nichts dem Denken schlechthin Äußerliches, sondern ebenfalls eine begriffliche Bestimmung. Die scheinbar dogmatische Voraussetzung erweist sich innerhalb des Hegelschen Systems als motiviert, nicht als Willkür, sondern als notwendige Folge der Verselbständigung des Denkens, der Philosophie selbst, die nichts außerhalb der Denkbestimmungen läßt.

An der dialektischen Einheit des Positiven und Negativen versuchte das Referat zu erweisen, »daß der Gedanke der absoluten Einheit bei Hegel letztlich gesetzt ist«. Daß die Identität absolut, d.h. bereits verwirklicht sei, bleibt angesichts der realen Geschichte Behauptung. Marx hält den Begriff der gelungenen

---

[73] »In allen systematischen Schriften Hegels finden wir einen Abschnitt, der von dem ›unglücklichen Bewußtsein‹ handelt. Mit einer geheimen Angst und wahrem Herzklopfen geht man immer an solche Untersuchungen; denn entweder erfährt man zu viel oder zu wenig. [...] Wer ist nun der Unglückliche? Der, dessen Ideal, Bewußtseins, sein eigentliches Wesen außerhalb seines Ich liegt, wie wir uns dieses ›außer sich‹ auch denken mögen. Der Unglückliche lebt nie in der Gegenwart, immer nur in der Vergangenheit oder in der Zukunft. Damit ist das ganze Territorium des unglücklichen Bewußtseins genügend umschrieben, und für diese feste Grenze wollen wir Hegel danken.« ([Søren Kierkegaard], Entweder–Oder. Ein Lebensfragment [1843], übers. von Alexander Michelsen und Otto Gleiß, Leipzig 1885, S. 212)

Versöhnung fest, indem er das kapitalistische System als Totalität ernstnimmt. Aber die Totalität ist eine negative, weshalb die materialistische Dialektik auch nicht als monistisch bezeichnet werden darf. Gerade der Unversöhntheit von Denken und Sein verdankt sie ihre Thematik.

In einem Exkurs wurde über das Philosophische am Gegensatz von Idealismus und Materialismus hinaus auf dasjenige Moment am Materialismus verwiesen, das gegen Philosophie überhaupt sich richtet: seine Tendenz, »dasjenige zu ehren, was als ein Minderes, Grob-Sinnliches verrufen ist, die geschundene Natur.«[74] Er will dem auf reales Glück bedachten Egoismus der Individuen, der vom bürgerlichen Denken als Verrat am Geist denunziert wird, zu seinem Recht verhelfen.

---

74 Zitat aus dem Referat.

257 Gunter Wegeleben, 20. Juli 1961

Protokoll vom 20. 7. 1961

Eine der uridealistischsten Bestimmungen Hegels ist die des Denkens als des Reichs der Freiheit; eine Bestimmung, die jener allgemeinen Vorstellung entgegen ist, daß des Denken als logisches Organ Inbegriff der Denknotwendigkeiten sei und darin unfrei. Die Freiheit des Denkens besteht für Hegel in der Totalität der logischen Bestimmungen, die kein Heterogenes mehr duldet. Die Freiheit ist das Sich-Selbst-Denken des Begriffs. »Im Denken *bin* Ich *frei*, weil ich nicht in einem Andern bin, sondern schlechthin bei mir selbst bleibe und der Gegenstand, der mir das Wesen ist, in ungetrennter Einheit mein Fürmichsein ist; und meine Bewegung in Begriffen ist eine Bewegung in mir selbst.« (Phänomenologie des Geistes, Meiner, S. 152)[75] Für Kant ist das Denken nicht unmittelbar identisch mit der Freiheit. Sie ist für ihn etwas zu Verwirklichendes und liegt in der Beziehung auf mögliche Objekte.

In Marx' Denken steckt eine erkenntnistheoretische Paradoxie. In stellenweise krudem Realismus beansprucht er, von den Dingen unabhängig von ihrer begrifflichen Vermittlung sprechen zu können. Aber gerade indem er behauptet, nicht von Begriffen, sondern von den Dingen selber zu handeln, überspannt er implizit noch den Anspruch des absoluten Idealismus. Die ganze Wahrheit soll von seiner Theorie erfaßt werden können. Marx ist insofern erkenntnistheoretisch naiv, als er annimmt, daß die Naturwissenschaften herausbekommen werden, was die Welt an sich ist. Jedoch kann er nicht ein ontologischer Materialist genannt werden, da für ihn die Erkenntnis der Welt an sich schließlich doch abhängig bleibt vom Bewußtsein einer befreiten Menschheit. Die Erkenntnis der Wahrheit ist auf ihre gesellschaftliche Vermitteltheit angewiesen.

Denken und Sein werden von Marx als nicht-identisch erfahren. Sie sind entzweit. Diese Bestimmung ist überaus idealistisch. Sie impliziert, daß die Entzweiung nur vorübergehend sein soll. In einem emphatischen Sinn fallen Denken und Wirklichkeit nur in der Vorgeschichte auseinander. In der zu sich gekommenen Geschichte soll die Entfremdung kein wirkliches Motiv des Denkens mehr sein. In dieser Ansicht kehrt Marx zu Fichte zurück. Das Subjekt wird einmal so frei sein, daß es einen eigenen Gegenstand produziert.

---

75 Georg Wilhelm Friedrich Hegel, Phänomenologie des Geistes, in: Georg Wilhelm Friedrich Hegel, Sämtliche Werke. Neue Kritische Ausgabe, hrsg. von Johannes Hoffmeister, Bd. V, 6. Aufl., Hamburg 1952 (Philosophische Bibliothek; 114), S. 152; vgl. HW, Bd. 3, S. 156.

Dasselbe idealistische Moment steckt in Marx' Bezeichnung des geschichtlichen Prozesses als Naturprozeß. Die kritisch gemeinte Bestimmung relativiert die als naturwüchsig-blind erkannte bisherige Geschichte. Wenn Marx sagt, daß die Menschheit noch nicht aus dem Sozialdarwinismus heraus sei,[76] urteilt er vom intendierten Reich der Freiheit her. Die Naturverfallenheit der neueren Geschichte ist in dem Unvermögen der Menschen begründet, die von ihnen entfesselte Dynamik von Kräften zu bändigen oder vernünftig zu kontrollieren. Die fetischisierten Produktionsverhältnisse sind den Menschen zur zweiten Natur geworden. Das Reich der Freiheit hängt für Marx von den Möglichkeiten der Naturbeherrschung ab. Die Natur hat nur einen Sinn durch den Herrschaftsanspruch des Menschen. Die Geschichte wird bestimmt als das Werden der Natur zum Menschen. Dieser Gedanke entbehrt nicht eines geheimen Zynismus. In dem geschichtlichen Augenblick, in dem die Menschen in hohem Maße von der Not der Reproduktion befreit sein werden, soll die Entfremdung zwischen Menschheit und Natur behoben sein. Die konzentriert ausgebeutete Natur zeigt sich angesichts freiheitlicher Beziehungen unter den Menschen gleichsam versöhnt. Alles soll in Ordnung sein, wenn sich das Reich der Freiheit auf seiner Basis, der ausgebeuteten Natur, einmal erheben wird.

Beim jungen Marx klingt der Gedanke einer wahrhaften Versöhnung von Menschheit und Natur in den Formulierungen von der Naturalisierung des Menschen und der Humanisierung der Natur an.[77] Die Dialektik von Unterdrückung und Versöhnung der Natur hat er jedoch nicht ausgetragen. Wird sie durchdacht, stellt sich die Frage, ob Natur nicht als solche zu achten sei. Diese Dialektik würde mit einer Reihe von Vorstellungen der Theorie in Konflikt geraten.

---

[76] Brieflich schreibt Marx: »Sehr bedeutend ist Darwins Schrift und paßt mir als naturwissenschaftliche Unterlage des geschichtlichen Klassenkampfes. Die grob englische Manier der Entwicklung muß man natürlich mit in den Kauf nehmen. Trotz allem Mangelhaften ist hier zuerst der ›Teleologie‹ in der Naturwissenschaft nicht nur der Todesstoß gegeben, sondern der rationelle Sinn derselben empirisch auseinandergelegt.« (Karl Marx an Ferdinand Lassalle, 16. Januar 1861, MEW, Bd. 30, S. 578)

[77] »Der *Kommunismus* als *positive* Aufhebung des *Privateigentums* als *menschlicher Selbstentfremdung* und darum als wirkliche *Aneignung* des *menschlichen* Wesens durch und für den Menschen; darum als vollständige, bewußt und innerhalb des ganzen Reichtums der bisherigen Entwicklung gewordne Rückkehr des Menschen für sich als eines *gesellschaftlichen*, d.h. menschlichen Menschen. Dieser Kommunismus ist als vollendeter Naturalismus = Humanismus, als vollendeter Humanismus = Naturalismus, er ist die *wahrhafte* Auflösung des Widerstreites zwischen dem Menschen mit der Natur und mit dem Menschen, die wahre Auflösung des Streits zwischen Existenz und Wesen, zwischen Vergegenständlichung und Selbstbestätigung, zwischen Freiheit und Notwendigkeit, zwischen Individuum und Gattung. Er ist das aufgelöste Rätsel der Geschichte und weiß sich als diese Lösung.« (MEW, Bd. 40, S. 536)

Darin müßte sie beweisen, ob sie eine philosophische ist oder allein pragmatische Anweisungen enthält. Der Gedanke der nur relativen Nicht-Identität von Mensch und Natur kann zu der Ideologie werden, daß in der totalen Naturbeherrschung Natur zu sich selber kommt. Weiterführen könnte die Spekulation, daß der Zustand der extrem entfalteten Produktivkräfte die Möglichkeit des qualitativen Umschlags der Beziehung birgt. In einem Zustand beseitigter Not könnten die Menschen eine solche Freiheit gewinnen, daß Naturbeherrschung ihrem Wesen widerstrebte.

Entgegen seiner eigenen Einsicht, daß die Frage nach der Macht und Ohnmacht des Geistes nur praktisch gelöst werden könne, hat Marx die Notwendigkeit bestimmter gesellschaftlicher Entwicklungen behauptet. Seine voraussagenden Bestimmungen beanspruchen völlige Identität von Sache und Begriff. Der Weg zur Freiheit gerät selber sub specie aeternitatis der Utopie. Marx' Versicherung, daß die Geschichte ihren von ihm erkannten Weg weitergehen und weitergetrieben werden müsse, ist idealistischer Natur. Unreflektiert bleibt die Frage, ob es nicht geschichtliche Augenblicke geben könne, in denen es sittlich wäre, gerade einer Entwicklung zu widerstehen, wenn sie z. B. vormals progressive Motive zur Unterdrückung mißbrauchte. Im Widerstand wäre dann vielleicht noch ein wenig von der Freiheit zu bewahren, die sonst ganz verloren ginge. Den an die historische Situation von 1848 geknüpften Glauben, daß eine Revolution in Deutschland die reale Freiheit begründen würde, hat Marx nicht als gesellschaftlich vermittelt reflektiert. So hat er die idealistischen Momente seiner Theorie auch nicht relativiert.

Dieser Mangel an Selbstreflexion läßt sich bis in den Marxschen Sprechgestus hinein verfolgen. Marx kopiert den Stil der Hegelschen Logik. Seine Urteile haben den selbstbewußten Habitus der Hegelschen Bestimmungen übernommen, ohne daß wie bei Hegel das jeweilige prädikative »ist« aufgrund seiner in der Entfaltung der Momente sich erweisenden Negativität seine Relativierung erfährt. Durch die Form des Urteils werden die Probleme bei Marx oft abschlußhaft behandelt. Die Verdinglichung der Formulierung entspringt dem Systematisch-Idealistischen der Theorie. Die Theorie ist hypostasiert, auch wenn sie die Anweisung auf die Praxis einschließt und die entscheidende Periode der Geschichte erst nach Hegels preußisch-absoluten Staat legt. Das Aussetzen der Selbstreflexion bezeichnet das Moment an der Marxschen Theorie, das das Schlechte in der Praxis bewirkt hat. Der Dogmatismus, zu dem der Kommunismus gelangt ist, ist der zu sich gekommene Idealismus.

258 Willi Lautemann, 27. Juli 1961

Willi Lautemann

Philosophisches Hauptseminar (Horkheimer/Adorno)

Protokoll der Sitzung vom 27.[78] VII. 1961

Das materialistische Moment läßt sich in der Lehre von Karl Marx in mehrfacher Gestalt nachweisen. Es wird zwar eine im Sinne der französischen Aufklärung von unserem Bewußtsein unabhängige Realität angenommen, was diese aber sei – hier macht sich bereits ein positivistischer Zug bemerkbar –, soll sich in der Geschichte der Naturwissenschaften, als dem Heraustreten aus ihrer Verschlossenheit dem Menschen gegenüber, entfalten. Dabei kommt es Marx wesentlich auf die Berücksichtigung der menschlichen Interessen an. Die frühere Metaphysik bleibt, nach ihm, mit ihren Fragen dem Menschen gleichgültig, da sie dessen realen Bedürfnissen nicht Rechnung trägt.[79] Die gesellschaftlichen Bedürfnisse einer Epoche bestimmen durch ihre jeweiligen Anforderungen nicht allein die Beziehungen der einzelnen Individuen untereinander, sondern auch Fragestellung und Gegenstand wissenschaftlicher Forschung.

Die Konzeption der Marxschen Philosophie ist ein Paradoxon: Ziel ihrer gedanklichen Bemühungen bleibt das Aufheben der Philosophie durch deren Verwirklichung. In diesem ausgesprochen unphilosophischen, weil durch die Realität bestimmten Denken, sind Aufhebung und Verwirklichung der Philosophie wechselseitig bedingt. »*Ihr könnt die Philosophie nicht aufheben, ohne sie zu verwirklichen.*«[80][*1] Die Philosophie soll nicht »abgewandten Hauptes«, d. h. abstrakt, negiert werden, umgekehrt bedeutet ihre Verwirklichung zugleich ihre Aufhebung als Philosophie. Die Kritik an der Gesellschaft kann nicht, wie in der bisherigen, spekulativen Rechtsphilosophie, allein in sich selbst als Denkprozeß sich ein- und abschließen, sondern muß sich Aufgaben zuwenden, ... »für deren

---

78 Korrigiert für: »26.«.
79 In der »Deutschen Ideologie« [1932] heißt es etwa, dass die »Umwandlung der Geschichte in Weltgeschichte nicht etwa eine bloße abstrakte Tat des ›Selbstbewußtseins‹, Weltgeistes oder sonst eines metaphysischen Gespenstes ist, sondern eine ganz materielle, empirisch nachweisbare Tat, eine Tat, zu der jedes Individuum, wie es geht und steht, ißt, trinkt und sich kleidet, den Beweis liefert.« (MEW, Bd. 3, S. 46)
80 MEW, Bd. 1, S. 384.

Lösung es nur ein Mittel gibt: die *Praxis*.«[81][*2] Dabei wird die Theorie zur materiellen Gewalt, indem sie in ihrer Radikalisierung die Massen ergreift.[82] »Radikal sein ist die Sache an der Wurzel fassen. Die Wurzel für den Menschen ist aber der Mensch selbst.«[*3]

Die Freiheit, an den bestehenden Umständen zu zweifeln oder gegebenenfalls zu verzweifeln, die durch die Kritik verbürgt werden soll, stellt ein Kriterium des erreichten Entwicklungsstandes in der Geschichte eines Volkes dar. Marx merkt daher an, daß das deutsche Volk Stufen der politischen Emanzipation, die es theoretisch längst überwunden hat, praktisch noch gar nicht erreicht habe.[83]

In der heutigen Gesellschaftsordnung werden die Verhältnisse der Menschen nicht mehr, wie etwa im Feudalismus, durch Rechte und Traditionen bestimmt; jeder kann das werden, was er will und hat für sein Fortkommen die gleichen Chancen. Somit bestimmt er seinen Wert in der Gesellschaft, die auf dem Tauschverhältnis beruht, selbst. Jeder kann tauschen und zugleich Objekt des Tausches sein, der sowohl sein Moment der Gerechtigkeit als auch der Ungerechtigkeit an sich hat.

Das Gesetz des Tausches läßt alles zum Objekt werden, das seinen Wert als Gebrauchs- und Tauschgegenstand besitzt, ein Vorgang, der sich auch der Sprache eingeprägt hat (ein »begehrenswerter« Mann). Die Beziehungen zwischen den Individuen werden verdinglicht, und an die Stelle des menschlichen Verhaltens treten Tauschverhältnisse, bei denen es die Menschen nicht mehr unmittelbar

---

81 »Schon als entschiedner Widerpart der bisherigen Weise des *deutschen* politischen Bewußtseins verläuft sich die Kritik der spekulativen Rechtsphilosophie nicht in sich selbst, sondern in *Aufgaben*, für deren Lösung es nur ein Mittel gibt: *die Praxis*.« (Ebd., S. 385)
82 »Die Waffe der Kritik kann allerdings die Kritik der Waffen nicht ersetzen, die materielle Gewalt muß gestürzt werden durch materielle Gewalt, allein auch die Theorie wird zur materiellen Gewalt, sobald sie die Massen ergreift. Die Theorie ist fähig, die Massen zu ergreifen, sobald sie *ad hominem* demonstriert, und sie demonstriert *ad hominem*, sobald sie radikal wird. Radikal sein ist die Sache an der Wurzel fassen. Die Wurzel für den Menschen ist aber der Mensch selbst.« (Ebd.)
83 »Das jetzige deutsche Regime dagegen, ein Anachronismus, ein flagranter Widerspruch gegen allgemein anerkannte Axiome, die zur Weltschau ausgestellte Nichtigkeit des *ancien régime*, bildet sich nur noch ein, an sich selbst zu glauben, und verlangt von der Welt dieselbe Einbildung. Wenn es an sein eignes *Wesen* glaubte, würde es dasselbe unter dem *Schein* eines fremden Wesens zu verstecken und seine Rettung in der Heuchelei und dem Sophisma suchen? Das moderne *ancien régime* ist nur mehr der *Komödiant* einer Weltordnung, deren *wirkliche Helden* gestorben sind. Die Geschichte ist gründlich und macht viele Phasen durch, wenn sie eine alte Gestalt zu Grabe trägt. Die letzte Phase einer weltgeschichtlichen Gestalt ist ihre *Komödie*. Die Götter Griechenlands, die schon einmal tragisch zu Tode verwundet waren im gefesselten Prometheus des Äschylus, mußten noch einmal komisch sterben in den Gesprächen Lucians. Warum dieser Gang der Geschichte? Damit die Menschheit *heiter* von ihrer Vergangenheit scheide. Diese *heitere* geschichtliche Bestimmung vindizieren wir den politischen Mächten Deutschlands.« (Ebd., S. 382)

miteinander zu tun haben, sondern als bloße Repräsentanten der herrschenden Produktionsverhältnisse fungieren.

Hegels Philosophie erhebt den Anspruch auf absolute Wahrheit, deren unabdingbare Voraussetzungen nach Descartes, nämlich Begrifflichkeit der Welt, die Identität von Subjekt und Objekt, sie aufzulösen verspricht. Dahinter ist bei Hegel noch das säkularisierte religiöse Moment, daß das Leben ohne das Absolute sinnlos sei, wirksam. Marx überläßt sich bei seinen Überlegungen nicht einem Drang zur spekulativen Wahrheitssuche; sein Anliegen ist von Anfang an die Versöhnung von Idee und Wirklichkeit, die Aufhebung der Entfremdung in der Entwicklung der wahren, d.h. vernünftigen Wirklichkeit. »Die Frage, ob dem menschlichen Denken gegenständliche Wahrheit zukomme – ist keine Frage der Theorie, sondern eine *praktische* Frage. In der Praxis muß der Mensch die Wahrheit, i.e. Wirklichkeit und Macht, Diesseitigkeit seines Denkens beweisen.«[84][*4] Die Frage nach der Wahrheit – dies ist als ein wesentlich materialistisches Moment festzuhalten – ist bei Marx nicht als ein Gegebenes, Feststellbares, nach dem gefragt und geforscht werden kann, sondern als ein zu Verwirklichendes, als Aufgabe, vorhanden, die dazu beitragen soll, daß die menschlichen Beziehungen nach und nach immer weniger von den ökonomischen Bedingungen diktiert werden. »Es ist also *die Aufgabe der Geschichte*, nachdem das *Jenseits der Wahrheit* verschwunden ist, die *Wahrheit des Diesseits* zu etablieren.«[85][*5] Eine befreite Gesellschaft wäre die Wahrheit. Diese ganze Konzeption paßt wegen ihrer gewollt unphilosophischen Haltung nicht in die geistesgeschichtliche Situation, in der Marx lebte, hinein, obwohl sie daraus hervorging. Ihrer Intention nach kann und will sie nicht als verbindliche Theorie, als System oder als Weltanschauung auftreten. Sie ist weniger Philosophie als vielmehr eine Verhaltensweise zur Wirklichkeit gegenüber dem Begriff des Geistes im philosophischen Denken. Aufbau und begriffliche Deduktion der Welt aus Gedanken entfallen und geben den Blick frei für die allgemeinen kreatürlichen Bedürfnisse der Menschen, deren erstes ist, daß der Mensch, um leben zu können, essen und trinken muß, deren Anliegen es ist, daß es besser und endlich vielleicht einmal gut wird, und die die Menschennot, als deren Ursache Marx die Entfremdung nennt,[86] nicht durch zwanghaft aufoktroyierte metaphysische Systeme

---

84 MEW, Bd. 3, S. 5.
85 MEW, Bd. 1, S. 379.
86 Bei Marx heißt es etwa: »Einerseits verwandelt der Produktionsprozeß fortwährend den stofflichen Reichtum in Kapital, in Verwertungs- und Genußmittel für den Kapitalisten. Andrerseits kommt der Arbeiter beständig aus dem Prozeß heraus, wie er in ihn eintrat – persönliche Quelle des Reichtums, aber entblößt von allen Mitteln, diesen Reichtum für sich zu verwirklichen.

und letztgültige Werte, sondern durch einen »realen Humanismus« beseitigen will, [87] der es sich nicht im abstrakt-begrifflichen Auffassen der Welt genug sein läßt, sondern die Welt verändern will.

Die Erkenntnis hat bei Marx die besondere Form der Kritik, die der Wirklichkeit ihre eigene Melodie vorsingt[88] und, indem sie ihr die Momente ihrer Selbstentfremdung aufzeigt, die Energie zur Weiterentwicklung eben dieser Wirklichkeit im Verlauf des geschichtlichen Prozesses freimacht. Erkenntnis, in ihrer Funktion als Kritik an der Wirklichkeit, deren Korrektiv sie somit darstellt, wendet sich mit dieser Besonderheit gegen System und Theorie, bleibt aber dem Gedanken, auf den sie sich so wenig zugute hält, als geschichtlich vorwärtstreibendes Moment (»praktische Energie«)[89] verpflichtet. Als radikal antimetaphysisch hat diese Wendung auch eine Veränderung in der Haltung der Individuen dem Tod gegenüber zum Resultat, er wird schwerer, weil endgültiger und in seiner ganzen Unwiderruflichkeit ungerechter gegen alles mit ihm unwiederbringlich Verlorene empfonden, als in allen früheren philosophischen Systemen, die ihn

---

Da vor seinem Eintritt in den Prozeß seine eigne Arbeit ihm selbst entfremdet, dem Kapitalisten angeeignet und dem Kapital einverleibt ist, vergegenständlicht sie sich während des Prozesses beständig in fremdem Produkt. Da der Produktionsprozeß zugleich der Konsumtionsprozeß der Arbeitskraft durch den Kapitalisten, verwandelt sich das Produkt des Arbeiters nicht nur fortwährend in Ware, sondern in Kapital, Wert, der die wertschöpfende Kraft aussaugt, Lebensmittel, die Personen kaufen, Produktionsmittel, die den Produzenten anwenden.« (MEW, Bd. 23, S. 595f.)
87 »Der *reale Humanismus* hat in Deutschland keinen gefährlicheren Feind als den *Spiritualismus* oder den *spekulativen Idealismus*, der an die Stelle des *wirklichen individuellen Menschen* das ›Selbstbewußtsein‹ oder den ›Geist‹ setzt und mit dem Evangelisten lehrt: ›Der Geist ist es, der da lebendig macht, das Fleisch ist kein Nütze.‹ Es versteht sich, daß dieser fleischlose Geist nur in seiner Einbildung Geist hat.« (MEW, Bd. 2, S. 7; vgl. Joh 6,63)
88 »Es handelt sich darum, den Deutschen keinen Augenblick der Selbsttäuschung und Resignation zu gönnen. Man muß den wirklichen Druck noch drückender machen, indem man ihm das Bewußtsein des Drucks hinzufügt, die Schmach noch schmachvoller, indem man sie publiziert. Man muß jede Sphäre der deutschen Gesellschaft als die *partie honteuse* der deutschen Gesellschaft schildern, man muß diese versteinerten Verhältnisse dadurch zum Tanzen zwingen, daß man ihnen ihre eigne Melodie vorsingt! Man muß das Volk vor sich selbst *erschrecken* lehren, um ihm *Courage* zu machen. Man erfüllt damit ein unabweisbares Bedürfnis des deutschen Volks, und die Bedürfnisse der Völker sind in eigener Person die letzten Gründe ihrer Befriedigung.« (MEW, Bd. 1, S. 381)
89 »Der evidente Beweis für den Radikalismus der deutschen Theorie, also für ihre praktische Energie, ist ihr Ausgang von der entschiedenen *positiven Aufhebung der Religion*. Die Kritik der Religion endet mit der Lehre, daß *der Mensch das höchste Wesen für den Menschen* sei, also mit dem *kategorischen Imperativ, alle Verhältnisse umzuwerfen*, in denen der Mensch ein erniedrigtes, ein geknechtetes, ein verlassenes, ein verächtliches Wesen ist, Verhältnisse, die man nicht besser schildern kann als durch den Ausruf eines Franzosen bei einer projektierten Hundesteuer: Arme Hunde! Man will euch wie Menschen behandeln!« (Ebd., S. 385)

noch mit metaphysischem Trost verklärten, seine nackte Hoffnungslosigkeit läßt aber durch Verzweiflung, als letzten Trost, auch die Opposition gegen den Tod erstarken. Die den realen menschlichen Nöten zugewandte Lehre des jungen Marx nimmt etwas von der animalischen Anfälligkeit des Menschen in sich auf, die von allumfassenden, idealisierenden Begriffen wie Ehre, Ruhm, Unsterblichkeit nicht mehr erreicht wird und sich daher nicht durch deren Zuspruch behoben und ihren Appell verdeckt in eine erhabene Notwendigkeit verlügen läßt. In dem Materialismus, solange er nicht selbst als Dogma auftritt, verbirgt sich potentiell die Utopie der physischen Unsterblichkeit, der Anspruch der Theorie ist bei Marx verendet. An ihre Stelle sind als Folge der Zuwendung zum realen, daher bedürftigen Menschen im Materialismus sensualistische Forderungen getreten, die ihren kompromißlosen Anspruch nach realer Ewigkeit erheben.

Die Verselbständigung des philosophischen, reflektierenden Bewußtseins, das verspricht, was allein seine reale Verwirklichung einlösen könnte, hat in seiner Haltung gegenüber dem sogenannten gesunden Menschenverstand ein Moment des Hochmuts an sich, ein Anzeichen des Verhängnisses, das zwischen ihm und der Realität besteht, so laut es auch das philosophische Denken negiert. Der Materialismus hofft, diese Trennung durch seinen Einspruch zu überwinden, so daß das solacium philosophiae, ob gewollt oder ungewollt, Ausdruck der Ohnmacht und Resignation philosophischen Denkens gegenüber der von ihm unbewältigten weil unversöhnten Wirklichkeit, entfällt.

In der Entfremdung wird das Produkt menschlicher Arbeit verselbständigt, tritt ihm als ein Fremdes, Gegebenes gegenüber und macht sich den Menschen schließlich als eine äußere Macht untertan. In ihr ist der Mensch als ein Produkt der Verhältnisse diesen unterworfen, in demselben Maße, in dem er die Herrschaft über sie verlor, wird er von ihnen beherrscht. In der Entfremdung kann der Mensch nicht mehr das höchste Wesen für den Menschen sein. Er bleibt in seiner Mißgestalt unerlöst weil unwirklich, von einem Wert abhängig, den der Schein der Verhältnisse ihm verleiht, und einer Macht – dem Geld – die ihm das Leben und den anderen Menschen selbst vermittelt, durch den alles beherrschenden Tauschprozeß untertan. Das seinen Bestimmungen entfremdete Individuum ist zum Träger einer gesellschaftlichen Rolle degradiert; Anstand und Erfolg mit der es sie spielt, bestimmen seinen Platz auf der gesellschaftlichen Werteskala. Im Geld hat der Fetischcharakter des Tauschwertes seine vollkommene Ausprägung erfahren. Da die Entfremdung ihren Ausdruck im Tauschverhältnis findet, hat sie unabänderlich die Verdinglichung zu ihrer Voraussetzung. Dinge lassen sich kaufen und verkaufen, unterliegen dem Tauschverhältnis in seiner allgemeinsten Form, dem Geld, dem der durch seine Arbeitskraft zum Dinge gewordene Mensch als der ihm das eigene Leben und das Dasein der anderen Menschen vermittelnden Macht angehört. Eine Aufhebung des Tauschverhältnisses würde den entstellenden Zauber der Entfremdung brechen und den Beziehungen der Menschen untereinander als Wesensäußerungen Wirklichkeit verleihen.

Der Mensch unterscheidet sich, nach Marx, vom Tier in erster Linie dadurch, daß er fähig ist, sein Leben zu produzieren, daß er sich seine Lebensmöglichkeiten als Voraussetzungen seiner Selbstverwirklichung selbst schafft, als Mensch ist er immer Produkt seiner Tätigkeit, freilich nicht so sehr seiner eigenen, als vielmehr das Resultat der Tätigkeiten einer ganzen Reihe von Generationen. Was der Mensch ist, ist er als ein Geschaffenes, er muß die von ihm gesetzten Zwecke aus sich »herausführen« und entäußern, wodurch das Produkt eine von dem Menschen unabhängige Gestalt gewinnt,[90] Beginn der Entfremdung und zugleich erste Bedingung zu deren Aufhebung. Das scheinbar Ansichseiende erweist sich als ein im Arbeitsprozeß Gewordenes. Indem das Denken dem Menschen Einblick in seinen unglückseligen Zustand gewährt, erklärt es ihm seine Aktionen und sein Verhalten in der Gesellschaft. Daß der Mensch erst durch das Denken vor dem Tier die Möglichkeit zur Selbstverwirklichung, zur Emanzipation hat, macht sein Glück aus, nicht in der kreatürlichen Befangenheit des Tieres verharren zu müssen.

Die Veränderung der Produktionsmethoden bewirkt auch eine durch den Wandel der ökonomisch-wirtschaftlichen Beziehungen bedingte Änderung der Sachwerte und der gesellschaftlichen Beziehungen. Ist durch fortschreitende Technisierung und Rationalisierung die menschliche Arbeitsleitung auf ein Minimum reduziert, das genügt, um in kürzester Arbeitszeit die Bedürfnisse des Menschen zu befriedigen, so wird die Produktion und Reproduktion der Lebensmittel auf das Notwendige beschränkt sein, wobei natürlich Begriffe wie »Notwendigkeit«, »Bedürfnisse« auch ihre Veränderungen im Laufe der geschichtlichen Entwicklung erfahren haben. Jenseits des Reiches der Notwendigkeit, auf das sich die dann noch verbleibende Arbeitsleistung und die automatisiert geregelten ökonomischen Prozesse beschränken würden, wäre der Mensch Selbstzweck, das heißt, er wäre frei. Das materialistische Moment bei Marx weist ein idealistisches Implikat auf, da die theoretischen Erwägungen als immanente Kritik der Wirklichkeit die geschichtlich vorwärtstreibende Kraft darstellen. Die materialistische Betrachtungsweise erklärt sich zwar für die Praxis, zu ihrer Legitimation ist sie jedoch auf die Theorie verwiesen. Ohne die Theorie als immanente Kritik der

---

90 Vgl. ebd., S. 281f.

Wirklichkeit ist die Praxis als sinnvolles Handeln zur Behebung der Entfremdung unmöglich und sinkt, indem sie jeder rationalen Lenkung entbehrt und sich dem Emotionalen überantwortet, in jene rohe Befangenheit zurück, aus der sich zu lösen Ziel jeder Praxis bleibt, deren Handlungsweise rational, d. h. zielgerichtet ist, damit aber dem reflektierenden und theoretisierenden Denken verpflichtet bleibt. Ohne Reflexion wäre der Materialismus unfähig, sowohl seinen Begriff zu fassen, als auch seine Ziele kritisch zu erkennen und auszusprechen.

Freilich fehlt, zumindest im frühen Marx, das zwanghaft systematische, abschlußhafte Moment der älteren Metaphysik ganz, das oftmals im Bestreben nach vollständiger Auflösung alles Kontingenten in Begriffe, sich der Realität als eine für es unverbindliche, weil unwesentliche, entledigt. Die letzte, unvermeidliche Niederlage des Menschen, die vor dem Tod, steht außerhalb des Systems dieser Philosophie, die, ihrer nicht mächtig, diesen unbequemen Störungsfaktor, der, wie ein Hohn der Endlichkeit auf das Denken, diesem in der Vernichtung des Menschen allen Sinn entreißt und in das denkende Bewußtsein lediglich als Zeichen von dessen Ohnmacht eingeht.

[*1] Karl Marx, »Die Frühschriften«, Alfred Kröner Verlag, Stuttgart 1953 »Zur Kritik der Hegelschen Rechtsphilosophie«[91] Seite 215.
[*2] ebenda Seite 216.
[*3] ebenda Seite 216.
[*4] Karl Marx, »Die Frühschriften«, Alfred Kröner Verlag, Stuttgart 1953, S. 339 »Die deutsche Ideologie« (1845/46)[92].
[*5] ebenda S. 208–209 »Zur Kritik der Hegelschen Rechtsphilosophie«.

---

91 Vgl. Karl Marx, Zur Kritik der Hegelschen Rechtsphilosophie [1844], in: Karl Marx, Die Frühschriften, hrsg. von Siegfried Landshut, Stuttgart 1953 (Kröners Taschenausgabe; 209), S. 207–224; vgl. MEW, Bd. 1, S. 378–391.
92 Vgl. Karl Marx, Die deutsche Ideologie (1845/46), in: Marx, Die Frühschriften, a.a.O. (s. vorige Anm.), S. 339–485; vgl. Karl Marx, {Thesen über Feuerbach} [1888], MEW, Bd. 3, S. 5–7, sowie Karl Marx und Friedrich Engels, Die deutsche Ideologie. Kritik der neuesten deutschen Philosophie in ihren Repräsentanten Feuerbach, B. Bauer und Stirner, und des deutschen Sozialismus in seinen verschiedenen Propheten, ebd., S. 9–530 (die Ausgabe »Die Frühschriften« bietet eine Auswahl aus der »Deutschen Ideologie«).

Sommersemester 1961:
Probleme der qualitativen Analyse

Soziologisches Hauptseminar

In diesem Semester hält Adorno zudem die philosophische Vorlesung »Ästhetik I« und gibt das philosophische Hauptseminar »Idealismus und Materialismus«

Das Seminar findet dienstags von 17 bis 19 Uhr statt

259–268 UAF Abt. 139 Nr. 10

259 Klaus Horn, 9. Mai 1961

Klaus Horn

Protokoll
des Soziologischen Seminars von Professor Adorno
Sitzung vom 9. 5. 61

Im Anschluß an Prof. Adornos einleitende Worte zum Seminar über Probleme der qualitativen Analyse[1] wurden die formulierten Thesen zur Diskussion gestellt.

Prof. Meyerson[2] und Dr. von Friedeburg[3] brachten Einwände vor, die sich so zusammenfassen lassen:

Die Kategorien der Wissenschaft, nämlich Kontrollierbarkeit und Repräsentanz, seien auf die qualitative Analyse nicht anzuwenden. Deswegen erhebe sich das Problem, wie eine qualitative Analyse in allgemein verbindliche und nachprüfbare Begriffe gebracht und von jedermann nachvollzogen werden kann. Auch sei es prinzipiell nicht allein der qualitativen Analyse vorbehalten, aufgrund des zu ihrer Durchführung notwendigen Einfühlungsvermögens wirklich relevante Hypothesen aufzustellen; das geschähe auch in der herkömmlichen amerikanischen Soziologie. Es wurde dann noch angezweifelt, ob für eine qualitative Analyse wirklich die Vorstellung einer Utopie notwendig sei, vielmehr sei doch die Problemstellung einer Untersuchung völlig unabhängig von den moralischen Einsichten eines Wissenschaftlers.

Prof. Adorno antwortete, daß die Trennung moralischer Vorschriften von der wissenschaftlichen Praxis jener Sphäre angehöre, die sich prinzipiell von der qualitativen Analyse unterscheide. Die Intention eines Wissenschaftlers müsse vielmehr bereits von vornherein darauf abzielen, etwas besser machen zu wollen, er müsse die Intention haben, dem Objekt näherkommen zu wollen, ohne von kategorialen Vorurteilen irgendwelcher Art unbewußt präformiert zu sein. Der Blick für den Widerspruch, für das Schlechte in der Gesellschaft, wäre jedoch

---

[1] Vgl. Theodor W. Adorno, *Einleitung in das soziologische Hauptseminar »Probleme der qualitativen Analyse«, 9. Mai 1961*, hrsg. von Dirk Braunstein, in: WestEnd. Neue Zeitschrift für Sozialforschung, 13. Jg., 2016, H. 1, S. 187–204.
[2] Rolf Meyersohn, der zuvor in Harvard, an der Columbia University in New York und in Chicago tätig gewesen ist, ist von 1960 bis 1961 Gastforscher am IfS.
[3] Ludwig von Friedeburg wird 1952 mit der Schrift »Die Umfrage als Instrument der Sozialwissenschaften. Zur Methode und Verwendung der Umfrage unter besonderer Berücksichtigung der Umfrage in der Intimsphäre« in Freiburg i. Br. promoviert.

nicht die Sache des Subjekts allein, dieser physiognomische Blick, der »böse Blick«, müsse auch vom Objekt her affiziert werden. Dafür sei jedoch die Freiheit zum Objekt notwendig. Freilich könne diese noch unzulängliche Beschreibung den Eindruck der Ausübung einer »sozialen Magie« für die qualitative Analyse erwecken. Aber es gehe hier nicht wie in der Phänomenologie um die bloße Antithese zum verhärteten, nur klassifizierenden Begriff, sondern die Aufgabe des Seminars sei es, sich an einer Methodik der qualitativen Analyse zu versuchen, innerhalb deren dieser Blick für den Widerspruch, die Bewahrung der Utopie, nur ein Moment der Wahrheit unter anderen darstellt.

In der Tat sei die qualitative Analyse nicht in demselben Maße wie die quantitative Analyse verstehbar; vielleicht sei der Versuch der Entzauberung der qualitativen Analyse, gegenüber der eine eigentümliche Hemmung bestehe, in diesem Rahmen undurchführbar[4]. Die wissenschaftliche Selbstreflexion könne jedoch vor dieser Problematik nicht haltmachen. Es sei das Ziel, eine objektive Verfahrensarbeit für die qualitative Analyse zu finden, um sie lehrbar zu machen. Deswegen gelte es, ihre Bedingungen zu untersuchen und diese für alle zu schaffen. Eine solche Arbeit wäre vonnöten, um die Soziologie vor der Gefahr der Verdinglichung zu bewahren.

---

4 Von Adorno handschriftlich abgeändert in: »im Rahmen *des Seminars* undurchführbar«.

260 Sigrid Pesel, 16. Mai 1961

Protokoll vom 16. Mai 1961

In der Hauptseminarsitzung am 16. Mai erläuterte Professor Adorno folgendes zum Referat über Theorie und Technik der Inhaltsanalyse bei Berelson:[5]

Inhaltsanalyse ist ein Verfahren im Bereich der Massenkommunikation und Propaganda, das den Inhalt des Kommunizierten untersucht. Quantitative Analyse und die Erforschung der Wirkungsweise von Kommuniziertem auf die Bevölkerung geben jedoch noch keinen Aufschluß über Tendenzen, die sich im Kommunizierten objektivieren. In der experimentellen Psychologie, in der mit geistigen Reizen gearbeitet wird, müssen sie auf qualitative Momente hin untersucht werden, die sie enthalten. Die Reaktionen der Versuchspersonen sind nicht nur als subjektive zu erklären. Die Quantifizierung ist als Methode den Massenmedien angemessen. Die quantitative Verteilung des Materials in bestimmten Zeitungen läßt qualitative Aussagen zu. Quantität wird hier zum Mittel der Ideologie. Die selektive Wahrnehmung der Kommunikanten läßt jedoch keinen unmittelbaren Rückschluß vom Inhalt des Kommunizierten auf das Bewußtsein zu.

Im allgemeinen Vordringen des Positivismus blieb die quantitative Analyse nicht auf die Sozialwissenschaften beschränkt. Die Literaturwissenschaft unternahm es, Platonische Dialoge durch Wortzählungen zu datieren. Differenzierte geistige Gebilde, wie die Theorie Freuds, entziehen sich der Quantifizierung. Es taucht die Frage auf, ob der Zwang zur Quantifizierung größere theoretische Werke nicht unmöglich macht.

Zum Problem der Vermittlung von Kommuniziertem bemerkte Professor Adorno: Die Buchstaben als schwarze Zeichen auf einem Hintergrund sind nicht unmittelbar, sondern durch die Sprache vermittelt. Hinter ihnen steht eine Bedeutung. In gestaltpsychologischen Experimenten wurde gezeigt, daß es nur schwer gelingt, sie als Zeichen wahrzunehmen.

Die Methode der Inhaltsanalyse enthält in sich bereits ein Bezugssystem, durch das das Ideologieproblem verschoben wird. Es fehlt die Dimension, das notwendig falsche Bewußtsein durch die Analyse zu ergreifen. Als scheinbar neutrale Wissenschaft reduziert sie objektive gesellschaftliche Tendenzen auf Bewußtseinsinhalte der Kommunikatoren.

---

5 Vgl. Bernard Berelson, Content Analysis in Communication Research, Glencoe 1952.

Mit der Tendenz, daß die Sprache als Kommunikationsmittel mehr zum Signal wird, geht zusammen, daß sie an Präzision verliert. Bestimmte Gegenstände werden nur noch in einem Horizont von Vagheit gedacht. Sie bezeichnen nichts Bestimmtes mehr. Das Kommunizierte bleibt in sich klischiert, ohne daß sein geistiger Inhalt verstanden würde.

Das Ideologische an einer Kommunikation ist nicht identisch mit der Absicht von Seiten des Kommunikators. Um Contentanalyse sinnvoll zu betreiben, muß man zwischen dem objektiven ideologischen Gehalt und der subjektiven Absicht einer Kommunikation unterscheiden.

Kommunikation vollzieht sich in verschiedenen Stufen. Ein Text kann einfach als Fabel wahrgenommen werden, oder es können auf einer höheren Stufe Tendenzen erkannt werden. Die Wirkung des Kommunizierten hängt ab von seinem Inhalt (dem Reiz), der Umgebung, in der die Kommunikation stattfindet, und von der individuellen psychologischen Beschaffenheit des Reagierenden.

Zum Problem der Objektivität wurde bemerkt: Sätze wie »Das Bierpalais ist mondän und doch dezent«, können qualitative Aufschlüsse geben, die objektiv zu rechtfertigen sind. Der Vorwurf, ein solches Vorgehen sei expressionistisch, leugnet, daß der Sprache Objektivität zukommt, die man ihr, als geistigem Gebilde, jedoch zugeben sollte.

Professor Meyersohn betonte, daß die quantitative Contentanalyse zu aufschlußreichen Ergebnissen führe; es komme jedoch auf die Kategorien an, die Verwendung finden. Dr. Schönbach[6] ergänzte, auch bei der Bildung von Kategorien für quantitative Analysen müßten qualitative Entscheidungen getroffen werden. Für Zeitreihenanalysen sei die quantitative Analyse ein unentbehrliches Instrument der Soziologie.

Sigrid Pesel.

---

6 D.i. Peter Schönbach.

261 Imme Wolff,
30. Mai 1961

Imme Wolff

Protokoll vom 30. Mai 1961

In Zusammenhang mit dem Referat über Siegried Kracauers Kritik an der Content Analysis[7] erläuterte Professor Adorno nochmals das Spezifische der qualitativen Analyse.

I. Qualitative Analyse zeigt sich mit Contentanalyse in einer bestimmten Weise verflochten. Zunächst ist Contentanalyse eine unter den verschiedenen Forschungspraktiken, auf die qualitative Analyse sich beziehen kann. (Gruppendiskussion, Fragebogen, Interview.) Es besteht jedoch eine innere Beziehung zwischen qualitativer Analyse und Contentanalyse, die es ermöglicht, das, was qualitative Analyse ihrem Sinn nach meint, am Beispiel der Contentanalyse besonders gut darzustellen. In der Contentanalyse muß notwendig auch auf so etwas wie den Sinnzusammenhang des vorliegenden Textes, der bei der Quantifizierung verlorengeht, rekurriert werden. Das Vorgehen ist wesentlich vom Material, von seiner Struktur her bestimmt, während doch die üblichen quantitativen Analysen primär orientiert sind an der Forschungsabsicht, eben der Quantifizierung, nach der das Material vorweg zugeschnitten wird. Allerdings visiert auch die Contentanalyse auf die quantitative Validierung ihrer Forschungsergebnisse im Gegensatz zur qualitativen Analyse.

II. Ohne durch den Gesichtspunkt der Häufigkeit voreingenommen zu sein, ist qualitative Analyse bestrebt, den Kommunikationswert bestimmter Texte, vor allem aus dem Bereich der Massenkommunikation, herauszufinden, deren ideologischen Schleier durch Reflexion auf Gesellschaftliches und Sozialpsychologisches zu durchstoßen. Darin unterscheidet sich qualitative Analyse von sublimeren Instrumenten der Analyse, beispielsweise dem literarischen Essay, wenngleich hier keine starre Grenze gezogen werden kann. Das einheitsstiftende Moment zwischen beiden, der Anspruch auf Wahrheit in der Analyse, sollte nicht

---

7 Erika Lorenz, »Siegfried Kracauers Kritik an der Content Analysis«, UAF Abt. 139 Nr. 10; vgl. Siegfried Kracauer, Für eine qualitative Inhaltsanalyse [1952/1953], in: Siegfried Kracauer, Werke, hrsg. von Inka Mülder-Bach und Ingrid Belke, Bd. 2·2, hrsg. von Christian Fleck und Bernd Steigler, unter Mitarb. von Joachim Heck und Maren Neumann, Berlin 2012, S. 557–571.

dazu verführen. Im Essay wird dem immanenten Wahrheitsgehalt eines Kunstwerkes nachgegangen. Qualitative Analyse zielt auf die Entlarvung eines Textes als ein Für-anderes. Ihre Intention ist die Dechiffrierung einer message, die dem Konsumenten in einer Art sozialer Hieroglyphenschrift übermittelt wird. Unter Einbeziehung der anderen objektiven Strukturmomente zentriert [sich][8] qualitative Analyse auf die quantitativ nicht faßbare Zwischenschicht einer message, ihren Andeutungen und vagen Appellen an das Unbewußte. Das Schillernde dieser Schicht entgeht gerade Filmanalysen, in denen Inhalt des Films, Zuschauerkreis und Wirkung isoliert untersucht werden. Qualitative Analyse enthält diese Faktoren als Momente. Ihre Blickrichtung ist jedoch die, den Film als Reiz, als Stimulus zu verstehen, hinter dessen manifestem Inhalt sie die latente Schicht aufzuspüren versucht.

III. Es kann sich hier nicht darum handeln, den polemischen Gegensatz von Qualitativem und Quantitativem als absoluten stehenzulassen. Vielmehr gilt es, die Wahrheit und Unwahrheit daran zu begreifen. Die starre Scheidung zwischen Qualitativem und Quantitativem verdankt sich selbst schon methodologischen Gesichtspunkten. In den Dingen selber sind beide Momente verschränkt.

So involviert qualitative Analyse notwendig auch immer quantitative Momente. Ein qualitativ bedeutsames Motiv in einer Contentanalyse kann, indem es häufig vorkommt, quantitativ relevant werden. Andererseits sagt ein quantitativ wichtiges Merkmal auch etwas Qualitatives aus. Allerdings hängt die Qualität eines Elements nicht von der Häufigkeit seines Auftretens ab.

Als Fingerzeig für die enge Verflochtenheit von Qualitativem und Quantitativem mag gelten, daß man in der qualitativen Analyse nicht umhin kann, sich jener Termini zu bedienen, deren Sinn in der quantitativen Analyse ausschließlich statistisch definiert ist. So wird der Ausdruck »wichtig« einmal verwandt als statistisch relevant. Zum anderen meint »wichtig« aber von der Theorie her mit Gewicht belegt. Von der theoretischen Kenntnis eines Syndroms her kann ein quantitativ nebensächliches oder gar irrelevantes Merkmal eine für den Zusammenhang ausgezeichnete Bedeutung erlangen. Wenn ein antisemitischer Agitator in einer Rede betont, daß in den USA zuviel Menschen einwandern und u. a. als Heimat der Einwanderer auch Kischinew erwähnt,[9] so kommt diesem Ort quantitativ gesehen die gleiche Relevanz zu wie den anderen Herkunftsländern. In der

---

8 Von Adornos Hand wurde ebenfalls *sich* an dieser Stelle eingefügt.
9 »Kischinew« ist eine alte Bezeichnung für die heutige moldawische Hauptstadt Chişinău, die um die Wende des 19. zum 20. Jahrhundert ein Zentrum des jüdischen Lebens in Russland ist. Im April 1903 kommt es in der Stadt zu einem Pogrom gegen die jüdische Bevölkerung; als Reaktion verlassen viele Juden das Land, zu einem großen Teil auch Richtung USA.

qualitativen Analyse wird eben dieses Merkmal zum Schlüssel des gesamten Kontexts, weil die Bezeichnung gerade dieses Ortes, der historisch durch seine Pogrome berüchtigt wurde, an das antisemitische Potential appelliert. – Von einem Merkmal her wurde hier qualitativ ein Syndrom erschlossen. Über die Herstellung von Korrelationen zwischen den anderen Merkmalen müßte sich ein Weg finden lassen, sich dem Gesamtzusammenhang auch quantitativ zu nähern.

Die qualitative Bedeutung von »wichtig« impliziert als einen weiteren Aspekt das Verhältnis zur Realität. Wichtig kann ein in Rede stehendes Element sein entweder dadurch, daß es dem objektiv Relevanten in einer konkreten politisch-historischen Situation durch seine quantitative Verteilung entspricht, oder gerade dadurch, daß seine quantitative Verteilung objektiv Relevantes unwichtig erscheinen läßt oder dieses gar ausgelassen wird.

Die dreifache Dimension im Begriff des Relevanten macht die primäre Bedeutung der qualitativen Analyse sichtbar als ein unentbehrliches Mittel der Ideologienforschung. Entschlüsseln der sozialen Bilderschrift einer message heißt Durchdringen der darin enthaltenen Ideologie auf die dahinterstehenden Machtinteressen. Dabei entsprechen die ermittelten ideologischen Tendenzen nicht notwendig der quantitativ am meisten verbreiteten Ideologie in einem aktuellen Zeitpunkt, ein etwas voreiliger Schluß, dem auch Kracauer unterlag, als er in seinen Filmanalysen zwischen den beiden Weltkriegen ermittelte Ideologie gleich objektivem Geist einer Epoche gleich Bewußtsein der Bevölkerung in Deutschland setzte.[10] Vielmehr können diese Tendenzen und die dahinter sich abzeichnenden Interessenkonstellationen auf die Zukunft verweisen.

IV. Das Spezifische der qualitativen Analyse, ihre Angemessenheit ans je vorliegende Material, was ihr gerade die Aufstellung abstrakt gültiger Methoden verbietet, trägt ihr von Seiten der quantitativen Analyse den Vorwurf des »Impressionismus« ein. Zunächst muß gesagt werden, daß in der Art, in der der Begriff Impressionismus hier aus der Malerei auf den Bereich soziologischer Methodenfragen übertragen wird, dem Begriff Impressionismus in der Einengung auf

---

10 »Dieses Buch befaßt sich mit deutschen Filmen nicht bloß um ihrer selbst willen; sein Ziel ist vielmehr, unsere Kenntnis über Deutschland vor Hitler in bestimmter Weise zu erweitern. *[Absatz]* Ich behaupte, daß mittels einer Analyse der deutschen Filme tiefe psychologische Dispositionen freigelegt werden können, wie sie in Deutschland von 1918 bis 1933 vorherrschten – Dispositionen, die den Lauf der Ereignisse zu jener Zeit beeinflußten und mit denen in der Ära nach Hitler zu rechnen sein wird.« (Siegfried Kracauer, Von Caligari zu Hitler. Eine psychologische Geschichte des deutschen Films [1947], in: Siegfried Kracauer, Werke, a.a.O., [s. Anm. 7], Bd. 2·1, hrsg. von Sabine Biebl, unter Mitarb. von Gerhard Hommer, übers. von Ruth Baumgarten und Karsten Witte, bearb. von Sabine Biebl, Berlin 2012, S. 9)

subjektiv Willkürliches etwas unterschoben wird, was seiner kunstgeschichtlichen Konzeption nicht gerecht wird. Aber selbst dann, wenn dieser falsche Begriff von Impressionismus einen Augenblick lang unterstellt wird, erweist sich der Vorwurf des Impressionistischen gegen die qualitative Analyse bei näherem Zusehen als Projektion. Philosophisch steht dahinter die Auffassung, daß die an sich chaotische Objektwelt nur durch exakte Begriffe und Methoden, also Subjektivität, strukturiert wird. Bereits in die Wahrnehmung eines Gegenstandes geht aber etwas von seiner Struktur mit ein. Die vermeintlich bloß subjektiven Impressionen der qualitativen Analyse sind daher nicht zufällig, sondern von ihrem Objekt her mitbestimmt.

Kracauer hielt noch nach europäischer Tradition an der Forderung nach Entsprechung von Instrument und Sache fest. Im instrumentalistisch-operationellen Denken jedoch erlangen die systematisierten Verfahrensweisen gegenüber dem Gegenstand einen hohen Grad der Selbständigkeit, der es erlaubt, sie auf andere Gegenstände »anzuwenden«. Es gehen zwar in jede quantitative Analyse, zumal bei der Kategorienbildung, qualitative Erwägungen ein. Sind die Kategorien aber erst einmal festgelegt, so ist die Frage nach der Sachgerechtigkeit im Einzelfall sekundär. Um der Sauberkeit der Methode willen kann so Wesentliches durch die Maschen des quantitativen Kategoriennetzes durchfallen. Komplexe Sinnzusammenhänge werden u.U. auseinandergerissen wegen der in bestimmten Methoden geforderten Eindimensionalität. Insofern, meint Kracauer, verletze die quantitative Analyse das Postulat der Exaktheit, das sie für sich in Anspruch nimmt.[11] Er versäumt es allerdings, diese Hypothese zu belegen.[12]

Ihrem Prinzip nach muß quantitative Analyse notwendig vereinfachen und vergröbern. Denn, werden ihre Kategorien so verfeinert, daß qualitative Einsichten möglich sind, so besteht die Gefahr, daß sie an Trennschärfe verlieren und nicht mehr signifikant sind, weil die Gruppen zu niedrig besetzt sind.

Trotz des Eingeständnisses, daß sich mit quantitativen Verfahrensweisen nur über elementare Bezüge etwas Verbindliches ausmachen läßt, sie komplexeren Zusammenhängen nicht gerecht werden können, werden Erkenntnisse, die sich nicht zahlenmäßig belegen lassen, der Unwissenschaftlichkeit geziehen. Nur der quantitativen Analyse wird praktisch das Recht auf Objektivität zugestanden. Die wiederholte Betonung der Bedeutung der qualitativen Analyse durch amerika-

---

11 »Verläßt man sich einseitig auf quantitative Inhaltsanalysen, kann dies zur Vernachlässigung qualitativer Untersuchungen führen und damit die Genauigkeit der Analyse beeinträchtigen.« (Kracauer, Für eine qualitative Inhaltsanalyse, a.a.O. [s. Anm. 7], S. 557)
12 Tatsächlich widmet sich der Abschnitt »Quantitative Analyse kann die Genauigkeit beeinträchtigen« (ebd., S. 557–560) dem Beleg der Hypothese.

nische Sozialwissenschaftler erwies sich weitgehend als Lippendienst. In der Praxis der social research blieb qualitative Analyse bisher ein Stiefkind. Den Bedingungen dieses Widerspruchs soll in den nächsten Sitzungen nachgegangen werden. Von den Individuen verlangt qualitative Analyse, daß sie, relativ wenig vorgeformt durch den wissenschaftlichen Betrieb, sich die Freiheit zum Objekt bewahrt haben.

262 Nils Lindquist, 6. Juni 1961

N. Lindquist

Protokoll der Seminarsitzung vom 6. 6. 61
(Probleme der qualitativen Analyse.)

Herr Kriesel referierte über »Funktionen und Techniken der qualitativen Analyse in der Sozialforschung«[13] – aufgrund einer Arbeit von H. Barton und Paul F. Lazarsfeld, in der die Autoren das nach ihrer Ansicht für die qualitative Analyse Wesentliche und Typische aus für ihre Untersuchung herangezogenen 100 qualitativen Studien systematisch dargestellt haben.[14]

Professor Adorno würdigte, daß es den Autoren gelungen ist, das »Wesentliche des Produktionsganges« der qualitativen Analyse zu finden, obwohl sie selber den Prioritätsanspruch der quantitativen Methode teilen und somit einer theoretischen Begründung des qualitativen Verfahrens fernstehen. Das Wesentliche des qualitativen Ansatzes finde man am besten durch Besinnen auf das eigene Vorgehen, und unter dem Aspekt seien die Ergebnisse der Forscher erstaunlich treffend. Herrn Kriesels Ausführungen sind somit ein Grundlagenreferat um so mehr, als sie den »offiziellen Standpunkt« der Sozialwissenschaft zur qualitativen Analyse darstellen, der dieser die Konzession macht, ein brauchbares Anhängsel an die quantitative Analyse zu sein; dies müsse man als Vorbehalt gegenüber dem Referat festhalten.

Das Protokoll will nur Herrn Prof. Adornos Äußerungen wiedergeben und setzt das Referat voraus; doch soll versucht werden, den Bezug der Bemerkungen jeweils zu dem zugehörigen Teil der Ausführungen anzudeuten.

Ganz allgemeine Voraussetzung für die qualitative Analyse, die der Referent durch eine Reihe illustrierender Beispiele für die Offenheit gegen unerwartete, ungewöhnliche Beobachtungen und sogar durch Regeln, nach denen man auf solche Neuigkeiten ausgehen kann, verdeutlicht hatte, nannte Prof. Adorno ein Organ für Ideologie – »ein sedimentiertes Ideologiebewußtsein« beim Forscher. »Il y a quelque chose qui cloche« – ein Sinn für das Latente müsse ihn gegen

---

[13] Werner Kriesel, »Einige Funktionen und Techniken der qualitativen Analyse in der Sozialforschung«, UAF Abt. 139 Nr. 10.
[14] Vgl. Allen H. Barton und Paul F. Lazarsfeld, Einige Funktionen von qualitativer Analyse in der Sozialforschung [1955], übers. von Elmar Weingarten und Barbara Diederichs, in: Qualitative Sozialforschung, hrsg. von Christel Hopf und Elmar Weingarten, Stuttgart 1979, S. 41–89.

Ideologisches allergisch reagieren und hinter die Fassade der Dinge blicken lassen, die gemeinhin als »taken for granted« genommen werden.

Das Begnügen von Lazarsfeld und Barton allein mit dem Ungewöhnlichen und Unerwarteten als Material für den qualitativen Ansatz ist zu wenig. Tendenziell liegt dem eine Haltung zugrunde, die Prof. Adorno mit dem Bonmot »dem Ignoranten ist alles neu« nachzeichnete. Mißtrauen gegen alles unbesehen Übernommene, stelle es selbst auch schon eine so ungewöhnliche Tatsache dar wie den Ehrenkodex der Verbrecherwelt oder das Jazzidiom[15], wird gerechtfertigt durch die Tendenz, unter der auch das Ungewöhnliche schnell rezipiert und als normal erachtet wird; was zu Kuriosa führen kann, daß ein Kriminalbeamter einen Gangster in der für selbstverständlich genommenen Verbrecherfachsprache anredet – und nicht verstanden wird, oder jugendliche Jazzanhänger einen Fachslang entwickeln, der von den Jazzkreatoren vermutlich selbst nicht verstanden wird.

Wo heute überhaupt die Hypostasis der Vorstellungen des Babbit[16][*1] das Normale ausmache, müsse kritische Wachsamkeit gerade auf das Normale gerichtet sein. An die Benennung der derart wachsamen Forscherpersönlichkeit durch die Autoren als »marginal personality«[17] schloß Professor Adorno den Gedanken an, daß derjenige, der heute der Ideologie Widerstand leiste, leicht schon als verdächtig, fast asozial angesehen werde. Wissenssoziologische Überlegungen, die selbst in den Bereich des »social research« reichen, sollten die Zusammengehörigkeit der Verbreitung von Ideologie und der Ablehnung der qualitativen Analyse reflektieren. Wo nur der quantitativen Analyse Erkenntniswert zugesprochen wird, findet sich oft eine unkritische Scheu, das in Zweifel zu

---

15 Bei Gelegenheit einer Rezension der beiden Bücher von Wilder Hobson, American Jazz Music, New York 1939, und von Winthrop Sargeant, Jazz Hot and Hybrid, New York 1938, schreibt Adorno 1941: *Den eindringlichen Analysen des vermeintlichen Jazzidioms verdankt sich die Erkenntnis, daß es sich keineswegs um eine Sprache handelt, sondern daß gerade die scheinbare Freiheit und improvisatorische Ungebundenheit der Jazzpraxis sich auf eine kleine Anzahl standardisierter Formeln – patterns – [...] reduzieren läßt.* (GS, Bd. 19, S. 383)

16 Nach der Figur George Follanbee Babbitt in Sinclair Lewis' Roman »Babbitt« [1922], die einen engstirnigen und geistig anspruchslosen Vertreter der amerikanischen Mittelklasse darstellt.

17 »Fremde oder Neulinge in einer Gemeinde oder in einem Land sind meist in der Lage, problematische Aspekte herauszufinden, die von den an die Gegebenheiten gewöhnten Einheimischen einfach als selbstverständlich hingenommen werden. Marginale Persönlichkeiten oder Personen, die sich im Übergang von einem Status zu einem anderen befinden, repräsentieren bestimmte problematische Aspekte des mit einem Sozialsystem in Zusammenhang stehenden Persönlichkeitstyps auf sehr viel deutlichere Weise. Abweichler, Extremfälle oder ›reine, idealtypische‹ Fälle sind meist sehr nützlich für den Nachweis problematischer Tatbestände.« (Barton und Lazarsfeld, Einige Funktionen von qualitativer Analyse in der Sozialforschung, a.a.O. [s. Anm. 14], S. 48)

ziehen, was als normal gilt. Das Fehlen von Theorie ist vielmehr ein bewußter Verzicht auf Theorie und ist darin Folge und Voraussetzung der Ideologie. Erstaunlicherweise wird oft von der Seite der quantitativen Analyse die qualitative Analyse verdächtigt, theorielos, »rhapsodisch« zu sein. Dieser Vorwurf zielt auf die Offenheit des Ansatzes für wirklich unvorhergesehen Neues, die aber gerade einer der wesentlichen Vorzüge der qualitativen Analyse ist. Die qualitativen Aussagen sprechen oft für sich, erklären sich selbst, machen sonst unzugängliche Zusammenhänge transparent. Darüber hinaus ist jedoch die Theorie wichtigster Bestandteil und Voraussetzung der ganzen qualitativen Analyse, strenge theoretische Vorstellungen werden an das Material herangetragen, wie etwa vergleichsweise das Verfahren Freuds eine Theorie mit der Methode der qualitativen Analyse ist.

Als bedeutende Hilfe stellt das Referat die qualitative Analyse in Situationen dar, wo unzureichende statistische, deskriptive Daten vorliegen oder es unmöglich ist, exakte Beobachtungen anzustellen, z. B. über in der Geschichte zurückliegende Phänomene. Welch gefährlichen Trugschlüsse das naive Benutzen eines qualitativen Substituts als Basis für quantitative Verallgemeinerungen zuläßt, zeigte Prof. Adorno am vom Referenten selbst gebrachten Beispiel der Frazierschen Analyse von dokumentarischem Material über die Sklaverei in den Südstaaten.[18] Frazier hatte aus dem Text von Zeitungsannoncen, die überwiegend Negerinnen mit Kindern, selten dagegen ganze Familien – also Mann, Frau und Kinder – offerierten, geschlossen, daß die damalige Sklavenfamilie von matriarchaler Struktur gewesen sei. Über die Fehlinterpretation hinaus habe dieses einfache Rückschlußverfahren vom Quantitativen aufs Qualitative[19] auch noch die ideologische Funktion, den wahren Sachverhalt zu verschleiern: die Grausamkeit der Sklavenhalter, die die Frauen und Kinder von den arbeitsfähigeren Männern trennten, weil sie eine wirtschaftliche Belastung waren; die Restfamilie veräußerten, um die zurückbehaltenen Männer um so wirtschaftlicher ausnutzen zu können.

Zu dem vorgetragenen Beispiel – Fromms Analyse des Jazzsubjekts[20] – für die qualitative Einzelbeobachtung als Indikator für verdrängte oder schlecht artiku-

---

18 Vgl. E. Franklin Frazier, The Negro Family in the United States, Chicago und London 1939.
19 Konjiziert für: »vom Qualitativen aufs Quantitative«.
20 Welches »Beispiel« herangezogen wird, ist nicht ermittelt; in der von 1929 bis 1931 von Erich Fromm und Hilde Weiß am IfS durchgeführten Untersuchung über Arbeiter und Angestellte lautet ein Item des Fragebogens »Lieben Sie Jazzmusik?«. Dazu bemerkt Fromm: »Ähnlich wie bei anderen Fragen, so waren auch die Reaktionen auf Jazzmusik nicht ausschließlich vom persönlichen Geschmack oder von ästhetischen Maßstäben bestimmt; sie reflektieren ideologische Faktoren zumindest ebensosehr wie die Einstellung zu musikalischen Werten. Die weitgestreute

lierte psychologische Gegebenheiten, nannte Prof. Adorno – der vor Fromm eine Untersuchung desselben Gegenstandes mit qualitativen Mitteln veröffentlicht hatte[21] – die notwendige Massenbasis des gefundenen Phänomens als Voraussetzung für den verallgemeinernden Schluß. Er machte dieses Moment noch deutlicher an Gruppendiskussionen, in denen fast unverständlich verworrene und teils sogar unartikulierte Stellen in der sonst rationalen Ausdrucksweise auftraten, sobald die Sprache auf die Judendeportationen kam, die auf Verdrängung der unangenehmen Wahrheit nach dem Schema des Schuld-Abwehr-Mechanismus deuteten. Solche wolkigen Stellen in der Sprache würden unter qualitativer Interpretation transparent, begännen, für einen tieferliegenden Sachverhalt zu sprechen.

Auf Herrn Massings[22] Frage, ob dergleichen Phänomene nach ihrer Häufigkeit gewichtet werden, präzisierte Prof. Adorno nochmals, daß beim qualitativen Erfassen solcher Erscheinungen vom Individuum abzusehen und auf die genannte Massenbasis zu zielen sei. Im Einzelnen würde sich das Verfahren nach dem jeweiligen Gegenstand richten. Im Falle der Gruppendiskussionen jedenfalls stelle das auftretende »Gebrabbel« eine »Äußerung des Gruppengeistes nach überindividuellem Schema« dar.

Die Autoren schreiben lt. Referat der qualitativen Analyse die Aufgabe zu, Deskriptionssysteme für umfangreiches Material mit Hilfe von Typenbildung zu

---

Kritik am Jazz umfaßte im allgemeinen Kommentare wie ›seelenlos‹, ›undiszipliniert‹, ›unmoralisch‹, ›fremdartig‹, ›Negermusik‹, ›dekadent‹ und ›undeutsch‹. Bei den Vertretern einer strengen Sexualmoral mußten vor allem auch die erotisch-stimulierenden Elemente der Jazzmusik auf scharfe Ablehnung stoßen; die Ablehnung wurde zum Teil noch dadurch gesteigert, daß sich viele trotz ihres offenkundigen Abscheus unbewußt vom Jazz angezogen fühlten. Liebhaber einer sentimentalen und romantischen Musik attackierten den Jazz wegen seines fremdartigen Charakters und seiner scharfen Synkopen, welche ihre musikalische Empfindung verletzten. Die Befürworter der Jazzmusik entstammten meist jenen Kreisen der unteren Mittelklasse, die mit der Mode gingen und ›auf dem laufenden‹ sein wollten oder sich selbst als exklusiv begriffen. Der Jazz wurde durch das Werk von Komponisten wie Kurt Weill und Hanns Ei[s]ler in Arbeiterkreisen populär und ist auf politische Lieder angewandt worden. Die scharfe Verurteilung der Jazzmusik durch reaktionäre Kreise führte zu einer wachsenden Zahl von Anhängern in den linken Arbeitergruppen, aber sie wurde auch von denjenigen unterstützt, die im Jazz eine neue Dimension der musikalischen Ausdrucksmöglichkeiten erblickten [...].« (Erich Fromm, Arbeiter und Angestellte am Vorabend des Dritten Reiches. Eine sozialpsychologische Untersuchung, hrsg. und bearb. von Wolfgang Bonß, übers. von Wolfgang Bonß, unter Mitarb. von Cornelia Rülke und Rosemarie Thrul, Stuttgart 1980, S. 166)

21 Vgl. Adornos Schrift *Über Jazz* [1937], GS, Bd. 17, S. 74–108.
22 D.i. Otwin Massing.

liefern. Der Referent brachte als Beispiele C. W. Mills 5 Managertypen[23] und Moscas Unterscheidung zwischen politischer und beherrschter Klasse[24]. Prof. Adorno kritisierte die offensichtliche Vorgängigkeit der Methode vor die Sache des Denkens an der Meinung der Autoren, nach der das zu entwickelnde Klassifikationssystem etwa zwischen den Extremen einer einfachen empirischen Typologie und der vollsystematischen Typologie, die jeden Typ aus wenigen grundlegenden Eigenschaften kombiniert, aufgestellt werden solle. Die Typologie von R. K. Merton,[*2][25] die – in Tabellenform angeordnet – das Ergebnis mathematischer Kombination zweier Komponentenpaare ist,[26] sei »das beste Beispiel für überaus logische Kategorien, die als von der Sache her äußerst zweifelhaft angesehen werden müssen.« Denn der Typ des »fair weather illiberal« sei in der Praxis für den undenkbar, der Einblick in die Struktur der vorurteilsvollen Persönlichkeit habe. Die Strukturen des »liberal« und des »illiberal« liegen in so verschiedenen

---

23 In seiner Studie über »Die amerikanische Elite« stellt Mills drei »Modellfälle« für die Karriere amerikanischer Wirtschaftsführer dar: »den unternehmerischen Typ, der mit eigenem oder fremdem Geld ein Unternehmen gründet oder organisiert und ausbaut«, »den Typ des Direktors, der in eine Firma eintritt, die dem Vater oder einem nahen Verwandten gehört, und die Stellung als Erbe übernimmt«, sowie »den Typ derer, die aus freien Berufen, vorwiegend dem des Anwalts, stammen. [...] Fast ein Drittel der Spitzenkräfte der amerikanischen Wirtschaft des Jahres 1950 hat eine der drei genannten Karrieren eingeschlagen. Für die restlichen 68 Prozent besteht die typische Laufbahn aus einer Reihe von Beförderungen von einer Stufe der Konzernhierarchie zur nächsten. Dabei wechseln sie innerhalb des Konzerns das Arbeitsgebiet, nicht selten auch von einem Unternehmen zum anderen.« (C. Wright Mills, Die amerikanische Elite. Gesellschaft und Macht in den Vereinigten Staaten [1956], übers. von Hans Stern, Heinz Neunes und Bernt Engelmann, Hamburg 1962, S. 156 f.)
24 »Unter den beständigen Tatsachen und Tendenzen des Staatslebens liegt eine auf der Hand: In allen Gesellschaften, von den primitivsten im Aufgang der Zivilisation bis zu den vorgeschrittensten und mächtigsten, gibt es zwei Klassen, eine die herrscht, und eine, die beherrscht wird. Die erste ist immer die weniger zahlreiche, sie versieht alle politischen Funktionen, monopolisiert die Macht und genießt deren Vorteile, während die zweite, zahlreichere Klasse von der ersten befehligt und geleitet wird. [...] Im praktischen Leben anerkennen wir alle die Existenz dieser herrschenden oder ›politischen‹ Klasse [...]« (Gaetano Mosca, Die herrschende Klasse. Grundlagen der politischen Wissenschaft [1895], übers. von Franz Borkenau, mit Geleitw. von Benedetto Croce, Bern 1950, S. 53).
25 In der Vorlage findet das Anmerkungszeichen keine entsprechende Anmerkung.
26 Merton stellt eine »Typology of Ethnic Prejudice and Discrimination« aus vier Typen (»Unprejudiced non-discriminator«, »Unprejudiced discriminator«, »Prejudiced non-discriminator« und »Prejudiced discriminator«) zusammen, denen er jeweils zwei »Dimensions« zuordnet (»Attitude Dimension: Prejudice and Non-prejudice« und »Behavior Dimension: Discrimination and Non-discrimination«) (Robert K. Merton, Discrimination and the American Creed, in: Discrimination and National Welfare. A series of addresses and discussions, hrsg. von R[obert] M. MacIver, New York und London 1949, S. 99–126; hier: S. 103).

Dimensionen, daß ein Kontinuum zwischen beiden sich nicht denken läßt. Der »illiberal« werde sich in jeder Situation diskriminierend verhalten, denn er reagiere nicht auf das politische Klima, sondern handle vielmehr im Sinne des gesamten ideologischen und autoritären Komplexes, der seinen Charakter bestimmt.

Wenn der Fortschritt von der »kruden« zur logischen Typologie oft nur scheinbar sei, sagte Prof. Adorno, hingen ebensooft der typologische und der qualitative Ansatz eng zusammen.

Überlegungen zur Typologie seien jedenfalls notwendig, da andererseits die Typologie oft überhaupt Voraussetzung für die qualitative Analyse sei.

Die Auffassung, daß ein Fortschritt der Methode nicht unbedingt einen der Erkenntnis meine, hätten die Verfasser geteilt, wie der Referent betonte.

Prof. Adorno führte zu den referierten Beispielen noch aus, daß sich vor allem die Begründer des wissenschaftlichen Sozialismus gegen Unterscheidungen Moscascher Art – arm und reich[27] – gewandt hätten, die in der sozialistischen Diskussion höchstens Lösungen egalitär-verschönernder Art einbrachten, während andererseits der wissenschaftliche Sozialismus mit der Vergesellschaftung der Produktionsmittel ökonomische Maßnahmen wissenschaftlich begründete und propagierte.

An der weiterhin referierten Methode phänomenologischer Kategorienbildung (Simmel)[28] bezweifelte Professor Adorno, ob begriffliche Distinktion allein schon zur Einsicht in die Gesellschaft führe. Ob dem deduzierten Begriff jeweils Tatsachen entsprächen, hielt er für zweifelhaft. Jedenfalls habe diese Art phänomenologisch-soziologischen Denkens den wissenschaftlichen Positivismus als Antithese hervorgerufen. Beim Analysieren von Begriffen zwecks Kategorienbildung müsse man sich bewußt sein, wie Begriffe ihren Inhalt geschichtlich wandeln. So hat der Begriff der Freiheit als ehedem feudales Privileg seinen Sinn sozial gesehen völlig gewandelt.

Die Beispiele von sogenannten »reason statistics« (Studien über die Einstellung zu Juden in Paris und über die Street-Corner-Society von Whyte)[29] stehen für Erhebungen, die den quantitativen Anforderungen an Repräsentanz nicht genü-

---

[27] Vgl. den Abschnitt »Die politische Klasse«, in: Mosca, Die herrschende Klasse, a.a.O. (s. Anm. 24), S. 53–67.
[28] Vgl. Georg Simmel, Soziologie. Untersuchungen über die Formen der Vergesellschaftung [1908], in: Georg Simmel, Gesamtausgabe, hrsg. von Otthein Rammstedt, Bd. 11, hrsg. von Otthein Rammstedt, Frankfurt a. M. 1992.
[29] Vgl. William Foote Whyte, Die Street Corner Society. Die Sozialstruktur eines Italienerviertels [1943], übers. von Reinhard Blomert und Joachim Kalka, mit Einführung von Peter Atteslander, Berlin und New York 1996 (Materiale Soziologie; 6).

gen und daher von den Autoren – ihrem Standpunkt gemäß – als qualitative Analysen bezeichnet werden. Doktor von Friedeburg bestätigte, daß in der Literatur fast alle Untersuchungen, die den statistischen Anforderungen nicht entsprechen, als qualitative Analysen bezeichnet würden.

Prof. Adorno wandte sich gegen diese Aufweichung des Begriffs und wollte die klare Grenze zwischen qualitativer und quantitativer Analyse gewahrt wissen, die er in seinem Eingangsreferat (1. Sitzung) bestimmt hatte. Er verstehe unter qualitativer Analyse etwas anderes, exakt zu Bestimmendes, als Barton und Lazarsfeld; unter dem Aspekt der Autoren fielen sehr viele Studien in den Bereich der qualitativen Analyse, die er als quantitative ansprechen würde. Die A. P. (Authoritarian Personality, Th. W. Adorno, E. Frenkel-Brunswik[30] u. a.)[31] hätte trotz ihrer ungenügenden statistischen Strenge eine Fülle von quantitativem Material gebracht, doch wäre ihr Ergebnis sehr ärmlich ausgefallen, wenn man etwa Guttmansche Skalenmaßstäbe angelegt hätte.[32]

Man könnte etwa den Spieß umdrehen und wegen der notwendigen Gruppenbildung und begrifflichen Definition fast jede Erhebung als qualitative bezeichnen; doch ist niemandem mit dergleichen Prioritätswettkämpfen in der Wissenschaft gedient.

Abschließend wies Professor Adorno auf das Werk von Karl Kraus hin, dessen Essays und polemische Abhandlungen eine großartig treffende kultursoziologische qualitative Analyse des Zeitalters darstellten.

– – –

[*1] Sinclair Lewis: Babbit
[*2][33]

---

30 Korrigiert aus: »Brunswick Frenkel«.
31 Vgl. T[heodor] W. Adorno, Else Frenkel-Brunswik, Daniel J. Levinson und R. Nevitt Sanford, unter Mitw. von Betty Aron, Maria Hertz Levinson und William Morrow, *The Authoritarian Personality*, New York 1950 (Studies in Prejudice; 1).
32 *Bei der* Guttmann-Skala [sic!] *(scalogram analysis) sollen die »items« eindimensional sein, d. h. die Zustimmung zu einem bestimmten »item« muß die Zustimmung zu allen anderen weniger extremen »items« einschließen und mit der Ablehnung aller extremeren »items« zusammengehen. Größere methodische Strenge wird um den Preis der inhaltlichen Breite erkauft.* (GS, Bd. 9·2, S. 348)
33 S. oben, Anm. 25.

263 Klaus Döll,
13. Juni 1961

Klaus *Döll*

*Protokoll
zur Seminarsitzung vom 13. 6. 61*

Im ersten Teil der Seminarsitzung referierte Frl. Alth über einen Versuch von Frau Frenkel-Brunswik zur Quantifizierung qualitativen Materials.[34] Dieses Material war aus detaillierten, klinischen Interviews gewonnen worden, die im Rahmen der Untersuchungen über die »Authoritarian Personality« durchgeführt worden waren. Prof. Adorno führte dazu aus, die Ergebnisse der Interviews seien zwar nicht an einem standardisierten Instrument gewonnen worden, könnten aber wegen ihrer Gründlichkeit praktisch genauso gewertet werden.

Im weiteren Verlauf des Referates warf Prof. Adorno die Frage auf, was Frau Frenkel-Brunswik eigentlich mit der quantifizierenden Methode erreichen wollte. Die Antwort von Frl. Alth, daß damit eine geordnete und zusammenfassende Darstellung des Materials und eine statistische Verifizierung von Hypothesen durch mathematische Überprüfung der vermuteten Zusammenhänge gewonnen werden sollte, erweiterte Prof. Adorno noch, indem er feststellte, daß neben diesen äußerlichen Gesichtspunkten auch ein inhaltliches Motiv vorhanden gewesen sei. Dieses Motiv beruhe auf der Freudschen Theorie, nach der das Unbewußte im Menschen nur wenig differenziert und qualifiziert sei. Frau Frenkel-Brunswik habe nun zeigen wollen, daß gerade diese so unqualifizierte Schicht des Unbewußten der Quantifizierung zugänglich sei, da bei psychoanalytischen Interviews bestimmte Motive immer wieder auftraten, z. B. die Schilderung der Urszene. Prof. Adorno meinte, es sei wohl bewiesen worden, daß qualitative Ergebnisse quantifizierbar seien; das Ganze liege aber trotzdem auf einer sehr formalen Ebene. Die statistischen Ergebnisse genügten auf keinen Fall, um stringente Aussagen über den Zusammenhang von Kategorien und qualitativen Tatbeständen zu machen.

Nachdrücklich warnte Prof. Adorno noch einmal vor dem Fehler, die spezifisch charakterologischen Unterschiede zwischen »Highs« und »Lows« im Detail

---

34 Michaela von Alth, »Die Quantifizierung qualitativen Materials bei Else Frenkel-Brunswick [sic!], ›Personality als [sic!] Revealed through Interviews[‹]. (T. W. Adorno et al., ›The Authoritarian Personality‹, N.Y. 1950, S 291 ff)«, UAF Abt. 139 Nr. 10; vgl. Else Frenkel-Brunswik, Personality as Revealed through Clinical Interviews, in: Adorno et al., *The Authoritarian Personality*, a. a. O. (s. Anm. 31), S. 291–486.

auf einzelne Personen anwenden zu wollen. Besonders in Deutschland unterlagen solche Untersuchungen immer dem Vorurteil der Gesinnungsschnüffelei, obwohl ihre Aussagen realiter doch nur auf Gruppen anwendbar seien.

Im Anschluß an das Referat stellte Herr Zapf[35] die Frage, ob der Versuch der Quantifizierung qualitativen Materials nur in Verbindung mit der »Authoritarian Personality« Gültigkeit haben solle, oder ob die Intention weitergehend darauf gerichtet sei, allgemeinere Aussagen für die Methodologie der qualitativen Analyse zu erhalten. Frl. Alth erklärte dazu, daß es die Absicht von Frau Frenkel-Brunswik gewesen sei, ein allgemeines Modell aufzustellen, nach dem die Quantifizierung von qualitativem Material auch bei anderen Aufgaben durchgeführt werden könne.

Da Prof. Adorno annahm, daß Intention und Inhalt der »Authoritarian Personality« nicht allen Seminarteilnehmern bekannt sei, führte er noch einmal aus, wie man von der Hypothese ausgegangen sei, daß Menschen mit einer harten, lieblosen Kindheit besonders dazu neigten, autoritär zu reagieren und typische High-Symptome aufzuzeigen. Die negativen Erfahrungen der Kindheit setzen sich in charakterliche Qualitäten um. Frau Frenkel-Brunswik gehe nun von der Annahme aus, daß diese Kindheitserlebnisse in den klinischen Interviews festgestellt werden konnten, und wenn das nur bei einer genügend großen Anzahl von Untersuchten der Fall sei, dann sei der Versuch der statistischen Verifizierung der Psychoanalyse geglückt. Dieser Intention ähnliche Versuche seien in Amerika schon mehrere durchgeführt worden.

Den größeren Teil der Seminarsitzung nahm das Referat von Herrn Schäfer über die Arbeit von Herta Herzog, »On Borrowed Experience«, in Anspruch.[36] Diese Untersuchung befaßte sich mit dem Inhalt bestimmter Radiosendungen, den sog. daytime-serials, die, in der Motivation nur wenig geändert, täglich gesendet wurden, mit der Zusammensetzung des Hörerkreises und der Wirkung auf diesen. Zu der Tatsache, daß eine relativ große Zahl der Hörer von dem bescheidenen Niveau der Sendungen derart fasziniert wurden, führte Prof. Adorno noch aus, die Menschen würden von dem anspruchslosen Inhalt so fixiert, daß sie nicht mehr zwischen den Sendungen und den realen Dingen des Lebens unterscheiden könnten. Als Beispiel erwähnte er, wie nach der Sendung vom Lone Ranger und seinem Pferd Silver Pferdedecken an die Rundfunkstationen ge-

---

35 D. i. Wolfgang Zapf.
36 Herbert Schäfer, »On Borrowed Experience«, UAF Abt. 139 Nr. 10; vgl. Herta Herzog, On Borrowed Experience. An Analysis of Listening to Daytime Sketches, in: Studies in Philosophy and Social Science, IX. Jg., 1941, H. 1, S. 65–95.

schickt wurden.[37] Zur Auswahl des Programms sagte Prof. Adorno, wir hätten es hier mit einer typisch standardisierten Produktion und damit mit einer nach Formeln gemachten Monotonie zu tun.

Die Art der Rezeption der soap operas erklärte Prof. Adorno mit dem gänzlichen Fehlen einer gewissen ästhetischen Distanz, da die interviewten Hörerinnen alle den untersten und ungebildetsten Schichten angehörten. Er warnte nachdrücklich davor, aus der Niveaulosigkeit dieser Schichten verallgemeinernde Schlüsse zu ziehen und dabei in den Fehler des nationalen Hochmutes zu verfallen, da bei uns in Deutschland die Verhältnisse wahrscheinlich ähnlich lägen, wenn der Rundfunk, wie in Amerika, auf kommerzieller Basis betrieben würde.

Zu der diesen Programmen immanenten Möglichkeit der Affektabfuhr meinte Prof. Adorno, sie sei im Zusammenhang der psychoanalytischen Theorie der Symptomatisierung von Neurosen zu sehen. Freud hat angeführt, das Quantum an Angst würde dann reduziert, wenn die »frei flutende Angst«[38] fixiert würde.

Zu der These, die Sendungen machten die Zuhörer nur erlebnisunfähiger,[39] führte Prof. Adorno aus, es sei falsch, diese Dinge nur negativ zu sehen. Unter Umständen böten sie die Schemata, wie man überhaupt erleben könne. Heute brauchten die Menschen diese Erlebensanweisungen, wenn auch die Situationen fast immer unrealistisch seien. Er bezog sich hierbei auf Paul Valéry, der be-

---

37 Die Hörspielserie »The Lone Ranger« wird 1933 von George W. Trendle und Fran Striker entworfen und zunächst im Detroiter Radiosender WXYZ ausgestrahlt. Der Reihe schließen sich bald Fernsehverfilmungen, Kinospielfilme, Bücher und Comics an.

38 Nicht von ›frei flutender‹, sondern von ›frei flottierender Angst‹ spricht Freud gelegentlich, so etwa in den »Vorlesungen zur Einführung in die Psychoanalyse« [1917]: »Übergehen wir nun zur neurotischen Angst, welche neue Erscheinungsformen und Verhältnisse zeigt uns die Angst bei den Nervösen? Da ist viel zu beschreiben. Wir finden erstens eine allgemeine Ängstlichkeit, eine sozusagen frei flottierende Angst, die bereit ist, sich an jeden irgendwie passenden Vorstellungsinhalt anzuhängen, die das Urteil beeinflußt, die Erwartungen auswählt, auf jede Gelegenheit lauert, um sich rechtfertigen zu lassen. Wir heißen diesen Zustand ›Erwartungsangst‹ oder ›ängstliche Erwartung‹. Personen, die von dieser Art Angst geplagt werden, sehen von allen Möglichkeiten immer die schrecklichste voraus, deuten jeden Zufall als Anzeige eines Unheils, nützen jede Unsicherheit im schlimmen Sinne aus. Die Neigung zu solcher Unheilserwartung findet sich als Charakterzug bei vielen Menschen, die man sonst nicht als krank bezeichnen kann; man schilt sie überängstlich oder pessimistisch; ein auffälliges Maß von Erwartungsangst gehört aber regelmäßig einer nervösen Affektion an, die ich als ›*Angstneurose*‹ benannt habe und zu den Aktualneurosen rechne.« (FGW, Bd. XI, S. 412)

39 »Since the life of very many middle class and lower class people is uneventful, the variety of incidents in these programs [scil. ›daytime serials‹] is many times greater than anything which these women [scil. die Zuhörerinnen] could live through or observe themselves. Thus the question comes up of whether, through daytime serials, radio is likely to have a great influence upon the problems they have to meet.« (Herzog, On Borrowed Experience, a. a. O. [s. Anm. 36], S. 65)

schrieben hatte, wie an Schemata des Buches die Möglichkeiten des eigenen Erfahrens entfaltet werden könnten,[40] z. B. werde das Verhalten in der Liebe fast immer aus Büchern entnommen. Es erhebe sich hier doch ganz ernsthaft die Frage, ob nicht der Mensch an diesen vorgegebenen Schemata erst leben lerne, und ob die Menschen ohne sie überhaupt existieren könnten.

In den Reaktionen der Hörer, die sich über die serials vom Standpunkt der »well-educated people« äußerten, indem sie eine Identifikation zweiten Grades mit Autor, Regisseur oder Schauspielern vollzogen,[41] sah Prof. Adorno die Funktion erfüllt, ein vorhandenes Vakuum auszufüllen und einen Narzißmus zu befriedigen, indem man ihnen die Gelegenheit verschafft, eine scheinbar wichtige Meinung zu äußern. Die Funktion der offiziellen Kultur sei auch nichts anderes als die der daytime-serials.

Zum Schluß seines Referates wies Herr Schäfer darauf hin, wie sich bei den von Herta Herzog mit Hilfe von Denkkategorien der analytischen Psychologie gefundenen Interpretationen manche Deutung bei tieferem Eindringen in das Material verschieben könne. Er erwähnte als Beispiel die Freude einer Hörerin über zwei verschiedene Schuhe, die eine der Radiodamen trug, und die verschiedenen Interpretationsmöglichkeiten, die diese Freude zuließ. Prof. Adorno glaubte, die Situation mit dem Phänomen der Schadenfreude erklären zu können. Wie der Narzißmus sei auch die Schadenfreude bei Menschen mit unzivilisiertem Es sehr verbreitet. Er meinte, eine Studie über das Problem der Schadenfreude könnte Abgründe der Sozialpsychologie aufzeigen.

In der an das Referat anschließenden Diskussion äußerte Dr. v. Friedeburg methodologische Bedenken gegenüber der Untersuchung von Herta Herzog, da ihr Material wesentlich schwächer sei als das von Frau Frenkel-Brunswik. Prof. Adorno antwortete, die Interviews von Frau Frenkel seien von Anfang an sehr strukturiert gewesen, sie habe ein homogenes Schema gehabt. Bei Frau Herzog sei die ganze Untersuchung viel lockerer angelegt gewesen. Dr. v. Friedeburg ging noch einmal auf die Unterschiede zwischen den beiden Arbeiten ein. Die Arbeit von Frau Frenkel-Brunswik sei auf einen detaillierten Gegenstand gerichtet, der

---

40 Bei Valéry heißt es etwa: »Unter den Büchern nun sind die einen anregend und bringen nur in Bewegung, was ich schon besitze; die andern sind mir Nahrung, deren Substanz sich in meine eigene umsetzen wird. Mein Wesen schöpft daraus Formen des Ausdrucks und des Denkens, oder bestimmte Mittel und fertige Antworten: man muß doch die Resultate der Erfahrungen anderer übernehmen und sich erweitern um das, was sie gesehen haben und wir nicht.« (Paul Valéry, Windstriche. Aufzeichnungen und Aphorismen [1960], übers. von Bernhard Böschenstein, Hans Staub und Peter Szondi, Frankfurt a. M. 1991, S. 107)
41 Vgl. den Abschnitt »Betting on Outcomes as a Means of Feeling Superior«, in: Herzog, On Borrowed Experience, a. a. O. [s. Anm. 36], S. 81 f.

als Maßstab zu einer einheitlichen Interpretation dienen könne. Bei Frau Herzog dagegen sei alles noch recht »round about« und unklar.

Prof. Adorno hielt ihm entgegen, er, v. Friedeburg, könne sich auch bei der qualitativen Analyse nicht vom Maßstab des Quantitativen trennen. Gerade das Material von Frau Herzog enthalte mehr das spezifisch Qualitative, da hierin Dinge zum Vorschein kämen, die man sich so nicht vorstellen könne. Dieses Material sei auch empirisch, da es der Erfahrung offen sei. So gehe einem bei dem Beispiel mit den verschiedenen Schuhen doch etwas auf über den Mechanismus der Schadenfreude. Gerade das aber sei das Produktive, daß das weniger geschliffene Instrument Dinge hervortreten lasse, die man sonst wahrscheinlich übersähe. Man komme damit auch besser an das eigentlich Qualitative heran; die »juicy quotes« vermittelten mehr Erfahrung und neue Erkenntnisse.

Dr. Teschner[42] meinte dazu, beide Methoden hätten je nach der Aufgabenstellung ihre Berechtigung. Bei der qualitativen Analyse handele es sich um eine bloße Illustration, bei der allerdings neue, theoretische Aspekte gewonnen werden konnten. Bei der Quantifizierung dagegen hätten wir es mit einer streng durchgeführten Untersuchung, mit Belegen zu tun.

Prof. Adorno war damit nicht ganz einverstanden. Er erklärte, nur die qualitative Analyse führe wirklich weiter. Die Kategorienbildung sei allerdings bei Herta Herzog nicht besonders gut; das sei aber nur eine methodologische Frage. Das anfallende Material habe unbedingt das Moment der größeren Frische. Es gehöre doch zur soziologischen Forschung, daß man ein Organ auch für die Dinge entwickele, die noch nicht vorgeformt seien. Dieses unbekannte Material sei viel interessanter. In der qualitativen Analyse gerade komme das zum Vorschein, was noch nicht in Kategorien vorgeformt sei. Dagegen habe man es bei der Quantifizierung immer mit einer Apparatur zu tun. Er versuchte, es an einem Gleichnis aus der Philosophie zu demonstrieren: Das Qualitative sei der Rest des Dinges an sich, des noch nicht von der Wissenschaft in Besitz genommenen und für ihre Zwecke zugerichteten. Die Quantifikation[43] gehöre in den Bereich der Methode, während das Qualitative mehr im Bereich der Theorie sei.

Dr. v. Friedeburg fragte noch einmal, ob und wie weit die Ergebnisse der qualitativen Analyse den Kriterien der empirischen Sozialforschung, z. B. der Kontrollierbarkeit, zugänglich gemacht werden könnten.

Prof. Adorno antwortete ihm, diese Möglichkeit bestehe durchaus, wenn man sich nur das Material besser ansehe. Die endgültige Entscheidung über die Ka-

---

42 Manfred Teschner wird 1960 mit der Schrift »Entwicklung eines Interessenverbandes. Ein empirischer Beitrag zum Problem der Verselbständigung von Massenorganisationen« in Frankfurt a. M. promoviert.
43 Konjiziert für: »Qualifikation«.

tegorienbildung sei aber erst in der materialen Arbeit möglich. Er verwies hierzu auf das Problem der Schadenfreude, das leider in der A-Skala[44] übersehen wurde, das aber vielleicht in der für deutsche Verhältnisse konstruierten Version[45] noch berücksichtigt werden könnte.

=============

---

[44] Die Studie zur *Authoritarian Personality* legte ihrem Gegenstand mehrere Skalen zugrunde, die wichtigste war die vermutlich hier gemeinte ›F-Skala‹ (mit ›F‹ für ›Fascism‹); vgl. R. Nevitt Sanford, Theodor W. Adorno, Else Frenkel-Brunswik und Daniel J. Levinson, *The Measurement of Implicit Antidemocratic Trends*, GS, Bd. 9·1, S. 185–261.

[45] Von 1959 bis 1961 wurde am IfS an der Entwicklung einer deutschen Skala zur Ermittlung autoritätsgebundener Reaktionsweisen – eben der sogenannten ›A-Skala‹ – gearbeitet (s. die Sitzungsprotokolle 200–207 aus dem soziologischen Hauptseminar »Zum Studium des autoritätsgebundenen Charakters« des Wintersemesters 1959/60); vgl. Michaela von Freyhold, Autoritarismus und politische Apathie. Analyse einer Skala zur Ermittlung autoritätsgebundener Verhaltensweisen, Frankfurt a. M. 1971 (Frankfurter Beiträge zur Soziologie; 22).

264 Irmela Nitz,
20. Juni 1961

Irmela Nitz

Protokoll der Seminarsitzung vom 20. 6. 61

Frl. Hänel referierte über Professor Adornos »Stars Down to Earth«,[46] eine qualitative Analyse der astrologischen Spalte der »Los Angeles Times«.[47] Es ist bemerkenswert und muß bereits als ein qualitatives Moment erachtet werden, daß diese Zeitung, die keineswegs zur Boulevardpresse zu zählen ist, ihrer Leserschaft eine astrologische Spalte einräumt. – Korrelativ zu einer Entwicklung, die in der verwalteten Welt den Spielraum für Initiative und Selbstbestimmung *aller* Individuen auf ein Minimum beschränkt, dürfen weder die Symptome der Massenkultur ausschließlich im Bereich des bloßen »entertainment« gesucht werden, noch können eindeutige etwa schicht- oder bildungsspezifische Grenzen für die Anfälligkeit gegenüber dieser Massenkultur gezogen werden. Die Konsumbereitschaft für die in den Massenmedien verbreitete Ideologie als Ausdruck eines realen Bewußtseins von Ohnmacht hat den Anschein von Rationalität, aber nur den Anschein, da die Ideologie selbst in der Wiederholung und Hypostasierung desselben gesellschaftlichen Zustandes besteht, der die Reduktion des Einzelnen zu seiner Bedingung hat. Darin, daß das Subjekt für eine sporadische Sicherheit durch Anpassung die Reflexion aufgibt und sich einer Manipulation überläßt, die mit Präzision die sozialpsychologische Situation ihrer Objekte auszuspielen weiß, in diesem Nebeneinander von Rationalität und Irrationalität liegt der Ansatz der Arbeit »Stars Down to Earth«, die im größeren Rahmen einer allgemeinen Kulturkritik und besonders im Rahmen der Theorie der Halbbildung[48] verstanden werden will.

Stimulans für diese spezielle Untersuchung war zunächst die sehr einfache Frage, was die Ursachen dafür sind, daß ein so offensichtlicher Unsinn wie das Horoskop Einfluß auf einen so weiten Kreis von Menschen ausübt. Aus diesem

---

46 Gisela Hänel, »Referat über Theodor W. Adornos, The Stars Down to Earth«, UAF Abt. 139 Nr. 10; vgl. Theodor W. Adorno, *The Stars Down to Earth: The Los Angeles Times Astrology Column. A Study in Secondary Superstition* [1957], GS, Bd. 9.2, S. 7–120.
47 Adorno schreibt: *The column »Astrological Forecasts« by Carroll Righter appears in the Los Angeles Times, a conservative newspaper leaning far to the right wing of the Republican Party.* (Ebd., S. 23)
48 Vgl. Theodor W. Adorno, *Theorie der Halbbildung* [1959], GS, Bd. 8, S. 93–121.

Widerspruch heraus richtete sich die Aufmerksamkeit auf die Beobachtung der Leserpsychologie einerseits und die Technik der Horoskopschreiber andererseits.

Das Verfahren, bei dem an das Material Kategorien einer Theorie der Gesellschaft und solche der Freudschen Psychoanalyse herangetragen wurden, rechtfertigte sich, wie es sich auch im Verlauf der Studie bestätigte, aus dem Gegenstand selbst, da, wie schon angedeutet, nicht nur die Astrologie, sondern die gesamte Kulturindustrie auf einer Fusion mit der Wissenschaft beruht, d. h., daß sie in einem solchen Maß ihre Produkte auf die Psyche ihrer Konsumenten zuschneiden und umgekehrt diese Psyche manipulieren kann, daß man mit Löwenthal von einer »umgekehrten Psychoanalyse« sprechen möchte.[49]

Die Pseudowissenschaftlichkeit der Astrologie kann als eine der wichtigsten unmittelbaren Ursachen für ihre Verbreitung angesehen werden. Dazu trägt bei, daß sie ihre eigene Grundlage, den Zusammenhang zwischen den Sternen und dem menschlichen Schicksal, dogmatisch voraussetzt. Daß sie in ihren »Botschaften« Konflikte ebenso willkürlich auflösen kann, wie sie sie willkürlich aufgegriffen hat, ist ein Zirkel, der ihr den Anschein von Stimmigkeit verleiht. Der Astrologe, der nach einem allgemeinen Schema der Massenkultur als Experte auftritt, stellt die Menschen unter eine von ihm beliebig zu definierende Abhängigkeit, in der sie nur dann richtig handeln, wenn sie den ihm allein bekannten Gesetzen der Sterne gehorchen. Diese Mystifikation bewirkt zweierlei: Der Schauer vor dem Ungeklärten schaltet die Reflexion auf die Verfahrensweise der Astrologie insgesamt aus und verdeckt die Banalität der einzelnen Botschaften, die selbst wiederum, da sie Alltägliches, längst Bekanntes enthalten, jenen Schauer gerade um soviel mildern, daß er nicht in eine Verdrängung der von der Astrologie suggerierten [Furcht] vor »Übersinnlichem«, »Übermächtigem« und damit in eine Verwerfung der Astrologie überhaupt umschlägt.[50]

---

[49] Löwenthal charakterisiert die Technik faschistischer Agitation etwa im Gespräch mit Helmut Dubiel so, »daß sie die Psychoanalyse auf den Kopf stellt.« (Leo Löwenthal, »Mitmachen wollte ich nie«. Gespräch mit Helmut Dubiel [1981], in: Leo Löwenthal, Schriften, hrsg. von Helmut Dubiel, Bd. 4, Frankfurt a.M. 1984, S. 271–298; hier: S. 294) Er bezieht sich dabei auf Leo Löwenthal und Norbert Guterman, Falsche Propheten. Studien zur faschistischen Agitation [1949], in: Löwenthal, Schriften, a.a.O., Bd. 3, Frankfurt a.M. 1982, S. 9–159.

[50] *The idea that the reader is somehow threatened must be maintained because only if some mild terror is exercised, he will seek help – analogous to advertising of drugs against body odor. Threat and relief are somehow intertwined in a way that can be spotted in various kinds of mental disorders. The kind of popular psychology on which the column relies takes it frequently for granted that most persons feel threatened, either in reality or at least psychologically, and that the column reaches them only if it establishes an intelligence with the reader in the zone of threat. Yet the threat must always be mild in order not to really shock the reader who would give up looking into a column which caused direct discomfort.* (GS, Bd. 9.2, S. 39)

Die Banalität der Botschaften hat noch einen anderen, doppelten Aspekt. Die Botschaften müssen, damit sie geglaubt werden, »zutreffen«, d. h. entweder, daß sie keinen bestimmten Inhalt haben dürfen, oder, daß sie eine möglichst allgemeine, millionenfach sich wiederholende Situation wiedergeben müssen.[51] Genau dieses Dilemma münzt die Astrologie zu ihren Gunsten in ihre eigentliche manipulative Kraft um. Da sie spezifischer Aussagen über Individuen entbehren muß, schafft sie eine kollektive Abhängigkeit, in der allgemeine psychologische Konstellationen, wie Narzißmus, Extraversion, paranoide, autoritätsgebundene Züge usw., miteinkalkuliert sind. Und da sie die Banalität des Alltags nicht verlassen darf, gibt sie in der Wiederholung dessen, was ohnehin alltäglich ist, der zwangshaften Monotonie, »als ob es in den Sternen stünde«, den Anschein von Natürlichkeit und Unabänderlichkeit. Anpassung, die, sofern sie reflektiert geschieht, etwas Rationales hat, wird in den Horoskopen absolut gesetzt. Die Botschaften sind »konfektionierte Verhaltensmuster«, denen ein ideologisches Ideal vom Menschen zugrunde liegt. Die zuvor genannte »Stimmigkeit« der Astrologie erweist sich als standardisierte Lenkung standardisierter Konflikte standardisierter Menschen.

Aus dem Seminar wurde die Frage gestellt, ob eine umfassende Ideologiekritik nicht auch eine Untersuchung der Konsumenten auf ihre geistige Umstrukturierung hin einschließen müsse. Professor Adorno hielt dem entgegen, daß Ideologie nicht mit dem Durchschnitt der öffentlichen Meinung gleichgesetzt werden dürfe. Die große Verbreitung der Horoskope könne aber als Symptom dafür gelten, daß die Konsumenten tatsächlich »so reagieren, wie die Reize es wollen«. Schließlich sei in einer Massenkultur mit einer Akkumulation von Reizen beim Individuum zu rechnen, so daß nicht den Wirkungen nur einer Reizquelle nachzugehen sei, wie auch Kritik der Massenkultur nicht die Summe isolierter Untersuchungen einzelnen Massenmedien sein kann.

---

51 *A favorite threat, however, is that of traffic accidents. Here again one finds how various facets of the approach are blended: the danger of traffic accidents is ever-present in the congested Los Angeles area. But it is singled out as if some specific prophetic knowledge were behind it, a claim that cannot easily be refuted due to the ubiquity of the threat itself. At the same time, a threat like that of a traffic accident does not hurt the readers' narcissism on account of the complete externalization of the threat. It has hardly any humiliating implications, public opinion does not brand the traffic sinner as a criminal. Finally, reference to this threat displays one of the most prominent features of the column: supposedly irrational and magical forebodings are translated into the advice of being sensible. The stars are invoked in order to reinforce the harmless, beneficial but trivial admonition: »Drive carefully!«* (Ebd.)

265 Hans von Loesch, 27. Juni 1961

Protokoll zu der Seminarsitzung am 27. 6. 1961

unter Professor Adorno

Den ersten Teil der Seminarsitzung füllte das Referat von Frl. Schmidt: »Schuld und Abwehr«.[52] Interpretationen aus einem Kapitel des Gruppenexperiments[53] als Beispiel qualitativer Analysen.

Die anschließende Diskussion drehte sich hauptsächlich um methodologische Fragen.

Zu dem Referat:

Bei dem Problem der Ambivalenz sollte man nicht zu schnell zu theoretischen Kategorien greifen, sondern empirisch versuchen, die meinungsbildenden Faktoren herauszufinden.

Meinungen sind weitgehend von Machtkonstellationen abhängig. Je affektbeladener eine Meinung ist, desto geringer wird ihre Eindeutigkeit. (Zitat des Hilfsarbeiters, Seite [...][54] des Referates.)[55] Die Diskussionen haben alle 1950–1951 stattgefunden. Die affektive Besetzung war zu der Zeit viel stärker als jetzt. Die Analyse dieses Zitates ist hauptsächlich eine des Sprachhabitus. Erst kommen die scheinbar positiven Äußerungen, dann zeigt sich in der Formulierung die Meinung, die gar nicht bis in das Bewußtsein vorgedrungen ist. Das Naziaxiom z. B., daß Juden und Deutsche getrennt sein müssen, bleibt durch das Wort »auseinandersetzen« bestehen, obwohl sich der Sprecher dessen gar nicht bewußt war.

Bei der Fragebogentechnik ist diese Art der Formulierung oft bewußt angewendet worden, und man kann aus solchen einfachen Äußerungen in dieser Hinsicht noch sehr viel lernen.

---

52 Der entsprechende Referatstext von Regina Schmidt, nachmals Becker-Schmidt, wurde nicht aufgefunden; vgl. Theodor W. Adorno, *Schuld und Abwehr. Eine qualitative Analyse zum Gruppenexperiment* [1955], GS, Bd. 9.2, S. 121–324.
53 Vgl. *Gruppenexperiment. Ein Studienbericht*, bearb. von Friedrich Pollock, mit Geleitw. von Franz Böhm, Frankfurt a. M. 1955 (*Frankfurter Beiträge zur Soziologie*; 2).
54 In der Vorlage ist an dieser Stelle eine Lücke gelassen.
55 Das »Zitat des Hilfsarbeiters« lautet: *Es ist selbstverständlich, daß der Jude aus Fragen der landschaftlichen Bedingtheit und des Zusammenlebens also ein gewisses Miterlebnis hat mit uns und auf einer freundschaftlichen Basis stehen kann. Ich war aber der Ansicht, und möchte dies betonen, daß man sich mit dem Juden im Guten auseinandersetzen sollte ...* (Ebd., S. 289)

Die Menschen wählen oft ihre Terminologie aus der Zeitung, ohne über die wirkliche Bedeutung der Worte zu reflektieren und ohne sich über deren Funktion klar zu sein. Übernimmt man nicht bei der Interpretation einer aus solchen Worten zusammengesetzten Meinung nur die unverdaute Meinung aus Zeitungsartikeln?

Die Menschen übernehmen zwar die Stereotypen, sie sind aber äußerst sensibel für die Funktion der Wörter. Und deswegen eben hat deren Selektion an sich schon so viel Aussagekraft. Die entgegengesetzten, z. B. humanitäre Stereotype wurden kaum verwendet.[*1] Sicher werden die Bedeutungen der Stereotype nicht erfaßt, aber die Funktion realisiert sich. Heute ist zwar die Beziehung des Denkens zur Sache erkrankt, doch sind die Wörter, die gebraucht werden, so raffiniert gesetzt, daß man die Übergänge von Halbwahrheit zur Lüge kaum merkt.

Das Referat hat ein sehr konkretes Bild von dem gegeben, was wir hier im Seminar zu erwarten haben. Wir müssen uns vor allem auf zwei Punkte konzentrieren: Erstens müssen wir Rechenschaft über die Schritte ablegen, die zu einer Interpretation notwendig sind. Zweitens müssen wir die Bedenken, die gegen eine solche Untersuchung anzuführen sind, berücksichtigen. Beides also methodologische Fragen.

Kann man die Methode der qualitativen Analyse wirklich so vereinfachen – hier liegt das Material, dies und das kommt mir an Daten entgegen –? Inwieweit kann sich subjektive Interpretation überhaupt legitimieren? Braucht man nicht von vornherein einen ganzen Fundus an Wissen, eine Menge wissenschaftliche Erfahrung, um richtig zu kategorisieren? Gibt es hierfür eine wissenschaftliche Methode, die man erlernen kann?

Wenn das Studium wirklich mehr ist als eine Anweisung technischer Methoden, dann sollte das Resultat das auch zum Ausdruck bringen. Sicher ist das alles nicht so einfach. Gibt man nur Regeln an, so werden sie natürlich einfacher sein als die Sache selbst. Die Rede von der Subjektivität der Analyse stimmt gar nicht. Dieser Punkt der Ideologieforschung bereitet den meisten Studenten die größten Schwierigkeiten. Das Gesagte ist motiviert. Die Menschen sagen Dinge, die irrational abgelenkt sind, die logisch widersprüchlich sind oder mit der Realität in Widerspruch stehen. Alle diese Stellen muß man suchen; sie müssen einem in die Augen springen. Das ist der erste Schritt. Dann fragt man nach der Ursache und Bedeutung dieser Dinge, und drittens muß man versuchen, das Gefundene in einen vernünftigen Zusammenhang zu bringen.

Die Schwierigkeit dieser Sache für uns ist eine Sache des Studiums selbst. Der Wissenschaftsapparat hat immer die Tendenz, sich zwischen die Sache und die Gedanken selbst zu schieben. Die Zurückgewinnung der Naivität ist ebenso wichtig, wie die Angst zu verlieren, daß Denken unwissenschaftlich sei. Die Gefahr besteht immer, einem Methodenfetischismus zu verfallen, der die Sache zwar erleichtern, aber gleichzeitig sinnlos machen würde.

[*1] Authoritarian Personality 475[56]

---

56 »One of the results of greater internalization is the generally more creative and imaginative approach of the low scorer both in the cognitive and in the emotional sphere, as compared with a more constricted, conventional, and stereotypical approach in the high scorer.« (Else Frenkel-Brunswik, Comprehensive Scores and Summary of Interview Results, in: Adorno et al., *The Authoritarian Personality*, a.a.O. [s. Anm. 31], S. 468–486; hier: S. 475)

266 Hilmar Tillack, 4. Juli 1961

Hilmar Tillack
stud. phil.

Protokoll der Seminarsitzung vom 4. 7. 61

Wurden in den bisherigen Sitzungen die Probleme qualitativer Analyse unter allgemeinen theoretischen und methodologischen Aspekten behandelt oder an referierten Beispielen erörtert, so wandte nun das Seminar unmittelbar praktischer Arbeit sich zu. Erstes Objekt qualitativ-analytischer Praxis wurde die Deutsche Soldaten-Zeitung, Ausgabe vom 12. 5. 61,[57] von der jeder Seminarteilnehmer ein Exemplar zur Hand hatte.

Prof. Adorno forderte das Seminar auf, »sich etwas einfallen zu lassen«. Gewiß ließen Einfälle sich nicht kommandieren, doch unterscheide der Künstler vom Dilettanten sich gerade darin, daß er, wenn es verlangt werde, selbst noch über seine Einfälle in gewisser Weise verfügen könne. Diese Analyse, das sei vorausgeschickt, intendiere als qualitative nicht die Bildung allgemeiner Kategorien, noch verlange sie nach dem, was sich von selbst verstehe, Oberflächenkennzeichnungen wie »Verherrlichung des Soldatentums« und dergleichen. Vielmehr sei der Text als Palimpsest zu lesen, unter dessen sichtbarer Schrift eine zweite liege, die zu dechiffrieren sei. Unterscheide man nicht zwischen Overtem und Latentem, so verkomme die Analyse zur Verfahrensweise gehobener Vorwissenschaftlichkeit; sie nehme, was da ist, und bleibe in unwesentlichem Gerede stecken.

Frl. Burbach[58] machte aufmerksam auf den Leitartikel, in dem politische Vorgänge an einzelne Personen, geheime Hintermänner, geheftet werden, ohne auszusprechen, daß es Juden seien.[59] Aber wo es darum geht, daß Roosevelt eine

---

57 Vgl. Deutsche Soldaten-Zeitung und National-Zeitung, 11. Jg., Nr. 10, 12. Mai 1961.
58 D.i. Gisela Burbach.
59 Der Titel des Leitartikels, gezeichnet mit »Wg«, lautet »Kennedy macht uns schwach. Doch die Schwäche Deutschlands ist nicht Amerikas Stärke« (ebd., S. 1 und S. 6). Dort heißt es u. a.: »Und welche Kräfte trieben in Amerika zum zweiten Weltkrieg? Im Herbst 1941 verhandelten Japan und die Vereinigten Staaten in Washington um einen modus vivendi, heute würde man sagen um die Herstellung einer Koexistenz. Es liegen keine Anhaltspunkte dafür vor, daß auf japanischer Seite nicht der Wille vorhanden gewesen sei, zu einer Verständigung mit den Vereinigten Staaten zu kommen. Ein anderer Wille herrschte bei Roosevelt. Am 25. November 1942 fand im Weißen Haus beim Präsidenten eine entscheidende Besprechung statt, an der außer dem Präsidenten teilnahmen: Staatssekretär [Cordell] *Hull*, General [George C.] *Marshall*, Admiral [Harold R.] *Stark*

Clique braucht, die Sache zu mobilisieren, fällt der Name Morgenthau.[60] Was angeblich gegen das in Deutschland herrschende System nur sich richte, gelte in Wirklichkeit dem deutschen Volk.

Prof. Adorno ergänzte: Unter den Verschwörern, die Deutschland vernichten wollen, tauchten die Bankiers wieder auf,[61] Assoziationen ans raffende Kapital der Nazis. Dabei erscheine diese Clique als die der demokratischen Partei: Wilson, Roosevelt, Truman, jetzt Kennedy.[62] Wenn es in diesem Artikel stellenweise auch offener zugehe, so sei doch insgesamt eine andere Methode charakteristisch, für die man in Amerika den anerkannten Terminus *innuendo* habe, die Technik der halben Anspielung, das Durchscheinenlassen sinisterer Implikationen, ohne sie ganz deutlich zu machen. Sie erlaube dem Agitator, mehr zu sagen, als an Ort und

---

sowie *Koox* [recte: Frank Knox] und [Henry L.] *Stimson*. Hier in diesem internsten Kreise, hatte Roosevelt keine Hemmungen mehr und erklärte [...] frei heraus, die Hauptfrage sei, ›wie wir sie (Die Japaner. D. Verf.) ohne uns selbst einer zu großen Gefahr auszusetzen, *in eine Position manövrieren könnten, daß sie den ersten Schuß abfeuern*‹.« (Ebd., S. 1)

60 »Und von Wilson zu Roosevelt, beide Mitglieder der Demokratischen Partei, führt ein gerader Weg. Dessen Forderung ›Bedingungslose Kapitulation‹, erstmalig in Casablanca unumwunden ausgesprochen, ist nicht gerichtet gegen den Nationalsozialismus, sondern gegen das gesamte deutsche Volk. Den inneren Widerstand gegen Hitler hat dieser Anspruch getötet. Wie ernst es Roosevelt mit dieser Forderung war, zeigt der von ihm gestützte *Morgenthau-Plan*, der einem deutschen Volke auferlegt werden sollte, dessen Staatsform die Demokratie war. Und *Potsdam* hat den Willen des kurz vor der Konferenz verstorbenen Roosevelt getreulich ausgeführt. Die *Oder-Neiße-Linie*, die Aufteilung Rest-Deutschlands gehen in *erster Linie auf das Schuldkonto Roosevelts*.« (Ebd., S. 6)

61 »Die gute *deutsche Handelsbilanz*, die hohen Gold- und Devisenbestände der Bundesbank, mußten dafür herhalten, finanzielle Wünsche der neuen amerikanischen Administration zu begründen. Mehr Hilfe für die ›Entwicklungsländer‹, vorzeitige Rückzahlung der deutschen Schulden in den USA usw. (Von einer Aufhebung der *völkerrechtswidrigen Beschlagnahme des deutschen Privateigentums* in den Vereinigten Staaten hörte man nicht!) Hohe Summen wurde von deutscher Seite genannt. Vier Milliarden. Aber solche Angebote fanden auf der Gegenseite höchstens ein kühles Kopfnicken[,] und man ließ verlauten, man sei zur Annahme bereit, aber erwarte mehr. Um ihren guten Willen zu zeigen, *wertete die Bundesregierung die D-Mark um 5% auf* und verminderte damit unsere Konkurrenzfähigkeit gegenüber dem amerikanischen Handel. Wer auf deutscher Seite erwartet hatte, man würde jetzt in Washington in hellen Jubel ausbrechen, erlebte eine große Enttäuschung. Das erste Echo kam vom amerikanischen Botschafter in Bonn und lautete etwa so: nicht schlecht, ein kleiner Anfang!« (Ebd.)

62 »Sehen wir uns nur die Reihe der Präsidenten seit dem ersten Weltkriege an: *Wilson* (Demokrat), *Harding, Coolidge, Hoover* (Republikaner), *Roosevelt, Truman* (Demokraten), *Eisenhower* (Republikaner), *Kennedy* (Demokrat). An der ausgesprochenen Deutschfeindlichkeit der demokrat[ischen] Präsidenten *Wilson* und *Roosevelt*, die insgesamt 25 Jahre amtiert haben, kann heute ein Zweifel nicht mehr bestehen. Auch *Truman* konnte zu einem herzlichen Verhältnis zu Deutschland nicht kommen. Er stand wohl auch noch zu stark unter dem Schatten seines Vorgängers. Der dritte in der Reihe der demokratischen Präsidenten ist *Kennedy*.« (Ebd.)

Stelle ausgesprochen wird, zugleich aber, weniger sich zu gefährden. Hier verbinde sie antisemitisches Potential mit der Chance für den Schreiber, jederzeit sich herausreden zu können, so stehe es nicht da. Im innuendo liege der Versuch vor, mit dem Gestus des Sich-mit-den-Augen-Zublinkerns: »Du verstehst schon, was ich meine«, ein stillschweigend verstohlenes Einverständnis herzustellen, indem man die Angesprochenen ins Vertrauen zieht, das ingroup-Klima derer zu schaffen, die sich als verschworene Gemeinschaft verstehen.

Wobei, wie Prof. Meyersohn anmerkte, diese Anspielungstechnik schon auf einen Vorrat von Erinnerungen sich beziehe.

Zu diesem Verfahren gehöre, vergleichbar der Wiedererweckung ehemalige Schlager, ein Appeal der Erinnerung, ein: Das kennen wir doch aus alten Tagen!, die Mobilisierung von Dingen, die als unheilvolles Potential irgendwie bereitliegen.

Den Gedanken aufgreifend, die Verfasser arbeiteten mit der Ausschaltung des Momentes der Reflexion, sagte Prof. Adorno, was selbst nicht im Lichte des Bewußtseins daliege, könne gleich ins Unbewußte sinken, um dort, wie Freud es ausdrücken würde, als Unbewußtes durchs Unbewußte erkannt zu werden.[63]

Wer hier analysieren wolle, müsse ein Organ entwickeln, das noch in einer Sphäre, vor der einem eigentlich grause, zu differenzieren vermag. Dieses wohl Schwerste könne man von Karl Kraus lernen, der, während er die Welt als Hölle darstellt, zugleich die einzelnen Höllenkreise noch mit der architektonischen Fähigkeit eines Dante auseinanderhält.

Die Soldaten-Zeitung sei kein extrem faschistisches Blatt. Vielmehr wolle sie sich als respektabel empfehlen. Sie halte taktisch zurück, vermeide offenen Faschismus und verbeuge sich vor der Bundeswehr. Nach demokratischen Spielregeln, mit der Ideologie der Verteidigung der westlichen Welt, bringe sie faschistische Tendenzen ins Spiel. Diese Doppelheit von Bemühung um Respektabilität einerseits und faschistischer contrebande andererseits mache das spezifische Klima des Blattes aus.

Zum Verhältnis von Overtem und Latentem sei nachzutragen, daß die Zeitung ihrer Struktur nach in den eigentlich politischen Teilen vorsichtiger operiere als in den historischen Partien. So wird im Aufsatz »Sieg und Untergang der Bismarck« zustimmend zitiert: »Und Hitler rief der Besatzung in seiner Rede die inhaltsschweren Worte zu: ›Möge der Geist des Eisernen Kanzlers ...‹« usw.[64] Außerhalb

---

63 Anspielung nicht ermittelt.
64 Der Artikel, gezeichnet mit »ner«, trägt den Titel: »Vor zwanzig Jahren: Sieg und Untergang der ›Bismarck‹« (ebd., S. 5); die entsprechende Textstelle lautet: »In Anwesenheit der Reichsregierung, der höchsten Generalität und Vertretern der Familie Bismarck lief das Schiff von Stapel. Und Hitler rief der Besatzung in seiner Rede die inhaltsschweren Worte zu: ›Möge der Geist des Ei-

der unmittelbaren politischen Verantwortung schimmere die blanke Identifikation mit dem Dritten Reich durch.

Zu Frl. Schads[65] Hinweis auf das assoziative Vorgehen der Artikelschreiber führte Prof. Adorno aus, daß die Wirkung des Agitators eher den Assoziationen als einem diskursiven Prozeß sich verdanke, wie ja auch der Effekt von Hitlers Reden nicht etwa dadurch zustande kam, daß dieser seinen Zuhörern die Anspannung denkender Synthesis zugemutet habe. Gerade dort, wo der Gedankenablauf die Angesprochenen zu bloß assoziativem und anstrengungslosem Mitplätschern verhalte, könne man jene Kategorien der Irrationalität wirksam einfließen lassen, durch die unmerklich das Denken ins vorgezeichnete Flußbett hinübergeleitet werde. Auffallend sei, daß in dieser Zeitung die Assoziationstechnik des gleitenden Übergangs oft den Charakter einer Steigerung annehme, nicht im Sinne eines rationalen Prozesses, sondern in Gestalt einer Reihung von Gedanken, die relativ harmlos beginne, um mit Schlimmem aufzuhören. Auf die Würdigung von Einsteins Verdiensten folge die Anschuldigung, er habe seine deutsche Herkunft verraten – womit man zugleich vorm Vorwurf des Antisemitismus sich geschützt wisse –, und schließlich brandmarke man ihn als Verbrecher.[66] Nicht anders ergehe es Alexander Rüstow, den man anfangs respektvoll gelassen zitiere, um ihn zuletzt als jemanden zu diskriminieren, dem anderswo längst als Landesverräter der Prozeß gemacht werden würde.[67] Wenn dann ein dritter Artikel »Ludendorff

---

sernen Kanzlers auf Sie übergehen, möge er Sie begleiten bei all ihren Handlungen auf den glückhaften Fahrten im Frieden, möge er aber, wenn es je notwendig sein sollte, Ihnen mahnend voranleuchten in den Stunden schwerster Pflichterfüllung. Mit diesem heißen Wunsch begrüßt das deutsche Volk sein neues Schlachtschiff Bismarck.«« (Ebd.)

65 D.i. Susanna Schad.

66 Im Artikel »Albert Einstein – Nein! Von der Atombombe zur Briefmarke« (Ebd., S. 1), gezeichnet mit »la«, heißt es u. a.: »Wir sagen nichts gegen den Gelehrten *Albert Einstein*, den Begründer der Relativitätstheorie, der zweifelsohne einer der bedeutendsten Physiker der Welt war. [...] Wir sagen auch nichts gegen den leidenschaftlichen *Pazifisten*. Wir achten diese politische Überzeugung des Gelehrten, wenn sie auch nicht die unsrige ist. *[Absatz]* Wir sagen schließlich auch nichts gegen den *Emigranten*. [...] Aber wir wenden uns mit allem Nachdruck gegen den Menschen *Albert Einstein*, dessen Handeln, um mit den Worten des Bundeskanzlers zu sprechen, nicht ehrenwert war, gegen den Menschen, der in der Emigration sein Vaterland, seine deutsche Herkunft verriet, der sich zu einem unmenschlichen Handeln verleiten ließ, indem er im Jahre 1942 den amerikanischen Präsidenten Roosevelt in einem Brief aufforderte, mit allen Kräften die Entwicklung der Atombombe zu fördern und eine solche Bombe über Deutschland abwerfen zu lassen, und damit Hunderttausende unschuldiger Menschen, seine eigenen Landsleute, zu opfern bereit war und hierdurch zum Verbrecher wurde.« (Ebd.)

67 Der Artikel »Nie Verzicht auf Wiedervereinigung. Befremdliches aus Tutzing« (ebd., S. 9), gezeichnet mit »ng«, zitiert Rüstows Vortrag bei der Tagung »Politische Bildung in der Bundeswehr« an der Evangelischen Akademie Tutzing: »Nicht die Wiedervereinigung Deutschlands sei

oder Reichpietsch« in gleicher Klimax zum Ausdruck ›Landesverräter‹ gelange,[68] könne mit Grund auf eine vorhandene Technik geschlossen werden. Dispensiert von innerer Logizität und Notwendigkeit, erlaube ein solches Verfahren den unbemerkten Übergang vom Harmlosen zu dem, wo hinter dem Verbrecher und Landesverräter schon der Gedanke an den Galgen sich verberge.

Herr Horn erinnerte an das Moment der Beliebigkeit in der Argumentation: Sei deutsche Tapferkeit einmal unterlegen, so allein aufgrund äußerer, bloßer Materialüberlegenheit der Gegner. Unbetroffen davon sei die wahre Überlegenheit, nämlich die der inneren Qualitäten des Deutschen.

Prof. Adorno sagte, hier präsentiere man alte Klischees von Tapferkeit, »im Felde unbesiegt«, nach der Regel: Wie es trifft, trifft es. Auf eine wirkliche objektive Struktur könne man verzichten im Vertrauen auf die Stärke des blind- und kritiklosmachenden kollektiven Narzißmus, der es gestatte, die Argumente je nach der Situation zu entwickeln. Unterliege ich, dann haben die anderen die besseren Kanonen, gewinne ich, sind die deutschen Kanonen besser, ein Spiel, in dem man nicht verlieren könne, da es die Kurzatmigkeit und Punktualität des Gedankens auf seiner Seite habe.

Die von Dr. Schönbach[69] bezeichnete Stelle, der 8. Mai 1945 habe das Reich nicht vernichten können,[70] lege eine Interpretation im Sinne des Freudschen

---

vordringlich [...], sondern die Befreiung der Bevölkerung in der Sowjetzone ›von der totalitären bolschewistischen Diktatur‹. Wenn man von den in Freiheit der Bundesrepublik lebenden Deutschen einen Verzicht auf die Wiedervereinigung verlange, dann sollten sie einverstanden sein.« Im letzten Satz der Meldung wird schließlich nahegelegt, »einem Mann, der derartige Gedanken öffentlich verbreitet, als Landesverräter den Prozeß [zu] machen.« (Ebd.)

68 Im Artikel »Ludendorff oder Reichpietsch. Steht die ›Ehre‹ eines Landesverräters über der Ehre eines Heerführers?«, gezeichnet mit »ck.«, heißt es: »Wir gehen in Berlin über das ›Tirpitz-Ufer‹, jene weltbekannte Prachtstraße, die am Landwehrkanal entlang führt. Zufällig fällt unser Blick auf ein Straßenbild [sic!]. ›Reichpietsch-Ufer‹ lesen wir da zu unserem großen Erstaunen. ›Reichpietsch-Ufer‹ fragen wir uns. Sollte das etwa der ...? [...] Man kann über die späteren politischen Auffassungen des Generals Ludendorff so oder so denken, man kann vielleicht auch darüber streiten, ob die eine oder andere seiner militärischen Entscheidungen – im nachhinein gesehen – richtig war. *Ganz sicher aber ist und bleibt Ludendorff einer der größten Heerführer des ersten Weltkriegs.* Das Argument schließlich, der General [...] habe dem NS-System Vorschub geleistet, ist schon reichlich abwegig. *[Absatz]* Wir stellen fest: es ist in der Bundesrepublik möglich, daß Straßen nach militärischen *Landesverrätern* benannt werden, daß aber eine derartige Ehrung einem der bedeutendsten Heerführer des ersten Weltkriegs versagt bleibt.« (Ebd.)
69 D. i. Peter Schönbach.
70 Im Artikel »Der 8. Mai« (ebd., S. 3), gezeichnet mit »wg«, heißt es u. a.: »Wieder einmal hat sich der Tag gejährt, der unser Schicksal für lange Zeit entscheiden sollte. 16 Jahre sind nun schon seit dem unglückseligen 8. Mai 1945 vergangen, jenem Tag, an dem die deutsche Wehrmacht bedingungslos kapitulieren mußte. [...] Ein Tag der Schande ist der 8. Mai für uns nicht! Wir

Motives des Ungeschehenmachens nahe. Wie der infantil Abergläubische ans Holz klopfe, um die bösen Folgen einer Handlung ungeschehen zu machen, so setze hier in einer Situation der Schädigung des kollektiven Narzißmus ein triebökonomischer Mechanismus ein, der die Kapitulation, das Trauma, annullieren wolle: Eigentlich seien wir gar nicht besiegt worden, im Ersten Weltkrieg nicht, weil uns der Dolchstoß im Rücken traf, im Zweiten ebenfalls nicht, weil, wenn man diese oder jene Dummheit nicht gemacht, man auch diese und jene Schlacht gewonnen hätte und nicht nur diese, sondern zuletzt den ganzen Krieg – selbst darin noch finde sich ein Moment von Wahrheit und Rationalität. Diene die Manipulation des Alogischen der Auslöschung der Niederlage, so leiste sie auch das Konträre, die Aufstachelung der Rachsucht über das Furchtbare, das man uns angetan habe, worin die Ranküne übers Geschehene mit dem Ungeschehenmachen trübe und ambivalent sich kontaminiere. Woran jedermann sich stoßen würde, läge es als rationale Argumentationsrede vor.

Auf die Äußerung, die Konstruktion ausschließender Alternativen gehöre zum Wesen totalitärer Ideologie, immer gehe es gleich um Sein oder Nichtsein, wurde geantwortet: Die Aufteilung der Ansehen nach dem Schwarz-Weiß-Prinzip in Gerettete und Verdammte, ingroup und outgroup, ohne liberal ein Dazwischen zu gewähren, schließe den Parolen fundamentalistischer Sekten sich an, der Heilsarmee etwa: Du folgst uns oder kommst in die Hölle. Biblische Erinnerungen an die Schlacht von Harmagedon, den Endkampf der Guten und Bösen, in dem das Böse vernichtet werde, sprächen dabei mit.

Frl. R. Schmidt entdeckte ein Inserat »Jude sucht volljüdisches Mädchen«,[71] auf das man mit dem Finger deute, um sagen zu können, dort seien die Rassisten und nicht bei uns. Das kennzeichne die Technik der Projektion, erklärte Prof. Adorno. Immer schon habe man den Juden vorgeworfen, sie seien sich einig, bildeten eine Clique. Sei eine Heiratsannonce schon an sich etwas Grausliches, so bleibe doch begreiflich, daß ein Jude, weil er in Deutschland ganz einfach sich

---

gedenken an diesem Tage voller Bewunderung unserer Soldaten an der Front und all der tapferen Menschen in der Heimat! *[Absatz]* Und eines hat der 8. Mai 1945 nicht vernichten können: das Reich! Es ist noch nicht untergegangen. Es ist noch da.« (Ebd.)

71 Der Artikel »Rassismus. Wo noch ein volljüdisches Mädchen gesucht wird« (ebd.), gezeichnet mit »Dr. F.« (d. i. Gerhard Frey), beginnt: »Gibt es heute noch eine deutsche Zeitung[,] in der sich Inserate finden wie ›Vollarisches Mädchen zur Ehe gesucht?‹ Nein, das gibt es selbstverständlich nicht, denn das wäre ja Rassismus. Gibt es heute eine Zeitung in Deutschland, in der sich ein Inserat findet ›Volljüdisches Mädchen zur Ehe gesucht?‹ Ja, diese Zeitung gibt es: Es ist die ›Allgemeine Wochenzeitung der Juden in Deutschland‹.« Weiter im Text heißt es: »[B]ei Juden wird nach der Theorie Hitlers verfahren, der die Begriffe Voll-, Halb- und Achteljude erfand, und nach der Meinung [...] des Generalfeldmarschalls Göring, der da einst von sich gegeben hat: ›Wer Jude ist, bestimme ich!‹« (Ebd.)

fürchte, ein jüdisches Mädchen heiraten wolle. Unter Verschweigung von Auschwitz stelle man nun die Juden als diejenigen hin, bei denen der Rassismus fortlebe.

Das Problem des Nationalismus verdiene, näher betrachtet zu werden. Schon im Titel »Soldaten-Zeitung« versuche man pars pro toto zu erschleichen, dies sei die Zeitung für die Bundeswehr. Weiter klinge darin das Motiv der Volksgemeinschaft an: wir alle, auch die Generäle. Wobei auf den letzten Seiten dann die stärkste Heraushebung oberer Ränge mit Gratulation und Gedenken statthabe.[72] Implizit unterstelle das die militärische Hierarchie als an sich gültig; dies sei die richtige Ordnung. Indem man das Militärverhältnis als Natur supponiere, werde die Tatsache, wenn es schon einmal so weit sei und die Soldaten im Krieg halt Soldaten sein müssen, so gewendet, als ob das Soldatsein an sich, gleichgültig wofür und in welcher Situation, schon Tugend und Wert sei. Du warst Soldat, also etwas Besonderes, bedeute man dem Leser.

Mit dem Trick, sich »National-Zeitung« zu nennen,[73] so wie ein angesehenes liberales Blatt in der Schweiz »Baseler Nationalzeitung« heiße,[74] präsentiere man sich als die Zeitung für die Nation, für alle Deutschen, zugleich mit dem Oberton, wir, die wir die Nation vertreten, sind die richtigen Nationalen. Unterstützt werde dies durch die optische Montage der Farben schwarz-weiß-rot und durch ein Eisernes Kreuz, das, aller Embleme entledigt, aussehe, als ob es zu gegebener Zeit wieder mit den richtigen Symbolen sich ergänzen lasse.

Herrn Sörgels[75] Beitrag, das in Deutschland wieder zugelassene Eiserne Kreuz habe ein Emblem, welches von der Soldaten-Zeitung ignoriert werde,[76] veranlaßte Prof. Adorno zu lebhafter Zustimmung. In solchen Details wohne der liebe Gott. Das sei neu und entstamme nicht schon dem Vorrat wie das meiste von dem, was heute besprochen wurde. Auf solche differenzierte Analyse, die nicht von oben her subsumiere, komme es an.

Zur Frage der Aufmachung: Es finde sich ein Artikel über den Krebs, der mit Politik nichts zu tun habe und die vernünftige Forderung nach Unterstützung der

---

[72] Auf S. 9 der behandelten Ausgabe der »Soldaten-Zeitung« finden sich drei Spalten mit der Überschrift »Wir gedenken« sowie der Artikel von H[anns] Möller-Witten: »Ein General – ein Admiral. Gedanken zum 100. Geburtstag« – nämlich des ehemaligen Generals der Infanterie, Arnold Lequis. Diese Erinnerungen gelten sämtlich Offizieren.

[73] Ab 1960 ist Gerhard Frey Eigentümer, Herausgeber und Chefredakteur der »Soldaten-Zeitung« und ergänzt deren Titel ein Jahr darauf zu »Deutsche Soldaten-Zeitung und National-Zeitung«.

[74] Zum Zeitpunkt des Seminars existieren in Basel neben der »National-Zeitung« noch die »Basler Nachrichten«. Beide Zeitungen gehen 1976 in der »Basler Zeitung« auf.

[75] D.i. Werner Sörgel.

[76] Seit 1957 ist das Tragen des Eisernen Kreuzes in der Öffentlichkeit wieder gestattet, das vormalige Hakenkreuz ist nun durch einen Eichenlaubzweig ersetzt.

Forschung enthalte.[77] Eine allerdings schon spekulierte Deutung könne die Unheilbarkeit des Krebses zusammenbringen mit der Gesamtatmosphäre des Blattes, die die des Unheils sei. Auch assoziiere man beim Wort Krebs unheilbares Geschwür, Krebsschaden, und die sektiererisch überwertige Rolle der Gesundheit gehe in eins mit der Vorstellung vom Krebsschaden an der Nation, der ausgemerzt werden müsse.

---

77 Im Artikel »Krebs« (ebd., S. 6), gezeichnet mit »Dr. G.«, dem Pseudonym von Willy Glasebock, heißt es: »*Jährlich eine Milliarde für Krebsforschung!* Das müßte die Losung sein, und wir würden in der wirksamen Bekämpfung dieser fürchterlichen Geißel ein gutes Stück näherkommen [sic!]. Wir appellieren an die Verantwortlichen.« (Ebd.)

267 Margarete Lorenz,
11. Juli 1961

Seminar Prof. Adorno:
                Probleme der qualitativen Analyse
                Protokoll   v. 11. 7. 61

Prof. Adorno forderte die Seminarteilnehmer auf, im Anschluß an die vorangegangene Stunde weitere Ideen zur qualitativen Analyse der »Deutschen Soldatenzeitung« zu äußern.

Um zur adäquaten Erkenntnis zu gelangen, bedürfe es allerdings einer Reihe von kritischen Reflexionen über das Gefundene, und dieses Material sei organisierenden Prinzipien zu konfrontieren. Das Seminar beabsichtige, das zu leisten, was im eingespielten Wissenschaftsbetrieb verhindert werde.

An die letzte Seminarstunde anknüpfend, warf ein Hörer die Frage auf, woran man erkennen könne, daß es sich in der Soldatenzeitung um ein manipuliertes und nicht um ein psychologisch irrationales Denken handele.

In seiner Antwort räumte Prof. Adorno ein, daß die These des manipulierten Denkens wahrscheinlich zu einfach sei. Im Text seien eine Reihe demagogischer Tricks wahrzunehmen. – Auch in früheren Studien habe sich gezeigt, daß bestimmte Standardtricks, von denen es nur einen begrenzten Vorrat gibt, immer wieder zu finden sind. – Die hier wahrscheinlich vorliegende Irrationalität hat ihre Funktion. Sie erlaubt mit wenig Anstrengung, im trüben Strom mitzuschwimmen und von Gemäßigtem zu Extremem überzugehen, ohne den Bruch spürbar werden zu lassen, analog der Redeweise eines Demagogen. Darum die Vermutung, daß das Material in ähnlicher Weise geplant sei, wie die Rede des Demagogen. – Die Psychologie oder das Innenleben derjenigen, die solches »Zeug« verfertigen, ist dabei relativ gleichgültig; es kommt vielmehr auf die objektiven Indikationen an. Nach der subjektiven Seite hin müßte man wohl eher nach den cui bono, den dahinterstehenden Interessen fragen. – Wahrscheinlich liegt hier etwas Ähnliches vor, was in einem Kapitel der »Dialektik der Aufklärung« von den Führern festgestellt wurde: Sie sind wie alle anderen, nur daß sie es zum Ausdruck bringen können.[78] Die Art Menschen brauchen nur zu »blöken« wie

---

78 *Der Führer mit dem Schmierengesicht und dem Charisma der andrehbaren Hysterie führt den Reigen. Seine Vorstellung leistet stellvertretend und im Bilde, was allen anderen in der Realität verwehrt ist. Hitler kann gestikulieren wie ein Clown, Mussolini falsche Töne wagen wie ein Provinztenor, Goebbels geläufig reden wie der jüdische Agent, den er zu ermorden empfiehlt, Coughlin Liebe predigen wie nur der Heiland, dessen Kreuzigung er darstellt, auf daß stets wieder Blut ver-*

sie sind und erzielen bereits dadurch eine psychologische Reizwirkung; denn bis in die letzten Formulierungen ihrer Sprache hinein, hat sich der objektive Geist niedergeschlagen.

Das, was in der Deutschen Soldatenzeitung kalkuliert wird, ist gerade das Psychologische. Die Schlauheit liegt in der Irrationalität; anstelle von logischen Denkprozessen tritt assoziierendes Gleiten. Die Pseudologik ist das Raffinierte daran.

In dem Artikel »Gedanken zum Eichmann-Prozeß« (S. 1)[79] fielen einer Kommilitonin die in pathetischen Schilderungen vorkommenden verwaltungstechnischen Termini auf; Beispiel: »Meine Mutter, die mich die Nächstenliebe gelehrt hat, beweinte das *NS-Verfolgungsschicksal* ihres Sohnes.«[80]

Prof. Adorno bemerkte dazu, daß in dem äußerst subtil Beobachteten ein Zusammenhang zwischen dem Pathos und der Sprache der verwalteten Welt zu vermuten sei, über dessen theoretische Bedeutung er sich jedoch noch nicht im klaren sei. Die hochtönenden Worte haben die Aura des Idealistischen und sind doch gar nicht so ideal gemeint, sondern appellieren vielmehr an die Faust, die rohe Gewalt. – Im »Völkischen Beobachter«[81] war die Rede von nationalen Idealen, der arischen Herrenrasse und den Untermenschen, und in den Annoncen pries man Gesundheitstee, Bruchbänder usw. an. – Der Artikel über »Krebs« in der Soldatenzeitung (S. 6) weist dazu gewisse Parallelen auf.

In dem Aufsatz »Interesse am Körper« (Dialektik der Aufklärung, S. 276 ff.) wird auf die Reduktion des Menschen auf den »corpus« hingewiesen; diese führt am Ende dazu, daß Menschen Objekte für Vergasung werden.[82] – Will man diese

---

gossen werde. Der Faschismus ist totalitär auch darin, daß er die Rebellion der unterdrückten Natur gegen die Herrschaft unmittelbar der Herrschaft nutzbar zu machen strebt. (GS, Bd. 3, S. 209 f.)
79 Vgl. Maximilian L. Opolony, Gedanken zum Eichmann-Prozeß, Deutsche Soldaten-Zeitung und National-Zeitung, a.a.O. [s. Anm. 57], S. 1 und 4.
80 Ebd., S. 1.
81 Die Zeitung »Völkischer Beobachter. Kampfblatt der nationalsozialistischen Bewegung Großdeutschlands« ist das Parteiblatt der NSDAP. Als Herausgeber fungieren Rudolf von Sebottendorf und Adolf Hitler unter der Geschäftsleitung von Max Axmann.
82 *Die Haßliebe gegen den Körper färbt alle neuere Kultur. Der Körper wird als Unterlegenes, Versklavtes noch einmal verhöhnt und gestoßen und zugleich als das Verbotene, Verdinglichte, Entfremdete begehrt. Erst Kultur kennt den Körper als Ding, das man besitzen kann, erst in ihr hat er sich vom Geist, dem Inbegriff der Macht und des Kommandos, als der Gegenstand, das tote Ding, »corpus«, unterschieden. In der Selbsterniedrigung des Menschen zum corpus rächt sich die Natur dafür, daß der Mensch sie zum Gegenstand der Herrschaft, zum Rohmaterial erniedrigt hat.* (Max Horkheimer und Theodor W. Adorno, *Dialektik der Aufklärung. Philosophische Fragmente*, Amsterdam 1947, S. 276–281; hier: S. 277; vgl. GS, Bd. 3, S. 265–269, hier: S. 266)

Dinge in einer qualitativen Analyse anführen, ist äußerste Subtilität erforderlich. Hinter solchen Phänomenen kann das Allerfinsterste stehen: der Mord! Die latente Verdinglichung bewirkt, daß die Menschen als Dinge, potentiell schon als Tote gesehen werden.

Es wurde auf folgenden Satz, in »Gedanken zum Eichmann-Prozeß« aufmerksam gemacht: »Weinend erklärte sie mir, wie sie wie fast alle Frauen in diesem russisch besetzten Raum wiederholt vergewaltigt wurde, sie, ein *Laienmitglied des sogenannten III. Ordens der katholischen Kirche.*«[83]

Prof. Adorno warnte vor Übereifer und betonte noch einmal, daß an die Dinge mit Besonnenheit heranzugehen sei. Gerade das Deutsche sei eine schwere Sprache. Beim freien Sprechen ist man versucht, leichter als in irgendeiner anderen Sprache in Verdinglichungen zu reden. Im Deutschen ist es unendlich viel schwerer, von Subjekt zur Sache zu gelangen; es ist dies das »Verhexte« an unserer Sprache. Wenn man darum den gemachten Beobachtungen den rechten Stellenwert geben will, muß man zunächst einmal untersuchen, wieweit solche Verdinglichungen in der Sprache selber ihren Grund haben.

Im folgenden Diskussionsbeitrag machte eine Kommilitonin auf das Mißverhältnis in der Selbstdarstellung der »Deutschen Soldatenzeitung« aufmerksam, die sich einmal als das »kleine, gegen die böse Welt zu schützende Kind« darstellt, zum anderen aber mit dem Anspruch auftritt, den Deutschen ins Gewissen reden zu dürfen.

Prof. Adorno verwies darauf, daß das Phänomen des »great little man« zu dem begrenzten Vorrat an Tricks gehöre. Demagogische Machenschaft ist es, den Führer einerseits als schwachen, ohnmächtigen, heroischen kleinen Mann darzustellen, gleichzeitig aber durchblicken zu lassen, daß eine gewaltige Macht hinter ihm steht.

Im Annoncenteil auf S. 7 wird angeboten: Russell Grenfell, »Das Ende einer Epoche. Eine mutige kritische Darstellung über den Krieg der angelsächsischen Seemächte gegen Japan und vom Ende der englischen Weltmacht ...«[84] Einer Seminarteilnehmerin fiel auf, daß hier unterschwellig gesagt wird, ›wir haben den Krieg zwar verloren, aber so stark waren wir doch noch, die kaputt zu machen.‹

---

83 Opolony, Gedanken zum Eichmann-Prozeß, a.a.O. (s. Anm. 79), S. 1.
84 Ebd., S. 7; vgl. Russell Grenfell, Das Ende einer Epoche, übers. von Dietrich Niebuhr, mit Nachw. von Friedrich Ruge, Tübingen 1955.

Professor Adorno bestätigte diese Beobachtung der vollkommenen Umkehr der Realität und machte darauf aufmerksam, daß hier in einem Satz an die verschiedensten Dinge appelliert wird: an die infantile Freude an Seegeschichten; an den Kampf der weißen Rasse gegen die Farbigen; an »... wir fahren gegen Engeland«[85]. Alle diese Momente sind zusammengefaßt in einem zunächst so unschuldig klingenden Titel. Taucht nur *eine* solche Sache auf, scheint die Interpretation weit hergeholt. Wenn sich aber derartige Strukturen häufen, dann hat das für das Ganze eine gewisse Beweiskraft. Wenn man nur drei derartige Fälle findet, kann es kein bloßer Zufall mehr sein.

Aus dem Artikel »Das Unternehmen ›Merkur‹« (S. 7)[86] läßt sich nach Ansicht eines Kollegen eine Art von politischem Messianismus erkennen, ähnlich dem in der Parole ›an deutschem Wesen soll die Welt genesen‹.

Prof. Adorno warnte wieder vor einer Überinterpretation. In diesem Artikel wird die Technik des Ungeschehenmachens angewandt. – So wie von der Schlacht bei El Alamain im kollektiven Unbewußten die einseitige, aus dem Zusammenhang herausgenommene, positive Empfindung von dem beinahe errungenen Sieg haften blieb.

Ein Kommilitone wandte ein, daß die einzelnen Techniken ganz verschiedene Dinge aufdecken und man daraus noch nicht schließen könne, daß diese zu addieren seien.

Prof. Adorno entgegnete dem, daß das assoziierende Gleiten in einer Reihe von Fällen nachgewiesen worden sei. Das Verfahren besteht darin, diese Dinge zu notieren und zu sehen, ob sie sich häufen. Bei Extremen und versprengten Ein-

---

85 Zeile aus dem »Matrosenlied« von Hermann Löns, dessen Kehrreim lautet: »Gib mir deine Hand / Deine weiße Hand, / Leb wohl, mein Schatz, leb wohl / Denn wir fahren gegen Engelland.« (Hermann Löns, Der kleine Rosengarten. Volkslieder, Jena 1911, 67 f.)
86 Vgl. Hellmuth Günther Dahms, Das Unternehmen »Merkur«. Der hohe Preis für Kreta, Soldaten-Zeitung, a. a. O. [s. Anm. 57], S. 7. Dort heißt es: »Die deutschen Verluste beliefen sich auf 2 071 Tote, 2 594 Verwundete und 1 888 Vermißte. Das war ein ungemein hoher Preis für eine Insel [scil. Kreta], die als vorgelagerte Bastion dem Schutze des Feindeslandes dienen, nicht aber zum Sprungbrett weiterer Eroberungen werden sollte. Dabei wurde allerdings schon jetzt der britische Seeverkehr im Mittelmeer erheblich eingeschränkt. Neue Möglichkeiten zeichneten sich ab. Im Besitze Kretas und nach der Eroberung von Cypern und Malta hätte es den Achsenmächten eigentlich nicht mehr schwerfallen dürfen, die Türkei, Spanien und Frankreich auf ihre Seite hinüberzuziehen. Sie konnten dann das Alexandrien-Geschwader durch den Suezkanal ins Rote Meer abdrängen, wo Großbritannien lediglich zwei kleine Flottenstützpunkte, Port Sudan und Aden, besaß. Endlich bot sich ihnen auch Gelegenheit, als Befreier der arabischen Völker und Freund des Islam eine Agitation zu entfalten, die unter Umständen bis nach Süd- und Südostasien hin wirken mochte.« (Ebd.)

zelfällen ist es besser, sie in der Interpretation wegzulassen oder aber, sie vorsichtig, in hypothetischer Form, zum Ausdruck zu bringen.

In einem nächsten Beitrag verwies ein Kommilitone noch einmal auf den Artikel »Der 8. Mai« (S. 3), und warf die Frage auf, ob diesem sadistisch-masochistischen Bild vom Reich nicht etwas spezifisch Deutsches anhafte.
    Wieder riet Prof. Adorno zur Vorsicht bei der Interpretation, denn ähnliche Dinge könne man auch bei amerikanischen oder französischen Rechtsradikalen beobachten. Man muß sich deshalb hüten, den Geist der Epoche einer bestimmten Nation zuzusprechen.
    In dem Wort »Reich« steckt ein übernationaler, imperialer Anspruch des mittelalterlichen Universalismus; man assoziiert das »Heilige Römische Reich Deutscher Nation«. Der spätere deutsche Reichsgedanke hat von daher eine besondere Aura und Würde. So läßt sich das Trauma erklären, welches beim Wegfallen der Bezeichnung »Reich« entstand. – Das Bild des alten Kaisers Barbarossa, der schlafend mit langem Bart im Kyffhäuser sitzt, kennzeichnet die heutige Situation, in der das »Reich« am Boden liegt, auf seine Zukunft wartend. Dafür sind Opfer zu bringen. Per aspera, ad astra! Das Rauhe gehört notwendig dazu, sonst bereiten die »astra« keine rechte Freude; es ist dies eine Art masochistischer Komponente. Sozialpsychologisch kann man auch von einem Trauma der Teilung Deutschlands sprechen, das im Unbewußten vieler Menschen existiert. Die Zerstückelung des Reiches entspricht der Zerstückelung des Körpers und erinnert an den Kastrationskomplex.
    Im Zusammenhang mit dem Reichsgedanken steht auch ein bestimmter politischer Messianismus. Die deutsche Tradition der Verbindung von Kaiser- und Papsttum gibt der politischen Geschichte bis heute eine Art theologischer Aura. Zu erklären ist dies vielleicht auch daher, daß es in Deutschland nie eine richtige Aufklärung gegeben hat und der Begriff des Heiligen sich halten konnte. So kam es zu einer supranaturalistischen Verklärung der Einheit des deutschen Volkes.
    Auf Seite 3 heißt es in einer Notiz: »7 Mill. Deutsche 1960 in Italien ... 4 665 410 Bundesdeutsche und 2 254 989 Österreicher«[87]. Durch die Formulierung wird unter der Hand Geschehenes ungeschehen gemacht, Österreich wieder Deutschland zugerechnet und auch hier auf den deutschen Traum vom »Reich« angespielt.

---

[87] Die Notiz »7 Millionen Deutsche 1960 in Italien« (ebd., S. 3) beginnt mit dem Satz »1960 besuchten fast 7 Millionen Deutsche Italien« und führt daraufhin die genannten Zahlen auf.

In der Überschrift »Kennedy macht uns schwach« (S. 1), steckt der Demagogentrick des zweiwertigen Denkens: Es gibt nur eine Wahl, Untergang oder Rettung durch die deutsche Rasse. Man beschwört eine Weltuntergangsstimmung. Darin liegt etwas für die Astrologie Bezeichnendes: ein Appell an latente Wünsche, an den Destruktionstrieb. Eine Mentalität, die sich von der Atombombe ein Gaudi verspricht, das noch nie da war.

Zum anderen bietet man sich als Büttel an, denn ohne Deutschland geht es nicht.

Die Karikatur auf S. 6 kann als Unterstreichung dieser Beobachtungen angesehen werden.[88] Uncle Sam wird nur durch den deutschen DM-Strom gerettet. Doch könnte die Darstellung: Adenauer als Retter der USA auch eine Verspottung enthalten; zumindest ist sie mehrdeutig.

Einem Studenten fiel auf, daß in der »Deutschen Soldatenzeitung« Freiheit und Frieden hinter dem Begriff der Einheit rangieren und die Demokratie als ein künstliches, schwaches Gebilde hingestellt wird.

Prof. Adorno bemerkte dazu, daß es zu den Tabus in Deutschland gehöre, nationale Dinge offen zum Ausdruck zu bringen. Doch können nationalistische Ziele schon durch Nuancen zum Ausdruck kommen wie etwa in der Reihenfolge der Worte: Ehre, Freiheit, Frieden.[89] Es ist damit das Augenzwinkern verbunden: na ja, Ihr versteht schon, worauf es uns in erster Linie ankommt, nämlich weniger auf die Freiheit als auf die Einheit.

Eine ähnliche Funktion erfüllen die Pressestimmen auf S. 2, in denen das Lob der deutschen Tüchtigkeit durch ehemalige Gegner zum Ausdruck gebracht wird.[90]

---

88 Die Karikatur von Hans-Georg Strick ist, wie ein Hinweis vermerkt, der rechtsradikalen Wochenzeitung »Die Volkswarte« entnommen und in den zweiten Teil des Artikels »Kennedy macht uns schwach« (s. Anm. 59) plaziert worden. Sie zeigt in einer Wüstenlandschaft einen beleibten Mann mit Melone auf dem Kopf, der mit einer Stange gegen einen Felsen schlägt, an dessen Seiten sich links und rechts zwei Kirchtürme mit Kreuzen auf den Turmspitzen befinden und der zuoberst den Kopf von Konrad Adenauer trägt. An der Stelle, an der er getroffen wird, sprudeln Münzen aus dem Felsen, die mit »DM« gekennzeichnet sind. Dahinter kriecht bäuchlings eine ›Uncle Sam‹-Karikatur unter grimmig dreinblickender Sonne, Gesicht zum Geschehen gewandt. Unter der Zeichnung steht: »Und siehe: Der neue Moses tat an den harten Felsen noch härtere Schläge, und schon ergoß sich ein Strom in die Dollarwüste.« (Ebd., S. 6)
89 Das Impressum der »Soldaten-Zeitung« weist sie aus als: »Unabhängiges Blatt für Ehre, Recht und Freiheit – europäische Sicherheit u. Kameradschaft« (ebd., S. 8).
90 In der »Presselese« heißt es unter der Überschrift »Heute als überstarke Handelsmacht gefürchtet«: »›*Sonntagspost*. Das Sonntagsblatt des Deutschtums in Amerika‹, Milwaukee, berichtet: [Absatz] ›Ein Wirtschaftsexperte hat in einer der großen englischen Zeitungen in New York vor-

Prof. Adorno machte in diesem Zusammenhang auf die darin steckende Scheinobjektivität aufmerksam; man läßt andere Stimmen, etwa jüdische Kommentare, zu Wort kommen; das Zitieren geschieht aber nur formal; inhaltlich läuft es auf eine Bestätigung dessen hinaus, was man selbst von sich meint.

In dem Artikel »Gedanken zum Eichmann-Prozeß« (S. 1), ist von einem »deutschen Generalkonsul« die Rede, »der sich vor lauter Selbstkritik nicht mehr lassen konnte«.[91] Auch dieses Moment gehört zur Argumentation der Demagogen, nämlich die Brandmarkung dessen, der das »eigene Nest beschmutzt«. Die allergische Reaktion auf Selbstkritik wird auf jegliche Kritik übertragen, was bei Goebbels so weit ging, an Stelle von Kunstkritik »Kunstbetrachtung« zu verordnen.[92] Kritik zu unterbinden, ist ein typisch autoritärer Gestus.

Auf Seite 7 wird unter »Sonderangebote« ein Buch von Dr. H. Laternser angepriesen: »Verteidigung deutscher Soldaten«.[93] Daran fiel auf, daß man indirekt die

---

geschlagen, daß die deutschen Gewerkschaften sich um eine Lohnerhöhung von wenigstens 25 Prozent bewerben sollten, und falls erfolglos, den Streik erklären sollten, der ‹recht lange› dauern möge.‹ Ein frommer Wunsch von einem Sachverständigen, der wohl nicht erfüllt werden wird. Aber solche Ausfälle und andere ähnlicher Art beweisen nur, wie man über Deutschland denkt. Heute ist Deutschland nicht mehr als Militärmacht gefürchtet, sondern als Handelsmacht, und nicht allein von England, das Deutschland durch den Krieg von 1914 von dem Weltmarkte verdrängen wollte, sondern auch von Amerika.« (Ebd., S. 2)

91 »Mein Interview mit der *Deutschen Soldatenzeitung und Nationalzeitung*, das am 17. Februar 1961 erschien und das in Teilen von der ›Chikagoer Abendpost‹ mit meiner Genehmigung nachgedruckt wurde, erregte wegen der Verbreitung beider Zeitungen in deutsch-amerikanischen Kreisen Aufmerksamkeit und, da ich von einem ›deutschen Generalkonsul‹ sprach, ›der sich vor lauter Selbstkritik nicht mehr lassen konnte‹, Verwunderung, wer dieser Generalkonsul gewesen wäre. Um jeden falschen Verdacht zu beseitigen: Ich meinte in meinem Interview einen deutschen Generalkonsul, der seit Jahren nicht mehr in New York weilt.« (Opolony, Gedanken zum Eichmann-Prozeß, a.a.O. [s. Anm. 79], S. 1)

92 Im Aufsatz *Zur Krisis der Literaturkritik* [1952/1953] schreibt Adorno: *Die Literaturkritik, so wie wir sie aus unserer Jugend kennen, ist ein Produkt des liberalen Zeitalters. Sie hatte ihre Stätte vorab in liberalen Blättern wie der ›Frankfurter Zeitung‹ und dem ›Berliner Tageblatt‹. Sie setzte nicht nur das Recht auf freie Meinungsäußerung und das Vertrauen auf das ungebunden urteilende Individuum voraus, sondern auch eine bestimmte Autorität der Presse, die mit der Bedeutung der Sphäre von Kommerz und Zirkulation zusammenhing. Die Nationalsozialisten haben diesen Zusammenhang brutal erkannt, die Literaturkritik als ein wesentlich liberales Medium abgeschafft und durch ihre Art Kunstbetrachtung ersetzt. Heute, nach dem Sturz der Diktatur, sind nun aber die gesellschaftlichen Voraussetzungen der Literaturkritik durch den bloßen Wechsel des politischen Systems nicht wieder hergestellt.* (GS, Bd. 11, S. 662)

93 Unter der Rubrik »Sonder-Angebote« findet sich: »*Dr. H. Laternser: Verteidigung deutscher Soldaten.* Plädoyers vor alliierten Gerichten. Der Verteidiger d. dt. Generalstabs, des OKW und d.

deutsche Kriegsführung verteidige. Prof. Adorno, der nochmals betonte, Subtilität verlange, daß man sich nicht verlocken läßt, zitierte in diesem Zusammenhang Cocteau: ein Künstler müsse wissen, »wie weit man zu weit gehen darf«.[94] Bei der qualitativen Analyse ist Overtes und Latentes zu unterscheiden. Die Version, die alliierte Gerichtsbarkeit sei eine bloße Vergeltungsjustiz, knüpft an einige Momente der Realität an und ist deshalb so gefährlich, weil sie diese isoliert darstellt. Interessant ist, daß an all den Stellen, wo man allergisch reagiert, Momente enthalten sind, die im Einzelnen als vernünftig bezeichnet werden können, doch durch den konzentrischen Angriff auf die Demokratie einen anderen Stellenwert gewinnen.

Zur Annonce eines tierliebenden Faschisten[95] bemerkte Prof. Adorno, daß im Dritten Reich die Menschen, die zum Foltern bereit waren, sich wie Göring als Tierfreunde deklarierten; in solchen Fällen kann man eine Verschiebung der Schuldgefühle beobachten. Mens sana in corpore sano. Naturhaftes wird mit Menschsein gleichgesetzt.

In der Buchbesprechung »Der rote Rufmord« (S. 8)[96] besteht die Tendenz, die respektable Rechte zu verdächtigen. Die Verteidigung des Herrn Oberländer ist

---

Feldmarschälle Kesselring, List und von Leeb gibt in diesem Buch vom juristischen und historischen Standpunkt aus einer Fülle kaum bekannten Materials zur dt. Kriegsführung.« (Soldaten-Zeitung, a.a.O. [s. Anm. 57], S. 7) – Vgl. Hans Laternser, Verteidigung deutscher Soldaten. Plädoyers vor alliierten Gerichten, Bonn und Hamburg 1950.
94 »Der Takt der Frechheit besteht darin, zu wissen, bis zu welchem Punkt man zu weit gehen kann.« (Jean Cocteau, Hahn und Harlekin. Aufzeichnungen über Musik [1918], übers. von Johannes Piron, München [1958] [Langen-Müller's kleine Geschenkbücher; 76], S. 9) – Vgl. GS, Bd. 11, S. 196 und GS, Bd. 13, S. 402.
95 Der Anzeigentext lautet: »Welch pens., tierliebender Offizier od. höh. Beamter baut od. kauft mit mir Haus, in dem auch arme Tiere Heimat finden können. Zuschr. erb. unt. [...]« (Soldaten-Zeitung, a.a.O. [s. Anm. 57], S. 7).
96 In einer mit »E.« gezeichneten Buchbesprechung heißt es über das Buch »Der rote Rufmord. Eine Dokumentation zum kalten Krieg« (Tübingen 1961) von Kurt Ziesel: »Das Buch dokumentiert u. a. den Fall des früheren Bundesvertriebenenministers Oberländer und enthüllt ihn als eine der skrupellosesten Lügenkampagnen Moskaus und Pankows, die in erschreckender Weise freiwillige und unfreiwillige Handlanger im Westen, im Deutschen Bundestag und in der deutschen Presse gefunden haben. [...] An Hand eines zum größten Teil völlig unbekannten, sensationellen dokumentarischen Materials werden die Hintergründe des roten Rufmords an einem amtierenden deutschen Minister aufgezeigt, wobei insbesondere die westdeutschen Handlanger, Bundestagsabgeordnete der SPD, der FDP und sogar der CDU und führende Presseorgane in bezug auf ihre Vergangenheit dokumentarisch beleuchtet werden.« (Ebd., S. 8)

doppelschichtig;[97] man identifiziert sich mit der Regierung und hetzt gegen, sie; man sucht sich die Leute aus, mit denen man es halten will. Eine ähnliche ambivalente Haltung ist gegenüber den Intellektuellen zu beobachten.

In dem Artikel »Der Irrtum des Herrn Schmückle« (S. 3)[98] wird Schmückle ohne Titel[99] und im Genitiv vorgestellt, während man sonst in dieser Zeitung die »volle Kriegsbemalung« vorsieht. Es steckt darin schon eine sehr overte Diffamierung. Dem Kommilitonen, der diese Beobachtung machte, fiel weiter auf, daß der »Wehrmachts-Bezichtiger Schmückle«[100] im Bild dem optischen Stereotyp des jüdischen Intellektuellen (mit Brille) entspricht. Daß man Schmückle, den man meist in Zivil sieht, hier in Uniform zeigt, läßt sein Bild gleichsam zu einer Karikatur werden.

Prof. Adorno machte darauf aufmerksam, daß die Unterschrift »Wehrmachts-Bezichtiger Schmückle« im Spiegeljargon gehalten sei. Es wird bei den Lesern, denen das aufgeht, an ihren Narzißmus appelliert.

Der Meinung eines Kollegen, daß in demselben Artikel die sich widersprechenden Momente dem herrschenden Zeitgeist entgegen kommen und man von der einen oder anderen Seite auf die Richtigkeit der Gesamttendenz schließen kann, setzte Prof. Adorno methodologische Bedenken entgegen. Legitim ist das Verfahren erst dann, wenn man nicht nur von den Einzelheiten ausgeht, sondern die Vermittlungsfunktion der Gesamtstruktur oder des Syndroms erkennt. Erst alle Elemente miteinander ergeben einen Symptomzusammenhang, innerhalb dessen solche Einzelheiten wie die Tieranzeige in ihrer Bedeutung »funkelnd« aufgehen.

---

97 Theodor Oberländer ist von 1953 bis 1960 Bundesminister für Angelegenheiten der Vertriebenen bzw., wie es ab 1954 heißt, Bundesminister für Vertriebene, Flüchtlinge und Kriegsgeschädigte; zunächst als Mitglied des Gesamtdeutschen Blocks/Bund der Heimatvertriebenen und Entrechteten, später der CDU. Im Mai 1960 tritt er von seinem Posten zurück, nachdem die SPD einen Untersuchungsausschuss hat einberufen wollen, der sich mit Oberländers Vergangenheit als aktiver Nationalsozialist beschäftigen sollte.
98 Vgl. »Dr. W. K.«, Der Irrtum des Herrn Schmückle. Eine schwerwiegende Kränkung der deutschen Wehrmacht, ebd., S. 3. – Gerd Schmückle, dem Pressereferenten des Bundesverteidigungsministeriums, wird vorgeworfen, er habe mit dem Hinweis auf den Ausschluss jüdischer Kameraden aus der Wehrmacht unrecht, sofern »wohl *keine Anordnung des Dritten Reiches auf einen solchen Widerstand gestoßen sei wie die praktische Durchsetzung des Arierparagraphen in der deutschen Wehrmacht.*« (Ebd.)
99 Im Artikel selbst, wird Schmückle, anders als in der Überschrift, als »Oberst Schmückle« benannt.
100 So die Unterschrift zu einem Porträtbild Schmückles.

Ein Kommilitone gab zu bedenken, ob man hier nicht einen abstrakten Wahrheitsbegriff gebrauche.

Prof. Adorno erklärte, daß es sich bei dem hier verwandten Wahrheitsbegriff nicht um den der einfachen Feststellung des hic et nunc handele, sondern um etwas Vermitteltes, Dahinterstehendes. Das sei Wissenschaft, zu versuchen, die Fakten in einen Strukturzusammenhang zu bringen, innerhalb dessen sie erst ihre Bedeutung gewinnen. Wenn die Tatsachen nur aufgezählt werden, verfehlt man die Gesetzmäßigkeiten, die dahinterstehen. Aufgabe der Soziologie ist es, über bloße Einzelfeststellungen hinauszugehen und einen Sinnzusammenhang zu sehen, durch welchen sie lebendig werden.

Derselbe Student beanstandete, daß Vermittlungsinstanzen, wie Schichten, vernachlässigt worden seien.

Prof. Adorno antwortete darauf, es handele sich hier vornehmlich um ein elitäres, skeptisches Bewußtsein des gehobenen Bürgers in der Verteidigung, mit bestimmten Beziehungen zur Macht, von der er sich andererseits ausgeschlossen fühle. Prof. Adorno glaubt aber, daß für die sozialpsychologische Wirkung die Schichtenmomente gar nicht so wichtig sind. Es sei das eine Frage der empirischen Sozialforschung, ob die Wirkung dieser Dinge schichtenspezifisch variiert, eine breitgestreute Wirkung sei durchaus möglich.

In der nächsten Stunde soll eine Sprachanalyse an Hand des Artikels »Kennedy macht uns schwach« vorgenommen werden.

268 Evelies Magnus,
18. Juli 1961

Hauptseminar Prof. Adorno:

Probleme der qualitativen Analyse

Protokoll der Sitzung vom 18. 7. 1961

Sprachanalyse des Artikels »Kennedy macht uns schwach«
(Deutsche Soldatenzeitung, 12. 5. 1961)

»Doch die Schwäche Deutschlands ist nicht Amerikas Stärke«
   Prof. Adorno regte an, diesen Untertitel mit der Überschrift zu vergleichen. Dabei stößt man auf eine sich dahinter verbergende doppelte Intention: neben dem Angriff auf die Amerikaner, die am »Schmachfrieden von Jalta« mitwirkten, wird eine Umwerbung versucht in dem Sinne: »Ihr seid auf uns angewiesen und braucht uns.« Diese Konvergenz von Aggression und Werbung erinnert an die Hitlerpropaganda gegenüber England. Sie sagt im Grunde: »Wir als Ultranationalisten sind Feinde der demokratischen Regierung Amerikas, aber angesichts der drohenden russischen Gefahr, bieten wir uns Euch als Helfer an.«

Zur Methode qualitativer Analysen bemerkte Prof. Adorno: Man benötigt dazu eine besondere Portion gesunden Menschenverstandes. Es lassen sich keine Regeln aufstellen, sondern man muß versuchen, ein Organ für solche Dinge auszubilden, einen spekulativen Blick zu gewinnen, der hinter die Fassade reicht; gleichzeitig ist ein Fingerspitzengefühl dafür zu entwickeln, wo die Grenzen liegen.
   Das hier vorliegende Material ist von einer gewissen geistigen Kurzatmigkeit. Bei der Interpretation muß man berücksichtigen, daß sich das Ganze aus einzelnen Assoziationsstücken zusammensetzt und darf deshalb die inhaltliche Bedeutung nicht überziehen. Es wäre eine Aufgabe der methodologischen Arbeit an der qualitativen Analyse, Kriterien dafür zu finden, »wie weit man zu weit gehen darf.« Ein *Postulat der Methode* ist es, Kategorien der Grenzen aufzustellen, die zu setzen sind, wenn man sich nicht selbst von den Highs anstecken lassen und in Verfolgungswahn fallen will.

Zur Feststellung eines Seminarteilnehmers, daß die demokratischen Präsidenten als dubios hingestellt werden, sagte Prof. Adorno, dies habe einen drastischen Grund: Obwohl in Amerika die Begriffe »rechts« und »links« verschwommen sind, neigt die Soldatenzeitung zur Republikanischen Partei, weil diese im allgemeinen weiter rechts steht und die Partei der bodenständigen, alteingesessenen Bevölkerung ist. Arme Einwanderer und Minderheiten wählen dagegen vorwiegend demokratisch.

Wenn man solche Dinge analysieren will, ist die soziale und politische Konfiguration mitzudenken.

»Amerika ist unser Schicksal, ...«[101]

In der Berufung auf das Schicksal steckt etwas Unabänderliches und schlechthin Gegebenes. Prof. Adorno wies darauf hin, daß solche Aussagen mit den Gesamtergebnissen der Studien über die faschistische Anfälligkeit verglichen werden müßten. Es gehört zu dem Wesen des High, soziale Gegebenheiten als naturhaft zu betrachten. Die geschichtlichen und politischen Verhältnisse werden durch den Begriff des Schicksals zu einem Unabänderlichen, Statischen gemacht. Die Frage nach der Zurechnung von Schuld und Ursache geht dabei verloren. »Da es einmal so ist, kann man nichts machen.« Die Menschen, die die Hitlerzeit als Schicksal hinnahmen, zeigten einen ähnlichen Fatalismus.

Im Begriff des Schicksals liegt ein destruktives Element, das Gefühl: Es wird wahrscheinlich schlecht ausgehen. Mit der Vorstellung vom Schicksal verbindet sich nichts Positives, Glückliches. Ein wahres Moment liegt darin, daß man mit Recht das Walten des blinden Zufalls als ein Negatives bezeichnen kann. Die daraus resultierende Unfreiheit aber als naturgegeben zu betrachten, ist falsch.

Ein Student wandte ein, daß die Kategorie des Schicksals einen Umschlag impliziere: Indem man als Heilmittel die deutsche Stärke anpreist, gelangt man von der negativen Ergebenheit zum Bewußtsein, das Schicksal anderer, in diesem Fall Amerikas, zu sein.

Prof. Adorno zweifelt jedoch daran, daß in der gesamten Sphäre des Schicksals das Moment der Positivität eine entscheidende Rolle spiele. In den Schriften von Hitler und anderen nationalsozialistischen Agitatoren tritt das Versprechen vom Glück hinter Begriffen wie Opfer und Kampf zurück. Es wird dabei an den Masochismus appelliert. Sich dem Schicksal zu unterwerfen, führt dazu, daß von utopischen Vorstellungen nur die Gewißheit einer nahenden Götterdämmerung übrigbleibt, in der selbst die Untergehenden auf ihre Kosten kommen.

---

101 Der Leitartikel »Kennedy macht uns schwach« (a.a.O. [s. Anm. 59]) beginnt mit den Sätzen: »Amerika ist unser Schicksal, nicht erst seit heute, sondern seit bald fünfzig Jahren. Zweimal führten in dieser Zeit die Vereinigten Staaten Krieg gegen uns, zweimal entschieden sie ihn gegen uns und zweimal bestimmten sie in entscheidendem Maße die Friedens- bzw. Nachkriegsbedingungen, die die härtesten sind, die man jemals einem großen Volk auferlegte.« (Ebd., S. 1)

Dennoch ist nach Meinung des Studenten ein positives Moment implizit vorhanden; denn der Appell an Kennedy für eine vertrauensvolle Zusammenarbeit zwischen Deutschland und Amerika sei doch offensichtlich.

Prof. Adorno räumte ein, daß hier eine Ambivalenz bestehe; mit der Büttelempfehlung verbinde sich eine Aggression gegen die Demokratie. Der Aspekt der Katastrophenpolitik sei allerdings der stärkere. Auf den Einwand, man müsse zwischen objektiven und subjektiven Momenten unterscheiden, erwiderte Prof. Adorno, verschiedene Schichten des Bewußtseins seien voneinander abzuheben. An der Oberfläche befindet sich eine sehr dünne Schicht, die die Regeneration eines starken Deutschlands fordert. Darunter verbirgt sich der Komplex der Katastrophenseligkeit.

Ein Seminarteilnehmer wies darauf hin, daß an Stelle der Götterdämmerungsideologie der erhobene Zeigefinger des deutschen Schulmeisters trete. Trotz antiamerikanischer Affekte will man den Amerikanern zeigen, wie sie eine bessere Politik machen könnten. Diese Schulmeistergeste ist heute weit verbreitet. Sie gibt sich nicht pauschal, sondern meist punktuell und setzt mit Detailfragen ein. Diese Tatsache kann damit zusammenhängen, daß die Katastrophenseligkeit – z. B. eines Jüngerkreises[102] – in den 20er Jahren nicht so ernst gemeint war und erst das Dritte Reich gezeigt hat, wie ernst es werden kann.

Nach Ansicht von Prof. Adorno läßt sich erst durch eine eingehende Analyse und den zahlenmäßigen Vergleich der Statements feststellen, ob ein Moment der Mäßigkeit sich durchsetzt. Je gröber das Material, desto differenzierter muß die Analyse sein.

Ein Student wies auf folgenden theoretischen Aspekt hin: Es sei zu bedenken, unter welchen politischen Verhältnissen die Notwendigkeit bestehe, die Massen zu engagieren. So sah sich Hitler gezwungen, nicht-bürgerliche Massen in bürgerlichem Rahmen zu mobilisieren. Heute würde man andere Mittel psychologischer Art anwenden. Solange die wirtschaftliche Lage günstig ist, ist sicher die Möglichkeit größer, mit differenzierteren Motiven zu operieren. In einem Land mit

---

[102] Nach Ernst Jüngers eigener Aussage gehörten zum Kreis der Neunationalisten, die sich um ihn scharten »Ernst Jüngers Bruder, der Dichter Friedrich Georg Jünger, und die Schriftsteller Helmut Franke, Albrecht Erich Günther, Friedrich Wilhelm Heinz, Friedrich Hielscher, Werner Lass, Hartmut Plaas, Ernst von Salomon, Franz Schauwecker und Ernst Niekisch. [...] Zum grössten Teil gehörten diese Männer der sog. Frontgeneration an, die meisten waren ehemalige Offiziere. Als etwas den Angehörigen dieser Gruppe Gemeinsames können wir die Weltanschauung ansehen, die auf dem militaristischen Kriegserlebnis basierte und als deren besten Interpreten die Gruppe Ernst Jünger betrachtete.« (Marjatta Hietala, Der neue Nationalismus in der Publizistik Ernst Jüngers und des Kreises um ihn 1920–1933, Helsinki 1975 [Suomalaisen Tiedeakatemian Toimituksia. Annales Academiæ Scientiarum Fennicæ; B 194], S. 30)

wenig manifestem Elend sind wilde Parolen, wie sie die Nazis propagierten, kaum wirkungsvoll. Dieser heutigen Situation müssen auch die Herausgeber der Deutschen Soldaten- und Nationalzeitung Rechnung tragen. Bei der Analyse ihrer Artikel ist also der gesamtgesellschaftliche Zusammenhang zu berücksichtigen.

»... Friedens- bzw. Nachkriegsbedingungen, die die härtesten sind, die man jemals einem großen Volk auferlegte.«

Charakteristisch an diesem Satz ist der Gebrauch des abstrakten Superlativs. Während man in England Superlative vermeidet, werden sie bei uns geradezu gefordert. Es drückt sich darin Verehrung der Größe und des Gigantischen aus.

In Wirklichkeit waren die Bedingungen, denen sich Deutschland unterwerfen mußte, nicht so hart, wie es der Satz glauben machen will. Der Superlativ täuscht also über nicht Vorhandenes hinweg, wenn nicht die Teilung damit gemeint ist.

Nach Meinung eines Studenten lassen sich die Widersprüche des hier produzierten Denkens daran aufweisen, daß die »härtesten« Friedensbedingungen zugleich die »freieste Demokratie der Welt« (S. 6) bescherten.[103]

Das kann natürlich ironisch gemeint sein. Auf jeden Fall steckt aber ein Moment des Infantilen darin: ›Wir waren so brav, die freieste Demokratie der Welt zu errichten, und dennoch belohnt Ihr uns nicht. Wenn sie uns also nichts nutzt, können wir auch auf diese Demokratie verzichten.‹

Es wird auf eine vorhandene Rezeptivität spekuliert und die Bereitschaft, sich als ungerecht behandelt zu fühlen, ausgenutzt.

»Beide Male war das amerikanische Volk gegen den Kriegseintritt, aber im 1. wie im 2. Weltkrieg hatte die amerikanische Staatsführung es verstanden, die Bevölkerung der Vereinigten Staaten *kriegsbereit* zu machen.«[104]

Der militärisch-politische Zusammenhang, der zum Angriff geführt hat, wird einfach übersehen. Dabei kommt die *Technik der Isolierung* zur Anwendung. Einzelne Tatsachen können richtig sein, aber abgespalten von der geschichtlichen

---

103 »Auch Wilson wollte angeblich nicht das deutsche Volk, sondern lediglich das Kaiserl. Deutschland treffen. Und als das gutgläubige deutsche Volk seine Staatsform entsprechend den Wünschen des amerikanischen Präsidenten geändert hatte und zur *freiesten* Demokratie der Welt geworden war, mußte es in jähem Erwachen feststellen, daß die ihm auferlegten Friedensbedingungen in keiner Weise der Tatsache Rechnung trugen, daß der Besiegte nicht mehr die so sehr verfemte Monarchie sondern eine parlamentarische Demokratie war, die sich von der amerikanischen nur dadurch unterschied, daß dem Reichspräsidenten bei weitem nicht die Machtbefugnisse zustande, welche die amerikanische Verfassung ihrem Präsidenten gewährte.« (»Kennedy macht uns schwach«, a.a.O. [s. Anm. 59], S. 6)
104 Ebd., S. 1.

Dynamik ergeben sie je nach der Kombination ein falsches Bild. So wird dem friedlichen amerikanischen Volk ein böser Präsident gegenüber gestellt. Durch dieses falsche Junktim erweisen sich die Wallstreet-Mächte mit ihren finsteren Machenschaften als Urheber des Kriegseintritts.

Es ist dies eine durchschaubare Taktik der Deutschen Soldaten- und Nationalzeitung. Der gegen das Dritte Reich erhobene Vorwurf wird auf Amerika übertragen, und man entgeht so einer eigenen Verantwortung und Schuld.

Die Intriganten und Kriegsgewinnler rekrutieren sich immer aus Kreisen des Bank- und Geldwesens, allenfalls sind dabei noch Rüstungsfabrikanten.

Eine Kommilitonin machte darauf aufmerksam, daß auch in der offiziellen Politik das Abschieben von Problemen auf die Zwischensphäre geübt wird. So entgegnete Adenauer in einer Kontroverse mit den Bauern, schuld an der schlechten landwirtschaftlichen Lage sei allein der Zwischenhandel.[105]

Daß hier Personen und bestimmte Gruppen als verantwortlich hingestellt werden, entspricht einer allgemeinen Tendenz zur Personalisierung und Verdinglichung in der verwalteten Welt. Es gehört zur Funktion des great old man, von den objektiven Tatsachen abzulenken. So ist es z. B. der Wirtschaftsminister, der für das wirtschaftliche Geschehen verantwortlich ist; die objektiven Verhältnisse werden dabei ganz außer acht gelassen.

»Die ungeheuren Opfer an Menschenleben und Reichtum waren vergeblich«[106]

Durch das Wörtchen *und* werden in diesem Satz Fabriken und Menschen zu Produktivkräften, die vernichtet werden können. Die Menschen sind nicht Selbstzweck, sondern nur Dinge; als Menschenmaterial werden sie im kapitalistischen Produktionsprozeß eingespannt oder als Kostenfaktor in der Erringung der Weltherrschaft einkalkuliert.

Dem Einwand, das Schlagwort von Gut und Blut sei präkapitalistischer Natur, entgegnete Prof. Adorno, daß dieses Denken nicht nach den Gesetzen der diskursiven Logik erfolge, sondern daß hier prälogisch operiert werde. Das Organisationsprinzip bestehe nicht in der Einheit des logischen Gedankenganges, sondern in der Einheit der Zwecke im Hinblick auf die verschiedenen in sich widerspruchsvollen Schichten der Mentalität, die angesprochen werden sollen.

Methodologisch ist es wichtig, bei der Interpretation dieser Dinge Besonnenheit zu wahren, denn eine solche Formulierung könnte auch in jeder respektablen Zeitung stehen. Verdinglichtes Denken gehört zum herrschenden Bewußtsein. Während aber z. B. in der Frankfurter Allgemeinen Zeitung sich

---

105 Nicht ermittelt.
106 Ebd.

Gegentendenzen bemerkbar machen, wird in der Soldatenzeitung nur diese Sprachschicht rezipiert; man findet hier eine Musterkollektion dieser Wendungen.

Ein Seminarteilnehmer machte darauf aufmerksam, daß diese Art der Formulierung der Kriegssphäre angehöre.

Nach Prof. Adorno werden Assoziationen zur militärischen Sphäre dazu benutzt, um ein permanentes Kriegsteilnehmerlager zu suggerieren. Die militärischen Ausdrücke gelten als unveräußerliche, ewige Wahrheiten und eignen sich besonders zur Verdinglichung der Sprache. So erscheint das Geschehen der ganzen Welt als ein militärischer Lagebericht. – Daneben werden aber auch verdinglichende Vokabeln der Produktionssphäre entnommen. Es ist für die heutige Gesellschaft äußerst bezeichnend, daß in ihr Produktions- und Militärsphäre fusionieren. Die Atombombe ist symbolisch hierfür: In ihr konvergieren größtes Destruktionspotential und intensivste Entfaltung wirtschaftlicher Kräfte.

Die Frage eines Kommilitonen, ob es methodologisch erlaubt sei, Zitate zu analysieren, bejahte Prof. Adorno; eine solche Zeitung bestehe größtenteils aus selektiven Zitaten, die in einen Zusammenhang gestellt einen anderen Stellenwert bekommen. Gerade Leserzuschriften und Pressestimmen können Wesentliches zur Analyse beitragen.

»Im Frühjahr 1917 bot die Erklärung des *uneingeschränkten U-Boot-Krieges* durch Deutschland US-Präsident Wilson den Vorwand für die Kriegserklärung an Deutschland.«[107]

Hierin drückt sich das Prinzip des Verhandlungslosen aus. Ein Urteil ist bereits antizipiert, und das Ergebnis wird ohne vorherige Diskussion mitgeteilt. Durch die Art des Vortrags werden die Probleme als bereits gelöst hingestellt. Nicht der Prozeß, sondern das Resultat wird wiedergegeben.

Das Ideologische liegt mehr in der Darstellung als in den falschen Fakten. Denn auch die Soldatenzeitung kann es sich nicht leisten, falsche Angaben zu machen. Gerade der Respekt vor den Tatsachen hat den ideologischen Effekt, daß ein oberflächlicher Eindruck von Adäquanz entsteht. Die Entscheidungen werden in die Sprachform gelegt. Die Darstellung ist das Medium, in dem die Ideologie sich ausdrückt. Deshalb ist die sprachliche Analyse erforderlich.

»Der Kriegseintritt Amerikas erfolgte zu dem Zeitpunkt, als sich die Lage der Alliierten bedrohlich gestaltete.«[108]

---

107 Ebd.
108 Ebd.

Der Leser dieses Satzes wartet von Anfang an auf die Worte »bedrohlich gestaltete«. Das Einlösen sprachlicher Erwartungen hängt mit der Assoziationstechnik zusammen. Denken heißt, sich dem sprachlichen Gefälle zu widersetzen. Nichtdenken dagegen, mitzuplätschern.

»In der ›Doppelschlacht an der Aisne und in der Champagne‹ (6. April bis 27. Mai 1917) brachen die französischen Angriffe unter ungeheuren Verlusten zusammen.«[109]

Es wird hier eine Pseudoexaktheit vorgetäuscht. Man erweist sich als militärischer Fachmann, der die ehemaligen Kameraden anspricht. Prof. Adorno bezeichnete diesen Komplex: »Wolf als Großmutter«. Für Menschen, die man gewinnen will, erweist man sich als guter Kamerad.

»Meutereien in einem Ausmaß, wie sie die neuere Kriegsgeschichte bis dahin noch nicht gekannt hatte, ereigneten sich im französischen Heere allenthalben.«[110]

Auch hier ist wieder ein superlativistisches Moment zu verzeichnen. Die Tatsache, daß man Zeitgenosse solcher noch nie dagewesenen Dinge ist, spricht den Narzißmus an und bietet als Ersatzgratifikation einen zusätzlichen Lustgewinn.

»Der Oberbefehlshaber des französischen Heeres in Frankreich ...«[111]

In dieser Darstellung liegt Pedanterie, die militärisch sachverständig und vertrauenerweckend wirken soll. Man spielt sich als Fachmann auf, der weiß, daß es auch französische Armeen in Afrika und Syrien gegeben hat, und jeder, der dies liest, fühlt sich selber als Experte.

»Im Osten fiel Rußland aus.«

Es ist schwer zu sagen, ob der Ausdruck »ausfallen« dem militärischen oder industriell-technologischen Prozeß entnommen wurde. Mit dieser Formulierung wird über den Tatbestand der russischen Revolution von 1917 einfach hinweg-

---

109 Ebd.
110 Ebd.
111 »Der Oberbefehlshaber des französischen Heeres in Frankreich, General Nivelle, mußte zurücktreten. Rufe, wie ›Nieder mit dem Krieg‹ erschollen an der Front und in der Heimat. Im Osten fiel Rußland aus. Deutschland war endlich von dem Druck des Zweifrontenkrieges befreit. Der uneingeschränkte U-Boot-Krieg führte für England eine äußerst bedrohliche Lage herbei.« (Ebd.)

gegangen. Die Revolution ist tabuiert, obwohl mit ihr eine Entwicklung von einmaliger geschichtlicher Tragweite ihren Lauf nahm.

In diesem Zusammenhang wird deutlich, wie wichtig es ist, dem nachzugehen, was nicht genannt wird.

Einer Studentin fiel die unzusammenhängende Struktur der Hauptworte auf. Nach Prof. Adorno geht inhaltlich daraus hervor, daß »es« geschieht. In diesem Schicksalhaften liegt ein Moment der Verdinglichung. Prozesse, die durch Menschen geschehen, werden präsentiert, als ob sie unwiderruflich, notwendig sich so vollziehen; jede bestimmte Verantwortung wird umgangen. Die Beziehung auf autonome Subjekte wird vermieden; man fürchtet Menschen, die frei und selbständig handeln können. Die Freiheit wird mit einem Tabu belegt. Um diese Dinge zu verschleiern, wird alles in eine verdinglichte und konventionalisierte Sprache gepreßt.

Es ist ein Fehler, in welchen leider auch das Seminar verfallen ist, nur einzelne Sätze zu analysieren, während es doch das Geflecht dieser Sätze zu beobachten gilt.

»So konnte denn Deutschland mit guten Aussichten auf Erfolg im entscheidenden Frühjahr 1918 nach zweijähriger Pause erstmalig wieder zur Offensive übergehen.«[112]

Die Verdinglichung geht so weit, daß das Frühjahr, also die Jahreszeit und nicht die dann stattgefundene Offensive entscheidend ist.

»... entschieden schließlich zusammen mit der überwältigenden amerikanischen Materialüberlegenheit den Krieg.«[113]

Prof. Adorno machte auf den Komplex des bad losers aufmerksam. Wenn man etwas erreicht, ist es den Wunderwerken der Technik zu verdanken; verliert man aber, war die Überlegenheit des Materials daran schuld. Beides appelliert an den kollektiven Narzißmus.

Abschließend bemerkte Prof. Adorno, diese Analyse sei nur Stückwerk; sie habe als Modell dafür dienen sollen, wie man Ergebnisse der vorhergegangenen Dis-

---

112 Ebd.
113 »Aber, während die ›Große Schlacht in Frankreich‹ tobte, während Amiens in die Reichweite deutscher Geschütze kam und die deutschen Truppen zum zweiten Male die Marne erreichten, landeten Monat für Monat 300 000 amerikanische Soldaten in Frankreich und – *entschieden schließlich zusammen mit der überwältigenden amerikanischen Materialüberlegenheit den Krieg.*« (Ebd.)

kussionen *zum* Material *im* Material selbst durch die Analyse eines einzelnen Artikels verfolgen kann. Beide Methoden müssen sich ergänzen.

In der nächsten Sitzung soll eine inhaltliche Zusammenfassung aller Protokolle des Semesters in Form eines Referates die Abschlußdiskussion einleiten.[114]

---

114 Ein Protokoll jener Sitzung hat sich nicht erhalten, wohl aber die genannte Zusammenfassung von Gisela Burbach: »Probleme der Qualitativen Analyse. Zusammenfassung der Protokolle«: »Hinter der Frage, wie macht man qualitative Analyse?, steckt unausgesprochen der Verdacht, daß es sich dabei um eine Art Geheimwissenschaft handele. Ist qualitative Analyse zwar nicht in dem Maße ›erlernbar‹ wie die statistische Sozialforschung, so hatte es sich dieses Seminar doch zur Aufgabe gestellt, die qualitative Analyse zumindest von ihrem magischen Charakter zu befreien. *[Absatz]* Daß sich die qualitative Analyse nicht dem durchweg in den Sozialwissenschaften herrschenden Prinzip der absoluten Quantifizierung unterwirft, bringt ihr den Vorwurf der Unwissenschaftlichkeit ein. Ihr Gegenstand, den sie meist dem Bereich der Massenkommunikation oder Propaganda entnimmt, erfordert eine differenziertere Untersuchung, als sie die quantitative Methode zu leisten vermag. Diese gibt wohl Aufschluß über elementare Größen, komplexeren Zusammenhängen wird sie jedoch nicht gerecht. Zwar müssen auch bei der Gewinnung statistischer Daten qualitative Entscheidungen getroffen werden. Sind die Kategorien jedoch einmal festgelegt, so wird die Frage nach ihrer Sachgerechtigkeit sekundär. Das weniger geschliffene Instrument macht gerade das Produktive der qualitativen Analyse aus. Die wiederholte Aufforderung an das Seminar, ›sich etwas einfallen zu lassen‹, zielte darauf ab, die Unmittelbarkeit zum Material wiederherzustellen, die im Gefolge eines blinden Methodenfetischismus verlorengegangen ist. Wer qualitative Analyse betreiben will, muß die Angst verlieren, daß Denken unwissenschaftlich sei. *[Absatz]* Wenn sich der Wissenschaftler ohne methodischen Apparat an den Gegenstand heranbegibt, so heißt das nicht, daß er sich von sämtlichen Voraussetzungen befreit, sich praktisch dümmer macht, als er ist. Im Gegenteil erfordert die qualitative Analyse, die Fülle der eigenen Erfahrung geltend zu machen und sowohl theoretisches wie auch faktisches Wissen mit in die Analyse hineinzunehmen. Hinter dem Versuch der theoretischen Antizipation dessen, was der Gegenstand andeutet, argwöhnt man mit Recht eine Theorie von der Gesellschaft. Die Vorstellung von einer vernünftigen Gesellschaft ist ebenso Voraussetzung wie der kritische Blick, der hinter der Fassade des Materials die Widersprüche der Gesellschaft aufspürt, die darin ihren Niederschlag gefunden haben. *[Absatz]* Während man der qualitativen Analyse die theoretische Konzeption als ein Vorurteil ankreidet, ist der bewußte Verzicht auf Theorie in der gängigen empirischen Sozialforschung selbst Folge und Voraussetzung von Ideologie. Das am Prinzip der Marktforschung entstandene quantitative Wissenschaftsideal legt den Verdacht nahe, daß das Ideal der Erkenntnis selber dem Tauschverhältnis nachgebildet ist, bei dem die Tauschobjekte auf abstrakte Einheiten reduziert werden zum Zwecke der Quantifizierbarkeit. Das Ideologische der empirischen Sozialforschung äußert sich in einer unkritischen Scheu gegenüber dem Normalen, das da, wo nur dem quantitativen Prinzip Erkenntniswert zugesprochen wird, seine Legitimation aus der Häufigkeit seiner Erscheinungen holt. *[Absatz]* Für die qualitative Analyse kann die statistische Relevanz eines Phänomens nicht der gültige Beweis seiner sozialen Bedeutung sein. Der Begriff der Relevanz impliziert sowohl die Bedeutung eines Phänomens im Zusammenhang mit der Theorie, als auch seine Wichtigkeit im Verhältnis zur Realität. Die dreifache Dimension im Begriff des Relevanten macht die Bedeutung der qualitativen Analyse sichtbar als ein unentbehrliches Instrument der

Ideologienforschung. *[Absatz]* Die im Seminar geleistete Analyse der ›Soldatenzeitung‹ zielte nicht auf eine Oberflächenkennzeichnung ab. Die Aufgabe lautete, den Text so zu lesen, daß unter der gedruckten Schrift ein zweiter Text aufgedeckt werde, der zu dechiffrieren sei. Erst die Unterscheidung zwischen Overtem und Latentem führt zur Entlarvung des ideologischen Gehalts eines Textes. Die Deutsche Soldatenzeitung operiert in den eigentlich politischen Teilen vorsichtiger als in den historischen Partien. Außerhalb der unmittelbaren politischen Verantwortung schimmert die blanke Identifikation mit dem Dritten Reich durch. *[Absatz]* ›Im Osten fiel Rußland aus ...‹ Mit dieser Formulierung wird über den Tatbestand der russischen Revolution von 1917 einfach hinweggegangen. Die Revolution ist tabuiert, obwohl mit ihr eine Entwicklung ihren Lauf nahm von einmaliger geschichtlicher Tragweite. An diesem Beispiel wird deutlich, wie wichtig es ist, dem nachzugehen, was nicht genannt ist. *[Absatz]* Je mehr man sich in die Details des Materials versenkt, je weniger man sich mit seiner oberflächlichen Struktur zufriedengibt, desto mehr wird man Dinge gewahr, die von sozialer Relevanz sind. *[Absatz]* Ein weiteres Moment, das zu beachten ist, wurde als ›Wiederkehr des Exzentrischen‹ bezeichnet. Von bestimmten ausgefallenen Phänomenen her kann unter Umständen der gesamte Komplex erhellt werden. Kriterium dafür, daß die qualitative Analyse nicht auf den bloßen Einfällen des Interpreten beruht, ist allerdings, daß die herausgefundenen Phänomene sich zumindest einigermaßen wiederholen und, soweit das Material selbst nicht völlig sinnlos ist, in einen Zusammenhang mit den übrigen Ergebnissen treten. Vor der naiven Verallgemeinerung isolierter Momente ist zu warnen, ebenso davor, die Interpretation ihrer Bedeutung zu überziehen. Man muß wissen, ›wie weit man zu weit gehen kann‹. *[Absatz]* Es läßt sich keine Regel für die qualitative Analyse aufstellen. Die Anpassung an das Material verbietet die Festlegung abstrakt gültiger Methoden. Genau vor diese Schwierigkeit sieht man sich gestellt, wenn man allgemeine Kategorien der qualitativen Analyse zu erarbeiten versucht. Die im folgenden zusammengestellten Kategorien mögen etwas dürftig erscheinen im Vergleich zu der Fülle der Einfälle, die aus dem Seminar hervorgegangen sind. Je weiter man bei der Bildung der Kategorien sich vom Material entfernt, desto mehr büßt die qualitative Analyse ihre gesellschaftskritische Funktion ein. *[Absatz]* Ein wesentliches Moment der qualitativen Analyse ist die Analyse der Sprache. Sätze wie: ›Das Bierpalais ist mondän und doch dezent‹, oder ›Die ungeheuren Opfer an Menschenleben und Reichtum waren vergeblich‹ können qualitative Aufschlüsse geben, die objektiv zu rechtfertigen sind. Besonders, wenn es sich dabei um Gebilde aus dem Bereich der Massenkommunikation handelt, in denen sich die gesellschaftlichen Verhältnisse widerspiegeln. *[Absatz]* Stößt man in pathetischen Schilderungen auf verwaltungstechnische Termini wie in dem Satz: ›Meine Mutter, die mich die Nächstenliebe gelehrt hat, beweint das NS-Verfolgungsschicksal ihres Sohnes‹, so läßt sich hinter dem Beobachteten ein Zusammenhang zwischen dem Pathos und der Sprache der verwalteten Welt vermuten. *[Absatz]* Übergenaue Angaben in Kriegsschilderungen kennzeichnen eine Pedanterie der Sprache, mit deren Hilfe man sich als Fachmann aufspielt, und jeder, der es liest, fühlt sich selber als Experte angesprochen. *[Absatz]* Besondere Aufmerksamkeit wird die qualitative Analyse verworrenen, fast unverständlichen Stellen zuwenden. Treten in Gruppendiskussionen ›wolkige‹ Stellen in der sonst rationalen Ausdrucksweise auf, sobald die Rede auf die Judendeportationen kommt, so kann man vom brüchigen sprachlichen Element auf die Verdrängung der unangenehmen Wahrheit gemäß dem Schuld-Abwehr-Mechanismus schließen. *[Absatz]* ›Meutereien in einem Ausmaß, wie sie die neuere Kriegsgeschichte bis dahin noch nicht gekannt hatte ...‹ Charakteristisch an diesem Satz ist der Gebrauch des abstrakten Superlativs, in dem sich eine Verehrung der Größe und des Gigantischen ausdrückt. Der Superlativ täuscht über nicht Vorhandenes hinweg. Die Tatsache, daß man Zeitgenosse solcher noch nie dagewesener Ereignisse ist, spricht den Narzißmus an. *[Absatz]* Auch bei der Analyse der rein sprachlichen

Elemente wäre es falsch, nur einzelne Stücke herauszugreifen, statt das Geflecht der Sätze zu betrachten. Erst dann kann die unzusammenhängende Struktur der Satzgebilde hervortreten. In der Anhäufung von Hauptworten und der Rolle des ›es‹ als Subjekt, das schicksalhaft geschehen läßt, liegt ein Moment der Verdinglichung von Prozessen. Die Beziehung auf das autonome Subjekt wird vermieden. Die Freiheit ist mit einem Tabu belegt. Um diese Dinge zu verschleiern, werden die Mitteilungen in eine konventionalisierte, zum Signal gewordene Sprache gepreßt. *[Absatz]* Das Prinzip des Verhandlungslosen gehört zur Taktik des Demagogen. Ein Urteil wird antizipiert, Resultate ohne vorherige Diskussion mitgeteilt. Durch die Art des Vortrages werden die Probleme als bereits gelöst hingestellt. *[Absatz]* Wenn die folgenden analytischen Kategorien als ›Techniken‹ oder ›Tricks‹ des Demagogen bezeichnet werden, so heißt das nicht, daß es sich dabei um subjektive Intentionen des Kommunikators handeln muß. Das Innenleben derjenigen, die solches ›Zeug‹ verfertigen, ist relativ gleichgültig. Bis in die letzte Formulierung ihrer Sprache hat sich der objektive Geist niedergeschlagen. Das Ideologische liegt allerdings mehr in der Art der Darstellung als in falschen Fakten, denn auch die Soldatenzeitung kann es sich nicht leisten, offensichtlich falsche Angaben zu machen. Gerade der Respekt vor den Tatsachen hat den Effekt, daß beim oberflächlichen Lesen der Eindruck der Stimmigkeit des gesamten Inhaltes entsteht. *[Absatz]* Die Scheinobjektivität der Deutschen Soldatenzeitung kommt in ihrer Vorliebe für häufiges Zitieren zum Ausdruck. Scheinbar läßt man andere Stimmen zu Wort kommen, inhaltlich laufen die Zitate aber auf eine Bestätigung dessen hinaus, was man selbst meint. *[Absatz]* Technik des assoziierenden Gleitens: Sätze, die mit ›zwar‹ oder ähnlichen Einschränkungen beginnen, sind so konstruiert, daß sie die Erwartung auf eine bestimmte Einlösung hervorrufen, die meist mit einem ›aber‹ eingeleitet wird. Diese Technik erlaubt dem Leser, mit wenig Anstrengung unmerklich im trüben Strom des vorgezeichneten Gefälles mitzuplätschern, ohne den Bruch zu spüren, wenn es zum Schlimmen übergeht. Die Technik des assoziierenden Gleitens nimmt in einem Artikel der Soldatenzeitung den Charakter der Steigerung an. Nach einer Reihe relativ harmloser Bemerkungen über Einstein, die eingeleitet werden durch: ›Wir sagen nichts ...‹, ›Wir sagen auch nichts ...‹, ›Wir sagen schließlich auch nichts ...‹, gelangt man über ›Aber wir wenden uns mit Nachdruck gegen ...‹ zu der Feststellung, daß Einstein ein Verbrecher sei. *[Absatz]* Aus dieser Konstruktion geht gleichzeitig die ambivalente Haltung der Soldatenzeitung gegenüber der Demokratie hervor. Formal verbeugt man sich vor ihren Spielregeln, hetzt aber insgeheim gegen sie. Die doppelten Bemühungen um demokratische Respektabilität einerseits und faschistische contrebande andererseits machen das spezifische Klima des Blattes aus. *[Absatz]* Nationalsozialistische Ziele, die mit einem Tabu belegt sind, können nur durch Nuancen angedeutet werden. Die Taktik der halben Anspielung erlaubt dem Agitator, mehr durchblicken zu lassen, als ausgesprochen wird, und zugleich, sich weniger zu gefährden. Die Anspielungen beziehen sich meist auf einen Vorrat vorhandener Erinnerungen, die in den Angesprochenen potentiell bereitliegen. Mit einem Augenzwinkern: ›du verstehst schon, was ich meine‹, versucht man, den Angesprochenen ins Vertrauen zu ziehen, das ingroup-Klima derer zu schaffen, die sich als eine verschworene Gemeinschaft verstehen. Die in der Soldatenzeitung häufig anzutreffenden Ausdrücke aus der militärischen Sprache haben die gleiche Funktion, Assoziationen zur Vergangenheit herzustellen und den Lesern ein permanentes Kriegsteilnehmerlager zu suggerieren. *[Absatz]* Die Technik der Isolierung ermöglicht es, einzelne Daten je nach Belieben zu verwenden, wobei geradezu darauf abgezielt wird, daß diese, abgelöst von ihrer geschichtlichen Dynamik, ein falsches Bild entwerfen. Auf den objektiven Zusammenhang kann man verzichten im Vertrauen auf die blindmachende kollektive Eigenliebe, die es gestattet, die Argumente je nach der Situation einzusetzen. Ein Spiel, in dem man nicht verlieren kann, da es die Kurzatmigkeit des Gedankens auf seiner Seite hat. *[Absatz]* Ihre

Fügsamkeit erweisen die isolierten Argumente insbesondere da, wo es darum geht, einander ausschließende Alternativen zu konstruieren. Diese gehören zum Wesen totalitärer Ideologien. Immer geht es gleich um Sein oder Nichtsein. Nach dem Schwarz-Weiß-Prinzip gibt es nur Gerettete oder Verdammte, ein Dazwischen wird nicht gewährt. *[Absatz]* Die Verzeichnung der Realität durch die Konstruktion ausschließender Alternativen wird ergänzt durch die Technik der Personalisierung, deren Funktion es ist, von den objektiven Verhältnissen abzulenken. Politische Vorgänge werden an einzelne Personen geheftet, die man, wenn es nur irgend möglich ist, als Juden entlarvt. Unter den Verschwörern tauchen auch die Bankiers wieder auf, Assoziationen an die ›internationale Hochfinanz‹ der Nazis. Daneben zeichnet sich die Tendenz ab, je mehr die Welt zu einer verwalteten wird, Bürokraten zu Sündenböcken zu machen. *[Absatz]* Die bisher als analytische Kategorien aufgeführten ›Techniken des Demagogen‹ werden ergänzt durch eine Reihe von Mechanismen, die aus dem Bereich der Psychoanalyse bekannt sind. *[Absatz]* Als Musterbeispiel für den Projektionsmechanismus liefert die Deutsche Soldatenzeitung unter der Überschrift ›Rassismus‹ einen Artikel, in dem unter Verschweigen von Auschwitz die Juden als diejenigen hingestellt werden, bei denen der Rassismus fortlebt. Man deutet mit den Fingern auf die anderen, um sein eigenes Verhalten dadurch zu rechtfertigen. Die eigene Schuld wird nachträglich denen zugeschoben, an denen man die Verbrechen begangen hat. *[Absatz]* Durch die Zeitungsnotiz, in der unter ›7 Millionen Deutsche Ostern in Italien‹ auch Österreicher subsumiert werden, wird unter der Hand Geschehenes ungeschehen gemacht. In einer Situation der Schädigung des kollektiven Narzißmus setzt ein triebökonomischer Mechanismus ein, der die Niederlage, das große Trauma, annullieren will. *[Absatz]* Allergisch reagiert der Autoritäre auf jegliche Selbstkritik. *[Absatz]* Der deutsche Generalkonsul, ›der sich vor lauter Selbstkritik nicht mehr lassen konnte‹, wird gebrandmarkt als einer, der ›sein eigenes Nest beschmutzt hat‹ und damit gegen ein nationalsozialistisches Tabu verstoßen hat. Die Bestrebungen, Kritik zu unterbinden, gingen bei Goebbels so weit, daß er an die Stelle von Kunstkritik ›Kunstbetrachtung‹ verordnen ließ. Mit dem Verbot der Kritik wird das Moment der Reflexion ausgeschaltet. Der so verstümmelte Mensch wird zum gefügigen Material jeder totalitären Ideologie. *[Absatz]* An dieser Stelle soll noch einmal auf die kritische Absicht der qualitativen Analyse hingewiesen werden. Die Aufforderung an den Wissenschaftler, ›allergisch auf alles Ideologische zu reagieren‹, tritt hier in extremen Gegensatz zu dem Befund. *[Absatz]* (Zum Schluß sei noch an das Phänomen der Schadenfreude erinnert, das sich als Interpretationsmöglichkeit aus dem Material von Herta Herzog ergab.) *[Absatz]* Wie wenig gerecht jedoch auch die hier aufgezählten Kategorien der Komplexität des Materials werden, [wie sehr] sie nur einen beschränkten Vorrat an wiederkehrenden ›Tricks‹ oder Mechanismen aufdecken, soll durch ein Beispiel aus der Soldatenzeitung belegt werden: ›... entschieden schließlich zusammen mit der überwältigenden amerikanischen Materialüberlegenheit den Krieg ...‹ Wenn man etwas erreicht hat, ist es dem Wunderwerk deutscher Technik zu verdanken. Verliert man aber, war die Überlegenheit des ausländischen Materials daran schuld. Beides appelliert an den kollektiven Narzißmus. Man könnte diesen Tatbestand durch die Kategorie ›Beliebigkeit in der Argumentation‹ oder durch den Mechanismus des ›Ungeschehenmachens‹ erfassen. Die Nuancen, mit denen der schlechte Verlierer operiert, würden dabei jedoch verlorengehen. In der ›Materialüberlegenheit‹ schwingt so etwas mit wie die Verachtung eines ›platten Materialismus‹, an dessen Stelle im Falle des eigenen Volkes ein naiver Fortschrittsglaube tritt.« (UAF Abt. 139 Nr. 10)

Wintersemester 1961/62:
Hegel, »Phänomenologie des Geistes«,
Das absolute Wissen

Philosophisches Hauptseminar mit Max Horkheimer

In diesem Semester hält Adorno zudem die philosophische Vorlesung »Ästhetik II« sowie die soziologische Vorlesung »Musiksoziologie: Vorlesung mit anschließenden Besprechungen«

Das Seminar findet donnerstags von 18 bis 20 Uhr statt

269–281 Archivzentrum Na 1, 890

269 Hartmut Wolf, 9. November 1961

Protokoll der Sitzung des philosophischen Hauptseminars

vom 9. Nov. 1961

Das Seminar hat sich die Aufgabe gestellt, das letzte Kapitel von Hegels »Phänomenologie des Geistes«,[1] d. h. eines der grundlegenden Werke des Deutschen Idealismus zu lesen und zu diskutieren.

Dabei müssen philologisches Erfassen des »Sachgehaltes« (W. Benjamin)[2] und kritische Reflexion des Textes Hand in Hand gehen. Einen philosophischen Text verstehen, heißt immer auch, seine Wahrheit verstehen, ohne sich jedoch der Unwahrheit zu verschließen, die in ihm enthalten ist.

Daneben darf das Thema des Seminars nicht als eine in sich geschlossene Betrachtung des Schlußkapitels der »Phänomenologie« aufgefaßt werden: Zwar tritt erst in ihm mit dem absoluten Geist die treibende Kraft des Werkes in das Zentrum der Behandlung; wer sich aber dem absoluten Geist dann am nächsten glaubt, wenn er ihn isoliert, hätte sein Wesen und damit die ganze Konzeption des Werkes verfehlt: »Das Wahre ist das Ganze. Das Ganze aber ist nur das durch seine Entwicklung vollendete Wesen. Von dem Absoluten ist zu sagen, daß es wesentlich Resultat, daß es erst am Ende das ist, was es in Wahrheit ist.« (Hegel, II,

---

1 Vgl. HVA, Bd. 2, S. 594–612; vgl. HW, Bd. 3, S. 575–591.
2 »Die Kritik sucht den Wahrheitsgehalt eines Kunstwerks, der Kommentar seinen Sachgehalt. Das Verhältnis der beiden bestimmt jenes Grundgesetz des Schrifttums, demzufolge der Wahrheitsgehalt eines Werkes, je bedeutender es ist, desto unscheinbarer und inniger an seinen Sachgehalt gebunden ist. Wenn sich demnach als die dauernden gerade jene Werke erweisen, deren Wahrheit am tiefsten ihrem Sachgehalt eingesenkt ist, so stehen im Verlaufe dieser Dauer die Realien dem Betrachtenden im Werk desto deutlicher vor Augen, je mehr sie in der Welt absterben. Damit aber tritt der Erscheinung nach Sachgehalt und Wahrheitsgehalt, in der Frühzeit des Werkes geeint, auseinander mit seiner Dauer, weil der letzte immer gleich verborgen sich hält, wenn der erste hervordringt. Mehr und mehr wird für jeden späteren Kritiker die Deutung des Auffallenden und Befremdenden, des Sachgehaltes, demnach zur Vorbedingung. Man darf ihn mit dem Paläographen vor einem Pergamente vergleichen, dessen verblichener Text überdeckt wird von den Zügen einer kräftigern Schrift, die auf ihn sich bezieht. Wie der Paläograph mit dem Lesen der letztern beginnen müßte, so der Kritiker mit dem Kommentieren. Und mit einem Schlag entspringt ihm daraus ein unschätzbares Kriterium seines Urteils: nun erst kann er die kritische Grundfrage stellen, ob der Schein des Wahrheitsgehaltes dem Sachgehalt oder das Leben des Sachgehaltes dem Wahrheitsgehalt zu verdanken sei.« (BGS, Bd. I·1, S. 125)

16)³[*1] Das ist nicht im Sinne einer bloßen Addition zu verstehen: Das Ganze ist mehr als die Gesamtheit der Teile. Der absolute Geist als Ort des Betrachters wird vorausgesetzt. Somit scheint dem Werk etwas vom ›Air‹ des Biedermeierromans anzuhaften, bei dem von vornherein jeder weiß, wie es ausgeht. Und doch ist das Ende mehr als vor dem Beginn bereits konzipierter Schluß: Der Weg des Geistes in der »Phänomenologie« ist »der in sich zurückgehende Kreis, der seinen Anfang voraussetzt und ihn nur am Ende erreicht.« (II, 605)⁴

Von hier aus gesehen greift die Absicht, sich vor der Lektüre des Schlußkapitels nochmals den Gedankengang des ganzen Werkes zu vergegenwärtigen, weit über eine einleitende Zusammenfassung hinaus. Ein Überblick ist nötig zu einer Orientierung, die der Kenntnis des bereits zurückgelegten Weges bedarf, um das Ziel zu finden.

Bei allem Argwohn gegen die angebliche Dunkelheit des Hegelschen Denkens sollte man sich andererseits davor hüten zu glauben, man müßte Hegel unter allen Umständen nach dem Schema des »gesunden, borniertes Menschenverstandes« (Adorno) auf feste Begriffe bringen. So wird nach Hegel Philosophie gerade dadurch Philosophie, »daß sie dem Verstande und damit noch mehr dem gesunden Menschenverstande, worunter man die lokale und die temporäre Beschränktheit eines Geschlechtes der Menschen versteht, gerade entgegengesetzt ist.« (I, 185⁵)⁶

---

3 Der Passus lautet vollständig korrekt: »Das Wahre ist das Ganze. Das Ganze aber ist nur das durch seine Entwicklung sich vollendende Wesen. Es ist von dem Absoluten zu sagen, daß es wesentlich *Resultat*, daß es erst am *Ende* das ist, was es in Wahrheit ist; und hierin eben besteht seine Natur, Wirkliches, Subjekt, oder Sichselbstwerden zu seyn.« (HVA, Bd. 2, S. 16; vgl. HW, Bd. 3, S. 24)

4 »Diese Substanz aber, die der Geist ist, ist das *Werden* seiner zu dem, was er *an sich* ist; und erst als dieß sich in sich reflektirende Werden ist er an sich in Wahrheit der *Geist*. Er ist an sich die Bewegung, die das Erkennen ist, – die Verwandlung jenes *Ansichs* in das *Fürsich*, der *Substanz in das Subjekt*, des Gegenstandes des *Bewußtseyns* in Gegenstand des *Selbstbewußtseyns*, d. h. eben so sehr aufgehobenen Gegenstand oder in den *Begriff*. Sie ist der in sich zurückgehende Kreis, der seinen Anfang voraussetzt und ihn nur im Ende erreicht.« (HVA, Bd. 2, S. 605; vgl. HW, Bd. 3, S. 585)

5 Korrigiert für: »183«.

6 In seiner Abhandlung »Über das Wesen der philosophischen Kritik überhaupt, und ihr Verhältniß zum gegenwärtigen Zustand der Philosophie insbesondere« [1802] schreibt Hegel: »Die Philosophie ist ihrer Natur nach etwas Esoterisches, für sich weder für den Pöbel gemacht, noch einer Zubereitung für den Pöbel fähig; sie ist nur dadurch Philosophie, daß sie dem Verstande, und damit noch mehr dem gesunden Menschenverstande, worunter man die lokale und temporäre Beschränktheit eines Geschlechts der Menschen versteht, gerade entgegengesetzt ist; im Verhältniß zu diesem ist an und für sich die Welt der Philosophie eine verkehrte Welt.« (HJu, Bd. 1, S. 171–189; hier: S. 185; vgl. HW, Bd. 2, S. 171–187; hier: S. 182)

Zudem liegt die Schwierigkeit, mit der sich die Werke Hegels dem heutigen Verständnis erschließen, nicht im Ungenügen des Philosophen, seinen Stoff begrifflich zu formulieren. Die Jahre um 1800 zeichnen sich aus durch eine tiefe Gemeinsamkeit des Idealismus; der einzelne konnte sich damit begnügen, ohne allzu großen Nachdruck auf die Strenge Ausarbeitung zu legen, das Neue, das ein ihm Eigenes und doch der Zeit Verwandtes war, programmatisch vorzutragen. (Kroner spricht von einem Hauch eschatologischer Hoffnungen, der über dem Denken jener Epoche gelegen habe (Kroner: Von Kant bis Hegel, 1921, Bd. I, 1ff.))[7] Heute, nachdem dieses Medium längst zergangen ist, sind die Texte gleichsam »kahl« geworden, nur noch »für sich«. (Adorno)

Es gehörte weiter zum Geist des Idealismus, Worte umzuprägen und sie in ein neues geistiges Medium zu transponieren. Die dem heutigen rein textlichen Verständnis von hier aus erwachsenden Schwierigkeiten wurden bereits in den einleitenden Sätzen des Referates von Herrn Huch spürbar, das einer Darlegung des Gedankenganges der »Phänomenologie« dienen soll.[8] Das Werk stellt für Hegel eine »Vorbereitung zur Wissenschaft« dar, die unter dem »Gesichtspunkt« konzipiert wurde, »wodurch sie eine neue, interessante, und die erste Wissenschaft der Philosophie ist.« (Selbstanzeige Hegels)[9] Wie kann etwas Wissenschaft und Vorbereitung zur Wissenschaft zugleich sein? Was meint Hegel, wenn er von Wissenschaft spricht? Wie sich an vielen Stellen zeigen läßt, ist für Hegel Wissenschaft immer Philosophie, und Philosophie ist wiederum nur als Wissenschaft möglich, denn »nur der Geist, der sich so entwickelt als Geist weiß, ist Wissenschaft.« (II, 20)[10] Demnach ist Philosophie und damit auch die »Phänomenologie« weder eine Propädeutik zu den Einzelwissenschaften – sie entwickelt keine Methodenlehre –, noch ist sie eine willkürliche Auslegung dieser Einzelwissenschaften: Die partikulare Wissenschaft mit ihren partikularen Intentionen muß vielmehr, will sie ihrem Anspruch gerecht werden, Wissenschaft zu sein, notwendig über sich hinaustreiben. Diese Notwendigkeit aufzuzeigen, ist Aufgabe

---

7 Vgl. den Abschnitt »Allgemeine Charakteristik der Epoche«, in: Richard Kroner, Von Kant bis Hegel. Zwei Bände in einem Band [1921/1924], 2. Aufl., Tübingen 1961, Bd. 1, S. 1–17.
8 Der Referatstext »Zur Phänomenologie des Geistes« von Kurt Jürgen Huch wurde nicht aufgefunden.
9 In Hegels Selbstanzeige [1807] der »Phänomenologie des Geistes« [1807] heißt es: »Die Phänomenologie des Geistes soll an die Stelle der psychologischen Erörterungen über die Begründung des Wissens treten. Sie betrachtet die *Vorbereitung* zur Wissenschaft aus einem Gesichtspunkte, wodurch sie eine neue, interessante, und die erste Wissenschaft der Philosophie ist.« (HW, Bd. 3, S. 593)
10 »Der Geist, der sich so entwickelt als Geist weiß, ist die *Wissenschaft*. Sie ist seine Wirklichkeit und das Reich, das er sich in seinem eigenen Elemente erbaut.« (HVA, Bd. 2, S. 20; vgl. HW, Bd. 3, S. 29)

der »Phänomenologie«. Sie ist »Vorbereitung zur Wissenschaft«, indem sie den Weg des endlichen Bewußtseins und seiner Einzelwissenschaften verfolgt und sie ist zugleich selbst erste Wissenschaft, denn sie entfaltet den Fortgang des naiven Einzelwissens als einen notwendigen Weg zum absoluten Wissen. Dieses Ziel wird zwar als ein bereits am Anfang Gewußtes vorausgesetzt, aber Hegel legt größten Nachdruck darauf zu zeigen, daß es nur über die Reflexion der Einzelwissenschaften erreicht werden kann. Es muß bereits im jeweils empirisch-endlichen Bewußtsein ein Motiv angelegt sein, das es nicht zur Ruhe kommen läßt und es immer wieder von neuem zwingt, seine Erkenntnisse zu überprüfen. Im Begriff der Wahrheit liegt immer ein absoluter Anspruch, den die »göttliche Natur« der Sprache (Hegel) mit sich bringt.[11] Daß sich das endliche Bewußtsein im Prozeß des Erkennens auf jeweils Einzelnes bezieht, dieses Einzelne aber nie erfaßt, d.h. zur Unwahrheit wird, solange das Einzelne ein dem Bewußtsein Fremdes bleibt, nicht mit ihm identisch geworden ist, nannte Professor Adorno den Motor, der die »Phänomenologie« vorwärtstreibt.

Damit ist aber keineswegs eine teleologische Bewegung gemeint, die an ihrem Ziel zur Ruhe gekommen, den Weg zu diesem Ziel vergißt: »Denn die Sache ist nicht in ihrem *Zwecke* erschöpft, sondern in ihrer *Ausführung*, noch ist das *Resultat* das *wirkliche* Ganze, sondern es zusammen mit seinem Werden; der Zweck ist für sich das unlebendige Allgemeine, wie die Tendenz das bloße Treiben, das seiner Wirklichkeit noch entbehrt und das nackte Resultat ist der Leichnam, der die Tendenz hinter sich gelassen.« (II, 5)[12]

In den bisherigen Ausführungen wurde eine Möglichkeit sichtbar, das Wesentliche der »Differenz« zwischen Schelling und Hegel zu bestimmen: Sie besteht weniger in der Annahme, Hegel habe Schellings absoluter, unendlicher Substanz ein absolut, unendliches Subjekt ›entgegengesetzt‹. Wenn nach Hegel alles Wirkliche Geist ist – wobei man Wirklichkeit nicht dem der vom endlichen Bewußtsein als wirklich geglaubten Erscheinung gleichsetzen darf – und Selbsterkenntnis des Geistes zugleich Erkennen seines Objektes ist, dann läßt sich

---

[11] »Sage ich: ein *einzelnes Ding*, so sage ich es vielmehr ebenso als ganz *Allgemeines*, denn alle sind ein einzelnes Ding; und gleichfalls *dieses* Ding ist alles, was man will. Genauer bezeichnet, als *dieses Stück Papier*, so ist *alles* und *jedes* Papier ein *dieses* Stück Papier, und ich habe nur immer das Allgemeine gesagt. Will ich aber dem Sprechen, welches die göttliche Natur hat, die Meinung unmittelbar zu verkehren, zu etwas anderem zu machen und so sie gar nicht *zum Worte kommen* zu lassen, dadurch nachhelfen, daß ich dies Stück Papier *aufzeige*, so mache ich die Erfahrung, was die Wahrheit der sinnlichen Gewißheit in der Tat ist: ich zeige es auf als ein *Hier*, das ein Hier anderer Hier oder an ihm selbst ein *einfaches Zusammen* vieler *Hier*, d.h. ein Allgemeines ist; ich nehme so es auf, wie es in Wahrheit ist, und statt ein Unmittelbares zu wissen, *nehme ich wahr.*« (Ebd., S. 92)

[12] HVA, Bd. 2, S. 5; vgl. HW, Bd. 3, S. 13.

der Satz auch umkehren, und man erhält die Position Schellings. Der Unterschied besteht weniger in der Bestimmung des Absoluten, als in dem Weg, der zu ihm führt. Bei Schelling wird das Absolute unvermittelt gesetzt, während Hegel das endliche Bewußtsein durch einen langen Prozeß von Vermittlungen, die notwendig mit zur Bestimmung des Absoluten gehören, zum absoluten Geist gelangen läßt: »Der Anfang, das Princip, oder das Absolute, wie es zuerst unmittelbar und ausgesprochen wird, ist nur das Allgemeine. So wenig, wenn ich sage: *alle* Thiere, dieß Wort für eine Zoologie gelten kann, ebenso fällt es auf, daß die Worte des Göttlichen, Absoluten, Ewigen u.s.w. das nicht aussprechen, was darin enthalten ist; – und nur solche Worte drücken in der That die Anschauung als das Unmittelbare aus. Was mehr ist, als ein solches Wort, der Uebergang auch nur zu einem Satze, enthält ein *Anderswerden*, das zurückgenommen werden muß, ist eine Vermittlung.« (II, 16)[13][*2]

Das Spezifikum der Hegelschen Erkenntnistheorie wurde im weiteren Verlauf der Diskussion mit der transzendentalen Einheit der Apperzeption, dem »Ich denke« Kants, das alle meine Vorstellungen begleitet,[14] verglichen. Kant setzt der Möglichkeit von Erkenntnis durch deren Einschränkung auf den Bereich der Erfahrung ihre Grenzen: »Wenn aber gleich aber alle unsere Erkenntnis *mit* der Erfahrung anhebt, so entspringt sie darum doch nicht eben alle *aus* der Erfahrung« (Kritik der reinen Vernunft, B. 1)[15], aber damit ein Urteil zu Erkenntnis wird, bedarf es immer der Erfahrung, »denn dazu gehört, außer dem Gedanken von etwas Existierenden, noch Anschauung ...« (B. 277)[16]

Auch für Hegel bleibt die Erfahrung eine Bedingung. Aber sie führt im Unterschied zu Kant, gerade weil sie vom endlichen Bewußtsein als bedingt nur »für es«, aber nicht »an sich« gültig, erfahren wird, hin zum absoluten Geist: »Diese *dialektische* Bewegung, welche das Bewußtsein an ihm selbst, sowohl an seinem Wissen, als an seinem Gegenstande ausübt, *insofern ihm der neue wahre Gegen-*

---

13 HVA, Bd. 2, S. 16; vgl. HW, Bd. 3, S. 24f.
14 »Das: *Ich denke*, muß alle meine Vorstellungen begleiten *können*; denn sonst würde etwas in mir vorgestellt werden, was gar nicht gedacht werden könnte, welches eben so viel heißt, als die Vorstellung würde entweder unmöglich, oder wenigstens für mich nichts sein.« (KW, Bd. III, S. 136 [B 132f.])
15 Ebd., S. 45 (B 1).
16 »Freilich ist die Vorstellung: *ich bin*, die das Bewußtsein ausdrückt, welches alles Denken begleiten kann, das, was unmittelbar die Existenz eines Subjekts in sich schließt, aber noch keine *Erkenntnis* desselben, mithin auch nicht empirische, d. i. Erfahrung; denn dazu gehört, außer dem Gedanken von etwas Existierendem, noch Anschauung und hier innere, in Ansehung deren, d. i. der Zeit, das Subjekt bestimmt werden muß, wozu durchaus äußere Gegenstände erforderlich sind, so, daß folglich innere Erfahrung selbst nur mittelbar und nur durch äußere möglich ist.« (Ebd., S. 256 [B 277])

stand daraus *entspringt*, ist eigentlich dasjenige, was *Erfahrung* genannt wird.« (II, 70)[17]

Damit wird bei Hegel das endliche Subjekt aus dem Absoluten, das dem Einzelbewußtsein enthoben ist, verstanden: Erst indem das endliche Bewußtsein, durch die in ihm angelegte Kraft des Begriffes gezwungen, lernt, sich als Schein zu durchschauen, wird es am Ende »für sich«, was es »an sich« sein soll: absoluter Geist.

Nachdem der Referent im einzelnen dargelegt hatte, wie für Hegel dieses endliche Bewußtsein oder Erfahrung und das ›transzendentale Subjekt‹ auf der Stufe des absoluten Geistes notwendig identisch werden, wies Professor Adorno nochmals auf die »doppelte Bewegung« hin, die zu diesem Ziel führt: Im Bereich des endlichen Bewußtseins erscheint dieses als Resultat einer wechselseitigen Annäherung zwischen empirischen Subjekt und seinem Objekt. Zugleich wird dieser Prozeß vom betrachtenden Bewußtsein reflektiert. Es weiß ihn als den Weg der »Seele«, »welche die Reihe ihrer Gestaltungen als durch die Natur ihr vorgestecken Stationen durchwandert, daß sie sich zum Geist läutere, indem sie durch die vollständige Erfahrung ihrer selbst zur Kenntnis desjenigen gelange, was sie an sich selbst ist.« (II, 63)[18] Dieses betrachtende Subjekt tut nichts, es ist »reines Zusehen«[19] (Nach Husserl Wesen jeder Philosophie.)[20] Die Sachen bewegen sich selbst, aber erst im absoluten Bewußtsein »schlagen sie die Augen auf« (Adorno)[21], denn das endliche Bewußtsein vermag die Notwendigkeit nicht

---

17 HVA, Bd. 2, S. 70; vgl. HW, Bd. 3, S. 78.
18 »Weil nun diese Darstellung nur das erscheinende Wissen zum Gegenstande hat, so scheint sie selbst nicht die freie, in ihrer eigenthümlichen Gestalt sich bewegende Wissenschaft zu seyn, sondern sie kann von diesem Standpunkte aus, als der Weg des natürlichen Bewußtseyns, das zum wahren Wissen dringt, genommen werden; oder als der Weg der Seele, welche die Reihe ihrer Gestaltungen, als durch ihre Natur ihr vorgesteckter Stationen, durchwandert, daß sie sich zum Geiste läutere, indem sie durch die vollständige Erfahrung ihrer selbst zur Kenntniß desjenigen gelangt, was sie an sich selbst ist.« (HVA, Bd. 2, S. 63; vgl. HW, Bd. 3, S. 72)
19 »Aber nicht nur nach dieser Seite, daß Begriff und Gegenstand, der Maaßstab und das zu Prüfende, in dem Bewußtseyn selbst vorhanden sind, wird eine Zuthat von uns überflüssig, sondern wir werden auch der Mühe der Vergleichung beider und der eigentlichen *Prüfung* überhoben, so daß, indem das Bewußtseyn sich selbst prüft, uns auch von dieser Seite nur das reine Zusehen bleibt. Denn das Bewußtseyn ist einer Seits Bewußtseyn des Gegenstandes, anderer Seits Bewußtseyn seiner selbst; Bewußtseyn dessen, was ihm das Wahre ist, und Bewußtseyn seines Wissens davon.« (HVA, Bd. 2, S. 69; vgl. HW, Bd. 3., S. 77)
20 Bei Husserl heißt es etwa: »Das *unmittelbare* ›*Sehen*‹ (νοεῖν), nicht bloß das sinnliche, erfahrende Sehen, sondern das *Sehen überhaupt als originär gebendes Bewußtsein welcher Art immer*, ist die letzte Rechtsquelle aller vernünftigen Behauptungen.« (HEH, Bd. III, S. 44)
21 In der *Ästhetischen Theorie* [1970] heißt es: *Soviel ist wahr am Hegelschen Theorem, Kunst sei durch ein Negatives, die Bedürftigkeit des Naturschönen inspiriert; in Wahrheit dadurch, daß Natur,*

zu durchschauen, mit der es gezwungen wird, sich selbst zu transzendieren: »Diese Notwendigkeit selbst oder die Entstehung des neuen Gegenstandes, der sich dem Bewußtsein, ohne zu wissen, wie ihm geschieht, sich darbietet, ist es, was für uns gleichsam hinter seinem Rücken vorgeht.« (II, 71 f.[22])[23]

Diese doppelte Bewegung findet ihre Begründung darin, daß Hegel – über Kant hinausgehend – das betrachtete, endliche Subjekt in seiner Beschränktheit auf ein partikulares Wissen als bloße Erscheinung faßt. Kroner formuliert diesen Zusammenhang wie folgt: »Hegel erweitert den Begriff der Erscheinung; unser Verstand ist als der unsrige selbst ein erscheinender ... Erscheinender Verstand ist er, insofern er von den Erscheinungen abgetrennt und ihnen entgegengesetzt wird; durch diese Trennung gerät er auf dieselbe Ebene, auf der ihm die Objekte der Erfahrung erscheinen.« (Kroner, a.a.O., Bd. II, 366)[24] Der Geist muß aber, um zu sich selbst zu gelangen, durch diese Welt der Erscheinungen hindurch. Von hier gewinnt der Begriff der Bildung bei Hegel seinen erkenntnistheoretischen Charakter. (Vgl. Kapitel »Herr und Knecht«.)[25] Logische Bewegung und geschichtlicher Prozeß sind nur zwei verschiedene Aspekte ein und derselben Entwicklung. Daher kann die Betrachtungsweise der »Phänomenologie« zwischen ihnen wechseln, der Weg des Geistes auch am Gang der realen Geschichte aufgezeigt

---

solange sie einzig durch ihre Antithese zur Gesellschaft definiert wird, noch gar nicht ist, als was sie erscheint. Was Natur vergebens möchte, vollbringen die Kunstwerke: sie schlagen die Augen auf. (GS, Bd. 7, S. 103 f.)

22 Korrigiert für: »71«.

23 Hegel spricht an dieser Stelle davon, wie der Gegenstand des Bewusstseins von einem Ansich zu einem Für-das-Bewusstsein-Sein des Ansich wird: »Dieser Umstand ist es, welcher die ganze Folge der Gestalten des Bewußtseyns in ihrer Nothwendigkeit leitet. Nur diese Nothwendigkeit selbst, oder die *Entstehung* des neuen Gegenstandes, der dem Bewußtseyn, ohne zu wissen, wie ihm geschieht, sich darbietet, ist es, was für uns gleichsam hinter seinem Rücken vorgeht. Es kommt dadurch in seine Bewegung ein Moment des *Ansich*- oder *Fürunsseyns*, welches nicht für das Bewußtseyn, das in der Erfahrung selbst begriffen ist, sich darstellt; der *Inhalt* aber dessen, was uns entsteht, ist *für es*, und wir begreifen nur das Formelle desselben, oder sein reines Entstehen; *für es* ist dieß Entstandene nur als Gegenstand, *für uns* zugleich als Bewegung und Werden.« (HVA, Bd. 2, S. 71 f.; vgl. HW, Bd. 3, S. 80)

24 »Hegel erweitert den Begriff der Erscheinung; unser Verstand ist als der unsrige selbst ein erscheinender, denn als solcher läßt er sich nur bestimmen, insofern er in der Erfahrung *gegeben* und aufweisbar ist, nicht aber als der aller Erfahrung vorausliegende und sie *begründende*. Erscheinender Verstand ist er, insofern er von den Erscheinungen abgetrennt und ihnen entgegengesetzt wird; durch diese Trennung gerät er auf dieselbe Ebene, auf der ihm die Objekte der Erfahrung erscheinen: er wird sozusagen zum Objekte einer zweiten, nicht empirischen, sondern *transzendentalen* Erfahrung.« (Kroner, Von Kant bis Hegel, a.a.O. [s. Anm. 7], Bd. 2, S. 366)

25 Gemeint ist der Abschnitt »Selbstständigkeit und Unselbstständigkeit des Selbstbewußtseyns; Herrschaft und Knechtschaft« (HVA, Bd. 2, S. 140–150; vgl. HW, Bd. 3, S. 145–155).

werden. Ihn muß jeder Einzelne »als vom Geist schon abgelegte Gestalten, als Stufen eines Weges, der ausgearbeitet und geebnet ist«, durchlaufen. (II, 23[26])[27] Das »besondere Individuum« aber, das glaubt, indem es sich isoliert, leben zu können, »erfährt den Doppelsinn, der in dem liegt, was es tut, nämlich sein Leben sich genommen zu haben; es nahm sich sein Leben, aber vielmehr ergriff es damit den Tod.« (II, 274)[28] Die Geschichte geht über die »Sprödigkeit der Einzelheit« hinweg. Die »List der Vernunft« bedient sich seiner partikularen Leidenschaften, aber »das Partikulare ist meistens gering gegen das Allgemeine, die Individuen werden aufgeopfert und preisgegeben.« (IX, 32[29])[30]

Hinter der Überzeugung, der Weltgeist offenbare sich nur in der jeweils herrschenden Tendenz einer Zeit, verbirgt sich zugleich ein leiser ›Antiintellektualismus‹: Die Anstrengung des Einzelnen wird gleichsam überflüssig: »Man

---

26 Korrigiert aus: »22«.

27 »Der Einzelne muß auch dem Inhalte nach die Bildungsstufen des allgemeinen Geistes durchlaufen, aber als vom Geiste schon abgelegte Gestalten, als Stufen eines Wegs, der ausgearbeitet und geebnet ist; so sehen wir in Ansehung der Kenntnisse das, was in frühern Zeitaltern den reifen Geist der Männer beschäftigte, zu Kenntnissen, Übungen und selbst Spielen des Knabenalters herabgesunken, und werden in dem pädagogischen Fortschreiten die wie im Schattenrisse nachgezeichnete Geschichte der Bildung der Welt erkennen.« (HVA, Bd. 2, S. 23; vgl. HW, Bd. 3, S. 32)

28 Hegel schreibt, der Übergang des lebendigen Seins des Individuums in die leblose Notwendigkeit »geschieht aus der Form des *Eins* in die der *Allgemeinheit*, aus einer absoluten Abstraktion in die andere; aus dem Zwecke des reinen *Fürsichseyns*, das die Gemeinschaft mit *Andern* abgeworfen, in das *reine* Gegentheil, das dadurch eben so abstrakte *Ansichseyn*. Dieß erscheint hiermit so, daß das Individuum nur zu Grunde gegangen, und die absolute Sprödigkeit der Einzelheit an der eben so harten, aber kontinuirlichen Wirklichkeit zerstäubt ist. – Indem es als Bewußtseyn die Einheit seiner selbst und seines Gegentheils ist, ist dieser Untergang noch für es; sein Zweck und seine Verwirklichung, so wie der Widerspruch dessen, was *ihm* das Wesen war, und was *an sich* das Wesen ist; – es erfährt den Doppelsinn, der in dem liegt, was es that, nämlich sein *Leben* sich *genommen* zu haben; es nahm das Leben, aber vielmehr ergriff es damit den Tod.« (HVA, Bd. 2, S. 274; vgl. HW, Bd. 3, S. 273 f.)

29 Korrigiert aus: »41«.

30 Über »die großen Menschen in der Geschichte« sagt Hegel: »Werfen wir weiter einen Blick auf das Schicksal dieser welthistorischen Individuen, so haben sie das Glück gehabt, die Geschäftsführer eines Zwecks zu seyn, der eine Stufe in dem Fortschreiten des allgemeinen Geistes war. Indem sich die Vernunft dieser Werkzeuge bedient, können wir es eine List derselben nennen, denn sie läßt sie mit aller Wuth der Leidenschaft ihre eigenen Zwecke vollführen, und erhält sich nicht nur unbeschädigt, sondern bringt sich selbst hervor. Das Partikulare ist meistens zu gering gegen das Allgemeine: die Individuen werden aufgeopfert und preisgegeben.« (HVA, Bd. 9, S. 32)

braucht nur noch zu leben und sich redlich zu nähren,[31] dann kommt man ›von selbst‹ drauf.« (Adorno)

[*1] Den Zitaten beigefügte Zahlenangaben beziehen sich auf Band und Seite der Hegelgesamtausgabe aus dem Jahr 1832 (neu aufgelegt von Glockner)[32].
[*2] Auch bei Schelling gibt es zahlreiche Äußerungen, die Hegels Vermittlungsbegriff nahe zu kommen scheinen: »Alles, schlechthin Alles, auch das von Natur Äußerliche, muß zuvor innerlich geworden sein, ehe wir es äußerlich oder objektiv darstellen können.« (Weltalter, S.W., I, 9)[33] Oder: »Ein Ding durchläuft, um zu seiner Vollendung zu gelangen, gewisse Momente, eine Reihe aufeinander folgender Prozesse, wobei immer der spätere in den früheren eingreift.« (I, 11)[34] D. h.: »Hindurchgehen durch die Dialektik also muß alle Wissenschaft.« (I, 13)[35] Aber bei Schelling bleibt der ›Weg‹ notwendiges Übel, zeitbedingt und selbst kein Moment des Absoluten (vgl.: Weltalter, I, 16).[36]

---

31 Anspielung auf den biblischen Psalm: »HOffe auff den HERRN vnd thu guts / Bleibe im Lande / vnd neere dich redlich« (Ps 37, 3).
32 Die 18 Bände der Hegelschen »Werke. Vollständige Ausgabe durch einen Verein von Freunden« erscheinen von 1832 bis 1845. Die von Hermann Glockner von 1927 bis 1940 herausgegebene Ausgabe »Sämtliche Werke. Jubiläumsausgabe in zwanzig Bänden« ist mit jener Ausgabe weder seitenidentisch, noch ist die Bandnumerierung gleich.
33 Das Zitat lautet korrekt: »Alles, schlechthin alles, auch das von Natur äußerliche, muß uns zuvor innerlich geworden seyn, ehe wir es äußerlich oder objektiv darstellen können.« (SW, Nachlaßbd., S. 6) – Die im Protokoll angegebenen Seitenzahlen beziehen sich hier und im folgenden auf die Erstdrucke, deren Seitenzählung in der verwendeten Ausgabe mitgeteilt wird.
34 »Ein jedes Ding durchläuft, um zu seiner Vollendung zu gelangen, gewisse Momente: eine Reihe aufeinander folgender Prozesse, wo immer der spätere in den früheren eingreift, bringt es zu seiner Reife: diesen Verlauf der Pflanze z. B. sieht der Bauer so gut als der Gelehrte und kennt ihn doch nicht eigentlich, weil er die Momente nicht auseinanderhalten, nicht gesondert, nicht in ihrer wechselseitigen Entgegensetzung betrachten kann.« (Ebd., S. 7)
35 »Hindurchgehen also durch Dialektik muß alle Wissenschaft.« (Ebd., S. 8)
36 »Bei diesen Aussichten, welche die gegenwärtige Schrift auf mehr als eine Weise zu rechtfertigen suchen wird, darf sich wohl ein oft überlegter Versuch hervorwagen, der zu jener künftigen objektiven Darstellung der Wissenschaft einige Vorbereitung enthält. Vielleicht kommt der noch, der das größte Heldengedicht singt, im Geist umfassend, wie von Sehern der Vorzeit gerühmt wird, was war, was ist und was seyn wird. Aber noch ist diese Zeit nicht gekommen. Wir dürfen unsere Zeit nicht verkennen. Verkündiger derselben, wollen wir ihre Frucht nicht brechen, ehe sie reif ist, noch die unsrige verkennen. Noch ist sie eine Zeit des Kampfs. Noch ist des Untersuchens Ziel nicht erreicht; noch muß, wie die Rede vom Rhythmus, Wissenschaft von Dialektik getragen und begleitet werden. Nicht Erzähler können wir seyn, nur Forscher, abwägend das Für und Wider jeglicher Meynung, bis die rechte feststeht, unzweifelhaft, für immer gewurzelt.« (Ebd., S. 9)

270 Kretschmer, 16. November 1961

Philosophisches Hauptseminar – Wintersemester 1961/62
Protokoll der Sitzung vom 16. November 1961

Die Arbeit des Seminars konzentrierte sich in der letzten Sitzung auf drei Punkte, die für das Hegelverständnis wesentlich sind: den Begriff der Erfahrung, die Stellung Hegels zu den Naturwissenschaften und das Problem der Tautologie in der Kantischen und Hegelschen Philosophie.

Zunächst legte Prof. Adorno die spezifische *Bedeutung des Erfahrungsbegriffes bei Hegel* dar. – Von *Kant* wurde Erfahrung ganz im Sinne des Empirismus der Naturwissenschaften verstanden: als organisierte sinnliche Wahrnehmung. Bei *Hegel* vollzieht sich Erfahrung unter einem doppelten Aspekt: Das Objekt wird geformt durch die Reflexion des Subjekts; zugleich aber verändert in diesem Prozeß das Subjekt selbst sein Bewußtsein. – Das paradoxe Verhältnis aber zwischen der Kantischen Erkenntnistheorie und der weit reflektierteren Systemphilosophie Hegels besteht darin, das letztere in bezug auf die Erfahrung einem Naiveren Raum gibt, das von dem wesentlich naturwissenschaftlichem Begriff der Erfahrung Kants nicht erfaßt wird. Erfahrung bedeutet in der »Phänomenologie« kein bloßes Subsumieren, sie weitet sich aus in den Bereich ›geistiger Erfahrung‹: der Gegenstand wird nicht nur auf seinen abstrakten Begriff gebracht, sondern wirklich begriffen – in dem Sinne, »daß dem Menschen etwas an der Welt, an den Sachen selbst aufgeht« (Prof Adorno). Erfahrung heißt hier ›Erfahrungen machen‹ – Erfahrungen, die dem nur subsumierenden wissenschaftlichen Erkennen entgehen. »Das Problem des Erkennens vertieft und erweitert sich bei Hegel zum *Problem* des *Erlebens.*« – »Denn der Weg, den das Bewußtsein bis zum Standpunkt des absoluten Wissens durchmißt, ist nicht nur der Weg eines theoretischen, sondern zugleich der eines praktischen Erkennens, – es ist der Weg einer ›lebendigen‹ Erfahrung, eines ›Weiser‹-Werdens ...« (Kroner, Von Kant bis Hegel, II, 374)[37] – Hegel selbst nennt Erfahrung »gefühlte Wahrheit«, »innerlich geof-

---

[37] Über Hegel heißt es an angegebener Stelle: »Das Problem des Erkennens vertieft und erweitert sich bei ihm zum *Problem* des *Erlebens.* Zwar findet sich sonderbarerweise weder bei Hegel noch bei einem seiner Vorgänger (soweit ich sehe) dieses Wort; dennoch darf man das, was Hegel in der Phänomenologie Erfahrung nennt, auch als Erleben bezeichnen, denn der Weg, den das Bewußtsein bis zum Standpunkte des absoluten Wissens durchmißt, ist nicht nur der Weg eines theoretischen, sondern zugleich der eines praktischen Erkennens, – es ist der Weg einer ›le-

fenbartes Ewiges«, »geglaubtes Heiliges« (II, 605)[38] (s. Anm.)[*1] Damit geht in den Hegelschen Begriff von Erfahrung eine Dimension des Erfahrens ein, die der szientifische Begriff Erfahrung nicht kennt; bei Hegel kommt auch der vorwissenschaftliche Erfahrungsbegriff zu seinem Recht.

Mit diesem korrespondiert der Begriff der Weisheit, der heute zur »Sonntagsweisheit heruntergekommen« ist (Prof. Adorno, Vorlesung).[39] Der Substanzschwund des Begriffes ist bedingt durch die gesellschaftliche Zwangssituation, die Aufspaltung des Arbeitsprozesses, die das erfahrende Subjekt in seiner Erlebnismöglichkeit einengt und ihm eine Einheit von Leben und Denken versagt.

Der Deutsche Idealismus versteht unter der Erfahrung die Verhaltensweise des ›geistigen Menschen‹: Man muß ein geistiger Mensch sein, um Erfahrungen machen zu können. (Prof. Adorno) In diesem Zusammenhang ist auch Fichtes Äußerung, die isoliert betrachtet allzu moralisierend anmutet, zu verstehen: »Was für eine Philosophie man wähle, hängt davon ab, was man für ein Mensch ist.« (Joh. G. Fichte, Sämtliche Werke, Berlin 1845, Bd. I, S. 434)[40]

Daß Erfahrung in der »Phänomenologie« mehr bedeutet als die formale Organisation der Sinnesdaten, daß sich der erkenntnistheoretische Charakter des Werkes nicht in einer schulmäßigen Interpretation des Erfahrungsbegriffes erschöpft, erweist die Einheit von theoretischer und praktischer Vernunft. – Hatte Fichte den Primat der praktischen Vernunft postuliert, d. h. das praktische Bewußtsein absolut gesetzt, so ist bei Hegel bereits im theoretischen Bewußtsein der Drang zur Tätigkeit angelegt; indem es sein Wissen reflektiert und sich mit diesem

---

bendigen‹ Erfahrung, eines ›Weiser‹-Werdens, eines Sich-Bildens im universalen Sinne: die Bildungsgeschichte nicht des *wissenschaftlichen* Bewußtseins, sondern die des Bewußtseins ›*zur Wissenschaft*‹, d. h. die Geschichte dessen, was das Bewußtsein durchlebt, bis es sich die spekulative Selbsterkenntnis erkämpft.« (Kroner, Von Kant bis Hegel, a. a. O. [s. Anm. 7], Bd. 2, S. 374)
38 Das Protokoll zitiert nach der von Glockner herausgegebenen und im Faksimileverfahren produzierten Werkausgabe unter Benutzung der dort ebenfalls angegebenen Seitenzahlen der »Vollständigen Ausgabe durch einen Verein von Freunden« (s. Anm. 32). – Hegel schreibt: »Es muß [...] gesagt werden, daß nichts *gewußt* wird, was nicht in der *Erfahrung* ist, oder wie dasselbe auch ausgedrückt wird, was nicht als *gefühlte Wahrheit, als innerlich geoffenbartes* Ewiges, als *geglaubtes* Heiliges, oder welche Ausdrücke sonst gebraucht werden, – vorhanden ist.« (HJu, Bd. 2, S. 613; vgl. HW, Bd. 3, S. 585)
39 In diesem Semester hält Adorno sowohl die philosophische Vorlesung »Ästhetik II« als auch die soziologische Vorlesung »Musiksoziologie: Vorlesung mit anschließenden Besprechungen«.
40 »Was für eine Philosophie man wähle, hängt sonach davon ab, was für ein Mensch man ist: denn ein philosophisches System ist nicht ein todter Hausrath, den man ablegen oder annehmen könnte, wie es uns beliebte, sondern es ist beseelt durch die Seele des Menschen, der es hat.« (Johann Gottlieb Fichte, Erste Einleitung in die Wissenschaftslehre [1797], in: Johann Gottlieb Fichte's sämmtliche Werke, hrsg. von I[mmanuel] H[ermann] Fichte, Bd. I·1, Berlin 1845, S. 417–449; hier: S. 434; vgl. FGA, Bd. I/4, S. 195).

nicht zufrieden gibt, ist es tätig – auf dem Weg vom kognitiven zum praktischen Bewußtsein. Der Geist wird sich dessen bewußt, je mehr er sich selbst begreift: »Die Vernunft ahnet sich als ein tieferes Wesen, denn das reine Ich *ist*, und muß fordern, daß der Unterschied, das *mannigfaltige Seyn*, ihm als das *Seinige* selbst werde, daß es sich als die *Wirklichkeit* anschaue, und sich als Gestalt und Ding gegenwärtig finde.« (Hegel, II, 183)[41] So durchschaut sich die Theorie schließlich als Praxis. Durch diese vermittelte Einheit fällt die Praxis in die Phänomenologie; als notwendiger Teil des Ganzen ist sie in das System eingearbeitet und tritt der ›Theorie‹ nicht als ›zweiter Teil‹ gegenüber: Sie ist die zu sich selbst gekommene Theorie.

Im Mittelpunkt der weiteren Diskussion stand die Frage, ob sich die *dialektische Philosophie Hegels* und die sogenannten *positiven Wissenschaften* gegenseitig ausschließen. – Die treibende Kraft, die in der »Phänomenologie« den Weg des Geistes bestimmt, wurde von Herrn Huch in seinem Einführungsreferat wie folgt definiert: »Das endliche Einzelbewußtsein ist als denkendes genötigt, es ist an sich dazu bestimmt, jegliche Erfahrung an seinem Begriff, dem Absoluten in ihm, zu prüfen, wodurch deren Bedingtheit sich offenbart sowie die Notwendigkeit, sie zu transzendieren.«

Auf die Naturwissenschaften bezogen, hieße das, den Erkenntniswert der durch die wissenschaftlich exakte – weil erprobte und bewährte Methode als gültig erkannten Gesetze in Frage stellen. Kein einzelner Satz ist dann wahr; allen Ergebnissen kommt nur noch ein relativer, vorläufiger und damit nur ein ›negativer Wahrheitsgehalt‹ zu. Der Naturwissenschaftler jedoch wird die Notwendigkeit nicht einsehen, seine festen Resultate alleine aus dem Widerspruch zum ernstgenommenen Erkenntnisbegriff revidieren zu müssen. Der Maßstab, mit dem er mißt, ist nicht der Begriff, sondern das Experiment. Ihm geht es nicht um absolute Wahrheit; für ihn gilt als wahr, was sich in der experimentellen Praxis bewährt. Dem Anspruch der »Phänomenologie« gegenüber, alles Bedingte als Moment des Absoluten aufzuzeigen – aber doch nur als Moment, wird sich sein ›gesunder Menschenverstand‹ nicht ohne Recht und Stolz auf die Erfolge der Naturwissenschaften berufen.

Hegels Kritik an der Naturwissenschaft richtet sich aber keineswegs gegen deren Methode und Ergebnisse im einzelnen. Sie zielt ins Grundsätzliche: auf den Ansatzpunkt naturwissenschaftlichen Forschens. Dieses beschäftigt sich mit dem von der Idee abgespaltenen, veräußerlichten Geist. Denn *Natur* ist für Hegel »der

---

41 HJu, Bd. 2, S. 191; vgl. HW, Bd. 3, S. 186.

sich entfremdete Geist«, »die Idee in der Form des Andersseins«, Natur ist Idee »als das Negative ihrer selbst«. (VII 1, 23[42]) (Glockner Bd. 9)[43]

Die Naturwissenschaft, mag sie für die Praxis noch so gültig sein, ist absolut gesehen insofern unwahr, als die auf etwas geht, »was nur als relativ, nur in Verhältnis zu einem Ersten seine Bestimmung hat« (Hegel, ebenda)[44], also auf dem Unwesentlichen insistiert und an der entäußerten Idee als dem Eigentlichen festhält.[*2]

Da die Natur also das Andere des Geistes ist und damit vom Subjekt abstrahiert, kann in ihr gar keine innere Dialektik stattfinden. Denn: Das dialektische Prinzip ist nur in Beziehung auf Subjektives wirksam. Hegel hat daher keinen Anlaß, jede naturwissenschaftliche Erkenntnis ihres immanenten Widerspruchs zu überführen. Nur als Ganze wird die Naturphilosophie in seinem System zum Moment der Dialektik. – Diesen Verzicht, die Dialektik uneingeschränkt, absolut durchzuführen, ihre ›Kapitulation‹, bezeichnete Prof. Adorno als einen Grund für den Sturz des Hegelschen Systems und die Emanzipation der positiven Wissenschaften.

Wenn in der Philosophie Hegels der Akzent auf dem *Subjekt* liegt, wie rechtfertigt sie dann ihren absoluten *Wahrheitsanspruch?* – Kant hatte, indem er die Gültigkeit alles Wissens auf eine Welt der Erscheinungen beschränkte, dem Subjekt eine objektive Wahrheitserkenntnis abgesprochen! So führt er im Kapitel von der ›Amphibolie der Reflexionsbegriffe‹[45] – gegen den Seinsbegriff des Rationalismus gerichtet – aus, daß man das Innere der Dinge schlechthin nicht erkennen kann: »was die Dinge an sich sein mögen, weiß ich nicht, und brauche es auch nicht zu wissen, weil doch niemals ein Ding anders, als in der Erscheinung vorkommen kann.« (Kritik der reinen Vernunft, B 332 f.[46], zit. nach Meiner S. 321)[47]

---

42 Korrigiert aus: »23 f.«
43 »Die Natur hat sich als die Idee in der Form des *Andersseyns* ergeben. Da die *Idee* so als das Negative ihrer selbst oder *sich äußerlich* ist, so ist die Natur nicht äußerlich nur relativ gegen diese Idee (und gegen die subjective Existenz derselben, den Geist), sondern die *Aeußerlichkeit* macht die Bestimmung aus, in welcher sie als Natur ist.« (HJu, Bd. 9, S. 49; vgl. HW, Bd. 9, S. 24)
44 »Es ist bei dieser Grundbestimmung der Natur die Beziehung derselben auf die metaphysische Seite bemerklich zu machen, welche in Gestalt der Frage nach der *Ewigkeit der Welt* abgehandelt worden ist. Es könnte scheinen, daß wir hier die Metaphysik auf der Seite liegen lassen könnten; es ist jedoch hier die Stelle, sie vorzunehmen, und es hat nichts Bedenkliches: denn sie führt nicht in Weitläufigkeiten und ist gleich abgetan. Indem nämlich die Metaphysik der Natur, als die wesentliche Gedankenbestimmtheit ihres Unterschiedes, diese ist, daß die Natur die Idee in ihrem Anderssein ist: so liegt darin, daß sie wesentlich ein Ideelles ist, oder das, was nur als relativ, nur in Verhältniß zu einem Ersten seine Bestimmtheit hat.« (HJu, Bd. 9, S. 51; vgl. HW, Bd. 9, S. 25)
45 Vgl. KW, Bd. III, S. 285–307 (B 316–348; A 260–292).
46 Korrigiert aus: »B 332«.

Die Vorstellung eines »Innerlichen der Materie« weist er als »bloße Grille« zurück, denn »welches der Grund dieser Erscheinung sein mag, die wir Materie nennen, ist ein bloßes Etwas, wovon wir nicht einmal verstehen würden, was es sei, wenn es uns auch jemand sagen könnte.« (Ebenda, B 333/S. 322)[48] Der Mensch erkennt die Dinge immer nur so, wie er sie organisiert, also letztendlich nur das, was er selbst an sein Material herangetragen hat. –

Damit ist – wie *Hegel* zeigt – der Versuch der Kritik der reinen Vernunft gescheitert, die Möglichkeit von Erkenntnis darzutun; was Kant Erkenntnis nennt, erweist sich als *Tautologie*. Denn Erkenntnis ist – ihrem eigenen Anspruch nach – Erkennen von etwas Fremdem. – In dieser Nichtidentität, in dem fortwährenden Ungenügen der Erkenntnis (gemessen an ihrem Begriff) liegt für Hegel gerade der Antrieb zur Anstrengung des Begriffes. Erkenntnis kann sich bei ihm mit dem immanenten Widerspruch nicht abfinden.

Zwar erfährt auch bei ihm das endliche Subjekt auf der Stufe des Selbstbewußtseins (aber als »Resultat einer umständlichen Bewegung« II, 130)[49], daß es »etwas anderes zu treiben scheint, aber in der Tat sich nur mit sich selbst herumtreibt.« (II, 128)[50] Hegel ›radikalisiert‹ jedoch Kant, indem er das Subjektive zum eigentlichen Inneren der Dinge erklärt: »Es zeigt sich, daß hinter dem sogenannten Vorhange, welcher das Innere verdecken soll, nicht zu sehen ist, wenn wir nicht selbst dahintergehen.« (II, 130) – Daraus nicht die notwendigen Kon-

---

47 Immanuel Kant, Kritik der reinen Vernunft [1781], hrsg. von Raymund Schmidt, Hamburg 1952 (Philosophische Bibliothek; 37a), S. 321 (B 333 f.; A 277 f.); vgl. KW, Bd. III, S. 297.
48 »Allein, das schlechthin, dem reinen Verstande nach, Innerliche der Materie ist auch eine bloße Grille; denn diese ist überall kein Gegenstand für den reinen Verstand, das transzendentale Objekt aber, welches der Grund dieser Erscheinung sein mag, die wir Materie nennen, ist ein bloßes Etwas, wovon wir nicht einmal verstehen würden, was sei, wenn es uns auch jemand sagen könnte.« (Kant, Kritik der reinen Vernunft, hrsg. von Raymund Schmidt, a.a.O. [s. vorige Anm.], S. 322 [B 333; A 277]; vgl. KW, Bd. III, S. 297)
49 »Es zeigt sich, daß hinter dem sogenannten Vorhange, welcher das Innere verdecken soll, nichts zu sehen ist, wenn *wir* nicht selbst dahintergehen, eben so sehr damit gesehen werde, als daß etwas dahinter sey, das gesehen werden kann. Aber es ergiebt sich zugleich, daß nicht ohne alle Umstände geradezu dahinter gegangen werden könne; denn dieß Wissen, was die Wahrheit *der Vorstellung* der Erscheinung und ihres Inneren ist, ist selbst nur Resultat einer umständlichen Bewegung, wodurch die Weisen des Bewußtseins, das Meinen, Wahrnehmen und der Verstand verschwinden; und es wird sich eben so ergeben, daß das Erkennen dessen, *was das Bewußtsein weiß, indem es sich selbst weiß*, noch weiterer Umstände bedarf, deren Auseinanderlegung das Folgende ist.« (HJu, Bd. 2, S. 138; vgl. Bd. 3, S. 135 f.)
50 »In dem Erklären ist eben darum so viele Selbstbefriedigung, weil das Bewußtseyn dabei, um es so auszudrücken, in unmittelbarem Selbstgespräche mit sich, nur sich selbst genießt, dabei zwar etwas anderes zu treiben scheint, aber in der That sich nur mit sich selbst herumtreibt.« (HJu, Bd. 2, S. 136; vgl. Bd. 3, S. 134)

sequenzen für den Erkenntnisbegriff gezogen zu haben, kritisiert Hegel an Kant. Er selbst bleibt auf dieser Ebene nicht stehen; die Thematik der Kantischen Erkenntnistheorie wird in seiner Philosophie zum Moment der Dialektik des Selbstbewußtseins. Das endliche Subjekt versteht nämlich sein Selbstbewußtsein nur als Fürsichsein; es wird sich hier noch nicht als ein denkendes bewußt, wie es überhaupt auf den Stufen seiner Entfaltung nicht wissen kann, noch nicht *durchschaut*, was es erst am Ende weiß. –

Aus der Sicht des absoluten Betrachters arbeitet es sich an einem ihm Identischen ab; es hat nur scheinbar Fremdes vor sich. Doch vermag es den Schein noch nicht zu erkennen. Für das erscheinende Bewußtsein erweist sich daher seine Erkenntnis, die nur Identisches zu fassen bekommt, nicht als Tautologie. Diese wird ›aufgespart‹ bis zur letzten Stufe. Solange es aber endliches Bewußtsein bleibt, gehört es notwendig zu seinem Wesen, ›fremden Objekten gegenüberzustehen‹. Erst wenn es alles ihm Äußere und Fremde durch seine fortdauernde Anstrengung sich zu eigen gemacht haben wird und sich dann in jenem erkennt, wenn es und sein Wissen mit dem Absoluten zusammenfallen, kommt es zum ›Wissen des Wissens‹: zur Erkenntnis der vollkommenen Identität. Auf dieser Endstufe erst zeigt sich die Sich-Selbstgleichheit des Absoluten. – Hinsichtlich des Absoluten wird jedoch der Begriff der Tautologie ›leer‹. Er kann nur sinnvoll sein in der Anwendung auf ein Verhältnis von endlichen Partikularitäten.

Hegel rettet also Erkenntnis, indem er sich uneingeschränkt zum Anspruch des Erkenntnisbegriffes auf absolute Wahrheit bekennt. Den Widerspruch der Kantischen Philosophie zwischen der Forderung nach objektiver Wahrheit und der ›Kopernikanischen Wendung‹, der Wendung zum Subjekt, löst Hegel auf, indem er »Kant gegen Kant verteidigt« (Prof. Adorno, Vorlesung) und »Objektivität als gesteigerte, verdoppelte Subjektivität« definiert.[51] Gegen den Vorwurf der Tautologie ist er gefeit, da er sie auf der Endstufe des zu sich selbst gekommenen, absoluten Geistes mit in sein System hereinnimmt, sie dabei zugleich aber ›ad absurdum‹ führt.

[*1] Anm.: zit. nach Glockner; Zahlenangaben nach Hegelgesamtausgabe von 1832.[52]

[*2] Hegel: »Von der Idee entfremdet, ist die Natur nur der Leichnam des Verstandes«. Er fordert eine »denkende Naturbetrachtung«; sie muß betrachten, »wie die Natur an ihr selbst dieser Prozeß ist, zum Geiste zu werden, ihr Anderssein aufzuheben, – und wie in jeder Stufe der Natur selbst die Idee vorhanden ist«

---

51 S. oben, Anm. 39.
52 S. oben, Anm. 38.

(ebenda)⁵³. Denn: »Das Werden der Natur ist das Werden zum Geist.« (XVIII, 169; Glockner Bd. 3)⁵⁴

---

53 »Die denkende Naturbetrachtung muß betrachten, wie die Natur an ihr selbst dieser Proceß ist, zum Geiste zu werden, ihr Anderssein aufzuheben, – und wie in jeder Stufe der Natur selbst die Idee vorhanden ist; von der Idee entfremdet, ist die Natur nur der Leichnam des Verstandes.« (HJu, Bd. 9, S. 50; vgl. HW, Bd. 9, S. 25)
54 HJu, Bd. 3, S. 1–227; hier: S. 191; vgl. HW, Bd. 4, S. 33.

271 Arend Kulenkampff, 23. November 1961

Protokoll der Seminarsitzung vom 23. November 1961

Die Diskussion ging wiederum von der Frage aus, inwieweit das Hegelsche System des absoluten Geistes der naturwissenschaftlichen Erkenntnisweise, die aus dem Gesichtspunkt von Kants Vernunftkritik als tautologisch erscheinen muß, Gerechtigkeit widerfahren läßt. Ebenso ist zu fragen, ob nicht die naturwissenschaftliche Forschung von sich aus in eine den Vorgängen in der ›Phänomenologie‹ vergleichbare Dialektik hineingezogen wird. Herr Dr. Haag[55] formulierte die These, daß das Verhältnis wechselseitiger Abhängigkeit von Theorie und Gegenstand im Experiment dem von beobachtendem und beobachtetem Bewußtsein entspreche.

(Da dieser Gedanke, wie mir schien, in der Auseinandersetzung nicht ganz zu seinem Recht kam, sei es erlaubt, einen Zusatz zu machen: Herrn Dr. Haags Äußerung zielt auf eine zu leistende Kritik der naturwissenschaftlichen Erkenntnis. Wenn es nämlich wahr ist, daß diese den Gegenstand schon im theoretischen Ansatz verändert und entstellt, indem sie durch ihre Frage bestimmte Momente an ihm auf Kosten anderer als wesentlich hervorhebt, so wäre es die Aufgabe der Kritik, das Vernachlässigte, Unterschlagene festzuhalten und die naturwissenschaftliche Erkenntnis an ihrem eigenen Wahrheitsanspruch zu messen. Diese und ihre Kritik verhielten sich zueinander wie erscheinendes und beobachtendes Bewußtsein im Stillstand und voneinander getrennt.) Herrn Prof. Adornos Bemerkung, daß das Denken in eben dem Maße, in welchem es durchs Experiment gewaltsam in den Gegenstand eindringe, sich auch von ihm entferne, verweist auf den nämlichen Zusammenhang. Die Differenz zwischen der Subjekt-Objekt-Relation im naturwissenschaftlichen Erkenntnisprozeß und dem Verhältnis von beobachtendem und beobachtetem Bewußtsein, wie die ›Phänomenologie‹ es darstellt, liegt wesentlich wohl darin, daß zumindest die klassische Naturwissenschaft zwischen dem, was an sich, und dem, was für das erkennende Bewußtsein ist, zwischen dem Gegentand, wie er an sich selbst beschaffen ist, und ihrem Wissen von ihm nicht unterscheidet; geschweige daß sie diesen Unterschied als vom endlichen Denken, welches sie wesentlich ist, gesetzt begriffe und durch die Reflexionsbewegung des Bewußtseins zu seiner Aufhebung im Absoluten gelangte. Die Substanz oder das An-sich des Gegenstandes ist es, dessen die

---

[55] Karl Heinz Haag wird 1951 mit der Schrift »Die Seinsdialektik bei Hegel und in der scholastischen Philosophie« in Frankfurt a. M. promoviert.

Erkenntnis in direktem Zugriff glaubt, habhaft werden zu können. Stehen ihre Theorien im Zeichen der nach Hegel für endliches Denken maßgeblichen Bestimmungen ›richtig‹ und ›falsch‹ und ist die frühere durch eine richtigere spätere erledigt und – wie im mathematischen Beweis die Beweisführung – aus dem Resultat verbannt, so vollzieht sich der Fortschritt des Geistes zur Wahrheit des absoluten Wissens durch die ›bestimmte Negation‹ der stets als unzulänglich eingesehenen endlichen Bewußtseinsinhalte: D. h., der Geist verwirft nicht einfach, was dem Begriff nicht genügt, sondern transzendiert es und setzt es zum Moment seiner Entwicklung zu sich selbst als dem Ganzen herab.

Die sich notwendigerweise bloß im Vorfeld der angezeigten Problematik bewegende Diskussion konzentrierte sich im Folgenden auf einen von der ersten Frage wesentlich verschiedenen Punkt: die offenkundige Abhängigkeit gewisser Forschungsergebnisse der modernen Physik von den Bedingungen des Experiments, den Umstand also, daß, wie Heisenberg sagt, ›die Naturgesetze, die wir in der Quantentheorie formulieren, nicht mehr von den Elementarteilchen an sich handeln, sondern von unserer Kenntnis der Elementarteilchen.‹ (W. Heisenberg, Das Naturbild der heutigen Physik, in: Die Künste im technischen Zeitalter, München 1954, S. 52)[56] Aus diesem Satz Heisenbergs erhellt, daß das Problem der Vergegenständlichung gewisser Elementarvorgänge die moderne Physik nicht an die Schwelle der Dialektik der Erkenntnis im Sinne Hegels geführt hat, sondern, da jene sich des Anspruchs, den Kern der Dinge aufzuschließen, begeben muß, sie vor die Notwendigkeit einer sozusagen Kantischen Selbstbesinnung stellt. Was die Gesetze der Quantenmechanik ausdrücken, ist nach Heisenberg nicht das An-sich der erforschten Elementarteilchen, sondern deren durch den experimentellen Prozeß kategorial geformte Erscheinung, und das Moment von Subjektivität, welches überraschend hier in den Erkenntnisvorgang einzutreten scheint, ist nicht nur nicht das in Erfahrung, d. h. in fortwährender Verwandlung begriffene Bewußtsein Hegels, sondern ein Allgemeines im Sinne Kants: Raum und Zeit und die Kategorien von Substanz und Kausalität, die ›den Rahmen des Experiments‹ (Weizsäcker) bilden. (Siehe C. F. v. Weizsäcker, Das Verhältnis der Quantenme-

---

[56] »Wenn wir Gegenstände unserer täglichen Erfahrung beobachten, spielt ja der physikalische Prozeß, der die Beobachtung vermittelt, nur eine untergeordnete Rolle. Bei den kleinsten Bausteinen der Materie aber bewirkt jeder Beobachtungsvorgang eine grobe Störung; man kann gar nicht mehr vom Verhalten des Teilchens losgelöst vom Beobachtungsvorgang sprechen. Dies hat schließlich zur Folge, daß die Naturgesetze, die wir in der Quantentheorie mathematisch formulieren, nicht mehr von den Elementarteilchen an sich handeln, sondern von unserer Kenntnis der Elementarteilchen.« (Werner Heisenberg, Das Naturbild der heutigen Physik, in: Die Künste im technischen Zeitalter, hrsg. von der Bayerischen Akademie der Schönen Künste, München 1954, S. 43–69; hier: S. 52)

chanik zur Philosophie Kants, in: Zum Weltbild der Physik, Leipzig 1945)[57] Gleich der vorkantischen Philosophie hat die klassische Physik das Kausalitätsprinzip ungefragt als in den Dingen-an-sich verankert angenommen. Mit der Implikation des im Prinzip tautologischen Charakters der einzelnen Kenntnisse stellte die Kantische Umkehrung dieses Verhältnisses Erkenntnis überhaupt, insofern sie auf die Herstellung einer Identitätsbeziehung zwischen Nichtidentischem zielt, tendenziell in Frage. Kant übersah, daß die kategoriale Organisation, die Klassifikation des von ihm als unqualifiziert bestimmten Materials der Erkenntnis nur gelingen kann, wenn darin die zu stiftende Ordnung schon angelegt ist, wenn, anders ausgedrückt, was das Bewußtsein synthetisieren soll, zur Synthesis an sich selbst geschickt ist. In dem emphatischen Sinne der ›Phänomenologie‹ ist Beobachtung in den Naturwissenschaften für das Objekt nicht konstitutiv. Zwar ist deren naiver Realismus in jüngster Zeit gebrochen, was auch im Primat des Problems als einer subjektiv konstituierten Gegenständlichkeit und in der Überwindung der positivistischen Verfahrensweise von Beobachtung und Ordnung des gewonnen Datenmaterials zum Ausdruck kommt, daß aber im Sinne Hegels Erkenntnis nur als Selbsterkenntnis vermittels eines Anderen verstanden werden kann, ist eine, wenn unter den sachlichen Voraussetzungen der empirischen Wissenschaften überhaupt möglich, so von diesen jedenfalls noch nicht gezogene Konsequenz. Der Begriff der Materie, worin nach Hegel deren wahres Sein besteht, ist nicht gewonnen durch die experimentell vermittelte Einsicht in die Zusammensetzung des Atoms.

Einen dritten thematischen Komplex bezeichnet in dieser Auseinandersetzung Herr Prof. Adorno mit dem Hinweis auf die für die Geschichte der Naturwissenschaften charakteristische, bereits von Cassirer interpretierte Tendenz zu fortschreitender Funktionalisierung und Quantifizierung des Gegenstandes.[58] Dürfte diese Tendenz wesentlich als ein Moment innerhalb der Gesamtbewegung der Aufklärung zu verstehen sein, so zielt die Hegelsche Philosophie gerade auf eine Restauration des Substanzbegriffs, wenn auch nicht unvermittelt, sondern kraft der Negation seiner Negation in der kritischen Philosophie Kants. Das absolute Bewußtsein erkennt als Substanz, als Wesen der Sache den Begriff, die Totalität der von ihm gesetzten und in es zurückgenommenen Denkbestimmungen. Die Stationen, die das Bewußtsein auf seinem Wege zu sich selbst durchläuft,

---

57 Vgl. Carl Friedrich von Weizsäcker, Das Verhältnis der Quantenphysik zur Philosophie Kants, in: Carl Friedrich von Weizsäcker, Zum Weltbild der Physik [1943], 3. Aufl., Leipzig 1945, S. 83–122.
58 Vgl. den Abschnitt »Die naturwissenschaftliche Begriffsbildung«, in: Ernst Cassirer, Substanzbegriff und Funktionsbegriff. Untersuchungen über die Grundfragen der Erkenntniskritik [1910], in: Ernst Cassirer, Gesammelte Werke. Hamburger Ausgabe, hrsg. von Birgit Recki, Bd. 6, hrsg. von Reinold Schmücker, Hamburg 2000, S. 121–254.

sind in dreifacher Hinsicht bedeutend: in logisch-spekulativer, philosophiegeschichtlicher und geschichtsphilosophischer. In der sinnlichen Gewißheit macht das endliche Bewußtsein die Erfahrung, daß es der Wahrheit, die es in der gegenständlichen Einzelheit, im unmittelbaren ›Dieses‹ zu besitzen hofft, nicht sich versichern kann. Was es festhält, ist das Allgemeine, welches das ›Dieses‹ und das ›Nicht-Dieses‹ in eins faßt. Der Sinn der Hegelschen Untersuchung an dieser Stelle ist es, den produktiven, das Denken bewegenden Widerspruch zu artikulieren, welcher darin liegt, daß die Bestimmung des schlechthin Besonderen nur durch Begriffe, also im Medium des Allgemeinen möglich ist. Kritisiert Hegel auf dieser Stufe implizit (ausgeführt findet sich dieser Gedanke in der ›Encyclopädie‹, § 418)[59] den von der Theologie seiner Zeit geltend gemachten Anspruch auf ein nur unmittelbares Wissen von Gott, so ist es, wie Herr Prof. Adorno bemerkte, im Phänomen des wahrnehmenden Bewußtseins, welches zwischen ins Subjekt fallenden, sekundären und schlechthin objektiven, primären Qualitäten glaubt, unterscheiden zu können, der Empirismus Lockescher Prägung, den Hegel sowohl darstellt als auch kritisiert. Indem das Bewußtsein auf den im Empirismus übergangenen Widerspruch von subjektivem Sensualismus und naivem Realismus reflektiert, gelangt es notwendig zur kritischen Philosophie. Um das Problem der Anwendbarkeit der reinen Verstandesbegriffe auf die Mannigfaltigkeit des sinnlichen Materials zu lösen, bedarf Kant eines Vermittelnden, welches ebensowohl sinnlicher wie geistiger Natur ist. Er findet dieses Vermittelnde oder ›Schema‹ in der reinen Anschauungsform der Zeit, welche die Kategorien allererst realisiert, und er bestimmt danach die Kausalität ›schematisch‹ als die ›Sukzession des Mannigfaltigen, insofern sie einer Regel unterworfen ist‹. (Kritik der reinen Vernunft, Insel Verlag 1956, S. 192)[60] Demgegenüber erkennt Hegel, daß Identität ohne das Moment des Unterschieds gar nicht zu denken ist, ebensowenig wie die übersinnliche Welt ohne die sinnliche. Beide Seiten offenbaren sich als notwendig aufeinander bezogen. Am Verhältnis von sinnlicher und übersinnlicher Welt, die beide gleichermaßen unter dem Gesetz des Widerspruchs stehen, muß jeglicher Versuch scheitern, Hegels Philosophie des absoluten Geistes als eine Art von säkularisierter protestantischer Theologie zu interpretieren. Es gibt kein Jenseits des absoluten Bewußtseins.

Auf der Stufe des Selbstbewußtseins wird die erkenntnistheoretische Bewegung von der historischen abgelöst, Geschichte mit Notwendigkeit zum Substrat

---

59 Vgl. HW, Bd. 10, S. 205–208.

60 »Das Schema der Ursache und der Kausalität eines Dinges überhaupt ist das Reale, worauf, wenn es nach Belieben gesetzt wird, jederzeit etwas anderes folgt. Es besteht also in der Sukzession des Mannigfaltigen, in so fern sie einer Regel unterworfen ist.« (KW, Bd. III, S. 192 [B 183; A 144])

der ›Phänomenologie‹. Die Konstitution des Ich ist an sich vollendet dadurch, daß der Verstand alle Unterschiede als von ihm selbst gesetzt und er sich als das in der Entzweiung Eine und sich selbst Gleiche begreift. Als Ich tritt das Selbstbewußtsein sogleich und notwendig in unterscheidende Beziehung zu anderen seiner Art. Täte es das nicht, so bliebe es nur an sich Selbstbewußtsein. ›Es ist ein Selbstbewußtsein für ein Selbstbewußtsein. Erst hierdurch ist es in der Tat; denn erst hierin wird für es die Einheit seiner selbst in seinem Anderssein‹. (Phänomenologie, Meiner, S. 140)[61] Der Begriff drückt die Notwendigkeit dieser Beziehung aus: Ich ist Gattungsbegriff, umschreibt die Sphäre der Intersubjektivität. Aus dem Kampf des Ich mit dem Ich, aus dem Ringen der beiden in der Identität des Selbstbewußtseins voneinander unterschiedenen Partikularitäten resultiert das Herrschafts-Knechtschafts-Verhältnis. Es ist sowohl eine historische Konstante, weil alle geschichtliche Bewegung mit dem auf jeder Stufe neu entstehenden Gegensatz von Allgemeinem und Besonderem sich in ›der Furcht des Herrn‹ vollzieht,[62] und bezeichnet zugleich einen bestimmten Augenblick in der geschichtlichen Entwicklung, den des Übergangs von der feudalen zur bürgerlichen Gesellschaftsverfassung. Entschieden bürgerlich ist der Gedanke Hegels, daß das unterjochte Ich, welches konstitutiv ist für das Ich des Siegers, durch seine tätige Selbstverwirklichung in der Arbeit für ein anderes frei wird, seine Partikularität überwindet und zum allgemeinen Selbstbewußtsein, zur Vernunft fortschreitet. Zunächst freilich ist die Freiheit des Knechtes nur im Gedanken, und das gemeinsame Bestreben von Stoizismus und Skeptizismus – Herr Prof. Adorno verwies auf Epiktet – geht folglich dahin, ›den Geist gleichgültig zu machen gegen alles, was die Wirklichkeit darbietet‹. (Philosophie der Geschichte, Jubiläumsausgabe, S. 408)[63] In der abstrakten Negation alles dessen, was nicht es selbst ist,

---

61 »Es ist ein *Selbstbewußtsein für ein Selbstbewußtsein*. Erst hiedurch ist es in der Tat; denn erst hierin wird für es die Einheit seiner selbst in seinem Anderssein; *Ich*, das der Gegenstand seines Begriffs ist, ist in der Tat nicht *Gegenstand*; der Gegenstand der Begierde aber ist nur *selbständig*, denn er ist die allgemeine unvertilgbare Substanz, das flüssige sichselbstgleiche Wesen. Indem ein Selbstbewußtsein der Gegenstand ist, ist er ebensowohl Ich wie Gegenstand. – Hiemit ist schon der Begriff *des Geistes* für uns vorhanden.« (Georg Wilhelm Friedrich Hegel, Phänomenologie des Geistes, in: Georg Wilhelm Friedrich Hegel, Sämtliche Werke. Neue kritische Ausgabe, hrsg. von Johannes Hoffmeister, Bd. V, 6. Aufl., Hamburg 1952 [Philosophische Bibliothek; 114], S. 140; vgl. HW, Bd. 3, S. 144f.)
62 »Dieser, der Knecht, aber arbeitet sich im Dienste des Herrn seinen Einzel- und Eigenwillen ab, hebt die innere Unmittelbarkeit der Begierde auf und macht in dieser Entäußerung und der Furcht des Herrn den Anfang der Weisheit, – den Übergang zum *allgemeinen Selbstbewußtsein*.« (HW, Bd. 10, 224)
63 »Er [scil. der Mensch im ›Rom der Kaiserperiode‹] fand entweder seine Bestimmung in der Bemühung sich die Mittel des Genusses durch die Erwerbung der Gunst des Kaisers oder durch

kann das Ich sein Heil jedoch nicht finden. Es ist ›unglückliches Bewußtsein‹, mit sich, insofern es der Endlichkeit und Vergänglichkeit angehört, und der Welt zerfallen.⁶⁴ Als solches ist es in die Philosophie Kierkegaards eingegangen, die Herrn Prof. Adornos Bemerkungen zufolge als eine ›Phänomenologie des unglücklichen Bewußtseins‹ – von dessen eigenem Standpunkt aus – zu bezeichnen wäre. Betrachtet man den Schritt des Selbstbewußtseins zur Vernunft nicht aus der Perspektive des absoluten Bewußtseins, so liegt in ihm unverkennbar ein Zug von Entsagung: Das Ich gibt die Hoffnung auf, die Welt nach seinem Willen einzurichten, und resigniert zu dem Eingeständnis, daß, was wirklich ist, auch vernünftig sein müsse.⁶⁵ Für Hegel freilich ist auf dieser Stufe das einzelne Ich real versöhnt mit dem Allgemeinen, dem aus dem ›Kampf des Anerkennens und (der) Unterwerfung unter einen Herrn‹ (Encyclopädie, § 433)⁶⁶ hervorgegangenen, ihm vorgesetzten Objektiven. Die Not und Grausamkeit des Anfangs ist entschuldigt dadurch, daß Vernunft, an sich schon vernünftiges Selbstbewußtsein es war, was sich gewaltsam zur Erscheinung brachte und zu den Bestimmungen des objektiven Geistes fortentwickelte, in dessen Zucht, obwohl ihn selbst zugleich auch bildend, das Ich lernt, freies, vernünftiges Subjekt zu sein. Es ist Vernunft, indem es sich und die Realität als ein und desselben Wesens erkennt.

A. Kulenkampff

Gewaltthätigkeit, Erbschleicherei und List zu verschaffen; oder er suchte seine Beruhigung in der Philosophie, welche allein noch etwas Festes und Anundfürsichseyendes zu geben vermochte; denn die Systeme jener Zeit, der Stoicismus, Epikureismus und Skepticismus, obgleich in sich entgegengesetzt, gingen doch auf dasselbe hinaus, nämlich, den Geist in sich gleichgültig zu machen gegen Alles, was die Wirklichkeit darbietet.« (HJu, Bd. 11, S. 408; vgl. HW, Bd. 12, S. 385)
64 Vgl. den Abschnitt »Freiheit des Selbstbewußtseins; Stoizismus, Skeptizismus und das unglückliche Bewußtsein«, HW, Bd. 3, S. 155–177.
65 »Was vernünftig ist, das ist wirklich; *[Absatz]* und was wirklich ist, das ist vernünftig.« (HW, Bd. 7)
66 »Der Kampf des Anerkennens und die Unterwerfung unter einen Herrn ist die *Erscheinung*, aus welcher das Zusammenleben der Menschen, als ein Beginnen der *Staaten*, hervorgegangen ist. Die *Gewalt*, welche in dieser Erscheinung Grund ist, ist darum nicht Grund des *Rechts*, obgleich das *notwendige* und *berechtigte* Moment im Übergange des *Zustandes* des in die Begierde und Einzelheit versenkten Selbstbewußtseins in den Zustand des allgemeinen Selbstbewußtseins. Es ist der äußerliche oder *erscheinende* Anfang der Staaten, nicht ihr *substantielles Prinzip*.« (HW, Bd. 10, S. 223)

272 Willi Lautemann, 30. November 1961

Willi Lautemann

Protokoll: Philosophisches Hauptseminar (30. November 1961)

Unsere Vorstellungen, seien sie a priori oder empirisch zustande gekommen, unterliegen Kant zufolge, als Modifikationen des Gemüts der Zeit als der formalen Bedingung des inneren Sinnes, der erst für ihre zeitliche Folge und ihr Verhältnis zueinander konstitutiv sein soll. Die Mannigfaltigkeit der Anschauung erweist sich hierin selbst als ein subjektives Tun, »denn als in einem Augenblick enthalten, kann jede Vorstellung niemals etwas anderes, als absolute Einheit sein.«[67][*1] Erst die Synthesis der Apprehension ermöglicht das Zusammenkommen des sinnlich Mannigfaltigen in Raum und Zeit.

Wie in der Synthesis der Apprehension der Unterschied des Mannigfaltigen, so bleibt auch bei der Anwendung der Kategorien auf die Anschauungsgegebenheiten der Unterschied beider die kategoriale Leistung des Subjekts.

Das sinnlich Gegebene soll in den Grundsätzen des reinen Verstandes unter die Kategorien subsumiert werden, dabei bleibt undurchsichtig, wie die synthetische Einheit von Urteilen a priori und der Mannigfaltigkeit der Sinnesgegebenheiten, – als zwei völlig heterogene Elemente – durch Subsumtion Gegenständlichkeit gewinnen soll, da die Sinnesgegebenheiten nicht die Bestimmung der Subsumtion unter die Kategorie enthalten können. Kant faßt die Bestimmungen der sinnlichen Mannigfaltigkeit als diese äußerliche, ihnen von der Verstandestätigkeit beigelegte auf, würde er der in seinem Denken angelegten Konsequenz Rechnung tragen und die wechselseitige Bedingtheit beider Seiten erkennen, so erwiese sich der Begriff der Subsumtion als unhaltbar. Wie das empirische Material als unqualifizierte Gegebenheit erst durch kategoriale Bestimmung Gegenständlichkeit gewinnen soll, bleibt unbeantwortet. Die dialektische Struktur des Erkenntnisaktes konnte für Kant noch nicht Gegenstand seines Philosophierens werden, da unter dem Zwange des Kategoriensystems, dessen Autonomie zu retten war, ihm die Bezogenheit von sinnlich Gegebenem und Verstandesbestimmung nicht als entscheidenden Moment seines Denkens bewußt werden

---

67 »Jede Anschauung enthält ein Mannigfaltiges in sich, welches doch nicht als ein solches vorgestellt werden würde, wenn das Gemüt nicht die Zeit, in der Folge der Eindrücke auf einander unterschiede: denn, *als in einem Augenblick enthalten*, kann jede Vorstellung niemals etwas anderes, als absolute Einheit sein.« (KW, Bd. III, S. 162 [A 99])

konnte. Statt dessen sucht er dem drohenden Schwierigkeiten durch Einführung der Lehre vom Schematismus der reinen Verstandesbegriffe zu begegnen.[68]

Als durch das Medium der Zeit bestimmt, die dem reinen Verstand und der Anschauung gleicherweise entspricht, soll die Homogenität von sinnlicher Gegebenheit und reinen Verstandesbegriffen bewerkstelligt werden. Das Gegenteil wird erreicht: Das transzendentale Schema steht zwischen Kategorie und reiner Anschauung weit mehr als Verdeutlichung ihrer Gegensätzlichkeit, als daß es deren Subsumtion ermöglichte. Die Schwierigkeiten werden vielmehr verdoppelt, da sich unter dem Schema empirisch Gegebenes nicht als unter einen Oberbegriff subsumieren läßt, sowie auch keine Möglichkeit entsteht, es seinerseits unter die Kategorien einzuordnen. Vielmehr bedürfte es wiederum zweier besonderer transzendentaler Akte, um die Sinnesdaten mit dem Schema sowie dieses mit den Kategorien zusammenzuzwingen, wobei die gleichen Schwierigkeiten unweigerlich erneut in Erscheinung treten.

Das zum Problem gewordene Moment wechselseitiger Bedingtheit wird vom jungen Hegel wieder aufgegriffen und bezeichnet bei ihm den Ausgangspunkt seiner Dialektik. In der Abhandlung »Glaube und Wissen« bemerkt Hegel in seiner Kritik der Kantischen Philosophie: »Eine und ebendieselbe synthetische Einheit ... ist das Prinzip des Anschauens und des Verstandes; der Verstand ist allein die höhere Potenz, in welcher die Identität, die im Anschauen ganz und gar in die Mannigfaltigkeit versenkt ist, zugleich als ihr entgegengesetzt sich in sich als Allgemeinheit, wodurch sie die höhere Potenz ist, konstituiert.«[69][*2] Weiter heißt es dann: »In dem Urteil zieht sich die Identität aus ihrem Versenktsein in die Differenz, die auf diese Weise als Besonderes erscheint, heraus und tritt diesem Versenktsein gegenüber ...«[70][*3]

Die Einbildungskraft wird hier als »zweiseitige Identität« von Subjekt und Objekt gedacht, die ursprünglich die Einheit beider ist.

Fortsetzung und Beschluß des Referats über den Aufbau der Phänomenologie[71] war Hauptgegenstand der Seminarsitzung. Die Darstellung wurde mit dem

---

68 Vgl. den Abschnitt »Von dem Schematismus der reinen Verstandesbegriffe«, ebd., S. 187–194 (B 176–187; A 137–147).
69 HW, Bd. 2, S. 305.
70 Vollständig und korrekt lautet das Zitat: »In dem Urteil zieht sich die Identität als Allgemeines zugleich aus ihrem Versenktsein in die Differenz, die auf diese Weise als Besonderes erscheint, heraus und tritt diesem Versenktsein gegenüber; aber die vernünftige Identität der Identität als des Allgemeinen und des Besonderen ist das Besondere im Urteil und das Urteil selbst nur die Erscheinung desselben.« (Ebd., S. 307)
71 S. oben, Anm. 8.

Abschnitt über »Beobachtende Vernunft«[72] wiederaufgenommen und, dem weiteren Verlaufe des Werkes folgend, einschließlich der abschließenden Kapitel über Religion und absolutes Wissen,[73] durchgeführt. Hier soll in der Hauptsache nur soweit auf das Referat eingegangen werden, als die in ihm behandelten Probleme Gegenstand einer Diskussion wurden.

Das Selbstbewußtsein als beobachtende Vernunft sucht sich selbst im Anderen und nimmt es vorerst als sein Eigentum in Besitz, da es aber die Vernunft noch nicht als Wesen sowohl seiner als auch des Dinges weiß, sondern sie nur in der Unmittelbarkeit des Seins als die dem Ich fremde Wahrheit sucht, zeigt es, daß ihm die Vernunft als Vernunft noch nicht Gegenstand geworden ist. Die beobachtende Vernunft gliedert sich in drei Abschnitte, deren erster die Beobachtung der Natur, und deren zweiter die logischen und psychologischen Gesetze der Natur zu seinem Gegenstand macht.[74] Bei der Beobachtung des Organischen wird dem Bewußtsein der Begriff in der Natur wirkender Zwecke. Kant ordnet den Zweckbegriffen bloß regulative Bedeutung zu, ihr Reich bleibt dem erkennenden Bewußtsein verschlossen. Bei Hegel wird der Zweckbegriff konkretisiert und in die Darstellung der organischen Natur hineingenommen, das Organische ist Zweck an ihm selbst. Der dritte Abschnitt behandelt die Beziehung des Selbstbewußtseins und seiner unmittelbaren Wirklichkeit, insbesondere der Physiognomik und Schädellehre.[75] Besonders letzterer widerfährt die ironische Kritik Hegels, denn ihrem Erfinder Gall zufolge soll sich Vernunft darin als ein völlig Äußerliches darstellen.[76]

Hier bricht bei Hegel ein rustikaler Witz, eine Art sublimer Bauernschläue durch, die ihre Aversion gegen den wissenschaftlichen Pomp, hinter den sie argwöhnisch verborgenen Obskurantismus wittert, derb zum Ausdruck bringt und eine Lehre ablehnt, in der nicht nur Wirklichkeit und Wesen des Menschen vom Dasein eines Schädelknochen abhängig gemacht werden, sondern im Endeffekt das Dasein des Geistes gleichsam selbst ein Knochen sein soll. Wenn Hegel demgegenüber das Handeln zum Kriterium des Individuums erklärt, so zeigt sich darin ein aufgehobenes Moment von Fichte fortwirkend; die Praxis als das Wesen des Menschen.

An dem oben aufgezeigten Zug läßt sich deutlich die komplexe Struktur des Idealismus aufzeigen, der, will er überhaupt ernstgenommen werden, keineswegs

---

72 Vgl. HW, Bd. 3, S. 185–262.
73 Vgl. ebd., S. 495–574, sowie ebd., S. 575–591.
74 Vgl. ebd., S. 187–226, sowie ebd., S. 226–232.
75 Vgl. ebd., S. 233–262.
76 Vgl. Franz Joseph Gall, Philosophisch-Medicinische Untersuchungen über Natur und Kunst im kranken und gesunden Zustande des Menschen, Wien 1791.

der Versuch sein kann, das Entfremdete mit Sinn und erhabenem Pathos auszustaffieren oder mit erbaulichen Betrachtungen zu übertünchen, sondern keine Wirklichkeit zuzulassen, die nicht Geist ist, ohne diesen gewissenlos zu hypostasieren oder die ganze Natur in ihrer Unmittelbarkeit unter Zuhilfenahme von unverbürgten Spekulationen und durch Errichtung von mehr oder weniger mystischen Systemen in eine behauptete Identität zu zwängen und auf ein geheimnisvolles, jeder Bestimmung unerreichbares Absolutes festzulegen, das nicht aus seiner eigenen Entfaltung begriffen werden kann und an jegliche Realität, seiner Absolutheit wegen, als ein Kontingentes nicht teilhaben darf, wodurch seine Herrlichkeit freilich ebenso hohl als buchstäblich unfaßbar ist.

Das Selbstbewußtsein macht in seinem Bestehen als die reine Individualität, als die es auftritt, die Erfahrung der ihm entgegengesetzten abstrakten Notwendigkeit. Es sucht daher die Lust als allgemeines Gesetz zu verwirklichen und findet seine Befriedigung in der Bereitung des Wohls der Menschheit. Das Individuum stellt sich hier autonom dar, erfährt jedoch gleichzeitig, daß der Weltlauf ihm dies nicht gestattet. Indem es die Notwendigkeit beseitigt, findet das Individuum seine Ordnung, die es als die allgemeine aufstellt, nicht mehr als die seinige. Die Formulierungen lassen an diesen Stellen deutlich werden, daß Hegel mancherorts um die Rechtfertigung des Weltlaufs sich eifrig bemüht, dessen Härte und Grausamkeit nicht zu erfahren, Hegel durchaus nicht stumpf genug war, so daß seine Apologie des Bestehenden an diesen und anderen Orten mehr aus der Resignation vor demselben, als aus naiv-gläubiger Verherrlichung nun einmal gültiger Normen zu resultieren scheint. »Das Herzklopfen für das Wohl der Menschheit geht darum in das Toben des verrückten Eigendünkels über, in die Wut des Bewußtseins, gegen seine Zerstörung sich zu erhalten, und dies dadurch, daß es die Verkehrtheit, welche es selbst ist, aus sich herauswirft und sie als ein Anderes anzusehen und auszusprechen sich anstrengt. Es spricht also die allgemeine Ordnung aus als eine von fanatischen Priestern, schwelgenden Despoten und für ihre Erniedrigung hinabwärts durch Erniedrigen und Unterdrücken sich entschädigenden Dienern derselben erfundene und zum namenlosen Elende der betrogenen Menschheit gehandhabte Verkehrung des Gesetzes des Herzens und seines Glückes.«[77][*4] Ostentativ wendet sich Hegel alsdann in Formulierungen, aus denen man den Vorwurf des Asozialen geradezu herauszuhören glaubt, gegen die Individualität, die nicht gewillt ist, ihre Rolle fraglos zu akzeptieren. Mit psychoanalytischem Gespür wittert Hegel anachronistisch schon zu seiner Zeit

---

[77] Hegel, Phänomenologie des Geistes, hrsg. von Johannes Hoffmeister, a.a.O. (s. Anm. 61), S. 271f.; vgl. HW, Bd. 3, S. 280f.

das Unangepaßte, Psychopathische am Weltverbesserer. Verräterisch erklärt er: »Denn das Wahre ist ihm das Gesetz des Herzens, – ein bloß *gemeintes*, das nicht, wie die bestehende Ordnung, den Tag ausgehalten hat, sondern vielmehr, wie es sich diesem zeigt, zugrunde geht.«[78][*5] Was sich zur Erscheinung brachte, zeigt sich schon durch die bloße Tatsache seines Daseins legitimiert, das Zugrundegehen des Lebenstüchtigen wird mit der geradezu überlegenen Behaglichkeit desjenigen, dessen Verdienst es ist, den Tag ausgehalten zu haben, als notwendige gerechte Folge seiner Verrücktheit, quittert. Die Fraglosigkeit des Rollencharakters verbietet den Menschen die Reflexion auf die eigene Bestimmung unter Beschwörung der allgemeinen Verpflichtung des Individuums zu gesellschaftlich nützlicher Arbeit.

Das Selbstbewußtsein handelt also tugendhaft, indem es sich der Notwendigkeit unterwirft, seinem Eigenwillen entsagt, sich seiner Gaben und Fähigkeiten entäußert und so seine Individualität aufopfert. Das Individuum wird dadurch an und für sich reell, muß aber im Kampfe der besonderen Interessen mit den allgemeinen erkennen, daß es betrügt und betrogen wird.

In dem Abschnitt über das geistige Tierreich werden schon die gesellschaftlichen Antagonismen des Hochkapitalismus sichtbar – obwohl die Anarchie der Tauschverhältnisse zur Zeit der Entstehung die Phänomenologie noch nicht ausgebrochen war –, deren Wesen es ist, sich durch gesellschaftliche Arbeit zu erhalten, ihre Entfaltung aber in einer individualistischen Gesellschaft zu haben, in der sich die Individuen gegenseitig entäußern und bestätigen. Indem das Bewußtsein dies einsieht, stellt es seine Individualität unter allgemeine Gesetze, deren Prüfung es sich als ein vernünftiges Bewußtsein zur Aufgabe macht und sich in der so geschaffenen sittlichen Wirklichkeit als objektiven Geist erkennt. Von dieser Stufe an wird der Inhalt der Weltgeschichte für den weiteren Gang der Ausführung bestimmend.

Die historischen Stufen, die in der Phänomenologie des Geistes Gegenstand philosophischer Betrachtungen werden, folgen nicht geradlinig in chronologischer Reihenfolge. Es wäre daher abwegig, die Phänomenologie etwa als eine analog der Geschichtsphilosophie angelegte Darstellung der Weltgeschichte in ihrer Beziehung auf den Prozeß der Selbstverwirklichung des Geistes interpretieren zu wollen und sie so mehr als eine Art Exegese der Weltgeschichte aufzufassen. Vielmehr hat das Bewußtsein einer Epoche als das Resultat aller vorhergehenden, diese als aufgehobene, gegen ihre historische Abfolge gleichgültige

---

78 Hegel, Phänomenologie des Geistes, hrsg. von Johannes Hoffmeister, a.a.O. (s. Anm. 61), S. 272; vgl. HW, Bd. 3, S. 281.

Momente als seinen Gehalt in den Formen des allgemeinen Geistes. Das einzelne Bewußtsein vermag seiner Genesis nur im Allgemeinen innezuwerden.

Jegliches Bewußtsein, als unmittelbar individuelles, hat seinen Widerspruch in sich selbst, da es seine Individualität der Identität mit dem Allgemeinen verdankt. Erst dadurch, daß es sich in seinem Bewußtsein, als ein wesentlich entgegengesetztes, als individuelle Bewegung des Allgemeinen begreift, ist es ein konkretes, besonderes Bewußtsein. Die Gestalten seiner Entwicklung, die sich dem reflektierenden Geist als Moment seiner Entstehung darstellen, durch die es seinen individuellen Gehalt als in der Geschichte der Gattung vermittelt erkennt, sind nicht an die Abfolge der Zeit gebunden. Der sich als Geist wissende Geist, das Absolute, »... hat zu seinem Wege die Erinnerung der Geister, wie sie an ihnen selbst sind und die Organisation ihres Reiches vollbringen. Ihre Aufbewahrung nach der Seite ihres freien, in der Form der Zufälligkeit erscheinenden Daseins ist die Geschichte, nach der Seite ihrer begriffenen Organisation aber die Wissenschaft des erscheinendes Wissens ...«[79][*6] Die im Elemente des Bewußtseins aufgehobenen Stationen vergangener Entwicklung sind als gegenwärtige von der Zufälligkeit geschichtlich erscheinenden Daseins frei und können in ihrer Wahrheit begriffen werden. Daher treten in der Entfaltung des Geistes die Gestalten des allgemeinen, geschichtlichen analog neben die des individuellen Bewußtseins. In dem logischen Bewußtsein, das die Identität seines Inhalts in den wechselnden Epochen seiner Entwicklung entfaltet findet, ist die zeitliche Einheit als ordnende Funktion erloschen, der spekulative Gedanke ergreift in dem Gegenwärtigen als Erscheinung das Resultat seiner gesamten Entwicklung.

---

79 Die »Phänomenologie des Geistes« endet mit der Bemerkung: »*Das Ziel, das absolute Wissen, oder der sich als Geist wissende Geist hat zu seinem Wege die Erinnerung der Geister, wie sie an ihnen selbst sind und die Organisation ihres Reichs vollbringen. Ihre Aufbewahrung nach der Seite ihres freien in der Form der Zufälligkeit erscheinenden Daseins ist die Geschichte, nach der Seite ihrer begriffnen Organisation aber die* Wissenschaft *des erscheinenden Wissens; beide zusammen, die begriffne Geschichte, bilden die Erinnerung und die Schädelstätte des absoluten Geistes, die Wirklichkeit, Wahrheit und Gewißheit seines Throns, ohne den er das leblose Einsame wäre; nur – [Absatz] aus dem Kelche dieses Geisterreiches [Absatz] schäumt ihm seine Unendlichkeit.*« (Hegel, Phänomenologie des Geistes, hrsg. von Johannes Hoffmeister, a.a.O. [s. Anm. 61], S. 564; vgl. HW, Bd. 3, S. 591) Die letzten Worte sind eine Reprise des Gedichts »Die Freundschaft« von Friedrich Schiller aus der »Anthologie auf das Jahr 1782«, das mit der Strophe schließt: »Freundlos war der große Weltenmeister, / Fühlte *Mangel* – darum schuf er Geister, / Selge Spiegel *seiner* Seligkeit! – / Fand das höchste Wesen schon kein gleiches, / Aus dem Kelch des ganzen Seelenreiches / Schäumt *ihm* – die Unendlichkeit.« (Friedrich Schiller, Sämtliche Werke, hrsg. von Gerhard Fricke und Herbert G. Göpfert in Verb. mit Herbert Stubenrauch, Bd. 1, 3. Aufl., München 1962, S. 29–113; hier: S. 93)

In der sittlichen Welt gerät das Selbstbewußtsein in den Konflikt von menschlichem und göttlichem Gesetz, ersteres durch die Staatsmacht, letzteres durch die Familie repräsentiert. Da es nach einer der beiden Ordnungen, denen es beiden gleichermaßen zugehört, handeln muß, wird es unschuldig schuldig; die Schuld trifft den Handelnden. Dasselbe Schicksal widerfährt sowohl dem Individuum als auch dem ganzen Volke. Im Reich der abstrakten Freiheit – Hegel denkt an das römische Imperium – ist der sittliche Geist sich selbst entfremdet.[80] Die Entfremdung ermöglicht die Errichtung eines Systems institutioneller Erlasse und schafft so ein objektives Recht, das, indem es die Würde des Menschen leugnet, diesem durch die Fremdheit von Individuum und Institution Unrecht tut.

Wenn nach Durchlaufen seiner Gestaltungen dem Bewußtsein die Bewegung des Absoluten Gegenstand seines Denkens wird, ist erst die Wahrheit des gesamten Prozesses verwirklicht und dargestellt. Hier könnte die Logik einsetzen, die den von seiner zufälligen, bloß äußerlichen Gegenständlichkeit befreiten Begriff zu ihrer Voraussetzung hat. Wird vom Zweck gesagt, daß er die Mittel heilige, so fällt diese Funktion dem Resultat der Hegelschen Philosophie, dem als vollendeten Prozeß alle Momente seiner Entwicklung in sich einschließenden und aufhebenden Absoluten zu. Erst von ihm, der Wahrheit seines Werdens, soll die dunkle Verstricktheit seiner Entfaltung einsichtig und damit entsühnt werden.

[*1] Kant, Kritik der reinen Vernunft, Ausgabe A, S. 99.
[*2] Hegel, Sämtliche Werke (hrsg. von Georg Lasson) Verlag von Felix Meiner (Leipzig)[81] Seite 238
[*3] ebenda a.a.O. S. 240
[*4] Hegel, Phänomenologie des Geistes, Verlag Felix Meiner 1948, Seite 271–272
[*5] Hegel, Phänomenologie des Geistes, Verlag Felix Meiner 1948, Seite 272
[*6] Hegel, Phänomenologie des Geistes, Verlag Felix Meiner 1948, Seite 564

---

80 Vgl. ebd., S. 328–342.
81 D.i. HSW, Bd. I.

273 Thomas Leithäuser, 7. Dezember 1961

Philosophisches Hauptseminar
Professor Adorno

Thomas Leithäuser
stud. phil.
6. Semester

Protokoll der Seminarsitzung vom 7. 12. 1961

Die Konzeption der Bewußtseinsinhalte in der Kantischen Philosophie ist genauso atomistisch wie die der Philosophie Humes. Bei Hume wird das Ich aufgelöst zu bloß assoziativ verbundenen »perceptions«; es läßt sich zwischen ihnen kein Kausalverhältnis notwendig aufzeigen. Kausalität selbst ist nur Gewohnheit. In welche Weise Individuen zu Übereinstimmung gelangen können, bleibt ungeklärt. Bei Kant ist es der Begriff der Tätigkeit (die Spontanität des Verstandes), dem eine notwendige Synthesis des Mannigfaltigen gelingt. Die bestimmende Urteilskraft ist das Vermögen, das den in die Formen der Anschauung getretenen Gegenstand mit der Kategorie zusammenbringen soll. In dem Kapitel der Kritik der reinen Vernunft »von dem Schematismus der reinen Verstandesbegriffe« stellt Kant die Verbindung der reinen Anschauungsformen mit dem Verstand her: »Der Verstandesbegriff enthält reine synthetische Einheit des Mannigfaltigen überhaupt. Die Zeit, als die formale Bedingung des Mannigfaltigen des inneren Sinnes, mithin der Verknüpfung aller Vorstellungen, enthält ein Mannigfaltiges a priori in der reinen Anschauung. Nun ist eine transzendentale Zeitbestimmung mit der *Kategorie* (die die Einheit derselben ausmacht) sofern gleichartig, als sie *allgemein* ist und auf einer Regel a priori beruht. Sie ist aber andrerseits mit der *Erscheinung* sofern gleichartig, als die *Zeit* in jeder empirischen Vorstellung des Mannigfaltigen enthalten ist. Daher wird eine Anwendung der Kategorie auf Erscheinungen möglich sein, vermittelst der transzendentalen Zeitbestimmung, welche, als das Schema der Verstandesbegriffe, die *Subsumtion* der letzteren unter die erste vermittelt.«[82][*1] Die Synthesis zwischen Form und Materie ist aber nicht etwas, was nur vom Subjekt geleistet wird, sondern es ist immer zugleich auch von der Sache motiviert. Der von Kant erhobene Anspruch der Gesetzmäßigkeit erfüllt sich nur dadurch, daß sie dem Gegenstand sich ebenfalls anmißt. In der Kantischen Philosophie ist das Ordnungsbedürfnis so groß, daß es von dem sich wechselseitigen Bestimmen der Sache und des Begriffs gestört würde. Die Prävalenz der

---

[82] Kant, Kritik der reinen Vernunft, hrsg. von Raymund Schmidt, a. a. O. (s. Anm. 47), S. 198 (B 177 f.; A 138 f.); vgl. KW, Bd. III, S. 188.

Ordnung ist da am besten, wo sie von der Sache überhaupt nicht angegriffen wird. Es steckt darin das Bedürfnis das Klassifikatorische des naturwissenschaftlichen, mathematischen Schemas zu rechtfertigen. Es läßt sich aber sehr gut zwischen motivierten und nicht motivierten Klassifikationen unterscheiden. Die Sache selbst bestimmt dies mir. Hier liegt der Anlaß zur Dialektik. »Klassifikation ist Bedingung von Erkenntnis, nicht sie selbst, und Erkenntnis löst die Klassifikation wiederum auf.«[83][*2]

Ein aufklärerisches Moment der Hegelschen Philosophie liegt in der Bestimmung des Wesens des Menschen. Dieses besteht im Tun (Handeln), im Sich-Selber-Setzen. Alles das, was auf ein Sein geht, worin die menschliche Aktivität nicht enthalten ist, reduziert Kultur auf Natur. Gerade das, worüber menschliches Handelns nichts vermag, wird von der Seinsphilosophie mythologisiert. »Diese Allgemeinheit, zu der der Einzelne als solcher gelangt, ist das reine Sein, der Tod; es ist das unmittelbare natürliche Gewordensein, nicht das Tun eines Bewußtseins. Die Pflicht des Familiengliedes ist deswegen, diese Seite hinzuzufügen, damit auch sein letztes Sein, dies allgemeine Sein, nicht allein der Natur angehöre und etwas Unvernünftiges bleibe, sondern daß es ein Getanes und das Recht des Bewußtseins in ihm behauptet sei. Oder der Sinn der Handlung ist vielmehr, daß, weil in Wahrheit die Ruhe und Allgemeinheit des seiner selbst bewußten Wesens nicht der Natur angehört, der Schein eines solchen [...][84]

[*1] Kritik der reinen Vernunft S. 198 Verlag Meiner
[*2] Dialektik der Aufklärung[85] S. 260

---

83 GS, Bd. 3, S. 249.
84 Der Rest des Protokolls wurde nicht aufgefunden.
85 Vgl. Max Horkheimer und Theodor W. Adorno, *Dialektik der Aufklärung. Philosophische Fragmente*, Amsterdam 1947.

274 Heinz Lüdde,
14. Dezember 1961

|*Philosophisches Hauptseminar* – Prof. Th. W. Adorno

Protokoll der Seminarsitzung vom 14. 12. 1961

Heinz Lüdde|

Im Anschluß an Herrn Tillacks Referat über den Abschnitt »Die offenbare Religion« aus der Phänomenologie des Geistes[86] beschäftigte sich das Seminar mit der Hegelschen Kritik der Religion.

Vornehmlich zwei Momente dieser Kritik wurden herausgegriffen: Einmal die Kritik an der Religion als bloßer Vorstellung, zum andern die Kritik an deren Ohnmacht gegen die Wirklichkeit.

Insofern diese Kritik, dieses »Räsonieren« Immanentes ist, nämlich treibende Kraft im Gange des Geistes, ist es zugleich Selbstkritik des Systems. Das rührt her von dem Anspruch des Geistes, der absolute zu sein; so ist die Bündigkeit der Kritik zugleich die Bündigkeit des Kritisierten, das Ganze der Geist in seiner doppelten Gestalt.

Diese Selbstkritik erhält auf der Stufe der offenbaren Religion einen doppelten Aspekt. Sie ist immanente insofern, als der Geist in der offenbaren Religion sich selbst als in einer noch fremden Gestalt erkennt, und wird äußerliche insofern, als sie die offenbare Religion als bloße Vorstellung und noch nicht die Sache selbst kritisiert. In dieser Äußerlichkeit setzt der Geist zugleich ein Moment des Nichtidentischen an ihm. Nach der Seite des Subjekts bedeutet dies, daß der Geist auf der Stufe der offenbaren Religion sich selbst entfremdet, für sich als Vorstellung, der Geist in einer noch verkehrten Gestalt ist. Nach der Seite des Objekt heißt dies, daß die Religion zum Symbol einer Geistesstufe, zum bloßen Modell heruntersinkt.

Wenn aber hier die Einheit des absoluten Wissens nur Schema, nur Modell ist, woher weiß ich dann, daß es im Absoluten das Absolute ist? Im Bewußtsein nämlich, damit es wahres ist, müssen alle Gestalten, die es auf seinem Wege erfährt, als konkrete aufbewahrt sein. Indem aber der Geist Religion als bloße

---

86 Hilmar Tillack, »Hegel, Phänomenologie des Geistes: Die offenbare Religion«, Archivzentrum Na 1, 890; vgl. HW, Bd. 3, S. 545–574.

Vorstellung kritisiert, begibt er sich seines eigenen Inhalts, denn die Philosophie bedarf der Religion als ihres wirklichen Moments.

Die Gewalt gleichsam, die der Geist der Sache antut, indem er den Anspruch der Religion, Versöhnung zu leisten, zu seinem eigenen macht, wendet sich gegen ihn selbst; das Setzen seiner als Vorstellung wird zugleich zu seinem konkreten Verlust; Christus, die konkrete Einheit der Gesamtheit, die wirkliche Versöhnung, der reale Übergang der Essenz in die Existenz wird zum Symbol einer Geistesstufe. Damit ist Hegels eigener Anspruch des positiven Aufgehobenseins nicht erfüllt.

Die Versöhnung, die der Geist gibt, indem er diese seine Selbstentfremdung, diese notwendige Unwahrheit jener Stufe, als sein wirkliches Moment erkennt, wird zur Aussöhnung bloß mit sich selbst, zu Überwindung der Trennung, die er selbst gesetzt hat, oder zur Versöhnung zwischen Philosophie und Religion. Aber auch diese ist nicht wirklich, denn der absolute Geist nimmt zwar gemäß seines eigenen Anspruchs, das Ganze und darum das Wahre zu sein, die Versöhnung auf sich, jedoch ohne selbst wirklich zu sein, wirklicher realer Geist aber ist er nur als konkrete Einheit all seiner Momente. Nun ist zwar die Religion Moment seiner, aber eben nur dies. Sie ist nur für ihn als nicht wirklich, nicht an und für sich. Der konkrete Inhalt der Religion geht verloren. Zugleich aber macht die Hegelsche Philosophie sich stark, der Philosophie zur Wahrheit zu verhelfen. Doch indem sie sich so zur Fürsprecherin der Wahrheit macht, hört sie selber auf, wahr zu sein.

Dieses Moment der Willkür, das herrühren mag davon, daß Hegel das Modell seines Denkens aus der christlichen Lehre übernommen hat und es dann wiederum auf diese überträgt, ist jedoch mehr als ein Fauxpas des Philologen. Es ist die bereits durch die »intendierte Geschlossenheit des Denkverlaufs statuierte Priorität des Geistes – der Geist wirft sich zum ontologisch Letzten auf«[87][*1], oder die Idee der Versöhnung wird zur Philosophie des Höheren.

Der Verlust der Versöhnung bedeutet für das System, den Gedanken, den Verlust der Konkretion. Das Bewußtsein ist nicht nur entzweit in die Welt, die es wirklich ist, und die Welt, die es in Wahrheit ist, sondern dieses sein wirkliches

---

[87] *Recht verstanden, ist die Wahl des Ausgangspunktes, des je Ersten, für die Hegelsche Philosophie gleichgültig; sie erkennt ein solches Erstes als festes und im Fortgang des Denkens unverändert sich selbst gleichbleibendes Prinzip nicht an. Hegel läßt damit alle traditionelle Metaphysik und den vorspekulativen Begriff des Idealismus weit unter sich. Aber der Idealismus wird dennoch nicht verlassen. Die absolute Stringenz und Geschlossenheit des Denkverlaufs, die er mit Fichte gegen Kant anstrebt, statuiert als solche bereits die Priorität des Geistes, auch wenn auf jeder Stufe das Subjekt ebenso als Objekt sich bestimmt wie umgekehrt das Objekt als Subjekt. Indem der betrachtende Geist sich vermißt, alles was ist, als dem Geist selber, dem Logos, den Denkbestimmungen kommensurabel zu erweisen, wirft der Geist sich zum ontologisch Letzten auf, auch wenn er die darin liegende Unwahrheit, die des abstrakten Apriori, noch mitdenkt und diese seine eigene Generalthesis wegzuschaffen sich anstrengt. (GS, Bd. 5, S. 260 f.)*

Sein selbst ist nicht real, ist inhaltslos. Die Ferne der Versöhnung in der Vergangenheit und in der Zukunft ist für es der Verlust des Objekts, die Entzweiung selbst ist total. Solche Verselbständigung des Objekts wirft die Frage nach der Faktizität des Denkens auf oder, vom Standpunkt der Religion, die Frage nach der Rettung des Einzelnen, nach dessen wirklicher Versöhnung nicht nur im Jenseits sondern auch mit der wirklichen Welt. Wenn Philosophie Versöhnung zu leisten sich anheischig macht[88], ist sie selbst nach ihrem Vermögen über die Wirklichkeit zu befragen. Da die Wirklichkeit aber die Weltgeschichte ist, ist die Frage nach der Faktizität des Systems keine bloß erkenntnistheoretische, sondern die, inwieweit die »Phänomenologie des Geistes« zugleich Geschichtsphilosophie ist oder die, »wie das Verhältnis des Bewußtseinsweges, den die Phänomenologie verfolgt, zu dem von der Menschheit in ihrer Geschichte zurückgelegten zu denken ist?«[89][*2]

Charakterisiert Hegel in der zweiten Form seiner Kritik an der Religion diese als Vergangene und darum der Wirklichkeit »Nicht-Mächtige«,[90] so scheint mit dem Verlust des historischen Fakts die Konkretion, die Realität des Geistes gänzlich verloren. Diese Kritik aber erweist sich zugleich als die andere, die objektive Seite der Selbstkritik des Systems. Dem Bewußtsein nämlich, das auf jeder seiner Stufen an seiner Identität festhält, ist die Religion es selbst in seiner anderen Gestalt, oder die historischen Religionen, insofern ihr Inhalt geistiger ist, sind bestimmte Gestalten des Bewußtseins.

Indem so das Denken alles ins Bewußtsein hineinzieht, ist jenes selber Vergangenes, selber Ohnmächtiges; in ihm aber sind zugleich die Gestalten des Geistes aufbewahrt, und sein Vergangensein spricht nur aus, daß es ein Werdendes ist.

---

88 Korrigiert aus: »sich anheischt«.
89 »Soll der Gang der Weltgeschichte sich in der Wanderung des Bewußtseins abspiegeln, will die Phänomenologie den gesamten historischen Inhalt rekonstruieren? Wäre dies ihre Absicht, so wäre sie schlecht gelungen. Denn Hegel greift willkürlich bald diese, bald jene Gestalt aus der Geschichte heraus [...]. Hätte es in Hegels Plan gelegen, in der Phänomenologie den Gang der Weltgeschichte zu rekonstruieren, so müßte diese Willkür den schärfsten Verdacht gegen die von Hegel mit so großem Nachdruck für die Methode in Anspruch genommene Wissenschaftlichkeit erregen. Wenn aber dieser Plan nicht besteht, welche Bedeutung hat dann die Heranziehung historischer Tatsachen, wie ist das Verhältnis des Bewußtseinsweges, den die Phänomenologie verfolgt, zu dem von der Menschheit in ihrer Geschichte zurückgelegten zu denken?« (Kroner, Von Kant bis Hegel, a.a.O. [s. Anm. 7], Bd. 2, S. 375 f.)
90 Vgl. HW, Bd. 3, S. 556 f.

Ist nun »der Verlauf der Gestalten, die das Bewußtsein erfährt, im Verhältnis zur Religion nicht in der Zeit vorzustellen«[91][*3], so ist dieses Verhältnis »die Aufbewahrung der Gestalten des Geistes ... nach der Seite ihrer begriffenen Organisation ...«[92][*4] und dieser Verlauf das Begreifen oder das tätige Werden des Bewußtseins. Die Negation der Zeit aber ist nicht abstrakte, vielmehr wird Zeit selber Moment des Bewußtseins und, indem »der Geist seinen reinen Begriff erfaßt, Zeit getilgt.«[93][*5] Das Denken, welches das Negative in das Positive mit hineinnimmt, bringt aus sich seine Wahrheit hervor. In diesem Hervorbringen spricht sich die Kraft des Bewußtseins aus, die Versöhnung selbst zu leisten. Die Bewegung des Begriffs erweist sich, wesentlich Arbeit zu sein.

Für das Individuum bedeutet das, daß es das Kreuz nimmt, die Versöhnung seine Tätigkeit ist, nämlich so, daß »auf dem Weg, auf dem das endliche Ich sich zum absoluten erhebt, das Individuum zugleich sich die Erfahrung der Gattung aneignet und im Anstiege zum Standpunkte des absoluten Wissens mehr und mehr mit ihr verschmilzt.«[94][*6] Darum also wird der Einzelne die Frage nach seiner persönlichen Rettung nicht mehr stellen und die stellvertretende nicht anerkennen, weil er auf dem Weg seiner Erfahrung, der mehr ist als das bloße Durchlaufen logisch aufeinanderfolgender Erkenntnisstufen, der nämlich lebendige Erfahrung, Erleben und in seiner fortschreitenden Entwicklung wesentlich Bildung ist, auf seinem Ich-Sein nicht mehr beharren kann und muß, sondern auf jeder seiner Bildungsstufen die Versöhnung selbst vollbringt.

Zitate:
[*1] Theodor W. Adorno; »Aspekte der Hegelschen Philosophie« Frankfurt am Main 1957;[95] Seite 19 f.

---

91 »Die Religion setzt den ganzen Ablauf derselben voraus und ist die *einfache* Totalität oder das absolute Selbst derselben. – Der Verlauf derselben ist übrigens im Verhältnisse zur Religion nicht in der Zeit vorzustellen.« (HVA, Bd. 2, S. 513; vgl. HW, Bd. 3, S. 498)
92 S. oben, Anm. 79.
93 »Die *Zeit* ist der *Begriff* selbst, der *da ist*, und als leere Anschauung sich dem Bewußtsein vorstellt; deswegen erscheint der Geist notwendig in der Zeit, und er erscheint so lange in der Zeit, als er nicht seinen reinen Begriff *erfaßt*, d. h. nicht die Zeit tilgt.« (Hegel, Phänomenologie des Geistes, hrsg. von Johannes Hoffmeister, a. a. O. [s. Anm. 61], S. 558; vgl. HW, Bd. 3, S. 584)
94 Das Zitat lautet vollständig korrekt: »Für Hegel wird der Weg, auf dem das endliche Ich sich zum absoluten erhebt, zugleich zu demjenigen, auf dem das Individuum sich die Erfahrung der Gattung aneignet, und auf dem es im Anstiege zum Standpunkte des absoluten Wissens mehr und mehr mit ihr verschmilzt.« (Kroner, Von Kant bis Hegel, a. a. O. [s. Anm. 7], Bd. 2, S. 377)
95 Vgl. Theodor W. Adorno, *Aspekte der Hegelschen Philosophie*, Berlin und Frankfurt a. M. 1957.

[*2] Richard Kroner; »Von Kant bis Hegel« Bd. II Tübingen 1961; Seite 376.
[*3] Hegel; Werke 1832; II, 513 – bzw. Kroner II; Seite 378 Anm.[96]
[*4] Hegel; »Phänomenologie des Geistes« Hamburg 1952; Seite 564.
[*5] S.o.; Seite 558.
[*6] Richard Kroner; s.o.; Seite 377.

---

[96] »So sagt Hegel ausdrücklich beim Uebergang vom sittlichen Geiste zur Religion, daß der Verlauf der Gestalten, die das Bewußtsein erfährt, ›im Verhältnisse zur Religion nicht in der Zeit vorzustellen‹ ist (II, 513).« (Kroner, Von Kant bis Hegel, a.a.O. [s. Anm. 7], Bd. 2, S. 378, Anm. 1)

275 Claus Cebulla, 11. Januar 1962

Protokoll der Seminarsitzung vom 11. 1. 1962

Die Kernfrage ist, wie mit einem identischen Begriff das Nichtidentische notwendig zusammengedacht werden kann. Das Bemühen, identisch durchzuhalten, was einmal gesetzt worden war, wird brüchig, sobald sich der Kreis der Bestimmungen erweitert. Wie überhaupt die Bestimmung, daß etwas mit sich selbst identisch sei, rein formalen Charakter hat, so wird jede Bestimmung, die dieser hinzugefügt wird, nicht nur die Reinheit, sondern auch das Prinzip durchbrechen. Schon bei der unbedachten Nebeneinanderstellung der beiden Formeln »A ist (stets) gleich A, und keinesfalls gleich Nicht-A«, die doch den obersten Satz der formalen Logik ausmachen, verkrampft sich der Sinn und versperrt den Fortgang des Denkens in einem endlichen, gleichsam geometrisch eingefrorenen Begriffssystem. Der Zweifel in die reine Identität löst diese Erstarrung. Aber wie es eine Zumutung für das diskursive Denken sein muß, verlangte man von ihm die Durchbrechung seines Formalismus, so erst recht eine Zumutung an das dialektische, würde es auf das Niveau formaler Operationen herabgezogen (alles unter der Voraussetzung, daß die Trennung von diskursivem und dialektischem Denken je säuberlich durchgeführt werden könnte). Sobald das Zusammenhängende und das Widersprechende in einer Einheit synthetisiert worden sind und die Bewegung, die Übergänge, als notwendig erkannt werden, wird die preisgegebene Identität unter dem Namen »Entäußerung« als Verlust gebucht, obgleich diese Entwicklung als Fortgang begrüßt wird. Die Entäußerung lebt nur von der Energie, die durch die Denkanstrengung im Begriff der Identität gespeichert wurde und nun durch deren Auflösung freigesetzt wird. Die Disharmonie der Welt bringt sich schmerzlich in die Erinnerung, wenn sich der Begriff der sich dadurch gewann, daß er sich von der Sache trennte, wieder an der Sache orientieren und mit ihr verschmelzen will; das Denken, das sich der Sache stellt, kann nicht mehr auf Ursprünge und Vergangenheiten, die hinter seinem Rücken liegen und verloren sind, zurückgreifen.

Wenn Entäußerung jene Bestimmung des Begriffs meint, daß er sich aufschließt und hinter der Identität die Differenz und deren Einheit, was er ist und was er nicht ist, zeigt, so darf dieser Sachverhalt sinngemäß nicht in einem Urteil gedacht werden; die Statik der formallogischen Urteilselemente, des Subjekts und des Prädikats, verhindert die Bewegung des Begriffs. Nur die Sprache vermag dies zu leisten, indem sie sich ihrem Gegenstand über eine Art immanenter Textlogik annähert. Analog der Form des Kunstwerks, die dessen Inhalt sublimiert hat, sublimieren die abstrakten Formeln des philosophischen Textes die Tatsächlichkeit. Die Sprache steht dann nicht wie fremd ihrem Gegenstand gegenüber, sondern macht den allgemein gedachten Gedanken zu etwas Individuellem im Prozeß der Explikation. Erst das Denken, das das Wort als die individuelle Gestaltung des Begriffs (W. v. Humboldt)[97] anerkennt und nicht nach den Subjekten und Prädikaten der Urteile sucht, versteht die dialektische Bewegung des Begriffs. Wenn jedoch der Sprache diese Sublimierung mißlingt, ob sie nun beziehungslos ein abgezirkeltes Ornament bleibt, oder ob sie durch den Gebrauch ihrer Termini gleichsam wie Götternamen erstarrt, verfehlt sie in jedem Fall die Wahrheit. Daß dialektische Gedankengänge oft gerade dort am besten geraten, wo sie in abbreviierte Formen (Essay, Fragment) eingehen, hat Gründe, die in der Komprimiertheit dieser Formen liegen, so daß die Brüche, statt verschleiert zu werden, offen zutage treten. Denn für das dialektische Denken gilt: Wenn ein Prinzip nur einen Augenblick zu konsequent durchgehalten wird, so schlägt es in Unwahrheit um; und es unterliegt der besonderen Gefahr, die nächsthöhere Stufe im Denkprozeß zu verfehlen und aus dem dialektischen Takt zu fallen.

Die Erfahrung gewinnt bei Hegel eine neue Bedeutung; über den szientifischen Inhalt bei Kant hinaus betrifft dieser Begriff das seiner Geschichte bewußte Subjekt. Bei Kant heißt es, daß das Ich denke alle meine Vorstellungen begleitet. Hegel erkennt in dieser Konstruktion »die Ohnmacht und Furcht des Geistes, der sich nicht mehr zu äußern, seiner Identität sich nicht mehr zu entäußern wagt, zugleich aber die Willkür des Verfügenden über allen Inhalt, der zugerichtet wird, daß er unter die Formen des Ich paßt« (Referat Schnädelbach S. 6 f.)[98]. Was oben am Identischen in Unterschiede zerfiel, wird auf der Stufe des Bewußtseins zu Entäußerung des Selbst im Denken, womit auch die (seit Descartes) letzte Bastion des im Abenteuer des Denkens befangenen Subjekts fällt.

Der Begriff der Entäußerung hat in der christlichen Theologie seine Entsprechung in der Agape, dem Gedanken der sich dem Objekt hingebenden Liebe.

---

[97] Bei Humboldt heißt es etwa: »Allein durch Ableitung in den feineren Verzweigungen der Begriffe, durch Zusammensetzung, durch den inneren Ausbau des Gehalts der Wörter, durch ihre sinnvolle Verknüpfung, durch phantasiereiche Benutzung ihrer ursprünglichen Bedeutungen, durch richtig empfundene Absonderung gewisser Formen für bestimmte Fälle, durch Ausmerzung des Ueberflüssigen, durch Abglättung des rauh Tönenden geht in der, im Augenblick ihrer Gestaltung armen, unbehülflichen und unscheinbaren Sprache, wenn ihr die Gunst des Schicksals blüht, eine neue Welt von Begriffen, und ein vorher unbekannter Glanz der Beredsamkeit auf.« (Wilhelm von Humboldt, Ueber das vergleichende Sprachstudium in Beziehung auf die verschiedenen Epochen der Sprachentwicklung [1802], in: Wilhelm von Humboldts Gesammelte Schriften, hrsg. von der Königlich Preussischen Akademie der Wissenschaften, Abt. I, Bd. IV, hrsg. von Albert Leitzmann, Berlin 1905, S. 1–34; hier: S. 2f.)

[98] Der Referatstext »Begriff der Entäußerung« von Herbert Schnädelbach wurde nicht aufgefunden.

Gott selbst entäußert sich in der Menschwerdung um der Erlösung willen. – Der Begriff der Entäußerung erscheint als die philosophische Sublimierung des eigentlich Bürgerlichen, nämlich als der Konflikt der reinen Bestimmung des Menschen mit dem Eingehen in einen festen Beruf. Das Subjekt ist nichtig, solange es sich nicht realisiert, und das ist ihm nur im Beruf gestattet. Prosaische Nüchternheit, Anpassung und Unterwerfung unter die Disziplin der Sache sind die spezifischen bürgerlichen Tugenden. Diese bürgerliche Selbstaufgabe erscheint in künstlerischer Verklärung beim alten Goethe als das Motiv der Entsagung, als der Verzicht, der im Leben unvermeidlich wird:

»Das Liebste wird vom Herzen weggescholten,
Dem harten Muß bequemt sich Will' und Grille.«
(Urworte. Orphisch)[99]

Im Grunde findet in der bürgerlichen Sphäre der Entäußerung die Rechtfertigung der Entfremdung statt, denn der tatsächliche Zwiespalt wird fixiert und noch dazu anerkannt.

An dem veränderten Begriff der Erfahrung bei Hegel tritt das Moment des Tuns des Subjekts in den Vordergrund. Was erfahren werden kann, ist das vom Subjekt Verschiedene; aber für das Subjekt nur dem Anschein nach fremd und tot, wird es durch die Arbeit des Subjekts wiederbelebt, wird ein wesentlicher Teil seiner Erfahrung. Denn was dem Subjekt unmittelbar gegeben ist, ist wie es selbst nur Moment des allgemeinen Geistes. Das Individuum sucht auf, was vorher die Sache selbst war, jetzt aber »zu einem unscheinbaren Moment herabgesunken«, »nur noch eine Spur« ist (Phänomenologie S. 26)[100].

---

[99] Aus der vierten Stanze »ANAΓKH, Nöthigung«: »Da ist's denn wieder, wie die Sterne wollten; / Bedingung und Gesetz und aller Wille / Ist nur ein Wollen, weil wir eben sollten, / Und vor dem Willen schweigt die Willkür stille; / Das Liebste wird vom Herzen weggescholten, / Dem harten Muß bequemt sich Will' und Grille. / So sind wir scheinfrei denn nach manchen Jahren / Nur enger dran, als wir am Anfang waren.« (Johann Wolfgang Goethe, Urworte. Orphisch [1820], in: Goethes Werke, hrsg. im Auftrag der Großherzogin Sophie von Sachsen, Bd. I·3, Weimar 1890, S. 95 f.; hier: S. 96)

[100] »Das besondere Individuum ist der unvollständige Geist, eine konkrete Gestalt, in deren ganzem Dasein *eine* Bestimmtheit herrschend ist, und worin die andern nur in verwischten Zügen vorhanden sind. In dem Geiste, der höher steht als ein anderer, ist das niedrigere konkrete Dasein zu einem unscheinbaren Momente herabgesunken; was vorher die Sache selbst war, ist nur noch eine Spur; ihre Gestalt ist eingehüllt und eine einfache Schattierung geworden.« (Hegel, Phänomenologie des Geistes, hrsg. von Johannes Hoffmeister, a. a. O. [s. Anm. 61], S. 26; vgl. HW, Bd. 3, S. 32)

Für das Individuum ist dies die Vergangenheit, die es zu durchlaufen und aufzuarbeiten hat. Was als Arbeit der Weltgeschichte vollbracht worden war und worin es als Produkt erschien, bearbeitet das Subjekt, als ob es ein Fremdes vor sich habe; indem es dieses Fremde mit dem Eigenen verschmolzen (dieses als seine eigene Vergangenheit erkennt), treibt es, ohne das zu wissen, den Weltprozeß voran. Wenn aber dieser Begriff der Bildung zum Bildungsgut wie in der Diltheyschule gemacht wird, zum Reichtum derer, die im Vollbesitz unbegrenzter Möglichkeiten zu sein meinen, und wenn die Sammlung der Leitgedanken der Weltgeschichte in den behaglichen Genuß des Geleisteten mündet, dann zeigt sich eine der Verfallsformen des auf absolutes Wissen zielenden Subjekts. Die Wiedererweckung der Weltgeschichte, der geronnenen Arbeit, geschieht nicht musealer Zwecke, sondern um der realen Versöhnung willen, damit das Subjekt sich als versöhnt erkennt und die Stufe des absoluten Wissens erreicht:

»Diese letzte Gestalt des Geistes, der Geist, der seinem vollständigen und wahren Inhalte zugleich die Form des Selbst gibt, und dadurch seinen Begriff ebenso realisiert, als er in dieser Realisierung in seinem Begriffe bleibt, ist das absolute Wissen« (Phänomenologie S. 556)[101]

Die Entäußerung hat dann ihr Ziel erreicht, genauer: Sie hat in den Zustand hineingeführt, wo sie überflüssig und die Bewegung, die sie initiiert hat, nun habituell geworden ist.

Frankfurt, den 15.[102] 1. 1962

Claus Cebulla[103]

---

101 »Diese letzte Gestalt des Geistes, der Geist, der seinem vollständigen und wahren Inhalte zugleich die Form des Selbsts gibt, und dadurch seinen Begriff ebenso realisiert, als er in dieser Realisierung in seinem Begriffe bleibt, ist das absolute Wissen; es ist der sich in Geistsgestalt wissende Geist oder das *begreifende Wissen*.« (Hegel, Phänomenologie des Geistes, hrsg. von Johannes Hoffmeister, a. a. O. [s. Anm. 61], S. 556; vgl. HW, Bd. 3, S. 582)
102 Konjiziert für: »8.«.
103 Unterschrift.

276 Siegfried Bartels, 18. Januar 1962

S. Bartels
Protokoll der Seminarsitzung vom 18. 1. 62

Beim Verlesen des Protokolls von Herrn Cebulla wurde auf die Differenz zwischen diskursivem und dialektischem Denken eingegangen. Die Dialektik entzündet sich am Anspruch der diskursiven Logik auf widerspruchsfreie Identität. Sie verweist darauf, daß die Identität nur in Beziehung auf ein Nichtidentisches selber sich denken läßt. Die diskursive Logik impliziert Widerspruchsfreiheit, ohne die Trennung von Subjekt und Objekt aufheben zu können, welches die Bedingung ihrer Aussage ist. Der Begriff Kants von seiner transzendentalen Apperzeption ist noch ganz von der Problematik der diskursiven Logik bestimmt. Die Philosophie von Kant spiegelt die Dialektik innerhalb der diskursiven Logik in der Form wieder, daß sie, um den Anspruch von Erkenntnis auf Allgemeingültigkeit zu erhalten, einen strikten Gegensatz zwischen apriorischen und aposteriorischen Urteilen ansetzt.

Die Priorität des Allgemeinen, die sich in der Kantischen Philosophie ausdrückt, kritisiert die Philosophie von Fichte programmatisch schon in der Weise, daß das ursprünglich setzende absolute Ich sich im unendlichen Sollen des endlichen Subjekts doch erst realisiert. Was bei Fichte Programm bleibt, expliziert die Hegelsche Philosophie mit aller Konsequenz.

Das absolute Ich ist allein in seiner Entäußerung. Er gibt damit dem Selbstbewußtsein der bürgerlichen Gesellschaft Ausdruck insofern, als sich ihm das gesellschaftliche Wesen des Subjekts nur in der Arbeit konstituiert. Bürgerlich bleibt diese Konzeption Hegels auch darin, daß der Triebverzicht und die Entsagung selber keinen endlichen Zweck, der sie lohnen würde, mehr zulassen. Die Arbeit soll den Lohn unmittelbar selbst schon in sich tragen.

Dr. Haag wies darauf hin, daß schon in der antiken Philosophie – in Sonderheit bei Aristoteles – das Subjekt sich ebenfalls nur in Beziehung auf ein Objektives bestimmt. Allerdings wird hier diese Beziehung nicht thematisch; beide bleiben abstrakte Entitäten, denen die Korrelation aufeinander äußerlich bleibt.

Für die Hegelsche Philosophie ist wesentlich festzuhalten, daß die Vermittlung sowenig wie die Unmittelbarkeit ein Letztes ist.

Freilich verstößt die Philosophie von Hegel, soweit sie absoluter Idealismus ist, gegen ihre eigene These, die keinem der Momente das Primat zuerteilt. Über das Unmittelbare und die Vermittlung triumphiert am Ende der absolute Geist als Subjekt, in dem jegliche Objektivität zu einem Moment herabgesunken ist.

Diese Subjektivierung der Objektivität ist als Resultat dem absoluten Wissen nicht etwa ein Äußerliches, sondern geht aus der eigenen Bewegung hervor. Die Enttäuschung des naiven Lesers der Phänomenologie des Geistes, wenn er zum Kapitel über das absolute Wissen vorstößt,[104] ist im Hegelschen Idealismus selbst begründet. Diejenige Philosophie, die jedes mit dem Anspruch auf das Ganze auftretende Moment seiner Endlichkeit überführt, kann kein Resultat bieten, das dem Prozeß additiv hinzugefügt würde und deshalb auch bloß als Endliches sich erwiese. Vielmehr kann das Resultat nur in einer Rekapitulation des durchlaufenen Weges bestehen.

»Dieser Inhalt, bestimmter angegeben, ist er nichts anders als die soeben ausgesprochene Bewegung selbst; denn er ist der Geist, der sich selbst und zwar *für sich* als Geist durchläuft, dadurch, daß die Gestalt des Begriffes in seiner Gegenständlichkeit hat.« (Phänomenologie des Geistes hg. von J. Hoffmeister S. 557)[105]

Mit dieser klassizistisch anmutenden Antwort, ein Neues sei nicht möglich, es komme nur auf die Nachkonstruktion des Vergangenen an, paßt sich die Philosophie des absoluten Idealismus dem Daseienden an und nimmt sich aus wie ein ins Metaphysische transponierter Positivismus.

Das Modell der Hegelschen Philosophie scheint eine Art Äquivalententausch zu sein. Diese Philosophie läuft im Grunde auf eine Tautologie hinaus. Indem sie sich auf der Stufe des absoluten Wissens erfüllt, betrügt sie sich und uns um das, was sie permanent verspricht. Zwar hebt diese, sich als absolut ausgebende, Philosophie alles dem Geist Äußerliche auf, kassiert damit aber auch zugleich die gesamte Bewegung, worin sie sich bestimmte.

Wie wenig das Kapitel vom absoluten Wissen die versprochene Versöhnung zu leisten vermag, läßt sich nicht zuletzt auch an dem ablesen, was dem Vers von Schiller, mit dem das Buch schließt, widerfuhr;[106] dessen beschädigter Rhythmus läßt einiges von der Gewalt des Abstraktionsprozesses verspüren, deren Aufhebung im absoluten Resultat die Worte Schillers doch feiern.

Auf seiner höchsten Stufe, wo das Werk sich dem Leser stellen muß und nicht mehr auf eine noch höhere Stufe verweisen kann, versagt es. Eine Inhaltsangabe soll das Resultat des Inhalts ersetzen. Die Reprise – und darin erinnert die Hegelsche Philosophie an die musikalische Form des Klassizismus – gibt sich als absolutes Wissen aus, legt aber eigentlich das Wissen selber still. Zwar wird be-

---

104 Hegel, Phänomenologie des Geistes, hrsg. von Johannes Hoffmeister, a.a.O. (s. Anm. 61), S. 549–564; vgl. HW, Bd. 3, 575–591.
105 Hegel, Phänomenologie des Geistes, hrsg. von Johannes Hoffmeister, a.a.O. (s. Anm. 61), S. 557; vgl. HW, Bd. 3, S. 583.
106 S. oben, Anm. 79.

hauptet, das absolute Wissen stelle gegenüber der offenbaren Religion eine höhere Stufe dar, doch bleibt Hegel hier schuldig, aus einer neuen Form des Bewußtseins einen neuen Inhalt hervorgehen zu lassen. Das Absolute bleibt gegenüber seinen Erscheinungsweisen gleichgültig.

Es sieht so aus, als scheue das absolute Wissen davor zurück, sich über die offenbare Religion zu erheben, ihr gegenüber ein qualitativ Neues darzustellen. Diese Konzession des philosophischen Gedankens an die protestantische Orthodoxie der Zeit mag eines der Motive sein, die Hegel zur Sistierung der Dialektik veranlaßten.

277 Helmut Schanze, 25. Januar 1962

Protokoll der Seminarsitzung am 25. Januar 1962

Das eigentümliche Versagen der Phänomenologie des Geistes vor der Frage nach dem absoluten Wissen und die Weise, in der sich Hegel dieser Frage, mit der er belästigt werden muß, zu entledigen versucht, waren die Ausgangspunkte der Sitzung vom 25. Januar 1962.

Die Aporie, in die das zum absoluten Wissen aufsteigende Denken gerät, ist durch zwei Momente bestimmt: Einerseits darf das Denken auf der höchsten Stufe nicht in die bestimmungslose »Nacht, in der alle Kühe schwarz sind«[107], oder in ein »gehaltloses Deklamieren«[108] versinken, andererseits kann das Kapitel über das »Absolute Wissen« kein »Resultat« bringen, denn dieses wäre als Bestimmtes auch ein Partikulares und fiele notwendig der Dialektik anheim. Das Versagen des Gedankens vor seinem höchsten Anspruch fällt mit dem Wesen der Dialektik zusammen: Die Versöhnung mit dem Absoluten ist zugleich deren Verweigerung.

Herr Professor Horkheimer griff zu Beginn des Gesprächs als advocatus Hegelis das Moment des in die dialektische Bewegung zurückfallenden »Resultats« auf. Mit einem inhaltlichen Fortschreiten beim Übergang von der »offenbaren Religion« zum »absoluten Wissen« wäre im Sinne der Hegelschen Philosophie die Negation der verlassenen Stufe verbunden, die »offenbare Religion«[109] als solche fiele der Dialektik zum Opfer, »es ginge der Religion an den Kragen«. Wo die Negation der Religion unabweisbar wird, entscheidet sich Hegel für eine Apologie, vor Gott steht seine Dialektik still. Dabei hatte gerade Hegel gelehrt, daß ein selbständiges Wesen, das die Welt aus sich entlassen hat, in einer Philosophie, deren Wahrheit der Begriff ist, nicht denkbar sei; die heterodoxe, antidualistische Position einer Wechselwirkung zwischen Gott und Welt, eines Unendlichen, das

---

107 Gegen die Identitätsphilosophie Schellings gerichtet, sagt Hegel in der Vorrede der »Phänomenologie des Geistes«: »Dies eine Wissen, daß im Absoluten alles gleich ist, der unterscheidenden und erfüllten oder Erfüllung suchenden und fordernden Erkenntnis entgegenzusetzen oder sein *Absolutes* für die Nacht auszugeben, worin, wie man zu sagen pflegt, alle Kühe schwarz sind, ist die Naivität der Leere an Erkenntnis.« (HW, Bd. 3, S. 22)
108 »Wenn von der absoluten Idee gesprochen wird, so kann man meinen, hier werde erst das Rechte kommen, hier müsse sich Alles ergeben. Gehaltlos deklamieren kann man allerdings über die absolute Idee, in das Weite und Breite; der wahre Inhalt ist indeß kein anderer als das ganze System, dessen Entwickelung wir bisher betrachtet haben.« (HJu, Bd. 8, S. 447; vgl. HW, Bd. 8, S. 389)
109 Vgl. den entsprechenden Abschnitt der »Phänomenologie des Geistes«, HW, Bd. 3, S. 545–574.

seine Substanz in der Bewegung des Endlichen hätte, gerät im Widerspruch mit Hegels Bestreben, die Inhalte der protestantischen Orthodoxie in sein System aufzunehmen.

Wie unter dem Zwang einer Zensur stehend, hält Hegel letztlich am Dualismus von Endlichkeit und Unendlichkeit fest. Anstelle eines dialektischen Fortschreitens auf eine höhere Stufe enthält deshalb das letzte Kapitel der Phänomenologie des Geistes eine bloße Reprise der Gestaltungen des Bewußtseins.

Daß Hegel sehr wohl ein Bewußtsein von dem Ungenügen auf seiten dessen hatte, der mit dem Begriff des erreichten Absoluten inhaltlichere Vorstellungen verbindet, geht an systematisch gleichem Orte aus dem Zusatz zum § 236 der »Logik« in der großen »Enzyklopädie« hervor, wo er die Meinung antizipiert, daß mit der »absoluten Idee erst das Rechte kommen muß«, daß sich hier »alles ergebe«. Hegel bestimmt dann den »wahren Inhalt der absoluten Idee« als »keinen anderen, als das ganze System, dessen Entwicklung wir bisher betrachtet haben« (Glockner Bd. 8 S. 447). Er muß alle Gedanken, die sich einer beim Begriff des Absoluten machen könnte, vorweg zum »gehaltlosen Deklamieren« herabsetzen, um die Dürre des von ihm Gebotenen zu rechtfertigen.

Dem wurde aus der Vorrede zur Phänomenologie entgegengehalten, daß dort vom Absoluten gesagt wird, es sei »wesentlich Resultat« und »erst am Ende das, was es in Wahrheit ist«.[110] Nehmen wir diesen Satz ernst, so muß auch gestattet sein, das hier versprochene »Resultat« zu fordern.

Hegel könnte sich angesichts dieser Forderung immer wieder darauf zurückziehen, daß das »Resultat« dann »da« sei, wenn das Ganze gelesen und begriffen sei. Es komme darauf an, die »Anstrengung des Begriffs« auf sich zu nehmen,[111] sein Buch nochmals zu lesen, denn das Absolute sei eben der Begriff, der alle Stufen als Momente an sich habe. Hegel ist also in einer starken Position gegen solche, die ein »Resultat« vom Prozeß abheben wollen.

Die Stärke dieser Position ist jedoch mit dem Argument zu bestreiten, daß Hegels System mehr als die Summe seiner Momente darstellen will, und indem er das Resultat verweigert, unterschlägt er den Momentcharakter des Ganzen, das

---

110 »Das Wahre ist das Ganze. Das Ganze aber ist nur das durch seine Entwicklung sich vollendende Wesen. Es ist von dem Absoluten zu sagen, daß es wesentlich *Resultat*, daß es erst am *Ende* das ist, was es in Wahrheit ist; und hierin eben besteht seine Natur, Wirkliches, Subjekt oder Sichselbstwerden zu sein.« (Ebd., S. 24)

111 »Worauf es [...] bei dem *Studium* der *Wissenschaft* ankommt, ist, die Anstrengung des Begriffs auf sich zu nehmen. Sie erfordert die Aufmerksamkeit auf ihn als solchen, auf die einfachen Bestimmungen, z. B. des *Ansichseins*, des *Fürsichseins*, der *Sichselbstgleichheit* usf.; denn diese sind solche reine Selbstbewegungen, die man Seelen nennen könnte, wenn nicht ihr Begriff etwas Höheres bezeichnete als diese.« (Ebd., S. 56)

»Moment der Momente«. Das Ganze muß zugleich dasjenige Moment sein, indem es sich als Ganzes realisiert, andernfalls würde die Notwendigkeit des Weges herabgesetzt zu einer »Demokratie der Momente«. Es verstößt gegen die Dialektik, wenn dort, wo das absolute Wissen bestimmt werden soll, keine Bestimmungen gegeben werden. Durch Bestimmungen aber muß sich das absolute Wissen realisieren, und damit verfällt es wiederum der Dialektik. Bestimmungen, die der Stufe des absoluten Wissens genügen, etwa das Absolute als Fazit der Negation des Negativen, als Aufhebung der Selbstentfremdung und Versöhnung der Menschheit mit dem Stoff, laufen auf die Utopie einer Gesellschaft hinaus, von der allerdings gesagt werden muß, daß es in ihr auf »den Begriff« und »die Wahrheit« ankomme, nicht aber auf das Glück der Menschen. Der vollendete »Begriff« schließt zwar Glückseligkeit als realisierte Versöhnung ein, aber auch das Unglück. Die materialistische Forderung des Glücks an die idealistische Philosophie stellen, heißt, diese umwerfen. Für Hegel ist die Glückseligkeit dann realisiert und diejenige Gesellschaft gerechtfertigt, die entsteht, wenn das ganze System »begriffen« ist; alles, was darüber hinausgeht, ist bloßer Utopismus. »Das Absolute« ist damit das vorliegende Buch, dieser Anspruch muß ernstgenommen werden, an dieses Buch muß deshalb die Frage nach dem absoluten Wissen gestellt werden. Im Versagen des Buches vor dieser Frage wird die ganze Trostlosigkeit eines jeden abschließenden Systems offenbar. Der zu Ende gedachte Idealismus hebt sich selbst auf, dadurch, daß er nicht zu geben vermag, was er verspricht. Der Ausbruch aus der »Himmelsmaschine« des absoluten Geistes ist durch deren Funktionieren postuliert, will man nicht mit dem Idealisten Hegel vor der letzten Konsequenz resignieren. Angelegt ist diese Hoffnungslosigkeit schon darin, daß der Idealist die Realität mit dem Begriff identifiziert. Dieser ungeheure Anspruch ist zugleich der gigantische Betrug, der in der Enttäuschung der erweckten Hoffnung auf das Absolute endet, einer Enttäuschung, die eigentlich das ganze System widerlegt. Mit theologischen Worten gesagt, bleibt auch in der Phänomenologie des Geistes Gott bei sich selber, er ist und bleibt das Ganze, das nicht durch ein Partikulares bestimmt werden kann. Gott kann nicht aus sich heraus, ein Gedanke, der bei Nietzsche so ausgedrückt wird, daß »Gott die Welt aus Langeweile erschaffen« habe.[112] Die bloße Versicherung, daß Gott »das Andere« sei, genügt ebensowenig wie die Bestimmung, daß das Absolute Subjekt sei.

---

[112] »Der alte Gott, ganz ›Geist‹, ganz Hohe{r}priester, ganz Vollkommenheit, lustwandelt in seinen Gärten: nur dass er sich langweilt. Gegen die Langeweile kämpfen Götter selbst vergebens. Was thut er? Er erfindet den Menschen, – der Mensch ist unterhaltend ...« (NW, Bd. 6, S. 226)

Das System Hegels ist damit eine Tautologie des Subjekts, und dieses Subjekt geht über sein absolutes Selbstbewußtsein nicht hinaus. Eine zusätzliche Bestimmung würde im Gegenteil sogar den Ansatz als unwahr erweisen.

Innerhalb der Tautologie des Subjekts müßte nun aber die Versöhnung seiner Momente (der Form und des Inhalts) bewußt werden, und dieses Bewußtsein ist dann immer noch mehr als der bloße Weg zu dieser Versöhnung, denn sie ist »das Ziel, auf das alle Arbeit gerichtet ist«.[113] Das Resultat hat dann doch die Anstrengung des Weges an sich. Wenn aber das Kapitel, welches dieses Resultat verspricht, an Glaubwürdigkeit gegenüber den früheren Stufen abfällt, so kann dies nur erweisen, daß das Ganze nicht trägt, daß »an der Sache etwas nicht in Ordnung ist«.

Die Frage, ob Philosophie das in ihr enthaltene Versprechen der Wahrheit einlösen könne, kann die Philosophie Hegels nicht beantworten, ohne mit sich selbst in Widerspruch, in die zu Beginn gezeigte Aporie, zu geraten. Freilich bleibt die Leistung dieser Philosophie darin bestehen, daß sie jede isolierte Lösung des Problems der Wahrheit zum Scheitern verurteilt.

Andererseits kann in der Auswegslosigkeit der auf ihre Spitze getriebenen idealistischen Philosophie gerade eine negative Rechtfertigung des Isolierten liegen. Es gibt ein Moment der Unwahrheit an der Wahrheit, ohne das es keine Wahrheit gibt. In einen emphatischen Begriff von Wahrheit muß man den ganzen Hegel mit hineinnehmen.

Im zweiten Teil der Sitzung ging das Seminar zur Lektüre und Interpretation des letzten Kapitels der Phänomenologie des Geistes über.

»Der Geist der offenbaren Religion hat sein Bewußtsein als solches noch nicht überwunden«, er hat als seinen Inhalt bereits das Richtige, weiß dies aber noch nicht.[114] Das »Bewußtsein als solches« ist noch naiv und nimmt seinen Inhalt als

---

113 »Wenn auch das Kind den religiösen Inhalt versteht, so gilt ihm derselbe doch nur als ein Solches, außerhalb dessen noch das ganze Leben und die ganze Welt liegt. – Eben so verhält es sich dann auch mit dem menschlichen Leben überhaupt und den Begebenheiten, die den Inhalt desselben ausmachen. Alle Arbeit ist nur auf das Ziel gerichtet und wenn dieß erreicht ist, so ist man verwundert, nichts Anderes zu finden, als eben dieß, was man wollte. Das Interesse liegt in der ganzen Bewegung.« (HJu, Bd. 8, S. 447; vgl. HW, Bd. 8, S. 389)
114 Der Abschnitt, der im folgenden diskutiert wird, ist der Beginn des Kapitels »Das absolute Wissen«: »Der Geist der offenbaren Religion hat sein Bewußtsein als solches noch nicht überwunden, oder, was dasselbe ist, sein wirkliches Selbstbewußtsein ist nicht der Gegenstand seines Bewußtseins; er selbst überhaupt und die in ihm sich unterscheidenden Momente fallen in das Vorstellen und in die Form der Gegenständlichkeit. Der *Inhalt* des Vorstellens ist der absolute Geist; und es ist allein noch um das Aufheben dieser bloßen Form zu tun, oder vielmehr weil sie dem *Bewußtsein als solchem* angehört, muß ihre Wahrheit schon in den Gestaltungen desselben sich ergeben haben. – Diese Überwindung des Gegenstandes des Bewußtseins ist nicht als das

Zufälligkeit, ohne sich seiner Wahrheit bewußt zu sein. Die Bewußtwerdung dieser Wahrheit als seiner Wahrheit ist die Überwindung des »Bewußtseins als solches«. Der wahre »Inhalt des Vorstellens«, der der absolute Geist schon ist, wird hingenommen, ohne daß das Bewußtsein dabei auf sich selbst reflektiert, es weiß noch nicht, daß die Gestalten der offenbaren Religion seine Gestalten sind, und nicht »Gegenüber«, in der »Form der Gegenständlichkeit«. Das »Vorstellen«, die »Form der Gegenständlichkeit« muß als »bloße Form« noch aufgehoben werden. Die Vorstellung der offenbaren Religion wird als »bloße Form« hier ungemein hart kritisiert, in der Überwindung der offenbaren Religion als Gegenstand scheint nun der Weg beschritten zu sein, bei dem es der Religion »an den Kragen geht«.

Es ist nur um die Aufhebung der bloßen Form zu tun, denn eigentlich ist die Arbeit schon geleistet, die Wahrheit »muß sich schon in den Gestaltungen des Bewußtseins ergeben haben«, dieser Satz ist der methodologische Schlüssel für das Schlußkapitel. Die »Gestaltungen«, in denen sich das Bewußtsein auf früheren Stufen gezeigt hat, werden nun wiederholt, da objektiv die Identität bereits geleistet, der Standpunkt des Absoluten erreicht ist. Der Übergang zur höchsten Stufe wird zu einer bloßen Formalität, er wird mit einer gewissen Leichtfertigkeit vollzogen. Doch muß hier daran erinnert werden, daß ein konsequenter dialektischer Umschlag den Absolutheitsanspruch der offenbaren Religion gefährden müßte.

Wenn das Subjekt sich in den Lehren der offenbaren Religion wiederfindet, so hebt es diese nach Hegel nicht auf, läßt sie nicht im Feuerbachschen Sinn in der Subjektivität »verschwinden«. Um dieses »Verschwinden« zu vermeiden, wird durch Rekurs auf den Gedankengang der Phänomenologie, der bis zur offenbaren Religion aufsteigt, letztere gerechtfertigt. Das Theologisch-Apologetische verschränkt sich mit dem Systematisch-Reprisenhaften des Schlußkapitels. Dadurch, daß das endliche Subjekt sich einschränkt, sich entäußert, gelangt es zur offen-

---

Einseitige zu nehmen, daß er sich als in das Selbst zurückkehrend zeigte, sondern bestimmter so, daß er sowohl als solcher sich ihm als verschwindend darstellte, als noch vielmehr, daß die Entäußerung des Selbstbewußtseins es ist, welche die Dingheit setzt, und daß diese Entäußerung nicht nur negative, sondern positive Bedeutung, sie nicht nur für uns oder an sich, sondern für es selbst hat. *Für es* hat das Negative des Gegenstandes oder dessen sich selbst Aufheben dadurch die positive Bedeutung oder es *weiß* diese Nichtigkeit desselben dadurch einerseits, daß es sich selbst entäußert, – denn in dieser Entäußerung setzt es *sich* als Gegenstand oder den Gegenstand um der untrennbaren Einheit des *Fürsichseins* willen als sich selbst. Andererseits liegt hierin zugleich dies andere Moment, daß es diese Entäußerung und Gegenständlichkeit ebensosehr auch aufgehoben und in sich zurückgenommen hat, also in *seinem* Anderssein als solchem bei sich ist. – Dies ist die Bewegung des *Bewußtseins*, und dieses ist darin die Totalität seiner Momente.« (HW, Bd. 3, S. 575)

baren Religion, das Subjekt muß das Absolute verdinglichen, um zu ihm zu kommen, die offenbare Religion ist der absolute Geist in seiner Gegenständlichkeit. Diese (negative) Verdinglichung und die Entäußerung an seinen Gegenstand gewinnt für das Subjekt »positive Bedeutung«, denn in der Entäußerung beschränkt sich das Bewußtsein und transzendiert sich zugleich. Es kommt zum Inhalt der offenbaren Religion, in seinem Anderssein als solchem ist es bei sich, da es die »Entäußerung und Gegenständlichkeit ebensosehr auch aufgehoben und in sich zurückgenommen hat«. Der Durchgang durch die Entäußerung erinnert von ferne an die Dialektik von Herr und Knecht.[115] »Dies«, der gesamte Prozeß der Entäußerung und deren Rücknahme, »ist die Bewegung des Bewußtseins«, also der Gang der Phänomenologie des Geistes, die auf ein Skelett gebrachte »Totalität seiner Momente« und damit die äußerste Abbreviatur des Ganzen. Das Resultat der Phänomenologie ist so die Entfaltung der Totalität seiner Momente. Erstaunlich formal beginnt nun Hegel mit einer Rekapitulation des Gedankengangs, und diese Formalität erscheint wie eine immanente Rache derjenigen, die er in der Vorrede des »einfarbigen Formalismus« bezichtigt.[116] »Die für sich wohl wahre Idee bleibt in der Tat nur immer in ihrem Anfange stehen, wenn die Entwicklung in nichts als in einer solchen Wiederholung derselben Formel besteht.« (Vorrede (Lasson)[117] S. 18)[118] Es ist nun wieder neu einzusetzen mit der Reflexion des Gegenstands, der durch die Totalität seiner Bestimmungen an sich zum geistigen Wesen wird.

Helmut Schanze

---

115 Vgl. den Abschnitt »Selbständigkeit und Unselbständigkeit des Selbstbewußtseins; Herrschaft und Knechtschaft«, ebd., S. 145–155.
116 »Die für sich wohl wahre Idee bleibt in der Tat nur immer in ihrem Anfange stehen, wenn die Entwicklung in nichts als in einer solchen Wiederholung derselben Formel besteht. Die eine unbewegte Form vom wissenden Subjekte an dem Vorhandenen herumgeführt, das Material in dies ruhende Element von außenher eingetaucht, dies ist so wenig als willkürliche Einfälle über den Inhalt die Erfüllung dessen, was gefordert wird, nämlich der aus sich entspringende Reichtum und sich selbst bestimmende Unterschied der Gestalten. Es ist vielmehr ein einfarbiger Formalismus, der nur zum Unterschiede des Stoffes, und zwar dadurch kommt, weil dieser schon bereitet und bekannt ist.« (Ebd., S. 21)
117 Der Herausgeber ist Johannes Hoffmeister, der auf Grundlage der »Sämtlichen Werke« Hegels, deren Herausgabe Georg Lasson 1911 beginnt, ab 1953 die »Neue kritische Ausgabe« erarbeitet und dabei Lasson als deren Begründer nennt.
118 Hegel, Phänomenologie des Geistes, hrsg. von Johannes Hoffmeister, a.a.O. (s. Anm. 61), S. 18; vgl. HW, Bd. 3, S. 21.

278 Hella Trost,
1. Februar 1962

Protokoll der Seminarsitzung vom 1. Februar 1962.

Prof. Horkheimer begann die Diskussion zum Protokoll der letzten Seminarsitzung damit, daß er auf die Diskrepanz hinwies, die zwischen dem begreifenden Denken des empirischen Subjekts und dessen Realisation im Absoluten besteht. Er stellte die Frage, ob dem einzelnen, endlichen Subjekt überhaupt die ungeheure Anstrengung der Konstruktion des Absoluten abverlangt werden könne; ob aber andererseits diese Forderung der Dignität des Absoluten gerecht werde, einer Würde, in die ja zugleich die »Abscheulichkeit der menschenfressenden Götter« (Horkheimer) aufgenommen sein muß.

Dem *begriffenen* Absoluten aber entspricht – dem Sinn des Hegelschen Systems gemäß – die Realität einer vernünftig eingerichteten Gesellschaft, die selber erst die adäquate Erkenntnis des Absoluten ermöglicht. Für Hegel gilt hier die Einsicht Nietzsches, daß es absolute Wahrheit in einer falschen Gesellschaftsordnung nicht geben könne.[119] Die im absoluten Wissen »begriffene Geschichte«[120][*1] darf weder einen *wirklichen* Fortschritt noch einen Rückfall auf primitivere Stufen mehr zulassen. (An einer Stelle in der »Philosophie der Geschichte« weist Hegel allerdings darauf hin, daß die Slawen noch nicht in die Geschichte eingetreten seien.)[121]

---

[119] So nicht ermittelt. – In seiner Schrift »Menschliches, Allzumenschliches« [1878] bemerkt Nietzsche zur Idee absoluter Wahrheit: »Nun ist alles *Wesentliche* der menschlichen Entwickelung in Urzeiten vor sich gegangen, lange vor jenen vier tausend Jahren, die wir ungefähr kennen; in diesen mag sich der Mensch nicht viel mehr verändert haben. Da sieht aber der Philosoph ›Instincte‹ am gegenwärtigen Menschen und nimmt an, dass diese zu den unveränderlichen Thatsachen des Menschen gehören und insofern einen Schlüssel zum Verständnis der Welt überhaupt abgeben können; die ganze Teleologie ist darauf gebaut, dass man vom Menschen der letzten vier Jahrtausende als von einem *ewigen* redet, zu welchem hin alle Dinge in der Welt von ihrem Anbeginne eine natürliche Richtung haben. Alles aber ist geworden; es giebt *keine ewigen Thatsachen*: sowie es keine absoluten Wahrheiten giebt. – Demnach ist das *historische Philosophiren* von jetzt ab nöthig und mit ihm die Tugend der Bescheidung.« (NW, Bd. 2, S. 24 f.)
[120] S. oben, Anm. 79.
[121] »Wir finden [...] im Osten von Europa die große *slawische* Nation, deren Wohnsitze sich im Westen der Elbe entlang bis an die Donau erstreckten [...]. Es haben zwar diese Völkerschaften Königreiche gebildet und mutige Kämpfe mit den verschiedenen Nationen bestanden; sie haben bisweilen als Vortruppen, als ein Mittelwesen in den Kampf des christlichen Europa und unchristlichen Asien eingegriffen, die Polen haben sogar das belagerte Wien von den Türken befreit, und ein Teil der Slawen ist der westlichen Vernunft erobert worden. Dennoch aber bleibt diese ganze Masse aus unserer Betrachtung ausgeschlossen, weil sie bisher nicht als ein selbständiges

Hegels geschichtsphilosophisches Pathos ist aber zugleich auch Resignation, denn das Subjekt hat dem absoluten Wissen sein individuelles Glück zu opfern. Die Religion entgeht den Konsequenzen des Hegelschen Begriffs vom Absoluten, indem sie am Dualismus von Gott und Welt festhält.

Im folgenden wurde die Frage diskutiert, ob die Hegelsche Philosophie am Ende nicht um das betrüge, was sie in ihrer Explikation permanent verspreche. Prof. Horkheimer machte auf die Schwierigkeit aufmerksam, den Begriff des Absoluten anders zu bestimmen, als Hegel ihn faßte.

Wenn die Hegelsche Philosophie ihre Konsequenz aus der Philosophiegeschichte bezieht, dann ist auch die Enttäuschung, die das absolute Wissen bereitet, motiviert, d. h., sie folgt mit Notwendigkeit aus dem ausgeführten Identitätssystem.

Es war schon der Gedanke aller rationalistischen Philosophie, daß, wenn offen bleibt, was Wahrheit sei, man dann keine einzige richtige Aussage machen könne. Hierfür gab Prof. Horkheimer ein Beispiel: Wenn das an der dritten Seite noch offene Dreieck nicht schon als Dreieck bestimmt ist, kann es in der Zeichnung etwa auch zur »Nase eines Trunkenboldes« ergänzt werden. Das Dreieck muß in allen wesentlichen Stücken bestimmt sein, damit seine Konstruktion möglich ist.

Analog ist der Begriff der Wahrheit selber zu denken. Die Wahrheit der Hegelschen Stufen der Erfahrung des Bewußtseins rechtfertigt sich allein durch den bestimmten Stellenwert, den jede Stufe in der Entfaltung des Absoluten erhält. Dagegen, Hegels Philosophie enttäusche am Ende, wurde eingewandt, daß in der Phänomenologie durch die Anstrengung des Begriffs die Täuschung, das Absolute positiv als Bewußtseinsinhalt besitzen zu können, hinweggearbeitet werde; damit aber sei auch keine Enttäuschung mehr möglich.

Dann jedoch gerät man in die Paradoxie, daß einerseits kein Kriterium dafür existiert, daß auf der Stufe des absoluten Wissens *mehr* geleistet wird als auf den Stufen seiner voraufgegangenen Entfaltung, es sich aber andererseits als das zu sich selber gekommene Absolute nur herstellt, wenn ein solcher Unterschied angegeben werden kann.

Gerade in dieser Bestimmtheit des Absoluten geht die Hegelsche Philosophie über die Kants hinaus. Für Kant liegt die einzige Befriedigung philosophischer Einsicht schon im unendlich kleinen Schritt, der hinführt zu dem, was das Subjekt als die Idee einer gerechten Gesellschaft in sich trägt, ohne daß es die Gewißheit ihrer Realisierbarkeit schon hätte. Wenn zwar für Hegel das Absolute allein

---

Moment in der Reihe der Gestaltungen der Vernunft in der Welt aufgetreten ist.« (HW, Bd. 12, S. 422)

wahrhaft real ist, so konstituiert es sich doch wie bei Kant durch die Arbeit endlicher Subjekte. Das absolute Wissen ändert nichts an der gesellschaftlichen Situation derer, die es besitzen. Es gilt, den vergangenen Prozeß zu erfahren, aber solche Erfahrung bringt die Erfahrenden nicht wesentlich weiter.

Akzeptiert man *nicht* Hegels These, daß das Ganze des dialektischen Ablaufes für Wahrheit zu nehmen ist, hat er es leicht, auf ein Draußengebliebenes hinzuweisen, über das nichts auszumachen ist und das deshalb auch die Identität von Subjekt und Objekt verhindert, die vom emphatischen Begriff der Wahrheit gefordert wird. Wahrheit konstituiert sich nach Hegel nur in der Entwicklung des Systems; dabei ist in jedem Schritt, der als wahr behauptet wird, der Gedanke des Systems notwendig mitgesetzt. Hegel führt aus, was die philosophische Tradition seit Descartes nur versicherte: daß allein das wahr sei, was die Vernunft produziere; er kann deshalb an Schelling kritisieren, er werde in der Entfaltung seines Systems seinem Anspruch nicht gerecht.[122]

Die anschließende Interpretation des Kapitels über »Das absolute Wissen« setzte ein mit den drei Bestimmungen des Gegenstandes als »unmittelbare(m) Sein«, »Sein für anderes und Fürsichsein« und als »Wesen oder Allgemeines«.[123] Der Satz: »Nach diesen drei Bestimmungen also muß das Bewußtsein ihn (den Gegenstand) als sich selbst wissen« besagt, daß Subjekt und Objekt eins sein müssen. Genau dieses Ineinssetzen von Subjekt und Objekt bezeichnet nach den Worten Prof. Horkheimers das antitheologische Moment der idealistischen Philosophie.

Im Satz, »daß das Sein des Ich ein Ding ist«[124], gibt Hegel eine Rechtfertigung des naiven Realismus. Kant hätte dem insofern zugestimmt, als für ihn das empirische Subjekt sich ebenfalls nur im inneren Sinn, d. h. als Erscheinung, an-

---

122 Vgl. HW, Bd. 3, S. 21 f.
123 »Der Gegenstand ist also teils *unmittelbares* Sein oder ein Ding überhaupt, was dem unmittelbaren Bewußtsein entspricht; teils ein Anderswerden seiner, sein Verhältnis oder *Sein für Anderes* und *Fürsichsein*, die Bestimmtheit, was der *Wahrnehmung*, teils *Wesen* oder als Allgemeines, was dem Verstande entspricht. Er ist, als Ganzes, der Schluß oder die Bewegung des Allgemeinen durch die Bestimmung zur Einzelheit, wie die umgekehrte, von der Einzelheit durch sie als aufgehobene oder die Bestimmung zum Allgemeinen. – Nach diesen drei Bestimmungen also muß das Bewußtsein ihn als sich selbst wissen.« (Ebd., S. 576)
124 »*In Ansehung des Gegenstandes also, insofern er unmittelbar, ein gleichgültiges Sein ist, so sahen wir die beobachtende Vernunft in diesem gleichgültigen Dinge sich selbst suchen und finden, d. h. ihres Tuns als eines ebenso äußerlichen sich bewußt sein, als sie {sich} des Gegenstandes nur als eines unmittelbaren bewußt ist. – Wir sahen auch auf ihrer Spitze ihre Bestimmung in dem unendlichen Urteile aussprechen, daß das Sein des Ich ein Ding ist.*« (Ebd., S. 577)

schauen kann. Eine weitere Bestätigung dieses Sachverhaltes liefert das psychologische Phänomen der Schizophrenie im Zerfall des Ichs.

Gegen Hegels Formulierung: »Dies Moment hat sich für das Bewußtsein in der *reinen* Einsicht und Aufklärung ergeben«[125] wurde kritisch bemerkt, daß nicht erneut an die Dialektik von Herrschaft und Knechtschaft erinnert werde. Als möglicher Grund dafür wurde angegeben, daß Hegel das Ungenügende des Überganges von Herrschaft und Knechtschaft zum Stoizismus selber gefühlt habe. Die Antwort, daß durch den einmaligen Akt des Herrwerdens des Knechtes Herrschaft nicht total abgeschafft würde, sondern in der bürgerlichen Gesellschaft das feudale Verhältnis sich reproduziere, und damit eigentlich eine Lösung im Sinne einer Auflösung des Herrschaft-Knechtschaft-Verhältnisses nicht möglich sei, wurde von Prof. Horkheimer derart modifiziert, daß sich schon Entscheidendes im dialektischen Umschlag verändert habe: Hat der Knecht sich zum Herrn gemacht, ist er als neuer Herr durch seine abgewandelte Beziehung zur Produktion in einer anderen Weise Herr, als der alte es war. Die Welt zerfällt ihm nicht mehr in Herrn und Knechte. Dadurch, daß der gesellschaftliche Arbeitsprozeß den ohne eigene Anstrengung zu erreichenden Genuß des Feudalherrn nicht mehr zuläßt, besitzt der bürgerliche Handwerker in seiner Arbeitssituation größere Unabhängigkeit. Das Ergebnis dieser Dialektik ist somit ein neuer Begriff des Menschen.

Hella Trost[126]

[*1] Phänomenologie des Geistes,[127] S. 564

---

125 »*Das Ding ist Ich*, in der Tat ist in diesem unendlichen Urteile das Ding aufgehoben; es ist nichts an sich; es hat nur Bedeutung im Verhältnisse, nur *durch Ich* und *seine Beziehung* auf dasselbe. – Dies Moment hat sich für das Bewußtsein in der reinen Einsicht und Aufklärung ergeben.« (Ebd.)
126 Unterschrift.
127 Vgl. Hegel, Phänomenologie des Geistes, hrsg. von Johannes Hoffmeister, a.a.O. (s. Anm. 61).

279 Helga Jung,
8. Februar 1962

Helga Jung

Protokoll der Sitzung vom 8. 2. 62:

Auf das Verhältnis von Herr und Knecht, das schon in der vorhergehenden Sitzung behandelt worden war, wurde nochmals eingegangen:
Der zum Herrn gewordene Knecht ist ein anderer Herr als der von ihm überwundene. Zur Verdeutlichung wurde das Verhältnis des Bourgeois zum Arbeiter mit dem des Feudalherren zu seinem Knecht verglichen: Der Bürger muß im Gegensatz zum Feudalherren auch den Knecht als ein Selbstbewußtsein anerkennen. So steht hinter der sozialen Differenzierung nicht mehr unmittelbar die sanktionierende Kraft des Rechts. Formalrechtlich wird die Welt nicht mehr in Herren und Knechte geteilt, denn in der bürgerlichen Gesellschaft wird die Herrschaft vermittelt durch das Tauschverhältnis ausgeübt. Der Knecht ist nicht mehr Leibeigener, sondern Lohnsklave.[128]

---

[128] In seiner Schrift *Über Statik und Dynamik als soziologische Kategorien* [1961] schreibt Adorno: *Was einmal bei Marx, mit schwermütiger Hoffnung, Vorgeschichte heißt, ist nicht weniger als der Inbegriff aller bisher bekannten Geschichte, das Reich der Unfreiheit. Soweit aber Dynamik das Immergleiche blind derart wiederholt, wie es schon im Spruch des Anaximander und dann in Heraklits dynamischer Metaphysik verkündet war, insistiert die dialektische Theorie auf perennierenden Kategorien, die in der modernen rationalen Form der Gesellschaft lediglich ihre Erscheinungsweise änderten. Daher sind bei Marx Ausdrücke wie der der »Lohnsklaverei« für die freie Lohnarbeit keine bloßen Metaphern.* (GS, Bd. 8, S. 234) – Marx selbst benutzt den Ausdruck nur sporadisch (vgl. etwa MEW, Bd. 17, S. 342), bekannt ist er durch Lenins Artikel »Drei Quellen und drei Bestandteile des Marxismus« [1913], in der es heißt: »Die Lehre von Marx stößt in der ganzen zivilisierten Welt auf die erbittertste Feindschaft und den größten Haß der gesamten bürgerlichen Wissenschaft (der offiziellen wie der liberalen), die im Marxismus eine Art ›schädlicher Sekte‹ erblickt. Ein anderes Verhalten kann man auch nicht erwarten, denn eine ›unparteiische‹ Sozialwissenschaft kann es in einer auf Klassenkampf aufgebauten Gesellschaft nicht geben. Jedenfalls ist es Tatsache, daß die *gesamte* offizielle und liberale Wissenschaft die Lohnsklaverei *verteidigt*, während der Marxismus dieser Sklaverei schonungslosen Kampf angesagt hat. In einer Gesellschaft der Lohnsklaverei eine unparteiische Wissenschaft zu erwarten[,] wäre eine ebenso törichte Naivität, wie etwa von den Fabrikanten Unparteilichkeit zu erwarten in der Frage, ob man nicht den Arbeitern den Lohn erhöhen sollte, indem man den Profit des Kapitals kürzt.« (W. I. Lenin, Drei Quellen und drei Bestandteile des Marxismus, in: W. I. Lenin, Werke, hrsg. vom Institut für Marxismus-Leninismus beim ZK der KPdSU, übers. vom Institut für Marxismus-Leninismus beim Zentralkomitee der SED, Bd. 19, Berlin 1962, S. 3–9; hier: S. 3)

Unser erster Diskussionsgegenstand waren die Momente, durch die das gebildete Selbstbewußtsein bestimmt wird, das nach Hegel »die sinnliche Gewißheit als absolute Wahrheit« ausspricht, »aber dies Fürsichsein selbst (läßt es) als Moment, das nur verschwindet ..., in sein Gegenteil, in das preisgegebene Sein für Anderes« übergehen. (Phänomenologie des Geistes, Leipzig 1921, S. 509)[129]

Damit wird

1) der naive Realismus durch die »sinnliche Gewissheit« oder »Unmittelbarkeit des Seins« als notwendige Stufe der Entwicklung des Geistes gerechtfertigt, und

2) das naive Ansichsein des Dinges in das bloße Für-das-Subjekt-Sein aufgelöst. Das Ding wird nach der »Bestimmtheit« gewußt.

»Bestimmtheit« bedeutet in diesem Zusammenhang die kategorialen Bestimmungen, die das Subjekt der Materie auferlegt hat. Das Subjekt erkennt das Ding als ein von ihm Gesetztes.

Mit diesen beiden Bestimmungen gibt Hegel die Kantische Position wieder. Wenn er aber das Ding als etwas bestimmt, das »als Wesen oder Inneres, als das Selbst gewußt werden« muß,[130] wendet er sich polemisch gegen Kant, für den das »Ding« nur als Objekt der sinnlichen Anschauung, d. h. als Erscheinung, erkannt werden kann.

In der Moralphilosophie wird auch bei Kant das Ding an sich »als das Selbst« gewußt. Die Gegenstände der praktischen Vernunft sind die Handlungen, die durch Autonomie bestimmt werden. Sie sind also nichts anderes als das Selbst, das freie Subjekt. Das moralische Subjekt ist autonom, insofern es nicht durch empirische Gegenstände und Zwecke bestimmt ist. Darum ist das Gesetz des moralischen Handelns die reine Vernunft, das reine Wissen. Hegel drückt dies so aus, daß das moralische Selbstbewußtsein das Sein »als den reinen Willen oder Wissen« weiß. Der reine Wille aber ist die Vernunft selber, ein dem Gesetz der Vernunft entsprechendes Handeln.

---

[129] »*Die Dinge sind schlechthin nützlich* und nur nach ihrer Nützlichkeit zu betrachten. – Das gebildete Selbstbewußtsein, das die Welt des sich entfremdeten Geistes durchlaufen, hat durch seine Entäußerung das Ding als sich selbst erzeugt, behält daher in ihm noch sich selbst und weiß die Unselbständigkeit desselben, oder daß das Ding wesentlich nur Sein für Anderes ist; oder vollständig das Verhältnis, d. h. das, was die Natur des Gegenstandes hier allein ausmacht, ausgedrückt, so gilt ihm das Ding als ein Fürsichseiendes, es spricht *die sinnliche Gewißheit als absolute Wahrheit* aus, aber *dies Fürsichsein selbst als Moment*, das nur verschwindet und in sein Gegenteil, in das preisgegebene Sein für Anderes, übergeht.« (HSW, Bd. II, S. 509; vgl. HW, Bd. 3, S. 577)

[130] »Hierin ist aber das Wissen des Dinges noch nicht vollendet; es muß nicht nur nach der Unmittelbarkeit des Seins und nach der Bestimmtheit, sondern auch als Wesen oder inneres, als das Selbst gewußt werden.« (HSW, Bd. II, S. 509; vgl. HW, Bd. 3, S. 577f.)

Auf diese Bestimmung des reinen Willens in der Kritik der praktischen Vernunft bezieht sich Fichte, wenn für ihn das Denken mit dem Hervorbringen seiner Inhalte in eins gesetzt wird.

Die Vernunft der praktischen Philosophie Kants, die von Fichte zum Prinzip der gesamten Philosophie gemacht wird, setzt die gegenständliche Welt zu einem Nichtigen herab. Für Fichte ist die Welt nur noch Material der Pflicht. Indem Hegel diese philosophische Position referiert, kritisiert er sie zugleich.

Bei Kant bleiben moralisches Wissen und das Wissen von der Natur in der Form von theoretischer und praktischer Philosophie abstrakt getrennt. Subjekt und Objekt sind demgegenüber, was sie sind, nur in ihrer wechselseitigen Bestimmung. Hegel hält »die je voneinander sich unterscheidenden Momente des Subjektiven und Objektiven« fest, und begreift sie »doch wiederum als durcheinander vermittelte« (Adorno: Aspekte der Hegelschen Philosophie, Frankfurt 1957, S. 14).[131]

Solange »die Momente, aus denen sich die Versöhnung des Geistes mit seinem eigentlichen Bewußtsein zusammensetzt«, »für sich ... einzeln«, isoliert genommen werden, sind sie unwahr, abstrakt.[132] Erst wenn sie in der Vollendung des Prozesses zur geistigen Einheit zusammentreten, werden sie zu Momenten der Wahrheit.

»Das letzte dieser Momente ist aber notwendig diese Einheit selbst und verbindet, wie erhellt, sie in der Tat alle in sich.« (Phänomenologie, S. 510)

Dieser Satz spricht in gedrängter Form die Dialektik von Einheit und Moment aus. Er begegnet dem Einwand, den die Reflexionsphilosophie machen könnte: Wenn nichts das absolute Erste ist, so ist doch die Vermittlung, die Dynamik des Werdens, ein Erstes. Dem aber entgegnet Hegel, daß auch die Vermittlung nicht zum Prinzip gemacht werden kann.

---

131 *Die statische Zerlegung der Erkenntnis in Subjekt und Objekt, die der heute akzeptierten Wissenschaftslogik selbstverständlich dünkt; jene Residualtheorie der Wahrheit, derzufolge objektiv ist, was nach Durchstreichung der sogenannten subjektiven Faktoren übrig bleibt, wird von der Hegelschen Kritik ins leere Zentrum getroffen; darum so tödlich, weil er ihr keine irrationale Einheit von Subjekt und Objekt entgegensetzt, sondern die je voneinander sich unterscheidenden Momente des Subjektiven und Objektiven festhält und doch wiederum als durcheinander vermittelte begreift.* (Adorno, *Aspekte der Hegelschen Philosophie*, a.a.O. [s. Anm. 95], S. 14; vgl. GS, Bd. 5, S. 256)

132 »Dies sind die Momente, aus denen sich die Versöhnung des Geistes mit seinem eigentlichen Bewußtsein zusammensetzt; sie für sich sind einzeln, und ihre geistige Einheit allein ist es, welche die Kraft dieser Versöhnung ausmacht. Das letzte dieser Momente ist aber notwendig diese Einheit selbst und verbindet, wie erhellt, sie in der Tat alle in sich.« (HSW, Bd. II, S. 510; vgl. HW, Bd. 3, S. 578)

Denn es gibt Vermittlung nur, wenn es Unmittelbares, zu vermittelnde Momente gibt. Das Absolute, die Wahrheit, liegt im Verhältnis der Momente zur Einheit, die selbst nur als Moment zu fassen ist. Für Hegel gibt es kein abstraktes Prinzip. Der Geist ist bei Hegel (ähnlich dem Substanz-Begriff bei Spinoza) als die Totalität des Nichtidentischen konzipiert. Darum ist der Geist kein bestimmtes Prinzip, dem ein anderes gegenübergestellt werden könnte.

Hegels Philosophie ist eine absolute, eine prima philosophia, die gleichzeitig jede prima philosophia negiert. Denn Hegels aufklärerische Intention ist , darüber hinaus zu kommen, daß es etwas geben muß, »woran man sich halten kann« (Brecht: Mahagonny)[133].

Dadurch, daß alles in die Einheit fällt, ist sie mehr als nur die Summierung ihrer Momente. Da sie aber nur durch die Momente besteht, nicht selbständig ist, ist sie gleichzeitig selber Moment. Das Verhältnis der Einheit zu den Momenten läßt sich nur denken, wenn man es sich als einen Prozeß vorstellt.

Jedes Moment ist als vermitteltes zugleich auch das Ganze selbst. Dennoch hat Hegels Philosophie etwas Statisches und enthält ein positivistisches Element, da es um der erreichten Identität willen keine Erfahrung des Neuen gibt, sondern nur die Wiederholung des zu ihr führenden Prozesses. Dieses Moment der Wiederholung wird bei Nietzsche zum »ewig wiederkehrenden Kreislauf der Zeit und des Seins« (Löwith: Von Hegel zu Nietzsche, Stuttgart 1950, S. 214).[134]

»Das Handeln ist das erste ansichseiende Trennen der Einfachheit des Begriffs ...« (Phänomenologie, S. 510)[135] Diese Trennung bezieht sich auf den Gegenstand. Wenn in den Gegenstand eingegriffen, wenn er verändert wird, vollzieht sich eine

---

133 In jenem Stück, uraufgeführt 1930 in Leipzig, wird erklärt: »Aber dieses ganze Mahagonny / Ist nur, weil alles so schlecht ist / Weil keine Ruhe herrscht / Und keine Eintracht / Und weil es nichts gibt / Woran man sich halten kann.« (Bertolt Brecht, Aufstieg und Fall der Stadt Mahagonny [1929], in: Bertolt Brecht, Werke. Große kommentierte Berliner und Frankfurter Ausgabe, hrsg. von Werner Hecht, Jan Knopf, Werner Mittenzwei und Klaus-Detlef Müller, Bd. 2, bearb. von Jürgen Schebera, Berlin, Weimar und Frankfurt a. M. 1988, S. 333–392; hier: S. 337)
134 Löwith fragt, »wer lehrte ihn [scil. Nietzsches Zarathustra] das Zurückwollen an Stelle des Nichtwollens, und das Freudebringen an Stelle des Wehetuns? Diese Frage beantwortet Zarathustra als der Lehrer des ewigen Seins. Denn im Wollen des ewig wiederkehrenden Kreislaufs der Zeit und des Seins wird der Wille auch selber aus der geraden Bewegung ins Endlos-Unendliche zum voraus wie zurückwollenden Kreis.« (Karl Löwith, Von Hegel zu Nietzsche. Der revolutionäre Bruch im Denken des neunzehnten Jahrhunderts. Marx und Kierkegaard [1941], 2. Aufl., Stuttgart 1950, S. 214)
135 »Das Handeln ist das erste ansichseiende Trennen der Einfachheit des Begriffs und die Rückkehr aus dieser Trennung.« (HSW, Bd. II, S. 510; vgl. HW, Bd. 3, S. 578)

Trennung zwischen Subjekt und Objekt. Das fürsichseiende »Trennen der Einfachheit des Begriffs« geschieht im Denken. Zur Verdeutlichung dieses Unterschiedes führte Prof. Adorno ein Beispiel an: Wenn ein Buch Gegenstand meines Denkens ist, verändert es sich nicht; wenn ich es aber in einem Wutanfall zerreiße, wird es sehr wohl verändert.

Daß das Handeln zugleich »die Rückkehr aus dieser Trennung« bedeutet, heißt, daß sich das Subjekt durch das Handeln das Objekt aneignet. Dadurch, daß ich das von mir Getrennte bearbeite, wird es wieder mein Eigen; ich verwirkliche mich in ihm.

Außerdem wird hier ein philosophiegeschichtlicher Aspekt berührt: Auch bei Fichte bestimmt sich durch die Trennung des reinen Willens von der heteronomen Welt diese als Material der Pflicht.

Den Bestimmungen des absoluten Wissens zufolge, die das Kapitel »Das Gewissen, die schöne Seele, das Böse und seine Verzeihung« rekapituliert,[136] entäußert sich Fichtes Subjekt der Tathandlung und wandelt sich zum Verzeihenden. Dadurch wird es fähig, sich mit der Welt, wie sie ist, abzufinden. Auf dieser Stufe des Prozesses der Phänomenologie zeigt sich ein affirmatives Moment der Hegelschen Philosophie, denn »tout comprendre, c'est tout pardonner.«[137]

Wie der religiöse Geist und das Bewußtsein »betrachtet worden, fallen sie zunächst auseinander« (Phänomenologie, S. 511)[138]. Denn im philosophischen Bewußtsein weiß sich das absolute Wissen als Identität für sich. Im religiösen Bewußtsein dagegen wird die Versöhnung von Gott und Welt nur an sich erreicht. Das religiöse Bewußtsein hat die Versöhnung nicht gedacht, es hat den Prozeß nicht selbst durchlaufen; es weiß nur, daß die Identität erreicht ist.

Die Seite des Ansich, die Religion, soll nun als ein Moment der Bewegung des Geistes mediiert werden. Wenn die Religion aber zu einer Bestimmung des Geistes herabgesetzt wird, löst sich ihr Absolutheitsanspruch auf. Hegel versucht, die

---

136 Vgl. HSW, Bd. II, S. 408–434; vgl. HW, Bd. 3, S. 464–494.
137 Die Herkunft des Ausspruchs ist unsicher, er lässt sich aber bereits in Tolstois »Krieg und Frieden« [1868/1869] nachweisen (vgl. Leo N. Tolstoi, Krieg und Frieden, übers. von Marianne Kegel, mit Nachw., Anm. und Literaturhinweisen von Barbara Conrad, 15. Aufl., Düsseldorf und Zürich 1996, S. 133).
138 Hegel schreibt über den religiösen Geist und das Bewusstsein selbst als solches: »Wie sie betrachtet worden, fallen sie zunächst auseinander; das Bewußtsein ist in der Ordnung, in der uns seine Gestalten vorkamen, teils zu den einzelnen Momenten derselben, teils zu ihrer Vereinigung längst gekommen, ehe auch die Religion ihrem Gegenstande die Gestalt des wirklichen Selbstbewußtseins gab.« (HSW, Bd. II, S. 511; vgl. HW, Bd. 3, S. 579)

dialektische Beziehung zwischen »ansich« und »fürsich« zu revidieren, weil das absolute Wissen identisch mit der Religion sein soll.

Jener Prozeß wurde von Hegels Schülern jedoch immer im Sinn einer Religionskritik verstanden.

Die Theologen unter ihnen wehren sich dagegen, indem sie das von Hegel mühsam Vereinte wieder zerreißen. Für Kierkegaard gibt es keine Möglichkeit, »die Wirklichkeit durch Vernunft zu begreifen.« (Löwith: Von Hegel zu Nietzsche, S. 165)[139] Nur die »gänzliche Preisgabe des Selbst an Gott« kann »das Zerbrochen- und Sinnlos-Sein der Welt« überwinden. (Philosophisches Wörterbuch, Kröners Taschenausgabe, 14. Aufl.)[140] Auch Feuerbach hat Hegels Kritik an der Theologie als das Wesentliche seiner Philosophie aufgefaßt und weitergeführt. »Es kommt daher jetzt nicht auf eine Entwicklung der Begriffe in der Form ihrer Allgemeinheit ..., sondern darauf an, die bisherigen weltgeschichtlichen Anschauungsweisen von Zeit, Tod ... und der außer der Endlichkeit ... als absolut angeschauten Person, nämlich Gott ... wahrhaft zu vernichten, in den Grund der Wahrheit zu bohren, und in ihre Stelle ... die Erkenntnis einrücken zu lassen, die sich in der neueren Philosophie als ein Reich des An-sich und Jenseits, in der Form der nackten Wahrheit und Allgemeinheit eingewickelt findet.« (Feuerbach an Hegel, L. Feuerbach in seinem Briefwechsel, Leipzig 1874, S. 217 f.)[141]

---

139 Nach »Entweder–Oder« ziehe sich, so Löwith, »durch Kierkegaards Schriften eine mehr oder minder explizite Polemik gegen den Anspruch der Philosophie, die Wirklichkeit durch Vernunft zu begreifen.« (Löwith, Von Hegel zu Nietzsche, a. a. O. [s. Anm. 134], S. 164 f.)
140 Unter dem Lemma »Kierkegaard« heißt es an angegebenem Ort u. a.: »K. schildert immer das Zerbrochen- und Sinnlos-Sein der Welt, auf das Angst und Verzweiflung die Antwort sein muß (›Der Begriff der Angst‹, 1844). Er wendet sich gegen jedes Sichstützen auf die Außenwelt, das nur ›ästhetisch‹ ist, mißtraut auch der selbstverantworteten Innerlichkeit, d. h. dem ›Ethischen‹, und empfiehlt gänzliche Preisgabe des Selbst an Gott; das ist für K. Leben im ›Religiösen‹, freilich auch im ›Paradoxen‹ (›Christliche Reden‹ 1848).« (Philosophisches Wörterbuch [1912], begründet von Heinrich Schmidt, 14. Aufl., hrsg. von Georgi Schischkoff, Stuttgart 1957 [Kröners Taschenausgabe; 13], S. 312)
141 »Es kommt daher jetzt nicht auf eine Entwicklung der Begriffe in der Form ihrer Allgemeinheit, in ihrer abgezogenen Reinheit und abgeschlossenem Insichsein an, sondern darauf an, die bisherigen weltgeschichtlichen Anschauungsweisen von Zeit, Tod, Diesseits, Jenseits, Ich, Individuum, Person und der ausser der Endlichkeit im Absoluten und als absolut angeschauten Person, nämlich Gott u.s.w., in welchen der Grund der bisherigen Geschichte und auch die Quelle des Systems der christlichen sowohl orthodoxen als rationalistischen Vorstellungen enthalten ist, wahrhaft zu vernichten, in den Grund der Wahrheit zu bohren, und in ihre Stelle als unmittelbar gegenwärtige weltbestimmende Anschauung die Erkenntnis einrücken zu lassen, die sich in der neueren Philosophie als ein Reich des An sich und Jenseits, in der Form der nackten Wahrheit und Allgemeinheit eingewickelt finden.« (Ludwig Feuerbach an Hegel, 22. November 1828, in: Ludwig

Bei der Vereinigung von Religion und Bewußtsein besteht eine Priorität von Geist qua Subjekt. Denn die Synthese der Gegensätze ist nur auf der Seite des Selbstbewußtseins möglich. Hier wird das Primat der Anthropologie über die Religion begründet.

Das letzte Kapitel der Phänomenologie steht in einem Spannungsfeld, dessen Pole die gegenständliche Religion und die Philosophie der totalen Vermitteltheit bilden, die Hegel miteinander in Einklang zu bringen versucht.

Die Religion kann nicht als ein der Vernunft Gegenüberstehendes ertragen werden. Aber dadurch, daß die Religion zum Moment des absoluten Subjekts wird, ist sie nichts Selbständiges, Gegenständliches mehr.

Solange die Religion nur gegenständlich ist, besteht sie lediglich in der Vorstellung. Erst dadurch, daß sie begriffen wird, wird sie Wahrheit.

Der Begriff »ist also derjenige Teil der Gestalt des seiner selbst gewissen Geistes, der in seinem Begriffe stehen bleibt und die schöne Seele genannt wurde.« (Phänomenologie, S. 511)[142] Begriff wird hier emphatisch gebraucht als die Versöhnung der Gegensätze, als die Fähigkeit der Entäußerung und Wiederversöhnung mit dem, was anders ist. Der Begriff des Begriffs konvergiert mit der religiösen Vorstellungswelt. In ihm werden Übel, Sünde und Tod miterfaßt. Die schöne Seele des Pietismus war gekennzeichnet durch die alles begreifende und verzeihende Kraft der Innerlichkeit. Wenn ich das Übel begreife, ändert sich meine Stellung zu ihm.

Die verzeihende Frömmigkeit hat also die Versöhnung von Subjekt und Objekt an sich, wenn auch unbewußt, schon geleistet.

Feuerbach in seinem Briefwechsel und Nachlass sowie in seiner Philosophischen Charakterentwicklung, dargestellt von Karl Grün, Bd. 1, Leipzig und Heidelberg 1874, S. 217 f.)
142 »Der Inhalt sowie die andere Seite des selbstbewußten Geistes, insofern sie die andere Seite ist, ist in ihrer Vollständigkeit vorhanden und aufgezeigt worden; die Vereinigung, welche noch fehlt, ist die einfache Einheit des Begriffs. Dieser ist an der Seite des Selbstbewußtseins selbst auch schon vorhanden; aber wie er im Vorhergehenden vorgekommen, hat er wie alle übrigen Momente die Form, eine besondere Gestalt des Bewußtseins zu sein. – Er ist also derjenige Teil der Gestalt des seiner selbst gewissen Geistes, der in seinem Begriffe stehen bleibt und die schöne Seele genannt wurde.« (HSW, Bd. II, S. 511; vgl. HW, Bd. 3, S. 580)

280 Konrad Blumenstock, 15. Februar 1962

Konrad Blumenstock

Protokoll der Sitzung vom 15. 2. 1962

Der Begriff Naivität ist eine Art von Leitfaden durch Hegels Phänomenologie. Jede Bewußtseinsstufe stellt sich vom Blickpunkt der nächst höheren aus gesehen als naives Bewußtsein dar; das ganze läßt sich verstehen als eine Stufenleiter der aufgehobenen Naivität. Das Movens Hegelschen Denkens ist die Universalisierung des erkenntnistheoretischen Motivs: Die Denkbewegung gegen den naiven Realismus bleibt nicht in dieser partikularen Form stehen, und so werden auch Humesche und Kantische Erkenntniskritik der Naivität überführt. »Die kritische Philosophie hat es mit dem Empirismus gemein, die Erfahrung für den *einzigen* Boden der Erkenntnisse anzunehmen, welche sie aber nicht für Wahrheiten, sondern nur für Erkenntnisse von Erscheinungen gelten läßt.« (Enzyklopädie § 40)[143] Aber auch die Kantische Philosophie »läßt die Kategorien und die Methode des gewöhnlichen Erkennens ganz unangefochten« (Enzyklopädie § 60 Anm.)[144]. Für die kritische Philosophie besteht Materie nur, insofern sie vom Subjekt erkannt, d. h. kategorial bestimmt ist. Während aber für Kant die unbekannte Ursache der Erscheinungen als Ding an sich zurückbleibt, geht für Hegel Erkenntnis im Subjekt vollständig auf. Alle Bestimmungen sind kategorial; schon von Substrat zu reden wäre ein Übergriff. Diese Wendung des Kritizismus hebt an mit Maimon und Fichte: »Nach mir«, schreibt Maimon, »... ist die Erkenntnis der Dinge an sich nichts anders als die *vollständige Erkenntnis der Erscheinungen*« (zit. nach R. Kroner, Von Kant bis Hegel I, S. 334)[145]. Nach Fichte läßt sich »die Intel-

---

143 HW, Bd. 8, S. 112.
144 Hegel schreibt, »daß die Kantische Philosophie auf die Behandlung der Wissenschaften keinen Einfluß hat haben können. *Sie läßt die Kategorien und die Methode des gewöhnlichen Erkennens ganz unangefochten.*« (Ebd., S. 144)
145 Kroner, Von Kant bis Hegel, a. a. O. [s. Anm. 7], Bd. 1, S. 334. Kroner zitiert aus einer Antwort Maimons an Andreas Riem: »Was die [...] Frage anbetrifft [...]: *Wie ist Metaphysik möglich?* So muß man erstlich bestimmen, was Metaphysik heißt. Ich glaube in der Definition der Metaphysik mit Herrn Kant übereinzustimmen. Nämlich Metaphysik ist die Wissenschaft der Dinge an sich. Ich unterscheide mich von Herrn Kant bloß darin: nach Ihm sind die Dinge an sich die Substrata ihrer Erscheinungen in uns, und mit denselben ganz Heterogen, folglich muß diese Frage unaufgelöst bleiben, indem wir kein Mittel an der Hand haben, die Dinge an sich abstrahiert von unsrer Art von derselben affiziert zu werden, zu erkennen. Nach mir hingegen ist die Erkenntnis der Dinge an sich nichts anders als die vollständige Erkenntnis der Erscheinungen.« (Salomon Maimon, Ant-

ligenz ... nur als tätig denken, und sie läßt sich nur auf diese bestimmte Weise tätig denken ... Diese Realität ist (der Philosophie) völlig hinreichend; denn es geht aus der Philosophie hervor, daß es überhaupt keine andere Realität gebe.« (Fichte, Erste Einleitung in die Wissenschaftslehre, ed. Meiner, S. 36[146].)[147] Für dieses Denken wäre Substrat ohne Subjekt etwas unbestimmtes; mit dem Substrat ist die Setzung bereits gegeben. Der Gegensatz von Subjekt und Objekt verliert sein Recht, oder, positiv gewendet, das Objekt bekommt wieder seine Bestimmungen zurück, die ihm bei Kant nur von außen aufgestülpt werden.

Für Hegel ist aber auch Fichte noch Reflexionsphilosoph; auch diese Philosophie ist noch eine »Theorie des Bewußtseins«.[148] »Nicht-Ich ist nur als Gegenstand des Ich, nur im Bewußtsein bestimmt« (Enzyklopädie § 415 Anm.). In Fichtes Philosophie bleibt es bei einem unvermittelten Unmittelbaren; ein rein Funktionales wird ihm zum absolut Ersten. Würde man den Spieß umkehren und von Fichtes Standpunkt ausgehend diese Kritik auf Hegel anwenden, indem man ihm vorhielte, daß auch er die Vermittlung absolute setze, so wäre Hegels Antwort, daß der Vorwurf nicht ihn selber, wohl aber Fichte treffen könne. Für Hegel ist ein Moment nicht selbständig; das Gegenteil des Hegelschen Begriffs wäre der Oberbegriff, der registriert und äußerlich subsumiert. Auch die Einheit ist bei Hegel nicht absolut, sondern lebt aus den Momenten. Wohl gelten in der Hegelschen Logik allgemeine Kategorien, aber er läßt kein ›Spruch‹ nach Art des Fichtischen Ich = Ich, des Descartischen cogito ergo sum oder Schopenhauers ›die Welt ist Wille und Vorstellung‹ gelten. Das Abstrakte ist bei Hegel Moment des Konkreten; ein übergeordnetes Abstraktes in seiner Philosophie würde er leug-

---

wort des Hrn. Maimon auf voriges Schreiben, in: Berlinisches Journal für Aufklärung, Bd. IX, 1790, H. 1, S. 52–80; hier: S. 79)

146 Korrigiert aus: »38«.

147 »Die Intelligenz läßt sich nur als tätig denken, und sie läßt sich nur als auf diese bestimmte Weise tätig denken, behauptet die Philosophie. Diese Realität ist ihr völlig hinreichend, denn es geht aus der Philosophie hervor, daß es überhaupt keine andere Realität gebe.« (Johann Gottlieb Fichte, Erste Einleitung in die Wissenschaftslehre [1797], in: Johann Gottlieb Fichte, Erste und zweite Einleitung in die Wissenschaftslehre und Versuch einer neuen Darstellung der Wissenschaftslehre, hrsg. von Fritz Medicus, 3. Aufl., Hamburg 1954 [Philosophische Bibliothek; 239], S. 3–36; hier: S. 36; vgl. FGA, Bd. I/4, S. 207 f.)

148 Über die Kantische Philosophie schreibt Hegel: »Es ist [...] für einen richtigen Sinn dieser Philosophie anzusehen, daß sie [...] als eine Theorie des *Bewußtseins*, unter dem Namen *Vorstellungsvermögen*, aufgefaßt worden ist. Die *Fichtesche* Philosophie hat denselben Standpunkt, und Nicht-Ich ist nur als *Gegenstand* des Ich, nur im *Bewußtsein* bestimmt; es bleibt als unendlicher Anstoß, d. i. als *Ding-an-sich*. Beide Philosophien zeigen daher, daß sie nicht zum *Begriffe* und nicht zum *Geiste*, wie er *an und für sich ist*, sondern nur, wie er in Beziehung auf ein Anderes ist, gekommen sind.« (HW, Bd. 10, S. 202 f.)

nen. Trotzdem stellt sich uns die Frage, ob nicht auch noch in dieser Philosophie ein Moment a priori zu finden ist.

Bei Hegel findet das aufklärerische Prinzip seinen Höhepunkt; sein Denken läßt sich verstehen als die Paßhöhe der philosophia prima. Auf der letzten und höchsten Stufe der Phänomenologie findet sich allerdings ein affirmatives Moment ein, das zu verstehen ist aus dem Versuch der Philosophie, sich auch die Negativität der Welt anzueignen. Eine Folge dieser Konstellation war die Spaltung der Hegelschen Schule in einen rechten und einen linken Flügel. Der Anlaß der Trennung war anfänglich hauptsächlich die Interpretation von Hegels Stellung zum Christentum, erst später die politische Problematik (cf. den Aufsatz von Hermann Lübbe: Die politische Theorie der hegelschen Rechten, in Archiv für Philosophie, Bd. 10, p. 175–227)[149]. Versuchten die konservativen Hegelschüler in ziemlich hilfloser Weise, Hegels Versöhnung von absolutem Wissen und offenbarer Religion zu bewahren, so wurde diese von der protestantischen Orthodoxie scharf abgelehnt; diese befand sich damit in einem unfreiwilligen Bündnis mit der radikalen Religionskritik linker Hegelianer wie Feuerbach. Bewußt wurde diese Koalition bei Kierkegaard, der Autoren wie Feuerbach zugute hielt, daß sie sehr wohl wüßten, was Christentum sei, nur eben partout nichts damit zu tun haben wollten.[150] Diese Ablehnung der Einssetzung von absolutem Wissen und Religion hat ihren guten Grund: Man kann die Dialektik nicht sistieren an dem Punkt, wo ein Konflikt mit etablierten Einrichtungen droht. Wird in dem einschlägigen Abschnitt die ›Schöne Seele‹ als ein ›wirklichkeitsloses‹ negativ aufgefaßt,[151] so

---

149 Vgl. Hermann Lübbe, Die politische Theorie der hegelschen Rechten, in: Archiv für Philosophie, Bd. 10, 1960, H. 3–4, S. 175–227.
150 »Überhaupt haben Börne, Heine, Feuerbach und ähnliche Schriftsteller für den Experimentierenden ein großes Interesse. Sie wissen oft sehr gut Bescheid über das Religiöse; das heißt: sie wissen mit Bestimmtheit, daß sie damit nichts zu tun haben wollen. Dadurch zeichnen sie sich sehr zu ihrem Vorteil vor den Systematikern aus, die ohne Verständnis für das Religiöse sich bald untertänig, bald hoffärtig, aber immer unglücklich mit dessen Erklärung befassen.« (Sören Kierkegaard, Stadien auf dem Lebensweg. Studien von Verschiedenen. Gesammelt, zum Druck befördert und herausgegeben von Hilarius Buchbinder [1845], in: Sören Kierkegaard, Gesammelte Werke, hrsg. von Hermann Gottsched und Christoph Schrempf, Bd. 4, mit Nachw. von Christoph Schrempf, übers. von Christoph Schrempf und Wolfgang Pfleiderer, Jena 1922, S. 418f.)
151 »Insofern nun der seiner selbst gewisse Geist als schöne Seele nicht die Kraft der Entäußerung des an sich haltenden Wissens ihrer selbst besitzt, kann sie nicht zur Gleichheit mit dem zurückgestoßenen Bewußtsein und also nicht zur angeschauten Einheit ihrer selbst im Anderen, nicht zum Dasein gelangen; die Gleichheit kommt daher nur negativ, als ein geistloses Sein, zustande. Die wirklichkeitslose schöne Seele, in dem Widerspruche ihres reinen Selbsts und der Notwendigkeit desselben, sich zum Sein zu entäußern und in Wirklichkeit umzuschlagen, in der *Unmittelbarkeit* dieses festgehaltenen Gegensatzes – einer Unmittelbarkeit, die allein die Mitte und Versöhnung des auf seine reine Abstraktion gesteigerten Gegensatzes und die reines Sein

bekommt ihre Stellung in unserem Kapitel als ein Vorgriff auf das Absolute eine gewisse Rechtfertigung. Indem der Begriff der Versöhnung in den Vordergrund gestellt wird, wird sozusagen der Rahm von der Schönen Seele abgeschöpft. Seine Erfüllung gibt sich der Begriff der Versöhnung sowohl in der offenbaren Religion als auch im absoluten Wissen, als das ›Selbst selber‹ oder der ›Handelnde, seiner selbst gewisse Geist‹, der Geist als geschichtlicher Inhalt.[152] Die Geschichte als Inbegriff des Geistes als handelnden ist der Inhalt der Phänomenologie. Hegels Auffassung von Geschichte als Heilsgeschichte impliziert nun eine Paradoxie. Gerade dort, wo Hegel der Theologie Konzessionen machen will, verrät er gleichzeitig Theologie an Geschichte, versteht er das Absolute als geschichtlich. Gerade in der enge Anlehnung an Theologie und Christologie wird die Statik überwunden, die heute bei dem Begriff Theologie mitgemeint wird. Hegel nimmt hier die Einsicht vorweg, daß Wahrheit einen Zeitkern hat.

Hegel spricht von dem ›Entzweien *oder* Hervortreten‹ des seiner selbst gewissen Geist. In der Vokabel ›oder‹ ist das Prinzip der Dialektik enthalten: Der Inbegriff der Negativität ist das Positive. Das Fragwürdige dieser großartigen dialektischen Paradoxie liegt darin, daß sich so jede Entzweiung rechtfertigen ließe. Ähnliches findet sich auch beim mittleren Schelling: ›Wie das Gewitter mittelbar durch die Sonne, unmittelbar aber durch eine gegenwirkende Kraft der Erde erregt wird, so der Geist des Bösen ... durch die Annäherung des Guten ... Daher erst mit der entschiedenen Hervortretung des Guten auch das Böse ganz entschieden und *als* dieses hervortritt (nicht als entstünde es erst, sondern weil nun erst der Gegensatz gegeben ist, in dem es allein ganz und als solches erscheinen kann)‹ (Schelling, Philosophische Untersuchungen über das Wesen der

---

oder das leere Nichts ist –, ist also, als Bewußtsein dieses Widerspruchs in seiner unversöhnten Unmittelbarkeit, zur Verrücktheit zerrüttet und zerfließt in sehnsüchtiger Schwindsucht. Es gibt damit in der Tat das harte Festhalten *seines Fürsichseins* auf, bringt aber nur die geistlose *Einheit des Seins* hervor.« (HW, Bd. 3, S. 491)

152 »Seine Erfüllung gab sich dieser Begriff einesteils im *handelnden* seiner selbst gewissen Geist, andernsteils in der *Religion*: in der letzteren gewann er den absoluten *Inhalt* als Inhalt oder in der Form der *Vorstellung*, des Andersseins für das Bewußtsein; hingegen in jener Gestalt ist die Form das Selbst selber, denn sie enthält den *handelnden*, seiner selbst gewissen Geist; das Selbst führt das Leben des absoluten Geistes durch. Diese Gestalt ist, wie wir sehen, jener einfache Begriff, der aber sein ewiges *Wesen* aufgibt, *da ist* oder handelt. Das *Entzweien* oder Hervortreten hat er an der *Reinheit* des Begriffs, denn sie ist die absolute Abstraktion oder Negativität. Ebenso hat er das Element seiner Wirklichkeit oder des Seins in ihm an dem reinen Wissen selbst, denn es ist die einfache *Unmittelbarkeit*, die ebenso *Sein* und *Dasein* als *Wesen* ist, jenes das negative Denken, dies das positive Denken selbst. Dies Dasein ist endlich ebensosehr das aus ihm – wie als Dasein so als Pflicht – in sich Reflektiert- oder *Bösesein*. Dies Insichgehen macht den *Gegensatz des Begriffs* aus und ist damit das Auftreten des *nichthandelnden, nichtwirklichen* reinen Wissens des Wesens.« (Ebd., S. 580 f.)

menschlichen Freiheit 1809, zit. nach der Auswahl von O. Braun S. 259)[153]. Hegels ›oder‹ drückt direkte Identität aus, während er sich in der Logik meist zu einem hierarchischem Verweisen genötigt sieht. Hegel will auch sagen, daß analytische und synthetische Urteile identisch sind, stellt damit aber den Begriff des Neuen in Frage. Eigentlich soll aber das Synthetische, das, was noch nicht da war, gerettet werden; es wird dargetan, daß die Reduktion auf das Alte das Neue nicht wegnimmt. So läßt in Hegels Logik die Reduktion auf die Genesis den Gegenstand nicht verschwinden. In der Totalität des Systems wird der Versuch gemacht, Neues vor der Immergleichheit des logischen Denkens zu retten, dadurch entsteht aber auch der Zwang Neues immer wieder in schon Dagewesenes aufzulösen. Die Identität von Hervortreten und Entzweiung ist auch eine zeitliche (in der Logik verhält es sich scheinbar anders). Das Neue ist die Sache, wie sie an sich schon ist. Wird dieses Moment vernachlässigt, so verkommt Dialektik zum Evolutionismus. Als Illustration kann man anführend, daß der Staat nur durch die Trennung von Herr und Knecht möglich ist, in Substanz aber beide identisch sind.

Der folgende Satz (ed. Hoffmeister S. 554, Z. 7 v.u.)[154], der der Interpretation besondere Schwierigkeiten bietet, ist nur durch Distanz zu verstehen. Hegel will in diesem Satz das naive Bewußtsein wieder zu seinem Recht bringen. Gibt es absolute Identität, so muß die dialektische Analyse der reinen Form des Wissens durch das Gewußte aus sich herausgehen. Wenn alles quantifiziert wird, so stellen sich alle Qualitäten wieder her. Auch folgender Satz aus der Vorrede zur 1. Auflage der großen Logik setzt dies voraus: ›(Der Geist) ist das Negative, dasjenige, wel-

---

153 »Wie das Gewitter mittelbar durch die Sonne, unmittelbar aber durch eine gegenwirkende Kraft der Erde erregt wird, so der Geist des Bösen (dessen meteorische Natur wir schon früher erklärt haben) durch die Annäherung des Guten, nicht vermöge einer Mitteilung, sondern vielmehr durch Verteilung der Kräfte. Daher erst mit der entschiedenen Hervortretung des Guten auch das Böse ganz entschieden und *als* dieses hervortritt (nicht als entstünde es erst, sondern weil nun erst der Gegensatz gegeben ist, in dem es allein ganz und als solches erscheinen kann); wie hinwiederum eben der Moment, wo die Erde zum zweitenmal wüst und leer wird, der Moment der Geburt des höheren Lichts des Geistes wird, das von Anbeginn in der Welt war, aber unbegriffen von der für sich wirkenden Finsternis und in annoch verschlossener und eingeschränkter Offenbarung; und zwar erscheint es, um dem persönlichen und geistigen Bösen entgegenzutreten, ebenfalls in persönlicher, menschlicher Gestalt und als Ritter, um den Rapport der Schöpfung mit Gott auf der höchsten Stufe wiederherzustellen.« (Friedrich Wilhelm Joseph Schelling, Philosophische Untersuchungen über das Wesen der menschlichen Freiheit und die damit zusammenhängenden Gegenstände [1809], in: Schellings Philosophie, hrsg. und eingel. von Otto Braun, Berlin [1918], S. 215–294; hier: S. 259; vgl. SW, Bd. 4, S. 271f.)
154 »Ebenso hat er das Element seiner Wirklichkeit oder des Seins in ihm an dem reinen Wissen selbst, denn es ist die einfache *Unmittelbarkeit*, die ebenso *Sein* und *Dasein* als *Wesen* ist, jenes das negative Denken, dies das positive Denken selbst.« (Hegel, Phänomenologie des Geistes, hrsg. von Johannes Hoffmeister, a.a.O. [s. Anm. 61], S. 554; vgl. HW, Bd. 3, S. 581)

ches die Qualität sowohl der dialektischen Vernunft als des Verstandes ausmacht; – er negiert das Einfache, so setzt er den bestimmten Unterschied des Verstandes; er löst ihn ebensosehr auf, so ist er dialektisch. Er hält sich aber nicht im Nichts dieses Resultates[155], sondern ist darin ebenso positiv und hat so das erste Einfache damit hergestellt, aber als Allgemeines, das in sich konkret ist; unter dieses wird nicht ein gegebenes Besonderes subsumiert, sondern in jenem Bestimmen und in der Auflösung desselben hat sich das Besondere schon mit bestimmt. Diese geistige Bewegung, die sich in ihrer Einfachheit ihre Bestimmtheit, und in dieser ihre Gleichheit mit sich selbst gibt, die somit die immanente Entwicklung des Begriffes ist, ist die absolute Methode des Erkennens, und zugleich die immanente Seele des Inhaltes selbst.‹ (Ed. Lasson S. 6–7)[156] Im absoluten Wissen kommt die Naivität zu sich selbst und wird so gerechtfertigt. Das anfängliche Subjekt bekommt am Ende recht; die Identität von empirischem und absolutem Subjekt wird hergestellt.

Mit dem Ausdruck ›einfache Unmittelbarkeit‹ kehrt Hegel auf die ursprüngliche Stufe des Bewußtseins zurück. In diesem sprunghaften Charakter der Darstellung liegt die Gefahr der Verwirrung; hier liegt der Wahrheitskern, der Schopenhauers Polemiken zugrunde liegt.[157] Die Verbindung mit dem vorigen Satz ist parataktisch aufzufassen; unter ›reinem Wissen‹ ist der Inbegriff allen Wissens zu verstehen, insofern es noch nicht im Subjekt reflektiert ist.[158]

Neben dieser Interpretation, die noch nicht zu Ende geführt worden ist, wurden von Teilnehmern des Seminars noch zwei andere Interpretationsvorschläge gemacht:

a. Das reine Wissen in seiner Unmittelbarkeit wäre als Wissen eines bestimmten Subjekts aufzufassen, das dadurch eine Beziehung auf ein Wirkliches in sich hat, das erst durch die Phänomenologie gewonnen werden muß. Die Quintessenz des Satzes wäre dann: Denken ohne Denkendes kann nicht gedacht

---

155 Korrigiert für: »positiven Resultates«.
156 HSW, Bd. III, S. 6f.; vgl. HW, Bd. 5, S. 17.
157 Bei Schopenhauer heißt es etwa: »Die Deutschen sind gewohnt, Worte statt der Begriffe hinzunehmen: dazu werden sie, von Jugend auf, durch uns dressirt, – sieh nur die Hegelei, was ist sie Anderes, als leerer, hohler, dazu ekelhafter Wortkram? Und doch, wie glänzend war die Carriere dieser philosophischen Ministerkreatur! Dazu bedurfte es nichts weiter, als einiger feilen Gesellen, den Ruhm des Schlechten zu intoniren, und ihre Stimme fand an der leeren Höhlung von tausend Dummköpfen ein noch jetzt nachhallendes und sich fortpflanzendes Echo: siehe, so war bald aus einem gemeinen Kopf, ja einem gemeinen Scharlatan, ein großer Philosoph gemacht.« (Arthur Schopenhauer, Ueber die vierfache Wurzel des Satzes vom zureichenden Grunde. Eine philosophische Abhandlung [1813], in: Arthur Schopenhauers Werke in fünf Bänden, hrsg. von Ludger Lütkehaus, Bd. III, Zürich 1988, S. 7–168; hier: S. 51)
158 S. oben, Anm. 152.

werden. Gegen diese an sich denkbare Auslegung kann aber ins Feld geführt werden, daß man Hegel nicht zum Cartesianer machen darf. Für Hegel hat das ›sum‹ keinen Vorrang vor dem ›cogito‹.

b. Das reine Wissen, als in diese Einheit zusammengegangen, hat alle Beziehung auf ein anderes und auf Vermittlung aufgehoben; es ist das Unterschiedslose; dieses Unterschiedslose hört somit selbst auf, Wissen zu sein; es ist nur einfache Unmittelbarkeit vorhanden. ›Die einfache Unmittelbarkeit‹ wäre in diesem Fall aufzufassen als: ›diejenige einfache Unmittelbarkeit, die etc.‹

281 Gunter Wegeleben, 22. Februar 1962

Professor Adorno – Hauptseminar
Hegel   Das absolute Wissen

Protokoll vom 22. 2. 62

Im Unterschied zu Hegel, dessen Philosophie eine Stufenleiter der aufgehobenen Naivität darstellt, läuft die Kantische Philosophie auf die kritische Rechtfertigung des naiven Weltbildes hinaus. Der Erfolg seiner Philosophie hängt eben damit zusammen, daß das Bild der erfahrenen Welt seinem Inhalt nach nicht verändert, nicht verfremdet wird, sondern Vorurteile des gesunden Menschenverstandes sich bestätigt finden. Die Erschütterung, die der Kantische Gedanke in Kleist bewirkte,[159] resultiert aus dem Mißverständnis des nichtphilosophischen Bewußtseins, erkenntnistheoretische Fundierungsansprüche als psychologische zu verkennen. Das nichtphilosophische Bewußtsein nimmt alle Philosophie als Weltanschauung, nach der man sich als realer Mensch unmittelbar zu richten habe.

Der ganze Inhalt der Hegelschen Philosophie besteht in der Arbeit, Identität und Nichtidentität von Subjekt und Objekt auf jeder Stufe neu auszuweisen, bis der Unterschied schließlich sich aufhebt. Indem die Differenz zwischen der Erkenntnis und ihrem Gegenstand bis zu seiner Überwindung fortgetrieben wird, fällt die erkenntnistheoretische Fragestellung zusammen mit der metaphysischen

---

[159] Kleist berichtet seiner Verlobten brieflich von seiner »Erschütterung«: »Vor kurzem wurde ich mit der neueren sogenannten kantischen Philosophie bekannt – und Dir muß ich jetzt daraus einen Gedanken mitteilen, indem ich nicht fürchten darf, daß er Dich so tief, so schmerzhaft erschüttern wird, als mich. Auch kennst Du das Ganze nicht hinlänglich, um sein Interesse vollständig zu begreifen. Ich will indessen so deutlich sprechen, als möglich. *[Absatz]* Wenn alle Menschen statt der Augen grüne Gläser hätten, so würden sie urteilen müssen, die Gegenstände, welche sie dadurch erblicken, seien grün – und nie entscheiden können, ob ihr Auge ihnen die Dinge zeige, wie sie sind, oder ob es nicht etwas zu ihnen hinzuthue, was nicht ihnen, sondern dem Auge gehöre. So ist es mit dem Verstande. Wir können nicht entscheiden, ob das, was wir Wahrheit nennen, wahrhaft Wahrheit ist, oder ob es uns nur so scheint. Ist's das letztere, so ist die Wahrheit, die wir hier sammeln nach dem Tode nichts mehr – und alles Bestreben, ein Eigenthum sich zu erwerben, das uns auch in das Grab folgt, ist vergeblich. – – *[Absatz]* Wenn die Spitze dieses Gedankens Dein Herz nicht trifft, so lächele nicht über einen Anderen, der sich tief in seinem heiligsten Innern davon verwundet fühlt. Mein einziges, mein höchstes Ziel ist gesunken, und ich habe keines mehr. –« (Heinrich von Kleist an Wilhelmine von Zenge, 22. März 1801, in: Heinrich von Kleist's Leben und Briefe, hrsg. von Eduard von Bülow, Berlin 1848, S. 156 f.)

Intention. Der Inhalt der Dialektik tritt durch den Gegensatz hervor und ist doch seine Aufhebung.

Vermittlung hat Hegel nicht absolut gesetzt. Seine Philosophie expliziert, daß es Vermittlung nur soweit gibt, wie es Unmittelbarkeit gibt, und daß es Unmittelbarkeit gibt nur als vermittelte. Ohne daß das unselbständige Moment der Unmittelbarkeit hinzuträte, wäre keine Vermittlung möglich.

Die Frage, ob Hegel nicht doch wie Fichte Subjekt-Objekt als Subjekt bestimmt hat, ist kontrovers. Wahrscheinlich wäre Hegel so weit gegangen zu sagen, daß das Absolute Subjekt sei. Das Subjektsein des Absoluten besteht jedoch nur durch die Momente seiner dialektischen Entfaltung hindurch, nicht als ein dieser Entfaltung Jenseitiges. Es scheint, daß Hegels ungeheure Versenkung in die Objektsphäre vollzogen worden ist ad maiorem gloriam subjectivitatis, zum Erweis, daß das von innen betrachtete Objekt Subjekt ist. Professor Liebrucks sagt, daß das Absolute bei Hegel als Subjekt wie als Objekt zu bestimmen sei.[160]

Wie Herr Professor Adorno ausführte, bildet Hegel darin die Paßhöhe der Philosophie, daß er den Punkt erreicht hat, in dem die Kategorien der Subjektivität in ihr Gegenteil umschlagen. Hegels Philosophie bedeutet die Verkörperung des höchsten bürgerlichen Bewußtseins und impliziert zugleich Nötigung, über es hinauszugehen.

Hegel hat den Vorrang des Subjekts behauptet und doch zugleich durch die Konstruktion seiner Philosophie diesen Vorrang zu beseitigen versucht. Wird dieser Vorrang völlig bestritten, verliert der Begriff des Idealismus aber sein Salz. Ihm zufolge gibt es nur Identität, soweit das Subjekt reicht.

Keine Dialektik vermag, ohne Objekt zu sein, aber es ist eigentlich nur dazu da, in Subjektivität aufgelöst zu werden. Die absolute Idee als Subjekt hat kein Objekt sich gegenüber. Sie beschaut sich als Objekt, hat sich selbst als Objekt gegenüber, die absolute Idee als Selbstanschauung Gottes. Darin hört die Dialektik auf. Im absoluten Subjekt kommt alle Dialektik zur Ruhe, eine Ruhe, der Goethes Verse nachhängen: Und alles Streben, alles Drängen ist ewige Ruh' in Gott, dem Herrn.[161] Dialektik erweist sich von daher als Mittel der Darstellung der Identität. Dem Einwand, daß die Dialektik in einer dialektischen Konzeption von Mittel und Zweck nicht nur Mittel sei, ist entgegenzuhalten, daß, wenn das Mittel

---

160 Bruno Liebrucks hat seit 1959 eine Professur für Philosophie an der Universität Frankfurt inne. Auf welche Äußerung Liebrucks sich das Protokoll bezieht, ist nicht ermittelt.
161 »Wenn im Unendlichen dasselbe / Sich wiederholend ewig fließt, / Das tausendfältige Gewölbe / Sich kräftig ineinander schließt; / Strömt Lebenslust aus allen Dingen, / Dem kleinsten wie dem größten Stern, / Und alles Drängen, alles Ringen / Ist ewige Ruh in Gott dem Herrn.« (Johann Wolfgang Goethe, Zahme Xenien [1797], in: Goethes Werke, Bd. I·3, a.a.O. [s. Anm. 99], S. 227–369; hier: S. 363)

nicht zerginge, es keine absolute Idee gäbe. Dann gäbe es noch etwas, das nicht in die Dialektik hineinfiele, ein Nicht-Identisches. Die absolute Idee involviert den Primat des Subjekts. Das, was draußen bliebe, zerstörte diesen Primat.

In der Bestimmung, daß das Leben des Geistes in seinem Handeln besteht, steckt, daß der Geist nicht bloß der Geist der kontemplativen Bereiche ist, sondern das Movens, Agens des Ganzen. Hegels Geist ist kein partikulares Prinzip, das z. B. der Wirtschaft entgegengesetzt ist. Was bei Marx als Dialektik von Produktionskräften und Produktverhältnissen beschrieben ist, scheidet Hegels Geistbegriff nicht aus. Hegel zufolge besteht genau in den Momenten, in die der Geist sich entäußert, das Leben des Geistes. Alles reale Geschehen wird – als ein a priori Sinnvolles interpretiert – als geistige Bestimmung in die Wissenschaft der Philosophie hineingenommen. »Der Geist ist hiemit das sich selbst tragende absolute reale Wesen.« (Phänomenologie des Geistes, S. 314, Meiner)[162]

(Fortsetzung der Interpretation des Kapitels Das absolute Wissen)
»Dies Dasein ist endlich ebensosehr das aus ihm – wie als Dasein so als Pflicht – in sich Reflektiert- oder Bösesein.«[163]

Diese Stelle bezieht sich auf die Auflösung des sittsamen Wesens in das Bösesein des Fürsich und in die Pflichterfüllung. Sie (diese Stelle) enthält den Gedanken, daß durch die absolute Abspaltung des Gewissens von der Realität das Gewissen notwendig auch zum Bösen wird. Das Autonomieprinzip ist dialektisch. Autonomes Handeln wird ohne Vermittlung mit der spezifischen Beschaffenheit der Gegenstände eitel. Bei Ibsen spielt dies Moment eine wesentliche Rolle. In der »Wildente« richtet die unbedingte sittliche Forderung, die die spezifische Bestimmtheit der Welt ignoriert, als reines Gewissen schlimmes Unheil an.[164] Indem reine Gesinnungsethik sich von den Bestimmungen des Objekts löst, schlägt sie in das Böse um. Ihr Gegensatz wurde in dem Begriff der Verantwortungsethik gefaßt. Bei Hegel gibt es keine isolierte Ethik. Das Handeln gehört in die Subjekt-Objekt-Dialektik hinein. Im Gegensatz zu Fichte hat Hegel die Kantische Ethik radikal dialektisiert.

»Dies Insichgehen macht den Gegensatz des Begriffs aus, und ist damit das Auftreten des nichthandelnden, nicht wirklichen reinen Wissens des Wesens.«[165]

Der in dieser Bewegung gedachte Begriff des Begriffs bezeichnet nicht die reine Denkeinheit, die ein Mannigfaltiges subsumiert, keine formale Subsumtion,

---

162 Hegel, Phänomenologie des Geistes, hrsg. von Johannes Hoffmeister, a.a.O. (s. Anm. 61), S. 314; vgl. HW, Bd. 3, S. 325.
163 S. oben, Anm. 152.
164 Das Drama von Henrik Ibsen wird 1885 in Bergen (Norwegen) uraufgeführt.
165 S. oben, Anm. 152.

sondern ist der Gedanke, der mit dem Anderen, dem Objekt sich sättigt und es begreift. Der Begriff ist das in seinem Inneren sich ereignende Begreifen der in ihm entfalteten Momente. Je reiner ein Gedanke im Kantischen Sinne ist (moralisch rein und rein von empirischer Verunreinigung), um so weniger ist er für Hegel Begriff. Das Insichgehen des Subjekts als Kantische Sphäre des Apriori ist äußerster Gegensatz zu Hegels Begriff des Begriffs.

»Dies sein Auftreten in diesem Gegensatze aber ist die Teilnahme daran; das reine Wissen des Wesens hat sich *an sich* seiner Einfachheit entäußert, denn es ist das *Entzweien* oder die Negativität, die der Begriff ist; sofern dies Entzweien das *Fürsichwerden* ist, ist es das Böse, sofern es das *Ansich* ist, ist es das Gutbleibende.«[166]

Dieser Gedanke ist die philosophische Praphrase eines Theologems, das des Sündenfalls, das Essen vom Baum der Erkenntnis. Durch den Akt der Erkenntnis ist der Geist an sich, der die Entscheidung zwischen Gut und Böse trifft, das Gutbleibende; in seiner Bewegung zum Fürsichsein setzt er sich als böse, als abgespaltenen, verdinglichten Geist. Wenn durch sein Insichgehen das Subjekt gegen die Objektivität sich abspaltet, bleibt es doch zugleich unmittelbar von ihr behaftet, als es nur in Negation des Anderen zu sich kommt. Das Andere gehört unmittelbar der eigenen Bestimmung an. Indem das Subjekt kognitiv als Subjekt gegen ein Objekt sich verhält, wird es auch praktisch zu seinem Gegenteil, zum Objekt. Durch sein Insichgehen, seine Konzentration in sich wird das Subjekt zum Ding. Das erkennende Subjekt erweist sich als ein auch ontologisch sich Bestimmendes. Das Wissen des Subjekts von sich hat ontische Bedeutung. Teilnahme heißt in diesem Passus Realisierung. Durch die Reflexion wird das Reflektierende zu dem, worauf es reflektiert.

»Was nun zuerst *an sich* geschieht, ist zugleich *für das Bewußtsein* und ebenso selbst gedoppelt, sowohl *für es*, als es sein *Fürsichsein* oder sein eigenes Tun ist.«[167]

Das Bewußtsein trat vorher nur als bloßes Fürsichsein auf, unwissend, da es sein Fürsich der Entzweiung verdankt. Das Bewußtsein muß zu der Einsicht gelangen, daß das reine Subjekt ein ontisch Entstandenes ist, das auf sich reflektiert. Der Gedanke der »Dialektik der Aufklärung«, daß die Kategorie der Individualität selbst ein Entsprungenes ist,[168] ist ganz hegelisch. Nicht bestimmt die

---

166 Hegel, Phänomenologie des Geistes, hrsg. von Johannes Hoffmeister, a.a.O. (s. Anm. 61), S. 555; vgl. HW, Bd. 3, S. 581.
167 Hegel, Phänomenologie des Geistes, hrsg. von Johannes Hoffmeister, a.a.O. (s. Anm. 61), S. 555; vgl. HW, Bd. 3, S. 581.
168 *Die homerische Rede schafft Allgemeinheit der Sprache, wenn sie sie nicht bereits voraussetzt; sie löst die hierarchische Ordnung der Gesellschaft durch die exoterische Gestalt ihrer Darstellung*

biologische Vereinzelung die Individualität, sondern die Selbstreflexion des Vereinzelten.

»Dasselbe, was schon *an sich* gesetzt ist, wiederholt sich also jetzt als Wissen des Bewußtseins von ihm, und bewußtes Tun. Jedes läßt für das andere von der Selbständigkeit der Bestimmtheit, in der es gegen es auftritt, ab. Dies Ablassen ist dasselbe Verzichttun auf die Einseitigkeit des Begriffs, das *an sich* den Anfang ausmachte; aber es ist nunmehr *sein* Verzichttun, so wie der Begriff, auf welchen es Verzicht tut, der seinige ist.«[169]

Das Bewußtsein weiß in der Reflexion auf das ihm Gegenüberstehende, daß dieses durch es vermittelt ist. In dem Augenblick, in dem die Philosophie darauf verfällt, zwischen Subjekt und Objekt zu trennen, ist mit der Trennung die Setzung des Getrennten als Subjekt gesetzt. Der Reflexionsphilosophie wohnt diese doppelte Bewegung inne: Die Scheidung ist immer zugleich der Versuch, das entgegengesetzte auf das Subjekt zu reduzieren; der Reflexionsphilosophie ist die Tendenz der subjektiven Relativierung immanent.

Die Bewegung des gegenseitigen Ablassens von Subjekt und Objekt von der Selbständigkeit der Bestimmtheit gegen das Andere stellt die Begründung des Begriffs der Entäußerung dar; diese Bewegung involviert die metaphysische Rechtfertigung der Entäußerung.

Indem ich das Objekt mir gegenübersetze, sage ich, daß das Objekt ein Fürmich ist. Vor dieser Reflexion war es nicht als solches da. Durch die Verselbständigung des Objekts ist seine Beziehung auf mich notwendig gesetzt. Es ist selbständig in bezug auf die Unterschiedenheit von mir. Andererseits wird das Subjekt durch seine Verselbständigung zum Fürmich zu einem Objekthaften.

Das dialektische Salz dieser Bewegung liegt darin, daß jeder dieser Begriffe in sich bestimmt wird durch den anderen. Indem ich mich qua Subjekt bestimme, muß ich mich als ein Gegenständliches bestimmen. Das Werden des Fürsichseins zum Gegenstand ist die Entäußerung. Hegel hat den zentralen Gedanken der Fichteschen Philosophie, die wechselseitige Verschränktheit von Subjekt und Objekt, konkret entfaltet. Die Notwendigkeit der Entäußerung hat seiner Philosophie zufolge die logische und geschichtliche Bewegung vorgezeichnet. Der Begriff des Ablassens ist an dieser Stelle als Gegenbegriff zu dem des Setzens zu

---

auf, selbst und gerade wo sie jene verherrlicht; vom Zorn des Achill und der Irrfahrt des Odysseus Singen ist bereits sehnsüchtige Stilisierung dessen, was sich nicht mehr singen läßt, und der Held der Abenteuer erweist sich als Urbild eben des bürgerlichen Individuums, dessen Begriff in jener einheitlichen Selbstbehauptung entspringt, deren vorweltliches Muster der Umgetriebene abgibt. (GS, Bd. 3, S. 61)

169 Hegel, Phänomenologie des Geistes, hrsg. von Johannes Hoffmeister, a.a.O. (s. Anm. 61), S. 555; vgl. HW, Bd. 3, S. 581.

verstehen. Im Sündenfall setzt sich der Mensch; in der Versöhnung läßt der Mensch von sich. Auf dieser Stufe dürfen kognitives und praktisches Verhalten nicht voneinander getrennt werden. Die Kategorien der Hegelschen Philosophie sind kognitive und praktische zugleich. Seinem Wesen nach ist Erkennen bestimmt als Praxis und Werden. Jede Struktur des Erkennens ist zugleich eine praktische Struktur. Von daher wird die Ineinssetzung erkenntnistheoretischer mit geschichtlichen Stufen durchsichtig. Die wechselseitige Einschränkung ist nicht bloß objektiver Geist. Indem sie vollzogen wird, wird sich das Subjekt ontisch und ontologisch transparent. Der Verzicht, den das Subjekt auf sich nimmt, ist praktisch. In seiner Selbstreflexion erkennt das Subjekt sich als Nicht-Absolutes; es muß aus sich herausgehen; es muß auf sein bloßes Fürsichsein verzichten. Hegels metaphysisches Pathos der Resignation, des Verzichts, ist unlöslich verzahnt mit seiner Subjekt-Objekt-Dialektik. Das Verzichttun ist zweiseitig zu fassen. Einmal bedeutet es reale Entsagung, das Eingeständnis des Subjekts, daß es zu bloßem Fürsichsein nicht disponiert ist.

Daraus resultiert aber auch die Intention, die Dinge als das zu lassen, als was sie an sich bestimmt sind, Entäußerung als Gegenkraft zu der Gewalt, die die partikulare Vernunft den Dingen antut. Im Ablassen von fixer Bestimmtheit und Selbständigkeit liegt etwas überaus Großartiges. Indem das Sittengesetz von sich abläßt, läßt es das zu seinem Recht kommen, was sich nicht in Identität erschöpft. Hegels Idealismus ist die eiserne Klammer, die alles in die Identität zu zwingen versucht, und zugleich ist in seiner Philosophie eine Stufe des Bewußtseins antizipiert, auf der das eine dem anderen nicht mehr Gewalt zufügt. Diese Stufe ist von Hegel als Versöhnung, die ein reines Zusehen wäre, gedacht. Hegel glaubte, die Theodizee des Subjekts im bloßen Zusehen zu erreichen. Wenn Dialektik auf solche Gewaltlosigkeit hinausliefe, dann ließe sich von wahrer Versöhnung sprechen. Nicht nur ist dies Ablassen ein Lassen des anderen, sondern dadurch wird überhaupt die Selbständigkeit des anderen konstituiert.

»Jenes *Ansich* des Anfangs ist als Negativität in Wahrheit ebensosehr das *vermittelte*, so wie es in Wahrheit ist, *setzt* es sich also jetzt, und das *Negative* ist als *Bestimmtheit* eines jeden für das andere und an sich das selbst aufhebende. Der eine der beiden Teile des Gegensatzes ist die Ungleichheit des *In-sich*-in seiner *Einzelheit*-Seins gegen die Allgemeinheit, – der andere die Ungleichheit seiner abstrakten Allgemeinheit gegen das Selbst; jenes stirbt seinem Fürsichsein ab, und entäußert, bekennt sich; dieses entsagt der Härte seiner abstrakten Allgemeinheit, und stirbt damit seinem unlebendigen Selbst und seiner unbewegten Allgemeinheit ab; so daß also jenes durch das Moment der Allgemeinheit, die Wesen ist, und dieses durch die Allgemeinheit, die Selbst ist, sich ergänzt hat. Durch diese Bewegung des Handelns ist der Geist, – der so erst Geist ist, daß er *da ist*, sein Dasein in den *Gedanken* und dadurch in die absolute *Entgegensetzung* erhebt und aus dieser eben durch sie und in ihr selbst zurückkehrt, – als reine Allgemeinheit des Wissens, welches Selbstbewußtsein ist, – als Selbstbewußtsein, das einfache Einheit des Wissens ist, hervorgetreten.«[170]

Dieser Abschnitt gibt eine Ableitung des Begriffs des Geistes. Der Geist ist die dialektische Einheit der in der Kantischen und in der Fichteschen Philosophie auseinanderweisenden Momente des Ich denke und der Individualität. Beide zeigt Hegel als Momente und durcheinander vermittelt. Das Subjekt ist real nur, insoweit es durch ein Individuum vermittelt ist; das Individuum konstituiert sich erst zur Individualität als Bewußtsein, als ein Allgemeines. Der Geist ist individuiert und allgemein zugleich. Das individuelle Bewußtsein als ein Stück Welt ist zwar konkret, aber kontingent; das transzendentale Bewußtsein für sich ist unlebendig. Das kontigente Bewußtsein bekennt sich, entäußert sich, indem es sich durch die Objektivität hindurch als allgemeines bestimmt. Das allgemeine Bewußtsein entsagt der Härte seiner abstrakten Allgemeinheit gegen das Selbst, indem es sich zur Individualität vermittelt.

Das Allgemeine und das Besondere sind getrennt durch Reflexion; durch die Reflexion der Reflexion, durch die Negation der Negation werden sie zu ihrer Versöhnung wieder zusammengebracht.

Gunter Wegeleben[171]

---

170 Hegel, Phänomenologie des Geistes, hrsg. von Johannes Hoffmeister, a.a.O. (s. Anm. 61), S. 555; vgl. HW, Bd. 3, S. 581f.
171 Unterschrift.

Wintersemester 1961/62:
Musiksoziologie:
Vorlesung mit anschließenden Besprechungen

Soziologische Vorlesung mit Seminarcharakter

In diesem Semester hält Adorno zudem die philosophische Vorlesung »Ästhetik II« und gibt das philosophische Hauptseminar »Hegel, ›Phänomenologie des Geistes‹, Das absolute Wissen«

Die Vorlesung findet dienstags von 17 bis 19 Uhr statt

282–284 UAF Abt. 139 Nr. 6 sowie UAF Abt. 139 Nr. 9 (Abschrift); **285–286** UAF Abt. 139 Nr. 6 sowie UAF Abt. 139 Nr. 9 (Doublette); **287–290** UAF Abt. 139 Nr. 6 sowie UAF Abt. 139 Nr. 9 (Abschrift); **291–292** UAF Abt. 139 Nr. 6 sowie UAF Abt. 139 Nr. 9 (Doublette); **293** UAF Abt. 139 Nr. 6 sowie UAF Abt. 139 Nr. 9 (Abschrift); **294** UAF Abt. 139 Nr. 6 sowie UAF Abt. 139 Nr. 9 (Doublette)

282 Klaus Horn, 14. November 1961

Klaus Horn

*Protokoll zur
Musiksoziologischen Vorlesung mit Übung vom 14. 11. 61*

Der in der letzten Seminarstunde idealtypisch charakterisierte Unterhaltungshörer,[1] meinte Professor Adorno einleitend, überwiege sicher quantitativ bei weitem, so daß die Frage nach der Berechtigung der Typologie wohl gestellt werden könne. Um nun soziologisch an die Relevanz dieses Hörertypus heranzukommen, trug Professor Adorno einen Essay über die sogenannte leichte Musik, die Unterhaltungsmusik, vor,[2] welche fast ausschließlich das musikalische Material des Unterhaltungshörers stellt, ein Material, welches als »das domestizierte Opiat, das gegen keine Rauschgiftgesetze verstößt«, bezeichnet wurde.

Zur Diskussion stand der von Professor Adorno in den Schweizer Monatsheften (Nov. 1958, Heft 8) zuerst veröffentlichte Aufsatz »Ideen zur Musiksoziologie« (ebenfalls in »Klangfiguren«)[3] sowie der Essay über die leichte Musik.

Es wurde die Frage gestellt, was man sich unter dem Begriff der fortschreitenden Rationalisierung in der Musik vorzustellen habe und ob etwa auch eine Auflösung vorhandener musikalischer Formen – wie zum Beispiel von Bach bis zur Romantik – darunter zu begreifen sei. Professor Adorno verwies auf Weber und antwortete hierauf, daß man sich unter Rationalisierung hier die immer

---

[1] Ein Protokoll jener Seminarsitzung wurde nicht aufgefunden. – Vgl. die erste Vorlesung aus Adornos *Einleitung in die Musiksoziologie. Zwölf theoretische Vorlesungen* [1962], *Typen musikalischen Verhaltens*, GS, Bd. 14, S. 169–433; hier: S. 178–198; dort heißt es: *Quantitativ der erheblichste aller Typen ist sicherlich derjenige, der* Musik als Unterhaltung *hört und nichts weiter. Dächte man lediglich an statistische Kriterien und nicht an das Gewicht einzelner Typen in der Gesellschaft und im Musikleben, und an typische Stellungen zur Sache, so wäre der Unterhaltungstypus der allein relevante. Selbst nach solcher Qualifikation dünkt es fraglich, ob angesichts seiner Präponderanz die Entwicklung einer weit darüber hinausgreifenden Typologie für die Soziologie sich lohnt. Anders stellt es erst sich dar, sobald man Musik nicht bloß als ein Für anderes, als soziale Funktion betrachtet, sondern als ein An sich, und am Ende die gegenwärtige soziale Problematik der Musik gerade mit dem Schein ihrer Sozialisierung zusammenbringt. Der Typus des Unterhaltungshörers ist der, auf den die Kulturindustrie geeicht ist, sei es, daß diese, nach ihrer eigenen Ideologie, ihm sich anpaßt, sei es, daß sie ihn erst schafft oder hervorlockt.* (Ebd., S. 192f.)
[2] Vgl. die zweite Vorlesung, *Leichte Musik*, ebd., S. 199–218.
[3] Vgl. Theodor W. Adorno, *Ideen zur Musiksoziologie*, in: Schweizer Monatshefte, 38. Jg., 1958, H. 8, S. 679–691; vgl. Theodor W. Adorno, *Klangfiguren. Musikalische Schriften I*, Berlin und Frankfurt a.M. 1959, S. 9–31; vgl. GS, Bd. 16, S. 9–23.

weniger blinde, immer mehr rationale Verfügung über das Material der Musik vorzustellen habe. Ob damit die Irrationalität des Gehaltes wegfalle, sei eine andere Frage. Die feste musikalische Form hat jedoch nichts mit der Beherrschung des musikalischen Materials zu tun. Das zeigt die Romantik, meinte Professor Adorno. Gerade deren sublime Ausdrucksfähigkeit, die neue koloristische Dimension, verdankt sich der Auflösung der alten Formen. Sicher haben sich, so meinte Professor Adorno, die verschiedenen Schichten des musikalischen Materials nicht gleichmäßig entwickelt; es finden sich Brüche, die anzeigen, daß Formen temporär zurücktreten können, andere sich emanzipieren, wie es an der Harmonik und Koloristik abzulesen sei.

Ein anderer Seminarteilnehmer stellte die Frage, ob immer die Notwendigkeit bestehe, daß bestimmte gesellschaftlich ursprünglichere Formen, wie zum Beispiel der Tanz, als Hintergrund für eine Sublimierung, für reinere kompositorische Formen vorhanden sein müßten, auf die Inhalt und Form zurückgehen. Professor Adorno antwortete hierauf, daß das Zurückgreifen auf primitive, archaische Formen durchaus keine Notwendigkeit darstelle, es sei eher, so bei Orff, als ein Mißlingen der Sublimierung zu werten. Es sei überhaupt programmatisch für die Musiksoziologie, über den törichten Gegensatz von Inhalts- und Formästhetik hinauszugelangen. Es sei unsinnig, vom Formalismus der Musik zu reden, meinte Professor Adorno, denn autonome musikalische Formen müssen als namenlose, fest gewordene Gehalte begriffen werden; der Inhalt als geronnene Form ist das Ausdrucksmittel der Musik.

Verschiedene Fragen aus dem Seminar betrafen den Jazz. Ob denn der Jazz und die Schlager wirklich die gleiche Mentalität beim Publikum voraussetzten? Es sei doch evident, daß die beiden Formen der Unterhaltungsmusik unterschiedliches Publikum ansprächen. Ein anderer Seminarteilnehmer gab seiner Meinung Ausdruck, daß, sei der Jazz wirklich nur pseudorevolutionär, sich die Jugend doch eigentlich nach einem anderen Medium umsehen müsse, um ihren Protest gegen das Herkömmliche zu formulieren. Schließlich wurde die Frage aufgeworfen, ob nur bei uns in Deutschland der Jazz ideologisch verbrämt sei, ob das nicht vielleicht im Zusammenhang damit stehe, daß er während der Nazidiktatur verboten gewesen sei. Ob Jazz und gute Musik sich denn ausschließen, wollte ein anderer Seminarteilnehmer wissen und nannte als Beispiel einen Interpreten, der sowohl Klavierkonzerte ernster Musik gibt als auch Jazz spielt.

Zunächst betonte Professor Adorno, daß er Jazz und Unterhaltungsmusik nicht gleichgesetzt habe. Vielmehr gehen die beiden Formen der leichten Musik ineinander über. Der Unterschied sei vielmehr ein soziologischer: Jazz als eine »more sophisticated« Gestalt der leichten Musik honoriere seine Anhänger mit Prestige, denn er verleiht den Schein des Nonkonformismus. Mittels des Jazz läßt sich mit gutem Gewissen Revolution spielen; er ist eine sektenhafte Partialkultur, die sich in Rebellion glaubt, aber in Scheinrebellion befindet, die zur Konformierung der Nichtkonformisten ihren guten Teil beiträgt. Es sei eine der unsäglichen Dummheiten des Regimes hinter dem Eisernen Vorhang, daß man das nicht erkannt habe. Daß die Jugend dem Jazz trotzdem anheimfalle, verdankt sich teils der Reklame, die die »domestizierte Synkope« als unkonventionell hinstellt, teils ist das ein Bildungsphänomen. Man weiß nicht, daß die angeblich neuen Formen vor 50 Jahren, so auch bei Berg, alle schon da gewesen sind. Der Jazz darf als ästhetisches Phänomen nicht überschätzt werden, meinte Professor Adorno, die meisten seiner Anhänger seien nur affektiv an ihn gebunden, er reiche nicht über das Normalmaß des Niedrigen hinaus. Weiter gab Professor Adorno zur Antwort, daß der Jazz auch in Amerika ideologisch verbrämt sei; allerdings wird das elitäre Gefühl dort sicher aus Profitgründen gezüchtet. Eine Jazz-Ideologie sei, soweit er beurteilen könne, auch in Frankreich anzutreffen, vielleicht hinge sie dort und anderswo auch mit einer speziellen Art des Jazz-Journalismus zusammen. Allerdings komme so dem Jazz oft scheinbar eine revolutionäre Rolle zu – besonders im Ostblock –, die er der Sache nach gar nicht ausfüllt. Eine solche symbolische Bedeutung habe mit dem Material nichts gemein. In diesem Zusammenhang verwies Professor Adorno auf »Don Carlos« (»Sire, geben Sie Gedankenfreiheit«) zur Zeit des Dritten Reiches.[4] Schließlich meinte Professor Adorno, daß es philiströs sei, einem guten Interpreten ernster Musik seinen Spaß am Jazz zu verübeln, wenn jener jedoch betont herausstelle, daß er zweigleisig fahre, gäbe das zu Bedenken Anlaß. Das müsse jedoch von Fall zu Fall entschieden werden. Überhaupt solle durch diese Reflexionen keinem Menschen der Spaß am Jazz genommen werden, es gelte hier nur herauszufinden, ob er seinen Anspruch erfülle oder vielmehr einen ideologischen Beitrag zur Kulturindustrie leiste.

---

4 In Schillers Drama »Don Carlos« fleht der Marquis von Posa den König von Spanien, Philipp II., an: »O, könnte die Beredsamkeit von allen / Den Tausenden, die dieser großen Stunde / Teilhaftig sind, auf meinen Lippen schweben, / Den Strahl, den ich in diesen Augen merke, / Zur Flamme zu erheben! – Geben Sie / Die unnatürliche Vergötterung auf, / Die uns vernichtet. Werden Sie uns Muster / Des Ewigen und Wahren. Niemals – niemals / Besaß ein Sterblicher so viel, so göttlich / Es zu gebrauchen. Alle Könige / Europens huldigen dem spanschen Namen. / Gehn Sie Europens Königen voran. / Ein Federzug von dieser Hand, und neu / Erschaffen wird die Erde. Geben Sie / Gedankenfreiheit. –« (Friedrich Schiller, Don Carlos. Infant von Spanien. Ein dramatisches Gedicht [1787], in: Friedrich Schiller, Sämtliche Werke, hrsg. von Gerhard Fricke und Herbert G. Göpfert in Verb. mit Herbert Stubenrauch, Bd. 2, 3. Aufl., München 1962, S. 7–219; hier: S. 126) – Als dieses Stück 1937 im Berliner Deutschen Theater gespielt wird und Ewald Balser in der Rolle des Marquis auf die Knie fällt und ruft: »Geben Sie Gedankenfreiheit!«, wird dies von vielen als Protest gegen das ›Dritte Reich‹ betrachtet.

Ein Seminarteilnehmer nahm an dem Ausdruck »domestizierte Sucht«, der für die leichte Musik als charakteristisch bezeichnet worden war, Anstoß und meinte, daß der Ausdruck Sucht eine fortwährende Steigerung des Opiats beinhalte, der bei der leichten Musik gar nicht vorliege. Professor Adorno gab zur Antwort, daß er nicht wisse, ob zur Sucht notwendig eine Steigerung gehöre. Allerdings glaube er, daß mit dem Zusatz »domestiziert« diese Sucht genügend als eine Scheinsucht gekennzeichnet sei, die ein Heraustreten aus dem Alltag gar nicht gewähren könne. Die Art der hier gemeinten Musik erinnerte Professor Adorno an ein bestimmtes Produkt der Traumfabrik – selbst ein ideologischer Ausdruck –, die ein farbiges orientalisches Märchen als konfektionierten Tagtraum darbot: Hätte man in diesen Filmen auch nur ganz zaghaft an der Oberfläche gekratzt, wäre man der Verdopplung der Realität sogleich gewahr geworden. In solchen Filmen benähmen sich alle Leute, obgleich sie unter Palmen und zwischen Kamelen wandelten, so, wie es der ermüdete Geschäftsmann von ihnen erwarte. Der Ausdruck »domestizierte Sucht« schien Professor Adorno gerechtfertigt, weil er offenbare, daß um Opiat betrogen würde.

Auf die Frage, ob nicht teilweise die alte leichte Musik die heruntergekommene der herrschenden Klasse gewesen sei und ob nicht die Strausswalzer zum Beispiel zur Identifikation mit der Hofgesellschaft geführt hätten, gab Professor Adorno vor Schluß des Seminars noch Antwort. Man könne zwar sagen, daß die Unterhaltungsmusik von den herrschenden Klassen geliefert wird und deren Interessen dient. Historisch sei die leichte Musik jedoch nicht von der höfischen Musik, sondern vom bürgerlichen Gassenhauer, von der Volksmusik ausgegangen. Die Tafelmusik war die leichte schwere Musik der oberen Klassen, der Walzer hingegen deren Gebrauchsmusik. Für die zeitgenössische leichte Musik seien Formelemente der Gebrauchsmusik, die einst autonom war, herausgelöst und in Warenform dem Massenpublikum gewissermaßen als »Opium fürs Volk«[5] geliefert worden.

---

5 Anspielung auf die »Kritik der Hegelschen Rechtsphilosophie« [1844] von Marx, in der es heißt: »Das *religiöse* Elend ist in einem der *Ausdruck* des wirklichen Elendes und in einem die *Protestation* gegen das wirkliche Elend. Die Religion ist der Seufzer der bedrängten Kreatur, das Gemüt einer herzlosen Welt, wie sie der Geist geistloser Zustände ist. Sie ist das *Opium* des Volks.« (MEW, Bd. 1, S. 378)

283 Margot Dolls,
21. November 1961

Margot Dolls

Protokoll vom 21. 11. 61 zum Hauptseminar »Musiksoziologie«

Der Diskussion voraus gingen Überlegungen zum Problem der Funktion der Musik in der gegenwärtigen Gesellschaft.[6] Dabei wurde die öffentliche Wirkung von Musik – ihre Funktion als Gebrauchsgut und ihr Warencharakter – im äußersten Gegensatz zu ihrer Wahrheit als ideologisch bezeichnet.

Die Diskussion selbst begann mit der Frage nach der Möglichkeit einer gegenläufigen Tendenz. Professor Adorno sah als Voraussetzung dafür zunächst die radikal soziologische Überlegung, die des dialektischen Zusammenhangs von Musik und Gesellschaft innewird. Ideologisch kann Musik in zweifacher Hinsicht sein, einmal kann sie immanent ideologischen Charakter haben – sie ist dann ihrem ästhetischen Gehalt nach unwahr, weil sie weder die immanente Wahrheit des Kunstwerkes noch die gesellschaftliche Wahrheit entfaltet, die in jedem Werk verflochten sind. Dies gilt für alle leichte, simple, untere Musik. Andererseits kann auch die große Musik, die objektiv wahre, zum gesellschaftlich notwendigen Schein werden, wenn sie durch die Kulturindustrie zum Konsumgut degradiert wird, anders ausgedrückt, sie kann zur Ware werden, obwohl sie den Warencharakter der Gesellschaft allein schon dadurch verneint, daß sie ihren eigenen Gesetzen folgt. Diese Einsicht macht deutlich, daß dem gegenwärtigen Trend nicht einfach begegnet werden kann durch die Verdrängung der leichten U-Musik durch Kunstmusik. Zwar will Prof. Adorno die objektiv wahre Musik, die es auch heute noch gibt, dargestellt wissen. Ihr Vortrag *allein* aber vermöchte wohl kaum, den ideologischen Schleier zu zerreißen. Was hinzukommen müßte, damit mehr Menschen sich dessen bewußt werden und von der vorherrschenden Kulturideologie sich freimachen, wäre, die Wahrheit frei auszusprechen, d. h., das gesellschaftlich notwendige falsche Bewußtsein zu entlarven. Wahrheit hat dann die Tendenz, sich auszubreiten. Die Kritik an der Jugendmusik z. B., wie Prof. Adorno sie entgegen der ideologischen Verblendung zu Wort kommen ließ, hat sich in einem neuen Ansatz der Reflexion auf die Sache selbst ausgewirkt.

---

6 Vgl. die dritte Vorlesung, *Funktion*, GS, Bd. 14, S. 219–235.

Die Möglichkeit, eine »neue« Musik zu leisten aus den »versprengten Elementen« der alten Musik, die sich heute in der »musikalischen Massensprache« zusammengefügt haben, genannt wurde der Schlager, verneinte Prof. Adorno. Es gelte gerade für die unteren Bereiche der Musik das Paradox, daß, wenn sie kulturell angehoben, d. h. anspruchsvoller gesetzt würden, sie damit das Moment des kollektiven Urstroms einbüßten. Das aber bedeute einen Verlust an Gehalt und den Übergang zum Bildungskitsch. Als Beispiel wurde auf den jüngeren Lehár und sein Werk »Die lustige Witwe«[7] und auf das spätere Werk »Land des Lächelns«[8] verwiesen.

Auch die Darstellung des Jazz als eines möglichen Potentials der Gebrauchsmusik, um die Ideologie zu überwinden, widerlegte Prof. Adorno. Der Jazz weiche durch die Grundkategorien, an die er gebunden sei, von dem konformistischen Konsumbedürfnis nicht ab. Wie alle leichte Musik in den fortgeschrittenen Industrieländern ist auch er durch Standardisierung definiert. Alle neuen Effekte bleiben an das alte Schema gebunden, und die genormte Improvisation vermehrt, nur als zusätzliche Regel die Gewalt des Immergleichen, der jeder einzelne Effekt entweichen möchte. Es liege im Jazz eher eine Art Verkunst*gewerb*lichung. Das entscheidende Kriterium der Musik heute sei das Nicht-Affirmative. In diesem Sinn sei die neue Musik kritisch und nonkonformistisch. Gebrauchsmusik aber, die unter dem Gesetz des Marktes stehe, könne diesen Aspekt nicht erfüllen.

Allerdings liege auch in der ideologischen Konsummusik ein Ansatzpunkt zu ihrer Überwindung. Strawinsky habe versucht, diesen aufzugreifen und die Konsummusik in gänzlich anderer Weise – und zwar *negativ* – in eine neue Kunstsprache umgeformt.[9]

---

7 Franz Lehárs Operette »Die lustige Witwe« (Libretto von Victor Léon und Leo Stein) wird 1905 in Wien uraufgeführt.
8 Lehárs Operette »Das Land des Lächelns« (Libretto von Ludwig Herzer und Fritz Löhner-Beda nach einer Vorlage von Victor Léon) wird unter dem Titel »Die gelbe Jacke« 1923 in Wien uraufgeführt.
9 *Wo von der Kunst ein Absolutes noch erhofft wird, nimmt sie auch jeden ihrer Züge, jeden Ton absolut und verfolgt Authentizität damit. Strawinsky ist gewitzigt gegen den ästhetischen Ernst. Sein Bewußtsein von der Verwandlung aller Kunst in Konsumartikel heute tangiert die Zusammensetzung seines Stils. Die objektivistische Hervorhebung des Spiels als Spiel bedeutet außer einem ästhetischen Programm auch, daß das Ganze nicht zu seriös genommen werden soll – eben das sei schwerfällig, deutsch-prätentiös, gewissermaßen kunstfremd durch Kontamination der Kunst mit dem Wirklichen.* (GS, Bd. 12, S. 194, Anm. 37)

Eine andere Frage galt dem Rhythmus, seiner Funktion in der industriellen Gesellschaft und in den primitiven Kulturen. Professor Adorno versuchte zunächst, das Wesen der rhythmischen Struktur zu charakterisieren als Ineins zweier Momente: unregelmäßige, nichtrationale patterns werden durch mechanische Wiederholung an starre, normative Schemata gebunden. Prof. Adorno sah den Rhythmus in der gegenwärtigen Gesellschaft im Zusammenhang mit der industriellen Produktionsform. Seine Struktur erinnere außerordentlich an den Rhythmus der Maschinen.

Durch die Unregelmäßigkeiten, das Nichtrationale, scheint der Rhythmus den Menschen aus der Entfremdung von sich selbst zu befreien. Er gibt ihm das im mechanischen Arbeitsprozeß verlorene Körpergefühl zurück. Wollte man diese Unregelmäßigkeiten als einen Ausbruch aus dem Immergleichen, als eine Individualisierung begreifen, so ginge man fehl. Die Rückgabe erfolgt – wie die Struktur des Rhythmus es vorgibt – in jenen mechanischen Schemata, die den einzelnen sogleich wieder in die Regelmäßigkeit zurücknehmen. Realiter handelt es sich also um eine Pseudoindividualisierung. Man könnte an einen kalkulierten Effekt denken, der die Geltung des Systems nur noch eifriger bekräftigt.

In den primitiven Kulturen sei die Bedeutung des Rhythmus schwer auszumachen. Es fehlten in der Ethnologie die Ergebnisse in bezug auf den Sinn der rhythmischen Phänomene der Naturvölker noch völlig. Professor Adorno wagte die Hypothese, daß der Rhythmus wohl zu allen Kulturen gehöre, die charakterisiert seien durch die Vormacht des Kollektivs über das Individuum.

Die Frage, ob die moderne Musik ideologiefrei sei, mußte differenziert beantwortet werden. Denn auch die sogenannte große Musik war nicht völlig ideologiefrei. In ihr sind Werke nachzuweisen, die eine ideologische Funktion hatten. Es gehört zur Kultur hinzu, daß in ihr das Moment der Wahrheit – des Widerstandes und des Enthüllenden – mit dem affirmativen sich verschränkt. Professor Adorno führte aus, daß alles, was im Bann dieser Welt als Kunst entstanden, vom Schuldzusammenhang nicht frei sei. Mit Recht darf wohl behauptet werden, daß die fortgeschrittensten Formen der Musik eine Chance haben, weniger ideologisch zu sein. Die abstrakte Qualität der Modernität an sich aber ist nicht die absolute Garantie dafür, daß es sich um ein richtiges gesellschaftliches Bewußtsein handelt. Andererseits kann man sagen, daß die Kunst, die hinter den gesellschaftlichen Produktivkräften zurückbleibt, immer auch ideologisch ist. Verwiesen wurde als Beispiel auf die Kunst der Ostzone und der UdSSR.

Als sehr diffizil bezeichnete Prof. Adorno die Frage nach dem Zusammenhang des mimetischen Moments mit der Ideologie. Prof. Adorno unterschied deutlich zwei

Momente des Mimetischen. Jede Kunst habe in gewisser Weise ein Mimetisches in sich, denn Kunst meint ja die verwandelte Gestalt des mimetischen Verhaltens. Mimesis unterliegt aber auch einem gesellschaftlichen Tabu. In ihrer verdrängten, verstümmelten Gestalt erscheint sie in der Musik dort, wo die Sublimierung mißlang, als Negatives. Wenn es das Kriterium der ästhetischen Sublimierung ist, Erfüllung als gebrochene darzustellen, dann charakterisiert sich leichte, untere Musik, die ganze Kulturindustrie dadurch, daß sie nicht sublimiert, sondern unterdrückt. Ideologisch kann also nicht jenes Moment sein, in dem die Kultur immer durchgeformter wird und den mimetischen Impuls verwandelt. Sondern dort, wo der mimetische Impuls in beschädigter Form wiedererscheint, da finden sich die schlechten Irrationalitäten, das Dekomponierte. Die kalkulierte Irrationalität, die die Kulturindustrie verwaltet und selbst produziert, wird zu einer Sonderzone, in der der Hörer dem zivilisatorischen Gefühlsverbot, dem mimetischen Tabu, ausweichen kann und damit zum regressiven Hörer wird. Hier tritt ein, was Freud im »Unbehagen in der Kultur« auszudrücken versuchte: Es ist die Form des unterdrückten und wieder heraufkommenden Protestes, der zugleich destruktiv ist.[10]

Das affirmative Moment als ein Kriterium für alle Hörer-Typen zu bezeichnen, stellte sich als unzutreffend heraus. Prof. Adorno betonte, daß bei den Hörertypen, die Musik konstruktiv hören, das Moment der Affirmation wegfalle. Immer dort, wo die richtige Beziehung zur Sache, das adäquate Musikhören, nicht vorliegt, übernimmt die Affirmation die Funktion der Sache selbst. Hier wird das Verhältnis zur Musik ideologisch. Professor Adorno verwies zum Verständnis des Sachverhaltes auf Wagner, in dessen philosophischen Schriften – »Wollen wir hoffen?« und »Judentum in der Musik« – viel faschistische Ideologie enthalten sei.[11] Dort aber, wo er technisch musikalische Fragen erörtert, sei er weniger ideologisch. Professor Adorno schloß mit dem Gedanken, daß die Nähe zur Sache und die Neigung zur Ideologie umgekehrt proportional seien.

---

10 Vgl. Sigmund Freud, Das Unbehagen in der Kultur [1930], in: FGW, Bd. XIV, S. 419–506.
11 Vgl. Richard Wagner, Wollen wir hoffen? [1879], in: Richard Wagner, Sämtliche Schriften und Dichtungen. Volksausgabe, Bd. 10, Leipzig [1911], S. 118–136, sowie Richard Wagner, Das Judenthum in der Musik [1850], Leipzig 1869.

284 Fokko Cramer, 28. November 1961

Fokko Cramer

Protokoll zum Seminar vom 28. Nov. 1961 bei Professor Adorno

Zu seinem Thema über das Verhältnis von Musik zu sozialen Klassen[12] erklärte Professor Adorno zunächst, daß Musiksoziologie unbedingt dies Verhältnis auf die Möglichkeit der Ideologie zur Herrschaftsverschleierung untersuchen muß, will sie nicht bloße Sozialpsychologie bleiben. Musik ist ohne Absicht in Klassenstrukturen verflochten. Je komplizierter, je undurchsichtiger das Verhältnis ist, desto unverkennbarer hört man es doch und desto leichter läßt es sich etikettieren.

Zunächst mag es scheinen, daß die soziale Herkunft und der soziale Standort keine bedeutende Holle für die Klassenbezogenheit des Komponisten spielten. Unmittelbar findet diese jedenfalls kaum in der Musik ihren Niederschlag. In diesem Zusammenhang muß man bedenken, daß es außer Mendelssohn kaum einen wohlhabenden Komponisten gegeben hat. Meistens läßt sich kleinbürgerliche Herkunft nachweisen. Zur Zeit des Absolutismus wurde Musik von den Komponisten als Dienerin des Adels ausgeführt. Auch später waren die Komponisten fast immer materiell abhängig. Es gab keinen wirksamen Urheberschutz, so daß selbst Wagner beträchtliche Tantiemen von Opernhäusern unterschlagen werden konnten.[13]

Diese Abhängigkeit unterscheidet die Musik von den bildenden Künsten. Diese hatten sich schon in der Renaissance unter dem Papsttum emanzipiert. Sie konnten weitgehend als unabhängiges Handwerk betrieben werden. Der Musik fehlt auch das Medium des Begriffs, das es der Literatur ermöglicht, die soziale Problematik der Zeit in sich aufzunehmen. Als im England des 17. Jahrhunderts ein ausgedehnter Markt für Konsumliteratur bestand, wurde Musik noch kaum gedruckt.

Es wäre eine lohnende Aufgabe, musikalische Absichten und Rücksichten bei den Komponisten zu vergleichen. Professor Adorno nannte als Beispiel die Verwendung von Dissonanzen. Zu Bachs Zeiten unterlagen sie kirchlichen Vorschriften. Die Auftraggeber Mozarts wollten kein Leid wahrnehmen; dunkle,

---

12 Vgl. die vierte Vorlesung, *Klassen und Schichten*, GS, Bd. 14, S. 236–253.
13 Ein entsprechendes »Gesetz betr. das Urheberrecht an Werken der Literatur und Tonkunst« wird in Deutschland 1901 verabschiedet.

schmerzvolle Akkorde konnte er für ihre Musik nicht gebrauchen. Man findet sie jedoch trotzdem in einigen Werken Mozarts, so etwa im Dissonanzenquartett, das zu den sechs Haydn gewidmeten Streichquartetten gehört.[14]

Die These, Musik sei wahrscheinlich eine bürgerliche Erscheinung, erforderte noch einige Erläuterungen. Proletarisch kann man Musik kaum nennen. Der Begriff der Produktion, ohne den die Musik nicht zu denken ist, ist eben bürgerlich. Man muß beachten, daß die Komponisten am Hofe zu den dritten Personen zu rechnen sind. Diese sind bürgerliche Boten des heraufkommenden Bürgertums wie Mozarts Figaro[15] oder die noblesse de robe. Die Musiker waren aber so abhängig und im Grunde verachtet wie die Spaßmacher und andere darstellende Künstler.

Es wurde nun gefragt, ob ein Komponist durch autonome Gestaltung seiner Werke den Herrschenden wirklich unbequem werden konnte. Dazu muß man sich klarmachen, daß das Klassenbewußtsein (hier des Adels) viel feiner reagiert als das Individualbewußtsein. Das Sensorium ist sofort im Anschlag, wenn jemand es wagt, mehr zu wollen, als nur Unterhaltung bieten. Der Adel, der auf den Ohrenschmaus erpicht war, nahm im genannten Fall gewissermaßen automatisch eine ablehnende Haltung ein. Thought-control vollzieht sich durch das Klassenbewußtsein, dieses hat mit ästhetischem Urteilsvermögen nichts zu tun.

In diesem Zusammenhang wurde gefragt, ob schichtenspezifische Präferenzen von Musik nicht durch die Arbeitsbelastung vermittelt seien, indem die Musik die Starre und Monotonie der Arbeit kompensiere. Professor Adorno nannte diese Behauptung die Ideologie der Hersteller. Man kann sich indessen fragen, ob die Monotonie der von den Arbeitenden bevorzugten Musik, die selber das Immergleiche der Arbeit mimetisch vermittelt, die Menschen nicht zu der Arbeit, der sie zu entrinnen trachteten, zurücktreiben muß, einer Arbeit, die in der gegenwärtigen Situation zu nichts qualitativ Neuem mehr führen kann. Wenn die Musik

---

14 Mozart vollendet das letzte der sechs Haydn gewidmeten Quartette (KV 465) 1785. – In einem Rundfunkvortrag *Schöne Stellen* von 1965 bemerkt Adorno über das Stück: *Im Rondo des berühmten Dissonanzquartetts folgt, nachdem das eigentliche Seitenthema sich bereits in einer virtuosen, schlußgruppenähnlichen Partie gelöst hat, gänzlich unerwartet, in dem von der Haupttonart weit entlegenen Es-Dur, eine Interpolation, ein scheinbar neues, in Oktaven geführtes gesangsmäßiges Thema, in jener von Worten kaum zu umschreibenden Diaphanie, die manchen Werken des reifen Mozart ihren seraphischen Ton verleiht. Sogleich danach wird die figurierte Schlußgruppenpartie wieder aufgenommen. Man wird dem Einfall wohl nur dann ganz gerecht, wenn man ihn im Zusammenhang, also mit den vorhergehenden und den an ihn anschließenden Sechzehnteltakten vernimmt.* (GS, Bd. 18, S. 704)

15 Mozarts Opera buffa »Le nozze di Figaro« (KV 492) (Libretto von Lorenzo da Ponte nach einer Vorlage von Pierre Augustin Caron de Beaumarchais) wird 1786 in Wien uraufgeführt.

aber schon keine Entspannung bietet, so bleibt doch in ihr der triebökonomische Aspekt, den die Frage des Kommilitonen involviert, ein Problem.

Ein Beispiel dafür ist der aristokratische Gestus der Musik Chopins. Sie erfüllt, wie die Malerei von Gainsborough und van Dyck im psychischen Haushalt der Massen die Funktion jener Literatur, die die Sitten und Gebräuche von Gräfinnen enthüllt. Chopins großartige Musik ist bis in Einzelheiten der aristokratischen Klasse zugeeignet; der soziale Horizont einer Musik jedoch erschließt sich eben immer erst nachträglich.

Die Frage, ob wir zum Beispiel Beethovens Musik noch verstehen könnten, läuft auf das Problem des Absterbens von Kunst überhaupt hinaus. Den Kleinmeistern fehlt die soziale Physiognomik, die doch bei Beethoven nicht zu überhören ist. Seine Musik kehrt das Plebejische hervor; sie findet dafür Elemente, die das Wort »patzig« am besten trifft. Daß das dem Hörer vielfach verborgen bleibt, hängt vielleicht mit einem Mißverständnis zusammen. An die Kategorie der großen Komponisten knüpfen sich falsche Vorstellungen: Die »großen Meister« stellten z. B. ihren eigenen Kampf mit Gott dar, sie präsentierten also ihre eigene Individualität. Ihre Größe rührt jedoch gerade daher, daß ihre eigene Person im Werk erloschen ist gegenüber dem kollektiven Geist der Zeit. Vermittelt durch die Kraft der Gestaltung drückt sich Allgemeines aus. Bei Beethoven ist es der Geist der Französischen Revolution mit allem Positiven und Negativen, das er enthielt. Der Anspruch auf zeitlose Kunst ist dagegen Ideologie.

Musiksoziologie ist soziale Kritik durchs künstlerische Medium hindurch. Sie erforscht die Fusionierung des privaten Gefühls mit einem ihr von außen Vorgeschriebenen und einem Technischen. Sie zeigt, daß bei Brahms musikalische Öffentlichkeit schon nicht mehr substantiell war. Daran hat seine »Privatkunst« ihre Wahrheit. Sein Stil ist »akademisch«. Das Ganze war nicht mehr das Wahre. Ob Musik Ideologie sei oder nicht, entscheidet sich in den Zentren ihrer technischen Komplexion.

Es erhebt sich die Frage, ob jeder die Sozialcharaktere der Musik zu dechiffrieren erlernen kann. Professor Adorno meinte, es bedeutet noch nicht, daß man Esoterik betreibt, wenn man die Annahme macht, der Mensch benötige dazu eine primäre Beziehung zur Musik. Das Wahrgenommene zu übersetzen, ist ohnehin nicht einfach. Dabei darf man auch nicht in Feuilletonismus verfallen; Aperçus können immer falsch sein. – Zunächst sollen phänomenologisch soziale Momente angeben werden, zu denen man die ihnen entsprechenden technischen in der Musik selbst aufsuchen muß. Vielleicht hört aber auch der schon Chopin anders, dem das Verhältnis von sozialen Klassen zu seiner Musik eingeleuchtet hat.

285 Elken Lindquist, 5. Dezember 1961

Elken Lindquist

Protokoll vom 5. 12. 61
Hauptseminar »Musiksoziologie«

Sinngemäß folgt die Wiedergabe der Diskussion nicht der zeitlichen Fragenfolge, sondern beginnt mit dem Einwand eines Diskussionsteilnehmers, der auf den spontanen Applaus auf offener Bühne für den Gefangenenchor in der Ost-Berliner Fidelio-Aufführung[16] (von Felsenstein, FAZ vom 24. 11. 61)[17] hinwies. Prof. Adorno bestätigte, daß hier sich wohl beobachten ließe, wie deutlich die gesellschaftliche Funktion eines Kunstwerks entsprechend der sozialen Umwelt variiere. Nicht jedoch könne man von einer beinahe eher assoziativ bewirkten Reaktion auf den Gefangenenchor angesichts des totalitären Drucks des SED-Regimes oder ähnlich von der Aktualität der Forderung nach Gedankenfreiheit im »Don Carlos« unter dem 3. Reich schließen,[18] daß in solcher Situation nun plötzlich der eigentliche »Gehalt« des Kunstwerks vernommen würde, der anderenorts ungehört verhallt. Der nachträgliche Erfolg von Teilinhalten, wenn diese aktuell werden, berechtigt nicht dazu, politisches Tagesgeschehen in ästhetische Kategorien umzusetzen, und führt überdies zu einer Kunstbetrachtung, in der künstlerischer Gehalt als sprichworthaft ewige Wahrheit erachtet wird.

Eine andere Frage knüpfte an Prof. Adornos Ausführungen zur schichtspezifischen Rezeption der Oper an, deren höfische bzw. großbürgerliche Darbietung auf ihren Klassencharakter hinweist, und gab das schichtindifferente allgemeine Interesse an der Oper in Italien zu bedenken. Dies liegt nicht an einer etwaigen

---

16 Beethovens Oper »Fidelio« (Libretto von Stephan von Breuning, Joseph Sonnleithner und Georg Friedrich Treitschke) wird 1805 in Wien uraufgeführt.
17 Unter der Überschrift »Demonstration in Ost-Berlin« heißt es in der entsprechenden Ausgabe: »*Berlin*, 23. November. In der Ost-Berliner Staatsoper Unter den Linden ist es während der Aufführung des ›Fidelio‹ zu einer Demonstration des Freiheitswillens der Besucher gekommen. Spontaner Beifall rauschte auf, als der Gefangenenchor im ersten Akt sang: ›O welche Lust, in freier Luft den Atem leicht zu heben, o welche Lust, nur hier ist Leben, der Kerker eine Gruft.‹ Die Gefangenen lagen hinter einer Mauer gefesselt. Der Beifall steigerte sich noch im zweiten Akt bei Florestans Arie ›Wahrheit wagt' ich kühn zu sagen, und die Ketten sind mein Lohn.‹ Das Orchester mußte die Musik abbrechen und neu einsetzen. Auch etwa fünf uniformierte Volkspolizeioffiziere klatschten mit, merkten erst beim Anschwellen des Beifalls, welchen Worten er galt, und blickten sich daraufhin mißbilligend um.« (Frankfurter Allgemeine Zeitung, 24. November 1961, S. 1)
18 S. oben, Anm. 4.

Entsprechung ästhetischer Strukturen in gesellschaftlichen, vielmehr besteht noch eine archaische Anteilnahme an der Oper, die dort aus Bestandteilen des Nationalcharakters zu erklären ist: Man muß den Unterschied zwischen Ländern, wo das Hervorbringen von Kunst und entsprechend deren adäquates Erleben voll individuiert und dem kollektiven Bereich entzogen ist, wie Deutschland und Frankreich, und der Situation in Italien festhalten, wo die Kunstübung weitgehend noch im Kollektiven verwurzelt begriffen wird.

Zu den Gedanken der vorvergangenen Seminar Sitzung griff Prof. Adorno die Frage auf, wie in Kunstwerken gesellschaftlich-geistige Tendenzen eingehen und erläuterte seinen Satz, daß man Komponisten wie Cherubini, Spontini oder Rubini als sekundär produktiv aus dem Zeitgeist verstehen müsse, wohingegen Beethovens Œuvre denselben Zeitgeist getreu reflektiere. Hierzu war eine klare Begriffsbestimmung des »Notbegriffs« Zeitgeist erforderlich. Prof. Adorno grenzte den Inhalt des Begriffs gegen die Auffassung des Deutschen Idealismus ein, nach der das – Kunstwerk oder philosophischer Entwurf –, woraus der Zeitgeist am deutlichsten spräche, worin er sich am bestimmtesten manifestiere, auch am ehesten der Wahrheit gerecht würde. Im Gegenteil sprach er es dem vorherrschenden Geist einer Zeit ab, jeweils überhaupt so positiv zu sein, daß ein Kunstwerk durch die Teilhabe an ihm an Dignität gewinnen müsse. Das Kunstwerk, an dem sich der so wohlverstandene Zeitgeist aufweisen läßt, braucht keineswegs unter den landläufigen Tendenzen seiner Zeit zu stehen, wie umgekehrt Kunstwerke, die letzteres tun, kaum genug Distanz von diesem herkömmlichen Zeitstil aufweisen, um etwas von dem konkreten geschichtlichen Wesen der eigenen Epoche aufnehmen zu können; hingegen realisiert sich in Beethovens Werk solch konkret verstandener Zeitgeist exakt. Man kann ihn durch Reflexion auf den Inhalt einer Sinfonie nicht erkennen, sondern muß ihn vielmehr aus der Formensprache selbst dechiffrieren. Beethovens Formdynamik entspricht, auf die Totalität sich fortentwickelnd, der Dynamik des Bürgertums. Diese Totalität ist nicht einstimmig, sondern die divergierenden und pluralistischen, sich aneinander abarbeitenden antagonistischen Einzelmomente tragen zu ihr bei. Der Unterschied zwischen Beethoven und anderen besteht in der ästhetischen Wiedergabe der Antagonismen in den Strukturverhältnissen der bürgerlichen Gesellschaft. Den Ernst großer Musik macht die Darstellung der divergierenden Einzelmomente in ihrer Unversöhnlichkeit aus, die im Kunstwerk durch das Aufleuchten einer Utopie der Versöhnung zu einer Synthesis gelangen.

Es sei auch möglich, des Zeitgeistes als Bestandteil von Kunstwerken, auch von älteren Kunstwerken, zu deren geistigem Klima der heutige Betrachter keine direkte Beziehung hat, gewahr zu werden. Dabei läßt sich der ästhetisch vermittelte gesellschaftlich-geistige Gehalt in einem älteren Kunstwerk jedoch nicht unmittelbar erfahren. Die Illusion, daß man den Inhalt älterer Kunst (wie von

Kunst überhaupt), schon dadurch begreifen könne, daß man das Kunstwerk auf sich einwirken läßt, möglichst nahe an es herangeht und dann das »zeitlos Wahre« an ihm vernähme, stammt aus der Bildungsideologie, die schon ästhetisch unwahr ist und das historisch Unmögliche spontanen Mitvollziehens alter Kunstwerke leugnen will. Man muß, um sich des ästhetischen Gehalts eines alten Kunstwerks zu vergewissern, dieses nicht nahe, sondern, im Gegenteil, fern von sich rücken und aus diesem Abstand eine sachliche Analyse der Strukturen der gesellschaftlichen Bewegungen unternehmen, denen die ästhetische Form im Kunstwerk entspricht, und die allein der Erkenntnis zugänglich sind.

Einer der Diskussionsteilnehmer stellte die Frage, warum Prof. Adorno in den »Ideen zur Musiksoziologie« sich soziologischer Termini bedient habe, in der »Philosophie der neuen Musik« dagegen die Analyse der atonalen Musik mit psychologischen Begriffen unternommen habe. Prof. Adorno antwortete, diese Frage sei in der »Philosophie der neuen Musik« selbst gelöst. Künstlerische Gestaltung ist abhängig vom subjektiven Bewußtsein, denn das Subjekt vermag nicht Fremdes, sondern nur, was im eigenen seelischen Bereich heimisch ist, zu gestalten.[19] Der Zusammenhang zwischen Soziologie und Psychologie wird deutlich am Begriff der subjektiv empfundenen Einsamkeit, deren objektive Wahrheit in dem immanent gesellschaftlichen Phänomen der Atomisierung gegeben ist. Subjektiv Empfundenes schlägt sich im Kunstwerk nicht protokollarisch nieder, sondern gelangt in der Form zu seiner Objektivierung. So ist in der neuen Kunst die Psychologie ein Medium, durch das der Wahrheitsgehalt der Kunst sich realisiert; vorherrschend ist das Interesse an der objektiven Tendenz.

Zu der Frage, inwiefern soziologische und ästhetische Kategorien einander entsprechen, ob man bestimmte gesellschaftliche Phänomene mit ästhetischen Kategorien angehen könne und im Bereich der Ästhetik gesellschaftliche Kategorien sich explizit anwenden ließen, bemerkte Prof. Adorno, daß die Gebiete der Musik und der Soziologie einer Eigengesetzlichkeit unterliegen. Es handelt sich nicht um Analogien, sondern ihr Verhältnis zueinander ist das von Wesen und Erscheinung. Man kann die Erfahrung machen, daß dort, wo die musikästhetischen Kategorien sehr konkret sind, dafür die gesellschaftlichen nur schwer sich bestimmen lassen und umgekehrt eine starke Konkretion der gesellschaftlichen Kategorien mit einer Verflüchtigung der ästhetischen einhergeht. Es dürfe nicht postuliert werden, daß die Konkretion beider Kategorien sich gliche. – Die Umsetzung der beiden Sphären ineinander bringt einen Verlust an begrifflicher Schärfe mit sich deswegen, weil sie selbst nicht ineinander aufgehen: Gesellschaftliche Erscheinungen, die in ästhetische Kategorien nachträglich umgesetzt

---

[19] Vgl. etwa die *Einleitung* in die *Philosophie der neuen Musik* [1949], GS, Bd. 12, S. 13–35.

werden, erfahren ebenso wie ästhetische Kategorien, in gesellschaftliche transponiert, eine begriffliche Verdünnung. Der Vergleichbarkeit der beiden Sphären in der Erkenntnis ist eine Grenze gesetzt, vielleicht deswegen, weil Kunst überhaupt schon die Distanzierung der Gesellschaft von sich selber (dem Kollektiven) ist. – Das Problem ließe sich auch nicht durch die Vermittlung einer Art »dritter, den beiden Sphären synonymer Zeichensprache« lösen, denn die Schwierigkeit liegt nicht in der Terminologie, sondern an der Sache selbst, die die soziologischen und musik-ästhetischen Formeln determiniert. Der Versuch, dem sachlichen Problem durch bessere Formalismen beizukommen, würde zu einer Verdünnung beider Sphären führen und von der zentralen Frage ablenken.

286 Klaus Döll,
12. Dezember 1961

Klaus Döll

Protokoll
zur Seminarsitzung vom 12. 12. 61

Nachdem Prof. Adorno seine Vorlesung über die gesellschaftliche Funktion der Kammermusik beendet hatte, [20] führte er aus, wie die soziologische Aussagekraft um so stärker werde, je näher man an die wirklichen Zentren der Musik herankomme. Er erwähnte, daß die Kammermusik nach neuesten Umfrageergebnissen auf der Skala der Beliebtheit verschiedener Musikgattungen an letzter Stelle stehe.

Obwohl bereits in der Vorlesung ausgeführt, bat ein Herr darum, doch noch einmal zu erklären, wie sich in der Kammermusik die Einheit von Spielenden und Zuhörenden darstelle. Prof. Adorno erklärte dazu, daß gerade in der Kammermusik die Spieler von vornherein auch die idealen Hörer seien. Wenn ein Musikstück so organisiert sei, daß die verschiedenen Instrumente einander den roten Faden abnähmen, sei man gezwungen, viel schärfer auf die anderen hinzuhören; man müsse dabei das Tun der anderen verfolgen und nicht nur den eigenen Part spielen. So erziehe die Kammermusik zum strukturellen Hören, das in diesen Falle sogar aus der Praxis hervorgehe. Kammermusik spielten die Spieler meist nur für sich und eventuelle Zuhörer empfinde man häufig nur als störend. Im Mikrokosmos der Kammermusik verschwinde der Antagonismus von Produktion und Rezeption.

Ein anderer Seminarteilnehmer wollte wissen, ob in der neueren Kammermusik eines Dvořák oder Debussy ebenfalls das thematisch-harmonisch vereinigende Moment zu finden sei wie in der Musik eines Haydn oder Mozart. Zu Dvořák meinte Prof. Adorno, daß man bei ihm wohl gute Themen und Einfälle finden könne, aber sie seien nicht so recht durchkomponiert. Debussy und Ravel hätten einen ganz anderen Ansatz, der nicht genuin kammermusikalisch sei. Bei ihnen dominiere der Begriff der Farbe und der Farbfläche; ausgehend von der Klavierinstrumentierung und den Orchesterfarben werde die Kammermusik usurpiert. Erklären könne man diese Tatsache nur so, daß das Zentrum des integrierenden Komponierens in Österreich und Deutschland gelegen habe.

---

20 Vgl. die sechste Vorlesung, *Kammermusik*, GS, Bd. 14, S. 271–291.

Ein Herr fand, man spreche heute so viel vom Niedergang der Kammermusik, daß er doch gerne wissen möchte, zu welcher Zeit die Kammermusik eigentlich aufgekommen sei. Da die zum Spielen benötigten kleinen Säle an den absolutistischen Fürstenhöfen doch vorhanden gewesen seien, erhebe sich die Frage, welche spezifisch soziologischen Bedingungen noch hinzukommen mußten, damit sich die Kammermusik als eine besondere Sparte der Musik entwickeln konnte. Prof. Adorno erklärte dazu, die Kammermusik habe ihre ideellen Entwicklungsbedingungen gegen Ende des 18. Jahrhunderts, in der Periode der Französischen Revolution gehabt. Diese Epoche stelle den Übergang von den absolutistischen Formen zur Emanzipation des Bürgertums dar. Charakteristisch für diese Zeit sei der Gehalt des emanzipierten, autonomen bürgerlichen Subjekts und seiner Dynamik, das aber noch nicht vom Erwerbsleben eingeschnürt gewesen sei. Alle spätabsolutistischen Kategorien, wie Courtoisie und Divertissement, seien vom Bürgertum in Besitz genommen und zu seinen eigenen Idealen erhoben worden. Es gebe kaum eine andere Form, in der der Niederschlag dieser Kategorien sich so rein finde wie in der Kammermusik.

Die Frage, ob und inwiefern zwischen der Auflösung der Kirchenmusik und der Entstehung der Kammermusik eine Verbindung hergestellt werden könne, beantwortet Prof. Adorno durch den Hinweis, daß man die Kammermusik in ihrem Verhältnis zur sich auflösenden Kirchenmusik schon als Kind der Aufklärung begreifen könne. Ebenso werde in diesem Verhältnis die Emanzipation des Subjekts gegenüber der kirchlichen Ordnung angedeutet.

Ein anderer Herr wollte wissen, wie die Werke der italienischen Frührenaissance, z. B. die an den Fürstenhöfen gespielten Triosonaten, musiksoziologisch einzuordnen seien, und ob man sie nicht schon als Kammermusik bezeichnen könne. Prof. Adorno erklärte, zur Kammermusik gehöre das Moment der Subjektivität als in der Musik subjektiv Vermitteltes. Im musikalischen Sinne sei damals die lebendige und emanzipierte Subjektivität noch nicht vorhanden gewesen. In den Kompositionen fehle der Wechsel von Polyphonie und Homophonie. Diese Tatsache könne man so interpretieren, daß die reale Emanzipation des Subjekts und das wirkliche Freiwerden, wie es in der großen Musik zum Ausdruck komme, nicht real zusammengefallen seien. Es sei jedoch leichter zu erklären, warum etwas ist, als, warum etwas nicht ist.

Die Theorie könne wohl Strukturen entfalten, aber sie könne nicht alle Momente aus der Struktur heraus erklären. Dieses Faktum solle die Theoretiker bei ihren Aussagen bescheiden machen. Der Gefahr, alle Phänomene durch eine Theorie erklären zu wollen, könne man nur entgehen, indem man offen zugebe, daß sich etwas der eigenen Interpretationsmöglichkeit entziehe.

Eine weitere Frage warf das Problem auf, ob die Kammermusik und die Orchesterwerke des Barock als verschiedene Gattungen angesehen wurden, da sich bei Bach die polyphone Form bis in die Orchesterwerke (Brandenburgische Konzerte)[21] hinein erstrecke. Prof. Adorno führte dazu aus, daß bei Bach tatsächlich zwischen seiner Kammermusik und den Orchesterwerken kaum ein Strukturunterschied festzustellen sei. Einerseits habe damals der Begriff der bürgerlichen Gesellschaft noch nicht bestanden, andererseits habe man die verschiedenen Gattungen nicht so scharf unterschieden. Diese fehlende Unterscheidung könne im allgemeinen so erklärt werden, daß auf der einen Seite eine universale Öffentlichkeit als Publikum und auf der anderen Seite der emphatische Begriff des Privaten noch nicht ausgeprägt vorhanden gewesen seien, da wir es in dieser Zeit noch mit dem relativ homogenen Raum einer zünftlerischen Ständegesellschaft zu tun hatten. Selbst die instrumentale Besetzung sei häufig freigestellt gewesen, z. B. sei das »Wohltemperierte Klavier« für Klavier und Orgel komponiert.[22]

Ein Herr fragte, ob sich das Absinken der Kammermusik heute nicht dadurch ergebe, daß die Ansprechbarkeit der Menschen durch sie und damit die Grenzen des Instrumentalen überhaupt erreicht seien und man auf der Suche nach neuen Formen die elektronische Musik konzipiert habe. Prof. Adorno wies darauf hin, daß der Grund für das Absinken der Kammermusik doch wohl mehr technologischer Art sei, z. B., weil die Farben immer mehr gleichberechtigt in der Konstruktion zu finden seien. Im Streichquartett wurden alle Übergänge der Farben dargestellt und dadurch die Kontinuität eines Farbkontinuums ermöglicht. Er glaube nicht, daß die menschliche Phantasie mehr verlange, als das Streichquartett geben könne. Der als Vertreter der elektronischen Musik angeführte Stockhausen beanspruche gar nicht, eine Vorstellung zu erzeugen, sondern wolle nur Effekte hervorbringen, von denen er absehen könne, wohin sie tendierten, aber unter denen man sich gerade nichts vorzustellen brauche. Er lege das Hauptgewicht auf das Formprinzip.

Ein anderer Seminarteilnehmer, der von der Erklärung des Niedergangs der Kammermusik anhand spezifisch soziologischer Kategorien nicht befriedigt schien, fragte, ob dabei nicht auch psychologische Momente maßgeblichen Einfluß ausüben könnten. Prof. Adorno lehnte diese These nicht ab, hielt es aber doch mehr für gesellschaftlich bedingt, daß sich die Menschen zu Hause nicht

---

21 Die Partitur der »Sechs Konzerte mit mehreren Instrumenten« (BWV 1046–1051) – den Titel »Brandenburgische Konzerte« prägt der Bach-Biograph Philipp Spitta – datiert von 1721.
22 Die Sammlung »Das Wohltemperierte Klavier« (BWV 846–893), Kompositionen für ein Tasteninstrument, wird von Bach in zwei Teilen von 1722 bis 1742 vollendet. – Zum Problem der Orgel als Instrument jener Stücke vgl. Adornos Schriften *Johann Sebastian Bach: Präludium und Fuge cis-moll aus dem ersten Teil des Wohltemperierten Klaviers* [1934], in: GS, Bd. 18, S. 179–182, sowie »*Die alte Orgel*« [1934], ebd., S. 183 f.

wohl fühlten. In der Tatsache des Ausgehenmüssens (Angestellte gehen aus) komme die ganze Rebellion gegen die Familie und den häuslichen Muff zum Ausdruck. Dieses Ausgehen sei jedoch keine Flucht in das Reich der Freiheit, sondern nur in eine von der Kulturindustrie manipulierte Welt. Die Isoliertheit in der Wohnung scheine schwer erträglich, wenn man ihr keine wirklichen Inhalte entgegenstelle; es sei dann die Isoliertheit von atomisierten Personen, die ihr Leben nicht produktiv zu gestalten vermochten. In der Abwendung von der Wohnung werde eine Allergie gegen die Wohnung überhaupt manifest. Dieses Moment lasse sich schon in der Kammermusik erkennen; denn auch diese Menschen hielten es nicht allein aus, nur hätten sie verstanden, in der Lösung dieses Problems für sich einen menschenwürdigen Inhalt zu finden.

287 Ulrich Beyer,
19. Dezember 1961

Ulrich Beyer

Protokoll zum soziologischen Hauptseminar vom 19. 12. 61

In der Diskussion wurde im wesentlichen versucht, das Verhältnis von nationaler Musik und universaler Musik zu klären.[23]

Ausgangspunkt war dabei der Einfluß von Schlagern als Pseudofolklore auf die Verbreitung echter Folklore. Professor Adorno meinte dazu, daß die zum Konsum produzierte Pseudofolklore heute nur mehr wenig Echtes in der Folklore zerstören könne, einfach weil es dort fast nichts mehr zu zerstören gebe. Die Epoche, in der die Volksmusik positiv auf die große Musik eingewirkt habe, sei immer nur sehr kurz gewesen. Sie habe dabei stets eine Auflösung im Kompositionsprozeß und eine Sublimierung in der Komposition des Komponisten erfahren. Bei ein und demselben Komponisten sei dann meistens eine Regression eingetreten, ein Rückfall hinter das schon einmal Erreichte. Als Beispiel dafür könne Bartók stehen. Dieser selbst habe einmal, auf den Rückschritt angesprochen, den seine Spätwerke gegen die seiner mittleren Epoche darstellten, geantwortet: Das sei bei ihm, Bartók, als einem besonders der Folklore Verbundenen, nicht weiter verwunderlich.[24] – Erklärbar könne diese allgemein verbreitete besondere Hochschätzung der Folklore gerade in der Zeit Bartóks vielleicht dann

---

23 Vgl. die zehnte Vorlesung, *Nation*, GS, Bd. 14, S. 349–375.
24 Entsprechend weist Adorno in seinen *Musikalischen Aphorismen* [in diesem Fall: 1931] hin *auf einen* Doppelsinn des Folkloristischen *selber. Während nämlich die mittlere, gemäßigte Folklore nicht bloß die Heimat verherrlicht, sondern in ihrer naturhaften Einfalt bekräftigt und ein organischverbundenes Wesen als das völkische den Menschen einredet, dringt eine ernstliche und radikale in Tiefenräume des Materials, in denen solche Einheit und Einfalt nicht besteht, sondern zerfällt. Ihr eignet eine seltsame Macht der Dissoziation; am deutlichsten bei Strawinsky, wo sie bis ins Schizophrene getrieben wird, aber technisch auch bei Bartók, in der vollendeten Asymmetrie eines Kompositionsverfahrens, das solange in die Ursprünge sich neigt, bis es die geschlossenen Oberflächenzusammenhänge der Form auflöst und Partikeln an ihre Stelle setzt. So etwa war die Funktion der Negerplastik, auch mancher bayrischen und russischen Holzskulptur, wie der Expressionismus sie nutzte. Man wird an den Reproduktionen solcher Dinge im »Blauen Reiter« nichts vom Schollengeruch, wohl aber viel Angriff gegen den geheiligten Formkanon der historischen europäischen Kunst vorfinden; die früheste Vorzeit wird der Avantgarde zum Kampfmittel gegen das Bestehende. Etwas von dieser echt archaischen, revolutionären Folklore lebt in Bartók und um ihretwillen ist er unbequem. Auch politisch unbequem. Es gibt nicht bloß einen Folklorismus der konservativen Bodenständigkeit, sondern auch einen gegen die koloniale Unterdrückung.* (GS, Bd. 18, S. 36)

sein, wenn man das Aufkommen der Pseudofolklore in den zwanziger Jahren näher betrachte. Es stelle sich dann heraus, daß das Aufkommen der Pseudofolklore im Schlager (»Valencia« als »spanisch«)[25], und die allgemeine Hochschätzung jeder Folklore, in auffälliger Parallele zum Heraufkommen des Faschismus stehe. Die Vermutung liege nahe, daß diese Hochschätzung von den Trägern der faschistischen Ideologie zum Teil bewußt manipuliert worden ist. – Auf den Einwurf, Folklore sei nicht immer nur innernationale, sondern ebenso auch internationale Musik, antwortete Prof. Adorno: Wohl gebe es Folklore, die außerhalb der ihr zugehörigen nationalen Grenzen in der Musik erscheine, wie etwa in Beethovens VII. ein keltisches Volkslied.[26] Man dürfe aber daraus nicht folgern, Volksmusik sei als Mittel nationalistischer Demagogie ungeeignet. Ihre Internationalität sei stets an einzelne Personen gebunden gewesen. Auch erscheine sie dann nicht als einfache Spiegelung ihrer Urform, sondern stets nur in höchster Verfeinerung. So seien Beethovens Anleihen bei Volksliedern stets als Huldigungen zu verstehen, nicht als Imitationen. Nie seien folkloristische Momente in der großen Musik – sofern sie ihrem eigenen Anspruch gerecht geworden sei – bloßer Abklatsch gewesen. Vielmehr hätte sich jede Pseudosublimierung von Folklore noch in den äußersten Verfahrensweisen verraten. Die folkloristische Musik selbst falle als eine wesentlich einer Agrargesellschaft zugehörige Kunstform stets hinter die große Musik zurück. Die Vergeistigung, in der großen Musik geleistet, sei in der Volksmusik nicht zu finden. Die Privilegierung der Volksmusik, überhaupt aller Volkskunst in den Staaten unter kommunistischer Herrschaft, müsse deshalb als Verrat an der Kunst schlechthin bezeichnet werden.

Der Einfluß der nationalen Momente in der großen Musik auf deren internationale Verständlichkeit wurde im weiteren Verlauf des Seminars zum Thema der Diskussion. Bach und Mozart, so wurde angeführt, hätten in ihrer Musik eine Synthese mehrerer nationaler Momente geleistet. Das hätte ihre Musik zur Universalität erhöht. Wie dagegen müsse man Schönberg in der Analyse seiner Musik unter diesem Aspekt beurteilen, da dieser doch seine Musik quasi aus sich selbst entwickelt habe und dennoch Universalität für sie beanspruche? Prof. Adorno wies in seiner Antwort zunächst auf einen Artikel über diesen Problemkreis hin, den er in der Wiener Musikzeitschrift »Forum« veröffentlicht habe. (»Neue Musik und Wien«.)[27] Was die Entwicklung der Musik Schönbergs aus sich selbst betreffe

---

25 Das Lied »Valencia« des spanischen Komponisten und Pianisten José Padilla Sánchez stammt von 1924.
26 Beethoven vollendet seine siebte Symphonie (op. 92) 1812. In deren vierten Satz finden sich Einflüsse des irischen Volkslieds »Nora Creina«.
27 Vgl. Theodor W. Adorno, *Neue Musik und Wien*, in: Forum. Österreichische Monatsblätter für kulturelle Freiheit, 7. Jg., 1960, H. 73, S. 27–30, sowie Theodor W. Adorno, *Neue Musik und Wien*

– führte Adorno weiter aus –, könne man auch bei Schönberg die Synthese mehrerer nationaler Momente antreffen. So sei bei Schönberg, der im jüdischen Armenviertel Wiens aufgewachsen sei, eine Bezogenheit auf slowakisch-nationale Momente zu finden: Es gebe bei ihm einen nicht domestizierten slawischen Rest, der ähnlich aus dem Verborgenen wirke, wie bei Picasso spanisch-maurische Momente gleichsam unterirdisch im Werk erschienen. Allgemein könne man sagen, daß Kunst nicht, wie Prof. Adorno es ausdrückte, »ohne das Salz des Widersprechenden auskommen« könne. Kunst sei nur als eine sich nicht in der eigenen Gesellschaft erschöpfende möglich. – Dagegen wurde eingewandt, daß dies letztere doch differenziert werden müßte. Wohl könne ein Japaner Beethoven genauso spielen wie ein Europäer. Von Mahler aber habe Adorno selbst gesagt, er könne nur von Österreichern gespielt verstanden werden.[28] Wie aber könne dann bei Mahler noch von einer über die eigene Gesellschaft hinausgreifenden Kunst gesprochen werden? – Die Schwierigkeit des Verständnisses liege – so Prof. Adorno – im musikalischen Idiom des jeweiligen Komponisten mitbegründet. Beethoven spreche keinen Dialekt. Wohl könne man aber von Schubert, Bruckner und Mahler sagen, ihre Musik habe nur der richtig im Gehör, der auch Wienerisch spräche. Ähnliches gelte von Debussy. Dessen Musik sei für Deutsche im Grunde nicht in adäquater Form spielbar. Dazu müsse man Französisch sprechen können. In diesem Verhältnis von Musik und der besonderen Gesellschaft, in der diese Musik auftritt, liege ein echtes musiksoziologisches Problem. Man müsse die Frage klären, inwieweit eine musikalische Ausdrucksform einer Gesellschaft spezifisch zugesprochen werden müßte, und inwieweit sie nur in dieser Gesellschaft verständlich sei. – Dazu wurde gefragt, ob denn die Kritik Nietzsches an Wagner in dem Sinne strukturell bedingt sei, daß Wagner in einer anderen Gesellschaft unerträglich sei – oder ob angenommen werden müßte, sie sei funktional orientiert. – Professor Adorno erwiderte dazu, Nietzsche treffe sehr wohl den strukturellen Kern der Wagnerischen Musik, das »Sich-mit-sich-selbst-trunken-Machen«.[29] Rein musikalisch sei Nietzsche aber weit hinter Wagner zurück

---

(II), in: Forum. Österreichische Monatsblätter für kulturelle Freiheit, 7. Jg., 1960, H. 74, S. 69–73; jetzt, gemeinsam, unter dem Titel *Wien* in: GS, Bd. 16, S. 433–453.
[28] In der im Seminar vorgetragenen *Einleitung in die Musiksoziologie* sagt Adorno, *zu fragen wäre, ob eine Musik wie die Mahlers, der keinerlei Nationalismus nachzusagen ist, angemessen interpretiert werden kann von solchen, denen nicht das österreichische Musikidiom substantiell ist.* (GS, Bd. 14, S. 370)
[29] Bei Nietzsche heißt es über Wagner etwa: »Was [...] das Umwerfen angeht, so gehört dies zum Theil schon in die Physiologie. Studiren wir vor allem die Instrumente. Einige von ihnen überreden selbst noch die Eingeweide (– sie *öffnen* die Tore, mit Händel zu reden), andre bezaubern das Rückenmark. Die Farbe des Klangs entscheidet hier; *was* erklingt, ist beinahe gleichgültig. Raffiniren wir in *diesem* Punkte! Wozu uns sonst verschwenden? Seien wir im Klang charakteri-

gewesen. Er sei bei der Musik von 1830 stehengeblieben. – So stünde einerseits fest, daß Nietzsche die gesellschaftliche Verwobenheit der Musik gesehen habe wie keiner sonst. Andererseits sei er blind in bezug auf die Wagnersche Musik gewesen: Den technischen Fortschritt Wagners habe er nicht gesehen und sehen können. Dieser Fortschritt Wagners sei aber entscheidend für die moderne Musik gewesen. – Das Verhältnis von Volksmusik und Kunstmusik betreffend galt es zuletzt zu klären, ob bei der so herausgestellten gesellschaftlichen Verwobenheit von – auch – großer Musik die Beschäftigung nur mit der Kunstmusik einen Komponisten nicht zur Sterilität seiner Werke führe. Professor Adorno erklärte dazu, die Beschäftigung mit der Folklore habe zuweilen durchaus einen Fortschritt gebracht, etwa hinsichtlich der Auflockerung eines Schemas. Blockierung des Fortschritts bedeute die Beschäftigung mit der Volksmusik als einer noch nicht voll ausgeschöpften Kunstform erst seit Schönberg.

---

stisch bis zur Narrheit! Man rechnet es unserm Geiste zu, wenn wir mit Klängen viel zu rathen geben! Agaçieren wir die Nerven, schlagen wir sie todt, handhaben wir Blitz und Donner, – das wirft um ... *[Absatz]* Vor Allem aber wirft die *Leidenschaft* um. – Verstehen wir uns über die Leidenschaft. Nichts ist wohlfeiler als die Leidenschaft! Man kann aller Tugenden des Contrapunktes entrathen, man braucht Nichts gelernt zu haben, – die Leidenschaft kann man immer!« (NW, Bd. 6, S. 24f.)

288 Eberhard Drake, 9. Januar 1962

Eberhard Drake

Protokoll zum Seminar »Musiksoziologie« am 9. 1. 1962

Die Diskussion schloß sich an Prof. Adornos Vortrag über Probleme des sogenannten Musiklebens an.[30] Einleitend skizzierte Prof. Adorno kurz den Verlauf der Diskussionen in den vergangenen Seminarsitzungen, er zeigte, daß die bisherigen Diskussionen nur teilweise den eigentlichen Gegenstand eines musiksoziologischen Seminars getroffen haben, daß dagegen zu oft spezifisch musikalische Details erörtert worden sind. Zwar werden musikalische Probleme in den einzelnen Vorträgen angerührt und fordern dann auch zwangsläufig Fragen heraus, die Aufgabe dieses Seminars sollte es jedoch vor allem sein, den zahllosen soziologischen Fragen, die sich aus dem Vorgetragenen ergeben, nachzugehen, Fragen, die nicht nur den gesellschaftlichen Charakter von Musik angehen, sondern auch solche der Rezeption von Musik oder ihrer Funktion in der Gesellschaft. Hauptschwierigkeit dieses Seminars sei freilich, daß ein gewisses Maß an musikalischem wie an soziologischem *Wissen* vorausgesetzt werden muß.

Die ersten beiden Fragen in der Diskussion betrafen den Gegenstand »Musikalische Aufführungen in Festspielorten«: (1) Was ist der Grund dafür, daß die musikalischen Aufführungen in den großen Festspielorten – Bayreuth, Salzburg, Edinburgh – eine sachgerechte Wiedergabe der Werke nicht erreichen, obwohl Orchester und Solisten von höchstem Rang an den Aufführungen mitwirken? (2) Wodurch wird Musik zur Ware, bzw. wer oder was bewirkt es, daß gerade an den Festspielorten Musik Warencharakter annimmt?

Prof. Adorno meinte, die erste Frage rühre an ein so großes Gebiet, daß von dessen vielen Aspekten hier nur wenige wichtige angeführt werden können. Zunächst kann man sagen, daß kaum eine Festspieldirektion die finanziellen Mittel zur Durchführung der für eine sachgerechte Aufführung notwendigen Proben bereitstellen kann, auch Spitzenorchester, hervorragende Dirigenten und Solisten können das übliche Minimum an Proben nicht wettmachen. Aus dieser Situation ergibt sich dann nicht das für eine gute Aufführung charakteristische freie Musizieren, sondern ein gewissermaßen glattes reibungsloses Musizieren, das vor allem den Zusammenhalt des Orchesters garantiert. Als zweiten Grund kann man eine Art »Dirigentenleitbild der internationalen Festspiele« nennen; kaum einer

---

[30] Vgl. die entsprechende achte Vorlesung, GS, Bd. 14, S. 308–330.

der großen Dirigenten ist frei von einem geheimen Rivalitätsgefühl gegenüber anderen führenden Dirigenten. Dies kann sich darin äußern, daß, sei es aus Rücksicht oder Vorsicht gegenüber dem Orchester, den Solisten oder dem Publikum, eine genaue Auseinandersetzung mit dem Werk, ein wirkliches, sorgfältiges Erarbeiten der einzelnen Teile sowohl wie ihrer Beziehung zum Ganzen, unterbleibt. Als dritten Grund führte Prof. Adorno das Publikum und dessen Forderungen an. Dirigenten zeigen oft ein sehr feines Gespür für das, »was die Leute wollen oder nicht wollen«, und nehmen diese Forderungen des Publikums mit in die Darbietungsweise herein. Diese Konzessionen können bis zu einer fast vollständigen »Adaption des Ganzen an die Wirkung« führen, für diese Erscheinungen gilt dann die Bezeichnung des »showmanship«. Der Typus des »Showman« und die zunehmende Überbewertung der »showmanship« treten notwendig immer mehr in Widerspruch zum Ganzen des Werkes, zu dessen eigenen Sinn, eine Entwicklung, die erst für die neueste Zeit charakteristisch ist, denn noch zu Zeiten Wagners bestand hier eine »gewisse Äquivalenz«.

Prof. Adorno sagte weiter, daß in Gesprächen, in theoretischen Erörterungen dieses Gegenstands mit Dirigenten, man wohl deren Zustimmung zu solchen und ähnlichen Überlegungen erhalten könne, daß die Einwände sich dann fast ganz auf »die Forderungen der Praxis« versteiften, die einen eben zu solchem Verhalten zwinge. Einmal ist der Dirigent in jedem Falle auf schnelle, reibungslose Zusammenarbeit mit den Musikern des Orchesters oder den Solisten angewiesen, außerdem ist er in seinen Mitteln, besonders gegenüber ausländischen Musikern, hauptsächlich auf bloße Gestik beschränkt, Zeitmangel zwingt zu Konzessionen, so kommt es, daß z. B. das langsame Metrum eines Stücks nicht so ausgespielt werden kann, wie es sich eigentlich gehört. Hervorragendes technisches Können der Musiker garantiert zwar in fast jedem Fall eine glatte Wiedergabe, der Charakter des Werks gleicht dann allerdings oft dem eines »Technicolor-Drucks« der Sache selbst.[31]

---

31 *Die kurrenten Einwände gegen das offizielle Musikleben betreffen ebenso die Kommerzialisierung, der die mit Hochdruck propagierte Sache nur Vorwand nackter materieller Interessen und der Machtbedürfnisse der Musikkapitäne ist, wie die von genuinem Sachverständnis vielfach weit entfernte Wirkung, wie schließlich auch musikalische Mängel eines Systems, das kraft seiner sozialen Bedingungen auf einen Perfektionismus des Technicolorstils zusteuert, dem, fasziniert von Toscanini, viele der Befehlsgewaltigen ohnehin huldigen. Gegenüber all diesen Argumenten, in denen, hélas, die Avantgardisten mit der pharisäischen Elite der Innerlichkeit sich einig sind und die das offizielle Musikleben sich integrierte, wäre ketzerisch daran zu erinnern, daß es vermöge der in ihm konzentrierten ökonomischen Mittel den opponierenden Richtungen immer zugleich auch in manchem überlegen ist. Selten genügen Strömungen, die gegen etablierte aufbegehren, ganz deren Standards.* (GS, Bd. 14, S. 313f.)

Zu diesen Hindernissen kommen noch andere, grundsätzlichere hinzu. Der Text der Musik, also die Originalpartitur, gibt meist nur sehr geringe Auskunft darüber, wie das Werk aufgeführt werden soll, Beispiel sind dafür die besonders spärlichen Bezeichnungen Beethovens. Jedes Werk birgt also ein großes Maß an Vieldeutigkeit, das leicht Mißverständnissen Raum gibt. Gute Interpretation heißt eben nicht »bloße Wiedergabe«, sondern muß den Forderungen der Sache genau nachgehen – gerade diese werden selbst im Aufführungsideal Toscaninis verfälscht.

Zur zweiten Frage sagte Prof. Adorno, daß alle Musik in der bürgerlichen Gesellschaft auch Warencharakter zeige, dieses Merkmal ist nicht ein von außen Hinzugefügtes, und schon gar nicht ein nur in unserer Zeit Charakteristisches. In neuester Zeit allerdings dringen monopolistische Instanzen, die bevorzugt die große Musik der Vergangenheit ins Geschäft nehmen, immer weiter vor und verdrängen die andere Seite, die Intention des Kunstwerks immer mehr.

Die dritte Frage bezog sich auf das Verhältnis von Avantgarde zu Gesellschaft, inwieweit der Begriff Avantgarde heute noch gültig anwendbar ist im Verhältnis zu seinem Inhalt in den zwanziger Jahren, ob nicht eine »gewisse Ohnmacht der modernen Avantgarde« auch durch eine »Erschöpfung der Mittel« begründet werden kann.

Prof. Adorno sagte dazu, daß der Begriff Avantgarde heute sicher etwas Verdinglichtes enthält und selbstverständlich etwas anderes meint als vor 30 Jahren. Ob Mittel erschöpft sind, läßt sich kaum übersehen, eine solche Annahme geht aber sicher zu weit. Viele Fragestellungen, die z. B. in der Musik und in der bildenden Kunst in den ersten Jahrzehnten dieses Jahrhunderts sich auskristallisiert haben, sind noch nicht ausgeformt worden. Die neuesten der bedeutendsten Kompositionen oder Dramen zeigen deutlich, daß es weiter geht und daß in ihnen eine innige Beziehung zur Situation der Gesellschaft besteht.

Die vierte Frage wies auf die zunehmende Isoliertheit der modernen Kunst hin: Ob die immer größere Distanz zwischen den Werken moderner Komponisten einerseits und einer unübersehbaren Zahl Menschen, die diese Kompositionen nicht rezipieren, andererseits nicht auch auf einen Mangel an gesellschaftlichen Bezug hinweise? Moderne Kunst aufzunehmen, sei heute einem verschwindend kleinen Kreis Menschen vorbehalten.

Prof. Adorno verneinte diese Möglichkeit, es gilt hier fast grundsätzlich die Feststellung, daß der Gehalt eines Kunstwerks nicht unmittelbar mit der Wirkung zu tun hat, daß die gelungene oder mißlungene Wirkung kein Kriterium ist für den Wahrheitsgehalt des Werks. – Der Gehalt eines Kunstwerks bleibe heute nicht unberührt von den Erscheinungen der modernen Arbeitsteilung, der Spezialisierung usw. Die modernsten Werke der Dramatik z. B. zeigen, daß auch ohne enge äußerliche Bezogenheit auf bestimmte gesellschaftliche Situationen ein

Werk »auf die allerzentralsten Dinge der Menschheit« zielen kann, man denke an S. Becketts »Endspiel«, an dem Professor Adorno selbst diese Züge versucht habe aufzuzeigen.[32] Das Gegenbeispiel biete Zuckmayer, in dessen Stücken oft eine deutlich sichtbare gesellschaftliche Bezogenheit doch etwas sekundär Abgeleitetes bleibe.[33] Gerade in den großen Kunstwerken der Moderne aktualisiere sich eindeutig gesellschaftliche Problematik.

Versuche, Kunst für bestimmte Bevölkerungsschichten herzustellen (gemeinverständliche Kunst), müssen fast unweigerlich Ideologie werden, zu sehen ist dies in den verschiedenen Ansätzen, Volksmusik als Volkskunst in großem Umfang zu erhalten bzw. zu verbreiten. Da dabei gar keine wirkliche Volksmusik entsteht oder rezipiert wird, sondern Organisationen mehr oder weniger deutlich mit Volksmusik manipulieren oder Geschäfte machen, unterscheidet diese Musik in fast nichts mehr sich von fertig gelieferten, mit propagandistischen Absichten aufgeladenen Musikwerken.

---

32 Vgl. Theodor W. Adorno, *Versuch, das Endspiel zu verstehen* [1961], GS, Bd. 11, S. 281–321.
33 Auf eine *Umfrage über literarische Themen* antwortet Adorno 1960 auf die Fragen *1. Welche Themen vermissen Sie in der deutschen Literatur der Gegenwart?* und *2. Welche Themen wurden Ihrer Ansicht nach so vielfältig behandelt, daß man sie jetzt ruhen lassen sollte?* wie folgt nicht: *Bitte haben Sie Verständnis dafür, daß ich darauf nicht antworten kann. Denn mir will bei literarischen Gebilden – also solchen, bei denen das Formgesetz zentral steht – der Begriff des Themas nicht einleuchten. In den Romanen von Beckett, in denen kein Wort von dem geschichtlichen Grauen unserer eigenen Epoche geredet wird, scheint mir dies Grauen unvergleichlich viel genauer ausgeführt, als wenn Herr Zuckmayer Stücke über den Atomkrieg oder die SS schreibt, die schließlich doch nicht mehr als die UNESCO-Weisheit wiederkäuen, daß es immer nur auf den Menschen ankomme.* (Theodor W. Adorno, *Elf Nachträge zu den Gesammelten Schriften*, in: Frankfurter Adorno Blätter, 1994, H. III, S. 135–147; hier: S. 137)

289 J. Jakob,
16. Januar 1962

J. Jakob

Protokoll des Hauptseminars vom 16. 1. 1962

Die Diskussion über das Thema »Dirigenten und Orchester«[34] wurde eingeleitet mit der Frage, ob die Verschiebung des Bedürfnisses zur Heroisierung von dem Virtuosen zum Dirigenten um die Jahrhundertwende auch im Zusammenhang mit monopolistischen und politischen Tendenzen betrachtet werden könne. Professor Adorno stimmte dem zu, denn die Gestalt des Dirigenten habe etwas mit dem Imperialismus zu tun. Dies seien jedoch sehr subtile Phänomene, und Prof. Adorno betonte den physiognomischen Charakter seiner Bemerkungen.

Es ist fast eine soziologische Gesetzmäßigkeit, daß die Gesellschaft äußerst empfindlich und allergisch gegen die Momente ihrer eigenen Ideologie ist, an denen sich diese als unwahr verrät. Der Kampf des Virtuosen mit dem Klavier stellt sich als etwas Schwindelhaftes dar. Als Vorbild für die Klaviervirtuosen hat hier Liszt gedient. Dazu gehört auch der innermusikalische Tatbestand, daß der pianistische Stil schon je eine Nachahmung des Orchesterstils war, indem die Technik des Orchesters auf das Klavier übertrage wurde. Dieses ideologische Moment wurde dem Virtuosen schließlich verübelt, so daß sich das Bedürfnis zur Heroisierung von ihm auf den Dirigenten verschob. Zwar zeigt dieser das Dompteurhafte im gleichen Maße, doch erscheint es etwas weniger lächerlich und ideologisch, da er ja offensichtlich eine reale Herrschaft über das Orchester ausübt. Unterstützung fand diese Einstellung darin, daß die Dirigenten als Chefs großer Orchester fungierten und die Virtuosen dadurch von den Dirigenten aus ihrer Rolle als Objekt der Machtidentifikation des Publikums verdrängt wurden. Soziologisch gesehen ist in der Entwicklung der Kulturindustrie eine Parallele zu diesem Prozeß zu erkennen: Der moderne Film fühlt sich über den alten erhaben, verfällt jedoch den gleichen Regressionen und Primitivitäten wie dieser, nur in abgewandelter Form, verdeckter und heimlicher. Die Beziehung zwischen dem Dirigenten und dem Publikum kann auch in der Sache selbst seine Ursache haben. Toscaninis Wirkung beruhte zum Teil darauf, daß er Steigerungen über lange Flächen, wie sie sonst nur im Bereiche der italienischen Oper zu finden waren, auf die absolute Musik übertrug. Indem er ihr den Charakter der Oper gab, verfällt er selbst dem, was man im Amerikanischen mit »Showmanship« bezeichnet, kommt

---

34 Vgl. die entsprechende siebte Vorlesung, GS, Bd. 14, S. 292–307.

jedoch dem theatralischen Bedürfnis des Publikums entgegen. Hinzu kommt, daß bei Toscanini die technische Perfektion des »Streamlining« vorrangig ist.[35] Seine Musik zeichnet sich durch das Undurchbrochene der technischen Darstellung aus, automatisch und doch zugleich blendend und lückenlos läuft sie ab.

Bei Furtwängler hingegen war die Präzision der Darstellung nicht besonders ausgeprägt. Er besaß aber eine fast einzigartige Fähigkeit, jede Phrase als etwas Sprechendes vor Augen zu stellen. Das bestimmte seine Leistung auch über technische Mängel hinweg. Hieran zeigt sich, daß die Aufführungsweise Furtwänglers – wie alles in der Kunst – etwas Gefährliches besaß: Sie stand an der Grenze des romantischen Sentimentalismus. Aber jede künstlerische Leistung bedeutet, daß in ihr Unmögliches möglich gemacht werden soll. Furtwängler gelang dies durch sein musikalisches Formgefühl. Das Problem wurzelt jedoch in der Musik selbst, denn alle Musik ist ein dialektischer Prozeß zwischen dem Einzelnen und dem Ganzen. Jede Aufführung ist die Resultante aus dem Desiderat der Einheit des Ganzen und des Einzelnen. Das verdinglichte Bewußtsein findet heute seinen Ausdruck darin, daß im Rückschritt zur Romantik dem Ganzen der Primat vor dem Einzelnen gegeben wird.

Wenn man im Hinblick auf die Musikalität des Menschen die Unterscheidung zwischen einer reflektierten und einer naturhaften Schicht trifft, so ist die letztere exakter als ein Rest des Mimetischen zu bezeichnen. Bei diesem Mimetischen darf jedoch nicht verharrt werden, es erfordert die Sublimierung. Beide Schichten sind gar nicht so sehr getrennt, sondern miteinander durch sich selbst vermittelt. Für Kunst ist es notwendig, sich zu vergeistigen, sie darf nicht beim ursprünglichen Impuls stehen bleiben. In jeder Musik ist die Spannung dieser Momente hörbar. Inwieweit das mimetische Phänomen erworben oder von Natur aus gegeben ist, läßt sich schwer entscheiden. Man kann annehmen, daß eine enge Beziehung zur Mutter der Musikalität förderlich ist, während bei einer strengen Vaterautorität die musikalischen Anlagen sehr leicht verkümmern können. Das, was gemeinhin als Naturmusikalität benannt wird, kann man jedoch eher als gesellschaftlich ver-

---

35 In der Schrift *Die Meisterschaft des Maestro* [1958] äußert sich Adorno entsprechend über Toscanini: *Als idealer Maestro verkörperte er mehr als nur dessen Begriff, ein Ideal von Meisterschaft schlechthin. Er brachte den musikalischen Darstellungsstil gewissermaßen aufs Niveau der Rationalisierung, jenes ›streamlining‹, das wie in den technischen Zweckformen so auch in der Organisation wirtschaftlicher und gesellschaftlicher Einrichtungen um die Wende der dreißiger Jahre in Europa erstmals sich durchzusetzen begann.* (GS, Bd. 16, S. 53) In einer Notiz zur geplanten *Theorie der musikalischen Reproduktion* heißt es: *Das grauenhafte streamline Musizieren der Toscanini, Wallenstein, Monteux, Horowitz, Heifetz – durchaus die Verfallsform der Interpretation – erweist sich als notwendige Verfallsform{,} indem, was anders ist, schon schlampig, zurückgeblieben, unbeholfen, eben provinziell wirkt (und auch nicht – beides! Mit größter Vorsicht formulieren)* (NaS, Bd. I·2, S. 15).

mittelt betrachten. Die Gesellschaft reicht weit in das Naturhafte hinein, versucht man, hier eine Teilung vorzunehmen, besteht die Gefahr, einer Ideologie zu verfallen.

290 Regina Schmidt,
23. Januar 1962

Regina Schmidt

Protokoll zur
Musiksoziologischen Vorlesung mit Übung vom 23. 1. 1962

Prof. Adorno leitete die Diskussion ein mit dem Hinweis, daß sein Begriff der »Musikalischen Moderne«, dessen soziologische Probleme seine Vorlesung analysierte, sich auf jene Tendenzen beschränkte, die er selbst kenne.[36]

Einige Momente, auf die seine Analyse einging – z.B. das Phänomen des Managerkomponisten[37] –, habe es schon zu anderen Zeiten gegeben. Nicht auf das Neuartige komme es an, sondern auf den Sinn, der einer solchen Erscheinung als Schlüsselphänomen für unsere gesellschaftliche Situation zuwachse.

Die Abdankung des Subjekts und ihre Spiegelung in der Musik standen im Mittelpunkt der Analyse. Das Übergewicht des musikalischen technischen Apparates, des Planes gegenüber der kompositorischen Anstrengung des Subjektes, die Einzelmomente sinnvoll im Kunstwerk zu synthetisieren, ist die gesellschaftliche Imago einer in zwei Machtblöcke gespaltenen Welt, gegen die individuelle Spontaneität nichts zu vermögen scheint. Gegen die These, tendenziell werde das Subjekt aus dem Kunstwerk verscheucht, glaubte ein Seminarteilnehmer eine Gegentendenz aufzeigen zu können. Gerade in den Kompositionen, in denen das Zufallsprinzip eine entscheidende Rolle spiele, wachse der freie Spielraum der individuellen Interpretation; die subjektive Leistung sei vom Komponisten auf den Interpreten verschoben.

Gerade durch das Zufallsprinzip, wandte Prof. Adorno ein, sei subjektive Freiheit ausgeschlossen. Das wurde an einem Beispiel deutlich: Nimmt man das

---

36 Vgl. die elfte Vorlesung, *Moderne*, GS, Bd. 14, S. 376–393.
37 *Auch nach oben dehnt die Sphäre sich aus; an den elektronischen Verfahren wird geschnuppert. Dieser neue Typus von Musik, musiksoziologisch für die Gegenwart höchst bezeichnend, bringt zugleich einen neuen Typus des Komponisten hervor. Funktionell planend, faßt er die Arbeitsgänge der Komposition, der Aufführung und der Verwertung zusammen. Man kann von Manager-Komponisten reden. Prototypisch war, in den späten zwanziger Jahren, der hochbegabte Kurt Weill in der Zeit seiner Zusammenarbeit mit dem Theater am Schiffbauerdamm. Er stimmte direktorial Komposition und Aufführung aufeinander ab, richtete vielfach seine Produktion nach Desideraten der Reproduktion und des Konsums ein. Später wurde das im Musical allgemein üblich; bei Weill geschah es noch unterm Aspekt von Brechts Versuchen zur Montage der künstlerischen Medien und zu ihrer didaktischen Mobilisierung.* (Ebd., S. 392)

9. Klavierstück von Stockhausen[38], so sind alle einzelnen Momente festgelegt. Wie diese musikalischen Einzelmomente sich zum Ganzen zu fügen haben, wird nicht dem individuellen Ausdrucksvermögen des Interpreten überlassen, sondern dem Zufall. Die Aneinanderreihung bestimmt z. B. ein optischer Vorgang: Die Teileinheit, die dem Interpreten von der auf einer Tafel angebotenen Auswahl zuerst ins Auge springt, legt den weiteren Verlauf der Komposition fest. Alle Möglichkeiten, die Aneinanderreihung zu variieren, können ebensogut wie von einem Subjekt von der mathematischen Kombinatorik ermittelt werden. Gerade die Komponisten selber betonen die Objektivität des kompositorischen Vorganges. Von einer Wiederherstellung der subjektiven Freiheit könne keine Rede sein angesichts der Rolle, die der Zufall spiele; eher von einer Renaissance des Dadaismus – eines geplanten Dadaismus allerdings. Wohl sei einzuräumen, daß es trotz des Zufalls-Prinzips unter den Kompositionen Qualitätsunterschiede gebe. Um mehr darüber aussagen zu können, müsse man tiefer in diese Kompositionsmechanismen eindringen.

Die Diskussion wandte sich daraufhin mehr soziologisch ausgerichteten Fragestellungen zu.

»Wenn das Moment der subjektiven Arbeit aus der Kunst heraustritt und Realität unmittelbar ins Kunstwerk einwandert, inwieweit entspricht Kunst dann noch ihrem eigenen Anspruch, durch Distanz von der Realität diese zu transzendieren?« Diese Frage, die ein Seminarteilnehmer stellte, führte zur Klärung eines verbalen Mißverständnisses. Die Abdankung des Subjektes zeige sich in der Musik nicht daran, daß das Kunstwerk nicht mehr durch subjektive Arbeit vermittelt sei. Arbeit sei heute mehr gefordert denn je: Die musikalischen Einzelmomente zu schaffen, einen Plan zu konzipieren, den Verlauf der Komposition nach diesem Plan zu realisieren – das alles sei ohne Arbeit als subjektive Vermittlung wohl nicht denkbar. Selbst hier bedingen Begabung, Phantasie, Formniveau Qualitätsunterschiede. – Die Abdankung des Subjekts sei vielmehr durch Substanzverlust gekennzeichnet: Werden kompositorische Prinzipien aufgegeben, werden die Einzelmomente im Kunstwerk nicht mehr substantiell integriert, bleibt diese Integration dem Zufall überlassen – einem dem Subjekt und auch dem musikalischen Material äußerlichen Prinzip –, dann ist das Subjekt dem Kunstwerk nicht mehr immanent. An diesem Punkt – der Ausklammerung des Subjekts – wird allerdings die Frage nach der »Entkunstung der Kunst«[39] aktuell:

---

38 Karlheinz Stockhausens »Klavierstück IX« wird 1962 in Köln uraufgeführt.
39 In der *Ästhetischen Theorie* [1970] heißt es: *Der Konsument darf nach Belieben seine Regungen, mimetische Restbestände, auf das projizieren, was ihm vorgesetzt wird. Bis zur Phase totaler Verwaltung sollte das Subjekt, das ein Gebilde betrachtete, hörte, las, sich vergessen, sich gleichgültig werden, darin erlöschen. Die Identifikation, die es vollzog, war dem Ideal nach nicht die, daß es das*

Ist ein ganz und gar objektiviertes Kunstwerk, das das Moment von Schein abwirft, noch Kunst? Eine Entscheidung für die heutige Situation der Kunst dürfte schwerlich zu fällen sein. Professor Adorno mahnte zur Vorsicht: Jede neu auftauchende Kunstrichtung habe diese Frage aufgeworfen.

Eine interessante Analogie wurde angedeutet zwischen der Tendenz in der neuen Musik, Dauer zu verneinen, prätendierte Einheit von Zeit und Klang und damit Werden aufzugeben, Zeit überhaupt absterben zu lassen, und der gesellschaftlichen Aktualität des Todestriebes. Zugrunde lag wohl der Gedanke von H. Marcuse, daß der Todestrieb nicht nur seine psychologische Komponente [habe], sondern gesellschaftlich relevant werde als Flucht vor dem Leiden, der Unterdrückung, die Gesellschaft auferlegt.[40] Dazu fällt einem der Satz S. Freuds ein, mit dem er seine Betrachtungen »Zeitgemäßes über Krieg und Tod« abschließt: »Wenn du das Leben willst, richte dich auf den Tod ein.«[41] Prof. Adorno

---

Kunstwerk sich, sondern daß es sich dem Kunstwerk gleichmachte. Darin bestand ästhetische Sublimierung; Hegel nannte solche Verhaltensweise generell die Freiheit zum Objekt. Damit gerade erwies er dem Subjekt Ehre, das in geistiger Erfahrung Subjekt wird durch seine Entäußerung, dem Gegenteil des spießbürgerlichen Verlangens, daß das Kunstwerk ihm etwas gebe. Als tabula rasa subjektiver Projektionen jedoch wird das Kunstwerk entqualifiziert. Die Pole seiner Entkunstung sind, daß es sowohl zum Ding unter Dingen wird wie zum Vehikel der Psychologie des Betrachters. (GS, Bd. 7, S. 33)

40 »Der Todestrieb wirkt unter der Nirwanaprinzip: er strebt nach jenem Zustand ›dauernder Befriedigung‹, wo keine Spannung mehr besteht – nach einem Zustand ohne allen Mangel. Diese Triebtendenz bedeutet gleichzeitig, daß die *destruktiven* Manifestationen mit der Annäherung an den erstrebten Zustand abnehmen. Ist das Ziel des Todestriebs nicht die Beendigung des Lebens, sondern das Ende des Leides – das Fehlen von Spannung – dann ist, paradoxerweise, im Sinne des Triebs der Konflikt zwischen Leben und Tod um so geringer, je mehr sich das Leben dem Zustand der Befriedigung nähert. Gleichzeitig würde Eros, befreit von der zusätzlichen Unterdrückung, erstarken und als solcher die Ziele des Todestriebes absorbieren. Der Triebwert des Todes wäre ein anderer geworden: können die Triebe ihre Erfüllung in einer unterdrückungsfreien Ordnung verfolgen und erreichen, so verliert der Wiederholungszwang viel von seiner biologischen Begründung. Wenn Leid und Mangel abnehmen, könnte sich das Nirwanaprinzip mit dem Realitätsprinzip versöhnen. Wäre der erreichte Lebenszustand erfreulich und wünschenswert, so würde das der unbewußten Anziehung, die die Triebe auf einen ›früheren Zustand‹ zurückzieht, erfolgreich entgegenwirken. Die ›konservative Natur‹ der Triebe käme in einer erfüllten Gegenwart zur Ruhe. Der Tod hörte auf, ein Triebziel zu sein.« (Herbert Marcuse, Triebstruktur und Gesellschaft. Ein philosophischer Beitrag zu Sigmund Freud [1955], übers. von Marianne von Eckardt-Jaffe, in: Herbert Marcuse, Schriften, Bd. 5, Frankfurt a. M. 1979, S. 200)

41 »Sollen wir nicht zugestehen, daß wir mit unserer kulturellen Einstellung zum Tode psychologisch wieder einmal über unseren Stand gelebt haben, und vielmehr umkehren und die Wahrheit fatieren? Wäre es nicht besser, dem Tode den Platz in der Wirklichkeit und in unseren Gedanken einzuräumen, der ihm gebührt, und unsere unbewußte Einstellung zum Tode, die wir bisher so sorgfältig unterdrückt haben, ein wenig mehr hervorzukehren? Es scheint das keine

führte dazu aus: Diese gesellschaftliche Analogie zum »Selbstverbrennungsprozeß der Kunst« liege nahe. Angesichts der permanenten Bedrohung wird es zur psychischen Verhaltensweise, das zu wollen, was man nicht verhindern kann. Weil sich kein Ausweg mehr zeigt, macht man das Ende zum Selbstgewollten. Dieses Motiv, daß im Menschen etwas sei, was das Unheil wünscht, klingt an in Wagners Ring.[42] Die kollektive Verhaltensweise – Mimesis an das Unheil – läßt sich an der Musik ablesen, da sie sich der Zensur zu entziehen vermag.

Das Bild des Grauens, das in der Musik wortlos nachgezeichnet wird, findet sich wieder in den Dramen S. Becketts. Diese Beziehung führte zu folgender Frage: »Läßt die Tatsache, daß es heute noch möglich ist, das Grauen gleichsam zum stilistischen Prinzip zu erheben – wie es in den Dramen Becketts geschieht – die Hoffnung zu, daß man das Grauen bannen könnte, indem man es beim Namen zu nennen vermag?«

Prof. Adorno antwortete darauf: Bis zu einem gewissen Grade bliebe diese Hoffnung offen. In einer Welt, die das Grauen völlig okkupiert habe, sei selbst das Bild des Grauens verboten. Gleichzeitig stehe diese Haltung, das Grauen auszutragen, in Gefahr, umzuschlagen in stoische Apathie. Dieses Moment der Kapitulation stehe selbst bei Beckett neben der Kraft, den Finger auf die offene Wunde zu legen: »Es ist nicht mehr viel zu fürchten.«[43] Er sei sich dieses Konfliktes aber sehr wohl bewußt. Dies Motiv der Monotonie findet sich auch in der Musik wieder. So erzählt man sich von Strawinsky, er habe auf einen kritischen Einwand, eins

---

Höherleistung zu sein, eher ein Rückschritt in manchen Stücken, eine Regression, aber es hat den Vorteil, der Wahrhaftigkeit mehr Rechnung zu tragen und uns das Leben wieder erträglicher zu machen. Das Leben zu ertragen, bleibt ja doch die erste Pflicht aller Lebenden. Die Illusion wird wertlos, wenn sie uns darin stört. *[Absatz]* Wir erinnern uns des alten Spruches: *Si vis pacem, para bellum.* Wenn du den Frieden erhalten willst, so rüste zum Kriege. *[Absatz]* Es wäre zeitgemäß, ihn abzuändern: *Si vis vitam, para mortem.* Wenn du das Leben aushalten willst, richte dich auf den Tod ein.« (FGW, Bd. X, S. 354)

42 Richard Wagners Operntetralogie »Der Ring des Nibelungen« (WWV 86) wird 1876 in Bayreuth uraufgeführt.

43 In Becketts »Endspiel«, uraufgeführt 1957 in London, sagt Clov, einer der beiden Protagonisten, gleich bei der Eröffnung: »Man kann mich nicht mehr strafen.« (Samuel Beckett, Endspiel. Stück in einem Akt [1957], in: Samuel Beckett, Warten auf Godot. Endspiel. Glückliche Tage. Drei Stücke, übers. von Elmar Tophoven und Erika Tophoven, Frankfurt a.M. 2005 [suhrkamp taschenbuch; 3751], S. 107–160; hier: S. 110) – In der *Negativen Dialektik* [1966] heißt es dann: *Das exponierteste Diktum aus Becketts Endspiel: es gäbe gar nicht mehr soviel zu fürchten, reagiert auf eine Praxis, die in den Lagern ihr erstes Probestück lieferte, und in deren einst ehrwürdigem Begriff schon die Vernichtung des Nichtidentischen teleologisch lauert. Absolute Negativität ist absehbar, überrascht keinen mehr.* (GS, Bd. 6, S. 355)

seiner Musikwerke sei zu langweilig, folgendes geantwortet: »Qu'ils s'embêtent!«[44]

Als Überkompensation mache sich dieses Moment in der Überlängerung vieler Kompositionen bemerkbar. Heute sei es sehr schwer zu entscheiden, wo Monotonie als bewußtes Ausdrucksmittel zu werten sei und wo als ästhetische Insuffizienz.

---

44 Adorno kolportiert dieses Ondit auch an anderer Stelle: *Soweit beim späten Strawinsky von Entwicklung die Rede sein kann, gilt sie der Entfernung des Stachels der Absurdität. Anders als Picasso, von dem die neoklassische Anregung kommt, hat er bald kein Bedürfnis mehr gefühlt, der fragwürdigen Ordentlichkeit Schaden zu tun. Nur die unentwegten Kritiker suchen immer noch nach Spuren des wilden Strawinsky. Der planvollen Enttäuschung – »sollen sie sich langweilen« – kann einige Konsequenz nicht abgesprochen werden. Sie plaudert das Geheimnis einer Rebellion aus, der es von der ersten Regung an um die Unterdrückung der Regung ging und nicht um Freiheit.* (GS, Bd. 12, S. 190)

291 Werner Matthes, 30. Januar 1962

Werner Matthes
Frankfurt/Main
Sophienstr. 140

Protokoll »Musiksoziologie« vom 30. 1. 62.

Für die Sitzung am 30. 1. 1962 hatte Herr Prof. Adorno den Ordinarius für Musikwissenschaft an der Universität Marburg, Herrn Prof. Engel, zu einem Vortrag über Fragen des Musiklebens eingeladen.[45]

In einleitenden Worten bemerkte Prof. Adorno, daß mit diesem Vortrag sich zwei verschiedene Ansichten zu dem gleichen Problem ergeben würden, was auf der Verschiedenheit der Methode und der Ausgangsposition beruhe. Nach dem Hinweis auf das 1959 erschienene Buch »Musik und Gesellschaft« von Prof. Engel,[46] zerstörte Prof. Adorno die »Fiktion der berühmten Einigkeit der Gelehrten«. Die Betonung der tiefsten methodologischen Schwierigkeiten, die der Gegenstand biete, war Prof. Adorno ebenso wichtig wie der Hinweis auf die Fruchtbarkeit authentischer Kontroverse. Musiksoziologie habe sich noch nicht so verhärtet wie andere Disziplinen – eine Situation, die Prof. Adorno mit der potentiellen Formulierung Hegels apostrophierte: »Die verschiedenen Gelehrten arbeiten sich mit ihren Theorien aneinander ab«.

Prof. Engel beschäftigte sich zu Beginn seines Vortrags mit der Frage nach den Formen des musikalischen Lebens. Dabei ging er zunächst von der allgemeinen Unterscheidung aus zwischen öffentlicher Musik als einer Musik vor Hörern (mit Hörern) und der Musik ohne Hörer, worunter besonders die Hausmusik zu verstehen sei. Seine Betrachtung der Musik als eines sozial bestimmten Phänomens verband Prof. Engel mit dem Hinweis auf die Kulturethnologie Malinowkis, in der die Musik als Teil der sozial bestimmten Funktionen erscheine.[47]

---

45 Hans Engel ist seit 1946 Ordinarius des Musikwissenschaftlichen Instituts an der Universität Marburg.
46 Vgl. Hans Engel, Musik und Gesellschaft. Bausteine zu einer Musiksoziologie, Berlin und Wunsiedel 1960.
47 Bei Malinowski heißt es etwa: »Die funktionalistische Erklärung der Kunst, der Vergnügungen und der öffentlichen Zeremonien muß unmittelbar auf die physischen Reaktionen des Organismus, auf Rhythmus, Ton, Farbe, Linie und Form in all ihren Kombinationen hinweisen.« (Bronislaw Malinowski, Die Funktionaltheorie [1939], in: Bronislaw Malinowski, Eine wissenschaftliche Theorie der Kultur und andere Aufsätze, hrsg. von Paul Reiwald, übers. von Fritz Levi, eingel.

Der Musik um 1910 habe man den Vorwurf der Autonomie und Beziehungslosigkeit gemacht. In diesem Zusammenhang sei auch der Kampf der Kommunisten gegen die Autonomie zu erwähnen. Der Kampf gegen die Romantik werde bestimmt durch die Ablehnung des Ausdrucks, den man als ein Unglück betrachte. Die Jugendmusikbewegung, deren Ideal das hörerlose Gemeinschaftsmusizieren gewesen sei, wollte überdies das Nur-Hören bekämpfen; Laienmusizieren und offenes Singen entsprächen diesem Ideal der hörerlosen Gemeinschaftsmusik, das dem Individualismus des Künstlers und der gesellschaftlichen Form des Konzertes entgegengestellt worden sei. Dieser Gegensatz sei auch als historisch geprägt, als Entwicklungsform aufgefaßt worden. Heinrich Besseler beispielsweise glaube, daß das hörerfreie Musizieren in der Gemeinschaft, das Prof. Engel mit »*umgangsmäßiges Musizieren*« bezeichnete, gegenüber dem »*darbietungsmäßigen Musizieren*« als das historisch ältere und damit auch als die wertvollere, höhere Kunst zu gelten habe.[48] – Ein Blick auf die Verhältnisse in unserer Zeit scheine die Rechtfertigung dieses Gedankens anzuzeigen. Tatsächlich sei die moderne Form des Konzertes unbefriedigend, da die Musik nur dann ihre volle Wirkung ausübe, wenn sie nicht nur passiv ästhetisch genossen, sondern auch aktiv erlebt wird. In diesem Zusammenhang unterschied Prof. Engel die »Sozialität« der Musik als Bindung von Musikausübung an das Sozium von der »Soziabilität« als ihrer gemeinschaftsbildenden Kraft. Beides könne jedoch nicht als das Wesen der Musik schlechthin angenommen werden.

Indessen liege es jedoch im Wesen des Menschen, sich hören lassen zu wollen. Das gelte für alle künstlerischen Stufen, für das Kind ebenso wie für den Pianisten, dessen Ziel es sei, zu konzertieren und damit auf den ihm Zuhörenden einzuwirken.

Der Jugendbewegung habe als Ideal eine innere Gemeinschaft Gleichgesinnter im gemeinsamen Musizieren vorgeschwebt als Antithese zur modernen Form darbietungsmäßigen Musizierens, d. h. zur kapitalistischen Form des Konzertes. Hier stelle das bezahlte Eintrittsbillet einen Kaufvertrag zwischen Musikveranstalter und Zuhörer dar. Als Veranstalter kämen in erster Linie Agenten oder Konzertunternehmer in Frage, daneben aber auch Vereine sowie der Künstler selber. Sofern dieser ein Konzert auf eigene Rechnung und Risiko unternimmt, könne man jedoch nicht von einem wirtschaftlichen Unternehmen sprechen, das auf Gewinn zielt. – Tritt in einer Kleinstadt ein Konzertverein als Veranstalter auf, so deckten die Eintrittsgelder oft nur die Unkosten. Derartige Veranstaltungen

---

von Paul Reiwald, Zürich 1949 [Internationale Bibliothek für Psychologie und Soziologie; VIII], S. 20–44; hier: S. 43)
48 Vgl. den Abschnitt »Umgangs- oder darbietungsmäßiges Musizieren«, in: Engel, Musik und Gesellschaft, a. a. O. (s. Anm. 46), S. 305–309.

hätten trotz öffentlichen Zugangs gegen Bezahlung oft den Charakter von Vereinsveranstaltungen, zumal sich die Besucher vorwiegend aus Vereinsmitgliedern und Abonnenten zusammensetzten. – Als nichtöffentliche, gegen Eintritt zugängliche Konzerte gelten Hauskonzerte von Künstlern, zu denen man eingeladen wird, bei denen der erhobene Beitrag weniger Verdienst als vielmehr Unkostendeckung darstellt. – Kirchenkonzerte seien ebenfalls eine Form zwischen freiem und bezahltem Eintritt.

Damit erscheine eine schematische Unterscheidung zwischen geschlossenem und öffentlichem Konzert als fragwürdig, da die Begriffe schwimmen.

Darauf ging Prof. Engel auf die Struktur des Publikums ein.[49] »Publikum« sei ein moderner Begriff, der aus dem 19. Jahrhundert stamme. Hier gäbe es verschiedene Möglichkeiten der Differenzierung, einmal in sozialer Hinsicht (einfaches, schlichtes, bürgerliches, feines Publikum), in altersmäßiger Hinsicht und in psychologischer Hinsicht, d. h., was die Verhaltensweise betrifft. Diese differiere nach der örtlichen Verschiedenheit (Großstadt-, Vorstadt-, Kleinstadtpublikum). Das nach seiner örtlichen Herkunft und sozialen Zusammensetzung verschiedene Publikum unterscheide sich wiederum als Konzert- und Opernpublikum; das Konzertpublikum in solches von Symphonie- und Kirchenkonzerten oder von Lieder- und Klavierabenden usw. Auch innerhalb der Veranstaltung sei das Publikum in sich gegliedert: Die Honoratioren und die »elegante Welt« im Parkett und im 1. Rang unterscheide sich von den jugendlichen Enthusiasten auf der Galerie.

Bemerkenswert sei, daß in der Oper die Ränge nicht mehr den gesellschaftlichen Rängen wie in den alten höfischen Theatern entsprächen. Vielmehr würden die heutigen Ränge das Publikum nach Einkommen und sozialer Stellung staffeln, wobei Einkommen und soziale Stellung freilich keineswegs gleichzusetzen seien. Ein Stammpublikum sei wieder anders zusammengesetzt als das bei sensationellen Veranstaltungen.

Die beiden Extreme seien ein in sich *heterogenes*, bunt zusammengewürfeltes Publikum auf der einen Seite und zum andern ein *homogenes*, in sich geschlossenes Publikum (Konzertvereinspublikum, Publikum eines Gesangvereinskonzertes), bei dem ein irgendwie gearteter gesellschaftlicher Zusammenhang besteht. – Das Band der Zusammengehörigkeit zwischen Darbietenden und Publikum sei von vornherein enger, sofern es sich um Angehörige des betreffenden Künstlers oder der Mitwirkenden handelt. Hier sei auch der Begriff »Publikum« fehl am Platze. Vom »Publikum« dürfe man nur insofern sprechen, als die

---

49 Die folgenden Bemerkungen entsprechen den Ausführungen ebd., S. 301–303.

Veranstaltungen gegen Eintritt auch *öffentlich zugänglich* sind. – Das Urteil des Publikums entspreche häufig der Summe von Teilen richtiger Urteile.

»Öffentlichkeit« in staatspolitischer und soziologischer Hinsicht gebe es erst seit Ende des 18. Jahrhunderts. Träger der öffentlichen Konzerte, deren Entstehung auf das Erstarken des Bürgertums um die Mitte des 18. Jahrhunderts zurückgehe, würden vielfach die Musikgesellschaften und Liebhaberkonzerte, die überall gegründet werden und deren straffe Organisation ebenfalls bereits während des 18. Jahrhunderts erfolgt.

Musikalische Verbände, Gesellschaften und Vereine ließen sich zwar äußerlich unter einen Begriff zusammenfassen, jedoch seien ihre Zwecke, besonders der seit dem Beginn des 19. Jahrhunderts gegründeten, sehr verschiedenartig. – Zur Zeit der Entstehung des Konzertes hätten die Gesellschaften und Vereine vorwiegend die Aufgabe gehabt, Dilettanten zum Selbstspielen zusammenzuführen. Seit mit der Entwicklung der Orchestermusik dann immer höhere Anforderungen an die Ausübenden gestellt und somit die Dilettanten verdrängt worden seien, hätten die Gesellschaften und Vereine mehrere, vielfach miteinander verbundene Ziele: Pflege der Orchester- oder Gesangsmusik, verbunden mit sozialer Fürsorge für Musikerwitwen (z. B. die 1771[50] gegründete Wiener »Tonkünstlersozietät«)[51]. Andere, z. T. später gegründete Vereine hätten sich die Förderung von Orchestern zur Aufgabe gemacht: Die Frankfurter Museumsgesellschaft von 1808, die Kölner Konzertgesellschaft von 1827[52] sowie die Berliner Philharmonie. – Pflege der Tonkunst und Förderung der Tonkünstler strebte der »Allgemeine Deutsche Musikverein« an, der seit 1859 Musikfeste veranstaltete.[53]

Prof. Engel ging dann kurz auf die Entwicklung des Chorwesens ein und wies darauf hin, daß die Umwandlung der verhältnismäßig kleinen Chöre am Ende des 18. Jahrhunderts zu den großen Chören einhergehe mit dem gewaltigen Anwachsen der Bevölkerung. Die Gründungsgeschichte des modernen Chorwesens zeichne sich durch den Primat des sozialen Momentes gegenüber dem ästhetisch-künstlerischen aus. Als Beispiel wurde Nägelis Bedeutung für das Chorwesen der

---

50 Korrigiert für: »1770«. – Engel nennt in seiner Schrift »Musik und Gesellschaft« ebenfalls fälschlich die Jahreszahl ›1770‹ (vgl. ebd., S. 250, sowie ebd., S. 253).
51 Die »Wiener Tonkünstler-Sozietät« wird 1771 auf Initiative des österreichischen Komponisten Florian Leopold Gassmann gegründet und firmiert als »Pensionsverein für Witwen und Waisen österreichischer Tonkünstler«. 1862 wird die Sozietät in »Haydn-Verein« umbenannt, bis sie 1939 schließlich aufgelöst wird.
52 Korrigiert für: »1822«.
53 »›Pflege der Tonkunst und Förderung der Tonkünstler‹ strebte der ›Allgemeine Deutsche Musikverein‹ an, der seit 1859 Musikfeste veranstaltete und 1861 in Weimar endgültig konstituiert wurde.« (Ebd., S. 250 f.)

Schweiz genannt.⁵⁴ Hingegen habe C. F. Zelter bei der Gründung der Liedertafel ein aristokratisches Ideal vorgeschwebt, das auf die mittelhochdeutsche Ritterzeit zurückgriff.⁵⁵ Die Mitglieder der Liedertafel mußten Dichter, Sänger oder Komponisten sein. Die Breslauer »Liedertafel« habe die äußeren Bezeichnungen der Meistersinger übernommen; der Ulmer »Liederkranz« habe das direkte Erbe der dortigen Meistersinger angetreten. Es folgten viele Liedertafelgründungen nach dem Vorbild Zelters.

Die Bewegung der Männergesangvereine (Sängerfeste) sei sowohl gesellschaftlicher wie musikalischer Natur. Während die Entwicklung bis zur 48er Revolution im Zeichen zunehmender Verschmelzung der Bevölkerungsschichten in den Vereinen (»vom Bürger zum Adligen«)⁵⁶ gestanden hätte, machte sich danach im Vereinswesen mehr und mehr eine durchgreifende Trennung der sozialen Schichten bemerkbar. Damit sei die gesellschaftliche Ausrichtung stärker in den Vordergrund getreten als die künstlerische. Die Musik sei nicht der einzige Antrieb, sozusagen eine idealisierende Rechtfertigung einer Vereinsgründung. – Die heutige Situation sah Prof. Engel dadurch gekennzeichnet, daß die Musik wieder eine bedeutendere und höhere Stellung einnehme als früher.

Am Beispiel der Oper zeigte Prof. Engel, wie sich künstlerische und allgemeine Bedeutung einer Institution im Laufe der Zeit zu wandeln vermag. Sie habe sowohl die sozialen Bedingungen und Gegebenheiten, denen sie entsprungen sei, überdauert, als auch sich den neuen Verhältnissen mehr oder minder angepaßt. – Die Oper nehme den größten Teil der staatlichen Mittel für Musikpflege in An-

---

54 Der Schweizer Komponist und Musikpädagoge Hans Georg Nägeli ist exponiertes Mitglied der 1812 gegründeten »Allgemeinen Musik-Gesellschaft Zürich«.
55 »Bei der Gründung der Liedertafel schwebte C. Fr. Zelter noch ein aristokratisches Ideal vor, das auf die mittelhochdeutsche Ritterzeit zurückgriff, denn die 25 Mitglieder der Liedertafel, deren Sitzungen mit einem einfachen Abendmahl beginnen sollten, mußten Dichter, Sänger oder Komponisten sein. Die Breslauer ›Liedertafel‹, 1819 gegründet, übernahm die äußeren Bezeichnungen der Meistersinger, der Ulmer ›Liederkranz‹ trat 1839 das Erbe der dortigen Meistersinger unmittelbar an.« (Ebd., S. 74f.)
56 »Besonders die Männergesangsvereine hatten sich außer der *demokratischen* der nationaldeutschen politischen Richtung verschrieben, weshalb diese Vereine in der Restaurationsepoche in Österreich verboten wurden. Die ganze politische und gesellschaftliche Bewegung, in Liederkranz, Verein, Sänger- und Musikfest, breitete sich parallel und in Verbindung mit den musikalischen Veranstaltungen aus, den öffentlichen Konzerten der Bürger, bei denen Berufsmusiker auftraten, den Liebhaberkonzerten, veranstaltet von Laien mit Heranziehung von Berufsmusikern, und den Übungskonzerten. Diese Bewegung hat auch zahlenmäßig einen gewaltigen Aufschwung genommen. Das demokratische Ideal einer *Verschmelzung der Schichten der Bevölkerung* vom Bürger hinauf zum Adligen schien erreicht. In Deutschland ersetzte der Gesangsverein die Revolution!« (Ebd., S. 76)

spruch (in einem Fall 0,48% des Kulturhaushaltes)[57]. In diesem Zusammenhang wurde die repräsentative Funktion der Oper hervorgehoben, die sie teilweise bis in unsere Zeit beibehalte. Die heutige Oper trage das Erbe der ehemaligen Fürstenoper, deren Mittel aus dem Volk gepreßt worden seien. Wie sehr manche aus der Abhängigkeit der Theater von den Fürsten resultierende Gewohnheiten auf die Gegenwart übergegangen sind, machte Prof. Engel am Unwesen der Freikartenvergabe für Behördenspitzen usw. deutlich. Er geißelte dieses Überleben des Repräsentationscharakters der ehemaligen Fürstenopern als sozialen Mißbrauch von Staatseinrichtungen, wie denn überhaupt die Höhe der vom Volkseinkommen für diese Kunstgattung beanspruchten Mittel Anlaß genug sei, die wirtschaftliche und soziale Stellung dieser Institution des Musiklebens zu überprüfen. Die Oper bleibe ein Privileg der höheren Einkommensschichten; zudem bleibe sie auf die Haupt- und Großstädte beschränkt, werde aber von den Steuern aller Landeseinwohner getragen.[58] Die Zähigkeit, mit welcher Staaten und Städte an der sozial keineswegs befriedigenden Institution der Oper festhielten, erkläre sich vornehmlich aus der Tradition, die auch die Spielpläne beherrsche. – Schließlich wurde die Oper als eine repräsentative künstlerische Institution gekennzeichnet, die die Situation ihrer Entstehung überdauert und sich mit neuen soziologischen und ideologischen Inhalten gefüllt habe.

Ein weiterer Abschnitt des Vortrags war der Schichtung des Musiklebens gewidmet. Prof. Engel betonte, daß die Grenzen zwischen Volks- und Kunstmusik früher fließender gewesen seien als heute. Insofern sei die vereinfachende Trennung zwischen Volks- und Kunstmusik nicht sachgerecht. – Die Frage, ob wir heute noch ein Volkslied haben, war Anlaß zu der Feststellung, daß die Forscher sicher in Rückzugsgebieten der »Mutterschicht« noch das echte Volkslied fänden, daß dieses echte, alte Volkslied nur noch unter der sorgfältigen Pflege als Schul- und Jugendpflegelied gedeihe. Das »Volkslied«, das von Männerchören in Bearbeitungen gesungen wird, sei kein Volkslied mehr. – Die Zusammensetzung unseres Volkes habe sich seit den Tagen der romantischen Entdeckung des Volksliedes geändert. Deutschland sei von einem Agrarland mit gewerblicher Wirtschaft zu einem hochindustrialisierten Land geworden, in dem das Volkslied keine Existenzgrundlage mehr habe. An die Stelle des lebendigen Volksliedsingens trete eine restauratorische Volksliederziehung, deren Träger aus Idealisten und Volksliedinteressenten bestünden.

---

57 Vgl. den Abschnitt »Was kosten die Opern?«, ebd., S. 19–24. Hier werden die Ausgaben der Länder Bayern und Hessen für einige Kulturgebiete in den Jahren 1956 und 1957 dargelegt.
58 Vgl. den Abschnitt »Oper und Gesellschaft«, ebd., S. 28–30.

Auf das Verhältnis von Klassiker und Volk eingehend, sagte Prof. Engel, daß alle unsere Meister, wie wir selbst, als Kinder mit dem Volk in Kontakt gekommen seien, seine Sprache und seinen Dialekt sprächen; ferner, daß die Meister auch Volkslieder, Volkstänze und Gassenhauer ihrer Zelt gekannt hätten, und daß sie selber in ihren Werken zuweilen auf Volksweisen zurückkämen oder ihre eigenen Melodien an diese anlehnten. Die Vitalität und Impulsivität ihres Genies hätten es mit sich gebracht, daß die Klassiker von ihrer Kindheit her nicht nur einiges Volksliedgut bewahrt haben, sondern daß sie selbst als Menschen und Künstler nicht zu weltfremden, in einer isolierten Oberschicht aufgewachsenen, ästhetischen Artisten geworden sind.

»Volkskunst« hätten sie indessen nicht geschaffen. Im Vergleich zu ihrem Gesamtwerk machten Volksliedzitate oder aus der Volksmusik übernommene Motiv- und Stilelemente nur einen geringen Teil aus. Wenn etwa Mozart in seinen Bühnenwerken komische Figuren durch volkstümliche Themen charakterisiere, so sei das kein Beweis für seine Volkskunst (dramatischer Kontrast). – Die Klassiker hätten keine Kunst für das Volk, sondern für die Schichten geschrieben, die zum Verständnis ihrer Kunst die nötigen geistigen und musikalischen Bildungsvoraussetzungen erfüllten. Die hohe Kunst der Klassiker habe mit Volksmusik überhaupt nichts zu tun, sie sei immer nur eine Oberschichtenkunst.

Die Tatsache, daß das Musikleben in seiner Breite nicht nur durch die künstlerisch hochstehende Produktion gekennzeichnet sei, veranlaßte Prof. Engel, auf das Phänomen der verschiedenen Schichten näher einzugehen. Vom Standpunkt der Bevölkerungsstruktur unterscheidet er (nach K. A. Fischer)[59] Grundschicht, untere und obere Mittelschicht, sowie Oberschicht. Nach dieser Unterteilung sei die Schichtung ein Mittel zwischen Bildung, Erfolg, Können, Stellung und – in Verbindung damit – Einkommen. Jeder Faktor – für sich genommen – könne die Einteilung ändern. Die unzulängliche Zweischichtentheorie von einer Volks- und einer Gebildetenschicht werde der Sachlage nicht gerecht. Prof. Engel wies anhand einer Analyse der Gegenwart nach, daß in den vielfältigen Schichten gleichzeitig verschiedene Stile, ja sogar verschiedene historische Stile leben. Die Gesellschaftsschichten hätten verschiedene Zeitstile, und auch die einzelnen Kunstgattungen seien merkwürdig zäh an bestimmte Schichten gebunden. Den inneren Aufbau des Musiklebens, d.h. die Pflege der einzelnen Gattungen im Verhältnis zu den Bevölkerungsschichten, könne man sich als den Querschnitt durch eine Pyramide vorstellen. Er würde den Aufbau der allgemei-

---

59 »K. A. Fischer unterscheidet Grundschicht, untere und obere Mittelschicht, Oberschicht und Spitzenschicht.« (Ebd., S. 338) – Vgl. Karl Anton Fischer, Kultur und Gesellung. Ein Beitrag zur allgemeinen Kultursoziologie, Köln und Opladen 1951 (Schriften der soziologischen Abteilung des Forschungsinstituts für Sozial- und Verwaltungswissenschaften in Köln; 2).

nen Bildungsschichten verdeutlichen, der vom allgemeinen Bildungsniveau des Volkes bis zu den höchsten, aristokratischen Künstlertypen prozentual zur Bevölkerung rasch abnimmt.

1) Die unterste Stufe ist die Volksmusik im weitesten Sinne (Kinderlied, Volksschullied, Jugend- und Heimatlied, Soldaten-, Wander-, Arbeits- und Nationallied). Wiewohl das ganze Volk diese Lieder singt, den eigentlichen Besitz stellen sie indessen nur für die »unteren Schichten ohne höhere Bildung« und für die Jugend dar. Diese Musik reicht – vom protestantischen Choral abgesehen – nicht weiter als 150 Jahre zurück. Außerdem singt und spielt das Volk ebensoviel wertlose Musik, Schlager und Gassenhauer. Der Gassenhauer ist ein Produkt des Großstadtvolkes, der Schlager ein Fabrikat der halbgebildeten Zivilisationsschicht.

2) Die nächsthöhere Stufe bringt populäre, bei der breiten Masse beliebte Unterhaltungsmusik, die vornehmlich in Biergarten-, Platz- und Wirtshauskonzerten der Großstädte dargeboten wird. Sie bildet die musikalische Literatur unzähliger Zither-, Mandolinen- und Bandoneonvereine sowie der Männerchöre einfacher Berufskreise. Musikstilistisch entspricht dieses Gut etwa der Zeit von 1800–1900.

3) Als nächstes sind die eine höhere Allgemein- und auch musikalische Bildung voraussetzende Oper sowie die im Schwinden begriffene Operette zu nennen. Ihnen wären die Konzerte der besseren Männergesangsvereine, die populären Volkssymphonie- und Orchesterkonzerte (mit und ohne Restaurationsbetrieb) an die Seite zu stellen.

4) Die folgende, engere Stufe umfaßt das auch von der Musikkritik entsprechend honorierte »höhere Konzert«, das Solistenkonzert, Kammermusik-, Liederabende usw., die aber den den bisherigen Stufen zugeordneten Volksschichten nicht zugänglich sind; einmal wegen der hohen Eintrittspreise, zum andern, weil der Nimbus der »besseren Gesellschaft« Nichtangehörige ausschließt – was freilich teilweise auch bereits für den Opernbesuch zutrifft. – Besonders das »feine« Publikum besucht zumal künstlerisch interessante Ereignisse unter dem Gesichtspunkt des gesellschaftlichen Prestigegewinns. Die »soziale Gelegenheit« für derlei Veranstaltungen ist die sogenannte große Welt mit »großem« und elegantem Publikum auf den vorderen Plätzen und dem Kunstpublikum weiter hinten.

5) Die alte Musik ist meist Gegenstand eines speziellen Interesses von Kennern und Musikern, die vielfach der Jugendbewegung nahestehen.

Von Bedeutung sei, daß man von Schicht 2–4 eine zunehmende allgemeine Bildung, von Schicht 3–5 dagegen eine ansteigende musikalische Bildung voraussetzen müsse. Bei Stufe 1–3 sei das finanzielle Leistungsniveau rasch steigend, bei den Stufen 5 und 6 werde es als Auswahlprinzip praktisch bedeutungslos, zumal Kunst- und Künstlerkreise oft schlechtgestellt sind.

6) Diese 6. und letzte Stufe wird durch die neue Musik repräsentiert, der die meisten Musiker und Musikfreunde ablehnend gegenüberstehen. – Bei Parteiungen für oder wider bestimmte Richtungen im Musikleben spielen parteipolitische und weltanschauliche Hintergründe oft eine Rolle. Heute beispielsweise nehme die Publizistik für die Avantgarde Partei, die sie bis 1945 bekämpft hatte. Heute werde es den Avantgardisten leichtgemacht durch die Förderung seitens großer Verlage, des Staates und der Rundfunkanstalten, die sie gegen den Geschmack von Musikern und Publikum durchzusetzen versuchten.

Was die Musikpflege früherer Zeiten im Hinblick auf die jeweils zeitgenössische Produktion betrifft, so stellte Prof. Engel fest, daß man sich bis zur Wende zum 19. Jahrhundert fast ausschließlich der zeitgenössischen Musik angenommen hätte. Dieses Problem wurde später in der Diskussion noch einmal aufgegriffen.

Im Zusammenhang mit dem Für und Wider der neuen Musik berichtete Prof. Engel von einer Umfrage, die GMD Agop in Dortmund bei Opern- und Konzertbesuchern über deren Urteile und Wünsche veranstaltet hat.[60] Danach führt (bei 339 Antworten) Beethoven mit 310 Für-Stimmen, Mozart mit 287 Für-Stimmen, gefolgt von Schubert, Tschaikowsky, Schumann, Bach, Haydn, Bruckner, Dvořák, Händel, Weber, Strauss und Wagner. Von den überwiegend abgelehnten Komponisten rangiert Schönberg an der Spitze, gefolgt von Berg, Blacher, Honegger, Gershwin und Hindemith. »Zeitgenössische Musik« wünschten 16 Besucher, 199 lehnten sie ab. – Als Gegenbeispiel wurden Karl Amadeus Hartmanns Münchener Musica-viva-Konzerte genannt, die ihre Abonnentenzahl innerhalb von 5 Jahren von 420 auf 800 hätten erhöhen können.[61]

Seit langem hätten, besonders unter sozialistischem Einfluß, der Volksbildung dienende, wirtschaftlich nach Art der Konsumvereine aufgebaute Besucherorganisationen die finanzielle Behinderung der schwächeren Klassen durch verbilligte Karten zu beheben versucht. Allerdings seien die neugewonnenen Besucher keine Arbeiter, sondern zumeist Angestellte und Angehörige gehobener bürgerlicher Berufe.

Anschließend kam Prof. Engel auf die Bedeutung des Rundfunks zu sprechen, der seit 1924 die größte Veränderung auf dem Gebiete des Musik-Konsums gebracht habe.[62] Durch eine praktisch unbegrenzte Auswahl biete der Rundfunk jedem Hörer jede Art von Musik. Weder finanzielle Hindernisse noch gesellschaftliche Hemmungen gegenüber besser vorgebildeten oder feiner angezogenen Besuchern würde die Auswahl der Musik behindern. Ob das aber den Erfolg

---

60 Vgl. ebd., S. 342.
61 Vgl. ebd.
62 Vgl. den Abschnitt »Rundfunk und Hörergruppen«, ebd., S. 343–347.

gehabt hat, daß ernste Musik prozentual von mehr Personen unterer Einkommens- und Bildungsschichten gehört wird, müsse bezweifelt werden. Die Rundfunkstatistiken bestätigten, daß nicht die Gelegenheit, sondern der allgemeine Bildungsstand entscheidend für die Auswahl aus dem Programm ist. Das würde von Prof. Engel ergänzt durch die Feststellung, daß auch das musikalische Milieu, in dem jemand aufwächst, von Bedeutung sei, daß hingegen die Musikbegabung nicht entscheidend von der Herkunft abhänge.

In einem abschließenden Wort würdigte Prof. Adorno den Vortrag Prof. Engels als Bereicherung um die »historische Dimension«, die in den bisherigen musiksoziologischen Betrachtungen dieses Semesters vollkommen ausgeklammert gewesen sei. Man müsse fragen, welche Bedeutung diese »historische Dimension« für die Musiksoziologie habe, was »als wichtig für die Musiksoziologie dabei herausschaue«. Nach einer ergänzenden Bemerkung Prof. Adornos über den Charakter der Jugendmusik als eines im letzten Sinne durchaus romantischen und regressiven, der den Blick auf das objektivierte Kunstwerk der Gegenwart verstelle, entzündete sich die folgende Diskussion am Problem der »historischen Dimension«. Prof. Engel wiederholte seine Feststellung, daß bis weit ins 18. Jahrhundert hinein die zeitgenössische Musik im Vordergrund der Musikpflege gestanden habe und daß es mühevoll gewesen sei, ältere Musik, die dann auch höchstens 30 Jahre zurückgelegen habe, zu spielen. Das sei heute genau umgekehrt (erste Ansätze für historisierende Tendenzen finden sich bei Händel).

Als Beispiel für die »historische Staffelung« in den einzelnen Schichten in der heutigen Zeit sowie für den musikalischen Rückstand, in dem zumal einfache Schichten sich befänden, führte Prof. Engel das »Musikgut« der Bauernkapellen an.

Prof. Adorno führte aus, daß die soziologischen Probleme von den ästhetischen nicht getrennt werden könnten. – Die musikalische Sprache, die heute allgemein zugänglich sei, bewege sich in einer Art formaler Heftigkeit. Ein Grund dafür sei die Tonalitätseigenschaft. Prof. Adorno brachte diesen Sachverhalt mit dem Retardieren des allgemeinen musikalischen Bewußtseins in Zusammenhang. Die neue Musik habe den Charakter der allgemeinen Sprachlichkeit heute verloren. Damit sei der strukturelle Punkt bezeichnet, der es verhindere, daß die neue Musik eine Breitenrezeption hat. Das Verständnis und der breite Konsum früherer, großer Kunst hafte an den »Spielmarken«, nicht etwa an ihrer integralen Struktur.

Zur Situation des Komponierens früher und heute trug Prof. Engel bei, daß es bis zur Romantik noch so etwas wie »Schulen« gegeben habe, daß sich heute dagegen eine individualisierende Tendenz zu stark bemerkbar mache.

Prof. Adorno erwiderte, daß diese individualisierende Tendenz selber ihre Gründe in der Logik der Sache habe und zusammenginge mit einem höheren Grad von Objektivierung.

Prof. Engel beklagte es, daß die »soziale Pyramide« bei der »Apperzeption zeitgenössischer Musik« heute sehr viel schmaler geworden sei als in früheren Zeiten. Die Frage, warum sich die Komponisten im Laufe der Zeit zunehmend der kompositorischen »Spielmarken« entäußert hätten, beantwortete Prof. Engel mit dem Hinweis auf die veränderte Situation der Komponisten gegenüber früheren Epochen, in denen sie fast ausschließlich Auftragswerke im Dienste von Fürsten zu leisten gehabt hätten. In diesem Zusammenhang wurde ergänzend bemerkt, daß die individuelle Lage der Komponisten zur Zeit der Höfe besser gewesen sei als zur Zeit des klassischen Liberalismus, in der Komponisten buchstäblich Hungers gestorben seien (Lortzing)[63]. Auch das individuelle Los von Hugo Wolf[64] und Richard Wagner kam hier zur Sprache.

Darauf schaltete sich Dr. von Friedeburg[65] mit einer grundsätzlichen Kritik an den Ausführungen Prof. Engels in die Diskussion ein. Er sagte, daß in seinem Vortrag erstaunlich viel über das Musikleben, dafür aber um so weniger aber die Musik selber zur Sprache gekommen sei. Indem er den Ansatz zur Musiksoziologie im Sinne einer simplen Zuordnung von Lebensverhältnissen zu musikalischen Sachverhalten in Frage stellte und die Ausführungen Engels eher als soziographisch denn als soziologisch bezeichnete, stellte er die Frage, welchen Ansatz zur Musiksoziologie Prof. Engel denn nun eigentlich habe.

Prof. Engel erwiderte, daß er das ästhetische Moment bewußt ausgeklammert habe, weil es ihm vielmehr auf den Versuch angekommen sei, zu zeigen, wie das Musikleben geschichtet sei und wie der sozialen Schichtung gleichzeitig verschiedene historische Stile, Zeitstile und Gattungsstile entsprächen.

Prof. Adorno unterstützte die Frage Dr. von Friedeburgs, indem er sie als eine methodologische erhellte. Als Begründung für das Außerachtlassen des ästhetischen Moments in seiner Betrachtungsweise führte Prof. Engel an, daß es damit seine besonderen Schwierigkeiten habe und daß man sich damit, den unzulänglichen Veröffentlichungen nach zu urteilen, sehr leicht auf den Boden unverbindlichen Dilettierens begebe.

---

[63] Der Komponist, Dirigent und Librettist Albert Lortzing stirbt 1851 mittellos und ohne Anstellung an den Folgen eines Schlaganfalls.
[64] Der Komponist Hugo Wolf stirbt 1903 nach einem Leben in großer materieller Armut an den Auswirkungen einer Syphiliserkrankung.
[65] Ludwig von Friedeburg wird 1952 mit der Schrift »Die Umfrage als Instrument der Sozialwissenschaften. Zur Methode und Verwendung der Umfrage unter besonderer Berücksichtigung der Umfrage in der Intimsphäre« in Freiburg i. Br. promoviert.

Im weiteres Verlauf der Diskussion schienen die gegenteiligen Ausgangspositionen für eine Musiksoziologie bei Prof. Engel und Prof. Adorno sich herauszukristallisieren: Prof. Engel, bei dem die Analyse der musikalischen Institutionen einen breiten Raum einnimmt, macht die sozialen Formen, innerhalb derer Musik erscheint und rezipiert wird, zum Gegenstand seiner Betrachtungen. Prof. Adorno dagegen geht von der inneren Zusammensetzung der Musik aus und sucht die gesellschaftlich-geschichtliche Dynamik im Innern der Werke selber zu entfalten und diese als dialektische Kraftfelder zu bestimmen.

Die Gültigkeit der These, daß das jeweilige musikalische Niveau den verschiedenen Bildungsniveaus entspreche, suchte Prof. Adorno mit der Feststellung zu relativieren, daß musikalische Bildung und allgemeiner Bildungsstand kaum je Hand in Hand gingen. Trotzdem aber gebe es die merkwürdige Schichtung und die entsprechenden Zuordnungen. Den Grund sieht Prof. Adorno darin, daß die Dinge selber bereits verdinglicht, bereits geschichtet sind, nach denen gehört wird. So ganz werde es seiner Meinung nach mit der musikalischen und soziologischen Identifikation allerdings auch nicht klappen, sonst wäre es bereits ein Zustand prästabilierter Harmonie.

Nach Prof. Engel ist nicht nur die Bildung der unteren Schichten möglich, sondern mit der allgemeinen Bildungserhöhung wird sich auch die musikalische Bildung erhöhen. Diesem ein wenig pauschalen Optimismus hielt Prof. Adorno sein Erlebnis mit einem Taxichauffeur entgegen, der genau die gleichen Phrasen über Neue Musik im Munde geführt habe wie derzeit die alten Bankdirektoren. Prof. Adorno erklärte das Fortdauern vieler musikalischer Formen trotz ihrer Überlebtheit mit dem Ressentiment, aus dem heraus sich die meisten an Vergangenes zu binden suchten. Damit berührte er auch die Frage, warum viele Menschen so reagieren, wie man es von ihnen erwarte.

Die Ausführungen Prof. Engels endeten mit der Forderung nach einer breiten musikalischen Bildung und Förderung, die, wiewohl nur wirkliche musikalische Begabungen sich aus der Sphäre geringwertiger Musik zum Verständnis hoher Kunst heraufarbeiten könnten, im Volk von unten anzusetzen hätten.

292 Hilmar Tillack, 6. Februar 1962

Hilmar Tillack

Seminar über Musiksoziologie Wintersemester 1961/62

Protokoll vom 6. 2. 62

Der Wiener Musikwissenschaftler Herr *Blaukopf* sprach vor dem Seminar über »Musiksoziologisch relevante Aspekte der musikalischen Akustik«.[66] In der anschließenden Diskussion sagte Prof. Adorno, der Vortrag habe fasziniert: Nicht allein sei dank seiner originalen Problemstellung eine Fülle neuer Aspekte erschlossen worden, sondern darüber hinaus biete er ein Beispiel fruchtbaren Zusammenarbeitens arbeitsteilig getrennter Disziplinen wie Kunstgeschichte, Akustik, Geschichte der Musik und Soziologie. Dabei könne er – Adorno – es sich nicht versagen festzustellen, wie genau eine Reihe von Resultaten, zu denen Herr Blaukopf gekommen sei, mit denen eigener Arbeiten konvergieren, so die Funktion von Musik als Illusion des Dabeiseins,[67] so auch die künstliche Herstellung von Raum.[68] Daß wie ein Verabredetes erscheine, was unabhängig voneinander und ohne gegenseitige Kenntnis erarbeitet wurde, sei in Anbetracht so verschiedener Ansätze ein schöner Index der Plausibilität.

Auch Sedlmayrs übrigens ausgezeichnete Arbeit über die Kathedrale weise auf den illusionären Charakter hin, auf die Erweckung der Illusion unmittelbarer

---

66 Kurt Blaukopf führt 1962 das Fach Musiksoziologie an der Wiener Akademie für Musik und darstellende Kunst (später: Wiener Musikhochschule) ein, wo er ab 1977 für ebendieses Fach eine ordentliche Professur innehat.

67 *Man könnte sich eine Anordnung vorstellen, die von dem, der nicht arbeiten kann, ohne daß das Radio dudelt, über den, der Zeit totschlägt und Einsamkeit paralysiert durch ein Hören, das ihm die Illusion des bei was auch immer Dabeiseins vermittelt, über die Liebhaber von Potpourris und Operettenmelodien, über die, welche Musik als Mittel der Entspannung werten, bis zu der nicht zu unterschätzenden Gruppe genuin Musikalischer führt, die durch ihren Ausschluß von der Bildung überhaupt und vollends der musikalischen und durch ihre Stellung im Arbeitsprozeß an der genuinen Musik nicht teilhaben und sich mit Stapelware abspeisen lassen.* (GS, Bd. 14, S. 194)

68 In der Ästhetischen Theorie heißt es: *Wie Spontaneität, welche traditionelle Ästhetik als das Schöpferische von der Zeit eximieren wollte, zeitlich ist in sich, so partizipiert sie an der im Einzelnen sich individuierenden Zeit; das verschafft ihr die Möglichkeit des Objektiven in den Werken. Der Einbruch des Zeitlichen in die Werke ist dem Begriff des Kunstwollens zu konzedieren, so wenig auch jene derart auf einen subjektiven Nenner zu bringen sind, wie es in der Vorstellung des Wollens liegt. Wie im Parsifal wird in Kunstwerken, auch den sogenannten Zeitkünsten, Zeit zum Raum.* (GS, Bd. 7, S. 288)

Gegenwart der Transzendenz durch diese Architektur.[69] Hierzu passe exakt die Aufführungspraxis damaliger Musik, die gleichsam die Illusion der Präsenz der himmlischen Heerscharen schaffe. Die soziologische Interpretation dränge sich auf, daß die Gotik, die ja in die Epoche des Nominalismus und eines kräftig sich entwickelnden Bürgertums falle, gar nicht so sehr, wie man naiv die Beziehung zu den Kathedralen meint auffassen zu können, Ausdruck ungebrochen metaphysischen Weltgefühls sei, sondern eher beschwörend disziplinär das Problematischwerden der Transzendenz kompensiere.

Schwierigkeiten bereite die zeitliche Einordnung der in Frage stehenden Musik, denn assoziiere man beim illusionären Charakter der Gotik weniger das Organon als vielmehr hochniederländische Musik, so bezog sich das Vorgetragene auf eine vergleichsweise einfachere Praxis von Musik. Angesichts von Stilen, die über Jahrhunderte sich erstrecken, sei die Bestimmung, was wozu gehöre, notwendig.

Zum Problem des Hallens, der künstlich erweckten Aura im Sinne Benjamins auratischer Phänomene,[70] erinnerte Prof. Adorno an die Theorie, die er in seiner Parzival-Arbeit entwickelt habe: Der Stil des letzten Wagners, insbesondere im Parsifal,[71] bestehe wesentlich im Auskomponieren des Nachhalls.[72] Die Musik sei aufs Lauschen, aufs Hören verhallenden Klanges angelegt – kompositorisches Äquivalent zur Wiederherstellung des Halleffektes im Großraum.

Neu sei für ihn die Analyse des akustischen Apriorism heutigen Hörens, der zufolge so etwas wie kammermusikalisches Musizieren in modernen Wohnungen wegen deren Anlage und Bauweise eigentlich unmöglich gemacht werde. Auch

---

69 »Das ›transzendente‹ Element der Kathedrale ist fast schon zu oft hervorgehoben worden. Dieses mißbrauchte Wort streift aber alles Nebelhafte ab und bekommt einen konkreten Sinn. Ja, die Kathedrale weist über sich hinaus auf ein anderes, dieses andere ist aber nichts abstrakt Allgemeines, sondern das, dessen Abbild sie ist: *der Himmel*, wie ihn den Menschen des 12. Jahrhunderts die Dichtung vorgestellt hatte.« (Hans Sedlmayr, Die Entstehung der Kathedrale, Zürich 1950, S. 96)
70 Im Aufsatz »Das Kunstwerk im Zeitalter seiner technischen Reproduzierbarkeit ›Erste Fassung‹« [1936] schreibt Benjamin: »Was ist eigentlich Aura? Ein sonderbares Gespinst aus Raum und Zeit: einmalige Erscheinung einer Ferne, so nah sie sein mag. An einem Sommernachmittag ruhend einem Gebirgszug am Horizont oder einem Zweig folgen, der seinen Schatten auf den Ruhenden wirft – das heißt die Aura dieser Berge, dieses Zweiges atmen.« (BGS, Bd. I·2, S. 440)
71 Wagners ›Bühnenweihfestspiel‹ »Parsifal« (WWV 111) wird 1882 in Bayreuth uraufgeführt.
72 In seiner Schrift *Zur Partitur des ›Parsifal‹* [1956/1957] schreibt Adorno: *Die Idee des Bühnenweihfestspiels ist genau eine von Kunstreligion – das Wort ist übrigens noch weit älter, von Hegel – wie im Jugendstil. Das ästhetische Gebilde soll durch die wählerische Konsequenz seines Stils einen metaphysischen Sinn beschwören, dessen Substanz der entzauberten Welt mangle. Auf die Erzeugung solcher »Weihe« ist der Parsifal angelegt; ihr gilt die Aura der Gestalten wie der nachhallenden Musik.* (GS, Bd. 17, S. 51)

habe Herr Blaukopf, und darin treffe er sich mit einer Intention unseres Seminars, nachdrücklich die Vermittlung von Gesellschaft und Musik akzentuiert, habe gezeigt, wie eins zum anderen gelange. Das durch Architektur mediierte »Klangerlebnis«, wenn man diesen Ausdruck einmal durchgehen lasse, bedeute zugleich die Vermittlung zwischen der Objektivität von Musik und der Gesellschaft. Indem es architektonisch präformiert werde – und Architektur sei eine Institution der Gesellschaft –, habe Gesellschaft a priori der Musik sich bemächtigt, ehe es zur Musik überhaupt gekommen sei.

Nur ein Differenzpunkt ergebe sich zwischen den von Herrn Blaukopf vorgelegten Ergebnissen und seinen, Adornos, eigenen; er betreffe den Klang. Um das zu entfalten: Forkel schreibe in seiner Bachbiographie, Bach habe in großen Chorwerken weniger moduliert als in Stücken minderen Umfangs, etwa im Wohltemperierten Klavier.[73] Genaueres Hinsehen entdecke aber, daß die reinen Vokalwerke Bachs, seine Motetten also, auch modulatorisch sehr weit gehen. Der Sachverhalt finde seine schlichte musikalische Erklärung darin, daß monumentale Werke, in Zusammenhang mit ihrer gesellschaftlichen Seite, primitiver sich organisieren, wie er in einer früheren Seminarstunde am Unterschied von großer Symphonik und Kammermusik bei Beethoven dargetan habe.[74] Gleichermaßen gelte das für Bachs späte Orgelfugen im Verhältnis zu dem ja für Klavichord geschriebenen Wohltemperierten Klavier. Nun aber die Differenz: Aus der Forderung, Modulatorik auf den Raum einzurichten, folge, daß modulatorisch exponierte Werke wie der Tristan[75], auch Elektra[76] und Salome[77] von Strauss, rauminadäquat und also mangelhaft seien. Ein Begriffsgegensatz wie der von leitereigenen und modulatorischen Typen impliziere reaktionäre Konsequenzen,

---

73 Bei Forkel heißt es über Bach: »Seine sonst von Gedanken überströmende Fantasie wußte er in seinen großen Singwerken recht gut zurück zu halten; in seinen Instrumentalwerken war aber diese Zurückhaltung nicht nöthig. Da er noch überdem nie für den großen Haufen arbeitete, sondern stets sein Kunst-Ideal, ohne alle Rücksicht auf Beyfall oder etwas ihm ähnliches, verfolgte, so hatte er gar keinen Grund, warum er weniger hätte geben sollen, als er hatte, und geben konnte. Auch hat er dieß nie gethan. Daher ist in der Modulation seiner Instrumentalstücke jede Fortschreitung ein neuer Gedanke, ein beständig fortgehendes Leben und Weben im innern Kreise der gewählten und nächst verwandten Tonarten.« (J[ohann] N[ikolaus] Forkel, Ueber Johann Sebastian Bachs Leben, Kunst und Kunstwerke. Für patriotische Verehrer echter musikalischer Kunst, Leipzig 1802, S. 29)
74 S. oben, Anm. 17.
75 Wagners Oper »Tristan und Isolde« (WWV 90) wird 1865 in München uraufgeführt.
76 Richard Strauss' Oper »Elektra« (op. 58) (Libretto von Hugo von Hofmannsthal, nach dem Stück von Sophokles) wird 1909 in Dresden uraufgeführt.
77 Strauss' Oper »Salome« (op. 54) (Libretto nach dem Drama von Oscar Wilde) wird 1905 in Dresden uraufgeführt.

die davor warnen sollten, raumakustische Fragen zu verabsolutieren. Diese seien als Momente erscheinender Musik ein anderes gegenüber der wesentlichen Seite musikalischer Konstruktion, des Gefüges, der thematischen Arbeit, daran das Interesse sehr überwiegen könne. Gerade die Sphäre des Klanges zeige historische Anfälligkeit, seien doch der Tristan, gar die Meistersinger[78] damaligen Ohren allzu hastig vorgekommen – ein Beweis, wie die Geschichte der Komposition selbst unsere Auffassungsfähigkeit ändere. Das lasse den Satz, Modulatorik habe dem Raum sich anzupassen, heute hinfällig werden, wolle man nicht bedeutende Werke aus der Musik, die zählt, ausschließen. Vorsicht empfehle sich, wo immer die Erklärung zu schnell auf Naturkonstanten, wie physikalische Eigenschaften, rekurriere. Was als naturhaft und scheinbar invariant sich präsentiere, sei durch und durch mit Subjekt amalgamiert und mache den Hinweis auf Naturgegebenheiten, die ein für allemal bestimmen, was erlaubt und was nicht erlaubt sei, problematisch. So kritisiere der Mainzer Psychologe Wellek zeitgenössische Musik, weil ihre Raschheit die psychologische Wahrnehmungsschwelle überschreite.[79] Aber nachweislich gilt solche Schwelle hier für viele Leute nicht, und demokratisch dürfe man sagen, was diese können, sei tendenziell allen möglich. Das Moment der Raumdimension, eine Trouvaille ersten Ranges, bedürfe daher der Einschränkung. – In der neuen Musik rede man von Klangreiz und Klangbild; gewiß sei dieses Moment heute wichtiger, sei selbständige Dimension, Parameter geworden. Andererseits habe die Wiener Schule emphatisch sich gesträubt, die Werke vom Klang her zu interpretieren: Klang sei nicht eigenständig, er werde nur dafür gehalten, weil Musik hier eklatant mit Gesellschaft zusammenstoße. Schönberg leite ihn darum aus der Musik selbst ab. Werde die Sphäre des Klanges als Medium der Kommunikation zwischen den Menschen und der Musik soziologisch verabsolutiert, so verfehle man den Sinn der Musik und verwechsele ihre nach außen gekehrte Seite mit Musik selbst.

Herr Blaukopf antwortete, er wolle den Punkt der Übereinstimmungen sich schenken und gleich zur Divergenz der beiderseitigen Auffassungen Stellung nehmen. Was die Beziehung von Modulationsgeschwindigkeit und Raum angehe, so sei sie nicht als Forderung einer höheren Ästhetik an den Komponisten zu verstehen. Der Komponist könne auch gegen den Raum komponieren und damit Wesentliches zur Kunst beitragen – ein Grenzfall, der längst in seinem Manuskript zu einer Fußnote geführt hätte, wenn es hier nicht bei der Darlegung von ein paar historischen Fällen, Idealtypen, habe bleiben müssen. Es zeige sich, daß im

---

[78] Wagners Oper »Die Meistersinger von Nürnberg« (WWV 96) wird 1868 in München uraufgeführt.
[79] Vgl. etwa Albert Wellek, Typologie der Musikbegabung im deutschen Volke. Grundlegung einer psychologischen Theorie der Musik und Musikgeschichte [1939], 2. Aufl., München 1970.

Material »Musik der Gotik« Kräfte liegen, die über es selbst hinausweisen. Die aufkommende bürgerliche Auffassung setze sich aber nur durch, wenn ein entsprechender Klangraum, eine architektonische Hülle ihr zur Verfügung stehe.

In der Frage der Naturkonstanten sei die bloße allgemeine Feststellung, etwas könne nicht mehr wahrgenommen werden, dubios. Vielleicht gehe ein Moment im Gesamtkomplex unter, sei – woran Prof. Adorno erinnerte – wie Stockhausens Tontrauben[80], auch die berühmte Feuerzauberfigur bei Strauss,[81] nicht bis ins Einzelne durchzuhören. Eine Diskussion darüber wäre erst angebracht, wenn der Komponist Wahrnehmbarkeit wünsche, ihm aber naturwissenschaftlich nachgewiesen werde, daß sie sich nicht realisieren lasse. – Zur zeitlichen Präzisierung des Organons und der entwickelten Polyphonie lasse sich sagen, daß das Quarten- und Quinten-Organon noch auf die gotische Ausschöpfung akustischer Möglichkeiten sich richte. Wenn auch, wie Prof. Adorno geltend machte, das Organon auf die Romanik zurückdatiere, so unterliege diese doch den gleichen akustischen Charakteristika.

Unterscheide sich nicht, so wenigstens scheine es ihm vorweg einzuleuchten, der gotische Klang durch ein Moment des Entschwebens gegenüber dem eher Hallenden in der Romanik?, fragte Prof. Adorno.

Eine solche Distinktion transponiere wahrscheinlich Optisches in die Akustik, entgegnete Herr Blaukopf. Untersuchungen hätten ergeben, daß die unterschiedliche Grundrißkonstruktion hier wenig bedeute, daß es sich wesentlich um

---

80 In der Vorlesung *Funktion der Farbe in der Musik*, die er 1966 bei den »Ferienkursen für internationale neue Musik« in Darmstadt hält, sagt Adorno: *Stockhausen hat den Imaginationsbegriff mit Recht eingegrenzt und darauf aufmerksam gemacht, daß man etwa in Tontrauben sich nicht jeden Einzelton exakt vorstellen kann, und ganz genauso auch in komplexen Farbgebilden sicherlich nicht jede einzelne Farbe und unter Umständen nicht einmal den Gesamtklang.* (NaS, Bd. IV·17, S. 520; vgl. auch die entsprechende Anm. der Hrsg., ebd., S. 633f.)
81 Bei Strauss heißt es, jenem »Stil, der die absolute Klarheit und Ausführbarkeit jeder Figur durch jedes Instrument als Hauptmerkmal trägt, kann ein anderer Stil der al fresco-Behandlung des Orchesters gegenübergestellt werden, der von Wagner so recht eigentlich eingeführt wurde und der sich zum ersten verhält, wie der Stil der aus der Miniatur-Malerei des 14. und 15. Jahrhunderts hervorgegangenen Florentiner Meister zur ›breiten Malweise‹ eines Velasquez, Rembrandt, Frans Hals und Turner mit ihren wunderbar getönten Mischfarben und differenzierten Lichtwirkungen. Das eklatanteste Beispiel ist hierfür die Geigenbehandlung im Feuerzauber des dritten Aktes der Walküre. Wagner schrieb da, zur Wiedergabe des lodernden und züngelnden Feuers, eine Figur, die kaum von einem vorzüglichen Solisten in allen Teilen aufführbar oder ganz sauber wiederzugeben ist [...]. Von 16 bis 32 Violinisten ausgeführt, ist die Stelle ein Ensemble von einer so wundervollen, schlagenden Wirkung, daß man sich eine bessere Wiedergabe des lodernden, in tausend Mischtönen flimmernden Feuers absolut nicht vorstellen kann.« (Hector Berlioz, Instrumentationslehre, ergänzt und revidiert von Richard Strauss, Teil I, Leipzig [1904], S. 50) – Vgl. GS, Bd. 13, S. 77.

die gleiche Akustik handele. Wo aber finde der Umschlag statt, wo liege die Bruchstelle, an der die Einzelstimme nicht mehr in der Kathedrale zur Geltung komme, wo beginnen die Sänger, im Widerspruch zum Raum zu musizieren? Das zu bestimmen, sei kaum möglich; einzig das Organon des 10. Jahrhunderts, in Frankreich und einigen Teilen Deutschlands lokalisiert, biete als Idealtypus sich an.

Daß es aber auf eine relativ spätere Architektur bezogen werde, auch wenn man, worauf Herr Blaukopf aufmerksam mache, die für jene Zeiten längere Dauer des einmal Etablierten berücksichtige, bleibe eine Unstimmigkeit, der – als Desiderat, nicht als Kritik verstanden – konkret nachzugehen wäre. Prof. Adorno fuhr fort, ihm falle im Zusammenhang damit eine kleine Beobachtung ein, die er anläßlich der Aufführung von Henzes Oper »Prinz von Homburg«[82] machen konnte. Beim ersten Mal habe das Stück ihm gefallen, beim zweiten Mal weniger.[83] In diesem Werk, als einem nicht tonalen, herrsche nicht etwa Modulationsscheu, aber doch ein gewisses Analogon, das, offenbar mit Rücksicht auf Raum und Auffaßbarkeit, bei Henze sich einstelle, nämlich ein Zögern, die einmal erreichte Klangebene zu verlassen, eine bestimmte Monumentalität, durch die Henze leichtere Faßlichkeit erwirke, im Gegensatz zur Wiener Schule, die schnellsten Wechsel auch der harmonischen Ereignisse fordere. Die Reaktionen auf das Werk spiegelten das: Es sei gar kein modernes, trotz seiner Dissonanzen. Für Adorno selbst stelle der Sachverhalt sich dar als Widerspruch von relativ statischer Behandlung der Harmonik gegenüber der den einzelnen Klängen innewohnenden Dynamik. Bei Schönbergs in sich sehr gespannten Klängen weisen die Dissonanzen über sich hinaus, streben weg von sich. Wenn man diese Dynamik stillstelle, so lösen die Klänge nicht ein, was sie wollen; sie werden frustriert und um den Austrag der immanenten Impulse gebracht. In die Musik gerate ein Element des Widerspruchs zwischen der Adäquanz an raumakustische und soziale Bedingungen einerseits, wobei »raumakustisch« identisch sei mit dem Problem der Auffaßbarkeit, der angemessenen Wahrnehmung, auf der anderen Seite mit ihren eigenen Intentionen.

Herr Blaukopf sagte, er habe Henze nicht gehört; daß aber die Spannung des Klanges, der vom modulatorischen Wesen emanzipiert ist, zu Stillstand führe, sei

---

82 Die Oper »Der Prinz von Homburg« von Hans Werner Henze (Libretto von Ingeborg Bachmann, nach der Vorlage von Heinrich von Kleist) wird 1960 in Hamburg uraufgeführt.
83 In einem Brief an den Komponisten und Pianisten Eduard Steuermann vom 29. September 1961 schreibt Adorno in diesem Sinne von der *letzte*[n] *Oper von Henze, die mir übrigens erst gar nicht schlecht gefiel, freilich beim öfteren Hören sehr nachläßt* [...] (Die Komponisten Eduard Steuermann und Theodor W. Adorno aus ihrem Briefwechsel, hrsg. von Rolf Tiedemann, in: Adorno-Noten, hrsg. von Rolf Tiedemann, Berlin 1984, S. 40–72; hier: S. 60).

ein Problem, dem man immer wieder begegne. Wie löse man es, ohne auf Naturkonstanten zurückzukommen? Er sehe keinen Weg. Allenfalls biete die Informationstheorie sich an, wobei Modulation ein Spezialfall, die Informationstheorie das Allgemeine sei.

Stockhausen, so berichtete Prof. Adorno, beziehe den Raum und damit die Auffaßbarkeit in die Komposition ein, derart, daß eine Reihe sich herstelle, die von voll adäquater bis hin zu gänzlich unzulänglicher Wahrnehmbarkeit reiche – ein Versuch, durch den Eduard Steuermann zu dem Witz sich veranlaßt sah, man könne auch eine Reihe von Zuhörern sich vorstellen, die vom strukturadäquaten Hörer zum Vollidioten progrediere.[84] Indem Stockhausen der Informationstheorie sich bediene, stehe er damit unter der Norm des Füranderes – ein schweres Problem für die Musik.

Herr Billerbeck[85] fragte nach der gesellschaftlichen Funktion, die jeweils eine bestimmte Raumakustik erfülle; so habe es vielleicht in der Gotik Räume gegeben, die polyphones Musizieren erlaubten, indes sei diesen die Kathedrale mit ihrer akustischen Suggestionswirkung vorgezogen worden.

Sicherlich gebe es zu allen Zeiten Räume, die den herrschenden Ideen und Normen entgegenkommen, neben anderen, die es nicht tun, erklärte Herr Blaukopf. Hier stoße man auf das soziale Phänomen der Selektion: Räume mit ungeeignet scheinender Akustik werden nicht verwendet. Für die Gegenwart stelle das sich so dar, daß die neue Musik Räume zu Konzertsälen mache, die für die Aufführung von Brahms oder Bruckner nicht geeignet seien. Bei der großen informatorischen – nicht modulatorischen – Dichte der avancierten Musik sinke die Nachhallzeit auf den Wert null, der als Grenzwert der Wiener Schule innewohne.

Was Prof. Adorno bestätigte: hätten doch Kolisch[86] und er selbst seinerzeit an ein Streichquartett gedacht, das vom Publikum, dem das Werk genauestens bekannt sei, nur noch vorgestellt werde – die ideale Aufführung![87] Der Terminus

---

84 Nicht ermittelt.
85 D. i. Rudolf Billerbeck.
86 Adorno schreibt über seinen Freund Rudolf Kolisch anlässlich dessen 60. Geburtstags 1956: *Als Primarius des Kolisch-Quartetts, erst in Europa, dann in Amerika, ist er weltberühmt geworden. Die wichtigsten Kammerwerke der neuen Musik nach dem ersten Weltkrieg hat er uraufgeführt und unermüdlich bekannt gemacht. Genannt seien das Dritte und Vierte Quartett von Arnold Schönberg ebenso wie dessen Serenade op. 24 und die Kammersuite op. 29, die Lyrische Suite von Alban Berg, das Streichquartett op. 28 von Webern. Auch die Premiere der letzten Quartette von Béla Bartók ist ihm zu danken: er hat sich des großen ungarischen Komponisten angenommen, längst ehe er – nach seinem Tode 1945 – in allgemeine Mode kam.* (GS, Bd. 19, S. 460)
87 Zu diesem Thema vgl. Theodor W. Adorno und Rudolf Kolisch, *Gespräch über Neue Musik und Interpretation zwischen Prof. Dr. Adorno und Prof. R. Kolisch. »Studio für Neue Musik« (im Hessischen Rundfunk, Frankfurt, 9. November 1954)*, hrsg. von Anne C. Shreffler und David Trippett,

»informatorische Dichte« beinhalte, daß auf einem kurzen musikalischen Zeitabschnitt sehr viel geschehe, auch, daß ein dichtes Gewebe polyphoner Stimmen vorliege. Eben von dieser informatorischen Dichte und nicht von den Dissonanzen rühre, nach Alban Berg, die Schwierigkeit exakten Hörens her. – Am Problem der Selektion durch gesellschaftliche Gruppen zeige sich, daß Raumakustisches nicht absolut sei, sondern selber dirigiert von der Konzeption der Bauherren und Kontrolleure, durch die bestimmt werde, wozu Musik überhaupt da sein solle.

Eine Bemerkung über die mögliche Konvergenz von Musik und Baumaterial aufgreifend sagte Herr Blaukopf, hierzu wäre von einem Gremium von Raumakustikern, Technikern, Musikern und Soziologen ein dickes Buch zu schreiben. Heute stehe es so, daß eine bestimmte Musik im Abonnement verkauft werde. Dafür baue man einen Raum, modern, aus Stahl, Glas und Beton. Hinterher stelle sich heraus, wie untauglich dieser Raum für das gesellschaftlich gewünschte Programm sei; also hole man den akustischen Berater, der den zerschlagenen Raum wieder in Ordnung bringen soll. Aber ein so verpatzter Raum sei nicht die Bedingung neuer Musik.

Immerhin scheine Henzes Musik, nicht gerade positiv, etwas davon zu verzeichnen, kommentierte Prof. Adorno.

Auf die Erwähnung von Stockhausens kugelförmigem Raum antwortete Herr Blaukopf, nach Stockhausen brauche Musik heute ihre Apparatur, in letzter Konsequenz auch die Beweglichkeit des Hörers, die uns vom Phänomen des durch den Raum wandernden Mikrophons gleichsam stellvertretend bekannt sei. – Die Frage, ob frühere Architektur bewußt auf Akustik geachtet habe, sei zu verneinen, doch müsse man vor einer Unterschätzung der raumakustischen Gegebenheiten im 17./18. Jahrhundert ebenso warnen wie vor ihrer Überschätzung in der Gegenwart, wo ein Bewußtwerden dieser Verhältnisse mit ihrem Vergessen Hand in Hand gehe. Damals, etwa in der Gegenreformation bei den Jesuiten, habe es eine stupende Erfahrung in diesen Dingen gegeben, doch setze das keinesfalls die bewußte Erkenntnis raumakustischer Phänomene voraus.

Zu einem weiteren Diskussionspunkt: daß in modernen Wohnungen so etwas wie Musikleben, Erfahrung von Musik gar nicht mehr zustande komme, ergänzte Herr Blaukopf, die neue Bauweise sei zwar musikfeindlich, dennoch dürfe sie nicht schlechthin antimusikalisch genannt werden, weil, wie der Vortrag dargelegt habe, neue Architektur auch neue musikalische Möglichkeiten freisetzen könne. Um aber ein schneidendes Paradox anzuführen: Wie ausgezeichnet die stereophone Widergabe von Musik in einem ihr angemessenen Raum auch sein

---

unter Mitw. von Simon Obert, in: MusikTheorie. Zeitschrift für Musikwissenschaft, 24. Jg., 2009, H. 3, S. 241–248.

könne, in einer durchschnittlichen Wohnung sei sie weder für einen selbst noch für den Nachbarn zu ertragen. Bezeichnenderweise lade man in seine vier Wände ja immer die Musik ein, die nicht hineingehöre, so statt der vier Streichinstrumente das Boston-Symphonieorchester mit seinen 126 Leuten.

Prof. Adorno sagte, dies Phänomen habe er in einem Vortrag als die Antinomie bestimmt, daß die durch Massenmedien dem Konsum überantwortete Musik den Bedingungen, unter denen sie komponiert wurde, kraß widerspreche.[88] Kammermusik bleibe infolge der Verwüstungen, die durch Film- und Jugendmusik angerichtet seien, ausgeschlossen.

Zuletzt erörterte das Seminar noch, daß Film- und Fernsehtechnik heute Sichwidersprechendes wie das zweidimensionale Bild und den dreidimensionalen Ton, die winzige Figur auf dem Bildschirm und die akustische Großaufnahme, den einsamen Spaziergänger am Strande und die Akustik der gotischen Kathedrale zu einer zweiten, verwackelten Welt zusammenmontiere.

Prof. Adorno dankte abschließend für den anregenden, produktiven Vortrag.

---

[88] S. oben, Anm. 20.

293 Irmela Nitz,
13. Februar 1962

Irmela Nitz

Protokoll der Seminarsitzung vom 13. 2. 1962

Unter dem Thema »Pole der Musiksoziologie« faßte Herr Professor Alphons Silbermann[89] die Probleme der Musiksoziologie zusammen, die sich aus dem Mangel an systematischen Ansätzen und aus der Schwierigkeit der Abgrenzung dieser Disziplin ergäben:

Die historische Betrachtungsweise, welche zwar unentbehrlich sei wie das Studium der Geschichte für die Soziologie überhaupt, verfehle doch den spezifischen Gegenstand einer Musiksoziologie, da sie einmal das Phänomen der Musik ungeschieden in den allgemeinen geschichtlichen und kulturellen Rahmen stelle (Gurvitch, Honigsheim) oder versäume, wo sie Kultur*en* beschreibt, die soziologische Essenz des Begriffes Kultur herauszuarbeiten (A. Weber, Toynbee). Im legitimen Bereich der Kultur- und Musikgeschichte liege die Darstellung von Persönlichkeiten, von Episoden, kurz, von nicht systematisierbarem Geschehen, während empirische Musiksoziologie die Regelmäßigkeiten aus Interdependenz, Interrelation und Interaktion zu beobachten habe. Indem sie unter diesen Kategorien die Resultate von Geschichte, Musikwissenschaft und Philosophie als »Data« verarbeite, könne sich die Musiksoziologie, ergänzt durch Beobachtung und Experiment, in die allgemeine empirische Soziologie einordnen, ohne den kulturellen Zusammenhang aus dem Blick zu verlieren. Mit dieser Bestimmung soll gleichermaßen die Überwindung sowohl des Soziologismus, welcher eine Theorie der Gesellschaft an der Musik durchführe, als auch des Ästhetizismus, welcher das Element der Kommunikation eliminiere, geleistet werden. Der systematische Ansatz einer solchen Musiksoziologie könne etwa auf dem Werk Simmels aufbauen, der Musik als das Produkt sozialer Beziehungen verstanden und sie, zunächst ungeachtet ihrer ästhetischen Qualität, »in die Kitte des Kommunikationszusammenhangs placiert« habe. Die Schwierigkeit, den soziologischen und ästhetischen Aspekt zu vereinigen, das Problem der Vermittlung also, löse sich mit der Anerkennung des grundlegenden Satzes aller Soziologie von den »faits sociaux«. Die Produktion von Musik sei ein sozialer Prozeß, der bereits wesentlich den Zweck der Kommunikation enthalte, so daß die soziolo-

---

[89] Alphons Silbermann hat zum Zeitpunkt des Seminars eine Honorarprofessur für Soziologie an der Universität Köln inne.

gische Beobachtung des Kommunikationsprozesses grundsätzlich in keinem Gegensatz zur ästhetischen Betrachtung der Produkte stehe. Ebenso werde mit diesem Satz einem Ästhetizismus vorgebeugt, für den soziologische Begriffe, die sich nicht unmittelbar in den musikalischen Gebilden wiederfinden, unverbindlich sind.

Der Begriff der »Kulturwirkekreissoziologie« soll den Rahmen andeuten, in dem Produzent und Konsument als in einen gemeinsamen kulturellen Zusammenhang Gestellte verstanden werden.[90] Das musikalische Erlebnis gilt dabei als konkrete Einheit der musiksoziologischen Beobachtung.

Auf die Frage nach einem konkret durchgeführten Beispiel dieser Auffassung von Musiksoziologie verwies Prof. Silbermann auf seine »Prinzipien der Musiksoziologie« und auf seine Studie »Funk und Hörer«[91]. Es sei nicht Aufgabe der Musiksoziologie, Normen zu setzen oder an außerwissenschaftlichen Normen zu messen, sondern Geschmacksrichtungen und -gruppen zu beobachten, gesellschaftliche Bedürfnisse zu formulieren und »den Menschen in seinem sozialen Sein« am Beispiel faktischer Beziehungen zwischen Musik und Gesellschaft darzustellen.

Mit dem Hinweis auf Deweys Theorie, welche das Erlebnis in den Mittelpunkt der Betrachtung stelle, kritisierte Prof. Silbermann Th. W. Adornos »Rückfall in die Philosophie«, der sich auf der Suche nach verbindlichen Normen mit der Setzung eines ästhetischen Absoluten vollzogen hätte. Damit sei aber die Betrachtung der künstlerischen Produktion wiederum auf das Kunstwerk selbst verwiesen, das Problem der Vermittlung, wenn nicht überhaupt ausgeschaltet, in einen Bereich außerhalb der konkreten sozialen Beziehungen zurückverlegt, der soziologische Ansatz also eigentlich revidiert worden. Professor Adorno hielt dem entgegen, daß er den Begriff des Erlebnisses als eine Abstraktion ansehe, welche hinter dem Begriff der Objektivität in der Hegelschen Philosophie zurückbleibe. In diesem Zusammenhang könne auch, wenn es ausdiskutiert würde, das Mißverständnis

---

90 »Will man [...] den vielseitigen Aufgaben einer Soziologie der Kunst – hier der Musiksoziologie – gerecht werden, dann wird der immer noch einschränkende Obertitel ›Kultursoziologie‹, in dem Sinne wie wir sie zu betreiben gedenken, zur ›Kulturwirkekreissoziologie‹, eine erweiterte Terminologie, die wir [...] für die genauere und daher bessere halten. Nicht daß es unsere Absicht ist, diese etwas bombastische Wortzusammensetzung als solche öfters niederzuschreiben: es ist eine terminologische Präzision, die denen dienen wird, die wie wir in der Musiksoziologie mehr sehen wollen, als nur das Betreiben musikalischer Sozialgeschichte.« (Alphons Silbermann, wovon lebt die musik. Die Prinzipien der Musiksoziologie, Regensburg 1957, S. 55)
91 Vgl. Alphons Silbermann, Musik, Rundfunk und Hörer. Die soziologischen Aspekte der Musik am Rundfunk [1954], Köln und Opladen 1959 (Kunst und Kommunikation. Schriften zur Kunstsoziologie und Massenkommunikation; 1).

über den Begriff der Vermittlung geklärt werden. Ebenso abstrakt wie das »Kunsterlebnis« aus der Sicht der Hegelschen Philosophie bleibe auch die »Kommunikation« als Instanz der Vermittlung aus der Sicht einer Musiksoziologie, welche die Musiktheorien selbst mit soziologischen Kriterien untersuche und sich entsprechend vor der Verabsolutierung ästhetischer Urteile bewahre. Damit verliere auch der Vorwurf der Statik seinen Boden, da diese Konzeption von Anfang an die Idee mitgeführt habe, daß Kunstwerke in einer anderen Gesellschaft andere Funktionen annehmen.

Professor Adorno wies darauf hin, daß das Problem der Vermittlung in einer besonderen Seminarsitzung behandelt werden wird.[92] Dagegen könne die Kontroverse zwischen seinem Ansatz und den auf den Positivismus sich stützenden Ausführungen Herrn Prof. Silbermanns hier nicht mehr ausgetragen werden; zu diesem Thema machte er auf Max Horkheimers »Traditionelle und kritische Theorie« aufmerksam.[93]

---

[92] Vgl. die entsprechende zwölfte Vorlesung, GS, Bd. 14, S. 394–421, sowie das folgende Sitzungsprotokoll.
[93] Vgl. HGS, Bd. 4, S. 162–216.

294 Horst Petri,
20. Februar 1962

|Prof. Dr. T. W. Adorno

Seminar »Musiksoziologie«

Protokoll der Seminarsitzung vom 20. 2. 1962

Protokollant: Horst Petri|

Die erste Frage in der Diskussion vom 20. 2. 1962 betraf eine Stelle aus Adornos »Minima Moralia«[*1], in der Beethovens regelmäßige Reprisen nach den dynamischen Durchführungen als in einem eminenten Sinne »taktvoll« bezeichnet werden.⁹⁴ Die Fragestellerin betonte, daß ihr der Zusammenhang von Gesellschaft und Takt klar sei, jedoch nicht der paradoxe Einstand von Absolutismus und Liberalität in Beethovens Stellung zu den überlieferten Schemata der Komposition, insbesondere im Hinblick auf die Reprise.

In seiner Antwort bezeichnete Professor Adorno die Reprise als das statische Element im dynamischen Ablauf der Sonatenform. Sie mache die Dynamik der Durchführung rückgängig, vergleichsweise würde am Schluß die Menükarte statt

---

94 *Goethe, der deutlich der drohenden Unmöglichkeit aller menschlichen Beziehungen in der heraufkommenden Industriegesellschaft sich bewußt war, hat in den Novellen der Wanderjahre versucht, den Takt als die rettende Auskunft zwischen den entfremdeten Menschen darzustellen. Diese Auskunft schien ihm eins mit der Entsagung, mit Verzicht auf ungeschmälerte Nähe, Leidenschaft und ungebrochenes Glück. Das Humane bestand ihm in einer Selbsteinschränkung, die beschwörend den unausweichlichen Gang der Geschichte zur eigenen Sache machte, die Inhumanität des Fortschritts, die Verkümmerung des Subjekts. Aber was seitdem geschah, läßt die Goethesche Entsagung selber als Erfüllung erscheinen. Takt und Humanität – bei ihm das Gleiche – sind mittlerweile eben den Weg gegangen, vor dem sie nach seinem Glauben bewahren sollten. Hat doch Takt seine genaue historische Stunde. Es ist die, in welcher das bürgerliche Individuum des absolutistischen Zwangs ledig ward. Frei und einsam steht es für sich selber ein, während die vom Absolutismus entwickelten Formen hierarchischer Achtung und Rücksicht, ihres ökonomischen Grundes und ihrer bedrohlichen Gewalt entäußert, gerade noch gegenwärtig genug sind, um das Zusammenleben innerhalb bevorzugter Gruppen erträglich zu machen. Solcher gleichsam paradoxe Einstand von Absolutismus und Liberalität läßt wie im Wilhelm Meister noch an Beethovens Stellung zu den überlieferten Schemata der Komposition, ja bis in die Logik hinein, an Kants subjektiver Rekonstruktion der objektiv verpflichtenden Ideen sich wahrnehmen. Beethovens regelmäßige Reprisen nach den dynamischen Durchführungen, Kants Deduktion der scholastischen Kategorien aus der Einheit des Bewußtseins sind in einem eminenten Sinne »taktvoll«.* (GS, Bd. 4, S. 38 f.)

des Essens geliefert. Beethoven habe die tradierte Kategorie – ein Pendant dazu biete Kants subjektive Rekonstruktion der objektiv verpflichtenden Idee – durch Subjektivität hindurch erhellt; es sei ein Versuch gewesen, die Reprise durch subjektive Motivation zu retten. Ob ihm das gelungen sei, sei jedoch fraglich. Beethoven habe die Unvereinbarkeit der statischen Reprise mit der dynamischen Durchführung durch ein »tour de force« zu bewältigen versucht, im Reprisenbeginn werde das Resultat der Dynamik der Durchführung so dargestellt, als sei die Reprise die Rechtfertigung der Durchführung. Die Reprise enthalte daher ein illusionäres Moment: Vergangenheit müsse dynamisch bestimmt werden, obwohl sie es nicht sei. In der Reprise bleibe die Musik, als Ritual der bürgerlichen Freiheit, gleich der Gesellschaft, in der sie ist und die in ihr ist, der mythischen Unfreiheit hörig. Mahler habe einmal von Mozarts Sonatensatz gesagt, daß er bei der Durchführung bereits aufhöre.[95] Nach Brahms sei es vor allem Mahler gewesen, der die Statik der Reprise mit der Dynamik der Durchführung verschmolzen habe. Zum Schluß seiner Antwort wies Professor Adorno noch darauf hin, daß sich »das absolute Wissen« in Hegels Phänomenologie wie eine Reprise zum Vorangegangenen verhielte.[96]

Eine weitere Frage derselben Fragestellerin, die sich auf den Zusammenhang des Technologischen und des Wahrheitsgehaltes eines Kunstwerkes bezog, beantwortete Professor Adorno mit einem Hinweis auf seine Publikationen auf diesem Gebiet.

Zu dem Fragenkomplex Gesellschaft und Kunstwerk und Gesellschaft und Technik führte Professor Adorno folgendes aus: Die Technik sei als tertium comperationis zwischen Unterbau und Überbau aufzufassen. Auch im künstlerischen Talent reproduziere sich der technische Standard der Zeit. Das Kunstwerk sei mehr als begriffslose Wiederkehr des Sozialprozesses. Das dialektische Bewegungsgesetz bewirke, daß die gesellschaftliche Gesamttendenz dem Kunstwerk

---

[95] In seinem Aufsatz *Form in der neuen Musik* [1966] schreibt Adorno: *Das Wort Gustav Mahlers, in Mozarts Quartetten höre für ihn das Interesse eigentlich beim Teilstrich auf, war gewiß ungerecht gegen die Mozartsche Durchführungskunst, etwa gegen den für Mozart sehr charakteristischen Sachverhalt, daß die Durchführung in die Reprise hineinwirkt und in deren feinsten Abweichungen von der Exposition nachzittert. Gleichwohl hat Mahler ein Triftiges gespürt. Das trotz allem statisch-symmetrische Schema der Sonate weigerte sich deren Wesen, der Dynamik.* (GS, Bd. 16, S. 610 f.)
[96] *Überaus erhellend, daß die Hegelsche Philosophie, deren Kategorien ohne Gewalt bis ins einzelne auf eine Musik sich anwenden lassen, bei der jeder geistesgeschichtliche »Einfluß« Hegels unbedingt ausscheidet, die Reprise kennt wie Beethoven: das letzte Kapitel der Phänomenologie, das absolute Wissen, hat keinen anderen Inhalt als die Zusammenfassung des Gesamtwerks, nach dem die Identität von Subjekt und Objekt bereits in der Religion gewonnen sein soll.* (GS, Bd. 12, S. 412)

immanent sei. Nur in der Technik sei die Vermittlung, alles andere sei sekundär. Dieses Vermittlungsproblem sei jedoch nicht kausal abzuleiten, die übergreifende Einheit des Standes der Produktivkräfte teile sich allen Sektoren mit. Die Technifizierung des Kunstwerkes bringe es mit sich, daß Gebiete in das Kunstwerk hineingezogen würden, die früher neben der ästhetischen Gestalt angesiedelt waren.

Auf die Frage, wie die musiksoziologischen Untersuchungen der Vorlesung in die Theorie der Gesellschaft einzuordnen sind, antwortete Professor Adorno, daß der übliche Ideologiebegriff von Überbau und Unterbau nicht mehr ausreiche. Auch die subjektiven und objektiven Gehalte seien miteinander vermittelt. Die Dialektik sei im Hinblick auf die Menschen und Institutionen zu verfeinern gewesen – zumeist sei die Schuld den Menschen auferlegt worden, während den Institutionen eine Art Naturzustand zugebilligt worden sei. Besonders betonte Prof. Adorno, daß die Frage nach Ideologie oder Nichtideologie nicht von außen her zuordnend zu stellen sei.

Die nun folgende Frage knüpfte noch einmal an Professor Adornos Ausführungen zur Reprise an und warf das Problem auf, ob nicht das »Bremsen«, das die Reprise im Hinblick auf die dynamische Durchführung verkörpere, jedem Takt von Beethoven immanent sei.

Professor Adorno bejahte diese Frage und betonte zunächst, daß die Reprise ein Idealtypus sei, an dem die Problematik der tonalen Musik aufgehen solle. Die traditionelle Musik hätte nur eine begrenzte Zahl von Tonkombinationen zur Verfügung gehabt, zumal in der Vertikalen. Das Prinzip der kompositorischen Dynamik und des statischen Generalbasses bzw. des Systems der Harmonielehre seien unvereinbar gewesen; schon zur Zeit Beethovens hätte die Dynamik der Komposition die Tonalität sprengen müssen. Bezeichnend sei Beethovens Ausspruch: Man dürfe über den Generalbaß genau so wenig nachdenken wie über den Katechismus.[97] In der Gebundenheit der Tonalität hätte Freiheit sich eigent-

---

[97] *Latent ist die Reprise bereits bei Beethoven problematisch. Nicht ist aus seinem Respekt vorm Usus zu erklären, daß er, der subjektiv dynamische Kritiker aller musikalischen Ontologie, die Reprise nicht drangab. Er registrierte deren funktionalen Zusammenhang mit der Tonalität, die bei ihm noch ihren Primat behauptete und die er, wie man wohl sagen darf, auskomponierte. Freilich wird dazu Beethovens wunderliches Diktum berichtet, man dürfe über den Generalbaß so wenig nachdenken wie über den Katechismus – fast als habe er willentlich Zweifel an der Voraussetzung alles dessen niederkämpfen wollen, was er produzierte. Daß er an jener Stelle innehielt, bezeugt keine unerschütterte Tradition. Ihm mochte dämmern, daß die Sprache der Musik und die musikalische Gestalt, einmal divergent, nicht ohne weiteres zur Einheit sich zusammenzwingen lassen.* (GS,

lich gar nicht darstellen lassen. Der Impuls der Musik und die Sprache, in der sie komponiert sei, seien ebensowenig miteinander vereinbar wie die Freiheit mit der Tauschgesellschaft. Professor Adorno zeigte in diesem Zusammenhang, wie sehr die Reprise mit der Tonalität verknüpft sei, sie sei, wenn man so wolle, die Übertragung der Kadenzformel aufs Große.

Die letzte Frage der Diskussion betraf das Problem, ob nicht das »Bremsen« das Negative sei, das den dynamischen Prozeß weitertreibe; m.a.W., ob nicht das »Abarbeiten« des Dynamischen am Statischen gerade die Dynamik ergebe, weil sonst nur Fließen, Auflösen des Individuellen vorhanden sei.
Professor Adorno wies in seiner Antwort darauf hin, daß dieses Problem gerade heute in der avantgardistischen Musik aktuell sei. Die Musik sei heute vielfach nur Dynamik ohne jenes Moment, das erst die Dynamik deutlich macht. Ohne Statik könne es keine Dynamik geben, jedoch sei die sich auflösende Statik nicht zu konservieren gewesen. Dieses Problem meine, wie jedes echte Problem, Aporie.

[*1] Zur Dialektik des Takts S. 50 ff.[98]

Bd. 16, S. 612) – Für sein unvollendetes Buch über Beethoven notiert Adorno: *Zur Sedimentierung der Tonalität und zur Formation des Spätstils: »Religion und Generalbaß sind beide in sich abgeschlossene Dinge, über die man nicht weiter disputieren soll«* (NaS, Bd. I·1, S. 228). – Das Zitat entstammt Paul Bekker, Beethoven [1911], 2. Aufl., Berlin 1912, S. 70.
98 Vgl. Theodor W. Adorno, *Minima Moralia. Reflexionen aus dem beschädigten Leben*, Berlin und Frankfurt a. M. 1951, S. 50–54 ; vgl. GS, Bd. 4, S. 38–41.

Sommersemester 1962:
Hegel, Subjektive Logik

Philosophisches Hauptseminar mit Max Horkheimer

In diesem Semester hält Adorno zudem die philosophische Vorlesung »Philosophische Terminologie (Zur Einleitung) [I]« und gibt das soziologische Hauptseminar »Soziologische Grundbegriffe [I]«

Das Seminar findet donnerstags von 18 bis 20 Uhr statt

295 Peter Schafmeister, 10. Mai 1962

Protokoll der Sitzung des Philosophischen Hauptseminars

vom 10. Mai 1962

Im Laufe des Sommersemesters wird sich das Seminar mit dem dritten Buch der Hegelschen Logik, der Lehre vom Begriff oder dem System der subjektiven Logik befassen.[1] Insbesondere soll »Die Idee des Erkennens« im Seminar gelesen werden.[2]

Um einen Vorbegriff von dem zu gewinnen, was das Spezifische der subjektiven Logik bei Hegel ausmacht, wurde zunächst auf die Behandlung der »Phänomenologie« im letzten Semester verwiesen.[3] In ihr entwickelt Hegel den objektiven Gang des Begriffs. Es geht dabei – wenn schon nicht ohne Vermittlung durch das Denken – um die Struktur und die Entfaltung der Sache, d. h. um deren eigene Logik. Die Logik des Denkens, in der dieser objektive Gang des Begriffs reflektiert wird, läßt sich bei Hegel nicht – wie in der Antike – in eine eristische Kunst auflösen; sie bleibt streng auf die Sache verwiesen. Gleichwohl bleibt zwischen der Logik der Sache und der Logik des Denkens eine Lücke: Wie soll man es anstellen, dialektisch zu denken? Dazu soll der Unterschied des dialektischen Denkens von der traditionellen Logik und Theorie entfaltet werden, wie er vor allem im Hegelschen Terminus der Selbstbewegung des Begriffs uns entgegentritt. Es gehört zur spezifischen Atmosphäre des Hegelschen Denkens, daß der Begriff objektiv und subjektiv zugleich ist. In ihm kommen Sache und Denken zusammen. Bei Kant dagegen gründet der Begriff, oder wie Kant im Plural sagen würde, gründen die Begriffe auf der Spontaneität des Denkens (S. 102)[4]. Ihm geht es darum, daß es nicht zu einem bloßen Spiel der menschlichen Einbildungskraft oder des Verstandes komme (273)[5]; eine Selbstbewegung der Begriffe gibt es bei ihm nicht. Indem Kant jedoch in der transzendentalen Methodenlehre zur Defi-

---

1 In der Ausgabe von Eva Moldenhauer und Karl Markus Michel ist dies: »Zweiter Teil. Die subjektive Logik oder die Lehre vom Begriff«, HW, Bd. 3, S. 241–573.
2 Vgl. ebd., S. 487–548.
3 S. die Sitzungsprotokolle 269–281 aus dem philosophischen Hauptseminar »Hegel, ›Phänomenologie des Geistes‹, Das absolute Wissen« des Wintersemesters 1961/62.
4 Vgl. Immanuel Kant, Kritik der reinen Vernunft [1781], hrsg. von Raymund Schmidt, Leipzig 1944 (Philosophische Bibliothek; 37a), S. 102 (B 84–86; A 60 f.); vgl. KW, Bd. III, S. 104.
5 Vgl. Kant, Kritik der reinen Vernunft, a.a.O. (s. vorige Anm.), S. 273 (B 274 f.); vgl. KW, Bd. III, S. 254 f.

nition der Begriffe ausführt (610 f.)[6], eine solche sei nur in der Mathematik möglich, da man außer ihr nie sicher sein könne, ob der Begriff dem Gegenstande adäquat sei, zeichnet sich auch bei Kant schon der Gedanke ab, daß der Begriff sich der Sache anzuschmiegen habe. Kant hat jedoch noch keinen Begriff im emphatischen Sinne. Als Stammbegriffe des reinen Verstandes sind sie Kategorien (131)[7], die sich einzig auf Gegenstände möglich Erfahrung beziehen (312)[8]. Die Sache selbst heißt noch nicht Begriff wie bei Hegel, bei dem das Wesen der Philosophie im Begriff beschlossen liegt.

Was bei Hegel die Selbstbewegung des Begriffs heißt, ist noch schwerer zu beantworten als die Frage, was dialektisches Denken ist. Im Unterschied zur traditionellen Logik – so wurde zunächst bemerkt – sei der Begriff bei Hegel kein bloßes Zeichen, unter dem isolierte Inhalte zur »leeren Reflexionsidentität«, wie Hegel sich ausdrückt,[9] zusammengefaßt werden. Hegels Logik gehe es nicht um bloße Adäquation von Begriff und Sache, sondern um die Kraft des Gedankens, die einen Prozeß zwischen Begriff und Sache anstrengt und weitertreibt. Dem wurde entgegnet, das Denken sei bei Hegel eher objektiv vorgestellt. Das Reale selbst sei der Begriff. Als Modell dessen, was Hegel die Selbstbewegung des Begriffs nennt, drängt sich ein bestimmter Zustand der Gesellschaft auf oder der Begriff der Freiheit selbst. Hegels Begriff der Freiheit ist in dem christlichen Gedanken, daß vor Gott jedermann Mensch sei, schon mitgesetzt. Dieser Gedanke gibt sich Gestalt in der Feudalität, die die christlichen Völker angenommen haben. Der Begriff der Freiheit und der Begriff der feudalen Gesellschaft sind objektiv; sie vollziehen und bewegen sich in der Geschichte. Wenn alle Menschen Kinder Gottes sein sollen, dann widerspricht die feudale Gesellschaft in ihrer Spaltung in Herrschende und Beherrschte diesem ihren eigenen Begriff und damit dem Begriff der Freiheit. Dieser gilt nur partikular; mit dem Übergang der feudalen in die bürgerliche Gesellschaft konkretisiert er sich, indem er abstrakter wird: er gilt für mehr Menschen. Während im Feudalsystem die wenigen Herr-

---

6 Vgl. Kant, Kritik der reinen Vernunft, a.a.O. (s. Anm. 4), S. 610 f. (B 677–679; A 649–651); vgl. KW, Bd. IV, S. 568–570.
7 Vgl. Kant, Kritik der reinen Vernunft, a.a.O. (s. Anm. 4), S. 131 (B 122 f.; A 89 f.); vgl. KW, Bd. III, S. 129 f.
8 Vgl. Kant, Kritik der reinen Vernunft, a.a.O. (s. Anm. 4), S. 312 (B 319 f.; A 263–265); vgl. KW, Bd. III, S. 287 f.
9 »Wenn in der oberflächlichen Vorstellung von dem, was der Begriff ist, alle Mannigfaltigkeit *außer dem Begriffe* steht, und diesem nur die Form der abstrakten Allgemeinheit oder der leeren Reflexionsidentität zukommt, so kann schon zunächst daran erinnert werden, daß auch sonst für die Angabe eines Begriffs oder die Definition zu der Gattung, welche selbst schon eigentlich nicht rein abstrakte Allgemeinheit ist, ausdrücklich auch die *spezifische Bestimmtheit* gefordert wird.« (HSW, Bd. IV, S. 227; vgl. HW, Bd. 6, S. 260)

schenden die Freiheit hatten, schönen und angenehmen Beschäftigungen nachzugehen, was dann später als die gute alte Zeit verklärt wurde, hat in der bürgerlichen Gesellschaft jedermann das Recht, seine Arbeit zu verkaufen. Mit dieser Fassung des Begriffs, dem – abgesehen vom betrachtenden Denken – objektive und subjektive Momente innewohnen, ist der Optimismus verbunden, daß sich die Realität nach ihrem Begriff richten wird. Die Bewegung des Begriffs ist nicht denkbar ohne den Begriff der Freiheit und der Autonomie, die das Vorwärtstreibende in der Geschichte und – was schwieriger zu bestimmen ist – auch in der Natur ausmachen. An dieser Stelle wirkt in Hegel das Prinzip des Fichteschen Idealismus fort.

Freilich ist Hegel selbst darin ein Ausdruck der liberalistischen Gesellschaft, daß er am Begriff der Freiheit festhält, letztlich jedoch Begriff und Sache als bereits versöhnt ausgibt. Gegenüber dem idealistischen Gedanken, daß Freiheit das bewegende Prinzip der Geschichte ist, erhebt sich die ernste Frage, ob wirklich der Selbstbewegung des Begriffs Notwendigkeit zukommt. *Müssen* die Widersprüche der Gesellschaft einer höheren Form zutreiben und sich aufheben? Hätte es nicht jeweils anders kommen können, als es sich post festum gezeigt hat? Die Resignation seiner materialistischen Schüler, wenn es zur Verwirklichung der Freiheit nicht komme, müsse eben alles noch einmal von vorn anfangen, hätte Hegel nicht geteilt. Er hätte sein berühmt-berüchtigtes »desto schlimmer für die Tatsachen«[10] vorgebracht. Die immanente Logik der Sache hätte recht behalten; für ihn ist der Weltlauf Inbegriff von Logizität, die nichts unerfaßt läßt. Freilich wäre es einigermaßen formalistisch zu sagen, die Logik habe zwar stets recht behalten, leider nur habe die Welt sich gelegentlich anders verhalten. Dem absoluten Idealismus, der die Welt nur als Verkörperung der Logik kennt, muß sich die Vernunft auf jeder Stufe nachweisen lassen. Diese Vorstellung mag apologetisch sich ausnehmen; allein, sie enthält einen wahren Kern. Wer wie Franz von Sickingen sterbend sagt: »nichts ohne Ursachen«[11], hat etwas davon begriffen,

---

10 Die Herkunft des üblicherweise Hegel zugeschriebenen Satzes ist unklar.
11 Nach erfolglosen Versuchen, die Reformation im Kurfürstentum und Erzbistum Trier durchzusetzen, verschanzen sich Franz von Sickingen und seine Gefolgschaft 1523 in der Burg Nanstein bei Landstuhl. Von einer Kanonenkugel getroffen im Sterben liegend, spricht der Reichsritter seine letzten Worte, die einer seiner Gegner, der Reichsherold Kaspar Sturm, aufzeichnet: »Ich hette gemeynnt es sollt ein ander gestalt gehabt haben, und also das der kosten und mühe eines theil Vermieden, auch das ihr erstattet hetten bekomen mögen; hette gern Viel gered, so vermöcht Er Krankheit und wehe thum halber die red seines gemüths nicht vollbringen, nach solchem der Erzbischoff von Trier zum Franzen sagt, franz was hat dich verursacht und bewegt, das du mich und meine arme leuth überzogen und beschädiget hast, antworth franz und sagt: da wär viel von zu reden; nichts ohne ursach.« (Ernst Münch, Franz von Sickingens Thaten, Plane, Freunde und Ausgang, Bd. 3, Aachen und Leipzig 1829, S. 64f.)

wie sehr noch im kleinsten Detail sich die Notwendigkeit des Weltganges ausdrückt. Die Zwangsläufigkeit, mit der die Momente des Prozesses sich zusammenschließen, hat ein Moment von Vernunft, von Plausibilität. Selbst wenn die Geschichte der Menschheit in atomarer Vernichtung terminiert, ist sie kein begriffloser Vorgang gewesen, wenn schon uns diese äußere Kälte des Hegelschen Vernunftbegriffs anmuten muß wie den Voltaire die Leibnizsche Theodizee.

In der Hegelschen Konzeption der Selbstbewegung des Begriffs lebt ein starkes Vertrauen. Mit jeder Stufe des Weltgangs ist die philosophische Aufgabe bezeichnet, die Situation zu begreifen. Wenn Hegel – ausgehend von den asiatischen Despotien über die antiken Staaten bis hin zu den christlichen Völkern – den Gang der Vernunft konstruiert,[12] dann bleiben nicht nur die Reiche außerhalb dieser Entwicklung, wie z. B. das Reich der Inkas, unberücksichtigt; er spricht auch nicht davon, was aus den von ihm behandelten Völkern wird, nachdem diese die Fackel der Freiheit an die jeweils historisch höheren Völker weitergegeben haben. Auch bei Hegel ist das Prinzip der Freiheit als ein solches entwickelt worden, das mit dem des Glücks nicht ohne weiteres zusammenfällt. Darin liegt die Einsicht, daß das reale Glück immer zu wenig ist. Wenn heute alle Kontinente in den Prozeß hineingezogen werden und kaum ein Volk »am Wege liegen bleibt«, so spricht sich darin für eine Philosophie wie die Hegelsche die Aufgabe aus, die Freiheit der christlichen Völker universal zu machen – und zwar ganz abgesehen von der empirischen Erklärung, daß es zunächst Kriege, Marktexpansionen und andere unfromme Unternehmen der europäischen Völker gewesen sind, die das, was draußen war, in diesen Prozeß hinein gezogen haben. Was den antiken Völkern in Form von Sklaverei im Inneren widerfuhr, wiederholt sich jetzt auf der Ebene der Menschheit. Die Hegelsche Weltgeschichte wäre heute in diesem Sinne weiterzuführen. Das Negative, die Unterjochung, wendet sich – ganz wie im Kapitel über Herrschaft und Knechtschaft dargelegt wird[13] – als Positives heute gegen die europäischen Völker. Die Selbstbewegung des Begriffs kann nur als das in sich bewegte Sein des Ganzen verstanden werden; andernfalls denkt man zu harmlos in Beispielen und begreift nicht den Anspruch Hegels. Gegenüber der verborgenen Dämonie Hegels faßte Marx die Selbstbewegung zu optimistisch im Sinne eines unmittelbar bevorstehenden Übergangs. Er griff zu kurz, als er den Sozialismus aus der europäischen Geschichte herleiten wollte, ohne die übrige Welt in diesen Prozeß miteinzubeziehen.

Was heißt, nach alledem, dialektisch denken, und was kennzeichnet das nicht-dialektische Denken? Dieses, so wurde gesagt, geht isolierend vor und

---

12 So in den »Vorlesungen über die Philosophie der Geschichte«, HW, Bd. 12.
13 Vgl. HW, Bd. 3, S. 145–155.

ordnet isolierten Bereichen und Gebilden Zeichen zu, deren man sich entsinnen kann. Die Begriffe werden pragmatisch auf die Beherrschung des unter ihnen Befaßten zugeschnitten; sie sind Instrumente. Der Positivist sagt ausdrücklich, daß die Begriffe nach zufälligen Bedürfnissen – adjustment needs – gemodelt sind. Die diskursive Logik hält zunächst bloß fest, daß man Begriffe völlig frei bilden kann, wenn man sie nur zureichend bestimmt. Wenn ich – auf der diesem Denken angemessenen Ebene der Beispiele – einen Anzug definiere, dessen Jacke drei Knöpfe hat, so kann ich die Zahl der Anzugsträger, die in diese Klasse hineinfallen, auszählen. In der diskursiven Logik hat der Begriff als Begriff keine Wahrheit. Diese kommt allein Urteilen zu. Ganz anders Hegel: Er kritisiert die »oberflächliche Vorstellung« vom Begriff, der »alle Mannigfaltigkeit außer dem Begriffe steht, und (die) diesem nur die Form der abstrakten Allgemeinheit oder der leeren Reflexionsidentität« zukommen lassen will (Logik II, S. 227)[14]. Während für das nicht-dialektische Denken *im Denken* Begriff und Sache zusammenkommen, legen sich dem dialektischen Denken *im Begriff* Denken und Sache zusammen. Er ist Einzelnes – und eben deshalb auch die Totalität. (S. 219)[15]. Bei naiver Entgegensetzung von Denken und Sache soll das Denken seine eigene Struktur der Struktur der Sache anmessen. Aber schon, wenn man an diesem einfachen Gedanken festhalten will, erweist sich der Begriff der Adäquation als unzulänglich. Die Sache, an welche das Denken sich anmessen soll, damit es zur Adäquation komme, die Gesellschaft, bewegt sich. Sie ist in sich begrifflich vermittelt; sie ist keine bloß dinghafte Sache. Gerade um sachgerecht zu denken, darf nicht mehr sachgemäß gedacht werden. Im Gegensatz zum positivistischen Denken bedarf daher das dialektische Denken der Spekulation; es muß die Sache als stabil anerkennen und zugleich diese Stabilität sprengen. Eine Formulierung wie diese könnte sich den Vorwurf zuziehen, Denken bloß als individuelles zu sehen. Dialektisches Denken ist nicht von sich selber aus Bewegung – so, als ob

---

14 S. oben, Anm. 9.
15 »Weil das An- und Fürsichsein unmittelbar als *Gesetztsein* ist, ist der Begriff in seiner einfachen Beziehung auf sich selbst absolute *Bestimmtheit*; aber welche ebenso als sich nur auf sich beziehend unmittelbar einfache Identität ist. Aber diese *Beziehung* der Bestimmtheit *auf sich selbst*, als das *Zusammengehen* derselben mit sich, ist ebensosehr die *Negation* der *Bestimmtheit*, und der Begriff ist als diese Gleichheit mit sich selbst das *Allgemeine*. Aber diese Identität hat so sehr die Bestimmung der Negativität; sie ist die Negation oder Bestimmtheit, welche sich auf sich bezieht; so ist der Begriff *Einzelnes*. Jedes von ihnen ist die Totalität, jedes enthält die Bestimmung des Andern in sich, und darum sind diese Totalitäten ebenso schlechthin nur *Eine*, als diese Einheit die Diremtion ihrer selbst in den freien Schein dieser Zweiheit ist, – einer Zweiheit, welche in dem Unterschied des *Einzelnen* und *Allgemeinen* als vollkommener Gegensatz erscheint, der aber so sehr *Schein* ist, daß, indem das eine begriffen und ausgesprochen wird, darin das Andere unmittelbar begriffen und ausgesprochen ist.« (HSW, Bd. IV, S. 219; vgl. HW, Bd. 6, S. 251f.)

jemand einen Gedankengang vollzieht. Es bedarf der Entäußerung, es muß »reines Zusehen« werden, das sich selbst vergißt.[16] Dann erst tritt es in den Widerspruch ein, der in der Sache waltet. Indem das dialektische Denken seine Begriffe bildet, erhebt es Anspruch auf Wahrheit: Das ist die bürgerliche Gesellschaft – alle sind frei. So allein wird das Denken des Widerspruchs inne: Die bürgerliche Gesellschaft ist sie – und ist sie nicht. Dies ist ein Mensch – und ist es nicht. Das Denken wird vorwärtsgetrieben, weil im Urteil und schon im Begriff Anspruch auf ganze Wahrheit liegt, die nicht allein vom Denken, sondern auch von der Sache abhängt. Zum exakten Denken z. B. über Mensch, Gesellschaft, Natur und Denken selbst gehört nicht nur »reines Zusehen«, sondern ebensosehr auch Spontaneität, überschüssige Phantasie und Dynamik des Denkenden selbst. Da die Sache dynamisch ist, muß auch das Denken dynamisch sein. Allein dynamisches Denken vermag der in den starren Fakten geronnenen Prozesse innezuwerden. Indem das übliche manipulierende Denken seine Gegenstände nur starr erfährt, bleibt es gleichsam bei sich. Das bezeichnete Hegel als abstrakt. Dialektisches Denken hat Denken und Sache im Begriff zu verknüpfen; nicht aber hat es die Sache bloß abzuspiegeln oder ihr die Formen des Denkens aufzuprägen. Indem dialektisches Denken die Sache im Subjekt sich ausdrücken läßt, sucht es den Ausdruck zu retten, den – wie letztlich auch die Sprache – das positivistische Denken aus sich vertreiben will. Wenn man von dem Ausdruckstabu der positivistischen Wissenschaften spricht, ist freilich zuzugestehen, daß diese den Anspruch, die Sache darzustellen, im Ernst nicht mehr aufrechterhält. Es bleibt offen, ob es die »Sache« überhaupt gibt. Intelligenz ist gerade noch das, was der Intelligenztest mißt. Von Interesse ist nur die richtige Erwartung, in einer zubereiteten Situation und unter streng definierten Bedingungen; dieser Erwartung allein dient der riesige Apparat der Wissenschaften. Über den zu erwartenden Funken hinaus versagen sich die Naturwissenschaften einen Begriff von der Sache. Die Auslöschung der Individualität des Forschers, dem sich Objektivität als intersubjektive Nachprüfbarkeit darstellt, ist nicht gleichzusetzen mit dem Hegelschen Begriff der Entäußerung. Wenn der Naturwissenschaftler im Hinblick auf etwas, was den Deduktionen seines Systems widerspricht, eine neue Denkweise entwirft oder eine alte Theorie nach Maßgabe neuer Beobachtungen erweitert oder modifiziert, kann das dialektisch genannt werden; ähnlich wie Kant in diesem Sinne gewisse Zugeständnisse gemacht werden können. Im strengen

---

16 »Aber nicht nur nach dieser Seite, daß Begriff und Gegenstand, der Maßstab und das zu Prüfende, in dem Bewußtsein selbst vorhanden sind, wird eine Zutat von uns überflüssig, sondern wir werden auch der Mühe der Vergleichung beider und der eigentlichen *Prüfung* überhoben, so daß, indem das Bewußtsein sich selbst prüft, uns auch von dieser Seite nur das reine Zusehen bleibt.« (HW, Bd. 3, S. 77)

Sinne dialektisch ist jedoch nur ein Denken, das die Sache nicht ordnend und klassifizierend aus dem Zusammenhang reißt, sondern eben diesem Zusammenhang nachgeht, der für sie konstitutiv ist. Man kann bei der Sache, von der die Rede ist, nicht stehenbleiben. Bei der Atomforschung etwa wären die Interessen derer aufzudecken, die sich der Kenntnisse vom Atom bemächtigen. Die Askese der arbeitsteiligen Wissenschaften, die diesen Vermittlungen nicht nachgehen, erweist sich als Herrschaftswille. Demgegenüber ist der Begriff der Entäußerung sehr zart. Der Anspruch, sich von der Sache bestimmen zu lassen, sich ihrem inneren Leben zu überlassen, ist dem wissenschaftlichen Denken nicht schroff entgegenzusetzen. Es ist auch nicht zweierlei Denken zu fordern, wie Bergson meinte.[17] Das dialektische Denken, das nicht hinter den Sündenfall der Arbeitsteilung zurückkann, vermag nur durch Selbstreflexion zum Ganzen zu gelangen. Der Begriff des Ganzen verweist bei Hegel auf den des Systems, ohne den der Begriff der Wahrheit nicht bestehen könnte.

Peter Schafmeister[18]

---

17 In der *Negativen Dialektik* [1966] spricht Adorno von der *Blöße Bergsons, der zwei gegeneinander unvermittelte, disparate Weisen von Erkenntnis nebeneinander aufstellt, indem er unter Mobilisierung der angeblich höheren Würde dessen, was der kategorialen Anschauung zuteil wird, mit der Frage nach seiner Legitimation auch die erkenntniskritische als vorontologisch beseitigt.* (GS, Bd. 6, S. 77 f.)
18 Unterschrift.

296 Niels Sewig,
17. Mai 1962

Protokoll des Philosophischen Hauptseminars vom 17. 5. 1962

Die Diskussion des Begriffs der Entäußerung in der vorletzten Sitzung regte an zu weiteren Versuchen, seinen Sinn deutlich werden zu lassen.

Wenn vom erkennenden Subjekt gesagt wird, es schmiege sich der Sache an, so verlangt solche Hingabe an die Sache Spontaneität, Freiheit, Phantasie, Autonomie. Erst durch solche Qualitäten des Subjekts wird dessen Passivität wahr. Die Wörter sind keine beliebigen; die Phantasie ist dabei exakt; diese bestimmten Momente der Subjektivität entscheiden das, was Dialektik heißt. Es geht um die Objektivität dieser subjektiven Momente, des Widerspruchs als in dem Nachvollzug im Subjekt-Objekt, in dem der Begriff der Sache zu dem jeweiligen Phänomen steht.

Zur Strenge des Begriffs gehört wesentlich Widerstand gegen den blinden Zwang, gegen die bloße Verpflichtung einem Heteronomen gegenüber; in ihr lebt der idealistische Begriff der Freiheit, der der Sache, der Objektivität, dem begrifflichen Denken überhaupt zugrunde liegt – hierin besteht das materiale (nicht nur formale) Moment der Freiheit. Hegel steht ganz auf dem Boden Fichtes, wenn er sagt, daß die Sache nie ganz ihrem jeweiligen Begriff entspricht, wenn sie vermittelt wird als das, was sie ist. Was nicht ganz aufgeht, was zu Sache immer noch hinzukommt, weil sie es in Wahrheit impliziert; was in der Auseinandersetzung jeweils entfaltet wird, macht die Bewegung der idealistischen Philosophie aus; ihr Atem ist die Freiheit.

Die absolute Identität aber ist das Schicksal. Zur Sache kommt man nur, wenn man sich nicht ganz mit ihr zufriedengibt. Im Begriff reproduziert sich auf je neuer Stufe die Nichtidentität in der Identität.

Das Referat[19] hatte zum Thema den dritten Abschnitt der »Wissenschaft der subjektiven Logik«.[20] Der Satz, daß die Idee in der Sphäre der Objektivität (insofern sie als Einheit von Begriff und Objektivität konkret da ist) nichts anderes sei als das vollkommen bestimmte Einzelne in der Sphäre der Subjektivität (insofern, als Resultat durch Allgemeinheit und Besonderheit aufgehoben ist),[21] gab Anstoß zur Diskussion über die Natur dieses Einzelnen, das von Hegel das »bestimmte

---

19 Herbert Schäfer, »Die Idee als Leben. (G. W. F. Hegel ›Wissenschaft der subjektiven Logik‹ 3. Abschnitt, 1. Kapitel)«, Archivzentrum Na 1, 891.
20 Vgl. den Abschnitt »Die Idee«, HW, Bd. 6, S. 462–573.
21 Vgl. ebd., S. 468 f.

Bestimmte« genannt wird.²² Die Schwierigkeit, dies allgemein darzustellen, was als das durchs Allgemeine bestimmte Besondere nicht im Allgemeinen aufgeht, besteht darin, die ganze Bewegung beim Namen zu nennen. Es taucht bei Marx auf als das Modell der historischen Konkretion; die bestimmte genannte Stelle der Geschichte, als welche sie wahr ist; der bestimmte Staat, als welcher er in seiner Konkretion Idee ist.

Das bestimmt Bestimmte ist das Einzelne. Das Einzelne als bestimmtes ist zunächst jenes τόδε τι, das partikulare Dies-da. Insofern es bestimmt ist, muß es schon subjektiv konstituiert sein als »Gegenstand« (Kant); indem es als das, was es ist, gedacht wird, ist Begriff schon in ihm (wodurch es zunächst vom Unbestimmten sich unterscheidet). Das Besondere ist in sich durchs Allgemeine vermittelt – reine Partikularität ist nicht denkbar, ein Nichts: ohne die Vermittlung des Begriffs. Dennoch soll es als Besonderes ausgezeichnet sein, in ihm soll doch auch der Nominalismus zu seinem Recht kommen; es soll das Einzelne als Einzelnes Achtung verdienen und nicht als durchs Allgemeine vermittelt allgemein sein; es beansprucht, Substanz zu sein. Denn wäre das Resultat ein allgemeines, verlöre die Anstrengung der Vermittlung ihre Wahrheit. Das Einzelne als Einzelnes ist nicht nur Vermittlung; es wird Bestimmtes durch seine Bestimmung: Bestimmendes zu sein. Die Konsequenz drängt es, sich als das eine absolute Einzelne zu bestimmen; sein Anspruch geht ohnmächtig zugrunde im Ganzen welches das Konkrete ist.

Im ersten Kapitel vom »Leben«²³ taucht diese Überwindung des Einzelnen wieder auf. Was reell Individualität sei, wird eigentlich nicht gesagt: Es geht in Objektivität über; es kommt gleichsam nur als Kategorie vor. Das Kapitel über das Lebendige plaudert mit dessen Wahrheit, dem Begriff, auch die Unwahrheit der bürgerlichen Gesellschaft aus: Die reelle Individualität ist im besten Falle ein Moment des Prozesses der Geschichte und wird dadurch nur schlecht getröstet, daß ihr versichert wird, die Geschichte sei der Fortschritt im Bewußtsein der Freiheit, ja: Freiheit liege dem Ganzen als Bewegung zugrunde.²⁴

---

22 »*Das Einzelne ist Besonderes*, nach dem positiven Ausdrucke des negativen Urteils. Aber das Einzelne ist auch *nicht* Besonderes; denn die Besonderheit ist von weiterem Umfange als die Einzelheit; sie ist also ein Prädikat, das dem Subjekt nicht entspricht, in dem es also seine Wahrheit noch nicht hat. *Das Einzelne ist nur Einzelnes*, die sich nicht auf Anderes, sei es positiv oder negativ, sondern nur sich auf sich selbst beziehende Negativität. – Die Rose ist nicht *irgendein* Farbiges, sondern sie hat nur die bestimmte Farbe, welche Rosenfarbe ist. Das Einzelne ist nicht ein unbestimmt Bestimmtes, sondern das bestimmte Bestimmte.« (Ebd., S. 322f.)
23 Vgl. ebd., S. 469–487.
24 »Die Weltgeschichte ist der Fortschritt im Bewußtsein der Freiheit – ein Fortschritt, den wir in seiner Notwendigkeit zu erkennen haben.« (HW, Bd. 12, S. 32)

Was dem Christentum als konkretes Einzelnes galt, ist dahin. Was hier wie Positivismus erscheint, ist doch auch wahr.

Mit Gott läßt sich der Beweis der Wahrheit des Einzelnen (und es soll doch nicht nur »es selbst« sein!) nicht mehr führen; die Theodizee verwandelte sich in den Prozeß der Geschichte und blieb verwandt noch dem christlichen Spinoza; daß die reelle Individualität die Verdichtung des Prozesses der Geschichte sei und doch jeweils (nur deswegen) ein anderes, sollte seine Wahrheit sein. Sie ist nicht nur allgemein, sondern eigentlich ist das geheimste Individuelle über den Hegelschen Sprachgebrauch des Allgemeinen hinausgegangen; aber es ist doch das Allgemeine.

Zurück blieb die Frage, was denn eigentlich die Idee bei Hegel sei, im Unterschied zu Kant; sie tut hier so, als sei sie eine Kategorie, Konstituens der Erfahrung, als sei das Unendliche als Unendliches noch ein Endliches, ein allzumenschliches Produkt.

(Niels Sewig)

297 Heinrich Jost,
24. Mai 1962

Protokoll der Seminarsitzung vom 24. 5. 1962

Zu Beginn wurde nochmals versucht, den scheinbar paradoxen Begriff der exakten Phantasie, als eines wesentlichen Moments dialektischen Denkens, deutlich werden zu lassen.

In der vermeintlichen Widersprüchlichkeit dieses Begriffs drückt sich die Autonome des Subjekts im Erkenntnisprozeß aus, das sich in diesem doch zugleich der Sache verpflichtet weiß. Exakte Phantasie ist im Spiel in der transzendentalen Synthesis der produktiven Einbildungskraft bei Kant, indem diese frei, gebunden nur an die allgemeinsten Weisen der Einheitsstiftung, die Kategorien, im reinen Mannigfaltigen von Raum und Zeit apriorische Formen und Strukturen möglicher Erfahrungsobjekte entwirft.

Wenn gesagt wird, die Leistungen der exakten Phantasie bestünde darin, den Gegenstand aufzugreifen um zu antizipieren, was mit ihm geschehen wird, so könnte dies positivistisch gemeint sein. Es könnte damit gemeint sein, daß man sich wie in der Naturwissenschaft streng an die durch Methode und Regel begrenzten Möglichkeiten zu halten hätte. So aber bliebe doch nur Exaktheit übrig, während exakte Phantasie noch auf die begrenzten Regeln und die Methode selber zu reflektieren hätte, insofern erst frei wäre.

Am deutlichsten vielleicht wird, was exakte Phantasie heißt, wenn die Entstehung eines Kunstwerkes, z. B. eines Bildes, betrachtet wird. Beim Entwurf eines Kunstwerkes ist der Maler frei und nicht frei. Er weiß, vielleicht, ohne daß er sich dessen bewußt wird, daß er an die Sache, die er darstellen will, gebunden ist und er doch diese erst durch seine künstlerische Phantasie zu Sprechen bringen kann, daß er letztlich auch die Sache selber ist. Nur im engstirnigsten Naturalismus, der eigentlich naturwissenschaftlich verfährt, wird dies vergessen. Im Fortschreiten der Arbeit an seinem Werk muß die Phantasie des Künstlers immer genauer werden, sich immer stärker verdichten, damit wirklich das zum Ausdruck kommt, was mit dem ersten Strich im Grunde schon gesetzt war.

Im weiteren Verlauf der Sitzung wurde nochmals die Diskussion über die Rolle des Einzelnen, Individuellen im Hegelschen System aufgenommen.

Das Einzelne, Individuelle, das wir als das Wesentliche, den individuellen, wirklichen, empirischen Menschen mit seinem Anspruch auf Befriedigung seiner Bedürfnisse, auf Glück, anzunehmen geneigt sind, ist das, worauf es im Hegelschen System eigentlich nicht ankommt, das, was nur wahr ist, insofern es seine Stelle in der Totalität der Momente des Begriffs, im Absoluten hat, worin es aufgehoben ist. Das Nicht-Identische am individuellen Einzelwesen, das man deshalb nicht einmal mehr nennen kann, die Realität, die der Geist nicht im historischen Prozeß als sein Moment setzt und in ihm sich erkennt, erweist sich als bloßer Schein und geht deshalb notwendig als Unwahres, absolut Ohnmächtiges unter.

Das Unbegreifliche am geschichtlichen Prozeß ist für Hegel das schlechthin Nichtige. So ist er schon in der Bestimmung dessen, was Allgemeines und Besonderes ist, einig mit der Geschichte, die über das jeweils untergehende ihr Urteil spricht. (Zitat aus »Vorlesungen über die Philosophie der Weltgeschichte«.)[25]

Der einzelne Mensch wird für sein Leid und seinen Untergang getröstet durch das Bewußtsein, daß er gerade als Untergehender zum notwendigen Gang des Ganzen beiträgt, daß in Gestalt des philosophischen Gedankens der absolute Geist in ihm sein Selbstbewußtsein erlangt, während er zugleich durch das Individuum hindurch sich als objektiver Geist, als Staat, Recht, Sittlichkeit in der zu sich selber kommenden Gesellschaft realisiert.

Ein Individuum, das mit dieser Philosophie ernst machte, müßte, indem es sich als vergänglich, d.h. als notwendiges Moment des Ganzen begreift, sich notfalls für die zu verwirklichende Idee aufopfern. Der Trost eines im Jahre 507 v. Chr. zugrunde gegangenen Kindes bestünde nach Hegel darin, daß es im Ganzen noch da ist, daß es in seinem philosophischen System gerettet und versöhnt wäre. Dagegen wäre zu fragen, ob denn in jener Zeit ein Kind schon ein philosophisches Bewußtsein, das doch wohl den Trost vermitteln soll, haben konnte, ob es sich schon des Absoluten bewußt sein konnte. Soweit überhaupt von Erfüllung, Trost bei dem Kinde gesprochen werden könnte, wäre vorweggenommen, was später im Hegelschen System vollendet wurde. So ist der Trost, den das Christentum gewährte, daß der Einzelne eine unsterbliche Seele habe, dahin.

Die Differenz zwischen dem Hegelschen und dem christlichen Begriff des Trostes dürfte überhaupt den Unterschied zwischen Philosophie und Theologie aufzeichnen. Bemerkenswert ist, daß im Judentum die Unsterblichkeit der Einzelseele höchst zweifelhaft ist, daß dort der Trost dem Hegelschen insofern ver-

---

[25] Womöglich denkt der Verfasser an folgende Passage: »Zugleich ist es die Freiheit in ihr selbst, welche die unendliche Notwendigkeit in sich schließt, eben sich zum Bewußtsein – denn sie ist, ihrem Begriff nach, Wissen von sich – und damit zur Wirklichkeit zu bringen: sie ist sich der Zweck, den sie ausführt, und der einzige Zweck des Geistes. Dieser Endzweck ist das, worauf in der Weltgeschichte hingearbeitet worden, dem alle Opfer auf dem weiten Altar der Erde und in dem Verlauf der langen Zeit gebracht worden. Dieser ist es allein, der sich durchführt und vollbringt, das allein Ständige in dem Wechsel aller Begebenheiten und Zustände sowie das wahrhaft Wirksame in ihnen. Dieser Endzweck ist das, was Gott mit der Welt will, Gott aber ist das Vollkommenste und kann darum nichts als sich selbst, seinen eigenen Willen wollen.« (Ebd., S. 33)

wandt ist, als die Rolle des Volkes, als des sich Durchhaltenden, entscheidend bleibt.

Bevor anschließend zur Interpretation des dritten Abschnittes der subjektiven Logik, der die Idee zum Inhalt hat,[26] übergangen wurde, erwies es sich als notwendig, einen Blick auf die Bedeutung der Idee bei Kant zu werfen, da erst so deren Entfaltung im Hegelschen System begriffen werden kann.

Nach Kant sind die Ideen der Vernunft, die sich auf das Ganze der Erfahrung beziehen und dieses insofern transzendieren, für deren Gegenstände und Struktur nicht konstitutiv, wie die Kategorien, sondern bloß regulative Prinzipien, die die Erkenntnis der Erscheinungen zur systematischen machen sollen. Sie sollen zwar als wesentlicher Inhalt vernünftigen Denkens notwendig und unvermeidbar, aber gleichwohl bloßer Gedanke sein, durch die nichts Wirkliches gedacht wird.

Dies wird besonders deutlich an den kosmologischen und theologischen Ideen. So heißt es bei Kant: (Zitat aus Kritik der reinen Vernunft Ausgabe B, S. 714/15)[27]. Hier kann die Kritik einsetzen, durch die hindurch in Hegels Philosophie die Idee zur absoluten Wahrheit entfaltet wurde. Kant hat bei Hegel zufolge mit dem Gedanken nicht genug Ernst gemacht, daß ohne die Begriffe, deren Inbegriff die Vernunftsideen sind, kein einziger Erkenntnisakt möglich wäre. Insofern fällt es schwer, die Kategorien so radikal von den Vernunftsbegriffen zu scheiden, wie er das tat. Wie soll z. B. die Erforschung eines einzelnen Phänomens der Erfahrung möglich sein ohne die Idee des Ganzen, durch die doch der Begriff des einzelnen Phänomens vermittelt ist? Wie soll ohne die Idee des universalen Zusammenhanges von Allem mit Allem Erkenntnis weiter dringen als bis zur bloß additiven Anhäufung nebeneinander bestehender Fakten? Hegel zieht die Konsequenz aus Kant, indem er aus der Einsicht in die Vermitteltheit alles Erfahrungswissens

---

26 S. oben, Anm. 2.
27 »Die höchste formale Einheit, welche allein auf Vernunftbegriffen beruht, ist die *zweckmäßige* Einheit der Dinge, und das *speculative* Interesse der Vernunft macht es nothwendig, alle Anordnung in der Welt so anzusehen, als ob sie aus der Absicht einer allerhöchsten Vernunft entsprossen wäre. Ein solches Princip eröffnet nemlich unserer auf das Feld der Erfahrungen angewandten Vernunft ganz neue Aussichten, nach teleologischen Gesetzen die Dinge der Welt zu verknüpfen, und dadurch zu der größten systematischen Einheit derselben zu gelangen. Die Voraussetzung einer obersten Intelligenz, als der alleinigen Ursache des Weltganzen, aber freylich bloß in der Idee, kann also jederzeit der Vernunft nutzen und dabey doch niemals schaden. Denn, wenn wir in Ansehung der Figur der Erde (der runden, doch etwas abgeplatteten), der Gebirge und Meere &c. lauter weise Absichten eines Urhebers zum voraus annehmen, so können wir auf diesem Wege eine Menge von Entdeckungen machen. Bleiben wir nur bey dieser Voraussetzung, als einem bloß *regulativen* Princip, so kann selbst der Irrthum uns nicht schaden.« (Immanuel Kant, Critik der reinen Vernunft, 2. Aufl., Riga 1787, S. 714f.; vgl. KW, Bd. IV, S. 594f.)

durch Vernunftsbegriffe, diese als Momente der Verwirklichung der Idee, die die Geschichte selbe ist, begreift.

Immerhin hatte schon Kant die Idee einer vernünftigen Gesellschaft, einer Gesellschaft, wie sie sein soll, wo die Interessen des Ichs zur Versöhnung kommen mit der Natur, in der Verdienst und Glück der Menschen miteinander korrespondieren, in der ewiger Friede herrscht, als höchstes, wenn auch nie ganz erreichbares Ziel, zu verwirklichen gefordert.[28]

Schließlich ging das Seminar zur Interpretation eines Teiles des dritten Abschnitts der subjektiven Logik über. (Hegels Werke. Vollständige Ausgabe 1834. Bd. 5. S. 239)[29]

Für Hegel ist Erkenntnis erst dann vollendet, wenn jedes einzelne Stück Realität, jedes Objekt, als Moment der Idee begriffen ist, welches durch alle anderen Momente erst ist, was es ist, aber auch die Totalität der Momente schon impliziert. Der Prozeß dieses Begreifens, in dem die Realität zugleich ihr Selbstbewußtsein erlangt, d.h. Geist wird, ist unmittelbar identisch mit dem ihrer Umgestaltung durch ihren eigenen Begriff, der sie selbst an sich ist. Erst am Ende des historischen Prozesses, wenn der Begriff durch seine eigene Anstrengung die Realität sich unterworfen, d.h. in ihr sich selbst begriffen hat, ist die Welt als Idee, als das in jedem einzelnen Begriff konkretisierte Ganze, absolut wahr geworden. Dies meint Hegel mit der Idee als Einheit des Begriffs und der Realität. Wahrheit ist nicht mehr, wie in der alten Philosophie, das Entsprechen einer aus dem Ganzen herausgerissenen Sache eines isolierten Begriffs, die »adaequatio rei et intellectus«. Ob der Begriff, das Wesen der Kuh das Milchgeben ist, ist nicht mehr durch adaequatio entscheidbar, sondern kann sich erst erweisen, wenn die Natur völlig durchgearbeitet ist, wenn sie selbst sich erweist als Moment des Prozesses, in dem Mensch, Gesellschaft, Geschichte zu sich selber kommen. Die Charakterisierung der Naturdinge als mechanischer, chemischer und äußerlich zweckmäßiger Objekte trifft nicht ihre Wahrheit. Wahr werden sie erst als untrennbare Begriffsmomente des zu sich selber gekommenen Ganzen, wenn die Welt am Ende richtig verwaltet wird.

---

28 Vgl. Immanuel Kant, Zum ewigen Frieden. Ein philosophischer Entwurf [1795], KW, Bd. XI, S. 191–251.
29 »*Seyn* hat die Bedeutung der *Wahrheit* erreicht, indem die Idee die Einheit des Begriffs und der Realität ist; es *ist* also nunmehr nur das, was Idee ist. Die endlichen Dinge sind darum endlich, insofern sie die Realität ihres Begriffs nicht vollständig an ihnen selbst haben, sondern dazu anderer bedürfen; – oder umgekehrt, insofern sie als Objekte vorausgesetzt sind, somit den Begriff als eine äußerliche Bestimmung an ihnen haben. Das Höchste, was sie nach der Seite dieser Endlichkeit erreichen, ist die äußere Zweckmäßigkeit.« (HVA, Bd. 5, S. 239; vgl. HW, Bd. 6, S. 465)

Kritisch wurde angemerkt, daß bei Hegel insofern die alte Formel der »adaequatio rei et intellectus« noch spürbar ist, als auch bei ihm noch die Sache im Begriff sich erschöpft, daß sie bloßes Formalobjekt ist, daß ihre Nichtidentität letztlich ignoriert wird. Dieser Kritik würde allerdings Hegel mit dem Hinweis begegnen, daß im Aussprechen des Nichtidentischen als Nichtidentisches bereits das Gegenteil, seine Identität, daß es Begriff ist, gezeigt wäre. Es ließe sich sagen, daß Kant hier weniger dogmatisch verfuhr, indem er eingestand, daß von den Sachen immer nur der durch die Kategorien vorgezeichnete Aspekt erkennbar sei.

Nicht zufällig hat Hegel das, was Idee heißt, am Begriff des Staates erläutert. Der vollkommene Staat ist die realisierte Idee, das philosophische System Hegels selber. Er ist erreicht, wenn seine Bürger nicht mehr bloß ihren subjektiven Interessen hingegeben sind und den Staat nicht nur als Mittel zur Befriedigung ihrer Bedürfnisse betrachten, sondern durch autonomes Denken sich als Moment des Staates begreifen, wenn die Individuen Begriff geworden sind. Ein Staat ist wahr nur als die Wirklichkeit des philosophischen Systems, welches die wahre Staatsgesinnung seiner Bürger ausmacht. »Der gute Bürger muß notwendig Hegelianer sein.« Der absolute Staat ist der absolut freie Staat, da der einzelne Wille als Moment des allgemeinen in diesem aufgehoben ist. Der Bürger ist frei, denn wenn er die Gesetze und die Verordnungen des Staates befolgt, so gehorcht er nur sich selbst.

Die Widersprüche von Unterdrückung und Freiheit, Staat und Individuum sind nach Hegel im absoluten Staat, in dem die Idee sich verwirklicht hat, versöhnt.

Es wäre jedoch eine Simplifizierung der Hegelschen Philosophie, nähme man an, alles sei zu Ende, wenn das Ganze zu sich selbst gekommen ist. Hier setzt die Kritik von Marx ein. Die bürgerliche Gesellschaft muß in den Sozialismus als deren höhere Wahrheit übergehen. Erst so realisiert sich der Begriff der Freiheit.

Das Großartige und zugleich Bedrückende dieser Philosophie besteht darin, daß das gelungene Ganze noch den Widerspruch in sich trägt, in der Freude den Schmerz, im Glück die Trauer, in der Wahrheit die Unwahrheit.

(H. Jost)

298 Willi Lautemann,
7. Juni 1962

Philosophisches Hauptseminar (Prof. Horkheimer/Prof. Adorno)

Protokoll der Seminarsitzung vom 7. VI. 1962

Mit der Anforderung, das Absolute in sich einzubilden, wird das Individuum von Hegel überakzentuiert und muß gerade als individuelle Besonderheit an diesem Anspruch zerbrechen. Zugleich erhält jedoch das humanitäre Pathos der Hegelschen Philosophie durch diese Belastung seine Verbindlichkeit. Dem Individuellen wird seine Erfüllung als Medium des Absoluten erst zuteil, indem es zugrunde geht. Man könnte sagen, es stehe auf einem Postament, um hernach herabgestürzt zu werden. Allerdings veranschaulicht dieser Vergleich den Vorgang nur nach einer Seite, da sich in der Aufhebung der individuellen Besonderheit die Vollendung der absoluten Idee verwirklicht, in der das Absolute sein Selbstbewußtsein, sein An- und Fürsichsein, erreicht.

Die entstehende und verschwindende Individualität ist als die Form des erscheinenden Absoluten dem Prozeß seines Werdens immanent. In der Versöhnung ist die Trennung von Individuum und Idee überwunden. Die noch nicht voll einsichtig gewordenen, in ihrer Gegensätzlichkeit festgehaltenen Begriffe erwiesen sich in ihrem bloßen Fürsichbestehen jeweils als hinfällige Abstraktionen.

Im System Hegels läßt gerade an den exponiertesten Stellen der überzogene Anspruch auf die vorgeblich geleistete Versöhnung, durch das Pathos des überforderten Begriffs, zugleich die Kritik der in sich widerspruchsvollen Wirklichkeit in den Brüchen manifest werden. Auch in den angespanntesten Formulierungen hält sich Hegel von gefühlsbeladener Erbaulichkeit oder eingeschliffener Rührung fern. Die Anstrengung der Aussage begreift ein humanes Moment in sich, das sich auch der Tendenz zur Ideologie widersetzt. Das System läßt, allen gewaltsamen Implikaten ungeachtet, im Anspruch auf vollständige Autonomie, ohne deklamatorische Würde zu beschwören, das im Begriff des Subjekts gründende Recht auf freie Selbstentfaltung hervortreten, das in der durch das Subjekt geleisteten Versöhnung auch die Dinge aus ihrer Knechtschaft entließe. Indem das Subjekt sich der Fremdheit des Gegenstands entledigt, läßt es zugleich auch von seinem Herrschaftsanspruch über ihn, als ein ihm Entfremdetes ab. Objekt und Subjekt gewinnen in ihrer im Begriff vollendeten Identität die Unabhängigkeit ihrer Gestalten gegeneinander, da sie als sich wechselseitig konstituierende, in der Identität von Konstituens und Konstitutum, sich als freie Formen der Idee wissen, die sich, der verheißungsvollsten Formulierung Hegels in der »Encyklopädie der philosophischen Wissenschaften« zufolge, sich als die Wahrheit ewig »... betätigt, erzeugt und genießt.«[30] Etwas von Adventsstimmung scheint an dieser und ähnlicher Stelle bei Hegel bewahrt.

Der Darwinismus hat den physikotheologischen Gottesbeweis längst seiner Unmöglichkeit überführt. Die Selektion des Lebensfähigsten und Tüchtigsten vom Schwachen und Untauglichen hat dem Denken einen bequem gangbaren Ausweg aus der Aporie, das Überleben bestimmter Individuen, Arten und Gattungen gegenüber anderen zu erklären, eröffnet. Der Darwinismus springt hier mit seiner Theorie ein, die nicht nur dem Verdacht der Zufälligkeit erfolgreich sich entzieht, sondern auch eine Rechtfertigung dafür bereitstellt, daß die Zugrundegegangenen, wenn nicht gar durch schuldhafte Schwäche, so doch durch ein ihnen selbst inhärentes Prinzip ausgemerzt wurden. Es wird gesagt, daß die Richtigen und Tüchtigen als Garanten dafür, daß das jeweils Bestehende auch das Beste ist, obenauf bleiben. Bei allem Schockierenden ließ dies von vorneherein auch die Tendenz erkennen, die den Darwinismus zur szientifisch säkularisierten Religion bestimmte. Die Natur sondert ihre Gestaltung aus und behält das Beste zur Nachzucht bei; dieses Prinzip ist Surrogat der göttlichen Vernunft, wie auch jeden äußeren Begriffs. Die Hypostasis, die die Superiorität ohne weitere Reflexion dem, was sich durchsetzt, umstandslos und gleichsam a priori zuspricht, macht es unmöglich, dagegen Einspruch zu erheben und benimmt den potentiell Unzufriedenen von vorneherein jede Möglichkeit, an ihrem Ansatz Kritik anzumelden. Was ist, bedarf keiner Erklärung; sein Dasein läßt es als zweckmäßig im Hinblick auf seine Umweltfaktoren erkennen. Kants Philosophie, die, unbeschadet ihrer transzendentalen Ausgangsposition, innerhalb der Natur selbst streng kausal-mechanistisch orientiert ist, würde dem Darwinismus an dieser Stelle stattgeben. Teleologie der organischen Gebilde ist für Kant eine bloße Betrachtungsweise, die zwar dem Interesse der Vernunft entspricht, nicht aber für die Sache selbst konstitutiv ist.

Dem Vorwurf, Leiden und Negativität ins Absolute aufgenommen, als unumgänglich und für das Gelingen des Weltprozesses als notwendig gerechtfertigt zu haben, war Hegel seit je ausgesetzt. Dagegen ist zu erinnern, daß in dieser fatalen Notwendigkeit das Absolute konsequent und rückhaltlos den ostentativ erhobenen Anspruch auf geleistete Versöhnung widerruft; der einmal ausgesprochene Bruch zwingt es, seine unversöhnte Lage einzubekennen. Die Negation

---

30 »Das *Sich-Urteilen* der Idee in die beiden Erscheinungen (§ 575/6) bestimmt dieselben als *ihre* (der sich wissenden Vernunft) Manifestationen, und es vereinigt sich in ihr, daß die Natur der Sache, der Begriff, es ist, die sich fortbewegt und entwickelt, und diese Bewegung ebensosehr die Tätigkeit des Erkennens ist, die ewige an und für sich seiende Idee sich ewig als absoluter Geist betätigt, erzeugt und genießt.« (HW, Bd. 10, S. 394 [§ 577]; die genannten Paragraphen finden sich ebd., S. 393f.)

geht nicht restlos in der Totalität als versöhnter auf, als konstitutives Moment trübt sie als Schatten schmerzvoller Vergangenheit das Absolute, das wesentlich Negativität ist. Es mag vielleicht der beste Beweis für die Aktualität der Hegelschen Philosophie sein, daß die Konsequenz ihres Denkens sie auch dadurch noch ungewollt dialektisch erweist, daß sie sich gegen ihre subjektive Implikate immun zeigt, indem sie in ihrer Ausführung den eigenen Anspruch transzendiert und nicht dem Zwang ihrer subjektgebundenen Intentionen erliegt. Ihre Wahrheit ist die Kraft, der eigenen Anfälligkeit zu widerstehen.

Die Idee des Lebens ist noch nicht das Leben im Element des Begriffes selbst, sie ist, in der Formulierung Hegels, »... noch in der Form der Unmittelbarkeit ..., fällt insofern in die Wirklichkeit zurück, und diese ihre Reflexion ist nur die Wiederholung und der unendliche Progreß, in welchem sie nicht aus der Endlichkeit ihrer Unmittelbarkeit heraustritt.« (»Wissenschaft der Logik«, Ausgabe Georg Lasson, Felix Meiner, 1923[31], II Bd. S. 428)[32] Der Begriff ist nicht etwa Merkmalseinheit aller unter ihm befaßter Dinge, sondern weiß als die Identität den Unterschied, den Gegenstand seines Begriffes, als sich selbst. Realität hat der Begriff nur in der Form seines Daseins. Der Prozeß der Gattung nötigt das Leben dazu, »... seine Vereinzelung aufzuheben und sich zu seinem objektiven Dasein als zu sich selbst zu verhalten.« (ebenda S. 417)[33] Dieser, wie Hegel sagt, in sich gegangene Begriff, der nun frei und für sich existieren kann, hat als Gattung die reine Identität mit sich, daher aber auch seine Freiheit gegen das von ihm Unterschiedene, das keine Objektivität mehr darstellt, da diesem Realität nunmehr

---

31 Korrigiert aus: »1928«.
32 »Die Reflexion der Gattung in sich ist nach dieser Seite dies, wodurch sie *Wirklichkeit* erhält, indem das Moment der negativen Einheit und Individualität in ihr *gesetzt* wird – die *Fortpflanzung* der lebenden Geschlechter. Die Idee, die als Leben noch in der Form der Unmittelbarkeit ist, fällt insofern in die Wirklichkeit zurück, und diese ihre Reflexion ist nur die Wiederholung und der unendliche Progreß, in welchem sie nicht aus der Endlichkeit ihrer Unmittelbarkeit heraustritt. Aber diese Rückkehr in ihren ersten Begriff hat auch die höhere Seite, daß die Idee nicht nur die Vermittlung ihrer Prozesse innerhalb der Unmittelbarkeit durchlaufen, sondern eben damit diese aufgehoben und sich dadurch in eine höhere Form ihres Daseins erhoben hat.« (HSW, Bd. IV, S. 428; vgl. HW, Bd. 6, S. 486)
33 »Das Leben ist [...] erstlich zu betrachten als *lebendiges Individuum*, das für sich die subjektive Totalität und als gleichgültig vorausgesetzt ist gegen eine ihm als gleichgültig gegenüberstehende Objektivität. *[Absatz] Zweitens* ist es der *Lebensprozeß*, seine Voraussetzung aufzuheben, die gegen dasselbe gleichgültige Objektivität als negativ zu setzen und sich als ihre Macht und negative Einheit zu verwirklichen. Damit macht es sich zum Allgemeinen, das die Einheit seiner selbst und seines Andern ist. Das Leben ist daher *[Absatz] drittens* der *Prozeß der Gattung*, seine Vereinzelung aufzuheben und sich zu seinem objektiven Dasein als zu sich selbst zu verhalten.« (HSW, Bd. IV, S. 417; vgl. HW, Bd. 6, S. 473)

die »Form seines Daseins« ist. Damit gewinnt der Begriff, der, gelöst von der Sache, zugleich seine Unabhängigkeit konsolidiert, gegenüber der ihn konstituierenden, für ihn in ihrer Existenz nun gleichgültig gewordenen Besonderheiten, sein freies Bestehen. Die Identität des Begriffs mit sich ist somit von seinem Inhalt abgetrennt. Der für die Vernunft an sich richtige Gegensatz abstrakt einseitiger Objektivität und Subjektivität wird hier als ein nichtiger gesetzt. In der Einleitung zu dem Abschnitt »Die Idee« faßt Hegel den Gedanken am bestimmtesten. »Die Idee hat sich nun gezeigt als der wieder von der Unmittelbarkeit, in die er im Objekte versenkt ist, zu seiner Subjektivität befreite Begriff, welcher sich von seiner Objektivität unterscheidet, die aber ebensosehr von ihm bestimmt wird und ihre Substantialität nur in jenem Begriffe hat. Diese Identität ist daher mit Recht als das *Subjekt-Objekt* bestimmt worden, daß sie *ebensowohl* der formelle oder subjektive Begriff, *als* sie das Objekt als solches ist.« (ebenda S. 411)[34] Die Stufe des Lebens bleibt der eigenen Realität die Freiheit schuldig, die sie, Hegel zufolge, erst in der Erhebung des Begriffs über das Leben erreicht.

Die Lebensphilosophie erfaßt den Begriff als tötend, unter seinem Zugriff versteinere das Leben, dessen fließende Gestaltung ihm als ein Höheres gegenüber dem begrifflichen Denken gelten. Der Hegelschen Dialektik wird das Leben erst im Begriff so für sich, daß es sich, gleichsam auf einer höheren Stufe, in ihm als seiner Wahrheit zu fassen vermag. Der Begriff des Lebens ist bei Hegel ernstgenommen, sein Anspruch als Begriff führt damit aber über seine bloße Unmittelbarkeit hinaus. Ohne das Leben wäre die Idee, das an und für sich Wahre, leer und bestimmungslos, dem Denken gehe erst am Leben die Augen auf. Sehend wird es erst als Begriff, in dem sich die Gattung realisiert. Der Begriff als die allgegenwärtige Seele in die Mannigfaltigkeit der Erscheinungen ausgegossen, bleibt ein unbegreifbares Geheimnis für die Reflexion, weil »... sie den Begriff nicht erfaßt, und den Begriff nicht als die Substanz des Lebens.« (ebenda S 416)[35] Der Vorgang ist ein gedoppelter; in der Freisetzung des Begriffs faßt das Leben sich in seiner Wahrheit, der Begriff erfährt in seiner Realisierung seine Bestimmtheit. »Der Begriff, indem er wahrhaft seine Realität erreicht hat, ist dies

---

34 HSW, Bd. IV, S. 411; vgl. HW, Bd. 6, S. 466.
35 »Am Leben, an dieser Einheit seines Begriffs in der Äußerlichkeit der Objektivität, in der absoluten Vielheit der atomistischen Materie, gehen dem Denken, das sich an die Bestimmungen der Reflexionsverhältnisse und des formalen Begriffes hält, schlechthin alle seine Gedanken aus; die Allgegenwart des Einfachen in der vielfachen Äußerlichkeit ist für die Reflexion ein absoluter Widerspruch, und insofern sie dieselbe zugleich aus der Wahrnehmung des Lebens auffassen, hiemit die Wirklichkeit dieser Idee zugeben muß, ein *unbegreifliches Geheimnis*, weil sie den Begriff nicht erfaßt, und den Begriff nicht als die Substanz des Lebens.« (HSW, Bd. IV, S. 416; vgl. HW, Bd. 6, S. 472f.)

absolute Urteil, dessen Subjekt als die sich auf sich beziehende negative Einheit sich von seiner Objektivität unterscheidet und das An- und Fürsichsein derselben ist, aber wesentlich sich durch sich selbst auf sie bezieht.« (ebenda S. 411)[36]

Das Subjekt gibt als Idee die Bestimmungen seiner Existenz sich selbst, indem es sich von sich unterscheidet. Das Absolute, unmittelbar genommen, wäre in seiner Bestimmungslosigkeit an den Beginn der Logik zurückverwiesen; es wäre nicht mehr, als das unbestimmte Nichts. In der Realisierung seiner Vermittlung verliert der Begriff des Absoluten das Totalitäre, das ihm als unmittelbarem eignet, die allergische Reaktion gegen alles, was nicht unter seine Einheit fällt, die doch seinem immanenten Anspruch auf die Identität seiner Gegensätze entgegensteht, schwindet erst in dem Aufgeben seiner vernichtenden Reinheit. In der Realisierung als Einzelheit wird es dem Absoluten möglich, den Zwang gegen das ihm äußerliche Andere aufzugeben, den es sich als noch nicht an und für sich Gewordenes ständig antut.

Das Absolute hat in der Seele als seiner Heimstatt seine Freiheit und selbstbewußtes Sein, dadurch gelingt es Hegel, die Individualität bruchlos in das System einzugemeinden und, trotz des Kantischen Verdikts, eine Metaphysik des Geistes aufrechtzuerhalten. Die Rettung des ontologischen Gottesbeweises ist Hegel allerdings nur dadurch möglich, daß er den Gottesbeweis dem Absoluten selbst überträgt. In der Darstellung der Formen des Absoluten erweitert Hegel den ontologischen Gottesbeweis zum System der Philosophie. Es registriert die Erfahrung seiner selbst, die dem Absoluten im Unterschied seiner Gestaltungen wird.

Das empirische Bewußtsein muß sich als für das transzendentale Subjekt konstitutiv erweisen und, im Gegensatz zur Kantischen Philosophie, die es gegenüber der Abstraktion des reinen Ichs festhält, die Unwahrheit beider so bestimmter Gegensätze aussprechen. Freilich findet das Empirische nicht ohne weiteres Zugang in den geheiligten Raum des Hegelschen Systems. Erst nach vollzogener Läuterung erhält es, als Begriff von allen grob materialistischen und sensualistischen Elementen befreit, rückwirkend auch als Empirisches die Approbation. Ontisches wird ontologisiert. Damit richtet sich aber das Denken selbst

---

36 »Der Begriff, indem er wahrhaft seine Realität erreicht hat, ist dies absolute Urteil, dessen *Subjekt* als die sich auf sich beziehende negative Einheit sich von seiner Objektivität unterscheidet und das An- und Fürsichsein derselben ist, aber wesentlich sich durch sich selbst auf sie bezieht, – daher *Selbstzweck* und *Trieb* ist; – die Objektivität aber hat das Subjekt eben darum nicht unmittelbar an ihm, es wäre so nur die in sie verlorene Totalität des Objekts als solchen; sondern sie ist die Realisation des Zwecks, eine durch die Tätigkeit des Zwecks *gesetzte* Objektivität, welche als *Gesetztsein* ihr Bestehen und ihre Form nur als durchdrungen von ihrem Subjekt hat.« (HSW, Bd. IV, S. 411; vgl. HW, Bd. 6, S. 466f.)

gegen die Einseitigkeit des reinen Begriffs. Eine Philosophie mit der Prätention, reine Philosophie zu sein, könnte Identität bloß behaupten, ohne ihrer Aussage habhaft werden zu können.

Aus dem Ich kann, nach Kant, keine Substanz gefolgert werden. Im Romanwerk Marcel Prousts ist die Konsequenz daraus gezogen. Die Personen zerfallen in ihrem zeitlichen Bestehen in eine bildhafte Abfolge von Teilaspekten. Die Einheit der Person ist gesprengt, Zusammenhalt scheint einzig noch durch die Zeit garantiert. Das vergebliche Bemühen, das entgleitende Moment der Zeit zu entreißen und Verlorenes der Erinnerung zu retten, spürt die Inkonsistenz des Subjekts, wie sie in der Philosophie Kant bei der Darlegung des dritten Paralogismus anmeldet: »Es ist also die Identität des Bewußtseins meiner selbst in verschiedener Zeiten nur eine formale Bedingung meiner Gedanken und ihres Zusammenhanges, beweist aber gar nicht die numerische Identität meines Subjekts, in welchem ohnerachtet der logischen Identität des Ich, doch ein solcher Wechsel vorgegangen sein kann, der es nicht erlaubt, die Identität derselben beizubehalten ...« (»Kritik der reinen Vernunft« Ausgabe A, S. 363)[37] Kant kann sich des transzendentalen Ego nicht umstandslos entledigen, denn dieses »... Ich oder Er, oder Es (das Ding), welches denkt ...« (ibid. S. 346)[38], ist für Kant als das Prinzip der praktischen Philosophie deren unabdingbare Voraussetzung.

---

[37] »Es ist also die Identität des Bewustseyns Meiner selbst in verschiedenen Zeiten nur eine formale Bedingung meiner Gedanken und ihres Zusammenhanges, beweiset aber gar nicht die numerische Identität, meines Subiects in welchem, ohnerachtet der logischen Identität des Ich, doch ein solcher Wechsel vorgegangen seyn kann, der es nicht erlaubt, die Identität desselben beyzubehalten; obzwar ihm immer noch das gleichlautende Ich zuzutheilen, welches in iedem andern Zustande, selbst der Umwandelung des Subiects, doch immer den Gedanken des vorhergehenden Subiects aufbehalten und so auch dem folgenden überliefern könte.« (Immanuel Kant, Critik der reinen Vernunft, Riga 1781, S. 363; vgl. KW, Bd. IV, S. 371f.)

[38] Kant spricht von den »vier Paralogismen einer transscendentalen Seelenlehre, welche fälschlich vor eine Wissenschaft der reinen Vernunft, von der Natur unseres denkenden Wesens, gehalten wird. Zum Grunde derselben können wir aber nichts anderes legen, als die einfache und vor sich selbst an Inhalt gänzlich leere Vorstellung: *Ich*, von der man nicht einmal sagen kan: daß sie ein Begriff sey, sondern ein blosses Bewustseyn, das alle Begriffe begleitet. Durch dieses Ich, oder Er, oder Es (das Ding) welches denket, wird nun nichts weiter, als ein transscendentales Subiect der Gedanken vorgestellt = X, welches nur durch die Gedanken, die seine Prädicate sind, erkant wird und wovon wir, abgesondert, niemals den mindesten Begriff haben können, um welches wir uns daher in einem beständigen Cirkel herumdrehen, indem wir uns seiner Vorstellung iederzeit schon bedienen müssen, um irgend etwas von ihm zu urtheilen; eine Unbequemlichkeit, die davon nicht zu trennen ist, weil das Bewustseyn an sich nicht sowol eine Vorstellung ist, die ein besonderes Obiect unterscheidet, sondern eine Form derselben überhaupt, so fern sie Erkentniß genant werden soll; denn von der allein kan ich sagen, daß ich dadurch

Daß das transzendentale Vermögen selbst an die empirische Erfahrung als an ihr Konstitutum verwiesen ist, läßt die Kantische Philosophie im selben Atemzug merken, wenngleich die Konsequenzen außerhalb der Reichweite ihrer für sie selbst konstitutiven Beschränkung liegen. So heißt etwa im Paralogismuskapitel »... daß reine Kategorien (und unter diesen auch die der Substanz) an sich selbst gar keine objektive Bedeutung haben, wo ihnen nicht eine Anschauung untergelegt ist, auf deren Mannigfaltiges sie als Funktionen der synthetischen Einheit angewandt werden können. Ohne das sind sie lediglich Funktionen eines Urteils ohne Inhalt.« (ibid. S. 348–349)[39] Das transzendentale Ich steht bei Kant, gleich dem Ding an sich, als ein Relikt der prima philosophia in einem Denken, das sich seiner Tendenz nach gegen den Begriff des Ersten in der Philosophie erklären müßte. Kant vollzieht dies in seiner Philosophie nicht, ein Denken, das auf die Vermittlung des transzendentalen Vermögens reflektiert, ist der Dialektik überantwortet. Das Ansich kann sich nicht mehr mit dem bloß abstrakten Anspruch auf die Seite stellen, ohne seine Konstituentien einzubekennen. Das dialektische Moment der Selbstbestimmung – als immanenter Widerspruch das Movens des Hegelschen Systems – läßt keine Kategorie des Geistes als eine unmittelbare bestehen.

Willi Lautemann

---

irgend etwas denke.« (Kant, Critik der reinen Vernunft, a. a. O. [s. vorige Anm.], S. 345 f.; vgl. KW, Bd. IV, S. 344)

[39] »Wir haben in dem analytischen Theile der transscendentalen Logik gezeigt: daß reine Categorien (und unter diesen auch die der Substanz) an sich selbst gar keine obiective Bedeutung haben, wo ihnen nicht eine Anschauung untergelegt ist, auf deren Mannigfaltiges sie, als Functionen der synthetischen Einheit, angewandt werden können. Ohne das sind sie lediglich Functionen eines Urtheils ohne Inhalt.« (Kant, Critik der reinen Vernunft, a. a. O. [s. Anm. 37], S. 348 f.; vgl. KW, Bd. IV, S. 362)

299 Siegfried Reck,
28. Juni 1962

Protokoll zum Philosophischen Hauptseminar am 28. 6. 62

Im Anschluß an das Protokoll der Seminarsitzung vom 14. 6. wurden im wesentlichen die folgenden Probleme diskutiert:

1. Das Verhältnis des darwinistischen zum Kantischen Zweckbegriff

In der darwinistischen Theorie der Entwicklung der Arten impliziert der Begriff des Zweckes bzw. der Zweckmäßigkeit das Kriterium, nach dem in der Natur die jeweils zufällig (durch Mutationen) entstehenden neuen Arten von Lebewesen entweder zum Untergang oder zum Überleben bestimmt werden: Diejenige Art überlebt, erfüllt ihren Zweck, die für den Kampf um ihre Selbsterhaltung am zweckmäßigsten ausgerüstet, d. h. ihrer Umwelt am besten angepaßt ist. Dieser Zweckbegriff ist also rein pragmatistisch-naturalistisch und enthält keinerlei metaphysische Bestimmung, etwa im Sinne einer causa finalis, eines Prinzips der Realisierung dessen, was sein soll. Der Zweck realisiert sich vielmehr »unter Gesetzen der Natur«; das Zweckmäßigste stellt sich im Kampf ums Dasein automatisch her, so daß man, um zu wissen, was das Zweckvollste sei, sich einzig an das jeweils empirisch konstatierbare Überleben zu halten hat.

Wird eine solche Konzeption nun rigoros von der Natur auf die Menschenwelt, die Geschichte, übertragen[*1], so führt das mit Notwendigkeit zur Leugnung der Wirklichkeit menschlicher Freiheit und des nach Kant aus ihr entspringenden Sittengesetzes. Aus diesem Grunde ist dann auch – insbesondere von orthodoxprotestantischer Seite – der Darwinismus konsequent als »unmoralisch« verworfen worden. Dieser Kritik hätte auch Kant, insofern ein Mensch, ein vernünftiges Wesen, von ihm nur als mit sittlicher Freiheit begabt gedacht werden konnte, zustimmen müssen. Allerdings – und hierin zeigt sich ein Moment im Kantischen Denken, das der naturwissenschaftlichen, positivistischen Haltung der Darwinisten zutiefst verwandt ist – werden Freiheit und Sittengesetz von Kant keineswegs als empirische Realität, die sinnlich-anschaulich im Menschen oder in seiner Welt gegeben sei, behauptet. Für ihn ist Freiheit eine »bloße Idee«, deren empirischer Erweis eine theoretische Unmöglichkeit darstellt und deshalb nicht als eine höhere Realität der kausalmechanisch ablaufenden Natur gegenübergestellt werden kann.

(Anmerkung: Zitat aus der »Grundlegung zur Metaphysik der Sitten«: »Freiheit aber ist eine bloße Idee, deren objektive Realität auf keine Weise nach Naturgesetzen, mithin auch nicht in irgend einer möglichen Erfahrung, dargetan werden kann, die also darum, weil ihr selbst niemals nach irgend einer Analogie ein Beispiel unterlegt werden mag, niemals begriffen, oder auch nur eingesehen werden kann. Sie gilt nur als notwendige Voraussetzung der Vernunft in einem Wesen, das sich eines Willens, d. i. eines vom bloßen Begehrungsvermögen noch verschiedenen Vermögens (nämlich sich zum Handeln als Intelligenz, mithin nach den Gesetzen der Vernunft, unabhängig von Naturinstinkten, zu bestimmen), bewußt zu sein glaubt. Wo aber Bestimmung nach Naturgesetzen aufhört, da hört auch alle *Erklärung* auf, und es bleibt nichts übrig, als *Verteidigung*, d. i. Abtreibung in Entwürfe derer, die tiefer in das Wesen der Dinge geschaut zu haben vorgeben, und darum die Freiheit dreist für unmöglich erklären.«[40][*2])

Aus der Skepsis gegenüber solchen Konsequenzen, die sich im Grunde mit einer strengen naturwissenschaftlichen Denkweise recht gut vertragen, erklärt sich dann auch ein ausgesprochener Affekt der nachkantischen, idealistischen Denker gegenüber den exakten Naturwissenschaften, die Freiheit und Sittengesetze, wenn auch nicht radikal auszuschließen, so doch in ein Reich bloßer Innerlichkeit zu versetzen drohten.

Trotz dieser Gegnerschaft, die in vieler Hinsicht in Hegels Kritik an Kant ihren prägnantesten Ausdruck findet, steht Kant jedoch in seiner Konzeption des Zweck- und Zweckmäßigkeitsbegriffes dem Idealismus weit näher als dem Darwinismus: Für Kant ist Zweck – auch in der Natur – undenkbar als eine empirische Gegebenheit, die als Qualität eines Sinndinges diesem objektiv, sinnlich-anschaulich anhafte. »Naturzweck« ist nur als ein regulatives Prinzip zu verstehen, dem die Aufgabe zufällt, »die Erscheinung derselben (der reflektierenden Urteilskraft, S. Reck) unter Regeln zu bringen, wo die Gesetze der Kausalität nach dem bloßen Mechanismus derselben nicht zulangen.«[41][*3] Zweck und Zweckmäßigkeit haben also allein im »unausrottbaren Interesse der Vernunft« ihren Grund; sie werden den der Natur gleichsam nach unserem Bilde aufgeprägt, indem wir »als Vernunftbegriff eine neue Kausalität in der Naturwissenschaft ein-

---

40 Immanuel Kant, Grundlegung zur Metaphysik der Sitten [1785], hrsg. und eingel. von Theodor Valentiner, 3. Aufl., Stuttgart 1959 (Universal-Bibliothek; 4507/07a), S. 123 f. (BA 120 f.); vgl. KW, Bd. VII, S. 96.
41 »Gleichwohl wird die teleologische Beurteilung, wenigstens problematisch, mit Recht zur Naturforschung gezogen; aber nur, um sie nach der *Analogie* mit der Kausalität nach Zwecken unter Prinzipien der Beobachtung und Nachforschung zu bringen, ohne sich anzumaßen, sie darnach zu *erklären*. Sie gehört also zur reflektierenden, nicht der bestimmenden, Urteilskraft. Der Begriff von Verbindungen und Formen der Natur nach Zwecken ist doch wenigstens *ein Prinzip mehr*, die Erscheinungen derselben unter Regeln zu bringen, wo die Gesetze der Kausalität nach dem bloßen Mechanism derselben nicht zulangen.« (KW, Bd. X, S. 470 [B 269; A 265])

führen, die wir doch nur von uns selbst entlehnen und anderen Wesen beilegen, ohne sie gleichwohl mit uns als gleichartig annehmen zu wollen.«[42][*4]

2. Zum Verhältnis des Einzelnen und Allgemeinen in Hegels Philosophie

So wie für Hegel der Untergang der lebendigen Individualität einerseits das Hervorgehen der realisierten Gattung und andererseits das Erzeugen der Einzelheit des individuellen Lebens ist, und hierdurch die realisierte Gattung, die Idee des Lebens, in eine höhere Idee, die des Erkennens, übergeht, aber auch zugleich hierin, nur zu sich selbst kommend, mit sich identisch bleibt, so verspricht auch die Hegelsche Philosophie dem in und an der Welt zugrunde gehenden menschlichen Individuum, daß es sich von dieser Welt, der Geschichte zurückerhalte, indem diese durch seine Aufopferung in ihr einheimisches Reich der Freiheit übergehe und zurückkehre zu sich selbst. Ein solches Versprechen kann jedoch Hegels Philosophie – sofern menschliches Denken hierzu überhaupt imstande sein sollte – nicht einlösen. Zwar ist in Hegels Schriften nicht selten die Rede von dem sich für das Allgemeine aufopfernden Einzelnen und dem sich dadurch mit sich selbst versöhnenden Allgemeinen; der Einzelne, das konkrete menschliche Individuum aber, scheint ohne diese Versöhnung ausgehen zu müssen und einzig dadurch am Allgemeinen Anteil zu haben, daß es in ihm verschwindet. Hierbei verliert es nun aber nicht nur sein Leben; auch sein Name – so es nicht zu den wenigen welthistorischen Individuen gehört – und die Augenblicke seines Schmerzes und Glückes werden aus jeder Erinnerung ausgelöscht. Zwar scheint auch der Hegelsche Idealismus die Erfahrung des Allgemeinen durch das einzelne Individuum gerade in jenen Augenblicken des Schmerzes und Glückes zuzugestehen; die reale Erlösung jedoch bleibt auch bei Hegel nur erahnt.

---

[42] »Würden wir [...] der Natur *absichtlich*-wirkende Ursachen unterlegen, mithin der Teleologie nicht bloß ein *regulatives* Prinzip für die bloße *Beurteilung* der Erscheinungen, denen die Natur nach ihren besondern Gesetzen als unterworfen gedacht werden könne, sondern dadurch auch ein *konstitutives* Prinzip der *Ableitung* ihrer Produkte von ihren Ursachen zum Grunde legen: so würde der Begriff eines Naturzwecks nicht mehr für die reflektierende, sondern die bestimmende Urteilskraft gehören; alsdann aber in der Tat gar nicht der Urteilskraft eigentümlich angehören (wie der Begriff der Schönheit als formaler subjektiver Zweckmäßigkeit), sondern, als Vernunftbegriff, eine neue Kausalität in der Naturwissenschaft einführen, die wir doch nur von uns selbst entlehnen und andern Wesen beilegen, ohne sie gleichwohl mit uns als gleichartig annehmen zu wollen.« (Ebd., S. 471 [B 270; A 266])

Überleitend zur Lektüre und Diskussion des Hegelschen Textes wurde ein Vorbegriff von dem gegeben, worum es in Hegels Kritik an Kant und dessen Kritik an der rationalen Psychologie, insbesondere der Leibnizschen, geht.

Ziel der rationalen Psychologie oder Metaphysik der Seele war das Auffinden von Bestimmungen, die das denkende Subjekt, das Ich, sowohl von den endlichen, vergänglichen Sinnendingen wesentlich unterscheiden, als auch dessen eigene Wirklichkeit, seine Substantialität erweisen sollten. Eine solche Konzeption des Ich stand notwendigerweise unter der Bedingung, daß jenes denkende, wahrnehmende und empfindende Subjekt als eine Einheit erfahren wurde und auch abstrakte Bestimmungen, wie Immaterialität, Inkorruptibilität, Personalität, nur als die von Momenten dieser Einheit gedacht werden konnten.

Kants Kritik der alten Seelenmetaphysik zertrennt nun mit äußerster Schärfe diese Einheit und ordnet ihre Bestimmungen – je nachdem sie empirisch, in der Anschauung des inneren Sinnes gegeben sind oder aus dem reinen »Ich denke« als deduziert behauptet werden – entweder dem empirischen Ich, dem Gegenstand der empirischen Psychologie, oder dem reinen logischen Subjekt des Urteils: Ich denke, dem seitherigen Gegenstand der rationalen Psychologie, zu.[43] Kant macht die letztere zum Untersuchungsgegenstand seiner Transzendentalphilosophie und analysiert die der rationalen Psychologie eigene Verfahrensweise, allein aus dem Urteil: Ich denke, ohne auf irgendeine Erfahrung des inneren oder äußeren Sinnes zu rekurrieren, alle ihre weiteren Urteile: »Ich ist Substanz«; »Ich ist einfach« usw., abzuleiten. Hierbei werden von Kant nicht nur die einzelnen jeweils zugrundeliegenden Schlüsse als Paralogismen erwiesen und verworfen, sondern es wird auch schon die Unmöglichkeit aufgezeigt, jenem reinen Ich legitim eine Qualität – hinausgehend darüber, daß es eben denke, d. h. Gedanken habe – zuzuschreiben. Wird nämlich der Versuch unternommen, irgendeine Bestimmung des reinen denkenden Subjekts anzugeben, so erfolgt dies nur denkend und setzt immer schon dasjenige voraus, was erst bestimmt werden soll. Die diesem logischen Zirkel entspringende »Unbequemlichkeit« macht nach Kant die gesamte Konzeption einer rationalen Psychologie zunichte, weil »Ich« eben dadurch nicht als ein »besonderes Objekt« gefaßt werden darf, das unter die Kategorien subsumiert und von dem deshalb nicht gesagt werden könnte, daß es existiere.[44]

Hegel wendet nun in seiner Kritik der Kritik diesen Ausdruck von der Unbequemlichkeit, sich selbst als Denkenden denkend zum Gegenstand zu nehmen,

---

43 Vgl. den Abschnitt »Von der ursprünglich-synthetischen Einheit der Apperzeption«, KW, Bd. III, S. 136–138 (B 131–136).
44 S. oben, Anm. 38.

polemisch gegen Kant, indem er einerseits gerade diese Unbequemlichkeit zur wesentlichen Bestimmung des Subjektes erhebt, andererseits hierin aber auch die Unwahrheit der abstrakten Trennung von empirischem und transzendentalem Ich, von Objektivität und Subjektivität sich offenbaren sieht. (Zitat aus der Logik: »... die Erfahrung der beklagten Unbequemlichkeit ist selbst das empirische Faktum, worin die Unwahrheit jener Abstraktion sich ausspricht.«[45][*5]) Beide Ichs, empirisches und transzendentales, sind zwar unmittelbar auch unterschieden, an sich aber schon immer identisch, insofern nicht nur ihre Nichtidentität, sondern auch ihre Identität durch sie selbst und anderes außerhalb ihrer vermittelt sind. Als solche Vermittelnde erscheinen bei Hegel z. B. Kollektive, die Volksgeister, denen das Subjekt die Sprache entlehnen muß, ohne die es selbst gar nicht als denkendes und somit als von seinem empirischen Dasein unterschieden bestimmen könnte.[46]

Auch bei Kant könne in gewissem Sinne – so wurde im Seminar angemerkt, ohne daß darauf näher eingegangen werden konnte – von einer Dialektik von empirischen und transzendentalem Ich gesprochen werden, die schon etwas von dem gesellschaftlichen Charakter der synthetisierenden Leistungen des Subjektes durchscheinen lasse.

Wenn Hegel, Kant referierend, in seiner »Logik« schreibt: »Es bleibe somit nichts als die einfache, für sich an Inhalt ganz leere Vorstellung: *Ich*, von der man nicht einmal sagen kann, daß sie ein *Begriff* sei, sondern ein *bloßes Bewußtsein*, das *alle Begriffe begleitet*«[47][*6], so wird hierin die denkbar schärfste Distinktion von transzendentalem Ich und den Gedanken, die diesem zugesprochen werden, zum Ausdruck gebracht: Das Ich ist zwar Begleiter aller Begriffe, selbst aber kein Begriff, insofern es nämlich nichts unter sich befaßt, keine transzendentalen Ichs, die seinen Umfang bilden könnten, existieren. Darin zeigt sich eine Analogie des Kantischen transzendentalen Ich zum Sein der mittelalterlichen prima philosophia, die das Sein als alle Gattungen und Arten übersteigend bestimmte. Der

---

45 »Wenn die Kantische Philosophie jene Reflexionsbestimmungen untersuchte, so hätte sie noch mehr die festgehaltene Abstraktion des leeren Ich, die vermeinte Idee des Dings-an-sich untersuchen müssen, das sich eben um seiner Abstraktion willen vielmehr als ein ganz Unwahres zeigt; die Erfahrung der beklagten Unbequemlichkeit ist selbst das empirische Faktum, worin die Unwahrheit jener Abstraktion sich ausspricht.« (HW, Bd. 6, S. 492)
46 Hegel erwähnt z. B., »daß die Verfassung eines Volkes mit seiner Religion, mit seiner Kunst und Philosophie oder wenigstens mit seinen Vorstellungen und Gedanken, seiner Bildung überhaupt (um die weiteren äußerlichen Mächte sowie das Klima, die Nachbarn, die Weltstellung nicht weiter zu erwähnen) *eine* Substanz, *einen* Geist ausmache.« (HW, Bd. 12, S. 64f.)
47 HW, Bd. 6, S. 488.

Kantische Ausdruck: »Ein bloßes Bewußtsein, das alle Begriffe begleitet«, enthält allerdings auch etwas von einer positiven Bestimmung, nämlich einer Tätigkeit, einer Anstrengung des denkenden Ich, die sowohl im Sich-Zusammenhalten, in der Verhinderung der Zerstreuung des Ich an der Mannigfaltigkeit der Erscheinung als auch in der Synthesis dieser Mannigfaltigkeit besteht.

Dieses Moment erscheint bei Fichte, der sich gerade in dieser Hinsicht als reiner Interpret Kants verstand, als wesentliche Bestimmung des das Nichtich hervorbringenden Ich. Auch Hegel ist einer solchen aktivistischen Auffassung vom denkenden Subjekt oder dem Denken als einer Arbeit und Anstrengung des Begriffs zutiefst verpflichtet; auch wenn er sich in seiner affektgeladenen Kritik gegen Kants nominalistischen Ichbegriff wendet, der in seinem Formalismus nichts weniger als die Leugnung der Realität selbstbewußten Geistes impliziert.

den 5. Juli 1962   Siegfried Reck[48]

[*1] Wieweit die Übertragung nicht vielleicht umgekehrt, nämlich von der damaligen menschlichen Welt, der bürgerlichen Gesellschaft, auf die Natur erfolgt ist, wurde im Seminar nicht diskutiert.
[*2] »Grundlegung zur Metaphysik der Sitten«, Reclam 1959,[49] S. 123 f.
[*3] »Kritik der Urteilskraft«, Meiner 1959,[50] S. 222
[*4] »Kritik der Urteilskraft«, Meiner 1959, S. 223
[*5] »Wissenschaft der Logik«, 2. Teil, Meiner 1951,[51] S. 433
[*6] ebd., S. 430

---

48 Unterschrift.
49 S. oben, Anm. 40.
50 Immanuel Kant, Kritik der Urteilskraft [1790], hrsg. von Karl Vorländer, Hamburg 1959 (Philosophische Bibliothek; 39).
51 D.i. ein unveränderter Nachdruck von HSW, Bd. IV.

300 Manfred Schlichting,
5. Juli 1962

Protokoll zum Philosophischen Hauptseminar
am 5. 7. 1962

Die Hegelsche Kritik an Kant, wie sie sich äußert im Abschnitt »Die Idee des Erkennens«[52], ist nicht freizusprechen vom Vorwurf einer affektiven Einseitigkeit. Sie macht es sich Kant gegenüber zu leicht, indem sie übergeht, daß die Brüche in Kants Philosophie nicht auf bloße Denkfehler zurückgehen, sondern in der Sache selbst begründet sind. Gegenüber der neueren Kantinterpretation, die auch darauf aus war, die logische Geschlossenheit und Stimmigkeit der Kantischen Philosophie nachzuweisen, kommt es darauf an, diese Brüche als deren eigentliche Substanz herauszustellen.

Der Freiheitsbegriff Kants läßt sich nicht ausschließlich als formaler festlegen. Wäre er »bloße Idee«, wie einige Stellen in der »Grundlegung zur Metaphysik der Sitten« es nahezulegen scheinen,[53] so stünde das im Widerspruch zu der Kantischen Lehre von der Freiheit als der Bedingung der Möglichkeit eines vernünftigen Handels, das ja in der Welt der Erscheinung sich bewähren soll. Auch als praktische entwickelt die Vernunft Prinzipien, die vor aller Erfahrung gelten – darin liegt der Sinn des Begriffs der Autonomie –, aber auf Erfahrung gehen. Zudem haftet der Kantischen Rede vom Sittengesetz als eines gegebenen Faktums etwas leise Empirisches an.

Freiheit äußert sich auch in den kategorialen Leistungen des Verstandes, der mit der von ihm geschaffenen Ordnung der Erfahrungswelt auch das Betätigungsfeld des sittlichen Handelns schafft. Meine Handlung, die ich nach den Gesetzen des Verstandes zu buchstabieren vermag, kann nur Ausdruck meiner Freiheit sein.

---

[52] Vgl. HW, Bd. 6, S. 487–548.
[53] Bei Kant heißt es etwa: »Ich sage nun: Ein jedes Wesen, das nicht anders als *unter der Idee der Freiheit* handeln kann, ist eben darum, in praktischer Rücksicht, wirklich frei, d.i. es gelten für dasselbe alle Gesetze, die mit der Freiheit unzertrennlich verbunden sind, eben so, als ob sein Wille auch an sich selbst, und in der theoretischen Philosophie gültig, für frei erklärt würde.« (KW, Bd. VII, S. 83 [BA 100])

In jenem »Ich denke, das alle meine Vorstellungen begleitet«[54], sind ja implizit die Kategorien und damit Kausalität schon gesetzt. Gibt es ohne das »Ich denke« kein Bewußtsein, so erweist sich umgekehrt das »Ich denke« als unerläßlich für die synthetische Funktion, welche das chaotische Material zu strukturieren vermag.

Die Wende von Kant zu Hegel geht deutlich hervor aus dem Wort von der »Unbequemlichkeit« dessen, was bei Hegel dann zum absoluten Selbstbewußtsein erhoben wird: das Ich, das sich selbst denkt.[55] Im Pathos der Einfachheit drückt eine nüchterne Haltung sich aus, die Hegel verlorengegangen ist.

(Zu fragen wäre hier, ob der Verfall der Sprache nicht auch zu erklären ist daraus, daß man Wörter wie ›Unbequemlichkeit‹ nicht mehr bereit ist, in jenem von Kant gemeinten emphatischen Sinne auszusprechen.)

Die Frage jedoch nach der größeren Emphase bei Kant oder bei Hegel ist müßig: Denn ist nicht Philosophie überhaupt identisch mit emphatischem Denken?

Die Kantische Emphase kehrt wieder im Bewußtsein des eigenen Anspruchs – Hegel weiß, daß sein Denken der sich reflektierende absolute Geist ist.

Die Realisierung des Absoluten liegt bei Kant im Unendlichen; seine Philosophie vermag nur die regulativen Prinzipien – auf Absolutes hinweisend – auszusprechen. Hegel dagegen spricht das Absolute aus, er erkennt das Absolute als den sich selbst darstellenden absoluten Geist. Dessen Realisierung wird als Sache der Gesellschaft verlegt in die Geschichte. Das Thema der Weltgeschichte ist die Freiheit. So ist der Staat bei Hegel eigentlich Gesinnung, realisierte göttliche Idee.

(Zur Bekräftigung dessen wurde hingewiesen auf die letzte Schrift Hegels, in der er sich mit der Reformbill beschäftigt,[56] nicht aus einem partikularen, politischen Interesse heraus, sondern weil er wußte, daß im Empirisch-Politischen das Absolute auf dem Spiel steht.)

Doch gerade in der Emphase findet sich bei Hegel ein deutlich positivistisches Element, die Gefahr der Hypostasis des Absoluten, das Sich-Bescheiden der Philosophie mit dem Erreichten, das Sich-Abfinden mit den Zuständen, wie sie

---

54 »Das: *Ich denke*, muß alle meine Vorstellungen begleiten *können*; denn sonst würde etwas in mir vorgestellt werden, was gar nicht gedacht werden könnte, welches eben so viel heißt, als die Vorstellung würde entweder unmöglich, oder wenigstens für mich nichts sein. Diejenige Vorstellung, die vor allem Denken gegeben sein kann, heißt *Anschauung*.« (KW, Bd. III, S. 136 [B 131 f.])
55 Vgl. HW, Bd. 6, S. 488–492.
56 Vgl. »Über die englische Reformbill« [1831], HW, Bd. 11, S. 83–128.

sind. Von der Überlegung, daß die Welt, in der der absolute Geist seiner Aufgabe gemäß sich darstellen kann, die absolute sein muß, die Grenze gegen den Positivismus zu ziehen, fällt schwer.

Es bleibt der Vorwurf gegen Kant, er entziehe sich der Konsequenz, die die Vermittlung zwischen intelligibler und sensibler Welt erheischt, er decke gerade die Stelle zu, an der die Unhaltbarkeit seines Systems evident werde.

Bei der anschließenden Diskussion des Hegelschen Textes wurde klar, daß gerade das, was bei Kant die »Unbequemlichkeit« des »Ich denke« heißt, zum Angelpunkt der Hegelschen Spekulation wird.

Hegels Kritik richtet sich gegen das, was er sonst Reflexionsphilosophie nennt, gegen den Residualbegriff von Wahrheit, der entsteht, wenn man Subjektivität abzieht von der Vorstellung – welche ja im »Ich denke« schon impliziert ist, das Ding an sich läßt sich von der Erscheinung nicht trennen. Seine Bestimmungen sind Vermittlungen dessen, was die Reflexionsphilosophie sich bemüht wegzulassen.

Nach Hegel hätte Kant, wäre er konsequent genug verfahren, seine Kritik der rationalen Seelenlehre ebenso gegen sein »Ich denke« kehren müssen.

Die Kantkritik Hegels basiert auf dem im strengen Sinne idealistischen Charakter seiner Logik: Das Subjekt hat letztlich den Vorrang. Objektivität gründet ohne Rest in Subjektivität.

301 Arend Kulenkampff, 12. Juli 1962

Protokoll der Seminarsitzung vom 12. Juli 1962

Hegel macht mit der Forderung Spinozas Ernst, daß alles sub specie aeternitatis zu betrachten sei.[57] Alles, mithin das Absolute selbst, welches bei Spinoza in der einseitigen Bestimmung, Substanz, Unendlichkeit zu sein, die nicht schon ›ewig zur Endlichkeit herausgegangen‹ ist,[58] fixiert blieb, ist der Vermittlung zu unterwerfen, das heißt: sub specie seiner und seines mit ihm identischen Anderen zu betrachten. So ist die Entfaltung des Absoluten Reflexion-in-sich durchs in sich reflektierte Einzelne hindurch, in welchem jenes als absolutes Subjekt sich begreift. Im denkenden Ich ist es in Einheit mit sich und zugleich unendlich von sich unterschieden. Ist aber das Ich als wesentliches, notwendiges Moment des Absoluten dergestalt in ihm aufgehoben, daß ihm als selbstbewußt tätiges Endliches nichts obliegt als die Hervorbringung seiner selbst als eines integrierenden Bestandteils des unendlichen Ganzen, so ist zu fragen, von welcher Art diese Rettung ist und ob sie ihren Namen zu Recht trägt.

Aufs Bewahren hat philosophisches Denken es von jeher abgesehen. Die Rettung des von Auflösung im Gestaltlosen bedrohten und um seine Erhaltung

---

[57] »Wie wir gesagt haben, ist diese Idee, die die Essenz des Körpers unter einem Aspekt von Ewigkeit ausdrückt, ein gewisser Modus des Denkens, der zur Essenz des Geistes gehört und der notwendigerweise ewig ist.« (Baruch de Spinoza, Ethik in geometrischer Ordnung dargestellt [1677]. Lateinisch – Deutsch, hrsg., übers. und eingel. von Wolfgang Bartuschat, 4. Aufl., in: Baruch de Spinoza, Sämtliche Werke, Bd. 2, Hamburg 2015 [Philosophische Bibliothek; 92], S. 567)
[58] »Durch die Frage nach der Wahrheit jenes Unendlichen und Endlichen wird der Standpunkt verändert, und diese Veränderung wird die Verlegenheit, welche die erste Frage hervorbringen sollte, auf sie zurückbringen; jene unsere *Frage* ist der Reflexion, aus der die erste *Frage* stammt, *neu*, da solches Reflektieren nicht das spekulative Interesse enthält, welches, für sich und ehe es Bestimmungen bezieht, darauf geht zu erkennen, ob dieselben, wie sie vorausgesetzt werden, etwas Wahres seien. Insofern aber die Unwahrheit jenes abstrakten Unendlichen und des ebenso auf seiner Seite stehenbleiben sollenden Endlichen erkannt ist, so ist über das Herausgehen des Endlichen aus dem Unendlichen zu sagen, das Unendliche gehe zur Endlichkeit *heraus*, darum weil es keine Wahrheit, kein Bestehen an ihm, wie es als abstrakte Einheit gefaßt ist, hat; so Umgekehrt geht das Endliche aus demselben Grunde seiner Nichtigkeit in das Unendliche *hinein*. Oder vielmehr ist zu sagen, daß das Unendliche ewig zur Endlichkeit herausgegangen, daß es schlechthin nicht *ist*, sowenig als das reine *Sein*, allein für sich, ohne sein Anderes *an ihm selbst* zu haben.« (HW, Bd. 5, S. 170 f.)

bangenden Selbst aber erweist sich seit Platon als eins mit Ächtung und Askese.⁵⁹ Im Unterschied etwa zur materialistischen Psychologie Demokrits, der zufolge die Seele aus den flüchtigsten, gleichsam geistigsten Atomen zusammengesetzt und somit der Welt des Stofflichen verhaftet ist, enthält der Platonische Seelenbegriff das Versprechen, daß die Seele bewahrt wird, doch in eins damit das Eingeständnis, daß sie, um ihr unveränderliches Sein zu gewinnen, aufhören muß, sie selbst zu sein. Der Riß zwischen der Flucht der Erscheinungen und dem ewigen Sein der Ideen geht mitten durch die Seele hindurch. Gerettet wird – wie von den Dingen der Begriff –, was als ihr besserer Teil erkannt ist: ihre Affinität zur Wahrheit, das Bewußtsein der ewigen Wesenheiten, das Identische in ihr gegenüber der hektischen Vielfalt sinnlicher Impulse. Deren asketische Abwehr bildet die Voraussetzung dafür, daß die Seele ihre Bestimmung, Spiegel des Unvergänglichen zu sein, erfüllt. In dieser Bestimmung, d.h. als erkennende Vernunft, gleicht sie dem unsichtbaren Seienden, das sie erkennt, und partizipiert an dessen zeitlosem Bestehen. Dieser geforderten beharrlichen Übereinstimmung mit sich widerspricht der erste von den vier Beweisen der Unsterblichkeit der Seele im ›Phaidon‹, der in der Lebendigkeit der Seele die Gewähr ihrer Unvergänglichkeit erblickt.⁶⁰ Worin aber sollte dieses ihr Leben bestehen, wenn nicht in jener sinnlichen Irritabilität, der Mannigfaltigkeit durch Wahrnehmung vermittelter Erscheinungen, dem Wechsel ihrer Zustände, ohne den die Seele überhaupt nicht zu erkennen, ihr ureigenes Wissen von Einheit anamnetisch sich anzueignen vermöchte. Am Modell des natürlichen Lebens, dem die Seele zu entrinnen sucht, des Perennierens im Wechsel, bildet sich allererst ihre Idee. Daß ein Element nur dann fortwährend dasselbe Mit-sich-identisch-Sein soll bleiben können, wenn es sich verändert, in sein Gegenteil über- und daraus wieder hervorgeht – diesen naturphilosophischen Gedanken hat Platon im ersten Argument des ›Phaidon‹ aufgegriffen und zum Fatum der unrein abscheidenden, im Stofflichen befangenen Seele erklärt. Die Hypostasis des Einheitsmoments, auf die der letzte der Sokratischen Beweise und – wie die spätere rationale Psychologie – Platons Seelenlehre insgesamt hinausläuft – ›Wenn sie (die Seele) aber durch sich selbst betrachtet, dann geht sie zu dem reinen, immer seienden Unsterblichen und sich stets Gleichen, und als diesem verwandt hält sie sich stets zu ihm, wenn sie für sich selbst ist und es ihr vergönnt wird, und dann hat sie Ruhe von ihrem Irren und ist auch in Beziehung auf jenes immer sich selbst gleich ...‹ (Phaidon, 79 d

---

59 Vgl. Platon, Phaidon, in: Platon, Sämtliche Werke, hrsg. von Ursula Wolf, Bd. 2, übers. von Friedrich Schleiermacher, Reinbek bei Hamburg 1994 (Rowohlts Enzyklopädie; 562), S. 103–184; hier: S. 138–142 (80d–84b).
60 Vgl. ebd., S. 124–127 (69e–72d).

1–6)⁶¹ – diese Verabsolutierung des Moments von Identität ähnelt die zu abstrakter Reinheit geläuterte Seele dem ihr scheinbar Fernsten an: dem Atom, dessen Einfachheit und Substantialität sich als ihre geheime Imago enthüllt. Als ein Mittleres zwischen dem Kosmos der Ideen und der Welt der Erscheinungen ist die Platonische Seele notwendig eine widerspruchsvolle Konzeption. Nicht nur kommt darin die Problematik des reinen Apriorismus der Ideenlehre, die in Unwahrheit mündende Einseitigkeit eines Denkens zum Ausdruck, das seine eigenen Abstraktionsprodukte verabsolutiert – Anamnesis und Vergessen der Genesis sind wechselseitig aufeinander verwiesen –, es zeigt sich in der desintegrativen Tendenz, jenem Rest von animistischer Selbständigkeit, der den beiden von Vernunft nur unvollkommen beherrschten psychischen Grundkräften, Mut und sinnliches Begehren, eignet, wie weit das Ich von Vergeistigung, die es sich in der rigiden Jenseitigkeit des Ideenhimmels doch vorstellt, noch entfernt ist. Das bedeutet, so dunkel und unschlüssig der Platonische Seelenbegriff auch ist – mehr mythische Vorstellung als Begriff –, gegenüber der Hegelschen Reduktion des Subjekts und seiner Innerlichkeit auf Geist, der Omnipotenz des Begriffs, in gewisser Beziehung auch ein Mehr an Wahrheit. Hegel unterschlägt eben jenes irreduktible Moment von kreatürlicher Willkür und Irrationalität und macht sich der Subreption schuldig, denn nur als absolut geistig bestimmtes taugt das Subjekt zum selbständigen Moment des Absoluten, kann es in ihm erlöst und aufgelöst werden. Mit gleichsam Recht ließe von der Idee des Lebens sich sagen, daß sie in ihrer Stringenz und absoluten Schlüssigkeit gerade dessen ermangelt, was ein – insofern freilich ungeistiges – Bewußtsein, das sich ›das Leben des Begriffs‹⁶² schwerlich als dieses selbst wird einreden lassen, allemal als substantiell zu lebendigen Gegenständen gehörig erfährt: eine sinnlich-spirituelle Aura, von der vielleicht die Sprache des Kunstwerks, der absolute Begriff jedoch nichts weiß. Dieses Flüchtigsten, Vergänglichsten ist Philosophie erst spät als eines Gehalts innegeworden. Den ungeheuren Anspruch des Hegelschen Systems, daß nichts draußen bleibe, ernstnehmen, heißt indes, es auch noch nach diesem dem Begriff, wie es scheint, notwendig Exterritorialen, Nichtidentischen – es sei versprengtes, vom Weltgeist verlassenes Individuum oder ein Stück beseelter Realität – befragen. Die Antwort hierauf bleibt das System des absoluten Geistes schuldig. Mit Recht sagt Hegel, daß der Begriff das Begrifflose überfliegt und die

---

61 Ebd., S. 136f.; der Satz endet: »... weil sie ebensolches berührt, und diesen ihren Zustand nennt man Vernünftigkeit.« (Ebd., S. 137 [79d])
62 Anspielung auf die Vorrede der »Phänomenologie des Geistes« [1807]: »Die Wissenschaft darf sich nur durch das eigene Leben des Begriffs organisieren; in ihr ist die Bestimmtheit, welche aus dem Schema äußerlich dem Dasein aufgeklebt wird, die sich selbst bewegende Seele des erfüllten Inhalts.« (HW, Bd. 3, S. 51)

Legitimation, darüber hinauszugehen, um stets schon wieder bei sich angekommen zu sein, er selbst ist.[63] Das Allgemeine, als welches jedwedes Einzelne sich bestimmt, ist in der Tat das Höhere und Beständige, und wie noch das positivistische ›was der Fall ist‹[64] durch den Begriff der Faktizität, so erweist sich auch jenes vom Begriff Abweichende, Nichtsubsumierbare am Subjekt und am Lebendigen überhaupt – die unendlichen Valeurs seiner Besonderheit – als durch die Norm vermittelt, von der es sich unterscheidet. Wahr ist, daß alles Begriff ist, aber ebenso, daß nichts sich im Begriff, solange er nicht wahrhaft individuell, *sein* Begriff ist, erledigt. Die Not des Denkens, daß es ihm ergeht wie dem mythischen König Midas; das je schon in Begriff verzaubert ist, was es berührt, macht Hegel zur Tugend des absoluten Geistes. Weil alles von Anbeginn als sein Moment in ihm gesetzt ist und er überhaupt nur dieses ist, durchs Leben der bedingten, sich selbst negierenden Einzelbestimmungen zu sich selbst zu kommen, geht nichts verloren. Da aber die totale Vermittlung von Einzelheit und Allgemeinheit im absoluten Begriff unter der Bedingung der Aufhebung aller qualitativen Differenzen steht, ist eine bündige Unterscheidung zwischen Untergang und Rettung nicht möglich. Nach dem Vorbild des trinitarischen Prozesses, als welcher die welthistorische Objektivation des Lebens des Begriffs ist, ist Auferstehung nur durch den Tod. Die Trauer der endlichen Dinge, daß ihre Bestimmung ›nicht eine weitere ist als ihr Ende‹[65], vermag das Subjekt nur darin zu überwinden, daß es als selbstbewußtes seiner eigenen Allgemeinheit, seines absoluten Wesens innewird und seine Partikularität und Endlichkeit, welche die Negativität an sich ist, negiert. Die Aufhebung des Todes im Absoluten ist eins mit seiner absoluten Rechtfertigung, die Ungerechtigkeit allem Endlichen gegenüber, daß es seine Hinfälligkeit selber sanktionieren muß, wenn es es selbst sein will, die ewige Gerechtigkeit. Gleichsam in Umkehrung des ontologischen Gottesbeweises wird

---

63 »In der Tat überfliegt der Begriff das Begrifflose, und die nächste Berechtigung, darüber hinauszugehen, ist einesteils er selbst, andernteils nach der negativen Seite die Unwahrheit der Erscheinung und der Vorstellung sowie solcher Abstraktionen, wie die Dinge-an-sich {sind} und jenes Ich ist, das sich nicht Objekt sein soll.« (HW, Bd. 6, S. 493)

64 Anspielung auf Wittgensteins »Tractatus«, an dessen Anfang es heißt: »Die Welt ist alles, was der Fall ist.« (Ludwig Wittgenstein, Tractatus logico-philosophicus. Logisch-philosophische Abhandlung [1921], in: Ludwig Wittgenstein, Schriften, [Bd. 1], [hrsg. unter Mitw. von Gertrude Elizabeth Margaret Anscombe und Rush Rhees], Frankfurt a.M. 1960, S. 7–83; hier: S. 11)

65 »Das Endliche läßt sich so in Fluß wohl bringen, es ist selbst dies, zu seinem Ende bestimmt zu sein, aber nur zu seinem Ende; – es ist vielmehr das Verweigern, sich zu seinem Affirmativen, dem Unendlichen hin affirmativ bringen, mit ihm sich verbinden zu lassen; es ist also untrennbar von seinem Nichts gesetzt und alle Versöhnung mit seinem Anderen, dem Affirmativen, dadurch abgeschnitten. Die Bestimmung der endlichen Dinge ist nicht eine weitere als ihr *Ende*.« (HW, Bd. 5, S. 140)

dem Besonderen bei Hegel aus seiner immanenten Begrifflichkeit sein Sein im Absoluten deduziert. Indem dieses sich schließlich als Positivität zweiten Grades, als der Weltlauf zu erkennen gibt, verfällt Hegels Metakritik des Beweises, die identisch ist mit seiner Wiederherstellung, ihrerseits der Kantischen Kritik, daß aus dem Begriff sich das Sein nicht herausklauben lasse. Zwar korrigiert Hegel die logische Unzulänglichkeit des scholastischen Arguments dadurch, daß er dem Absoluten selbst die Explikation überträgt, aber das Eingeständnis der Unmöglichkeit, Seiendes und Begriff zur Deckung zu bringen, ist eben die Weltgeschichte selbst. Das Versprechen des Christentums, daß die Seele gerettet werde, macht Hegel zunichte, indem er es einzulösen scheint. Als durch und durch Allgemeines, als welches doch nie das Licht der Welt erblickt hat, als Begriff hat das Ich sein Selbstverständnis in der von Hegel zwar nicht ausgesprochenen, aber notwendigen Umkehrung des Satzes: Gott ist Subjekt. Dem Übergang vom Begriff zur Idee in der Logik entspricht weltgeschichtlich der trinitarische Prozeß. An sich ist mit dem Schluß des Heilsgeschehens in der Auferstehung Christi der absolute Geist an und für sich. Damit auch dieses letzte Ansich zum An-und-für-sich sich vermittle, das absolute Selbstbewußtsein Gottes auch das des Subjekts sei, bedarf es der in Hegel als der Konkretion dieses Selbstbewußtseins terminierenden Bewegung des abendländischen Denkens, genau besehen also bloß jener Subjekte, die als erkennende die Geschichte dieses Denkens bilden, nicht aber der zahl- und namenlosen Einzelnen, die mit dem Weltgeist nicht Schritt halten und als das schlechthin Begriffslose ohne Segen auf der Strecke bleiben. Begriffslosigkeit ist der Tod und um so erbarmungsloser, als ihn die unwiderlegbare, doch ohnmächtige Versicherung begleitet, er selbst sei noch Moment des ewigen Lebens. Die Hegelsche Konzeption des Selbstbewußtseins, das als Begriff ebenso dynamische Totalität ist wie das Ganze der im System begriffenen Welt: durch die unendliche Bewegung der Beziehung auf sich vermittelte Einheit und Ruhe, ist dem Begriff der Dauer verwandt, wie Bergson ihn in der ›Einführung in die Metaphysik‹ skizziert.[66] Was das Denken nach Bergson nicht zu bewerkstelligen vermag: die Synthesis der beiden Konstituentien von Dauer, Einheit und Mannigfaltigkeit, welche ›etwas Wunderbares haben würde, da man nicht versteht, wie zwei Grundsätze dazu kämen, sich zu vereinen‹ (Einführung in die Metaphysik, S. 35)[67], soll die Intuition, der Sprung ins Absolute leisten. Nicht allein,

---

66 Vgl. Henri Bergson, Einführung in die Metaphysik [1903], 2. Aufl., Jena 1912.
67 »Wenn ich die Dauer zu *analysieren*, d.h. sie in fertige Begriffe aufzulösen suche, so bin ich durch die Natur des Begriffes und der Analyse selbst genötigt, von der *Dauer* im *allgemeinen* zwei entgegengesetzte Ansichten aufzunehmen: aus denen ich sie nachher wieder zusammenzusetzen suchen würde. Diese Kombination, die übrigens etwas Wunderbares haben würde, da man nicht versteht, wie zwei Gegensätze dazu kämen, sich zu vereinen, könnte weder eine Verschiedenheit

daß in Bergsons in sich antithetischem Terminus des ›flüssigen Begriffs‹[68], der das Resultat der intuitiven Versenkung ins Absolute wäre, die Dialektik, die Hegel entfaltet, indiziert ist, – die Intuition der Dauer vermöchte sich nach Bergsons eigener Einsicht überhaupt nur im Begriff des Selbstbewußtseins, wie Hegel ihn faßt, auszusprechen. ›Streng genommen könnte es ... keine andere Dauer geben als die unsrige‹ (a. a. O., S. 39)[69].

Daß der Begriff ›flüssig‹ sei und am Objekt, das er umfaßt, sich modelliere, daß in die Einheit, die er verkörpert, der Reichtum gegenständlicher Bestimmung eingehe, ist Hegels Forderung an den conceptus rei. Der Begriff ist die dynamische Totalität jedoch nur, weil das, womit er sich vermittelt, er selbst ist, weil in ihm selbstbewußt sich reflektiert, was Denken als Bestimmung des Objekts in ihn gesetzt hat. Indem in jeglichem Begriff und auf jeder Stufe des logischen Prozesses Identität, das Moment von Subjektivität die Oberhand behält und das Besondere stets nur als Allgemeines in die Ewigkeit des Begriffes eingeht, bleibt die bewegte Mannigfaltigkeit des Seienden, die Bergson retten möchte, schließlich doch teilweise unbegriffen, dem Untergang verfallen. Bergsons ›flüssiger Begriff‹ wäre, wenn es ihn gäbe, der dialektische Hegels und dessen Korrektur in eins.

In seiner Metakritik der rationalen Psychologie hat Hegel hervorgehoben, daß das abstrakt Einfache als solches das Tote sei, und es Kant als Verdienst angerechnet, daß er dergleichen Prädikate, wodurch die Seele zu einem endlichen Seienden, einem Seelending gemacht wurde, von ihr entfernt hat. Als qualitativ bestimmtes Einfaches, als Etwas ist die Seele unmittelbar Übergehen in Anderes. Darin ist gleichsam die genetische Bedingung der rationalen Psychologie und ihre Dialektik aufgezeigt: Vor der Todesangst und dem sich selbst gegenüber blinden

---

von Graden noch eine Veränderlichkeit von Formen darstellen: wie alle Wunder ist sie schlechthin oder sie ist nicht.« (Ebd., S. 35)

[68] »Der Geist muß sich vergegenwärtigen, die Richtung seines gewöhnlichen Denkverfahrens umkehren, alle seine Kategorien unaufhörlich umdrehen oder vielmehr umschaffen. Aber er wird so zu flüssigen Begriffen gelangen, welche fähig sind, der Wirklichkeit in all ihren Windungen zu folgen und die Bewegung des inneren Lebens der Dinge anzunehmen. Nur so wird sich eine fortschreitende Philosophie bilden, die von den Streitigkeiten zwischen den Schulen befreit und fähig sein wird, die Probleme auf natürliche Weise zu lösen, weil sie sich der künstlichen Ausdrücke, in welchen die Probleme gestellt sind, entledigt haben wird. *Philosophieren besteht darin, die gewohnte Richtung der Denkarbeit umzukehren.*« (Ebd., S. 43)

[69] Bergson schreibt, »wenn man sich mit einem Schlage durch eine Aufbietung der Intuition in den konkreten Verlauf der Dauer« versetzte, würde »man dann keinen logischen Grund finden, vielfache oder verschiedene Dauern zu setzen. Streng genommen könnte es dann keine andere Dauer geben als die unsere – so etwa, als ob es keine andere Farbe auf der Welt geben könnte als z. B. Orange.« (Ebd., S. 38 f.)

Selbsterhaltungstrieb der Seele verflüchtigt sich die Substanz des Lebendigen. Die Seele gleich dem sich an, wovor sie flieht. Aus dem Selbstvertrauen, mit dem in der Kantischen Seelenlehre das Subjekt sein Unvermögen ausspricht, sich in den Rang des Ewigen zu versetzen, erhellt, welchen Fortschritt die Transzendentalphilosophie auf dem Wege zu Autonomie und Freiheit bedeutet. Das Ich, das niemals zum Begriff von sich soll gelangen können, da es sich in der reinen Vorstellung des Ich denke nicht anschaulich gegenständlich werden kann, das als stets schon vorausgesetztes logisches Subjekt jeder bestimmenden Prädikation entzogen ist, hat nichts weiter als die einfache Selbstgewißheit, daß es ist. An die Stelle des alles Erkenntnisgehalts ermangelnden, problematisch gewordenen Seelenbegriffs tritt das reine Selbstbewußtsein, und dieses gewährt, wenngleich unter Verzicht auf alle höheren Garantien, worum seit Platon die Psychologie sich vergeblich bemüht hat: Freiheit von der Furcht, sich im Vergänglichen zu verlieren. Indem das Ich sich rigoros auf den bestimmungslosen Quellpunkt seiner Spontaneität zurückzieht und noch den ganzen Reichtum seiner Innerlichkeit auf die Seite der Phänomene schiebt, ist es für die Dauer seines Daseins es selbst. Daß, was es sei, sich nicht sagen läßt und daß solche einfache Übereinstimmung mit sich nicht länger mehr das Glück heißen kann, das der Vorzeit nähere Epochen im ungetrübten Besitz des eigenen Selbst mochten gesehen haben, ist der Preis für die Hypostasis von reiner Identität.

Ohne einen emphatischen Begriff von Wahrheit, notwendig gründend in der Idee des Absoluten, ist Erkenntnis unmöglich. Zentral steht in Hegels Kantkritik der Vorwurf, Kant habe, indem er Erkenntnis auf die Welt der Phänomena einschränkte, auf den Begriff der Wahrheit verzichtet, während solche skeptische Restriktion und das Verbot des unkritisch spekulativen Ausschweifens in metaphysische Räume doch einzig um jener Wahrheit willen geschieht, die so lange im Begriff des Ganzen nicht aufgeht, als dieses das Ganze zu sein nur beansprucht. Verglichen mit der triumphalen Selbstbestätigung des Absoluten im Hegelschen System, dem affirmativen ›Es ist‹[70], hat die Kantische Zurückhaltung, das Absolute beim Namen zu nennen, es gar auf den Weltlauf festzulegen, etwas unendlich Humanes. Dem Anflug von metaphysischer Trauer darüber, daß das Unbedingte ein Fernes, Jenseitiges, Nichtseiendes, verborgen hinter dem Horizont der Erfahrung sei, gesellt sich der Trost, mit dem Kant die Seele ohne alle Heilsgewißheit aus der Schule der Vernunftkritik entläßt: daß buchstäblich noch alles offen sei. Damit rettet er – wie die Hoffnung, die sich ans Andere draußen knüpft und eins

---

[70] »Es soll [...] dargestellt werden, was das Absolute ist; aber dies Darstellen kann nicht ein Bestimmen noch äußere Reflexion sein, wodurch Bestimmungen desselben würden, sondern es ist die *Auslegung*, und zwar die *eigene* Auslegung des Absoluten und nur ein *Zeigen dessen, was es ist*.« (HW, Bd. 6, S. 187)

ist mit der Möglichkeit des Überfliegens – den Begriff eines guten, weil erst noch zu erfüllenden Ganzen.

302 Thomas Leithäuser, 19. Juli 1962

Thomas Leithäuser

Philosophisches Hauptseminar (Prof. Horkheimer/Prof. Adorno)

Protokoll der Seminarsitzung vom 19. 7. 1962

Die Hegelsche Philosophie möchte den ontologischen Gottesbeweis und die Unsterblichkeit der Seele retten. Dabei ist das ontologisch Letzte aber nicht ein abstraktes Apriori, dieses wird vielmehr in seiner Unwahrheit mitgedacht, in den dialektischen Prozeß hineingerissen, seine Abstraktheit wird hinwegzuschaffen versucht. Die Seele ist zwar auch ein Beharrendes, eine Einfachheit, nicht aber eine abstrakte Einfachheit, wie sie bei Plato festgehalten wird, sondern konkrete Vermittlung. Einheit mit sich im Übergehen zu ihrem Andern; die Seele geht deshalb nicht zugrunde, weil sie selbst Zugrundegehen ist. Hegel sieht dabei die Vermittlung zwischen transzendentalem und empirischem Ich sehr genau. Beide erscheinen als vermittelte Momente. Das Subjekt wird durch seinen Untergang und Übergang ins Allgemeine gerettet. Unsterblich soll das Sterbliche sein wie im Christentum, aber Unsterblichkeit hat es nur in seinem Tod, in dem das Allgemeine sich erhält. Das Besondere geht nicht verloren, weil das Allgemeine sich nur durch dessen Verlust durchsetzt. Das Allgemeine ist identisch mit dem, was im Besonderen ausgeführt wird. Rettung der Seele geschieht durch die Konstruktion der Dialektik. Nur dadurch, daß Besonderes zugrunde geht, überlebt das Allgemeine. Dagegen wird in der Kantischen Philosophie das Besondere dem Chaotischen beigestellt[71]. Es wird durch die Prinzipien der Erkenntnis geordnet, verbleibt aber zugleich chaotisch und unfaßbar. Doch hat dies Zahlenlose und Namenlose durch seine undurchsichtige Beziehung auf das Intelligible noch etwas von der Hoffnung für sich, die durch seine Rettung durch Hegel ihm entgeht. Letztlich ist es bei Hegel der Begriff, der sich realisiert, indem er hier gedacht wird, und indem wir ihn denken, sind wir gerettet.

Erfahrung erweist sich in der Hegelschen Philosophie nicht als ein unmittelbares Aufnehmen des Empirischen, sondern sie ist notwendig schon ein Begriffliches; das Empirische läßt sich erst durch und aus seiner Idee erfassen. In der Fülle und Spezifikation der Erfahrung ist schon der Begriff das[72] Licht, an dem

---

71 Konjiziert für: »zugestellt«.
72 Konjiziert für: »Begriff als das«.

uns Erfahrung aufgeht. Es kommt hier der Kantische Begriff der Erfahrung zu sich selbst, der sich im Grunde nur durch seine Ableitung von dem empirischen unterscheidet. Die Kategorien fangen das Material zwar ein, bleiben diesem aber äußerlich. Die Dinge als solche werden nicht gepackt, sie sind nichtig und doch zugleich die Basis der Erfahrung. Konkrete Erfahrung weiß den Begriff im Innern des Gegenstandes als solchem. Als geistig vermittelt ist sie geistige Erfahrung. Hegels Bestimmung der Erfahrung ist der der Empiristen gegenüber im Recht. Was diese Erfahrung nennen, ist nur ein erkenntnistheoretischer Absud. Hegel stellt dem die volle konkrete Erfahrung als die höhere gegenüber, doch indem er die Abstraktion der Empiristen, das sinnliche, materielle Moment, als geistig vermittelt aufzeigt, rechnet er sofort die differentia specifica dem Geiste selbst zu, das Sinnliche, Materielle geht verloren. Das Leben, an dem die Erfahrung aufgeht, ist selbst nur begrifflich. Der Begriff des Konkreten macht die Faszination der Hegelschen Philosophie aus. Als Transzendentalphilosophie schließt sie zugleich die Fülle des Seienden ein, bringt diese zur Konkretion. Doch auf der Stufe des Lebens, auf der es mit dem Konkreten ernst ist, die Idee als Einzelheit real ist, da ist sie nur als die Gattung, die Allgemeinheit das Innere des Einzelnen; seine Wahrheit nur das Allgemeine als sich selbst Identisches hervorzubringen. Die Hegelsche Philosophie fällt zurück auf eine prima philosophia (die den Vorrang des Allgemeinen vor dem Besonderen postuliert). Der Allgemeinbegriff gelangt zur Herrschaft (das Konkrete wird weggenommen), der Anspruch auf Konkretion wird hinfällig. Indem sich der Begriff durchsetzt, wird das Einzelne am Ende doch unterdrückt, die Konkretion, die der Prozeß der Überwindung des starren Gegensatzes verspricht, bleibt in Wahrheit abstrakt. (Die Allgemeinheit, die Gattung steht im Inneren des Einzelnen der Einzelheit unverwandt gegenüber. Dies gilt hier nicht nur für die Tiere, sondern auch für den Menschen, dem Reflexion an sich zugehört.)

Die Beseeltheit, die bei Leibniz vom Organischen noch zum Anorganischen hinüberreicht; daß also auch die anorganische Monade sich dunkel das Weltall vorstellt,[73] diesem Hylozoismus also (das Beseeltheit als etwas Empirisches

---

[73] Bei Leibniz heißt es etwa: »Der Urheber der Natur konnte dieses göttliche und unendlich wunderbare Kunstwerk ausführen, weil jeder Anteil an Materie nicht allein unendlich teilbar ist, wie bereits die Alten anerkannten, sondern auch wirklich ohne Ende unterteilt ist, jeder Teil in Teile, von denen ein jeder eigene Bewegung hat. Es wäre sonst unmöglich, daß jeder Anteil an Materie das ganze Universum ausdrücken könnte. [...] Von daher sieht man, daß es eine Welt an Geschöpfen, an Lebendigen, an Lebewesen, Entelechien, Seelen in dem geringsten Materialanteil gibt.« (Gottfried Wilhelm Leibniz, La monadologie/Monadologie [1720], in: Gottfried Wilhelm Leibniz, Monadologie und andere metaphysische Schriften. Discours de métaphysique. La mo-

konzipiert) möchte sich die Hegelsche Philosophie zu eigen machen. Das Beseelte ist darum notwendig in »unmittelbarem Dasein«.[74] (Nach der Seite der Unmittelbarkeit wird bloß Seiendes als Beseeltes begriffen.) Hegel macht den Versuch, die Monadologie als eine Stufe der Bewegung des Geistes zu retten. Doch bliebt zunächst der Einwand Feuerbachs, der die Notwendigkeit des Übergehens vom Begriff in das unmittelbare Dasein bezweifelt.[75] Diese Notwendigkeit läßt sich aber nur von der letzten Stufe der Entwicklung des Geistes her, dem absoluten Geist erweisen. Wenn dieser sich erfüllt, so ergibt sich rückwirkend diese Notwendigkeit des Übergangs. Hegel setzt aber voraus, daß die Bewegung zum absoluten Geist gelangt; hierin liegt ein schweres Problem der Logik.

Das Versenktsein des Begriffs in die Äußerlichkeit in der Sphäre des Lebens wird der Anthropologie als Wissenschaftsfeld zugewiesen. Doch gesteht Hegel hier eine dunkle Region, eine unvernünftige Seite zu, einen Bereich, der nicht vom Ich dirigiert wird. Es kann dies ein strategisches Zugeständnis an die Goethesche Naturauffassung sein, denn nur ungern stellt sich Hegel diesem Moment, das er als störend für das Selbstbewußtsein ansieht. Diese Sphäre wird hier zwar anerkannt, aber doch mit der Intention, sie wieder aufzuheben, weil sie mit dem Begriff der Metaphysik unvereinbar ist. Hegel hegt eine souveräne Verachtung gegenüber diesem Bereich des differenzierten Einzelnen. Er denkt den Übergang des Unvernünftigen zum Vernünftigen hier nur als ein individuelles Phänomen, nicht

---

nadologie. Principes de la nature et de la grâce fondés en raison. Französisch – deutsch, hrsg. und übers. von Ulrich Johannes Schneider, Hamburg 2002 [Philosophische Bibliothek; 537], S. 110 – 151; hier: S. 139)

74 »Das System der *Monaden* hebt die Materie zur Seelenhaftigkeit herauf; die Seele ist in dieser Vorstellung ein Atom wie die Atome der Materie überhaupt; das Atom, das als Dunst aus der Kaffeetasse aufsteige, sei durch glückliche Umstände fähig, sich zur Seele zu entwickeln, nur die *größere Dunkelheit* seines Vorstellens unterscheide es von einem solchen Dinge, das als Seele erscheint. – *Der für sich selbst seiende Begriff* ist notwendig auch in *unmittelbarem Dasein*, in dieser substantiellen Identität mit dem Leben, in seinem Versenktsein in seine Äußerlichkeit ist er in der *Anthropologie* zu betrachten. Aber auch ihr muß jene Metaphysik fremd bleiben, worin diese Form der *Unmittelbarkeit* zu einem *Seelending*, zu einem *Atom*, den Atomen der Materie gleich wird. – Der Anthropologie muß nur die dunkle Region überlassen werden, worin der Geist unter, wie man es sonst nannte, *siderischen* und *terrestrischen* Einflüssen steht, als ein Naturgeist in der *Sympathie* mit der Natur lebt und ihre Veränderungen in *Träumen* und *Ahnungen* gewahr wird, dem Gehirn, dem Herzen, den Ganglien, der Leber usw. inwohnt, welcher letzteren nach Platon der Gott, damit auch der *unvernünftige* Teil von seiner Güte bedacht und des Höheren teilhaftig sei, die Gabe des *Weissagens* gegeben habe, über welche der selbstbewußte Mensch erhoben sei.« (HW, Bd. 6, S. 494f.)

75 So etwa im Brief Ludwig Feuerbachs an Hegel vom 22. November 1828, in: Briefe von und an Hegel, hrsg. von Johannes Hoffmeister, Bd. III, 3. Aufl., Hamburg 1969 (Philosophische Bibliothek; 237), S. 244–248.

als ein geschichtliches, wie es ihm zukäme. In der Psychoanalyse ist diese Sphäre als das Es bezeichnet. Sie bringt das Störende zur Vernunft, indem sie sich seiner vernünftigen Momente bedient.

Dieser organischen, pflanzenhaften Gestalt der Seele stellt sich die nächsthöhere Form, das Selbstbewußtsein entgegen. Die Unmittelbarkeit des Seins wird zum Gegenständlichen des Selbstbewußtseins und zu dessen Ansichsein. Aber dieses »Ansich oder das allgemeine Resultat des Verhältnisses des Verstandes zu dem Innern der Dinge ist das Unterscheiden des nicht zu Unterscheidenden oder die Einheit des Unterschiedenen. Diese Einheit ist aber ebensosehr, wie wir gesehen, ihr Abstoßen von sich selbst, und dieser Begriff entzweit sich in den Gegensatz des Selbstbewußtseins und des Lebens.« (Phänomenologie des Geistes Lasson S. 117)[76] Das Gegenständliche, das Leben, wird als die Form des Ansichseienden, die es durch den Prozeß erhält, zum Schein herabgesetzt. Dabei kommt Hegels Idealismus zum Vorschein.

Mit dieser Stufe wird die Phänomenologie in die Logik aufgenommen; Hegel versucht das Verhältnis Phänomenologie und Logik vom Blickwinkel der Logik zu klären. Die Phänomenologie ist, so gesehen, eine Propädeutik, Methodologie, die vom Standpunkt des endlichen Subjekts zur Subjekt-Objekt-Einheit führt. Hier schließt dann die Logik an. Die zuvor an das Subjekt gebundene Idee hat sich jetzt im vollendeten System vom Subjekt emanzipiert, der Geist ist als das Absolute expliziert. Die subjektive Leistung ist zur Bewegung des Objekts selber geworden (die Philosophie ist an dieser Stelle das Absolute).

---

[76] »Was das Selbstbewußtsein als seiend von sich unterscheidet, hat auch insofern als es seiend gesetzt ist, nicht bloß die Weise der sinnlichen Gewißheit und der Wahrnehmung an ihm, sondern es ist in sich reflektiertes Sein, und der Gegenstand der unmittelbaren Begierde ist ein Lebendiges. Denn das Ansich oder das allgemeine Resultat des Verhältnisses des Verstandes zu dem Inneren der Dinge ist das Unterscheiden des nicht zu Unterscheidenden oder die Einheit des Unterschiedenen. Diese Einheit aber ist ebensosehr, wie wir gesehen, ihr Abstoßen von sich selbst; und dieser Begriff entzweit sich in den Gegensatz des Selbstbewußtseins und des Lebens: jenes die Einheit, für welche die unendliche Einheit der Unterschiede ist; dieses aber ist nur diese Einheit selbst, so daß sie nicht zugleich für sich selbst ist.« (Georg Wilhelm Friedrich Hegels Phänomenologie des Geistes. Jubiläumsausgabe, hrsg. von Georg Lasson, Leipzig 1911, S. 117; vgl. HW, Bd. 3, S. 139)

303 Konrad Blumenstock, 26. Juli 1962

Konrad Blumenstock

Protokoll der Sitzung vom
26. 07. 1962

Hegel möchte, wie Kant, die Objektivität der Erkenntnis retten; die Konsequenz dieses Denkens führt ihn dabei aber weit über diesen hinaus. So gelangt er dazu, den ontologischen Gottesbeweis und die Lehre von der Unsterblichkeit der menschlichen Seele zu retten. Der Sinn dieser letzten Lehre [ist] von Hegel ins Gegenteil verkehrt. Die Seele ist ihm nicht mehr ausschließlich das Substrat des »Ich denke«, sondern sie besteht für ihn aus der Mannigfaltigkeit ihrer konkreten Bewegungen: Erst in ihrem Untergang wird sie zu etwas Bestimmtem. Diese Vorstellung einer Unsterblichkeit durch den Tod hindurch ist ein Stück säkularisierter christlicher Theologie. – Dieser Vorstellungskreis ist allerdings schon für die Christenheit des Hochmittelalters problematisch gewesen. Das Dogma von der leiblichen Wiederauferstehung ist zwar verbindlich, wird aber von den verschiedenen Schulen verschieden interpretiert. Für Thomas ist der Körper zwar der Individuationsprozeß, während die Seele das Allgemeine vertritt (auch Hegel steht in dieser aristotelischen Tradition). Dagegen konnte sich die Auffassung des Zeitgenossen des Thomas, Bonaventura, einer materia spiritualis nicht durchsetzen.[77] Für die spätere Scholastik eines Suárez ist infolge der Entsubstantialisierung des Körperbegriffs im Verlauf der Entwicklung des naturwissenschaftlichen Denkens dieser Vorstellungskreis nicht mehr recht brauchbar. – Das Besondere geht zugrunde; für Hegel wird das Besondere als Bestimmung doch zu einem Kategorial, während es für Kant als unbestimmt und sinnlos irreduzibel und chaotisch bleibt.

Uns stört bei Hegel der abstrakte Vorrang im Allgemeinen. Aber noch darin, daß Hegel mit der Versenkung ins Einzelne nicht ernst macht, liegt Vernunft: Das Einzelne wird ja dadurch konstituiert, daß es nicht in Philosophie aufgeht. Die souveräne Gleichgültigkeit gegenüber dem Einzelnen ist auch dessen Rettung, indem es aus der Reglementierung entlassen wird. Trotzdem versagt Hegels ungeheurer spekulativer Anspruch dort, wo er einzulösen wäre. Dieses Hegelsche Versagen ist positivistische Wahrheit und Utopie in einem, das Absolute haftet am

---

77 Der Franziskaner Bonaventura erachtet alle geistigen Wesen als zusammengesetzt aus Potentialität und Aktualität und folgert daraus eine ihnen zugrundeliegende »materia spiritualis«.

überschüssigen Individuellen. Hegel gelangt aber nicht dazu, diese Wahrheit auszusprechen und betrügt so gleichzeitig um sie. Wo Hegels Denken aufhört, müßte Philosophie einsetzen. Etwas überspitzt wäre folgendes zu formulieren: Dadurch, daß das Absolute es nicht vermag im Entscheidenden so zu erscheinen, daß die Beziehung auf das Einzelne einleuchtet, geht auf, daß das Absolute das, was Macht hat, versagt, wo das spezifische Besondere beginnt. Darin aber wäre die Rettung des Hegelschen Versagens zu erblicken. Weniger radikal könnte man sagen, daß Hegel sich zuletzt auf Philosophie als Wissenschaft zurückzieht.

Im dritten Teil der Logik zeigt Hegel, daß die objektiven logischen Kategorien in Wirklichkeit subjektiv sind. Dabei kann er nicht stehen bleiben. Der Begriff wird sich im Erkennen selber zum Subjekt; richtige Urteile sollen im Subjekt zum Absoluten verbunden werden. Indem das Unendliche sich selber zum Subjekt wird, wird es endlich. Während für Kant die Idee immer das Gesuchte bleibt, das Absolute in der Unendlichkeit liegt und letztendlich nicht zu verwirklichen ist, erstrebt Hegel die gute Unendlichkeit, die ihm dabei unter den Händen schwindet. So kann man von einer Inflation der Unendlichkeit bei Hegel reden, während der Begriff bei Kant eine Art von negativem Gewicht behält. In Hegels absolutem Idealismus fällt alles ins Subjekt, jedes Urteil wird Tautologie, indem er den Begriff in den Griff bekommen will, wird dieser gebrochen. Dies aber hat zur Folge, daß Hegel letztendlich der Verdinglichung anheimfällt, gegen die er aufbegehrt hatte; wenn nämlich die vergegenständlichte Welt identifiziert wird mit dem Absoluten, kann man nur noch die Welt als verdinglichte denken oder aber das Absolute unter Ausschluß dieser verdinglichten Welt, die so unangetastet bleibt. Wo alles schon bekannt ist, gibt es nichts mehr richtiges zu hoffen. Durch die völlige Säkularisierung der religiösen Motive und Gehalte verschwindet der Ausblick aufs Andere.

Die Idee ist nicht wirklich, sondern nur für sich; in der objektiven Welt ist sie nur an sich. So ist die Vermittlung zwischen konkreter Äußerlichkeit und subjektiver Idee nur notdürftig; erst durch das Absolute wird die Einheit gesetzt. Hegel verhält sich hier zur Metaphysik wie ein ohnmächtiger Bauer; er erinnert an den Handwerksburschen aus J. P. Hebels Erzählung Kannitverstan, für den die unverstandene Fremde zusammenschießt in dem subjektiven Mißverständnis des Großeigentümers Herr Kannitverstan, das, obwohl ein Mißverständnis, doch wesentliches am Ganzen aufleuchten läßt.[78] Der Gedanke, daß die Einheit durch

---

[78] Die Geschichte geht, zusammengefaßt, so: »Aber auf dem seltsamsten Umweg kam ein deutscher Handwerksbursche in Amsterdam durch den Irrthum zur Wahrheit und zu ihrer Erkenntniß. Denn als er in diese große und reiche Handels-Stadt, voll prächtiger Häuser, wogender Schiffe und geschäftiger Menschen, gekommen war, fiel ihm sogleich ein großes und schönes Haus in die Augen, wie er auf seiner ganzen Wanderschaft von Duttlingen bis nach

das Erkennen gesetzt werde, ist ein Versuch, Fichte einzulösen. Dabei kommt Hegel allerdings in Konflikt mit der Wirklichkeit: Die Philosophie selber soll das Absolute sein. Auch auf dieser Stufe, der Stufe des subjektiven Begriffs, bezieht sich das Erkennende auf eine Außenwelt; es bedarf ihrer aber nicht mehr in rein natürlichem Sinne, sondern um seine formelle Wahrheit zur reellen Wahrheit zu erheben. Die Kritik der Urteilskraft wird hineingezogen in die Kritik der reinen Vernunft. Teleologisch ist das Erkennen ein Abgeleitetes: Das Absolute wird konkret. Die Luft zwischen Selbstbewußtsein und Absolutem erweist sich als überbrückbar; ohne das wäre es nicht Selbstbewußtsein, sondern Moment einer Paranoia.

In dem Satz, daß das Selbstbewußtsein an seinem Begriff die Wesenheit der ganzen objektiven Welt habe, ist der Schlachtplan der Hegelschen Philosophie enthalten. In Hegel kommt die Philosophie zu sich selber; bei ihm spricht sie aus, was im Rationalismus enthalten ist. Während Kant nur durch den Begriff hindurch die Realität ergreift, ist für Hegel alles, was gedacht wird, Begriff. Beide Haltungen können, gemessen aneinander, naiv erscheinen. Die Differenz beider Denker läßt sich aufweisen an der ganz verschiedenen Emphase, welche das Wort Begriff bei beiden gewinnt: Bei Kant schimmert die buchstäbliche Bedeutung des Wortes durch, während für Hegel Begreifen eigentlich erst am Ende der Philosophie möglich ist.

Amsterdam noch keines erlebt hatte. [...] Endlich konnte er sich nicht entbrechen, einen Vorübergehenden anzureden. ›Guter Freund, redete er ihn an, könnt ihr mir nicht sagen, wie der Herr heißt, dem dieses wunderschöne Haus gehört mit den Fenstern voll Tulipanen, Sternenblumen und Levkoien?‹ – Der Mann aber, der vermuthlich etwas wichtigeres zu thun hatte, und zum Unglück gerade so viel von der deutschen Sprache verstand, als der Fragende von der holländischen, nemlich Nichts, sagte kurz und schnauzig: *Kannitverstan*; und schnurrte vorüber.« So geht es ein weiteres Mal, bis der Handwerksbursche einen Trauerzug bemerkt: »Vier schwarz vermummte Pferde zogen einen ebenfalls schwarz überzogenen Leichenwagen langsam und traurig, als ob sie wüßten, daß sie einen Todten in seine Ruhe führten. Ein langer Zug von Freunden und Bekannten des Verstorbenen folgte nach, Paar und Paar, verhüllt in schwarze Mäntel, und stumm. In der Ferne läutete ein einsames Glöcklein. [...] ›Das muß wohl auch ein guter Freund von euch gewesen seyn, sagte er, dem das Glöcklein läutet, daß ihr so betrübt und nachdenklich mitgeht.‹ *Kannitverstan!* war die Antwort. Da fielen unserm guten Duttlinger ein paar große Thränen aus den Augen, und es ward ihm auf einmal schwer und wieder leicht ums Herz. Armer Kannitverstan, rief er aus, was hast du nun von allem deinem Reichthum?« (J. P. Hebel, Kannitverstan, in: J[ohann] P[eter] Hebel, Schatzkästlein des rheinischen Hausfreundes, Tübingen 1811, S. 154–157)

Sommersemester 1962:
Soziologische Grundbegriffe [I]

Soziologisches Hauptseminar

In diesem Semester hält Adorno zudem die philosophische Vorlesung »Philosophische Terminologie (Zur Einleitung) [I]« und gibt das philosophische Hauptseminar »Hegel, Subjektive Logik«

Das Seminar findet dienstags von 17 bis 19 Uhr statt

304–311 UAF Abt. 139 Nr. 11

304 Dietrich Urbach, 8. Mai 1962

Dietrich Urbach

Protokoll über das Seminar bei Prof. Adorno
»*Grundbegriffe der Soziologie*«
1. Sitzung am 8. Mai 1962 im Hörsaal V

Zur Einleitung erklärte Prof. Adorno, daß der Titel »Grundbegriffe der Soziologie« für dieses Seminar nicht richtig gewählt sei; »Hauptbegriffe der Soziologie« entspräche eher dem, was in diesem Seminar besprochen werden soll.

An Hand von Referaten sollen Zentralbegriffe der Soziologie erörtert werden; Zweck des Seminars solle aber die Diskussion bleiben.

Zur Einleitung seien zwar die »Soziologischen Exkurse« nützlich,[1] aber als Basis zu schmal.

Die Probleme in diesem Seminar sind etwa:

1. Formen der Vergesellschaftung
    Verhältnis von Wirtschaft und Gesellschaft,
    gesellschaftliche Systeme (Feudalismus, Kapitalismus, Etatismus, Sozialismus),
    Technik und Gesellschaft.

2. Herrschaft – Klasse – soziale Schichtung
    Gesellschaftliche Kontrolle,
    Sozialer Konflikt,
    Elite.

3. Philosophische Kategorien der Gesellschaftslehre
    Was an der Gesellschaft ist Wesen, was ist Erscheinung?
    Form und Inhalt;
    der Begriff der Freiheit, der an sich in die Philosophie gehört, aber ebenso in der Soziologie der heutigen Gesellschaft seinen Platz hat.
    Rationale und irrationale Momente der Gesellschaft.

---

[1] Vgl. Institut für Sozialforschung, *Soziologische Exkurse. Nach Vorträgen und Diskussionen*, Frankfurt a. M. 1956 (*Frankfurter Beiträge zur Soziologie*; 4).

Soziales Gesetz.

Das Referat hielt Herr Funke[2] über W. W. Rostow: »The Stages of Economic Growth«, Cambridge 1960;[3] deutsche Übersetzung von E. Müller:
»Stadien wirtschaftlichen Wachstums«, Göttingen 1960.[4]

Herr Funke führte aus:
Der Angelpunkt der historischen Entwicklung ist bei Rostow Newton; »als die Menschen zum ersten Mal erkannten, daß die Außenwelt einigen erkennbaren Gesetzen unterlag«.[5]

Prof. Adorno: »Diese Gesetze wurden nicht erst, wie Rostow hier ausführt, durch Newton und seine Zeitgenossen erkannt, sondern schon von viel früheren Generationen, etwa bei Aristoteles.«

Herr Funke zitierte die fünf Wachstumsstadien einer Gesellschaft laut Rostow.[6]

Frage Prof. Adornos: Kann man eine solche Periodisierung überhaupt geben? Was ist dazu logisch zu sagen? Antwort eines Studenten: »Die Begriffe betreffen nicht denselben Bereich.«

Prof. Adorno: »Was verlangt man von einer Periodisierung?« Antwort: Daß die verwendeten Begriffe nicht heterogen sind. Denn hier werden zwei Plattformen angegeben: die traditionelle Gesellschaft und die Konsumgesellschaft. Diese Begriffe, mit den drei Zwischenstufen, sind aber heterogen, höchstens der zeitlichen Reihenfolge nach gegliedert.

---

2 Rainer Funke, »Wirtschaft und Gesellschaft bei Walt W. Rostow«, UAF Abt. 139 Nr. 11.
3 Vgl. W[alt] W[hitman] Rostow, The Stages of Economic Growth. A Non-Communist Manifesto, Cambridge u. a. 1960.
4 Korrigiert aus: »1961.«. – Vgl. Walt Whitman Rostow, Stadien wirtschaftlichen Wachstums. Eine Alternative zur marxistischen Entwicklungstheorie, mit Geleitw. von Walther G. Hoffmann, übers. von Elisabeth Müller, Göttingen 1960 (Kleine Vandenhoeck-Reihe; 251).
5 »Eine traditionelle Gesellschaft ist eine Gesellschaft, deren Struktur innerhalb begrenzter Produktionsmöglichkeiten entwickelt ist, die auf vornewtonscher Wissenschaft und Technik basiert, sowie auf einem vornewtonschen Verhalten gegenüber der physikalischen Welt. Newton wird hier als Symbol für die entscheidende Wende in der Geschichte verwandt, als die Menschen zum erstenmal erkannten, daß die Außenwelt einigen wenigen erkennbaren Gesetzen unterlag und für systematische produktive Manipulationen geeignet war.« (Ebd., S. 18)
6 Vgl. den Abschnitt »Die fünf Wachstumsstadien – eine Zusammenfassung«, ebd., S. 18–32, wo es u. a. heißt: »Es ist möglich, die wirtschaftliche Lage jeder Gesellschaft mit einem der fünf Wachstumsstadien zu charakterisieren: der traditionellen Gesellschaft, der Anlaufperiode, in der die Voraussetzungen für den Beginn des Wachstums gelegt werden, der Periode des wirtschaftlichen Aufstiegs, der Entwicklung zum Reifestadium, dem Zeitalter des Massenkonsums.« (Ebd., S. 18)

Prof. Adorno stimmte dem zu: »Eine Periodisierung müßte sich der Qualität nach unterscheiden. Die Begriffe werden bei Rostow nur nach willkürlichen quantitativen Maßstäben angegeben. Wichtig sind also qualitative Begriffe und Kriterien, nicht quantitative wie in diesem Falle. Wenn man diese Begriffe verwendet, die nichts Neues hinzufügen, ist das grob unlogisch. In der heutigen Wissenschaft werden logische Strukturen nicht entwickelt.

Der Positivismus der Tatsachengläubigkeit verbindet sich mit der Schlamperei der Begriffsbildung. Eine Aufgabe der Soziologie ist deshalb der Kampf gegen die ›Begriffsschlamperei‹.«

»Rostows ganze Theorie ist an subjektiven Bedürfnissen orientiert. Die objektive Erscheinungsform tritt nicht auf. Die fünf Stufen sind kein durchdachtes Denkmodell, sie sind nur von allen Seiten aufgegriffen. Die objektive Struktur der Gesellschaft erscheint bei Rostow ja nicht; er ist viel zu begriffslos.«

Mit diesen Ausführungen verband Prof. Adorno eine Warnung, gegenüber allen Begriffen skeptisch zu werden, besonders gegen die oft zitierten »Übergänge«, »Übergangszeit« u. ä.

Herr Funke setzte das Referat fort mit der Kennzeichnung der traditionellen Gesellschaft als »eine Gesellschaft, ... die auf vor-newton'scher Wissenschaft und Technik beruht ...«

Prof. Adorno kritisierte hier an Rostow, daß er die traditionellen Gesellschaften nur als Agrargesellschaften gekennzeichnet hat, während es auch im Altertum schon städtische, unproduktive Gesellschaften gab. Auch die Grenze (vor-newton'sche Wissenschaft und Technik) sei willkürlich und nicht gerechtfertigt. Prof. Adorno wies auf Werner Sombart und besonders auf Max Weber hin: Wichtig seien die Verhaltensweisen der in der Gesellschaft zusammengeschlossenen Menschen, nicht aber Produktivkräfte und Konsumformen.

Zu Rostows Behauptung, das Wertsystem dieser Gesellschaften sei »ein langfristig wirksamer Fatalismus«[7], wies Prof. Adorno hin auf die Unterschiede zwischen verschiedenen Gesellschaften.

Herr Funke führte im Referat weiter aus, daß der Begriff »traditionelle Gesellschaft« die gesamte vor-newtonsche Welt und auch die heutigen Entwick-

---

7 Über die ›traditionellen Gesellschaften‹ schreibt Rostow: »Das Wertsystem dieser Gesellschaften war im allgemeinen bestimmt durch etwas, was man einen langfristig wirksamen Fatalismus nennen könnte, nämlich die Annahme, daß die den eigenen Enkeln offenstehenden Möglichkeiten genau dieselben sein würden, wie die, die den Großeltern offengestanden hatten. Aber dieser langfristig wirksame Fatalismus schloß keineswegs aus, daß es kurzfristig und rechtmäßig zu einem beträchtlichen Ausmaß möglich war, seinen eigenen Anteil in der eigenen Lebenszeit zu erhöhen.« (Ebd., S. 19)

lungsländer umfasse. Herr Funke ergänzte dazu, daß Rostow nur nach dem Stand der Produktivkräfte vergleicht, aber nicht auf das Wesen der Gesellschaft eingeht.

Prof. Adorno: Man kann die angeführten Gesellschaften keineswegs vergleichen; die chinesischen Dynastien haben sich z. B. frei entwickelt, während in den Entwicklungsländern die Entwicklung der Industrialisierung durch den Imperialismus verhindert wurde.

»Die Technik ist keine Frage der subjektiven Entwicklung, sondern mißt sich an dem Rohmaterial und dem Endprodukt.« Der Stand der Produktivkräfte hat zwar Schlüsselcharakter für das Verständnis der Gesellschaft, aber Rostow sieht isoliert nur die Produktionskräfte. Diese sind zwar entscheidend in der Bewältigung der Natur, aber verflochten in die gesellschaftlichen Verhältnisse. Es hängt davon ab, ob sich die Produktionskräfte in den gesellschaftlichen Verhältnissen entwickeln können; als Beispiel führte Prof. Adorno die Entwicklungsländer an und das Aufhalten der Automation in der Bundesrepublik nach dem 2. Weltkrieg. Die Beurteilung der Gesellschaft muß also erfolgen nach der Symbiose zwischen Produktionskräften und gesellschaftlichen Verhältnissen.

An dieser Stelle ist auch Marx zu undifferenziert: Er hat zwar die Dialektik Produktivkräfte[8]–Produktionsverhältnisse erkannt, nimmt diese Dialektik aber nicht ernst und hat die Tendenz, wie Saint-Simon und Rostow, alles von den Produktivkräften[9] her zu erklären.[10] Die Produktivkräfte[11] sind also von der Natur selbst und den jeweils herrschenden gesellschaftlichen Verhältnissen abhängig.

---

8 Konjiziert für: »Produktionskräfte«.
9 Konjiziert für: »Produktionskräften«.
10 In der *Vorlesung über Negative Dialektik*, gehalten im Wintersemester 1965/66, sagt Adorno, es gebe *bei Marx etwas, was mein verstorbener Jugendfreund Alfred Seidel einmal mit ›Metaphysik der Produktivkräfte‹ bezeichnet hat. Das heißt, daß den produktiven Kräften der Menschen und ihrer Verlängerung in die Technik ein schlechthin absolutes Potential zugeschrieben wird, in dem man ohne große hermeneutische Künste die Vorstellung des schöpferischen Geistes, schließlich der Kantischen ›ursprünglichen Apperzeption‹ wiedererkennen kann. [...] Ich möchte gerade mit dieser spekulativen Seite von Marx mich selbst keineswegs identifizieren. Mir scheint dieser Optimismus der Produktivkräfte außerordentlich problematisch geworden zu sein. [...] Diese Metaphysik der Produktivkräfte, die schließlich etwas dem Glauben an den Hegelschen Weltgeist außerordentlich Verwandtes ist, führt am Ende dazu, daß sogar ein äußerst bedenkliches Theorem des deutschen Idealismus bei Marx fast unverändert wiederkehrt; vor allem bei Engels, es ist im ›Anti-Dühring‹ ausdrücklich formuliert, – daß nämlich die Freiheit eigentlich soviel sei wie daß man bewußt das Notwendige tue; was natürlich nur dann einen Sinn ergibt, wenn das Notwendige, der Weltgeist, die Entfaltung der Produktivkräfte a priori recht hat und ihm der Sieg verbürgt ist.* (NaS, Bd. IV·16, S. 142f.) – Vgl. Alfred Seidel, Bewußtsein als Verhängnis, hrsg. von Hans Prinzhorn, Bonn 1927, S. 209f., sowie MEW, Bd. 20, S. 106.
11 Konjiziert für: »Produktionskräfte«.

Prof. Adorno wandte sich nochmals gegen den unbestimmten Begriff »Übergangsepoche« bei Rostow.[12] Man solle skeptisch werden gegen solches »Geblöke«.

Herr Funke setzte das Referat fort mit Ausführungen über die »Übergangsepoche«.

Prof. Adorno wandte gegen Rostow ein, daß die Anlage von Sozialkapital für den Verkehrssektor nicht typisch für eine Rostowsche »Übergangsepoche« sei. Derartige Staatsinvestitionen sind seit jeher geläufig, auch in der traditionellen Gesellschaft.

Das Referat fährt fort mit Rostows Kritik an Marx.[13]

Dazu Prof. Adorno: Ununterbrochen werden in der »freien Welt« Strohmänner aufgebaut und attackiert, denen man Marx'sche Thesen unterschiebt; so etwa: Alles baut sich auf Gewinnstreben auf. Marx werde immer wieder verkannt; sein Materialismus werde verstanden als Lehre von subjektiven Motiven. Der objektive Ansatz wird gar nicht mehr begriffen oder verschwiegen. Um Marx zu verstehen, muß dieses objektive Motiv zuerst wiederhergestellt werden. »Die zunehmende Entfremdung der Soziologie von der Philosophie führt dazu, daß theoretische Fragestellungen der Soziologie nicht mehr verstanden werden.«

Das subjektive Verhalten (»Jeder ist sich selbst der nächste«) ist keinesfalls das Primäre. Subjekte sind Funktionen, Rollenträger innerhalb der Gesellschaft. Die Menschen sind aber nicht mehr fähig, sich über ihre beschränkte Subjektivität zu erheben (Hinweis auf Ralf Dahrendorf)[14]. Hier tritt das noch zu besprechende Problem Wesen und Erscheinung auf.

Darin liege die Schwierigkeit, Marx zu verstehen; deshalb werde er oft falsch interpretiert, oder es wird ihm Falsches untergeschoben.

Auf die Bemerkung von Frl. v. Alth[15], daß Marx von der kapitalistischen Gesellschaft ausgeht, Rostow von der Zwischenphase, weist Prof. Adorno auf die verschiedenen Phasen der Integration hin (Herbert Spencer).

---

12 Bei Rostow heißt es etwa: »Das zweite Wachstumsstadium umfaßt Gesellschaften im Übergang; das ist der Zeitraum, in dem die Voraussetzungen für den wirtschaftlichen Aufstieg geschaffen werden, denn es gehört Zeit dazu, eine traditionelle Gesellschaft so zu formen, daß sie die Möglichkeiten der modernen Wissenschaft ausnutzen, den abnehmenden Grenzertrag aufhalten und sich so des Segens und der Entscheidungsmöglichkeiten erfreuen kann, die durch den kumulativen Prozeß eröffnet werden.« (Rostow, Stadien wirtschaftlichen Wachstums, a.a.O. [s. Anm. 4], S. 20)
13 Vgl. den Abschnitt »Marxismus, Kommunismus und die Wachstumsstadien«, ebd., S. 174–198.
14 Vgl. Ralf Dahrendorf, Homo Sociologicus. Ein Versuch zur Geschichte, Bedeutung und Kritik der Kategorie der sozialen Rolle [1958], Köln und Opladen 1959.
15 D.i. Michaela von Alth, nachmals von Freyhold.

Herr Funke begründet kurz seine Meinung, daß Rostow keine Kenntnis von Marx habe.

Eine weitere Frage: »Ist Soziologie möglich als empirische Wissenschaft nach dem Hegelschen Ansatz?« beantwortet Prof. Adorno mit dem Hinweis auf »Soziologie und empirische Forschung«[16].

Herr Funke behandelt in seinem Referat weiter die Aufstiegsperiode; die Definition dieser Periode, Beispiele mit Jahreszahlen und die Umschichtung der Einkommensströme. »Der wirtschaftliche Aufstieg führt zum Sieg derer, die die Wirtschaft modernisieren wollen ...«[17]

Dagegen führt Prof. Adorno aus: Oft verlieren Pioniere des wirtschaftlichen Aufstiegs und des Kapitalismus Leben und Vermögen (in vielen Romanen von Balzac). Ein schneller Aufstieg muß nicht ein guter sein. Auch hier taucht wieder das Problem auf: Abhängigkeit von Produktivkräften[18] und Produktionsverhältnissen.

Das vierte Wachstumsstadium ist nach Rostow das der Reife. Seine typische Kennzeichnung aber, »neue Sektoren lösen die alten ab«[19], bezeichnete Prof. Adorno als eine Binsenwahrheit, die in allen Gesellschaftsformen gelte.

Letzter Abschnitt im Referat von Herrn Funke ist das »Zeitalter des Massenkonsums«[20].

»Die Gesellschaft fühlt sich vom Wunder der Industrialisierung gelangweilt.«[21]

Auch das sei keine Charakteristik der Gesellschaft, sagte Prof. Adorno, da diese Verhaltensweisen auf Formen der gesellschaftlichen Funktion des Einzelnen zurückgingen.

Herr Funke führte aus, daß nach Rostow die Menschen im Zeitalter des Massenkonsums bereit seien, »notfalls auf einen Teil ihrer Produktion zu ver-

---

16 Vgl. Theodor W. Adorno, *Soziologie und empirische Forschung* [1957], GS, Bd. 8, S. 196–216.
17 Rostow formuliert »[i]n nicht-ökonomischer Sprache [...], daß der wirtschaftliche Aufstieg gewöhnlich ein entscheidender politischer, sozialer und kultureller Sieg derjenigen ist, die die Wirtschaft modernisieren wollen über diejenigen, die an der traditionellen Gesellschaft hängen oder andere Ziele verfolgen.« (Rostow, Stadien wirtschaftlichen Wachstums, a.a.O. [s. Anm. 4], S. 77)
18 Konjiziert für: »Produktionskräften«.
19 Rostow schreibt: »Als sektorale Entwicklung ist der industrielle Prozeß im Reifestadium ein sehr differenzierter Prozeß, in dem neue führende Sektoren Bedeutung gewinnen, die die alten führenden Sektoren des wirtschaftlichen Aufstiegs ersetzen, in denen eine Verlangsamung in zunehmendem Maße den Fortschritt aufgehalten hat.« (Ebd., S. 78)
20 Vgl. den entsprechenden Abschnitt, ebd., S. 94–116.
21 Vgl. den Abschnitt »Jenseits des Massenkonsumzeitalters«, ebd., S. 112–116.

zichten und eine Dämpfung des Antriebs im privaten Sektor in Kauf zu nehmen, ... um die auftretenden Härten zu vermeiden.«[22]

Dazu Prof. Adorno: »Phänomenologisch sind diese Probleme der Maximierung der industriellen Produktion nicht falsch. Durch die Produktionsverhältnisse sind die Menschen tendenziell arbeitslos geworden und brauchen doch dieses System, um sich zu erhalten. Das ist eine bittere Notwendigkeit, da weder Arbeit noch Absatz vorhanden sind.«

Rostows Fehler liegt hier im kategorialen Ansatz und führt ihn zu einer Fehlinterpretation. Da Tatsachen von einem falschen Ansatz her auch zu Fehlinterpretationen führen können, mahnte Prof. Adorno auch hier zur Vorsicht.

Nach dem Referat fragte Herr Horn[23]:
»Ist es so, daß bei Rostow der Aufstieg der Wirtschaft den Wirtschaftsführern zu verdanken ist?«

Herr Funke: »Rostow bejaht das; der Aufstieg kommt mit von der Gesinnung der Menschen, wenn sie auch teilweise andere Absichten damit verbinden.«

Prof. Adorno ergänzte dazu: Die Wirtschaftsgesinnung sei eine subjektive Kategorie. (Rostow: »Männer, die wissen, wohin sie gehen.«)[24] Hier liegt Rostows schwerster Fehler: Er sieht auch hier nur einzelne Fakten, es fehlt der Strukturzusammenhang des Ganzen, das Modell der Gesamtstruktur.

Der Aufschwung realisiert sich durch die Gesinnung der Wirtschaftsführer hindurch. Dann muß Rostow aber alles aus dem Subjekt erklären; er muß den

---

22 Rostow spricht an dieser Stelle nicht vom Zeitalter des Massenkonsums, sondern benennt eine Bedingung der Möglichkeit zum Übergang hin zu einem Wohlfahrtstaat: »Je mehr das Reifestadium herannahte, um so mehr machten sich [...] die menschlichen Ziele, und zwar mit wachsender Macht, geltend. Die Menschen waren im gewissen Sinne bereit, notfalls auf einen Teil der Produktion zu verzichten und Dämpfung des Antriebs im privaten Sektor in Kauf zu nehmen, um die Unannehmlichkeiten des Konjunkturzyklus zu dämpfen, um die soziale Sicherheit zu erhöhen, um das Einkommen zu verteilen, um den Arbeitstag zu verkürzen und allgemein um die in einer Gesellschaft auftretenden Härten zu mildern, die bisher durch die Ausrichtung auf eine Maximierung der industriellen Produktion und auf die Verbreitung der modernen Technik entstanden waren.« (Ebd., S. 95)
23 D.i. Klaus Horn.
24 Diese Phrase konnte so nicht aufgefunden werden, aber Rostow schreibt etwa: »In Japan, wie in Deutschland, kam die größte Opposition gegen die westlich orientierten relativ pazifistischen Politiker der 20er Jahre nicht von Männern, die bestrebt waren, die japanische Wirtschaft in das Zeitalter des Massenkonsums zu führen, sondern von Männern, deren Verhalten und Ehrgeiz aus den Ursprüngen der japanischen Modernisierung und aus einem reaktionären Nationalismus, der voller Furcht und Hoffnung war, zu erklären ist.« (Ebd., S. 146)

Weg weitergehen. Diese Subjekte müssen aber im Sinn der gesellschaftlichen Tendenz arbeiten.

Herr Massing[25]: »Rostow muß weitergeführt werden. Die subjektive Verhaltensweise des Einzelnen ist nur ein subjektiver Abglanz des objektiven Geschehens.«

Prof. Adorno: In die Totalität der Gesellschaft gehen natürlich subjektive Einflüsse ein. Eine adäquate Theorie der Gesellschaft, die die subjektiven Elemente ausläßt, muß korrigiert werden.

Begreift man die Gesellschaft als einen Gesamtkomplex, so muß man die subjektiven Elemente mit einbeziehen, wenn sich auch die Gesellschaft über das subjektive Bewußtsein des Einzelnen hinwegsetzen kann.

---

25 D.i. Otwin Massing.

305 Rüdeger Baumann, 15. Mai 1962

Rüdeger *Baumann*

Protokoll vom 15. 5. 1962 des Soziologischen Hauptseminars
(Prof. Adorno)

Die erste Hälfte der Sitzung war – anknüpfend an die Erörterungen vom letzten Mal – der Frage gewidmet, was man unter einer Theorie der Gesellschaft zu verstehen habe, was von ihr zu verlangen sei und warum man gegenwärtig eine solche vermisse.

In seinem Buch »Stadien wirtschaftlichen Wachstums« erhebt Rostow ja den Anspruch, indem er die eigene der Marxschen Geschichts- und Gesellschaftsbetrachtung entgegensetzt, selbst eine Theorie der Gesellschaft zu geben. Dagegen ist – so sagte Prof. Adorno – zunächst einmal einzuwenden, daß eine mehr oder minder willkürlich von einer Begriffsebene auf die andere herumspringende Periodisierungslehre (über die Rostow nicht hinauskommt) die Aufgabe einer Theorie nicht erfüllt. Die morphologische Beschreibung wirtschaftlicher Verläufe in mehr oder weniger willkürlichen Modellen und deren Übertragung und Extrapolation auf andere Gesellschaften entspricht noch nicht dem Postulat einer Theorie.

Es ist bedenklich, wenn sich hier eine nur morphologische Beschreibung an die Stelle einer Theorie setzt. Dahinter steckt, daß Rostow selbst der Ansicht ist, man könne in einem nachdrücklichen Sinn Theorie gar nicht geben, sondern höchstens Deskription. Aus der Beobachtung sich wiederholender Vorgänge lassen sich Regelmäßigkeiten von Abläufen statuieren, ohne daß damit etwas über den Zusammenhang gesagt ist, in dem die Phänomene unter sich und zum Ganzen stehen. Daher ist Rostows Darstellung keine Theorie, sondern deren Ersatz: anstelle von Theorie sich etablierende Deskription.

Was aber ist nun eine soziale Theorie?

An Beispielen wurden organizistische Sozialtheorien, Lorenz von Stein u. a. genannt; gegen [eine] Anführung von Paretos Kreislauf der Eliten[26] wandte Prof. Adorno ein, daß eine zwar theoretische Konstruktion, die auf die subjektive Zusammensetzung von Herrschaftsgruppen gehe und nicht auf die Struktur der

---

26 Vgl. Vilfredo Pareto, Allgemeine Soziologie [1916], bes. von Hans Wolfram Gerhard, übers. und eingel. von Carl Brinkmann, Tübingen 1955, S. 220–231.

Gesellschaft als solcher, noch keine Theorie der Gesellschaft sei. Auch Pareto gehöre ja zu denen, nach denen es eine objektive Theorie der Gesellschaft nicht gibt, die folglich nur über charakteristische Vorgänge auf der subjektiven Seite etwas sagen zu können glauben.

Das klassische Modell einer Theorie der Gesellschaft aber ist die liberalistische, nach der das Ganze der Gesellschaft sich reproduziert, indem jeder Einzelne seinen privaten Vorteil verfolgt; über ihm waltet die »unsichtbare Hand«, die alles zum besten bestellt.[27] Auf die Frage nach dem kategorialen Unterschied all dessen zu Rostows Entwurf und damit auf die, was man von einer Theorie zu verlangen habe, wurde geäußert, eine Theorie müsse mehr sein, als Beschreibung dessen was ist, in dem Sinne, daß sie aufzuweisen habe, was sein könne. Das sei nun nicht gerade Aufgabe der Theorie, meinte Prof. Adorno, sondern eher Ziel der Utopie; in der Antwort stecke aber das richtige Moment, daß nur, indem der Gedanke sich dem entwindet, was ist, er fähig ist, das was ist, beim Namen zu nennen.

Zu einer Meinung, die den logischen Zusammenhalt als für eine Theorie wesentlich ansah, äußerte Prof. Adorno, beim Begriff des Logischen solle man etwas vorsichtig sein, da die Forderung nach Logik darüber hinwegsehe, daß es in der Realität gar nicht so logisch zugehe; wenn Hegel sage, ein Widerspruch könne eigentlich gar nicht gedacht werden,[28] so wäre dem der Schmerz entgegenzuhalten über dessen reale Existenz.

---

27 Die Rede von der ›unsichtbaren Hand‹ geht auf Adam Smith zurück, in dessen ökonomietheoretischem Hauptwerk es heißt: »Nun ist das Jahreseinkommen jedes Volkes immer gerade so groß, wie der Tauschwert der gesamten Jahresergebnisse seines Fleißes oder vielmehr das Einkommen ist nichts anderes, als dieser Tauschwert selber. Da aber jeder sein Kapital möglichst zur Unterstützung des inländischen Gewerbefleißes zu verwenden und diesen Gewerbefleiß so zu leiten sucht, daß sein Produkt den größten Wert erhält, so arbeitet auch jeder notwendig dahin, das Jahreseinkommen des Volks so groß zu machen, als er kann. Allerdings beabsichtigt er in der Regel weder, das allgemeine Wohl zu fördern, noch weiß er, in welchem Maß er es befördert. Wenn er dem heimischen Gewerbefleiß vor dem fremden den Vorzug gibt, so hat er nur seine eigene Sicherheit vor Augen, und wenn er diesen Gewerbefleiß so lenkt, daß sein Produkt den größten Wert erhält, so bezweckt er lediglich seinen eignen Gewinn und wird in diesem wie in vielen anderen Fällen von einer unsichtbaren Hand geleitet, einen Zweck zu befördern, der ihm keineswegs vorschwebte.« (Adam Smith, Untersuchung über das Wesen und die Ursachen des Volkswohlstandes (Der Wohlstand der Nationen) [1776], übers. von Franz Stöpel, mit Einführung von Horst Claus Recktenwaldt, Frankfurt a. M. [2009], S. 524)
28 »Die unmittelbare Gestaltung ist die Idee in ihrem einfachen Begriffe, die dem Begriffe gemäße Objektivität; so ist sie *gut* von Natur. Aber indem ihr negatives Moment sich zur objektiven Besonderheit {bestimmt}, d. i. indem die wesentlichen Momente ihrer Einheit jedes für sich zur Totalität realisiert ist, so ist der Begriff in die absolute Ungleichheit seiner mit sich *entzweit*, und indem er ebenso die absolute Identität in dieser Entzweiung ist, so ist das Lebendige für sich

Die logisch einwandfreie Zusammenfassung verbürge noch nicht notwendig eine Theorie der Gesellschaft, weil die Gesellschaft nicht so logisch sei, sondern in einem bestimmten Sinn irrational.

Auch ob es mit der Theorie »eine so kausale Sache« sei, sei nicht ganz klar. Z. B. habe die liberalistische Theorie die allgemeine Tendenz, die sich gegenüber den Einzelnen durchsetzt, nicht in der Form der Ursache gedacht noch für sie eine Ursache bestimmt.

An die Antwort, eine Theorie der Gesellschaft habe deren Strukturzusammenhänge aufzudecken, knüpfte Prof. Adorno folgenden Exkurs.

Bezüglich Rostows und all derjenigen Entwürfe, die allein aus der Beobachtung der subjektiven Seite der Gesellschaft, d. h. der individuellen Vielfalt der Motive jene erklären wollen, ist gerechterweise zunächst festzuhalten, daß die Konstatierung von Unternehmerinitiative, Abenteuerlust usw. natürlich zutreffend ist. Deren Existenz ist fraglos; zu bestreiten aber ist der Anspruch, allein daraus, also aus Subjektivem, Gesellschaftliches ableiten zu können. Denn das subjektive Motiv funktioniert ja erst innerhalb der Zusammenhänge der Gesellschaft. Das Verhalten eines gesellschaftlich agierenden Subjekts ist gar nicht bestimmt von ihm selbst, sondern durch die Funktion, die es innerhalb der Gesellschaft einnimmt. Die Abenteuerlust vermag nichts gegen das Gesetz von Angebot und Nachfrage; auch mit der schönsten Psychologie macht man Pleite, wenn man etwa jenes nicht beachtet. Nur in marginaler Weise geht ins Wirtschaftssubjekt das subjektive Moment ein. Jenes verhält sich, wie man sagt, rational, richtet sich nach Bedarf, Ertrag usw. Daran hat die Abenteuerlust ihre Grenze.

Das Moment, daß die Subjekte in einer etablierten Gesellschaft gar nicht entscheidend sind, wird in diesen ganzen subjektivistischen Theorien vergessen. Vernachlässigt wird die objektive Tendenz; es wird so getan, als ob aus dem Inbegriff *aller* das Ganze erklärt werden könne. Damit bleibt die Aufgabe, das Modell einer Gesellschaftsstruktur zu entwerfen, aus dem sowohl die Bewegung des Ganzen wie auch die der Einzelspontaneität folgt.

Nun ist seit jener liberalistischen Theorie mit wenigen Ausnahmen immer mehr das Bedürfnis nach Theorie geschwächt, das Interesse an ihr erlahmt.

---

selbst diese Entzweiung und hat das Gefühl dieses Widerspruchs, welches der *Schmerz* ist. Der *Schmerz* ist daher das Vorrecht lebendiger Naturen; weil sie der existierende Begriff sind, sind sie eine Wirklichkeit von der unendlichen Kraft, daß sie in sich die *Negativität* ihrer selbst sind, daß diese *ihre Negativität für sie* ist, daß sie sich in ihrem Anderssein erhalten. – Wenn man sagt, daß der Widerspruch nicht denkbar sei, so ist er vielmehr im Schmerz des Lebendigen sogar eine wirkliche Existenz.« (HW, Bd. 6, S. 481)

Wollte man diesen Vorgang einfach »geistesgeschichtlich« erklären, so machte man es sich zu leicht; er hat ja etwas Objektives.

Prof. Adorno sagte, die Antwort, die er selbst darauf versuche, halte er »in einem tiefsten Sinne« nicht für richtig; immerhin sei damit der Punkt bezeichnet, wo die Verzweiflung an der Theorie sozusagen objektiven Halt gewinne. Es erhebt sich nämlich die Frage, ob die gegenwärtige Gesellschaft nicht schon so weit entfaltet ist, daß sie als ein strukturiertes Ganzes (als das eine Theorie im oben skizzierten Sinn sie darzustellen hat) angemessen nicht mehr zu beschreiben ist.[29]

Im klassischen ökonomischen System kam eine Äquivalenz zwischen der eigenen Rationalität und der in der Welt herrschenden zum Ausdruck. Inzwischen sind aber die Widersprüche in der Gesellschaft so angewachsen daß die Theorie mit einer so einfachen Logik, wie sie bei Smith und Ricardo zu finden ist, nicht mehr verfahren kann. Jene ist so verwickelt, daß sie auch mit einer dialektischen Logik, wie sie (cum grano salis) Marx anwendet, nicht mehr zu fassen ist. Es scheint, als ob die von interventionalistischen Eingriffen durchlöcherte Gesellschaft so beschaffen ist, daß es überhaupt kein theoretisches Modell mehr gibt, das sie treffen könnte. Das führt dann zum Defätismus bezüglich der Theorie. Sie wird als »Einbildung«, »spekulativer Dunst« zum metaphysischen Gerümpel geworfen. »Seien wir fesch«, sagt man, und untersuchen wir, was der Fall ist, mehr ist ja ehrlicherweise doch nicht möglich.

Aufgabe einer Soziologie im menschenwürdigen Sinn ist durchzureflektieren, was an dieser (vorgetragenen) Frage [dran] ist und was nicht. Dann mag sie sich produktiv an eine Theorie machen.

So sehr (nach dem oben Angeführten) die Möglichkeit von Theorie beschnitten scheint, gibt es andererseits nicht so irrationale Gebilde, daß sie der Theorie grundsätzlich entzogen wären, denn in jeder Gesellschaft ist ein Moment von Rationalität: und zwar einfach in der gesellschaftlichen Organisation zur Selbsterhaltung gegen die Natur. Das gibt für jede Gesellschaft die Möglichkeit eines Ansatzes von Theorie.

Es müßte möglich sein, die Theorie der Gesellschaft so zu entwerfen, daß sich die Irrationalität selbst aus ihrem Begriff von Gesellschaft ergibt; nicht als zu kompliziert dürfte diese sich ihr darstellen, sondern die irrationalen Abweichungen wären der Punkt, wo Theorie erst beginnt.

Rostow bleibt durchweg unterhalb dieser Fragestellung. Gegen seine subjektivistische Darstellung und damit gegen die des Positivismus müßte man im

---

[29] In seinem Vortrag über *Spätkapitalismus oder Industriegesellschaft?* [1968] sagt Adorno: *Denkbar, daß die gegenwärtige Gesellschaft einer in sich kohärenten Theorie sich entwindet. Marx hatte es insofern leichter, als ihm in der Wissenschaft das durchgebildete System des Liberalismus vorlag.* (GS, Bd. 8, S. 359)

Geiste von Dialektik selbst positivistisch argumentieren: daß im gesellschaftlichen Getriebe nicht die subjektiven Bedürfnisse maßgebend sind (die jener zum Ausgangspunkt nimmt), sondern der Produktionsapparat. Zwar ist vielleicht manches eleganter darstellbar, wenn man von den Bedürfnissen ausgeht; dies geschieht aber um den Preis, daß in der Darstellung die Macht des Ganzen unter den Tisch fällt.

Überhaupt scheint der ganze Subjektivismus eine apologetische Funktion fürs System zu haben. Es soll davon abgelenkt werden, daß jenes den eigenen Angehörigen mit blinder Übergewalt entgegentritt. Daher wird nicht aufs System, sondern auf die Subjekte reflektiert.

Der Rede von den subjektiven Motiven, die das Handeln der Menschen und damit die Gesellschaft bestimmen sollen, ist positivistisch entgegenzuhalten, daß die Menschen nur handeln unterm objektiven Zwang: Das wird auch von der empirischen Sozialforschung unterschlagen.

Die allerklotzigste Tatsache, nämlich die Vormacht des Produktionsapparates, nicht sehen zu wollen, schlägt ihrem Programm, festzustellen, was ist, geradezu ins Gesicht.

Das Bestreben, kritische Theorie zu verhindern, bestätigt sich nicht im offiziellen Verbot oder direkter Unterdrückung (dergleichen wäre ja kaum möglich), sondern auf dem Wege über die Kriterien von Wissenschaftlichkeit.

Jene wird von der auf Tatsachen vereidigten empirischen Forschung als unwissenschaftlich, »spekulativ« abgelehnt; allein schon unter den Bedingungen des gegenwärtigen Wissenschaftsbetriebes ist Theorie der Gesellschaft unmöglich, die eingeschliffenen Verfahrensweisen der empirischen Sozialforschung lassen ihr keinen Raum. Das zeigt etwas von der Objektivität der Ideologie. – –

Es folgt das Referat über J. K. Galbraiths Analyse des amerikanischen Kapitalismus.[30]

In fortlaufenden Anmerkungen zum verlesenen Text sagte Prof. Adorno folgendes.

Indem Galbraith das festgestellte allgemeine Gefühl der Unsicherheit im Sinne einer Furcht vor Wirtschaftskrisen mit einer Diskrepanz zwischen wirtschaftlicher Realität und gewissen Ideen über diese zu erklären sucht,[31] zielt er

---

30 Ralf Zoll, »Referat über die Analyse des amer[ikanischen] Kapitalismus von J. K. Galbraith«, UAF Abt. 139 Nr. 11.
31 »It can only be [...] that something was wrong with the current or accepted interpretation of American capitalism. This, indeed, was the case. Conservatives and liberals, both, were the captives of ideas which caused them to view the world with misgiving or alarm. Neither the structure of the economy nor the role of government conformed to the pattern specified, even

ähnlich Rostow nicht auf die Realität selbst, nämlich darauf, daß die Welt ja wirklich unsicher ist, sondern auf das, was im Kopf steckt: Weil die wirtschaftliche Welt nicht mehr nach dem Modell der klassischen Nationalökonomie erklärbar sei, fürchte man sich vor ihr, – wo sie doch selbst genug Grund zu fürchten gibt. Es ist also auch hier das ideologische Moment der Verlagerung auf bloße Subjektivität anzutreffen.

Im übrigen ist das von Galbraith in Anspruch genommene sogenannte herkömmliche Konzept der Wirtschaftstheorie nicht so sehr die klassische Nationalökonomie selbst, als vielmehr eine ihrer Vulgärformen.

Das klassische Wettbewerbskonzept ist in eminentem Maß eine Stilisierung; es wäre ideologisch, zu behaupten, im Kapitalismus habe jeder mit nichts anderem als mit seiner Hände Fleiß angefangen. Natürlich sind vorgegebene Differenzen in den Kapitalismus eingegangen. Es ist in ihm eine soziale Antinomie angelegt. Die Idee der immanenten Gesellschaftsentwicklung verbietet die Intervention, es darf keiner Tendenz entgegengearbeitet werden, auch nicht der sich bildender Monopole. Andererseits kann aber ein nach ihrem eigenen Prinzip sich entwickelndes Wirtschaftssubjekt etwa als Monopol so viel wirtschaftliche Macht erlangen, daß es in das Getriebe des Systems eingreifen und damit für es letal sich auswirken kann.

Wenn Galbraith den amerikanischen Kapitalismus derart zu rehabilitieren sucht, daß er empfiehlt, wirtschaftliche Machtkonzentration im Gegensatz zum »herkömmlichen Konzept« nicht durch Rückkehr zur atomistischen Konkurrenz, sondern durch staatliche Etablierung und Unterstützung sogenannter Gegenkräfte gegen die herrschenden [Kräfte] zu verhindern oder mindestens den Mißbrauch von Macht zu unterbinden,[32] so ist zu fragen, ob die »ganze Geschichte mit den Gegenkräften« eigentlich stimmt.

Natürlich mag es richtig sein, daß dem Unternehmergewinn durch Konsumentenverbände und Gewerkschaften etwas abgezwackt wird, aber es besteht

---

demanded, by the ideas they held. The American government and the American economy were both behaving in brazen defiance of their rules. If their rules had been binding, they would already have suffered severely. [...] Little would have been produced; we should all have been suffering under the exploitation and struggling to pay for the inefficiency of numerous and vast monopolies. The fact that we escaped those misfortunes in these years is a matter of considerable importance. It means that, for the time at least, the trouble lay not with the world but with the ideas by which it was interpreted. It was the ideas which were the source of the insecurity – the insecurity of illusion.« (John Kenneth Galbraith, American Capitalism. The Concept of Countervailing Power [1952], 2. Aufl., Boston 1956, S. 9)

32 Vgl. den Abschnitt »Countervailing Power and the State«, ebd., S. 135–153.

doch die starke Tendenz, daß die Arbeits- und Verbrauchsoligopole sich genauso gegenüber den lebendigen Subjekten verselbständigen, wie dies die Produktionssphäre getan hat. Von hier aus wird der Unterschied zwischen Monopolen bzw. Oligopolen der Produktion und des Konsums, der Unternehmer und der Arbeit unwesentlich. Z.B. hat das Monopol in Gestalt der Arbeitsfront weniger als Gegenkraft gewirkt, denn als Instrument sozialer Kontrolle; vollkommen eingebaut in das Modell der Monopolstruktur.

Die Antithetik, die Galbraith hier unterstellt, ist gar nicht vorhanden: auch die subjektive, die Konsumentenseite ist so organisiert, daß sie sich in die Struktur der Oligopole vollkommen einfügt.

Andererseits besitzt die Gesellschaft, die auf der Konzentration beruht, doch auch immer noch eine gewisse Kompromißstruktur. »Wenn die Menschen auf der Straße verhungern, so geht die Chose eben hoch.« Indem nun die Oligopole die Interessen der Menschen vertreten, so daß diese überhaupt leben können, perpetuieren sie das System. Die Antithetik ist von deren eigener Struktur erfaßt, wie auch diese Organisationen selber monopolähnliche Struktur haben.

Daher scheint Galbraiths Konzept der Gegenkraft, das er dem »herkömmlichen« gegenüberstellt, sehr bedenklich.

306 Christian Glaß, 22. Mai 1961

Protokoll[33]
zum Seminar vom 22. Mai 1961

Alle Referate dieser Seminarreihe laufen, innerhalb des Rahmens »Soziologische Grundbegriffe«, unter dem Thema: Vergesellschaftung.

Da dieser Umstand nicht immer auf der Hand zu liegen scheint (siehe Referate über *Rostow* und *Galbraith*), hielt es Herr Prof. Adorno für angebracht, eingangs auf die Zugehörigkeit der Referatthemen zum Grundthema hinzuweisen. Er stellte daher als Vorfrage eine definitorische Klärung des Begriffs »Vergesellschaftung«.

In groben Zügen läßt sich Vergesellschaftung definieren als Art und Zustand der Abhängigkeit des einzelnen Menschen von der Gesamtheit aller Menschen. Diese Aussage hat vor anderen Lösungen die Einheitlichkeit der Vergegenständlichung und Verallgemeinerung des Problems voraus, was insofern wichtig ist, als gerade der Begriff der Vergesellschaftung in der Einheit seiner spezifischen und allgemeinen Wesenszüge gesehen werden muß. Alle anderen Umstände der gesellschaftlichen Entwicklung – Sprache, gesellschaftliche Arbeitsteilung etc. – sind lediglich als notwendige aber nicht hinreichende Wesensbestandteile zu betrachten. Obwohl die Vergesellschaftung jeweils als Zustand betrachtet werden muß, darf man doch ihren dynamischen Charakter nicht vergessen (er drückt sich u. a. in der Entwicklung der gesellschaftlichen Arbeitsteilung aus). Damit ist die Vergesellschaftung ein Zustand, dessen spezifische Eigenart es ist, Prozeß zu sein.

Der konkrete Zusammenhang zwischen dem Begriff der Vergesellschaftung und den Arbeiten von *Rostow* und *Galbraith*: Beide Autoren sind pointierte Antimarxisten. Dennoch können sie in ihren Untersuchungen nicht umhin, dem klassischen Marxismus den Zusammenhang zwischen Formen der Vergesellschaftung und Formen der Produktion einzugestehen. Insofern läuft ihrer beiden Kritik von vornherein unter Konzessionen an den zu kritisierenden Gegenständen: Die wertschaffende gesellschaftliche Produktion ist der Schlüssel für die Formen der Vergesellschaftung und gleichzeitig für die dem hochindustrialisierten Kapitalismus eigen gewordene Notwendigkeit einer Zügelung der chaotischen Industrieproduktion.

Obwohl *Rostow* keinen Begriff der Vergesellschaftung kennt, der Sache nach hängt er an diesem Problem, indem er jede Wissenschaft als Funktion der fortgeschrittenen Vergesellschaftung anerkennt und archaisch betriebene Wissen-

---

[33] Der Text in der Vorlage ist – bis auf Hervorhebungen in Versalien – sämtlich kleingeschrieben.

schaft auch für ihn nicht mehr möglich ist. (*Marx* rechnete bekanntlich den Begriff »Technik« schon der Gesellschaft zu; steigende Technik ist schon steigende Vergesellschaftung; alle Kategorien – Verkehr, Wissenschaft, Technik – sind in ihrer Zunahme Zunahme der Vergesellschaftung; sie gingen aus der Vergesellschaftung hervor und führten neue Forme derselben ein; ihre Fetischisierung ist unzulässig.)

Hinter *Galbraiths* Begriffen »Deflation« und »Inflation« steht die Einsicht der krisenhaften Gefährdung der Vergesellschaftung und somit verdeckt die Vorrangigkeit des ökonomischen Moments. Auch er sucht ökonomische Formeln zur Verhinderung einer »explodierenden Vergesellschaftung«. Auch bei ihm sind daher (analog zu *Marx*) die Formen der Vergesellschaftung abhängig von den Formen der Wirtschaft und damit letztlich von den Produktionsverhältnissen.

Beide Autoren, so wies Herr Prof. Adorno nochmals eindringlich darauf hin, sind keine Marxisten. Aber entgegen den Kritikern des klassischen Marxismus müssen sie in entscheidenden Punkten wesentliche Zugeständnisse machen.

Im Anschluß an diese einleitende Diskussion folgte ein Referat über *Spencers* grundlegenden Beitrag zur Problematik der Vergesellschaftung.[34] Der Verlauf des Referats wird hier nicht wiedergegeben. Es folgt nur eine stichwortartige Aufzählung der während des Referats angedeuteten Probleme, die vorrangig Gegenstand der Diskussion im Seminar vom 29. 5. sein sollen.

1) *Spencers* Stellung zwischen Liberalismus und Nominalismus. *Spencer* ist philosophischer Nominalist und politischer Liberalist. Er ist keineswegs der typische Theoretiker des Liberalismus, was besonders erhellt wird durch seine Haltung zur Frage des Verhältnisses sozialer Gesamtorganismus–Einzelorganismen, in der er eine für den Einzelorganismus friedlichere Konzeption zugrunde legt.[35]

---

34 Jürgen Leinhos, »Herbert Spencer«, UAF Abt. 139 Nr. 11.
35 Spencer schreibt etwa: »Darin liegt denn also eine Grundverschiedenheit der beiden Arten von Organismen [scil. Einzelorganismen und sozialen Organismen]. Bei der einen ist das Bewusstsein in einem kleinen Theil des Aggregats concentrirt, bei der anderen ist es durch das Gesammt-Aggregat verbreitet: alle Einheiten besitzen hier die Befähigung zu Glück und Unglück, wenn auch nicht in ganz gleichem Grade, so doch ungefähr in annäherndem Maasse. Da es nun also kein sociales Sensorium gibt, so ist auch die Wohlfahrt des Aggregats, für sich und gesondert von derjenigen der Einheiten betrachtet, nicht ein Ziel, das erstrebt werden könnte. Die Gesellschaft existiert zum Nutzen ihrer Glieder und nicht ihre Glieder zum Nutzen der Gesellschaft. Man muss stets dessen eingedenk sein, dass, so grosse Anstrengungen auch für das Gedeihen des Staatskörpers gemacht werden mögen, doch die Ansprüche des letzteren für sich allein nichts sind und nur insofern Geltung erlangen, als sie gewissermaassen eine Verkörperung der Ansprüche der ihn zusammensetzenden Individuen darstellt.« (Herbert Spencer, Die Principien der Sociologie [1874], übers. von B[enjamin] Vetter, Bd. II, Stuttgart [1877], S. 20)

2) Das Verhältnis von Naturgesetzen und Gesetzen der Gesellschaft (Übereinstimmung, Wirkungsweisen, Abgrenzungen usw.)[36] empfahl Herr Prof. Adorno besonderer Überlegungen.

3) Der Freiheitsbegriff ist bei *Spencer* utopisch formuliert.[37] Hier grenzt sein Liberalismus an Anarchie.

4) *Comte* und *Spencer* – *Spencer* spricht nicht, wie *Comte*, von geradliniger Entwicklung der Menschheit;[38] er kalkuliert Epochen der Auflösung ein.[39]

---

36 Vgl. den Abschnitt »Die Inductionen der Sociologie«, ebd., S. 3–181.
37 So heißt es etwa bezüglich der politischen Gleichstellung von Frau und Mann: »Allein in dem Maasse, als die Vorstellungen von der eigentlichen Gleichberechtigung sich klären – in dem Maasse, als das Regime des freiwilligen Zusammenwirkens eine volle Entwickelung des Sinnes für persönliche Freiheit zugleich mit entsprechender Rücksichtnahme auf die gleiche Freiheit anderer bewirkt – in dem Maasse, als man sich einem Zustande annähert, in welchem keine andern Einschränkungen der individuellen Freiheit geduldet werden ausser denen, welche die Rücksicht auf gleiche Freiheiten der Mitbürger nöthig macht – in dem Maasse, als der Industrialismus die für ihn passenden staatlichen Einrichtungen entwickelt, welche zwar darauf berechnet sein müssen, billige Beziehungen zwischen allen Mitbürgern aufrecht zu erhalten, dabei aber aller Befugniss zu einer weitergehenden Reglementirerei, wie sie den kriegerischen Typus auszeichnet, entkleidet sind – in demselben Maasse kann die Übertragung staatlicher Rechte auf die Frauen ohne üble Folgen vor sich gehen. Die moralische Entwickelung, welche solche Concessionen mit sich bringt, wird zu gleicher Zeit im stande sein, dieselben unschädlich und wohl gar nützlich zu machen.« (Ebd., S. 379)
38 Anspielung auf das sogenannte ›Dreistadiengesetz‹ bei Comte: »Jeder Zweig unserer Kenntnisse durchläuft der Reihe nach drei verschiedene theoretische Zustände (Stadien), nämlich den theologischen oder fiktiven Zustand, den metaphysischen oder abstrakten Zustand und den wissenschaftlichen oder positiven Zustand. Mit anderen Worten: Der menschliche Geist wendet in allen seinen Untersuchungen der Reihe nach verschiedene und sogar entgegengesetzte Methoden bei seinem Philosophieren an; zuerst die theologische Methode, dann die metaphysische und zuletzt die positive. Die erste ist der Punkt, an dem die Erkenntnis beginnt; die dritte der feste und endgültige Zustand, die zweite dient nur als Übergang von der ersten zur dritten.« (Auguste Comte, Die Soziologie. Die positive Philosophie im Auszug [1830–1842], hrsg. von Friedrich Blaschke, Leipzig 1933 [Kröners Taschenausgabe, Bd. 107], S. 2); vgl. NaS, Bd. IV·15, S. 219f.
39 »Wenn auch in höher entwickelten Gesellschaft die Folgen einer Verstümmelung weniger schwer sind als bei höheren Thieren, so sind sie immer noch bedeutend genug. Denkt man sich die Grafschaft Middlesex von ihrer ganzen Umgebung abgeschnitten, so würden in wenigen Tagen alle ihre socialen Vorgänge aus Mangel an Zufuhr stille stehen. Man unterbinde den Baumwolldistricten unseres Landes den Verkehr mit Liverpool und anderen Häfen, und sofort wäre die Industrie lahm gelegt und es würde eine gewaltige Sterblichkeit der Bevölkerung eintreten. [...] Obgleich, wenn eine civilisierte Gesellschaft so zertrennt wird, dass ein Theil derselben ohne centrale herrschende Macht übrig bleibt, sich sehr bald eine solche von Neuem entwickeln kann, so entsteht doch in der Zwischenzeit die grosse Gefahr, dass alles sich auflöse, und bevor die Reorganisation durchgeführt ist, muss eine längere Zeit der Unordnung und Schwäche durchlaufen werden.« (Spencer, Die Principien der Sociologie, a.a.O. [s. Anm. 35], S. 49)

5) Integration und Differenzierung – die beiden äquivalenten Grundbegriffe bei *Spencer*. Auch hier ein utopischer Zug bei ihm: Die Integration kann ein Stadium erreichen, wo sie jede Differenzierung unmöglich macht. Sein Verdienst ist es, auf die Zusammengehörigkeit von Differenziertheit und Integrität hingewiesen zu haben und auf ihre dialektische Bezogenheit.

6) Zur Frage der philosophischen Begriffsbildung – *Spencer* bietet in seinen Termini »zusammengesetzte, nicht-, einfach- und doppeltzusammengesetzte Gesellschaft«[40] denkbar schlechte Beispiele philosophischer Begriffsbildung. Es beruht das auf seinen methodologischen Bemühungen, mit Hilfe weniger Kategorien die gesamte gesellschaftliche Realität einzufangen. Viele Momente der sozialen Wirklichkeit muß er deshalb beibiegen oder vernachlässigen. Die soziologische Begriffsbildung verlangt von Anfang an dynamische Begriffe, um dem Reichtum der sozialen Wirklichkeit gerecht zu werden.

7) Bedingungen der alten englischen Gesellschaft – an der historischen Ableitung der englischen Außenseiterrolle und ihres friedfertigen Charakters durch *Spencer* lassen sich Zweifel anmelden.[41] Hier mag eher der Umstand von Bedeutung sein, daß Naturwissenschaft und empiristischer Rationalismus in England wesentlich früher beheimatet waren als auf dem Kontinent.

8) Das Verhältnis von Wirtschaft und Gesellschaft – dieses Verhältnis wird bei *Spencer* nicht zentral gewürdigt. Es wird zudem nicht vergegenständlicht, sondern in lebendige Beziehungen zu den Produktionsverhältnissen gesetzt. Integration ist bedeutsamer als Differenzierung; die Wirtschaftsform bestimmt nicht

---

40 »Immerhin gibt es zwei Arten von wesentlichen Unterschieden, deren wir uns bedienen können, um die Gesellschaften einigermaassen zu gruppieren. In erster Linie können wir sie anordnen je nach dem Grade ihrer Zusammensetzung, ob sie einfach, zusammengesetzt, doppelt- und dreifach-zusammengesetzt sind. Und in zweiter Linie lassen sie sich, obgleich weniger genau, eintheilen in vorherrschend kriegerische und vorherrschend industrielle Gesellschaften – in solche, wo die Organisation zu Zwecken des Angriffs und der Abwehr die weiteste Ausdehnung erlangt hat, und solche, wo die dem Unterhalt dienende Organisation am stärksten entwickelt ist.« (Ebd., S. 121)

41 »In Zusammenhang damit, dass die Kriege weniger häufig, und wenn sie vorkamen, in grösserer Entfernung geführt wurden, sowie damit, dass ein entsprechendes Wachsthum des Ackerbaues, der Fabrikation und des Handels stattfand, welches dasjenige der continentalen Staaten mit ihren mehr kriegerischen Gewohnheiten weit überholte, hat sich in England die Ausbildung freier Verfassungsbestimmungen vollzogen. Als ferneres Zeigniss dafür, dass diese beiden Dinge im Verhältniss von Ursache und Wirkung zu einander stehen, sei noch die Thatsache angeführt, dass die Gegenden, aus denen die Anstösse zur Erringung grösserer politischer Freiheit hervorgegangen sind, stets die wichtigsten industriellen Gebiete sind, während dagegen Landbezirke, die bedeutend weniger das fortdauernde Getriebe des Handels aufweisen, den früheren Typus mit den dazu gehörigen Gefühlen und Ideen viel länger bewahrt haben.« (Ebd., S. 140)

die Kategorisierung. Deshalb kann der soziale Status zweier grundverschiedener Gesellschaften gleich sein, wenn nur die Integrität beider übereinstimmt. Sozialismus und Feudalismus sind daher durch den Modus »kriegerisch« hinreichend und als wesensgleich charakterisiert.

Christian Glaß[42]

---

[42] Unterschrift.

307 Elken Lindquist, 29. Mai 1962

Protokoll vom 29. 5. 62   Elken Lindquist

Zur Diskussion stand die Frage, ob sich innerhalb der Gesellschaft Gesetzmäßigkeiten wie Naturgesetze erkennen und berechnen lassen.

Die Naturwissenschaft bildete im neunzehnten Jahrhundert das unmittelbare Modell der Erkenntnis. (Siehe Comte oder Spencer.) Dagegen wandte sich unter anderem Rickert mit seiner Auffassung der Soziologie als einer Wissenschaft vom Menschen, der als reiner Geisteswissenschaft der Charakter der Gesetzlichkeit abgesprochen wurde.[43]

Beide Denkschemata sind einseitig. Man kann weder gesellschaftlichen Gesetzen die strenge Gültigkeit naturwissenschaftlicher Maximen zur Auflage machen noch den Ablauf der gesellschaftlichen Entwicklung auf ein rein geistiges Prinzip reduzieren. Man würde damit die Bewegung der Gesellschaft statisch auf eines ihrer Strukturmomente fixieren.

Man sucht nun allenthalben, den Unterschied zwischen Gesellschafts- und Naturgesetzen darin festzustellen, daß die Natur ein Statisches und materiell Unwandelbares sei, während sich die Gesellschaft in historischem Fluß von Einzelsituationen befinde. Allerdings ist an dieser Auffassung richtig, daß die Naturgesetze kalkulabel, die der Gesellschaft es nicht sind. Doch der Schluß von diesem Phänomen der Erfahrung auf die Struktur des Gegenstandes ist nicht möglich. Die moderne Mikrophysik hat das Bild der statischen Materie längst revidiert, und solch dichotomische Typologien benutzen ein Bild von der Natur, das überholt ist. Dabei sanktionieren sie in ihrem historischen Bild von der Gesellschaft deren irrationales Moment.

In der Diskussion wurde die Möglichkeit, Entwicklungen innerhalb des Bereichs der Natur und dem der Gesellschaft vorauszusehen, vom Standpunkt des Beobachters abhängig gemacht. Der Naturwissenschaftler steht seinem Experimentalvorwurf unbeteiligt gegenüber, er nimmt eine objektive Position ein. Diese

---

[43] Vgl. Heinrich Rickert, Kulturwissenschaft und Naturwissenschaft [1899], 6. und 7. Aufl., Tübingen 1926.

Position bedingter Objektivität ist dem Soziologen unmöglich. Er ist Teil der Gesellschaft, die er zu analysieren versucht, und ist in ihre Bewegung einbezogen. Dieser könne dabei seine Erkenntnisse mehr in naturhaften Gesetzen formulieren (siehe Marx) oder geistige Impulse als Triebkräfte der gesellschaftlichen Entwicklung ansehen (siehe Max Weber).

Tatsächlich ist jedoch die Relation des Betrachters zum Gegenstand *nicht* ausschlaggebend. Der Gegenstand selbst, Natur oder Gesellschaft schreibt die Möglichkeit der Erkenntnis vor. Während man Natur unmittelbar wahrnehmen kann, ist Gesellschaft geistig vermittelt. Als Beispiel hierfür diene das Äquivalenz-Tauschsystem der liberalen Ökonomie, dessen Prinzip, vom realen Vergleichen abstrahiert, ein geistig vermitteltes Gesetz darstellt. Die Natur, geistig unqualifiziert, widersetzt sich nicht der qualifizierenden Ordnung durch das Geistige. Die Gesellschaft, das geistig schon geordnete, läßt sich nicht in derartige Gesetze allgemeiner Struktur fassen.

Doch lassen sich aus der Gesellschaft Gesetze ableiten, die eine gewisse objektive Gültigkeit besitzen, die allerdings durch die Tatsache, daß die Vorhersagefähigkeit dieser Gesetze sehr gering ist, stark eingeengt wird. So gelten wohl, um dies zu erläutern, Marx' Gesetze über die Anarchie der Warenproduktion,[44] die Krisentheorie[45] und die Verelendungsthese[46] als gültige Entwicklungsgesetze der bür-

---

44 Was hier als ›Gesetz‹ bezeichnet wird, wird zunächst von Friedrich Engels in dessen Schrift »Umrisse zu einer Kritik der Nationalökonomie« [1844] verhandelt: »Der Kampf von Kapital gegen Kapital, Arbeit gegen Arbeit, Boden gegen Boden treibt die Produktion in eine Fieberhitze hinein, in der sie alle natürlichen und vernünftigen Verhältnisse auf den Kopf stellt. Kein Kapital kann die Konkurrenz des andern aushalten, wenn es nicht auf die höchste Stufe der Tätigkeit gebracht wird. Kein Grundstück kann mit Nutzen bebaut werden, wenn es nicht seine Produktionskraft stets steigert. Kein Arbeiter kann sich gegen seine Konkurrenten halten, wenn er nicht seine ganzen Kräfte der Arbeit widmet. Überhaupt keiner, der sich in den Kampf der Konkurrenz einläßt, kann ihn ohne die höchste Anstrengung seiner Kräfte, ohne die Aufgebung aller wahrhaft menschlichen Zwecke aushalten. Die Folge von dieser Überspannung auf der einen Seite ist notwendig Erschlaffung auf der andern. Wenn die Schwankung der Konkurrenz gering ist, wenn Nachfrage und Zufuhr, Konsumtion und Produktion sich beinahe gleich sind, so muß in der Entwicklung der Produktion eine Stufe eintreten, in der so viel überzählige Produktionskraft vorhanden ist, daß die große Masse der Nation nichts zu leben hat; daß die Leute vor lauter Überfluß verhungern.« (MEW, Bd. 1, S. 516)
45 Die populärste Krisentheorie bei Marx ist das »Gesetz des tendenziellen Falls der Profitrate«, MEW, Bd. 25, S. 221–241.
46 Bei Marx heißt es: »innerhalb des kapitalistischen Systems vollziehn sich alle Methoden zur Steigerung der gesellschaftlichen Produktivkraft der Arbeit auf Kosten des individuellen Arbeiters; alle Mittel zur Entwicklung der Produktion schlagen um in Beherrschungs- und Exploita-

gerlichen Gesellschaft, obwohl ihre Voraussagen nur zum Teil eintrafen. Denn im Gegensatz etwa zu den organizistischen Gesetzen, die noch heute die Identität von Natur und Gesellschaft restitutiv und oftmals ideologisch behaupten, erfassen die in der Struktur der Gesellschaft begründeten Gesetze, z. B. die von Marx, den Charakter des der Gesellschaft Heteronomen. Sie betreffen diejenigen Momente der Vergesellschaftung, die der menschlichen Bestimmung zu Individuation und Freiheit entgegenwirken; die blinde Irrationalität ihres Wirkens zeichnet sie als Naturgesetze aus in dem Sinn, daß der Zwang, mit dem die Natur dem Menschen als einer Kreatur begegnete, in die Gesellschaft, die die Natur überwindet, als Herrschaft und Ausbeutung, als Aneignung der fremden Arbeitskraft hineingenommen wurde. Die fortschreitende Vergesellschaftung erhöht seither den Druck, der das Subjekt dem Archaischen ausliefert und die Identität der menschlichen Bestimmung mit der gesellschaftlichen Lebensform zunichte macht.

Die Soziologie sollte aber, statt einen Prinzipienstreit über ihre Methode auszufechten, sich bemühen, von der Struktur der Gesellschaft als einer gesetzmäßigen und irrationalen zugleich auszugehen und zu versuchen, diese vitiose Gesetzmäßigkeit zu durchdringen, sie rational durchleuchtbar zu machen, um sie so zu überwinden. Sie sollte Gesetze wie die der Konzentration und Integration nicht leugnen, aber auch nicht hypostasieren und damit Leiden, Zwang und die Negation am Menschen fixieren.

Obwohl Durkheim in der These von der arbeitsteiligen organischen Gesellschaft das Individuum in der Gesellschaft aufgehen läßt, zeigt sich in seinem

---

tionsmittel des Produzenten, verstümmeln den Arbeiter in einen Teilmenschen, entwürdigen ihn zum Anhängsel der Maschine, vernichten mit der Qual seiner Arbeit ihren Inhalt, entfremden ihm die geistigen Potenzen des Arbeitsprozesses im selben Maße, worin letzterem die Wissenschaft als selbständige Potenz einverleibt wird; sie verunstalten die Bedingungen, innerhalb deren er arbeitet, unterwerfen ihn während des Arbeitsprozesses der kleinlichst gehässigen Despotie, verwandeln seine Lebenszeit in Arbeitszeit, schleudern sein Weib und Kind unter das Juggernaut-Rad des Kapitals. Aber alle Methoden zur Produktion des Mehrwerts sind zugleich Methoden der Akkumulation, und jede Ausdehnung der Akkumulation wird umgekehrt Mittel zur Entwicklung jener Methoden. Es folgt daher, daß im Maße wie Kapital akkumuliert, die Lage des Arbeiters, welches immer seine Zahlung, hoch oder niedrig, sich verschlechtern muß. Das Gesetz endlich, welches die relative Übervölkerung oder industrielle Reservearmee stets mit Umfang und Energie der Akkumulation in Gleichgewicht hält, schmiedet den Arbeiter fester an das Kapital als den Prometheus die Keile des Hephästos an den Felsen. Es bedingt eine der Akkumulation von Kapital entsprechende Akkumulation von Elend. Die Akkumulation von Reichtum auf dem einen Pol ist also zugleich Akkumulation von Elend, Arbeitsqual, Sklaverei, Unwissenheit, Brutalisierung und moralischer Degradation auf dem Gegenpol, d. h. auf Seite der Klasse, die ihr eignes Produkt als Kapital produziert.« (MEW, Bd. 23, S. 674 f.)

Begriff der Anomie doch, daß er den Zwang, der dem Individuum aus der zunehmenden Integration erwächst, gesehen hat.[47]

Gegen Durkheims Auffassung wurde in der Diskussion die Ansicht vertreten, daß gerade, weil die gesellschaftlichen Phänomene geistig vermittelt seien, das Verständnis ihrer Gesetzmäßigkeit gegeben sein müßte. Dem hielt Prof. Adorno entgegen, daß ihr Verständnis trotzdem nicht möglich sei, denn was an Geist, an Individuation in die Gesellschaft eingeht, hat nicht Macht über den Verlauf ihrer Entwicklung. Das Allgemeine setzt sich blind gegenüber dem Einzelnen durch.

Hier den richtigen Ansatzpunkt zum Verständnis der Gesetzmäßigkeit in der Gesellschaft zu finden, sei äußerst schwierig für die Soziologie. Wird Gesellschaft nur auf Menschliches reduziert und das Moment ihrer Irrationalität dabei unterschlagen, so gelangt man ebensowenig zu richtigen Ergebnissen, wie wenn man umgekehrt die Entwicklung der Gesellschaft als allgemeine, abstrakte Entwicklungsgeschichte begreift, wobei das Moment der Individualität verloren geht und sich beim Versuch einer Systematisierung als Störungsfaktor geltend macht.

Die Behauptung, daß keine Ähnlichkeit zwischen Natur- und gesellschaftlichen Gesetzen bestehen könne, da die Naturwissenschaft in der Lage sei, ihre Gesetze experimentell zu verifizieren, während die Soziologie eine historisch gebundene Wissenschaft sei, deren Gesetze man nur einmal anwenden könne, die nicht von einer Situation auf die andere, von einer Gesellschaftsform auf die andere übertragbar seien (z. B. gelten Marx' ökonomische Gesetze nur für die bürgerliche Gesellschaft), diese Behauptung kann man deswegen nicht gelten lassen, weil es tatsächlich in der Gesellschaft Momente gibt, die an Natur »erinnern« und die sich nicht weghistorisieren lassen. Sofern die Geschichte der Gesellschaft Geschichte der Unfreiheit ist, kommt sie über die Natur nicht hinaus. Die rein historische Auffassung von Gesellschafts- als Geisteswissenschaft bedeutete einen Rückfall auf einen Standpunkt, den die Soziologie überwunden hat.

In der Diskussion ergab sich daraus die Frage, ob daher soziologische Gesetze nicht überhaupt nur als tendenziell wirksam werdende Faktoren des gesellschaftlichen Ablaufs aufzufassen seien; und andererseits, ob diese Gesetze in der notwendig sehr allgemeinen Formulierung, in der man sie dabei gewinnen könne,

---

47 Vgl. den Abschnitt »Der anomische Selbstmord«, in: Émile Durkheim, Der Selbstmord [1897], hrsg. von Heinz Maus, Friedrich Fürstenberg und Frank Benseler, übers. von Sebastian Herkommer und Hanne Herkommer, eingel. von Klaus Dörner, Nachw. von René König, Neuwied und Berlin 1973 (Soziologische Texte; 32), S. 273–318.

nicht auf eine formale Soziologie hinausliefen, deren sehr allgemeine Erkenntnisse gewissermaßen als Naturgesetze für jede Gesellschaft gelten würden. Prof. Adorno betonte dagegen nochmals, daß sich die Erörterung von Gesetzen in der Soziologie jeweils nur auf eine bestimmte Gesellschaft beziehen kann. Hier soll keine soziologische Invariantenlehre aufgestellt werden, doch unterliegt die Gesellschaft Gesetzen, die in ihrer materiellen Struktur begründet sind und die nun, wie Marx es tat, sehr konkret und explizit als »Naturgesetze« der bürgerlichen Gesellschaft aufgefaßt werden müssen.

Die Problematik eines solchen Gesetzesbegriffes liegt tatsächlich, wie Prof. Adorno immer wieder feststellte, in der Verbindlichkeit, mit der Gesetze zu definieren sind. Aus dem Seminar wurde bemerkt, daß diese Problematik auch die positivistische Sozialwissenschaft kennt, wo es um die Frage der Mathematisierbarkeit ihrer Befunde geht, wo man sich bemüht, empirische Phänomene in mathematische Formeln zu kleiden: Das Mathematisierte wird im Sinne von Naturgesetzen als verbindlich erachtet. Wie sich etwa Comte und Spencer an den Kategorien der damals im Aufschwung begriffenen Naturwissenschaften Biologie und Chemie orientierten, so beeinflussen heute Mathematik und neueste Physik die Soziologie und das Denken allgemein durch die Faszination der von ihnen erreichten mathematischen Abstraktionsmöglichkeit.

Schon Marx formulierte die ökonomischen Gesetze mathematisch, doch gebrauchte er sie anders als der mathematikgläubige Positivismus sardonisch, was bedeutet, daß er die zweifellos mathematisierbare Fiktion des reinen Tausches aufgriff und gewissermaßen aus den Begriffen des Liberalismus selbst dessen Scheitern errechnete. Dabei wird der Ansatz, aus dem er die Verelendungstheorie ableitete, nicht dadurch falsch, daß diese nicht zutraf. Denn Marx' Formel von der Verminderung der Profitrate enthielt Verhältniswerte, wobei er das immense Anwachsen der absoluten Gütermenge, das auch bei sinkender Profitrate noch den auskömmlichen Profit gewährleistet, nicht voraussehen konnte.

Die Frage, welche bestehenden Strukturelemente in der heutigen Gesellschaft auf ihre zukünftige Entwicklung hindeuten, war schwer zu beantworten. Die Geschichte der wesentlichen Gesetze der bürgerlichen Gesellschaft, etwa der Konzentrationsthese (Marx), Integration (Comte), Spencers steigender Integration bei zunehmender Differenzierung, lehrt Vorsicht. Wenngleich sie sich in den Ergebnissen teilweise, vermittelt oder überhaupt nicht durchsetzten, kann eine ihrer Struktur adäquate Theorie der Gesellschaft nicht von ihnen absehen. – Die Gesellschaft bringt starke Tendenzen zu ihrer Auflösung hervor; hindert einerseits das Prinzip der Individualität die gesellschaftlichen Gesetze daran, wirksam zu werden, verstärkt andererseits der steigende Druck der Vergesellschaftung den Konflikt zwischen Individuum und Gesellschaft, der, während vorwiegend irrationale Momente seinen Austrag bestimmen, immer undurchschaubarer wird. Marx, der den realen Tausch wenigstens noch in der Wirtschaftsethik vorfand, konnte noch Prognosen stellen. Heute ist es dagegen dem Theoretiker unmöglich, durch die Verschleierungen hindurch, die der Wirtschaftsablauf hervorbringt, die Gesetze dieser Gesellschaft so klar zu erkennen, wie Marx es noch konnte.

Auf die Frage, ob sich damit nicht der Begriff der Soziologie selber und ihre Funktion wandelten, ließ sich denn auch, ohne von den zuvor erhobenen theoretischen Forderungen abzugehen, nur konstatieren, daß zeitgenössische Sozialwissenschaft die einfachere Konsequenz zieht und entweder eine mathematische Sozialmechanik liefert oder sich als quasi Geschichtswissenschaft mit historischen und ethnologischen Monographien begnügt.

Auf diese Diskussion folgte ein Referat über die Formen der Vergesellschaftung im Werk Émile Durkheims.[48]

Der Einfluß Kants, der die absolute Gültigkeit des Sittengesetzes postulierte, auf Durkheim ist bei seinem Begriff von Vergesellschaftung unverkennbar. Er übersetzt die Moral von einer individuellen in eine gesellschaftliche Norm, deren integrierende und zwangsmäßige Autorität bei allen Formen von Vergesellschaftung eine zentrale Stellung einnimmt.

Durkheim zeichnet die Entwicklung der Gesellschaft als einen Übergang von einer primitiven Gesellschaftsform (Segmenttyp), die auf mechanischer Solidarität beruht, zu einer differenzierten, arbeitsteiligen Gesellschaft, deren Zusammenhalt durch die organische Solidarität gesichert ist.[49] Die Termini »mechanische« und »organische Solidarität« sind gerade entgegengesetzt dem uns geläufigen Sprachgebrauch willkürlich gewählt. Die mechanische Solidarität ist eine durch irrationale Momente erzwungene und unbewußte. – Der Begriff der Solidarität ist bei primitiven Völkern überhaupt unangebracht, weil in einer solchen Gesell-

---

[48] Renate Siebert, »Die Formen der Vergesellschaftung im Werk Emile Durkheims«, UAF Abt. 139 Nr. 11.
[49] Vgl. die Abschnitte »Mechanische Solidarität oder Solidarität aus Ähnlichkeiten« und »Die Solidarität, die sich der Arbeitsteilung verdankt, oder die organische Solidarität«, in: Emile Durkheim, Über soziale Arbeitsteilung. Studie über die Organisation höherer Gesellschaften [1893], übers. von Ludwig Schmidts, durchges. von Michael Schmid, eingel. von Niklas Luhmann, mit Nachw. von Hans-Peter Müller und Michael Schmid, 2. Aufl., Frankfurt a. M. 1988, S. 118–161, und ebd., S. 162–184.

schaftsform die Menschen sich noch durch einen Mythos verstehen (das kollektive Bewußtsein ist mit der Religion identisch) und nicht auf sich selbst reflektieren können. Echte Solidarität ist nur in einem individuierten Bewußtsein möglich, das in der arbeitsteiligen Gesellschaft entsteht und den Begriff der Solidarität rational entwickelt hat, worunter Durkheim organische Solidarität versteht.

Im Liberalismus wurde der Individualitätsbegriff als ein geschichtlich vermittelter hypostasiert. Spencer hat diesen Begriff so in seine Theorie übernommen, wie der Liberalismus ihn formulierte. Bei Spencer gibt es grundsätzlich keinen Gegensatz zwischen Individuum und Gesellschaft, weil sich das gesellschaftliche Ganze aus der Entfaltung der Individuen ergibt. Dagegen liefert Durkheim eine soziologische Theorie der Differenzierung, nämlich die Arbeitsteilung. Der organische Zusammenhang wird durch die Organisation der arbeitsteiligen Funktionen der Individuen erreicht, in dem die Individuen jedoch nicht völlig aufgehen. Die Erkenntnis, daß das Individuum sich in seiner gesellschaftlichen Funktion nicht erschöpft, wird bei Durkheim fruchtbar im Gegensatz von Individuum und Gesellschaft, den er gesehen hat. Jedoch gibt er dem Zusammenhang des Ganzen normativ den Vorrang gegenüber dem Individuum. Darin liegt die positivistische Wendung des Kant'schen Sittengesetzes in den Begriff des kollektiven Geistes, der von der Moral bestimmt ist.

Die Solidarität ist bei Durkheim abstrakt dem wirtschaftlichen Nutzen übergeordnet. Der Begriff der Rationalität, der eigentlich die arbeitsteilige Gesellschaft als organische sichern sollte, wird relativiert durch den Gedanken, daß gar nicht der wirtschaftliche Nutzen, der für die Gesellschaft aus der Arbeitsteilung erwächst, so sehr von Bedeutung ist, sondern die Solidarität, die gestiftet wird durch die Abhängigkeit, in die die Einzelnen durch die Arbeitsteilung zur Gesellschaft geraten. »Die wirtschaftlichen Dienste, die die Arbeitsteilung leisten kann, sind gering, gemessen an ihrem moralischen Effekt, und ihre wahre Funktion ist es, zwischen zwei oder mehreren Personen ein Gefühl der Solidarität zu schaffen.«[50]

---

50 In der genannten Ausgabe heißt es: »Wie reich wir auch begabt seien, es fehlt uns immer etwas, und die Besten unter uns fühlen ihre Unzulänglichkeit. So suchen wir bei unseren Freunden die Fähigkeiten, die uns fehlen, weil wir, wenn wir uns mit ihnen vereinigen, in bestimmter Weise an ihrer Natur teilhaben und uns dann weniger unvollständig fühlen. So bilden sich kleine Freundeskreise, in denen jeder seine Rolle gemäß seinem Charakter einnimmt und ein unverfälschter Austausch an Diensten stattfindet. Einer schützt, der andere tröstet; dieser berät, der andere führt aus. Diese Aufteilung der Funktionen oder, um den Fachausdruck zu gebrau-

In der nächsten Seminarsitzung soll in Frage gestellt werden, ob überhaupt der Begriff der Vergesellschaftung ein unentbehrliches Rechtsprinzip für die Bestimmung des Individuums bietet. Zweifellos habe die geschichtliche Entwicklung eine zunehmende Vergesellschaftung mit sich gebracht, aber es müsse gefragt werden, ob die Dynamik im Vergesellschaftungsprozeß nicht eine Grenze habe, eine Schwelle, an der der Begriff der Gesellschaft selbst problematisch wird. Es müsse weiter gefragt werden, ob das Individuum wirklich nur in der Gesellschaft existieren könne, und schließlich, ob der Begriff der Gesellschaft nicht ein ungeheures Blendwerk sei, das von denen veranstaltet wird, die die Gesellschaft beherrschen. Ist der Begriff der Vergesellschaftung nicht genau so problematisch wie der des Individuums, wenn sie isoliert werden?

---

chen, diese Arbeitsteilung bestimmt die Freundschaftsbeziehungen. *[Absatz]* Diese Überlegungen haben uns dazu geführt, die Arbeitsteilung unter einem neuen Gesichtspunkt zu betrachten. In diesem Fall sind die ökonomischen Dienste, die sie leisten kann, verglichen mit der moralischen Wirkung, die sie hervorruft, gering, und ihre wahre Funktion besteht darin, zwischen zwei oder mehreren Personen ein Gefühl der Solidarität herzustellen.« (Ebd., S. 102)

308 Gisela Junghölter, 5. Juni 1962

Gisela Junghölter

Protokoll vom 5. 6. 62 des Soziologischen Hauptseminars »Grundbegriffe der Soziologie«.

In der letzten Seminarsitzung war die Frage nach der Grenze der Vergesellschaftung, ob sie ein letztes Prinzip sei, oder ob aus ihrer Dynamik ein neues Prinzip entstehe, durch das die Gesellschaft geprägt wird, offengeblieben. Zu diesem Problem, das sich aus dem Referat über Durkheims Werk »De la division du travail social« ergeben hatte,[51] nahm Herr Kriesel in einem vorbereiteten Diskussionsbeitrag Stellung.[52] Diesem lag der Versuch zugrunde, mit der Klärung des Verhältnisses von Individuum und Gesellschaft in immanenter Kritik am Werke Durkheims die Grenzen der Vergesellschaftung zu ermitteln. Herr Kriesel wollte aufzeigen, Durkheim gerate notwendig in einen Widerspruch, weil er die Dialektik von Subjekt und Gesellschaft nicht konsequent austrägt und schließlich durch die Verabsolutierung der Gesellschaft diese Dialektik unterschlägt. Durkheim legt dar, daß durch die im Laufe der Geschichte stetig wachsende Arbeitsteilung und durch die damit ineinsgehende Auflösung der mechanischen Solidarität in Über- und Unterordnung innerhalb der Gesellschaft notwendig das Individuum hervorgeht.[53] Das Individuum ist also vermittelt, und die Vermittlung umfaßt sowohl die Realisierung des Individuums als auch die der Gesellschaft. Professor Adorno wies hier auf den Fortschritt im Denken Durkheims gegenüber Spencer hin, der die Kategorie des Individuums hypostasierte, indem er sie als eine der Gesellschaft vorgeordnete erklärte,[54] während Durkheim das Individuum als soziale Kategorie versteht, d. h., es ist selber eine Funktion der Entwicklung der Gesellschaft. Hier liegt bei Durkheim ein dialektischer Ansatz.

Jedoch bleibt Durkheim im Fortgang seines Werkes hinter seinem eigenen Gedanken zurück. Das der Gesellschaft entsprungene Individuum erscheint nicht als – zumindest tendenziell – freie Persönlichkeit: Durch den Kultus der Kollektivität ist die Selbständigkeit des Individuums nur ein Schein. Der dialektische Gedanke bleibt eine theoretische Konstruktion.

---

51 S. oben, Anm. 48.
52 Werner Kriesel, »Grenzen der Vergesellschaftung – Bemerkungen zum Verhältnis von Individuum und Gesellschaft bei Durkheim«, UAF Abt. 139 Nr. 11.
53 Vgl. etwa Durkheim, Über soziale Arbeitsteilung, a. a. O. (s. Anm. 49), S. 182f.
54 S. oben, Anm. 35.

Daraufhin erwog Herr Kriesel, ob nicht Durkheim selbst, wenn er von »spontanem Handeln« spricht,⁵⁵ ein Moment der Unmittelbarkeit des Individuums intendiere. Durchdenkt man konkret diese Frage der Spontaneität in der Gesellschaft, dann ist diese als gesellschaftliches Handeln vorzustellen. Prof. Adorno erläuterte dieses am Beispiel spontanen Handelns in bürgerlichen Revolutionen. Dieses ist gesellschaftlich vermittelt, da ja die revolutionären Aktionen eine Veränderung der gesellschaftlichen Zustände erstreben. Damit ist es *mehr* als eine bloße Anpassung an gesellschaftliche Desiderate. Denn jedes soziale Handeln hat auch das Moment der Unmittelbarkeit: Der je einzelne Mensch muß handeln wollen und es auch tun. Andererseits, wenn die Vermittlung durch den »Weltgeist« – das ist die gesellschaftliche Tendenz – nicht gegeben wäre, gäbe es keine Spontaneität. Es geht also in die Spontaneität, als ihre Bedingung, die Gesellschaft mit ein. Insbesondere für die bürgerlichen Revolutionen ist es charakteristisch, daß sie immer nur politisch etwas ratifizieren, was im Unterbau des realen gesellschaftlichen Gefüges bereits vorhanden ist. So ist z. B. die Französische Revolution nicht die Bedingung für die Auflösung des Feudalsystems und die Realisierung der bürgerlichen Formation. Denn der Adel hatte am Ende des 18. Jhs. seine ökonomische Vorrangstellung bereits eingebüßt, und die bürgerliche Klasse war die am meisten entwickelte. So erreichte es die Französische Revolution nur, nun auch in politischer Form die tatsächlichen ökonomischen Strukturverhältnisse auszudrücken.⁵⁶

Durch den Terminus »spontane Aktivität« ist bei Durkheim das Moment der Unmittelbarkeit des Individuums angelegt. Auch hier kommt Durkheim nicht über den dialektischen Ansatz hinaus. Wie es besonders in seinem Werk über den Selbstmord zum Ausdruck kommt, unterschlägt er dieses Moment der Unmittelbarkeit des Individuums. Für ihn ist der Selbstmord ein total gesellschaftlich vermitteltes Phänomen.⁵⁷ Prof. Adorno sagte hierzu, daß Durkheim an diesem Punkt wahrscheinlich etwas Richtiges gesehen habe. Denn es sei sehr die Frage, ob es so etwas wie volle Spontaneität in der unfreien menschlichen Gesellschaft

---

55 »Wenn es eine Wahrheit gibt, die die Geschichte über jeden Zweifel erhoben hat, dann die, daß die Religion einen immer kleineren Anteil des sozialen Lebens umfaßt. [...] Gott, der zuerst, wenn man so sagen darf, in allen menschlichen Beziehungen gegenwärtig war, zieht sich fortschreitend zurück. Er überläßt die Welt den Menschen und ihren Streitigkeiten. Wenn er sie noch weiter beherrscht, so aus der Höhe und von ferne, und die Wirkung, die er ausübt, wird immer allgemeiner und immer unbestimmter und überläßt dem Spiel der menschlichen Kräfte einen immer größeren Raum. Das Individuum empfindet also, daß es immer weniger von außen gesteuert wird. Es wird immer mehr zur Quelle spontaner Aktivität.« (Ebd., S. 224)
56 Vgl. NaS, Bd. IV·13, S. 53 f.
57 Vgl. den Abschnitt »Der gesellschaftliche Aspekt des Selbstmordes«, in: Durkheim, Der Selbstmord, a.a.O. (s. Anm. 47), S. 343–380.

überhaupt gebe. Es geht in der Theorie Durkheims auch darum aufzuzeigen, daß das Individuum in der gesamten »Vorgeschichte« nur ein gesellschaftlicher Schein ist, und die Bezeichnung des Individuums als »Charaktermaske« habe seine Richtigkeit. Der Vorwurf gegen Durkheim richte sich nicht dagegen, *daß* er dieses ausspreche, sondern sein Fehler liege in der Identifikation mit der blinden Unterdrückung, die er als Solidarität verherrlicht. Wahre Solidarität aber gebe es nur in einer freien Gesellschaft, so wie es Treue und Freundschaft nur unter Freien gebe!

Es wurde darauf verwiesen, daß in den »Regeln« keineswegs die Rede sei von einer Gesellschaft als einem Wesen an sich, sondern von einer ›conscience‹ im Bewußtsein des Individuums – also von einem individuellen Moment als etwas Gesellschaftlichem.[58] Diesem Einwand setzte Prof. Adorno entgegen, daß auch in den »Regeln« dem kollektiven Bewußtsein trotzdem immer der Vorrang zukäme. Das zeige sich schon in den ›faits sociaux‹, die sich dem Einzelnen gegenüber immer als das Stärkere erweisen.[59] Wenn Durkheim vom Individuum spreche, so nur, um es von der Gesellschaft auszuklammern. Evident sei dieses wiederum im »Selbstmord«. Durkheim will gerade an diesem Phänomen, das ursächlich doch sehr individuell ist, den Primat der Gesellschaft demonstrieren. Er zeigt auf, daß der Selbstmord statistischen Gesetzmäßigkeiten unterliege, also sich nicht aus individuellen Motivationen herleiten lasse. Die Lösung der Frage, wie sich die soziale Gesetzmäßigkeit im Einzelnen durchsetzt, gelingt Durkheim nicht, denn: Die soziale Gesetzmäßigkeit verwirklicht sich durch das einzelne Individuum hindurch. Richtig aber ist seine Einsicht, daß selbst, wo wir glauben, frei zu entscheiden, wir noch in der Verkettung an die Gesellschaft handeln.

In diesem Zusammenhang wurde auch der Begriff der Anomie bei Durkheim geklärt. Durkheim versteht hierunter – grob gesprochen – einen Zustand mangelnder sozialer Regelung. Dieses zeigt sich speziell im ökonomischen Bereich, wie z. B. in einer Anarchie der Warenproduktion. In einem solchen Zustand ist das Kollektivbewußtsein so geschwächt, daß das Individuum die Identifikation nicht mehr vollziehen kann.

---

58 Bei Durkheim heißt es etwa: »Denn alles, was real ist, hat eine bestimmte Natur, die einen Zwang ausübt, mit der man rechnen muß und die niemals überwunden wird, auch nicht, wenn man sie neutralisiert. Das ist im Grunde das Wesentlichste an dem Begriffe des sozialen Zwanges. Sein Inhalt erschöpft sich darin, daß die kollektiven Handlungs- und Denkweisen eine Realität außerhalb der Individuen besitzen, die sich ihnen jederzeit anpassen müssen. Sie sind Dinge, die eine Eigenexistenz führen.« (Emile Durkheim, Die Regeln der soziologischen Methode [1895], hrsg. und eingel. von René König, 11. Aufl., [Frankfurt a. M.] 2007 [suhrkamp taschenbuch wissenschaft; 464], S. 99)
59 Vgl. den Abschnitt »Was ist ein soziologischer Tatbestand?«, ebd., S. 105–114.

Abschließend formulierte Prof. Adorno noch einmal die Kernpunkte der Argumentation gegen Durkheim:

Eine Gesellschaft, die der blinden Zufälligkeit entrissen ist, setzt ihrer selbst bewußte Individuen voraus. Diese aber reagieren nicht Reflexen vergleichbar auf die Gesellschaft, sondern haben sich ihr – wenn auch nicht absolut – entgegengesetzt. Der Zustand der Anomie, wie Durkheim ihn beschreibt, läßt sich nur durch die autonomen Individuen hindurch auflösen, nicht aber in einer naturwüchsigen Gesellschaft, in der das Individuum nicht zur Freiheit gelangt.

Unter der Übermacht der Durkheimschen Kollektivität kommt es nicht zur notwendigen Entfaltung des Individuums, die Bedingung für eine vernünftige Einrichtung der Gesellschaft ist.

Hier liegt der Kernpunkt der Dialektik. Das Individuum ist nicht ein Absolutes, sondern es ist ebensosehr durch die Gesellschaft bestimmt. Wenn man diese Vermittlung nicht begreift, wird der Begriff des Individuums ebensosehr problematisch wie der der Gesellschaft. Prof. Adorno betonte, daß die Gesellschaft heute eine Stufe erreicht habe, auf der das Individuum verkümmere, da die Gesellschaft in ihrer bestehenden Form der autonomen Individuen nicht mehr bedarf; weil es aber diese nicht mehr gibt, erhält sich das Ganze. In dieser Aporie stehen wir heute in der ganzen Welt.

Damit aber wird der Begriff des Fortschritts fragwürdig. Durkheim war der erste, der dem hypostasierten undialektischen Begriff des Fortschritts, wie er sich bei Comte und Spencer findet, schwere Zweifel entgegensetzte. Seine Kritik am Fortschritt erwächst aus positivistischen Gründen; ein Fortschreiten von einer Kulturstufe zur anderen gibt es bei ihm nicht.

Im zweiten Teil des Seminars folgte ein Referat über die Formen der Vergesellschaftung bei F. Tönnies.[60]

Zu den Kategorien »Wesenwille« und »Kürwille«[61] erläuterte Prof. Adorno, daß der Wesenwille bei Tönnies bezeichnend sei für ein unmittelbares und unwillkürliches Miteinander, das nicht durch Entfremdung, Gegensätze, Konkurrenz gestört ist. Im Gegensatz zu diesem Wahren und Permanenten ist der Kürwille das Prinzip des künstlich und rational Gestalteten. In diesen Begriffen zeigt sich die Neigung Tönnies', eine willkürliche Terminologie zu bilden. Sein Versuch, die Formen der Vergesellschaftung neu zu begreifen, zeigt eine Tendenz zum Neologismus.

---

60 Klaus von Freyhold, »Formen der Vergesellschaftung bei Ferdinand Tönnies«, UAF Abt. 139 Nr. 11.
61 Vgl. das ›zweite Buch‹, »Wesenwille und Kürwille«, in: Ferdinand Tönnies, Gemeinschaft und Gesellschaft. Grundbegriffe der reinen Soziologie [1887], Darmstadt 1971, S. 71–105.

Die »Gemeinschaft des Geistes« gehört nach dem Kriterium für die Bildung und das Bestehen von Gemeinschaften nicht in diese Kategorie.[62] Hier zeigt es sich, daß mit einer solchen Zweiteilung wie die in Gemeinschaft und Gesellschaft, das soziale Leben sich nicht erfassen läßt. Doch ehrt es Tönnies, daß er nicht um der Exaktheit seiner Definitionen willen die Erscheinungen – hier die Gemeinschaft des Geistes – gewaltsam nach den formalen Kriterien seiner Kategorien subsumiert.

Tönnies entwickelt drei Typen der Gemeinschaft aus der gesellschaftlichen Situation. Die Gemeinschaft bezieht sich auf die Bedarfsdeckungswirtschaft. Wenn man nun seine Beschreibungen des Einzelnen als eines in die Hausgemeinschaft der feudal-ständischen Gesellschaft eingebetteten Individuums betrachtet und mit den realen Zuständen vergleicht, von denen wir wissen, daß sie mit unsagbarem Leid verknüpft waren – man denke nur an das Gebaren der Feudalherren und Meister –, so ist hier von einer organischen Solidarität wenig zu spüren. Tönnies ist daraus ein Vorwurf zu machen, daß es sich bei seinen Ausführungen um eine szientifische Säkularisierung der großen Romantik handelt, die nicht beanspruchen, die Realität zu treffen.

Gegenüber der Gemeinschaft ist die Gesellschaft bei Tönnies nicht die Totalität der Beziehungen zwischen Menschen, sondern ein Sekundäres, ein Typus von Gesellschaft, der durch die Entfremdung charakterisiert ist. Bei Tönnies ist die Gesellschaft untrennbar mit dem Tausch verbunden. Tausch und sozialer, d. h. auf die Gesellschaft gerichteter Wille bedingen einander.

Zum Begriff der Vergesellschaftung bei Tönnies erklärte Prof. Adorno, daß damit die Stufe der Rationalität bezeichnet wird, die bewußte gesellschaftliche Beziehungen und Handlungen herbeiführt im Gegensatz zum naturwüchsigen Handeln der Menschen. Rationalität kennzeichnet die bürgerliche Gesellschaft, naturwüchsiges Handeln den Feudalismus. In ihrem Übergang, und damit im Übergang vom Wesenwillen zum Kürwillen, besteht die Vergesellschaftung.

Zu Beginn der Diskussion stellte Prof. Adorno noch einmal die Frage, die schon während des Referates angeklungen war, ob sich mit nur zwei Kategorien, wie bei Tönnies, die soziale Wirklichkeit erfassen lasse.

---

62 Tönnies unterscheidet drei Arten der Gemeinschaft: »die Gemeinschaft des *Blutes* als Einheit des Wesens entwickelt und besondert sich zur Gemeinschaft des *Ortes*, die im Zusammenwohnen ihren unmittelbaren Ausdruck hat, und diese wiederum zur Gemeinschaft des *Geistes* als dem bloßen Miteinander-Wirken und Walten in der gleichen Richtung, im gleichen Sinne. Gemeinschaft des Ortes kann als Zusammenhang des animalischen, wie die des Geistes als Zusammenhang des mentalen Lebens begriffen werden, die letztere daher in ihrer Verbindung mit den früheren, als die eigentlich *menschliche* und höchste Art der Gemeinschaft.« (Ebd., S. 12)

Das stringent Falsche an der Tönniesschen Begriffsbildung hängt damit zusammen, daß er gesellschaftliche Beziehungen analysiert mit Begriffen, die ihrerseits abstrahiert worden sind von den Formen des Zusammenlebens der Menschen. Dabei berücksichtigt er nicht, daß diese vermittelt sind durch die Auseinandersetzung mit der Natur und die durch Verfügung über menschliche Arbeitskraft sich herausbildenden Herrschafts- und Produktionsverhältnisse. Sie bleiben ›Kategorien des Lebensstils‹, d. h. Aussagen über menschliche Verhaltensweisen. Diese sind nicht von zufälliger Bedeutung, aber für eine fruchtbare Erklärung müßten sie aus der Grundstruktur der Gesellschaft hergeleitet werden. Indem Tönnies die Wurzel dieser sekundären Formen der Beziehungen zwischen Individuen, nämlich die gesellschaftliche Arbeit, unterschlägt, bleibt er mit seinen Kategorien bei der Beschreibung von bloßen Phänomenen stehen. Das ist der Grund, warum Tönnies an das Wesen der Gesellschaft nicht herankommt.

Worin aber besteht das Richtige, das Tönnies in seinem Werk getroffen hat und das ihm eine Nachwirkung bis auf den heutigen Tag verliehen hat?

Nach Prof. Adorno ist es die Erfahrung der Entfremdung in der bürgerlichen Gesellschaft, der gegenüber Tönnies die Feudalzeit so verklärend abhebt. Berechtigterweise aber ist zu fragen: Ist es im Mittelalter sehr viel anders gewesen? Welches ist dann der Grund für die Verherrlichung jener Epoche? Prof. Adorno suchte einer Antwort auf diese Frage zunächst durch ein Bild näherzukommen:

Wenn man in eine süddeutsche Kleinstadt kommt, erfährt man eine Art von Glücksversprechen, das man in den Straßen einer Millionenstadt nicht empfindet. Es geht von diesen Imagines ein Zauber aus, der so überwältigend ist, daß das Bewußtsein nur schwer sich dagegen wehrt.

Wahrscheinlich ist es so, daß die Gesellschaftsformen im Augenblick, in dem sie untergehen und ihre bedrohliche Macht verloren haben – aber auch nur in diesem Augenblick – im Vergleich zur nächsten Stufe der gesellschaftlichen Entwicklung, die wiederum Unheil ankündet, das Moment der Versöhnung ausstrahlen.

Diese Erkenntnis deutet sich auch bei Marx an, wenn er davon spricht, daß der Fortschritt in der bürgerlichen Gesellschaft nur ein partikularer ist, da er zugleich von denen bezahlt wird, die als Opfer der kapitalistischen Expansion dem Fortschritt nicht folgen können.[63]

---

63 In der »Heiligen Familie« [1845] von Marx und Engels heißt es etwa: »Alle kommunistischen und sozialistischen Schriftsteller gingen von der Beobachtung aus, einerseits, daß selbst die günstigsten Glanztaten ohne glänzende Resultate zu bleiben und in Trivialitäten auszulaufen scheinen, andrerseits, daß *alle Fortschritte des Geistes* bisher *Fortschritte gegen* die *Masse der Menschheit* waren, die in eine immer *entmenschtere* Situation hineingetrieben wurde. Sie erklärten daher (siehe *Fourier*) ›den *Fortschritt*‹ für eine ungenügende, abstrakte *Phrase*, sie ver-

Die Ideologie versucht dieses Moment zu kompensieren, indem sie den vergangenen Zustand als den besseren hinstellt.

Man könnte in diesem Zusammenhang an die Stellung der Frau in der bürgerlichen Gesellschaft denken. In der Verherrlichung ihrer Irrationalität liegt ein Wiedergutmachungsversuch dafür, daß man ihr versagt hat, ein autonomer Mensch zu werden.

Wenn Kafka sagt, ein Fortschritt hat noch gar nicht stattgefunden,[64] so drückt er genau das aus, was Tönnies in seiner Romantik mit der Verklärung des Vergangenen getroffen hat.

---

muteten (siehe unter andern *Owen*) ein Grundgebrechen der zivilisierten Welt; sie unterwarfen daher die *wirklichen* Grundlagen der jetzigen Gesellschaft einer einschneidenden *Kritik*. Dieser kommunistischen Kritik entsprach praktisch sogleich die Bewegung der *großen Masse*, im Gegensatz zu welcher die bisherige geschichtliche Entwickelung stattgefunden hatte.« (MEW, Bd. 2, S. 88 f.)

64 »An Fortschritt glauben heißt nicht glauben daß ein Fortschritt schon geschehen ist. Das wäre kein Glauben.« (Franz Kafka, Nachgelassene Schriften und Fragmente II, in: Franz Kafka, Schriften Tagebücher. Kritische Ausgabe, hrsg. von Jürgen Born, Gerhard Neumann, Malcom Pasley und Jost Schillemeit unter Beratung von Nahum Glatzer, Rainer Gruenter, Paul Raabe und Marthe Robert, Bd. Nachgelassene Schriften und Fragmente II, hrsg. von Jost Schillemeit, Red. von Hans-Gerd Koch, Frankfurt a. M. 2002, S. 123)

309 Klaus Neubeck,
19. Juni 1962

Klaus Neubeck

Protokoll des soziologischen Hauptseminars vom 19. 6. 1962
Referat: Henri Bergson[65]

Das Protokoll setzt sich zusammen aus einer Einführung Prof. Adornos in das Werk und Denken von Bergson und aus den Erläuterungen, die Prof. Adorno an den jeweiligen Punkten des Referats vorgenommen hat.

Nach dem Grund der Beschäftigung in einem soziologischen Seminar mit dem Metaphysiker und Lebensphilosophen Henri Bergson gefragt, muß darauf hingewiesen werden, daß durch den Einfluß von Comte, nach dessen wissenschaftstheoretischer Einsicht die Soziologie sich als vollendete und zu sich selbst gekommene Philosophie versteht,[66] die Trennung zwischen Philosophie und Soziologie, wie sie in Deutschland von beiden Seiten gefordert wird, in der französischen Tradition bis in die jüngste Zeit nicht akzeptiert wurde. Bergson hat in seiner Philosophie eine soziologische Theorie entwickelt, die in der entscheidenden Stellung der beiden Begriffe Statik und Dynamik als Momente der Vergesellschaftung in erstaunlicher Übereinstimmung mit Comte steht, obwohl sie unvergleichlich differenzierter und reicher als bei Comte ist.[67]

In seiner Philosophie ist Bergson ein extremer Antipode des Positivismus, hat aber gleichwohl seinen Begriffen nach mit Comte und der Tradition des Positivismus sehr viel zu tun. Das gilt für die Positionen des frühen Bergson und für sein Spätwerk, besonders für die in dem Referat behandelte Schrift: Les Deux Sources de la morale et de la religion, in der in den Gedanken über Wissenschaft und Rationalität der ratio, die zwar nur ein Ausdruck des élan vital, der alles durch-

---

[65] Irmela Nitz, »Der Begriff der Vergesellschaftung bei Henri Bergson«, UAF Abt. 139 Nr. 11.
[66] Comte fragt zu Beginn seiner Grundlegung der von ihm so genannten »positiven Philosophie«, ob sie »heutzutage alle Arten von Erscheinungen« umfasse, und er antwortet: »Offenbar ist dies nicht der Fall. Es bleibt noch ein großes Stück wissenschaftlicher Arbeit zu vollbringen, um ihr den unerläßlichen Charakter von Allgemeinheit zu geben; denn die gesellschaftlichen Vorgänge sind noch nicht in ihr Bereich gezogen worden; die theologische und metaphysische Methode ist hier noch allgemein in Gebrauch. Dies ist die einzige Lücke, die ausgefüllt werden muß, wenn die positive Philosophie ihre Begründung vollenden soll, und dies ist das besondere Ziel dieses Werkes.« (Comte, Die Soziologie, a. a. O. [s. Anm. 38], S. 6)
[67] Vgl. die Abschnitte »Die statische Religion« und »Die dynamische Religion«, in: Henri Bergson, Die beiden Quellen der Moral und der Religion [1932], übers. von Eugen Lerch, Hamburg 2019 (Philosophische Bibliothek; 592), S. 105–217, sowie ebd., S. 219–278.

herrschenden Lebensschwungkraft, ist, eine positive Rolle zugeschrieben wird.[68] Dies darf aber nicht darüber hinwegtäuschen, daß sich in den berühmt gewordenen Schriften (L'Évolution créatrice[69], Matière et mémoire[70]) ein klassischer Irrationalismus findet.

Man muß sich Rechenschaft darüber geben, daß die Gleichsetzung irrational und reaktionär, rational und progressiv (die besonders Lukács mit ungeheurer Wirkung vorgenommen hat)[71] an die Phänomene nicht heranreicht. In den großen irrationalen Strömungen, besonders bei Nietzsche als Hauptvertreter der Lebensphilosophie, steckt großer Widerstand gegen das verdinglichte, erstarrte, allgemeinbegriffliche Denken, das in dieser Gestalt den Warencharakter der irrationalen Gesellschaft wiederspiegelt.

In den frühen Werken versucht Bergson mit wissenschaftlichen Methoden die Analyse der unmittelbaren Gegebenheiten des Bewußtseins und kommt zur Einsicht, daß die üblichen klassifikatorischen Begriffe dem, was unmittelbar gegeben ist, nicht gerecht werden. Indem die positivistische Forderung ganz streng genommen wird, sich an das konkret Gegebene zu halten, wurde er gezwungen, den positiven Begriffsapparat aufzugeben.

Sein Denken ist sehr tief verwandt mit dem Impressionismus. In seinem Widerstand gegen die Pedanterie kleinbürgerlichen Kategorisierens zeigt sich das großbürgerliche Moment seines Denkens. Es ist gekennzeichnet von der Souve-

---

68 So heißt es etwa: »Der Anspruch, die Moral auf den Respekt vor der Logik zu gründen, konnte bei Philosophen und Gelehrten entstehen, die gewöhnt sind, sich auf dem Gebiete der Spekulation vor der Logik zu verbeugen, und dadurch geneigt sind zu glauben, für jedes Gebiet und für die ganze Menschheit zwinge die Logik sich mit souveräner Autorität auf. Aber aus dem Faktum, daß die Wissenschaft die Logik der Dinge und die Logik im allgemeinen respektieren muß, wenn ihre Forschungen gelingen sollen, oder daraus, daß dies das Interesse des Gelehrten als Gelehrter ist, kann man nicht schließen, daß wir verpflichtet seien, in unserem Verhalten immer die Logik zu wahren, als ob das im Interesse des Menschen im allgemeinen oder sogar des Gelehrten als Menschen läge. Unsere Bewunderung für die spekulative Funktion des Geistes mag groß sein; aber wenn Philosophen vorbringen, sie würde genügen, um Egoismus und Leidenschaft zum Schweigen zu bringen, so zeigen sie uns – und wir müssen sie dazu beglückwünschen –, daß weder des einen noch der anderen Stimme jemals sehr stark in ihrer Brust erklungen ist.« (Ebd., S. 89)
69 Vgl. Henri Bergson, Schöpferische Evolution [1907], hrsg. und übers. von Margarethe Drewsen, eingel. von Rémi Brague, Hamburg 2013 (Philosophische Bibliothek; 639).
70 Vgl. Henri Bergson, Materie und Gedächtnis. Versuch über die Beziehung zwischen Körper und Geist [1896], hrsg. und übers. von Margarethe Drewsen, eingel. von Rémi Brague, Hamburg 2015 (Philosophische Bibliothek; 664).
71 Vgl. Georg Lukács, Die Zerstörung der Vernunft [1954], in: Georg Lukács, Werke, Bd. 9, Neuwied und Berlin 1962.

ränität des freien und ungebundenen Menschen des Großbürgertums und der Aristokratie.

Bergson verteidigt die Offenheit des Denkens gegen die Verdinglichung des Denkens, welches die Phänomene unter vorgegebene Ordnungsbegriffe subsumiert. Im Begreifen der gesellschaftlichen Phänomene will Bergson das utopische Potential festhalten.

Bergsons Soziologie ist der großartige Versuch, jenes Moment des Qualitativen, das normalerweise dem experimentellen Denken entgleitet, in der Erkenntnis der Gesellschaft zu retten. Er hat versucht, gesellschaftliche Erfahrung in der Struktur des philosophischen Denkens auszudrücken. Alles ist um die Erfahrung zentriert, daß das, worauf es ankommt, das Qualitative ist, das der herrschenden Verdinglichung entzogen ist. Alles andere ist bloße Technik, bloßes Zählen. Er übt schneidende Kritik am verdinglichten Bewußtsein, hat aber die Realität der Verdinglichung unterschätzt, wie sich an dem romantischen Glauben, daß das Leben noch so unmittelbar sei, wie es das Ideal des unmittelbaren spontanen Bewußtseins postuliert, erkennen läßt.[72]

Diese erkenntnistheoretische Intention drückt sich in dem Bild aus, daß die klassifikatorischen Begriffe wie die Konfektionskleider sind, die um die Gegenstände herumhängen, während die Qualitativen, intuitiven Begriffe den Kleidern der Haute Couture zu vergleichen sind, die genau auf den Körper zugeschnitten sind.[73]

---

[72] So berichtet Bergson etwa: »Ein Soldat, der von einer geplatzten Granate getroffen worden war, erzählte uns, seine erste Regung sei gewesen auszurufen: ›Was ist das blöd!‹ Daß diese von einer rein mechanischen Ursache geschleuderte Granate, die irgend jemanden oder auch niemanden treffen konnte, dennoch gerade ihn getroffen hat, ihn und keinen anderen, das war unlogisch für seine spontane Intelligenz. Hätte er das ›Pech‹ dabei eingreifen lassen, so hätte er die Verwandtschaft dieser spontanen Intelligenz mit der primitiven Mentalität noch besser offenbart. Eine inhaltsreiche Vorstellung, wie die Idee eines Zauberers oder eines Geistes, muß freilich den größten Teil ihres Inhalts aufgeben, um zur Idee des ›Pechs‹ zu werden; sie besteht jedoch weiter, sie ist nicht vollkommen entleert, und infolgedessen unterscheiden die beiden Mentalitäten sich nicht wesentlich voneinander.« (Bergson, Die beiden Quellen der Moral und der Religion, a.a.O. [s. Anm. 67], S. 152)

[73] »Nichts ist leichter, als zu behaupten, daß das Ich Vielheit ist oder daß es Einheit ist oder daß es die Synthese von beiden ist. Einheit und Vielheit sind hier Vorstellungen, die man nicht auf den Gegenstand zuzuschneiden braucht, die man schon angefertigt vorfindet und die man nur aus einem Haufen auszusuchen braucht – Konfektionskleider, die Paul ebensogut wie Peter passen werden, weil sie die Gestalt keines der beiden nachzeichnen. Ein Empirismus aber, der dieses Namens würdig ist, ein Empirismus, der nur nach Maß arbeitet, sieht sich genötigt, für jeden Gegenstand, den er studiert, eine absolut neue Arbeit zu liefern. Er schneidet für den Gegenstand einen Begriff zurecht, der diesem Gegenstand allein angepaßt ist, einen Begriff, von dem man

Über die Bedingungen der Existenz hinauszugehen, ist eigentliche Aufgabe des Denkens, zugleich ist dies die wichtigste Kritik des verdinglichten Denkens. Bergson hat aber darin Unrecht, daß der Gedanke im Medium der Intuition wie durch einen Zauberschlag möglich sei. Er unterschlägt die Vermittlung. Wenn bei Bergson von Vermittlung die Rede ist, dann ist nicht damit gemeint, was Hegel darunter versteht. Bergson ist kein Dialektiker, wie überhaupt das französische Denken dem dialektischen Denken fremd genübersteht. Die Begriffe müssen in sich widerspruchslos sein. Dinge sind nicht durch ihr Gegenteil vermittelt. Vermittlung ist bei Bergson vielmehr die Kunst des Übergangs, die darin besteht, durch Nuancierungen und Schattierungen eine Kategorie in eine andere hinüberzuführen.

Prousts Werk kann als Versuch verstanden werden, die Einsicht in die Bedeutung des Qualitativen auf Erfahrungen der Gesellschaft anzuwenden, indem er Dinge hervorhebt, die qualitativ einzigartig und nicht generalisierbar sind, aber dennoch den Schluß auf das Ganze zulassen, weil gerade in ihnen das Wesen des Ganzen greifbar wird. Diese Einsicht liegt auch der Ästhetik Valérys zugrunde, der in der Kunst die Aufgabe erkennt, das an den Dingen nachzuahmen, was an ihnen unnachahmlich ist.[74] Alle Denker stimmen in dem Punkt überein, daß die Soziologie die Dinge so anzuschauen habe, daß an ihnen etwas aufgeht. Ohne dieses Moment des Aufgehens, des Erfahrens, wäre alles, was man tut, äußerlich und gleichgültig.

In den Ausführungen Prof. Adornos wird immer wieder auf die Polemik Bergsons mit Durkheim hingewiesen.[75] Zwischen dem Begriff der Intuition als des inwendigen Gewahrwerdens der Dauer und der asketisch nach außen gerichteten Theorie, in der auf alles Verstehen der sozialen Tatsachen aus innen heraus verzichtet werden muß, ist ein erheblicher Gegensatz. In der behandelten Spätschrift entfaltet sich eine fruchtbare Dialektik zwischen beiden Denkern, insofern Bergson trotz seiner Antithese zu Durkheim ihm auch Gerechtigkeit widerfahren läßt und ihn ergänzt. Beide Zeitgenossen müssen zusammengesehen werden; es herrscht zwischen ihnen ein Prozeß, der sehr schwer zugunsten einer der beiden Seiten zu entscheiden ist.

---

kaum sagen kann, daß er noch ein Begriff ist, weil er sich nur auf dies eine Ding anwenden läßt.« (Henri Bergson, Einführung in die Metaphysik [1903], 2. Aufl., Jena 1912, S. 22f.)
74 Der entsprechende Aphorismus lautet: »*Kunst. [Absatz]* Das Schöne erfordert möglicherweise sklavische Nachahmung dessen, was an den Dingen unbestimmbar ist.« (Paul Valéry, Windstriche. Aufzeichnungen und Aphorismen [1926], übers. von Bernard Böschenstein, Hans Staub und Peter Szondi, Wiesbaden 1956, S. 67)
75 Vgl. etwa Bergson, Die beiden Quellen der Moral und der Religion, a. a. O. (s. Anm. 67), S. 107–110.

Die Metaphysik von Bergson hängt eng mit der rationalistischen Theorie von Freud zusammen. So wie sich die ratio aus der libidinösen Energie abgespalten hat, ist die ratio Bergsons ein Ausdruck des élan vital.

Das Leben erschöpft sich nicht in den analysierbaren und organisierbaren Erscheinungen. Der Lebensstrom läßt sich nicht unmittelbar in Begriffe fassen, und sein Ende ist nicht abzusehen.

Der statische Instinkt ist das Unbewußte, gewissermaßen unterintellektuell Beharrende, der überintellektuelle dynamische Instinkt ist das eigentlich Utopische, das das Neue will, was noch nicht da war. In dieser Auffassung findet sich eine Parallele zu Freuds Dualismus des beharrenden Todestriebes und des Eros, der in Freuds Theorie die Utopie vertritt.

Bergson hat die Intention, hinter den Erscheinungen ein Wesen zu entdecken und das Subjekt als Träger dieses Wesens der Welt wieder zur Geltung zu bringen. Bei Marx kommt es auch darauf an, hinter den Erscheinungen ein Wesentliches zu entdecken; er hat dieses aber als ein Wesen bestimmt, das das Subjekt nicht zur Geltung kommen läßt. Dieser Unterschied geht aufs Ganze. Dadurch, daß Bergson das Individuum als wesentliche Kraft der Gesellschaft hervorheben wollte, entging ihm die Entfremdung und Entmenschlichung der bestehenden Gesellschaft. Die Gesamtgesellschaft wird aus dem Subjekt abgeleitet. Ähnlich wie bei Freud ist seine Soziologie mehr Sozialpsychologie; der Unterschied zwischen beiden liegt in den verwendeten Kategorien (élan vital – Eros usw.). Die objektive Struktur der Vergesellschaftung, in der die Menschen handeln, erscheint dann als Sekundäres.

Die Bewegung der Gesellschaft bleibt ganz unbestimmt, es kommt entscheidend darauf an, daß überhaupt Bewegung ist. Leben darf nicht starr sein, sagt Bergson. Da er nicht den Begriff des Lebens nach den Bedingungen konkretisiert, wie es überhaupt zu solchem Leben in der bisherigen Gesellschaft kommen konnte, bzw. die Bedingungen darlegt, die es zu einem solchen Leben bisher nicht kommen ließen und überhaupt allgemein nach den Möglichkeiten fragt, wie Leben in der Gesellschaft realisierbar ist, bleibt der Begriff des Lebens so abstrakt wie die verhärteten Institutionen, die in der bürgerlichen Gesellschaft als Naturformen erscheinen.

Der Begriff des Weltbürgertums und der Menschheit, der in Bergsons Schriften auftaucht, ist erst spät in der Philosophiegeschichte, etwa zu Beginn des römischen Imperiums aufgetreten. Die klassische griechische Philosophie kannte den Begriff der Menschheit nicht. In diesem Begriff drückt er die Einsicht aus, daß in der Vergesellschaftung ein Moment der Herrschaft steckt. Er erfuhr das prinzipiell Neue, daß Vergesellschaftung etwas gegen die Gesellschaft sein kann.

Die Erkenntnis, daß die Menschen schon vergesellschaftet sind, ehe sie es wissen, und daß das gesellschaftlich Bewußte gegenüber den Individuen eine eigene Objektivität hat, führt Bergson in unmittelbare Nähe zu Gedanken Durkheims, die den gleichen Inhalt haben. Die Übereinstimmung ist kein Zufall, weil sie aus einer relativ einheitlich geschlossenen Kultur der Franzosen kommt.

Vico ist Bergson in dem Prinzip vorangegangen, die Mythen als Chiffren von gesellschaftlichen Vorgängen oder, anders ausgedrückt, als Hypostasierungen gesellschaftlicher Verhältnisse zu durchschauen.[76] Die Moralgebote und die Produkte der Phantasie stellen sich unter diesem Blick als Kanalisation der verändernden Kraft des dynamischen Instinkts dar.

Bergson kennt zwei Zeitbegriffe: auf der einen Seite die Weise der gelebten, unmittelbaren Zeit, in der die Stufen der Vergangenheit, Gegenwart und Zukunft sich durcheinander konstituieren, auf der anderen Seite die kausal-mechanische, meßbare, naturwissenschaftliche Zeit, die der unmittelbaren Zeit entfremdet ist, weil sie dinghaft und äußerlich ist.[77] Auf diesen Dualismus gründet sich der Unterschied zwischen der dinghaften, vermittelten Entfremdung und der unmittelbaren Welt, der Intuition.

Der Begriff des »großen Individuums«, des Genies, das durch die Gesellschaft vermittelt ist, wird von Bergson hypostasiert und verabsolutiert,[78] so wie es Durkheim mit der Gesellschaft tat. Diese falschen Hypostasierungen führen auf der einen Seite zu der naiven Vorstellung der Gesellschaft als eines Pantheons der großen Menschen, auf der anderen Seite wird die Kultur der Gesellschaft allein um der Gesellschaft willen, gleichgültig um den Inhalt des Begriffs der Gesellschaft, stehengelassen. In der Absetzung der großen Individuen von der gesellschaftlichen Vermittlung liegt das reaktionäre Moment Bergsons. Der Preis der Verabsolutierung der Gesellschaft bei Durkheim ist die Vernachlässigung der

---

76 Vgl. den Abschnitt »Von der poetischen Weisheit. Zweites Buch«, in: Giambattista Vico, Grundzüge einer Neuen Wissenschaft über die gemeinschaftliche Natur der Völker [1725], übers. von Wilhelm Ernst Weber, Leipzig 1822, S. 199–627.
77 So heißt es etwa bei Bergson: »Nun beachte man aber, daß wir, wenn wir von der Zeit sprechen, zuallermeist an ein homogenes Medium denken, in dem unsere Bewußtseinstatsachen sich aufreihen, sich wie im Raum nebeneinanderordnen und in dem es ihnen gelingt, eine unterschiedliche Vielheit zu bilden. Wäre die so verstandene Zeit nicht für die Vielheit unserer psychischen Zustände, was die Intensität für einzelnen unter ihnen ist, ein Zeichen, ein Symbol, absolut verschieden von der wahren Dauer?« (Henri Bergson, Zeit und Freiheit. Versuch über das dem Bewußtsein unmittelbar Gegebene [1889], hrsg. und übers. von Margarethe Drewsen, eingel. von Rémi Brague, Hamburg 2016 [Philosophische Bibliothek; 632], S. 83)
78 Bergson schreibt: »Wir wollen, daß der Mensch schon bei seiner Geburt ein höheres Wesen sei, als er einstmals war: als ob das wahre Verdienst nicht in der Anstrengung läge! Als ob eine Gattung, bei der jedes Individuum sich durch mühsame Aneignung der ganzen Vergangenheit über sich selbst hinaufarbeiten muß, nicht mindestens ebensoviel wert wäre als eine solche, bei der jede Generation durch das automatische Spiel der Vererbung im Ganzen über die vorhergehenden emporgetragen würde!« (Bergson, Die beiden Quellen der Moral und der Religion, a. a. O. [s. Anm. 67], S. 168)

Momente der Freiheit und Individualität. Beide Anschauungen sind gleich eng und beschränkt. Dialektisch denken heißt, daß man diese Momente nicht im Sinne einer Entscheidung sieht, sondern erkennt, daß diese Begriffe den Gegensatz voraussetzen und durch den Gegensatz konstituiert sind. Das Ideal des Verstehens der gesellschaftlichen Prozesse wäre es, über diesen abstrakten Antithesen zu sein, indem man erkennt, wie die Kategorien aufeinander verweisen.

Im Begriff der Elite wird nicht an eine selbsternannte Elite als herrschende Klasse mit dem Recht auf Kontrolle und Verfügungsmacht im Sinne Paretos gedacht,[79] sondern der Akzent liegt entscheidend auf dem an Saint-Simon erinnernden Begriff der Elite als einer intellektuellen Avantgarde, die das Neue konzipiert und das Bestehende weitertreibt.[80] Die Auszeichnung der Elite ist ihre Erfüllung des bürgerlichen Begriffs der Produktivität.

Nur die Elite hat an der schöpferischen Kraft des élan vital teil, die breiten Massen machen immer wieder dasselbe.[81] Dies klingt zunächst sehr reaktionär, beschreibt aber durchaus etwas tatsächlich sich Ereignendes. Es spricht sehr viel dafür, daß unter der gegebenen Form der Gesellschaft die Massen die Tendenz haben, die jeweils bestehenden Zustände zu perpetuieren und nur die Avantgarde das verändernde Prinzip vertritt. Die Beobachtung der Schwerkraft der Gesellschaft in der Masse ist richtig, Bergsons Fehler ist aber, daß er das gesellschaftlich Bedingte und Vermittelte dieser Haltung übersieht und sie als ein angeborenes invariantes Verhältnis postuliert. Ebensowenig darf die Bereitschaft der Massen, sich beherrschen zu lassen, als eine ihrer Naturqualitäten verstanden werden. Es handelt sich hier um gesellschaftliche Reflexionsformen, die den Charakter des Naturhaften deshalb annehmen können, weil die Menschen den auf sie lastenden Druck verinnerlichen und in dieser Verinnerlichung zwangshaft dazu willens sind, ihre eigene Vernichtung zu wählen. Diese Phänomene werden in der psy-

---

79 S. oben, Anm. 26.
80 So heißt es etwa in Saint-Simons »Abhandlung über die Wissenschaft vom Menschen (1813)«: »Der nützlichste Schritt in der Wissenschaft ist immer derjenige, der dem zuletzt gemachten folgt. [Absatz] Am meisten trägt immer das wissenschaftliche Vorhaben zum Fortschritt der Erkenntnis bei, das durch die jüngsten Arbeiten genialer Männer vorbereitet wurde, denn sehr richtige Ideen stiften, wenn sie dem Stand der Erkenntnis zu weit vorauseilen, kaum Nutzen; man vergißt sie, bevor man zu wichtigen Nutzanwendungen zu gelangen vermag.« (Claude-Henri de Saint-Simon, Ausgewählte Schriften, hrsg., übers. und eingel. von Lola Zahn, Berlin 1977 [Ökonomische Studien; 6], S. 96–132; hier: S. 96f.)
81 So heißt es etwa: »Wir glauben nicht an das unbewußte der Geschichte: Die großen unterirdischen Geistesströmungen, von denen man soviel gesprochen hat, rühren daher, daß große Menschenmassen von einem oder mehreren Menschen mitgerissen worden sind. Diese wenigen wußten was sie taten, aber sie konnten nicht alle Konsequenzen vorhersehen.« (Bergson, Die beiden Quellen der Moral und der Religion, a.a.O. [s. Anm. 67], S. 324)

choanalytischen Sozialpsychologie im Mechanismus des Sadomasochismus psychodynamisch begründet.

Die Masse ist nicht schlechthin reaktionär und falsch. Anstatt aber solche Invarianten in der Theorie Bergsons einfach als elitär und reaktionär zu brandmarken, sollte man sich überlegen, ob der Zustand der Massen sich nicht ändern läßt. Auch Gedanken in offenbar falschen Gedankensystemen müssen in den Dienst der offenen Gesellschaft gestellt werden, wenn diese Gedanken ein wahres Moment enthalten.

Der Widerstreit von individuellem und sozialem Ich, der bei Bergson so unauflösbar gesehen wird, daß selbst in einer ganz rationalen Ordnung er noch für das menschliche Handeln konstitutiv sein wird, ist bei Durkheim a priori immer schon zugunsten des sozialen Ich entschieden. Bergson sieht das Dialektische des Individuums getreuer, da er im Individuum das kollektive Ich und das davon emanzipierte kritische individuelle Ich als zwei gleichrangige Instanzen ansieht, aus deren Konflikten und Kompromissen das konkrete Handeln resultiert.

Die Moral kann sich auf eine bestimmte Schicht im Individuum, die »aspiration« (Sehnsucht), stützen;[82] alle Moral spricht die Sehnsucht aus, über die bestehenden Zustände hinauszugehen, die alle Menschen haben und [sich] nur nicht einzugestehen wagen. Gerade die Gedanken der Individuen, die über die bestehenden Formen der Gesellschaft hinausreichen und die sie dadurch immer in einen Konflikt mit den bestehenden gesellschaftlichen Tendenzen führen, sind im Grunde das, was alle wollen und eigentlich alle wissen. Darin wird eine großartige Korrektur des Individualismus von Bergson ausgesprochen. In dieser Vermittlung zwischen Individuum und Gesellschaft wird das Moment der Kollektivität tiefer gesehen als bei Durkheim, in dessen Theorie dieses Moment viel zentraler ist.

---

[82] »Die Ethik umfaßt [...] zwei unterschiedliche Teile, von denen der eine seinen Existenzgrund in der originalen Struktur der menschlichen Gesellschaft hat, während der andere seine Erklärung in dem erklärenden Prinzip dieser Struktur findet. Im ersteren Teil stellt die Verpflichtung den Druck dar, den die Elemente der Gesellschaft aufeinander ausüben, um die Form des Ganzen aufrechtzuerhalten, einen Druck, dessen Wirkung in jedem von uns durch ein System von Gewohnheiten vorgebildet ist, die ihm sozusagen entgegenkommen: Dieser Mechanismus, von dem jeder Teil eine Gewohnheit ist, dessen Gesamtheit jedoch einem Instinkt zu vergleichen ist, ist von der Natur vorbereitet worden. Im zweiten Teil haben wir auch noch Verpflichtung, wenn man so will, aber die Verpflichtung ist jetzt die Kraft eines Sehnens oder eines Aufschwungs, desselben Aufschwungs, der schließlich das Menschengeschlecht, das soziale Leben, ein System von dem Instinkt mehr oder weniger assimilierbarer Gewohnheiten erzeugt hat: Das vorwärtstreibende Prinzip greift jetzt direkt ein, nicht mehr mittels Mechanismen, die es eingesetzt und bei denen es einstweilen haltgemacht hatte.« (Ebd., S. 55)

Da in jeder praktischen Moral die Sehnsucht der Menschen angesprochen wird, stehen die Individuen a priori in einer Harmonie mit der Gesellschaft. Bergson hat den Konflikt zwischen der Bestimmung des Menschen und dem, wozu seine gesellschaftliche Rolle ihn verurteilt, nicht erfahren. Diese prätendierte Harmonie ist mehr als ideologisch. Notwendigerweise fehlt bei Bergson die entscheidende Kategorie des sozialen Zwangs, den der Rabbinersohn Durkheim besser gesehen hat.[83] Bergsons Argument gegen die Entfremdung der Gesellschaft zur zweiten Natur ist die Tatsache, daß die Menschen die Gesellschaft selbst geschaffen haben. Bergson gebraucht zwar den Begriff der zweiten Natur, nimmt ihn aber nicht ernst und glaubt, die Menschen könnten sich in der »zweiten Natur« ebenso unmittelbar verhalten wie in einer freien, nicht-repressiven Gesellschaft.[84]

Prof. Adorno besteht darauf, den Prozeß zwischen Durkheim und Bergson sehr ernst zu nehmen. Denn die tiefere Theorie kann in den entscheidenden Punkten, wo es z. B. um das Leiden geht, dumm und einfältig werden.

Klaus Neubeck[85]

---

[83] Der Vater Émile Durkheims, Moïse Durkheim, ist ab den 1830er Jahren Rabbiner in Épinal im Département des Vosges.
[84] Bei Bergson heißt es resümierend: »Aber wenn die Natur uns auch gerade dadurch, daß sie uns intelligent erschaffen hat, bis zu einem gewissen Grade die Freiheit gelassen hat, uns unseren Typus der Gesellschafts-Organisation zu wählen, so hat sie uns gleichwohl auferlegt, vergesellschaftet zu leben. Eine Kraft, die uns dauernd die Richtung gibt und die für die Seele dasselbe ist wie für den Körper die Schwerkraft, sichert den Zusammenhalt der Gruppe, dadurch, daß sie alle Einzelwillen in die gleiche Richtung lenkt.« (Ebd., S. 265)
[85] Unterschrift.

310 Edgar Weick,
26. Juni 1962

|Prof. Adorno – Soziologisches Hauptseminar
Protokoll der Sitzung vom 26. Juni 1962
Protokollant: Edgar Weick|

Die Diskussion über das Referat »Der Begriff der Vergesellschaftung bei Henri Bergson« wurde von einem Kommilitonen mit folgender Frage eingeleitet: »Unter ›aspiration‹ sieht Bergson die Möglichkeit, daß sich eines Tages die Utopie verwirklichen läßt, Durkheim dagegen leugnet die Möglichkeit der Freiheit in der Gesellschaft. Welche soziologischen Tatsachen sprechen für die These Bergsons oder für die These Durkheims, wer von beiden gelangt zu einem höheren Maß an Erkenntnis?«
    Frl. Nitz sagte dazu, daß sich die Utopie bei Bergson deutlich von seinem Geniebegriff ableiten lasse; Bergson hoffe, daß die Menschen eines Tages nur noch in der Kontemplation leben. Prof. Adorno fügte ergänzend hinzu, daß Bergson in seinem Spätwerk eine Vermittlung zwischen intuitivem und kausal-mechanischem Denken versucht habe. Eine rationale Einrichtung der Gesellschaft und Technik, die »Überwindung der Naturschranken durch planhaftes Bewußtsein« (Bergson)[86], mache es möglich, sich der Herrschaft der Natur – ähnlich dem Herrschaftswissen bei Max Scheler[87] – zu entziehen. Bergson sei in

---

86 Das Zitat wurde bei Bergson nicht aufgefunden, hingegen heißt es bei Bloch: »»Les deux sources de la morale et de la religion‹ (ein kleines Vermächtnis, nicht nur ein Spätwerk) zeigen einen Elan, worin der Citoyen sich erinnert, nicht nur der Entrepreneur ins Leere rast. Vor allem ist der Dschungel verlassen, derselbe, den der Lebensphilosoph als erster inszeniert hatte; Bergsons Spätwerk bietet dem Rausch buchstäblich die Stirn. Alle hellen Elemente von früher sind nun neu pointiert: der impressive Elan, der immer nach vorn sich schlug, nie rückwärts; der Bewußtseinskult als erfrischtes oder erhaltenes Stück aus der bürgerlichen Revolution. Merkwürdig berührt sich sogar der Ausgangspunkt dieses Philosophierens mit seinem jetzigen Endpunkt; die extrem idealistische ›Unabhängigkeit des Geistes vom Gehirn‹ berührt sich mit einer fast marxisierenden ›Überwindung der Naturschranken durch planhaftes Bewußtsein‹.« (Ernst Bloch, Erbschaft dieser Zeit [1935]. Erweiterte Ausgabe, in: Ernst Bloch, Werkausgabe, Bd. 4, Frankfurt a. M. 1985 [Suhrkamp-Taschenbuch Wissenschaft; 553], S. 353)
87 »Ich glaube, es gibt *drei oberste Werdensziele*, denen Wissen dienen kann und dienen soll: Erstens dem Werden und der Entfaltung der *Person*, die weiß – das ist ›*Bildungswissen*‹. Zweitens dem Werden der *Welt* und (vielleicht) dem zeitfreien Werden ihres *obersten Soseins- und Daseinsgrundes* selbst, die in unserem menschlichen Wissen und jedem möglichen Wissen um Welt und Weltgrund zu ihrer eigenen Werdens›bestimmung‹ kommen oder doch zu etwas, ohne das sie ihre Werdensbestimmung nicht erreichen können – dieses Wissen um der Gottheit willen heiße ›Erlösungswissen‹. Und es gibt drittens das Werdensziel der praktischen *Beherrschung* und Um-

diesem Punkt von Marx gar nicht so weit entfernt, nur habe Bergson die Realität so sehr an die Innerlichkeit, an der unmittelbaren Erfahrung des Lebens gemessen, daß für ihn die Substanz der Utopie sehr wesentlich im Ästhetischen liege. Das Bewußtsein sei nicht radikal in zwei verschiedene Kräfte zu zerlegen, in das intuitive und das rationale Bewußtsein, sie könnten nicht absolut getrennt gedacht werden. Das Moment der sozialen Utopie ist der Ausdruck für die Einheit zwischen der wiederherzustellenden Unmittelbarkeit der Verhältnisse und einer vernünftigen und rationalen Einrichtung der Welt. Die soziale Utopie habe jedoch bei Bergson kein sehr großes Gewicht, da sein Subjektivismus es ihm verwehre, die Dialektik beider Momente zu reflektieren.

Die zu Beginn gestellte Frage, ob Durkheim oder Bergson ein höheres Maß an Erkenntnis zuzusprechen sei, gehöre zu den Gretchenfragen im allerernstesten Sinne. Als Alternative kann sie jedoch nicht beantwortet werden. Es sei notwendig, zuerst die Tendenz, die die Logik der Geschichte repräsentiere, zu berücksichtigen. Nimmt man den Begriff der Freiheit ernst, so kann man ihn nicht in die Logik der Geschichte übersetzen. Man könne nicht sagen, daß die Geschichte zur Freiheit führt; würde man sagen, es läge in der Logik der Sache, so mache man sich der Ideologie schuldig.

Das einzige, was man sagen könne, sei auch das allereinfachste, daß nämlich heute die Verwirklichung der Freiheit gar nicht mehr ein Ideal, ein absolut Gutes, sei, sondern die unmittelbarsten Interessen der Menschheit selbst darauf verweisen, daß die Freiheit verwirklicht werde. Die Gesellschaft der Unfreiheit, dazu gehöre auch der Ostblock, taumele ihrem Entwicklungsgesetz nach ihrer Vernichtung entgegen. Was früher eine Utopie von Freiheit war, wird heute zu einer Sache des gesunden Menschenverstandes. Wenn früher mit der Nichtverwirklichung der Freiheit Leiden und Unterdrückung verbunden waren, so gehe es heute um die physische Existenz des Menschen. Jedoch müsse dies mit der größten Vorsicht gesagt werden, da darin schon ein Moment der Identifikation liege, das an sich der Freiheit schon entgegensteht.

Auf den Einwand von Frau Seifert[88], daß sowohl die destruktive Tendenz als auch die Tendenz zur Freiheit vom Menschen gemacht werde, es sich also nicht um objektive Tendenzen handele, die sich von selbst durchsetzen, entgegnete Prof. Adorno, daß diese Tendenzen, wenngleich sie von Menschen gemacht

---

bildung der Welt für unsere menschlichen Ziele und Zwecke – jenes Wissen, das der Pragmatismus sehr einseitig, ja ausschließlich im Auge hat – das ist das Wissen der positiven ›Wissenschaft‹, das ›Herrschafts-‹ oder ›Leistungswissen‹.« (Max Scheler, Die Wissensformen und die Gesellschaft [1926], 2. Aufl., in: Max Scheler, Gesammelte Werke, Bd. 8, hrsg. von Maria Scheler, Bern und München 1960, S. 205)

88 D.i. Monika Seifert, vormals Mitscherlich.

werden, aufgrund der Entfremdung den Menschen selbständig gegenübertreten. Nicht das Unbehagen in der Zivilisation sei das Entscheidende, sondern die objektive Dynamik der politischen und ökonomischen Struktur selbst. Es sei viel zu harmlos, wolle man nur die destruktiven Tendenzen im Menschen kontrollieren, da dadurch die objektive Dynamik außer Acht gelassen werde.

Der Satz, die Philosophen haben die Welt bisher verschieden interpretiert, es komme darauf an, sie zu verändern,[89] werde heute von fast jedem akzeptiert. Die allgemein anerkannte Forderung nach einer Praxis unterliege jedoch einer Dialektik. Die Forderung nach einer Veränderung der Welt kann auch zu einem Mittel werden, das sich der Freiheit entgegenstellt. Die Leistung des Intellektuellen sei heute beinahe wichtiger als eine Praxis, die darauf hinausläuft, sich in das Bestehende einzuordnen. Auch bei Sartre gebe es die Notwendigkeit, eine Situation zuerst einmal bis zum Äußersten zu durchdenken, bevor man an eine Praxis ginge.[90]

Dem Diskussionsbeitrag eines Kommilitonen, die bürgerliche Gesellschaft habe mit einem großen Maß an Freiheit angefangen, würde jetzt diese Freiheit jedoch mehr und mehr einengen, in den sozialistischen Gesellschaften verliefe der Prozeß jedoch gerade umgekehrt, wurde von Prof. Adorno entgegengehalten, daß diese schwierige Frage in dieser Form nicht beantwortet werden könne. Es sei auf alle Fälle sehr fraglich, ob die bürgerliche Gesellschaft mit einem großen Maß an Freiheit begonnen habe; im Ernstfalle sei es mit der Freiheit in der bürgerlichen Gesellschaft nie so weit her gewesen. Auch die bürgerlichen Philosophen haben, wenn man John Locke ausnimmt, nur die Forderung nach formaler Freiheit erhoben.

Auf den Einwand, daß für die Freiheit bestimmte ökonomische Voraussetzungen notwendig seien, die nach Toynbee heute erfüllt sind,[91] antwortete Prof. Adorno, daß die heutigen Organisationsformen eine solche Freiheit nur sehr schwer zuließen. Aber auch Rückschritte der Freiheit hätten ihre ernstzunehmende Notwendigkeit; ohne Zwang sei in bestimmten Ländern eine Produktion,

---

[89] Anspielung auf die elfte Feuerbachthese von Marx: »Die Philosophen haben die Welt nur verschieden *interpretiert*, es kömmt drauf an, sie zu *verändern*.« (MEW, Bd. 3, S. 7)
[90] Vgl. etwa Jean-Paul Sartre, Kritik der dialektischen Vernunft. 1. Band. Theorie der gesellschaftlichen Praxis [1960], übers. von Traugott König, Reinbek bei Hamburg 1967.
[91] Vgl. etwa den Abschnitt »Mögliche Erklärungen der Geltung von ›Naturgesetzen‹ in der Geschichte«, in: Arnold J. Toynbee, Der Gang der Weltgeschichte. Kulturen im Übergang. Zweiter Band [1957], hrsg. von D. C. Somervell, übers. von Jürgen von Kempski, in: Arnold J. Toynbee, Der Gang der Weltgeschichte. Aufstieg und Verfall der Kulturen. Zwei Teile in einem Band, Frankfurt a. M. [2010], S. 282–290.

die die Reproduktion der Gesellschaft gewährleistet, überhaupt nicht in Gang zu setzen.

Auf Bergson zurückkommend stellte Prof. Adorno die Begriffe »statischer Instinkt« und »dynamischer Instinkt« zur Diskussion: »Gibt es etwas, was diesem eine gewisse Plausibilität verleiht?« In der ersten Antwort wurde der statische Instinkt mit dem Hinnehmen einer bestimmten Gemeinschaft, in der man zu leben gewohnt sei, verglichen; ein dynamischer Instinkt komme später hinzu. In seiner Entgegnung sagte Prof. Adorno, man müsse lernen, dann zu stutzen, wenn scheinbar etwas selbstverständlich sei. [Eine] eines Denkenden würdige Verhaltensweise sei die Frage, warum ich das Gewohnte hinnehme, warum ich es nicht abschaffen will, wenn es mit großer Qual verbunden ist? Der ungeheure Fortschritt bei Freud bestehe gerade darin, daß er versucht hat, das abzuleiten, was bisher als eine selbstverständliche Verhaltensgewohnheit angesehen wurde.

Frl. Mayer[92] legte dar, daß nach der modernen Verhaltensforschung der Mensch den Neugier-Tieren zugeordnet werde. Auch bei Menschen sei das blinde Nach-vorne-Streben primär, nicht das Verharren. Prof. Adorno führte diesen Gedanken weiter: Die Doppelseitigkeit des menschlichen Verhaltens bilde zwei mögliche Instinkte aus, die aus der Berührung des Menschen mit der Umwelt entstanden sind, nämlich einmal, mit der Realität fertig zu werden, zum andern, sich in sich zurückzuziehen, »wenn man eins drauf bekommen hat«. Am Beispiel der Schnecke demonstrierte Prof. Adorno, daß man zur Vermeidung von Unlust die Fühler dann nicht mehr ausstrecke, wenn man die Erfahrung gemacht habe, daß einem das schlecht bekommt.

Das Dynamische hänge unmittelbar mit dem Lustprinzip zusammen, das Statische komme durch das Verbot der Neugier zustande. Auf das Verhältnis von Statik und Dynamik in der kapitalistischen Gesellschaft eingehend, sagte Prof. Adorno, daß hier das Wort »Stillstand ist Rückschritt« im buchstäblichen Sinne gelte. Die Selbsterhaltung bedürfe genau des »dynamischen Instinkts«. Sobald die bürgerliche Gesellschaft nicht mehr expandiere, sei sie ihrem Untergang nahe.

Gegen Ende der Sitzung verlas Herr Hartmut Neuendorff den ersten Teil seines Referats »Zum Begriff der offenen und geschlossenen Gesellschaft bei Karl Raimund *Popper*«[93]. Popper übernimmt die Begriffe der offenen und geschlossenen Gesellschaft von Bergson, mißt ihnen aber eine andere Bedeutung zu. Er steht den logischen Positivisten nahe, obwohl er sich von ihnen abgrenze. In ähnlicher

---

92 D. i. vermutlich Evelies Mayer, vormals Magnus.
93 Hartmut Neuendorff, »Zum Begriff der offenen und geschlossenen Gesellschaft bei Karl Raimund Popper«, UAF Abt. 139 Nr. 11.

Weise wie Spencer vertritt er einen extremen individualistischen Fortschrittsoptimismus. Denken ist Kritik, darin bestehe das Positive bei Popper, nur hat Kritik bei ihm einen szientifischen Akzent.

Nach Popper gründet die Objektivität aller Wissenschaft in der intersubjektiven Nachprüfbarkeit. Dies Prinzip liege, wie Prof. Adorno sagte, der gesamten Verfahrensweise der empirischen Sozialforschung zugrunde. Sie hatte früher einmal im Experiment gegenüber der Offenbarung etwas unerhört Progressives, heute sei aber dieses Postulat der allgemeinen Nachprüfbarkeit, das am naturwissenschaftlichen Modell gebildet worden sei, im Bereich der Sozialwissenschaft zu einer Fessel geworden. Da nicht alle Menschen ein gleich fortgeschrittenes Bewußtsein haben, sei das nach demokratischen Spielregeln postulierte gleiche Anrecht auf Einsicht recht zweifelhaft. Aus dem Prinzip der intersubjektiven Nachprüfbarkeit werde ein Flaschenhalsprinzip, nach dem nur noch das durchgelassen wird, was von allen nachprüfbar ist.

Dem Einwand, daß bei diesem Prinzip nur Spezialisten gemeint seien, hielt Prof. Adorno entgegen, daß dadurch die Sache eher schlimmer als besser werde, da die Spezialisten nur einen ganz beschränkten Erfahrungsbereich hätten. Dem sei die Kontrolle durch den gesunden Menschenverstand aller immer noch vorzuziehen.

Poppers Haltung zu Tabuübertretungen in den von ihm dargestellten geschlossenen Gesellschaften[94] bezeichnet Prof. Adorno als im oberflächlichen Sinne rationalistisch. Erst nachdem strukturell die Einheit dieser Gesellschaften zerfallen sei, könne die Erfahrung, daß Tabuübertretungen möglich sind, zur gesellschaftlichen Kraft werden. Prof. Adorno wirft Popper vor, daß die von ihm gebrachten Beispiele ungeheuer vereinfacht und dadurch verfälscht seien.

Geschlossene Gesellschaften sind bei Popper durch das Fehlen sozialer Spannungen charakterisiert. Prof. Adorno bemerkte dazu, daß in einer Gesellschaft das Mißverhältnis von Macht und Ohnmacht so groß gewesen sein könne, daß es zu sozialen Spannungen tatsächlich gar nicht mehr komme; man brauche nur an das Reich der Inkas in Südamerika denken. Der Begriff der sozialen Spannung sei ein bürgerlicher Begriff.

Im Zusammenhang mit der These Poppers, die Philosophie sei seit Plato ein einziger Aufstand gegen die Vernunft und die individuelle Freiheit, da sie das Allgemeine gegen das Besondere vertrete,[95] soll in der nächsten Sitzung die Frage diskutiert werden, ob – wie es Popper sieht – die Insistenz auf dem Allgemeinen

---

94 Vgl. Karl R. Popper, Die offene Gesellschaft und ihre Feinde. Band I. Der Zauber Platons [1945], übers. von Paul K. Feyerabend und Klaus Pähler, 7. Aufl., Tübingen 1992, S. 205–210.
95 Vgl. etwa die »Einleitung«, ebd., S. 3–8.

in der Vorstellung von der Gesellschaft das Reaktionäre, die Insistenz auf dem Besonderen das Fortschrittliche ist. – Popper habe nicht erkannt, daß Vernunft ohne das Motiv der Allgemeinheit nicht gedacht werden könne.

311 Helga Fischer,
3. Juli 1962

Helga Fischer

Protokoll des soziologischen Hauptseminars vom 3. Juli 1962

1. Schluß des Referates über Poppers Buch: »Die offene Gesellschaft«.
2. Diskussion über den Sozialnominalismus als Mittel zur Erkenntnis der Gesellschaft.[96]
3. Erster Teil des Referates über Marx.[97]

1. Zu Beginn des Seminars wurde das in der letzten Sitzung des Hauptseminars begonnene Referat über Poppers Buch »Die offene Gesellschaft und ihre Feinde« zu Ende geführt. Prof. Adorno wandte sich gegen verschiedene Stellen in Poppers Buch, an denen dieser Hegel nicht gerecht werde. Zum Beispiel sei ein summarisches Urteil, das Hegel zu einem preußischen Reaktionär stemple, nichtssagend und dumm.[98]

Wie verfälschend die Herauslösung einer Bemerkung aus dem Ganzen wirken könne, zeige die Behauptung Poppers, Hegel rechtfertige die Sklaverei.[99] Sklaverei

---

[96] Von Hans-Georg Backhaus ist die Mitschrift eines Seminars im Sommersemester 1962 überliefert, die sich – zumindest teilweise – der hier protokollierten Sitzung vom 3. Juli verdankt (vgl. Hans-Georg Backhaus, Theodor W. Adorno über Marx und die Grundbegriffe der soziologischen Theorie. Aus einer Seminarmitschrift im Sommersemester 1962, in: Hans-Georg Backhaus, Dialektik der Wertform. Untersuchungen zur Marxschen Ökonomiekritik, Freiburg i. Br. 1997, S. 501–513). Auch dort wird von »Poppers ›Sozialnominalismus‹« berichtet, der darin bestehe, dass der Gesetzesbegriff »bei ihm stillschweigend mit der Regelmäßigkeit von wiederholten Vorgängen gleichgesetzt« werde (ebd., S. 501).
[97] Jürgen Brockmann, »Die Analyse der kapitalistischen Gesellschaft bei Karl Marx«, UAF Abt. 139 Nr. 11.
[98] Popper schreibt, es sei »unwahrscheinlich, daß Hegel ohne Unterstützung von seiten des preußischen Staates je zu der einflußreichsten Gestalt der deutschen Philosophie hätte emporsteigen können. Wie die Dinge lagen, wurde er der erste offizielle Philosoph des Preußentums, ernannt in einer Periode feudaler ›Restauration‹ nach den napoleonischen Kriegen.« (Popper, Die offene Gesellschaft und ihre Feinde. Band II. Falsche Propheten. Hegel, Marx und die Folgen [1945], übers. von Paul Feyerabend, Anh. übers. von Klaus Pähler, 7. Aufl., Tübingen 1992, S. 37)
[99] Bei Popper heißt es: »Um real oder aktual zu werden, muß sich die Essenz in der Veränderung entfalten. Diese Lehre nimmt später bei Hegel die folgende Form an: ›Was an sich ist, ist eine Möglichkeit, ein Vermögen, aber noch nicht aus seinem Inneren zur Existenz gekommen. Es muß ein zweites Moment für die Wirklichkeit hinzukommen, und das ist die Betätigung.‹ Wenn ich also ›zur Existenz kommen‹ will, (sicher ein sehr bescheidener Wunsch), dann muß ich ›etwas zur Tat

sei bei Hegel ein notwendiges Durchgangsstadium in der Entwicklung zur Freiheit, da die Menschheit erst im Angesicht der Sklaverei die Anstrengung zur Freiheit mache.[100] Den Bemerkungen Hegels, auf die Popper sich beziehe, würden aber andere gegenüberstehen, z. B. seine Ausführungen über Herr und Knecht.[101]

Auch sei Hegel weder Platoniker noch Antiplatoniker,[102] sondern seine Philosophie eine durch und durch dynamische, eine solche der Vermittlung von Idee und Seiendem, Statik sei ihr nur ein Moment der Dynamik.

Ein weiterer Einwurf Prof. Adornos bezog sich auf die Bemerkung Poppers, Marx sei ein Feind der offenen Gesellschaft.[103] Es bleibe fraglich, wie er zu dieser Bemerkung komme, da wohl niemand mehr als Marx für eine offene Gesellschaft eintrete.

---

und zum Dasein bringen‹. Diese noch immer sehr populäre Theorie führt, wie Hegel klar sieht, zu einer neuen Rechtfertigung der Theorie der Sklaverei. Denn Selbstbehauptung bedeutet in bezug auf andere Menschen den Versuch, sie zu beherrschen.« (Ebd., S. 14) – Vgl. HW, Bd. 12, S. 36.
100 In der »Rechtsphilosophie« [1820] Hegels heißt es etwa: »Die behauptete Berechtigung der *Sklaverei* (in allen ihren näheren Begründungen durch die physische Gewalt, Kriegsgefangenschaft, Rettung und Erhaltung des Lebens, Ernährung, Erziehung, Wohltaten, eigene Einwilligung usf.) sowie die Berechtigung einer *Herrschaft* als bloßer Herrenschaft überhaupt und alle *historische* Ansicht über das Recht der Sklaverei und der Herrenschaft beruht auf dem Standpunkt, den Menschen als *Naturwesen* überhaupt nach *einer Existenz* (wozu auch die Willkür gehört) zu nehmen, die seinem Begriffe nicht angemessen ist. Die Behauptung des absoluten Unrechts der Sklaverei hingegen hält am *Begriffe* des Menschen als Geistes, als des *an sich* freien, fest und ist einseitig darin, daß sie den Menschen als *von Natur* frei oder, was dasselbe ist, den Begriff als solchen in seiner Unmittelbarkeit, nicht die Idee, als das Wahre nimmt. [...] Der Standpunkt des freien Willens, womit das Recht und die Rechtswissenschaft anfängt, ist über den unwahren Standpunkt, auf welchem der Mensch als Naturwesen und nur als an sich seiender Begriff, der Sklaverei daher fähig ist, schon hinaus. Diese frühere unwahre Erscheinung betrifft den Geist, welcher nur erst auf dem Standpunkte seines Bewußtseins ist; die Dialektik des Begriffs und des nur erst unmittelbaren Bewußtseins der Freiheit bewirkt daselbst den *Kampf des Anerkennens;* und das Verhältnis der *Herrenschaft* und der *Knechtschaft* [...]« (HW, Bd. 7, S. 123 f.).
101 Vgl. HW, Bd. 3, S. 145–155.
102 Hegels Philosophie sei »die Renaissance der Ideologie der Horde«, sofern Hegel »gleichsam das ›Bindeglied‹ (›*missing link*‹) ist zwischen Platon und den modernen Formen des totalitären Gedankenguts.« (Popper, Die offene Gesellschaft und ihre Feinde. Band II, a.a.O. [s. Anm. 98], S. 39)
103 »Ich glaube, daß Marx trotz seiner Verdienste ein falscher Prophet gewesen ist. Er war ein Prophet des Ablaufs der Geschichte, und seine Prophezeiungen haben sich nicht bewahrheitet; aber das ist nicht mein Hauptvorwurf. Viel wichtiger ist, daß er zahllose intelligente Menschen dazu verführte, zu glauben, daß die wissenschaftliche Behandlung sozialer Probleme in der Aufstellung historischer Prophezeiungen besteht. Marx ist verantwortlich für den verheerenden Einfluß der historizistischen Denkmethode in den Reihen derer, die die Sache der offenen Gesellschaft zu fördern wünschen.« (Ebd., S. 97)

Popper fordert, die Fakten an der offenen Gesellschaft zu messen. Hier sei er völlig unreflektiert, denn gerade er spreche den Begriffen jede Substantialität ab, wie könne er aber dann, so meinte Prof. Adorno, Fakten an einem Begriff messen. Das ganze Problem des Begriffs, um das es in der Sozialwissenschaft zwischen Positivismus und Dialektik gehe, sei nicht dadurch zu lösen, daß man erkläre, dem Begriff entspreche in der Realität nichts, um dann selbst substantielle Begriffe anzuwenden. In der Wissenschaft, welche sich heute gegen ihr eigenes Medium, den Begriff (der bei Hegel noch substantiell sei) wende, habe eine sonderbare Verbiegung sich vollzogen. Wo man die Selbständigkeit der Begriffe leugne, weil es, wie man behauptet, nur verstreute Fakten gäbe, leugne man die Möglichkeit der Theorie. Die Soziologie werde dann zu einer Agentur mehr oder minder gut verarbeiteter Informationen über Fakten, welche in der je herrschenden Praxis verwandt werden können. Kritik an dieser Praxis würde Theorie voraussetzen, aber gerade sie ist unmöglich. Diese Haltung sei für den ganzen Positivismus von Comte bis Popper kennzeichnend. In der Bestimmung des Marxschen Denkens als »essentialistisch«[104] habe Popper durchaus recht, denn Marx, seinem Selbstverständnis nach zwar Nominalist, objektiv aber das genaue Gegenteil, gebrauche im Gegensatz zum theoriefeindlichen Nominalismus den Begriff der Theorie so emphatisch wie Hegel.[105]

Zum Begriff des Gesetzes bei Popper[106] bemerkte Prof. Adorno, er sei von der Naturwissenschaft übernommen und meine die Regelhaftigkeit des gleichen

---

104 »Marx, der [...] sicher nicht bewußt an eine humanitäre Moral glaubte und der solche Glaubensansichten unterdrückte, baute dort auf einer moralischen Basis auf, wo er es nicht vermutete, nämlich in seiner abstrakten Werttheorie. Das hängt natürlich mit seinem Essentialismus zusammen: Das Wesen aller sozialen und ökonomischen Beziehungen ist die menschliche Arbeit.« (Ebd., S. 428, Anm. 206:24)

105 In der Mitschrift von Backhaus heißt es: »Popper wirft Marx ›Essentialismus‹ vor. Marx hätte gespottet und sich selbst als Nominalist empfohlen (Hegel vom Kopf auf die Füße stellen). Trotzdem würde ich sagen, daß Popper insofern recht hat, als bei Marx die Strukturbegriffe selbständig sind, ohne die bei ihm die soziale Mannigfaltigkeit nicht gedacht werden kann, während Popper im Grunde theoriefeindlich ist. Wenn man das Moment der Selbständigkeit des Begriffs aufgibt, hat man die Möglichkeit von Theorie geleugnet. An Stelle der Theorie tritt dann die Forderung, daß die Soziologie als eine Art Agentur der Gesellschaft gut organisierte Fakten bereitzustellen habe, die in der jeweils herrschenden Praxis gebraucht werden.« (Backhaus, Theodor W. Adorno über Marx und die Grundbegriffe der soziologischen Theorie, a.a.O. [s. Anm. 96], S. 501f.)

106 Popper schreibt über »Das Kapital« von Marx: »Der ›letzte Endzweck dieses Werks‹ bestand, wie Marx in seiner Vorrede erklärt, darin, ›das ökonomische Bewegungsgesetz der modernen Gesellschaft zu enthüllen‹ und damit ihr Geschick zu prophezeien. Ein sekundäres Ziel war die Widerlegung der Apologeten des Kapitalismus, das heißt jener Ökonomen, die die Gesetze der kapitalistischen Produktionsweise so darstellten, als seien sie unerbittliche Gesetze der Natur und

Ablaufs von Vorgängen, d. h. die Wenn-dann-Beziehung. Die andere Möglichkeit, welche sich Marx zu eigen gemacht habe, nämlich Gesetz als die Struktur eines Ablaufs zu begreifen, welcher sich, vielleicht sogar mathematisch, vorausberechnen läßt, sehe Popper nicht. Am Beispiel des Gesetzesbegriffs, wo ein naturwissenschaftlicher Begriff auf die Sozialwissenschaft übertragen werde, ohne zu überlegen, ob er hier adäquat sei, zeige sich eine Tendenz in der positivistischen Richtung der Sozialwissenschaft, die kritisch zu reflektieren sei: Unerwünschte Methoden und Denkstrukturen werden dadurch abgewehrt, daß man sich auf die einmal vorhandene Arbeitsteilung beruft. Alles, was nicht bereits in der organisierten Wissenschaft etabliert ist, bleibt außerhalb mit der Begründung, es sei unwissenschaftlich. Die bestehende Organisationsform der Wissenschaft wird zu einem Kriterium von Wahrheit. Ihre arbeitsteiligen Formen werden hypostasierend so betrachtet, als wären sie Formen der Sache selbst. Für Popper gehört die Frage nach Ursprung und Tendenz einer Gesellschaft nicht in die Soziologie, sondern in die Geschichte. Damit wird die Reflexion auf die Struktur des Erkenntnisobjekts ausgeklammert, die Geschichte wird abgeschnitten und zu einem Kriterium der Wahrheit gemacht, was erst zu reflektieren wäre.

In Anknüpfung an eine Referatstelle kam Prof. Adorno auf die Beziehung von Ökonomismus und Positivismus zu sprechen.[107] Dem theoriefeindlichen Nominalismus, für den Popper einsteht, sei zuzugestehen, daß es zwar geistige Zusammenhänge gebe, die sich in solcher Weise verselbständigt hätten, daß es primitiv wäre, sie auf ökonomische Grundlagen zurückzuführen, daß aber solche Verselbständigung selbst gesellschaftliche Ursachen habe. Es wäre Aufgabe der Gesellschaftswissenschaft, diese Verselbständigung aus der Dialektik der Ge-

---

die mit Burke erklärten: ›Die Gesetze des Handels sind die Gesetze der Natur und damit die Gesetze Gottes.‹ Marx stellte diesen angeblich unerbittlichen Gesetzen die Gesetze gegenüber, die er für die einzigen unerbittlichen Gesetze der Gesellschaft hielt, nämlich die Gesetze ihrer Entwicklung; und er versuchte zu zeigen, daß die von den Ökonomen für ewig und unveränderlich erklärten Gesetze in Wirklichkeit nur vorübergehende Regelmäßigkeiten waren, deren Los darin bestand, zusammen mit dem Kapitalismus selbst zerstört zu werden.« (Popper, Die offene Gesellschaft und ihre Feinde. Band II, a.a.O. [s. Anm. 98], S. 161.)

107 Bei Popper heißt es: »Marx behauptet im Gegensatz zu Hegel, daß der Schlüssel zur Geschichte, sogar zur Ideengeschichte, in der Entwicklung der Beziehungen zwischen dem Menschen und seiner natürlichen Umgebung, seiner materiellen Welt, gefunden werden müsse, das heißt in seinem ökonomischen und nicht in seinem geistigen Leben. Das ist der Grund, warum wir den Historizismus marxistischer Prägung im Gegensatz zu Hegels Idealismus oder Mills Psychologismus als einen *Ökonomismus* beschreiben können. Aber wir mißverstehen Marx vollständig, wenn wir seinen Ökonomismus mit einem Materialismus identifizieren, der das geistige Leben der Menschen gering einschätzt. Marxens Vision des ›Reichs der Freiheit‹, das heißt einer teilweisen, aber gerechten Befreiung der Menschen aus den Fesseln ihrer materiellen Natur, könnte man eher idealistisch nennen.« (Ebd., S. 123)

sellschaft abzuleiten, um so die Frage, wie es zu ihr kommt, zu beantworten. Dieses Problem sei gegenüber einem primitiven Ökonomismus vernachlässigt worden.

Ein weiterer Einwand Prof. Adornos bezog sich auf die Verkennung historischer Gesetze als Naturgesetze. Es sei z. B. ein geschichtlich-gesellschaftliches Gesetz, daß sich die gesellschaftliche Macht in den Händen der Produzenten und nicht der Konsumenten befinde und daß, was noch empirisch zu verifizieren wäre, wenn sich letztere organisieren, sie die Struktur der Produzenten annehmen. Auch die Aussage, mit dem Terror steige der Widerstand,[108] gelte nur unter bestimmten historischen Bedingungen. Man müsse solcher spießbürgerlichen Weisheiten sich erwehren. Gewalt könne sich durchaus einnisten und es gälte: Ein strenger Herr, der nicht streng genug ist, regiert nicht lange, wohl aber regiert ein furchtbar strenger Herr furchtbar lange. Dieselbe historische Bedingtheit gilt für das Gesetz: Vollbeschäftigung führt zu inflationistischen Tendenzen.[109]

Zur Erläuterung einer Bemerkung Poppers fügte Prof. Adorno an, die Sophistik habe nicht eindeutig der progressiven Entwicklung, sondern auch der Verherrlichung der Gewalt gedient.[110]

2. Nach Verlesung des Referats eröffnete Prof. Adorno eine Diskussion über den Sozialnominalismus, die Anschauung, welche behauptet, den Begriffen komme Selbständigkeit und Substantialität nicht zu, sondern Begriffe seien nur *denkpraktische Abbreviaturen* für das unter ihnen Befaßte. Ist, so lautet die entscheidende Frage, der Sozialnominalismus das geeignete Mittel zur Erkenntnis der Gesellschaft? Zur Verdeutlichung der Problematik führte Prof. Adorno aus,

---

108 »Aber selbst die Solidarität der Klasse der Industriearbeiter ist keine notwendige Folge des zunehmenden Elends. Zugegeben: Zunehmendes Elend muß Widerstand produzieren, und es ist sogar wahrscheinlich, daß es zu Aufständen kommt. Aber die Annahme unseres Arguments ist, daß das Elend nicht gemildert werden kann, bevor die soziale Revolution siegreich beendet worden ist.« (Ebd., S. 174)
109 »Selbst wenn es wahr ist, daß die Gesetze des freien Marktes die Tendenz haben, Vollbeschäftigung hervorzurufen, so ist es doch ebenso wahr, daß jeder einzelne Schritt auf die Vollbeschäftigung hin, das heißt, auf eine Knappheit an Arbeitskräften, Erfinder und Investoren anreizt, neue arbeitssparende Maschinen zu schaffen und einzuführen. Als weitere Folge kommt es zu einem kurzen Aufschwung und dann zu einer neuen Welle von Beschäftigungslosigkeit und zu einer Krise.« (Ebd., S. 224)
110 Bei Popper heißt es: »Aber die *Laissez-faire*-Politik des athenischen Staates, die von Crossmann und Platon kritisiert wird, hatte das unschätzbare Ergebnis, daß sie gewissen sophistischen Vortragenden und insbesondere dem größten unter ihnen, Sokrates, das Lehren ermöglichte. Und als diese Politik später aufgegeben wurde, führte sie zum Todesurteil gegen Sokrates.« (Popper, Die offene Gesellschaft und ihre Feinde. Band I, a. a. O. [s. Anm. 94], S. 156 f.) – Vgl. R[ichard] H. S. Crossmann, Plato To-Day, New York 1939, S. 117 f.

daß Aufklärung im Sinne jener Denker, für die Popper einsteht, eine Absage an Eigenrecht und Essentialität der Begriffe bedeutet. Begriffen eine eigene Realität zuzusprechen, sei, so meinen sie, Begriffsmythologie, und die Aufklärung habe die Begriffsbildungen als geistige Fetische, denen man eigenes Leben zuschrieb, entlarvt. Die Theorien von Hegel und Marx seien daher Anachronismen, denen man zu entsagen habe, um sich statt dessen bei Erkenntnis der Gesellschaft an die »Tatsachen« zu halten. Läßt man die philosophische Problematik der Vermittlung des Begriffs ausgeklammert, welche soziologische Antwort, so präzisierte sich die Frage, kann man solcher Argumentation entgegenhalten?

Im folgenden werde ich die Hauptpunkte der Diskussion im Zusammenhang wiedergeben: Diesen nominalistischen Denkern reduziert sich die Gesellschaft auf einzeln handelnde Individuen, ihr Nominalismus geht mit Individualismus zusammen. Sie übersehen, daß die Menschen zu gesellschaftlichen Formen und Verbänden zusammenschlossen sind, welche über den Einzelnen hinausweisen. Die Begriffe, die sich darstellen, als seien sie von Individuen gemacht, sind selbst vermittelt.

Dieser Einwand aber trifft nicht ganz. Ein Nominalist könnte dem entgegenhalten, daß auch Institutionen, wie Individuen, der Untersuchung offenstehende Tatsachen seien. Erst wo man vom Wesen einer Sache, z. B. der Gesellschaft, spreche, verlasse man den Boden der Tatsachen, weil man hier eine Behauptung aufstelle, welche über die Faktizität einzulösen man schuldig bleiben müsse. Die Aussage über die Struktur einer Gesellschaft z. B. ist nicht verifizierbar und daher für die Nominalisten begriffsmythologisch.

Mit einem Begriff jedoch sind die Positivisten auf ihrem eigenen Gebiet zu schlagen, mit ihm ist zu zeigen, daß es eine Objektivität des Begriffs gibt, der nicht bloß ein Ordnungsprinzip der Sozialwissenschaft oder der spekulativen Philosophie, sondern die Sache selbst ist. Dieser Begriff ist das Urphänomen der bürgerlichen Gesellschaft: der Tausch. Er determiniert sämtliche Beziehungen der Menschen und ist dabei doch selbst ein Abstraktionsbegriff, indem er Konkretes auf seine Äquivalenzform reduziert und so kommensurabel macht. Mit der Zurückführung auf kalkulable Gleichheit ist eine begriffliche Operation real gesellschaftlich vollzogen. Der Positivismus, der sich an das hält, was ist, stößt notwendig auf den Begriff. Die Beziehungen der Menschen sind abstrakter Art, und wenn er nicht auch den Begriff umfaßt, wird der Positivismus sich selbst nicht gerecht. In der Sache selbst steckt diese Begrifflichkeit; bezeichnet man daher das Wesen der bürgerlichen Gesellschaft mit dem Begriff des Tausches, bezeichnet man das, was in der Sache selbst bereits enthalten ist. Gerade um diese Begrifflichkeit der Gesellschaft nicht zu verfehlen, braucht man eine Theorie von der Gesellschaft. Nicht allein deshalb besteht die nicht-positivistische Sozialwissenschaft auf der Realität des Begriffs, weil die Gesellschaft auf dem Begriff basiert, sondern weil man zur Sache, zur Realität der Gesellschaft nicht kommen kann, ohne daß das Begriffliche als ein Moment mit eingeht.

Das wäre als Hauptargument der nominalistischen Forderung, sich positiv an die Tatsachen zu halten, entgegenzusetzen.

Allerdings muß vor einer Fetischisierung des Begriffs gewarnt werden, da dieser ständig in einer dialektischen Beziehung mit den Tatsachen steht. Die begriffliche Struktur ist selbst eine Tatsache, so, wie die Tatsache ein Vermitteltes ist. Den Begriff zu verabsolutieren, wäre auch deshalb gefährlich, weil die Gesellschaft tendiert, zu einem Blinden, Undurchsichtigen zu verhärten, das dem Menschen als zweite Natur gegenübertritt. Der Irrtum des Positivismus, seine Naivität, ist, daß er diese als erste Natur verkennt und die gesellschaftlich gegebenen Daten gleichsetzt mit den naturwissenschaftlichen.

Wären die vergesellschafteten Menschen nicht denkende Subjekte, käme jene objektive Begrifflichkeit nicht zustande, so aber sind sie zur Abstraktion genötigt. Mit dem Bewußtsein sind Verstehen und der Begriff gegeben. »Das Objekt der Geschichte ist selbst bereits Geist« (Simmel).[111] Selbst wenn nicht ein einziger Mensch die gesellschaftliche Realität des Tauschprinzips reflektiert hätte, ihrer bewußt geworden wäre, würde sie bestehen durch das Handeln kalkulabler Gleichheit. Man kann sogar sagen, daß, je weniger die Menschen darauf reflektieren, die Gewalt der Begriffe um so größer ist. Gleichgültig, ob die Menschen darum wissen, durchherrscht das Tauschprinzip alles. Allerdings gibt es einen Vorrang des Objekts gegenüber dem Begriff; beides sind Tatsachen, haben aber nicht dieselbe Dignität.

3. An diese grundsätzlichen Erörterungen, welche den Zentralpunkt der Kontroverse zwischen Positivismus und Dialektik in den Sozialwissenschaften zeigten, schloß sich die Verlesung des ersten Teiles eines Referates über Marx an.

Prof. Adorno führte aus, Marx sei extrem antipsychologisch und antianthropologisch gewesen. Gerade weil sein terminus ad quem der Mensch gewesen sei, habe sein Interesse der geschichtlichen Situation und Vermitteltheit, darin ganz Hegelisch und Kantisch, der Entmenschung, nicht dem abstrakten Wesen des Menschen gegolten.

---

111 Bei Simmel heißt es: »Daß der Mensch sich in die natürliche Gegebenheit der Welt nicht fraglos einordnet, wie das Tier, sondern sich von ihr losreißt, sich ihr gegenüberstellt, fordernd, ringend, vergewaltigend und vergewaltigt – mit diesem ersten großen Dualismus entspinnt sich der endlose Prozeß zwischen dem Subjekt und dem Objekt. Innerhalb des Geistes selbst findet er seine zweite Instanz.« (Georg Simmel, Der Begriff und die Tragödie der Kultur [1911], in: Georg Simmel, Gesamtausgabe, hrsg. von Otthein Rammstedt, Bd. 14, hrsg. von Rüdiger Kramme und Otthein Rammstedt, Frankfurt a. M. 1996, S. 385–416; hier: S. 385)

Wenn Marx Hegel den Vorwurf mache, er habe Prädikate zu Subjekte, Funktions- zu Substanzbegriffe gewandelt und ihm einen Begriff des Geistes unterstellt, der vom Materiellen geschieden ist,[112] so habe er ihn falsch verstanden. Zwar sehe Hegel die Geschichte als Bewegung des Weltgeistes, das hindere ihn aber nicht, wie Marx unterstellt, ganz konkrete Auseinandersetzungen zwischen Mensch und Natur zu sehen, wie sein Beispiel Herr und Knecht,[113] dessen geistiges Moment in der Allgemeinheit dieses Verhältnisses sich zeigt, deutlich macht. Nicht handele es sich bei Hegel immer um Geistiges, sondern ebenso um Sinnlich-Materielles, darin ganz den Junghegelianern verwandt. Hegel habe den Menschen als ein durch Arbeit sich selbst reproduzierendes Wesen verstanden. Der Mensch sei einerseits zwar schon immer a priori Mensch, aber andererseits mache er sich selbst durch die Stufen der gesellschaftlichen Arbeit erst zum realen, freien Menschen.[114]

---

[112] Vgl. MEW, Bd. 1, S. 215f.
[113] Vgl. den Abschnitt »Selbständigkeit und Unselbständigkeit des Selbstbewußtseins; Herrschaft und Knechtschaft«, HW, Bd. 3, S. 145–155.
[114] Bei Marx heißt es: »Das Prinzip des bürgerlichen Standes oder der bürgerlichen Gesellschaft ist der *Genuß* und die *Fähigkeit zu genießen*. In seiner politischen Bedeutung macht sich das Glied der bürgerlichen Gesellschaft los von seinem Stande, seiner wirklichen Privatstellung; hier ist es allein, daß es als *Mensch* zur Bedeutung kommt, oder daß seine Bestimmung als Staatsglied, als soziales Wesen, als seine *menschliche* Bestimmung erscheint. Denn alle seine anderen Bestimmungen in der bürgerlichen Gesellschaft *erscheinen* als dem Menschen, dem Individuum *unwesentlich*, als *äußere* Bestimmungen, die zwar notwendig sind zu seiner Existenz im Ganzen, d. h. als ein Band mit dem Ganzen, ein Band, das es aber ebensosehr wieder fortwerfen kann. (Die jetzige bürgerliche Gesellschaft ist das durchgeführte Prinzip des *Individualismus*; die individuelle Existenz ist der letzte Zweck; Tätigkeit, Arbeit, Inhalt etc. sind nur Mittel.)« (MEW, Bd. 1, S. 285)

Wintersemester 1962/63:
Hegel, »Differenz des Fichteschen und Schellingschen Systems der Philosophie«

Philosophisches Hauptseminar mit Max Horkheimer

In diesem Semester hält Adorno zudem die philosophische Vorlesung »Philosophische Terminologie (Zur Einleitung) II« und gibt das soziologische Hauptseminar »Soziologische Grundbegriffe II«

Das Seminar findet donnerstags von 18 bis 20 Uhr statt

312–324 Archivzentrum Na 1, 892

312 Gudrun Mohr,
8. November 1962

Protokoll
der Seminarsitzung vom 8. XI. 62.

Für die Wahl der Hegelschen Schrift zur »Differenz des Fichteschen und Schellingschen Systems der Philosophie«[1] als grundlegenden Text für die Seminararbeit im Wintersemester 1962/63 war entscheidend, daß diese Frühschrift Hegels vom Thema und [von] ihrer Entstehungszeit her eine besonders gute Einführung gibt sowohl in das Denken ihres Autors, als auch in das der von ihm kritisierten ›Reflexionsphilosophien‹[2]. Gleichsam ein philosophiegeschichtlicher Brennspiegel, gibt sie eine lebendige Vorstellung von den produktivsten Jahren des Deutschen Idealismus zwischen 1794 und 1807, und ist sie neben der Jenenser Realphilosophie am geeignetsten, die verschiedenen Positionen zugleich mitzuteilen. Sie möge auch über die Beschränkung auf nur einen Autor hinausweisen, wenngleich in der Frankfurter Schule trotz des negativen Moments der Beschränkung Hegels Philosophie als die Philosophie par excellence gilt, die im Sinne des exemplarischen Lernens ein Optimum an Verstehen vermittelt; nirgends sonst sind die philosophischen Probleme in ihrer Breite zugleich und Tiefe so genau kennenzulernen. Die gewählte Schrift gibt eine Einführung in Hegels Denken bis zur Phänomenologie hin (auch wenn es hier z.T. noch ganz anders aussieht); sie führt ein in Fichtes Wissenschaftslehre und die beiden nachgeschriebenen Einleitungen[3] und ist zugleich eine Exposition von Schelling, von dem ein Jahr vorher das 1. System des transzendentalen Idealismus erschienen war,[4] welches nach ihm selbst als Naturphilosophie, nach Hegel als Wendung zum Objekt zu charakterisieren ist. Sie enthält diese Systeme noch in statu nascendi, gleichsam in feurig-flüssiger, noch nicht geronnener Gestalt.

Gegenüber dem Verdacht, als Schrift Hegels sei sie schon zu sehr zentriert auf sein Interesse hin und rechtfertige nicht die allzu optimistischen Erwartungen, ist einzuwenden, daß er dem Diltheyschen Persönlichkeitsprinzip verhaftet ist und

---

[1] Vgl. HW, Bd. 2, S. 7–138.
[2] Vgl. »Glauben und Wissen oder die Reflexionsphilosophie der Subjektivität in der Vollständigkeit ihrer Formen als Kantische, Jacobische und Fichtesche Philosophie« [1802], HW, Bd. 2, S. 287–433.
[3] Vgl. die »Einleitung« in den »Versuch einer neuen Darstellung der Wissenschaftslehre« [1797/1798], FGA, Bd. I.4, S. 186–208, sowie die »Zweite Einleitung in die Wissenschaftslehre für Leser, die schon ein philosophisches System haben« [1797], ebd., S. 209–269.
[4] Das »System des transzendentalen Idealismus« erscheint 1800; vgl. SW, Bd. 2, S. 327–634.

zu wenig die Bewegung der Gedankenmasse selbst erfaßt. Es ist an der Zeit, die allzusehr aufgeteilte und an Denkerpersönlichkeiten orientierte Philosophiegeschichte gerade auch des Deutschen Idealismus zu ›ent-diltheyisieren‹ und der objektiven Problematik der Sache selbst sich zu stellen. In den Weltalter-Fragmenten[5] etwa zeigt sich, wie eng Schellings Denken auch als romantisches mit dem Fichtes zusammenhängt; und was Hegel über den Unterschied von lebendigem und totem Wissen sagt, könnte ebenso bei Schelling, etwa in der Einführung in das akademische Studium,[6] stehen. Die Unterschiede stellen sich als viel geringer heraus, als sie nach den Zeugnissen der später verfeindeten Freunde erscheinen. Sie sind sprachlich außerordentlich schwer zu fixieren, und es ist kein Zufall, daß man an der Autorschaft Schellings bei den Weltaltern so lange zweifelte und daß Teile von Schellings Schriften lange in der Gesamtausgabe Hegels mitgeschleppt wurden.[7] Die persönlichen Differenzen haben nicht nur die zufällig-individuelle Seite, die Bewegung von einer Persönlichkeit zur anderen ergibt sich vielmehr aus der Problematik der Sache selbst.

Das Referat von Herrn Lautemann beschäftigt sich einleitend mit der Bedeutung und Problematik der Philosophien Fichtes und Schellings für Hegel, den Voraussetzungen also für die ›Differenzschrift‹.[8] Es stellt die kritisierten Systeme in ihren Grundzügen dar, wie sie zum Verständnis der ›Differenzschrift‹ unerläßlich sind.

Diskussion entzündete sich an einzelnen Begriffen, zuerst dem der Wissenschaft im Fichteschen System. Von Wissenschaft wird zugleich der Systemcharakter gefordert: Wissenschaft und System werden in eins gesetzt. Es ist heute zu unterscheiden zwischen dem System einer Einzelwissenschaft wie der Chemie und dem umfassenden der Wissenschaften insgesamt. Dieses ging für die Naturwissenschaft schon relativ früh verloren, was sich u. a. in der eingetretenen prinzipiellen Trennung von Philosophie und Naturwissenschaft ausdrückt. Für den Deutschen Idealismus im engeren Sinne hat jedoch der Begriff der Wissenschaft ein ganz anderes Pathos als noch bei Kant. Von vornherein ist hier Wissenschaft so etwas wie der sich selbst produzierende ›noesis noeseos‹, das lebendige Wissen des Geistes von sich selbst, als absolutes Wissen gemeint und als Garantie für die

---

5 Vgl. SW, Bd. 4, S. 571–746, sowie SW, Nachlaßbd.
6 Vgl. die »Vorlesungen über die Methode des akademischen Studiums« [1803], SW, Bd. 3, S. 229–374.
7 Vgl. das Fragment »{Das älteste Systemprogramm des deutschen Idealismus}«, HW, Bd. 1, S. 234–236. Ob der Text tatsächlich von Schelling stammt – oder von Hegel, Hölderlin, Friedrich Schlegel oder jemand anderem –, ist strittig.
8 Der Referatstext von Willi Lautemann wurde nicht aufgefunden.

Wahrheit. Es steckt dies schon in Kant, für den es eine Wahrheit bereits gibt, bevor wir ihrer Geltung nachgehen. Damit bleibt jedoch für das nachkantische Denken dieser Begriff der Wahrheit selber dogmatisch und von der empirischen Zufälligkeit nicht unterschieden. Es bescheidet sich deshalb nicht mehr damit, die reinen Verstandesbegriffe im Bewußtsein aufzuweisen, sondern es unternimmt es, die Welt zu konstruieren. So ist es Fichte um ein System zu tun, das theoretische und praktische Philosophie zusammenbringt. Dieser ungeheure Anspruch will alle Autorität und Offenbarung hinter sich lassen und sich im Prozeß des Geistes vollenden. Er gründet in der Angst des vergöttlichten Subjekts, daß man sonst doch noch weiterfragen könne, ja müsse.

Der oberste Grundsatz der Fichteschen Wissenschaftslehre beweist sich selbst und läßt sich nur negativ beweisen.[9] Es ist dies, obgleich Fichte mehr meint, im Grunde dieselbe absolute Identität von Setzung und Gesetztem, auf die etwa bei Christian Wolff alles hinauslief und aus der alles folgen sollte. Das Organon und absolute Konstituens der gesamten Wissenschaftslehre ist intellektuelle Anschauung, produktive Einbildungskraft, unmittelbares Wissen, das Kant nur Gott zugestehen wollte. Durch die Kritik dieser Unmittelbarkeit brachte hier Hegel Fichte gegenüber Kant wieder zu Ehren. Wenn Kant dem Argument Fichtes, daß sich im Denken und in der Art des Denkens im denkenden Ich das Unendliche kundtue, mit Zögern begegnet, obwohl dieser Schritt in seinem Denken angelegt ist, bedeutet das Zögern den Unterschied ums Ganze. Psychologisch gesehen, ist dieses so entscheidende ›Ich-denke‹ eine armselige, unbestimmte Angelegenheit. Aber es setzt ein höheres Ich voraus; der Ich-Begriff ist gespalten in einen absoluten und einen relativen. Diese Unterscheidung zwischen dem betrachtenden Ich und dem betrachteten, die in Kants Transzendentalem steckt, und die zu hypostasieren Kant sich sträubt, wird bei Fichte zur absoluten Tätigkeit. Zu fragen bleibt, ob nicht auch dies nur Hypostase ist, so sehr auch in dem Begriff des absolut tätigen Ichs der Ausgang von der Bedingtheit steckt.

Der Setzung dieses gespaltenen Ichs wegen rechnet Hegel Fichte noch zu den Reflexionsphilosophen. Doch geht der Gedanke des tätigen Ich auch über die rein

---

9 »Wir haben den absolutersten, schlechthin unbedingten Grundsaz alles menschlichen Wissen *aufzusuchen. Beweisen*, oder *bestimmen* läßt er sich nicht, wenn er absoluterster Grundsaz seyn soll. *[Absatz]* Er soll diejenige *Thathandlung* ausdrücken; die unter den empirischen Bestimmungen unsers Bewustseyns nicht vorkommt, noch vorkommen kann, sondern vielmehr allem Bewustseyn zum Grunde liegt, und allein es möglich macht.« (FGA, Bd. I/2, S. 255) – »Denkt man sich die Erzählung von dieser Thathandlung an die Spitze einer Wissenschaftslehre, so müste sie etwa folgendermaßen ausgedrükt werden: *Das Ich sezt ursprünglich schlechthin sein eignes Seyn.*« (Ebd., S. 261)

abstrakte Identität hinaus in dem Sinne, in dem auch Kants ursprüngliche Apperzeption identitätsstiftend ist. Wäre Fichtes 1. Grundsatz bloß ein analytisches Urteil, ließe sich seine Berufung auf Kant nicht halten. Den Anfang der Kritik der reinen Vernunft allerdings, in dem das Material gegeben wird, lehnt Fichte radikal ab. Alles soll hervorgebracht werden: Es ist ein Produzieren ohne alles.

Was eigentlich in Hegels Kritik an Fichte anklingt und bei ihm selbst voll entfaltet wird, ist das Problem der Zeit. Fichtes radikales Ausschließen der Zeit macht zu einem Abstrakten, was nicht nur eine logische Operation ist, sondern sich später auch als Natur und Geschichte zu erkennen gibt. Tätigkeit ohne Zeit erscheint, auch unter dem Gesichtspunkt der Freiheit, als logisches Kunststück.

Das Ich gibt sich im Setzen des Nichtich sein Material, um seinen eigenen Begriff, den der Tätigkeit, zu erfüllen. Gott hat also die Welt geschaffen, damit der Mensch dem kategorischen Imperativ entsprechend leben kann. Dieses Tun im Sinne des absoluten Anspruchs wird zur unendlichen Sehnsucht, zum Drange der Romantiker, zum Trieb. Der Sinn der Welt erweist sich als die Notwendigkeit der Möglichkeit richtigen Tuns, und der Glaube richtet sich auf die Tätigkeit: Als absolute erheischt sie, daß es etwas anderes als das Subjekt gebe.

Gudrun Mohr[10]

---

10 Unterschrift.

313 Gisela von Wysocki, 15. November 1962

Gisela v. Wysocki
(Protokoll des Philosophischen Hauptseminars)
vom 15. Nov. 1962

Der Stand der Diskussion machte es notwendig, den Unterschied von totem und lebendigem Wissen klärend einzuholen. Dabei lassen sich die beiden Begriffe nicht von oben her bestimmen, sondern nur von der Erfahrung her, die in sie eingegangen ist. Gerecht versteht man sie wohl nur dann, wenn man ihre Entgegensetzung nicht bloß als Denkoperation erfaßt, sondern wenn man den Elan, die lebendige Spontaneität des sich hier ankündigenden Anspruchs mitdenkt. Denn die beiden Begriffe besitzen[11] nicht nur einen Stellenwert im System, sie sind zugleich auch Ausdruck dessen, was Erfahrung gleichsam »intrigierte«, und damit erst werden sie lebendig. Deutlich spürbar wird dies an vielen Stellen der »Einleitung in das akademische Studium« und im Nachwort der »Wissenschaftslehre«[12].

Alles auf die Erzeugung des Denkens zurückzuführen, ist ganz sicher nicht nur eine Marotte von ›Systematikern um jeden Preis‹, aber jene Philosophen haben Anstoß genommen am Stand des Bewußtseins und Protest eingelegt.

Ihren Gedanken diese Erfahrung zu nehmen, würde den sie konstituierenden Impetus verleugnen und sie selber damit verfälschen. Auch der bloße philosophiehistorische Rekurs auf die Dialektik von Totalität und Partikularität im System der idealistischen Philosophie käme der Sache kaum bei, ebenso würde wenig gewonnen, wollte man allein auf das Verhältnis von Statik und Dynamik als das entscheidende Motiv verwiesen, denn unversehens geriete so Kant in die Sphäre des toten Wissens.

---

11 Konjiziert für: »besetzen«.
12 Ein Nachwort zur »Wissenschaftslehre« Fichtes existiert nicht; vermutlich ist die »Zweite Einleitung in die Wissenschaftslehre« gemeint, in der es heißt: »Die Verfertiger der Systeme, welche ich im Sinne habe, gehen von irgend einem Begriffe aus; ganz unbesorgt, woher sie diesen selbst genommen, und woraus sie ihn zusammengesetzt haben, analysiren sie ihn, combiniren ihn mit andern, über deren Ursprung sie eben so unbekümmert sind, und dieses ihr Räsonnement ist selbst ihre Philosophie. Ihre Philosophie besteht sonach in ihrem eigenen Denken. Ganz anders verhält es sich mit der WissenschaftsLehre. Dasjenige, was sie zum Gegenstande ihres Denkens macht, ist nicht ein todter Begriff, der sich gegen ihre Untersuchung nur leidend verhalte, und aus welchem sie erst durch ihr Denken etwas mache, sondern ist ein Lebendiges und Thätiges, das aus sich selbst und durch sich selbst Erkenntnisse erzeugt, und welchem der Philosoph bloß zusieht.« (FGA, Bd. I/4, S. 209)

Aufklärendes vermag vielmehr der Bezug zur konkret geschichtlichen Situation zu leisten. Die fortschreitend sich etablierenden Spezialwissenschaften ließen den Anspruch auf universale Wahrheit verkommen zum beziehungslos nebeneinandergeschalteten Detailwissen. So, wie durch die Arbeitsteilung die Begriffe verdinglicht werden, verdinglicht sich auch das Bewußtsein, das als angepaßtes dennoch in den Dingen nicht mehr sich wiederzuerkennen vermag.

Das zunächst erkenntnistheoretische Motiv des Rekurses auf das Subjekt geht damit über in ein geschichtsphilosophisches, nämlich in das: der Verdinglichung zu widerstehen.

Der Unterschied zu Kant ist evident. Während er das »Ich denke« alle Vorstellungen lediglich nur »begleiten« läßt,[13] sind dagegen in der spekulativen Philosophie Vorstellungen dann überhaupt nur existent, insofern dieses »Ich denke« wirklich in ihnen erfahren wird. »Das Subjekt«, heißt es bei Hegel, »muß bei der Wahrheit dabei sein.«[14] Alles, was gewußt wird, muß erfahren werden als ein Moment des »Ich denke«, ohne daß dieses ein spezifischer Wissenskomplex im positivistischen Sinne zu sein intendiert. Ähnlich, wie eine Hand sie selber eigentlich gar nicht ist, wenn sie nicht einem Menschen angehört, so verliert auch das Wissen seine Wahrheit, wenn es unabhängig vom Wissenden fortzubestehen erheischt. Solches Wissen macht heute den scheinbaren Primat der Naturwissenschaft vor der Geisteswissenschaft aus: Sie gibt etwas her – wie zerstörerisch auch immer es sei –, woran man sich gleichsam noch halten kann.

Leicht fällt es, am Idealismus seine Hybris, die Überspannung des Subjektbegriffs, zu kritisieren. Aber in der Vorstellung, daß letztlich alles Subjekt ist, wird zugleich mit dem eigenen Anspruch Ernst gemacht: Der verzweifelte und deshalb geradezu sich überschlagende Widerstand gegen die Verdinglichung des eigenen Denkens liegt solcher Hybris zugrunde, und was dieser historischen Philosophie stets aufs neue die Treue halten läßt, ist die Erkenntnis, daß sie in Wahrheit keine historische ist.

Die Tragik des idealistischen Gedankens liegt nun darin, daß er selber, indem er aus diesem absoluten Identitätspunkt des Lebens heraus das ganze Sein zu erzeugen trachtet, einer neuen Gestalt der Fetischisierung verfällt: daß er sich selber dem anheimgibt, dem er gerade kritisch sich entgegensetzt. Seine verhängnis-

---

13 »Das: *Ich denke*, muß alle meine Vorstellungen begleiten *können*; denn sonst würde etwas in mir vorgestellt werden, was gar nicht gedacht werden könnte, welches eben so viel heißt, als die Vorstellung würde entweder unmöglich, oder wenigstens für mich nichts sein.« (KW, Bd. III, S. 136 [B 131 f.])
14 Kein wörtliches Zitat; vgl. aber etwa HW, Bd. 6, S. 490–492.

volle Affinität zum bürgerlichen Bewußtsein überhaupt wird deutlich: selber sich zu kritisieren, ohne sich aber dabei aufzuheben.

· · · · · · · · · ·

Die theoretische Wissenschaftslehre Fichtes war möglich, weil dem Bewußtsein als Gesetztes ein zuvor bewußtloses vorangestellt war; dahinter verbirgt sich ein Gedanke, der bereits bei Kant sich findet: Wenn schon die Leistung des Bewußtseins ein ursprüngliches Tun ist – Kategorien sind ja Funktionen, also Tätigkeit –, dann ist die Trennung von theoretischer und praktischer Vernunft innerhalb der theoretischen gar nicht zu halten, weil sie selber ein Tun ist.

Ähnliches klingt an in der Hegelschen »Phänomenologie«. Dort heißt es, daß das praktische Verhalten eine Stufe des Bewußtseins sei[15] (was im Grunde eine merkwürdige Verkehrung der realen Genesis ist, denn primär ist das Denken eine Verhaltensweise und an der Beherrschung der Natur ausgebildet.)

Bei Fichte ist das Bewußtsein ein Produziertes. Es entsteht dadurch, daß es sich selber etwas entgegensetzt: eine Auffassung des Bewußtseins, die bis dahin in Europa geherrscht hatte und auch jetzt wieder in Amerika herrscht.

Liegt ihm nun, trotz seiner Vermitteltheit, Erfahrung zugrunde?

Im Sinne der Tiefenpsychologie, wo Bewußtsein selber durch die Erfahrungsgehalte des Unter- und Unbewußten erst eigentlich sich konstituiert und als abgespaltener Teil des »Es« die Realität von sich aus zu prüfen sich eingestellt hat, wäre jene Frage ohne Umstand zu bejahen.

Aber auch die idealistische Philosophie hält eine Antwort bereit. Es ist nämlich kein Zufall, daß die Konstruktion des Bewußtseins mit der Konstruktion des Ich zusammenfällt; dies kündigt bei Kant sich schon an, wo Bewußtsein und Ich korrelative Begriffe sind und wo die Spezifität des einen durch die enge Bezogenheit auf das andere wahrhaft erst möglich wird.

Eine Differenz zu Fichte zeichnet sich dennoch darin ab, daß dessen Begriff vom Bewußtsein mit dem des Materials bei Kant in nahe Verbindung zu bringen ist. Erst die ursprüngliche Apperzeption ebnet hier dem Material den Weg zum Ich, und es tritt dabei von außen an es heran, während es bei Fichte als notwendig produziertes erscheint, dem damit immer zugleich auch Vernunft zugrunde liegt.

Die Natur jedoch, da sie die Idee in ihrem Anderssein zu objektivieren nicht beanspruchen darf, vermag diese Identität nicht zu leisten. Weil *sie* bloße

---

15 Vgl. HW, Bd. 3, S. 240 f.

Schranke ist, versagt sich dem in letzter Linie wohl auch der Staat, der als lediglich erkenntnistheoretische Kategorie zu rangieren hat.

Bei Hegel dagegen ist sowohl die Natur als auch der Staat ein Moment in der Vernunft, denn die Vernunft selber läßt sich nicht denken ohne das, was sie zu ihrer Verwirklichung bringt.

Philosophiegeschichtlich läßt sich sagen, daß hier Fichte dagegen der teleologischen Konzeption Kants sehr nahe ist; vor allem aber ist es wichtig zu erkennen, daß der Anspruch seines Denkens nicht der unausweichlichen Konsequenz sich überlassen will, selbst noch die größte Barbarei mit der Aura der Vernunft zu umhegen. Dem zu entgehen, zeigt das Bedürfnis, Bewußtseins-Tatsachen und alle Konstellationen dessen, was wahrnehmbar und erfahrbar ist, als bloße Schranken zu desavouieren.

Im Denken Schellings wird auch die Natur als eine vorläufige Stufe in der Entwicklung des Absoluten begriffen.

Alle Phänomene der Natur- und Geisteswelt sind Glieder einer Entwicklungsreihe, Potenzen derselben Subjekt-Objekt-Einheit: Geist und Natur, Produzierendes und Produziertes fallen als Identisches zusammen.

Ungeschieden wird damit die Philosophie und das Wesen der Welt in eins gedacht. Der Gedanke, daß die Philosophie mit der Realität identisch ist, wird bis an die Grenze des Wahnsinns getrieben. Die unaufhebbare Schwelle zwischen dem Gedanken und der Realität wird überschritten, indem die Philosophie die zu sich selber gekommene Realität sein will. Und zwar durch das Medium des Akts der intellektuellen Anschauung krasser bei ihm als bei Hegel. Damit erfüllt sich unversehens der karikierte Begriff des Philosophen, der denkt und sich dabei selber ständig zusieht. Im Objekt aufzugehen, sich ihm anheimzugeben aber, wäre recht eigentlich erst, was ein Handeln zum wahren, menschlichen erhöbe: sich in ihm zu vergessen, statt sich seiner eigenen Subjektivität beständig zu vergewissern.

Indem das Produzieren des Objekts und sein Anschauen als identisch erklärt werden, sind die noch bei Kant getrennten Momente der Spontaneität und der Rezeptivität miteinander versöhnt.

An der vollzogenen Identität von Bewußtem und Bewußtlosem, wie sie im Kunstwerk, als einem Bewußtwerden des Bewußtlosen, realisiert ist, ist festzuhalten, daß trotz des ausgeprägt irrationalistischen Zugs bei Schelling, die Sphäre des Bewußten höher steht als die des Bewußtlosen.

Jene bei Schelling, von ihrem Anderssein noch abgehobene, formale Identität, gewinnt erst bei Hegel in der Vermittlung der Differenz der Identität und Nicht-Identität ihre wahre Substantialität.

314 Ulrich Rödel,
22. November 1962

Protokoll vom 22. 11. 1962

Die Trennung von lebendiger Erfahrung und verdinglichtem, »totem« Wissen, die unter anderem vom Rousseauismus ihren Ausgang nahm und im Deutschen Idealismus philosophisch akzentuiert wurde, ist in dem noch wesentlich empiristisch ausgerichteten Denken Kants nicht angelegt. Das Bewußtsein, das analysiert wird, schneidet Kant nicht vom Bewußtsein, das analysiert. Die Einheit beider wird wie ein wissenschaftlicher Gegenstand dargestellt. Wissenschaft bedeutete für ihn noch nicht Produkt des tätigen Geistes, oder »Wissen des Wissens«[16], wie Schelling es formulierte; sie ist selbst gleich einem Gegenstande wissenschaftlicher Forschung vorgegeben, und es werden ihre konstitutiven Bedingungen aufgesucht, ohne daß dabei das analysierende Bewußtsein auf sich selbst reflektierte. Durch diese Selbstreflexion wird die Erkenntnis erst zum lebendigen Wissen, das der Idealismus kritisch der objektivierenden Wissenschaft entgegensetzt. Darin aber, daß er dieses Wissen wiederum zu fetischisieren neigt, zeigt sich auch in ihm die Schranke bürgerlichen Bewußtseins, das sich nur zu kritisieren, nicht aufzuheben vermag. Kritik bleibt innerhalb der Kontemplation und wird nicht zur revolutionären Praxis. Indem alles Bestehende ins Reich des tätigen Geistes hereingekommen ist, wird es letztlich gerechtfertigt. Die Dynamik des Geistes wird in sich wieder statisch, wenn sie in einem abgeschlossenen System dargestellt wird. So wird das Wissen des Geistes um sich selbst wieder starr und dinghaft. Gegenüber dem Wissenschaftsbetrieb könnte von einer Verdinglichung zweiten Grades gesprochen werden.

Im Folgenden kamen wir auf die Staatslehre Fichtes zu sprechen, der Gegenüber das Stereotyp aus wilhelminischer Zeit, Fichte sei ein »staatsfrommer« Philosoph, unhaltbar ist. Fichte begreift den Staat als die Objektivität, die sich die praktische Vernunft setzt, als Widerstand, an dem sie sich abarbeitet. Das Nicht-Ich ist durchs tätige Ich gesetzt und nicht als gegebenes Material im Sinne Kants gefaßt. Weil in dieser Konstruktion Natur ausgeklammert ist, kann der Mensch nicht in der Auseinandersetzung mit ihr, sondern allein im Staat seine Freiheit

---

[16] »Wenn dem Transcendental-Philosophen nur das Subjektive ursprüngliche Realität hat, so wird er auch nur das Subjektive im Wissen sich unmittelbar zum Objekt machen: das Objektive wird ihm nur indirekt zum Objekt werden, und anstatt daß im gemeinen Wissen *das Wissen selbst* (der Akt des Wissens) über dem Objekt verschwindet, wird im transcendentalen umgekehrt über dem Akt des Wissens das Objekt *als* solches verschwinden. Das transcendentale Wissen ist also ein Wissen des Wissens, insofern es rein subjektiv ist.« (SW, Bd. 2, S. 345)

verwirklichen. Dieser ist der Widerstand, den der tätige Geist zu überwinden hat. Die Bestimmung des Staates ist, vernichtet zu werden.[17] Dabei ist nicht deutlich, in welcher Form Natur noch besteht, wie Gesellschaft nach der Zerstörung des Staates aussieht. Von diesem Staatsbegriff weicht Fichtes Konstruktion des geschlossenen Handelsstaates ab.[18] Er wird getragen von der Idee der richtigen Gesellschaft und hat ein Bestehen; er hat eine Funktion in der Naturbeherrschung und die Aufgabe, dem Subjekt die Mittel zur Verwirklichung seiner Freiheit beizustellen. Diese Konzeption entfaltet die Kantische. Sie gerät aber mit Fichtes eigener Staatslehre in Widerspruch. Darin ist der Begriff des freien, tätigen Subjekts so gesteigert, daß es sich gegen den Staat und seine Institutionen, das heißt auch gegen seine Gestalt als geschlossener Handelsstaat richtete. In der verwirklichten richtigen Gesellschaft nach der Aufhebung des Staates haben die Menschen ihre Bestimmung zur Erkenntnis so weit erfüllt, daß Natur und ihre Beherrschung ihnen keinen Anreiz mehr bietet. So verweisen die Institutionen des Staates selbst auf die Realisierung der Utopie.

Da aber diese Utopie von Zügen gegenwärtigen Zwangs durchsetzt ist, stellt sich die Frage, wie weit die Wirklichkeit der praktischen Vernunft auf Zwang verzichten könne. In der Befolgung des kategorischen Imperativs sollen die Menschen sich ihrer absoluten Freiheit bewußt werden. Die Bestimmungen aber, die vom vernünftigen Sittengesetz ausgehen, enthalten Zwang und Nötigung; denn seine Gebote sind unbedingt verbindlich und verbieten die geringste Abweichung. Diese widersprüchliche Einheit von absoluter Freiheit und absolutem Zwang deutet auf eine Aporie der Vernunft. In ihrem Begriff ist Heteronomie

---

17 Mit Blick auf die Französische Revolution sagt Fichte: »Daß, wenn wirklich Cultur zur Freiheit der einzige Endzweck der Staatsverbindung seyn kann, alle Staatsverfassungen, die den völlig entgegengesetzten Zweck der Sclaverei Aller, und der Freiheit eines Einzigen, der Cultur Aller für die Zwecke dieses Einzigen, und der Verhinderung aller Arten der Cultur, die zur Freiheit mehrerer führen, zum Endzwecke haben, der Abänderung nicht nur fähig seyen, sondern auch wirklich abgeändert werden müssen, ist nun erwiesen; und wir stehen nun beim zweiten Theile der Frage: wenn nun eine Staatsverfassung gegeben würde, welche diesen Endzweck erweislich durch die sichersten Mittel beabsichtigte, würde nicht diese schlechterdings unabänderlich seyn? [Absatz] Wären wirklich taugliche Mittel gewählt: so würde die Menschheit sich zu ihrem großen Ziele allmählich annähern; jedes Mitglied derselben würde immer freier werden, und der Gebrauch derjenigen Mittel, deren Zwecke erreicht wären, würde wegfallen. Ein Rad nach dem andern in der Maschine einer solchen Staatsverfassung würde stille stehen und abgenommen werden, weil dasjenige, in welches es zunächst eingreifen sollte, anfienge, sich durch seine eigene Schwungkraft in Bewegung zu setzen. Sie würde immer einfacher werden. Könnte der Endzweck je völlig erreicht werden, so würde gar keine Staatsverfassung mehr nöthig seyn; die Maschine würde stille stehen, weil kein Gegendruck mehr auf sie wirkte.« (FGA, Bd. I/1, S. 253)
18 Vgl. Johann Gottlieb Fichte, Der geschloßne Handelsstaat [1800], FGA, Bd. I/7, S. 1–141.

schon angelegt; denn er bedeutet die Einheit der Naturbeherrschung, in der Vernunft einem ihr Heterogenen Zwang antut.

Darin zeigen sich Grenzen der Aufklärung, die im Zeichen dieses unreflektierten Vernunftbegriffs steht. Wenn eine vernünftige Ordnung, wie die Aufklärung sie fordert, Freiheit verspricht und sich doch als Zwang gegen den seiner Vernunft gehorchten Einzelnen auswirkt, dann ist dieser Begriff der Vernunft als Maßstab einer freien Gesellschaft fragwürdig. Die Forderung der Aufklärung, sich von irrationaler Autorität zu emanzipieren, um mündig zu werden, erscheint zweifelhaft, wenn ihr rationaler Zwang folgen kann. Solange der Mensch dem unbedingten Gebot einer theologisch begründeten Ethik unterstand, war er zugleich frei; sich auf vernünftige Einsicht berufend, konnte er gegen die heteronomen Bestimmungen gehorchenden Einrichtungen vorgehen. Sowie die Menschen aber vom Irrationalen befreit [werden], alles Zusammenleben von Rationalität durchherrscht wird, sind [sie] vernünftigem Zwang unterworfen. Denn selbst die Elemente des bürgerlichen Bewußtseins, die Aufhebung von Herrschaft verbürgen könnten, sind selbst von Herrschaft gezeichnet.

Zu Beginn der Lektüre führte die Feststellung Hegels:

»Die Kantische Philosophie hatte es bedurft, daß ihr Geist vom Buchstaben geschieden und das rein spekulative Prinzip aus dem Übrigen herausgehoben wurde ...«[19],

auf die Frage, ob das philosophiegeschichtlich richtig sei. Kant verwahrte sich dagegen, als Fichte glaubte, ihn in diesem Sinne richtig zu interpretieren,[20] denn zu glauben, der Gedanke könne das aus sich hervorbringen, was er an Material nicht besitzt, bedeutete für Kant den Rückfall in Dogmatismus. Hegels Kritik hat ihre Berechtigung aber darin, daß sie den objektiven Zwang der Kantischen Philosophie gegen Kant selbst durchsetzt. Wenn das transzendentale Subjekt als ursprüngliche Apperzeption, reines Erzeugen gefaßt wird, ist nicht einzusehen, wie sich etwas seiner umfassenden Einheit entziehen, wie etwas in seiner Bewußtseinsimmanenz zugelassen werde könne, das nicht von ihm selbst hervorgebracht ist.

Indem Hegel innerhalb der Kantischen Philosophie das »rein spekulative Prinzip aus dem Übrigen« heraushebt, tritt bei ihm hervor, was für den ganzen

---

19 »Die *Kantische* Philosophie hatte es bedurft, daß ihr Geist vom Buchstaben geschieden und das rein spekulative Prinzip aus dem Übrigen herausgehoben wurde, was der räsonierenden Reflexion angehörte oder für sie benutzt werden konnte.« (HW, Bd. 2, S. 9)
20 Im August 1799 gibt Kant eine öffentliche Erklärung ab, er halte »*Fichte's Wissenschaftslehre* für ein gänzlich unhaltbares System« (Immanuel Kant, Erklärung in Beziehung auf Fichtes Wissenschaftslehre, in: Kant's gesammelte Schriften, hrsg. von der Königlich Preußischen Akademie der Wissenschaften, Bd. XII, Berlin 1902 Seite 396 f.; hier: S. 396).

Idealismus gilt: Sprache als entscheidendes Moment der Erkenntnis, die Vermittlung von Sprache und Gedanken werden vernachlässigt. Gegen diese Scheidung des Geistes vom Buchstaben einer Philosophie läßt sich einwenden, daß ihr Geist gerade in ihrem Buchstaben aufgesucht werden muß. Was den Buchstaben transzendiert, ist ihm immanent und braucht ihm nicht erst zugetragen zu werden; denn erst durch die Sprache gewinnt der Gedanke Objektivität, unabhängig von der bloßen Intention des Denkenden. Auch kündigt sich in Hegels Absicht, der Ausführung einer Philosophie ihr reines Prinzip entgegenzuhalten, das spätere Absinken der Philosophie in Geistesgeschichte an.

Es bleibt auch zu fragen, ob das von Hegel betonte »rein spekulative Prinzip« wirklich den Geist der Kantischen Philosophie wiedergibt. Während Hegel am Kantischen Vernunftbegriff nur das Moment der Spontaneität festhält, ist Kant selbst bemüht, den Empirismus, das heißt Rezeptivität, kritisch in seine Philosophie hereinzunehmen. Ein spekulatives Prinzip ohne ein Entgegengesetztes wäre für ihn sinnlos; darin denkt Kant mehr im Sinne der Vermittlung als Hegel.

Dort, wo Kant die Identität des Subjekts und Objekts, das spekulative Prinzip, kritisch behandelt, vermißt Hegel den dialektischen Ansatz. Die mit sich selbst identische reine Vernunft und das Material der Erfahrung, die Nicht-Identität, fallen auseinander. Darin erblickt Hegel eine Herabwürdigung der Vernunft zu einer Lehre der formalen Logik. Gemessen an seinem Vernunftbegriff, nennt er diese reine Identität mit sich selbst niedrig, nur dem Verstande eigen, weil das Material der Erfahrung nicht auch als durchs tätige Subjekt vermittelt verstanden wird. Der absolute Idealismus begreift die Welt und in ihr die Gesellschaft als vernünftig, was dem Verstande von seiner niedrigen Warte aus nicht einsichtig ist. In dieser hierarchischen Klassifizierung von Vernunft und Verstand meldet sich auch bei Hegel ein Moment der Verdinglichung an.

315 Wolfgang Gutfleisch, 29. November 1962

Protokoll 29. 11. 62

Die Arbeit des Abends bestand aus drei Teilen: der Vorlesung und Besprechung des Protokolls, einem kürzeren Zwischengespräch und der Interpretation des zweiten Teils der ›Vorerinnerung‹[21].

Zu den Ausführungen des Protokolls wurde einiges bestätigt, ergänzt oder berichtigt, darunter folgendes:

Im Protokoll hieß es, in Fichtes System sei die Natur ›ausgeklammert‹ worden.[22]

{Dazu:} Sie ist nicht ausgeklammert – sie ist überhaupt nicht vorhanden. Denn sie ist ganz unbestimmt, weshalb von ihr nichts ausgesagt werden, sie nicht einmal als möglich gedacht werden kann. – Schelling wendet dagegen ein, das Nicht-Ich müsse ebenso bestimmt sein wie das Ich, wenn es von ihm gesetzt sei. – Fichte hat die Natur auch in der theoretischen Vernunft vernichtet, nicht nur in der praktischen, wie Kant.

{Protokoll:} ›In der Befolgung des kategorischen Imperativs sollen die Menschen sich ihrer absoluten Freiheit bewußt werden.‹[23]

Hegel hätte ›bewußt werden‹ gesagt, Kant nicht. Er wollte den kategorischen Imperativ nicht notwendig von der Reflexion abhängig machen, um nicht alle Nicht-Philosophen vom Gutsein auszuschließen. Trotzdem hätte auch Kant sagen müssen: Moralisches Handeln ist vollbewußtes Handeln.

Hier wird ein Hauptproblem zwischen Kant und dem Idealismus sichtbar: Sind theoretische und praktische Vernunft antinomisch oder identisch? Kant denkt sie antinomisch, was er dadurch zur ermöglichen sucht, daß er die Kausalität der Natur und die der Freiheit ganz voneinander trennt. Fichte vernichtet die Antinomie dadurch, daß er ihre eine Seite, die Kausalität der Natur, vernichtet, und Hegel dadurch, daß er die Natur selbst als Entäußerung der Idee denkt.

Protokoll: ›Gegen die Scheidung des Geistes vom Buchstaben einer Philosophie läßt sich einwenden, daß ihr Geist gerade in ihrem Buchstaben aufgesucht werden muß ...‹[24]

---

21 Für die »Vorerinnerung« vgl. HSW, Bd. I, S. 3–7; HW, Bd. 2, S. 9–14.
22 S. oben, S. 376 f.
23 S. oben, S. 377.
24 S. oben, S. 379.

Selbst die Beziehung zwischen Buchstabe und Geist fordert dialektisches Verhalten: Einerseits kann man den Geist Hegels nur erfassen, wenn man sich genau um die Buchstaben bemüht, andererseits kann man den Buchstaben Hegels nicht ohne den Geist Hegels erkennen.

Mehrmals während der Vorlesung des Protokolls wurde versucht, das Chaos der Empfindungen (Kant), das unbestimmte Nicht-Ich (Fichte) und die Nichtidentität (Hegel) als vereinbar mit ihren Gegenprinzipien zu denken und die Vorwürfe, die der Idealismus Kant gemacht hat, ganz auf Kant anzuwenden oder sie ganz dem Idealismus zurückzugeben. Diese Versuche gelangen nicht. Es wurde gesagt: Das sei ein vertrackter Zivilprozeß, der bis heute noch nicht entschieden sei.

An die Besprechung des Protokolls schloß sich ein kürzeres Zwischengespräch zu dem Verhältnis von Freiheit und Notwendigkeit. Ein Teilnehmer des Seminars las ein Stück aus Schellings ›Weltaltern‹, in dem Freiheit und Notwendigkeit als untrennbare Einheit dargestellt wurden.[25] Dazu sagte er, dies idealistische Prinzip sei von Max Weber übernommen und in die positive Wissenschaft eingeführt, damit aber zugleich zerstört worden.

Der Schritt von Schelling zu Max Weber wurde zurückhaltend betrachtet: Dazu sei ein genaues Studium des Weberschen Nominalismus nötig, und hier führe diese Betrachtung zu weit ab.

Den dritten Teil des Abends bildete die Interpretation der ›Vorerinnerung‹ von Seite 4, Abschnitt 2 (Philosophische Bibliothek Meiner 62a)[26] bis zum Schluß.[27]
Im Text schreibt Hegel Kant ›ein ungeheures empirisches Reich der Sinnlichkeit und Wahrnehmung, eine absolute Aposteriorität‹ zu. (4, 2)[28]

---

25 Bei Schelling heißt es etwa: »Vermöge der bloßen Nothwendigkeit seiner Natur (dieß ist bewiesen) kommt es weder in Gott selbst noch außer ihm zum wirklichen Daseyn. Darum mußten wir außer und über jenem Nothwendigen von Gott, das in den drei Potenzen die ewige Natur ausmacht, noch ein anderes erkennen, das die ewige Freiheit, das lautere Wollen selbst ist. Oder in einer anderen Wendung: wir mußten erkennen, daß in dem wirklichen lebendigen Gott eine Einheit sey von Nothwendigkeit und Freiheit.« (SW, Bd. 4, S. 615)
26 Vgl. Georg Wilhelm Friedrich Hegel, Differenz des Fichte'schen und Schelling'schen Systems der Philosophie [1801], Hamburg 1962 (Philosophische Bibliothek; 62a); diese Ausgabe bringt den unveränderten Nachdruck aus HSW, Bd. 1, S. 1–113.
27 Vgl. ebd., S. 4–7; vgl. HW, Bd. 2, S. 10–14.
28 »Es bleibt außer den objektiven Bestimmungen durch die Kategorien ein ungeheures empirisches Reich der Sinnlichkeit und Wahrnehmung, eine absolute Aposteriorität, für welche keine Apriorität als nur eine subjektive Maxime der reflektierenden Urteilskraft aufgezeigt ist; d.h. die

Hier hat Hegel sich einen einfachen Kant zurechtgemacht, der dann freilich leicht schlechtzumachen war. Das empirische Reich Kants ist nicht ohne die kategorialen Bestimmungen, sondern durch sie konstituiert und geordnet. Es ist deshalb auch keine absolute Aposteriorität, sondern ein Kompositum aus Apriori und Aposteriori. Das Problem der Vermittlung ist von Kant weiter getrieben, als Hegel es darstellt.

Wieder ist zu fragen: Was ist das Unbestimmte? Ist es nichtseiend? Und dagegen: Warum kann das Unbestimmte nicht sein? Sind nicht alle Bestimmungen Bestimmungen des Nichts? – Hier könnte vielleicht mit den Mitteln der Logik der Idealismus zerstört werden.

Es wurde noch darauf hingewiesen, daß Heideggers Kantauslegung[29] derjenigen Hegels ähnlich sei. Auch Heidegger und die ganze Phänomenologie verlegten alle Bestimmungen aus dem Subjekt in die empirische Welt.

›die Nichtidentität wird zum absoluten Grundsatz erhoben, wie es nicht anders sein konnte, nachdem aus der Idee, dem Vernunftprodukt, die Identität, d. h. das Vernünftige weggenommen und sie dem Sein absolut entgegengesetzt‹ wurde. (4, 2)

Hegel setzt hier die Kategorien der Ideen gleich. Für die Ideen gilt das Gesagt, für die Kategorien nicht. Aber die Ideen sind für Kant nicht Vernunftprodukte, sondern Postulate, regulative Prinzipien.

›Sowie aber die Spekulation aus dem Begriff, den sie von sich selbst aufstellt, heraustritt und sich zum System bildet, so verläßt sie sich und ihr Prinzip und kommt nicht in dasselbe zurück.‹ (5, 1)[30]

Diese Aussage wurde zunächst auf Kant bezogen. Bei Kant wird das Prinzip des Geistes nicht durchgeführt, da die Materie ihm entgegengesetzt wird. Es bleibt es selbst und wird zu einem bloßen Abstrakten, das sich nicht durch Aufnahme des Fremden negiert.

Dann wurde gesagt, die Aussage könne auch auf Fichte bezogen sein, allerdings sei Fichte hierin dann Kantianer. Beide stellen ein oberstes Widerspruchsprinzip auf und versuchen, daraus ein widerspruchsfreies System abzuleiten.

Nichtidentität wird zum absoluten Grundsatz erhoben, wie es nicht anders sein konnte, nachdem aus der Idee, dem Vernunftprodukt, die Identität, d. h. das Vernünftige weggenommen und sie dem Sein absolut entgegengesetzt, – nachdem die Vernunft als praktisches Vermögen, nicht als absolute Identität, sondern in unendlicher Entgegensetzung als Vermögen der reinen Verstandes-Einheit dargestellt worden war, wie sie vom endlichen Denken, d.i. vom Verstande gedacht werden muß.« (HSW, Bd. 1, S. 4; vgl. HW, Bd. 2, S. 10f.)

29 Vgl. etwa Martin Heidegger, Kant und das Problem der Metaphysik [1929], in: Martin Heidegger, Gesamtausgabe, Bd. 3, hrsg. von Friedrich-Wilhelm von Herrmann, Frankfurt a.M. 1991.
30 HSW, Bd. 1, S. 5; vgl. HW, Bd. 2, S. 11.

Schließlich wurde die Aussage mehr auf Fichte bezogen, wozu auch der übernächste Satz riet:

›Das Prinzip selbst, die transzendentale Anschauung erhält hierdurch die schiefe Stellung eines Entgegengesetzten gegen die aus ihm deduzierte Mannigfaltigkeit.‹[31]

Unter ›transzendentaler Anschauung‹ sei hier Fichtes ›intellektuelle Anschauung‹ zu verstehen.

›Das Prinzip, das Subjekt-Objekt, erweist sich als ein subjektives Subjekt-Objekt.‹ (5, 1)[32]

Das ist gut formuliert, ist aber bei Hegel selbst so: Die Wahrheit ist Substanz als Subjekt. Die Einheit von Subjekt und Objekt im Subjekt zu denken, ist der Sinn des ganzen Idealismus. Dabei darf aber das Subjekt nicht dem empirischen Einzelsubjekt gleichgesetzt werden, sondern muß immer als nicht-individuelle Vernunft gedacht werden.

›Wenn man von einem System sagen kann, daß es Glück gemacht habe, so hat sich ein allgemeineres Bedürfnis der Philosophie, das sich für sich selbst nicht zur Philosophie zu gebären vermag – denn damit hätte es sich durch das Schaffen eines Systems befriedigt, – mit einer instinktartigen Hinneigung zu demselben gewendet, und der Schein der passiven Aufnahme rührt daher, daß im Inneren das vorhanden ist, was das System ausspricht, welches nunmehr jeder in seiner wissenschaftlichen oder lebendigen Sphäre geltend macht.‹ (6, 2)[33]

In diesem Satz sind mehrere spätere Hauptmotive Hegels enthalten. So dies, daß sich in der Philosophie, Kunst und Religion einer Zeit der objektive Geist ausspreche, und dies, daß der Erfolg der Maßstab einer Sache sei. Dagegen kann gesagt werden, daß auch Falsches vorläufig Erfolg haben und Glück machen kann.

Im nächsten Satz sagt Hegel: ›Man kann vom Fichteschen System in diesem Sinne nicht sagen, daß es Glück gemacht habe.‹[34]

Das stimmt nicht. Fichtes System hat großen Einfluß gehabt, auch ›glücklichen‹. Schelling und Hegel haben selbst davon empfangen. Für Schlegel sind Goethes Wilhelm Meister, die Französische Revolution und Fichtes Wissenschaftslehre die großen Tendenzen der Zeit.[35]

---

31 HSW, Bd. 1, S. 5; vgl. HW, Bd. 2, S. 11.
32 HSW, Bd. 1, S. 5; vgl. HW, Bd. 2, S. 11.
33 HSW, Bd. 1, S. 6; vgl. HW, Bd. 2, S. 12 f.
34 HSW, Bd. 1, S. 6; vgl. HW, Bd. 2, S. 13.
35 »Die Französische Revolution, Fichtes Wissenschaftslehre, und Goethes Meister sind die größten Tendenzen des Zeitalters. Wer an dieser Zusammenstellung Anstoß nimmt, wem keine Revolution wichtig scheinen kann, die nicht laut und materiell ist, der hat sich noch nicht auf den

Im vorletzten Abschnitt spricht Hegel von dem Verhältnis der Kunst und Philosophie zur Natur: Beide dürfen die Natur nicht schal nachahmen, sondern sollen sich selbst aus innerer Kraft zur Natur gestalten. (6–7)[36]

Darin spricht Auflehnung gegen Kants Auffassung der Natur als eines toten Mechanismus, und Fichtes, für den sie nur Widerstand der eignen Tat ist. – Auch Schiller wehrt sich gegen dieses Unrecht an der Natur, aber dadurch, daß er sich zum Griechentum zurückwendet, dessen Kunst und Philosophie doch der Nachahmung näher stehen.[37] – Hegel will durch seine Philosophie und Ästhetik nicht die Natur nachahmen, sondern sie als Schöpfung des Geistes neu hervorbringen.

---

hohen weiten Standpunkt der Geschichte der Menschheit erhoben. Selbst in unsern dürftigen Kulturgeschichten, die meistens einer mit fortlaufendem Kommentar begleiteten Variantensammlung, wozu der klassische Text verloren ging, gleichen, spielt manches kleine Buch, von dem die lärmende Menge zu seiner Zeit nicht viel Notiz nahm, eine größere Rolle, als alles, was diese trieb.« (Friedrich Schlegel, Fragmente [1798], in: Kritische Friedrich-Schlegel-Ausgabe, hrsg. von Ernst Behler, unter Mitw. von Jean-Jacques Anstett und Hans Eichner, Bd. I·II, hrsg. von Hans Eichner, München u. a. 1967, S. 165–255; hier: S. 198 f.)

36 »Wenn Erscheinungen wie die *Reden über die Religion* – das spekulative Bedürfnis nicht unmittelbar angehen, so deuten sie und ihre Aufnahme, noch mehr aber die Würde, welche, mit dunklerem oder bewußterem Gefühl Poesie und Kunst überhaupt in ihrem wahren Umfange zu erhalten anfängt, auf das Bedürfnis nach einer Philosophie hin, von welcher die Natur für die Mißhandlungen, die sie in dem Kantischen und Fichteschen Systeme leidet, versöhnt und die Vernunft selbst in eine Übereinstimmung mit der Natur gesetzt wird – nicht in eine solche, worin sie auf sich Verzicht tut oder eine schale Nachahmerin derselben werden müßte, sondern eine Einstimmung dadurch, daß sie sich selbst zur Natur aus innerer Kraft gestaltet.« (HSW, Bd. 1, S. 6 f.; vgl. HW, Bd. 2, S. 13)

37 Vgl. etwa Schillers Schrift »Über das Pathetische« [1793], in der es heißt: »Nirgends sucht der Grieche in der Abstumpfung und Gleichgültigkeit gegen das Leiden seinen Ruhm, sondern in *Ertragung* desselben bei allem Gefühl für dasselbe. Selbst die Götter der Griechen müssen der Natur einen Tribut entrichten, sobald sie der Dichter der Menschheit näherbringen will. Der verwundete Mars schreit für Schmerz so laut auf wie zehntausend Mann, und die von einer Lanze geritzte Venus steigt *weinend* zum Olymp und verschwört alle Gefechte. *[Absatz]* Diese zarte Empfindlichkeit für das Leiden, diese warme, aufrichtige, wahr und offen daliegende Natur, welche uns in den griechischen Kunstwerken so tief und lebendig rührt, ist ein Muster der Nachahmung für alle Künstler und ein Gesetz, das der griechische Genius der Kunst vorgeschrieben hat.« (Friedrich Schiller, Über das Pathetische, in: Friedrich Schiller, Sämtliche Werke, hrsg. von Gerhard Fricke und Herbert G. Göpfert in Verb. mit Herbert Stubenrauch, Bd. 5, 3. Aufl., München 1962, S. 512–537; hier: S. 514 f.)

316 Gunter Wegeleben, 6. Dezember 1962

Philosophisches Hauptseminar
Protokoll vom 6. 12. 62

Hegels Urteil, daß das Fichtesche System kein Glück gemacht habe, bezieht sich auf die inadäquate Rezeption die ihm die zeitgenössische Kritik bereitete. Über seine gesellschaftlichen Implikate und seine Nachwirkungen ist damit noch wenig gesagt. Gerade das Fichtesche System hat die Leidenschaft der Französischen Revolution in die deutsche Sprache und Philosophie übersetzt. Seinem Philosophieren wohnt ein jakobinisches Moment inne, etwas von der Unerbittlichkeit Robespierres ist in seinen Sprachgestus eingegangen. Die französische Revolutionsidee, daß die Nation frei sein müsse zur Erfüllung einer glorreichen Aufgabe in der Welt, hat er auf die deutsche Nation bezogen. Seine Vergöttlichung der Tätigkeit um der Tätigkeit willen hat ein deutsches Prinzip par excellence, das der Arbeit, zum System entfaltet.

Fichtes Philosophie hat zumeist unterirdisch nachhaltig fortgewirkt. Kierkegaards Denken ist dem Fichtes verwandt in der Mißachtung der Natur. In Nietzsches entfesseltem Dynamismus steckt Fichtes absolute Spontaneität. Das Aufrufende, Eifernde der Fichteschen Philosophie, in dem sie an der protestantischen Tradition partizipiert, ist in Nietzsche, wenn auch in differenzierter Gestalt, wieder laut geworden. In der Revolution von 1848 und bei Bruno Bauer liegt ein bewußter Bezug zu Fichtes Philosophie vor.

Die Gesamtbewegung des Idealismus ist als ein Protest gegen die Verdinglichung des Bewußtseins zu verstehen. Die Idealisten haben den Neutralismus der Wissenschaft gespürt, ein Verhalten, in dem jedes lebendige Interesse verkümmert ist. Dem Alexandrinismus der Wissenschaft, für den sie als Gehäuse für vielerlei Kenntnisse fungiert, widerspricht der idealistische Begriff von Wissen, der besagt, daß der Geist im Anderen bei sich selbst sein müsse. Nur indem das Wissen als ein vom lebendigen Geist Produziertes gedacht wird, ist eine innere Beziehung zwischen dem Denken und seinem Gegenstand möglich. Die Intention des Idealismus ist es, alle Kenntnisse zum lebendigen Gedanken zu erwecken, dem die Sache nicht äußerlich bleibt, sondern der sie aufzuschließen vermag und sie von innen begreift. An das Wahrheitsmoment der Identitätsphilosophie, daß der Geist der Sache nichts Äußerliches ist, ist gerade heute zu erinnern, wo die Stoffhuberei mit dem Begriff mit der materialen Vollständigkeit so verschmolzen ist, daß die Abneigung gegen das erstere verloren zu gehen scheint. Der Widerstand gegen die Konventionalisierung des Wissens zu einer leblosen Gestalt ist heute unvermindert aktuell. Die positiven Wissenschaften sind dabei, im Sammeln, Klassifizieren und Einordnen von Kenntnissen in fixe Kategoriensysteme aufzugehen, ohne nach der Dynamik und der Wahrheit ihrer Gegenstände zu fragen.

Hegels Schrift hat die Indifferenz gegenüber dem lebendigen Gedanken mit der Neugierde zusammengebracht, die sich darin gefalle, den Sachen einen Namen zu geben und so der Herrschaft über sie sich zu versichern. Hegels Kritik an der Neugierde ist der Heideggers überaus überlegen.[38] Heideggers Aversion gegen Neugierde, die ihm als negative Befindlichkeit gilt, führt bei ihm bis zum Denkverbot. Hegels Denken verwirft implizit die Bestimmung der Neugierde als ontologisches Existential. Sie ist für Hegel ein Entsprungenes, Funktionales. Zwar kann man ohne Neugierde nicht denken, aber als unsublimierte Triebregung besitzt sie etwas Subalternes. Psychologisch ist sie zu verstehen als Reaktionsweise darauf, daß die infantile sexuelle Neugierde zurückgestoßen wurde, diese verdrängte Triebregung kehrt später als verstümmelte wieder. Neugierde verhält sich zum Trieb nach Wissen ähnlich wie die Zote zum Eros. Hegel zufolge gehört die Neugierde zum verdinglichten Bewußtsein. Sie stellt eine Beziehung zu einem Gegenstand dar, zu dem der Geist eigentlich keine innere Beziehung mehr hat. Neugierde tritt auf, wo der geistige Trieb erlahmt ist und das Wissen zu einem Besitz sich verfestigt hat. Verdinglicht ist der Geist, dessen ursprüngliche Spontaneität verkümmert ist und der sich in seinen Produkten nicht mehr erkennt. Hegels Bestimmung der Neugierde als Funktion des verdinglichten Bewußtseins impliziert, daß bei dessen Verschwinden auch sie zergehen muß.

Der Hegelschen Schrift zufolge hängt das Namengeben mit Herrschaft eng zusammen.[39] Indem das verdinglichte, von seinen Gegenständen abgeschnittene

---

38 Über den lebendigen Geist schreibt Hegel: »Es kann ihm gleichgültig sein, daß er dazu dienen muß, die übrige Kollektion von Mumien und den allgemeinen Haufen der Zufälligkeiten zu vergrößern, denn er selbst ist dem neugierigen Sammeln von Kenntnissen unter den Händen entflohen. Dieses hält sich auf seinem gegen Wahrheit gleichgültigen Standpunkte fest und behält seine Selbständigkeit, es mag Meinungen annehmen oder verwerfen oder sich nicht entscheiden; es kann philosophischen Systemen kein anderes Verhältnis zu sich geben, als daß sie Meinungen sind, und solche Akzidenzien wie Meinungen können ihm nichts anhaben; es hat nicht erkannt, daß es Wahrheit gibt.« (HW, Bd. 2, S. 16) – Zum Problem der Neugier bei Heidegger vgl. Martin Heidegger, Sein und Zeit [1927], 9. Aufl., Tübingen 1960, S. 170–173.

39 »Ein Zeitalter, das eine solche Menge philosophischer Systeme als eine Vergangenheit hinter sich liegen hat, scheint zu derjenigen Indifferenz kommen zu müssen, welche das Leben erlangt, nachdem es sich in allen Formen versucht hat [...]. Für diese Art der Indifferenz, wenn sie bis zur Neugierde aus sich herausgeht, gibt es nichts Angelegentlicheres, als einer neuen ausgebildeten Philosophie einen Namen zu geben und, wie Adam seine Herrschaft über die Tiere dadurch ausgesprochen hat, daß er ihnen Namen gab, die Herrschaft über eine Philosophie durch Findung eines Namens auszusprechen. Auf diese Weise ist sie in den Rang der Kenntnisse versetzt.« (HW, Bd. 2, S. 15)

Bewußtsein diese etikettiert, hat es die Impulse der Sachen abgelehnt. Der Widerstand gegen das diskursive Denken als dem der Etikettierung ist ein wesentliches Motiv, das zum dialektischen Denken führte. Dialektik opponiert der logischen Operation der Subsumtion, in der sich die Begriffe nicht bewegen. Die in Hegels Schrift vorgetragene Kritik am verdinglichten Bewußtsein ist später systematisch ausgeführt und kodifiziert worden in der dialektischen Logik, in der bestimmten Verflüssigung der Begriffe.

Das Phänomen der Namengebung ist sehr komplex. Das einer Sache einen Namen Geben hat mit Herrschaft zu tun und zugleich mit Angst; Angst, insofern etwas, wenn es noch nicht benannt und noch nicht eingeordnet ist, ein Moment des Beunruhigenden besitzt. Vielen Menschen fehlt heute die Fähigkeit, etwas intensiv anschauen zu können, ohne es sogleich auf etwas Bekanntes abziehen und fixieren zu müssen. Solche verfestigten Reaktionen schneiden die Erfahrung des Inkommensurablen, Besonderen und damit lebendige Erfahrung vorweg ab. Das Neue wird gleichsam a priori in Schemata gepreßt und zu einem schon je Gewesenem deklassiert. Der lebendige Geist aber möchte alles in seiner Fremdheit und Neuheit kennenlernen und achten. In der Unterscheidung des Weltbegriffs vom Schulbegriff der Philosophie und in seinem berühmten Wort, daß man nicht Philosophie, sondern nur philosophieren lernen könne, hat Kant der lebendigen Erfahrung das Wort geredet.[40]

Aus der Aversion gegen die Etikettierung darf man aber kein generelles Verdikt über die Namengebung ableiten, das zugleich eines wäre über die Sprache. Im Unterschied zum diskursiven Denken ist dem dialektischen die Sprache nichts ihm und den Gegenständen Äußerliches. Im dialektischen Denken hat das Subjekt in der Sprache zu Anderen sich entäußert, das seinerseits in ihr in sich ge-

---

40 »Alle Vernunfterkenntnis ist nun entweder die aus Begriffen, oder aus der Konstruktion der Begriffe; die erstere heißt philosophisch, die zweite mathematisch. Von dem inneren Unterschiede beider habe ich schon im ersten Hauptstücke gehandelt. Ein Erkenntnis demnach kann objektiv philosophisch sein, und ist doch subjektiv historisch, wie bei den meisten Lehrlingen, und bei allen, die über die Schule niemals hinaussehen und zeitlebens Lehrlinge bleiben. Es ist aber doch sonderbar, daß das mathematische Erkenntnis, so wie man es erlernet hat, doch auch subjektiv für Vernunfterkenntnis gelten kann, und ein solcher Unterschied bei ihr nicht so wie bei dem philosophischen stattfindet. Die Ursache ist, weil die Erkenntnisquellen, aus denen der Lehrer allein schöpfen kann, nirgend anders als in den wesentlichen und echten Prinzipien der Vernunft liegen, und mithin von dem Lehrlinge nirgend anders hergenommen, noch etwa gestritten werden können, und dieses zwar darum, weil der Gebrauch der Vernunft hier nur in concreto, obzwar dennoch a priori, nämlich an der reinen, und eben deswegen fehlerfreien, Anschauung geschieht, und alle Täuschung und Irrtum ausschließt. Man kann also unter allen Vernunftwissenschaften (a priori) nur allein Mathematik, niemals aber Philosophie (es sei denn historisch), sondern, was die Vernunft betrifft, höchstens nur *philosophieren* lernen.« (KW, Bd. IV, S. 699 [B 865; A 837])

gangen, zu einem Inneren geworden ist. Es gibt Namen und Begriffe, die sich geschichtlich konstituiert haben und die als substantiell, mit Erfahrung durchtränkt, sich ausweisen. Namen, die sich als Parolen polemisch setzen, z. B. Dadaismus, haben eine andere Bedeutung als die willkürlich äußerliche Namengebung, in der die Namen zu bloßen Mitteln der Subsumtion geworden sind. Hegels Kritik an der Namengebung motiviert die dialektische Erfahrung, daß der Begriff die Sache selbst zum Sprechen bringen muß. Diese Einsicht treibt das Hegelsche Denken über den Nominalismus hinaus.

Die Nomenklatur der Mathematik hat ihre besondere Problematik. Einer deduktiven, formalen Disziplin ist die methodologische Orientierung am Objekt nicht in dem Maße wesentlich wie materialen Wissenschaften. Mathematik hat ihre Unschuld darin, daß sie nicht von sich aus die Beziehung zum Gegenstand setzt. Eine Verhärtung tritt stets dort ein, wo eine Beziehung zur Sache nicht ausgetragen wird durch klassifikatorische Prozedur. Mathematik wird dort problematisch, wo sie sich zum alleinigen Organon der Erkenntnis aufspielt wie in einer Richtung des Positivismus. Bekanntlich hat Hegel den Anspruch der Mathematik in der Großen Logik kritisiert, weil sie die Widerstände und Differenzen der Sachen nicht achte.[41]

Die scheinbar rationale Namengebung steht häufig im Banne von Irrationalität, die das Neue nicht ertragen kann. Das subsumierende Denken ist irrational, indem es beschwören, bannen, verdinglichen will. Die rationale Klassifikation ist zugleich auch ein irrationales Verhalten.

Das Problem der Namengebung ist in das der Sprache verwoben. Die Knotenpunkte der Sprache, in denen sie dem Verhärtungsprozeß verfallen kann, sind die Nomina. Da die Sprache ohne Nomina nicht möglich ist, wird die Sprache insgesamt von Verdinglichung bedroht. Die Sprache involviert die Tendenz zur Verdinglichung und zugleich die gegenläufige der Auflösung der Dinglichkeit. Die

---

41 In einer Anmerkung zur »Begriffsbestimmtheit des mathematisch Unendlichen« (HW, Bd. 5, S. 279–322) heißt es etwa: »In philosophischer Rücksicht [...] ist das mathematische Unendliche darum wichtig, weil ihm in der Tat der Begriff des wahrhaften Unendlichen zugrunde liegt und es viel höher steht als das gewöhnlich so genannte *metaphysische Unendliche*, von dem aus die Einwürfe gegen ersteres gemacht werden. Gegen diese Einwürfe weiß sich die Wissenschaft der Mathematik häufig nur dadurch zu retten, daß sie die Kompetenz der Metaphysik verwirft, indem sie behauptet, mit dieser Wissenschaft nichts zu schaffen und sich um deren Begriffe nicht zu bekümmern zu haben, wenn sie nur auf ihrem eigenen Boden konsequent verfahre. Sie habe nicht zu betrachten, was an sich, sondern was auf ihrem Felde das Wahre sei. Die Metaphysik weiß die glänzenden Resultate des Gebrauchs des mathematischen Unendlichen bei ihrem Widerspruche gegen dasselbe nicht zu leugnen oder umzustoßen, und die Mathematik weiß mit der Metaphysik ihres eigenen Begriffs und daher auch mit der Ableitung der Verfahrungsweisen, die der Gebrauch des Unendlichen nötig macht, nicht ins Reine zu kommen.« (Ebd., S. 280)

Kritik an dem Namen kann bezogen werden auf die Kritik am absoluten Idealismus. Das System spielt sich auf als der Name des Ganzen. Die Scheu im Alten Testament, den Namen des Absoluten zu nennen,[42] ist die Scheu, das Absolute dingfest zu machen, es in ein Bild oder einen Namen einzufangen. Das idealistische System, das des Absoluten habhaft geworden zu sein wähnt, verwandelt sich in ein Statisches, in eine dingliche Positivität zweiten Grades.

Die Aufgabe der Philosophie besteht darin, daß sie, indem sie die Sache begrifflich zu fassen sucht, auch immer wieder über das begrifflich Fixierte hinauszugehen strebt. Es gibt keine Wahrheit, die nicht, weil sie begrifflich festgehalten werden muß, dadurch auch zur Unwahrheit wird. Dialektik hat die notwendigen Verhärtungen des Gedankens stets wieder aufzulösen.

»›Was nicht festgehalten wird, ist nichts. Was festgehalten wird, ist tot.‹ (Valéry, Windstriche S. 112) Darf etwas den Namen von Philosophie überhaupt noch beanspruchen, dann solche Antithesen. Indem sie unversöhnt stehenbleiben, drückt der Gedanke die eigene Grenze aus: die Nichtidentität des Gegenstandes mit seinem Begriff, der ebenso jene Identität fordern, wie ihre Unmöglichkeit begreifen muß.« (Adorno, Noten zur Literatur II S. 64/65)[43]

In der Hegelschen Schrift ist der Zusammenhang zwischen Philologie, Historismus und Verdinglichung deutlich gesehen. Würdigendes Verhalten nimmt historisches wie gegenwärtiges Denken vorweg als in sich abgeschlossen, fixierten Prozeß. Nach Hegel verlangt der lebendige Geist, damit er sich enthülle, durch einen verwandten Geist wiedergeboren zu werden. Das Theorem erinnert an die die Antike beschäftigende Kontroverse, ob Gleiches nur durch Gleiches oder durch Ungleiches erkannt werden könne. Der Idealismus involviert die ursprüngliche Identität von Denken und Objektivität, die in geschichtlicher Arbeit zum Fürsichsein gelangt. Für den Positivismus bleiben Denken und Gegenstand einander fremd.

---

42 Im zweiten Buch Mose heißt es: »Mose sprach zu Gott / Sihe / wenn ich zu den kindern Jsrael kome / vnd spreche zu jnen / Der Gott ewer Veter hat mich zu euch gesand / Vnd sie mir sagen werden / wie heisst sein Name? Was sol ich jnen sagen? Gott sprach zu Mose / *Jch werde sein der ich sein werde. Vnd sprach / Also soltu zu den kindern Jsrael sagen / Jch werds sein / der hat mich zu euch gesand.* / VND Gott sprach weiter zu Mose / Also soltu zu den kindern Jsrael sagen / Der HERR ewr veter Gott / der Gott Abraham / der Gott Jsaac / der Gott Jacob / hat mich zu euch gesand / Das ist mein Name ewiglich / da bey man mich nennen sol fur vnd fur.« (Ex 3,13–15)
43 Theodor W. Adorno, *Valérys Abweichungen* [1960], in: Theodor W. Adorno, *Noten zur Literatur II*, Frankfurt a. M. 1961 (Bibliothek Suhrkamp; 71), S. 42–94; hier: S. 64f.; vgl. GS, Bd. 11, S. 177. – Vgl. Paul Valéry, Windstriche. Aufzeichnungen und Aphorismen [1929], übers. von Bernhard Böschenstein, Hans Staub und Peter Szondi, Wiesbaden 1959, S. 112.

Über die Wahrheit der großen Hegelschen Kategorien, Vernunft und Geist, die dem Positivismus als nicht zu verifizierende Meinungen gelten, läßt sich etwas ausmachen durch die Diskussion der Wahrheitsbegriffe des Positivismus und der Dialektik. Wahrheit hat für den Positivismus sehr viel mit Instrumentalität zu tun. Dewey nannte seine Philosophie ausdrücklich instrumentalism.[44] Dialektik hingegen mißtraut der klappernden Apparatur, die die Sachen automatisch zubereitet. Wo die diskursive Logik sich absolut setzt und absolut bleibt, kann sie nicht wahr sein. Um das Wahre, das Leben der Sachen selbst zu erfahren, bedarf es der Anstrengung und Arbeit des Begriffs. Die dialektische Logik setzt Widerstände, die die Sachen selbst motivieren, Knotenpunkte von Maßverhältnissen, wie sie die Große Logik expliziert. An diesen Knotenpunkten entsagt das Denken dem Ideal des Mechanismus.

Dem Verstand, der sich in der Naturbeherrschung konstituierte, ist ein Moment von Instrumentalität zu eigen. Ohne Naturbeherrschung wäre die Sphäre des Bewußtseins nicht entstanden. Die transzendentalen Formen, die das gegebene Material strukturieren, haben etwas Instrumentelles; die transzendentale Apperzeption muß sich eine geordnete Welt herstellen. Gerade die Kantische Synthesis hat viel mit Handwerkskunst zu tun. Dennoch bleibt die Differenz der Positivisten zu Kant wesentlich. Bei Kant wird die Verstandeshandlung durch die regulativen Ideen und in der praktischen Vernunft transzendiert. Den Positivisten reduziert sich gedankliche Arbeit auf Naturbeherrschung und die Herstellung eines leblosen Ordnungsgefüges.

Zur Vernunft im emphatischen Sinn gehört auch die Phantasie, produktive Einbildungskraft, wie es die Idealisten nannten. Vernunft geht nicht auf in verständiger Reproduktion und Subsumtion. Lebendige Erkenntnis der Sache ist kein passives Verhalten, bloße Nachahmung oder eine herrschaftliche Operation. In die Konstruktion der Sache selbst geht genaue Phantasie mit ein.

Der Verstand erschöpft sich in Zweck-Mittel-Relationen innerhalb vorgegebener Zwecke. Daß der Geist sich auf Zwecke bezieht, ohne sie zu reflektieren, bezeichnet sein instrumentelles Moment. Hegel kritisiert die isolierte Verstandeshandlung. In jedem Akt des Verstandes muß die Beziehung zur Vernunft enthalten, ja, mit konstitutiv sein. Die Notwendigkeit der Verknüpfung hat Kant in der Konzeption der regulativen Ideen, die die Verstandesarbeit leiten sollen, konzediert. Hegels Kritik am Instrumentellen läuft darauf hinaus, daß die Vernunft sich die Zwecke selbst setzen müsse.

---

[44] Vgl. etwa John Dewey, A Reply to Professor [Josiah] Royce's Critique of Instrumentalism [1912], in: John Dewey, The Middle Works, 1899–1924, Bd. 7, hrsg. von Jo Ann Boydston, eingel. von Ralph Ross, Carbondale u. a. 1979, S. 64–78.

Die Kritik an der Verdinglichung gehört in den Zusammenhang der Hegelschen Kritik an der Positivität, dem zentralen Thema der Jugendschriften. Der späte Hegel hat den Radikalismus des frühen, den Gedanken der vollständigen Rückkehr des Geistes aus seiner Entäußerung, so daß die Gegenständlichkeit zu einem dem Geist völlig Entsprechenden verwandelt ist, wieder abgemildert. Im Fortgang seines Denkens ist er zunehmend zum Apologeten der einst kritisierten Positivität geworden. Mit dem absoluten System, das die Vernünftigkeit des Wirklichen behauptet und dessen Anerkennung fordert, haben die Individuen sich zufrieden zu geben.

In der Differenzschrift sind viele Motive des reifen Hegel schon angerührt. Es findet sich die eminent idealistische These, daß die Totalität der entfalteten Philosophien eins sei mit dem Prozeß der Erscheinung der Wahrheit.[45] Nicht das Eigentümliche einer Individualität ist der Gehalt einer Philosophie, sondern die Vernunft bildet aus dem Bauzeug eines bestimmten Zeitalters in einer Individualität sich eine Gestalt. Die Kritik am Eigentümlichen präludiert die später ausgeführte Kritik am bloß Individuellen. In der Ästhetik wird es heißen, daß die Individualität eines großen Künstlers gerade in ihrer Selbstnegation im Werk bestehe darin, daß sie in die konstituierte Sache eingegangen und in ihr verschwunden ist.

»Wenn nun aber der Künstler in dieser Weise den Gegenstand ganz zu dem seinigen hat werden lassen, muß er umgekehrt seine subjektive Besonderheit und deren zufällige Partikularitäten zu vergessen wissen und sich seinerseits ganz in den Stoff versenken, so daß er als Subjekt nur gleichsam die Form ist für das Formieren des Inhalts, der ihn ergriffen hat. Eine Begeisterung, in welcher sich das Subjekt als Subjekt aufspreizt und geltend macht, statt das Organ und die lebendige Tätigkeit der Sache selber zu sein, ist eine schlechte Begeisterung.« (Ästhetik, S. 297)[46]

---

45 Der Abschnitt »Prinzip einer Philosophie in der Form eines absoluten Gegensatzes« etwa beginnt mit dem Satz: »Die Philosophie als eine durch Reflexion produzierte Totalität des Wissens wird ein System, ein organisches Ganzes von Begriffen, dessen höchstes Gesetz nicht der Verstand, sondern die Vernunft ist; jener hat die Entgegengesetzten seines Gesetzten, seine Grenze, Grund und Bedingung richtig aufzuzeigen, aber die Vernunft vereint diese Widersprechenden, setzt beide zugleich und hebt beide auf.« (HW, Bd. 2, S. 35f.)
46 Die hier zitierte Ausgabe ist nicht ermittelt; vgl. HW, Bd. 13, S. 373.

317 Heinz Füg,
13. Dezember 1962

Protokoll des Seminars vom 13–12–1962

I.

Zum Protokoll vom 6.[47] 12. 62 wurde auf die Frage hingewiesen, ob es nicht eine grundsätzlich andere Beziehung zum Gegenstand gibt, als sie der Deutsche Idealismus philosophisch bis in die letzte Konsequenz durchdacht hat, nämlich: sein absoluter Identitätsanspruch der Erkenntnis; darin liege gewiß auch ein Wahrheitsmoment, es gebe aber auch den entgegengesetzten philosophischen Ansatz, daß das Subjekt sich ganz entäußere, indem es sich dem Objekt völlig überlasse. Überhaupt solle Philosophie nicht dogmatisch gelehrt und gelernt werden, auch nicht bloß philosophiegeschichtlich betrachtet, sondern als jeweilige Aktualisierung ihrer historischen Problematik und gesellschaftlichen Perspektive grundsätzlich begriffen und so immer wieder neu vollzogen werden.

Zum Thema des Namens und der Namengebung wurde bemerkt, daß dieser Vorgang wesentlich irrational sei; indem der Gegenstand bloß benannt wird, werde darauf verzichtet, den Gegenstand zu begreifen, das Bewußtsein prallt gleichsam am Gegenstand ab. In der bloßen Namengebung liegt etwas zutiefst Resignatives; aus einem solchen nur nominellen Begreifen ergebe sich ein Wiederholungszwang des Benennens, wie er auch bei anderen starken, rational nicht völlig bewältigten Erlebnissen auftritt. Darüber hinaus ist zu vermuten: daß die Rationalität in ihrem Ursprung selber irrational ist.

Zur Dialektik wurde angemerkt: Nur das Ungleiche vermöge das Gleiche zu erkennen; das Paradox gelte auch umgekehrt: die Gleichheit als die Bedingung für die Erkenntnis des Ungleichen.

II.

Die Seminarsitzung wurde mit der Lektüre des noch ausstehenden Schlusses vom 1. Abschnitt des I. Kapitels der Hegelschen Differenzschrift fortgesetzt,[48] und zwar mit dem Absatz: »Das Wesen der Philosophie ist geradezu bodenlos für Eigen-

---

47 Korrigiert für: »5.«.
48 Vgl. HW, Bd. 2, S. 19f.

tümlichkeiten ...«⁴⁹. Die Erläuterungen zu diesem und dem Text des zweiten Abschnittes ergaben, daß in diesen wenigen einleitenden Sätzen der sehr frühen Differenzschrift wesentliche Grundgedanken der philosophischen Systematik Hegels von ihm schon klar skizziert dargestellt wurden. Schon der erste Satz hat geradezu programmatischen Charakter: Das Motiv der »Ästhetik«, daß der Künstler im Kunstwerk gleichsam verschwindet, wird von Hegel in dem von ihm gewählten Ausdruck »à corps perdu« vorweggenommen und auf die Philosophie selbst so angewandt, als ob in der Dialektik dieser Metapher die kürzeste Formel für die Struktur aller Philosophie angedeutet werde. Vielleicht war es nicht ganz zufällig, daß dieser Konspekt von Ästhetik und Philosophie, wie er sich aus zwei zufällig zusammengebrachten Stellen der Hegelschen Texte ergab – die zweite Stelle ist der Satz aus der Ästhetik, der in der Sitzung vom 6.⁵⁰ 12. 62 besonders herausgestellt worden war⁵¹ – im weiteren Verlauf der Textinterpretation sich gleichsam als Präludium für eine mögliche kritische Gesamtbetrachtung der Hegelschen Philosophie erwies. Zunächst aber: Die umstrittene Frage, was denn das Thema der »Phänomenologie« eigentlich sei, kann nicht bündiger beantwortet werden als durch den zweiten Satz und die folgenden Sätze, sowohl ihrer Methode wie dem ganzen Inhalt der »Phänomenologie« nach.

In dem weiter unten anschließenden Satz: »Das wahre Eigentümliche einer Philosophie ist die interessante Individualität, in welcher die Vernunft aus dem Bauzeug eines besonderen Zeitalters sich eine Gestalt organisiert hat; die besondere spekulative Vernunft ... schaut sich in ihm als ein und dasselbe und als ein anderes lebendiges Wesen an«⁵² – in diesem Satz ist die spätere entscheidende Theorie Hegels vorweggenommen, daß die Wahrheit nicht abstrakt-allgemein ist, sondern individuell und konkret erscheint.

In den abschließenden letzten drei Sätzen dieses Abschnittes, in dem wesentliche Grundgedanken des gesamten Hegelschen Werkes musterartig inein-

---

49 »Das Wesen der Philosophie ist gerade bodenlos für Eigentümlichkeiten, und um zu ihr zu gelangen, ist es, wenn der Körper die Summe der Eigentümlichkeiten ausdrückt, notwendig, sich *à corps perdu* hineinzustürzen; denn die Vernunft, die das Bewußtsein in Besonderheiten befangen findet, wird allein dadurch zur philosophischen Spekulation, daß sie sich zu sich selbst erhebt und allein sich selbst und dem Absoluten, das zugleich ihr Gegenstand wird, sich anvertraut.« (Ebd., S. 19)
50 Korrigiert für: »5.«.
51 S. oben, S. 391.
52 »Das wahre Eigentümliche einer Philosophie ist die interessante Individualität, in welcher die Vernunft aus dem Bauzeug eines besonderen Zeitalters sich eine Gestalt organisiert hat; die besondere spekulative Vernunft findet darin Geist von ihrem Geist, Fleisch von ihrem Fleisch, sie schaut sich in ihm als ein und dasselbe und als ein anderes lebendiges Wesen an.« (HW, Bd. 2, S. 19)

ander verwebt sind, wird der ästhetische Aspekt nochmals entfaltet; Hegel selbst betont die Strukturanalogie zwischen dem Gebilde der Kunst und einer philosophischen Systematik, indem beide, jedes für sich, ein gestalthaft Ganzes, ein umfassend Gegliedertes bilde, eine endliche Unendlichkeit, eine unendliche Endlichkeit – Totalität ist. Die Interpretation bezog sich vor allem auf den Satz: »Jede Philosophie ist in sich vollendet und hat, wie ein echtes Kunstwerk, die Totalität in sich.«[53]

In der Schlußkadenz des vorletzten Satzes dieses Abschnittes »... wenig kann die Vernunft in früheren Gestaltungen ihrer selbst nur nützliche Vorübungen für sich erblicken«[54] – wird am Material der Geschichte der Philosophie von Hegel nochmals der Grundsatz herausgestellt: Ein einmal geschichtlich Substantialisiertes wird in der Dialektik des Seins als Werden zwar negierend transzendiert, es bleibt aber als einzelnes im dialektischen Stellenwert seiner Geschichtlichkeit bewahrt und ist zugleich im Prozeß des absoluten Geistes zu sich selbst als progressiver Stufenwert seiner bestimmten Negation aufgehoben. In dieser generösen Einstellung Hegels zu den geschichtlichen Konkretionen des philosophischen Denkens zeigt sich die Stärke seines philosophischen Ansatzes überhaupt; – weniger großzügig allerdings wirkt der Seitenhieb zuletzt noch gegen Vergil, den artistischen Spätling der Antike als einer langen Zivilisation. Sollte eine solche Animosität gegen einen anderen Erben der Zeiten eine geheime Ambivalenz seiner eigenen geschichtlichen Situation anzeigen, zumal bei Hegel eine gewisse methodische Inkonsequenz in der beibehaltenen kanonischen Verbindlichkeit der klassischen Kunst der Antike an anderen Stellen seins Werkes nicht zu übersehen ist. Vom Seminar wurde diese Haltung als Apologie des Naiven gegen die Reflexion durch die Reflexion der Reflexion charakterisiert. Für Homer, gegen Vergil: Dies präludiert die Geistesgeschichte Deutschlands; antirömisch, antipäpstlich, antizivilisatorisch, antihuman bis hin zum Faschismus als einer charakteristischen und konsequenten Ausweitung des bürgerlichen Denkens überhaupt.

---

53 Ebd.
54 »Sowenig des Apelles und Sophokles Werke, wenn Raffael und Shakespeare sie gekannt hätten, diesen als bloße Vorübungen für sich hätten erscheinen können, sondern als eine verwandte Kraft des Geistes, sowenig kann die Vernunft in früheren Gestaltungen ihrer selbst nur nützliche Vorübungen für sich erblicken; und wenn Vergil den Homer für eine solche Vorübung für sich und sein verfeinertes Zeitalter betrachtet hat, so ist sein Werk dafür eine Nachübung geblieben.« (Ebd., S. 19 f.)

III.

Die Interpretation des zweiten Abschnittes der Differenzschrift[55] hob mit der Feststellung an: Man dürfe, um der dialektischen Interpretation Hegels gerecht zu folgen, das Mannigfaltige nicht mechanisch nebeneinander stellen; die Isolation des Einzelnen, Besonderen werde gerade dadurch aufgehoben, daß es als Einzelnes im Prozeß der Totalität erkannt werde; die Dialektik tritt nicht additiv zur Formallogik hinzu; Dialektik als die konsequente Anwendung der Vernunft auf sich selbst, oder der in sich selbst reflektierende Verstand, der sich selbst negiert und dadurch aufhebt. Das Verstandesvermögen zur Spekulation zu erheben: Das ist das alte Kantische Problem der Einheit des Vernunftbegriffes selber, Spekulation als Reflexion der Reflexion eine weitere Auslegung der Transzendentalität der Vernunft bei Kant. Dialektik ist keine Geheimlehre und auch keine andere Art der Erkenntnis, etwa im Sinne der Intuition bei Bergson der rationalen Erkenntnis entgegengesetzt. Wo Spekulation nicht sei, sei auch keine Philosophie, die bloße Reflexion selbst sei noch keine Spekulation. Im Verhältnis der Spekulation zur Geschichte der Philosophie sei jene der zu sich selbst gekommene Geist selbst, der Weg der Philosophie als idealistische Dialektik demnach identisch mit dem Weg des Geistes, alles andere nach Hegel nur ein Agglomerat von Lehrmeinungen. Die geschichtlichen Philosophien sind gegeneinander nicht indifferent, wie das Verhältnis der sokratischen Philosophie zu den Vorsokratikern aufzeigt. Nach Hegel wäre das Prinzip des philosophischen Selbstbewußtseins die Geschichte der Dialektik selbst, das Material der dialektischen Philosophie: die Philosophiegeschichte des Geistes, die notwendige und ausschließlich in der Philosophie des Deutschen Idealismus resultiere, speziell in dialektischen Systematik Hegels als dem absoluten Selbstbewußtsein des zu sich selbst gekommenen Weltgeistes. Es wurde an dieser Stelle zu bedenken gegeben: daß die Geschichte der Philosophie komplexer ist; daß der Moment des Vergessens und Liegenlassens, ja des Verlorengehens zu dem Moment des Wiederaufnehmens in einem diffizileren Verhältnis steht; daß überhaupt das Schicksal alles Geistigen gerade ein wesentliches Moment des Zufälligen und des Gefährdeten aufweist.

Es wurde vom Seminar vorgebracht, daß die Textstelle des zweiten Abschnittes, wo Hegel von der »zerrissenen Harmonie« spricht, ungeheuerlich optimistisch sei. Was zerrissen ist, als zerrissene Harmonie zu bezeichnen, weil die Erkenntnis der Beschränkung die Beschränkung aufhebe, ist ein starkes Stück. Ist denn die Erkenntnis der Beschränktheit im absoluten Sinne überhaupt möglich? Nur wenn alles Geist wäre, wäre dies möglich. Wenn keine Erkenntnis des Ganzen

---

55 Vgl. den Abschnitt »Bedürfnis der Philosophie«, ebd., S. 20–25.

im absoluten Sinne möglich ist, dann ist auch keine Erkenntnis des Beschränkten im absoluten Sinne möglich, was doch die dialektische Interpretation des Besonderen in der Hegelschen Systematik zu sein beansprucht.

Aus dem Seminar wurde gefragt, ob das Ästhetische in der Hegelschen Philosophie vielleicht noch eine wesentlichere Rolle spiele, als ihm von Hegel selbst ausdrücklich zugestanden worden ist. Herr Prof. Adorno bestätigte dies und wies darauf hin, daß eine strukturelle Analogie zwischen der Musik als Kunstwerk und der Philosophie des Deutschen Idealismus bestehe, Hegel wirklich verstehen bedeutet, alle Komplexe seiner grandiosen Konzeption in ihrer strukturellen Funktion innerhalb seines Systems aufeinander bezogen verstehen. Logik im emphatischen [Sinne] Hegels hat ästhetischen Charakter. Die absolute Identitätsphilosophie stelle die Welt als Kunstwerk dar, was durch die klassische Stellung und Bedeutung der Ästhetik für die Metaphysik bestätigt wird. Auf die Frage, ob der gesamte dialektische Aufwand Hegels im Grunde wesentlich auf die ästhetische Rechtfertigung der Welt als Gewordene hinziele, bemerkte Herr Prof. Adorno, daß das Kunstwerk bei Hegel unendlich mehr mit der Wahrheit zu tun hat als etwa die Erkenntnis der positiven Wissenschaften. »Man muß aber feststellen, daß Hegel in bezug auf die ästhetische Qualität seiner philosophischen Leistung selbst unreflektiert ist. An dieser Stelle ist Hegel naiv.«

Es wurde weiterhin festgestellt, daß der Hegelsche Text: »Die Vernunft erreicht das Absolute nur, indem sie aus diesem mannigfaltigen Teilwesen heraustritt«[56], mit der Formulierung »erreichen« und »heraustreten« eigentlich den Standpunkt Schellings zum Ausdruck bringt, als ob es einen Standpunkt außerhalb der Dialektik gäbe. Bei Schelling ist die traditionelle philosophische Dualität nicht völlig aufgehoben, bei Hegel dagegen das dialektische Prinzip konsequent

---

56 »Entzweiung ist der Quell *des Bedürfnisses der Philosophie* und als Bildung des Zeitalters die unfreie gegebene Seite der Gestalt. In der Bildung hat sich das, was Erscheinung des Absoluten ist, vom Absoluten isoliert und als ein Selbständiges fixiert. Zugleich kann aber die Erscheinung ihren Ursprung nicht verleugnen und muß darauf ausgehen, die Mannigfaltigkeit ihrer Beschränkungen als ein Ganzes zu konstituieren; die Kraft des Beschränkens, der Verstand, knüpft an sein Gebäude, das er zwischen den Menschen und das Absolute stellt, alles, was dem Menschen wert und heilig ist, befestigt es durch alle Mächte der Natur und der Talente und dehnt es in die Unendlichkeit aus. Es ist darin die ganze Totalität der Beschränkungen zu finden, nur das Absolute selbst nicht; in den Teilen verloren, treibt es den Verstand zu seiner unendlichen Entwicklung von Mannigfaltigkeit, der, indem er sich zum Absoluten zu erweitern strebt, aber endlos nur sich selbst produziert, seiner selbst spottet. Die Vernunft erreicht das Absolute nur, indem sie aus diesem mannigfaltigen Teilwesen heraustritt; je fester und glänzender das Gebäude des Verstandes ist, desto unruhiger wird das Bestreben des Lebens, das in ihm als Teil befangen ist, aus ihm sich heraus in die Freiheit zu ziehen.« (Ebd., S. 20)

durchgeführt: das Absolute als der In-Begriff des Partikulären im Prozeß seiner sukzessiven Negation.

Bei dem ersten Satz des nächsten Abschnittes: »Der Verstand ahmt die Vernunft im absoluten Setzen nach und gibt sich durch diese Form selbst den Schein der Vernunft, wenngleich die Gesetzten an sich Entgegengesetzte, also Endliche sind«[57], wurde nach dem Ausmaß seiner Bedeutung gefragt. Nicht auf dem »Nachnamen« liegt hier der Akzent, sondern: Der Verstand benimmt sich so, als ob er schon Vernunft wäre, – »weil er sagt: das ist«. Hier liegt das Agens und Movens für die Notwendigkeit des dialektischen Denkens. In jedem Aussprechen eines endlichen Urteils durch den Verstand ist der Anspruch der unendlichen Identität, und damit der unbedingten Wahrheit, mitgesetzt –; diese sich jeweils herstellende Differenz zwischen Anspruch und Leistung des Denkens als bloßer Verstand ist das Urbild der dialektischen Bewegung.

Gegen die positiven Wissenschaften und gegen die diskursive Logik ist zu sagen, daß trotz aller Einschränkung im partikulären Urteil – es sei ja nicht absolut gemeint und werde durch folgende Urteile schon revidiert werden – für das partikuläre Urteil im Moment des Urteilens doch der Anspruch der absoluten Identität erhoben wird, da es sonst nicht als Urteil gemeint sein kann; daß das partikuläre Urteil über sich hinausgehen muß, ist vom partikulären Urteil selbst bedingt, weil es als absolutes auftritt und doch nicht absolut sein kann.

---

[57] »Der Verstand ahmt die Vernunft im absoluten Setzen nach und gibt sich durch diese Form selbst den Schein der Vernunft, wenngleich die Gesetzten an sich Entgegengesetzte, also Endliche sind; er tut dies mit soviel größerem Schein, wenn er das vernünftige Negieren in ein Produkt verwandelt und fixiert.« (Ebd., S. 21)

318 Inge Müller-Liebsch,
20. Dezember 1962

Protokoll der Seminarsitzung vom 20. 12. 1962

Hegel hat im Vorausgegangenen als Quell des Bedürfnisses der Philosophie die Entzweiung gesehen. Diese Entzweiung wird näher als das gebildete Bewußtsein, als die Bewußtseinsgestalt der Bildung bestimmt. Nunmehr geht es ihm darum, das herrschende Prinzip der Bildung selbst, den Verstand als »Kraft des Beschränkens« in seiner konstitutiven Leistung zu erfassen und von der Vernunft abzuheben.[58]

Die Interpretation setzte ein bei dem Satz: »Der Verstand ahmt die Vernunft im absoluten Setzen nach.« Mit dieser Charakterisierung meint Hegel den Anspruch des Verstandes, einerseits in freier Spontaneität die Wirklichkeit zu erkennen und wie die spekulative Vernunft das wahre Wissen, die Totalität, gleichsam in ursprünglicher Produktivität, aus sich heraus zu setzen. Andererseits liegt es in der Natur des verständigen Denkens, die von ihm intendierte Wirklichkeit nur in entgegengesetzten Begriffen bestimmen zu können. Diese abstrakte Gegenüberstellung von Begriffen hat zwar den Schein der Vernunft an sich, nicht beim einzelnen Endlichen stehenbleiben zu können; das Ungenügen und Unbehagen aber, das durch die Natur des Endlichen selbst gegeben ist, sucht der Verstand dadurch zu überwinden, daß er das Prozessuale im Endlichen dem bestimmten Endlichen als eine neue, unendliche Bestimmtheit – man denke hier an die Funktion der Idee bei Kant oder an die unendliche Aufgabe der Ichsetzung bei Fichte – gegenüber setzt. Den Prozeß vergessend, daß die endlichen Begriffe allein durch Negativität konstituiert sind, versteht der Verstand sie nunmehr als positive und fixiert sie zu an sich seienden Bestimmtheiten. Er übersieht, daß sie in ihrer gegenseitigen Bedingung und Beschränkung endliche, d. h. negative, Bestimmungen bleiben. Das Verhältnis der gegenseitigen Negation, das gleichsam als eine Manifestation der Vernunft zwischen den endlichen Begriffen waltet, wird vom Verstand als Produkt zusammengehöriger, sich ergänzender Faktoren begriffen: das Eine und das Andere, das Endliche und das Unendliche. Hegel wendet sich gegen die Positivität dieses Verhältnisses, dessen Glieder durch den Verstand in einem absoluten Auseinandersein festgehalten werden. Denn das Unendliche, als außerhalb des Endlichen gesetzt, wird selbst zu einer endlichen Bestimmtheit, da es ja unter die Bedingung einer endlichen Bestimmtheit gestellt wird. Die abstrakte Verselbständigung des Prozeßcharakters des Endlichen zu

---

58 S. oben, Anm. 56.

einem Positiven erweist sich als eine Verdinglichung bzw. als eine Denaturierung des Unendlichen als Prozeß. Hegels Einsicht geht dahin, den Gegensatz von Endlichem und Unendlichem dialektisch aufzuheben, indem er das Unendliche als das konstitutive Moment des Prozesses konkreter Bestimmung ins Endliche hineinnimmt. Für ihn ist Dialektik nicht ein abstraktes Prinzip oder eine formale Methode, eine Vielheit von Endlichem durch die Idee eines Ganzen zu einer Totalität zu fügen. Sie ist die innere Dynamik der Unendlichkeit in der konkreten Bestimmtheit des Endlichen, das Konkrete selbst als lebendige Totalität. Dialektik ist nur als ausgeführte, als reale, als Selbstbewegung der Sache möglich.

Das philosophische Denken bis Hegel gilt diesem als Beweis für die durchgängige Wirksamkeit des Verstandesprinzips, die intendierte Totalität in Form von Gegensatzpaaren zu begreifen und die durch Vernunft ermittelten Begriffe als an sich seiende Wesenheiten anzuerkennen und mit der Dignität des Absoluten zu versehen. Waren es in früheren Epochen Grundkategorien wie Geist und Materie, Seele und Leib, Glaube und Wissen, Freiheit und Notwendigkeit, in denen sich das Selbst- und Weltverständnis des menschlichen Geistes philosophisch formulierte, so sind es jetzt für das allgemeine philosophische Bewußtsein des aufkommenden Idealismus die Begriffsgegensätze Vernunft und Sinnlichkeit, Intelligenz und Natur, oder in der Sprache der begrifflichen Reflexion bzw. in der Terminologie des idealistischen Denkens ist es der Gegensatz von absoluter Subjektivität und absoluter Objektivität.[59] Mit diesem letzten Begriffspaar zielt Hegel auf die Transzendentalphilosophie Fichtes und Schellings. Beide haben in seinem Sinne die Stufe der spekulativen Reflexion, den Begriff des Begriffs, erreicht, wenngleich von ihnen der absolute Begriff, das wahre Unendliche, eben nur in der Form der Allgemeinheit, als abstraktes Prinzip der Allgemeingültigkeit aufgefaßt wird. Fichte kommt dem Dialektischen dadurch am nächsten, daß er das Unendliche, das Allgemeine, als Subjekt und Tathandlung begreift. Da von ihm aber die Subjektivität absolut gesetzt wird und dem Nichtich, dem Objektiven, lediglich die Rolle des Materials in der Selbstsetzung des Ichs zukommt, bleibt das Allgemeine im Subjekt unvermittelt dem Besonderen, dem Materialen, entgegengesetzt. Der allgemeine Begriff erweist sich als reines Sollen gegenüber dem chaotischen Material. Mit dieser Entgegensetzung aber wird die Dialektik ihrem Anspruch nicht gerecht. Schelling identifiziert das Absolute mit dem Objektiven.

---

59 »Die Gegensätze, die sonst unter der Form von Geist und Materie, Seele und Leib, Glaube und Verstand, Freiheit und Notwendigkeit usw. und in eingeschränkteren Sphären noch in mancherlei Arten bedeutend waren und alle Gewichte menschlicher Interessen an sich anhängten, sind im Fortgang der Bildung in die Form der Gegensätze von Vernunft und Sinnlichkeit, Intelligenz und Natur {und}, für den allgemeinen Begriff, von absoluter Subjektivität und absoluter Objektivität übergegangen.« (Ebd., S. 21)

Er fällt damit hinter den Anspruch der Transzendentalphilosophie zurück, weil er das Prinzip der Subjektivität, das der Motor für die Selbstbewegung des absoluten Begriffs ist, dem Objektiven unterordnet. Weder die Subjektivität noch die Objektivität für sich vermag nach Hegel dem Anspruch des Absoluten voll zu genügen.

In dem Satz »Solche festgewordene Gegensätze aufzuheben, ist das einzige Interesse der Vernunft«[60], formuliert Hegel ein Programm, das radikal gegen die bisherige philosophische Tradition gerichtet ist, denn bisher hatte der Verstand die Funktion der Vernunft, die Totalität zu denken, mitverwaltet und sich dadurch den Schein des Vernünftigen angemaßt. Es ist nun die Größe der Vernunft, aus ihrem Selbstbewußtsein heraus die Gegensätze des Verstandes nicht einfach für nichtig zu erklären und abstrakt zu negieren, sondern diese in ihrer relativen Wahrheit zu retten und in ihrer konstitutiven Kraft als notwendig für den Prozeß des Lebens anzuerkennen. Sie richtet sich kritisch gegen die Fixierung, gegen die starre, leblose, unreflektierte Positivität der Gegensätze, indem sie die Gegensätze zwingt, sich aufeinander zu beziehen und kraft der Negativität dieser Beziehung die Arbeit der Selbstaufhebung zu leisten. Wie dem Verstande und seinen analysierenden Funktionen im System der absoluten Vernunft eine legitime Rolle zuerkennt wird, so wird die reale Entzweiung als ein notwendiges Konstituens der lebendigen Totalität zugesprochen. Durch die Aufhebung der Entzweiung wird das Leben nicht in seiner einfachen Unmittelbarkeit wiederhergestellt, sondern vermittelt durch den Prozeß des sich aufhebenden Gegensatzes resultiert es in eine bestimmtere, konkretere Gestalt der Totalität. Die Vernunft harmonisiert nicht die Entzweiung durch selbstherrliche Beschwichtigung des Gegensatzes; sie realisiert sich tätig als bestimmte Negation der Negation der Negativität, die zwischen den Gegensätzen herrscht. In dieser Theorie von der Entzweiung als der notwendigen Bedingung der Versöhnung zeigt sich offenbar ein theologisches Motiv, daß nämlich nur durch die Entzweiung und Verzweiflung hindurch die Versöhnung mit dem Absoluten gelingt, indem das Absolute sich mit dem Endlichen engagiert, genötigt durch die Misere des Endlichen, um durch Entäußerung die Negation des Endlichen, seine Rettung zu bewirken. Ein für die Theologie gefährliches Motiv, da in ihm eine Rechtfertigung miserabler menschlicher Zustände anklingt. Das Motiv der Versöhnung durch Entzweiung und Entfremdung hindurch erfährt durch Marx eine radikale Zuspitzung, insofern er die Vollendung der Gegensätze in der menschlichen Gesellschaft als notwendige Voraussetzung für das Werden des Neuen, des Vernünftigen, postuliert. Das Anarchische, die

---

60 Ebd.

Entmenschlichung der Menschheit, ihre Verdinglichung, gilt ihm als ein Antriebsmoment zur Humanisierung der menschlichen Verhältnisse.

Beschäftigt sich Hegel im Vorausgehenden analysierend mit der Vernunft im allgemeinen und ihrer möglichen Leistungsfähigkeit, so geht er jetzt dazu über, sie mit dem realen Geschichtsprozeß zu konfrontieren, den historischen Augenblick der zu sich selbst kommenden Vernunft, der Vernunft, die sich selbst begreift, zu bestimmen. Hat der Bildungsgang des Geistes sich in der starren Entgegensetzung seiner inhaltlichen Komponenten, seiner realen Lebensverhältnisse festgerannt, haben sich seine Objektivationen verselbständigt und auseinandergelebt, so ist für Hegel die Sternstunde der Philosophie gekommen, das allgemein gewordene Bedürfnis nach Versöhnung zu ihrer eigenen Sache zu machen. Die Philosophie als Vernunftwissenschaft übt hier nicht nur eine theoretische, sondern eine eminent praktische Funktion aus. Sie ist die Lebendigkeit des Lebens, die ihrer selbst bewußt geworden ist. Weit kontemplativer, ja sogar resignierender wird ihre Rolle in der Vorrede der Rechtsphilosophie (Glockner-Ausgabe, Band 7, Seite 36 f.[61]) gedacht. »Wenn die Philosophie ihr Grau in Grau malt, dann ist eine Gestalt des Lebens alt geworden, und mit Grau in Grau läßt sie sich nicht verjüngen, sondern nur erkennen; die Eule der Minerva beginnt erst mit der einbrechenden Dämmerung ihren Flug.«[62]

In Hegels Differenzschrift findet sich das Pathos, die Entzweiung durch philosophische Anstrengung aufzuheben und durch Versöhnung die Totalität wieder herzustellen, weil die absolute Wahrheit für ihn nur in der Gestalt der Einheit und Vereinigung denkbar ist. Die Realität der Vereinigung des allgemeinen Geistes mit dem individuellen macht für ihn das substantielle Leben, die Substantialität des Ganzen aus, eine Konstellation des Geistes, die sich für Hegel im klassischen Griechentum, in dem Leben der griechischen Polis repräsentiert.[63] Als diese zerfiel, entstand die griechische Philosophie des Logos. Auch für seine Zeit stellt Hegel den Verlust der realen Einheit fest. Die staatliche und rechtliche Verfassung der Gesellschaft hatte sich so weit verselbständigt und institutionalisiert, daß der Bürger die ihm entfremdete Ordnung nicht mehr als die seine erkennen konnte. Nur durch Befehl wurde ihm die Anerkenntnis dieser Ordnung abgenötigt. Das einzelne Subjekt verlor das Interesse für das Ganze und flüchtete sich in den elfenbeinernen Turm seiner isolierten Subjektivität. Die in ihrer Vereinzelung auf sich selbst reflektierende Subjektivität setzt nun aus sich heraus das Bedürfnis

---

61 Korrigiert für: »36«.
62 HJu, Bd. 7, S. 36f.; vgl. HW, Bd. 7, S. 28.
63 Vgl. etwa HW, Bd. 2, S. 495–498.

nach Versöhnung mit dem wahren Absoluten. Solche durch den historischen Prozeß ausgelöste Reflexion hat zunächst den Schein der Zufälligkeit, aber das Zufällige birgt die Notwendigkeit in sich, die ursprüngliche Identität der absoluten Vernunft »in der unendlichen Tätigkeit des Werdens und Produzierens« einsichtig werden zu lassen.[64] Die bewußte Reflexion dieses Einsichtigwerdens nimmt die Form philosophischer Systeme an. Hegel greift diesen Gedanken im 1. Band seines Systems der Philosophie (Glockner-Ausgabe, Band 8, Seite 328) nochmals auf, wenn er schreibt: »Es ist die Aufgabe der Philosophie überhaupt, die unter dem Schein der Zufälligkeit verborgene Notwendigkeit zu erkennen; dies darf jedoch nicht so verstanden werden, als ob das Zufällige bloß unserer subjektiven Vorstellung angehöre und deshalb, um zur Wahrheit zu gelangen, schlechthin zu beseitigen sei.«[65] So hat die Zufälligkeit ihre Wahrheit, ihr Wesen, an der Notwendigkeit, sich selbst zu negieren und somit als ein Moment der Wirklichkeit in relativer Geltung zu bleiben.

Durch das Motiv der Zufälligkeit bleibt die Philosophie an das Schicksal der Menschheitsentwicklung gekettet. Wenngleich sie einerseits als ausgeführte philosophische Theorie, als Begriffssystem, in dem alles seinen logischen Ort hat, gegenüber der geschichtlichen Realität etwas gleichgültiges annimmt, so ist sie andererseits dadurch, daß sie Reflexion aus einer entzweiten Welt ist, durch das Klima der Entzweiung affiziert und in der Freiheit der begrifflichen Konstruktion eingeschränkt. Einer Philosophie, die Anspruch erhebt, sich selbst genug und bei sich selber zu sein, wird hier von Hegel der Sinn abgesprochen, da eine Versöhnung im philosophischen System nichtig ist, wenn sie nicht zugleich auch in der Welt geleistet wird. Hegel sah als großer Kenner der Geschichte genau, daß der Gestaltungsprozeß des Weltgeistes nicht bruchlos verläuft, so daß er die Brüchigkeit selber im Faktum der Zufälligkeit respektierte.

Die Zufälligkeit wird von Hegel als ein charakteristisches Merkmal der Zeit aufgefaßt.[66] Denn die zeitliche Abfolge scheint eine reichlich äußerliche Anein-

---

64 »In der unendlichen Tätigkeit des Werdens und Produzierens hat die Vernunft das, was getrennt war, vereinigt und die absolute Entzweiung zu einer relativen heruntergesetzt, welche durch die ursprüngliche Identität bedingt {ist}.« (Ebd., S. 22)
65 Vollständig lautet der Satz korrekt: »Es ist ganz richtig, daß die Aufgabe der Wissenschaft und näher der Philosophie überhaupt darin besteht, die unter dem Schein der Zufälligkeit verborgene Nothwendigkeit zu erkennen; dieß darf jedoch nicht so verstanden werden, als ob das Zufällige bloß unserer subjektiven Vorstellung angehöre und deshalb, um zur Wahrheit zu gelangen, schlechthin zu beseitigen sey.« (HJu, Bd. 8, S. 328; vgl. HW, Bd. 8, S. 286f.)
66 »Die Zufälligkeit ist eine Zufälligkeit in der Zeit, insofern die Objektivität des Absoluten als ein Fortgehen in der Zeit angeschaut wird; insofern sie aber als Nebeneinander im Raum erscheint, ist die Entzweiung klimatisch; in der Form der fixierten Reflexion, als eine Welt von denkendem und

anderreihung von Jetzten zu sein. An sich aber ist für Hegel die Zeit diejenige Form, in der sich das Moment der Objektivität als eine Seite des Absoluten zu einem besonderen Dasein so verselbständigt hat, daß es dem Moment der Subjektivität, dem Moment der Innerlichkeit, als Äußeres, als außer sich seiend, gegenüber tritt. Dieses Verhältnis von isolierter Innerlichkeit und isolierter Äußerlichkeit nennt Hegel Anschauung. Denn in der Anschauung richtet sich das Subjekt nur äußerlich, von außen kommend, auf das Objekt. Für die Anschauung stellt sich das Objekt einmal in der Form des zeitlichen Nacheinanders dar. Das zeitliche und räumliche Auseinandersein, wie es sich als Natur materialisiert, verkörpert demnach anschaulich das Grundgeschehen der Entzweiung. Damit erweist sich für Hegel, daß sich die Entzweiung entsprechend der Bedeutung des griechischen Wortes Klima (Neigung, Himmelsgegend, überhaupt Gegend, Landstrich) in dem Nebeneinander geographischer Regionen etablieren muß. Das Zu-sich-Kommen des Geistes im Stufengang der Weltgeschichte, das als die zunehmende Versöhnung des Objektiven, der Natur, mit der Subjektivität, dem Denken, als die Verinnerlichung des Objektiven, geschieht, ist deshalb auf geographische Bezirke verstreut, auf bestimmte Gegenden lokalisiert. Der Weltgeist wird also durch diese Lokalisierung in der Gestalt des Volksgeistes existent. Der Volksgeist ist somit der Weltgeist selbst, der an einem bestimmten Orte zu einem spezifischen Selbstbewußtsein heranreift. Einen neuen Ausdruck, seiner selbst bewußt zu sein, findet der Weltgeist in der Bildung der Verstandeskultur des europäischen Westens. Hier gibt er sich die Gestalt der »fixierten Reflexion«, hier kommt er zum theoretischen Bewußtsein in den dualistischen Philosophien. Fixierte Reflexion bedeutet, daß die Entzweiung von Subjekt und Objekt begrifflich festgehalten wird und noch nicht zu einer freien, spekulativen Reflexion im Sinne des Deutschen Idealismus fortgediehen ist. Die westliche Verstandeskultur bleibt bei dem Gegensatz der Welt des Intelligiblen und der Welt des Empirischen stehen. (Mundus intelligibilis und mundus sensibilis.) Die Reflexivität, die zwischen Subjekt und Objekt vermittelt, hat sich einseitig ins Subjekt verlagert, als subjektive Reflexion des Verstandes von der Objektivität emanzipiert. Das Subjekt ist autonom geworden.

Die zunehmende Differenzierung der Lebensverhältnisse begünstigt nach Hegel die Entzweiung, die Entfremdung von Subjekt und Objekt. Durch die Übermacht des Objektiven, das sich in der Vergesellschaftung des Menschen niederschlägt, wird das einzelne Subjekt gezwungen, in seine Innerlichkeit auszuweichen und diese als Bezirk der reinen Subjektivität gegen das Objektive ab-

---

gedachtem Wesen, im Gegensatz gegen eine Welt von Wirklichkeit, fällt diese Entzweiung in den westlichen Norden.« (HW, Bd. 2, S. 22)

zuschirmen. Dieser Prozeß, durch den das Subjekt sich als Subjekt begreift und von dem äußeren Objekt absetzt, ist die besondere historische Leistung westeuropäischen Denkens; ein Prozeß, der weder in Indien, noch im Vorderen Orient, noch in Griechenland schon möglich war. Allein unter den klimatischen, d. h. unter den kultur- und geschichtsphilosophischen Bedingungen, wie sie die westeuropäische Geistesentwicklung erarbeitet hat, kam das Subjekt zu sich selbst. Gegenüber dem bloß naturhaft Objektiven konstituierte sich jetzt das Ich als moralisches Subjekt, dessen reiner sittlicher Wille mit dem Prädikat der Heiligkeit ausgezeichnet ist. Nach Kant ist ein heiliger, schlechterdings guter Wille der Wille, »dessen Maximen notwendig mit den Gesetzen der Autonomie zusammenstimmen.« (Grundlegung zur Metaphysik der Sitten, 2. Abschnitt.)[67] Hegel selbst bringt den Begriff der Heiligkeit in der Philosophie der Religionen (Glockner-Ausgabe, Band 16, Seite 47) folgendermaßen: »Die vernünftigen Bestimmungen der Freiheit, die sittlichen Bestimmungen vereint in Eine Bestimmung, Einen Zweck, – so ist Bestimmung dieser Subjectivität die *Heiligkeit*. Die Sittlichkeit bestimmt sich so als Heiligkeit.«[68] Je ausschließlicher sich also das Subjekt auf seine Innerlichkeit bezieht, desto größer wird die Kluft zum Objektiven, so daß diese Kluft für unabdingbar gehalten werden muß, damit sich die Subjektivität in moralischer Autonomie und Freiheit begreifen kann. Klimatische Heiligkeit kommt also derjenigen Entzweiung zu, die erforderlich ist, damit sich das Subjekt als sittlich autonomes Wesen erfahren kann. Alle geistigen Unternehmungen, die Dualität von Subjekt und Objekt, von Freiheit und Notwendigkeit, um des Ganzen willen auszugleichen, waren zum Scheitern verurteilt, weil ihnen die Einsicht fehlte, daß nur durch die Dualität hindurch, durch die lebendige Vermittlung der Gegensätze, die Totalität erreichbar ist. Mit dem Primat des Sittlichen allein konnte die Totalität nicht wiederhergestellt werden. Welche Rolle Hegel dem Ästhetischen, der Kunst, zugedacht hat, soll Gegenstand der heutigen Seminarsitzung sein.

---

67 »Der Wille, dessen Maximen notwendig mit den Gesetzen der Autonomie zusammenstimmen, ist ein *heiliger*, schlechterdings guter Wille.« (KW, Bd. VII, S. 74 [BA 86])
68 HJu, Bd. 16, S. 47; vgl. HW, Bd. 17, S. 51.

319 Klaus Barck, 10. Januar 1963

Klaus Barck, 3. Semester

Protokoll der Sitzung des Philosophischen Hauptseminars
vom 10. I. 1963

Bei Gelegenheit der Verlesung des Protokolls wurde noch einmal auf Hegels zwiespältige Stellung zum Dualismus eingegangen. Gäbe es ein Endliches und auf der andern Seite ein mit ihm nicht völlig zusammenzubringendes Unendliches, so wäre es um Dialektik, welche Endliches im Fortgang der Entfaltung des zu sich selber kommenden Begriffs als bloßes Moment zu behandeln den Anspruch erhebt, schlecht bestellt. Besteht man demzufolge radikal auf einem unversöhnbaren Dualismus, dann wird dadurch die organisierende Macht der Vernunft eingeschränkt die ja am Ende ihrer Selbstentwicklung sich selbst gegenüber keinen begrifflosen Rest mehr duldet. Andererseits jedoch: Bliebe man dogmatisch bei der Endlichkeit stehen, ohne also deren Begriff selber der Dialektik zu unterwerfen, so wäre schwerlich einzusehen, mit welchem Recht über das Unendliche auch nur negative Aussagen sollten gemacht werden können.

Dieser auf den ersten Blick widersprüchlichen Situation nun sucht die Hegelsche Philosophie dadurch zu entsprechen, daß sie den Dualismus gleichsam ins Absolute hineinverlegt, um die Idee der Versöhnung doch noch, wenn auch vermöge eines zuvor fast schon entschärften Antagonismus von Endlich- und Unendlichkeit, durchzusetzen. Vermittels der Pointe: »Die Einheit ist der Dualismus«, soll dieser selber überwunden werden. Seine Zweiheit ist dabei nicht so sehr im Sinne der Zählbarkeit von Ideen zu verstehen. Vielmehr muß jede endliche Bestimmung durch die ihr innewohnende Prätention, schon die Totalität zu sein, sich notwendig aufheben. Indem die »Tiefe des Unterschieds«[69] prägnantere Konturen annimmt, aktualisiert sich damit zugleich die Macht der Vermittlung, welche dann auch imstande wäre, den Übergang der Unterschiedenen zu bewerkstelligen.

---

[69] »Es ist [...] als die unendliche Kraft des Verstandes zu achten, das Konkrete in die abstrakten Bestimmtheiten zu trennen und die Tiefe des Unterschieds zu fassen, welche allein zugleich die Macht ist, die ihren Übergang bewirkt. Das Konkrete der *Anschauung ist Totalität*, aber die *sinnliche*, – ein realer Stoff, der in Raum und Zeit gleichgültig *außereinander* besteht; diese Einheitslosigkeit des Mannigfaltigen, in der es der Inhalt der Anschauung ist, sollte ihm doch wohl nicht als Verdienst und Vorzug vor dem Verständigen angerechnet werden.« (HW, Bd. 6, S. 286)

Der Satz: »Etwas ist endlich« trägt die Bestimmung des Unendlichen schon an sich, und während ich ihn expliziere, habe ich immer schon, insofern nämlich die Negativität ein Moment des Absoluten darstellt, zugleich ein positiv Unendliches mitgesetzt. Jeder Gedanke garantiert darum als ein endlicher in eins das Unendliche, weil er mit ihm, wenn man so will, per definitionem behaftet sich zeigt. Einheit und Zweiheit bleiben im Zuge ihrer eigenen Konsequenz aufeinander verwiesen und insofern dasselbe. Dualismus meint bereits tendenziell den Monismus.

Der weitere Fortgang der Lektüre betraf den von Hegel formulierten Kampf zwischen Verstand und Vernunft und die Rolle, welche die Kunst überhaupt noch zu spielen vermag, solange sie gegenüber den bei fortschreitender Verstandesentwicklung sich immer starrer fixierenden Trennung der Reflexion doch den wie immer auch gebrochenen Anspruch des Ganzen nicht preisgeben möchte.[70] Je mehr sich das substantielle Leben in seine Äußerungen hinauslegt, je umfassender das System der Lebensverhältnisse als eine verdinglichte Sphäre sich konstituiert, desto aussichtsloser wird es für die Kunst, an der Idee einer möglichen Versöhnung der Antagonismen festzuhalten, ohne welche sie doch ihren Lebensnerv verlöre. So scheint die These vom notwendigen Absterben der Kunst angelegt in dem Satz, höchste ästhetische Vollkommenheit habe überhaupt nur bis auf eine gewisse Stufe der Bildung und inmitten allgemeiner oder Pöbelbarbarei energisch sein können. Kunst bedarf also, hat es Hegel zufolge den Anschein, als Bedingung ihrer Wirksamkeit der Barbarei. Schreitet jedoch die Macht der Entzweiung voran, dann muß auch die Kunst, nun der Substantialität längst entwachsen, den Riß, der nach Hegel die romantische Kunst wesentlich charakterisiert, in sich aufnehmen und innerhalb seiner verbleiben. Im Rückgang des Gedankens auf die Struktur der realen Lebensverhältnisse verrät Hegels Argumentation einen materialistischen Akzent. Während er die Kunst in unmittelbaren Zusammenhang der geschichtlichen Entwicklung begreift, wird sie nicht mit einer abstrakten Autonomie reiner Innerlichkeit ausgestattet, deren im Grunde geschichtslose Konstanz er vielmehr für illusionär gehalten hätte. Eher bezeichnet die Kunst ihm eine jener vorübergehenden Perioden in der Geschichte der Menschheit, welche irgendwann, vom Schicksal der eigenen Schuldhaftigkeit ereilt, die Basis ihrer Möglichkeit unabdingbar einbüßen.

Dadurch nun, daß zur Kunst, so hätte Hegel sagen können, das Bildungsprivileg wesentlich hinzugehört, weil keine Sphäre des menschlichen Geistes einen so hohen Grad von Spezialisierung erfordert, muß sie sich vermöge ihrer

---

70 Vgl. HW, Bd. 2, S. 22f.

eigenen Differenziertheit fast notgedrungen vom Gesamtzustand der Gesellschaft abspalten und sich, wenn auch wider ihren Willen, an der Barbarei beteiligen, zu deren Bekämpfung sie beizutragen gedachte. Daraus resultiert ein Zustand, in welchem die Kunst sich gleichsam schuldig macht, die Versöhnung, die den realen Möglichkeiten zufolge zu verwirklichen wäre, nach wie vor weiter im Bilde zu belassen.

Hegels Bemerkungen über die fortschreitende Kultur[71] diagnostizieren nun sehr präzise, was sich heute unter dem Namen »Neutralisierung der Kunst«[72] mehr oder weniger etabliert zu haben scheint. Während die durch die Arbeitsteilung bedingte Spezialisierung immer rücksichtsloser sich breitmacht, vermag sich in eins damit kein umfassender Zusammenhang aller ihrer Bereiche mehr zu konstituieren, es sei denn bloß noch negativ durchs universal gewordene Desinteresse, mit dem einer den andern bedenkt.

Hegel deutet auf dem Hintergrund dieses Sachverhaltes die fatale Lage an, der sich heute jedes Produkt der Kunst ausgesetzt sieht, und die zugleich als ein wesentlicher Bestandteil in das Kunstwerk einzugehen hat, falls dieses mehr als pures Epiphänomen sein möchte. Angesichts einer Situation, welche durch die Neutralisierung der Sphären des Geistes gekennzeichnet ist, kann kein Bereich, der das Ganze zu sein beanspruchte, als ein notwendig partikularer diesen Anspruch erfüllen. Wenn es richtig ist, daß die Kunst auch heute gleichsam korrektiv zum Sprecher ihres eigenen Gegenteils sich macht und dem an der Natur zu

---

71 »Die höchste ästhetische Vollkommenheit wie sie sich in einer bestimmten Religion formt, in welcher der Mensch sich über alle Entzweiung erhebt und im Reich der Gnade die Freiheit des Subjekts und die Notwendigkeit des Objekts verschwinden sieht – hat nur bis auf eine gewisse Stufe der Bildung und in allgemeiner oder in Pöbelbarbarei energisch sein können. Die fortschreitende Kultur hat sich mit ihr entzweit und sie *neben* sich oder sich *neben* sie gestellt, und weil der Verstand seiner sicher geworden ist, sind beide zu einer gewissen Ruhe nebeneinander gediehen, dadurch daß sie sich in ganz abgesonderte Gebiete trennen, für deren jedes dasjenige keine Bedeutung hat, was auf dem andern vorgeht.« (Ebd., S. 23)
72 Adorno schreibt bereits 1957 in der Schrift *Zur Musikpädagogik: Max Frisch hat darauf hingewiesen, daß unter den furchtbarsten Exponenten des nationalsozialistischen Grauens einige, wie Heydrich, Frank und Keitel, offenbar ernsthaft musikalisch waren, ohne daß ihre ästhetische Kultur sie in ihrem blutigen Handwerk behindert hätte. Die Desintegration heute bedroht längst eine Einheit der Person, die man vormals jenseits allen Zweifels wähnte, und die Neutralisierung der Kunst zum Kulturgut, das man konsumiert, ohne daß man das über den ästhetischen Gehalt hinaus Verpflichtende des ästhetischen Gehalts wahrnähme, stimmt dazu. Wenn von der Musik noch ein menschlich Helfendes zu erwarten ist, dann gewiß nicht nach dem Modell von Arbeitspädagogik, -therapie und vorkünstlerischer Eingliederung in Gemeinschaften – kurz nicht von den psychologisch regressiven Elementen der Musik – sondern nur davon, daß dem musikalisch Unterrichteten, zunächst ohne Rücksicht auf ihn selbst und seine Bedürfnisse und Nöte, etwas von dem aufgeht, was große Musik an sich ist und verspricht.* (GS, Bd. 14, S. 119 f.)

seinem Recht verhelfen will, was, indem es durch die Maschen der Zivilisation fällt, verstümmelt zurückbleibt, so wäre zu fragen, ob in einer von der Unmittelbarkeit völlig emanzipierten Welt Kunst überhaupt noch möglich sein kann. Auf den ersten Blick wird sie vor die Wahl zwischen zwei Übeln sich gestellt sehen: Entweder verfährt sie rational und läuft dann Gefahr, sich der Rationalisierung des Betriebs anzugleichen, oder sie überläßt sich dem Wahn einer konservierenden Unmittelbarkeit und ähnelt so dem pseudoesoterischen Kunstgewerbe der Kulturschutzparks sich an. Dieser Alternative von vornherein durch eine abstrakte Negation der Kunst aus dem Wege zu gehen, scheint solange illegitim, wie die bürgerliche Gesellschaft selber, Formulierungen der Rechtsphilosophie zufolge, kraft ihrer eigenen Dynamik die Barbarei und den Pöbel zu verewigen droht.[73]

In Hegels Auffassung wird der Kunst ein Moment von Naivität zugesprochen, ohne das sie sich kaum am Leben zu erhalten vermöchte. Die sich wandelnden Verhältnisse der Gesellschaft jedoch scheinen es immer schwieriger werden zu lassen, dieses Moment als ein integrierendes ins Kunstwerk hineinzuverlegen. Gehört aber zu aller Ästhetik das außerästhetische Moment der Naivität konstitutiv hinzu, so würde die Kunst mit dessen Vernichtung ihrer eigenen Bedingung sich berauben. Noch in der radikalen Weigerung Becketts, seine Werke dem Konsequenzschema der Interpretation zu unterwerfen, mag mit [seinem Willen] oder wider seinen Willen ein Naives sich durchsetzen.

Soll nun, worum die Kunst sich vergeblich bemüht, vom Begriff verrichtet werden, dann müßte die Vernunft die Macht der Entwicklung dadurch brechen, daß sie den Verstand mit seinen eigenen Waffen über seine geradezu institutionalisierte Begrenzung hinaustreibt. Indem der Verstand sich in seinen endlichen Verhältnissen einzurichten trachtet und, wird er angegriffen, bedingungslos auf die Gewalt der Tatsachen pocht, führt er zur Negation der Vernunft. Diese vermag den Verstand aber nur dann zu überwinden, wenn sie verschmäht, ihm gegenüber sich apologetisch zu rechtfertigen, vielmehr die fixierten Reflexionsbestimmungen ein zweites Mal reflektiert, um dadurch die sich isolierende Endlichkeit zur Vernunft zu bringen und ihrer selbstverschuldeten Beschränktheit innewerden zu lassen. Allein also vermöge der Reflexion der Reflexion, welche bekanntlich dann nicht mehr bloß in der Endlichkeit haust,[74] wird der Verstand seines Dogmatis-

---

73 Vgl. HW, Bd. 7, S. 389–391.
74 »Genügsamkeit des Empfangens oder Sparsamkeit des Gebens ziemt der Wissenschaft nicht. [...] Noch weniger muß diese Genügsamkeit, die auf die Wissenschaft Verzicht tut, darauf Anspruch machen, daß solche Begeisterung und Trübheit etwas Höheres sei als die Wissenschaft. Dieses prophetische Reden meint recht im Mittelpunkte und der Tiefe zu bleiben, blickt ver-

mus überführt. Im Hinblick auf die etablierten Verfahrensweisen der Wissenschaft heute würde das bedeuten, daß die Vernunft einerseits den Anspruch, der ihr von der Wissenschaft entgegengehalten wird, kritisch in ihre Selbstreflexion aufnimmt, auf der andern Seite aber mögliche interesse- oder standortgebundene Blindheiten der Wissenschaft aufdeckt, wie sie aus deren Abhängigkeit von den besonderen Strukturen der Gesellschaft resultieren und den Blick auf die wie auch immer noch vermittelte Wahrheit verstellen können. Die bloße Berufung auf die Faktizität jedenfalls, die ihre Wahrheit an den Kriterien der Sichtbarkeit festgemacht zu haben glaubt, ist, wenn schon nicht die Unwahrheit, so doch längst noch nicht die Wahrheit selbst. Soll der Verabsolutierung des Verstandes entgegengewirkt werden, dann kommt es nicht auf dessen abstrakte Negation, als [vielmehr] darauf an, alle partikularen Bestimmungen mit der Totalität in Zusammenhang zu bringen und sie als notwendiges Moment in deren Entfaltung zu akzeptieren. Äußerst prägnant und nuancierter formuliert dazu die Logik: »Indem daher der Verstand die unendliche Kraft darstellt, welche das Allgemeine bestimmt oder umgekehrt dem an und für sich Haltungslosen der Bestimmtheit durch die Form der Allgemeinheit das fixe Bestehen erteilt, so ist es nun nicht Schuld des Verstandes, wenn nicht weiter gegangen wird. Es ist eine subjektive *Ohnmacht der Vernunft*, welche diese Bestimmtheiten so gelten läßt und sie nicht durch die jener abstrakten Allgemeinheit entgegengesetzte dialektische Kraft ... zur Einheit zurückzuführen vermag. Der Verstand gibt ihnen zwar durch die Form der abstrakten Allgemeinheit, sozusagen, eine solche *Härte* des Seins, als sie in der qualitativen Sphäre und in der Sphäre der Reflexion nicht haben; aber durch diese Vereinfachung *begeistert* er sie zugleich und schärft sie so zu, daß sie eben nur auf dieser Spitze die Fähigkeit erhalten, sich aufzulösen und in ihr Entgegengesetztes überzugehen. Die höchste Reife und Stufe, die irgend Etwas erreichen kann, ist diejenige, in welcher sein Untergang beginnt. Das Feste der Bestimmtheit, in welche sich der Verstand einzurennen scheint, die Form des Unvergänglichen ist die der sich auf sich beziehenden Allgemeinheit. Aber sie gehört dem Begriffe zu eigen an; und daher liegt in ihr selbst die *Auflösung* des Endlichen ausgedrückt, und in unendlicher Nähe.« (Ausg. Meiner, II, S. 251f.)[75]

ächtlich auf die Bestimmtheit (den *Horos*) und hält sich absichtlich von dem Begriffe und der Notwendigkeit entfernt als von der Reflexion, die nur in der Endlichkeit hause.« (HW, Bd. 3, S. 17)
[75] HSW, Bd. IV, S. 251f.; vgl. HW, Bd. 6, S. 287.

320 Hella Trost,
24. Januar 1963

Protokoll der Seminarsitzung vom 24. Januar 1963.

Im Anschluß an das Protokoll und vor der Fortsetzung der Hegellektüre wies Herr Professor Adorno darauf hin, daß Hegels Forderung, Methode und inhaltliche Ausführung der Philosophie nicht einander nachzuordnen, sondern sich durcheinander bewahrheiten zu lassen, nun selbst nicht im Verhalten seiner Schüler zu ihm zum bloßen Programm zusammenschrumpfen dürfe.

Der Impuls des dialektischen Denkens ist der Widerstand gegen die Vergegenständlichung. Dialektik darf deshalb nicht selbst wieder zum Rezept verdinglicht werden. Darum ist jeder einzelne Satz des Hegelschen Systems an seinem eigenen Anspruch zu messen und zu erfüllen. Weil die Gedanken durch die sprachliche Formulierung der Verdinglichung nie entgehen können, kann man ihr nur durch die Reflexion des Prozesses der Verdinglichung selbst begegnen.

Hegel weist der idealistischen Philosophie vor ihm nach, daß sie durch den Gegensatz von widerspruchslosem Absoluten und reflektierender Entzweiung, der sich in ihren Sätzen ausdrückt, ihrem eigenen kritischen Anspruch nicht genügt, weil sie den Gegensatz selbst setzt und den Akt der Entgegensetzung nicht mehr reflektiert.[76] Darum wäre es unangemessen, Hegel selbst auf einzelne Sätze zu reduzieren, anstatt deren Wahrheit in ihrer Bewegung nachzugehen. So wird bei Hegel die Copula ›ist‹ eines Satzes nicht unmittelbar zum ›wird‹, sondern das ›ist‹ von A = A wird ernstgenommen und gerade in dieser Behauptung der Gegensatz aufgespürt: $A \neq A$. Dadurch, daß in dem Urteil A = A das A sich als Subjekt und als Prädikat setzt, konstituiert sich Entzweiung, und A ist nicht A, sondern B. Das A = B hält in der Identität die Differenz fest. Die Wahrheit über A ist der Prozeß des Denkens, in dem beide Urteile als notwendige auftreten. Damit wird die Copula ›ist‹ nicht äußerlich durch das ›wird‹ ersetzt, sondern das Sein geht in Werden über, weil Seiendes immer nur als gewordenes ist. Es ist nicht der Wille der Vernunft, über den Verstand zu herrschen, sondern die Sache selbst bringt die Vernunft aus dem Verstand zustande.

Im weiteren Hegeltext wird gezeigt, daß der Verstand bei Kant die ›durchgängige Bestimmung‹[77], und d. h. die Totalität, nicht erreicht, weil er sein Be-

---

[76] Vgl. den Abschnitt »Prinzip einer Philosophie in der Form eines absoluten Grundsatzes«, HW, Bd. 2, S. 35–41.

[77] »Der Eigensinn des Verstandes vermag die Entgegensetzung des Bestimmten und Unbestimmten, der Endlichkeit und der aufgegebenen Unendlichkeit unvereinigt nebeneinander bestehen zu lassen und das Sein gegen das ihm ebenso notwendige Nichtsein festzuhalten. Weil sein

stimmtes immer wieder durch ein Unbestimmtes begrenzt wird: durch das Ding-an-sich. Kant zufolge ist Erkenntnis immer nur das, was der Verstand selbst hervorbringt, weil er seinen Gegenstand nur als konstituierten, nicht wie er an sich ist, hat. Damit wird das, was erkannt werden soll, nämlich Totalität nicht erkannt. Das Ding-an-sich bleibt ständiges Ärgernis und unüberwindbare Schranke für das Bewußtsein, und dennoch erneuert der Anspruch aufs Absolute dem Verstand die Sisyphusarbeit ständigen Setzens und Bestimmens.

Indem die Vernunft, die die dauernde Selbstzerstörung des Verstandes durchschaut, dessen Setzen als Nicht-Setzen, seine Produkte als Negationen erkennt, hat sie ihn selbst aufgehoben.

Allerdings wäre »reine(s) Setzen der Vernunft ohne Entgegensetzen ... die subjektive Unendlichkeit, das der objektiven Welt entgegengesetzte Reich der Freiheit.«[78][*1] Damit wird die Vernunft – wie in der Kantischen Moralphilosophie – von dem unter ihr befaßten Einzelnen isoliert, zum Subjektiven und Negativen. Das Reich der Freiheit ist somit der objektiven Welt entgegengesetzt und selbst ein bedingtes: »so muß die Vernunft, um die Entgegensetzung absolut aufzuheben, auch dies in seiner Selbständigkeit vernichten. Sie vernichtet beide (Reich der Freiheit und Notwendigkeit), indem sie beide vereinigt«[*2].

Die Hegelstelle: »Diese bewußte Identität des Endlichen und der Unendlichkeit, die Vereinigung beider Welten, der sinnlichen und der intellektuellen, der notwendigen und der freien im Bewußtsein ist Wissen«[79][*3] steht auch im Gegensatz zu Schelling. Bei ihm gibt es keine durchgeführte vermittelte Einheit von Natur und Freiheit.

Wesen auf durchgängige Bestimmung geht, sein Bestimmtes aber unmittelbar durch ein Unbestimmtes begrenzt ist, so erfüllt sein Setzen und Bestimmen nie die Aufgabe; im geschehen Setzen und Bestimmen selbst liegt ein Nicht-Setzen und ein Unbestimmtes, also immer wieder die Aufgabe selbst, zu setzen und zu bestimmen.« (Ebd., S. 26f.)
78 »Fixiert der Verstand diese Entgegengesetzten, das Endliche und Unendliche, so daß beide zugleich als einander entgegengesetzt bestehen sollen, so zerstört er sich; denn die Entgegensetzung des Endlichen und Unendlichen hat die Bedeutung, daß, insofern eines derselben gesetzt, das andere aufgehoben ist. Indem die Vernunft dies erkennt, hat sie den Verstand selbst aufgehoben; sein Setzen erscheint ihr als ein Nicht-Setzen, seine Produkte als Negationen. Dieses Vernichten oder das reine Setzen der Vernunft ohne Entgegensetzen wäre, wenn sie der objektiven Unendlichkeit entgegengesetzt wird, die subjektive Unendlichkeit – das der objektiven Welt entgegengesetzte Reich der Freiheit. Weil dieses in dieser Form selbst entgegengesetzt und bedingt ist, so muß die Vernunft, um die Entgegensetzung absolut aufzuheben, auch dies in seiner Selbständigkeit vernichten.« (Ebd., S. 27)
79 »Diese bewußte Identität des Endlichen und der Unendlichkeit, die Vereinigung beider Welten, der sinnlichen und der intellektuellen, der notwendigen und der freien, im Bewußtsein ist *Wissen*. Die Reflexion als Vermögen des Endlichen und das ihr entgegengesetzte Unendliche sind in der Vernunft synthetisiert, deren Unendlichkeit das Endliche in sich faßt.« (Ebd., S. 27f.)

Herr Professor Horkheimer wies darauf hin, daß Hegel mit seiner Konzeption der absoluten Vermittlung im Grunde das Bestehende auch rechtfertigt. Wenn wir das Grauen der Realität feststellen, sagen, daß so die Welt aussehe, tut Hegel das als die Welt des Verstandes ab. Wenn wir das Unendliche dem Endlichen als Vernünftiges entgegensetzen, wird das nach Hegel zum bloß Subjektiven. Aber vereinigt werden kann dieser Gegensatz nur durch den Philosophen. Es bedarf nicht mehr der Geschichte oder womöglich Gottes, sondern des Starken Denkers. Hegel hätte korrigiert, daß nicht er, sondern das Absolute denke, das der Welt, wie sie ist, nicht entgegengesetzt sei. Wenn Hegel an einer andern Stelle sagt, daß die Reflexion als Verstand wie alles nur im Absoluten besteht, dann ist das Absolute durch die Reflexion auch konstituiert. Die Vernunft, das Denken des Absoluten, wäre ohne Reflexion nicht, und deshalb hat Reflexion darin ebenso ihren Bestand, wie sie als isolierte vernichtet wird.

In den folgenden Sätzen wird der Übergang der Reflexion in die Vernunft noch deutlicher: »Die Reflexion als Vermögen des Endlichen und das ihr entgegengesetzte Unendliche sind in der Vernunft synthetisiert, deren Unendlichkeit das Endliche in sich faßt.«[*4] Reflexion wird zur Vernunft nur, insofern sie sich zu ihrem eigenen Gegenstand macht und sich dadurch vernichtet. Gerade in dieser Vernichtung bleibt Reflexion jedoch bestehen, weil die Reflexion der Reflexion nicht wie bei Kant reine subjektive Tätigkeit des Denkens ist, sondern durch die Unzulänglichkeit der Reflexion in der Sache selbst gefordert wird, wie Hegel in der Logik detailliert ausführt. Wenn der Anspruch der Reflexion, sich aus eigener Kraft als absolut konstituieren zu können, sich bewahrheitete, wäre ihr Maß reine Widerspruchslosigkeit, und der Verstand machte es sich damit zum Gesetz, ewig Verstand bleiben zu müssen.

Diesen Gedanken verdeutlicht Hegel in einer Auseinandersetzung mit Reinhold, indem er aufzeigt, daß Vernunft, rein bei sich selbst, als reines Reflektieren, das von der Entgegensetzung bloß abstrahiert, selbst Verstand bleibt.[80] Solches abstrahierende Denken kann aus dieser reinen Identität nicht einmal zur Logik kommen, geschweige zur Philosophie. Die Aufgabe der Vernunft, die Beziehung auf das andere, ihr Widersprechende, den Verstand herzustellen, wird nicht gelöst. Und der Verstand rächt sich, indem Vernunft dann selbst nichts weiter als bloßer Verstand ist.

Durch den Gegensatz des Denkens seiner »absoluten Stoffheit« wird die Identität der abstrakten Vernunft zu einem bloßen Residuum,[81] dem Hegel die

---

[80] Vgl. ebd., S. 28–30.
[81] »Das Wesen oder der innere Charakter des Denkens als Denken wird von Reinhold gesetzt als die unendliche Wiederholbarkeit von einem und ebendemselben als eins und ebendasselbe, in

konkrete Identität des Subjekts und Objekts entgegensetzt als eine Identität und Nichtidentität.

Hegel sagt, wenn es Reinhold mit der Kritik der idealistischen Philosophie, die sich Denken überhaupt und in seiner Anwendung als ein bloß subjektives vorstellt, ernst wäre, könnte er keinen Unterschied zwischen Denken und Anwendung des Denkens machen.[82]

Bei Hegel selbst besteht ein Unterschied zwischen Methode und Sache nur insofern, als sich die Identität beider erst durch die Totalität des Systems herstellt.

[*1] Hegel Differenzschrift[83] S. 18
[*2] a.a.O. S. 18
[*3] a.a.O. S. 19
[*4] a.a.O. S. 19

---

einem und ebendemselben und durch eins und ebendasselbe, oder als Identität. Man könnte durch diesen scheinbaren Charakter einer Identität verleitet werden, in diesem Denken die Vernunft zu sehen. Aber durch den Gegensatz desselben a) gegen eine Anwendung des Denkens, b) gegen eine absolute Stoffheit wird es klar, daß dies Denken nicht die absolute Identität, die Identität des Subjekts und Objekts, welche beide in ihrer Entgegensetzung aufhebt und in sich faßt, sondern eine *reine* Identität, d.h. eine durch Abstraktion entstandene und durch Entgegensetzung bedingte ist – der abstrakte Verstandesbegriff der Einheit, Eines von fixierten Entgegengesetzten.« (Ebd., S. 28f.)
82 »Wenn es mit der Identität und Nicht-Subjektivität dieses Denkens ein rechter Ernst wäre, so könnte Reinhold schon gar keinen Unterschied zwischen Denken und Anwendung des Denkens machen; wenn das Denken wahre Identität, kein subjektives ist, wo soll noch so was von Denken Unterschiedenes, eine Anwendung herkommen, vom Stoff gar nicht zu sprechen, der zum Behuf der Anwendung postuliert wird?« (Ebd., S. 29)
83 Vgl. Hegel, Differenz des Fichte'schen und Schelling'schen Systems der Philosophie, a.a.O. (s. Anm. 26).

321 Heinrich Jost,
31. Januar 1963

Protokoll der Seminarsitzung vom 31. I. 1963

Die Lektüre des letzten Abschnittes des Kapitels »Reflexion als Instrument des Philosophierens«[84] gab Anlaß zur Erörterung des Verhältnisses von Reflexion und Spekulation. Beide sind nicht als »falsches« und »richtiges« Denken schlechthin unterschieden. Reflexion als Erkenntnis in bestimmten Begriffen und partikularen Urteilen fixierendes Denken enthält als über sie hinausweisendes Vernunftsmoment den Anspruch auf deren völlige inhaltliche Bestimmtheit und unbedingte Wahrheit, dem sie als isolierte doch nicht genügen können. Der in der »isolierten Reflexion« in seiner Unmittelbarkeit starr festgehaltene Begriff[85] würde zur bloßen Vorstellung, das Urteil tendierte zum Dogma. Läßt aber Denken nicht vom eigenen Wahrheitsanspruch ab, dessen Nichterfüllbarkeit ihm doch als einem bloß reflektierenden selber immanent ist, so wird es in der Reflexion auf sich selbst der eigenen Abstraktionstätigkeit als konstitutiven Moments der Begriffs und Urteilsinhalte inne. Indem Spekulation als zu sich selber gekommene Reflexion Begriffe und Urteile als nur im gedanklichen Prozeß bedeutende, der Spontaneität des Subjekts sich verdankende, begreift, überläßt sie sich in ihm zugleich, quasi zuschauend, der ebenso objektiven vom inhaltlichen Anspruch der Begriffe selbst erzwungenen Bewegung, die die der Wirklichkeit selber ist. Aber auch das spekulative Moment darf nicht verselbständigt werden. Denken als reine Vermittlung, als vorgeblich intuitives Innewerden des Ganzen etwa, tendiert, weil Vermittlung nur als die von bestimmten Unmittelbarem sinnvoll gedacht werden kann, zur begriffslosen grob metaphysischen Behauptung. »Wenn aber die Notwendigkeit des Begriffs den losern Gang der räsonnierenden Konversation, wie den steifern des wissenschaftlichen Gepränges verbannt, so ist schon oben erinnert worden, daß seine Stelle nicht durch die Unmethode des Ahnens und der Begeisterung und die Willkür des prophetischen Redens ersetzt werden soll, welches nicht jene Wissenschaftlichkeit nur, sondern die Wissenschaftlichkeit überhaupt[86] verachtet.«[87][*1]

---

84 Vgl. HW, Bd. 2, S. 25–30, der letzte Abschnitt findet sich ebd., S. 30.
85 »Nur insofern die Reflexion Beziehung aufs Absolute hat, ist sie Vernunft und ihre Tat ein Wissen; durch diese Beziehung vergeht aber ihr Werk, und nur die Beziehung besteht und ist die einzige Realität der Erkenntnis; es gibt deswegen keine Wahrheit der isolierten Reflexion, des reinen Denkens, als die ihres Vernichtens.« (Ebd.)
86 Korrigiert aus: »Wissenschaft an sich«.

Diese Einsicht ist in der »Differenz-Schrift«, in der Hegel sich noch von der Schellingschen Konzeption des Absoluten als »absoluter Indifferenz« beeinflußt zeigt,[88] noch nicht voll erreicht, wie manche Wendungen verraten. Andererseits ist das Programm der dialektischen Philosophie hier aufs deutlichste ausgesprochen.

Hegels Philosophie ist der Versuch, den mit der anwachsenden gesellschaftlichen Arbeitsteilung hervorgetretenen Widerspruch zwischen Philosophie als Erkenntnis des Ganzen und den auf Erforschung streng begrenzter Bereiche der Wirklichkeit sich beschränkenden Einzelwissenschaften auszutragen. Wahrheit ist nicht, seiner Konzeption zufolge, der über das einzelne Phänomen erhabene Urgrund noch die Summe der von den positiven Wissenschaften kodifizierten Fakten, sondern der natürliche, historische und geistige Prozeß, in dem jegliches Endliche als Moment aufgehoben ist und der doch durch dieses und dessen Aufhebung hindurch erst sich konstituiert. Was in der »Differenz-Schrift« programmatisch bleiben mußte, wird in Hegels späterem Werk durch die immanente, ins einzelne gehende Kritik der historisch aufgetretenen philosophischen Systeme hindurch entfaltet. Der Hegelschen Spekulation gegenüber erweisen sich die durch sie bereits ihrer Unwahrheit überführten, heute vorherrschenden Philosophien, die Existentialontologie und der Positivismus, als dogmatisch. So verfällt auch die Heideggersche Fundamentalontologie, indem sie das vom bloß Seienden, das sie den Wissenschaften überläßt, radikal gelöste Ganze als reines Sein zum Absoluten erklärt, der Hegelschen Kritik des abstrakten Denkens. Von dieser Kritik wird ebenso die der Heideggerschen Seinslehre komplementäre positivistische Doktrin ereilt, der die Wirklichkeit in die Masse sinnfreier, empirischer Einzeltatsachen zerfällt und der Erkenntnis einzig in deren Beobachtung und zweckmäßiger Registrierung besteht. Die Unwahrheit des Positivismus liegt nicht etwa in der Falschheit der empirische Sachverhalte beschreibenden Sätze und Klassifikationssysteme selber, sondern in der dogmatischen Behauptung, sie seien die ganze Wahrheit. Indem Dialektik den Wahrheitsanspruch der je einzelnen Tatsachenurteile ganz ernstnimmt, erweist sie diese und die scheinbar rein objektiven Tatsachen als begrifflich und damit durch den gesamten historischen Prozeß vermittelte. Solche Einsicht freilich ist einem heute zum objektiven Geist werdenden Bewußtsein erschwert, dem Wahrheit als Kriterium der Erkenntnis bloß noch deren praktische Brauchbarkeit bedeutet. Diese von der pragmatischen

---

87 Georg Wilhelm Friedrich Hegel, Phänomenologie des Geistes [1807], in: Georg Wilhelm Friedrich Hegel, Sämtliche Werke. Neue kritische Ausgabe, hrsg. von Johannes Hoffmeister, Bd. V, 6. Aufl., Hamburg 1952 (Philosophische Bibliothek; 114), S. 41; vgl. HW, Bd. 3, S. 48.
88 Vgl. etwa den Abschnitt »Darstellung des Absoluten mit absoluter Indifferenz des Allgemeinen und Besonderen im Besonderen ist nur symbolisch möglich«, SW, Bd. 3, S. 426–433.

Version des Positivismus sogar zur philosophischen Doktrin erhobene Meinung zeigt an, daß Denken zur bloß naturhaft-instinktiven Verhaltensweise zu regredieren droht. Im Kapitel »Verhältnis der Spekulation zum gesunden Menschenverstand«[89] findet sich ein Satz, der einen für die Einsicht in das Verhältnis von Philosophie und Gesellschaft wesentlichen Sachverhalt ausspricht: »Nicht nur aber kann der gesunde Menschenverstand die Spekulation nicht verstehen, sondern er muß sie auch hassen, wenn er von ihr erfährt, und, wenn er nicht in der völligen Indifferenz der Sicherheit ist, sie verabscheuen und verfolgen.«[90] Im Haß, der als universale Erscheinung im Leben der modernen Gesellschaft dem spekulativen Gedanken gilt, drückt sich deren Ahnung der eigenen Unwahrheit aus. Die arrogante Attitüde mancher sich bescheiden an die fakten haltender Wissenschaftler der Philosophie gegenüber ebenso wie das wütende Pochen der Eltern aufs Realitätsprinzip bezeugen das mühsam unterdrückte Wissen der Menschen, daß, was bloß ist, die ums Glück der Menschen unbekümmerte Verfassung des Bestehenden, weder die Wahrheit noch unabänderlich ist. Die Wahrheit, das Absolute, ist Hegel zufolge kein bloß Theoretisches, sondern schließt die Verwirklichung einer freien, mit der Natur und sich selbst versöhnten Menschheit ein.

(H. Jost)

[*1] G. W. F. Hegel, Phänomenologie des Geistes, Sämtliche Werke, Bd. 5, 1952[6][91] Hamburg S. 41

---

89 Vgl. HW, Bd. 2, S. 30–35.
90 Ebd., S. 32.
91 In der Vorlage ist die »6« hochgestellt.

322 Bernhard Heuer,
7. Februar 1963

Protokoll des philosophischen Seminars vom 7. 2. 1963

Im Anschluß an das vergangene Protokoll stand noch einmal das Verhältnis des Positivismus zu seinem Wahrheitsanspruch in Rede. Wenngleich von seinen verschiedenen Richtungen sich kaum en bloc handeln läßt, vielmehr in diesen bewußtlos Momente des Widerspruchs sich reproduzieren, der gegen ihn überhaupt geltend zu machen ist, so leistet er insgesamt doch Verzicht auf den Begriff einer ganzen Wahrheit, die mehr ist als das System von solchen Sätzen, in denen der Begriff die ihm äußerliche Sache adäquat nachzuzeichnen sich bemüht. Suspekt muß ihm die Forderung nach einer ganzen Wahrheit erscheinen, wenn das von ihm als Ganzes Verstandene nichts über die Verbindung der Sätze hinaus ist.

Bei der Organisation der positiven Aussagen, die sich beschränken auf die Registrierung der Fakten, bei deren Zusammenhang – einer mathematischen Welt – beruhigt sich sein Wahrheitsanspruch. Nicht darauf wird reflektiert, daß der Begriff von einem Gegenstand diesen ebenso konstruiert, wie er an ihm sich mißt. Der Theorie gesteht deshalb der Positivismus Wahrheit nur in der unvermittelten Fesselung an die Sachen zu; sie selbst, der Begriff, ist nichts anderes als eine Veranstaltung, diese zu subsumieren und verfügbar zu machen. Weder das Moment der Selbständigkeit des Begriffs noch das der Vermitteltheit alles Faktischen gelangt zum Bewußtsein. Was an der Theorie sich nicht auf die Beherrschung von Wirklichkeit und deren Reproduktion festlegen läßt, wird als Ideologie und Rationalisierung abgetan.

Das Seminar ging an Hand der weiteren Lektüre der Beziehung nach, die der gesunde Menschenverstand zum Absoluten hat.[92] In der unmittelbaren Gewißheit des Glaubens wird es ihm als das seinen Beschränkungen schlechthin Entgegengesetzte faßbar, dessen Identität mit jenen er entweder nicht zu behaupten wagt oder sich für sie blind macht. Er hält das Absolute fest als Getrenntes, Abstraktes.

Im engeren Sinn wendet sich Hegel gegen Kant und die spezifisch protestantische Einschränkung der Vernunft. Das Absolute unterscheidet sich von Bereich des Verstandes ebenso wie es als irrational gefaßte Komplement auf ihn bezogen ist.

---

[92] Vgl. den Abschnitt »Verhältnis der Spekulation zum gesunden Menschenverstand«, ebd., S. 30–35.

In der Vorrede zur zweiten Auflage der Kritik der reinen Vernunft heißt es: »Ich mußte das Wissen aufheben, um zum Glauben Platz zu bekommen.« (Kant, Werke Bd. 3, S. 19)[93]

Freilich entgeht Kant selbst in hohem Maße der Gefahr des Irrationalismus, der in jener Selbstbeschränkung des Geistes sich anmeldet, dadurch, daß er die Ideen als solche der reinen Vernunft konzipiert und diese als ›Zensor‹ über jene bestellt, damit sie »der spekulativen Vernunft zugleich ihre Anmaßung überschwenglicher Einsichten benehme« (Kant, l.c., S. 19).

Er hat darauf reflektiert, daß das Absolute nicht ein vom Endlichen gänzlich Abgelöstes sein kann; es ist, wenngleich nicht manifestiert, in der Konstruktion des Systems und nur in ihm zu behaupten. Zugleich hält aber der Block den Dualismus im System gegenwärtig.

»Diesem Dienste der Kritik den positiven Nutzen abzusprechen, wäre eben so viel als sagen, daß die Polizei keinen positiven Nutzen schaffe, weil ihr Hauptgeschäft doch nur ist, der Gewalttätigkeit, welche Bürger von Bürgern zu besorgen haben, einen Riegel vorzuschieben.« (Kant, l.c., S. 16)[94]

Gerade gegen diese kritische Funktion der Vernunft in Kants Denken opponierten Jacobi und Hamann, die Hegel in anderem Zusammenhang mit Kant in einem Atemzug[95] nennt.[96] Sie setzen das Absolute wirklich in ein Jenseits.

---

[93] »Ich kann also *Gott*, *Freiheit* und *Unsterblichkeit* zum Behuf des nothwendigen praktischen Gebrauchs meiner Vernunft nicht einmal *annehmen*, wenn ich nicht der speculativen Vernunft zugleich ihre Anmaßung überschwenglicher Einsichten *benehme*, weil sie sich, um zu diesen zu gelangen, solcher Grundsätze bedienen muß, die, indem sie in der That bloß auf Gegenstände möglicher Erfahrung reichen, wenn sie gleichwohl auf das angewandt werden, was nicht ein Gegenstand der Erfahrung sein kann, wirklich dieses jederzeit in Erscheinung verwandeln und so alle *praktische Erweiterung* der reinen Vernunft für unmöglich erklären. Ich mußte also das *Wissen* aufheben, um zum *Glauben* Platz zu bekommen, und der Dogmatism der Metaphysik, d.i. das Vorurtheil, in ihr ohne Kritik der reinen Vernunft fortzukommen, ist die wahre Quelle alles der Moralität widerstreitenden Unglaubens, der jederzeit gar sehr dogmatisch ist.« (Immanuel Kant, Kritik der reinen Vernunft. Zweite Auflage 1787, in: Kant's gesammelte Schriften, a.a.O. [s. Anm. 20], Bd. III, Berlin 1904, S. 18f. [B XXIX f.]; vgl. KW, Bd. III, S. 33)

[94] Vollständig und korrekt zitiert lautet der Satz: »Diesem Dienste der Kritik den *positiven* Nutzen abzusprechen, wäre eben so viel als sagen, daß Polizei keinen positiven Nutzen schaffe, weil ihr Hauptgeschäfte doch nur ist, der Gewaltthätigkeit, welche Bürger von Bürgern zu besorgen haben, einen Riegel vorzuschieben, damit ein jeder seine Angelegenheit ruhig und sicher treiben könne.« (Kant's gesammelte Schriften, Band III, a.a.O. [s. vorige Anm.], S. 16 [B XXV]; vgl. KW, Bd. III, S. 30)

[95] Konjiziert für: »Namen«.

[96] Anlässlich einer Rezension von »Hamanns Schriften. Herausgegeben von Friedrich Roth. VII Teile, Berlin, bei Reimer 1821–1825« [1828] schreibt Hegel über die deutsche Aufklärung: »*Berlin* war der Mittelpunkt jenes Aufklärens, wo Nicolai, Mendelssohn, Teller, Spalding, Zöllner usf. in

Nicht aber nur gegen den Pietismus und Kant, denen die orthodoxe Theologie zutiefst mißtraute, wendet sich Hegel mit der Entfaltung der Widersprüche, auf denen dieser Glaube beruht. Von dem philosophiehistorischen Bezugspunkt gelöst, ist sie eine Argument gegen die Theologie überhaupt, worauf auch Kierkegaard und die ›dialektische Theologie‹ reflektieren mußten. Wenn anders ihre Positionen nicht durch Hegel schon vorweggenommen und aufgehoben sein sollten, war es unerläßlich, das vom Seienden schlechthin verschiedene Absolute so zu formulieren, daß es nicht kraft dialektischer Konsequenz an die Immanenz zurückfiel. Weder das Subjekt noch das Objekt, weder das Wissen noch das Sein scheint dieses Denken dingfest zu machen, einzig deren Beziehung. Das Absolute bleibt der Vernunft gegenüber als das Paradox, sowohl auf sie bezogen als ihrem Vermögen schlechthin unerreichbar: »Credo quia absurdum est.«[97] Würde die ›dialektische Theologie‹ das von ihr beanspruchte dialektische Moment wahrhaft entfalten, so verlöre das streng Theologische seine Grundlage.

Transzendenz als ursprüngliche zu etablieren, unternimmt auch die von der Phänomenologie ausgehende Fundamentalontologie. Sie verwirft als Seinsvergessenheit die Dialektik des spekulativen Idealismus, dessen Geschichte sich in den tradierten philosophischen Begriffen niedergeschlagen hat. Dies und die provozierende Dunkelheit des Ausdrucks, jene autoritäre Sprache der Eigentlichkeit, in der vom Seinsbegriff gehandelt wird, überführen diesen aber zu seiner Unwahrhaftigkeit. In Heideggers Frühwerk ›Sein und Zeit‹ heißt es:

»Der Begriff Sein ist undefinierbar ... Sein kann in der Tat nicht als Seiendes begriffen werden ... Das Sein ist definitorisch aus höheren Begriffen nicht abzuleiten und durch niedere nicht darzustellen.« (›Sein und Zeit‹, S. 4)[98]

---

ihren Schriften und die Gesamtperson, die Allgemeine Deutsche Bibliothek, in gleichförmigem Sinne, wenn auch mit verschiedenem Gefühl tätig waren; Eberhard, Steinbart, Jerusalem usf. sind als Nachbarn in diesen Mittelpunkt einzurechnen. Außerhalb desselben befand sich in Peripherie um ihn her, was in Genie, Geist und Vernunfttiefe erblühte und von jener Mitte aufs gehässigste angegriffen und herabgesetzt wurde. Gegen Nordost sehen wir in Königsberg *Kant, Hippel, Hamann*, gegen Süden in Weimar und Jena *Herder, Wieland, Goethe*, später *Schiller, Fichte, Schelling* u. a.; weiter hinüber gegen Westen *Jacobi* mit seinen Freunden; *Lessing*, längst gleichgültig gegen das Berliner Treiben, lebte in Tiefen der Gelehrsamkeit wie in ganz anderen Tiefen des Geistes, als seine Freunde, die vertraut mit ihm zu sein meinten, ahnten.« (HW, Bd. 11, S. 279)
97 Dieses christlich-theologische Schlagwort ist unhistorisch, wird der Sache nach aber zumeist Tertullian, zuweilen auch Augustinus zugeschrieben.
98 »Der Begriff ›Sein‹ ist undefinierbar. Dies schloß man aus seiner höchsten Allgemeinheit. Und das mit Recht – wenn definitio fit per genus proximum et differentiam specificam. ›Sein‹ kann in der Tat nicht als Seiendes begriffen werden; enti non additur aliqua natura: ›Sein‹ kann nicht so zur Bestimmtheit kommen, daß ihm Seiendes zugesprochen wird. Das Sein ist definitorisch aus höheren Begriffen nicht abzuleiten und durch niedere nicht darzustellen.« (Martin Heidegger, Sein und Zeit, a. a. O. [s. Anm. 38], S. 4)

»Sein und Seinsstruktur liegen über jedes Seiende und jede mögliche Bestimmtheit eines Seiendes hinaus. *Sein ist das transcendens schlechthin.*« (Heidegger, l.c. S. 38)⁹⁹

Die Tendenz, den Seinsbegriff hartnäckig von allem bloß Seienden zu isolieren, die in der ontologischen Differenz ihren prägnanten Ausdruck findet, liefert jenen Begriff der subjektiven Willkür des Denkens aus, der ihn im Gegensatz zum Dogmatismus gerade konzipiert haben wollte. In Heideggers Dichtungsinterpretationen ist »Sein« für Seiendes verfügbar geworden;¹⁰⁰ seine im Begriff unkontrollierbare Anwendbarkeit zeugt von seiner Leere. Die reine Identität enthüllt sich als Abstraktion des Bewußtseins, das sein Nichtidentisches verleugnet.

Darin, daß das Absolute als Unvermitteltes gerettet und zugleich vom Dingcharakter befreit werden soll, erweist sich sowohl die Fundamentalontologie als auch die ähnlich bemühte nichtpositivistische Philosophie als Zerfallsprodukt und als Reaktion auf den spekulative Idealismus, in dessen System ihre Standpunkte bereits vorgezeichnet sind als solche, deren Widerspruch über sie hinaustreibt.

Wenn Hegel den Glauben als das Verhältnis der Reflexion zum Absoluten entwickelt, so trifft er seiner eigenen Überzeugung nach nicht sowohl die Naturreligion und die christliche Volksreligion als vielmehr die auf dem »Prinzip des Nordens« beruhende protestantische Verdinglichung über Transzendenz, die Reflexionsphilosophie der Subjektivität.¹⁰¹

---

99 Ebd., S. 38.
100 So heißt es etwa: »Der Dichter nennt die Götter und nennt alle Dinge in dem, was sie sind. Dieses Nennen besteht nicht darin, daß ein vordem schon Bekanntes nur mit einem Namen versehen wird, sondern indem der Dichter das wesentliche Wort spricht, wird durch diese Nennung das Seiende erst zu dem ernannt, was es ist. So wird es bekannt *als* Seiendes. Dichtung ist worthafte Stiftung des Seins. Was bleibt, wird daher nie aus dem Vergänglichen geschöpft. Das Einfache läßt sich nie unmittelbar aus dem Verworrenen aufgreifen. Das Maß liegt nicht im Maßlosen. Den Grund finden wir nie im Abgrund. Das Sein ist niemals ein Seiendes. Weil aber Sein und Wesen der Dinge nie errechnet und aus dem Vorhandenen abgeleitet werden können, müssen sie frei geschaffen, gesetzt und geschenkt werden. Solche freie Schenkung ist Stiftung.« (Martin Heidegger, Hölderlin und das Wesen der Dichtung [1936], in: Martin Heidegger, Erläuterungen zu Hölderlins Dichtung [1944], 2. Aufl., Frankfurt a. M. 1951, S. 31–45; hier: S. 38)
101 In Hegels Aufsatz »Glauben und Wissen oder die Reflexionsphilosophie der Subjektivität in der Vollständigkeit ihrer Formen als Kantische, Jacobische und Fichtesche Philosophie« [1802] heißt es: »Die große Form des Weltgeistes aber, welche sich in jenen Philosophien erkannt hat, ist das Prinzip des Nordens und, es religiös angesehen, des Protestantismus, – die Subjektivität, in welcher Schönheit und Wahrheit in Gefühlen und Gesinnungen, in Liebe und Verstand sich darstellt.« (HW, Bd. 2, S. 289)

»Es ist also nicht das Selbstbewußtsein des absoluten Wesens, wie es *an* und *für sich* ist, nicht die Religion, welche hier betrachtet wird, sondern der *Glaube*, insofern er die *Flucht* aus der wirklichen Welt und also nicht *an* und *für sich* ist.« (Hegel, Phänomenologie, S. 350)[102]

»Dies ist also eben dieses dumpfe bewußtlose Weben des Geistes in ihm selbst, zu dem der Glaube herabsank, indem er den unterschiedenen Inhalt verlor.« (Hegel, l.c., S. 408)[103]

Die Kritik, die Hegel an der abstrakten Entgegensetzung von Absolutem und gesunden Menschenverstand übt, ist die Konstruktion der unterschiedenen Momente zur Identität; statt des Glaubens an den reinen Gott und die jenseitige Seligkeit verlangt er, der die Identität hat, den Glauben an die absolute Einheit des Beschränkten, Hinfälligen und Schlechten mit dem Ewigen und Guten. In der Konsequenz des Begriffs ist diese Identität, die den subjektiven Ausgangspunkt des Idealismus bezeugt, freilich zwingend. Indem Hegel jedoch das gewußte Resultat des gesamten geschlossenen Absoluten erhob, wurde dies selber zur Ideologie. Im Begriffssystem wurde die schlechte Realität nachgezeichnet und das ausgesprochene Ganze zum Unwahren.

Unhaltbar ist sowohl die orthodoxe Objektivierung des Unendlichen als aber auch dessen restlose Identifikation mit dem Faktischen; dialektisches Denken sucht sich der Wahrheit durch permanente Konfrontation der Sache mit ihrem Begriff zu versichern, eine Konfrontation, worin dieses bestimmte Seiende nur es selbst ist, indem es zu seinem anderen wird, d.h. vom immanenten Anspruch auf ausschließliche Wahrheit abläßt. Wahrheit konstituiert sich nicht anders als im Prozeß des Übergehens vom Begriff zum Gegenstand. Auf diesen Prozeß hat sich Spontanität, die Anstrengung des Begriffs, um der Wahrheit teilhaftig zu werden, immer von Neuem einzulassen. Nur so entgeht dieses Denken der Gefahr, anstelle des objektivierten Absoluten die Vermittlung als Kategorie absolut zu setzen und den Prozeß auf einen praktikablen Begriffsmechanismus zu reduzieren, gegen den sich nun mit Recht der tatsachengläubige Positivismus auf sein Wissenskompendium berufen könnte.

Wenn sich der gesunde Menschenverstand zunächst daran stößt, daß das Absolute in einem Endlichen namhaft gemacht wird, so ist er – von der Speku-

---

102 Hegel, Phänomenologie des Geistes, hrsg. von Johannes Hoffmeister, a.a.O. (s. Anm. 87), S. 350; vgl. HW, Bd. 3, S. 363.
103 Der Satz lautet korrekt und vollständig: »Dies ist also eben jenes dumpfe bewußtlose Weben des Geistes in ihm selbst, zu dem der Glaube herabsank, indem er den unterschiednen Inhalt verlor; – es ist zugleich jene *Bewegung* des reinen Selbstbewußtseins, der es das absolut fremde Jenseits sein soll.« (Hegel, Phänomenologie des Geistes, hrsg. von Johannes Hoffmeister, a.a.O. [s. Anm. 87], S. 408; vgl. HW, Bd. 3, S. 425)

lation aus gesehen – der Fichteschen subjektiven Identitätsphilosophie gegenüber ebensowohl im Vorteil, als sein Unrecht gegen diese darin besteht, sich nicht nur nicht zur Philosophie zu erheben, vielmehr sich der Spekulation zu widersetzen. Eine spiritualistische oder materialistische Metaphysik, der Spinozismus, erweckt wenigstens das Bedürfnis nach der Philosophie und steht damit an ihrem Anfange.

Sie hat »das Verdienst in Rücksicht auf die Bildung, die Entzweiung um so härter gemacht und das Bedürfnis der Vereinigung in der Totalität um so viel verstärkt zu haben« (Differenzschrift S. 25)[104], durch sie findet jene Spannung der Gegensätze Ausdruck, der die Dialektik bedarf. Dem gesunden Menschenverstand erscheint an der Vernichtung des Beschränkten, Bestimmten durch die Spekulation nur die Seite der Zerstörung. Weil er den Umfang der Vernichtung nicht zu fassen vermag, entgeht ihm, daß im Absoluten gerade auch jenes exponierte Singuläre gleichgültig und in der Hypostase aufgelöst wird.

Der letzte Satz des gelesenen Abschnittes[105] faßt in konzentrierter Form das ambivalente Verhältnis des reflektierenden Verstandes zur spekulativen Vernunft so zusammen, daß an der letzteren ein Moment deutlich wird, welches sich aus der hier noch vorliegenden Einheit von Schellings und Hegels Denken erklärt. In der Phänomenologie dagegen verbietet es sich. An den ersten Satz des Kapitels erinnert die Rede von der Nacht des räsonierenden Verstandes, die – wie es nun explizit heißt – eins sei mit dem Mittag des Lebens, d. h. mit der höchsten Synthese des Bewußten und Bewußtlosen. Die vom Seminar seinerzeit versuchte

---

[104] Hegel schreibt, es komme einem »philosophischen System, dem der Mangel anklebt, ein von irgendeiner Seite noch Entgegengesetztes zum Absoluten zu erheben, außer seiner philosophischen Seite noch ein Vorteil und Verdienst zu, von denen der gemeine Verstand nicht nur nichts begreift, sondern die er auch verabscheuen muß, – der Vorteil, durch die Erhebung eines Endlichen zum unendlichen Prinzip die ganze Masse von Endlichkeiten, die am entgegengesetzten Prinzip hängt, mit einem Mal niedergeschlagen zu haben, – das Verdienst in Rücksicht auf die Bildung, die Entzweiung um so härter gemacht und das Bedürfnis der Vereinigung in der Totalität um so viel verstärkt zu haben.« (Hegel, Differenz des Fichte'schen und Schelling'schen Systems der Philosophie, a.a.O. [s. Anm. 26], S. 24 f.; vgl. HW, Bd. 2, S. 34 f.)

[105] »Wenn für den gesunden Menschenverstand nur die vernichtende Seite der Spekulation erscheint, so erscheint ihm auch dies Vernichten nicht in seinem ganzen Umfang. Wenn er diesen Umfang fassen könnte, so hielte er sie nicht für seine Gegnerin; denn die Spekulation fordert in ihrer höchsten Synthese des Bewußten und Bewußtlosen auch die Vernichtung des Bewußtseins selbst, und die Vernunft versenkt damit ihr Reflektieren der absoluten Identität und ihr Wissen und sich selbst in ihren eignen Abgrund, und in dieser Nacht der bloßen Reflexion und des raisonnierenden Verstandes, die der Mittag des Lebens ist, können sich beide begegnen.« (Hegel, Differenz des Fichte'schen und Schelling'schen Systems der Philosophie, a.a.O. [s. Anm. 26], S. 25; vgl. HW, Bd. 2, S. 35)

Interpretation, die »Nacht der Totalität«[106] sei das wahre Absolute, aber in der dem gesunden Menschenverstand allein erreichbaren Form, bestätigt sich.

Durch die Vernichtung seines Einzelbewußtseins vermag er teilzuhaben an der absoluten Identität, in die wissend auch die Spekulation, die es konstruiert, sich versenkt. Dem Irrationalismus Schellings steht der Gedanke, die Konstruktion des Absoluten schließe die Vernichtung des Bewußtseins selber ein, näher als Hegels eigenem Identitätsdenken. Die Vernunft hat sich in ein ihr anderes zu entlassen, das zugleich sie selbst ist: in den eigenen Abgrund. Anders gefaßt: Die dialektische Methode wendet sich auch gegen die auf die Spitze getriebene Subjektivität als gegen ihren eigenen idealistischen Ursprung.

Angedeutet ist die Versöhnung des gesunden Menschenverstandes mit der Philosophie, insofern das »Ärgernis der Reflexion«, die Hypostase der endlichen Subjektivität zum Absoluten, durch die Vernichtung auch des Bewußtseins, gegenstandslos wird. Vermöchte er also den wahren Umfang der Aufhebung zu erfassen, welche die Spekulation vollbringt, so ginge er in diese über und durchschaute seine Feindschaft als Folge von Blindheit. Ebenso wie es zu seinem Wesen gehört, bei sich zu verharren, hat er die objektive Tendenz, über sich hinauszugehen. Ihm wohnt mehr Wahrheit inne, als er wissen kann, insistiert er indessen auf ihr und gibt sie als System der Philosophie aus, so wird sie zur Unwahrheit.

Bernhard Heuer[107]

---

106 »Auch das Vernünftige, was der sogenannte gesunde Menschenverstand weiß, sind gleichfalls Einzelheiten, aus dem Absoluten ins Bewußtsein gezogen, lichte Punkte, die für sich aus der Nacht der Totalität sich erheben, mit denen der Mensch sich vernünftig durchs Leben durchhilft. Es sind ihm richtige Standpunkte, von denen er ausgeht und zu denen er zurückkehrt.« (Hegel, Differenz des Fichte'schen und Schelling'schen Systems der Philosophie, a.a.O. [s. Anm. 26], S. 21; vgl. HW, Bd. 2, S. 30f.)
107 Unterschrift.

323 Gisbert Lepper,
14. Februar 1963

Gisbert Lepper

Protokoll der Sitzung des philosophischen Hauptseminars vom 14. 2. 63

Hatte der Hegelsche Begriff, um das Selbstbewußtsein seiner als aller Realität zu erlangen, es bedurft, die von der Geschichte der Philosophie ihm hinterlassenen Denkbestimmungen im dialektischen Prozeß in Bewegung zu setzen und zu durchlaufen, so glaubt die Fundamentalontologie, sich dagegen verblendend, daß ihr Denkansatz durch die überkommenen philosophischen Systeme vermittelt ist, kraft der Hypostase des »Seins« solcher Anstrengung sich überheben zu können. Statt, wie Hegel innerhalb seines Systems es versuchte, den Gang des abendländischen Geistes zu reflektieren und diesen dadurch zu bewahren, vermißt Heidegger sich, ihn in »Sein« zu versenken: »Sein«, so heißt es bei ihm, habe die Reflexionsphilosophie und Dialektik »ereignet«.[108] Durch solche Veranstaltung, die das Hegelsche Denken behandelt wie irgendein Daseiendes, wird die Vorstellung vom »Sein« weder bereichert noch überhaupt berührt. »Sein« wird, um es gegen alle Kritik zu feien, inthronisiert als das aller Bestimmung jenseitige Absolute. Es soll weder vermittelt, denn so enthüllte es sich als das, was es ist, als Denkprodukt, noch unmittelbar gegeben, Seiendes sein.

Die an die Verlesung des letzten Protokolls sich anschließende Diskussion beschäftigte sich mit der Frage nach der Möglichkeit und Notwendigkeit eines spekulativen Denkens, das sich negativ zu dem Identitätssystem Hegels als zur Bedingung seiner Entwicklung verhält.

In der Fundamentalontologie und im Positivismus haben diejenigen Momente sich verselbständigt, die das Hegelsche System zu vereinigen strebte, und sind zu Prinzipien erstarrt. Die Fundamentalontologie befindet sich mit der ant-

---

108 Bei Heidegger heißt es: »Das εἶναι, Sein der Griechen, deuten wir nicht wie Hegel aus seiner Sicht als die Gegenständlichkeit des unmittelbaren Vorstellens einer noch nicht zu sich gekommenen Subjektivität, d. h. nicht aus dieser, sondern aus der griechischen Ἀλήθεια als das Anwesen aus der und in die Unverborgenheit. Die Präsenz aber, die sich in der Repräsentation der Skepsis des Bewußtseins ereignet, ist eine Weise von Anwesenheit, die ebenso wie die οὐσία der Griechen aus einem noch ungedachten Wesen einer verborgenen Zeit west. Die Seiendheit des Seienden, die seit dem Beginn des griechischen Denkens bis zu Nietzsches Lehre der ewigen Wiederkunft des Gleichen sich als die Wahrheit ereignete, ist für uns nur eine, wenngleich entscheidende Weise des Seins, das keineswegs notwendig nur als Anwesenheit des Anwesenden erscheint.« (Martin Heidegger, Holzwege [1950], in: Martin Heidegger, Gesamtausgabe, Bd. 5, hrsg. von Friedrich-Wilhelm von Herrmann, Frankfurt a. M. 1977, S. 154 f.)

agonistischen Gesellschaft im Einverständnis, weil sie es untergeordneteren Disziplinen überläßt, sich mit ihr zu befassen. Der allem Utopischen sich verweigernde, der Faktizität verschworene Positivismus verleugnet, was irgend hinter der von ihm vergegenständlichten gesellschaftlichen Fassade sich ereignet.

Der Gefahr, entweder nur zu registrieren, was ohnehin schon ist, oder mythologisierend Metaphysik zu treiben, kann nur der Gedanke entgehen, der sich mit Hegel gegen Hegel wendet: der dessen Identitätssystem als »Schranke«, als »Nötigung, ein fixiertes Letztes allen seinen Bestimmungen zugrunde zu legen« (Adorno, Metakritik der Erkenntnistheorie, S. 12)[109], durchbrechende spekulative Gedanke. Daß ihm dies gelinge könnte, hat der Positivismus mit einem Schein von Recht bestritten und behauptet, Spekulation sei mit dem Verfall der Identitätsphilosophie, die sie gezeigt, selbst unwahr geworden.

Das Hegelsche Denken hat darum sich der Selbstbewegung der Sache zu überlassen vermocht, weil das Subjekt des Erkennens innerhalb seines Systems darauf vertraute, in ihr bei sich selber zu sein. »Das Erkennende bezieht sich durch die Bestimmtheit seines Begriffs, nämlich das abstrakte Fürsichsein, zwar auf eine Außenwelt, aber in der absoluten Gewißheit seiner selbst, um die Realität seiner an sich selbst, diese formelle Wahrheit, zur reellen Wahrheit zu erheben. Es hat seinem Begriff die ganze Wesenheit der objektiven Welt« (Hegel, Wissenschaft der Logik, Philosophische Bibliothek. Bd. 57, II. Teil, S. 438)[110].

Enthüllt die Objektivität des Begriffs, mithin die Identität des Subjekts mit der gegenständlichen Welt im Absoluten, sich als das Unwahre, so gerät damit zugleich das dialektische Denken, das als Selbstbewegung der Begriffsbestimmungen im Hegelschen System jenes Absolute konstruierte, in Verdacht, bloße kritische, den Sachen äußerliche und sie überspinnende Methode zu sein. Der Positivismus, der Spekulation als ein derartiges subjektiv-willkürliches Verfahren diffamiert, kann jedoch nicht mehr als Versicherungen gegen sie vorbringen, weil er unwissend ist noch hinsichtlich seines eigenen Tuns. Er gründet seine Theorie auf die starre Entgegensetzung des Subjektiven und Objektiven und auf die sei-

---

109 *Denken, das aktiv-zusehend in allem Seienden sich wiederfindet, ohne eine Schranke zu dulden, durchbricht als solche Schranke die Nötigung, ein fixiertes Letztes allen seinen Bestimmungen zugrundezulegen, und erschüttert damit noch den Primat des Systems, seinen eigenen Inbegriff.* (Theodor W. Adorno, *Zur Metakritik der Erkenntnistheorie. Studien über Husserl und die phänomenologischen Antinomien*, Stuttgart 1956, S. 12; vgl. GS, Bd. 5, S. 12)
110 »Das Erkennende bezieht sich durch die Bestimmtheit seines Begriffs, nämlich das abstrakte Fürsichsein, zwar auf eine Außenwelt, aber in der absoluten Gewißheit seiner selbst, um die Realität seiner an sich selbst, diese formelle Wahrheit, zur reellen Wahrheit zu erheben. Es hat an seinem Begriff die *ganze Wesenheit* der objektiven Welt; sein Prozeß ist, den konkreten Inhalt derselben für sich als identisch mit dem *Begriffe*, und umgekehrt diesen als identisch mit der Objektivität zu setzen.« (HSW, Bd. IV, S. 438; vgl. HW, Bd. 6, S. 497)

nem Anspruche nach radikale Tilgung jenes Moments. Gelänge diese Tilgung ohne Rest, so meint er, falle seinen Urteilen Objektivität zu. Tatsächlich aber triebe er sich sodann ausschließlich in der Willkür der Meinungen umher, ja er vernichtete dadurch alles ihm Gegenständliche. Seine Theorie ist immer auch konstitutiv für die Gegenstände, denen sie gilt, wie sie umgekehrt durch diese vermittelt ist.

Identität des Begriffs und der Sache als Moment ist die Bedingung aller Erkenntnis. Indem das nachhegelsche spekulative Denken sich darüber Rechenschaft ablegt, begründet es zugleich sich selber. Der Versuch, sowohl dieses Moment zu leugnen als es zu verabsolutieren, vereitelt, die je geschichtliche Erfahrung der Sache einzuholen. Wenn Hegel derjenigen seiner Zeit wie wohl kein anderer mächtig war, so, weil seine These der vermittelten, erst im aufgeführten System hervortretenden Identität ihm gebot, das Nichtidentische als Moment in die Bewegung des Begriffs, der durch es seiner Statik erst enthoben wird, miteinzubeziehen und auf jeder Stufe als ein Unmittelbares wiederkehren zu lassen.

Wie negative Dialektik heute von der Unangemessenheit des Begriffs zur Sache erfordert wird, so entzündete auch die Hegelsche sich an der Erfahrung, daß dem empirischen Subjekt eine Wirklichkeit und Notwendigkeit entgegensteht, die seiner Erkenntnis Schranke, Äußerlichkeit ist. Das Wissen, daß das Gegebene wie empfangen so auch durch den Begriff erzeugt ist, machte sich demgegenüber geltend und suchte die Masse des Gegenständlichen durch das äußerste Maß an Spontaneität aufzuwiegen und zu durchdringen. Diese Intention durchzieht als Telos des Ganzen das Hegelsche System und führt zu dessen gewaltsamen Schließen, kraft dessen der Primat der Identität vor der Nichtidentität soll bewiesen werden. Bezahlt wird die Hypostase des zum Unendlichen erweiterten Subjekts mit dessen unaufhebbarer Trennung vom empirischen. Der Geist erringt seine Freiheit, tilgt seine Entfremdung dadurch, daß er sich selbst dem geschichtlichen Subjekt entfremdet. Dessen Erfahrung nimmt negative Dialektik gegen das Identitätssystem sich an. Indem sie Verzicht leistet auf das Ganze, gewinnt sie zurück, was Hegel schließlich doch hat aufgeben müssen: das kritische Verhalten zur Gesellschaft und zu ihren Institutionen sowie die nicht durchs System gebundene Wechselbestimmung des Begriffs der Sache.

Hatte die Vermittlung des Identischen und Nichtidentischen in der Philosophie Hegels die formelle Seite, Selbstbewegung des Begriffs zu sein, so sucht negative Dialektik sie inhaltlich zu fassen. Das Unmittelbare, sei es immer auch durchs Identische konstituiert und nur im Begriff bestimmbar, gründet gleichwohl nicht im erkennenden Subjekt. Die vom System emanzipierte Spekulation gesteht sich ein, daß ihr ein Materiales entgegengesetzt ist, dessen durch das Moment der Affinität ermöglichte Bestimmung zugleich die Negation des Identischen, Anähnelung fordert. In der Konsequenz dieser Bestimmung liegt es, »daß auch der Geist noch unterm zwang von Arbeit steht« (Adorno, Aspekte der Hegelschen Philosophie, S. 32)[111], daß er unter den gegebenen gesellschaftlichen Bedingungen Herrschaft über das übt, was ihm nicht gleicht. Der Zusammenhang des Begrifflichen und des Nichtidentischen, so wurde in der vergangenen Seminarsitzung formuliert, sei einer des Zwangs, nicht, wie Hegel es darzutun unternahm, der Freiheit. Die Lektüre des ersten Abschnittes des Kapitels »Prinzip einer Philosophie in der Form eines absoluten Grundsatzes«[112] gab zunächst Anlaß zur Unterscheidung des Kantischen und Hegelschen Systembegriffs.

»Die Philosophie als eine durch Reflexion produzierte Totalität des Wissens *wird* ein System ...«[113] meint bei Hegel, daß die Philosophie, in der der Begriff die Totalität seiner Momente durchläuft, das die objektive Identität des Subjekts seiner Momente durchläuft, das die objektive Identität des Subjekts und Objekts darstellende System schon sei; »wird« bezeichnet positives Zustandekommen; für Kant hätte es im Sinne des unendlichen Fortschreitens zu gelten. Das Ganze aller möglichen Erkenntnis ist bei ihm Ziel unerfüllbaren Strebens, das er aber denn doch in den Vernunftbegriffen als dem Standpunkt des Absoluten antizipiert.

Angesichts dessen, daß Hegel vorgibt, das Ganze sei positiv zu leisten, muß die scharfe Sonderung des Verstandes und der Vernunft befremden, die der Formulierung des Satzes: »Jener (der Verstand) hat die Entgegengesetzten seines Gesetzten ... richtig aufzuzeigen; aber die Vernunft vereinigt diese Widersprechenden, setzt beide zugleich und hebt beide auf«, zugrunde liegt. In derartigen Fügungen, in denen der Buchstabe tatsächlich vom Geist sich scheidet und ihm

---

[111] *Weil nichts gewußt wird, als was durch Arbeit hindurchging, wird die Arbeit, zu Recht und zu Unrecht, zum Absoluten, Unheil zum Heil; darum besetzt jenes Ganze, das der Teil ist, in der Wissenschaft vom erscheinenden Bewußtsein zwangshaft, unausweichlich die Stelle der Wahrheit. Denn die Verabsolutierung der Arbeit ist die des Klassenverhältnisses: eine der Arbeit ledige Menschheit wäre der Herrschaft ledig. Das weiß der Geist, ohne es wissen zu dürfen; das ist das ganze Elend der Philosophie. Der Schritt jedoch, durch den sich die Arbeit zum metaphysischen Prinzip schlechthin aufwirft, ist kein anderer als die folgerechte Eliminierung jenes »Materials«, an das jede Arbeit gebunden sich fühlt, und das ihr selber ihre Grenze vorzeichnet, sie ans Untere gemahnt und ihre Souveränität relativiert. Darum jongliert Erkenntnistheorie so lange, bis das Gegebene die Illusion des selbst vom Geist Erzeugten bereitet. Verschwinden soll, daß auch der Geist noch unterm Zwang von Arbeit steht und selbst Arbeit ist; buchstäblich unterschiebt die große Philosophie den Inbegriff des Zwangs als Freiheit.* (Theodor W. Adorno, *Aspekte der Hegelschen Philosophie*, Berlin und Frankfurt a. M. 1957, S. 31 f.; vgl. GS, Bd. 5, S. 272 f.)
[112] Vgl. HW, Bd. 2, S. 35–41.
[113] »Die Philosophie als eine durch Reflexion produzierte Totalität des Wissens wird ein System, ein organisches Ganzes von Begriffen, dessen höchstes Gesetz nicht der Verstand, sondern die Vernunft ist; jener hat die Entgegengesetzten seines Gesetzten, seine Grenze, Grund und Bedingung richtig aufzuzeigen, aber die Vernunft vereint diese Widersprechenden, setzt beide zugleich und hebt beide auf.« (Ebd., S. 35 f.)

zuwider ist, drückt ein Denken sich aus, dessen ungeheurer Anspruch erfordert, daß nichts ausgeschlossen, alles auch ausgesagt werde.

Im Folgenden übt Hegel Kritik an derjenigen Philosophie, die meint, das Absolute in einem Grundsatz fassen und aus solchem unbewegten Ersten alle Realität entwickeln zu können. Das Prinzip als philosophischer Anfang, das in der Form des A = A sich darstellt, enthält nur die reine Identität. Sein Anspruch, ein Unmittelbares zu sein, impliziert, daß von ihm aus nicht könne weitergegangen werden, daß ein Denken, das sich ihm unterstellt, im Anfang schon sein Ende erreicht hat. Insofern aber doch aus einem derartigen, nur sich selbst gleichen Prinzip das Nichtidentische abgeleitet werden soll, muß es von außen herbeigebracht werden. Das unvermittelt Erste stellt sich als Abstraktion von dem heraus, was es ausschließt, und verweist auf es als auf seine Bedingung. Ein Prinzip aber, das sowohl das Identische als das Nichtidentische in sich befaßt, hebt, weil es antinomisch ist, als Satz sich auf. Die Reflexion, die beide einander entgegengesetzten Bestimmungen nicht zu vereinigen vermag, hält entweder nur die gegenseitige abstrakte Negation dieser Bestimmungen fest oder reduziert den widersprüchlichen Grundsatz auf jenen ersten Identitätssatz; Spekulation indessen erfaßt dieses Prinzip als Antinomie und enthebt es, indem sie, was es als Elemente nebeneinander bestehenläßt, als Momente vermittelt, seiner unbewegten Sichselbstgleichheit.

Hegel, der in dieser Kritik die Bedingtheit eines jeden Grundsatzes als philosophisch Ersten, seine Unvermögenheit als eines Einzelurteils, die Vermittlung der Subjektivität und Objektivität auszusprechen, durchschaut und konsequent das Ganze des spekulativen Systems, die Einheit seines Prozesses und Resultats einzig als das Wahre anerkennt, umgeht die Schwierigkeit des Anfangs in der Philosophie dadurch, daß er für diesen die Form des Satzes fallen läßt. »Sein, reines Sein« bildet den Anfang in der spekulativen Logik.[114] In seiner Unbestimmtheit ist es einerseits das absolut Unmittelbare, ohne alle Voraussetzung, – das Nichts. Andrerseits aber soll dies Unmittelbare durch Negation zum Vermittelten werden, soll Sein auch vom Nichts unterschieden sein. Um dies zu ermöglichen und den Begriff der Negation nicht schon zu Beginn der logischen Wissenschaft infolge solch unerfüllbarer Anforderungen an ihn zu entleeren, ist Hegel gezwungen, das Resultat des Prozesses seines Systems schon dem Ersten zugrunde zu legen: die absolute Objektivität des Begriffs; durch welche Voraussetzung das Identische denn doch verabsolutiert, zum Prinzip wird. Da »das

---

[114] »Sein, reines Sein, – ohne alle weitere Bestimmung. In seiner unbestimmten Unmittelbarkeit ist es nur sich selbst gleich und auch nicht ungleich gegen Anderes, hat keine Verschiedenheit innerhalb seiner noch nach außen.« (HW, Bd. 5, S. 82)

Unmittelbare des Anfangs *an ihm selbst* das Mangelhafte und mit dem *Triebe* begabt sein« muß, »sich weiterzuführen«, damit der Prozeß möglich werde, bestimmt Hegel das Erste, »das Allgemeine ... als das objektiv Allgemeine, d. h. das *an sich* die *konkrete Totalität*, aber sie noch nicht *gesetzt*, noch nicht *für sich* ist.« (Wissenschaft der Logik, a. a. O., II. Teil, S. 489)[115]

Der Fortgang im System stellt zugleich als eine Rückbewegung sich dar, in der das Unmittelbare als ein Gesetztes und das vorausgesetzte Absolute als das Setzende sich bestimmen.

---

[115] »Die Allgemeinheit ist der reine, einfache Begriff, und die Methode als das Bewußtsein desselben weiß, daß die Allgemeinheit nur Moment und der Begriff in ihr noch nicht an und für sich bestimmt ist. Aber mit diesem Bewußtsein, das den Anfang nur um der Methode willen weiter führen wollte, wäre diese ein Formelles, in äußerlicher Reflexion Gesetztes. Da sie aber die objektive, immanente Form ist, so muß das Unmittelbare des Anfangs *an ihm selbst* das Mangelhafte und mit dem *Triebe* begabt sein, sich weiter zu führen. Das Allgemeine gilt aber in der absoluten Methode nicht als bloß Abstraktes, sondern als das objektiv Allgemeine, d. h. das *an sich* die *konkrete Totalität*, aber sie noch nicht *gesetzt*, noch nicht *für sich* ist.« (HSW, Bd. IV, S. 489; vgl. HW, Bd. 6, S. 555)

324 Leo Derrik,
21. Februar 1963

Protokoll des Philosophischen Hauptseminars im Wintersemester 1962/63, Sitzung vom 21. 2. 1963

Im Anschluß an die Diskussion des vorhergehenden Seminars wies Prof. Adorno auf den besonderen Charakter des Kantischen Systembegriffs hin. Dieser ist bei Kant bestimmt durch das Verhältnis von Form und Inhalt. Die Erkenntnisformen sind das vor aller Erfahrung Gegebene und das von allem Veränderlichen absolut Getrennte. Sie stellen sich so dar als das schlechthin Unveränderliche und somit dem System Zugängliche. Der Sinn des Systems im Deutschen Idealismus liegt in der Identität von Subjekt und Objekt. Bei Kant ist es dagegen nur auf die Lückenlosigkeit und Geschlossenheit der subjektiven Apparatur bezogen. Er zeigt sich weit unproblematischer als der idealistische.

Der weitergelesene Hegelsche Text geht kritisch auf die Vorstellung des reflektierenden Verstandes ein, daß das Absolute als Ausgangspunkt eines Systems in einem Satz zu fassen sei und verweist auf die Bedingtheit jedes in einem Satz Gedachten auf ein Entgegengesetztes, durch das es in seiner Absolutheit aufgehoben wird. Spinozas Philosophie beginnt so mit einer Definition: »Unter Substanz verstehe ich das, was in sich ist und durch sich begriffen wird, das heißt, dessen Begriff nicht Begriff eines anderen Dinges braucht, von dem es gebildet wird.« (Spinoza, Ethica I, 3[116].)[117]

Der Vorbehalt Hegels gegen die Definition hat seine guten Gründe. Die Problematik des Definierens zeigte sich zum Beispiel dann, wenn Einzelwissenschaften im Ungenügen ihres beschränkten empirischen Raumes darauf ausgehen »Grundlagendefinition« zu geben. Gerade da, wo sie sich philosophisch zu sein dünken, verhalten sie sich spezifisch antiphilosophisch. Denn in der Forderung nach Klarheit und Exaktheit steckt die dogmatische Voraussetzung der Adäquanz von Begriffen und Gegenständen. Klarheit stellt sich so als ein vorkritisches Postulat dar (Positivismus). Die so angenommene Voraussetzung ist gerade das philosophische Problem, dessen Lösung erst zu leisten ist. Es war

---

116 Korrigiert für: »4«.
117 »Unter Substanz verstehe ich das, was in sich selbst ist und durch sich selbst begriffen wird, d. h. das, dessen Begriff nicht des Begriffs eines anderen Dinges bedarf, von dem her er gebildet werden müßte.« (Baruch de Spinoza, Ethik in geometrischer Ordnung dargestellt [1677]. Lateinisch – Deutsch, hrsg., übers. und eingel. von Wolfgang Bartuschat, 4. Aufl., in: Baruch de Spinoza, Sämtliche Werke, Bd. 2, Hamburg 2015 [Philosophische Bibliothek; 92], S. 5)

Husserl, der darauf hingewiesen hat, daß das Moment der Exaktheit und der exakten deduktiven Ableitung nur in einem mathematischen System möglich ist.[118] In bezug auf das rein phänomenologisch Gegebene ist der Begriff der Klarheit selbst in die philosophische Reflexion einzubeziehen. Erst eine wirkliche Analyse der Kategorie der Klarheit würde das Problem des definitorischen Anfangs erleuchten.

Wenn Hegel dann jedoch das spinozistische Verfahren positiv beurteilt unter der Bedingung, daß die Vernunft sich »von der Subjektivität des Reflektierens« gereinigt hat,[119] so antizipiert er hier seine spätere Verteidigung des naiven Bewußtseins gegenüber dem räsonierenden.[120] Es steckt gewissermaßen die Ansicht dahinter, daß Spinoza schon ganz gut wäre, wenn er als Resultat und nicht als Anfang begriffen würde. Die rationalistische Philosophie wird vor der kritischen »gerettet«, allerdings durch sie hindurch.

Soll jedoch das philosophische Prinzip dem Verstande deutlich gemacht werden, so ist dieser Aufgabe nichts vorgegeben, als das absolute Denken, die Synthese von Subjekt und Objekt.[121] In dieser Feststellung ist versucht, die gesamte Hegelsche Philosophie in einem Satz auszudrücken und gleichzeitig gezeigt, daß ein solches Unterfangen nicht möglich ist. Diese Synthese, das Wissen, ist doch nicht das schlechthin Absolute, weil im Wissen als Wissen ein Moment steckt, das eben nicht Wissen ist. Die Reflexion aber kann nicht diese Antinomie und die absolute Synthese in einem Satz zum Ausdruck bringen, sie ist gezwungen, Synthese und Antithese getrennt darzustellen. In dem Satz A = A drückt sich reine Tautologie aus, die Identität von aller Nichtidentität abstrahiert. Der einzige Inhalt dieses Satzes ist: Ein Gegenstand ist nur mit sich selbst identisch. Der Satz hat keinen materialen Inhalt, und wenn Hegel von der Reflexion auf das

---

118 Vgl. den Abschnitt »Teilung der Arbeit. Die Leistung der Mathematiker und die der Philosophen«, in: HEH, Bd. XVIII, S. 253–256.
119 »Kein Anfang einer Philosophie kann ein schlechteres Aussehen haben als der Anfang mit einer Definition wie bei Spinoza – ein Anfang, der mit dem Begründen, Ergründen, Deduzieren der Prinzipien des Wissens, dem mühsamen Zurückführen aller Philosophie auf höchste Tatsachen des Bewußtseins usw. den seltsamsten Kontrast macht. Wenn aber die Vernunft von der Subjektivität des Reflektierens sich gereinigt hat, so kann auch jene Einfalt Spinozas, welche die Philosophie mit der Philosophie selbst anfängt und die Vernunft gleich unmittelbar mit einer Antinomie auftreten läßt, gehörig geschätzt werden.« (HW, Bd. 2, S. 37)
120 Vgl. die »Vorrede« der »Phänomenologie des Geistes«, HW, Bd. 3, S. 11–67.
121 »Soll das Prinzip der Philosophie in formalen Sätzen für die Reflexion ausgesprochen werden, so ist zunächst als Gegenstand dieser Aufgabe nichts vorhanden als das Wissen, im allgemeinen die Synthese des Subjektiven und Objektiven, oder das absolute Denken.« (HW, Bd. 2, S. 37)

Bezogensein spricht,¹²² so ist nichts anderes gemeint als die reine Identität des Denkens, nichts anderes als das Prinzip, daß Begriffe als identische zu verwenden sind.

Eine solche abstrakte Identität ist in ihrer Einseitigkeit nicht vernunftgemäß, und die Vernunft hat in ihr in dialektischer Unmittelbarkeit bereits ihre Negation. »... das eine A ist Subjekt, das andere Objekt, und der Ausdruck für ihre Differenz ist A nicht = A, oder A = B.« Die Identität ist von einem Nicht-Identischen präjudiziert, dieses steckt in jenem drin und muß notwendig zum Vorschein kommen. Dieser zweite Satz abstrahiert nun wiederum reflektierend von der Identität und stellt sich dar als reine Nichtidentität. Wenn Hegel dieses reine »Nichtdenken« (Reinhold zitierend)¹²³ und »reines Denken« von der Vernunft unterscheidet, so ergibt sich eine merkwürdige Parallele zu Kants Differenzierung in formale und transzendentale Logik.

Dieses »Nichtdenken« kann nur durch Denken gesetzt werden. Das = des ersten Satzes wird im zweiten rein subjektiv. In diesem Aspekt liegt ein ungeheures Problem. Das unter dem Nichtdenken Gedachte ist selbst Gedanke. An dieser Stelle vergißt Hegel die ganze Dialektik und offenbart die ungelöste Schwierigkeit seiner Philosophie. Was Nicht-Gedanke ist, hat er nur durch den

---

122 »In *A* = *A*, als dem Satze der Identität, wird reflektiert auf das Bezogensein, und dies Beziehen, dies Einssein, die Gleichheit ist in dieser reinen Identität enthalten; es wird von aller Ungleichheit abstrahiert, *A* = *A*, der Ausdruck des absoluten Denkens oder der Vernunft, hat für die formale, in verständigen Sätzen sprechende Reflexion nur die Bedeutung der Verstandesidentität, der reinen Einheit, d. h. einer solchen, worin von der Entgegensetzung abstrahiert ist. *[Absatz]* Aber die Vernunft findet sich in dieser Einseitigkeit der abstrakten Einheit nicht ausgedrückt; sie postuliert auch das Setzen desjenigen, wovon in der reinen Gleichheit abstrahiert wurde, das Setzen des Entgegengesetzten, der Ungleichheit; das eine *A* ist Subjekt, das andere Objekt, und der Ausdruck für ihre Differenz ist *A* nicht = *A*, oder *A* = *B*. Dieser Satz widerspricht dem vorigen geradezu; in ihm ist abstrahiert von der reinen Identität und die Nicht-Identität, die reine Form des Nichtdenkens gesetzt, wie der erste die Form des reinen Denkens {setzt}, das ein Anderes ist als das absolute Denken, die Vernunft. Nur weil auch das Nichtdenken gedacht, *A* nicht = *A* durchs Denken gesetzt wird, kann er überhaupt gesetzt werden; in *A* nicht = *A* oder *A* = *B* ist die Identität, das Beziehen, das = des ersten Satzes ebenfalls, aber nur subjektiv, d. h. nur insofern das Nichtdenken durchs Denken gesetzt ist. Aber dies Gesetztsein des Nichtdenkens fürs Denken ist dem Nichtdenken durchaus zufällig, eine bloße Form für den zweiten Satz, von der, um seine Materie rein zu haben, abstrahiert werden muß.« (Ebd., S. 37 f.)

123 Bei Reinhold heißt es: »Soll die Anwendung des Denkens, als *Anwendung*, nicht sich selbst widersprechen – so muß in dieser Anwendung, *als Anwendung*, zum Denken, *als Denken*, die *Materie, als ein Anderes*, folglich als *kein Denken* – als *Nichtdenken* hinzukommen; denn sonst würde diese *Anwendung* – *bloßes Denken* seyn.« (C[arl] L[eonhard] Reinhold, Beyträge zur leichteren Uebersicht des Zustandes der Philosophie beym Anfange des 19. Jahrhunderts. Erstes Heft, Hamburg 1801, S. 111)

Gedanken, wodurch es wieder Gedanke wird. Das Nicht-Gedachte erscheint als Gedachtes und als nichts anderes. Die völlige Vermittlung, die in dieser Sentenz enthalten ist, widerstreitet dem Begriff der Dialektik selbst. Das ist die entscheidende Stelle, wo Hegels Dialektik idealistisch ist.

Der zweite und der erste Satz bedingen sich gegenseitig.[124] In der Darstellung dieser wechselseitigen Begründung in der Differenzschrift antizipiert Hegel die Dialektik von Grund und Begründung in der späteren Logik. Er weist darauf hin, daß der Satz der Nichtidentität auch unter der »subalternen Form« des Satzes vom Grund ausgesprochen wurde.[125] Wenn man sagt, daß A einen Grund habe, so ist gemeint, daß A durch etwas außer ihm bedingt ist. Abstrahiert man von dieser Bedingtheit, hat man das reine Nichtgesetztsein zum Ausdruck gebracht. Dadurch, daß man A so als Gesetztes und Nichtgesetztes gleichzeitig setzen kann, hat man die Synthese des Satzes der Identität und des Satzes des Widerspruchs geleistet. In der weiteren Darstellung beansprucht Hegel den dialektischen Gedanken durch ungeheure Formalisierung bis an die äußerste Grenze. Er stellt fest, daß beide Sätze Sätze des Widerspruchs sind, im ersten ist der Widerspruch eben = 0. Der zweite erweist durch seine Bezogenheit auf den ersten die Notwendigkeit des Widerspruchs.[126] Diese Einheit der Gegensätze ist der höchste Ausdruck, den die Vernunft durch den Verstand erfahren kann. »$A = A$ enthält die Differenz des A als Subjekts und A als Objekts zugleich mit der Identität, so wie $A = B$ die Identität des A und B mit der Differenz beider.«[127]

Erst wenn der reflektierende Verstand diese Antinomie in den Griff bekommt, hat er den entscheidenden Schritt zur Vernunft hin gemacht. »... so ist die Antinomie, der sich selbst aufhebende Widerspruch, der höchste formellem Ausdruck des Wissens und der Wahrheit.«[128] In dieser Darstellung ist die Entwicklung des Dialektikbegriffs von Kant (»Dialektik des Scheins« Kritik der reinen Vernunft,

---

[124] »Dieser zweite Satz ist so unbedingt als der erste und insofern Bedingung des ersten, so wie der erste Bedingung des zweiten Satzes ist. Der erste ist bedingt durch den zweiten, insofern er durch die Abstraktion von der Ungleichheit, die der zweite Satz enthält, besteht; der zweite, insofern er, um ein Satz zu sein, einer Beziehung bedarf.« (HW, Bd. 2, S. 38)

[125] »Der zweite Satz ist sonst unter der subalternen Form des Satzes des Grundes ausgesprochen worden; oder vielmehr er ist erst in diese höchst subalterne Bedeutung dadurch herabgezogen worden, daß man ihn zum Satze der Kausalität gemacht hat.« (Ebd.)

[126] »Beide Sätze sind Sätze des Widerspruchs, nur im verkehrten Sinne. Der erste, der der Identität, sagt aus, daß der Widerspruch = 0 ist; der zweite, insofern er auf den ersten bezogen wird, daß der Widerspruch ebenso notwendig ist als der Nichtwiderspruch.« (Ebd., S. 39)

[127] Ebd.

[128] »Wenn man bloß auf das Formelle der Spekulation reflektiert und die Synthese des Wissens in analytischer Form festhält, so ist die Antinomie, der sich selbst aufhebende Widerspruch, der höchste formelle Ausdruck des Wissens und der Wahrheit.« (Ebd.)

B 86)¹²⁹ zu Hegel reflektiert. Bezugnehmend auf die Kantischen Antinomien der Vernunft erklärte Hegel später, daß aus ihnen nicht abzuleiten wäre, daß »die Vernunft unfähig wäre, das Wesen des Seienden zu erkennen«, sondern daß nur der Verstand seine Grenze an den antinomischen Widersprüchen finde (Nürnberger Schriften 32, zitiert nach Hoffmeister, Wörterbuch der philosophischen Begriffe, S. 63).¹³⁰ Die dialektische Notwendigkeit der Antinomie weist sie aus als eine Form der Wahrheit.

Leo Derrik

---

129 »So verschieden auch die Bedeutung ist, in der die Alten dieser Benennung einer Wissenschaft oder Kunst sich bedienten, so kann man doch aus dem wirklichen Gebrauche derselben sicher abnehmen, daß sie bey ihnen nichts anders war, als die *Logik des Scheins*. Eine sophistische Kunst, seiner Unwissenheit, ja auch seinen vorsetzlichen Blendwerken den Anstrich der Wahrheit zu geben, daß man die Methode der Gründlichkeit, welche die Logik überhaupt vorschreibt, nachahmete, und ihre Topik zu Beschönigung jedes leeren Vorgebens benutzte. Nun kann man es als eine sichere und brauchbare Warnung anmerken: daß die allgemeine Logik, *als Organon betrachtet*, jederzeit eine Logik des Scheins, d.i. dialectisch sey. Denn da sie uns gar nichts über den Inhalt der Erkenntniß lehrt, sondern nur bloß die formalen Bedingungen der Uebereinstimmung mit dem Verstande, welche übrigens in Ansehung der Gegenstände gänzlich gleichgültig seyn: so muß die Zumutung, sich derselben als eines Werkzeugs (Organon) zu gebrauchen, um seine Kenntnisse, wenigstens dem Vorgeben nach, auszubreiten und zu erweitern, auf nichts als Geschwätzigkeit hinauslaufen, alles, was man will, mit einigem Schein zu behaupten, oder auch nach Belieben anzufechten.« (Immanuel Kant, Critik der reinen Vernunft [1781], 2. Aufl., Riga 1787, S. 85 f. [A 61 f.]; vgl. KW, Bd. III, S. 104 f.)

130 Unter dem Lemma »Antinomie« heißt es u.a.: »Hegel erklärte, daß [...] nicht gesagt sein könne, daß ›die *Vernunft* unfähig wäre, das Wesen des Seienden zu erkennen‹, sondern nur, daß ›in die Bestimmungen, wie der *Verstand* sie festhält, dieser Widerspruch fällt‹ (Nürnb. Schr. 32).« (Wörterbuch der philosophischen Begriffe [1944], hrsg. von Johannes Hoffmeister, 2. Aufl., Hamburg 1955 [Philosophische Bibliothek; 225], S. 62 f.; hier: S. 63) – Vgl. Georg Wilh. Friedr. Hegel, Nürnberger Schriften. Texte, Reden, Berichte und Gutachten zum Nürnberger Gymnasialunterricht 1808–1816, in: Georg Wilh. Friedr. Hegel, Sämtliche Werke, Bd. XXI, hrsg. von Johannes Hoffmeister, Leipzig 1938 (Philosophische Bibliothek; 165), S. 32; vgl. HW, Bd. 4, S. 91.

Wintersemester 1962/63:
Soziologische Grundbegriffe II

Soziologisches Hauptseminar

In diesem Semester hält Adorno zudem die philosophische Vorlesung »Philosophische Terminologie (Zur Einleitung) II« und gibt das philosophische Hauptseminar »Hegel, ›Differenz des Fichteschen und Schellingschen Systems der Philosophie‹«

Das Seminar findet dienstags von 17 bis 19 Uhr statt

325–335 UAF Abt. 139 Nr. 11

325 Richard Herding, 6. November 1962

Richard Herding

Protokoll
Prof. *Adorno: Soziologisches Seminar*
– Soziologische Grundbegriffe II –

6. 11. 1962.

Thema der zweiten Hälfte des Seminars soll, wie Prof. Adorno einleitend bemerkte, vor allem der Komplex »Herrschaft« sein, der mit Naturbeherrschung weitgehend zusammenhängt.

Zunächst trug Herr *Friedrich* sein Referat über *Francis Bacon* vor.[1] Die Hindernisse, die dem reflektierenden Bewußtsein bei der Erkenntnis des Menschen und der Welt sich entgegenstellen, seien vor allem dann wesentlich, wenn diese Erkenntnis als Vorbedingung für eine gute Ordnung von Staat und Gesellschaft gedacht ist. Prof. Adorno sagte dazu, charakteristisch für Bacon sei sein *Praktizismus*. An der Möglichkeit gültiger Erkenntnis wird nicht gezweifelt – und zwar die ganze Aufklärung hindurch. Sie wird naiv oder dogmatisch angenommen, nur gibt es Hindernisse, die aber tendenziell sich beseitigen lassen (anders bei Descartes und Kant!); dann steht das Reich schrankenloser Erkenntnis offen. Die Verbindung mit gesellschaftlichen Zwecken ist unmittelbar: Es geht um die Entfesselung der gesellschaftlichen Produktivkräfte des bürgerlichen Zeitalters. – Gegen die scholastisch-spekulative Erkenntnismethode setzt zur Zeit Bacons die naturwissenschaftlich-systematische sich durch. Jedoch machte Professor Adorno darauf aufmerksam, daß man gerade Bacon den unsystematischen Charakter seines Werkes vorgeworfen hat.

Eigenschaften wie Leichtgläubigkeit, Interessiertheit, Wortfetischismus verhindern Bacon zufolge die »glückliche Ehe von Verstand und Natur der Dinge«.[2]

---

[1] Hannes Friedrich, »Francis Bacon«, UAF Abt. 139 Nr. 11.
[2] »Let me so give every man his due, as I give time his due, which is to discover truth. Many of these men had greater wits, far above mine own, and so are many in the universities of Europe at this day. But alas, they learn nothing there but to believe: first, to believe that others know that which they know not. But indeed facility to believe, impatience to doubt, temerity to answer, glory to know, doubt to contradict, end to gain, sloth to search, seeking things in words, resting in part

Damit der Verstand Abbild von Wirklichkeit werde, müssen Trugschlüsse, *Idole*, Antizipationen als störend erkannt und beseitigt werden. Doch beruht Wissenschaft, insofern sie Hypothesenbildung ist, gerade auf Antizipation, worauf Prof. Adorno hinwies. Gerade Bacon war ein Meister der Antizipation. Seine Forderung meint, daß nicht mit Hypothesen gearbeitet werden darf, als seien sie schon bewiesen.

Die Idolenlehre, die zur »pars destruens« des »Novum Organon« gehört,[3] bildet den Anfang neuzeitlicher Ideologienforschung. Das Verhältnis der Gesellschaft zu Wissen und Bildung wandelt sich mit der Expansion der wirtschaftlichen Produktivkräfte durch das Entstehen des freien Marktes. Die gesellschaftliche Funktion der Ideen wird erkannt. Die vollen Auswirkungen dieses Prozesses sind erst bei Marx und Feuerbach zu spüren. – Prof. Adorno stellte als »roten Faden«

---

of nature; these and the like, have been the things which have forbidden the happy match between the mind and the nature of things; and in place thereof have married it to vein notions and blind experiments: and what the posterity and issue of so honourable a match may be, it is not hard to consider.« (Francis Bacon, In Praise of Knowledge, in: The Works of Francis Bacon in Ten Volumes, Bd. II, London 1824, S. 123–126; hier: S. 125 f.) – In der *Dialektik der Aufklärung* [1947] heißt es: *Seit je hat Aufklärung im umfassendsten Sinn fortschreitenden Denkens das Ziel verfolgt, von den Menschen die Furcht zu nehmen und sie als Herren einzusetzen. Aber die vollends aufgeklärte Erde strahlt im Zeichen triumphalen Unheils. Das Programm der Aufklärung war die Entzauberung der Welt. Sie wollte die Mythen auflösen und Einbildung durch Wissen stürzen. Bacon, »der Vater der experimentellen Philosophie«, hat die Motive schon versammelt. Er verachtet die Adepten der Tradition, die »zuerst glauben, daß andere wissen, was sie nicht wissen; und nachher, daß sie selbst wissen, was sie nicht wissen. Leichtgläubigkeit jedoch, Widerwille gegen den Zweifel, Unbesonnenheit im Antworten, Prahlerei mit Bildung, Scheu zu widersprechen, Interessiertheit, Lässigkeit in eigener Forschung, Wortfetischismus, Stehenbleiben bei bloßen Teilerkenntnissen: dies und Ähnliches hat die glückliche Ehe des menschlichen Verstandes mit der Natur der Dinge verhindert, und ihn statt dessen an eitle Begriffe und planlose Experimente verkuppelt: die Frucht und Nachkommenschaft einer so rühmlichen Verbindung kann man sich leicht vorstellen.*[«] (GS, Bd. 3, S. 19)

3 Bacon bemerkt im »Neuen Organon« [1620]: »Soviel zur Beseitigung der Verzweiflung, einer der mächtigsten Ursachen, die den Fortschritt der Wissenschaften hemmt und hindert. Und damit ist zugleich die Abhandlung über die Anzeichen und Ursachen der Irrtümer, der Trägheit und der herrschenden Unwissenheit beendet, namentlich, da die feineren Ursachen, die dem Urteil oder der Beobachtung der Menge unzugänglich sind, sich darauf beziehen, was über die Idole des menschlichen Geistes gesagt worden ist. *[Absatz]* Hier soll zugleich der niederreißende Teil meiner Erneuerung der Wissenschaften schließen. Er vollzieht sich durch eine dreifache Widerlegung, die der menschlichen Vernunft in ihrem natürlichen und sich selbst überlassenen Zustand, die der Beweisführungen und die der Theorien und der überkommenen Philosophien und Lehrmeinungen.« (Francis Bacon, Neues Organon. Teilband 1. Lateinisch – deutsch, hrsg. und eingel. von Wolfgang Krohn, übers. von Rudolf Hoffmann, bearb. von Gertraud Korf, Hamburg 1990 [Philosophische Bibliothek; 400a], S. 239)

des Baconschen Denkens heraus, daß der Stand der Gesellschaft bei ihm davon abhängt, wie frei oder wie unfrei das Denken ist. Das spezifisch Bürgerliche daran ist die Auffassung: Der *Geist* »schafft es eigentlich, die Gesellschaft in Ordnung zu bringen«. Sie ist Ausdruck eines bürgerlichen Optimismus, dessen erster großer philosophischer Sprecher Bacon war. *Zweifel* daran hängen historisch damit zusammen, daß die bürgerliche Ökonomie ihrer Grenzen gewahr wird.

Bacon trat gegen deduktive Methode, Syllogismus (d. h., wie Prof. Adorno einwarf, gegen den spätscholastischen Syllogismus-Kult etwa eines Raimundus Lullus)[4] und griechische Philosophie (in ihrer Dogmatisierung) auf und setzte dagegen die Induktion. Mit der Idolenlehre tut er den Schritt von der Philosophie- zur Verstandeskritik. Eine »Doktrin zur Reinigung des Intellekts« soll diesen, der einem »Spiegel mit unebener Fläche« gleicht, korrigieren.[5] Prof. Adorno wies darauf hin, daß diese Idee z. B. auch bei Spinoza sich findet, so in dem Titel: »Über die Verbesserung des Verstandes«[6]. – Idole sind am besten als Bilder zu charakterisieren, die den Blick auf die Sache verstellen. Sie haben bei Bacon ihren Ursprung als »idola fori«[7] oder »idola theatri«[8] in der Gesellschaft und ihrer Kommunikation, als »idola specus«[9] im jeweiligen menschlichen Individuum, schließlich als

---

4 Anspielung auf die sogenannte »Große Kunst«, entworfen von Ramon Llull Anfang des 14. Jahrhunderts, eine geometrische Anordnung von Figuren und Begriffen, mit deren Hilfe es möglich sein soll, mechanisch sämtliche Gegenstände begrifflich eindeutig zu bestimmen.
5 »Die Idole des Stammes sind in der menschlichen Natur selbst, im Stamme selbst oder in der Gattung der Menschen begründet. Es ist nämlich ein Irrtum zu behaupten, der menschliche Sinn sei das Maß der Dinge; ja, das Gegenteil ist der Fall; alle Wahrnehmungen der Sinne wie des Geistes geschehen nach dem Maß der Natur des Menschen, nicht nach dem des Universums. Der menschliche Verstand gleicht ja einem Spiegel, der die strahlenden Dinge nicht aus ebener Fläche zurückwirft, sondern seine Natur mit der der Dinge vermischt, sie entstellt und schändet.« (Ebd., S. 101)
6 Vgl. Baruch de Spinoza, Abhandlung über die Verbesserung des Verstandes. Tractatus de intellectus emendatione [1677], in: Baruch de Spinoza, Sämtliche Werke, Bd. 5.1, hrsg., übers. und eingel. von Wolfgang Bartuschat, Hamburg 1993 (Philosophische Bibliothek; 95a).
7 »Es gibt auch Idole infolge des engen Beieinanderseins und der Gemeinschaft des menschlichen Geschlechtes; diese nenne ich wegen des Verkehrs und der Gemeinschaft der Menschen Idole des Marktes.« (Bacon, Neues Organon, a.a.O. [s. Anm. 3], S. 103)
8 »Es gibt endlich Idole, welche in den Geist der Menschen aus den verschiedenen dogmatischen Behauptungen philosophischer Lehrmeinungen wie auch aus den verkehrten Gesetzen der Beweisführung eingedrungen sind; diese nenne ich die Idole des Theaters; denn so viele Philosophien angenommen oder erfunden worden sind, so viele Fabeln sind nach meiner Auffassung damit geschaffen und für wahr unterstellt worden, welche die Welt als unwirklich und erdichtet haben erscheinen lassen.« (Ebd., S. 105)
9 »Die Idole der Höhle sind die Idole des einzelnen Menschen. Denn ein jeder hat (neben den Abirrungen der menschlichen Natur im allgemeinen) eine Höhle oder eine gewisse nur ihm eigene

»idola tribus« in der unveränderlichen Natur des Menschen als Gattungswesen. Ähnlich wie in der Antinomienlehre Kants verstrickt sich der Mensch *notwendig* in die seiner Natur inhärenten »Idole«. Es ergibt sich dabei, wie der Referent herausstellte, die Frage, wie denn »angeborene Idole« zu erkennen und auszuschalten seien. Bacon betont zudem den Unterschied zwischen den Idolen als »willkürlichen Abstraktionen« (zu denen nach Prof. Adorno auch der Komplex des »wishful thinking« gehört) und göttlichen Ideen, als den Dingen vom Schöpfer eingeprägten Zeichen.[10]

Die Wendung von den »idola specus« bezeichnete Prof. Adorno als eine Umformung des Platonischen Höhlengleichnisses.[11] Schon in dieser »Urlandschaft der bürgerlichen Lehre«, die Bacons Philosophie darstellt, sind autistische Eitelkeit und Introvertiertheit suspekt; es gilt (wie heute im angelsächsischen Denken) Anpassung, Kommunikationsfähigkeit, das ganze Pathos der *Soziabilität*. Ein ideologisches Element des »Du sollst« ist darin enthalten: Im Haß gegen die alte Metaphysik schwingt bereits der gegen die Phantasie und die Freiheit des Denkens mit. Progressiv gegenüber dem Feudalismus wird hier das Element von Willkür und Zufälligkeit an der psychologischen Sphäre, an der »persönlichen Leitung«, an der bloßen Individualität erfahren. Im äußersten Gegensatz dazu steht Hölderlins »Ich verstand die Stille des Äthers – der Menschen Worte verstand ich nie.«[12]

Grotte, welche das Licht der Natur bricht und verdirbt; teils infolge der eigenen und besonderen Natur eines jeden; teils infolge der Erziehung und des Verkehrs mit anderen; teils infolge der Bücher, die ein jeder mit Vorliebe liest, und der Autoritäten, denen er Verehrung und Bewunderung zollt; teils infolge der Unterschiedlichkeit der Eindrücke, wie sie einer voreingenommenen und vorurteilsvollen Sinnesart oder aber eine gleichmütigen und gesetzten Stimmung entsprechen und dergleichen mehr.« (Ebd., S. 103)
10 »Ich verlange, daß man jene törichten und gleichsam nachgeäfften Modelle der Welt, die von der Phantasie in den Philosophien gebildet worden sind, gänzlich verjage. Die Menschen mögen dazu bedenken, worauf ich schon hinwies, wie groß der Unterschied zwischen den Idolen des menschlichen Geistes und den Ideen des göttlichen Geistes ist. Jene sind nichts anderes als willkürliche Abstraktionen; diese aber sind die echten Siegel des Schöpfers an seinen Geschöpfen, wie sie der Materie durch wahre und besondere Linien eingeprägt und eingemeißelt werden.« (Ebd., S. 259)
11 Vgl. Platon, Politeia, in: Platon, Sämtliche Werke, hrsg. von Ursula Wolf, Bd. 2, übers. von Friedrich Schleiermacher, Reinbek bei Hamburg 1994 (Rowohlts Enzyklopädie; 562), S. 195–537; hier: S. 420f. (514a–515d).
12 Hölderlins Ode »Da ich ein Knabe war ...« [1874] endet mit den Strophen: »O all ihr treuen / Freundlichen Götter! / Daß ihr wüßtet, / Wie euch meine Seele geliebt! // Zwar damals rieff ich noch nicht / Euch mit Nahmen, auch ihr / Nanntet mich nie, wie die Menschen sich nennen, / Als kennten sie sich. // Doch kannt' ich euch besser, / Als ich je die Menschen gekannt, / Ich verstand

Die kommunikationsbedingten »idola fori« sind in der Geschichte der Ideologienforschung besonders wichtig. »Die Worte«, sagt Bacon, »tun dem Geiste Gewalt an und stören alles«.[13] Es ist hier, wie Prof. Adorno es kennzeichnete, ein reiner erkenntnistheoretischer Nominalismus vorausgesetzt, ein Denken, dem Begriffe willkürliche Signa bedeuten und dem ein »Leben des Begriffes«[14] fremd ist. In einer *ambivalenten Haltung* kritisiert es zwar Prestigeworte u.ä., zeigt sich aber auch schon denunziatorisch gegen den Gedanken.

Das Referat stellte die Verbindung der Baconschen Lehre mit allen späteren her, die aus vorgeblich anthropologisch bedingter Unwissenheit des Menschen, aus der Verlegung objektiver Ursachen ins rein Subjektive Herrschaft begründen helfen: bis zu Geiger[15], Pareto[16] und Max Schelers statischer Typologie von »Idolen«.[17]

---

die Stille des Aethers, / Der Menschen Worte verstand ich nie. // Mich erzog der Wohllaut / Des säuselnden Hains / Und lieben lernt' ich / Unter den Blumen. // Im Arme der Götter wuchs ich groß.« (Friedrich Hölderlin, Sämtliche Werke. ›Frankfurter Ausgabe‹. Historisch-kritische Ausgabe, hrsg. von D. E. Sattler, Bd. 5, hrsg. von D. E. Sattler und Michael Knaupp, Frankfurt a.M. 1984, S. 395–397; hier: S. 397)
13 »Die Menschen gesellen sich [...] mittels der Sprache zueinander; aber die Worte werden den Dingen nach der Auffassung der Menge beigeordnet. Daher knebelt die schlechte und törichte Zuordnung der Worte den Geist auf merkwürdige Art und Weise. Auch die Definitionen oder Bezeichnungen, mit denen sich die Gelehrten in einigen Punkten zu schützen und zu verteidigen pflegen, bessern die Sachlage keineswegs. Sondern die Worte tun dem Verstand offensichtlich Gewalt an und verwirren alles. Sie verführen die Menschen zu leeren und zahllosen Streitigkeiten und Erdichtungen.« (Bacon, Neues Organon, a.a.O. [s. Anm. 3], S. 103)
14 »Die Wissenschaft darf sich nur durch das eigene Leben des Begriffs organisieren; in ihr ist die Bestimmtheit, welche aus dem Schema äußerlich dem Dasein aufgeklebt wird, die sich selbst bewegende Seele des erfüllten Inhalts.« (HW, Bd. 3, S. 51)
15 Vgl. Theodor Geiger, Die soziale Schichtung des deutschen Volkes. Soziographischer Versuch auf statistischer Grundlage, Stuttgart 1932.
16 Vgl. Vilfredo Pareto, Allgemeine Soziologie [1916], bes. von Hans Wolfram Gerhard, übers. und eingel. von Carl Brinkmann, Tübingen 1955.
17 Vgl. Max Scheler, Die Idole der Selbsterkenntnis [1911], in: Max Scheler, Gesammelte Werke, Bd. 3, hrsg. von Maria Scheler, 5. Aufl., Bern und München 1972, S. 213–292; dort heißt es: »Franz Bacon schickte dem Teile seines Novum Organon, in dem er die positive Methodik der Erforschung der äußeren Natur entwickelte, ein negatives Lehrstück voraus, seine Lehre von den *Idolen*. Der ›getrübte Spiegel‹ unseres Verstandes sollte – meint er – durch Kenntnis von natürlichen Neigungen zu Täuschung und Irrtum und durch resoluten Kampf gegen sie gereinigt werden. Eben das, was Bacon für die Sphäre der äußeren Wahrnehmung unternahm, soll im folgenden für die Sphäre der *inneren* und *Selbstwahrnehmung* versucht werden.« (Ebd., S. 215)

Entscheidend ist die Verbindung von Bacons Idolenlehre mit seiner *Kritik des Aberglaubens*,[18] die von der französischen Aufklärung als Religions- und Herrschaftskritik weitergeführt wurde. Prof. Adorno qualifizierte diese Kritik am Aberglauben, verbunden mit der Forderung nach strenger Arbeitsteilung zwischen Philosophie und Religion, als einen Versuch Bacons, vom Vorwurf der Ketzerei sich zu reinigen. Die Angriffe gegen den Aberglauben sind im Grunde nichts anderes als solche gegen die Religion in einer machiavellistischen Tarnung.

Die Erkenntnis der Religion als eines Mittels, Staatsordnungen zu sanktionieren, führte in der französischen Aufklärung zur Entwicklung des gesellschaftskritischen Potentials dieser Gedanken – während etwa Hobbes dem Staat Religion als Herrschaftsmittel empfiehlt, wie Prof. Adorno erwähnte.

Es schloß sich hier das Referat von Frau *Negt* an über *Soziale Konflikte und Formen der Herrschaft bei Helvétius und Holbach*.[19] Als invariante Natureigenschaften (auf die Annahme solcher Konstanten sogar bei diesen radikalen Aufklärern wies Prof. Adorno besonders hin) erscheinen bei Holbach und Helvétius der Selbsterhaltungstrieb, das Glücksstreben, die Schmerzvermeidung.[20] Prof. Adorno machte

---

18 »Das Unheil durch Aberglauben und die Beimischung der Theologie ist in der Philosophie weit verbreitet, die im allgemeinen und im einzelnen dadurch stark geschädigt wird. [...] Am schlimmsten ist die Vergötterung des Irrtums. Es gleicht einer Pest des Verstandes, wenn das Eitle noch verehrt wird. Dieser Eitelkeit haben sich aber einige der Neueren mit grenzenlosem Leichtsinn so hingegeben, daß sie den Versuch unternahmen, die Naturphilosophie auf das erste Kapitel der Schöpfung, auf das Buch Hiob und auf andere heilige Bücher zu gründen; die haben das Lebende unter dem Toten gesucht. Und um so mehr ist dieser Eitelkeit entgegenzutreten und sie in die Schranke zu weisen, da aus einer ungesunden Vermischung des Göttlichen und Menschlichen nicht bloß eine phantastische Philosophie, sondern auch eine ketzerische Religion herauskommt. Es ist deshalb nur heilsam, wenn nüchternen Geistes dem Glauben nur das gegeben wird, was des Glaubens ist.« (Bacon, Neues Organon, a.a.O. [s. Anm. 3], S. 135)
19 Ingeborg Negt, »Soziale Konflikte und Formen der Herrschaft bei Helvétius und Holbach«, UAF Abt. 139 Nr. 11.
20 Bei Holbach heißt es etwa: »So wie alle Dinge strebt der Mensch danach, die Existenz, die er empfangen hat, zu bewahren; er widersetzt sich ihrer Zerstörung; er gehorcht der Trägheit und dem Beharrungsvermögen; er wird von Gegenständen angezogen, die ihm verwandt sind, er wird von denen zurückgestoßen, die ihm zuwider sind; er sucht die einen, er flieht die anderen oder versucht, sie aus dem Wege zu räumen. [...] Alle die Bewegungen oder Veränderungen, die der Mensch im Laufe seines Lebens entweder durch äußere Gegenstände oder durch in ihm befindliche Substanzen erfährt, sind seiner Seinsweise zuträglich oder schädlich, erhalten sie ›in Ordnung‹ oder stürzen sie in Unordnung, sind dem wesentlichen Streben dieser Existenzweise bald konform, bald entgegengesetzt, mit einem Wort, sind angenehm oder unangenehm; seine Natur

auf die Herkunft dieser Kategorien von Moralisten aufmerksam: erst die genannten Autoren bringen sie in Zusammenhang mit der Vernunft.

Während Holbach die Vergesellschaftung als abgeleitet aus der natürlichen Verschiedenheit der Menschen und aus der daraus resultierenden Arbeitsteilung ansieht,[21] zwingt nach Helvétius der Kampf gegen die Naturgewalten die Menschen zur Kooperation.[22] Beiden Theorien liegt die Idee des Glücksstrebens zugrunde. Prof. Adorno nannte Holbach einen mehr mechanischen (naturwissenschaftlichen), Helvétius einen gesellschaftlichen Materialisten. Zum »Glücksstreben« merkte er an, ob man die aus der Ökonomie stammende Kategorie der Maximierung auf das Glück überhaupt anwenden könne.

Tugend wird von beiden Autoren utilitaristisch gesehen; der Tausch – hypostasiert als Maß aller menschlichen Beziehungen, wie Prof. Adorno ergänzte – liegt ihr zugrunde.

Holbachs und Helvétius' Theorie von der Entwicklung des Menschen ist die erste dynamische. Durch Erziehung und Gesetzgebung werden die Menschen erst zu dem, was sie sind. Prof. Adorno bemerkte dazu, diese Beurteilung der Rolle der Gesetzgebung spiegle die Verhältnisse einer Zeit wider, in der die Gesetze schon zur Fessel der gesellschaftlichen Kräfte geworden, die politische Ordnung veraltet und somit beide keine bloßen Epiphänomene waren. Jedenfalls war das Pathos der Aufklärung politisch, nicht gesellschaftlich. – Zu Holbachs Rekurs aufs phy-

---

zwingt ihn, die einen zu billigen und die anderen zu mißbilligen; die einen machen ihn glücklich, die anderen machen ihn unglücklich; die einen werden zu Gegenständen seiner Wünsche, die anderen zu Gegenständen seiner Furcht.« (Paul Thiry d'Holbach, System der Natur oder Von den Gesetzen der physischen und der moralischen Welt [1770], übers. von Fritz-Georg Voigt, eingel. von Manfred Naumann, Berlin 1960, S. 60–62) – Bei Helvétius heißt es etwa, »daß die Leidenschaften und der Abscheu vor Langeweile die Seele bewegen, sie dem natürlichen Hang zur Ruhe entreißen und sie die Trägheit überwinden lassen, der sie sich immer bereitwillig überläßt.« (Claude-Adrien Helvétius, Vom Geist [1758], in: Claude-Adrien Helvétius, Philosophische Schriften, hrsg. von Werner Krauss, Bd. I, übers. von Theodor Lücke, Berlin und Weimar 1973, S. 284)

21 »Die Vielfältigkeit, die zwischen den Individuen der menschlichen Gattung besteht, schafft Ungleichheit zwischen ihnen, und diese Ungleichheit ist die Grundlage der Gesellschaft. Wären alle Menschen an Körperkräften und geistigen Fähigkeiten gleich, dann bedürfte keiner des anderen: die Vielfältigkeit ihrer Fähigkeiten und die Ungleichheit, die dadurch zwischen ihnen besteht, bewirken, daß die Menschen aufeinander angewiesen sind; im andern Fall würden sie isoliert leben.« (d'Holbach, System der Natur, a.a.O. [s. vorige Anm.], S. 94)

22 Vgl. den Abschnitt »Von der Soziabilität«, in: Claude Adrien Helvétius, Vom Menschen, seinen geistigen Fähigkeiten und seiner Erziehung [1772], hrsg., übers. und eingel. von Günther Mensching, Frankfurt a.M. 1972, S. 112–116.

sische Verhalten des Körpers zur Erklärung selbst politischer Ereignisse[23] wies er darauf hin, daß dahinter die Kritik des Absolutismus steht, wo »der König einen köpfen lassen konnte, wenn er Bauchschmerzen hatte«. Eine Theorie der Gesellschaft solle das nicht darstellen.

Holbach wirft dem Gesetz seine Ungerechtigkeit vor, wenn es die bestraft, denen die Gesellschaft nicht Gelegenheit gab, ihren Normen gemäß sich zu entwickeln – zu deren Kritik jedoch schritt er, wie Prof. Adorno ergänzte, noch nicht.

Wenn Holbach das Verhältnis von Sein und Bewußtsein fürs Individuum materialistisch, für die Gesellschaft aber idealistisch deutet – wonach Gesetze und »große Männer« »Geschichte machen«[24] –, wird die Aufklärung der milieufrei gedachten Herrschenden zum Hauptproblem. Die Umstände werden nicht als Produkt gesellschaftlicher Arbeit angesehen, worauf vor allem Marx später seine Kritik gründet. Abstrakt übergeordneten bzw. neutralen Instanzen, so faßte Prof. Adorno den Kern der dargestellten Philosophie, wird die Veränderung der Verhältnisse übertragen – nicht den Menschen selbst. Die Einheit realer Interessen von Klassen wurde noch nicht gesehen: Die bürgerlichen Interessen waren noch zerstreut. Der Gedanke, an einer starken Zentralgewalt festzuhalten, war auf der einen Seite ideologischer Reflex des Merkantilismus, auf der anderen richtete er sich gegen die Reste diffuser mittelalterlicher Feudalinteressen. Daß die bürgerliche Revolution die Könige köpfte, ist mehr auf die emotional-ideologische Brauchbarkeit solcher Parolen zurückzuführen als auf die – in Wirklichkeit keineswegs sehr enge – Verbundenheit von Feudalismus und Absolutismus.

---

23 »Wir müssen für das *Physische* des Menschen sorgen, es ihm angenehm machen, und bald werden wir sehen, daß seine *Moral* besser und glücklicher, seine Seele friedlich und heiter und sein Willen durch natürliche und faßliche Beweggründe, die man ihm zeigt, zur Tugend bestimmt wird. Wenn der Gesetzgeber seine Bemühungen aufs Physische richtet, dann wird er gesunde, starke und kräftige Staatsbürger bilden, die sich glücklich fühlen und denjenigen nützlichen Impulsen aufgeschlossen sind, die man ihren Seelen wird geben wollen. Die Seelen werden immer verdorben bleiben, wenn die Körper Not leiden und die Völker unglücklich sind. ›Mens sana in corpore sano‹: das wird einen guten Staatsbürger bilden.« (d'Holbach, System der Natur, a.a.O. [Anm. 20], S. 79f.)
24 Das Wort stammt von Treitschke: »Dem Historiker ist nicht gestattet, nach der Weise der Naturforscher das Spätere aus dem Früheren einfach abzuleiten. Männer machen die Geschichte. Die Gunst der Weltlage wird im Völkerleben wirksam erst durch den bewußten Menschenwillen, der sie zu benutzen weiß.« (Heinrich von Treitschke, Deutsche Geschichte im Neunzehnten Jahrhundert. Erster Theil. Bis zum zweiten Pariser Frieden, Leipzig 1879, S. 28)

Mit der Feststellung, ein ideologisches Moment der Theorien Helvétius' und Holbachs liege darin, daß sie der Natur des Menschen egoistisches Interesse als Invariante zuschreiben, schloß der erste Teil des Referats. – Die Diskussion soll nach den Worten von Prof. Adorno vor allem mit zwei Fragen sich befassen:

Was für eine Vorstellung von der Gesellschaft liegt diesen »urbürgerlichen« Modellen zugrunde? Wie sieht für diese Denker die Gesellschaft aus?

Was sagen diese Theorien über das Selbstverständnis dieser Gesellschaft aus? Was ist an ihnen Wahrheit, was Ideologie?

326 Edgar Balzter, 13. November 1962

E. Balzter[25]

> *Protokoll des*
> *Soziologischen Hauptseminars*
>
> vom 13.[26] 11. 1962

Im ersten Teil der Seminarsitzung wurde das Referat über soziale Konflikte und Formen der Herrschaft bei Helvétius und Holbach, so weit schon verlesen, noch einmal zusammengefaßt und dann zu Ende geführt.

Der Mensch muß nach Helvétius und Holbach als biologisches Wesen verstanden werden, dem eine Reihe Natureigenschaften, an erster Stelle der Selbsterhaltungstrieb, dann das Streben nach Glück und Vermeidung von Unlust und Schmerz, zukomme, die in der gesamten geschichtlichen Entwicklung invariant bleiben. Der Mensch ist seiner spezifischen Natur nach nicht auf ein gesellschaftliches Zusammenleben angelegt, er ist nicht ontologisch gesellschaftlich im Sinne eines Zoon politikon. Erst die Ungleichheit der physischen Natur, durch die die Menschen aufeinander angewiesen sind (bei Holbach)[27], bzw. der dauernde Kampf mit der äußeren Natur, der die Menschen zu gemeinsamer Arbeit, zur Arbeitsteilung, nötigt, schaffen eine gesellschaftliche Ordnung. Es sind also wesentlich egoistische Motive, nämlich in beiden Ansätzen die Konzeption, daß das gegenseitige Nutzungsverhältnis das Glück des Einzelnen fördere, die die Menschen dazu bringen, ihr isoliertes Dasein aufzugeben. Damit wird von den beiden Denkern eine Rehabilitierung der egoistischen Interessen vertreten, die von der biologischen Vorstellung ausgeht, daß die Gesellschaft durch die bewußte Billigung des Egoismus gewissermaßen entgiftet wird, und zwar entgiftet wird von der Scheinheiligkeit und Heuchelei, die gerade auch in der heutigen Zeit ihren Platz hat, in der es zur Norm gehört, in rhetorischer Überschwenglichkeit von Idealen zu reden, und in der auf der anderen Seite die Menschen auf Grund des ökonomischen Systems gezwungen sind, ihre egoistischen Interessen rücksichtslos zu verfolgen. Es besteht geradezu ein dialektisches Verhältnis zwischen *den* Menschen, deren Verhalten in krassem Widerspruch zu ihrem Lippenbe-

---

25 Unterschrift.
26 Korrigiert für: »12.«.
27 S. oben, Anm. 21.

kenntnis zu den Idealen steht, und denen, die die Hohlheit der idealistischen Phrasen erkannt haben und die in ihrer Kritik doch das eigentlich Ideelle noch retten. Auch Kant rechtfertigt in gewisser Weise das Einzelinteresse, wenn er die Freiheit des Individuums, und Freiheit soll einmal grob als Egoismus bzw. Interesse verstanden werden, nur dort begrenzt, wo sie die Freiheit des anderen beeinträchtigt.[28] Man wird Kant nicht gerecht, wenn man ihn einseitig als Verkünder einer autonomen, antihedonistischen Ethik betrachte.

Außer der materiellen Abhängigkeit von der Gesellschaft unterliegt der Mensch von Kindheit an dem prägenden Einfluß der Erziehung. Vor allem Helvétius, der nicht wie Holbach eine angeborene Ungleichheit der geistigen Veranlagung anerkennt,[29] vertritt eine strenge Milieutheorie, die gegen die Auffassung des Menschen als eines Wesens mit angeborenen Ideen und gegen die feudalistische Ständeordnung gerichtet ist. Der Mensch wird als Produkt seiner Umwelt gesehen und ist damit für sein Handeln nicht frei verantwortlich. Er ist notwendig gut oder schlecht, je nach den politischen Verhältnissen, unter denen er lebt. Die Schwierigkeit jeder solchen Theorie, nämlich die Möglichkeit eines Fortschritts und die Entstehung neuer Umweltbedingungen in das System miteinzubeziehen, wird durch die Annahme gelöst, daß es einer kleinen Anzahl von Menschen, den bedeutenden historischen Gesetzgebern und den Philosophen, gelingen werde, sich dem Umwelteinfluß zu entziehen. Diese Annahme findet eine Analogie in der neueren Soziologie bei Karl Mannheim in dem Begriff der »freischwebenden Intelligenz«.[30]

---

[28] In der *Negativen Dialektik* [1966] schreibt Adorno: [D]*ie Ehre, welche Kant der Freiheit angedeihen läßt, indem er sie von allem sie Beeinträchtigenden reinigen möchte, verurteilt zugleich prinzipiell die Person zur Unfreiheit. Anders denn als Einschränkung ihrer eigenen Regungen kann sie solche zum äußersten gespannte Freiheit nicht erfahren. Neigte Kant gleichwohl in manchen Passagen wie der großartigen zweiten Anmerkung zum zweiten Lehrsatz aus den Grundsätzen der praktischen Vernunft dem Glück sich zu, so durchbrach seine Humanität die Norm von Konsequenz. Ihm mochte dämmern, daß ohne solche Erbittlichkeit nach dem Sittengesetz nicht zu leben wäre. Das reine Vernunftprinzip der Persönlichkeit müßte konvergieren mit dem der Selbsterhaltung der Person, der Totalität seines ›Interesses‹, die das Glück einbegreift. Zu diesem steht Kant so ambivalent wie der bürgerliche Geist insgesamt, der dem Individuum the pursuit of happiness garantieren und aus Arbeitsmoral verbieten möchte.* (GS, Bd. 6, S. 253f.) – Vgl. KW, Bd. VII, S. 133–135 (A 45–48).

[29] Vgl. den Abschnitt »Die notwendig verschiedene Erziehung der verschiedenen Menschen ist vielleicht die Ursache jener geistigen Ungleichheit, die man bisher der ungleichen Vollkommenheit der Organe zugeschrieben hat«, in: Helvétius, Vom Menschen, a.a.O. (s. Anm. 22), S. 45–84.

[30] »Eine [...] stets experimentierende, eine soziale Sensibilität in sich entwickelnde, *auf die Dynamik und Ganzheit ausgerichtete Haltung* wird aber nicht eine in der Mitte gelagerte Klasse, sondern nur eine relativ klassenlose, nicht allzu fest gelagerte Schicht im sozialen Raume auf-

Da nach Helvétius und Holbach die Struktur einer Gesellschaft wesentlich durch die politischen Verhältnisse bestimmt ist, und da die feudalistische Ständeordnung die Forderungen der jedem Menschen zukommenden Natureigenschaften nicht anerkennt, stehen Kirche und Staat, die sich beide wechselseitig stützen, als Angriffsziele im Mittelpunkt der materialistischen Forderungen. Damit tritt auch die Frage auf, ob eigentlich Gesellschaft oder Politik für die beiden Denker primär sei.

Es ist ein spezifisches Kennzeichen der älteren Denker, daß ihnen das unmittelbar Gesellschaftliche nicht bewußt wird. Man befaßt sich früher mit Staats- und Herrschaftsformen als mit den Formen der Vergesellschaftung. Dieses hysteron proteron ist darauf zurückzuführen, daß die Menschen die Tatsache der Vergesellschaftung zuerst als Herrschaft erfahren. Diese wird zuerst zum Problem, und darum geht die Analyse der gesellschaftlichen Institutionen, der Herrschaftsformen, der Analyse der Gesellschaft voraus. Auch den Aufklärern des 18. Jahrhunderts ist Gesellschaft in diesem Sinne nicht zum Problem geworden. Die Gesellschaft, als Trägerin der Ökonomie, hat allen gut gefallen. Die Kritik richtete sich nur gegen das, was die freie Entfaltung der Gesellschaft hemmen konnte. Da man sich noch mit der Gesellschaft identifizierte, kam es nur auf eine Änderung der formalen Spielregeln an.

Dazu wurde ergänzt, daß auch heute wieder, obwohl die Auffassung des Staates als einer Objektiviation der Gesellschaft allgemein anerkannt werde, die Soziologie in Gefahr sei, sich an bloße Epiphänomene der Gesellschaft zu verlieren. Sie beschäftige sich mehr und mehr mit Institutionen, mit Konkretisierungen der Gesellschaft anstatt mit der Gesellschaft selbst und werde so zur Mikrosoziologie. Dagegen wäre es wesentlich ihre Aufgabe, das dynamische Wechselspiel zwischen Gesamtgesellschaft und ihren Institutionen aufzuzeigen.

Besonderen Wert legen Helvétius und Holbach auf die Aufdeckung der religiösen Vorurteile, mit denen die Priester die Menschen daran hindern wollen, ihren wohlverstandenen Interessen nachzugehen. Die Ohnmacht und Hilflosigkeit gegenüber Krankheiten und Katastrophen ist nach ihrer Auffassung Anlaß zur Erfindung von übernatürlichen Wesen.[31] In einem späteren Stadium der Ge-

---

bringen. Betrachtet man daraufhin die Geschichte, so wird man auch hier eine ziemlich prägnante Einsicht erhalten. *[Absatz]* Jene nicht eindeutig festgelegte, relativ klassenlose Schicht ist (in Alfred Webers Terminologie gesprochen) die *sozial freischwebende Intelligenz.*« (Karl Mannheim, Ideologie und Utopie [1929], übers. von Heinz Maus, 3. Aufl., Frankfurt a. M. 1952, S. 135)

31 Vgl. den Abschnitt »Von den Irrtümern, die durch unsere Leidenschaften veranlaßt werden«, in: Helvétius, Vom Geist, a. a. O. (s. Anm. 20), S. 86–88, sowie den Abschnitt »Prüfung der Vorteile, die sich für die Menschen aus ihren Begriffen von der Gottheit oder aus deren Einfluß auf die

schichte versuchen dann die Priester diese Unwissenheit und Furcht für ihre egoistischen Interessen, die mit denen der absolutistischen Herrschaftsform zusammenfallen, auszunutzen[32]. Diese Erklärung der Religion als Priesterbetrug, ein Akzent, der vor allem bei der Theorie von Holbach im Vordergrund steht, ist eine relativ naive Betrachtungsweise, die sich nicht zuletzt aus der agrarischen Gesellschaftsform – wie sie zum Teil auch noch für das moderne Frankreich heute charakteristisch ist – und der Unmittelbarkeit der Beziehungen in ihr erklären läßt. Zwar zeichnen sich zu dieser Zeit schon die kapitalistischen Gesetze ab, aber die vorkapitalistischen Schranken bleiben noch bestehen. Die gesellschaftliche Objektivität wird nicht gesehen. Die ideologische Funktion der Vorurteile, ihre notwendige Entstehung aus objektiven Tendenzen, wird nicht erkannt, sondern subjektiv als Täuschungsmanöver interpretiert. Dagegen geht Helvétius bei der Erklärung der religiösen Vorstellungen aus Bedürfnissen und Interessen, die nicht nur die Wunschvorstellungen, sondern auch die gesamte Wahrnehmungsstruktur der Menschen beeinflussen, einen Schritt weiter und kommt dem modernen Ideologiebegriff nahe.

Die Notwendigkeit der Kritik der kirchlichen Dogmen findet ihre Untermauerung in dem optimistischen Glauben der gesamten Aufklärung, daß der unterrichtete Mensch aufhöre, abergläubisch zu sein. So wie die Religion aus Unwissenheit entstanden sei, werde sie notwendig nach Einsicht und Erkenntnis ihrer psychologischen und gesellschaftlichen Bedingtheit notwendig an Einfluß verlieren. Die Herrschaft der Religion wie auch die politische Herrschaft werden bei Helvétius und Holbach aus der subjektiven Beschaffenheit des Individuums abgeleitet, aus dem Nichtwissen. Das Nichtwissen selbst wird jedoch nicht im gesellschaftlichen Zusammenhang gesehen. Die Kritik an der mangelnden Aufgeklärtheit bleibt jedoch Stückwerk, wenn man diesen Mangel nicht als einen von der Gesellschaft notwendig aufoktroyierten erkennt. Ebensowenig wie man Zurückgehen von wahrer Bildung einseitig den Bildung vermittelnden Institutionen zur Last legen darf, sondern es gesamtgesellschaftlich wie in der »Theorie der Halbbildung« erklären muß,[33] ebensowenig kann man Herrschaftsformen durch psychologische Faktoren ohne Reflexion auf deren gesellschaftliche Vermitteltheit erklären. Die Denker der Aufklärung sind in diesem Sinne noch naiv, eben weil ihnen Gesellschaft noch nicht zum Problem geworden ist. Sie haben den historischen vergänglichen Charakter der feudalistischen Herrschaftsprinzipien durchschaut, postulieren einen Staat, in dem die Grundrechte der Freiheit, des

---

Moral, auf die Politik, auf die Wissenschaften, auf das Glück der Völker und der Individuen ergeben sollen«, in: d'Holbach, System der Natur, a.a.O. (s. Anm. 20), S. 432–451.
32 Konjiziert für: »auszuwerten«.
33 Vgl. GS, Bd. 8, S. 93–121.

Eigentums und der Sicherheit gewährleistet sind, sehen aber nicht die Probleme, die sich daraus ergeben und möglicherweise wieder andere Herrschaftsformen notwendig machen. Sie begreifen die bürgerliche Gesellschaft als Ausdruck des unveränderlichen menschlichen Wesens.

In der an das Referat anschließenden Diskussion wurde versucht, die Bedeutung der Vergesellschaftung in Bacons Theorie zu bestimmen. Man kann bei ihm nur indirekt von Vergesellschaftung sprechen, wenn man etwa an die »idola fori« und ihre Genese denkt.[34] Die Vergesellschaftung bleibt bewußt aus dem Denkansatz von Bacon heraus, zu erklären aus einer Aversion gegen das allzu gesellschaftliche Denken des Mittelalters, gegen das die Kritik der Idole eigentlich gerichtet ist. Das Absehen von der Gesellschaft, die Reduktion der gesellschaftlichen Phänomene auf den Einzelnen ist zu diesem Zeitpunkt das eigentlich Moderne. Gesellschaft entzieht sich notwendig dem naturwissenschaftlichen Denkmodell, der Beobachtung und dem Experiment, und bleibt deshalb Metaphysik; denn der Begriff hat in diesem Denken keinen Erkenntniswert, ihm entspricht nichts, er ist nach der nominalistischen These nur ein flatus voci.

Dieses Nichtherankommen an die Gesellschaft bleibt wesentlich für den gesamten Empirismus von Bacon bis heute. Gerade Durkheim beruft sich in den »Regeln« bei seinen Ausführungen des öfteren auf Bacon.[35]

Das Denken Bacons ist also nicht gesellschaftskritisch im modernen Sinn, obwohl er in der »Nova Atlantis« eine technische Utopie einer Gesellschaft, der die Naturbeherrschung vollkommen gelungen und bei der die Arbeitsteilung bis ins Extreme entwickelt ist, entwirft.[36] Sein Denken wendet sich nicht gegen die

---

34 S. oben, Anm. 7. – Vgl. NaS, Bd.IV·6, S. 215–230.
35 So heißt es etwa: »*Es ist notwendig, alle Vorbegriffe systematisch auszuschalten.* Ein besonderer Hinweis für diese Regel ist überflüssig; sie folgt aus allem früher Gesagten. Sie ist übrigens die Grundlage für jedes wissenschaftliche Verfahren. Der methodische Zweifel von Descartes ist im Grunde nur eine Anwendung dieser Regel. Wenn Descartes im Augenblick, da er an die Grundlegung der Wissenschaft herangeht, sich zum Gesetze macht, alle Voraussetzungen, die er früher empfangen hat, in Zweifel zu ziehen, so tut er es, weil er nur wissenschaftlich erarbeitete Begriffe, d. h. solche, die nach der von ihm festgesetzten Methode aufgebaut sind, benützen will; alle übrigen, die ihren Ursprung anderswo herleiten, müßten also, wenigstens vorläufig, verworfen werden. Wir haben schon gesehen, daß die Theorie der Idola bei Bacon keinen anderen Sinn hat. Die zwei großen Systeme, die man so häufig einander entgegengestellt hat, stimmen in diesem wesentlichen Punkte überein.« (Emile Durkheim, Die Regeln der soziologischen Methode · Les Règles de la Méthode Sociologique [1895], hrsg. und eingel. von René König, Neuwied und Berlin 1961 [Soziologische Texte; 3], S. 128)
36 Bacons Utopie berichtet vom Land »Bensalem« in dem etwa Wissenschaft durch eine Reihe von Menschen betrieben wird, die sich je nach ihrer Aufgabe »›Händler des Lichts‹«, »›Räuber‹«, »›Pioniere‹ oder ›Minierer‹«, »›Kompilatoren‹«, »›Wohltäter‹«, »›Leuchten‹«, »›Pfropfer‹« und

Gesellschaft im Ganzen, sondern ähnlich wie bei Saint-Simon und Marx gegen Bewußtseinsformen, die die »Entfesselung der Produktivkräfte«[37] hindern. Bacon sieht nicht, daß nach dieser Entwicklung auch das Zusammenleben der Menschen in Frage gestellt wird.

Bei der Entstehung der Gesellschaft spielt für Holbach wie für das bürgerliche Denken allgemein die Arbeitsteilung eine entscheidende Rolle. Sie wurde im 16. Jahrhundert durch die Entstehung der Manufakturen, der »Industrien ohne Maschine«, in der modernen Form festgelegt, durch sie wurde die Produktivität gesteigert, und sie bildete auch das Fundament für die Entstehung des »Prinzips des Individuums«. Arbeitsteilung hat jedoch einen Doppelsinn. Sie ist nicht nur progressiv, sondern in ihrem Begriff ist auch ein apologetisches Moment enthalten, in dem sie nämlich absolut gesetzt zur Erklärung und Verhärtung der Ungerechtigkeit, der Entfremdung des Arbeiters von dem Produkt seiner Arbeit, beiträgt, als ob diese naturnotwendig[38] sei und zum Heil der Menschheit erhalten werden müßte. Man darf die Arbeitsteilung nicht so hypostasieren, daß die Menschen in verschiedene Gruppen mit verschiedenen Glücksansprüchen zerfallen.

Zur Geschichtsauffassung von Holbach wurde nachgetragen, daß er keinen Zufall anerkenne, sondern einen strengen Begriff der Notwendigkeit vertrete. Indem Zufall und Notwendigkeit streng getrennt würden, würden jedoch beide Kategorien an Substanz verlieren.

---

schließlich »»Naturinterpreten«« nennen. (Francis Bacon, Neu-Atlantis [1627], übers. von Georg Gerber, eingel. von F. A. Kogan-Bernstein, Berlin 1959, S. 99f.)
37 Vgl. zum Terminus GS, Bd. 6, S. 301f.
38 Konjiziert für: »naturwendig«.

327 Klaus Rolshausen, 27. November 1962

Protokoll des Soziologischen Seminars

27.[39] 11. 1962

Am Anfang der Stunde wurde in einem Nachtrag zu dem Referat über Saint-Simon[40] das Problem der menschlichen Freiheit in seinen Schriften behandelt.

Saint-Simon sieht den Menschen einmal als Instrument des Fortschritts, dem der Charakter bei der Anpassung nur hinderlich ist, zum anderen als Individuum, das sich mit anderen zur planvollen Naturbeherrschung verbindet.[41] Freiheit und Unfreiheit stehen in einer unvermittelten Ambivalent, die der Situation entspricht. Der technokratische Zug, der sich in der Bestimmung des Menschen als Instrument des Fortschrittes offenbart, scheint heute voll entfaltet zu sein, da die blinde Anpassung an den Stand der Technik zu einer immer dringenderen Forderung wird.

Die wichtigste Frage im Zusammenhang mit Saint-Simon ist die, ob Harmonie nicht doch durch eine immer stärkere Entwicklung der Produktivkräfte möglich ist: Dieser Glaube ist inzwischen vergangen, seine Antithese wurde in den Klassentheorien formuliert, in denen die Totalität der Gesellschaft als der sich fortbewegende und lebendig sich reproduzierende Widerspruch gesehen wird. Vereinfachend heißt »Dialektik« bei Marx die Entfaltung der Produktivkräfte durch den Klassengegensatz hindurch, dessen Abschaffung erst zur Harmonie führen kann.

Heute, wo die Produktionsmittel stark entwickelt sind und die Planung auf große Sektoren der Gesellschaft übergegriffen hat, ist durch eine gewisse Integration des Proletariats die Harmonie nicht eine abstrakt zu betrachtende Möglichkeit, die entweder der unreflektierte Hochschätzung oder der Ideologie verfällt, sondern die Stellung des theoretischen Bewußtseins zur Gesellschaft hängt von einem ernsten Durchdenken der dogmengeschichtlichen Probleme ab, die im Sinn eines aktuellen Wissens relevant werden.

---

39 Korrigiert für: »26.«
40 Manfred Liebel, »Zum Begriff der sozialen Klasse bei Saint-Simon (1760 – 1825)«, UAF Abt. 139 Nr. 11.
41 Vgl. etwa Saint-Simons »Abhandlung über die Wissenschaft vom Menschen (1813)«, in: Claude-Henri de Saint-Simon, Ausgewählte Schriften, hrsg., übers. und eingel. von Lola Zahn, Berlin 1977 (Ökonomische Studien; 6), S. 96–132.

Dr. Teschner[42] definiert Harmonie bei Saint-Simon als Interessenidentität von – wie wir heute sagen würden – Unternehmer und Arbeitnehmer und führte zunächst den Widerspruch zur Realität an, in der diese These durch die mit der industriellen Gesellschaft gewachsenen Antinomien historisch durch das Entstehen einer Arbeiterbewegung und durch Marx widerlegt worden ist. Dem Harmoniegedanken tritt der der Klassenspannung gegenüber und ist bei Marx als notwendiger Interessengegensatz bestimmt, ohne Bestandteil einer ausgeführten Theorie zu sein.

Marx sieht den Widerspruch der bürgerlichen Gesellschaft darin, daß die Produktion zwar gesellschaftlich vonstatten geht, die Aneignung aber privat erfolgt, ein arbeitsloses Einkommen und die Anhäufung von Mehrwert möglich wird. Der Gedanke von der »Anarchie« der Warenproduktion bildet den Schlüssel zur Notwendigkeit des Interessengegensatzes,[43] und aus der Tatsache, daß das Wachstum der Wirtschaft nicht ein Wachstum für alle ist, resultieren Krisen, eine Extremisierung von Arm und Reich und schließlich die Revolution des Proletariats. – Professor Adorno ergänzte dazu, daß die ökonomische Interpretation der Entwicklung selbst kontrovers sei. Die orthodoxen Marxisten vertreten die Theorie der sinkenden Profitrate,[44] während die Revisionisten an eine wachsende Disproportionalität zwischen den verschiedenen Sektoren der Wirtschaft glauben.

Die moderne Sozialwissenschaft konzediert Marx heute, seine Theorie gelte nur für eine Übergangsepoche, und führt dafür empirische Fakten an wie zum Beispiel die Entstehung eines neuen Mittelstandes,[45] eine konstatierbar hohe Mobilität,[46] ohne die theoretischen Grundlagen zu diskutieren.

---

42 Manfred Teschner wird 1960 mit der Schrift »Entwicklung eines Interessenverbandes. Ein empirischer Beitrag zum Problem der Verselbständigung von Massenorganisationen« in Frankfurt a. M. promoviert.
43 »Die Ökonomen sagen, daß der *Durchschnittspreis* der Waren gleich den Produktionskosten ist; dies sei das *Gesetz*. Die anarchische Bewegung, worin das Steigen durch das Fallen und das Fallen durch das Steigen ausgeglichen wird, betrachten sie als Zufälligkeit. Man könnte mit demselben Recht, wie dies auch von andern Ökonomen geschehen ist, die Schwankungen als das Gesetz und die Bestimmung durch die Produktionskosten als Zufälligkeit betrachten. Aber nur diese Schwankungen, die, näher betrachtet, die furchtbarsten Verwüstungen mit sich führen und gleich Erdbeben die bürgerliche Gesellschaft in ihren Grundfesten erzittern machen, nur diese Schwankungen bestimmen in ihrem Verlauf den Preis durch die Produktionskosten. Die Gesamtbewegung dieser Unordnung ist ihre Ordnung. In dem Verlauf dieser industriellen Anarchie, in dieser Kreisbewegung gleicht die Konkurrenz sozusagen die eine Extravaganz durch die andere aus.« (MEW, Bd. 6, S. 405)
44 Vgl. den Abschnitt »Gesetz des tendenziellen Falls der Profitrate«, MEW, Bd. 25, S. 221–241.
45 Vgl. den Abschnitt »Der ›neue Mittelstand‹«, in: Ralf Dahrendorf, Soziale Klassen und Klassenkonflikt in der industriellen Gesellschaft, Stuttgart 1957 (Soziologische Gegenwartsfragen · Neue Folge; 2), S. 49–54.

Dahrendorf bezeichnet die Institutionalisierung und Organisierung des Klassenkonflikts als eine Milderung von weitreichenden Folgen, die wesentlich zur Entschärfung des Konflikts beiträgt.[47] Aus der Theorie von Marx ist eine allgemeine Theorie der Schichtung und Herrschaft geworden, die Ursachen dafür zu ergründen sucht und nicht mehr auf die Kräfte abzielt, welche die Gesellschaft vorantreiben.

Parsons kommt in seiner Funktionstheorie – wobei »functional« all die Elemente sind, die zum Funktionieren der Gesellschaft beitragen – zu einer notwendigen Hierarchisierung der Positionen und einer Machtdifferenzierung, die in jedem Typus einer Industriegesellschaft auftreten; Sozialismus und Kapitalismus sind ihm zufolge nur Abwandlungen des einen Prinzips der industriellen Gesellschaft, deren Arbeitsteilung soziale Unterschiede erfordert und in der der Klassenkonflikt, latent oder aktuell, ein Strukturmerkmal ist.[48] Der Konflikt ist durch die Normen des fair play kanalisierbar. Parsons versucht genau wie Saint-Simon die Klassen subjektiv von ihrer Einheit zu überzeugen und verweist die Möglichkeit, die Ungleichheit der Startchancen zu beseitigen, dadurch in die Utopie, daß ihr die Aufhebung der Familie vorausgehen soll.[49]

Dahrendorf geht von der Dichotomie zwischen ausführender und verfügender Arbeit aus und hält diesen Gegensatz für ein Strukturmerkmal aller Gesellschaften, ohne auf die ökonomischen Bedingungen und die Notwendigkeit des Gegensatzes einzugehen. Er stimmt mit Parsons darin überein, daß eine Gesellschaft

---

46 Vgl. den Abschnitt »Soziale Mobilität«, ebd., S. 54–63.
47 Vgl. den Abschnitt »Gibt es noch Klassen?«, ebd., S. 207–261.
48 Vgl. Talcott Parsons, Soziale Klassen und Klassenkampf im Lichte der neueren soziologischen Theorie [1949], in: Talcott Parsons, Beiträge zur soziologischen Theorie, hrsg. und eingel. von Dietrich Rüschemeyer, übers. von Brigitta Mitchell in Zusammenarb. mit Dietrich Rüschemeyer, Neuwied und Berlin 1964, S. 206–222.
49 »Die Marxsche Auffassung von der Bedeutung der Klassenstruktur hat sich im großen und ganzen als gerechtfertigt erwiesen. *[Absatz]* Wenn man das Problem der Entstehung und Bedeutung der sozialen Klassen sowie des Klassenkampfes jedoch mit [...] modernen soziologischen Begriffen angeht, so werden beträchtliche Modifizierungen der Marxschen Auffassung nötig. Es wird deutlich, daß Schichtungssysteme in bestimmter Hinsicht positive Funktionen für die Stabilisierung sozialer Systeme besitzen. Die Institutionalisierung der Motivierung erfolgt innerhalb des Systems kapitalistischer Gewinnverfolgung. Das Marxsche Ideal einer klassenlosen Gesellschaft ist aller Wahrscheinlichkeit nach utopisch – insbesondere, solange ein Familiensystem besteht, doch auch aus anderen Gründen. Die Unterschiede zwischen kapitalistischen und sozialistischen Gesellschaften sind, vor allem was die Schichtung betrifft, nicht so groß, wie Marx und Engels annahmen.« (Ebd., S. 221)

ohne Herrschaft undenkbar ist,[50] und ein Versuch sie zu beseitigen, in Terror umschlägt, mit dem das Utopische im soziologischen Denken eng verknüpft ist.

Parsons setzt den Begriff der Bürokratie für den der Klasse und glaubt an eine »Integration der Kräfte«, die eine Anstrengung von Konflikten überflüssig macht und durch die der noch mögliche Gegensatz immer mehr ein Moment der Organisation wird.[51]

Dem hielt ein Kommilitone entgegen, daß diese Einpegelung nur scheinbar, die geistige Entwürdigung des Menschen gewachsen sei.

Professor Adorno führte dazu aus, daß Integration eine Eingliederung des Anomischen in bereits funktionierende Systeme bedeute und diesem Begriff bei Parsons eine Anpassungsideologie wesentlich sei, die auf eine Normierung des Bewußtseins hinauslaufe. Eine harmonisierende Tendenz, wie sie hier vorliege, sei mit der Reduktion der Gesellschaft auf den bloßen Menschen und einer Verleugnung objektiver, verselbständigter Tendenzen verschwistert; entscheidend sei für Parsons nicht die Stellung im Produktionsprozeß selbst, sondern das Bewußtsein des Individuums. Schon in der abstrakten Betonung des Normativen ohne Nachweis seines Rechtsgrundes zeige sich ein Moment, in dem sich Herrschaft perenniere; dadurch werde die Soziologie zur Apologie einer Gesellschaft, die einem ihr widersprechenden Prinzip unterliege. Die Tendenz, daß heute kaum noch objektive Theorien konzipiert würden, passe genau in diesen Konfliktzusammenhang.

Dr. Teschner wandte dagegen ein, man müsse die Scheidung von subjektiv und objektiv sehr ernst nehmen, denn die Frage nach der Funktion gebe ein brauchbares Instrument für die Analyse der objektiven Prozesse. Das Hauptproblem liege seiner Ansicht nach vielmehr darin, daß die Frage nach dem Überleben des Systems abstrakt bleibe und der Begriff der Herrschaft nicht in vollem Umfang apperzipiert werde, das System vorab mit dem Allgemeinwohl identisch sei.

Professor Adorno konzedierte diesem Gedanken in der Theorie von Parsons ein Wahrheitsmoment, indem er darauf verwies, daß die Gesellschaft trotz der fürchterlichen Opfer, die sie verlange, eben doch das Leben der Gesellschaft reproduziere. Keineswegs jedoch würde er Parsons den Anspruch einer Theorie zuerkennen, denn Theorie im emphatischen Sinn bedeutet eine Erklärung der Phänomene aus ihrem Wesen heraus, während es bei Parsons nur Schemata und Verwaltungsskizzen seien. Schließlich sei es von großer Bedeutung, ob eine in-

---

50 Vgl. den Abschnitt »Invariable Strukturelemente der industriellen Gesellschaft«, in: Dahrendorf, Soziale Klassen und Klassenkonflikt in der industriellen Gesellschaft, a. a. O. (s. Anm. 45), S. 73–77.
51 Vgl. den Abschnitt »Integration und Werte *(versus)* Herrschaft und Interessen: Das Doppelgesicht der Sozialstruktur«, ebd., S. 159–165.

stitutionelle Problematik per accidens auch abfiele, oder ob eine Theorie die Relevanz dessen ausdrücke, womit sie sich befasse. Der subjektive Charakter bleibe bestehen, denn gesellschaftliches Verhalten werde subjektiv verständlich gemacht und nur eine Topologie sozialer Verhaltensweisen gegeben, letzten Endes eine Art Sozialpsychologie.

Dr. Teschner maß demgegenüber der Theorie zu, sie könne nur an ihrer eigenen Intention gemessen werden und unterschied Theorie als ein Bezugssystem, das sich in einer Definition der Begriffe und Abgrenzung ihrer Bereiche erschöpfe, und Theorie als eine Sammlung von Sätzen, die Aussagen über Beziehungen zwischen Variablen gäben. Die Intention von Parsons liege bei der Entwicklung eines Kategoriensystems. Natürlich sei eine Theorie im Sinn der Naturwissenschaften, wie sie zum Beispiel Merton vertrete,[52] nicht möglich, da hier eine Inkonsequenz gegenüber der Historizität der gesellschaftlichen Phänomene vorliege.

Klaus Rolshausen[53]

---

52 Vgl. Robert K. Merton, Soziologische Theorie und Soziale Struktur [1949], hrsg. von Volker Meja und Nico Stehr, übers. von Hella Beister, Berlin und New York 1995.
53 Unterschrift.

328 Klaus Körber,
4. Dezember 1962

Protokoll vom 4. 12. 1962

Anknüpfend an die Ausführungen Dr. Teschners in der vorausgegangenen Sitzung wandte sich Prof. Adorno zu Beginn der Sitzung gegen die harmonisierenden Theorien der modernen Soziologie, die lediglich die subjektive Eingliederung der Menschen in die bestehende Gesellschaftsordnung zum Inhalt hätten, nicht jedoch die objektiven Bedingungen von Vergesellschaftung. Diese subjektiven Theoreme beschränkten sich vielmehr auf gesellschaftliche Epiphänomene wie den Lebensstandard der Massen: Die objektive Werttheorie von Marx werde durch sie nicht widerlegt. Zwar werde Gesellschaft heute nicht mehr unmittelbar reproduziert durch eigene Arbeitskraft, sondern durch Zuwendungen aus bereits appropriiertem Mehrwert, doch seien das Gewinnprinzip und der fortschreitende Konzentrationsprozeß und das Gesetz der sinkenden Profitrate[54] damit nicht aufgehoben. Die Gesellschaft treibe auf eine Katastrophe hin, da die fortschreitende Vergesellschaftung das Gesetz ihrer eigenen Desintegration in sich trage.

Gleichzeitig erhält sich Gesellschaft vermöge ihres Widerspruchs. Herr Leithäuser hob anschließend in seinem Referat über Formen der Vergesellschaftung bei Marx[55] den Gedanken hervor, daß gerade der Widerspruch die Integration der Gesellschaft vorantreibe. In diesem Gedanken birgt sich die Einsicht Hegels, das Ganze erhalte sich durch Antagonismus. Das Klassenprinzip wirkt demnach keineswegs nur negativ und sprengend, sondern Vergesellschaftung vollzieht sich eben dadurch.

Vergesellschaftet ist bereits die Horde der Sammlergesellschaft, bereits das »Sammeln« ist ein gesellschaftlicher Zusammenhang. Überall, wo Rationalität dazu dient, Lebensmittel zu produzieren, besteht dieser Zusammenhang, entfaltet sich Vergesellschaftung. Sie wächst mit wachsender Arbeitsteilung. Arbeitsteilung bewirkt Steigerung des Gesamtbetrags der Produktivkräfte. Weil jedoch in der Gesamtgesellschaft keine totale Rationalität herrscht, sondern nur die partikulare Rationalität einzelner Bereiche/Gruppen, erhält Rationalität selbst ein Moment des Irrationalen. Indem einzelne Gruppen die Produktivität nur nach eigenem Interesse steigern, geraten sie in Widerspruch zum Gesamtinteresse. Da ihr Eigeninteresse wiederum vom Gesamtinteresse abhängig ist, schaffen sie

---

54 S. oben, Anm. 44.
55 Der Referatstext »Klassenstruktur und Herrschaft bei Marx« von Thomas Leithäuser wurde nicht aufgefunden.

selbst die Konflikte, unter denen sie nachher zu leiden haben. Diese Irrationalität der Rationalität – entsprungen der Reaktion auf den Mangel – ist im wörtlichen Sinn »beschränkte« Vernunft, die dem Menschen wie naturwüchsige Selbsterhaltung aufgezwungen wird.

Die Naturwüchsigkeit der Arbeitsteilung ist Schein, ebensowenig sind die Klassenunterschiede Naturqualitäten. Sie leiten sich vielmehr her aus der Verfügungsgewalt über die Produktionsmittel. In seiner »ökonomischen« Theorie legt Marx dar, wie die Klassenunterschiede sich gesellschaftlich reproduzieren und erweitern zu den polaren Gegensätzen von Arm und Reich. Dieser Prozeß vollzieht sich unabhängig vom Selbstverständnis der Menschen, die sich als Individuen verstehen, als Subjekte, und nicht als objektiv bestimmte Klassen. Nach Marx wäre Spontaneität nicht mehr möglich, ginge das Subjekt vollständig auf in der objektiven Klassenlage; es bliebe kein Raum für Veränderung.

Die Darstellung dieser Zusammenhänge in der Marx'schen Theorie erscheint in ihrer Formelhaftigkeit vielfach eher mathematisch-naturwissenschaftlich als dialektisch, jedoch wird das Schematische durch weitgehende Differenzierung immer wieder aufgelöst.

Als Zentralmotiv seiner Theorie bezeichnet Marx selbst den Begriff des Mehrwerts.[56] Danach arbeitet ein Arbeiter mehr als notwendig ist, um die verausgabte Arbeitskraft zu reproduzieren. Die Differenz zwischen tatsächlicher Arbeitsleistung, dem Produkt der Arbeitskraft, und dem Lohn = Reproduktionskosten der verausgabten Arbeitskraft, ist der Mehrwert oder Profit. Quelle des Mehrwerts ist also nur die lebendige Arbeit; deshalb sinkt mit sinkendem Anteil der lebendigen Arbeit am Produktionsprozeß auch die Rate des Mehrwerts. Diesen Zusammenhang hat Marx in dem Gesetz der sinkenden Profitrate gefaßt. Dies Gesetz ist das dialektische Scharnier der Theorie: Die Entfesselung der Produktivkräfte durch die partikularen kapitalistischen Interessen wirkt schließlich diesen Interessen entgegen. Der tendenzielle Fall der Profitrate führt notwendig zu Konzentration und Kooperation in der Wirtschaft und schafft damit die Voraussetzungen zum Umschlagen in den Sozialismus. Kooperation ist dabei der rückläufige Prozeß zur Arbeitsteilung: Die einzelnen Arbeitsprozesse werden so

---

56 An Engels schreibt Marx: »Das Beste an meinem Buch ist 1. (darauf beruht *alles* Verständnis der facts) der gleich im *Ersten* Kapitel hervorgehobne *Doppelcharakter der Arbeit,* je nachdem sie sich in Gebrauchswert oder Tauschwert ausdrückt; 2. die Behandlung des *Mehrwerts unabhängig von seinen besondren* Formen als Profit, Zins, Grundrente etc.« (Karl Marx an Friedrich Engels, 24. August 1867, MEW, Bd. 31, S. 326)

aufeinander abgestimmt, daß sie sich »planvoll« reintegrieren lassen in den »Gesamtarbeiter«.[57]

Prof. Adorno wies auf das totalitäre Prinzip, das in dieser Konzeption der rationalen Planung der gesamtgesellschaftlichen Arbeit verborgen ist. Marx habe die darin liegende Gefahr, wie sie sich heute in den Ostblockstaaten realisiert habe, nicht gesehen. Die monistisch-materialistische These, alle gesellschaftlichen Phänomene hätten ihren Ursprung in den materiellen = ökonomischen Bedingungen, werde überdies dem Phänomen der brutalen Gewaltherrschaft nicht gerecht. Marx und Engels hätten nicht erkannt und zu ihrer Zeit wohl auch nicht erkennen können betonte er, daß die Vorrangstellung der Ökonomie selber eine Funktion der ökonomischen Entwicklung sei.

---

[57] »Der Arbeitsgegenstand durchläuft denselben Raum in kürzerer Zeit. Andrerseits findet Kombination der Arbeit statt, wenn ein Bau z. B. von verschiednen Seiten gleichzeitig angegriffen wird, obgleich die Kooperierenden dasselbe oder Gleichartiges tun. Der kombinierte Arbeitstag von 144 Stunden, der den Arbeitsgegenstand vielseitig im Raum angreift, weil der kombinierte Arbeiter oder Gesamtarbeiter vorn und hinten Augen und Hände hat und in gewissem Grad Allgegenwart besitzt, fördert das Gesamtprodukt rascher als 12 zwölfstündige Arbeitstage mehr oder minder vereinzelter Arbeiter, die ihr Werk einseitiger angreifen müssen. In derselben Zeit reifen verschiedne Raumteile des Produkts.« (MEW, Bd. 23, S. 346)

329 Dietrich Fischer, 11. Dezember 1962

Protokoll vom 11. Dezember 1962   Dietrich Fischer
Seminar: Soziologische Grundbegriffe II

Das Referat von Herrn Leithäuser über »Klassenstruktur und Herrschaft bei Marx« wurde von Prof. Adorno an einigen Stellen berichtigt bzw. erläutert. (Die Stellen des Referats werden hier im Wortlaut oder stichwortartig angeführt, die ergänzenden Ausführungen direkt angeschlossen.)

Zitat Leithäuser S. 9: »In der Periode der Manufaktur ist der Arbeiter dem Produktionsprozeß angeeignet.« Von Aneignung kann eigentlich nur bei der Beschreibung von Hörigkeitsverhältnissen gesprochen werden. Gemeint ist wohl im Referat die Unterwerfung des Arbeiters unter die Gegebenheiten des Produktionsprozesses. Die Abhängigkeit wird nicht erst durch die Maschine im Industriebetrieb herbeigeführt, sondern bereits durch die manufakturelle Produktionsweise, in der zum Zweck der Rationalisierung der gesamte Arbeitsvorgang in kleinere Teilprozesse zerlegt wird. Die Verfügung des Einzelnen über die Arbeit geht dabei weitgehend verloren. Insofern wird der Arbeiter zum Objekt des Arbeitsprozesses, dessen Subjekt er zugleich ist.

An der Entstehung der Manufaktur wird die Verflechtung von Wirtschaft und Gesellschaft deutlich: Durch das ökonomische Interesse an der Steigerung der Produktivität der Arbeit sind die neuen Formen der Arbeit und damit die Formen der Vergesellschaftung determiniert. Die Periode der Manufaktur stellt einen der seltenen Fälle in der Geschichte dar, in dem der Stand der Technik den gesellschaftlichen Verhältnissen nachhinkt.

Leithäuser S. 10: »Der Kampf der Arbeiter richtet sich jetzt unmittelbar gegen ihre Arbeitsmittel, die Maschine selbst.« Dieser Satz trifft nur zu auf die seltenen Fälle von Maschinenstürmerei zu Beginn der Industrialisierung. Nicht erst die Maschine bewirkt für den Lohnarbeiter die Verschlechterung der Verhältnisse, sondern bereits die vorangegangene Umorganisation der Produktionsweise.

Der Gedanke eines Konkurrenzverhältnisses von Arbeiter und Maschine kann im Marxschen System nicht vorkommen, weil der Wert nur durch die lebendige Arbeitskraft geschaffen wird. Marx, der sich in seinem Denken gegen jede fetischistische Verwendung von Begriffen wendet, kann Technik und Technisierung nicht als unvermittelt nach eigenen Gesetzen sich entwickelnde Größen ansehen, aus denen die gesellschaftlichen Probleme entstehen. Vielmehr ist der Stand der Technik nur aus den Verhältnissen der Produktion zu verstehen. Es wäre daher ganz im Sinne von Marx, auf die Darstellung eines Konkurrenzverhältnisses zwischen Arbeiter und Maschine den Begriff »technologischer Schleier« (Horkheimer und Adorno)[58] anzuwenden.

Die Ursachen für das Absinken des Tauschwertes der Arbeitskraft (Leithäuser S. 10, Zeile 8) liegen in der Disproportionalität des Angebots und der Nachfrage von Arbeitskraft zugunsten des Unternehmers, die durch die fortschreitende Technisierung der Betriebe herbeigeführt wird. Durch den Druck der entstehenden Reservearmee in Krisenzeiten ist es den Unternehmern möglich, die Ware Arbeitskraft unter ihren Gestehungskosten einzukaufen. (Es gab noch keine soziale Arbeitergesetzgebung).

In den unkritischen Darstellungen wird das Funktionieren des Systems als normal angesehen, während Krisen als Anomalie gelten. Die kritische Theorie sieht demgegenüber die Krise als eine notwendige Periode innerhalb des kapitalistischen Systems an. Das Leid ist keine als blinde Katastrophe von außen an das System herankommende Störung, sondern dem Prinzip des Systems immanent. Die Begriffe des Normalen und Unnormalen werden in dieser Weise von der kritischen Theorie geradezu »auf den Kopf gestellt«.

Die Steigerung der Produktivität der Arbeit ist nicht nur eine Folge der Erhöhung der technischen Zusammensetzung des Kapitals (Leithäuser S. 10a, 19. Zeile v. unten), sondern ist zusätzlich bedingt durch eine Leistungssteigerung der Arbeiter aufgrund einer sich entwickelnden Geschicklichkeit (skill). Dieser Faktor wird gewöhnlich unterschätzt. Die Tyrannei des Staates gegenüber der Arbeiterschaft in den Wirtschaftssystemen der östlichen Länder hängt wesentlich mit dem Mangel an skill und mit dem dadurch bedingten verhältnismäßig geringen Anstieg der Produktivität der Arbeit zusammen.

»Der Arbeiter muß seine Tätigkeit dauernd auf höchster Stufe halten, um gegen seine Konkurrenten zu bestehen ...« (S. 11). Die individuelle Konkurrenz hat unter den Arbeitern nie eine besondere Rolle gespielt. Die gegenseitige Entfremdung ergibt sich weniger aus der Konkurrenz der Arbeiter untereinander, sondern daraus, daß die Arbeiter in so weitem Maß vom ökonomischen Prozeß

---

58 *Der Schauer lebt von der Übermacht der Technik als ganzer – und des Kapitals, das hinter ihr steht – über jedes einzelne Ding. Das ist die Transzendenz in der Massenkultur. Das dichterische Geheimnis des Produkts, sein Mehr als es selber Sein, besteht in seiner Teilhabe an der Unendlichkeit der Produktion, und die Ehrfurcht, die von der Nüchternheit bewerkstelligt wird, fügt sich dem Schema der Reklame ein. Gerade in dem Nachdruck auf bloßem Dasein, das so stark und groß sein soll, daß keine subjektive Intention etwas darüber vermag – und dieser Nachdruck entspricht der wahren Ohnmacht der Kunst gegenüber der Gesellschaft heute – versteckt sich die Verklärung, gegen welche die Nüchternheit gestikuliert. Dasein wird zu seiner eigenen Ideologie durch die Zauberei seiner treuen Verdopplung. So webt sich der technologische Schleier, der Mythos des Positiven.* (GS, Bd. 3, S. 301)

abhängig sind. Von einem lebendigen Menschsein bleibt kaum noch etwas übrig, der Arbeiter ist nur noch Träger seiner Ware Arbeitskraft.

Wenn es Konkurrenz innerhalb der Arbeiterklasse gegeben hat, dann allenfalls eine kollektive Konkurrenz gegenüber kleineren Gruppen, so z. B. der Gruppe der Frauen. Angefangen mit den Kämpfen der Arbeiter gegen die Gleichberechtigung der Frauen im Arbeitsprozeß, ist diese Polarität im Verlauf der Arbeiterbewegung immer wieder hervorgetreten und blieb auch dann noch erhalten, als die Frauenemanzipation zu einem Programmpunkt in der Reihe der Forderungen der Arbeiterschaft geworden war. Heute gibt es in der Bundesrepublik innerhalb der Arbeiterschaft ein neues Konkurrenzverhältnis, das zwischen einheimischen Arbeitern und Fremdarbeitern.

Der Tatbestand, daß der Konkurrenzmechanismus – und zwar als kollektive Konkurrenz – sich auch auf die Arbeiterklasse ausgedehnt hat, kann zur Interpretation des modernen Nationalismus herangezogen werden: Die Situation, daß die Arbeiterschaft der fortgeschrittenen Industrieländer gegenüber der Arbeiterschaft der zurückgebliebenen Länder eine Art Elite bildeten und sich auch als solche fühlten, ist wahrscheinlich grundlegend für die Ausbildung des Nationalismus gewesen.

Die Situation des Unternehmers im kapitalistischen System faßt Marx unter den Begriff der »ökonomischen Charaktermaske«[59] (S. 12 unten). Das Wirtschaftsverhalten des einzelnen Unternehmers, das vom Gesamtsystem her determiniert ist, wird zwangsläufig jeweils individuell angeeignet. Das bedeutet einmal für den Unternehmer die Notwendigkeit, den erzielten Mehrwert zu investieren. Andrerseits wirkt er gerade durch das Investieren dem eigenen Interesse entgegen, da durch fortlaufende Investitionen das Gesamtsystem zur Überakkumulation tendiert. Die Lage des Unternehmers, die im Vergleich zu der des Arbeiters besser zu sein scheint, weil sie nicht von der direkten Abhängigkeit vom Produktionsprozeß geprägt wird, ist von dieser Verstrickung in die Antinomien des Systems her bestimmt. Die unabwendbaren Antagonismen tauchen nicht nur für den Unternehmer auf, sie laufen durch alle gesellschaftlichen Bereiche. Sie tun sich auf zwischen den Klassen und innerhalb der Klassen und reproduzieren

---

59 Diesen Begriff hält Marx nicht nur für den Unternehmer bereit: »Dies Rechtsverhältnis, dessen Form der Vertrag ist, ob nun legal entwickelt oder nicht, ist ein Willensverhältnis, worin sich das ökonomische Verhältnis widerspiegelt. Der Inhalt dieses Rechts- oder Willensverhältnisses ist durch das ökonomische Verhältnis selbst gegeben. Die Personen existieren hier nur füreinander als Repräsentanten von Ware und daher als Warenbesitzer. Wir werden überhaupt im Fortgang der Entwicklung finden, daß die ökonomischen Charaktermasken der Personen nur die Personifikationen der ökonomischen Verhältnisse sind, als deren Träger sie sich gegenübertreten.« (MEW, Bd. 23, S. 99 f.)

sich im Bewußtsein jedes Individuums. Gerade weil die Antagonismen notwendig sind und eben dadurch die Irrationalität des Systems anzeigen, machen sie eine letzte rationale Bewältigung des gesellschaftlichen Ganzen unmöglich. Das Unbehagen im einzelnen Bewußtsein, die Universalität der Neurosen als Folge verinnerlichter Antagonismen sind von der Gesellschaft her vorgezeichnet. Die irrationale Explosionsgefahr des Systems wird durch diese Bewußtseinsdispositionen ständig erhöht, was rückwirkend auf die Individuen zu der Ausbildung einer universalen Angst führt. So weit ist Marx in seiner Theorie noch nicht gegangen. Sein Begriff des Klassenindividuums hinderte ihn daran, die Antagonismen des Gesamtsystems auf das Bewußtsein aller Individuen zu beziehen.

Vom Gesamtsystem her gesehen hängt die Entwicklung der Individualität des einzelnen Menschen von der Variationsbreite der Zufälligkeit der Lebensbedingungen (Leithäuser S. 13 Mitte) ab. Die bürgerliche Gesellschaft schafft einerseits gegenüber der feudalistischen Gesellschaft bessere Bedingungen für das Entstehen freier Subjekte. Sie enthält aber gleichzeitig in sich diejenigen Antagonismen, die die Individualität zunehmend einschränken und die letztlich tendenziell über den Stand der Gesellschaft hinaustreiben. Nach Hegel wäre es die Aufgabe des Staates, regulierend einzugreifen und die bestehenden gesellschaftlichen Verhältnisse aufrecht zu erhalten, damit die Gesellschaft »intakt« bliebe. Diese Forderung würde Marx als Ideologie ablehnen, weil in dieser Auffassung dem Staat auferlegt wird, diejenigen Produktionsverhältnisse zu erhalten, die ihrer eigenen Dynamik und Substanz nach bereits keine Daseinsberechtigung mehr haben. Von diesem Zusammenhang her ist zu verstehen, wieso Marx den Staat der Ideologie zurechnet. (Leithäuser S. 14, 2. Abs.)

Trotz der Vorstellung von einer Planwirtschaft, die sich nach den Erfahrungen der Gegenwart gegen das Individuum richtet, enthalten bei Marx alle Gedanken über das ökonomische System eine Beziehung darauf, wie es für den einzelnen Menschen möglich sein könne, seine volle Individualität zu entfalten. Das bürgerliche Individuum ist das eigentliche »Substrat« des Marxischen Denkens über Gesellschaftliches. Insofern ist Marx selbst ein bürgerlicher Individualist und seiner Zeit verhaftet. Der Gedanke, daß die Kategorie des Individuums selbst gesellschaftlich entsprungen ist, ist ihm noch gar nicht gekommen. Er hat geglaubt, daß so etwas wie freier und gerechter Tausch zwischen den Individuen – im Liberalismus eine Ideologie – sich verwirklichen könne, wenn man sich nur vernünftig verhalte und wenn für die Gesellschaft insgesamt produziert werde. In dieser Vorstellung vom Individuum und vom rationalen Verhalten aller ist für den Begriff der Autorität als Problem gar kein Platz. Marx hat den ganzen Zwangsmechanismus, dem die Rationalität unterworfen ist, noch nicht erkannt. Deshalb konnte er auch nicht das Problem der Planung und der Autorität, das heute gegenüber der individuellen Rationalität so unmittelbar akut geworden ist, voraussehen.

Diskussion:

Prof. Adorno ging ein auf die Frage, wie das Verhältnis der Marxischen Theorie zu den heutigen theoretischen Versuchen zu bestimmen sei. Die Beantwortung dieser Frage sei deshalb schwierig, weil Marx zwar den Anforderungen einer Theorie im Sinne einer Erklärung von Grundkategorien aus nachkommt, andrerseits jedoch seine Voraussagen hinsichtlich der gesellschaftlichen Entwicklung nicht eingetroffen sind. Weder haben sich Verelendungs- und Krisentheorie innerhalb des kapitalistischen Systems bewahrheitet, noch ist dieses selbst durch einen politischen Sozialismus im Marxischen Sinne abgelöst worden. Auf der anderen Seite kann man die modernen sozialtheoretischen Versuche nicht als Theorien in dem Sinn bezeichnen, daß aus einem Zentrum heraus die Gesellschaft erklärt würde. Sie sind vielmehr bloße Ordnungsschemata, Anhäufung empirischer Pakten, zu deren Klassifikation ein »Gehäuse« erstellt wird, in dem alles seinen Platz hat. Aus den Mängeln, wie sie der Marxischen Theorie und den modernen Theoremen anhaften, ergibt sich die Forderung nach einer theoretischen Konzeption, die, wie Prof. Adorno es ausdrückte, »weder der Empirie nachhinkt noch bloß der Empirie nachläuft«. Es tut sich dabei allerdings die Frage auf, ob nicht der Begriff einer kritischen Theorie an den klassischen Begriff der Marktwirtschaft gebunden ist und ob sich die Irrationalität der heutigen Gesellschaft überhaupt durch eine rationale Theorie erfassen läßt.

Eine weitere Frage wurde gestellt: Ist die Behauptung, daß der Klassenkampf sich auf die Ebene der nationalen Unterschiede verlagert habe, gültig in dem Sinn, daß es überhaupt keine Klassenunterschiede mehr gebe? Wird nicht die fortschreitende Anonymisierung im wirtschaftlichen Prozeß zu einem Schleier, der die vorhandenen Klassen verdeckt?

Prof. Adorno erwiderte, die zunehmende Anonymisierung liege im kapitalistischen System beschlossen. Die Machtverhältnisse auf der Seite des Kapitals treten bei ansteigender Konzentration und durch den ungeheuren Bedeutungszuwachs des Verwaltungsapparates immer mehr in den Hintergrund. Deswegen ist es schwer, die eigentlich über das Kapital Verfügenden auszumachen. Trotzdem gibt es eine Gruppe von Herrschenden. Quantitativ gesehen stellen sie zwar keine Klasse dar (wenn man dem Begriff der Klasse eine gewisse Quantität abverlangt). Denkt man aber daran, daß Marx den Begriff der Klasse bestimmt von der Stellung der Menschen im Produktionsprozeß her, dann kann man sagen, daß es heute durchaus noch Klassen gibt, wenn sich auch im subjektiven Bewußtsein Egalisierungstendenzen zeigen. Unterstützt wird die Interpretation der Gesellschaft als klassenstrukturierte Gesellschaft durch die Tatsache, daß Mehrwert nach wie vor angeeignet wird. Wenn es so aussieht, als spiele der Mehrwert nicht mehr diese klassentrennende Rolle, weil die Abzweigung in die Gesamtgesellschaft heute so sehr zugenommen hat (Renten und Sozialleistungen), so hat man doch darauf zu achten, daß die Vielzahl der Abzweigungen nicht unter der Hand zum Schleier wird, hinter dem der Mehrwert verschwindet.

330 Klaus Voelkel, 18. Dezember 1962

Protokoll der Sitzung vom 18. 12. 1962

Das Seminar beschäftigte sich während der letzten Sitzung mit Thorstein Veblen, ausgehend von dem vorgetragenen Referat »Herrschaft und Stand der Produktivkräfte bei Thorstein Veblen.«[60] Veblens Theorie trägt asketische Züge. Er wuchs in einer puritanischen Familie auf, deren Vorfahren aus Norwegen nach Amerika eingewandert waren.[61] Seiner »destruktiven« Lehre wegen wurde Veblen als Outsider diffamiert, in Chicago brachte er es zu einem akademischen Skandal.[62] In seinen Werken finden sich viele prägnante Formeln wie beispielsweise »conspicuous consumption«[63], »leisure class«, »vested interests«[64], »absentee ownership«[65], »captain of industry«[66]. Diese letzte Bezeichnung, Industriekapitän, spiegelt die militärischen Herrschaftsformen innerhalb des Industriebetriebs wieder. Die »leisure class« wird von ihm auch als »kept classes« bezeichnet.[67] Das bedeutet, daß sie von der Unterklasse ausgehalten wird; damit wird ihr eigener Anspruch produktiv zu sein, der Ideologie überführt. Für den Geist der leisure class ist das räuberische Bewußtsein typisch, das sich besonders kraß in der rücksichtslosen Expansion der amerikanischen Trusts zeigte. Durch den Begriff captain of industry, der Mittel des Krieges auf die sogenannte friedliche Wirtschaft überträgt, kritisiert Veblen den eigenen Anspruch des Liberalismus auf friedli-

---

60 Haenisch, »Herrschaft und Stand der Produktivkräfte bei Thorstein Veblen«, UAF Abt. 139 Nr. 11.
61 Veblens Eltern wandern 1847 von Norwegen aus in die USA ein.
62 Der »Skandal«, dessentwegen Veblen 1906 seine Lehrtätigkeit in Chicago aufgeben muss, wird hauptsächlich aufgrund seiner außerehelichen Liebesaffären gemacht.
63 Vgl. den Abschnitt »Der demonstrative Müßiggang«, in: Thorstein Veblen, Theorie der feinen Leute. Eine ökonomische Untersuchung der Institutionen [1899], übers. von Suzanne Heintz und Peter von Haselberg, Frankfurt a. M. 2007, S. 79–107.
64 Vgl. Thorstein Veblen, The Vested Interests and the Common Man (»The Modern Point of View and the New Order«) [1919], New York 1964.
65 Vgl. Thorstein Veblen, Absentee Ownership and Business Enterprise in Recent Times: The Case of America, New York 1923.
66 Vgl. Thorstein Veblen, The Industrial System and the Captains of Industry [1919], in: Thorstein Veblen, The Engineers and the Price System, New York 1921, S. 27–51.
67 Vgl. etwa folgenden Passus: »A vested interest is a legitimate right to get something for nothing, usually a prescriptive right to an income which is secured by controlling the traffic at one point or another. The owners of such a prescriptive right are also spoken of as a vested interest. Such persons make up what are called the kept classes.« (Vebeln, The Vested Interests and the Common Man, a. a. O. [s. Anm. 64], S. 161 f.)

chen Wettbewerb. Es wurde Veblen vorgeworfen, er habe seine Ausdrücke aus der Sprache der Herrschenden genommen. Prof. Adorno wandte dagegen ein, das könne man auch von Marx sagen, der den Anspruch des Liberalismus mit dessen eigenen Prinzipien vergleicht und dadurch als Ideologie erkennt. Veblens Theorie ist der Marxschen Klassentheorie verwandt. Er unterscheidet zwei Klassen, die leisure class und die underlying population.[68] Underlying bedeutet ein Doppeltes: Sowohl meint es unterlegen, unterdrückt sein als auch die reale Basis, die allem unterliegt. Auch kehren bei Veblen die Begriffe produktive und unproduktive Arbeit wieder.[69] Der Liberalismus unterstrich damit den Vorrang des Bürgertums vor den Feudalherren, während der Sozialismus diese Begriffe betont, um den Anspruch des Proletariats auf Selbstverwirklichung zu begründen. Marx und Veblen ist eine Glorifizierung der Arbeit gemeinsam. Der Ausdruck »to get something for nothing« ist der Sache nach auch schon im Liberalismus vorgekommen. Daß er sich sinngemäß ebenfalls bei Marx findet, zeigt eine gewisse Kongruenz zwischen Liberalismus und Marxismus. Diese Glorifizierung der Arbeit muß man aus der Zeit verstehen, die die Vorstellung einer Befreiung von Arbeit noch nicht zuließ, während heute durch den Stand der Produktivkräfte die Reduzierung menschlicher Arbeit tatsächlich möglich ist. Prof. Adorno wies darauf hin, daß es eine Rückbildung der Marxschen Theorie bedeutet, wenn man heute im Osten vom »Helden der Arbeit« spricht. Marx hätte dafür nur Hohn gehabt. Zum Begriff des »instinct of workmanship«[70] wurde gesagt, daß er nicht wie in Darwins Evolutionstheorie biologistisch gemeint sei, sondern aus Veblens Anpassungstheorie verstanden werden müsse. Er meine nichts anderes als Anpassung an die jeweils gegebenen Bedingungen der Arbeit. Veblens Theorie

---

68 So heißt es etwa bei Veblen über die seinerzeit gegenwärtige Angst vor einem weltweiten Kommunismus in den USA: »It is feared, with a nerve-shattering fear, that the same Red distemper of Bolshevism must presently infect the underlying population in America and bring on an overturn of the established order, so soon as the underlying population are in a position to take stock of the situation and make up their mind to a course of action.« (Thorstein Veblen, On the Danger of a Revolutionary Overturn [1919], in: Veblen, The Engineers and the Price System, a.a.O. [s. Anm. 66], S. 83–104; hier: S. 83)
69 So heißt es etwa: »In allen Phasen des Lebens und zu allen Zeiten der wirtschaftlichen Entwicklung unterscheidet sich die Muße der Dame und des Lakaien von der Muße des aus eigenem Recht vornehmen Herrn dadurch, daß die erstere einer scheinbar emsigen Beschäftigung gleicht. Sie nimmt weitgehend die Form einer unermüdlichen Hingabe im Dienst des Herrn oder der Sorge um Pflege und Gestaltung des Haushalts an. Müßiggang bedeutet also hier nur, daß wenig oder keine produktive Arbeit geleistet, jedoch nicht, daß aller Anschein von Arbeit vermieden wird.« (Veblen, Theorie der feinen Leute, a.a.O. [s. Anm. 63], S. 70)
70 Über den »Werkinstinkt« heißt es bei Veblen: »Wenn es die Umstände erlauben, treibt dieser Instinkt die Menschen dazu, jede produktive und nützliche Tätigkeit hochzuschätzen und die Vergeudung von Geld und Energie abzulehnen.« (Ebd., S. 100)

stimmt mit der Marx'schen nicht überein, da die politische Ökonomie der bürgerlichen Gesellschaft nicht in ihren Voraussetzungen kritisiert wird, sondern ihr unökonomisches Leben. Die Erklärung wirtschaftlicher Tatbestände aus subjektivem Bewußtsein der Menschen ist mit der Marxischen objektiven Wertlehre unvereinbar. Allerdings versuchte Veblen die subjektive Grenznutzentheorie, die zu seiner Zeit die herrschende Meinung war, mit Gedanken von Marx zu verbinden. Prof. Adorno sagte, verschiedene soziologische Richtungen verträten die Ansicht, um die Gesellschaft kritisch zu betrachten, sei es gleichgültig, ob man von einem subjektiven oder objektiven Ansatz ausgehe. Es komme dabei dasselbe heraus. Wichtig sei nur, daß die Theorie in sich stimmig und elegant erscheine. Wenn aber die Realität Antagonismen in sich trägt, wird gerade das In-sich-Stimmige der Theorie das Moment des Falschen. Der Schein bestehe gerade darin zu glauben, daß man in dieser Wahl frei sei. Es zeigt sich an Veblen, daß eine gesellschaftskritische Absicht durch den Rekurs auf die subjektive Sphäre nichts über objektive Verhältnisse aussagt. Veblen hat den Neid zu einer Grundkategorie erklärt.[71] Daß Neid erst die Auswirkung einer ungleichen Gesellschaft auf die Menschen ist, bemerkt er nicht. Die Kategorie »Neid« nimmt etwas Pathologisches an, wenn sie sich von der Einsicht in objektive gesellschaftliche Verhältnisse loslöst. Veblen kritisiert die Ideologien einschneidend. Er erkennt den Widerschein veralteter Herrschaftsverhältnisse in sozialen Verhaltensweisen. Die althergekommenen Autoritätsansprüche werden aufrechterhalten, große Teile des Sozialproduktes werden vergeudet und können deshalb nicht menschlichen Bedürfnissen zugute kommen. Der Ausgang von subjektiven Verhaltensweisen führt dazu, daß eigentlich die Ideologien nicht aus der gesellschaftlichen Realität abgeleitet werden, sondern umgekehrt objektive Realität, aus Ideologien. Es zeigt sich, daß es keinen Weg gibt, von der Kritik der Ideologien zur Kritik des realen Unterbaus zurückzukehren.

Zum Begriff »institution« wurde bemerkt, daß er bei Veblen nicht bedeutet, was sonst darunter in der Soziologie verstanden wird, sondern Schemata meint, nach denen die Menschen denken, d. h. verdinglichte Formen von Bewußtsein. Ein Seminarteilnehmer fragte, ob nicht schon darin gegenüber rein subjektiven

---

[71] Bei Veblen heißt es: »Wenn wir den Ausdruck *neidvoll* oder *neiderfüllt* verwenden, so verfolgen wir damit natürlich nicht die Absicht, irgendeine der Erscheinungen, die so bezeichnet werden, zu preisen oder herabzuwürdigen, zu empfehlen oder zu beklagen. Wir gebrauchen den Ausdruck vielmehr in einem rein technischen Sinne; er soll einen Vergleich zwischen Personen beschreiben, und zwar einen Vergleich, der den relativen moralischen oder ästhetischen Wert dieser Person mißt und so den relativen Grad von Selbstzufriedenheit beurteilt und festlegt, den sich jedermann legitimerweise zuschreiben und von anderen erwarten darf. Ein neiderfüllter Vergleich ist also mit anderen Worten eine Wertung von Personen.« (Ebd., S. 50)

Regungen ein Moment des Objektiven liege, daß sich diese Denkschemata wie eine Art »soziale Tatsachen« im Bewußtsein der Menschen festsetzen. Prof. Adorno antwortete, das sei richtig, aber der objektive Geist in der Gesellschaft sei durch Veblen verabsolutiert worden, indem er ihn aus der Dialektik von Produktivkräften und realen Produktionsverhältnissen herausgenommen habe. Dadurch setze sich die Objektivität der Denkformen an die Stelle der gesellschaftlichen Objektivität selber. Diese Verlegung des Akzentes auf die Denkformen erklärt sich aus der in weiterem Maß integrierten Gesellschaft Veblens. Gegenüber Marxens Zeit, wo die Gesellschaft sich erst etablieren will, hat sich in Amerika zu Anfang dieses Jahrhunderts die Ideologie schon selber verfestigt Die Norm – ein Begriff, der in der modernen amerikanischen Soziologie stark betont wird – hält selber, als Institution verhärtet, die Gesellschaft zusammen. Dazu muß bedacht werden, daß in Amerika der Liberalismus – unabhängig von dem Klassenverhältnis – die herrschende Ideologie ist. Das hat zur Folge, daß viele Menschen in Organisationen kommen, die mit ihrer Klassenlage in Konflikt stehen, so daß sie ihren Interessen zuwider handeln. Es zeigt sich das Vorhandensein einer verselbständigten Innenwelt, über die die Außenwelt keine große Gewalt hat. Im Anschluß an Veblens Ausführungen über die »American Federation of Labor«[72] sagte Prof. Adorno, daß im Gegensatz zu den alten europäischen Gewerkschaften die amerikanischen keine Klassenkampforganisation seien. Sie stellen lediglich einen trustähnlichen Zusammenschluß der Arbeitnehmer dar gegen die Trusts der Unternehmer, um einen Teil des Profits für sich zu sichern.

Eine andere wichtige Wurzel Veblen'schen Denkens ist der Pragmatismus, dessen älterer darwinistischen Form er angehört. Der Begriff der Anpassung (adaptation) steht im Mittelpunkt. Der Mensch muß sich den natürlichen und historischen Bedingungen so anpassen, daß ihm die Chance des Überlebens bleibt. Die Welt, der die Menschen sich anpassen sollen, ist die Welt der industriellen Technik. Dieser besondere Inhalt der Anpassungslehre weist zurück auf den Technokraten Saint-Simon, der als erster den Vorrang der Industrie anerkannte. Fortschrittliche Entwicklung heißt für Veblen der industriellen Produktion angepaßte und ihr nachgebildete rationale Gestaltung des Konsumlebens. Güterverbrauch als bloße Ostentation folgt dem veralteten Prinzip des Beutemachens, es bleibt hinter den wirtschaftlichen Produktionsweisen zurück. Veblen

---

[72] »The nearest approach to a practicable organization of industrial forces in America, just yet, is the A. F. of L.; which need only be named in order to dispel the illusion that there is anything to hope or fear in the way of a radical move at its hands. The A. F. of L. is itself one of the Vested Interests, as ready as any other to do battle for its own margin of privilege and profit.« (Veblen, On the Danger of a Revolutionary Overturn, a.a.O. [s. Anm. 68], S. 88)

zeigt, daß die Bildung neuen Reichtums sich mit gleichzeitigem hohem Konsum verbindet, um zu prunken und seine eigene Kreditwürdigkeit zu zeigen.

Kultur ist nach Veblen barbarisch und Barbarei das Wesen der Vergesellschaftung.[73] Über dem Kitsch des 19. Jh. wurde ihm Kultur überhaupt zur bloßen Reklame und Zurschaustellung von Macht. Für ihn als Positivisten gibt es nur den strikten Anpassungsprozeß, alles andere ist ihm Ideologie. Falsches Bewußtsein heißt in seiner Theorie, nicht an die gegebenen Verhältnisse angepaßt zu sein. Seine Reflexion gelangt niemals über den Begriff der Anpassung hinaus, sie allein ist ihm das Maß von Wahrheit. So wird Anpassung gerade die Bedingung von Ideologie. Veblens Denken geht von Tatsachen aus. Das Beobachtbare ist das unmittelbar gegebene Verhalten der Subjekte, Profitmotive, Neid und Gier. Wenn das Beobachtbare aber nur Schleier, Charaktermaske, ist, dann werden die Verhältnisse auf den Kopf gestellt und solcher Tatsachensinn Ideologie. Anpassung ist soweit notwendig, wie Mangel und Armut in der Welt herrschen. Heute ermöglicht die sich rasch entwickelnde Technik, daß Not dem Überfluß weicht, und Anpassung ist überholt gegenüber der Verwirklichung des Möglichen.

---

73 Die »Einführung« in die »Theorie der feinen Leute« beginnt mit dem Satz: »Die Institution einer Klasse, die nicht arbeitet, also einer müßigen Klasse, hat in den Hochformen der barbarischen Kultur, etwa im feudalen Europa oder in Japan, ihre höchste Entwicklung gefunden.« (Veblen, Theorie der feinen Leute, a.a.O. [s. Anm. 63], S. 21)

331 Irmgard Lüter,
8. und 15. Januar 1963

Protokoll vom 8. und 15. Januar 63

Thema des Referats:
Rationalisierung und Herrschaft bei Max Weber.[74]

Weber führt den Begriff der Rationalität aus einem methodischen Grund ein: Objekt der Soziologie ist soziales Handeln, soweit es »rational evident« gedeutet und verstanden werden kann.[75] Nicht die psychische Motivation des Handelns wird thematisch gemacht, sondern subjektives Handeln, soweit es von sozialer Respektabilität ist. Da es ausdrücklich nicht Aufgabe der Soziologie ist, den »subjektiv gemeinten Sinn« an einem »objektiv ›richtigen‹ oder metaphysisch ergründeten ›wahren‹ Sinn« zu messen[*1],[76] bescheidet Weber sich damit, die formale Adäquanz der Mittel an vorgegebene Zwecke zu untersuchen. Weber bestimmt zweckrationales Handeln durch formaljuristische Definitionen und verzichtet darauf, Handeln dem Kriterium objektiver Rationalität zu unterwerfen. Indem er den Begriff der Rationalität funktional denkt, ihn nur auf die Zweck-Mittel-Relation anwendet, die Zwecke selbst aber für unantastbar erklärt, schneidet er das Problem Rationalität–Irrationalität vorschnell ab. Prof. Adorno machte darauf aufmerksam, daß es notwendig sei, den Begriff der Rationalität bei M. Weber unter dem Gesichtspunkt des cui bono? zu sehen, um so dessen Funktion in Webers System bestimmen zu können.

---

74 Ursula Jaerisch, »Rationalisierung und Herrschaft bei Max Weber«, UAF Abt. 139 Nr. 11.
75 »Alle Deutung strebt, wie alle Wissenschaft überhaupt, nach ›Evidenz‹. Evidenz des Verstehens kann entweder: rationalen (und als dann entweder: logischen oder mathematischen) oder: einfühlend nacherlebenden: emotionalen, künstlerisch-rezeptiven Charakters sein. Rational evident ist auf dem Gebiet des Handelns vor allem das in seinem gemeinten Sinnzusammenhang restlos und durchsichtig *intellektuell* Verstandene. Einfühlend evident ist am Handeln das in seinem erlebten *Gefühlszusammenhang* voll Nacherlebte.« (MWG, Bd. I/23, S. 150)
76 »›Sinn‹ ist hier entweder a) der tatsächlich α. in einem historisch gegebenen Fall von einem Handelnden oder β. durchschnittlich und annähernd in einer gegebenen Masse von Fällen von den Handelnden oder b) der in einem begrifflich konstruierten *reinen* Typus von dem oder den als Typus *gedachten* Handelnden subjektiv *gemeinte* Sinn. Nicht etwa irgendein objektiv ›richtiger‹ oder ein metaphysisch ergründeter ›wahrer‹ Sinn. Darin liegt der Unterschied der empirischen Wissenschaften vom Handeln: der Soziologie und der Geschichte, gegenüber allen dogmatischen: Jurisprudenz, Logik, Ethik, Ästhetik, welche an ihren Objekten den ›richtigen‹, ›gültigen‹, Sinn erforschen wollen.« (Ebd., S. 149)

Wird auf die Zweck-Mittel-Relation beschränkte Rationalität zum Prinzip vernünftigen Handelns, kann Freiheit nur als Zweckrationalität bestimmt werden, so daß Freiheit unter der Hand in Anpassung aufgeht. Weber sieht den objektiven Zwang, der diese Umkehrung des Begriffs zustande bringt, und trifft damit ein Moment der Realität, das außerhalb der von ihm festgelegten Grenzen soziologischer Erkenntnis liegt.

»Er (der Fabrikant im Konkurrenzkampf) hat die Wahl zwischen ökonomischer Ausmerzung und der Befolgung sehr bestimmter Maximen des ökonomischen Gebarens.«[77][*2] Dieses Zitat folgt der Bestimmung der Freiheit als Zweckrationalität. Ihm entspricht eine Formulierung von Durkheim, in der Zwang als Konstituens jedes sozialen Tatbestandes erscheint: »Nichts hindert einen Industriellen daran, mit den Methoden eines anderen Jahrhunderts zu arbeiten. Er soll es aber nur tun. Sein Ruin wäre sicher.«[78][*3] Das Prinzip von Zwang und Gewalt ist auch in Webers Begriff der Zweckrationalität enthalten. Als solcher entspricht dieser Begriff bei Weber der »contrainte sociale« bei Durkheim. Funktion der Unterwerfung unter den sozialen Zwang (Durkheim) und des zweckrationalen Verhaltens (Weber) ist die Selbsterhaltung. Freud zufolge leistet im psychischen Apparat das Ich dieselbe Aufgabe. Es unterwirft sich dem Realitätsprinzip, um weiter bestehen zu können, indem es die Entscheidung trifft, ob der Versuch zur Befriedigung des Triebanspruchs ausgeführt werden darf oder verschoben bzw. unterdrückt werden muß.

Im Begriff des Idealtypus sollen gemeinsame »Züge bestimmter Beziehungen und Vorgänge« zu den »verschiedensten Zeiten widerspruchslos vereinigt« werden. Eine »Fülle von diffus und diskret vorhandenen Einzelerscheinungen« soll unter einem formal gemeinsamen Gesichtspunkt zusammengeschlossen werden. Dieses konstruierte »Gedankenbild« ist nicht nur nirgends in der Wirklichkeit vorzufinden[*4],[79] es ist dazu »relativ inhaltsleer« gegenüber der historischen Realität.[80] »Eindeutigkeit«[*5] ist seine einzige Qualität.

---

77 »Gerade der empirisch ›frei‹, d.h. nach *Erwägungen* Handelnde, ist teleologisch durch die, nach Maßgabe der objektiven Situation, ungleichen und erkennbaren Mittel zur Erreichung seiner Zwecke gebunden. Dem Fabrikanten im Konkurrenzkampf, dem Makler auf der Börse hilft der Glaube an seine ›Willensfreiheit‹ herzlich wenig. Er hat die Wahl zischen ökonomischer Ausmerzung oder der Befolgung sehr bestimmter Maximen des ökonomischen Gebarens.« (MWG, Bd. I/7, S. 363)
78 Durkheim, Die Regeln der soziologischen Methode, a.a.O. (s. Anm. 35), S. 106.
79 Weber äußert sich an jener Stelle über den ›Idealtypus‹: »Er wird gewonnen durch einseitige *Steigerung eines* oder *einiger* Gesichtspunkte und durch Zusammenschluß einer Fülle von diffus und diskret, hier mehr, dort weniger, stellenweise gar nicht, vorhandenen *Einzel*erscheinungen, die sich jenen einseitig herausgehobenen Gesichtspunkten fügen, zu einem in sich einheitlichen *Gedanken*bilde. In seiner begrifflichen Reinheit ist dieses Gedankenbild nirgends in der Wirk-

Prof. Adorno wies auf das Willkürmoment von Distinktionen hin, die um des Vorzugs »sauberer« Begriffe willen getroffen werden. In der Scholastik waren die Definitionen Selbstzweck. Bei Weber sollen die reinen Typen als Maßstäbe für die empirische Wirklichkeit dienen. Weber versucht zwar, die Typen streng isoliert zu bestimmen, aber sie gehen schon als solche ineinander über, bevor sie in Anwendung auf die Wirklichkeit dieser angenähert und in bloße »Tatsächlichkeit aufgelöst«[*6] werden.[81] So beschreibt Weber bei der Charakterisierung des reinen Typus der charismatischen Herrschaft, wie diese durch »Übergang des charismatischen Verwaltungsstabes: der Jüngerschaft oder der Gefolgschaft, in einen ... ständischen Stab«[*7] mit Privilegien zu traditioneller Herrschaft wird.[82] Obwohl

---

lichkeit empirisch vorfindbar, es ist eine *Utopie*, und für die *historische* Arbeit erwächst die Aufgabe, *in jedem einzelnen Falle* festzustellen, wie nahe oder wie fern die Wirklichkeit jenem Idealbilde steht, inwieweit also der ökonomische Charakter der Verhältnisse einer bestimmten Stadt als ›stadtwirtschaftlich‹ im begrifflichen Sinn anzusprechen ist. Für den Zweck der Erforschung und Veranschaulichung aber leistet jener Begriff, vorsichtig angewendet seine spezifischen Dienste.« (MWG, Bd. I/7, S. 203 f.)

80 »Die Soziologie bildet – wie schon mehrfach als selbstverständlich vorausgesetzt – Typen-Begriffe und sucht *generelle* Regeln des Geschehens. Im Gegensatz zur Geschichte, welche die kausale Analyse und Zurechnung *individueller, kultur*wichtiger, Handlungen, Gebilde, Persönlichkeiten erstrebt. Die Begriffsbildung der Soziologie entnimmt ihr *Material*, als Paradigmata, sehr wesentlich, wenn auch keineswegs ausschließlich, den auch unter den Gesichtspunkten der Geschichte relevanten Realitäten des Handelns. Sie bildet ihre Begriffe und sucht nach ihren Regeln vor allem *auch* unter dem Gesichtspunkt: ob sie damit der historischen kausalen Zurechnung der kulturwichtigen Erscheinungen einen Dienst leisten kann. Wie bei jeder generalisierenden Wissenschaft bedingt die Eigenart ihrer Abstraktionen es, daß ihre Begriffe gegenüber der konkreten Realität des Historischen relativ inhalts*leer* sein müssen. Was sie dafür zu bieten hat, ist gesteigerte *Eindeutigkeit* der Begriffe.« (MWG, Bd. I/23, S. 169 f.)

81 »Schon die ältere Soziologie Max Weberschen Stils, in der intensive theoretische und breite stoffliche Interessen sich verbanden, hat zur Totalität nicht mehr zugereicht. Es bezeugt die Not ihres geistigen Zustandes, wenn sie mit Begriffen wie dem des Idealtypus über die blinde Tatsächlichkeit sich erheben wollte, ohne es doch den eigenen zuinnerst positivistischen Voraussetzungen nach zu vermögen, und darum die Idealtypen wiederum in bloße Tatsächlichkeit auflöst.« (Institut für Sozialforschung, *Soziologische Exkurse. Nach Vorträgen und Diskussionen*, Frankfurt a. M. 1956 [*Frankfurter Beiträge zur Soziologie*; 4], S. 107)

82 »Die charismatische Herrschaft ist eine spezifisch *außeralltägliche* und rein persönliche soziale Beziehung. Bei kontinuierlichem Bestand, spätestens aber mit dem Wegfall des persönlichen Charismaträgers, hat das Herrschaftsverhältnis – in letzterem Fall dann, wenn es nicht zugleich erlischt, sondern in irgendeiner Art fortbesteht, und also die Autorität des Herrn auf Nachfolger übergeht – die Tendenz, sich zu *veralltäglichen:* 1. durch Traditionalisierung der Ordnungen. Anstelle der kontinuierlichen charismatischen Neuschöpfung im Recht und Verwaltungsbefehl durch den Charismaträger oder charismatisch qualifizierten Verwaltungsstab tritt die Autorität der Präjudizien und Präzedenzien, die sie schützen oder die ihnen zugeschrieben werden; 2. durch Übergang des charismatischen Verwaltungsstabes, der Jüngerschaft oder Ge-

die Isolierung der Begriffe deren Beziehung zueinander leugnen soll, gehen die Begriffe über den Anspruch hinaus, den Weber ihnen zuschreibt. An dem Beispiel wird deutlich, wie die Dynamik des bezeichneten Sachverhalts die abstrakte Eindeutigkeit des Begriffs aufhebt.

Weber hypostasiert den Kampf als soziale Beziehung. Nicht nur im Konkurrenzkampf des Marktes, auch in der intimsten Vergemeinschaftung ist »Vergewaltigung durchaus normal«.[83] Weber erkennt den Antagonismus der modernen Gesellschaft. Aber der formale Aufbau seiner Soziologie bestimmt ihn, die Kategorien tendenziell als unhistorische, zeitlose gelten zu lassen und, in Erkenntnis ihrer Geltung, sie als ewig und notwendig zu bestimmen und die Veränderbarkeit der sozialen Praxis zu negieren. Prof. Adorno deutete an dieser Stelle eine mögliche Beziehung zu Carl Schmitt an, dem zufolge die spezifisch politische Unterscheidung die von Freund und Feind ist.[84][*8] Wird der bellum omnium contra omnes zum Prinzip sozialen Handelns, kann man im Staat die Instanz sehen, »die den Zweck hat, diesen Krieg beständig zu verhindern, der sofort wieder ausbrechen würde, wenn der Druck des Staates von den Menschen genommen wird«.[85][*9][86] Bestimmt man den Staat als »die rationale Einheit

---

folgschaft, in einen legalen oder ständischen Stab; durch Übernahme von internen oder von durch Privileg appropriierten Herrschaftsrechten (Lehen, Pfründe); 3. durch Umbildung des Sinnes des Charisma selbst. Dafür ist maßgebend die Art der Lösung der aus ideellen wie (sehr oft vor allem) materiellen Gründen brennenden Frage des *Nachfolgeproblems*.« (MWG, Bd. I/22–4, S. 739)

83 »Vergemeinschaftung ist dem gemeinten Sinn nach normalerweise der radikalste Gegensatz gegen ›*Kampf*‹. Dies darf nicht darüber täuschen, daß tatsächlich Vergewaltigung jeder Art innerhalb auch der intimsten Vergemeinschaftungen gegenüber dem seelisch Nachgiebigeren durchaus normal ist, und daß die ›Auslese‹ der Typen innerhalb der Gemeinschaften ganz ebenso stattfindet und zur Verschiedenheit der durch sie gestifteten Lebens- und Überlebenschancen führt wie irgendwo sonst.« (MWG, Bd. I/23, S. 196)

84 »Die spezifisch politische Unterscheidung, auf welche sich die politischen Handlungen und Motive zurückführen lassen, ist die Unterscheidung von *Freund* und *Feind*. Sie gibt eine Begriffsbestimmung im Sinne eines Kriteriums, nicht als erschöpfende Definition oder Inhaltsangabe. Insofern sie nicht aus anderen Kriterien ableitbar ist, entspricht sie für das Politische den relativ selbständigen Kriterien anderer Gegensätze: Gut und Böse im Moralischen; Schön und Häßlich im Ästhetischen usw. Jedenfalls ist sie selbständig, nicht im Sinne eines eigenen neuen Sachgebietes, sondern in der Weise, daß sie weder auf einem jener anderen Gegensätze oder auf mehreren von ihnen begründet, noch auf sie zurückgeführt werden kann.« (Carl Schmitt, Der Begriff des Politischen [1927]. Text von 1932 mit einem Vorwort und drei Corollarien, Berlin 1963, S. 26 f.)

85 »Nach Hobbes bestimmt der Souverän, was dem Staate nützlich und was ihm schädlich ist, und da die Menschen durch ihre Vorstellungen von Gut und Böse, Nutzen und Schaden motiviert werden, so muß der Souverän auch über die Meinungen der Menschen die Entscheidung haben, weil sonst der Streit aller mit allen, den der Staat ja gerade beenden soll, nicht aufhören kann [...].

einer eindeutigen, eines wirksamen Schutzes fähigen Macht und eines berechenbar funktionierenden Legalitätssystems«[87][*9], und überträgt man dem Staat des 20. Jahrhunderts als absolute Gewalt die Ordnungsfunktion, so nimmt dieser nach den seit 1789 erfolgten politischen Kollektivbewegungen und aufgrund der vorhandenen technischen Hilfsmittel totalitäre Strukturen an.

Weber suchte Wirtschaft und Herrschaft als getrennte Bereiche zu kennzeichnen. Die zentralen Begriffe werden jedoch mit Kategorien des jeweils anderen Bereichs bestimmt. »Betrieb« und »Monopol der Gewaltsamkeit« ist der Staat.[88] »Verfügungsgewalt« als Inbegriff des Wirtschaftens bleibt inhaltlich unbestimmt.[89] Auf welche Art die Gewalt sich an den Objekten der Verfügungsgewalt geltend macht, bleibt für Weber eine Nebensache. Prof. Adorno bemerkte hierzu, daß Weber mit dem funktionalisierten Eigentumsbegriff, dem der Verfügungsgewalt, alle späteren Manager-Theorien bereits diskreditiert habe. Weber weist nach,

---

Darum ist der Staat bei Hobbes seiner Konstitution nach in dem Sinne eine Diktatur, als er, aus dem bellum omnium contra omnes entstehend, den Zweck hat, diesen Krieg, der sofort wieder ausbrechen würde, wenn der Druck des Staates von den Menschen genommen wird, beständig zu verhindern.« (Carl Schmitt, Die Diktatur. Von den Anfängen des modernen Souveränitätsgedankens bis zum proletarischen Klassenkampf [1921], 8. Aufl., Berlin 2015, S. 22)

86 Die Anmerkungsziffer ist in der Vorlage doppelt vergeben, verweist jedoch nur in der folgenden Anmerkung auf die korrekte Literaturangabe.

87 »Für Hobbes kommt es darauf an, durch den Staat die Anarchie des feudalen, ständischen oder kirchlichen Widerstandsrechts und den daraus fortwährend neu entbrennenden Bürgerkrieg zu überwinden und dem mittelalterlichen Pluralismus, den Herrschaftsansprüchen der Kirchen und anderer ›indirekter‹ Gewalten die rationale Einheit einer eindeutigen, eines wirksamen Schutzes fähigen Macht und eines berechenbar funktionierenden Legalitätssystems entgegenzusetzen.« (Carl Schmitt, Der Leviathan in der Staatslehre des Thomas Hobbes. Sinn und Fehlschlag eines politischen Symbols, Hamburg 1938, S. 113)

88 Vgl. den Abschnitt »Der rationale Staat als anstaltsmäßiger Herrschaftsverband mit dem Monopol legitimer Gewaltsamkeit« in: Max Weber, Wirtschaft und Gesellschaft. Grundriß der verstehenden Soziologie [1921–1922], 5. Aufl., bes. von Johannes Winckelmann, Tübingen 1980, S. 821–824.

89 »Ein ›Betrieb‹ ist der moderne Staat, gesellschaftswissenschaftlich angesehen, ebenso wie eine Fabrik: das ist gerade das ihm historisch Spezifische. Und gleichartig bedingt ist auch das Herrschaftsverhältnis innerhalb des Betriebes hier und dort. Wie die relative Selbständigkeit des Handwerkers oder Hausindustriellen, des grundherrlichen Bauern, des Kommendatars, des Ritters und Vasallen darauf beruhte, daß er selbst Eigentümer der Werkzeuge, der Vorräte, der Geldmittel, der Waffen war, mit deren Hilfe er seiner ökonomischen, politischen, militärischen Funktion nachging und von denen er während deren Ableistung lebte, so beruht die hierarchische Abhängigkeit des Arbeiters, Kommis, technischen Angestellten, akademischen Institutsassistenten *und* des staatlichen Beamten und Soldaten ganz gleichmäßig darauf, daß jene für den Betrieb und die ökonomische Existenz unentbehrlichen Werkzeuge, Vorräte und Geldmittel in der Verfügungsgewalt, im einen Fall: des Unternehmers, im anderen: des politischen Herrn konzentriert sind.« (Ebd., S. 825)

daß zwischen Staat und Wirtschaft enge Affinität besteht: Die Entwicklung des Kapitalismus und die Entstehung der Bürokratie erweisen sich als die zwei Seiten desselben Vorgangs. Der Staat konnte mit seinem »Monopol der Androhung und der Anwendung physischen Zwanges«[90] die Rechtsordnung garantieren und auf diese Weise die von fortschreitender wirtschaftlicher Entwicklung und Rationalisierung untrennbare Klassenstruktur aufrechterhalten.

Weber zeigt, daß Zwang und formale Rationalität in diesem Wirtschaftssystem aneinander gebunden sind. Trotz zunehmender Rationalisierung bleiben die objektiven Mächte weiter verschleiert. Prof. Adorno wies auf einen entsprechenden Gedanken Husserls in den »Cartesianischen Meditationen« hin: Die Menschen vertrauten darauf, daß Sachverhalte einsichtig gemacht werden können, tatsächlich werden sie es jedoch nicht.[91]

Obwohl Weber antiideologisch im Sinne des utopiefeindlichen Positivismus ist und zugleich sich einer immanenten Kritik nicht verschließt, dechiffriert er nicht die formale Rationalität in ihrer funktionalen Beschränktheit als bloß partikulare, sondern hält die offenbaren Konfliktmomente weit auseinander, um den Widerspruch zwischen materialer Irrationalität und formaler Rationalität für unauflösbar zu erklären.[92][*10]

---

90 Bei Weber heißt es: »Politischer Verband soll ein Herrschaftsverband dann und insoweit heißen, als sein Bestand und die Geltung seiner Ordnungen innerhalb eines angebbaren geographischen *Gebiets* kontinuierlich durch Anwendung und Androhung *physischen* Zwangs seitens des Verwaltungsstabes garantiert werden. Staat soll ein politischer *Anstaltsbetrieb* heißen, wenn und insoweit sein Verwaltungsstab erfolgreich das *Monopol legitimen* physischen Zwanges für die Durchführung der Ordnungen in Anspruch nimmt.« (MWG, Bd. I/23, S. 212)
91 Bei Husserl heißt es: »Das tägliche praktische Leben ist naiv, es ist ein in die vorgegebene Welt Hineinerfahren, Hineindenken, Hineinwerten, Hineinhandeln. Dabei vollziehen sich alle die intentionalen Leistungen des Erfahrens, wodurch die Dinge schlechthin da sind, anonym: der Erfahrende weiß von ihnen nichts, ebenso nichts vom leistenden Denken; die Zahlen, die prädikativen Sachverhalte, die Werte, die Zwecke, die Werke treten dank den verborgenen Leistungen auf, Glied für Glied sich aufbauend; sie sind allein im Blick. Nicht anders in den positiven Wissenschaften. Sie sind Naivitäten höherer Stufe, Werkgebilde einer klugen theoretischen Technik, ohne daß die intentionalen Leistungen, aus denen alles letztlich entspringt, ausgelegt worden wären. Wissenschaft beansprucht zwar, ihre theoretischen Schritte rechtfertigen zu können, und beruht überall auf Kritik. Aber ihre Kritik ist nicht letzte Erkenntniskritik, das ist Studium und Kritik der ursprünglichen Leistungen, Enthüllung aller ihrer intentionalen Horizonte, durch die allein die ›Tragweite‹ der Evidenzen letztlich erfaßt und korrelativ der Seinssinn der Gegenstände, der theoretischen Gebilde, der Werte und Zwecke ausgewertet werden kann.« (HEH, Bd. I, S. 179)
92 »Materiale und (im Sinn exakter *Rechnung:*) formale Rationalität fallen [...] unvermeidlich weitgehend auseinander: diese grundlegende und letztlich unentrinnbare Irrationalität der Wirtschaft ist eine der Quellen aller ›sozialen‹ Problematik, vor allem: derjenigen alles Sozialismus.« (MWG, Bd. I/23, S. 290)

Weil die Gesellschaft auf Rationalität der Zwecke verzichtet, kann sich die partikulare in den einzelnen Bereichen verselbständigen und irrationalen Tendenzen in der Gesellschaft Platz bieten. Diese objektive Entwicklung beschrieb Robert Michels in seiner »Soziologie der Parteien in der modernen Demokratie«, wo die irrationalen Konsequenzen partikularer Rationalität zum »ehernen Gesetz der Oligarchie« erhoben werden.[93] Bei Pareto wird Irrationalität gar zum Substrat allen menschlichen Verhaltens.[94] Vernunft wird zum willfährigen Diener unwandelbarer Resiuden degradiert. Rationalität und damit jede Intention, die auf Änderung der Praxis zielt, wird von vornherein verunglimpft.

Weber macht alle Begriffe funktional. Das hat zur Folge, daß die Begriffe frei sind von irgendeinem über sie hinausweisenden Anspruch. Die andere Konsequenz ist, daß Weber verdinglichte Begriffe auflöst. Die Maschine ist ihm »geronnener Geist«.[95][*11] Marx verstand sie als »geronnene Arbeit«.[96] Da »Geist« und »Arbeit« Begriffe sind, die notwendig aufeinander verweisen, stehen beide Bestimmungen nicht in starrem Widerspruch.

Als »leblose Maschine« bezeichnet Weber die Bürokratie. Das »charakteristische Prinzip ihrer Herrschaftsausübung« ist »abstrakte Regelhaftigkeit«[97][*12]. Diese ging aus dem Streben nach Rechtsgleichheit hervor und aus der Beseitigung des persönlichen Privilegs. Prof. Adorno bemerkte dazu, daß Weber in der Zeit des Expressionismus, da man gegen die Bürokratie als Inbegriff der Verdinglichung und Entfremdung allgemein opponiert habe, neben ihrer technischen Leistungsfähigkeit auch den Rechtsschutz gesehen habe, der den Individuen durch

---

93 Vgl. den Abschnitt »Die Demokratie und das eherne Gesetz der Oligarchie«, in: Robert Michels, Zur Soziologie des Parteiwesens in der modernen Demokratie. Untersuchungen über die oligarchischen Tendenzen des Gruppenlebens [1911], hrsg. und mit Nachw. von Werner Conze, 3. Aufl., Stuttgart [1957], S. 351–369.
94 Vgl. die Abschnitte »Die Residuen« und »Die Residuen (Fortsetzung)« in: Pareto, Allgemeine Soziologie, a.a.O. (s. Anm. 16), S. 50–89, sowie ebd., S. 90–160.
95 »Eine leblose Maschine ist geronnener Geist. Nur daß sie dies ist, gibt ihr die Macht, die Menschen in ihren Dienst zu zwingen und den Alltag ihres Arbeitslebens so beherrschend zu bestimmen, wie es tatsächlich in der Fabrik der Fall ist.« (Weber, Wirtschaft und Gesellschaft, a.a.O. [s. Anm. 88], S. 835)
96 »Menschliche Arbeitskraft im flüssigen Zustand oder menschliche Arbeit bildet Wert, aber ist nicht Wert. Sie wird Wert in geronnenem Zustand, in gegenständlicher Form. Um den Leinwandwert als Gallerte menschlicher Arbeit auszudrücken, muß er als eine ›Gegenständlichkeit‹ ausgedrückt werden, welche von der Leinwand selbst dinglich verschieden und ihr zugleich mit andrer Ware gemeinsam ist.« (MEW, Bd. 23, S. 65f.)
97 Weber schreibt, die Bürokratie sei »insbesondere eine unvermeidliche Begleiterscheinung der modernen *Massen*demokratie im Gegensatz zu der demokratischen Selbstverwaltung kleiner homogener Einheiten. Zunächst schon infolge des ihr charakteristischen Prinzips: der abstrakten Regelhaftigkeit der Herrschaftsausübung.« (MWG, Bd. I/22-4, S. 201)

die streng sachliche Behandlungsart zuteil wird. Zwar spricht Weber nicht ausdrücklich von Freiheit und Humanität, aber indem er die Leistungen der Bürokratie aufweist, macht er diese Momente sichtbar.

Das System von Definitionen in »Wirtschaft und Gesellschaft«, die von Weber postulierte Gleichberechtigung der Kategorien und der formale, deshalb statische Begriff des Idealtypus sind nicht auf eine Theorie der Gesellschaft hin angelegt. Prof. Adorno hielt dafür, daß gegen Webers Intention und seiner Isolierung der Begriffe zum Trotz dynamische Zusammenhänge sich geltend machen. Weber habe um Machtpositionen und um gesellschaftliche Vorgänge gewußt. Das Modell der Rationalität bei Max Weber sei der wirtschaftliche Tauschakt auf dem Markt, demgegenüber sei der »Geist des Kapitalismus« nur eine Fassade.[98]

Entgegen seinem Bekenntnis zum Positivismus akzeptiert Weber den Begriff des »Wesentlichen«. Der Begriff der Rationalisierung wird ihm zur Schlüsselkategorie. So ist Webers Soziologie nicht nur Methode, sondern zeigt eine gesellschaftliche Entwicklung, die Weber in dem Wort »Entzauberung der Welt« umschreibt.[99] Obwohl Weber den antagonistischen Charakter der Gesellschaft nicht thematisch macht, ist er gezwungen, antagonistische Kategorien einzuführen: formale Rationalität, materiale Rationalität.[100] Weber zeigt, daß formale Rationalität als »instrumentale Vernunft« umschlägt in Irrationalität. Gesteigerte Rationalität, bezogen nur auf vernünftige Organisation in den Industriebetrieben und in den einzelnen Institutionen, nicht aber darauf gerichtet, die gesamtgesellschaftlichen Bedürfnisse zu befriedigen, hat Unterdrückung der Individuen zur Folge. Dieser Widerspruch wird nicht nur auf dem Güter- und Arbeitsmarkt in Gestalt von Überproduktion und Arbeitslosigkeit offenbar. Auch Autonomie und Verständnis des gesamtgesellschaftlichen Prozesses werden den Individuen zunehmend unmöglicher, weil sie durch Verflachung und Beschränkung auf eng-

---

98 Vgl. MWG, Bd. I/18.
99 »Dies: der absolute (im Luthertum noch keineswegs in allen Konsequenzen vollzogene) Fortfall kirchlich-*sakramentalen* Heils, war gegenüber dem Katholizismus das absolut Entscheidende. Jener große religionsgeschichtliche Prozeß der *Entzauberung* der Welt, welcher mit der altjüdischen Prophetie einsetzte und, im Verein mit dem hellenischen wissenschaftlichen Denken, alle *magischen* Mittel der Heilssuche als Aberglaube und Frevel verwarf, fand hier seinen Abschluß.« (MWG, Bd. I/18, S. 280)
100 »Als *formale* Rationalität eines Wirtschaftens soll hier das Maß der ihm technisch möglichen und von ihm wirklich angewendeten *Rechnung* bezeichnet werden. Als *materiale* Rationalität soll dagegen bezeichnet werden der Grad, in welchem die jeweilige Versorgung von gegebenen Menschen*gruppen* (gleichviel wie abgegrenzter Art) mit Gütern durch die Art eines wirtschaftlich orientierten sozialen Handelns sich gestaltet unter dem Gesichtspunkt bestimmter (*wie immer gearteter*) *wertender Postulate*, unter welchen sie betrachtet wurde, wird oder werden könnte. Diese sind höchst *vieldeutig*.« (MWG, Bd. I/23, S. 251)

begrenzte Aufgaben zu standardisierten Menschen präpariert werden, damit der rationalen bürokratischen Organisation zu einem Maximum an efficiency verholfen haben.

Dr. Teschner gestand zu, daß Elemente einer Theorie der kapitalistischen Entwicklung in Webers Theorie enthalten seien, die man dynamisch erklären könne. Es handele sich jedoch nicht um eine durchgearbeitete Theorie. Dr. Teschner erhellte das an dem Beispiel der Bürokratie, die bei Weber einmal nur als Herrschaftsmittel, dann aber als Herrschaft selbst erscheint. Weber weigere sich, von einem Begriff der Gesellschaft auszugehen, der Stellung und Funktion der Bürokratie deutlich mache. Die eigentliche soziologische Kategorie bei Weber sei Herrschaft, nicht Wirtschaft. Es stelle sich die Frage, ob der Klassenbegriff oder der Bürokratiebegriff mehr über die heutige Gesellschaft aussage.

Webers These vom Konflikt zwischen Individuum und Organisation liegt mehreren neueren Theorien zugrunde. Schelsky spricht von Superstrukturen, vor deren undurchdringlicher Allmacht die Individuen sich in die Privatsphäre zurückziehen.[101] H. Freyer bezeichnet die Organisationskomplexe als »sekundäre Systeme«.[102] In der Untersuchung zum »Gesellschaftsbild des Arbeiters« 1957 von Popitz und Bahrdt diagnostizierten die Verfasser ein dichotomisches Bewußtsein, das sie als Klassenbewußtsein deuteten.[103] Schelsky wies dagegen darauf hin, daß mit »die da oben« vielmehr die undurchsichtige Organisation gemeint sei, der sich die Arbeiter ausgeliefert sähen. Ausgehend von Weber kommt Parsons dazu, systematische Grundkategorien zu entwickeln, die für die Analyse jeder Gesellschaft geeignet sein sollen. Alles gesellschaftliche Verhalten will er aus values erklären, die als unauflösbare Daten hingenommen werden.

---

101 »Das Verhältnis zwischen den abstrakten Ordnungen und Superstrukturen und den kleinen primären, intimen Gruppen hat sich zu der das Leben des einzelnen am stärksten bestimmenden Spannung unserer Gesellschaft entwickelt und bildet wahrscheinlich in Zukunft die Quelle einer Dynamik unserer sozialen Entwicklung, wie sie in der vergangenen Gesellschaftsverfassung die Klassenspaltung darstellte.« (Helmut Schelsky, Der Realitätsverlust der modernen Gesellschaft [1954], in: Helmut Schelsky, Auf der Suche nach Wirklichkeit. Gesammelte Aufsätze, Düsseldorf und Köln 1965, S. 391–404; hier: S. 398)

102 Vgl. den Abschnitt »Sekundäre Systeme«, in: Hans Freyer, Theorie des gegenwärtigen Zeitalters, Stuttgart 1955, S. 79–93.

103 »Alle Arbeiter, mit denen wir gesprochen haben und die überhaupt ein Gesellschaftsbild in dem von uns definierten Sinne entwickeln, sehen die Gesellschaft als – unabwendbare oder abwendbare, unüberbrückbare oder ›partnerschaftlich‹ zu vermittelnde – *Dichotomie*, und sie beantworten die Frage nach ihrem eigenen gesellschaftlichen Ort durch ein *Arbeiterbewußtsein*, das es ihnen ermöglicht, sich innerhalb der Gesamtgesellschaft als Teil der Arbeiterschaft zu verstehen.« (Heinrich Popitz, Hans Paul Bahrdt, Ernst August Jüres und Hanno Kesting, Das Gesellschaftsbild des Arbeiters. Soziologische Untersuchungen in der Hüttenindustrie, Tübingen 1957, S. 237)

Weber macht den vorgefundenen Konflikt zwischen Individuum und Organisation zum Konstituens von Gesellschaft und stellt gesamtgesellschaftliche Rationalität als unmöglich hin. So wird seine Theorie der gesellschaftlichen Praxis zu der des kleinsten Übels, wie Prof. Adorno sagte.

[*1] Max Weber »Soziologische Grundbegriffe« (Tübingen 1960)[104] S. 6[105]
[*2] M. Weber »Gesammelte Aufsätze zur Wissenschaftslehre« 2. Aufl. 1951;[106] S. 133
[*3] Durkheim »Regeln der soziologischen Methode« (Neuwied 1961) S. 106[107]
[*4] M. Weber »Soziologie« Kröner-Auswahl;[108] S. 235
[*5] M. Weber »Grundbegriffe«; S. 17
[*6] »Soziologische Exkurse«; S. 107
[*7] M. Weber »Soziologie« Kröner-Auswahl; S. 163
[*8] Carl Schmitt »Der Begriff des Politischen« 2. Aufl. 1932;[109] S. 14
[*9] C. Schmitt »Der Leviathan in der Staatslehre des Thomas Hobbes« Hamburg 1938; S. 113
[*10] Max Weber »Wirtschaft und Gesellschaft« Tübingen 1956;[110] S. 60
[*11] M. Weber »Wirtschaft und Gesellschaft«; S. 843
[*12] M. Weber   ”   ”   ”   ; S. 575

---

104 Vgl. Max Weber, Soziologische Grundbegriffe [1922], Tübingen 1960.
105 Korrigiert für: »10«.
106 Vgl. Max Weber, Gesammelte Aufsätze zur Wissenschaftslehre [1922], bes. von Johannes Winckelmann, 2. Aufl., Tübingen 1951.
107 Korrigiert für: »107«.
108 Vgl. Max Weber, Soziologie – Weltgeschichtliche Analysen – Politik [1956], hrsg. von Johannes Winckelmann, eingel. von Eduard Baumgarten, 3. Aufl., Stuttgart 1964 (Kröners Taschenausgabe; 229).
109 Vgl. Carl Schmitt, Der Begriff des Politischen. Mit einer Rede über das Zeitalter der Neutralisierungen und Entpolitisierungen [1927], neu hrsg. von Carl Schmitt, München und Leipzig 1932 (Wissenschaftliche Abhandlungen und Reden zur Philosophie, Politik und Geistesgeschichte; 10).
110 Vgl. Max Weber, Wirtschaft und Gesellschaft. Grundriß der verstehenden Soziologie. Mit einem Anhang: Die rationalen und soziologischen Grundlagen der Musik, 4. Aufl., bes. von Johannes Winckelmann, zwei Halbbde., Tübingen 1956.

332 Manfred Clemenz, 22. Januar 1963

Manfred Clemenz

Soziologisches Seminar: Soziologische Grundbegriffe II
(Prof. Th. W. Adorno)

Protokoll vom 22. 1. 1963

Was bedeutet »pluralistische Gesellschaft«? Definition und kritische Analyse dieses Begriffs waren das Ziel des einleitenden Referats, das von Frau Dr. Pross gehalten wurde.[111] Die eigentliche soziologische Literatur zu diesem Thema ist – zumindest in Deutschland – wenig aufschlußreich. Von den Vertretern der politischen Wissenschaften dagegen wurde eine Reihe von Thesen formuliert, die sich mit der Bedeutung des Terminus »pluralistisch« im Zusammenhang mit der Struktur des Staatswesens beschäftigen. Der westdeutsche Staat, so sagen die Politologen, namentlich die Schüler Carl Schmitts, ist ähnlich wie die Weimarer Republik pluralistisch aufgebaut. Verbände und Organisationen verschiedenster Art partizipieren an der Ausübung der Staatsgewalt, die von der Verfassung als einheitliche konzipiert wurde. Diese Gruppen bilden ein System unabhängiger, gleichstarker Machtzentren, eine Föderation oligarchischer Herrschaftsgruppen, wie Carl Schmitt es ausdrückt, die *direkt* an der staatlichen Entscheidungsgewalt beteiligt sind.[112]

---

[111] Helge Pross wird 1950 mit der Schrift »Zur Soziologie der Romantik und des vormarxistischen Sozialismus in Deutschland. Bettine von Arnims soziale Ideen« in Heidelberg promoviert. – Ein entsprechender Referatstext wurde nicht aufgefunden; vgl. aber Helge Pross, Zum Begriff der pluralistischen Gesellschaft, in: Zeugnisse. Theodor W. Adorno zum sechzigsten Geburtstag, hrsg. von Max Horkheimer, Frankfurt a. M. 1963, S. 439 – 450.
[112] So heißt es bei Schmitt: »Natürlich, wie die Dinge heute tatsächlich liegen, ist es praktisch ganz unmöglich, anders als mit Ausschüssen und immer engeren Ausschüssen zu arbeiten und schließlich überhaupt das Plenum des Parlaments, d. h. seine Öffentlichkeit, seinem Zweck zu entfremden und dadurch notwendig zu einer Fassade zu machen. Es mag sein, daß es praktisch nicht anders geht. Aber man muß dann wenigstens so viel Bewußtsein der geschichtlichen Situation haben, um zu sehen, daß der Parlamentarismus dadurch seine geistige Basis aufgibt und das ganze System von Rede-, Versammlungs- und Preßfreiheit, öffentlichen Sitzungen, parlamentarischen Immunitäten und Privilegien seine *ratio* verliert. Engere und engste Ausschüsse von Parteien oder von Parteikoalitionen beschließen hinter verschlossenen Türen, und was die Vertreter großkapitalistischer Interessenverbände im engsten Komitee abmachen, ist für das tägliche Leben und Schicksal von Millionen Menschen vielleicht noch wichtiger als jene politi-

Prof. Adorno fügte hinzu, daß gerade für den totalitären Staat eine pluralistische Struktur konstatiert worden sei, so etwa von Neumann.[113] Die Argumente dieses Autors, so ergänzte Frau Dr. Proß, würden aber seiner eigenen These zuwiderlaufen. Es handle sich nicht um einen pluralistischen Aufbau der Herrschaft, sondern um Antagonismen, die der herrschenden Klasse immanent sind.

Der Kompromißcharakter staatlicher Entscheidungen, der aus der pluralistischen Struktur des Staatswesens resultiert, wird von denjenigen Politologen, die – zumindest implizit – mit obrigkeitsstaatlichen Vorstellungen sympathisieren, heftig angegriffen. In der Schwäche seiner effektiven Entscheidungsgewalt wird dieser Staat mit einem mittelalterlichen Ständestaat verglichen. Eine mehr an den Rechten des Individuums orientierte Theorie sieht dagegen in der Eindämmung der ungeteilten Staatsgewalt durch den Pluralismus der Kräfte eine Sicherung der individuellen Freiheit, die zuverlässiger wirkt, als die geschriebene Verfassung es vermag.

Für die nicht unmittelbar staatliche Sphäre wurden vor allem von amerikanischen Soziologen und Ökonomen pluralistische Strukturen (patterns) herausgearbeitet, denen zufolge Mächte, die ein Übermaß an Macht kumulieren konnten, wirksamen Beschränkungen unterworfen werden. Dabei wird in erster Linie an die »wirtschaftlichen Leviathane«, die kapitalistischen Großunternehmen gedacht.

So wurde nach Galbraith, der in seinem Buch »American Capitalism« seine Konzeption der »countervailing powers« entwickelt, die Macht der großen Produktionsgüterproduzenten durch ähnlich mächtige Abnehmer eingeschränkt.[114] Die Gegenkräfte im Bereich der Konsumgüterindustrie bilden vor allem die großen

---

schen Entscheidungen.« (Carl Schmitt, Die geistesgeschichtliche Lage des heutigen Parlamentarismus [1923], 10. Aufl., Berlin 2017, S. 62)
113 Bei Neumann heißt es tatsächlich über den nationalsozialistischen Staat: »Die Totalitätstheorie war [...] das Instrument zur Koordinierung des gesamten öffentlichen Handelns. Die absolute Kontrolle von oben – die berühmte Gleichschaltung jeder Tätigkeit von Reich, Ländern, Kreisen und Gemeinden – erfuhr in der Lehre vom totalen Recht und der totalen Macht des Staates ihre Rechtfertigung. Im Gegensatz zu der pluralistischen und föderalistischen Weimarer Republik konnte und wollte der neue Staat die Existenz autonomer öffentlicher Institutionen nicht dulden, und in den Jahren 1933 und 1934, die Hitler die Zeit der Machtbefestigung nannte, sorgte eine ganze Serie von Rechtsverfügungen für alle dazu erforderlichen Details. Anders als in Italien waren Machtkonzentration und Gleichschaltung in Deutschland in sehr kurzer Zeit abgeschlossen.« (Franz Neumann, Behemoth. Struktur und Praxis des Nationalsozialismus 1933–1944 [1942], hrsg. und mit Nachw. von Gert Schäfer, übers. von Hedda Wagner, Köln und Frankfurt a. M. 1977, S. 79)
114 Vgl. John Kenneth Galbraith, American Capitalism. The Concept of Countervailing Power [1952], 2. Aufl., Boston 1956, dort vor allem den Abschnitt »The Theory of Countervailing Power«, ebd., S. 108–134.

Unternehmen der Kettenläden, Kaufhäuser und Einkaufsgenossenschaften. Seine Grundthese, daß dort, wo eine starke ökonomische Macht auftritt, auch eine Gegenmacht auf den Plan gerufen wird, sieht Galbraith auf dem Gebiet des Arbeitsmarktes in den Gewerkschaften – als countervailing powers der kapitalistischen Interessengruppen – verwirklicht.[115]

Dagegen legt Berle in seinem System des pluralistischen Kräftegleichgewichts den Nachdruck auf zwei andere Gegenmächte: auf die öffentliche Meinung und auf den Staat selbst.[116] Die Organisationen der öffentlichen Meinung hätten derart an Einfluß gewonnen, daß sie nicht nur in der Lage seien, die Vorgänge in der Wirtschaft zu verfolgen und die Öffentlichkeit darüber aufzuklären, sondern auch »öffentliche Agitation« in Gang zu bringen. Die mächtigste Gegenkraft sei der Staat. Er hat die Verantwortung für das Gemeinwesen übernommen und muß im Interesse der Gemeinschaft seinen Willen notfalls gegen die Interessen der wirtschaftlichen Großmächte durchsetzen.[117]

David Riesman sieht das Wesentliche der Machtstruktur in der modernen bürgerlichen Gesellschaft darin, daß an die Stelle einer homogenen herrschenden Klasse eine Vielzahl von »Vetogruppen« getreten ist.[118] Entscheidungen werden unter Beteiligung aller daran interessierten Gruppen gefällt.

Im wesentlichen wären es somit zwei Merkmale, die nach Ansicht der genannten Autoren die pluralistische Gesellschaft charakterisieren:

(1) Statt in einer geschlossenen Herrschaftsgruppe liegt die Macht in den Händen von rivalisierenden, rechtlich gleichgestellten Machtträgern, wobei alle Partikulargruppen bei den für sie relevanten Entscheidungen vertreten sind.

(2) Das Kräftegleichgewicht wird dadurch hergestellt, daß keine Gruppe stark genug ist, Entscheidungen zu diktieren und keine so schwach, um nicht wirksam Widerstand leisten zu können.

Prof. Adorno wies auf den evidenten Zusammenhang dieser Postulate mit dem Hauptthema des Seminars hin. Vergesellschaftung würde demnach heute be-

---

115 Vgl. ebd., S. 114–117.
116 Vgl. den Abschnitt »Die Philosophie der wirtschaftlichen Macht«, in: Adolf A. Berle, Macht ohne Eigentum [1958], Meisenheim am Glan 1967, S. 66–100.
117 Vgl. den Abschnitt »Staatliche und nicht staatliche Macht«, ebd., S. 80–84.
118 Vgl. den Abschnitt »Wo liegt die Macht?«, in: David Riesman, Reuel Denney und Nathan Glazer, Die einsame Masse. Eine Untersuchung der Wandlungen des amerikanischen Charakters [1950], hrsg. von Ernesto Grassi, Red.: Ursula Schwerin, Curt Grützmacher und Baldur Bockhoff, übers. von Renate Rausch, eingel. von Helmut Schelsky, 6. Aufl., Reinbek bei Hamburg 1962, S. 227–232.

deuten, daß sich aus der Gesellschaft Institutionen herauskristallisiert haben, die sich gegenseitig in Schach halten und so die Ausartung in den nackten Machtkampf verhindern. Wenn dies zuträfe, sei das Ideal der »freien Gesellschaft« in greifbare Nähe gerückt.

Ist die bürgerliche Gesellschaft aber tatsächlich diesem pluralistischen Modell gemäß strukturiert? Das erscheint zumindest im ökonomischen Bereich fragwürdig. Auch Galbraith sieht sich gezwungen, das Funktionieren seiner countervailing powers auf Zeiten der Rezession einzuschränken.[119] Wesentlicher aber ist, daß die als Gegenkräfte fungierenden Organisationen und Institutionen in der Hauptsache nur reaktiv wirken können. Die Gewerkschaften zum Beispiel haben nur beschränkte Einspruchsbefugnisse, keinen direkten Einfluß auf die Unternehmenspolitik. Noch geringer ist die Macht der Verbraucherorganisationen, und die öffentliche Meinung ist grundsätzlich manipulierbar und wird in der Regel auch manipuliert.

Den Thesen der Politologen, so führt Frau Dr. Pross aus, liegen eine Reihe von Annahmen zugrunde, die nicht unbedingt mit der Realität in Einklang stehen. Das Gleichgewicht der Machtverteilung bleibt so lange eine bloße Hypothese, als nicht der Nachweis erbracht wird, daß die einzelnen Gruppen in der Lage sind, tatsächlich den für die Erzwingung eines Kompromisses notwendigen Einfluß geltend zu machen. Weiterhin wird unterstellt, daß alle Chancen auch wirklich genutzt werden. Das aber trifft für die Gruppen, die die Majorität der Bevölkerung ausmachen, nicht zu. Die Sozialrentner etwa haben praktisch keine Möglichkeit, sich durch Organisationen Einfluß zu verschaffen. Auf einen entscheidenden Faktor hat C. Wright Mills in seinem Buch »The Power Elite« hingewiesen. Die eigentlich für die Existenz des Gemeinwesens essentiellen Entscheidungen werden heute in obersten Machtzirkeln getroffen, denen gegenüber die von der pluralistischen Theorie erörterten Gruppen lediglich mittleren Machtsphären angehören.[120]

---

119 Vgl. Galbraith, American Capitalism, a.a.O. (s. Anm. 114), S. 128–134.
120 Bei Mills heißt es etwa: »Die einzigen Zentren der Machtentfaltung von weitreichender Bedeutung sind heute die ungeheuren Konzerne, die unerreichbare Regierung und die straffe Militärorganisation. Zwischen diesen großen Blöcken einerseits und der Familie und der kleinen Gemeinde andererseits gibt es keine Vereinigungen, die einen Übergang bilden, in denen der Mensch sich geborgen und mit denen er sich mächtig fühlen könnte. Es gibt in Wirklichkeit nur sehr wenig von dem, was man als lebendigen Wettstreit politischer Meinungen ansehen könnte. Stattdessen haben wir an der Spitze die Regierung und darunter nichts als ein politisches Vakuum. Die Primärgruppen der Öffentlichkeit sind jetzt entweder so klein, daß sie einfach über-

Prof. Adorno betrachtete die Untersuchung der hier angeschnittenen Probleme zwar auch als eine Aufgabe der empirischen Soziologie, gab aber zu bedenken, daß es sich hier um Fragen der gesellschaftlichen Struktur handle, die vor allem durch die Theorie zu klären seien. In diesem Sinne formulierte er eine Reihe kritischer Einwände gegen die Thesen vom Pluralismus in der modernen Gesellschaft, wobei er vor allem den ideologischen Charakter dieser Thesen hervorhob:

(1) Pluralismus kann als Vielfalt gesellschaftlicher Kräfte definiert werden, die sich im Gleichgewicht befinden. Darin steht er im Gegensatz zu einer monistischen Struktur der Gesellschaft.

(2) Die pluralistische Funktion der formalen Demokratie bezieht sich auf die Sphäre der politischen Willensbildung, nicht aber auf den materiellen Lebensprozeß der Gesellschaft.

(3) Die formale Demokratie läßt den pluralistischen Kräften Raum, während der Pluralismus zugleich diesen formalen Charakter der Demokratie korrigieren soll.

(4) Im Pluralismus setzt sich das gesellschaftliche Kräftespiel als soziale Kontrolle fort.

(5) Die Vielfalt der pluralistischen Interessen ist eine scheinhafte. Die pluralistischen Institutionen sind sich, wenn ihre Existenz bedroht ist, über ihre Interessen durchaus einig. Der Pluralismus dient somit der Verteidigung der bestehenden Verhältnisse.

(6) Der Pluralismus ist ein Epiphänomen. Die Gesellschaft ist nach wie vor monistisch und wird vom Tauschprinzip beherrscht.

(7) Der Pluralismus als These dient zur Verschleierung der Integration und Konzentration, über die er hinwegtrösten soll. Er ist das Deckbild fortwährender Ungleichheit.

Frau Dr. Pross stellt daraufhin die Frage, ob nicht doch das Auftauchen organisierter Gruppeninteressen das Tauschprinzip eingedämmt und gebändigt habe. Auf dem Arbeitsmarkt zum Beispiel sei der Lohn das Resultat von Machtkämpfen, bei denen der Lohn den Unternehmern buchstäblich abgerungen werde. An den Einwand eines Seminarteilnehmers anknüpfend, daß die scheinbar den Interessen der Unternehmer zuwiderlaufenden, erzwungenen Lohnerhöhungen doch wieder den Unternehmern zugute kämen, entwickelte Prof. Adorno die in dem

---

rannt werden und deshalb das verlorene Spiel aufgeben, oder aber sie sind so groß, daß sie nur mehr ein weiterer Ausläufer des allgemeinen Machtgefüges und somit dem Einzelnen ebenfalls unerreichbar sind.« (C. Wright Mills, Die amerikanische Elite. Gesellschaft und Macht in den Vereinigten Staaten [1956], übers. von Hans Stern, Heinz Neunes und Bernt Engelmann, Hamburg 1962, S. 348)

angeblichen Kompromißcharakter der pluralistischen Entscheidungen enthaltenen gegensätzlichen Momente. Hinter dem durch vordergründige, pluralistische Kompromisse erzwungenen kapitalistischen Machtverzicht setzt sich das kapitalistische Interesse wieder durch, weil diese Kompromisse sich für die Erhaltung des Ganzen als unbedingt notwendig erweisen. Die Bewegung ist statt auf Veränderung auf Selbstperpetuierung des Systems gerichtet. Als Beispiel für die Fragwürdigkeit eines pluralistischen Gesellschaftsmodells wurde von Prof. Adorno und Dr. Teschner die widerstandslose Auflösung der Gewerkschaften nach der nationalsozialistischen Machtergreifung angeführt. Dennoch gab Prof. Adorno zu bedenken, daß eine derartige Gleichschaltung heute wahrscheinlich auf weit größeren Widerstand stoßen dürfte.

Für die Trennung von Wesen und Schein des Pluralismus erwies sich die exakte Bestimmung der Rolle, die das Tauschprinzip in der angeblich pluralistischen Gesellschaft spielt, als wesentlich. Beispiele wie die Umverteilung des Sozialprodukts zeigen nach Ansicht von Frau Dr. Pross, daß Abstriche am Tauschprinzip stattgefunden haben. Dagegen wies Prof. Adorno darauf hin, daß es sich nur um Abstriche *innerhalb* des Tauschprinzips handeln könne, um Abzweigungen eines Teils des Mehrwerts, die scheinbar durch das pluralistische Kräftespiel erzwungen werden. Daß es sich bei der Diskussion um Abstriche »am« oder »innerhalb« des Tauschprinzips nicht um bloße begriffliche Haarspalterei handelt, sondern um ein Problem von eminenter Tragweite, deutete Prof. Adorno mit der Bemerkung an, dahinter verberge sich im Grunde die Frage nach einer Theorie der heutigen Gesellschaft. Sobald sich der Umschlag der Quantität dieser »Abstriche« in die Qualität abzeichne, wo also weitere »pluralistische Kompromisse« die Existenz der kapitalistischen Klasse als solcher gefährden würden, ginge es auch mit dem Pluralismus zu Ende.

333 Otmar Preus,
5. Februar 1963

Otmar Preus

Protokoll der Seminarsitzung vom 5. 2. 1963

In der Seminarsitzung vom 5. 2. wurde das Referat über *Pareto* fortgesetzt.[121] Zu der Theorie Paretos bemerkte Prof. Adorno, daß von ihr aus die Frage nach der Rolle der subjektiven Mechanismen im Hinblick auf die Vergesellschaftung zu stellen sei. Man habe sich vor dem Dogma zu hüten, daß die sozialpsychologischen Mechanismen nichts zur Vergesellschaftung beizutragen hätten. Die Diskussion sei auf der Ebene zu führen: Wie sieht das Verhältnis der subjektiven Faktoren zu den objektiven Gegebenheiten aus? Paretos Theorie sei als der Versuch einer Systematik der irrationalen gesellschaftlichen Kräfte zu bezeichnen, die zu Disproportionalitäten führen. In diesem Sozialpessimismus befindet sich Pareto in Übereinstimmung mit Freud, wenn dieser behauptet, daß nur der geringste Teil der psychischen Kraft in das Ich-Prinzip, in die Rationalität, eingehe.[122]

Mit seiner faschistischen Maxime: Wer nicht zur Gewalt neigt, ist dekadent!,[123] hat Pareto deskriptiv Richtiges gesehen, welches im Nationalsozialismus seine

---

[121] Gisela Burbach, »Soziales Gleichgewicht und die Zirkulation der Eliten in der Soziologie Paretos«, UAF Abt. 139 Nr. 11.
[122] Bei Freud heißt es etwa: »Die funktionelle Wichtigkeit des Ichs kommt darin zum Ausdruck, daß ihm normaler Weise die Herrschaft über die Zugänge zur Motilität eingeräumt ist. Es gleicht so im Verhältnis zum Es dem Reiter, der die überlegene Kraft des Pferdes zügeln soll, mit dem Unterschied, daß der Reiter dies mit eigenen Kräften versucht, das Ich mit geborgten. Dieses Gleichnis trägt ein Stück weiter. Wie dem Reiter, will er sich nicht vom Pferd trennen, oft nichts anderes übrig bleibt, als es dahin zu führen, wohin es gehen will, so pflegt auch das Ich den Willen des Es in Handlung umzusetzen, als ob es der eigene wäre.« (FGW, Bd. XIII, S. 253)
[123] Bei Pareto heißt es: »Wer die Gewöhnung an die Gewaltanwendung verliert und sich statt dessen gewöhnt, eine Operation händlerisch nur nach seinem finanziellen Soll und Haben zu beurteilen, ist leicht geneigt, den Frieden zu erkaufen. An sich ist eine solche Operation möglicherweise richtig, weil der Krieg mehr gekostet hätte als den Preis des Friedens. Aber die Erfahrung zeigt, daß solches Handeln auf die Dauer, zusammen mit dem unvermeidlich daraus folgenden, ein Volk zum Untergang führen muß. Sehr selten betrifft das eben beschriebene Phänomen des Überwiegens der Kombinationsinstinkte eine ganze Bevölkerung. Gewöhnlich beobachtet man es nur in den oberen Schichten und wenig oder gar nicht in den unteren, zahlreicheren. Deshalb ist man dann bei Kriegsausbruch überrascht von der Energie, die das gemeine Volk zeigt, und die man bei Betrachtung der Oberschichten allein keineswegs voraussehen konnte.« (Pareto, Allgemeine Soziologie, a.a.O. [s. Anm. 16], S. 245f.)

Bestätigung gefunden hat (dort sind die sogenannten Schlägertypen an die Gewalt gekommen). Opposition war für ihn Schein, denn sie rede im Namen des Volkes nur deswegen, um im Zirkulationsprozeß die jeweils regierende Elite abzulösen. Die Demokratie verwandle sich in eine bürokratisch elitäre, in der das Volk von der Regierung ausgeschlossen sei, und lediglich ein Wechsel von Eliten vor sich gehe.

Wenn Pareto mit allem, was repressiv ist, sympathisiert, aber ironisch zugibt, daß dies nur der Erhaltung der Herrschaft diene, also Ideologie sei, gibt er damit ihre Unwahrheit zu. Dies Moment unterscheidet den Faschismus vom Nationalsozialismus, der mit dem Anspruch der Wahrheit auftrat und dieses Moment der Ironie nicht duldete.

In Paretos Werk findet man diese Tendenz der positivistischen Theorie, die so weit differenziert, daß die Realität gleichsam zerredet wird und zwischen den Händen zerrinnt.

Prof. Adorno führte weiter aus, daß wir heute Zeugen einer gesellschaftlichen Dynamik seien, mit der eine Regression der Gesellschaft Hand in Hand gehe, was Pareto schon an der damaligen Gesellschaft aufgefallen sei. In der heutigen funktionalen Theorie mit ihrem Begriff des sozialen Gleichgewichts komme zum Ausdruck, daß kein Fortschritt vonstatten gehe, sondern, wie Durkheim es schon gesehen hat, ein Hin- und Herschwingen zwischen zwei Polen. Pareto kommt es, ähnlich wie Machiavelli, nicht auf eine objektive Theorie der Gesellschaft an, sondern auf die Techniken der Herrschaft. Der soziale Nutzen reduziert sich auf das Prinzip: »Dranbleiben«. Dies wird im wesentlichen mit Konzessionen gegenüber den verschiedenen Gruppen erreicht, ohne Rücksicht auf einen objektiv gesellschaftlichen Zweck. So zeige sich, daß das Dritte Reich kein »Betriebsunfall« gewesen sei, sondern im Gegenteil, wie obiges Prinzip zeigt, tief im Liberalismus angelegt.

An den Anfang der Diskussion stellte Prof. Adorno die Frage: Wie steht es mit der Erkenntnis der gegenwärtigen Gesellschaft? Wie verhält es sich mit den subjektiven Mechanismen zur Erklärung der gesellschaftlichen Verhältnisse? Zwei extreme Positionen lassen sich aufzeigen, deren eine in dem Freudschen Satz: Soziologie ist angewandte Psychologie ihren Ausdruck findet,[124] während

---

124 »Wenn jemand imstande wäre, im einzelnen nachzuweisen, wie sich diese verschiedenen Momente, die allgemeine menschliche Triebanlage, ihre rassenhaften Variationen und ihre kulturellen Umbildungen unter den Bedingungen der sozialen Einordnung, der Berufstätigkeit und Erwerbsmöglichkeiten gebärden, einander hemmen und fördern, wenn jemand das leisten könnte, dann würde er die Ergänzung des Marxismus zu einer wirklichen Gesellschaftskunde gegeben haben. Denn auch die Soziologie, die vom Verhalten der Menschen in der Gesellschaft handelt, kann nichts anderes sein als angewandte Psychologie. Streng genommen gibt es ja nur

die entgegengesetzte Position mit dem orthodox marxistischen Denken den Ostblocks am besten zu charakterisieren ist, wo die Psychoanalyse verfolgt wird. Liegt nun die Wahrheit, wie man so allgemein sagt, in der Mitte oder haben die heute überwiegenden subjektiven Erklärungsweisen recht?

Herr Kriesel[125] meinte dazu: Der Freudsche Anspruch ist ernst zu nehmen, da ja jedes Individuum einen Entscheidungsprozeß durchmachen muß, um zu seinem sozialen Verhalten zu finden.

Herr Althaus[126] entgegnete: Die Individuen unterliegen dabei aber Einflüssen, die gesellschaftlich bestimmt sind.

Prof. Adorno antwortete darauf: Freud würde dies ohne weiteres zugestehen, ebenso die Vertreter des Subjektivismus. Aber wie kommt man an die Gegebenheiten der objektiven Gewalt?

Herr Zoll[127] sagte dazu, daß das Hauptargument doch wohl dieses sei, daß der Mensch sein Leben reproduzieren muß und darin an die objektiven Faktoren gebunden ist.

Prof. Adorno bezeichnete das als den Ausgangspunkt und wies dann auf den Begriff der Rationalität bei Max Weber hin mit der Frage: Was hat diesen so daran interessiert, am Begriff des zweckrationalen Verhaltens festzuhalten? Weber sei hier auf das objektive Moment gestoßen. Als Beispiel sei etwa ein Arbeiter anzuführen, der sich nicht zweckrational verhält, d. h. seine Arbeitskraft nicht verkauft, und so zugrunde geht ebenso, wie der Unternehmer durch unzweckmäßiges Verhalten bankrott macht. Darin setze sich die Objektivität der Gesellschaft durch. Man müsse sich Gedanken darüber machen, welches Gewicht den objektiven und subjektiven Momenten in der Gesellschaft zukommt.

Dazu sagte Dr. Teschner, daß man zunächst einmal zu fragen habe, was mit Objektivität gemeint ist. Er ging dabei aus von der streng funktionalen Theorie, wo die vorgegebene Rolle mit ihren zu erfüllenden Anforderungen sowie ihren Sanktionen als Objektivität sich niederschlägt. Daran lasse sich zeigen, daß die Ausfüllung bestimmter Rollen subjektive Anforderungen stellt, und inwieweit sich der gesellschaftliche Prozeß »über die Köpfe hinweg« vollzieht.

Prof. Adorno entgegnete darauf, daß hier zwei Momente getrennt worden seien: nämlich einmal dieses, daß die gesellschaftliche Objektivität sich geltend macht in Gestalt von Sanktionen, daß also die Verhaltensweisen nicht wesentlich psychologischer Natur sind. Zum Beispiel sei an einen Manager als Agent von

---

zwei Wissenschaften, Psychologie, reine und angewandte, und Naturkunde.« (FGW, Bd. XV, S. 194)
125 D. i. Werner Kriesel.
126 D. i. Axel Althaus.
127 D. i. Ralf Zoll.

Interessen zu denken. Das zweite Moment dagegen sei das unabdingbar philosophische: das Moment des sich »über den Köpfen hinweg« durchsetzenden »Weltgeistes« in der Sprache Hegels. Dieses zweite Moment sei nicht rein in die Sprache der subjektiven Motivationen zu übersetzen. Man stoße hier auf Tatsachen, die man mit subjektiven Kategorien nicht fassen kann, wo sich unabhängig vom subjektiven Bewußtsein etwa von Menschen, die in bestimmten Gremien subjektiv rationale Zwecke verfolgen, das Negative durchsetze. Diese Erfahrung lasse sich nicht rein angeben, sie sei aber das, was man mit gesellschaftlicher Objektivität meine: Das heiße eigentlich Gesellschaft.

Dazu wurde gefragt, ob damit dasselbe gemeint sei, was man in der Antike den Neid der Götter genannt habe.[128]

Diese metaphorische Redeweise, antwortete Prof. Adorno, bezeichne nur das, was sozusagen immer der Fall ist, aber die sich durchsetzenden Tendenzen seien mehr als das. Und diese könne man aus der Gesamtgesellschaft ableiten. Es sei möglich, den Ausgang irgendwelcher Unternehmungen vorauszusagen, unabhängig davon, wie die Leute in den Gremien auch argumentieren, wenn man diese Tendenzen erkennt. Dies sei nicht bloß eine sich ereignende Faktizität, sondern ein der Gesellschaft innewohnendes Faktum.

Auf den Einwand von Herrn Adam[129], daß das Interesse und das interessenbedingte Handeln zu wenig angeführt worden sei (mit dem Hinweis auf Helvétius, der auch das Opfer des eigenen Lebens für andere noch als egoistische Handlung bezeichnete)[130] und daß ein Widerspruch zwischen objektiv richtigem Interesse und dem von einer Gruppe verfolgten Interesse zu bestehen scheint, entgegnete Prof. Adorno: Die Interessentheorie bleibt hinter der objektiven Theorie einer Gesellschaft zurück. Die Marxsche Theorie sei keine Interessentheorie: Sie stelle eine Bilanz der bürgerlichen Gesellschaft dar mit der Fragestellung: Wie sieht die Konsequenz aus, wenn sich die Menschen so verhalten, wie es nun die Prinzipien dieser Gesellschaft fordern?

---

128 Die Wendung geht zurück auf die »Historien« von Herodot, die an vielen Stellen vom jenem Neid berichten.
129 D.i. Heribert Adam.
130 »Um einen Curtius hervorzubringen, genügt es schon, daß sich ein lebensmüder Mensch in jener unglücklichen Verfassung befindet, die so viele Engländer zum Selbstmord treibt, oder daß in einem so abergläubischen Zeitalter wie dem des Curtius ein Mensch geboren wird, der noch fanatischer und leichtgläubiger als die anderen ist und glaubt, er könne durch seine Aufopferung einen Platz unter den Göttern erlangen. Unter beiden Voraussetzungen kann man sich dem Tod weihen, entweder um seinem Unglück ein Ende zu bereiten oder um sich den Zugang zu himmlischen Freuden zu öffnen.« (Helvétius, Vom Geist, a.a.O. [s. Anm. 20], S. 315)

Es ergebe sich nun folgende Problemstellung (und damit kam die Diskussion wieder auf die Frage nach der Wirkung subjektiver Mechanismen zurück): Wenn sich die Produktionsverhältnisse verselbständigt haben und das Schicksal von dem Verdinglichten abhängt, sei aber doch darauf hinzuweisen, daß es Menschen sind, die Handeln. Wo nun das System gleichsam nicht mehr aus eigener Kraft funktioniert, bedarf es, um sich zu erhalten, zusätzlich subjektiver Momente. Wo sich die Institutionen verselbständigen, wird gerade der subjektive Bereich wieder wichtig, d.h., wenn die Verselbständigung sich anschickt, sich »über die Köpfe hinweg« durchzusetzen, kann sie es nicht. So sei wohl folgende These zu formulieren: Die psychische Sphäre wird umso wichtiger, je größer die objektive Gewalt wird, da sich das System nur durch diese Sphäre hindurch zu erhalten vermag.

Otmar Preus[131]

---

[131] Unterschrift.

334 Barbara Motika,
12. Februar 1963

Barbara Motika.

Protokoll der Seminarsitzung vom 12. 2. 1963.

Als Diskussionsgrundlage umriß Prof. Adorno die in der letzten Seminarsitzung aufgeworfene Problematik: Die gesamte psychologische Sphäre werde um so wichtiger, je größer die Gewalt der Objektivität; denn nur vermittels des subjektiven Bewußtseins – gleichsam als subjektiven Kitt – könne sich die antagonistische Gesellschaft reproduzieren. Herrschaft werde verinnerlicht und somit durch die Menschen hindurch perpetuiert.

Die Problematik zwischen Subjektivität und Objektivität solle am Klassenbegriff verdeutlicht werden. In der objektiven Klassentheorie entscheide die Stellung der Menschen im Produktionsprozeß über die Klassenzugehörigkeit; wobei die objektiven Theoretiker genau gesehen hätten, daß Klasse und Klassenbewußtsein nicht identisch seien. So legten Marx und Lenin den größten Wert darauf, das Klassenbewußtsein zu erwecken – Marx durch die Theorie, Lenin durch die Elite der Partei. Die Proletarier sollten ihre negative Stellung reflektieren, um dann als Klasse politisch aktiv zu werden – die Klasse an sich wurde zur Klasse für sich. Jene Differenz zwischen objektiver Stellung und subjektivem Bewußtsein müsse in die Betrachtung aufgenommen werden. Der Faschismus stand z. B. in realem Gegensatz zu den Interessen der Bevölkerung. Er wäre ohne sozialpsychologische Mechanismen, die die Menschen veranlaßte, gegen ihre objektiven Interessen zu handeln, nicht möglich gewesen.

Eine kritische Theorie, die eine Analyse jener subjektiven ideologischen Momente unterließe, wäre ein bloßer Fetisch und könne nicht zu einer adäquaten Analyse der gegenwärtigen Gesellschaft vorstoßen; wenn das subjektive Moment tatsächlich konstitutiv für den Gesamtprozeß sei, komme dem Subjekt viel mehr Dignität zu, als früher konstatiert wurde. Eine Theorie, die sich nur auf die Objektivität beziehen würde, ohne diese aus der Subjektivität abzuleiten, wie die Subjektivität wiederum aus der Objektivität, erstarre.

Der Ausspruch Engels': »Theorien werden reale Gewalten, wenn sie die Massen ergreifen«,[132] gelte auch für die Ideologien. Wenn z. B. die Proletarier ein

---

132 Der »Ausspruch« stammt nicht von Engels, sondern aus Marx' Einleitung in die »Kritik der Hegelschen Rechtsphilosophie« [1844]: »Die Waffe der Kritik kann allerdings die Kritik der Waffen nicht ersetzen, die materielle Gewalt muß gestürzt werden durch materielle Gewalt, allein auch die Theorie wird zur materiellen Gewalt, sobald sie die Massen ergreift.« (MEW, Bd. 1, S. 385)

Klassendenken negierten, würde sich diese Einstellung in ihrem Handeln reflektieren; der Begriff des Klassenkonflikts hätte seine reale Bedeutung verloren.

Verfiele man nicht der Mythologie, wolle man dann an einem Klassenbegriff – einem Ansichsein einer Kategorie – festhalten ohne Berücksichtigung des gesellschaftlichen Bewußtseins der Menschen, die zur Klasse gehören, oder wäre es nicht Subjektivismus, wolle man das objektive Moment ignorieren und die Klasse allein vom Klassenbewußtsein her bestimmen? Nach Prof. Adorno handelt es sich hier um ein wirkliches Problem, insofern es noch eine offene Frage sei.

Prof. Adorno wies darauf hin, daß das Überwiegen der subjektiven Momente und die subjektive Nivellierung der gegenwärtigen Gesellschaft objektiv bedingt sei: Die Klassenverhältnisse hätten ihren Stachel verloren, es gehe den Menschen unter vielen Aspekten besser als zur Zeit Marxens. Eine objektive Theorie, die von dem Moment absehe, in welchem Zustand sich die Menschen befinden, werde selbst zum Fetisch. Man denke z. B. an die Revisionisten innerhalb der SPD, die dieses Moment nicht reflektierten und die ganze Problematik nur von der objektiven, der Produktionsseite betrachteten.[133] Den Marxschen Begriff des Gesamtprozesses ließen sie unbeachtet. Dieser spiele aber in der Marxschen Theorie eine Rolle und meine, daß die Produktion auf die Menschen wirke, wie diese wiederum auf die Produktion einen Einfluß hätten. Diese Spannung in der Marxschen Theorie sei von den Revisionisten völlig zugedeckt. Sie sei aber festzuhalten, damit einerseits die Produktion, andererseits die Produktionsverhältnisse nicht fetischisiert würden.

Dr. Becker[134] eröffnete die Diskussion: Wenn das Moment der Spontaneität auch heute noch existiere, wie könne dann behauptet werden – wie es in der letzten Seminarsitzung geschah –, daß doch immer das Objektiv-Böse sich in der gegenwärtigen Gesellschaft durchsetze.

Das Durchsetzen des Bösen hänge mit dem Schrumpfen der Spontaneität zusammen, entgegnete Prof. Adorno, überall, wo spontane Regungen die Besinnung auf abstrakte Rechtsnormen einleiteten, werde darauf verwiesen, daß solches den Regeln widerspreche. Der objektive Mechanismus setze sich mit Hilfe

---

133 Ab 1896 beginnt die sog. Revisionismusdebatte innerhalb der deutschen Sozialdemokratie im Anschluss an das ›Erfurter Programm‹ von 1891. Dessen Autoren um Eduard Bernstein vertreten die These, der Kapitalismus habe sich als krisenfest erwiesen, und eine emanzipatorische politische Praxis habe insofern nicht auf Revolution aus zu sein, sondern reformerisch auf Milderung bestehender Ungleichheiten.
134 Egon Becker wird 1951 mit der Schrift »Die Grundlagen und Erscheinungsformen der öffentlichrechtlichen Entschädigung in ihrer Entwicklung bis zur Gegenwart« in Hamburg promoviert.

von abstrakten Rechtsnormen durch und verurteile das Individuum zur Ohnmacht.

Prof. Adorno verwies darauf, daß er nicht das rationale Recht angreife, aber auch das Rechtsgesetz unterliege dem geschichtlichen Wandel. Es könne in bestimmten Zeiten etwas außerordentlich Schützendes und folglich Heilsames sein, aber könne auch ins Gegenteil umschlagen, wenn es als Hilfsmittel zum Durchsetzen partikularer Interessen diene. Die unmenschlichen Entscheidungen in der gegenwärtigen Gesellschaft hängen damit zusammen, daß Menschen, die dagegen aufbegehrten, selbst wiederum unter einem solchen Terrordruck ständen, daß sie es nicht wagten, ihrem Anspruch Geltung zu verschaffen. Das beziehe sich nicht nur auf diktatorische Staaten. Wenn man sich selbst beobachte, fände man unzählige Dinge, die als Zensurmechanismus wirkten. Bis in jedes Individuum hinein reichten die Schädigungen der gesellschaftlich-politischen Verhältnisse, wodurch die Menschen wiederum leichter zur Beute würden.

Diskussionsbeitrag: Gehe man von dem zwangsläufigen Sich-Durchsetzen des Bösen aus, so bleibe die Entwicklung von Gegenkräften unreflektiert. Prof. Adorno entgegnete, daß eine negative Hypostasierung des Weltlaufes ihm fern läge. Aber das Sprichwort »Druck erzeugt Gegendruck« sei von beschränkter Logik. Es gebe erstens verschiedene Qualitäten von Druck und zweitens verschiedene Quantitäten. Ein Übermaß an Druck erzeuge nicht Gegendruck, sondern Verinnerlichung dessen: Die Objektivität reproduziere sich durch die Individuen hindurch.[135]

Weiterhin entgegnete Prof. Adorno, daß die Menschen heute oft vom terminus ad quem argumentierten: Es müsse ein besseres Potential geben, weil es sonst furchtbar wäre. Der objektive Mechanismus werde negiert, statt ihn kritisch zu durchleuchten.

Diskussionsbeitrag: Könne aufgrund der Allmacht der objektiven Verhältnisse überhaupt noch auf eine subjektive Fähigkeit gehofft werden? Seien nicht alle in gleicher Weise abhängig und somit zur Ohnmacht verurteilt?

---

135 In den *Minima Moralia* [1951] heißt es: *Daß die Welt mittlerweile das System geworden ist, als welches die Nationalsozialisten die laxe Weimarer Republik zu Unrecht beschimpften, wird offenbar an der prästabilierten Harmonie zwischen den Institutionen und denen, die sie bedienen. Im stillen ist eine Menschheit herangereift, die nach dem Zwang und der Beschränkung hungert, welche der widersinnige Fortbestand der Herrschaft ihr auferlegt. Jene Menschen haben aber, von der objektiven Einrichtung begünstigt, nachgerade selbst die Funktionen an sich gerissen, welche von Rechts wegen gegen die prästabilierte Harmonie die Dissonanz setzen sollten. Unter all den kassierten Sprichwörtern steht auch »Druck erzeugt Gegendruck«: wird jener groß genug, so verschwindet dieser, und die Gesellschaft scheint mit dem tödlichen Ausgleich der Spannungen beträchtlich der Entropie zuvorkommen zu wollen.* (GS, Bd. 4, S. 140)

Alle seien zwar eingespannt, meinte Prof. Adorno, aber man müsse differenzieren. Der Unterschied zwischen Herrschenden und Beherrschten bleibe bestehen. Man könne fast im Hegelschen Sinne sagen: »Alle Menschen sind darin eingespannt, wo viele von wenigen eingespannt sind«.

Frau Dr. Pross wies darauf hin, daß der Unterschied zwischen Herrschenden und Beherrschten zwar noch bestehe, aber es sei doch zu konstatieren, daß im Laufe der Geschichte die Formen des Beherrschtseins oder anders, das Maß des Herrschens sich gewandelt hätte.

Prof. Adorno akzeptierte die geschichtliche Modifikation, sieht aber keine qualitative Veränderung. Der Herrschaftsmechanismus sei verdeckt, aber in Konfliktsituationen würden die unmittelbaren Herrschaftsformen eklatant sichtbar. (Es wurde auf die Spiegelaffäre verwiesen.)[136] Die Nivellierungsthese hebe sich gleichsam von selbst auf.

Referat: *J. Schumpeter*: »*Klassen im ethnisch homogenen Milieu*«.[137]

Die sozialen Klassen sind bei Schumpeter ein Phänomen von fundamentaler Bedeutung, das zu wenig reflektiert worden sei. Auch Marx hätte keine Theorie der Klassen entwickelt. Prof. Adorno führte aus, daß Marx zwar keine Klassentheorie hinterlassen hätte, aber andererseits impliziere die Mehrwerttheorie eine solche. Wenn man, wie Marx, die Aneignung fremder Arbeit als Kern der Klassenbildung betrachte, so bedeute das, daß die Stellung der Menschen im Produktionsprozeß ihr Schicksal bestimme; denn nur, wer über Produktionsmittel verfüge, könne Mehrwert aneignen. Die Voraussetzung der Realisierbarkeit des Mehrwertes seien – nach Marx – die Klassenverhältnisse.

---

136 Nachdem im Nachrichtenmagazin »Der Spiegel« im Oktober 1962 ein Artikel veröffentlicht wird, der das atomare Rüstungskonzept des Bundesverteidigungsministers Franz Josef Strauß (CSU) unter Einbeziehung von internem Material aus dem Führungsstab des Heeres in Frage stellt (vgl. [Conrad Ahlers], Bedingt abwehrbereit, in: Der Spiegel, 1962, H. 41, S. 34–53), werden sowohl der Herausgeber des »Spiegels«, Rudolf Augstein, als auch mehrere Redakteure des Landesverrats angeklagt, und die Redaktionsräume werden von der Polizei durchsucht. Nach massiven öffentlichen Protesten zugunsten der Pressefreiheit weitet sich die Affäre zu einer Regierungskrise aus, in deren Zentrum Strauß steht: Mit Bekanntwerden seiner konspirativen Verfahrensweise, mit der er etwa dafür gesorgt hat, dass Bundesjustizminister Wolfgang Stammberger (FDP) keine Informationen über die bevorstehenden Verhaftungen bekommen hat, ist er gezwungen, im November 1962 von seinem Ministeramt zurückzutreten.

137 Christian Glaß, »Schumpeter, ›Die soziale Klasse im ethnisch homogenen Milieu‹«, UAF Abt. 139 Nr. 11.

335 Elken Lindquist, 19. Februar 1963

Protokoll vom 19. Februar 1963

Soziologisches Hauptseminar

Zu Beginn des Seminars wurde ein Referat über Schumpeters Klassentheorie mit dem Titel »Die soziale Klasse im ethnisch homogenen Milieu« verlesen. In bezug auf Schumpeters Versuch, die Tatsache, daß keine Gesellschaft homogen ist, zu erklären und seine Behauptung, daß ein Ende der Klassengesellschaft nicht abzusehen sei und daß alle früheren Gesellschaften Klassenstruktur hatten, bemerkte Prof. Adorno, es sei interessant, mit welchem Energieaufwand die Soziologen zu beweisen versuchten, daß eine klassenlose Gesellschaft unmöglich sei. – Die ethnologische Forschung hätte gezeigt, daß primitive Gesellschaften wie die der Sammler z. B. keine Klasseneinteilung kennen. – Daß niemand aus dem Seminar über die Stellung der ethnologischen Forschung zu diesem Problem Auskunft geben konnte, nahm Prof. Adorno zum Anlaß für die Bemerkung, diese Situation sei charakteristisch für die Arbeitsteilung innerhalb der einzelnen Wissenschaften, indem nämlich aufschlußreiches Material unberücksichtigt bleibt, weil es nicht dem jeweiligen eigenen Sachgebiet zugeteilt ist. – Die Ethnologie selbst habe diese Frage unzureichend beantwortet, da sie sich hauptsächlich mit dem Einfluß der Religion auf die Konstitution der Gesellschaft beschäftigt und zu wenig Aufmerksamkeit auf wichtige soziologische Fragen wie z. B. die der Klassenstruktur richtet. – Jedenfalls sei die ethnologische Forschung zu dem Ergebnis gekommen, daß es auf einer primitiven Entwicklungsstufe klassenlose Gesellschaften gegeben habe. – Es sei jedoch nicht anzunehmen, daß solche primitiven Gesellschaften egalitär wären, sie würden vielmehr überhaupt keine soziale Organisation aufweisen, so daß man sie nur als Jenseits von Gleichheit und Ungleichheit bezeichnen könne.

Darauf ging die Diskussion zu der Untersuchung von objektiven und subjektiven Elementen der Klassenstruktur und zur kritischen Betrachtung von Schumpeters Klassentheorie über. – Schumpeters Theorie gibt vor, eine objektive zu sein, während sie tatsächlich von subjektiven Voraussetzungen ausgeht. Sie ist deswegen doppelt inadäquat: Ihre subjektiven Ausgangspunkte hindern daran, eine Erklärung der tatsächlichen Natur der Klassenverhältnisse zu liefern, während sie ebenso unfähig ist zu erfassen, bis zu welchem Ausmaß die objektiven Klassenverhältnisse in die subjektiven Aspekte des Lebens eindringen. – Schumpeter macht Marx zu Unrecht eine subjektive Theorie des Klassenbewußtseins zum Vorwurf, während er selbst vom subjektiven Standpunkt ausgeht.

Ein typisches Beispiel dafür ist seine These, daß in sozialen Krisen die durch Klassenunterschiede gesetzten Grenzen überschritten werden. Der Referent führte als Beispiel an, daß in einem brennenden Theater die Klassenunterschiede aufgehoben seien, da ein Klassenprivileg hier bestimmt nicht zur Flucht verhelfen könnte. Prof. Adorno betonte, daß im Gegenteil, so fatal das erscheinen mag, Klassenunterschiede selbst in solchen Situationen wirksam sind. Aus einer Loge zu entkommen sei gewiß leichter als aus dem Gedränge im dritten Rang. – Selbst in Katastrophen wie der Judenverfolgung durch die Nazis machten sich Klassenunterschiede unter den Juden fühlbar. Der Angehörige einer gehobenen Klasse, der über Geld und internationale Verbindungen verfügte, konnte der Vernichtung entfliehen, während der Angehörige einer niederen Klasse schlechtweg zugrunde gehen mußte.

Nicht nur ist Klassenzugehörigkeit weit davon entfernt, sich angesichts allgemeiner Probleme wie Krieg und Verfolgung aufzulösen; sie behauptet sich sogar in der Form von Klassensolidarität, die es Einzelnen möglich macht, einer Deklassierung infolge von finanzieller Not zu entgehen. Dies ist zum Beispiel der Fall bei verarmten Adligen oder bankrott gegangenen Unternehmern, die die ökonomische Grundlage für die Klassenzugehörigkeit verloren haben, aber von ihrer Klasse nicht fallen gelassen werden. Sie können nach außen hin noch ihren sozialen Status und Lebensstil wahren. Vom ökonomischen Standpunkt aus gesehen wären sie Proletarier, aber sie gehören nicht zu der arbeitenden Klasse; sie können ihrer objektiven Lage nach aber auch nicht zu der alten Klasse gerechnet werden. Sie sind sozusagen zur »dritten Person« geworden.

Der Solidarität der oberen Klasse entspricht, im Gegensatz zu Schumpeters Theorie, bei den unteren Klassen das erzwungene Zusammengehören, das durch die Schwierigkeit, ja fast Unmöglichkeit, in eine höhere Klasse aufzusteigen, gegeben ist. Schumpeters enge Anlehnung an die Denkungsweise des Liberalismus, wie z. B. seine Behauptung, ein tüchtiger und begabter Arbeiter hätte die Möglichkeit, in die Unternehmerkreise aufzusteigen, macht ihn blind für die einfachsten Realitäten des wirtschaftlichen Lebens. Ein »begabter« Arbeiter mag es wohl in seiner Firma zum Personaldirektor oder dergleichen bringen können, aber er wird kaum Kapital erwerben und somit die Verfügungsgewalt erlangen können. – In einer Zeit der Monopolisierung in einer hochindustriellen Gesellschaft kann Kapital nicht durch Sparen erworben werden, sondern nur durch Besitz, wofür wiederum die Zugehörigkeit zur bürgerlichen Klasse Voraussetzung ist. Die Anhäufung von Kapital ist einfach unmöglich geworden, es macht sich nicht mehr »bezahlt«. – In der industriellen Gesellschaftshierarchie ist das Leben des Individuums in einem solchen Umfang kontrolliert, daß eine Art von bürgerlichem Feudalismus sich entwickelt hat. In diesem Zusammenhang bedeutet die These, daß man Kapitalist oder Arbeiter durch persönliche Eignung ist, eine totale Verschleierung des wahren Charakters der Klassenstrukturen. Insoweit Schumpeter mit Kategorien wie Eignung und Leistungsfähigkeit arbeitet, ist seine Klassentheorie apologetisch anstatt soziologisch.

Daß die Klassensolidarität auch ungeachtet des Absinkens zu einer niedrigeren sozialen Stufe bestehenbleibt, zeigt, daß selbst vom subjektiven Standpunkt aus die Klassenzugehörigkeit bedeutender ist als man annehmen möchte. Tatsächlich dringen Klassenbeziehungen bis in die persönlichsten und intimsten Lebensbereiche und menschlichen Beziehungen ein. Zum Beispiel ist die Möglichkeit, Menschen kennenzulernen, von Klassenschranken eingegrenzt. Gerade in den subjektiven Phänomenen behaupten sich die Objektivität und der Zwang der Klassenunterschiede. In unzähligen Erfahrungen des täglichen Lebens ist man mit klassenbedingten Situationen konfrontiert, wie z.B. die Einteilung der Eisenbahnabteile in 1. und 2. Klasse. Diese äußerlichen Umstände werden verinnerlicht und werden zur zweiten Natur. Es ist die Aufgabe der Soziologie, den objektiven Gehalt dessen zu enthüllen, was durch Verinnerlichung »subjektiv« geworden ist. Daß Schumpeters Theorie den Zwang und die Unfreiheit an den Klassenverhältnissen leugnet und statt dessen ihre Naturgegebenheit herausstellt, macht sie falsch und ideologisch, aber für eine kritische Betrachtungsweise enthält sie ein Moment der Wahrheit, das wert ist, festgehalten zu werden. – Die subjektive Klassentheorie sieht die Klassen als naturgegeben an. Die Unterscheidung zwischen natürlichen und vom Menschen geschaffenen Elementen des sozialen Lebens und die Annahme, das Klassenunterschiede naturgegeben sind, gewinnen Bedeutung, wenn man versteht, daß diese Natürlichkeit das endgültige Produkt der Klassenstruktur ist, daß die liberalistische Teilung des Menschen in seine Natur und die ihm von außen zugeteilte gesellschaftliche Rolle durch die Vergesellschaftung der menschlichen Natur selber überholt ist. – Dem einzelnen Individuum gegenüber ist die Klassenzugehörigkeit wirklich zur zweiten Natur geworden, indem sie es bis hin zu seiner biologischen Konstitution bestimmen. Die Prägung der äußeren Erscheinung des Menschen durch klassenbedingte Unterernährung, Überarbeitung, Alkoholismus auf der einen und Muße und intellektuelle Betätigung auf der anderen Seite haben in Redewendungen wie »der ist ein richtiger Proletarier« oder »er ist eine aristokratische Erscheinung« ihren Niederschlag gefunden. – Die Klasse wird nicht nur zur zweiten Natur, sie wird sogar zur Determinante der ersten. Es ist die größte Verblendung des gesellschaftlichen Zusammenhangs, die Möglichkeiten der geistigen und seelischen ebenso wie der körperlichen Verkrüppelung, die die Angehörigen der arbeitenden Klasse bedrohen, als Rechtfertigung für die Tatsache, daß sie in dieser Klasse sind, anzurufen und deren Ursachen dadurch zu verbergen. Diesem Naturwerden der Klassenverhältnisse entspricht ein neuer Typ der Verinnerlichung, eine soziale Selbsteinstufung, der zufolge der Angehörige einer niederen Klasse sich positiv mit der Rolle identifiziert, die ihm durch seine Klassenlage aufgezwungen ist, und seinen Groll gegen all das richtet, was ihm auf Grund seiner Klassenlage versagt ist, was »über ihm« ist. Dem ursprünglichen Gefühl der Rebellion steht die Unmöglichkeit entgegen, der Situation zu entgehen oder irgend etwas daran zu ändern. Die Rebellion wird darum kanalisiert, indem die Klassenlage akzeptiert wird und das Gefühl der Auflehnung in Haß gegen das, was nicht erreicht werden kann, umschlägt; indem die Existenz von Klassen durch die Opposition gegen alles was höher ist als die eigene Klasse zu leugnen versucht wird. Diese Haltung findet ihren Ausdruck in Redensarten wie »I'm just a regular guy« oder »that's beyond me« und in der Verachtung des »Snobismus«, das heißt des Interesses an kultureller und geistiger Betätigung. Diese Art von Geistfeindlichkeit und Ressentiment gegen Bildung ist die Vorstufe zum faschistischen Bewußtsein. – Die kulturelle Selbsteinstufung »das ist zu hoch für mich« geht aus der materiellen »das kann ich mir nicht leisten« direkt hervor. Durch diesen Sachverhalt wird deutlich, daß das subjektive Bewußtsein, anstatt gegen die Klassenlage zu opponieren, diese durch positive oder masochistische Identifikation sich noch einmal zueignet. Die Objektivität der Klassenstruktur verwirklicht sich in ihrer völligen Durchdringung des subjektiven Bewußtseins.

Elken Lindquist

Sommersemester 1963:
Kant, »Kritik der reinen Vernunft«

Philosophisches Hauptseminar mit Max Horkheimer

In diesem Semester hält Adorno zudem die philosophische Vorlesung »Probleme der Moralphilosophie« und gibt das soziologische Seminar für Fortgeschrittene »Begriff der soziologischen Theorie«

Das Seminar findet donnerstags von 18 bis 20 Uhr statt

336–338 Archivzentrum Na 1, 893

336 Bernhard Rang,
9. Mai 1963

Bernhard Rang   Philosophisches Hauptseminar
                                 Prof. Dr. Adorno
                                 Prof. Dr. Horkheimer

Protokoll
zur 1. Seminarsitzung vom 9. Mai 1963

Gelesen wurde der Eingang des Schematismuskapitels der »Kritik der reinen Vernunft«[1]. Das Resultat der Lektüre sei hier mit wenigen Sätzen dem Referat des Gedankenganges im einzelnen vorangestellt.

Die im vorliegenden Text gestellte Frage nach einem zwischen Anschauung und Begriff vermittelnden »Dritten«[2] zeigte, daß Kant hier, von der Analyse der Sache getrieben, seinen eigenen der Vernunftkritik, insbesondere der transzendentalen Deduktion zugrundeliegenden Prämissen transzendiert und gerade durch einen solchen Widerspruch zur selbstgesetzten Systematik keinen Fehler begeht, vielmehr wesentliche philosophische Einsichten gewinnt. Denn er dürfte jene Frage, nachdem er die »Deduktion der Kategorien« geschrieben,[3] eigentlich nicht mehr stellen: Geht doch die »Deduktion« davon aus, daß dem spontanen Begriff eine bloß rezeptive, in sich unstrukturierte Sinnlichkeit gegeben ist und daher alle Bestimmung vom Begriff stammt. Die Subsumption des sinnlich angeschauten Gegenstandes unter die Kategorie und ein diese Subsumtion vermittelndes Drittes kann kein Problem sein, wenn das Mannigfaltige der Anschauung erst im Akt der Synthesis zur Einheit des Gegenstandes bestimmt wird. Die Analyse der Fragestellung zeigte, daß Kant im Gegensatz zum Deduktionskapitel hier den Inhalt der sinnlichen Anschauung als bereits vorstrukturiert einführt, dem die kategoriale Synthesis sich als einem ihr Vorgegebenen anmessen muß.

---

1 Vgl. den Abschnitt »Der transzendentalen Doktrin der Urteilskraft (oder Analytik der Grundsätze) erstes Hauptstück. Von dem Schematismus der reinen Verstandesbegriffe«, KW, Bd. III, S. 187–194 (B 176–187; A 137–147).
2 »Nun ist klar, daß es ein Drittes geben müsse, was einerseits mit der Kategorie, andererseits mit der Erscheinung in Gleichartigkeit stehen muß, und die Anwendung der ersteren auf die letzte möglich macht. Diese vermittelnde Vorstellung muß rein (ohne alles Empirische) und doch einerseits *intellektuell*, andererseits *sinnlich* sein. Eine solche ist das *transzendentale Schema*.« (Ebd., S. 187f. [B 177f.; A 138f.])
3 Vgl. »Übergang zur transzendentalen Deduktion der Kategorien«, ebd., S. 131–134 (B 124–129; A 92–95).

Durch diese Neufassung des Begriffs der sinnlichen Anschauung stellt sich ihm nun die Frage, wie sich zwischen dem sinnlichen, vorbestimmten Gegenstand und der intellektuellen Kategorie durch ein »Drittes« vermitteln läßt. Dieses »Dritte« ist das transzendentale Schema.

Im einzelnen ergab sich aus der Lektüre folgendes:

1) Das Kapitel beginnt mit der Feststellung, daß Gegenstände unter Begriffe subsumiert werden müssen, um als Gegenstände erkannt zu werden, und knüpft hieran die Bedingung, daß beide – der Gegenstand sowohl wie der Begriff – gleichartig sein müssen.[4] Daß Kant hier unter dem Gleichartigen das beiden Gemeinsame versteht und damit unter dem Begriff nicht die Kategorie, sondern den Gattungsbegriff, – das zeigt der unmittelbar darauf folgende Satz: »der Begriff muß dasjenige enthalten, was in dem darunter zu subsumierenden Gegenstande vorgestellt wird«. Hier bezeichnet der Begriff das gemeinsame Merkmal der Gegenstände, die unter ihn fallen. Schon der Ausdruck »darunter« oder »unter« taucht bei Kant immer dort auf, wo er nicht an die transzendentale, sondern an die formale Subsumptionslogik mit ihrer hierarchischen Begriffspyramide denkt und an deren empirischen Begriffsbildung auf dem Wege der Abstraktion von gegebenen Dingen. So heißt es in Kants »Logik«, § 8: »So wie man von einem Grunde überhaupt sagt, daß er die Folge unter sich enthalte, so kann man vom Begriff sagen, daß er als *Erkenntnisgrund* alle diejenigen Dinge *unter sich* enthalte, von denen er *abstrahiert* worden. Denn da jeder Begriff, als eine allgemeingültige Vorstellung, dasjenige enthält, was mehreren Vorstellungen von verschiedenen Dingen gemeinsam ist, so können alle Dinge, die er insofern unter sich enthält, durch ihn vorgestellt werden.«[5] Dieser Abschnitt erscheint wie eine Paraphrase zu dem angezogenen Satze des Schematismus-Kapitels. Der Gegenstand ist unter den Begriff subsumiert, heißt ebensoviel wie: der vom Gegenstand abgezogene Begriff ist formaler Erkenntnisgrund desselben. Die Subsumption gelingt, weil der

---

4 »In allen Subsumtionen eines Gegenstandes unter einen Begriff muß die Vorstellung des ersteren mit der letztern *gleichartig* sein, d.i. der Begriff muß dasjenige enthalten, was in dem darunter zu subsumierenden Gegenstande vorgestellt wird, denn das bedeutet eben der Ausdruck: ein Gegenstand sei unter einem Begriffe enthalten. So hat der empirische Begriff eines *Tellers* mit dem reinen geometrischen eines *Zirkels* Gleichartigkeit, indem die Rundung, die in dem ersteren gedacht wird, sich im letzteren anschauen läßt.« (Ebd., S. 187 [B 176; A 137])

5 Der Passus lautet vollständig korrekt: »So wie man von einem *Grunde* überhaupt sagt, daß er die *Folge* unter sich enthalte: so kann man von dem Begriffe sagen, daß er *als Erkenntnisgrund* alle diejenigen Dinge unter sich enthalte, von denen er abstrahiert worden, z. B. der Begriff Metall das Gold, Silber, Kupfer u.s.w. – Denn da jeder Begriff, als eine allgemeingültige Vorstellung, dasjenige enthält, was mehreren Vorstellungen von verschiedenen Dingen gemein ist: so können alle diese Dinge, die in so ferne unter ihm enthalten sind, durch ihn vorgestellt werden.« (KW, Bd. VI, S. 526 [A 148 f.])

Gegenstand der Natur nach früher ist, als der davon abstrahierte Begriff. Die Frage nach der Möglichkeit der Subsumption hat hier ihren guten Sinn. Wie aber steht es um diese Frage, wenn der Begriff, unter den subsumiert werden soll, nicht empirisch, sondern rein ist? Denn das Schematismus-Kapitel will doch zeigen, wie der Gegenstand unter die Kategorie und nicht unter einen Gattungsbegriff subsumiert werden kann; denn nicht um formale, sondern um transzendentale Logik ist es hier zu tun; über dem Kapitel steht der Titel: »Der *transzendentalen* Doktrin der Urteilskraft erstes Hauptstück«. Wie aber kann das unter die Kategorie subsumiert werden, was ihr eigenes Produkt ist? Denn der Gegenstand *als* Gegenstand, d.h. als synthetische Einheit, wird erst im Akt der Synthesis erzeugt. Welchen Sinn soll es haben, nach der Subsumption dessen, was noch nicht ist, unter das, wodurch es wird, zu fragen? Denn die Anschauung des durch die Sinnlichkeit gegebenen Gegenstandes ist ohne kategoriale Synthesis blind, das bloß Gegebene muß also, um Gegenstand zu werden, *gedacht* werden. Wenn die Kategorie als Konstituens den Gegenstand als Konstitutum durchgehend bestimmt, dann liegt alle Bestimmung bei der Kategorie, und die Subsumption des Gegenstandes unter die Kategorie zum Zwecke seiner Bestimmung ist entweder überflüssig – oder sie wird nur verstanden als Akt der Synthesis selbst. Wird sie so verstanden, dann wäre die Frage nach ihrer Möglichkeit schon durch die »transzendentale Deduktion der Kategorien« beantwortet, und es bedürfte des Schematismus-Kapitels zu ihrer Beantwortung nicht mehr. Es scheint sonach, als hätte sich Kant hier die Frage nach der Subsumption nur durch einen Rückfall in die vorkritische Subsumptionslogik mit ihren Gattungsbegriffen gestellt. Die weitere Diskussion zeigte aber, daß die Gründe tiefer liegen; das Subsumptionsproblem und die Frage nach einem vermittelnden Dritten stellt sich ihm hier, weil er die Subsumption weder als hierarchische Klassifizierung noch als Synthesis selbst deutet, sondern als ein Sichanmessen der Synthesis an eine vorgegebene Sache.

2) Zunächst führt das Schematismus-Kapitel fort: »So hat der empirische Begriff eines *Tellers* mit dem reinen geometrischen eines *Zirkels* Gleichartigkeit, indem die Rundung, die im ersteren gedacht wird, sich im letzteren anschauen läßt.«[6] Dies Beispiel soll die Subsumption verdeutlichen. Der »Teller« ist empirisch, der »Zirkel« ist rein: Wie kann nun das Empirische unter das Reine subsumiert werden? *Anschauung* des Zirkels ist zugleich *Form* der Anschauung des Tellers, *daher* ist die Subsumption des empirischen Begriffs vom Teller unter den reinen geometrischen Begriff des Zirkels möglich (es muß angemerkt werden, daß Kant im Ausdruck an dieser Stelle nicht sehr genau ist: Nicht um die Subsumption eines niederen unter einen höheren Begriff handelt es sich hier, sondern um die

---

6 KW, Bd. III, S. 187 (B 176; A 137).

Subsumption einer empirischen Vorstellung unter einen reinen Begriff). Die Verbindung des Empirischen mit dem Reinen gelingt, weil, mit einem Ausdruck des Deduktions-Kapitels, »formale Anschauung« zugleich »Form der Anschauung« überhaupt ist.[7] – Was ist nun unter dem *Begriff* des Zirkels zu verstehen? Widerspricht ein solcher Begriff nicht dem Faktum, daß die Zirkelrundung nicht gedacht, sondern angeschaut wird? Begriff und Anschauung des Zirkels sind uns zwei Erkenntnisweisen ein- und derselben Raumgestalt. Der Zirkel als Gegenstand der analytischen Geometrie ist *sinnlich*, insofern er in das cartesianische Koordinatensystem eingezeichnet und angeschaut werden kann; er ist *intellektuell*, insofern er als algebraische Funktion gedacht werden kann. – Das Gleichartige von Teller und Kreis, um im Beispiel zu bleiben, besteht nun darin, daß der Kreis ein Merkmal des Tellers ist, so daß dieser unter jenen subsumiert und erst so als runder Gegenstand begriffen werden kann.

3) Die Frage nach der Möglichkeit der Subsumption des angeschauten Gegenstandes unter den gedachten Begriff impliziert die Vorstellung, die begrifflose Anschauung des Gegenstandes sei etwas an sich Bestimmtes, ein Fertiges, das nun auf den Begriff gebracht werden soll. Der Begriff soll die Sinnesmaterialien nicht formlos-chaotisch antreffen, sondern in bereits artikulierter Gestalt. Durch diesen vorstrukturierten Inhalt der Anschauung wird dem Begriff etwas gegeben, besser: vorgegeben, dem er sich *anmessen* muß. Die Souveränität des Verstandes wird durch die Einführung eines bereits qualifizierten Sinnesmaterials darauf eingeschränkt, daß er im Unterschied zur Auffassung der transzendentalen Deduktion den Gegenstand nicht mehr durchgehend zu bestimmen, d. h. hervorzubringen, sondern nur noch ein »Gegebenes« durch Subsumption zu ordnen und zu bearbeiten vermag. Aus dem Sichanmessen des Begriffes an eine vorgegebene Sache folgt, daß der Gedankenform eine Sinnesmaterie vorhergeht und daher nicht mehr allein die Form die Materie, sondern auch die Materie die Form bestimmt. Diese Umstellung der Korrelation von Materie und Form rührt daher, daß mit der Annahme eines vorstrukturierten Objektes der Anschauung ein Element des Ansichseins eingeführt wird, das sich der Bestimmung durch das Subjekt entzieht. Der Verstand verlangt, daß ihm der Inhalt gegeben sei, welcher gedacht

---

[7] »Ob ich mir des Mannigfaltigen als zugleich, oder nach einander, *empirisch* bewußt sein könne, kommt auf Umstände, oder empirische Bedingungen, an. Daher die empirische Einheit des Bewußtseins, durch Assoziation der Vorstellungen, selbst eine Erscheinung betrifft, und ganz zufällig ist. Dagegen steht die reine Form der Anschauung in der Zeit, bloß als Anschauung überhaupt, die ein gegebenes Mannigfaltiges enthält, unter der ursprünglichen Einheit des Bewußtseins, lediglich durch die notwendige Beziehung des Mannigfaltigen der Anschauung zum Einen: Ich denke; also durch die reine Synthesis des Verstandes, welche a priori der empirischen zum Grunde liegt.« (Ebd., S. 141 [B 139 f.])

wird. Hieraus folgt, daß nach dem vorliegenden Text *nicht* mehr alle *Spontaneität* beim Verstande liegt und alle *Rezeptivität* bei den Sinnen. Schon darin, daß ich mir des Mannigfaltigen bewußt bin und meiner selbst im Mannigfaltigen – liegt ein Akt der Spontaneität. Die Rezeptivität der Sinnlichkeit bedeutet daher nicht nur die Passivität derselben; denn die Spontaneität des Verstandes schließt nicht alle Aktivität von den Sinnen aus; die Sinnlichkeit *gibt* mir das Gegebene – das ist ein spontaner Akt. Die Sinnlichkeit wird uns mehr als nur conditio sine qua non der Realisierung des reinen Verstandesbegriffs; in der Blindheit der begrifflosen Anschauung steckt schon ein Moment des Sehens.

4) Erst jetzt kann für Kant die Frage nach einem zwischen Anschauung und Begriff vermittelnden Dritten zum Problem werden. Denn – wie es in der transzendentalen Deduktion geschieht – solange Spontaneität und Rezeptivität auf zwei Vermögen verteilt und diese beiden Vermögen daher einander absolut entgegengesetzt werden, kann die Frage nicht gestellt werden; denn liegt alle Spontaneität beim Begriff und alle Rezeptivität bei der Anschauung, dann stammt alle Bestimmung im Gegenstand aus dem Begriff, und es bedarf keiner Vermittlung über ein Drittes. Dann wird der Gegenstand von der Kategorie erzeugt und braucht nicht unter diese subsumiert zu werden. Die absolute *Entgegensetzung* von Sinnlichkeit und Verstand ist demnach notwendige Voraussetzung der durchgehenden Bestimmung der unbestimmt-bestimmbaren Sinnlichkeit durch den bestimmenden Verstand. Indem das Schematismuskapitel diese Voraussetzung fallen läßt, tritt an Stelle des *einseitigen* Bestimmungsverhältnisses von Kategorie und Gegenstand ein *zweiseitiges*, und damit stellt sich die Frage nach der Möglichkeit einer Vermittlung. Die Synthesis muß sich anmessen an eine vorbestimmte Sache; der Verstand ist somit nicht allein spontan, sondern auch rezeptiv; die Sinnlichkeit nicht allein rezeptiv, sondern auch spontan.

Die Einsicht Kants, daß die Synthesis des sinnlichen Materials durch den Verstand ein Moment von Subsumption enthalten muß, ist motiviert durch die Erkenntnis, daß bei uneingeschränktem Bestimmen durch die Kategorie die Erkenntnis tautologisch wird; denn ist das sinnliche Material das *nur* Bestimmbare, kann der erkannte Gegenstand nur Bestimmungen enthalten, die der Verstand in ihn hineingelegt hat. Erkenntnis reduziert sich dann auf den Übergang von der Möglichkeit zur Wirklichkeit des Begriffs. Bei der absoluten *Entgegensetzung* von Verstand und Sinnlichkeit ist eine *Differenz* von Begriff und Gegenstand unmöglich; Kant muß also, um die Differenz zu retten, jene absolute Entgegensetzung *einschränken*. Ohne diese Einschränkung könnte zwischen Sinnes- und Verstandestätigkeit nicht unterschieden werden, denn alle Tätigkeit läge beim Verstande. Indem nun durch diese Einschränkung der Entgegensetzung beide Erkenntnisquellen nicht mehr absolut *ungleichartig* sind, d.h. die Tätigkeit des Bestimmens nicht mehr allein beim Verstand liegt, wird ihre *Gleichartigkeit* zum

Problem, Kann muß ein vermittelndes Drittes suchen, das die Harmonie zwischen beiden stiftet. Dieses Dritte nennt Kant das transzendentale Schema und das Verfahren der Harmoniestiftung den transzendentalen Schematismus. Um der Dialektik zu entgehen, muß die Vermittlung *zwischen* Sinnlichkeit und Verstand in einem Dritten aufgesucht werden und nicht in Verstand und Sinnlichkeit selbst. Die Sinnlichkeit – ungeachtet der in ihr aufgewiesenen Spontaneität – vermittelt nicht *sich* mit dem Verstand, sondern wird mit diesem vermittelt. Dadurch scheint es Kant möglich, trotz Einführung eines vermittelnden Prinzips an der Deduktion der Möglichkeit von Erkenntnis aus einem Prinzip festzuhalten – der synthetischen Apperzeption. Der Begriff des transzendentalen Schema ist daher ein *aporetischer* Begriff; er wird eingeführt, um die Anschauung *nicht* durchgängig von einer Kategorie her bestimmen zu lassen, wird aber andererseits für Kant zu einem Mittel, diese durchgängige Bestimmung von der Kategorie her zu restaurieren; die schematisierte Kategorie bestimmt die reine Anschauung.

5) Nun stellt sich die Frage, was sich als transzendentales Schema eignet. Nach Kant ist es die Zeit, nicht etwa der Raum. Sie erfüllt die Bedingung, die Kant an das Schema stellt: »Diese Vorstellung muß *rein*, und einerseits *intellektuell*, andererseits *sinnlich* sein.« Die Zeit ist beides: Als reine Anschauung ist sie erstens rein und zweitens sinnlich, als Form der reinen Anschauung ist sie intellektuell. Einer phänomenologischen Betrachtung zeigt sich ihr Doppelcharakter in einem erlebbaren, anschaulichen und rezeptiven Moment ebenso wie in einem intellektuellen, funktionalen und spontanen. Doch die Bestimmungen Kants, daß das Schema rein, sinnlich und intellektuell sein soll, sind ungenügend. Denn diese Bestimmungen hat die Zeit mit dem Raum gemeinsam; auch der Raum ist Anschauung und Form der Anschauung zugleich. Es soll doch gerade gezeigt werden, daß nicht der Raum, sondern *nur* die Zeit sich für die Funktion des Schematismus eignet. Ihre Unmittelbarkeit einerseits und die Abstraktheit ihres formalen Charakters andererseits genügen hierfür nicht.

337 Martin Puder, 16. Mai 1963

|Martin Puder

> *Protokoll der Sitzung des Oberseminars über Kants*
> *»Kritik der reinen Vernunft« vom 16. Mai 1963.*
> *(Leitung: Prof. Adorno.)*|

In der Seminarsitzung vom 16. Mai wurden der fünfte und der sechste Absatz des Schematismuskapitels gelesen.[8] Zunächst wurden dabei noch einmal die unausdrücklichen Korrekturen diskutiert, die Kant in diesem Kapitel an seiner ursprünglichen Konzeption der Beziehung von Constituens und Constitutum im Erkenntnisprozeß vornimmt. Zweitens stand dann die Bestimmung des Begriffs des Schemas im Mittelpunkt der Diskussion.

Indem Kant – was schon in der ersten Sitzung ausführlich behandelt worden war – in den einleitenden Abschnitten dieses Kapitels erklärt, ein Begriff habe sich der durch ihn ausgedrückten Sache anzumessen, erkennt er an, daß die Synthesis der Erkenntnis ohne das Moment ihrer Motivation in dem zu Synthesierenden überhaupt nicht denkbar, das fundamentum in re also ihre unumgängliche Voraussetzung ist. Diese nachträgliche Einsicht Kants in die erkenntnisbestimmende Funktion des Constitutum, anders ausgedrückt: in das kategoriale Wesen der Sinnlichkeit, schließt notwendig auch eine Revision seiner ursprünglich starren Gegenüberstellung der aktiven und passiven Seite des Erkenntnisvermögens ein. Tatsächlich ließe sich ja wohl kaum sagen, daß die strenge Trennung von Vernunft (Spontaneität) und Sinnlichkeit (Rezeptivität) dem wirklichen Sachverhalt gerecht wird. Hinzuweisen ist hier auf den aus der phänomenologischen Terminologie stammenden Begriff der »intentionalen Akte«, der ein »mit den Sinnen auffassen« meint. Ein solches Moment der Aktivität im Bereich des Sinnlichen, wie es etwa auch der Begriff »konzentriertes Hören« ausdrückt, ist unbestreitbar. Es gibt gar keine rein passive Erfahrung, selbst in den Zustand der Passivität muß man sich ja durch einen Willensentschluß hineinbegeben. Deshalb muß gegen Kants ursprüngliche Auffassung der Rezeptivität die Spontaneität als notwendiger Bestandteil der Sinnlichkeit festgestellt werden. Umgekehrt steckt auch in dem von Kant als ein rein aktives Vermögen aufgefaßtem Denken ein Moment der Passivität. Man braucht sich zu dieser Einsicht nur die in der Einleitung zur »Phänomenologie« ausgedrückte Vorstellung vom

---

[8] Vgl. ebd., S. 188 f. (B 178–180; A 139 f.).

Erkennen als »reinem Zusehen« zu vergegenwärtigen.[9] Nach dieser Auffassung Hegels ist Erkenntnis nur durch das Erlöschen der Spontaneität in der Sache möglich.

Wie das Schematismuskapitel zeigt, sind Kant diese Schwierigkeiten, die sich aus der starren Gegenüberstellung der Sphäre des Constituens und der des Constitutum ergeben, nicht entgangen. Wenn er dennoch seine ursprünglichen Begriffe nicht neu konzipiert und so erweitert, daß sie die entstehenden Widersprüche in sich aufnehmen, so sollte man darin nicht einfach ein eigensinniges und eigentlich unverständliches Ausweichen vor den richtigen dialektischen Schlußfolgerungen sehen. Für Kant ist die formale Logik der Kanon der transzendentalen. Dementsprechend ist er auch in ihr ein Logiker der Widerspruchsfreiheit. Nachdem Kant deshalb beispielsweise die Begriffe Vernunft und Sinnlichkeit einmal als Spontaneität und Rezeptivität festgelegt hat, verstieße er bei einer Um- oder Verkehrung dieser einmal festgelegten Bedeutungen gegen den Satz vom Widerspruch. Falls sich einzelne Begriffe als nicht stimmig oder als zu eng gefaßt erweisen, muß er dritte Begriffe einführen, die zwischen dem zu engen Begriff und dem nicht mehr erfaßten Sacherhalt vermitteln. Eine Auseinandersetzung mit dem Satz vom Widerspruch, wie sie später Hegel geführt hat, wäre bei Kant undenkbar; denn von ihm darf dieser Satz nicht in die Sphäre der Constituta aufgenommen werden, da er seinen Voraussetzungen nach in die der Constituentia gehört.

Daß Kant freilich die starre Gegenüberstellung dieser beiden Sphären zwar im Prinzip, nicht aber in allen Einzelheiten seinem System zu Grunde legt, dafür lassen sich außer dem Schematismuskapitel noch andere Belege anführen. So setzt Kant in dem Abschnitt »Von der transzendentalen Urteilskraft überhaupt« »Mutterwitz« für die richtige Anwendung der transzendentalen Urteilskraft voraus;[10] das heißt aber nichts anderes, als daß ein Moment der empirischen Wirk-

---

9 »Aber nicht nur nach dieser Seite, daß Begriff und Gegenstand, der Maßstab und das zu Prüfende, in dem Bewußtsein selbst vorhanden sind, wird eine Zutat von uns überflüssig, sondern wir werden auch der Mühe der Vergleichung beider und der eigentlichen *Prüfung* überhoben, so daß, indem das Bewußtsein sich selbst prüft, uns auch von dieser Seite nur das reine Zusehen bleibt. Denn das Bewußtsein ist einerseits Bewußtsein des Gegenstandes, andererseits Bewußtsein seiner selbst; Bewußtsein dessen, was ihm das Wahre ist, und Bewußtsein seines Wissens davon.« (HW, Bd. 3, S. 77)

10 »Wenn der Verstand überhaupt als das Vermögen der Regeln erklärt wird, so ist Urteilskraft das Vermögen, unter Regeln zu *subsumieren*, d. i. zu unterscheiden, ob etwas unter einer gegebenen Regel (casus datae legis) stehe, oder nicht. [...] Diese aber erfordert eben darum, weil sie eine Regel ist, aufs neue eine Unterweisung der Urteilskraft, und so zeigt sich, daß zwar der Verstand einer Belehrung und Ausrüstung durch Regeln fähig, Urteilskraft aber ein besonderes Talent sei, welches gar nicht belehrt, sondern nur geübt sein will. Daher ist diese auch das

lichkeit, nämlich die Vorhandenheit von Intelligenz, zur Bedingung für das Funktionieren des transzendentalen Mechanismus gemacht wird. Für die Bewahrung der Reinheit der transzendentallogischen Sphären ergeben sich aus einer derartigen Voraussetzung ähnliche Probleme wie aus der in der Erkenntnistheorie üblichen Redeweise, »mir« als dem transzendentallogischen Subjekt sei etwas gegeben. Beide Male entsteht aus der Aufnahme empirischer Elemente in bloße Denkbestimmung oder in ein reines Abstraktionsprodukt eine Ungereimtheit.

In diesem Zusammenhang muß noch erwähnt werden, daß Kant bei der Revision seiner ursprünglichen Ansichten im Schematismuskapitel nicht etwa so weit geht, Raum und Zeit begrifflichen Charakter zuzusprechen. Dieser irrtümliche Eindruck kann daraus entstehen, daß Kant hier zuerst die Bezeichnung »intellektuell« auf das Schema anwendet und dann die transzendentale Zeitbestimmung als das Schema der Verstandesbegriffe bezeichnet. Raum und Zeit aber – daran hält Kant fest – sind deshalb keine Begriffe, weil sie sich nur als die Summe aller unter ihnen enthaltenen Einzelräume bzw. Einzelheiten konstituieren. Der Raum als apriorische Anschauungsform ist aber nicht etwa die Einheit der Merkmale aller Räume. Ein Begriff aber ist immer eine solche Einheit der Merkmale aller durch ihn zusammengefaßten Dinge.

Anschließend an diese Feststellung ging es dann um die eigentliche Interpretation des fünften und sechsten Absatzes des Schematismuskapitels. Im fünften Absatz behauptet Kant in einem Rückblick auf die Deduktion der Kategorien, er habe gezeigt, »daß reine Begriffe a priori, außer der Funktion des Verstandes in der Kategorie, noch formale Bedingungen der Sinnlichkeit (namentlich des inneren Sinnes) a priori enthalten müssen.«[11] Tatsächlich ist von

---

Spezifische des so genannten Mutterwitzes, dessen Mangel keine Schule ersetzen kann; denn, ob diese gleich einem eingeschränkten Verstande Regeln vollauf, von fremder Einsicht entlehnt, darreichen und gleichsam einpfropfen kann: so muß doch das Vermögen, sich ihrer richtig zu bedienen, dem Lehrlinge selbst angehören, und keine Regel, die man ihm in dieser Absicht vorschreiben möchte, ist, in Ermangelung einer solchen Naturgabe, vor Mißbrauch sicher.« (KW, Bd. III, S. 184–186 [B 171–175; A 132–136]; hier: S. 184f. [B 171f.; A 132f.])

11 Im genannten Abschnitt heißt es, »daß Begriffe ganz unmöglich sind, noch irgend einige Bedeutung haben können, wo nicht, entweder ihnen selbst, oder wenigstens den Elementen, daraus sie bestehen, ein Gegenstand gegeben ist, mithin auf Dinge an sich (ohne Rücksicht, ob und wie sie uns gegeben werden mögen) gar nicht gehen können; daß ferner die einzige Art, wie uns Gegenstände gegeben werden, die Modifikation unserer Sinnlichkeit sei; endlich, daß reine Begriffe a priori, außer der Funktion des Verstandes in der Kategorie, noch formale Bedingungen der Sinnlichkeit (namentlich des innern Sinnes) a priori enthalten müssen, welche die allgemeine Bedingung enthalten, unter der die Kategorie allein auf irgend einen Gegenstand angewandt werden kann.« (Ebd., S. 188f. [B 179f.; A 139f.])

einer solchen Einheit in der transzendentalen Deduktion keine Rede. Nach der dort entwickelten Auffassung bedürfen die Kategorien des Mannigfaltigen, das ihnen durch die Anschauungsform vermittelt wird; keineswegs aber enthalten die Kategorien diese Anschauungsformen schon in sich. Statt einer Erklärung dieses Widerspruchs bringt der nächste Satz ein neues Verständnisproblem mit sich. In ihm bestimmt Kant nämlich das Schema als die »formale Bedingung der Sinnlichkeit, auf welche der Verstandesbegriff restringiert ist.«[12] Aber ebendiese Bedingungen stellen ja nach der transzendentalen Deduktion die apriorischen Anschauungsformen dar. Das Schema wird damit so auf die Seite der Anschauung genommen, daß der Eindruck entstehen muß, sachlich handele es sich dabei um nichts neues, den apriorischen Anschauungsformen werde vielmehr nur ein neuer Terminus vindiziert. Andererseits ist Kant zu dieser mißverständlichen Ausdrucksweise gezwungen; denn nähme er, um jenen Eindruck zu vermeiden, das Schema auf die Seite der Kategorien, wäre eine zu starke Betonung des intellektuellen Moments bei der Bestimmung dieses Begriffs die Folge. Diese Schwierigkeit, den Begriff des Schemas richtig abzugrenzen, tritt bei einer eingehenden Betrachtung des sechsten Abschnittes noch deutlicher zutage.

Im ersten Satz dieses Abschnitts kennzeichnet Kant das Schema als Produkt der Einbildungskraft,[13] womit er noch einmal hervorhebt, daß das Schema als das Vermittelnde zwischen der Sache und der intellektuellen Tätigkeit nur im Subjekt und nicht etwa auch in der Sache liegt. Da aber nicht nur das Schema, sondern auch das Bild ein Produkt der Einbildungskraft ist, macht Kant die Abgrenzung des Schemas vom Bild zum Hauptthema dieses Abschnitts. Will man die Vorstellung vom Schema, die Kant bei dieser Abgrenzung wahrscheinlich vorgeschwebt hat, mit einem heutigen Begriff wiedergeben, denkt man zunächst wohl am besten an das englische Wort »pattern«, auf deutsch sowohl Entwurf als auch Muster. Das Schema ist das Muster, das die denkende Behandlung irgendwelcher konkreter Dinge reguliert, aber selbst nicht Begriff ist. Es ist das Muster der Verfahrensweise des erkennenden Geistes, der zur Synthesis der Erkenntnis kommen will; eine Formulierung, in der »Muster« das statische und »Verfahrensweise« das dynamische Moment, die beide im Kantschen Begriff des Schemas enthalten sind,

---

12 »Wir wollen diese formale und reine Bedingung der Sinnlichkeit, auf welche der Verstandesbegriff in seinem Gebrauch restringiert ist, das *Schema* dieses Verstandesbegriffs, und das Verfahren des Verstandes mit diesen Schematen den *Schematismus* des reinen Verstandes nennen.« (Ebd., S. 189 [B 179; A 140])
13 »Das Schema ist an sich selbst jederzeit nur ein Produkt der Einbildungskraft; aber indem die Synthesis der letzteren keine einzelne Anschauung, sondern die Einheit in der Bestimmung der Sinnlichkeit allein zur Absicht hat, so ist das Schema doch vom Bilde zu unterscheiden. So, wenn ich fünf Punkte hinter einander setze ....., ist dieses ein Bild von der Zahl fünf.« (Ebd.)

zum Ausdruck bringen soll. Als Muster oder, wie Kant sagt, »Monogramm«[14] ist das Schema statisch, aber als Anweisung zur Tätigkeit des erkennenden Geistes ist es dynamisch und steht zur Spontaneität in Beziehung. Daraus ergibt sich für die Abgrenzung des Schemas vom Bild folgendes: Im Gegensatz zum Bild, das als die bestimmte Synthesis, wie sie in der empirischen Einbildungskraft vollzogen ist, bestimmt werden muß, ist das Schema nicht anschaulich. Es ist nicht eine bestimmte Vorstellung, es ist auch nicht etwa eine Art der Reproduktion, die bloße Vergegenwärtigung des Nichtgegenwärtigen im Sinne der Erinnerung. Die Erinnerung geht auf einzelne Anschauung, das Schema aber geht von vornherein auf ein Allgemeines in der Sinnlichkeit, das die einzelnen Momente der Sinnlichkeit zusammenbringt. Deshalb könnte man es in phänomenologischer Terminologie vielleicht als »eine intellektive Aktualisierung der Formen der Sinnlichkeit« bezeichnen.

Diese Abgrenzung des Schemas vom Bild darf aber nicht dazu führen, den Unterschied, der andererseits etwa zwischen dem Schema und einer algebraischen Formel besteht, zu übersehen. Denn daß das Schema nicht wie das Bild anschaulich ist, heißt noch lange nicht, daß es deshalb begrifflich oder formelhaft ist. Befände sich beispielsweise das Schema des Kreises zum Kreisbild im gleichen Verhältnis wie die Kreisformel, könnte das Schema keinerlei Affinität zur Sinnlichkeit mehr haben. Voraussetzung dieser Unterscheidung ist eine Auffassung der algebraischen Formeln, die deren Relation zur Anschauung nicht als eine notwendige ansieht, eine Auffassung, die schon bei Descartes hervortritt. Jedenfalls läßt sich von seiner Ableitung der Kegelschnitte[15] wohl sagen, daß in ihr die anschaulichen Darstellungen nur zur Illustration des Ableitungszusammenhanges dienen, nicht aber dessen notwendiger Bestandteil sind. Ganz deutlich wird dieses unanschauliche Moment der algebraischen Formel bei der Beziehung auf mehrdimensionale Räume, bei der ja jede Anschauung versagt.

Durch diese Abgrenzung gegen das Bild einerseits, gegen die Formel andererseits erinnert der Begriff des Schemas an den des Typus, der auf ähnliche Weise

---

14 »Dieser Schematismus unseres Verstandes, in Ansehung der Erscheinungen und ihrer bloßen Form, ist eine verborgene Kunst in den Tiefen der menschlichen Seele, deren wahre Handgriffe wir der Natur schwerlich jemals abraten, und sie unverdeckt vor Augen legen werden. So viel können wir nur sagen: das *Bild* ist ein Produkt des empirischen Vermögens der produktiven Einbildungskraft, das *Schema* sinnlicher Begriffe (als der Figuren im Raume) ein Produkt und gleichsam ein Monogramm der reinen Einbildungskraft a priori, wodurch und wonach die Bilder allererst möglich werden, die aber mit dem Begriffe nur immer vermittelst des Schema, welches sie bezeichnen, verknüpft werden müssen, und an sich demselben nicht völlig kongruieren.« (Ebd., S. 190 [B 180 f.; A 141 f.])
15 Vgl. in Kants »Prolegomena zu einer jeden künftigen Metaphysik, die als Wissenschaft wird auftreten können« [1783], KW, Bd. V, S. 189–191 (A 114–117).

sowohl von dem bloß Anschaulichen als auch von der reinen Abstraktion abgehoben werden muß. Tatsächlich kommt jene Vergegenwärtigung eines Allgemeinen, die wir mit dem Begriff des Typus verbinden, dem, was das Schema nach Kant leisten soll, wohl sehr nahe. Das Schema wäre dann ein Typus, nach dem sich die Synthesis von Allgemeinem und Besonderem vollzieht. Belegen läßt sich die in dieser Auffassung vorgenommene Retroversion der Gegensätze von Vernunft und Sinnlichkeit in die von Allgemeinem und Besonderem aus dem letzten Satz des sechsten Abschnitts, in dem Kant das Schema ein »allgemeines Verfahren der Einbildungskraft« nennt, »einem Begriff sein Bild zu verschaffen«.[16] Versucht man nun diese Bestimmungen des Begriffs des Schemas in einem Satz zusammenzufassen, läßt sich vielleicht folgendes sagen: Das Schema ist die nicht-sinnliche Vorstellung eines Sinnlichen, und seine Funktion ist es, zu einer organisierenden Kraft der Erfahrung zu werden.

Diese Funktion des Schemas im Bereich der Erfahrung ist der Funktion der regulativen Prinzipien im Bereich der Vernunft sehr ähnlich. Obwohl das Schema als ein konstitutives Prinzip eingeführt wird, läßt sich seine Funktion bei näherer Betrachtung nur als eine regulative fassen. Damit gibt Kant aber unausdrücklich seine starre Unterscheidung von konstitutiven und regulativen Prinzipien auf. Mit der Aufgabe dieser Unterscheidung fiele aber auch die von endlich und unendlich fort. Deshalb ist Hegels Auffassung von der Immanenz des Unendlichen im Grunde schon in diesem Kapitel Kants angedeutet, in dem ein der Erfahrung immanentes Prinzip eingeführt wird, dessen Funktion nur als eine regulative konkretisierbar ist.

Abschließend muß noch darauf hingewiesen werden, daß bei dieser Bestimmung des Begriffs des Schemas, um Kants Intentionen gerecht zu werden, absichtlich über einzelne in diesem Abschnitt vorkommende verwirrende Wendungen und die außergewöhnliche Inkonsequenz der Ausdrucksweise hinweggesehen wird. Ein Beispiel für solche verwirrenden Wendungen ist der erste Satz des fünften Abschnitts, in dem Kant die Frage nach der Möglichkeit von über die Erfahrung hinausgehender Erkenntnis, mit der er sich in der Antinomie der einen Vernunft noch hundertfünfzig Seiten lang auseinandersetzen wird, als eine Frage

---

16 »Dagegen, wenn ich eine Zahl überhaupt nur denke, die nun fünf oder hundert sein kann, so ist dieses Denken mehr die Vorstellung einer Methode, einem gewissen Begriffe gemäß eine Menge (z. E. Tausend) in einem Bilde vorzustellen, als dieses Bild selbst, welches ich im letztern Falle schwerlich würde übersehen und mit dem Begriff vergleichen können. Diese Vorstellung nun von einem allgemeinen Verfahren der Einbildungskraft, einem Begriff sein Bild zu verschaffen, nenne ich das Schema zu diesem Begriffe.« (KW, Bd. III, S. 189 [B 179 f.; A 140])

behandelt, deren Beantwortung längst abgemacht sei.[17] Wie Kant terminologisch ständig zwischen der Betonung des intellektuellen und des sinnlichen Moments bei der Bestimmung des Schematismus schwankt und dadurch unklar wird, trat am Ende des fünften Abschnitts am deutlichsten hervor.[18] Es ist jedoch unergiebig – dies war die methodische Voraussetzung der hier gegebenen Bestimmung des Begriffs Schema –, sich auf die Feststellung dieser Unklarheiten und Widersprüche zu beschränken und sie zu sehr zu betonen; denn dies führt zu nicht mehr als dem Schluß, das von Kant angestrebte Dritte, das zwischen Begriff und Sache vermitteln soll, lasse sich letztlich überhaupt nicht konkretisieren.

---

17 »Nach demjenigen, was in der Deduktion der Kategorien gezeigt worden, wird hoffentlich niemand im Zweifel stehen, sich über die Frage zu entschließen: ob diese reine Verstandesbegriffe von bloß empirischem oder auch von transzendentalem Gebrauche sein, d. i. ob sie lediglich, als Bedingungen einer möglichen Erfahrung, sich a priori auf Erscheinungen beziehen, oder ob sie, als Bedingungen der Möglichkeit der Dinge überhaupt, auf Gegenstände an sich selbst (ohne einige Restriktion auf unsre Sinnlichkeit) erstreckt werden können.« (Ebd., S. 188 [B 178; A 139])
18 S. oben, Anm. 12.

338 Günther Mensching, 30. Mai 1963

Günther Mensching

Protokoll des Philosophischen Hauptseminars vom 30. Mai 1963

»Dem Begriffe von einem Triangel überhaupt würde gar kein Bild desselben adäquat sein. Denn es würde die Allgemeinheit des Begriffs nicht erreichen, welche macht, daß dieser für alle, recht- oder schiefwinklichte etc. gilt, sondern immer nur auf einen Teil dieser Sphäre eingeschränkt sein.«[19]

In diesen Sätzen nimmt Kant zu einem Streitpunkt Stellung, der in der empiristischen Tradition große Bedeutung hatte, nämlich dem der allgemeinen Ideen (Idee im Sinne von Vorstellung). Berkeley und Locke hatten sich zu diesem Problem, speziell auch diesem Beispiel, geäußert. Kant nimmt gegen Berkeley die Position Lockes ein. Berkeley hatte die Existenz von abstrakten allgemeinen Ideen geleugnet. In seiner »Abhandlung über die Prinzipien menschlicher Erkenntnis« sagt er:

»Ich muss hier bemerken, dass ich nicht absolut die Existenz von allgemeinen Ideen, sondern nur die von *abstracten allgemeinen Ideen* leugne. ... Wollen wir nun mit unseren Worten einen bestimmten Sinn verknüpfen und nur von Begreiflichem reden, so müssen wir, glaube ich, anerkennen, dass eine Idee, die an und für sich eine Einzelvorstellung ist, allgemein dadurch wird, daß sie dazu verwendet wird, alle anderen Einzelvorstellungen derselben Art zu repräsentiren oder statt derselben aufzutreten.«[20]

Nach dieser Theorie würden den »reinen sinnlichen Begriffen« Bilder und nicht Schemata zum Grunde liegen. Dagegen wendet sich nun Kant, indem er die Repräsentanz von Begriffen, die auf Teilsphären eingeschränkt sind, durch eine solche hypostasierte Einzelvorstellung ablehnt. Danach erscheint das Schema hier wesentlich als allgemeine Vorstellung, die hier im Lockeschen Sinne aufge-

---

[19] Ebd., S. 189 (B 180; A 141).
[20] [George] Berkeley's Abhandlung über die Principien der menschlichen Erkenntniss [1710], übers. von Friedrich Ueberweg, Berlin 1869 (Philosophische Bibliothek oder Sammlung der Hauptwerke der Philosophie alter und neuer Zeit; 12), S. 9.

faßt ist, das heißt eben nicht als Einzelvorstellung oder Bild. Diese allgemeine Vorstellung ist nach Kant aber nicht, wie Locke es tat, zu hypostasieren, sondern zu funktionalisieren. Das bedeutet, daß die allgemeine Vorstellung, als welche hier das Schema auftritt, wesentlich eine Anweisung zur je sinnlichen Erfüllung ist. Kant nennt das eine »Regel der Synthesis der Einbildungskraft«[21]. Das Schema wird an der in Rede stehenden Stelle sehr viel stärker begrifflich aufgefaßt als an anderen Stellen des Schematismuskapitels; das intellektive Moment des Schemas steht hier im Vordergrund: »Das Schema des Triangels kann niemals anderswo als in Gedanken existieren ...«

Der Grund, weshalb Kant den Lockeschen Terminus der allgemeinen Vorstellung umschreibend wieder anklingen läßt, liegt wohl in einer gewissen Verwandtschaft des Lockeschen Denkens mit dem Kantischen. Im Werke Lockes finden sich zwei Aspekte, die bei Kant auf anderer Ebene wiederkehren. Der eine ist der naiv realistische. Er äußert sich darin, daß den Körpern die primären Sinnesqualitäten als Eigenschaften zugeschrieben werden, die so wahrnehmbar sein sollen, wie sie an sich sind.[22] Der andere Aspekt bei Locke läßt sich subjektivistisch nennen: Die sekundären Sinnesqualitäten sind nicht Eigenschaften der Körper an sich, sondern finden sich nur im Subjekt, das die Körper wahrnimmt.[23] In diese Hinsicht ähneln sie den Kantischen Kategorien. Die Lockesche

---

21 »Das Schema des Triangels kann niemals anderswo als in Gedanken existieren, und bedeutet eine Regel der Synthesis der Einbildungskraft, in Ansehung reiner Gestalten im Raume.« (KW, Bd. III, S. 189 [B 180; A 141])

22 So sagt Locke etwa: »*Alle unsere einfachen Ideen sind adäquat*. Denn da sie nichts anderes als die Wirkungen gewisser Kräfte sind, die den Dingen innewohnen, und von Gott dazu eingerichtet und bestimmt wurden, gewisse Sensationen in uns zu erzeugen, so müssen sie notwendig diesen Kräften entsprechen und ihnen adäquat sein. Wir dürfen sicher sein, daß sie mit der Realität der Dinge übereinstimmen.« (John Locke, Versuch über den menschlichen Verstand [1690]. In vier Büchern. Band I: Buch I und II, übers. von Carl Winckler, Hamburg 2006 [Philosophische Bibliothek; 75], S. 472)

23 »*Unsere komplexen Ideen der Modi* sind als willkürliche Zusammenstellungen einfacher Ideen, die der Geist ohne Bezug auf irgendwo existierende Urbilder oder unveränderliche Muster zusammenfügt, *adäquate Ideen* und müssen es notwendig sein. Denn da sie gar keine Kopien von wirklich bestehenden Dingen sein sollen, sondern Urbilder, die der Geist schafft, um danach die Dinge zu ordnen und zu benennen, so kann ihnen nicht irgend etwas fehlen. Jede von ihnen besitzt nämlich diejenigen Kombinationen von Ideen und dadurch jene Vollkommenheit, die der Geist ihr zugedacht hatte, so daß sie ihn vollkommen befriedigt und er nichts daran vermißt. Nehmen wir eine Figur mit drei Seiten an, die sich in drei Winkeln schneiden. Das ist eine vollständige Idee, von der ich nichts weiter verlange, um sie als vollständig gelten zu lassen. Mit der Vollkommenheit dieser seiner Idee ist der Geist zufrieden. Das erhellt aus folgendem: Der Geist kann es sich nicht vorstellen, daß irgendein verständiges Wesen von dem Ding, das er ›Dreieck‹ nennt – seine Existenz vorausgesetzt –, eine Idee habe oder haben könnte, die vollständiger und

Doppeldeutigkeit erscheint bei Kant als die Scheidung von Phänomena und Noumena. Die allgemeine Vorstellung eines Dreiecks jedoch, die bei Locke ein Abstraktionsprodukt aus der Erfahrung ist, ist bei Kant nicht durch Erfahrung vermittelt. Denn abstraktive Begriffsbildung ist aus dem völlig wesenlos gedachten Material der Erkenntnis nicht möglich. Dies ist ein rationalistisches Element bei Kant; die Schwierigkeit besteht für ihn darin, dem Schema als der allgemeinen Vorstellung Realität zu verschaffen. Das geschieht dadurch, daß Kant die allgemeine Vorstellung eben nicht hypostasiert, sondern funktionalisiert, sie als eine Anweisung, »Regel« der »Synthesis der Einbildungskraft« sein läßt.

Deutlicher wird dies an dem folgenden Beispiel des empirischen Begriffs des Hundes.[24] Hieran zeigt sich nämlich, daß der Begriff des Schemas mit dem des Typus Verwandtschaft hat. Der Typus enthält als Begriff Sinnliches in sich aufgehoben. Dadurch aber ist im Typus der Rückverweis auf Sinnliches enthalten, denn im Abstrahieren ist das Denken immer auf das bezogen, von dem abgesehen wird. Am Typus läßt sich das Ähnliche ablesen und das Unähnliche unterscheiden. Will man aber sinnvoll von dem Typus reden, so ist dabei vorausgesetzt, daß das festgestellte Identische nicht bloß vom Subjekt ins Objekt hineingetragen ist, sondern daß es als fundamentum in re einer jeglichen Begriffsbildung in der Sache selbst enthalten sein muß. Die Bestimmtheit des Typus ist somit nicht bloß subjektiv gesetzt; daraus folgt, daß das Objekt ein An-sich-Sein hat und zugleich ein Konstitutum ist.

Wie aber die Erscheinungen und ihre bloße Form zusammenkommen, das ist für Kant im Grunde geheimnisvoll. Zwar glaubt er durch die Einführung des terminus medias des Schemas die vorher streng getrennte Stämme der Erkenntnis wieder vereinigt zu haben, aber dennoch sieht er sich zu der Bemerkung veranlaßt, daß der Schematismus des Verstandes »eine verborgene Kunst in den Tiefen der menschlichen Seele« sei, »deren wahre Handgriffe wir der Natur schwerlich jemals abraten und sie unverdeckt vor Augen legen werden.«[25] Das Motiv zu dieser Anmerkung mag wohl gewesen sein, daß Kant die von ihm selbst vollzogene

---

erschöpfender wäre als diejenige, die er selbst in jener komplexen Idee von drei Seiten und drei Winkeln besitzt.« (Ebd., S. 473 f.)

24 »Der Begriff vom Hunde bedeutet eine Regel, nach welcher meine Einbildungskraft die Gestalt eines vierfüßigen Tieres allgemein verzeichnen kann, ohne auf irgend eine einzige besondere Gestalt, die mir die Erfahrung darbietet, oder auch ein jedes mögliche Bild, was ich in concreto darstellen kann, eingeschränkt zu sein. Dieser Schematismus unseres Verstandes, in Ansehung der Erscheinungen und ihrer bloßen Form, ist eine verborgene Kunst in den Tiefen der menschlichen Seele, deren wahre Handgriffe wir der Natur schwerlich jemals abraten, und sie unverdeckt vor Augen legen werden.« (KW, Bd. III, S. 190 [B 180 f.; A 141])

25 S. oben, Anm. 14.

Entgegensetzungen nicht recht überzeugend erschienen ist; denn es ist ja die Aufgabe der Vernunft, das, was sich in der phänomenalen Welt darbietet, als in der Einheit der Erkenntnis enthalten zu begreifen. Genauso verhält es sich bei der Erkenntnis des Transzendenten. Dadurch, daß Kant die selbst gezogene Grenze respektieren will, muß er von der Erkenntnis des Transzendenten absehen, die aber dennoch der Vernunft aufgegeben ist, ja geradezu ihr Wesen ausmacht. Aber weder die Einheit der Stärke der Erkenntnis noch die Einheit des Transzendenten und Immanenten läßt sich für Kant begrifflich erkennen und beschreiben. Dadurch erlangt der Begriff der Ahnung große Aktualität; die Dinge, die wegen der gezogenen Grenze nicht mehr kognitiv zu fassen sind, können nur noch geahnt werden, denn sie dürfen auch nicht preisgegeben werden, wenn das Ganze der Erkenntnis einen Sinn haben soll. Hier zeigt sich eine nahe Verwandtschaft der späteren Romantik mit Kant vielmehr als mit Hegel, der sich bei der Grenzziehung nicht beschied.

Die Instanz, die die Einheit der Erkenntnis verbürgt, ist nun nach Kant etwas Gegebenes, Unableitbares, denn in jeder Synthesis des Nichtidentischen ist etwas Einheit Stiftendes, Koordinierendes vorausgesetzt. In gewisser Hinsicht weist dies auf die Leibnizsche prästabilisierte Harmonie zurück, jedoch ist der Garant der Einheit zwischen Denken und Sache nicht mehr ein transzendentaler Gott, sondern die subjektive Vernunft. Bei Leibniz ist es die Zentralmonade und bei Spinoza die Substanz, die die Einheit stiften sollen; nach Kant vollbringt diese Leistung das transzendentale Subjekt vermöge der Synthesis.

Der Begriff des Gegebenen reicht bei Kant sehr weit: Nicht nur das Material der Erkenntnis, sondern auch die Konstituentien zählen zum Gegebenen. Es trifft hier die Kritik Schopenhauers zu, der im Begriff des Gegebenen eine theologische Reminiszenz sah.[26]

---

26 Bei Schopenhauer heißt es etwa: »Mystik, im weitesten Sinne, ist jede Anleitung zum unmittelbaren Innewerden Dessen, wohin weder Anschauung noch Begriff, also überhaupt keine Erkenntniß reicht. Der Mystiker steht zum Philosophen dadurch im Gegensatz, daß er von Innen anhebt, dieser aber von Außen. Der Mystiker nämlich geht aus von seiner innern, positiven, individuellen Erfahrung, in welcher er sich findet als das ewige, alleinige Wesen u. s. f. Aber mittheilbar ist hievon nichts, als eben Behauptungen, die man auf sein Wort zu glauben hat: folglich kann er nicht überzeugen. Der Philosoph hingegen geht aus von dem Allen Gemeinsamen, von der objektiven, Allen vorliegenden Erscheinung, und von den Thatsachen des Selbstbewußtseyns, wie sie sich in Jedem vorfinden. Seine Methode ist daher die Reflexion über alles Dieses und die Kombination der darin gegebenen Data: deswegen kann er überzeugen. Er soll sich daher hüten, in die Weise der Mystiker zu gerathen und etwan, mittelst Behauptung intellektualer Anschauungen, oder vorgeblicher unmittelbarer Vernunftvernehmungen, positive Erkenntniß von Dem vorspiegeln zu wollen, was, aller Erkenntniß ewig unzugänglich, höchstens durch eine Negation bezeichnet werden kann. Die Philosophie hat ihren Werth und ihre Würde darin, daß sie alle nicht

Das Schema als Produkt der Einbildungskraft wird mit dem inneren Sinn in Verbindung gebracht, dessen Form die Zeit ist. Dies ist aus der transzendentalen Deduktion der reinen Verstandesbegriffe verständlich. Die Formulierung »Ich denke« weist darauf hin, daß Denken nur im je persönlichen Bewußtsein stattfindet.[27] Identität wird im persönlichen Bewußtsein nur festgestellt, wenn es Erinnerung gibt, denn das Subjekt wird durch Erinnerung sich seiner selbst als identisches bewußt, und damit werden auch die Objekte als identische erkannt. Ohne Erinnerung gibt es keine Identität. Die Leistung der Identitätsherstellung ist nach Kant eine kategoriale, die mit der Zeit vermöge der Erinnerung verbunden ist, denn Erinnerung ist die Fähigkeit, nicht Gegenwärtiges gegenwärtig zu machen. Jedoch bezieht sich die Synthesis nicht nur auf zeitliche Gegebenheiten, sondern sie selbst ist ohne Zeit nicht möglich, sie findet in der Zeit statt. Auch das Denken als die Tätigkeit des Verstandes steht unter der Form des inneren Sinnes, der Zeit. Kant sagt das in der ersten Fassung der transzendentalen Deduktion: »Ohne Bewußtsein, daß das was wir denken eben dasselbe sei, was wir einen Augenblick zuvor dachten, würde alle Reproduktion in der Reihe der Vorstellungen vergeblich sein.«[28] Das beweist, daß die Stämme der Erkenntnis, Sinnlichkeit und Verstand, in der Zeit kongruieren, denn sie partizipieren beide an ihr. Bei Kant bleibt es freilich nicht bei dieser Feststellung, sondern er führt noch eine vermittelnde Instanz, das Schema ein, das selbst bilderlos sein soll, denn die Zeit ist eine bilderlose Form der Anschauung.

Bei Kant wird der Zusammenhang des Schemas mit der Zeit auf eine andere Weise deutlich gemacht. Zur Vorstellung der Größe komme man nur durch die »sukzessive Addition von Einem zu Einem (gleichartigen)«.[29] Deshalb sei das

---

zu begründenden Annahmen verschmäht und in ihre Data nur Das aufnimmt, was sich in der anschaulich gegebenen Außenwelt, in den unsern Intellekt konstituierenden Formen zur Auffassung derselben und in dem Allen gemeinsamen Bewußtseyn des eigenen Selbst sicher nachweisen läßt. Dieserhalb muß sie Kosmologie bleiben und kann nicht Theologie werden.« (Arthur Schopenhauer, Die Welt als Wille und Vorstellung. Zweiter Band, welcher Ergänzungen zu den vier Büchern des ersten Bandes enthält [1844], in: Arthur Schopenhauers Werke in fünf Bänden. Nach den Ausgaben letzter Hand, hrsg. von Ludger Lütkehaus, Zürich 1988, Bd. II, S. 710 f.)
27 S. oben, Anm. 7.
28 KW, Bd. III, S. 165 (A 103).
29 »Das reine Bild, aller Größen (quantorum) vor dem äußern Sinne, ist der Raum; aller Gegenstände der Sinne aber überhaupt, die Zeit. Das reine *Schema der Größe* aber (quantitatis), als eines Begriffs des Verstandes, ist die *Zahl*, welche eine Vorstellung ist, die die sukzessive Addition von Einem zu Einem (Gleichartigen) zusammenbefaßt. Also ist die Zahl nichts anders, als die Einheit der Synthesis des Mannigfaltigen einer gleichartigen Anschauung überhaupt, dadurch, daß ich die Zeit selbst in der Apprehension der Anschauung erzeuge.« (Ebd., S. 190 f. [B 182; A 142 f.])

reine Schema der Größe die Zahl. In der sukzessiven Addition wird Zeit aber überhaupt erst erzeugt, nicht bloß bedarf es zum Durchgehen der Zahlenreihe eines Zeitraumes. Zeit ist also danach nicht etwas Primäres, der Verstandestätigkeit schon Vorgegebenes, sondern sie wird durch die Zählfunktion erzeugt. Damit aber wird die Zeit selber zur Funktion der reinen Synthesis. Hiermit ist die Zeit völlig auf die Subjektseite genommen. Die Lehre der transzendentalen Ästhetik, nach der die Anschauungsformen bloß rezeptiv sind,[30] wird so erheblich modifiziert. Die eben erörterte Kantische Zeittheorie ist im Grunde schon eine Wendung auf den absoluten Idealismus im Sinne Fichtes. Diese Wendung ist daraus verständlich, daß Kant den Schematismus und damit die gesamte Vernunftkritik nicht in die Gefahr des Rückfalls in den naiven Realismus bringen wollte, auf den ja am Anfang des Schematismuskapitels angespielt war.

---

[30] »Weil in uns aber eine gewisse Form der sinnlichen Anschauung a priori zum Grunde liegt, welche auf der Rezeptivität der Vorstellungsfähigkeit (Sinnlichkeit) beruht, so kann der Verstand, als Spontaneität, den inneren Sinn durch das Mannigfaltige gegebener Vorstellungen der synthetischen Einheit der Apperzeption gemäß bestimmen, und so synthetische Einheit der Apperzeption des Mannigfaltigen der *sinnlichen Anschauung* a priori denken, als die Bedingung, unter welcher alle Gegenstände unserer (der menschlichen) Anschauung notwendiger Weise stehen müssen, dadurch denn die Kategorien, als bloße Gedankenformen, objektive Realität, d. i. Anwendung auf Gegenstände, die uns in der Anschauung gegeben werden können, aber nur als Erscheinungen bekommen; denn nur von diesen sind wir der Anschauung a priori fähig.« (Ebd., S. 148 [B 150 f.])

Sommersemester 1963:
Begriff der soziologischen Theorie

Soziologisches Seminar für Fortgeschrittene

In diesem Semester hält Adorno zudem die philosophische Vorlesung »Probleme der Moralphilosophie« und gibt das philosophische Hauptseminar »Kant, ›Kritik der reinen Vernunft‹«

Das Seminar findet dienstags von 17 bis 19 Uhr statt

339–347 UAF Abt. 139 Nr. 14

339 Manfred Clemenz, 7. Mai 1963

Soziologisches Seminar für Fortgeschrittene:
»Begriff der soziologischen Theorie«
(Prof. Th. W. Adorno)

Protokoll vom 7. 5. 1963
Protokollant: Manfred Clemenz

Prof. Adorno eröffnet das soziologische Seminar im Sommersemester 1963 über den »Begriff der soziologischen Theorie« mit dem Versprechen, daß im Laufe des Seminars deutlich gemacht werden solle, was hier – das heißt im Institut für Sozialforschung – unter soziologischer Theorie verstanden und erwartet werde. Soziologische Theorie sei heute vielfach – so etwa bei Parsons – von einem »System der Soziologie« abgelöst worden. Dessen Unterschied zu dem, was man »kritische Theorie« nennen könne, solle durchsichtig gemacht werden. Prof. Adorno konfrontierte diesen Begriff der Theorie mit der empirizistischen Methode, wies aber zugleich darauf hin, daß hier keine freischwebende soziologische Theorie vermittelt werden solle, sondern daß diese vielmehr immer an der jeweils gestellten Aufgabe sich bewähren müsse.

Dr. Teschner, der einen kurzen Überblick über das strukturell-funktionale System Talcott Parsons' gab,[1] hob die zentrale Bedeutung hervor, die die Begriffe der systematischen »Theorie«, der Funktion und der Rolle bei Parsons haben. Das Problematische bei der Parsonsschen Systematik sei, wie weit es in der Gesellschaft Invarianten gebe, die man einem System zugrunde legen könne.

Das Referat über Talcott Parsons hatte Fräulein von Alth übernommen.[2] Unter Theorie versteht Parsons nicht eine Generalisierung bestimmter Phänomene, sondern ein System. Erst durch den theoretischen Bezugsrahmen werden Fakten überhaupt erst als solche definiert, und erst innerhalb der Theorie kann über ihre Wichtigkeit oder Unwichtigkeit entschieden werden. Parsons wendet sich also gegen den Empirismus und Empirizismus und setzt an deren Stelle eine Theorie,

---

1 Ein entsprechender Referatstext wurde nicht aufgefunden; Manfred Teschner wird 1960 mit der Schrift »Entwicklung eines Interessenverbandes. Ein empirischer Beitrag zum Problem der Verselbständigung von Massenorganisationen« in Frankfurt a. M. promoviert.
2 Michaela von Alth, »Gesellschaftstheorie bei Parsons«, UAF Abt. 139 Nr. 14.

die möglichst vollständige Beschreibung und Analyse der beobachteten Phänomene gewährleisten soll.

Parsons' Theorie ist ein Klassifikationsschema – es steht damit, wie Prof. Adorno ergänzte, in Widerspruch zu dem, was Horkheimer als »kritische Theorie« bezeichnet.[3] Begriff und Sache verhalten sich im Idealfall wie Mathematik und Physik – der Begriff wird von Parsons nicht an der Sache, sondern neben ihr entwickelt, mit dem Ziel, sie später darunter zu subsumieren. Dahinter verbirgt sich nach Prof. Adorno der subjektivistische Vernunftbegriff Parsons'. Parsons' Interesse sei vor allem die immanente Stimmigkeit des Systems, mit dem dann die Realität gleichsam konfrontiert würde. In einem sauberen, gutorganisierten Begriffssystem solle für alle Empirie die richtige »Schublade« gefunden werden; sein Verhältnis zur Wirklichkeit interessiert erst in zweiter Linie. Die Fakten müssen widerspruchslos eingefügt werden, die Widersprüche der Realität werden eskamotiert. Es müsse Parsons jedoch als Verdienst angerechnet werden, daß er unter Theorie keine Sammlung und Abbreviatur von Fakten verstehe.

Die Zahl der Grundbegriffe des Parsonsschen Systems, die seinen Bezugsrahmen definieren, ist beschränkt, sie sorgen für Eindeutigkeit und Geschlossenheit der Deskription. Das System ist am Modell der klassischen Mechanik orientiert. Nachdem der Bezugsrahmen definiert worden ist, wird als nächstes die Struktur des Systems untersucht. Dabei meint Parsons allerdings nicht die Struktur des Systems selbst – Struktur ist vielmehr ein *Aspekt* des Systems: der statische. Der dynamische Aspekt ist die Funktion. Es werden Teile des Systems in Bewegung gesetzt, während der Rest konstant gehalten wird. Das Ideal wäre eine Erfassung der Veränderung aller Variablen in Form von Differentialgleichungen. Das Ideal ist unerreichbar – an seiner Stelle wird Widerspruchslosigkeit und Vollständigkeit zum Maßstab der Theorie.

Der Begriff der Struktur setzt nach Parsons' eigener Ansicht eine stabile Gesellschaft voraus, er ist, wie Parsons sagt, eine Arbeitshypothese.[4] Gleichzeitig aber versteht der Begriff der Funktion das System als einen »going concern«[5] –

---

3 Vgl. Max Horkheimer, Traditionelle und kritische Theorie [1937], HGS, Bd. 4, S. 162–216.
4 Vgl. Talcott Parsons, Systematische Theorie in der Soziologie. Gegenwärtiger Stand und Ausblick [1945], in: Talcott Parsons, Beiträge zur soziologischen Theorie [1949], hrsg. und eingel. von Dietrich Rüschemeyer, Neuwied und Berlin 1964, S. 31–64.
5 »A process or set of conditions either ›contributes‹ to the maintenance (or development) of the system or it is ›dysfunctional‹ in that it detracts from the integration, effectiveness, etc., of the system. It is thus the functional reference of all particular conditions and processes *to the state of the total system as a going concern* which provides the logical equivalent of simultaneous equations in a fully developed system of analytical theory.« (Talcott Parsons, The Present Position and Prospects of Systematic Theory in Sociology, in: Talcott Parsons, Essays in Sociological Theory, 2. Aufl., Glencoe 1954 212–237; hier: S. 218) – In der deutschen Übersetzung heißt es

der, wie Prof. Adorno hinzufügte, unter den Bedingungen der kapitalistischen Produktion nur ein sich erweiternd reproduzierender sein kann. Die sozialen Prozesse werden danach beurteilt, ob sie zur Aufrechterhaltung des Systems beitragen oder nicht. Tun sie es, so sind sie funktional, andernfalls dysfunktional. Die Parsonssche Konzeption der Variablen, die in der Struktur als Konstante gesetzt werden, bezeichnete Prof. Adorno als eine Verschmelzung von amerikanischem Positivismus mit den Weberschen Idealtypen. In den Weberschen Idealtypen werden aus heuristischen Erwägungen Elemente als statisch gesetzt, die historisch jedoch variabel sind. Im Gegensatz zu Weber vermöge Parsons nicht, Wichtiges von Unwichtigem zu trennen. Für Weber entscheidet darüber das Interesse des Forschers. Zugleich stecke hinter Parsons' Konstanten und Variablen Paretos Konzeption der Residuen und Derivationen. Das gelte besonders für die Annahme eines quasi selbstverständlichen, systemimmanenten Gleichgewichts, das dem Pareto'schen Trägheitsresiduum entspreche.

Parsons' theoretischer Ansatz verhindert die Erklärung sozialen Wandels. Sie würde die vollständigen Gesetze sozialer Veränderungen voraussetzen, »eine Kenntnis, die wir nicht besitzen«, wie Parsons sagt.[6] Die Aporie löst Parsons, indem er die Stabilität zum Axiom macht. Hier schiebt sich nach der Ansicht von Prof. Adorno das Wissenschaftsideal vor die Sache, das Interesse am Objekt wird zweitrangig. Man müsse sich entscheiden, ob man um jeden Preis ein geschlossenes wissenschaftliches System haben oder die Gesellschaft verstehen wolle.

Der allgemeine Bezugsrahmen der Soziologie ist nach Parsons die Handlung oder »Akteur-Situation«. Handlung ist für Parsons ein Prozeß in einem »Akteur-System«, das seinerseits die Motivation des einzelnen Akteurs bestimmt. Parsons führt hier die Begriffe des Status und der Rolle ein – sie korrelieren mit denen der Struktur und der Funktion. Status ist die Position eines Akteurs im Vergleich zu anderen Akteuren. Sein Rollenhandeln ist durch seinen Status und durch den

---

lediglich: »Ein Prozeß oder eine Reihe von Bedingungen können entweder zur Erhaltung (oder Entwicklung) des Systems ›beitragen‹, oder aber sie sind ›disfunktional‹, d. h. sie beeinträchtigen die Integration, die Wirksamkeit des Systems. Die funktionale Beziehung jeder einzelnen Bedingung und jeden Prozesses auf *den Zustand des Gesamtsystems* stellt also das logische Äquivalent für die Simultangleichungen in einem voll entwickelten System der analytischen Theorie dar.« (Parsons, Systematische Theorie in der Soziologie, a. a. O. [s. vorige Anm.], S. 38)

[6] »It is a necessary inference from the above considerations that *a general theory of the processes of change of social systems is not possible in the present state of knowledge*. The reason is very simply that such a theory would imply complete knowledge of the laws of process of the system and this knowledge we do not possess. The theory of change in the structure of social systems must, therefore, be a theory of particular sub-processes of change *within* such systems, not of the over-all processes of change *of* the systems as systems.« (Talcott Parsons, The Social System [1951], London 1964, S. 486)

Interaktionszusammenhang bereits vorstrukturiert. Die Integration des Systems wird durch verbindliche Wertnormen garantiert.

Soziale Rollen sind also objektiv vorgegeben und werden zugleich scheinbar freiwillig als Erwartungszusammenhang nachvollzogen. Das heißt allerdings, daß durch Manipulation der subjektiven Motivationen und Determinierung des sozialen Handelns des Individuums der status quo der Gesellschaft garantiert wird. Prof. Adorno betrachtete den Parsonsschen Begriff des sozialen Handelns, der als Verinnerlichung der Rollenerwartungen konzipiert ist, als einen Fortschritt gegenüber Weber, der soziales Handeln sehr formal als an den anderen orientiert faßt. Das Handeln der Akteure erfolge damit generell unabhängig von ihrem persönlichen Interesse.

Da Sozialisierung nach Parsons nie vollständig ist, muß sie durch äußeren Zwang ergänzt werden. Sozialer Zwang in Form positiver und negativer Sanktionen sorgt für die Integration des Einzelnen. Die Gruppe, durch entsprechende positive Sanktionen oder »rewards« in das System integriert, ist durch ihre »vested interests« – Parsons übernimmt den Veblenschen Begriff[7] – an einer Verhinderung sozialen Handelns primär interessiert.

Der subjektive Ansatz Parsons' wird deutlich bei seiner Theorie der sozialen Schichtung, die bei ihm ein hierarchisches System darstellt, in das der Einzelne durch verschieden hohe moralische Wertungen eingestuft wird.[8] Die soziale Ungleichheit wird eine Frage der gesellschaftlichen Moral – oder wohl besser der gesellschaftlichen Ideologie. Indem diese soziale Schichtung in Übereinstimmung mit dem gemeinsamen Wertsystem steht, hat Parsons so etwas wie einen »ontologischen Schichtungsbeweis« erbracht.

---

7 »The term vested interests seems appropriate to designate this general resistance to change which is inherent in the institutionalization of roles in the social system.« (Ebd., S. 492)

8 »Für die Zwecke dieser Untersuchung von zentraler Bedeutung ist die differentielle moralische Wertung der Individuen als Einheiten. Moralische Überlegenheit ist der Gegenstand einer bestimmten empirischen Einstellungsqualität der ›Achtung‹, während moralische Minderwertigkeit Gegenstand einer spezifischen Einstellung der ›Mißbilligung‹ oder in extremen Fällen sogar der ›Empörung‹ ist. *[Absatz]* In gewissem Sinne mag die Wahl der moralischen Wertung als Zentralkriterium für die in der sozialen Schichtung zum Ausdruck kommende Rangordnung als willkürlich angesehen werden. Sie ist jedoch nicht mehr und nicht weniger willkürlich als beispielsweise die Wahl der Distanz als Grundkategorie für die Beschreibung der Beziehungen zwischen Körpern in einem mechanischen System.« (Talcott Parsons, Ansatz zu einer analytischen Theorie der sozialen Schichtung [1940], in: Parsons, Beiträge zur soziologischen Theorie, a.a.O. [s. Anm. 4], S. 180–205; hier: S. 181)

340 Günter Wegeleben,
14. Mai 1963

Protokoll des soziologischen Oberseminars am 14. 5. 63

Die Seminarsitzung war der Bestimmung des Begriffs der Theorie gewidmet. In einer Diskussion wurde versucht, Parsons' theoretical system, das eine soziologische Theorie konstituieren will, gegen die kritische Theorie, die die Gesellschaft als negatives System reflektiert, abzugrenzen.

Dr. Teschner nannte zunächst einige Probleme, die Parsons' Theorie nahelegt. Man muß in Hinsicht auf Parsons' Ansatz zwei Fragen unterscheiden: inwieweit eine systematische Theorie nicht notwendig und möglich ist und inwiefern Parsons' Versuch diese systematische Theorie einzulösen vermag. Parsons versteht seine Theorie nicht als historische über bestimmte Gesellschaften, sondern als ein allgemeines Kategoriensystem, um gesellschaftliche Systeme analysieren zu können. Es ist zu überlegen, ob zur sozialwissenschaftlichen Erkenntnis ein Kategoriensystem gehört. Desgleichen: Ist eine soziologische Theorie notwendig ein System?

Der Ansatz von Parsons scheint eine Ähnlichkeit mit dem der Frankfurter Soziologie zu besitzen. Parsons bestimmt Gesellschaft als eine Totalität oder einen Funktionszusammenhang. Veränderungen auf einem Sektor ziehen notwendig Veränderungen auf anderen Sektoren nach sich. Dr. Teschner bezweifelte, daß die Parsonssche Theorie mit einem Klassifikationsschema identifiziert werden kann. Parsons versucht, das Problem des Verhältnisses von Ganzem und Teilen zu lösen. Was die Einzelkausalitäten zum Funktionszusammenhang beitragen, läßt sich nach Parsons durch die struktural-funktionale Theorie verstehen. Die Unterscheidung von Struktur und Funktion impliziert, daß die gesellschaftlichen Phänomene in Analysen anhand dieser Kategorien festgestellt werden. Dr. Teschner gab zu bedenken, ob nicht eine technische Notwendigkeit der Unterscheidung besteht. Es handelt sich um objektive Probleme der soziologischen Analyse, für die es bisher keine Patentlösungen gibt.

Das Problem der soziologischen Analyse, die Erklärung gesellschaftlicher Phänomene durch ihren Bezug aufs Ganze, stellt sich bei Parsons dar als Frage nach dem Beitrag einzelner Phänomene (Rollen) zur Erhaltung des Ganzen. Parsons' Interesse gilt damit den integrativen Momenten des gesellschaftlichen Systems. Die für die soziologische Analyse gleichwichtige Frage nach dem sozialen Wandel wird von vornherein ausgeklammert. Wie Parsons die Erhaltung eines bestehenden Ganzen zum Absoluten macht, so hat umgekehrt Dahrendorf, der mit Recht die Statik der Parsonsschen Theorie kritisiert, die Momente der geschichtlichen Bewegung, die Konflikte, zu einem Unaufhebbaren hypostasiert.

Prof. Adorno erkannte an, daß sich die Diskussion des Theoriebegriffs auf die zwei Problemkomplexe zu konzentrieren hat: Was heißt Theorie der Gesellschaft, und wie kann man die Frage nach dem Zusammenhang von Ganzem und Teilen auf andere Weise lösen? Wie das Verhältnis von Totalität und Teilen zu lösen ist, hängt von der Frage ab, ob die Theorie ein klassifikatorisches System ist oder nicht. Bei Parsons gibt es eine Reihe von Stellen, wo er sich auf den Standpunkt der klassifikatorischen Logik stellt.

Trotz der Abstraktheit der Parsonsschen Theorie und ihrer vermeintlichen Invarianten hat sie einen geschichtlichen Stellenwert, weil die Kategorie des Funktionszusammenhangs im prägnanten Sinn nur für die bürgerlich-rationale Gesellschaft gilt. In Sammlergesellschaften kann man keine vergleichbare Interdependence der Mitglieder beobachten. Selbst in der feudalen Gesellschaft herrscht keine allseitige Vermittlung. Das Modell der Gesellschaft, das der These vom gesellschaftlichen Funktionszusammenhang vorschwebt, ist industriell-urbanistischer Art.

Die Geschichte kommt in Parsons' theoretical system in den genetisch nicht durchreflektierten Kategorien hinein. Sein systematischer Impuls ist gesellschaftlich motiviert. Eine generelle soziologische Theorie ist Prof. Adorno zufolge wohl möglich, aber sie ist irrelevant, ein selbstgenügsames Spiel. Das Aufschließen der Phänomene ist zentraler als eine allgemeine Soziologie, die die allgemeine Psychologie zum Modell hat.

Dr. Teschner fügte hinzu, wenn es keine relevante allgemeine Theorie geben könnte, so aber doch eine relativ allgemeine, auf die allgemein verwandte Begriffe wie Herrschaft und Gesellschaft verweisen. Als Typus einer historischen Theorie nannte der die Kapitalismus-Debatte. Das Desiderat der Soziologie ist die Bildung genuin soziologischer Kategorien, die nicht identisch sind mit Kategorien der Geschichtsphilosophie. Prof. Adorno erwiderte, daß er nicht einsehe, warum eine Theorie der Gesellschaft nicht eine Philosophie der Geschichte sein sollte.

Zu Dr. Teschners Frage, ob nicht eine generelle Theorie aus Zweckmäßigkeitsgründen von den empirischen Gegenständen abzuheben ist, bemerkte Dr. Schmidt[9], daß allgemeine Kategorien insgeheim immer geschichtlich gefärbt sind. Ihre Allgemeinheit verdanken sie der Abstraktion von einem geschichtlichen Material. Unsere Vorstellungen von historischen Verhältnissen sind allzu oft Projektionen, die den zu erkennenden Gegenstand entstellen. Auch Marx hat zu unreflektiert von gesellschaftlichen Formationen gesprochen.

---

[9] Alfred Schmidt wird 1960 mit der Schrift »Der Begriff der Natur in der Lehre von Marx« in Frankfurt a. M. promoviert.

Prof. Adorno führte aus, daß die Sozialwissenschaften heute durch eine Dichotomie gekennzeichnet seien, die den Anschein erweckt, als wenn einerseits ein theoretisches System, das das Einzelne vom Ganzen her bestimmt, und andererseits ein begriffsloser Empirismus existieren. Diese Dichotomie hat keine Wahrheit.

Soweit es sich bei Parsons um die Anerkennung einer gesellschaftlichen Totalität, eines Funktionszusammenhangs handelt, besteht Einigkeit zwischen Adorno und Parsons. Die Kontroverse läßt sich aber auch bestimmen. Es geht darum, ob nicht das empirische fact-finding und die allgemeine Theorie korrelativ sind und ob nicht die kritische Theorie der Gesellschaft ein Drittes ist, ein denkendes Verhalten, dem das Verhältnis von Allgemeinem und Besonderen sich nicht als eins von genus und species darstellt, sondern als eins der inneren Vermittlung. Das umfangslogische Schema ist das Modell, das gleichermaßen dem Empirismus wie der allgemeinen Theorie zukommt.

Frl. von Alth erklärte, daß Parsons' theoretisches System uns die Frage nach der Konkretion des Theoriebegriffs stellt. Parsons entwickelt seinen Begriff nicht an der Gesellschaft. Eine dialektische Theorie bewegt hingegen ihre Begriffe in der engen Fühlung mit den geschichtlichen Sachen. Parsons hält die Gesellschaft zwar nicht für statisch, seine Theorie impliziert jedoch einige statische Kategorien, Invarianten. Wie Parsons konzediert, wird seine Theorie der Gesellschaft als dynamischem Prozeß deshalb auch noch nicht gerecht. In Differenz zu Parsons' Kategoriensystem geht die kritische Theorie vom einzelnen Phänomen aus, um es in seiner Konkretion auszuschöpfen und das Ganze zu ermitteln. Der Ausgang vom Besonderen setzt voraus, daß die Gesellschaft ein System ist und daher vom Einzelnen her erkennbar.

Frl. Alth verwies auf die zentrale Schwierigkeit der kritischen Theorie der Gesellschaft. Die kritische Theorie konstituierte sich bei Marx als immanente Kritik, als Konfrontation der gesellschaftlichen Sache mit ihrem Begriff. Für das dialektische Denken sind die Dinge an dem zu messen, was sie sein wollen. Das Messen der Dinge bedarf ihres ideologischen Aspekts. In der Gegenwart, die durch den Zerfall der Ideologie gekennzeichnet ist, werden sie Sachen zu ihrer eigenen Ideologie. Die gesellschaftlichen Gegenstände haben keinen Begriff mehr, an dem sie zu messen sind. Die Wirklichkeit ist zu ihrem eigenen Schleier geworden.

Prof. Adorno entgegnete, daß die Theorie dadurch nicht zur Kapitulation gezwungen sei. Der implizite Anspruch, mit dem die gesellschaftlichen Phänomene auftreten, ist der ihrer gesellschaftlichen Notwendigkeit; ihr Anspruch, functional zu sein, zur Erhaltung der Gesellschaft beizutragen, wo vieles doch objektiv als dysfunctional zu erkennen ist, zum Untergang des Ganzen beiträgt. Darauf ist zu insistieren. Je weniger die Welt offen Ideologie ist, um so mehr ist sie es real als negatives System. Kulturindustrie, die die Funktion der Ideologie heute weitgehend übernommen hat, kann auch kritisch beurteilt werden.

Frl. von Alth fragte, ob die festzustellende Ideologie noch an immanenten Kategorien gemessen werden kann oder nicht nur noch an transzendenten Begriffen, an der Utopie. Wie Frl. von Alth ausführte, gibt Parsons zu, daß er den sozialen Wandel nicht erklären kann, weil er dazu unzählige Variablen kennen müßte. Eine wirtschaftliche Krise würde z. B. heute sehr wahrscheinlich zu einer totalitären Straffung führen. Man kann einen Trend aber auf längere Zeit nicht voraussehen. Eine Vielzahl von Faktoren läßt sich wahrnehmen, z. B. ein totalitäres Potential, aber es gibt keine Gewißheit in der Erklärung des social change.

Dr. Schönbach[10] gab zu bedenken, daß das statische Moment bei Parsons nicht unbedingt sei. Structure ist eine relative Kategorie. Es stellt sich die Frage, ob nicht der Begriff einer relativen Stabilität von jeder Soziologie festgehalten werden muß.

Prof. Adorno erwiderte, daß er keiner blinden Dynamisierung der Kategorien das Wort rede. Statik und Dynamik sind aufeinander verwiesene Momente. Ihre Dialektisierung ist nicht durch ein wissenschaftliches Bedürfnis bestimmt, sondern motiviert von den gesellschaftlichen Formationen und Prozessen selbst. Zu erinnern ist an Sombarts Bestimmung der traditionell-feudalen Gesellschaft als statischer, da sie wesentlich an die einfache Reproduktion gebunden ist.[11] Der Kapitalismus hingegen vermag sich nur zu erhalten, indem er unaufhaltsam expandiert. Das Verhältnis von Statik und Dynamik läßt sich nur durch die Erkenntnis der sich verändernden Gesellschaft ausmachen, in der sie ihren geschichtlichen Stellenwert besitzen.

Prof. Adorno wandte sich der für den Theoriebegriff konstitutiven Beziehung von Philosophie und Soziologie zu, die nicht durch dogmatische Arbeitsteilung auseinandergerissen werden dürfen. Eine der Schwierigkeiten, einen kritischen Begriff von Theorie zu fassen, liegt darin, daß wir ans klassifikatorische Denken gewöhnt sind, im Glauben, Erkenntnis bestehe darin, Einzeltatsachen allgemeinen Begriffen kommensurabel zu machen. Der Ordnungsprozeß, der der Sache widerfährt, wird allzu oft verwechselt mit der Struktur der Sache selbst.

---

10 D. i. Peter Schönbach.
11 Bei Sombart heißt es: »[W]as die frischen Völker an Stelle der alten Wirtschaftsverfassung setzen, ist, wie bekannt, zunächst eine vorwiegend agrarische Kultur. Das Wirtschaftsleben wird beherrs[c]ht von zwei sich ergänzenden Grundgedanken: auf seiner Scholle den Unterhalt für sich und die Seinen durch der eigenen oder fremder Hände Arbeit zu gewinnen und durch Häufung abhängiger Landarbeiter Macht im Staate zu erringen. Die *bäuerlich-feudale Organisation* ist der Ausdruck dieses Strebens; sie beherrscht das gesamte Wirtschaftsleben.« (Werner Sombart, Der moderne Kapitalismus. Erster Band. Die Genesis des Kapitalismus, Leipzig 1902, S. XXXI)

Der dialektische Ansatz besagt, daß das Allgemeine das Leben des Einzelnen selbst ist. Allgemeines und Besonderes sind innerlich vermittelt. Die allgemeinen Gesetzmäßigkeiten haben in den einzelnen Phänomenen eine spezifische Konkretion gefunden. Die Hegelsche Philosophie ist ein Modell des Denkens, durch das die konkreten Phänomene, an denen wir interessiert sind, aufgeschlossen werden können. Kritische Reflexion aufs umfangslogische Denken ist Philosophie, von der die kritische Theorie der Gesellschaft nicht zu trennen ist. Bei der Reflexion des Verhältnisses von Soziologie und Philosophie darf man keinen zu engen Begriff von Philosophie vor Augen haben. Die Unassimilierbarkeit sozialer Phänomene für die Subjekte, die Entfremdung, könnte ihren Platz in der Hegelschen Rechtsphilosophie haben.

Dr. Teschner wandte sich dagegen, Parsons' Theorie einfach als Klassifikationsschema abzutun, weil sie sich dessen bewußt ist, daß die Gesellschaft ein Funktionszusammenhang und das Einzelne nicht schlicht subsumierbar ist. Parsons' Theorie ist allgemein im Sinne eines Kategoriensystems, um gesellschaftliche Systeme analysieren zu können. Es sei doch ein Unterschied zwischen einer allgemeinen Theorie, die positive Aussagen über alle Gesellschaften macht, und einer, die ein Kategoriensystem zum Studium aller Gesellschaften bereitstellen will.

Herr Reck[12] wandte ein, daß Parsons' Intention, Gesellschaft als Funktionszusammenhang zu bestimmen, sich wohl vertrage mit dem klassifikatorischen Theoriebegriff, dem Kategorienschema. Parsons' Funktionsbegriff meint die Wechselwirkung, die wahrscheinlich nur vom Schema her gefaßt werden kann. Nach dem Vorbild der Mathematik intendiert die Parsonssche Theorie die Klassifikation von Beziehungen. Die nach dem Modell der Physik vorgenommen Trennung von Elementen und Relationen wird auf die sozialen Sachen projiziert.

Herr Brandt[13] schlug vor, Parsons' Begriff des Allgemeinen, Allgemeingültigen zu reflektieren. Parsons' Theorie erhebt einen geringeren Anspruch auf Allgemeinheit als die dialektische Theorie. Im Grunde will Parsons nur einen Aspekt der Gesellschaft erfassen: den des sozialen Handelns, soweit es durch Normen bestimmt ist. Für diesen Aspekt hat der Rollenbegriff Schlüsselcharakter. Die kritische Theorie zielt dagegen auf die gesellschaftliche Totalität, zu deren Erkenntnis die Kenntnis der Ökonomie, der gesellschaftlichen Interessen und Machtkonstellationen notwendig gehört. Parsons' soziologische Theorie ist viel problematischer durch ihre Beschränkung als durch den Anwendbarkeitsanspruch des theoretical system auf alle Gesellschaften.

---

12 D.i. Siegfried Reck.
13 D.i. Gerhard Brandt.

Prof. Adorno nahm die Kritik am Begriff des Allgemeinen auf. Die Allgemeingültigkeit einer Theorie heißt für Parsons, daß alle sozialen Phänomene in einen abgesteckten Gegenstandsbereich hineinpassen wie bei Rickert. Parsons will ein begriffliches Kontinuum herstellen zwischen den Wissenschaften; ein System, das die Phänomene einordnet und klassifiziert. Die kritische Theorie intendiert jedoch die Wahrheit der Sachen. Sie will die Wahrheit der Strukturen selbst zum Sprechen bringen.

Dr. Teschner nannte als ein wesentliches Merkmal der systematischen Theorie, daß ihre Kategorien empirisch eingelöst werden müssen. Soziologie soll sich als Erfahrungswissenschaft begreifen. Jede Erfahrungswissenschaft aber bedarf eines Kategoriensystems, einer systematisierten Theorie. Es ist zu diskutieren, ob Soziologie eine Erfahrungswissenschaft ist. Soziologie, die sich als Erfahrungswissenschaft begreift, unterscheidet sich prinzipiell von evolutionistischen Theorien, z. B. der Spencers und der Geschichtsphilosophie.

Prof. Adorno gab zu bedenken, daß der Begriff einer empirischen Wissenschaft eine große Zahl von Voraussetzungen enthält, die zumeist gar nicht reflektiert werden. Z. B. geht man im Empirismus von Tatsachen aus, als ob sie unvermittelt seien. Der Begriff der empirischen Wissenschaft wird dort problematisch, wo man an die Vermittlungen herankommt, die keine handgreiflichen faits sociaux sind. Soziologie hat sich unabdingbar mit empirischen Material zu beschäftigen, aber die Kategorien des empirischen Verfahrens: Beobachtung, Verifizierbarkeit, werden zu Unrecht stillschweigend gesetzt, ohne sich legitimieren zu müssen.

Parsons' Theoriebegriff involviert ein erkenntnistheoretisches Problem. Einerseits verlangt er ein von Empirischem gereinigtes System, andererseits soll Soziologie eine Erfahrungswissenschaft sein. In der Geschichte des Denkens hat sich die Inkompatibilität von System und Empirismus erwiesen. Die im klassifikatorischen Sinn systematischen Kategorien garantieren nicht ihre Angemessenheit ans Material. Eine Denkfigur ist herzustellen, für die die statische Dichotomie von Theorie und Tatsache verschwindet. Parsons' Kategorien bemühen sich nicht um Affinität mit dem zu Erkennenden.

Herr Brandt bemerkte, daß auch in der kritischen Theorie relativ allgemeine Begriffe durchgehalten werden, z. B. der der Tauschgesellschaft. Der Tausch sei jedoch eine viel emphatischere Kategorie als die Parsonsschen Kategorien.

Prof. Adorno führte aus, daß der Begriff der Tauschgesellschaft gehaltvoll sei in bezug auf die realen Nöte und Interessen der Menschen. Der Begriff des Tauschs als zentrale Kategorie schließt eine Fülle von gesellschaftlichen Strukturen auf.

Der Begriff des Systems ist komplex und deshalb zu differenzieren. Das philosophische System will stets sich als ein deduktives verstanden wissen, als eine aus einem geistigen Zentralpunkt erzeugte Totalität. Das in ihm herrschende Denken ist das der Identität: Alles, was ist, fällt in den Geist. Der außerphilosophische Begriff des Systems ist identisch und nicht-identisch mit dem philosophischen. Für Marx hat der Systembegriff ironisch-brüchigen Charakter; der systematische Charakter seines Werks ist negativ. Den negativen Systembegriff hat die kritische Theorie beerbt. Er ist motiviert von der Sache, von der Gesellschaft, die durch zentrale objektive Kategorien zu einem negativen repressiven System zusammengeschlossen ist. Die Kategorien der kritischen Theorie gelten für die Gesellschaft als System. Parsons' Begriffe dienen der Soziologie als System.

Die kritische Theorie ist nicht von den materialen Sachen zu lösen, in denen sie enthalten ist. Es kommt in der Soziologie nicht auf ein wissenschaftliches Skelett an, sondern auf den Vollzug konkreter Einsichten. Theorie soll sich nicht selbstgenügsam nach Gesichtspunkten der Harmonie einrichten; sie hat sich in die brüchige Praxis zu versenken, die nicht begriffslos ist. Die kritische Theorie mutet uns zu, ins Offene und Ungedeckte zu denken.

Günter Wegeleben[14]

---

14 Unterschrift.

341 Berndt-Schröter, 21. Mai 1963

Protokoll vom 21. Mai 1963

Zu Beginn der Sitzung referierte Herr Wesener über den Aufsatz »Statik und Dynamik als soziologische Kategorien« von Prof. Adorno.[15]

Dr. Schmidt machte darauf aufmerksam, daß die Begriffe Statik und Dynamik bei Saint-Simon noch konkrete geschichtliche Kategorien darstellten. Der Begriff der Dynamik sei bei ihm orientiert an der Neuzeit, in der die mittelalterlichen Verhältnisse gesprengt werden. Bei Comte werde diese geschichtliche Erfahrung aus dem Auge verloren, und es sei Prof. Adornos Intention, sie zu retten.

Dann diskutierte das Seminar unter Leitung von Dr. Teschner über die folgenden drei Probleme:
I, das Verhältnis von Soziologie und Ökonomie,
II, hat der Begriff Antagonismus heute noch theoretisch aufschlüsselnde Kraft?
III, wie wirken sich die politischen Interessen der Soziologen in den Theorien aus?

I

Dr. Teschner fragte, in welcher Weise die Parsons'sche Theorie diese Probleme berücksichtige. Im Unterschied zu dieser und anderen Theorietypen zeichne sich Adornos Konzeption dadurch aus, daß sie Soziologisches nicht als einen spezifischen Bereich herausdestilliert sehen will, sondern in Beziehung auf politische Ökonomie verstanden wissen will. Soziologische Theorie könne nicht ohne den Rekurs auf den ›lebendigen Prozeß‹, d. i. die materielle Reproduktion des Lebens und der Gesellschaft, gedacht werden. Auf den Einwand von Frl. von Alth, daß auch bei Parsons die Ökonomie zur Soziologie gehöre, eine Abgrenzung nur aus Gründen der Arbeitsteilung vorgenommen werde, erwiderte Dr. Teschner, daß die Akzente doch anders gesetzt seien. Vergleiche man etwa den bei Parsons so wichtigen Begriff der Rolle mit dem analogen Marx'schen, dem der Charaktermaske, so erscheinen bei Marx die Menschen als Anhängsel ökonomischer Kategorien, während der Rollenbegriff, auf den der sozialen Norm bezogen, von der Ökonomie abstrahiere. Während Parsons eine Faktorenanalyse durchführt, versucht Marx eine Totalitätsanalyse zu geben und muß deshalb auf die Produktion zurückgehen als das Moment, das einer Epoche Struktur verleiht.

---

15 Udo Wesener, »Über Statik und Dynamik als soziologische Kategorien«, UAF Abt. 139 Nr. 14. – Vgl. GS. Bd. 8, S. 217–237.

II

Dr. Teschner sagte, Prof. Adorno verlange von der Theorie, daß sie auf den gesellschaftlichen Antagonismus hin strukturiert sein müsse. Es wurde gefragt, ob Antagonismus noch ein entscheidendes Strukturmerkmal der gegenwärtigen Gesellschaft sei.

Dr. Schmidt wies darauf hin, daß der Lebensprozeß der Gesellschaft von wenigen Personen beherrscht werde und daß die meisten Menschen abhängige Arbeit verrichten müßten, worauf Dr. Teschner meinte, Industriesoziologen, wie z. B. Dahrendorf, würden die Eigentumsverhältnisse als irrelevant bezeichnen und die These vertreten, daß die Abschaffung des Privateigentums nicht die Aufhebung von Herrschaft bedeute.

Mehrere Seminarteilnehmer wollten den Begriff Antagonismus nicht auf den Klassenantagonismus eingeschränkt sehen. Dr. Schmidt forderte, die gesellschaftlichen Verhältnisse an den objektiven Möglichkeiten, am Stand der heute möglichen Naturbeherrschung zu messen. Nur von dort her könne man die Frage beantworten, ob die gesellschaftlichen Widersprüche geringer geworden seien. Herr Kriesel[16] und Frl. Schmidt[17] wiesen auf den Widerspruch zwischen Individuum und Gesellschaft, Allgemeinem und Besonderem hin, der sich heute besonders triebökonomisch auswirke.

Dem hielt Dr. Teschner entgegen, niemand würde bestreiten, daß es Irrationalitäten gebe. Der Begriff Antagonismus, der heute alles und jedes bezeichne, sei einmal genau definiert gewesen innerhalb einer Klassentheorie als einer Theorie der gesellschaftlichen Entwicklung. Nicht irgendwelche Irrationalitäten, sondern der Antagonismus müsse aufgezeigt werden, der die gesellschaftliche Entwicklung bestimmt und aus dem jene Widersprüche sich herleiten.

III

Frl. von Alth erinnerte an Horkheimers These, die Arbeit des Forschers müsse von seinem Interesse an der Veränderung der gesellschaftlichen Verhältnisse bestimmt sein,[18] und Dr. Teschner wies auf das politische Interesse hin, das in der Comte'schen Soziologie investiert sei.

---

16 D. i. Werner Kriesel.
17 D. i. Regina Schmidt, nachmals Becker-Schmidt.
18 »Die Vernunft kann sich selbst nicht durchsichtig werden, solange die Menschen als Glieder eines vernunftlosen Organismus handeln. Der Organismus als natürlich wachsende und vergehende Einheit ist für die Gesellschaft nicht etwa ein Vorbild, sondern eine dumpfe Seinsform, aus der sie sich zu emanzipieren hat. Ein Verhalten, das, auf diese Emanzipation gerichtet, die Ver-

Parsons' Interesse nun gelte dem Problem von Hobbes: Wie ist Ordnung möglich? Er wolle wissen: Was hält Gesellschaft zusammen? und komme von dort her zur sozialen Norm als allgemeinster Kategorie. Die Gesellschaftsordnung werde durch gemeinsame Wertvorstellungen konstituiert. Der Begriff der Rolle lasse sich noch auf den der Norm zurückführen. Im Zentrum der Analyse stehe deswegen der Sozialisierungsprozeß. Demgegenüber sei bei Marx das Klasseninteresse, das aus der Zugehörigkeit zu einer objektiven ökonomischen Kategorie entspringt, von zentraler Bedeutung: Die Personen verhalten sich entsprechend der Klassenlage, und die Klassen werden als Subjekte (wenn auch als blinde) des gesellschaftlichen Lebensprozesses gedacht.

Dr. Teschner nannte vier Fragen, die man an Parsons' Theorie stellen müsse:
1. Woher kommen die Normen? Beziehen sie sich auf die Gesellschaft als Ganzes oder auf die herrschende Klasse? Er erinnerte an die Marx'sche Formulierung, die herrschenden Vorstellungen seien die Vorstellungen der herrschenden Klasse.[19]
2. Verhalten sich die Menschen eigentlich so, wie es die Rollentheorie angibt?
3. Die Grundkategorie der Norm ist auf Stabilität bezogen. Dahrendorf stellt die Frage, ob Stabilität eigentlich die Regel für die Struktur der Gesellschaft sei.[20] Bei der Untersuchung des Wandels komme man mit diesem Ansatz auf jeden Fall nicht weiter. Dabei müsse auch Parsons auf Marx'sche Kategorien zurückgreifen.
4. Wenn das Verhalten als nur durch Normen vermittelt erklärt wird, dann werde der Machtaspekt der Institutionen übersehen, worauf vor allem David Lockwood hingewiesen habe.[21]

Trotz dieser Mängel könne man auch mit dieser Theorie eine ganze Reihe von Phänomenen erklären. Angesichts dessen stelle sich die Frage, ob es eigentlich willkürlich sei, welchen Ansatz man wählt. Bei Dahrendorfs Industriesoziologie

---

änderung des Ganzen zum Ziel hat, mag sich wohl der theoretischen Arbeit bedienen, wie sie innerhalb der Ordnungen der bestehenden Wirklichkeit geschieht. Es entbehrt jedoch des pragmatischen Charakters, der sich aus dem traditionellen Denken als einer gesellschaftlich nützlichen Berufsarbeit ergibt.« (HGS, Bd. 4, S. 182)

19 Gemeint ist eine Passage aus der »Deutschen Ideologie« [1932] von Marx und Engels: »Die Gedanken der herrschenden Klasse sind in jeder Epoche die herrschenden Gedanken, d. h. die Klasse, welche die herrschende *materielle* Macht der Gesellschaft ist, ist zugleich ihre herrschende *geistige* Macht.« (MEW, Bd. 3, S. 46)

20 Bei Dahrendorf heißt es etwa: »Wer mit den Annahmen der Stabilität, des Gleichgewichts, der Funktionalität und des Consensus an menschliche Gesellschaften herangeht, erschwert sich von vornherein die Beschäftigung mit einem Phänomen [scil. dem sozialen Konflikt], das alle diese Annahmen in Frage stellt.« (Ralf Dahrendorf, Elemente einer Theorie des sozialen Konflikts, in: Ralf Dahrendorf, Gesellschaft und Freiheit. Zur soziologischen Analyse der Gegenwart, München 1961, S. 197–235; hier: S. 211)

21 Vgl. David Lockwood, The Blackcoated Worker. A Study in Class Consciousness, London 1958.

(»Sozialstruktur des Betriebs«) wird im ersten Teil der Industriebetrieb als soziales System analysiert und im zweiten als Zwangsverband.²² Ähnlich sei es mit den Begriffen funktional und dysfunktional: Die Phänomene zeigten ein anderes Gesicht, je nachdem, [ob] man sie unter dem Gesichtspunkt ihrer Funktionalität oder dem ihrer Dysfunktionalität untersucht.

Dr. Schmidt wandte ein, daß dabei die Gefahr bestünde, die Perspektive mit der Struktur zu verwechseln, und warf die Frage auf, ob nicht die Theorie eine des gesellschaftlichen Prozesses sein müsse, der alle diese Momente miteinschließt.

Ausgehend von Habermas' These, daß in jedem theoretischen System Interessen investiert seien,²³ stellte Dr. Teschner die Frage, wie diese sich auswirkten. Entscheidend seien die Vorstellungen, wie das Verhältnis von Theorie und Praxis zu sein habe und wie die Gesellschaft aussehen soll.

Als Beispiel dafür, wie man von denselben Tatbeständen ausgehend zu ganz verschiedenen Ergebnissen kommen kann, wies Dr. Teschner auf den Tatbestand hin, der bei Gehlen mit dem Begriff der Instinktschwäche beschrieben wird.²⁴ Gehlen leite daraus die Notwendigkeit von Institutionen von Herrschaft her, während Adorno darin die Chance für Freiheit und Offenheit sehe.

---

22 Vgl. die Abschnitte »Strukturen betrieblicher Integration«, in: Ralf Dahrendorf, Sozialstruktur des Betriebes – Betriebssoziologie, Wiesbaden 1959, S. 15 – 43, sowie »Strukturen betrieblicher Konflikte«, ebd., S. 45 – 71.
23 Vgl. etwa Jürgen Habermas, Analytische Wissenschaftstheorie und Dialektik. Ein Nachtrag zur Kontroverse zwischen Popper und Adorno, in: Zeugnisse. Theodor W. Adorno zum sechzigsten Geburtstag, hrsg. von Max Horkheimer, Frankfurt a. M. 1963, S. 473 – 501; hier: S. 494 – 498.
24 Gehlen zufolge ist die »Plastizität der Antriebe [...] eine Realität, sie folgt aus der Instinktreduktion des Menschen und sie ist im Zusammenhang mit dem zu sehen, was der ›Antriebsüberschuß‹ des Men[s]chen genannt wurde. Unter Antriebsüberschuß versteht man die durch Reduktion der Instinkte entlastete, freiwerdende Triebkraft, die in Leistungsenergie umsetzbar ist und der konstitutionellen, chronischen Dauerbedürftigkeit des Menschen zur Verfügung steht. Diese Dauerbedürftigkeit kann nur einem ›instinktarmen‹ Wesen eignen. Die Instinktreduktion wiederum hätte man zu beschreiben als die Kehrseite der Hochentwicklung des Bewußtseins.« (Arnold Gehlen, Urmensch und Spätkultur. Philosophische Ergebnisse und Aussagen, Bonn 1956, S. 23)

342 U. Raible, 28. Mai 1963

Protokoll vom 28. 5. 63
Seminar: Begriff der soziologischen Theorie.

Zu Beginn des Seminars wurde über den Aufsatz Prof. Adornos »Zum Verhältnis von Soziologie und Psychologie« (Sociologica I) referiert.[25] Im Anschluß daran erläuterte Prof. Adorno, wie Parsons das Verhältnis dieser beiden Wissenschaften versteht: Für Parsons handle es sich dabei um eine Frage des Wissenschaftssystems, es sei ihm um einen kategorialen Apparat zu tun, mit dem die psychologischen und die soziologischen Kategorien bruchlos in einen Zusammenhang gebracht werden könnten. Die gleichen Begriffe sollten mit Hilfe des »frame of reference« auf verschiedenen Abstraktionsniveaus verwandt werden. Er fordere ein gemeinsames Kategoriensystem für Psychologie und Soziologie, da beide Disziplinen es mit dem Menschen zu tun hätten. Parsons schwebe eine Einheitswissenschaft vor. Das sei typisch für den logischen Positivismus. Ein Maximum an Phänomenen soll durch ein Minimum gefaßt und geordnet werden.

Zwischen Soziologie und Psychologie bestehe aber eine Divergenz, so führte Prof. Adorno weiter aus. Schon Max Weber habe erfaßt, das verstehbares Handeln nicht der psychologischen Sphäre zugehöre. Es genüge nicht, ein gemeinsames Kategoriensystem herzustellen, sondern das Auseinandertreten von psychologischem Verhalten und soziologischen Gesetzmäßigkeiten sei von einer Theorie der Gesellschaft abzuleiten. Das Aufstellen gemeinsamer Kategorien verflache die Soziologie und führe zu einer Psychologisierung von sozialem Verhalten. Durch die Transplantation psychologischer Kategorien auf die Gesellschaft verfehle man deren Spezifisches, sowie man umgekehrt mit soziologischen Kategorien das Spezifische der Psychologie nicht erfassen könne. Es komme deshalb darauf an, die Gründe für das Auseinanderweisen von Soziologie und Psychologie anzugeben und die Begriffe im Sinne dieser Polarität zu bilden. Dann sei erst zu fragen, in welchen Kategorien man die Einheit dieser Divergenz – da ja in letzter Instanz doch eine Einheit, wenn auch des Divergenten, bestehe – ausdrücken könne.

Aus dem Seminar wurde dazu bemerkt, daß die Diskrepanz zwischen Soziologie und Psychologie doch hauptsächlich darauf beruhe, daß gesellschaftli-

---

[25] Nils Lindquist, »Kurzreferat über T. W. Adorno: Zum Verhältnis von Soziologie und Psychologie«, UAF Abt. 139 Nr. 14. – Vgl. Theodor W. Adorno, *Zum Verhältnis von Soziologie und Psychologie*, in: Sociologica. Aufsätze, Max Horkheimer zum sechzigsten Geburtstag gewidmet. Frankfurt 1955 (*Frankfurter Beiträge zur Soziologie*; 1), S. 11–45; vgl. GS, Bd. 8, S. 42–85.

ches Handeln der partikularen Rationalität, dem Ich, unterstellt sei. Dies habe sich jedoch heute gewandelt. Nicht mehr das Ich sei für die Auseinandersetzung des Es mit der Umwelt maßgebend, sondern ein sozialisiertes Überich. Das bedeute aber eine Identität von Gesellschaft und Subjekt, was Parsons aufzeigen wolle. Ihm käme es darauf an darzulegen, wie weit individuelles Verhalten identisch sei mit den gesellschaftlichen Erwartungen. Zu fragen wäre allerdings, was vom Subjekt übriggeblieben sei.

Zu diesem Problem verwies Prof. Adorno auf seinen Aufsatz »Aldous Huxley und die Utopie« (Prismen).[26] Schon Marx,[27] Veblen[28] und auch Ogburn[29] seien darauf gestoßen, daß sich die Bewußtseinsinhalte langsamer umwälzten als die Produktivkräfte. Freud begründet dieses »cultural lag« psychodynamisch damit, daß das Es eine gewisse Resistenzkraft und Zeitlosigkeit habe, daß es in der geschichtlichen Dynamik nicht völlig aufgehe.[30] Deshalb gelinge das »adjustment«

---

[26] Vgl. Theodor W. Adorno, *Aldous Huxley und die Utopie* [1951], in: Theodor W. Adorno, *Prismen. Kulturkritik und Gesellschaft*, Berlin und Frankfurt a. M. [1955], S. 112–143; vgl. GS, Bd. 10·1, S. 97–122.

[27] »Auf einer gewissen Stufe ihrer Entwicklung geraten die materiellen Produktivkräfte der Gesellschaft in Widerspruch mit den vorhandenen Produktionsverhältnissen oder, was nur ein juristischer Ausdruck dafür ist, mit den Eigentumsverhältnissen, innerhalb deren sie sich bisher bewegt hatten. Aus Entwicklungsformen der Produktivkräfte schlagen diese Verhältnisse in Fesseln derselben um. Es tritt dann eine Epoche sozialer Revolution ein. Mit der Veränderung der ökonomischen Grundlage wälzt sich der ganze ungeheure Überbau langsamer oder rascher um. In der Betrachtung solcher Umwälzungen muß man stets unterscheiden zwischen der materiellen, naturwissenschaftlich treu zu konstatierenden Umwälzung in den ökonomischen Produktionsbedingungen und den juristischen, politischen, religiösen, künstlerischen oder philosophischen, kurz, ideologischen Formen, worin sich die Menschen dieses Konflikts bewußt werden und ihn ausfechten. Sowenig man das, was ein Individuum ist, nach dem beurteilt, was es sich selbst dünkt, ebensowenig kann man eine solche Umwälzungsepoche aus ihrem Bewußtsein beurteilen, sondern muß vielmehr dies Bewußtsein aus den Widersprüchen des materiellen Lebens, aus dem vorhandenen Konflikt zwischen gesellschaftlichen Produktivkräften und Produktionsverhältnissen erklären.« (MEW, Bd. 3, S. 9)

[28] Vgl. etwa den Abschnitt »Archaische Züge der Gegenwart«, in: Thorstein Veblen, Theorie der feinen Leute. Eine ökonomische Untersuchung der Institutionen [1899], übers. von Suzanne Heintz und Peter von Haselberg, Frankfurt a. M. 2007, S. 206–235.

[29] Vgl. William Fielding Ogburn, Social Change with Respect to Culture and Original Nature, New York 1922, der den Begriff des ›cultural lag‹ einführt.

[30] Bei Freud heißt es etwa: »Für die Vorgänge im Es gelten die logischen Denkgesetze nicht, vor allem nicht der Satz des Widerspruchs. Gegensätzliche Regungen bestehen nebeneinander, ohne einander aufzuheben oder sich voneinander abzuziehen, höchstens daß sie unter dem herrschenden ökonomischen Zwang zur Abfuhr der Energie zu Kompromißbildungen zusammentreten. Es gibt im Es nichts, was man der Negation gleichstellen könnte, auch nimmt man mit Überraschung die Ausnahme von dem Satz der Philosophen wahr, daß Raum und Zeit notwendige Formen unserer seelischen Akte seien. Im Es findet sich nichts, was der Zeitvorstellung entspricht,

auch nicht vollständig. Es erfolge zwar eine Umformung der Ich-Kontrollen, doch gebe es keine reibungslose Identität mit den gesellschaftlichen Normen. Eine Neurotisierung der Menschen sei die Folge.

Hinzu komme, daß durch die Zusammenballung der ökonomischen und administrativen Macht die Disproportionalität zwischen Individuum und Gesellschaft objektiv anwachse. In der bürgerlichen Welt hätten gesellschaftliches Ideal und Ich-Ideal noch in Übereinstimmung gebracht werden können. In einem kapitalistischen Land im 19. Jahrhundert habe ein Individuum, wenn auch nur aus einer kleinen Schicht, mit gewisser Intelligenz und Erfahrung im allgemeinen sein Schicksal einigermaßen vorausbestimmen und sein Leben in gewisser Weise überblicken können. Heute jedoch hätten die Menschen das Gefühl, daß »die da oben« schon irgendwie für sie sorgen würden, und sie glaubten, daß sie sich nur dem »oben« gefaßten Beschluß fügen müßten, damit alles gut ginge. Dies sei ein Moment von Irrationalität und mache die Vorstellung von Harmonie in den negativen Utopien illusorisch. Diese Utopien seien selber Ideologie, indem sie die Möglichkeit einer solchen Harmonie unterstellten und dadurch die rationale Einrichtung der Welt hintertrieben. Dadurch, daß man die Einheit von Subjekt und Gesellschaft nur registriere, aber nicht kritisiere, werde das Fortbestehen der Antagonismen gefördert. Diese erschienen weiter im Bewußten und Unbewußten der Menschen. Deshalb müsse die Trennung von Soziologie und Psychologie aufrechterhalten werden.

Aus dem Seminar wurde gesagt, daß die Triebe, die das Ich nicht mehr integrieren könnte, immer mehr durch Ersatzhandlungen befriedigt würden. Je schlechter aber der Ersatz sei, desto mehr Ersatzbefriedigungen seien nötig.

Mitscherlich spräche in diesem Zusammenhang von einer Rückkehr zur Oralität.[31] Selbsterhaltung würde auf Oralität reduziert. Es wurde die Auffassung vertreten, daß dadurch doch die Dissoziation von Gesellschaft und Subjekt zu überwinden sei.

Prof. Adorno entgegnete, daß das theoretisch zwar möglich wäre; es gäbe Modelle von regressiven Menschen. Aber man dürfe nicht vergessen, daß, wenn die Gesellschaft objektiv ihre eigene Dynamik habe, sie in der Konstruktion dieser Modelle nicht aufginge. Ausgeglichen würde nicht, daß die Gesellschaft den Menschen unmittelbar, im Bereich der elementarsten Bedürfnisse, mit Hunger und Vernichtung bedrohe, während sekundäre Bedürfnisse befriedigt würden. In

---

keine Anerkennung eines zeitlichen Ablaufs und, was höchst merkwürdig ist und seiner Würdigung im philosophischen Denken wartet, keine Veränderung des seelischen Vorgangs durch den Zeitablauf.« (FGW, Bd. XV, S. 80)

31 Auf welche Äußerung Alexander Mitscherlichs angespielt wird, ist nicht ermittelt.

seinem Vorbewußten wüßte das aber jeder einzelne, und die Bedrohung werde von allen Menschen erfahren.

Neben der oralen komme es auch zu einer intellektuellen Regression.

Die Einrichtung der Gesellschaft jedoch fordere in zunehmendem Maße, daß die Menschen möglichst wendig, zuverlässig und anpassungsfähig seien. Diese »Funktionärstugenden« ständen im Gegensatz zu den Regressionstendenzen. Das hieraus hervorgehende antagonistische Moment zeige, daß es mit der Identifikation von Individuum und Gesellschaft doch nicht so gut klappe. Die Gesellschaft berücksichtige die hinterherhinkende Anpassung der Menschen nicht. Sie könne die Menschen morgen vor Anforderungen stellen, denen sie durch die Regression weniger gewachsen seien als die Menschen des 19. Jahrhunderts.

Gegen Schluß der Seminarsitzung wurde ein Referat über Mertons »Social Theory and Social Structure« verlesen.[32] Prof. Adorno bemerkte dazu: Merton begründe seine Abneigung gegen eine umfassende systematische Theorie damit, daß die Soziologie noch zu jung sei, um eine solche aufstellen zu können. Dies sei ein heute weitverbreitetes Argument. Merton komme jedoch nicht darauf, daß vielleicht etwas in der Gesellschaft selbst sich seiner an einem naturwissenschaftlichen Modell orientierten Theorie nicht füge. Ein Moment dieses Wissenschaftsideals sei die Voraussagbarkeit. Dazu sage Prof. Horkheimer in seinem Aufsatz »Über die Voraussagbarkeit in den Sozialwissenschaften«, daß die Irrationalität des gesellschaftlichen Prozesses selber Voraussagbarkeit ausschließe.[33] – In der Forderung Mertons, daß man noch keine Theorie von der Gesellschaft aufstellen

---

32 Rosemarie Reiße, »Social Theory and Social Structure – Robert K. Merton«, UAF Abt. 139 Nr. 14 (überliefert sind lediglich die ersten elf Seiten). – Vgl. Robert K. Merton, Social Theory and Social Structure. Toward the Codification of Theory and Research [1949], 2. Aufl., Glencoe 1951.

33 »Die Art, wie unsere Gesellschaft ihr Leben erhält und erneuert, gleicht mehr dem Ablauf eines Naturmechanismus als einem zielvollen Handeln. Der Soziologe steht ihr daher gegenüber wie einem wesentlich fremden Geschehen. Er wird von ihm betroffen, ist auch in irgendeiner Weise mitbeteiligt, seine Aufgabe besteht jedoch darin, es als Betrachter hinzunehmen, aufzuzeichnen, zu beschreiben und wenn möglich zu erklären. Die gesellschaftlichen Vorgänge werden freilich durch Vermittlung von Personen hervorgebracht, aber sie werden dennoch als von ihnen abgelöstes schicksalhaftes Geschehen erlebt. Gute und schlechte Konjunkturen, Krieg, Frieden, Revolutionen, Perioden der Stabilität erscheinen den Menschen als ebenso unabhängige Naturereignisse wie gutes und schlechtes Wetter, Erdbeben und Epidemien. Man muß versuchen, sie zu erklären, ihre Voraussage gilt jedoch mit Recht als äußerst gewagt.« (Max Horkheimer, Zum Problem der Voraussage in den Sozialwissenschaften [1933], HGS, Bd. 3, S. 150 – 157; hier, S. 155 f.)

dürfe und sich auf Theorien »of the middle range« beschränken solle,[34] stecke etwas Resignatives und Masochistisches.

Zu Mertons Konzeption, daß sozialer Wandel aus den Dysfunktionen zu erklären sei, meinte Prof. Adorno, dies sei eine Neuauflage der Marxschen Theorie in neutralistischer Sprache. Den Dysfunktionen entspräche die Spannung zwischen Produktivkräften und Produktionsverhältnissen, die sich von der Praxis abgelöst hätten. Merton sprenge die Kategorien von ihrem theoretischen Sinne ab. Allgemein sei dogmengeschichtlich eine Neutralisierung der Kategorien zu beobachten. So seien auch die latenten Funktionen, die Merton über Weber hinausführten, keine neue Erkenntnis. Sie entsprächen der Marxschen Einsicht, daß die Menschen Agenten der Gesellschaft seien, daß sie durch die objektive Struktur der Gesellschaft zu bestimmten Verhaltensweisen gezwungen würden, die weder aus ihrem Bewußten noch Unbewußten abgeleitet werden könnten.

---

34 »Complete sociological systems today, as in their day complete systems of medical theory or of chemical theory, must give way to less imposing but better grounded theories of the middle range. We cannot expect any individual to create an architectonic system of theory providing a manual for the solution of problems, social and sociological. Science, even sociological science, isn't that simple.« (Merton, Social Theory and Social Structure, a.a.O. [s. Anm. 32], S. 7)

343 Ulrich Beyer,
18. Juni 1963

Ulrich Beyer

Protokoll des Oberseminars vom 18. 6. 63

Der Begriff der Rolle enthält, wie an Dahrendorfs Konstruktion gezeigt werden kann,[35] eine Fülle unreflektierter Prämissen und Widersprüche. Das Bestreben, das Verhältnis der »Elementarkategorien« des Individuums und der Gesellschaft nach dem Satz vom Widerspruch zu klären,[36] kommt der dogmatischen Setzung einer Quasi-Selbstverständlichkeit gleich. Wie sollte ausgemacht sein, daß unbedingt eine der Kategorien der anderen vorgeordnet sein müßte? Das Verhältnis dieser Kategorien müßte vielmehr nach der ihnen innewohnenden Logik entwickelt werden. Der Ansatz der Rollentheorie bei Dahrendorf wird nach einem unreflektierten Begriff des Ersten aus der frühen Philosophie entfaltet. Aber spätestens seit dem Deutschen Idealismus ist der bei Dahrendorf implizierte Begriff des Ersten fragwürdig geworden. Allgemein muß festgehalten werden, daß die sich so philosophiefeindlich gebärdende positivistische Soziologie wider den eigenen Anspruch einen ungeheuren Apparat überholter philosophischer Theoreme mit sich schleppt. Die Forderung etwa, nur ein a priori definierter Begriff dürfe von der Wissenschaft als Instrument gebraucht werden, gehört dazu. Streng würde nämlich in der Definition a priori das Resultat wissenschaftlicher Bemühung als Prämisse vorweggenommen. Die Frage, ob der Einzelne das Erste sei, oder die Gesellschaft, wäre dem anstehenden Problem, den Grund einer soziologischen Theorie zu entwickeln, gar nicht angemessen. Sie schließt nämlich eine Definition beider Kategorien a priori ein. Das Problem, wie denn jener Grund einer soziologischen Theorie zu entwickeln sei, wenn Gesellschaft und Individuum nicht als unabhängige Kategorien gefaßt werden dürfen, erfährt eine Klärung, wenn Gesellschaft wie Individuum auf die Bedingungen ihrer Möglichkeit hin untersucht werden. Die Hegelsche Philosophie hat hier gezeigt, daß Gesellschaft wie Individuum nur als durcheinander bestimmte Begriffe denkbar sind. Dahrendorfs – wie Durkheims – Gesellschaftsbegriff ist nun wesentlich der eines Systems von Repressalien auf Normenüberschreitungen. Dieser Begriff wird in der Setzung der Normen, der Gesellschaft also, als dem grundsätzlich Ersten vor dem Individuum, unhaltbar.

---

[35] Vgl. Ralf Dahrendorf, Homo Sociologicus. Ein Versuch zur Geschichte, Bedeutung und Kritik der Kategorie der sozialen Rolle [1958], Köln und Opladen 1959.
[36] Vgl. ebd., S. 40 – 46.

Dahrendorf versucht seine Konzeption von Gesellschaft durch den Verweis auf den Rollenbegriff als einem »sinnvollen, weil operationell brauchbaren«, zu stützen.[37] Er kann, nachdem er implizit der Gesellschaft das Primat zugesprochen hat, das Individuum nicht einfach abschaffen. Also muß er eine das Individuum und die Gesellschaft miteinander verklammernde Kategorie finden. Diese Verklammerung soll der Begriff der Rolle leisten. Möglich ist diese Verklammerung aber nur, wenn die jeweilige Person als nichtidentisch mit ihrer Rolle gedacht wird. Anders würde das Individuum unmittelbar auf die Gesellschaft reduziert. Die Differenz des Ansichseins des Individuums und seines Seins als Zoon Politikon verwiese aber in sich auf die wechselseitige Verknüpfung von Subjekt und Gesellschaft. Das Individuum müßte ebenso als Resultat des Zwangs der Gesellschaft auf es, wie die Gesellschaft als Resultat des Widerstandes der Einzelnen gegen diese Unterdrückung gefaßt werden. Rolle, wie bei Dahrendorf gebraucht, ist aber der Begriff eines gesellschaftlichen Verhältnisses, in dem das Individuum als das grundsätzlich »Andere« der Normen, also der Gesellschaft, begriffen ist: Ihm werden die Normen als bloß äußerliches aufgezwungen. Das heißt, im Rollenbegriff ist das Verhältnis der Individuen gar nicht eines zwischen Individuen, gar nicht ein gesellschaftliches. Sondern es ist ein Verhältnis der Individuen zu einem rein Objektiven außer ihnen, ein Naturverhältnis. Die grundsätzliche Differenz zwischen Individuum und Zoon Politikon ist hypostasiert. Gesellschaft gilt als Inbegriff von Antagonismen. Der Irrtum der abstrakten Entgegensetzung von Individuum und Gesellschaft findet im Begriff der Rolle nur seine Doppelung.

Die Konstruktion von Rolle als Einheit aller ihrer »Segmente« wäre ein annehmbarer Vorschlag zur Bestimmung gesellschaftlicher Komplexität im Rollenbegriff, würde dies »Bündel von Rollenerwartungen«[38] in seiner Gesamtheit nicht als bloße Summe seiner zueinander beziehungslos gedachten Teile angesehen. Die einzelnen Rollensegmente sind wechselseitig voneinander abhängig, es sei denn wir nähmen an, eines Menschen Verhalten sei schizophren. Die Deformation der gesamten Person durch eines ihrer Rollensegmente würde durch eine Rollengesamtheit als bloße Summe gar nicht fixierbar sein. Ein Arzt etwa

---

[37] »In einem wichtigen Sinn sind das Atom oder die soziale Rolle, obschon erfunden, nicht *bloß* erfunden. Sie sind Kategorien, die sich mit einer schwer explizierbaren Notwendigkeit – wenngleich natürlich häufig unter verschiedenen Namen – zu vielen Zeiten und an vielen Orten all denen aufdrängen, die den Gegenstand der Natur oder des Menschen in Gesellschaft in den Griff zu bekommen versuchen. Einmal erfunden, sind sie überdies nicht nur sinnvolle, d. h. operationell brauchbare, sondern auch plausible, in einem gewissen Sinn evidente Kategorien.« (Ebd., S. 12)

[38] »Soziale Rollen sind Bündel von Erwartungen, die sich in einer gegebenen Gesellschaft an das Verhalten der Träger von Positionen knüpfen.« (Ebd., S. 21)

spricht unbewußt auch außer seiner Arbeit zu Gesunden, wie sonst zu Kranken, im Tonfall besonderer Wärme und Sanftheit. Endlich muß Dahrendorfs Beispiel des Industriearbeiters, der im Betrieb seines Direktors Untergebener ist, auf dem Sportplatz aber ein ihm in der Hierarchie gleichgeordneter,[39] als reichlich phantastisch bezeichnet werden.

Wie sehr fragwürdig die Stellung des Rollenbegriffes zu den Normen gesellschaftlichen Verhaltens als einem »Gegebenen« ist, zeigt über all das hinaus die bewußte Produktion solcher Normen. In den Ländern mit der entwickeltsten kapitalistischen Ökonomie werden solche Normen regelrecht von Gremien geplant. Wenn früher die Normen weitgehend ursprünglich entstanden, so werden sie heute nach Kriterien ökonomischer Opportunität manipuliert. Die Normen und mit ihnen die Rollen unterliegen also unmittelbar sozialer Kontrolle. Die Unterscheidung von Kann- und Mußerwartungen hat, wie sich gerade an dieser unmittelbaren sozialen Kontrolle zeigen läßt, eine ihr eigene Dialektik, der die ihnen bei Dahrendorf unterlegte kategorische Differenz nicht gerecht wird. Durch besonderen Eifer, dem strikten Genügen der Mußerwartung »sei fleißig«, kann der Unwille der Arbeitskollegen gegen den »Streber« hervorgerufen werden. Zuletzt kann, wie auch nach Berichten geschehen, der Eifer mit der Entlassung des Fleißigen sanktioniert werden. Er gilt als »Störenfried«. Er wird also bestraft, weil er tat, was von ihr gefordert wurde. Zu solchen Paradoxien kann es kommen, wenn die Rollenerwartung von einem einzelnen vorab anders verinnerlicht worden ist als vom Rest seiner Kollegen. Er »ist« dann für sich so, wie er meint, daß es von ihm gefordert würde, und wie es von ihm irgendwann gefordert wurde. Die Verinnerlichung einer Rollenerwartung, die zu spät kommt, bedeutet stets eine tiefgehende Quälerei für den, der diese Verinnerlichung hintennach leisten muß. Das zeigt sich nicht zuletzt auch an den unmenschlichen Gewalttätigkeiten in den Ländern mit zurückgebliebener industrieller Produktionsweise: Durch Zwang muß die Verinnerlichung kapitalistischer Produktionsweise nachgeholt werden. Diese Entwicklungsstufe der Ökonomie kann wie jede andere nur unter der Bedingung einer Verinnerlichung ihrer Normen bestehen.

Der Dahrendorfsche Rollenbegriff scheitert an seinem Anspruch, eine Erklärung gesellschaftlicher Phänomene zu geben. Er erklärt stets nur reine Abstraktionen dieser Phänomene, ohne daß für diesen Begriff selbst bei Dahrendorf daraus die Konsequenz gezogen würde. Freilich müßte irgendein Grund für dieses Scheitern angebbar sein. Anders wäre die hier ausgeführte Kritik unvollständig.

---

[39] »Der Konflikt zwischen Arbeitern und Unternehmern besteht nur, insoweit die Herren A, B, C Träger der Position ›Unternehmer‹ und die Herren X, Y, Z Träger der Position ›Arbeiter‹ sind. In anderen Positionen – z.B. als Mitglieder eines Fußballklubs – können A, B, C und X, Y, Z gute Freunde sein.« (Ebd., S. 51)

Dazu läßt sich nun in Dahrendorfs Ansatz – und in vielen seiner Thesen aus seinem Ansatz – zeigen, daß der Grund in der Verkehrung wissenschaftlicher Systematik zu systematischer Wissenschaft liegt, als eine, für die die ihr innewohnende Systematik nicht Gegenstand der Reflexion ist. Wie schon in den Bemerkungen über die Zulässigkeit einer Definition angedeutet, hat Dahrendorf das Resultat, den Rollenbegriff, zum Apriori gemacht. Es muß angenommen werden, daß Dahrendorf das weiß. Aber er scheint keine Alternative gefunden zu haben.

Wahrheit ist in allen Rollentheorien, aber Wahrheit nur als Akzidenz. Dieser Mangel kommt aus der unbewußten oder nur halbbewußten Intention, der Verfolgung der Wissenschaft das Primat vor der Verfolgung des Gegenstandes der Wissenschaft, zuzuschreiben. Die Perfektion der Soziologie gilt mehr als die Wirklichkeit der Gesellschaft.

344 Helmut Dahmer,
2. Juli 1963

Helmut Dahmer.

Protokoll der Seminarsitzung vom 2. Juli 1963:

Die in Herrn Herdings Referat (»Theorie der Gesellschaft und Verhältnis von Theorie und Praxis bei Helmut Schelsky«)[40] gegebenen Ansätze einer Schelsky-Kritik wurden in der Diskussion weiter ausgeführt, – die Differenzen zwischen Schelskys »transzendentaler Theorie der Gesellschaft«[41] und Horkheimer/Adornos »kritischer Theorie« deutlich herausgearbeitet und schließlich die Möglichkeiten der kritischen Theorie (in bezug auf Politik und ökonomische Theorie) debattiert.

1. »Der Dualismus von ›soziologischer Theorie‹ und ›Theorie der Gesellschaft ist von (René) König nicht ernstgemeint: Er wird so dargestellt, daß die ›Theorie der Gesellschaft‹ im Sinne der Soziologie untragbar ist ...«[42] (Schelsky).

---

40 Richard Herding, »Theorie der Gesellschaft und Verhältnis von Theorie und Praxis bei Helmut Schelsky«, UAF Abt. 139 Nr. 14.
41 Schelsky schreibt in seiner »Ortsbestimmung der deutschen Soziologie«: »Allerdings ist der Begriff der ›kritischen‹ Theorie heute vieldeutig und durch die Zeitkritik, Kulturkritik, Sozialkritik usw. in einem Maße inflationiert oder sogar mit ihr verschmolzen, daß uns zweckmäßig erscheint, um die hier gemeinte Aufgabe klarer herauszustellen, einen anderen Begriff dafür zu wählen. Ich möchte daher hier die Formel einer ›*transzendentalen Theorie der Gesellschaft*‹ wagen [...]. Es darf dabei an die Definition *Kants* erinnert werden: ›Ich nenne alle Erkenntnis transzendental, die sich nicht sowohl mit Gegenständen, sondern mit unserer Erkenntnisart von Gegenständen, sofern diese apriori möglich sein soll, überhaupt beschäftigt‹, wie es in der ›Kritik der reinen Vernunft‹ (B 25) heißt, oder vielleicht besser noch an den Satz im Anhang der ›Prolegomena‹: ›Das Wort bedeutet nicht etwas, das über alle Erfahrung hinausgeht, sondern was vor ihr zwar vorhergeht, aber doch zu nichts mehrerem bestimmt ist, als lediglich Erfahrungserkenntnis möglich zu machen. Wenn diese Begriffe die Erfahrung überschreiten, dann heißt ihr Gebrauch transzendent‹.« (Helmut Schelsky, Ortsbestimmung der deutschen Soziologie, Düsseldorf und Köln 1959, S. 95)
42 »Der Dualismus von ›soziologischer Theorie‹ und ›Theorie der Gesellschaft‹ ist von *König* nicht ernst gemeint: Er wird so dargestellt, daß die ›Theorie der Gesellschaft‹ im Sinne der Soziologie untragbar ist und allenfalls bei einer scharfen Trennung von Soziologie und Philosophie dieser als eine uns Soziologen nicht interessierende unwissenschaftliche Liebhaberei überlassen werden kann.« (Ebd., S. 94) Schelsky bezieht sich hier auf René Königs Einleitung in das von diesem herausgebene »Fischer Lexikon« »Soziologie«. Darin bemerkt König, »daß die sorg-

König sucht mit der Kritik am Monopolanspruch der »empirischen Sozialforschung«, wie sie von Horkheimer/Adorno vorgetragen wurde, fertig zu werden, indem er die unbequeme Kontroverse in das *Nebeneinander* zweier Richtungen umwandelt. Die beiden von ihm vorgeschlagenen Bezeichnungen klingen tautologisch, ein Zeichen dafür, daß hier Sachen getrennt wurden, die im lebendigen Sprachgebrauch zusammengehören. In Wahrheit wendet sich König mit seinem Vorschlag *gegen die Theorie* in den Sozialwissenschaften. Wird die Theorie aber von der empirischen Forschung getrennt, so bleiben der letzteren überhaupt nur noch reine *Klassifikationskategorien* und die Verifizierung/Falsifizierung dieser Kategorien. Die *Sterilität*, die sich in wachsendem Maße in der empirischen Sozialforschung beobachten läßt, hängt damit zusammen, daß sie sich eine selbständige Theorie abschneidet. Damit wird dem Positivismus heute schon seine eigene Rechnung präsentiert. Die herrschende Begriffslosigkeit wird perpetuiert, indem als Begriff nur das zugelassen wird, was schon selbst aus den empirischen Untersuchungen stammt.

2. Schelskys Forderung nach Selbstbesinnung gegenüber den klassifikatorischen Begriffen der empirischen Sozialforschung[43] ist höchst legitim. Wo sie fehlt, wird die Konfrontation von Theorie und Gesellschaft von vornherein eingeengt zugunsten eines Corpus von Sätzen, deren Angemessenheit überhaupt nicht geprüft worden ist. Das Verhältnis von Theorie und Gesellschaft wird aber auch bei Schelsky dekretorisch vorentschieden.

Seine »transzendentale Theorie der Gesellschaft« (oder: »kritische Theorie des Sozialen«, »Philosophie der Soziologie«) soll »Sinn und Grenzen des Sozialen und des soziologischen Denkens ... bestimmen«[44]. »Transzendental« hieß bei Kant

---

same Trennung von Theorie und Praxis keineswegs das Gefühl für die wirklichen Nöte des Lebens verkümmern lassen muß. [...] Man kann das vorliegende Problem nicht besser charakterisieren, als indem man zwischen einer *soziologischen Theorie* einerseits und einer *Theorie der Gesellschaft* andererseits unterscheidet. Während sich die soziologische Theorie in einzelnen, deutlich gegeneinander abgrenzbaren Problemen bewegt, die auf bestehender Erkenntnis weiterbauen oder diese auch widerlegen, bemüht sich die Theorie der Gesellschaft um die Deutung der Totalität des sozialen Daseins.« (René König, Einleitung, in: Soziologie, hrsg. von René König, Frankfurt a.M. 1958 [Das Fischer Lexikon; 10], S. 7–14; hier: S. 10)
43 Vgl. das Kapitel »Die empirische Sozialforschung«, in: Schelsky, Ortsbestimmung der deutschen Soziologie, a.a.O. (s. Anm. 41), S. 49–85.
44 Schelsky schreibt, seine »›transzendentale Theorie‹« überschreite die »Einzelforschung« sowie das »System der allgemeinen Soziologie«, setze »aber beide insofern voraus, als sie die ›Bedingungen‹ dieses soziologischen Denkens und des in ihm Gedachten zu erörtern hat. Ihre formale und ihre materielle Aufgabe – auch diese Theorie hat diese zwei Seiten – bestehen also darin, *Sinn und Grenzen des Sozialen und des soziologischen Denkens zu bestimmen*.« (Ebd., S. 95f.)

die Erkenntnis, die sich nicht mit Gegenständen, sondern mit der »Erkenntnisart von Gegenständen, sofern diese a priori möglich sein soll, überhaupt beschäftigt«[45].

Man wird hier an Simmels »soziologische Apriroritäten« erinnert, formale Konstituentien, die sich auf Beziehungen zwischen Menschen beziehen.[46] Schelsky rekurriert darum nicht auf Simmel, weil heute die Reduktion von Gesellschaft auf formal-psychologische Beziehungen nicht mehr möglich scheint. Konfrontiert mit den übermächtigen Institutionen und der entfesselten Dynamik der Gesellschaft, sucht die Theorie ihre Fundamente außerhalb von Gesellschaft: in – biologischen – Invarianten und in dogmatisch gesetzter, an sich seiender Moralität und Religiosität. Durch den Begriff des »Transzendentalen« wird die Vorstellung fixiert, die Begründung der Wissenschaft müsse außerhalb dieser und unabhängig von den Objekten geschehen. Freiheit von Vergesellschaftung meint Schelsky in »reflektierender Subjektivität«, »moralischem Gewissen« und »religiösem Glauben« zu finden.[47] Das theoretische Moment soll gerettet (und zugleich entschärft) werden durch Absehen von der sozialen Realität. »Archaisierende Sozialethik kommt zum Braten der Empirie, woran man nicht satt wird, als Garnierung hinzu« (Adorno). Schelskys scheinbar neutraler wissenschaftstheoretischer Ansatz drängt seine Theorie in eine ganz bestimmte Richtung: Im Gesellschaftlichen wird Gewicht gelegt auf das, was nicht gesellschaftlich ist (Schelsky:

---

45 S. oben, Anm. 41.
46 Vgl. den »Exkurs über das Problem: Wie ist Gesellschaft möglich?«, in: Georg Simmel, Soziologie. Untersuchungen über die Formen der Vergesellschaftung [1908], in: Georg Simmel, Gesamtausgabe, hrsg. von Otthein Rammstedt, Bd. 11, hrsg. von Otthein Rammstedt, Frankfurt a. M. 1992, S. 42–61, der es sich in Anlehnung an Kants Transzendentalphilosophie zur Aufgabe macht, »die Frage nach den apriorischen Bedingungen, auf Grund deren Gesellschaft möglich ist, in analoger Weise zu behandeln.« (Ebd., S. 43)
47 »Zu fragen wäre: Welches ist der allgemeine Standpunkt des Menschen in unserer Gesellschaft, der ihn jenseits des sozialen Zwanges und damit der Gesellschaft gegenüber stellt? Zu antworten wäre darauf: die reflektierende Subjektivität, die sich in keine soziale Erfüllung endgültig entäußert oder von keiner sozialen Kraft endgültig determinieren läßt; das moralische Gewissen, das in der sozialen Wirklichkeit kein endgültiges Kriterium seiner Bestätigung oder Widerlegung findet; der religiöse Glaube, der sich an keine soziale Wirklichkeit, auch nicht seine eigene, letzthin gebunden fühlt. Die Konfrontation, um die es dabei jeweils geht, könnte in der Thematik ›die subjektive Reflexion und der Zwang des Sozialen‹ oder pointierter ›*die Subjektivität und die Institutionen*‹ zusammengefaßt werden. Sie als das formale und materielle, begriffliche und praktische Schema der Auseinandersetzung des Menschen mit unserer Gesellschaft nachzuweisen, wäre zunächst die Aufgabe einer so angelegten Theorie der Gesellschaft. Von ihr aus ist der Teil der Soziologie zu entwickeln, der Soziales durch Nichtsoziales erklärt.« (Schelsky, Ortsbestimmung der deutschen Soziologie, a.a.O. [s. Anm. 41], S. 105)

»Soziales durch nicht Soziales erklären«), den sogenannten »Invarianten« zu besonderer Bedeutung verholfen und dabei völlig verkannt, daß die biologischen Eigenschaften der Gattung immer nur in historisch-sozialer Modifikation gesellschaftlich relevant werden.

3. Die Schelskysche Verabsolutierung des Subjekts *gegenüber* der Gesellschaft ist selbst ein Stück Ideologie, – Repristination des Idealismus (der den Geist verabsolutiert und durch diese »Invarianz« die gesellschaftliche Realität vor der Kritik sicherstellt), der längst gültig kritisiert wurde.

Natürlich gibt es ein *subjektives Moment*, das in Gesellschaft nicht aufgeht, das sich in der Vergesellschaftung über sie erhebt. Gäbe es das nicht, so erstarrte die Gesellschaft in tödlicher Konformität à la »1984« oder »Brave New World«[48]. Dies subjektive Moment besteht jedoch selber nur als ein Vermitteltes; wird es isoliert und verabsolutiert, wird es falsch. Das Moment des Nicht-in-Vergesellschaftung-Aufgehens ist weder durchzustreichen noch zu verabsolutieren, – es fällt in die *Dialektik*. (Dies ist die Stelle, an der es mit Philosophie in Soziologie ernst wird!) Der *Antagonismus* von Individuum und Gesellschaft drückt sich darin aus, daß weder die Reduktion von Psychologie auf Gesellschaft, noch auch die umgekehrte, wie sie von den Neo-Freudianern versucht wird, durchführbar ist. Das Auseinanderweisen von Psychologie und Soziologie, das sich in der arbeitsteiligen Wissenschaft spiegelt, ist nicht ein letztes, sondern fällt selber in die Theorie. (Vgl. Adorno, »Zum Verhältnis von Soziologie und Psychologie«, Sociologica I, S. 11 ff.)[49].

Schelsky versucht, das nicht unmittelbar gesellschaftlich zu Erklärende zu jenseits des Sozialen gelegenen Invarianten zu hypostasieren.

4. Als materielles Thema seiner »transzendentalen Theorie« bezeichnet Schelsky – im Gegensatz zur Vorstellung einer befreiten Gesellschaft – »die Bestimmung der Freiheit des Menschen von der Gesellschaft«[50]. Der Wunsch nach Freiheit *von*

---

48 Vgl. George Orwell, 1984 [1949], übers. von Kurt Wagenseil, Rastatt 1950, sowie Aldous Huxley, Schöne neue Welt. Ein Roman der Zukunft [1932], übers. von Uda Strätling, mit Nachw. von Tobias Döring, Frankfurt a. M. 2014. – Zu Adornos Behandlung des Romans von Huxley s. oben, Anm. 26.
49 S. oben, Anm. 25.
50 »Diese Art Kritik oder Sinngebung des Sozialen, die wir der transzendentalen Theorie der Gesellschaft ausdrücklich als ihre materielle Aufgabe zuschreiben, besteht also in der Explikation der Bestimmungen der Freiheit des Menschen von der Gesellschaft und in einer von dort aus vorzunehmenden sinnkritischen und d. h. auch wertenden Reflexion des sozialen Gesamttatbestandes, wie er von der empirischen und analytischen Soziologie erkannt und gedacht ist [...]« (Schelsky, Ortsbestimmung der deutschen Soziologie, a. a. O. [s. Anm. 41], S. 99).

der Gesellschaft erscheint, einer Gesellschaft gegenüber, deren Wahrzeichen die Atombombe ist, völlig verständlich. Die Freiheit des Menschen von *der* Gesellschaft ist aber nur möglich als Befreiung der Gesellschaft. Die Emanzipation des Individuums ist nicht zu leisten durch Einrichtung irgendwelcher Sondersphären (Freizeit-Diskussion!)[51], sondern allein durch *Herstellung einer Gesellschaft freier Menschen.*

Die kritische Theorie postuliert keinen extra-sozialen Standpunkt; ihr schwebt die Möglichkeit einer richtig eingerichteten Gesellschaft nicht als extra-sozialer Wertbezug, sondern als reale Aufhebung der Antagonismen vor; sie befördert Kritik der Gesellschaft durch die reale Tendenz der Gesellschaft selber.

Die Behauptung aber, es gäbe eine objektive (automatisch wirkende) Entwicklungstendenz der Gesellschaft, die zu einer höheren Form führe, ist heute nicht (mehr) möglich. Die einzig mögliche Beziehung auf objektive Interessen ist heute die negative: Wird die Gesellschaft nicht rational verfaßt, so geht sie unter.

Auf die Bemerkung, dann dürfe die kritische Theorie also nur noch sagen: »So ... nicht!«, erwiderte Adorno, dies eben sei das Deckbild der Vorstellung freier Menschen in freier Gesellschaft.

5. Die Debatte um die »kritische Theorie« entzündete sich an folgenden Fragen: Früher stand kritische Theorie im Zusammenhang mit der sozialen Bewegung der Arbeiterschaft. Sie soll als Kriterium ihrer Wahrheit so etwas wie *Praxis* haben. Wird nicht die Theorie, die sich nicht mehr auf ein gesellschaftliches Subjekt beziehen kann, irrelevant, zum bloßen »Spiel für Intellektuelle«? Kann der Gedanke nicht »zur materiellen Gewalt werden«, so muß die Theorie über ihren Wahrheitsgehalt reflektieren.[52] –

Das Fehlen einer breiten sozialen Resonanz besagt nichts gegen die Möglichkeit von kritischer Theorie. Auch wenn sie sich nur in ein paar Köpfen konstituiert, sind diese Schnittpunkte sozialer Tendenzen. Theorien, die irgendwo gedacht werden, sind nicht »Privateigentum«,[53] – in ihnen lebt die Dynamik der Epoche. Unter diesem Aspekt sind Theorien, die nur von einigen Menschen ge-

---

51 Vgl. Theodor W. Adorno, *Freizeit* [1969], GS, Bd. 10·2, S. 645–655.
52 Anspielung auf Marx' Wort: »Die Waffe der Kritik kann allerdings die Kritik der Waffen nicht ersetzen, die materielle Gewalt muß gestürzt werden durch materielle Gewalt, allein auch die Theorie wird zur materiellen Gewalt, sobald sie die Massen ergreift.« (MEW, Bd. 1, S. 385)
53 Entsprechend äußert sich Adorno am 21. Februar 1964 in einem Brief an Claus Behncke: *Die Entrüstung über meine Nachahmer ist nachgerade so sozialisiert, daß ich anfange, jenen besonders zu mißtrauen, die sozusagen päpstlicher sind als ich und aus meinen Sachen das machen wollen, was sie ihrem eigenen Sinn nach am wenigsten sein können: Eigentum.* (Zitiert nach: Detlev Claussen, Theodor W. Adorno. Ein letztes Genie, Frankfurt a. M. 2003, S. 428)

dacht werden, nicht durch einen Abgrund von solchen getrennt, die unmittelbar die gesellschaftliche Tendenz aussprechen.

Wird jedem Gedanken der Paß abverlangt, was man denn damit anfangen könne, so diffamiert man eben jene Gedanken, die *nicht* unmittelbar die Welt verändern, weil sie die einzigen sind, die nicht ins Getriebe passen.[54] Da die Theorie gegenwärtig nicht unmittelbar eingreifen kann, soll sie auch nicht so tun, als könnte sie es.

Festzuhalten ist: »Die avancierten Gedanken sind niemals so esoterisch, wie ihre Feinde es sich vorstellen« (Adorno).

6. Schelsky hat recht mit seinem Vorwurf, die kritische Theorie sei bis heute unausgeführt geblieben.[55] Was vor allem fehlt, ist eine umfassende *Theorie der politischen Ökonomie, die den neuen Entwicklungen gerecht wird.*

Die klassische ökonomische Theorie (Smith – Ricardo) hatte es mit einer rational funktionierenden Gesellschaft zu tun, hatte das Modell einer freien Marktwirtschaft in der Realität vor Augen. Heute ist Ökonomie ein blinder Zusammenhang, der Rudimente der Tauschgesellschaft und staatliche Interventionen nebeneinander enthält. Der Anspruch ihrer eigenen Totalität wird von der Gesellschaft nicht mehr erhoben. Das macht die objektive Schwierigkeit der ökonomischen Theorie aus. Damit entfällt nicht die Möglichkeit immanenter Kritik. Die Übermacht der Institutionen ist nicht mit Unverstehbarkeit zu verwechseln. Unverstehbarkeit besteht nur dann, wenn die Menschen sich von solcher Übermacht das Denken verschlagen lassen. Die sozialen Momente der ökonomisch-politischen Entwicklungen sind verstehbar, die Ohnmacht der Individuen aus der Konzentration des Kapitals und der Verfügungsgewalt ableitbar. Zur Erkenntnis der Gefahr der Atombombe bedarf es nur des bon sens, – die immanente Kritik ist hier etwas sehr einfaches! Die *Kritik der politischen Ökonomie* hätte heute zu zeigen, daß die Gesellschaft in ihrer eingestandenen Irrationalität zu den Interessen aller Menschen im Widerspruch steht. Diese Gedanken sind verbreitbar und könnten weitreichende politische Konsequenzen haben.

---

54 Vgl. hierzu die 13. der *Marginalien zu Theorie und Praxis* [1969], GS, Bd. 10·2, S. 779f.
55 »Ehe wir auf die näheren Kennzeichen und Bestimmungen der so von uns geforderten ›transzendentalen Theorie der Gesellschaft‹ eingehen, sei klar gesagt, daß wir sie heute nirgends haben, weder bei uns noch anderswo. Ein Anspruch in dieser Richtung ist jedoch im letzten Jahrzehnt von *Max Horkheimer* und *Theodor W. Adorno* immer vertreten worden. Noch ist sie aber Desiderat.« (Schelsky, Ortsbestimmung der deutschen Soziologie, a.a.O. [s. Anm. 41], S. 96)

345 Werner Brede, 9. Juli 1963

Seminar »Begriff der soziologischen Theorie« von Prof. Adorno

Protokoll der Sitzung vom 9. Juli 1963
Protokollführer: Werner Brede

Zu Beginn wurde die Diskussion der Thesen Helmut Schelskys aus dem vierten Kapitel seines Buches »Ortsbestimmung der deutschen Soziologie« (Düsseldorf, 1959) fortgesetzt.[56]

Zu Schelskys Theorie der Freiheit des Menschen von der Gesellschaft[57] sagte Prof. Adorno, sie setze einen vorsoziologischen und abstrakten Begriff des Individuums voraus. Das sei für eine wirkliche Theorie der Gesellschaft nicht mehr akzeptabel. Das Modell des biologischen Individuums stecke darin. Es wird das aristotelische zoon politikon verkannt, die Tatsache, daß in jedem Individuum Gesellschaft bereits enthalten ist. Genauso falsch wäre es aber, zwischen Individuum und gesellschaftlichen Instanzen eine Identität anzunehmen. Die Menschen sind mit der Gesellschaft identisch und zugleich nichtidentisch.

---

56 Vgl. den Abschnitt »Fragen der theoretischen Soziologie«, ebd., S. 86–109.
57 »Ihren transzendentalen Standpunkt, ihre Freiheit von der Soziologie, kann die formale Theorie des soziologischen Denkens nur gewinnen, wenn diese reflexionsformale Transzendenz zugleich materiell wird, d. h. wenn in ihr *die Freiheit des Menschen von der Gesellschaft* zum materiellen Thema der Theorie selbst wird. Erst von dieser Position aus, von der Bestimmung der Freiheit des Menschen gegenüber der Gesellschaft, läßt sich die Sinnfrage des Sozialen als Ganzen, der Sinn der ›Gesellschaft‹ und des sozialen Daseins überhaupt, aufwerfen und dem unaufgebbaren Versuch einer Lebens- und Weltsinndeutung einordnen. Erst von hier aus ist die Erfüllung einer Aufgabe möglich, die *Adorno* als genuine Verpflichtung der Soziologie ansieht: ›Soziologie meinte an ihrem Ursprung Kritik der Prinzipien der Gesellschaft, der sie sich gegenüber befand‹, und die *Horkheimer* vielleicht noch prägnanter formuliert in dem Satz: ›Ihr ureigener Motor, der theoretisch-praktische Antrieb der Soziologie, ist nicht Naturbeherrschung und auch nicht Beherrschung der Gesellschaft, wie sehr sie im einzelnen von Nutzen sein mag, sondern die Anstrengung, das gesellschaftliche Leben in Hinblick auf seinen vom Menschen gesetzten Sinn zu durchdringen.‹ Diese Art Kritik oder Sinngebung des Sozialen, die wir der transzendentalen Theorie der Gesellschaft ausdrücklich als ihre materielle Aufgabe zuschreiben, besteht also in der Explikation der Bestimmungen der Freiheit des Menschen von der Gesellschaft und in einer von dort aus vorzunehmenden sinnkritischen und d. h. auch wertenden Reflexion des sozialen Gesamttatbestandes, wie er von der empirischen und analytischen Soziologie erkannt und gedacht ist; deren soziologische Denkprinzipien und Grundbegriffe zugleich ebenso sinnkritische zu überprüfen, ergibt sich dabei als unvermeidliche Notwendigkeit.« (Ebd., S. 98 f.)
– Vgl. GS, Bd. 10·1, S. 42f., sowie HGS, Bd. 7, S. 118.

Es wurde gefragt, ob Schelsky mit dieser Theorie die Religiosität zu retten versuche.

Prof. Adorno führte dazu aus: Schelsky neige hier der These zu, die Menschen seien zerfallen in gesellschaftliche und außergesellschaftliche Sektoren (Ethik, Religion), ohne deren gesellschaftlicher Vermittlung innezuwerden.[58] Bei Durkheim z. B. haben die religiösen Vorstellungen gerade als Substanz das Gesellschaftliche, den kollektiven Geist. Man kann solche Entitäten nicht abstrakt der Gesellschaft gegenüberstellen, sie entarten so zu registrierten Fakten, die dann als statische in die Wertwelt transferiert werden.

Hierzu wurde aus dem Seminar ergänzt, daß der bei Schelsky praktizierten abstrakten Trennung ein aktuelles ideologisches Moment innewohne. Schelskys Tendenz sei, der Bewegung zur Technisierung der Demokratie mit dieser Trennung noch den Segen zu geben.

Prof. Adorno bemerkte dazu, daß man, gerade wenn man die vorherrschende Tendenz total denkt (wie z. B. auch A. Gehlen), das »Andere« nur retten könne, wenn man es transzendiert. Gerade dann werde es aber in seiner Leere und Abstraktheit zur bloßen Sonntagsideologie.

Zu Schelskys Bezug auf den von Max Horkheimer gemeinten »Sinn« (in Horkheimers »Philosophie und Soziologie«, in: Kölner Zeitschrift für Soziologie und Sozialpsychologie, 1, 1959, S. 162)[59] erklärte Prof. Adorno, daß es sich da nicht um »Sinngebung« handele, nicht um einen objektiven über dem Ganzen schwebenden Sinn, sondern um eine vernünftige Gesellschaft, in der die Bedürfnisse der Menschen befriedigt werden, Schelsky trenne auch im Folgenden gewaltsam Adornos Forderung einer »befreiten Gesellschaft« von Horkheimers Freiheit, »Subjekt zu sein«,[60] wobei Schelsky um des polemischen Effekts willen oder aus

---

58 An dieser Stelle verweist ein Einfügungszeichen in der Vorlage auf eine handschriftliche Ergänzung, die nicht zweifelsfrei in den Text integriert werden kann: »zur Erläuterung: Ethik und Religion werden dabei von Schelsky als Invarianten angesehen, die er als von der Gesellschaft abgelöst ansieht.«
59 Vgl. Max Horkheimer, Philosophie und Soziologie, in: Kölner Zeitschrift für Soziologie und Sozialpsychologie/Neue Folge der Kölner Vierteljahrshefte für Soziologie, 11. Jg., 1959, H. 1, S. 154–164; hier: S. 162; vgl. HGS, Bd. 7, S. 118.
60 »So konkretisieren sich auch die wiederholten Forderungen *Horkheimers* und *Adornos* nach einer philosophischen Sinndurchdringung der Gesellschaft praktisch zumeist in einer Fülle unmittelbar materieller kultur- und gesellschaftsanalytischer Bemerkungen mit einem subjektiv vorgetragenen Forderungsakzent nach ›Freiheit‹, wobei es unklar bleibt, ob es sich dabei um ›eine befreite Gesellschaft‹ (*Adorno*) handeln soll – befreit wovon? Von ihren eigenen sozialen Zwängen und Gesetzlichkeiten? – oder um die Freiheit, ›Subjekt zu sein‹ gegenüber den sozialen Zwängen, wie es *Horkheimer* in der Abhandlung ›Philosophie und Soziologie‹ [...] vermuten läßt. Es ist keine Frage, daß in all diesen Versuchen und Veröffentlichungen das ›Sinnthema‹ der Soziologie, jener

Unkenntnis übersieht, daß beides korrelativ und vermittelt gesehen werden muß. In Schelskys These geistere noch die Vorstellung vom integren und ganzen Menschen herum. Zu diesem Thema verwies Prof. Adorno auf seinen Aufsatz »Der Artist als Statthalter« (in: Noten zur Literatur I) und auf Gottfried Benn.[61]

Anschließend verlas Herr Häring sein Referat »Über den Begriff der soziologischen Theorie bei René König«.[62]

Prof. Adorno machte zum Referat die folgenden Ausführungen.

Zu Königs Zitat »Noch immer wird versucht, etwas zu finden jenseits des Hegelschen ›Notsystems‹ der Bedürfnisse und Interessen, statt zu fragen, ob diese Gesellschaft nicht ihre eigenen Regulative in sich trägt«[63] (Referat S. 1), bemerkte Prof. Adorno, daß, von dem unverständlichen Ausdruck »Notsystem« abgesehen, der Stolz, mit dem hier Hegel liquidiert werden solle, in Ignoranz fundiert sei, denn gerade Hegel habe erkannt, daß die Gesellschaft eine eigene Gesetzmäßigkeit in sich trägt.

Zu Königs Behauptung, Individuum und Gesellschaft seien keine Gegensätze,[64] sagte Prof. Adorno: »Sie *sind* Gegensätze und gehören dadurch untrennbar zusammen«.

Anspruch auf eine ›kritische‹ Theorie der Gesellschaft, wachgehalten und verteidigt worden ist gegenüber der naiven Selbstzufriedenheit der nur empirischen und analytischen Soziologie; aber ebenso unbezweifelbar scheint es mir zu sein, daß man dadurch, daß man sich auf die materielle Analyse und die gesellschaftliche Politik als unmittelbare Aufgabe einer materiellen Kulturkritik einläßt, den Raum der eigentlichen ›Theorie der Gesellschaft‹ unbesiedelt läßt.« (Schelsky, Ortsbestimmung der deutschen Soziologie, a. a. O. [s. Anm. 41], S. 102) – Vgl. GS, Bd. 8, S. 207 und HGS, Bd. 7, S. 116.
61 Vgl. Theodor W. Adorno, *Der Artist als Statthalter* [1953], in: Theodor W. Adorno, *Noten zur Literatur*, Berlin und Frankfurt a. M. 1958, S. 173 – 193; vgl. GS, Bd. 11, S. 114 – 126.
62 Dieter Häring, »Der Begriff der soziologischen Theorie bei René König«, UAF Abt. 139 Nr. 14.
63 »Noch immer wird versucht, etwas zu finden jenseits des Hegelschen ›Notsystems‹ der Bedürfnisse und Interessen, statt sich zu fragen, ob diese Gesellschaft nicht ihre eigenen Regulative in sich selber trägt. Das aber setzt voraus Analyse, wie sie noch *Max Weber* übte, und nicht resignative Kulturkritik. Denn diese resignative Kulturkritik geht keinen Schritt über das Gewesene hinaus, weshalb in gewisser Weise die zwanziger Jahre heute noch lebendig sind wie ehedem und einen Teil der unbewältigten Vergangenheit Deutschlands darstellen.« (René König, Zur Soziologie der zwanziger Jahre oder Ein Epilog zu zwei Revolutionen, die niemals stattgefunden haben, und was daraus für unsere Gegenwart resultiert, in: Die Zeit ohne Eigenschaften. Eine Bilanz der zwanziger Jahre, hrsg. von Leonhard Reinisch, Stuttgart 1961, S. 82 – 118; hier: S. 115)
64 »Wenn ein Verhalten allgemein wird, so, weil es sozial geboten ist, und nicht umgekehrt. Damit wird die soziale *Norm* sichtbar, die für Durkheim den Begriff Gesellschaft als den Inbegriff des geregelten Verhaltens erscheinen läßt. Die Regelmäßigkeiten des Geschehens sind also Ausdruck einer genormten Ordnung, die sich in Brauch, Sitte, Recht usw. niederschlägt. In verschiedenen sozialen Typen herrschen verschiedene Normen vor, mit deren Hilfe erst Struktur-

Zur aus dem Vorwort zu J. W. Goodes »Struktur der Familie« zitierten Auffassung Königs, es könnten durch interkulturelle Vergleiche historische Querschnitte gewonnen werden (Referat S. 2)[65], erklärte Prof. Adorno: »Die Vorstellung des noch Lebenden als Indiz fürs Vergangene ist sehr problematisch«.

Der ahistorischen Tendenz der positivistischen Soziologie entspricht bei König, daß er zwar behauptet, Soziales sei nicht ableitbar, aber übersieht, daß soziale Normen – für König das »Urphänomen« des Sozialen – meist sehr wohl ableitbar sind aus Produktions- und Herrschaftsverhältnissen.[66] Prof. Adorno verwies auf Arbeiten Sigmund Freuds. Das ganze Interesse dieser (Königs) Soziologie sei, durch deskriptive Verfahrensweise die Genese sozialer Verhältnisse zu überdecken.

Zu den Besonderheiten der Königschen Theorie gehört es, daß sie zwar »Fragen über Sinn und Wert gesellschaftlicher Wirklichkeit«[67] asketisch sich

---

begriffe und Typologien ausgebildet werden können. *[Absatz]* Damit entscheidet sich auch, daß Individuum und Gesellschaft keine Gegensätze sind, die erst durch besondere Umstände zueinander gebracht werden müssen, sondern daß sie untrennbar zusammengehören.« (René König, Gesellschaft, in: Soziologie, a. a. O. [s. Anm. 42], S. 96–104; hier: S. 102)

65 »Schließlich wird bei aufmerksamer Lektüre des vorliegenden Buches auch deutlich, wie sehr eine solche Art der Theoriebildung von einer ›ad-hoc-Theorie‹ unterschieden ist, die einfach mehr oder weniger zufällig entstandene Forschungsmaterialien zusammenzufassen sucht. Denn letzten Endes gelingt es ihm, die ethnologische Forschung an gegenwärtig lebenden, schriftlosen Völkern mit ungenügender technischer Ausrüstung und die Forschung an den entwickelten Industriegesellschaften auf einer Ebene abzuhandeln, immer im Dienste einer strukturell-funktionalen Analyse, so daß man wirklich von einer allgemeinen Soziologie der Familie sprechen kann. Das zeigt wieder einmal, daß rechtverstandene Forschung auch zu sehr umfassenden theoretischen Ansätzen führen kann, ohne daß man darum seine Zuflucht zu philosophischen Spekulationen nehmen müßte.« (René König, Zum Geleit, in: William J. Goode, Die Struktur der Familie, Köln und Opladen 1960, S. 5f.; hier: S. 6)

66 »Der Begriff der ›sozialen Norm‹ kann auf keinerlei Weise aus anderen Begriffen abgeleitet werden; in ihm stellt sich gewissermaßen das ›Urphänomen‹ des Sozialen dar, das man noch weiter ›beschreiben‹ kann, also etwa als ›Interaktionsmuster‹ oder ›zwischenmenschliche Beziehungen‹, ohne es jedoch darauf ›aufbauen‹ zu können.« (René König, Einleitung, in: Handbuch der Empirischen Sozialforschung, hrsg. von René König, unter Mitw. von Heinz Maus, Bd. I, Stuttgart 1962, S. 3–15; hier: S. 4)

67 »Die erkenntnislogische Auffassung gründet Theorie auf eine Systematik hypothetischer Konstruktionen, die in kontrollierten Falsifikationsversuchen empirisch gesichert werden. Auseinandersetzungen über Sinn und Wert der gesellschaftlichen Wirklichkeit gelten ebenso wie Intuitionen als außerwissenschaftliche Privatangelegenheiten. Dieser Ausschluß ist als methodologisches Postulat konsequent. Das Recht auf Gesellschaftskritik zur Privatangelegenheit des bürgerlich handelnden Subjekts zu erklären, würde aber ein verfängliches Verfahren sein, wenn dadurch philosophisch die gesellschaftliche Wirklichkeit als prinzipiell selbstgesetzlich erschiene und im Handelnden durch Verunsicherung seiner Moralität eine orientierungslose Resignation

versagt, andererseits den Soziologen unbekümmert zuruft, »allen Wertentscheidungen entgegenzutreten ..., die die menschliche Würde verletzen, zu deren Wahrung sie (die Soziologen) einmal ausgezogen sind« (im Referat S. 4)[68].

Im Zuge seiner Polemik gegen eine kritische Theorie der Gesellschaft versteht König es, zwei so verschiedene Autoren wie Th. W. Adorno und H. Freyer unter einen Hut zu bringen, nämlich als »resignative Kulturkritik« (Referat S. 6)[69].

Prof. Adorno bemerkte hierzu, es sei verwunderlich, daß ein Wissenschaftler nicht darauf komme, es könnte die Übereinstimmung verschiedener Autoren aus der Sache selbst sich herleiten; in diesem Falle der Tatsache, daß das Netz der gesellschaftlichen Institutionen und Instanzen immer dichter geworden sei (Referat S. 6). (Übrigens impliziert König da einen Begriff von Wissenschaft, der von der Sache sich gänzlich entfernt hat und von der Willkür des jeweiligen Wissenschaftlers abhängig gemacht wird.)

Den in sich widersprüchlichen Argumentationen Königs entsprechen auch seine Vorwürfe gegen die Autoren der »Authoritarian Personality«, denen er zu große Nähe zur Praxis vorhält und bei denen er das »Methodologische« zu wenig berücksichtigt findet.[70] Prof. Adorno: »Sonst wirft uns Herr König immer vor, unsere Theorie sei zu sehr von der Praxis entfernt.«

---

und Indifferenz oder ein bloßer Manipulierungswille hervorgerufen würden.« (Jürgen Fijalkowski, Über einige Theorie-Begriffe in der deutschen Soziologie der Gegenwart, in: Kölner Zeitschrift für Soziologie und Sozialpsychologie, 13. Jg., 1961, H. 1, S. 88–109; hier: S. 107)

68 »Die Soziologen könnten ihrer Aufgabe nur schlecht gerecht werden, wenn sie moralische Leisetreter wären, wenn sie nicht wie in der Vergangenheit so auch in Gegenwart und Zukunft allen Wertentscheidungen entgegenzutreten bereit wären, die die menschliche Würde verletzen, zu deren Wahrung sie einmal ausgezogen sind. Diese eminent praktische Verpflichtung nimmt dem Soziologen niemand ab; denn der Verzicht darauf bedeutet das eigentliche Ende der Soziologie.« (König, Einleitung, a.a.O. [s. Anm. 66], S. 14f.)

69 »Marxisten und Revolutionäre von Rechts sind sich heute einig in der resignativen Kulturkritik, die bei ihnen definitiv den revolutionären Aufschwung wie die Analytik ersetzt hat. So spricht *Theodor W. Adorno* von der ›Vergesellschaftung der Gesellschaft‹ und wiederholt damit unwissentlich einen Satz von *Hans Freyer* vom Ende der zwanziger Jahre in seiner ›Revolution von Rechts‹, ›die Gesellschaft (sei) ganz Gesellschaft geworden‹.« (König, Zur Soziologie der zwanziger Jahre, a.a.O. [s. Anm. 63], S. 114f.) – Vgl. GS, Bd. 4, S. 16, sowie Hans Freyer, Revolution von rechts, Jena 1931, S. 37.

70 »Now, Adorno has done an extremely interesting research into the causes of social prejudice, and has denounced the syndrome of the authoritarian personality as one of the main causes of anti-semitism. [...] It is obvious that we can only fully agree with Adorno's practical objectives; the question is, however, to know whether or not we can be satisfied with his general attitude with regard to sociological theory. First of all we should ask whether any authoritarian personality is *per se* predisposed to be anti-semitic or prejudiced. If it is true that very often anti-semitism is caused by authoritarian features in a given personality, the converse should hold true as well. We do not need to go further: it is quite clear that this demonstration has not been given. It could also

346 Jost von Maydell, 16. Juli 1963

Prof. Dr. Th. W. Adorno
Seminar für Fortgeschrittene
»Über den Begriff der soziologischen Theorie«

Protokoll der Seminarsitzung am 16. 7. 1963

In dieser Stunde hielt Dr. Schmidt ein Referat über den Begriff der Theorie bei Marx.[71] Im Mittelpunkt seiner Ausführungen stand die Frage des dialektischen Verhältnisses von Wesen und Erscheinungsform gesellschaftlicher Phänomene.

Im Zusammenhang mit dem Referat führte Prof. Adorno aus: Im Marx'schen Werke findet sich neben dem dialektischen ein starkes naturwissenschaftlich-positivistisches Moment. Diese beiden Momente liegen im Streit miteinander. Doch indem Grossmann in dem Buch »Das Akkumulations- und Zusammenbruchsgesetz des kapitalistischen Systems«, den 1. Band des »Kapitals« als auf einem hohen Abstraktionsniveau stehend, den 2. und 3. Band als Annäherung an die Empirie interpretiert,[72] interpretiert er das Marx'sche Werk zu positivistisch und versäumt so das eigentlich dialektische Moment bei Marx.

Die positivistische Auffassung, die Soziologie brauche begriffliche Instrumente, um die chaotische Mannigfaltigkeit der gesellschaftlichen Wirklichkeit zu ordnen, verkennt, daß die Gesellschaft bereits selber strukturiert ist, da schon der Tausch von den bestimmten Menschen und Gütern abstrahiert. So meint die moderne Rollentheorie mit dem Begriff der Rollen den Ursprung gesellschaftlichen Lebens

---

be that only in connection with the reactions of particular social classes together with their vested interests does the authoritarian character become anti-semitic. In other cases his reactions could still be quite different. But, in fact, Adorno is not at all interested in giving a sociological theory of anti-semitism but rather in calling forth immediate action in the sense of a cultural criticism trying to abolish anti-semitism by enlightenment and by unmasking some of its causes.« (Ren[é] K[ö]nig, On Some Recent Developments in the Relation between Theory and Research, in: Transactions of the Fourth World Congress of Sociology · Actes du Quatrième Congrès Mondial de Sociologie, Bd. II, hrsg. von der International Sociological Association · Association Internationale de Sociologie, London 1959, S. 275–289; hier: S. 286f.)

71 Alfred Schmidt, »Theorie und Begriff der Gesellschaft bei Marx«, UAF Abt. 139 Nr. 14.
72 Vgl. vor allem die Einleitung in: Henryk Grossmann, Das Akkumulations- und Zusammenbruchsgesetz des kapitalistischen Systems. (Zugleich eine Krisentheorie), Leipzig 1929 (Schriften des Instituts für Sozialforschung an der Universität Frankfurt am Main; 1), S. V–XI.

zu erklären, verkennt dabei aber, daß dieser nur gesellschaftlich akzidentell ist. Denn »Rollen« werden geformt durch den historisch-ökonomischen Prozeß, sind also gesellschaftlich vermittelt.

Die Abstraktheit der »Arbeit überhaupt«, gegenüber der Vielzahl bestimmter Arbeiten, wurde erst zu einem späten historischen Zeitpunkt deutlich.[73] Sie ist historisch geworden und nicht ein Ursprüngliches, aus dem sich die konkreten Arbeiten ableiten lassen.

So ist bei Marx auch die Bevölkerung, die allgemein als das Primäre gegenüber den Klassen angesehen wird, diesen gegenüber sekundär, denn die Bevölkerung setzt sich aus Klassen zusammen, und diese beruhen auf dem Tausch.

Wenn Ricardo den Tausch als Naturkategorie der Gesellschaft betrachtet, aus der diese sich erklärt,[74] übersieht er, daß auch der Tausch gesellschaftlich vermittelt ist. Während Ricardo meinte, durch das Tauschprinzip »homo oeconomicus« erklärt zu haben, hat er damit viel mehr geleistet, er hat das rationale Prinzip der bürgerlichen Gesellschaft erkannt.

Die Marx'sche Theorie setzt Rationalität der Gesellschaft voraus. Es ist zu fragen, ob die heutige, brüchig gewordene liberale Gesellschaft sich einer Theorie überhaupt noch füge.

Der Zerfall der Theorie der Gesellschaft hat so auch ein Wahrheitsmoment, indem sich in ihm der Zerfall der Rationalität der Gesellschaft spiegelt. An die Stelle der Theorie der Gesellschaft ist heute die Tendenz getreten, Bestandsaufnahmen über eine Vielzahl soziologischer Einzelprobleme zu machen. Marx versuchte, indem er verschiedene Erscheinungsformen der Gesellschaft untersuchte, durch diese hindurch das Wesen der Dinge zu erfassen. Dagegen untersucht die positivistische Soziologie heute eine Vielzahl gesellschaftlicher Erscheinungsformen, verwirft

---

73 »Arbeit scheint eine ganz einfache Kategorie. Auch die Vorstellung derselben in dieser Allgemeinheit – als Arbeit überhaupt – ist uralt. Dennoch, ökonomisch in dieser Einfachheit gefaßt, ist ›Arbeit‹ eine ebenso moderne Kategorie wie die Verhältnisse, die diese einfache Abstraktion erzeugen.« (MEW, Bd. 13, S. 634)

74 »Es ist einer der Grundmängel der klassischen politischen Ökonomie, daß es ihr nie gelang, aus der Analyse der Ware und spezieller des Warenwerts die Form des Werts, die ihn eben zum Tauschwert macht, herauszufinden. Grade in ihren besten Repräsentanten, wie A. Smith und Ricardo, behandelt sie die Wertform als etwas ganz Gleichgültiges oder der Natur der Ware selbst Äußerliches.« (MEW, Bd. 23, S. 95, Anm.)

aber die Frage nach einem »Wesen der Dinge« als Metaphysik. Indem sie von diesen Fragen absieht, ist sie mit dem Marx'schen Begriff von Wissenschaft als vorwissenschaftlich zu bezeichnen.

Bei der Herausarbeitung der Struktur der Marx'schen Theorie darf man sich nicht nur an seine erkenntnistheoretischen Aussagen halten, sondern hat auszugehen von der Struktur seiner Arbeiten selber.

Daß sich im kapitalistischen System Angebot und Nachfrage nicht decken, erklärt Marx nicht als eine nur zeitweilige Störung des Wirtschaftsablaufs, sondern leitet es ab aus der Struktur der Kapitalverhältnisse in der kapitalistischen Wirtschaftsordnung. In der Krisensituation setzt sich der Kapitalismus am reinsten durch. Das Abnormale ist hier selber Norm. Das System ist seinem Wesen nach dysfunktional da, wo es am reinsten ist. Die Divergenz von Wesen und Erscheinung ist deduzierbar aus dem Kapitalverhältnis.

Die Probleme der Zirkulationssphäre gehören alle dem Bereich der Mehrwertsphäre an. Sie setzen den Prozeß der Aneignung von Mehrwert bereits voraus, gehören somit in den Bereich der Erscheinungen.

In der das Referat anschließenden Diskussion wurde zunächst die Frage gestellt, ob es andere Motive, als das, der Praxis zu dienen, für die Aufstellung einer Theorie der Gesellschaft gibt.

Darauf erwiderte Dr. Schmidt:
Das Ziel der Theorie ist letztlich immer ein praktisches, doch darf der Theorie nicht nach jedem ihrer Schritte die praktische Verwendbarkeit dieser einzelnen Schritte abverlangt werden. Die Marx'sche Theorie ist, wenn auch einerseits von ihrer Zeit und deren Erscheinungen losgelöst, so doch gleichzeitig auch an diese gebunden.

Prof. Adorno wies weiter darauf hin, daß hinter der Theorie die Praxis immer auch in dem Sinne steht, daß die Theorie der Urgesellschaft Mißtrauen voraussetzt gegenüber dem Anspruch der Gesellschaft, das zu sein, was sie zu sein beansprucht. Marx drückt dies in der »Kritik an der Hegelschen Rechtsphilosophie« aus, wenn er sagt, man müsse den versteinerten Dingen ihre Melodie vorspielen, das heißt, die Dinge müssen mit ihrem eigenen Begriff konfrontiert werden.[75]

---

75 »Man muß jede Sphäre der deutschen Gesellschaft als die *partie honteuse* der deutschen

Die Theorie der Gesellschaft muß, wenn sie dem gesellschaftlichen Fortschritt dienen will, das Potential der neuen Gesellschaft aufdecken, das in der alten heranreift.

Dann führte Dr. Schmidt aus, daß das Verhältnis von Theorie und Praxis immer auch seinen jeweiligen historischen Ort hat. So ist der Verweis Marxens auf die Praxis, wie er z. B. in den »Thesen über Feuerbach« zum Ausdruck kommt,[76] auch als Antwort auf die idealistische Philosophie und die klassische nationalökonomische Schule zu sehen.

Dann wurde die Frage gestellt, ob es für die Differenzierungen zwischen Wesen und Erscheinung nicht eine Untergrenze gebe, unterhalb derer es nicht mehr möglich sei, von einem Wesen der Dinge zu reden. So sei es schwierig, von dem Wesen eines Stadtteils oder eines Gefängnisses zu sprechen. Doch sind dies bevorzugte Untersuchungsobjekte für die empirische Sozialforschung.

Dazu führte Prof. Adorno aus:

Das Wesen einer Sache, oder das, was für eine Sache wesentlich ist, zu erfassen, ist natürlich abhängig von der Gestalt der Theorie, mit der diese Sache erklärt werden soll. Ohne Theorie hat die Frage nach dem Wesen einer Sache keinen Sinn, es gibt dann nur prinzipiell Gleichwertiges. Wenn die Theorie zu erfassen sucht, was wesentlich für die Gesellschaft ist, was sie vorantreibt, ergibt sich aus der Struktur dieser Theorie, ob eine Sache gesellschaftlich wesentlich oder nur akzidentiell ist.

Die Marx'sche Theorie zeigt, daß der Wert wesentlicher ist als der Preis einer Sache. – Wenn bei Marx nur vom Wert gesprochen wird, ist damit meistens der Tauschwert gemeint. – Im Auseinanderklaffen von Wert und Preis manifestiert sich auch die Divergenz von Wesen und Erscheinung im kapitalistischen System.

Weiter wurde gefragt, ob es Kriterien gibt, um festzustellen, ob eine Sache, die ohne theoretischen Anspruch empirisch erforscht wurde, wesentlich ist oder nicht.

Dazu meinte Prof. Adorno:

Gesellschaft schildern, man muß diese versteinerten Verhältnisse dadurch zum Tanzen zwingen, daß man ihnen ihre eigne Melodie vorsingt!« (MEW, Bd. 1, S. 381)

76 Vgl. Karl Marx, {Thesen über Feuerbach} [1888], MEW, Bd. 3, S. 5–7.

Streng positivistisch gibt es für die Beantwortung dieser Fragen keine Kriterien. Doch sind in diesem Punkt die meisten Wissenschaftler weniger streng als ihr positivistisches Prinzip. Aber aus diesem Mangel erklärt sich auch die große Zahl sozialwissenschaftlicher Untersuchungen, deren Ergebnisse alle gleichbedeutend nebeneinander stehen. Für die positivistische Wissenschaft hat die Gesellschaft selber keine Struktur, aus der sich verschiedene Bedeutungen einzelner Fragen ergeben. Eine Ordnung wird nur von dem Forscher für bestimmte Zwecke hineingedeutet.

Dem fügte Herr Dr. Teschner hinzu:
Die Frage, wie wesentlich das Ergebnis einer soziologischen Untersuchung ist, entscheidet sich heute weitgehend durch ihre praktische Anwendbarkeit. Doch hat auf diese der Wissenschaftler keinen Einfluß.

Ein Diskussionsteilnehmer meinte, in der Soziologie Parsons' wird die Frage nach der Bedeutung einer Sache beantwortet, indem untersucht wird, ob sie für die Aufrechterhaltung des umfassenden sozialen Systems »funktional« oder »dysfunktional« ist.

Hierzu erklärte Prof. Adorno:
Dies würde eine falsche Gleichsetzung der Begriffe »funktional« und »wesentlich« bedeuten. Die Frage nach der Funktionalität sagt nichts aus über das System selber. Es kann etwas funktional auch sein für die Aufrechterhaltung eines Systems der Unterdrückung. Doch kann für die Beantwortung der Frage, ob ein Ding gesellschaftlich-wesentlich ist, nur – wie Marx es sagt – das »Ensemble gesellschaftlicher Verhältnisse überhaupt« als Kriterium gelten.[77]

---

[77] »Feuerbach löst das religiöse Wesen in das *menschliche* Wesen auf. Aber das menschliche Wesen ist kein dem einzelnen Individuum inwohnendes Abstraktum. In seiner Wirklichkeit ist es das ensemble der gesellschaftlichen Verhältnisse.« (Ebd., S. 6)

347 Elisabeth Kloss, 23. Juli 1963

Elisabeth Kloss

Protokoll der Seminarsitzung vom 23. Juli 1963

I

Einige Bemerkungen im Anschluß an das Referat von Fräulein Troost über Max Horkheimer: »Traditionelle und kritische Theorie« (Zeitschrift für Sozialforschung, Bd. VI, 1937):[78]

»Isoliert betrachtet, erscheint das Feststellen der Tendenz als neutral; aber wie der Geist sie ohne Interesse nicht zu erkennen vermag, so vermag er sie auch nicht ohne realen Kampf zum allgemeinen Bewusstsein zu machen. ... Die Avantgarde bedarf der Klugheit im politischen Kampf, nicht der akademischen Belehrung über ihren sogenannten Standort. ... Die kritische Theorie ist weder ›verwurzelt‹ wie die totalitäre Propaganda noch ›freischwebend‹ wie die liberalistische Intelligenz.« (Horkheimer, a. a. O., S. 275 f.)[79] – Diese und ähnliche Sätze beziehen sich auf die damals geführte Auseinandersetzung des Verfassers mit Karl Mannheim.[80]

Horkheimer wirft den traditionellen Forschungsmethoden *Geistfeindschaft* vor, ein Moment von Theoriefeindlichkeit ist auch bei den bisher referierten »Systemen« der Soziologie im Spiel. Unverbunden stehen nebeneinander die auf eine Art »Sonntagsreligion« heruntergekommene Systematik (eine Art Ordnungsraum, in den sich alle empirischen Resultate einordnen lassen, – was wohl

---

78 Ein entsprechender Referatstext wurde nicht aufgefunden, der Vorname der Referentin nicht ermittelt, sofern es sich nicht um Hella Trost handeln sollte. – Vgl. Max Horkheimer, Traditionelle und kritische Theorie, in: Zeitschrift für Sozialforschung, VI. Jg., 1937, H. 2, S. 245–294; vgl. HGS, Bd. 4, S. 162–216.

79 Im Original steht der zweite Satz, den die Vorlage zitiert, vor dem zuerst zitierten; vgl. Horkheimer, Traditionelle und kritische Theorie, a. a. O. (s. vorige Anm.), S. 275 f.; vgl. HGS, Bd. 4, S. 197.

80 Bei Mannheim heißt es: »Eine [...] stets experimentierende, eine soziale Sensibilität in sich entwickelnde, *auf die Dynamik und Ganzheit ausgerichtete Haltung* wird aber nicht eine in der Mitte gelagerte Klasse, sondern nur eine relativ klassenlose, nicht allzu fest gelagerte Schicht im sozialen Raume aufbringen. Betrachtet man daraufhin die Geschichte, so wird man auch hier eine ziemlich prägnante Einsicht erhalten. [Absatz] Jene nicht eindeutig festgelegte, relativ klassenlose Schicht ist (in Alfred Webers Terminologie gesprochen) die *sozial freischwebende Intelligenz.*« (Karl Mannheim, Ideologie und Utopie [1929], übers. von Heinz Maus, 3. Aufl., Frankfurt a. M. 1952, S. 135)

die Attraktion des Parsons'schen Systems ausmacht) und der Betrieb der Faktenforschung. Die »Theorie« bleibt dabei für die konkrete Gestaltung der empirischen Forschung außer Betracht. Es kommt nicht zur *Wechselwirkung beider*, die das Wesen der kritischen Theorie ausmacht. Zugleich geht das Moment der *Spontaneität* verloren: *die Theorie – der Forscher – steckt den gesammelten Fakten kein Licht mehr auf.* Darum verdient das, was heute »soziologische Theorie« genannt wird, eigentlich nicht mehr diesen Namen.

»Die Theorie arbeitet nicht im Dienst einer schon vorhandenen Realität; sie spricht nur ihr Geheimnis aus.« (a. a. O., S. 270)[81]. Hiermit ist ein Hauptgegensatz zur traditionellen Theorie bezeichnet: Für die kritische Theorie ist das Interesse am Wesen größer als an der Erscheinung. Die »Lebendigkeit der erstrebten Zukunft in der Gegenwart« (a. a. O., S. 271)[82] ist das Kraftzentrum, woraus jede einzelne Analyse gespeist wird (– und auf das nicht unabhängig von sozialer Faktizität Bezug genommen werden darf).

Im Zusammenhang mit dem Aufsatz »Philosophie und kritische Theorie«[83] bemerkte Adorno, der Begriff des Materialismus sei darin dialektisch, daß er auf die Aufhebung der materiellen Notwendigkeit abziele, auf die Befreiung von Ökonomie, die bisher die Menschen in Schach hält.

---

81 »Das Ziel, das es [scil. das kritische Denken] erreichen will, die Herbeiführung des vernünftigen Zustands, hat zwar seinen Grund in der Not der Gegenwart. Mit dem Dasein der Not ist jedoch das Bild ihrer Überwindung nicht schon gegeben. Die Theorie, die es entwirft, arbeitet nicht im Dienst einer schon vorhandenen Realität; sie spricht nur ihr Geheimnis aus.« (Horkheimer, Traditionelle und kritische Theorie, a. a. O. [s. Anm. 78], S. 270; vgl. HGS, Bd. 4, S. 190 f.)
82 »In der Organisation und Gemeinschaft der Kämpfenden erscheint trotz aller Disziplin, die in der Notwendigkeit, sich durchzusetzen, begründet ist, etwas von der Freiheit und Spontaneität der Zukunft. Wo die Einheit von Disziplin und Spontaneität verschwunden ist, verwandelt sich die Bewegung in eine Angelegenheit ihrer eigenen Bürokratie, ein Schauspiel, das schon zum Repertoire der neueren Geschichte gehört. *[Absatz]* Die Lebendigkeit der erstrebten Zukunft in der Gegenwart ist jedoch keine Bestätigung. Die Begriffssysteme des ordnenden Verstandes, die Kategorien, in die Totes und Lebendiges, gesellschaftliche, psychologische, physikalische Vorgänge gemeinhin aufgenommen werden, die Aufspaltung der Gegenstände und Urteile in die Fächer der einzelnen Wissensgebiete, all dies ist der gedankliche Apparat, wie er sich im Zusammenhang mit dem realen Arbeitsprozeß bewährt und eingeschliffen hat.« (Horkheimer, Traditionelle und kritische Theorie, a. a. O. [s. Anm. 78], S. 271; vgl. HGS, Bd. 4, S. 192)
83 Vgl. Herbert Marcuse, Philosophie und kritische Theorie [1937], in: Herbert Marcuse, Schriften, Bd. 3, Frankfurt a. M. 1979, S. 227–249.

II

Die nachfolgende Diskussion schloß sich thematisch der Debatte um die Möglichkeit der kritischen Theorie (in der Seminarsitzung vom 2. Juli)[84] an. Es ging um das Verhältnis von Theorie und Praxis heute, die Kritik am praktizistischen Reformismus und die Aufgaben der kritischen Theorie.

Die kritischen Fragen der Teilnehmer wurden jeweils von Horkheimer und Adorno beantwortet:

Die kritische Theorie fordert die *zentral* angreifende totale Veränderung der Gesellschaft. Wegen dieser absoluten Forderung ist sie zur Zeit von jeder Praxis abgeschnitten. Sie vertröstet auf die Zukunft und bleibt in der Gegenwart untätig. Wäre nicht eine Verwirklichung der »sozialen Gerechtigkeit« in kleinen Schritten besser als das passive Abwarten?

Erkennen und Tun sind nicht schematisch voneinander zu trennen. Das Erkennen und das Aussprechen des Erkannten sind selbst eine Art des Handelns, und sogar häufig die tapferste (Beispiel: französische Aufklärung). Vor allem in restaurativen Perioden kann *Denken* die aktivste Weise, sich zu verhalten, sein. Die Forderung nach praktischem Eingreifen besteht zu Recht, doch eben dies ist *nicht unmittelbar* möglich. Eine neue Erkenntnis über die Gesellschaft kann nur Praxis werden, wenn sie bestimmten sozialen Gruppen vermittelt wird, die nicht allein davon zu überzeugen sind, *was* getan werden muß, sondern vor allem davon, *wie* die soziale Realität beschaffen ist. Es gibt keine prinzipiell gültige Formel für das »richtige« Verhältnis von Theorie und Praxis; es ergibt sich aus den Möglichkeiten der jeweiligen sozialen und politischen Situation; deren Analyse ist immer schon ein Stück Praxis. So gibt es *historische Phasen, in denen die Möglichkeit der Praxis* (wegen der Undurchsichtigkeit des Ganzen) *abgeschnitten ist*. Dann ist gründliche theoretische Besinnung notwendig, um so etwas wie Praxis überhaupt wieder einmal möglich zu machen. Das Denken hat heute an Bedeutung verloren, was damit zusammenhängt, daß der Einzelne in politischen Dingen unendlich wenig vermag. Diese Ohnmacht rührt her von den technischen Mitteln, die allen großen bürokratischen Organisationen zur Verfügung stehen. Der einzelne politisch denkende Mensch, sofern er nicht konformistisch denkt, gerät damit von vornherein in die hoffnungslose und abhängige Position eines kleinen Kaufmanns, der nicht dem großen Trust angeschlossen ist. Diese Schwierigkeit kann man zunächst nur aussprechen, nicht lösen. Die Forderung nach Praxis kann selber, indem sie das Denken abschneidet, zur Ideologie werden. Die uns allen bekannte Intellektuellen-Hetze ist der soziale Ausdruck eines

---

[84] S. oben, S. 544–549.

solchen Praktizismus. Der Drang zur (unmittelbaren) Praxis perpetuiert die Spaltung von Theorie und Praxis, die nur durch Denken zu überwinden ist. Rasches praktisches Eingreifen kann in vielen Fällen (Beispiel: Strafrechtsreform, Pädagogik) außerordentlich nützlich sein, aber es kommt alles darauf an, *was für eine Praxis das ist*. (Vgl. Adorno: »Eingriffe«.)[85] *Es ist eine fatale Notwendigkeit, daß jede Praxis, die nicht kritisch gegen das Ganze ist, die Tendenz hat, das schlechte Ganze zu stabilisieren.* Gegenstand der kritischen Theorie sind die *Grundformen* der Gesellschaft, – an ihnen ist durch partikulare Verbesserungen nichts zu ändern. Es ist einer der hervorstechendsten Züge der gegenwärtigen Ideologie, daß die Menschen eben deshalb, weil eine zentral angreifende Praxis nicht möglich ist, sich dem irrationalen Glauben verschrieben, man könne durch Reformen bessern. Die Theorie kann aber die Ohnmacht der »kleinen Reformen« zeigen, die Veränderung muß das Ganze der Gesellschaft betreffen.

Der eigentliche Adressat der kritischen Theorie ist heute so »integriert«, daß die Möglichkeit der Theorie (oder einer theoretischen Avantgarde), »die Massen zu ergreifen«[86] ferngerückt ist. Sie kann sich also nur noch an die Herrschenden wenden (deren Interessen weit besser von der traditionellen Theorie ausgesprochen werden), denn nur sie verfügen über die zu ihrer Rezeption erforderliche Bildung und Freiheit. –

Hierauf entgegnete Horkheimer: Man überlegt nicht, wenn man kritische Theorie schreibt, an welche Gruppen man sich wendet. Man denke an Marx oder Kant oder B. Russell: Sie alle schrieben zunächst Werke, die nur von wenigen verstanden wurden. Wenn es gelingt, *das Kritische* zur gegenwärtigen Situation zu sagen und es so scharf wie möglich zu sagen, so wird es auch seine Wirkung haben. – Die kritische Theorie, fügte Adorno hinzu, hatte bei ihrem Auftreten immer den Charakter der Ohnmacht. Die Frage nach ihrer Funktion ist der blinde Fleck der wahren Gedanken. (Hegel!) In keinem gedanklichen Gebilde kann be-

---

85 In der Vorrede zur Sammlung *Eingriffe. Neun kritische Modelle* [1963] heißt es: *Die praktischen Aussichten sind [...] beschränkt. Wer überhaupt Vorschläge anmeldet, macht leicht sich zum Mitschuldigen. Die Rede von einem Wir, mit dem man sich identifiziert, schließt bereits Komplizität mit dem Schlechten ein und den Trug, guter Wille und Bereitschaft zu gemeinsamem Handeln vermöchten etwas zu erreichen, wo jener Wille ohnmächtig ist und die Identifikation mit hommes de bonne volonté eine verkappte Gestalt des Übels. Reine Gesinnung jedoch, die sich Eingriffe versagt, verstärkt ebenfalls, wovor sie zurückschreckt. Den Widerspruch zu schlichten steht nicht bei der Reflexion; ihn diktiert die Verfassung des Wirklichen. In einem geschichtlichen Augenblick aber, da allerorten Praxis abgeschnitten dünkt, die aufs Ganze sich bezöge, mögen selbst armselige Reformen mehr Recht annehmen, als ihnen an sich gebührt.* (GS, Bd. 10·2, S. 458)
86 S. oben, Anm. 52.

reits seine eigene Stellung im historischen Prozeß mitgedacht werden. »Wahr sind nur die Gedanken, die sich selber nicht verstehen.«[87]

Die *objektive Schwierigkeit* des Umschlags der kritischen Theorie in Praxis ist nicht durch die Forderung nach Änderung der theoretischen Position aufzulösen. Die Kapitulation der radikalen Kritik käme nur dem Bestehenden zugute.

III

Diskussionsbeitrag von Herrn Dr. Teschner:

Die »kritische Theorie« ist heute nicht mehr im strengen Sinne »*Kritik der politischen Ökonomie*«. Deshalb ist sie bestimmten gesellschaftlichen Realitäten gegenüber ohnmächtig und tendiert dahin, sich (wie die traditionelle Theorie auch) auf bloße Methodologie (Wissenschaftslehre) zu reduzieren. So gibt es kaum Antworten auf die Frage, wie es in unserer Gesellschaft mit der Marxschen Krisentheorie und den davon abhängenden Möglichkeiten politischer Praxis steht. Statt zunehmender Krisen hat sich eine relativ stabile »Harmonie« hergestellt. Auch die Frage nach dem *Verhältnis von Theorie und Organisation* bleibt unerörtert. Die kritische Theorie hat sich auf Philosophie, wie sie in der Zeit vor Marx betrieben wurde, zurückentwickelt.

Horkheimer: Wir müssen immer wieder betonen: *Soziologie müßte auch heute weitgehend in Ökonomie bestehen!* (Übrigens wird an [einer] Kritik der gegenwärtigen politischen Ökonomie gearbeitet.)[88] Es ist falsch, daß die Krisen von

---

87 Der Satz Adornos findet sich zunächst in den *Minima Moralia* [1951] (vgl. GS, Bd. 4, S. 218) und wird von ihm selbst an zwei Stellen seines Werks zitiert: zunächst im Aufsatz *Erpreßte Versöhnung. Zu Georg Lukács: ›Wider den mißverstandenen Realismus‹* [1958] (vgl. GS, Bd. 11, S. 269) und schließlich in der *Negativen Dialektik* [1966] (vgl. GS, Bd. 6, S. 57 f.). Gershom Scholem gegenüber schreibt Adorno, dieser Satz habe *freilich etwas gut Hegelianisches in sich* (Adorno an Scholem, 14. März 1967, in: Theodor W. Adorno und Gershom Scholem, *Briefwechsel 1939–1969*, hrsg. von Asaf Angermann, Berlin 2015 [*Briefe und Briefwechsel*; 8] S. 414).

88 Nicht ermittelt. – In seinem Vortrag *Spätkapitalismus oder Industriegesellschaft?* [1969] jedenfalls sagt Adorno: *Der gegenwärtige Mangel an einer objektiven Werttheorie ist nicht nur vom Ansatz der akademisch heute fast allein akzeptierten Schulökonomie bedingt. Er weist zurück auf die prohibitive Schwierigkeit, die Bildung von Klassen ohne Mehrwerttheorie objektiv zu begründen. Den Nichtökonomen will es bedünken, daß auch die sogenannten neomarxistischen Theorien ihre Lücken in der Behandlung der konstitutiven Probleme mit Brocken aus der subjektiven Ökonomie zuzustopfen versuchen. Verantwortlich dafür ist gewiß nicht allein Schwächung des theoretischen Vermögens. Denkbar, daß die gegenwärtige Gesellschaft einer in sich kohärenten Theorie sich entwindet. Marx hatte es insofern leichter, als ihm in der Wissenschaft das durchgebildete System des Liberalismus vorlag. Er brauchte nur zu fragen, ob der Kapitalismus in seinen eigenen dynamischen Kategorien diesem Modell entspricht, um in bestimmter Negation des ihm vorgegebenen theoretischen Systems eine ihrerseits systemähnliche Theorie hervorzubringen. Unterdessen ist die Markt-*

»Harmonie« abgelöst wurden. Diese Art von Harmonie wäre eben von der kritischen Theorie als eine unbeschreiblich hohle darzustellen. Sie beruht zu einem Teil auf der Rüstungswirtschaft, die es »dem Westen« ermöglicht, industrielle und Arbeitskraft-Kapazitäten, die sonst brachlägen, zu verwerten. Die damit zugleich erzielten Verbesserungen des Lebensstandards, die nur gewissen sozialen Gruppen zugute kommen, verschleiern die Realität. (Die östlichen Länder, die das Wettrüsten dann mitmachen müssen, können nur durch Konsum-Einschränkung mithalten.) In der Aufklärung dieser Verhältnisse liegen Aufgaben für die kritische Theorie. – Die kritische Theorie wurde am Liberalismus entwickelt, der sich selber als ein *rationales System* verstand. Realität (Warentausch nach Äquivalenten) und liberale Theorie waren beide in einsichtiger Weise *aufeinander bezogen*. Marx übte immer Kritik der bürgerlichen Ökonomie (und Gesellschaft) *und* Kritik der bürgerlichen Ökonomik (Mehrwerttheorien). Die Gesellschaft (und das war für Marx im Grunde noch *ein* Land) läßt sich heute nicht mehr so wie vor hundert Jahren mit ihrem eigenen Begriff konfrontieren. Die heutige Gesellschaft, die unter einer Fassade von Liberalismus sich in etwas ganz anderes verwandelt hat, bietet nicht mehr die objektiven Voraussetzungen der klassischen Kritik der politischen Ökonomie. So ließe sich sagen, daß die Theorie nicht weiter regrediert, als die Gesellschaft selber es (in Richtung auf unmittelbare Herrschaftsverhältnisse) tut. Die Frage, wieweit sich die Objektivität strukturell gewandelt hat, ist nur entscheidbar, wenn die richtigen Untersuchungen angesetzt werden, wozu wohl heute die Kooperation von Ökonomen und Soziologen nötig ist.

ökonomie so durchlöchert, daß sie jeglicher solchen Konfrontation spottet. Die Irrationalität der gegenwärtigen Gesellschaftsstruktur verhindert ihre rationale Entfaltung in der Theorie. (GS, Bd. 8, S. 359)

Wintersemester 1963/64:
Hegel

Philosophisches Hauptseminar mit Max Horkheimer

In diesem Semester hält Adorno zudem die philosophische Vorlesung »Fragen der Dialektik« und gibt das soziologische Seminar »Besprechung ausgewählter Kapitel aus Max Webers ›Wirtschaft und Gesellschaft‹«

Das Seminar findet donnerstags von 18 bis 20 Uhr statt

348–359 Archivzentrum Na 1, 895

348 Manfred Schlichting, 14. November 1963

Protokoll der Sitzung des Philosophischen Hauptseminars am 14. 11. 1963

Das Seminar wandte sich zunächst dem Begriff des Geistes zu, wie er in Hegels Phänomenologie des Geistes und der Wissenschaft der Logik thematisch ist und stufenweise erarbeitet wird. Ausgegangen wurde davon, daß der Geist von der Spekulation, von seiner eigenen Entwicklung nicht sich trennen läßt, da diese wesentlich zu ihm gehört. Wollte man versuchen, den Begriff des Geistes auf eine bündige Formel zu bringen und – um Hegel treu zu bleiben – Geist als Totalität definieren, so würde man gerade dadurch den Hegelschen Gedanken verfälschen; Geist ist wesentlich bestimmt durch Bewegung und Veränderung, und dieser Veränderung zugleich entgegengesetzt, indem er durch die verschiedenen Momente seines Werdens hindurch an der Identität mit sich festhält.

All dies zugestanden, ist es gleichwohl sinnvoll, den Hegelschen Geistbegriff auch einmal aus einer gewissen Distanz zu betrachten, um dem Horizont, den er umschreibt, approximativ sich zu nähern.

Philosophiegeschichtlich ließe der Begriff des Geistes bei Hegel als Substitutum sich auffassen für den Begriff des scholastischen Absoluten, der auf Grund eines Schlusses die Verbindung eines ens necessarium mit dem end realissimum bewerkstelligte. Die aus diesem Schlusse hervorgegangene Einheit löste sich in der Kant'schen Kritik auf, die den Fortgang von der Annahme eines notwendigsten Wesens auf dessen Dasein als unzulässig bezeichnete:

»Hebe ich aber das Subjekt zusamt dem Prädikat auf, so entspringt kein Widerspruch, denn es ist nichts mehr, welchem widersprochen werden könnte.«[1][*1]

Das Pathos des Begriffes Geist tritt zum ersten Male auf im Übergang von der Aufklärung zum Sturm und Drang. Für seine Verknüpftheit mit der historischen Epoche ist die Unübersetzbarkeit des Wortes Geist ein Merkmal, weder das englische »mind« noch das französische »esprit« geben den Sinn des mit »Geist« Gemeinten wieder. Die spezifisch deutsche Epoche des Sturm und Drang ist der historische Ort des Geistbegriffs. In seiner Affinität zum Begriff des Genies dieser Epoche zeigt sich Geist als wesentlich bestimmt durch sein Festgemachtsein am Individuum. Das unterscheidet ihn von dem Begriff, der ihm in der Aufklärung

---

[1] »Wenn ich das Prädikat in einem identischen Urteile aufhebe und behalte das Subjekt, so entspringt ein Widerspruch, und daher sage ich: jenes kommt diesem notwendiger Weise zu. Hebe ich aber das Subjekt zusamt dem Prädikate auf, so entspringt kein Widerspruch; denn *es ist nichts mehr*, welchem widersprochen werden könnte.« (KW, Bd. IV, S. 530 [B 622; A 594])

entspricht, dem Begriff der Raison. Diesem ist individuelle Erfahrung fremd, er verbleibt in der Sphäre des Abstrakt-Allgemeinen.

Bei Hegel ergibt sich das Paradoxon, daß einerseits der Geist bestimmt ist durch seine notwendige Beziehung aufs Absolute, während er andererseits in seiner Bestimmtheit als Subjekt in der Erfahrung von Endlichem seiner Konkretion im Individuum zugeführt wird. Dieser Geist, der sich konkretisiert durch seine Beziehung aufs Endliche, wird hinausgetrieben über das, was er noch im Kantschen Vernunftbegriff war, der Transzendentales und Empirisches – als strenge Folge der Trennung von Apriori und Aposteriori auseinanderhält.

»Die transzendentale Idee von einem notwendigen allgenugsamen Urwesen ist so überschwenglich groß, so hoch über alles Empirische, das jederzeit bedingt ist, erhaben, daß man teils niemals Stoff genug in der Erfahrung auftreiben kann, um einen solchen Begriff zu füllen, teils immer unter dem Bedingten herumtappt, und stets vergeblich nach dem Unbedingten, wovon uns kein Gesetz irgend einer empirischen Synthesis ein Beispiel oder dazu die mindeste Leitung gibt, suchen wird.«[2][*2] Dem hier starr auseinandergehaltenen Gegensatz von Endlichem und Absolutem entspricht auch das Diktum Kants, er habe das Wissen aufgehoben, um zum Glauben Platz zu bekommen.[3][*3] Die Vermittlung eben dieses abstrakten Gegensatzes wird zum Inhalt der Hegelschen Philosophie. Indem Hegel den Geist auf die Endlichkeit verweist, wird dieser selbst endlich und überläßt sich der Erfahrung seiner Endlichkeit im Wechsel ihrer Gestalten. Dadurch, daß die Endlichkeit in ihrem Vergehen über die Schranke als ihre Bestimmung hinausgehen muß, widerstreitet sie selbst ihrem Begriff; in ihrer Negation wird sie zu ihrem Gegenteil, dem Unendlichen, das in der beharrenden Abfolge der endlichen Momente seines Werdens zugleich sein Bestehen hat. Der Geist erhält gerade durch seine Bestimmung, ein Endliches zu sein, in der Vermittlung seiner selbst die Konkretion als Absolutes. So zu verstehen ist die Vielzahl der Stufen des Geistes, die alle auch schon Geist sind. Die ganze Kraft des Besonderen als des

---

2 Ebd., S. 549 (B 649; A 621).
3 »Ich kann also *Gott, Freiheit* und *Unsterblichkeit* zum Behuf des notwendigen praktischen Gebrauchs meiner Vernunft nicht einmal *annehmen*, wenn ich nicht der spekulativen Vernunft zugleich ihre Anmaßung überschwenglicher Einsichten *benehme*, weil sie sich, um zu diesen zu gelangen, solcher Grundsätze bedienen muß, die, indem sie in der Tat bloß auf Gegenstände möglicher Erfahrung reichen, wenn sie gleichwohl auf das angewandt werden, was nicht ein Gegenstand der Erfahrung sein kann, wirklich dieses jederzeit in Erscheinung verwandeln, und so alle *praktische Erweiterung* der reinen Vernunft für unmöglich erklären. Ich mußte also das *Wissen* aufheben, um zum *Glauben* Platz zu bekommen, und der Dogmatism der Metaphysik, d. i. das Vorurteil, in ihr ohne Kritik der reinen Vernunft fortzukommen, ist die wahre Quelle alles der Moralität widerstreitenden Unglaubens, der jederzeit gar sehr dogmatisch ist.« (KW, Bd. III, S. 33 [B XXIX f.])

Lebens des Allgemeinen wird bei Hegel zum Inhalt der Philosophie: Endliches vernichtet sich nach seiner eigenen Logik und wird durch seine Schranke über sie hinaus zum Absoluten. Geist ist der Äther, in dem Bedingtes in der Vielfalt seiner Differenzierungen zum Unbedingten wird. Bei Hegel ist das principium individuationis nicht ein dem Absoluten Äußerliches, sondern der Prozeß der Vermittlung, der die Einheit von Besonderem und Allgemeinem erst stiftet. Ohne diese Vermittlung bleiben beide Seiten abstrakt, durch sie hebt die zwischen Subjekt und Absolutem bestehende Entfremdung sich auf. Diese Stelle läßt die Verwandtschaft der Hegelschen Philosophie mit der Mystik ebenso hervortreten, wie sie andererseits den ganzen Unterschied zu dieser evident macht. Wie das Hegelsche System fordert die Mystik die Einheit von Individuum und Absolutem. Jedoch läßt diese Einheit als abstrakt-unmittelbar gesetzte dem Individuum keinen Raum, es wird vom Absoluten aufgezehrt. Hegel kommt es demgegenüber darauf an, diese Einheit als Resultat des Prozesses der bestimmten Negation zu gewinnen. Bei ihm ist das Subjekt die konkrete Gestalt des erscheinenden Absoluten. Je autonomer das individuelle Subjekt in seinem Vermittlungsprozeß wird, desto mehr verliert auch das Absolute seinen heteronomen Charakter. Die Eliminierung des dem endlichen Subjekt Entgegengesetzten verleiht ihm Absolutheit: Die von Kant aufgelöste Einheit von ens necessarium und ens realissimum stellt sich wieder her.

Wie das Endliche nur als Erscheinungsform des Absoluten wesentlich ist, so ist andererseits das Absolute an diese seine konkrete Gestalt als die Bedingung seines Erscheinens gebunden. In dieser seiner Äußerung ist das Absolute als lebendiger Geist auf Zeit verwiesen, er hat sein Bestehen nur in konkreten geschichtlichen Momenten. Geist ist für Hegel aber auch immer ein das individuelle Bewußtsein transzendierender »Geist der Zeit«, wie er in der Vorrede zur Rechtsphilosophie davon spricht, daß Philosophie »ihre Zeit in Gedanken erfaßt«[4][*4] sei. Zugleich aber erfolgt diese geschichtsphilosophische Kritik an der prima philosophia auf dem Boden einer Theorie, die selbst noch prima philosophia ist. Das macht die Aporie aus, mit der Hegels Begriff des Absoluten behaftet ist. Wahrheit schließt einen Zeitkern ein und transzendiert als systematische zugleich jede Zeitlichkeit. Diese Aporie ist dem Hegelschen System unabdingbar und weit zugleich über es hinaus, der Austrag der Aporie muß das System sprengen.

M. Schlichting

---

4 »Das *was ist* zu begreifen, ist die Aufgabe der Philosophie, denn das *was ist*, ist die Vernunft. Was das Individuum betrifft, so ist ohnehin jedes ein *Sohn seiner Zeit*, so ist auch die Philosophie *ihre Zeit in Gedanken erfaßt*.« (HW, Bd. 7, S. 26)

[*1] Kant, Kritik der reinen Vernunft, 1781, 1. Auflage,[5] S. 594
[*2] a.a.O. S. 621
[*3] 2. Aufl. 1787,[6] S. XXX
[*4] Hegel, Philosophie des Rechts, herausgegeben von Georg Lasson 1930,[7] S. 15

---

5 Vgl. Immanuel Kant, Critik der reinen Vernunft, Riga 1781.
6 Vgl. Immanuel Kant, Critik der reinen Vernunft, 2. Aufl., Riga 1787.
7 D.i. die unveränderte 3. Aufl. von HSW, Bd. VI.

349 Hans-Joachim Giegel,
21. November 1963

Prof. Adorno: Philosophisches Hauptseminar Wintersemester 63/64

Protokoll vom 21. 11. 63

Wenn Hegel in seiner Enzyklopädie dem dritten, die beiden ersten in eine Einheit zurücknehmenden Teil des Systems den Titel Philosophie des Geistes gibt,[8] so liegt darin eine Anweisung, das, was hier Geist heißt, im Zentrum seiner Philosophie zu suchen und als das Problem zu begreifen, was sein Denken vorantrieb. Deutlich macht dies die Erkenntnis, daß Geist den Widerspruch wie die Vermittlung zwischen dem in seiner Mächtigkeit erfahrenen Individuum und dem als prozeßhafte Totalität gedeuteten Absoluten bezeichnet.

Kant hatte das Subjekt, insofern es erkennendes ist, auf den Bereich der Erfahrung verwiesen und eingeschränkt. Dabei hatte er zwar deutlich zwischen dem gegenständlichen Wissen und der transzendentalen Reflexion auf dieses Wissen unterschieden, aber gerade die Möglichkeit dieser Reflexion nicht überdacht, wenn nicht sogar deren Unmöglichkeit, indem er das Wissen derart beschränkte, wider sein eigenes Tun behauptet.

Die Lösung dieser Aporie, die das Denken über Kant hinaustreiben mußte, konnte, wenn anderes überhaupt Aussagen über das Subjekt möglich sein sollten, nur so erfolgen, daß das Subjekt als eines Wissens mächtig erkannt wurde, das zugleich die Möglichkeit eben dieses Wissens verbürgen, in seinem Wissen auch sich selbst noch erfassen konnte. Solange Wissen noch an die Gegebenheit des Inhalts, noch an einen wie immer gearteten Anstoß gebunden war, konnte derart sich begreifendes Wissen nicht verstehbar gemacht werden. Erst als das Denken seinen Inhalt nicht als ein ihm Fremdes, sondern als Produkt seiner eigenen Tätigkeit erfuhr, erlangte es die Kraft, noch die Rückwendung auf sich selbst zu begreifen.

Diese Notwendigkeit hat Hegel in der Erörterung der Grenze dargestellt. Wenn Grenze zunächst nur als das erscheint, was etwas eingrenzt, um anderes auszugrenzen, so zeigt sich in Wahrheit, daß damit ebenso das andere bestimmt und somit nicht außerhalb der Grenze fällt. Mit der Eingrenzung von etwas ist zugleich der Prozeß gesetzt, daß »das Etwas, welches nur in seiner Grenze ist, ebensosehr sich von sich selbst trennt und über sich hinaus auf sein Nichtsein weist und dies

---

[8] Vgl. Hegel, »Enzyklopädie der philosophischen Wissenschaften im Grundrisse (1830). Dritter Teil. Die Philosophie des Geistes. Mit den mündlichen Zusätzen«, HW, Bd. 10.

als sein Sein ausspricht und so in dasselbe übergeht« (Wissenschaft der Logik I, 115)[9]. – Wo Grenze ist, da ist auch schon immer das Hinaus über sie. Die Beschränktheit des Subjekts, die es in seiner Erfahrung erleidet, ist eben der Stachel, der es über die Schranke hinaustreibt. Seine Endlichkeit in ihrer Wahrheit erfaßt ist seine Unendlichkeit. Diese meint nicht den endlosen Fortgang von einem zum anderen – so wäre sie nur schlechte Unendlichkeit, wie sie im infinitum der Mathematik auftritt –, nicht den rastlosen Prozeß, der nur über die Schranke hinaustreibt, um eine neue entgegenzusetzen, sondern das schlechthinnige Aufheben der Schranke und in einem damit des Über-sich-Hinausgehens und somit die wahre Einheit von Endlichkeit und unendlichem Fortgang.

Daß das Subjekt selbst absolut sein müsse, war die Antwort Hegels auf die Frage, wie das Wissen des Absoluten mächtig werden könne. Solange das Bewußtsein, und sei es, daß es die Schranken selbst setzt, in sich beschränkt ist, kann es nur Beschränktem teilhaftig werden. Erst im Sich-Entwinden seiner Schranken kann es das Absolute erfahren. – Damit ist zugleich die eine Seite der als Geist gefaßten Vermittlung angezeigt, insofern nämlich das einzelne, individuelle Subjekt als in seiner Kraft erfahren nicht mehr der Totalität des übermächtigen Absoluten entgegensteht, sondern sich zu ihr erhebt.

Das Ziel, zu dem Hegels Denken auf dem Weg ist und das es zu erreichen wähnt, nämlich der Aufweis, daß das Objektive nichts dem Subjekt Fremdes ist, weil dieses recht begriffen selbst die Objektivität ausmacht, wird das Seminar beschäftigen. Wie solches Eingehen auf Hegel fruchtbar wird, wurde in einigen Bemerkungen erörtert, wenngleich einschränkend darauf hingewiesen wurde, daß methodologische Fragen sich nicht losgelöst entscheiden lassen, sondern nur im methodischen Durchgang der Sache selbst ihre Klärung finden. Doch kann vorgreifend gesagt werden, daß Verstehen eines Autors immer schon ein kritisches Hinausgehen über ihn sein muß. Nicht kommt es darauf an, allein dessen subjektiver Intention nachzugehen, nicht wird er verstanden, solange bloß die

---

9 »Ferner aber ist das Etwas, wie es außer der Grenze ist, das unbegrenzte Etwas, nur das Dasein überhaupt. So ist es nicht von seinem Andern unterschieden; es ist nur Dasein, hat also mit seinem Andern dieselbe Bestimmung, jedes ist nur Etwas überhaupt, oder jedes ist Anderes; beide sind so *Dasselbe*. Aber dies ihr zunächst unmittelbares Dasein ist nun gesetzt mit der Bestimmtheit als Grenze, in welcher beide sind, was sie sind, unterschieden voneinander. Sie ist aber ebenso ihre *gemeinschaftliche* Unterschiedenheit, die Einheit und Unterschiedenheit derselben, wie das Dasein. Diese doppelte Identität beider, das Dasein und die Grenze, enthält dies, daß das Etwas sein Dasein nur in der Grenze hat, und daß, indem die Grenze und das unmittelbare Dasein beide zugleich das Negative voneinander sind, das Etwas, welches nur in seiner Grenze ist, ebensosehr sich von sich selbst trennt und über sich hinaus auf sein Nichtsein weist und dies als sein Sein ausspricht und so in dasselbe übergeht.« (HSW, Bd. III, S. 115; vgl. HW, Bd. 5, S. 137 f.)

Folgerichtigkeit seines Gedankens aufgespürt wird, sondern erst, wenn der Blick, der auf die intendierte Sache selbst gerichtet ist, diesen im Gesagten erscheinen sieht, enthüllt sich dessen Sinn: Im Vernehmen des vom Autor Ausgesprochenen muß ständig die eigene Erfahrung des Gegenstandes wirksam sein. Indem jener nicht ein nur ihm Vertrautes, sondern die aus welchem Dunkel auch hervorgeholte, so doch offenkundige Wahrheit zur Sprache bringen will, verweist er selbst schon über sich hinaus an die Sache. Verstehen muß darum immer schon kritisches Verstehen sein, ein Prüfen des Gesagten auf seine Triftigkeit hin.

Von dieser Hinsicht ist auch die von Professor Adorno verfaßte Schrift »Aspekte« geleitet,[10] deren wesentliche Momente Herr Althaus referierte.[11] Zwei Gedanken sind es insbesondere – und sie sind auch als Gegenstand für die Diskussion eigens herausgehoben worden –, auf die bei Hegel zu reflektieren ist. Bei beiden kommt gleichermaßen der Zweifel auf, ob sie wirklich leisten, was sie vorgeben, indem zum einen fraglich wird, ob die Vermittlung von Subjekt und Objekt nicht letzthin auf einen Vorrang des Subjekts hinausläuft, das alleine von sich aus bestimmt, wie sein Verhältnis zu dem ihm anderen gefaßt werden muß. Zum anderen aber entsteht der Verdacht, daß, wo der Geist diese Vermittlung vollbringen soll, er sein anderes Moment, mit der er unzertrennlich verbunden sein müßte, nämlich die körperliche Arbeit, unterschlagen, vielleicht sogar damit den diesem gebührenden Vorrang für sich beansprucht habe, so daß die Fragwürdigkeit dieser Vermittlung darin bestünde, daß das Vermittelnde selbst unvermittelt bleibt.

Daß sich Denken bei Hegel an der Mannigfaltigkeit des Stoffes abmüht, daß es sich der Sache in ihrer Konkretheit anvertraut, bezeichnet die Wende dieser Philosophie. Das Subjekt muß durch das ihm Fremde hindurchgehen, um wahrhaft die Versöhnung mit ihm zu finden. Aber gerade dies, daß die Versöhnung immer wieder gelingt, daß selbst die äußerste Negativität noch in Positivität umschlagen kann, bezeichnet das Moment des Truges. Zu gering scheint die Kraft des Entgegenstehenden veranschlagt, zu wenig das andere in seinem Widerstand gestärkt, vielmehr bleibt alles in den Kreis jenes Willens gebannt, der vorgreifend schon vor Beginn des Ganges entschieden hat, daß die Versöhnung gelingen muß. Diese Vorentscheidung bringt es zugleich mit sich, daß das Bestehende, indem es in die Versöhnung geführt wird, gerechtfertigt und das, was dennoch widerstrebt, in die Unwesentlichkeit abgedrängt wird. Hier müßte nachgefragt werden, ob das,

---

10 Die Studie erscheint 1957 zuerst unter dem Titel *Aspekte der Hegelschen Philosophie* (Berlin und Frankfurt a. M.) und geht 1963 unter dem Titel *Aspekte* gemeinsam mit *Erfahrungsgehalt* und *Skoteinos oder Wie zu lesen sei* in das Buch *Drei Studien zu Hegel* (Frankfurt a. M. [edition suhrkamp; 38]) ein; vgl. GS, Bd. 5, S. 247–381; hier: S. 251–294.
11 Axel Althaus, »Aspekte von Hegel«, Archivzentrum Na 1, 895.

was als uneinholbarer Rest verbleibt, was, wie Erfahrung zeigt, nicht dem Postulat der Vernünftigkeit sich beugt, nur die unwesentliche und zufällige Existenz ausmacht oder gerade in die Mitte jener Wirklichkeit gehört, deren Vernünftigkeit dargetan werden soll. Nicht jedoch darf Kritik durch den Vorwurf, dem Gegenstand äußerlich zubleiben, sich abhalten lassen, die Kraft der eigenen Erfahrung ins Spiel zu bringen, wenn anders nach Hegel das Außen auch das Innen und die Erscheinung Manifestation des Wesens sein soll.

Was das zweite Moment betrifft, die Vermutung, daß Geist nichts anderes als die nach innen genommene Arbeit darstellt, so hat dies einen ersten Hinweis[12] in Hegels Bestimmung des Geistes als eines produzierenden. Schon bei Kant hatte sich der allmähliche Vorrang des praktischen vor dem theoretischen Ich herausgebildet, was dann bei Fichte von Anbeginn und in aller Schärfe festgehalten wurde. Zwar mußte auch das theoretische Ich als Ursprung der Kategorien produzierend sein, aber da diese noch an die Formen der Anschauung und damit an Gegebenheit gebunden waren, wurde die autonome Selbstständigkeit alleine dem praktischen Ich vorbehalten. Zwar sollte es »am Ende ein und dieselbe Vernunft sein, die bloß in der Anwendung unterschieden« sei (Grundlegung zur Metaphysik der Sitten, S. 391)[13], aber zu diesem Ende konnte es nicht kommen, da theoretische Vernunft einmal eingeschränkt, das »Primat der praktischen Vernunft« (Kritik der praktischen Vernunft, S. 215)[14] anerkennen mußte. Die Einheit der beiden konnte erst dann gedacht werden, nachdem auch theoretische Vernunft sich in der gegenüberstehenden Wirklichkeit als dem Produkt ihrer eigenen

---

12 Konjiziert für: »Anweis«.
13 »Im Vorsatze nun, eine Metaphysik der Sitten dereinst zu liefern, lasse ich diese Grundlegung vorangehen. Zwar giebt es eigentlich keine andere Grundlage derselben, als die Kritik einer reinen praktischen Vernunft, so wie zur Metaphysik die schon gelieferte Kritik der reinen speculativen Vernunft. Allein theils ist jene nicht von so äußerster Nothwendigkeit als diese, weil die menschliche Vernunft im Moralischen selbst beim gemeinsten Verstande leicht zu großer Richtigkeit und Ausführlichkeit gebracht werden kann, da sie hingegen im theoretischen, aber reinen Gebrauch ganz und gar dialektisch ist: theils erfordere ich zur Kritik einer reinen praktischen Vernunft, daß, wenn sie vollendet sein soll, ihre Einheit mit der speculativen in einem gemeinschaftlichen Princip zugleich müsse dargestellt werden können, weil es doch am Ende nur eine und dieselbe Vernunft sein kann, die bloß in der Anwendung unterschieden sein muß. Zu einer solchen Vollständigkeit konnte ich es aber hier noch nicht bringen, ohne Betrachtungen von ganz anderer Art herbeizuziehen und den Leser zu verwirren. Um deswillen habe ich mich statt der Benennung einer Kritik der reinen praktischen Vernunft der von einer Grundlegung zur Metaphysik der Sitten bedient.« (Immanuel Kant, Grundlegung zur Metaphysik der Sitten [1785], in: Kant's gesammelte Schriften, hrsg. von der Königlich Preußischen Akademie der Wissenschaften, Bd. I·IV, Berlin 1903, S. 385–463; hier: S. 391; vgl. KW, Bd. VII, S. 15 f. [BA XIII f.])
14 Vgl. den Abschnitt »Von dem Primat der reinen praktischen Vernunft in ihrer Verbindung mit der spekulativen«, ebd., S. 249–252 (A 215–219).

Tätigkeit wiedererkannte und sich so zur Autonomie befreite. Diese Vermittlung versucht Hegel unter dem Titel des Geistes zu denken. Ob freilich damit das Wesen der Tätigkeit, in der das Subjekt sich in die Wirklichkeit hineinarbeitet, getroffen ist und nicht vielmehr das Moment der körperlichen Arbeit nicht nur unerfaßt bleibt, sondern ungebührlich abgedrängt wird, während es recht verstanden vielleicht das Ganze der Vermittlung darstellt, die nur idealistisch verfärbt als Geist erscheinen kann, dieser Frage nachzugehen, wird die Aufgabe des Seminars sein.

Beide an Hegel zu stellende Fragen, die nach dem Vorrang des Subjekts und die nach dem im Geist unterschlagenen Moment der körperlichen Arbeit, sind nicht getrennt voneinander. Denn einerseits kann das, was idealistisches Denken gerne an den Rand drängen möchte, die widerstrebende Objektivität, nur dann nicht bloß als unwesentliche Existenz, sondern als in das Zentrum der Vermittlung gehörig erkannt werden, wenn das Prinzip der Vermittlung selbst eine Wandlung erfährt, wie umgekehrt ein in seiner Wahrheit gefaßtes Prinzip der Vermittlung den Widerspruch ertragen könnte und nicht in scheinbare Identität auflösen mußte.

Hans-Joachim Giegel
Stud. med. et phil. 8. Semester

350 Klaus Barck,
28. November 1963

Protokoll des philosophischen Hauptseminars vom 28. 11. 1963

Die Hegelsche Philosophie trachtet danach, der umstandslosen Reduktion der Erscheinungen auf ein ihnen zugrunde liegendes Prinzip gerade dadurch zu entgehen, daß sie deren Mannigfaltigkeit als wenn auch unentwickelte in den Grund selbst hineinverlegt, um sich auf diese Weise in die Lage zu versetzen, als immanenten Gang der Sache selbst auftreten lassen zu können, was trotz allem am Ende doch Veranstaltung eines selbstgemachten Subjekt-Objekts bleibt. Indem sie dergestalt die Dialektik als Selbstbewegung eines absoluten Subjekts, welches als zu sich selbst gekommenes gleich der Objektivität sein soll, und die Geschichte als dessen Schauplatz vorentscheidet, muß es ihr weniger schmerzhaft werden, dem Negativen ins Angesicht zu schauen, als ihrer eigenen Versicherung zufolge zu erwarten gewesen wäre. Hat sie also der Ursprungsphilosophie entrinnen wollen, indem sie den Anfang selbst als vermittelten nachwies, so verfällt sie ihr schließlich doch wieder, weil sie die Kategorie der Vermittlung hypostasiert. Obwohl noch während der Entwicklung des Begriffs auf jeder Stufe die Unmittelbarkeit sich neu betont, wird sie doch im weiteren Verlauf als ein bloßes Moment vom Strom reiner Negativität aufgesogen, welcher vor lauter Flüssigkeit absoluter Ruhe zum Verwechseln ähnelt. So läuft die Bewegung des Begriffs, weil ihr der Widerstand des Nichtidentischen allzu schnell sich verflüchtigt, Gefahr, nur zum Schein vor sich zu gehen und, was als Unwahrheit schon existierte, zu bestätigen, wodurch die Trennung von formaler Kritik und inhaltlichem Positivismus sich wiederherstellt, welche doch gerade überwunden werden sollte. Wenn man nicht die Identitätsthese schon voraussetzt und in eins damit die wie immer auch konkrete Einheit der Subjektivität als Prinzip, dann muß das Gleichgewicht von Subjekt und Objekt hinfällig werden, welches jene zumindest als gewordenes behauptet. Eine Theorie der dialektischen Vernunft, die von der herrschenden Realität sich dazu verhalten sieht, vom Vorrang des Objekts auszugehen und damit zugleich dem in Begriffe nicht ohne Rest Aufzulösenden eine viel gewichtigere Bedeutung zuzumessen, kann sich nicht länger auf die formale Identität berufen, ohne mit den spezifischen Differenzen sich einzulassen, über welche als Grenzen des Begriffs nicht hinaussein kann, wer den absoluten Identitätsanspruch aufgekündigt hat.

Der Begriff der Arbeit bezeichnet im Hegelschen System eine jener Stellen, an welchen sich die konsequente Entfaltung der Sache selbst aus ihrer eigenen Schwerkraft heraus auch wider den Willen des Autors gegen dessen idealistische Voraussetzung durchsetzt. Gelegentlich der Dialektik von Herrschaft und

Knechtschaft weist Hegel die Funktion nach, die der Arbeitsprozeß für die Erhebung des Selbstbewußtseins zur Selbständigkeit besitzt.[15] In der Logik handelt er die Arbeit unter dem Titel der Teleologie ab.[16] Indem jedoch die Seite der gegenständlichen Welt dabei vom Geist als eine der Potenz nach schon aufgehobene gesetzt wird, fällt es ihm nicht schwer, sie darauf wieder als eine bloß verschwindende ins Subjekt zurückzunehmen. Was Marx im Hegelexkurs der ökonomisch-philosophischen Manuskripte dessen falschen Positivismus nennt,[17] resultiert aus Hegels Annahme des Wissens als des einzigen gegenständlichen Verhaltens. Weil Hegel jede bleibende Vergegenständlichung schon als eine Entfremdung des Selbstbewußtseins ansieht, läßt er das Subjekt übers Objekt hinübergreifen, um es auch noch in seinem Anderssein unmittelbar bei sich selbst sei lassen zu können. Eine Neuformulierung der Dialektik aber muß Wert legen auf den materialistischen Akzent der einzelnen Kategorien, auf das, was innerhalb des Subjekts doch nicht als solches aufgeht, vielmehr vermöge seiner ontischen Momente die Rückerinnerung an Faktizität ins Bewußtsein hineinträgt.

In der Dialektik von Herr und Knecht als einer der Objektivation kann das Subjekt überhaupt nur dann sich nach außen setzen, wenn es selbst gegenständlich, ein Stück Natur ist. Reine Tätigkeit dagegen müßte sich, solange sie jeden inhaltlichen Moment gegenüber unzugänglich bleibt, mit einem unverbundenen Korrespondenzverhältnis zur Äußerlichkeit begnügen. Indem der Geist am Nichtich sich abarbeiten soll, muß er immer auch selbst Nichtich sein. Hat er nur als vermittelter einen Sinn, so wäre er vermessen, zur Totalität sich aufwerfen zu wollen. Absoluter Geist, völlig befreit von seinem Anderen, wäre ein Nichts. Zu seinen immanenten Bedingungen gehört ein Moment zunächst begriffsloser

---

15 Vgl. den Abschnitt »Selbständigkeit und Unselbständigkeit des Selbstbewußtseins; Herrschaft und Knechtschaft«, HW, Bd. 3, S. 145–155; dort S. 150 f.
16 Vgl. HW, Bd. 6, S. 436–461.
17 Marx bemerkt in den »Ökonomisch-philosophischen Manuskripten aus dem Jahre 1844« [1932], »daß der selbstbewußte Mensch, insofern er die geistige Welt – oder das geistige allgemeine Dasein seiner Welt – als Selbstentäußerung erkannt und aufgehoben hat, er dieselbe dennoch wieder in dieser entäußerten Gestalt bestätigt und als sein wahres Dasein ausgibt, sie wiederherstellt, {in *seinem*} *Andersssein als solchem bei sich* zu sein vorgibt, also nach Aufhebung z. B. der Religion, nach der Erkennung der Religion als eines Produkts der Selbstentäußerung, dennoch in der *Religion* als *Religion* sich bestätigt findet. Hier *ist* die Wurzel des *falschen* Positivismus Hegels oder seines nur *scheinbaren* Kritizismus: was Feuerbach als Setzen, Negieren und Wiederherstellen der Religion oder Theologie bezeichnet – was aber allgemeiner zu fassen ist. Also die Vernunft ist bei sich in der Unvernunft als Unvernunft. Der Mensch, der in Recht, Politik etc. ein entäußertes Leben zu führen erkannt hat, führt in diesem entäußerten Leben als solchem sein wahres menschliches Leben. Die Selbstbejahung, Selbstbestätigung im *Widerspruch* mit sich selbst, sowohl mit dem Wissen als mit dem Wesen des Gegenstandes, ist also das wahre *Wissen* und *Leben*.« (MEW, Bd. 40, S. 581)

Faktizität unabdingbar hinzu, welches selber erst die Bildung eines Subjekts ermöglicht. Verweist der Geist notwendig auf etwas, was er nicht ist, dann wird dadurch seine von Hegel behauptete übergreifende Beziehung zur Gegenständlichkeit korrigiert. Wie Arbeit als abstrakte Geist war, ist dieser jetzt reale Arbeit. Der Grund hat selber ein Anderes in sich, kann also nicht länger die Existenz aus sich entlassen. Darüber hinaus muß die Kritik am Totalitätscharakter des Geistes sämtliche einzelnen Bestimmungen der idealistischen Dialektik affizieren und sie zu unreinen machen. Da sie als körperliche auf Natur bezogen bleibt, darf das Subjekt von Arbeit nicht völlig abstrahieren. So müssen auch die geistigen Wesenheiten der Logik immer auch als »Abstraktionen von Naturbestimmungen« (Marx)[18] sich erläutern lassen. Beide, Arbeit und Geist, können ohne Natur ebensowenig vorgestellt werden wie letztere ohne Arbeit. Als Arbeit ist jede individuelle unmittelbar allgemeine Tätigkeit. Das bezeichnet zugleich ihr geistiges Moment. Sie hebt als gesellschaftliche das Individuum in sich auf. Ohne Gesellschaft wäre auch ein transzendentales Subjekt, welches ja durchaus als der sublimierte Inbegriff aller vernunftbegabten Wesen gelten darf, gar nicht zu denken. Von Dialektik ist nicht abzutrennen das der gegenständlichen Tätigkeit innewohnende Moment der Einzelheit, welche dem Allgemeinen nicht bruchlos sich fügt. Bei Hegel verschwindet sie, obwohl auf jeder Entwicklungsstufe des Systems sich von neuem erzeugend, doch schließlich aus der Totalität. Wenn Hegel die Identität von Subjekt und Objekt lehrt, müßte methodisch diese auch aufs Objekt sich reduzieren lassen. Das würde einen in seiner Zusammensetzung sich verändernden Begriff von Dialektik zur Folge haben. Nimmt man darüber hinaus die prätendierte Einheit von Apriori und Aposteriori beim Wort, so hätte sie ihre Legitimation sowohl vorm spekulativen Begriff als auch von der unreglementierten Erfahrung selbst zu verantworten. Demgemäß bliebe reiner Geist so lange Ideologie, wie von seiner Verwirklichung nicht zu Recht gesprochen werden könnte.

---

[18] »Wie die Natur, von dem Denker in seiner ihm selbst verborgnen und rätselhaften Gestalt, als absolute Idee, als Gedankending eingeschlossen lag, so hat er in Wahrheit, indem er sie aus sich entlassen hat, nur diese *abstrakte Natur* – aber nun mit der Bedeutung, daß sie das Anderssein des Gedankens ist, daß sie die wirkliche angeschaute, vom abstrakten Denken unterschiedne Natur ist – nur das *Gedankending* der Natur aus sich entlassen. Oder, um eine menschliche Sprache zu reden, bei seiner Naturanschauung erfährt der abstrakte Denker, daß die Wesen, welche er in der göttlichen Dialektik als reine Produkte der in sich selbst webenden und nirgends in die Wirklichkeit hinausschauenden Arbeit des Denkens aus dem Nichts, aus der puren Abstraktion zu schaffen meinte, nichts andres sind, als *Abstraktionen* von *Naturbestimmungen*. Die ganze Natur wiederholt ihm also nur in einer sinnlichen, äußerlichen Form die logischen Abstraktionen.« (Ebd., S. 587)

Indem bei Hegel der Geist als das Erste der Philosophie sich zur Totalität macht und diese als die Wahrheit ausgibt, obgleich die Realität unvernünftig bleibt, trägt er als bloß usurpierte und so falsche Einheit zur Rechtfertigung der bestehenden Verhältnisse bei. Das geschlossene System enthüllt sich als sich selbst undurchsichtig gebliebener Zusammenhang von Herrschaft und Zwang, als Mangel an Rechtschaffenheit gegen das Nichtidentische. Der Prozeß der Geschichte wird repressiv und als einer von Anpassung sanktioniert. Aus solcher Kritik am absoluten Geist folgt nun aber nicht die Verabsolutierung der Gegebenheit. Insofern nämlich die Basis in sich schon vermittelt ist, wird ihr der Überbau nicht mehr von außen angetan. Der Geist läßt sich vom Material, auf das er als Arbeit sich bezieht, ebensowenig trennen wie andererseits dieses von ihm. Er stellt nicht nur eine Abstraktion von den gegenständlichen Arbeitsbestimmungen dar. Vielmehr enthält er ein nichtontisches Moment und hebt sich so von Natur, mag er auch noch so untrennbar mit ihr verbunden sein, doch auch wieder ab. Dieses Nichtableitbare an ihm ließe negativ sich dadurch charakterisieren, daß man sagt, er besitze die Möglichkeit, noch sich selber als ein restlos Reduktibles zu denunzieren. Das entspräche negativer Dialektik, welche vor jeglicher ausgesprochenen Positivität auf der Hut zu sein gelernt hat. Die entfaltete Beziehung von Geist auf Arbeit ist auch deshalb, weil beide nicht erste Prinzipien sind, keine μετάβασις εἰς ἄλλο γένος. Wollte man daraus die Konsequenz ziehen und die Vermittlung selbst als Urprinzip reklamieren, so würde dergleichen formale Veranstaltung zugleich der Verbindlichkeit systemfreier Dialektik sich entziehen, vorhandene Widersprüche in ihrer jeweils historischen Konkretion ohne Angst vorm Chaos zu artikulieren. Was die Frage des immanenten Übergangs von Hegels Philosophie zu einem materialistischen Begriff von Dialektik anbelangt, so scheint der Idealismus als System einen Zauberkreis zu bilden, der weder von innen noch von außen den Ausgang freigibt. Sicher jedoch bedarf es eines Wissens von außen, welches sich dann in die Tendenzen der Sache umsetzen lassen müßte, um kein bloß äußerliches zu bleiben. Innen und außen verweisen notwendig aufeinander. Fürs Verhältnis von Soziologie und Philosophie bedeutet das: Die gesellschaftliche Arbeit wird selber als der rationale Kern der sich idealistisch mystifizierenden Dialektik entschlüsselt, nicht jedoch gleichsam bloß in die Philosophie hineingemogelt.

(Klaus Barck)

351 Ulrich Beyer,
5. Dezember 1963

Ulrich Beyer

Protokoll des Seminars vom 5. 12. 1963.

Für Kojève, der von Husserl herkommt und Motive Heideggers übernommen hat, ist die Dialektik von Herrschaft und Knechtschaft der Schlüssel zum Verständnis der ganzen hegelschen Phänomenologie.[19] Er interpretiert diesen Abschnitt, der namentlich in der marxistischen Diskussion hervorgehoben worden ist, auf anthropologische Konstanten hin. Der phänomenologische Hegel hätte diese Interpretation nicht gelten lassen. Der Begriff des Geistes in der Phänomenologie läßt kein ihm Exterritoriales, kein Äußeres zu. Wenn der Geist die ganze Welt in sich begreift, muß die Phänomenologie, das Werden dieses Geistes zu sich selbst, das Ganze sein. Außerhalb der Geschichte des erscheinenden Wissens liegende anthropologische Konstanten sind schwer vorstellbar. Die Phänomenologie beansprucht – ohne daß es ihr schon letztlich verbürgt wäre – Natur und Geschichte aus dem Begriff der Wahrheit zu entfalten. Erst der spätere Hegel versucht, die ganze bestehende Welt als System, als Abgeschlossenes zu sehen. Die Entwicklung der Welt aus dem Begriff der Wahrheit sollte inhaltlich geleistet werden. Das machte es notwendig, auch Invarianten darin festzuhalten. Sonst wäre der Anspruch auf ein konkretes Ganzes eine Behauptung geblieben. Von der Intention des reifen Hegel, im Realen das System der vollendeten Vernunft zu begreifen, ist dagegen in der Phänomenologie nichts zu finden. Sie kann zunächst nur als das Hinführen zu jenem Punkt angesehen werden, in welchem das System als vollendetes sich zeigt. In der Phänomenologie ist die ganze Welt noch als Phänomen, wesentlich als Prozeß gefaßt. Geist als in sich vermittelter und bestimmt in seinen Momenten wie diese in ihm, kann deshalb ebenso nur Prozeß sein wie die Welt. Geist ist, wie sich zeigt, in der Phänomenologie viel mehr tätiges Subjekt – ähnlich dem Subjekt Fichtes – als in den späteren Schriften. In ihnen, die das System als Resultat seiner Tätigkeit enthalten, muß Geist aufhören, wesentlich als Tätiges bestimmt zu sein. Er ist in der vollendeten Negation der Negation etwas anderes als in der Geschichte, die zum System führt. Natur impliziert im vollendeten System Geist als Festes.

---

19 Vgl. den Abschnitt »Zusammenfassender Kommentar zu den ersten sechs Kapiteln der ›Phänomenologie des Geistes‹«, in: Alexandre Kojève, Hegel. Eine Vergegenwärtigung seines Denkens. Kommentar zur Phänomenologie des Geistes [1947], hrsg. von Iring Fetscher, übers. von Iring Fetscher und Gerhard Lehmbruch, Stuttgart 1958, S. 34–68.

Dadurch, daß in den Spätwerken das System durchgeführt ist, gewinnen bestimmte Bereiche des Geistes wohl Selbständigkeit. Diese ist als eine in sich dialektische der Anfang des jeweils neu zu vollziehenden Prozesses der Erkenntnis. Aber als eine in sich dialektische, die durch nichts außerhalb ihrer vermittelt ist, zu keinem anderen also fortschreitet, wird diese Selbständigkeit zur bloßen Form ihres konkreten Begriffs. Durchs System selbst wird die Selbständigkeit der Bereiche wieder zurückgenommen. Aus dem System folgt Statik. Das System widerspricht der Produktivität des Geistes. Das Vermitteltsein in sich bewahrt nicht vor Abstraktheit, weil das Insich des Systems ein Außersich nicht dulden kann. Produktivität ist in der Phänomenologie keineswegs bloß subjektiver Geist. Sie selber sagt aus, Subjektivität sei Schein. Als immanente Geschichte des Geistes gehört die Phänomenologie ebenso zum objektiven Geist. Hegel kann gar nicht mehr sagen, Natur sei subjektiv konstituierte Erscheinung – wie noch Kant. So beansprucht denn auch seine Naturphilosophie, die Natur als an sich bestehende Äußerlichkeit – wenn auch als die der Idee – zu entwickeln. Das Problem aber, wie Natur objektiv begriffen sein könne, wenn ihre ausgeführte Bestimmung in einem System geleistet wird, für dessen Genese Subjektivität wesentlich ist, ist kaum noch zu meistern. Wo Hegel das System dynamisiert, um Natur noch jenseits des Systems fassen zu können, radikalisiert er dieses, ohne jedoch aus dem Problem herauszukommen.

Vermutlich kann dieses Problem gar nicht in einer einfachen These ausgesprochen werden. Hegel selbst sagt dazu in einer prägnanten Formulierung: »... das Selbstbewußtsein ist nur etwas, es nur Realität, insofern es sich selbst entfremdet.« (Phänomenologie, »Die Bildung und ihr Reich der Wirklichkeit«)[20] Das entfremdete, das Abstrakte, ist daraus bei Hegel, ganz wie bei Kant, das Allgemeine. Dies aber ist ihnen Kriterium der Objektivität. Dadurch, daß das Allgemeine sich zum System verfestigt, wird es statisch. Und das Besondere erscheint ihm als schlechthin Unwirkliches. Nach Hegel erkennt sich der Geist in der Geschichte durch das Besondere, das Selbstbewußtsein der Individuen, hindurch.

---

20 »Der Geist dieser Welt ist das von einem *Selbst*bewußtsein durchdrungene geistige *Wesen*, das sich als *dieses für sich seiende* unmittelbar gegenwärtig und das *Wesen* als eine Wirklichkeit sich gegenüber weiß. Aber das Dasein dieser Welt sowie die Wirklichkeit des Selbstbewußtseins beruht auf der Bewegung, daß dieses seiner Persönlichkeit sich entäußert, hierdurch seine Welt hervorbringt und sich gegen sie als eine fremde so verhält, daß es sich ihrer nunmehr zu bemächtigen hat. Aber die Entsagung seines Fürsichseins ist selbst die Erzeugung der Wirklichkeit, und durch sie bemächtigt es sich also unmittelbar derselben. – Oder das Selbstbewußtsein ist nur *etwas*, es hat nur *Realität*, insofern es sich selbst entfremdet; hierdurch setzt es sich als Allgemeines, und diese seine Allgemeinheit ist sein Gelten und {seine} Wirklichkeit.« (HW, Bd. 3, S. 363) – Für den genannten Abschnitt vgl. ebd., S. 363–390.

Hat aber der Geist vom Selbstbewußtsein der Individuen nichts in sich, so fragt sich, was er dann noch überhaupt sei. Hegel ist hier Idealist: Durch Abstraktion vom faktischen einzelnen Bewußtsein soll es möglich sein, über dieses Bewußtsein hinauszukommen. Das geht aber nicht: Durch Abstraktion von etwas ist das Wovon, das Etwas schon bestimmendes Moment des Bewußtseins, das sich anheischig macht, absolut zu werden. Die konkrete Individualität muß also selbst in den Inhalt jenes Geistes eingehen. Sie kann nicht bloß verschwindender Schein sein. Dieses Eingehen der konkreten Individualität in den Inhalt des Geistes bedeutet aber einen Verzicht auf das Absolute als Telos. Die Folgen dieses Verzichtes wären möglicherweise Historismus oder ausgedachte anthropologische Konstanten. Aber nur als Möglichkeit. Denn was aus jenem Verzicht sich ergibt, ist zunächst eine Sache des jeweiligen Standes des kritischen Bewußtseins. Nach dem Fragwürdigwerden des Absoluten in der rationalistischen Konzeption Spinozas wäre zunächst ein Verharren der Philosophie beim reinen Skeptizismus zu erwarten gewesen. Hegel versucht nicht zuletzt, gerade diesen Skeptizismus zum Hebel der Rettung des Absoluten zu machen. Bei Spinoza stehen am Anfang die Definitionen, und alles andere ist nur systematische Ausführung. Analog entwickelt auch Hegel seinen Anfangspunkt. Freilich- und das ist der Unterschied ums Ganze – auf der Basis des transzendentalen Idealismus.

Kojève ist zuzustimmen, wenn er sagt, die Hegelschen Momente des Geistes müßten auf Nichtgeistiges interpretiert werden.[21] Nichtgeist kann dabei aber niemals, wie Kojève will, Anthropologisches sein. Mit seinem abstrakten Anthropologismus fällt Kojève auf Feuerbach zurück. Der seiner selbst gewiß werdende Geist ist als Selbstbewußtsein nur durch Entäußerung möglich. Aber Hegel verabsolutiert dieses »Es-selbst-sein-Wollen« nicht. Es ist keine anthropologische Konstante jenseits des Geistes und seiner Geschichte. Vielmehr erkennt sich das entfremdete Selbstbewußtsein, als welches es einzig möglich ist, selbst in dem Tun des »Es-selbst-sein-Wollens« ja noch als ein Anderes dieses Wollens. Damit ist »der Inhalt dieses Tuns ... die Vertilgung, welche das Bewußtsein mit seiner Einzelheit vornimmt. In ihr also befreit dieses sich von dem Tun und Genusse als dem seinen.«[22] ... »Aber in diesem Gegenstande, worin ihm sein Tun und Sein als

---

21 Bei Kojève heißt es etwa: »›Geist‹ bedeutet [...] bei Hegel [...] ›*menschlicher* Geist‹ oder *Mensch*, genauer den kollektiven Menschen, d. h. das Volk oder den Staat, und letztlich den integralen Menschen oder die Menschheit in der Totalität ihrer raum-zeitlichen Existenz, d. h. in der Totalität der Weltgeschichte.« (Kojève, Hegel, a.a.O. [s. Anm. 19], S. 101)
22 Hegel schreibt, »die versuchte unmittelbare Vernichtung seines wirklichen Seins ist *vermittelt* durch den Gedanken des Unwandelbaren und geschieht in dieser *Beziehung*. [...] Diese mittelbare Beziehung ist hiermit ein Schluß, in welchem die sich zuerst als gegen das *Ansich* entgegengesetzt fixierende Einzelheit mit diesem ändern Extreme nur durch ein drittes zusammengeschlossen ist.

dieses einzelnen Bewußtseins Sein und Tun an sich ist, ist ihm die Vorstellung der Vernunft geworden, der Gewißheit des Bewußtseins in seiner Einzelheit absolut an sich, oder alle Realität zu sein.« (Phänomenologie, »Unglückliches Bewußtsein«)[23] Das Selbstbewußtsein ist also ein dialektisches und kein mit sich bloß identisches. Die Stufe des »unglücklichen Bewußtseins« ist die Kritik gerade dieser Hypostasierung des Selbstbewußtseins. Indem das Ich in seinem Selbstbewußtsein »Ich« sagt, bestimmt es sich im Grunde schon als Glied der Gattung Mensch. Das Ich als pures Nichtallgemeines ist leer, Ich zu sein ist selbst ein Allgemeines: Ich ist ein jeder der vielen. Darin, daß mein Ich ist, ist es ein anerkanntes. Selbst das Ich des Knechtes ist als Nichtanerkanntes nicht nichts, sondern es hat seine Bestimmtheit als Negation des Anerkannten, des Herrn. In dieser Negativität ist es ein Anerkanntes ebenso. Diese Objektivität ist schon mit ihm als Ausgesprochenem, mit der Sprache, gegeben. Jedes Sprechen ist Sprechen nur für einen Hörenden. Damit ist dem sprechenden Ich in der Sprache ein Hörendes immer gesetzt. Für Hegel ist diese Allgemeinheit keine bloß logische. Selbst für Kant nicht, der, indem er Ich sagt, stets schon Wir meinte. Die logische Allgemeinheit und die Menschengattung verschränken sich in diesem Begriff miteinander. Die Objektivität des Ich ist aber nicht allein mit dem Ich anderer Individuen außer ihm gesetzt. Das Ich ist außer sich vermittelt nur, insofern es in sich vermittelt ist. Jedes einzelne Ich ist ein doppeltes in sich selbst: Ich als Begriff, Bewußtsein, und Ich als Gegenstand des Begriffs, als Gewußtes. Daraus folgt für das zu Beginn der Phänomenologie betrachtete Subjekt das betrachtende, analysierende Subjekt. Streng genommen ist dadurch, daß die Subjektivität von etwas als beobachtete ausgesagt wird, jene Doppeltheit schon gesetzt. Durch die Beobachtung ist das Subjekt schon Objekt für sich. Jene Doppeltheit innerhalb des Subjekts ist also die von Subjekt und Objekt selbst. Durch das Identische ist das

---

Durch diese Mitte ist das Extrem des unwandelbaren Bewußtseins für das unwesentliche Bewußtsein, in welchem zugleich auch dies ist, daß es ebenso für jenes nur durch diese Mitte sei und diese Mitte hiermit eine solche, die beide Extreme einander vorstellt und der gegenseitige Diener eines jeden bei dem anderen ist. Diese Mitte ist selbst ein bewußtes Wesen, denn sie ist ein das Bewußtsein als solches vermittelndes Tun; der Inhalt dieses Tuns ist die Vertilgung, welche das Bewußtsein mit seiner Einzelheit vornimmt.« (HW, Bd. 3, S. 174f.)

[23] »Aber *für es* selbst bleibt das Tun und sein wirkliches Tun ein ärmliches und sein Genuß der Schmerz und das Aufgehobensein derselben in der positiven Bedeutung ein *Jenseits*. Aber in diesem Gegenstande, worin ihm sein Tun und Sein, als dieses *einzelnen* Bewußtseins, Sein und Tun *an sich* ist, ist ihm die Vorstellung der *Vernunft* geworden, der Gewißheit des Bewußtseins, in seiner Einzelheit absolut *an sich* oder alle Realität zu sein.« (Ebd., S. 177) – Vgl. den Abschnitt, »Freiheit des Selbstbewußtseins; Stoizismus, Skeptizismus und das unglückliche Bewußtsein«, ebd., S. 155–177.

Nichtidentische in ihm gesetzt. Hierin erscheint das Setzen als die prima causa alles Wirklichen. Was aber ist das Setzten selbst?

Im Begriff des Subjekts ist schon ein Akt der Vergegenständlichung vollzogen: Das Objekt ist darin als ein Geistiges, als für das Subjekt gesetzt. Im Setzen ist die Negation des Gesetzten also schon mitgesetzt. Wird Setzen ontologisch gefaßt, so ist es in sich diese Zweiheit. Indem nun das Subjekt sich auf sich als Objekt bezieht, setzt es sich der Natur entgegen. Aber in diesem Entgegen-Setzen ist das Setzen beim Subjekt, nicht bei der Natur und also auch nicht einfach ontologisiert. Dadurch, daß Nichtidentität mit der Identität gesetzt ist, geht das Setzen schon über den Idealismus hinaus. Aber das Setzende bleibt ein Ich, ein Subjekt, worin wiederum das Setzen den Idealismus bestätigt. Das Ich muß aus alldem in seinem konkreten Begriff kritisch und vorkritisch zugleich gefaßt werden. Hegel hat das gesehen, implizit auch Kant.

352 Heinz Füg,
12. Dezember 1963

Protokoll des Seminars vom 12. Dezember 1963 H. Füg

Der vorgetragene Teil des Referates über Kojèves Hegelinterpretation hatte die logische Entwicklung des Selbstbewußtseins, wie es rein für sich ist, zum vermittelten Selbstbewußtsein für uns durch anderes zum Inhalt und bezog sich auf das Kapitel der Hegelschen Phänomenologie über das Herr-Knecht-Verhältnis. Die vorgetragene Thematik brachte in der Diskussion entscheidende Fragen der Dialektik und des Hegelverständnisses heute zur Sprache. Der Reflexion über die Dialektik lag die Einsicht zugrunde, daß Hegels Schriften nicht vollkommen das leisten, was sie versprechen; es sind in seinem Text mehr die Tendenzen zu interpretieren als die Analysen als solche.

Das zentrale Problem der zeitgenössischen Hegelinterpretation ist das des Idealismus. Indem Hegels Philosophie als eine des Geistes am Idealismus konsequent festgehalten hat, vermochte sie zwar die Identität von Subjekt und Objekt durchzuhalten; bei aller Vermittlung aber bleibt die Identität als idealistische eine bloß im Denken hergestellte. Die aporetischen Schwierigkeiten dieser erkenntnistheoretischen Entscheidung für den Idealismus liegen aber nicht nur im Ergebnis, sondern schon im Ansatz selbst. Indem der betrachtende Geist sich vermißt, alles was ist, als mit ihm identisch zu erweisen, wirft er sich zu einem ontologisch letzten auf; als Geist verfällt er gerade dann der Verdinglichung, indem er sich als Geist verabsolutiert. Des weiteren steckt die Aporie des Idealismus in dem phänomenologischen Ansatz, daß das Ich als betrachtendes, indem es sich ins Auge faßt, sein Selbst als betrachtetes Ich objektiviert; sich in Gegenständlichkeit entäußert, indem es sich als Begriff faßt. Diese Schwierigkeit erwächst dem reflektierten Subjekt als reflektierendem Subjekt, indem es dadurch vor allem anderen ausgezeichnet ist: daß es als Begriff zugleich Gegenstand seines Begriffes ist. Im Begriff des Subjekts selbst ist schon ein Akt der Vergegenständlichung des Subjekts vollzogen; indem das Subjekt auf sich selbst reflektiert, hat es als entäußertes sich schon selbst negiert; Verdinglichung und Subjektivität erweisen sich als komplementär. In diesem Ansatz liegt schon der Hinweis auf die Aporie des subjektiven Ansatzes überhaupt; wenn Fortschritt der Verdinglichung und Fortschritt der Antagonismen streng korrelativ sind, wie in der Diskussion gesagt wurde, dann gründet die Verdinglichung nicht nur in den Antagonismen und umgekehrt, sondern der Antagonismus gründet schon in der Subjektivität, wie diese in jenem. Es zeigt sich hier schon, wie der erkenntnistheoretischen Entscheidung Reales wenn nicht entspringt, so doch entspricht.

Das Problem des Idealismus als idealistische Dialektik ist das der Vermittlung von Subjekt und Objekt der Erkenntnis; Vermittlung stellt bei Hegel eine subjektive Bestimmung dar. Aber gerade die Konstruktion des absoluten Subjekts weist, indem es sich oder ein ihm Entsprechendes gleichzeitig real konstituiert, auf eine in Subjektivität nicht auflösbare Objektivität hin, deren dialektische Bedeutung bei Hegel um der idealistischen Immanenz willen unterschlagen bleibt. Dies wird deutlich im Herr-und-Knecht-Verhältnis der Phänomenologie beim Übergang vom isolierten Ich des reinen Selbstbewußtseins für sich zum Ich des vermittelten Selbstbewußtseins für und durch andere: In dem Phänomen dieser Vermittlung des Bewußtseins erweist sich die Sphäre des Bewußtseins überschritten; sie ist schon überschritten, indem sie überschreitet. Es bricht etwas herein, was nicht reines Denken ist, ein Ontisches, etwas Welthaftes; vielmehr: Indem das Ontische ins Bewußtsein hereinbricht, erweist es sich in diesem schon vorgängig als ein Angelegtes enthalten. So offenbart sich das Bewußtsein des fremden Bewußtseins als eine neue Qualität seiner selbst; oder vielmehr: Es aktualisiert sich das an dem Begriff des Objekts als fremdes Bewußtsein, was von Anfang an ein Mehr sein mußte denn bloßer Begriff, damit der Begriff als Begriff überhaupt möglich war, möglich sein konnte. Allgemeiner gesagt: daß der Geist Welt nicht begründen kann, wenn Welt nicht schon da ist. Dieses Moment der Objektivität im Phänomen der Vermittlung durch das Subjekt als der Subjektivität selbst wird von der idealistischen Dialektik unterschlagen; sogar mit dem Recht unterschlagen, daß das ontische Moment für das Bewußtsein kein von außen kommendes ist; zu Unrecht jedoch unterschlagen, insofern die idealistische Dialektik sich dagegen verblendet, daß die Begriffe selber ein Ontisches, ein Weltartiges und Nichtgeistiges enthalten, ansonsten sie sich gar nicht entfalten könnten. Es ist irreversibel, daß Existenz sich nicht absolut auf Geist zurückführen läßt. Die idealistische Konzeption von Vermittlung von Subjekt-Objekt, gerade in ihrer Hypostase des Geistes zum absoluten Geist, wird dem Phänomen der Vermittlung nicht vollständig gerecht; indem der Geist idealistisch verabsolutiert wird, wird er in seiner Phänomenalität als Geistiges negiert und schlägt in verdinglichtes Bewußtsein um. Der Hypostase des absoluten Geistes entspricht die Aporie der Subjektivität selbst, die sich als Begriff des Selbstbewußtseins einstellt, sobald das Subjekt auf sich selbst reflektiert. Die erkenntnistheoretische Insuffizienz der idealistischen Konzeption von Vermittlung schlägt dialektisch – gleichsam als Rache des unglücklichen Bewußtseins dieser Vermittlung, aber zugleich damit diese selbst in ihrem Mehr denn Bewußtsein erweisend – in die Verdinglichung des subjektiven Bewußtseins um, das sich nur als geistiges Subjekt versteht; sei es empirisch, sei es transzendental, sei es als absoluter Geist; schlägt schon darum in Verdinglichung des Bewußtseins um, weil es als Hybris des absoluten Geistes der Welt der Dinge, den Dingen der Welt erkenntnistheoretisch nicht gerecht wird. Es erweist sich als radikal, daß die Antagonismen schon in der erkenntnistheoretischen Hypostase der Subjektivität gesetzt sind – daß Fortschritt der Verdinglichung und Fortschritt der Antagonismen einander korrelativ begründen müssen, weil Verdinglichung und Subjektivität streng komplementär sind.

Das Problem des Idealismus als Problem der Vermittlung gefaßt, dazu kann wohl gesagt werden: daß die Wahrheit des Bewußtseins als Dialektik seiner Begriffe sich prozessual konstituiert; die Konstitution des Bewußtseins als Bewußtsein selbst scheint sich dabei dialektisch zwischen dem, was es ist, und dem, was es nicht ist und zugleich doch ist, zu vollziehen. Wäre Bewußtsein nichts weiter als Bewußtsein, bestünde kein Ähnliches, Mimetisches, Affines, substantiell Identisches zwischen seiner Immanenz als Subjekt und seiner objektiven Transzendenz, es gäbe weder Welt noch Wahrheit der Welt. Wird aber Bewußtsein als Bewußtsein von Welt einseitig und absolut idealistisch gesehen, so vermag die Hypostase des Geistes die Welt in ihrer realen Existenz zu negieren, aber diese Hybris der Subjektivität erscheint dann geradezu als der Garant für eine Welt der objektiven Antagonismen. So erweist sich das ungelöste[24] Problem der idealistischen Vermittlung nicht nur als das noch zu lösende[25] Problem der Dialektik selbst, sondern mit dem Problem der Identität scheint das Schicksal der Welt selbst verbunden.

Indem wir auf der Spur der dialektischen Vermittlung dem Phänomen des Herr-Knecht-Verhältnisses bei Hegel weiter insistieren – jener Übergang, der ein je schon Übergegangensein ist, jenes Stück Welt, als das sich der Andere erweist, indem er als Bewußtsein des Ich ist – zeigt sich subjektives Bewußtsein als funktionale Identität von gesellschaftlichem Dasein an, erweist sich Theorie als virtuelle Identität von Praxis, zumindest: daß Theorie stets die Intention auf Praxis involviert. Denken als konstitutive Weise des empirischen Subjekts erweist sich seiner eigenen phänomenologischen Bestimmung nach als gesellschaftliche Verhaltensweise, wenn anders wir den Begriff der Praxis nicht wieder in der idealistischen Immanenz, die sich als aporetisch erwiesen hat, zugrunde gehen lassen wollen.

Zur Ehre, wenn auch nicht zur Rettung des Idealismus ist zu sagen, daß das Moment der Allgemeinheit des tätigen transzendentalen Subjekts sich in Hegels Phänomenologie als der verborgene Ausdruck des gesellschaftlichen Wesens des Bewußtseins durchschaut; und der zu dechiffrierende Sinn der spontanen synthetischen Apperzeption bei Kant ist die Arbeit als gesellschaftliche Arbeit selbst, die Organisationsform des Bewußtseins erweist sich als die Organisationsform

---

24 Konjiziert für: »uneingelöste«.
25 Konjiziert für: »einzulösende«.

der Arbeit. (Adorno, »Aspekte der Hegelschen Philosophie«, S. 26)[26] »Das mit der transzendentalen Synthesis Gemeinte läßt sich seinem eigenen Sinn nach von seiner Beziehung auf Arbeit gar nicht loslösen. *Die Tätigkeit der Vernunft als nach innen gewandte Arbeit*, die Verhaltensweise des Denkens als solche ist habituell gewordene und verinnerlichte Auseinandersetzung mit der Natur, allem Denken ist jenes Moment von gewaltsamer Anstrengung – Reflexion auf die Lebensnot – gesellt, welche Arbeit charakterisiert; Mühe und Anstrengung des Begriffs sind unmetaphorisch. ... Die Marxische Kritik am Gothaer Programm benennt einen in Hegel tief verschlossenen Sachverhalt.[27] ... Das Bewußtsein als Sprache zeigt sich selbst als ein Produkt der gesellschaftlichen Arbeit auf. ...[28] Die gesellschaftliche Arbeit erweist sich als die radikale Vermittlung«[29].

---

26 *Die Ausdrücke, durch welche der Geist in den idealistischen Systemen als ursprüngliches Hervorbringen bestimmt wird, waren ausnahmslos, schon vor Hegel, der Sphäre der Arbeit entlehnt. Andere aber lassen sich darum nicht finden, weil das mit der transzendentalen Synthesis Gemeinte von der Beziehung auf Arbeit dem eigenen Sinn nach nicht sich lösen läßt. Die systematisch geregelte Tätigkeit der Vernunft wendet Arbeit nach innen; Last und Zwang der nach außen gerichteten hat sich fortgeerbt an die reflektierende, modelnde Mühe der Erkenntnis ums »Objekt«, deren es dann wiederum bei der fortschreitenden Beherrschung von Natur bedarf. Bereits der althergebrachte Unterschied von Sinnlichkeit und Verstand indiziert, daß der Verstand, im Gegensatz zu dem von der Sinnlichkeit bloß Gegebenen, gleichsam ohne Gegenleistung Geschenktem etwas tue: sinnlich Gegebenes sei da wie die Früchte auf dem Feld, die Operationen des Verstandes aber ständen bei der Willkür; sie könnten geschehen oder unterbleiben als etwas, womit Menschen ein ihnen Gegenüberstehendes erst formen. Stets war der Primat des Logos ein Stück Arbeitsmoral. Die Verhaltensweise des Denkens als solche, gleichgültig was sie zum Inhalt hat, ist habituell gewordene und verinnerlichte Auseinandersetzung mit der Natur; Eingriff, kein bloßes Empfangen. Daher geht mit der Rede vom Denken überall die von einem Material zusammen, von dem der Gedanke sich geschieden weiß, um es zuzurichten wie die Arbeit ihren Rohstoff. Allem Denken ist denn auch jenes Moment von gewaltsamer Anstrengung – Reflex auf die Lebensnot – gesellt, welches Arbeit charakterisiert; Mühe und Anstrengung des Begriffs sind unmetaphorisch.* (Adorno, Aspekte der Hegelschen Philosophie, a.a.O. [s. Anm. 10], S. 25f.; vgl. GS, Bd. 5, S. 267f.)

27 *Die Marxische Kritik des Gothaer Programms benennt um so genauer einen in der Hegelschen Philosophie tief verschlossenen Sachverhalt, je weniger sie als Polemik gegen Hegel gemeint war.* (Adorno, Aspekte der Hegelschen Philosophie, a.a.O. [s. Anm. 10], S. 28; vgl. GS, Bd. 5, S. 270)

28 *Der Hegel der Phänomenologie, dem das Bewußtsein des Geistes als lebendiger Tätigkeit und seiner Identität mit dem realen gesellschaftlichen Subjekt unverkümmerter war als dem späten, hat wenn nicht in der Theorie so doch kraft der Sprache den spontanen Geist als Arbeit erkannt. Der Weg des natürlichen Bewußtseins bis zur Identität des absoluten ist selber Arbeit.* (Adorno, Aspekte der Hegelschen Philosophie, a.a.O. [s. Anm. 10], S. 26; vgl. GS, Bd. 5, S. 268)

29 *Darin vorab kann die Hegelsche Philosophie des Ideologischen geziehen werden: der ins Unermeßliche überhöhten Auslegung des bürgerlichen Lobs der Arbeit. Die nüchtern realistischen Züge Hegels finden gerade an dieser erhobensten Stelle des idealistischen Systems, dem am Ende der Phänomenologie rauschhaft verkündeten Absoluten, ihre Zuflucht. Gleichwohl hat selbst diese trügende Identifikation der Arbeit mit dem Absoluten ihren triftigen Grund. Soweit die Welt ein System*

Die aporetischen Schwierigkeiten des erkenntnistheoretischen Ansatzes des Idealismus erweisen sich, als allseitige Konsequenz seiner Apriori, als das transzendente Moment selbst des bei Hegel Erreichten; als die Negation seiner Negation. Tendenziell greift bei Hegel der Idealismus über sich hinaus. In dem Sinne, [wie] Hegel ein zu sich selbst gekommener Kant ist, kann gesagt werden, daß Marx ein zu sich selbst gekommener Hegel ist; die Unzulässigkeit eines abstrakten Grundsatzes jenseits der Dialektik, aus dem alles folgen soll, ist von Hegel erkannt worden; aber so sehr er auch Realität, Welt in ihrem Widerspruch in sich aufnimmt, mit der Konstruktion des absoluten Geistes liquidiert er gleichsam wiederum die Dialektik, in welcher er die Absolution des Geistes konstatierte. Dieses in sich widerspruchsvolle Verhältnis Hegels zum Idealismus bezeichnet ihn zugleich als dessen höchste Erhebung und als dessen notwendigen Umschlagspunkt; indem so die äußerste Wahrheit des dialektischen Idealismus sich als seine Unmöglichkeit erweist, erweist er noch die Wahrheit der Negation seiner Negation – der dialektische Idealismus impliziert den dialektischen Materialismus.

Jedoch stößt die Konzeption einer materialistischen Dialektik, vorläufig jedenfalls, auf andere, wenn auch nicht mindere Schwierigkeiten. Das ontische Moment der Natur, mit dem das Bewußtsein gerade als Selbstbewußtsein behaftet ist, weist zwar über den aporetischen Ansatz einer rein idealistischen Position hinaus, gleichzeitig aber bleibt Natur, wie gesellschaftliches Sein insgesamt, ein durch Bewußtsein Vermitteltes; und wie die Natur der geschichtlichen Gesellschaftsformen durch Bewußtsein vermittelt wurde, erscheint Bewußtsein bis jetzt nicht nur mit Welt behaftet, sondern zugleich durch Welt verhaftet; erscheint Bewußtsein, gesellschaftlich, vorläufig nur als Vermittlung von Natur zu Natur, d. h. als Unbewußtsein. Dialektik scheint in sich selbst dialektisch vermittelt zu sein, insofern die Konstitution der Vermittlung zugleich die Negation ihrer Vermittlung nicht nur zu bedeuten, sondern auch zu bewirken hätte, wenn dem objektiven, ontischen Moment der Dialektik seine phänomenologische Geltung auch wirklich zukommen soll. Der Dogmatismus, die »Verdinglichung« der materialistischen Dialektik im Sowjetmarxismus, als dialektisches Pendant zur antagonistischen Verdinglichung des Subjekts im absoluten Idealismus, erscheint nicht bloß durch die Verhärtung und Stagnation des sich international verschobenen und ausgeweiteten Klassengegensatzes bedingt, was als solches noch eine

---

bildet, wird sie dazu eben durch die geschlossene Universalität von gesellschaftlicher Arbeit; diese ist in der Tat die radikale Vermittlung, wie schon zwischen den Menschen und der Natur, so dann im für sich seienden Geist, der nichts draußen duldet und die Erinnerung an das ächtet, was draußen wäre. Nichts in der Welt, was nicht dem Menschen einzig durch sie hindurch erschiene. (Adorno, *Aspekte der Hegelschen Philosophie*, a.a.O. [s. Anm. 10], S. 30 f.; vgl. GS, Bd. 5, S. 272)

legitime dialektische Konstitution wäre, sondern auch in erkenntnistheoretischen Schwierigkeiten einer materialistischen Dialektik selbst begründet; wobei beide Momente aufeinander hinweisen und durcheinander vermittelt erscheinen.

Aus dem vorläufigen Begriff der Dialektik ergibt sich jedoch, daß die affirmative, tröstende Funktion der Philosophie uns nicht zu einer voreiligen, undialektischen Fixierung verleiten soll, was der Mensch ist; eine dogmatische Anthropologie wäre nur wieder ein verschleierter absoluter Geist, nicht die wahre Selbstaufhebung der Philosophie als ihr totaler Übergang in menschliche, gesellschaftliche Praxis, als welche virtuelle Negation sich materialistische Dialektik um der Vermeidung der idealistischen Immanenz willen betrachten muß. Gerade in Fragen der materialistischen Dialektik ist der junge Marx bis zu den Pariser Manuskripten nicht gegen den älteren, reifen Marx des »Kapitals« auszuspielen; es ist ein bloß frömmelndes Marxverständnis, Marx auf den frühen Marx zu bringen und ihn mit Feuerbach zu verabsolutieren. Der reife Marx erkennt, daß man gar nicht wissen kann, was der Mensch ist, daß er aber jeweils das ist und als solcher erkannt werden kann, was er in den konkreten Formen seines konkreten »Stoffwechsels mit der Natur« ist.[30] Der frühe Marx ist der Schwächere, wenn auch der spätere Marx mit seiner Wendung zur Ökonomie sicherlich seine Schwächen hat. Verzicht auf Anthropologie zugunsten einer Bedürfnislehre, was der Mensch sei, ist das philosophisch viel tiefere. Die Entfremdung ist dem Subjekt nicht nur äußerlich; indem es sich als Subjekt konstituiert, konstituiert es die Entfremdung: Erst die totale Vermittlung aller mit allen konstituierte die Freiheit eines jeden, und damit die Freiheit an und für sich. Denn was bei sich selbst ist, das ist sich selbst bereits entfremdet und ist gleichzeitig die Entfremdung des Anderen.

---

30 So heißt es im ersten Band des »Kapitals« etwa: »Die Arbeit ist zunächst ein Prozeß zwischen Mensch und Natur, ein Prozeß, worin der Mensch seinen Stoffwechsel mit der Natur durch seine eigne Tat vermittelt, regelt und kontrolliert. Er tritt dem Naturstoff selbst als eine Naturmacht gegenüber.« (MEW, Bd. 23, S. 192)

353 Axel Althaus, 19. Dezember 1963

Axel Althaus
3. Semester

Protokoll vom 19.[31] Dez. 63

Schon das Protokoll vom 12. Dez. führte uns auf das Problem, das auch für die ganze Auseinandersetzung mit Hegel thematisch blieb: die Stellung des Ontischen zum Subjekt, seine Dichotomie in Denken und Sein, Subjekt als actus purus, als Reflexion und Subjekt als reflektiertes Objekt. Den Antagonismus der Subjektivität, den immanenten Widerspruch seines Begriffes selbst faßte Prof. Adorno so: Indem das Ich im Begriff des Subjekts bestimmt wird, wird es gesetzt und limitiert, weil es auf etwas bezogen wird, was es selbst nicht ist, zugleich wird es im Begriff vergegenständlicht, in feste Grenzen gefaßt und hört so auf, reine Spontaneität zu sein. In der Subjekt-Objektbesetzung wird das Subjekt in seiner Bestimmung zum Objekt, Residuum, zu dem, was übrigbleibt. Hieraus erwächst die ungeheure Spannung der vermittelnden Reflexion, die die Welt in sich konstituieren soll: Nur in dem Äther des Schwebenden, des Entgleitenden weiß sie sich selbst als Denken, Negativität, die ihr Leben jedoch einzig in der subtilsten Konkretion gewinnen kann, in der Nuance jeder Bestimmung, die als endliche, sperrige Gegenständlichkeit ihr Recht hat, indem sie untergeht.

Wie kommt Ontisches ins Bewußtsein, welche Funktion hat dabei die Begegnung mit anderem Bewußtsein? Wenn das Subjekt, indem es auf sich selbst reflektiert, sich als Betrachtetes zu einem Stück Welt, einem Seienden macht, braucht es dafür das andere Subjekt, damit seine Faktizität ihm am anderen erscheint. Wie aber unterscheidet sich dieser Reflexionsgang von dem, in dem sich das betrachtende Ich von der Objektwelt als dinglicher absetzt und bestimmt. Dieses dürfte den Streitpunkt bezeichnen den Herr Giegel[32] in der vorletzten Stunde aufwarf, indem er meinte, daß das Subjekt, wenn es Äußeres, Objekthaftes als Moment seines Bewußtseinsstromes erkennt und festhält, diesen selbst als Ontisches weiß, nur daß es dabei sich in die einzelnen Momente entäußert, in ihnen ist und nicht bei sich selbst als sich je unterscheidendes Ich.

Der Übergang vom Begriff zur Existenz, vom logischen Verhältnis zur Objektivität soll rein im Denken geschehen, obwohl dieses aus Objektivem sich fi-

---

31 Korrigiert für: »*17.*«.
32 Konjiziert für »Gigel«; d.i. Volker Giegel.

guriert. Weil aber Reduktion auf Subjektivität nicht aufgeht, soll durch die Selbstreflexion ein anderes Subjekt erzeugt werden, das aber doch nur der Form nach ein zweites ist. Das Problem Form-Materie wird hier eliminiert, indem Seiendes in dem logischen Prozeß seine Seinsqualität verliert und sie als aufgehobene, d.h. als nur gedachte behält. Die Begegnung mit einem anderen Selbstbewußtsein markiert diese Irreduktibilität der Welt auf das Ich, das, um sich zu formieren, aus sich alles entlassen soll, so jedoch seiner Auffälligkeit und Einzelheit gegenübersteht. Der idealistische Ansatz wird hier also von Hegel selbst kritisiert. Ist der Geist nicht der absolute Ursprung, so wissen wir doch nichts von der Welt, denn durch Vermittlung von Geist – anders – von Arbeit, gerade in ihr zeigt sich die Verschränkung von Seiendem und Geistigem, ihrem Wesen nach ist sie auch Begriff als Vorstellung ihrer Organisation, als Zielgerichtetheit, ohne Geistiges wäre sie eine Reflexhandlung. Arbeit als gesellschaftlich-produktive bedingt sich aus der Verschränkung von Subjekt und Objekt und weist damit den Schlüsselcharakter auf, den Hegel dem Geist zuerteilt.

Es wurde auf die geschichtliche Abhängigkeit der Hegelschen Theorie von der englischen Ökonomie hingewiesen, die als Theorie selbst nur noch ein Begriffliches ist, während zugleich die konkrete Wirtschaft in sich schon durch ein geistiges Moment vermittelt ist, den Tauschwert, der sie selbst und jeden Arbeitsvorgang strukturiert, diese Abstraktion in der Realität erscheint im Idealismus im Verschwinden der Realität in der Abstraktion. Marx zieht ebenso die Konsequenz daraus, die Welt aus einem Prinzip herzuleiten, nicht um dieses als Axiom der Wahrheit zu sanktionieren, sondern indem er es als falsch ins Bewußtsein hebt.

Im Verlaufe des Referats über Kojève wurde kritisiert, daß der Autor den Begriff der Begierde verabsolutiere,[33] als Grundgegebenheit behandele, während doch kein Moment, auch das der Arbeit nicht, bei Hegel isoliert werden darf.

---

33 Bei Kojève heißt es etwa: »Wenn der Mensch eine Begierde empfindet – z.B. wenn er Hunger hat und essen will und wenn er sich dessen bewußt wird –, wird er [...] zwangsläufig seiner *selbst* bewußt. Die Begierde offenbart sich immer als *meine* Begierde, und um die Begierde zu offenbaren, muß man sich des Wortes ›ich‹ bedienen. Der Mensch mag noch so sehr von der Betrachtung des Dinges ›*absorbiert*‹ werden – sobald die *Begierde* nach diesem Ding entsteht, wird er augenblicklich ›*an sich selbst* erinnert‹. Mit einem Schlage sieht er, daß es außer dem Ding auch noch sein Betrachten gibt, daß es noch *ihn* gibt, der *nicht* dieses Ding ist. Und das Ding erscheint ihm als ein ›*Objekt*‹, ein Gegen-stand, eine *äußere* Wirklichkeit, die nicht in ihm ist, die nicht *er* ist, sondern ein *Nicht*-Ich. *[Absatz]* Also nicht das rein erkennende und passive Verhalten liegt dem Selbstbewußtsein, d.h. der wahrhaft *menschlichen* Existenz (und daher, letzten Endes, der philosophischen Existenz) zugrunde, sondern die *Begierde*. (Darum ist, nebenbei bemerkt, menschliche Existenz nur da möglich, wo es ein gewisses Etwas gibt, das man Leben nennt – biologisches, *animalisches* Leben. Denn es gibt keine Begierde ohne Leben.)« (Kojève, Hegel, a.a.O. [s. Anm. 19], S. 39)

Kojève fällt damit auf Feuerbach zurück, sowie ja auch Kierkegaard und die Existenzphilosophie hier ihren Anknüpfungspunkt haben mögen. Prof. Adorno gab in diesem Zusammenhang einen kurzen Exkurs über Heideggers Wendung gegen die Begierde, vor allem in der Gestalt der Neugier.[34] Heideggers Beschreibungen seien dabei ganz zutreffend, nur problematisch sei die abstrakte Negation der Begierde,[35] da die beschriebenen Formen nichts Originäres sind, sondern nur Resultate eines Versagungsprozesses, in die die Unterdrückung selbst hineingewandert ist, so daß das Abstoßende mancher Gier nur [das] Mal der Ohnmacht ihrer Erfüllung bedeutet. Die bindende Neugier des Kindes z. B. wird – unterdrückt – zur Gestalt des »Schnüffelns«. In einer Welt ohne Versagung gäbe es Gier im eigentlichen Sinne gar nicht, und die Niedrigkeit der verketzerten Triebe besteht nur in der Erniedrigung, die ihnen widerfährt. Indem Heidegger die von ihm aufgezeigten Momente anthropologisiert, verewigt er sie als Befindlichkeiten des Daseins, schließt aus, daß es je anders wird. Gerade eine Figur wie Don Juan entwirft ein Bild freier Begierde und utopischer Fülle, fern von jeglicher Beschränkung, während Baudelaires Konzeption vom Glück in ihrer »Sündhaftigkeit« davon weiß, daß es nur als Gestohlenes einzig zu erlangen ist.

In Fortsetzung der Kojève-Hegel-Diskussion wurde der Hegelsche Begriff der Begierde bezogen auf ihre Negation in der Befriedigung und auf Arbeit als gehemmte Begierde.[36] Die Stillung der Begierde wird für den Herrn vermittelt durch die Arbeit des Knechtes, das rettet seinen Genuß vor der Anstrengung, sich zu reproduzieren. Kojève faßt den Begriff der menschlichen Begierde als Wunsch nach Anerkennung,[37] wirtschaftlich gesehen die des Herrn als Besitzer der Le-

---

34 Vgl. den Abschnitt »Die Neugier«, in: Martin Heidegger, Sein und Zeit [1927], 9. Aufl., Tübingen 1960, S. 170–173.
35 So heißt es bei Heidegger etwa resümierend: »Das Gerede regiert die Wege der Neugier, es sagt, was man gelesen und gesehen haben muß. Das Überall-und-nirgends-sein der Neugier ist dem Gerede überantwortet. Diese beiden alltäglichen Seinsmodi der Rede und der Sicht sind in ihrer Entwurzelungstendenz nicht lediglich nebeneinander vorhanden, sondern *eine* Weise zu sein reißt die *andere* mit sich. Die Neugier, der nichts verschlossen, das Gerede, dem nichts unverstanden bleibt, geben sich, das heißt dem so seienden Dasein, die Bürgschaft eines vermeintlich echten ›lebendigen Lebens‹.« (Ebd., S. 173)
36 Vgl. den Abschnitt »Die Wahrheit der Gewißheit seiner selbst«, HW, Bd. 3, S. 137–177, dort vor allem »Selbständigkeit und Unselbständigkeit des Selbstbewußtseins; Herrschaft und Knechtschaft«, ebd., S. 145–155.
37 »Um *menschlich* zu sein, muß der Mensch darauf ausgehen, sich nicht ein *Ding* zu unterwerfen, sondern eine andere *Begierde* (nach dem Dinge). Dem Menschen, der menschlich ein Ding begehrt, ist es nicht so sehr um das *Ding* zu tun, als vielmehr um die Anerkennung seines [...] *Rechts* auf dieses Ding. Und das letzten Endes, weil er die Anerkennung seiner *Überlegenheit* über den andern durch diesen andern erstrebt. Nur die Begierde nach einer solchen *Anerkennung*, nur

bensmittel von dem, der sie nicht hat. Das Prestige des Ich wird als rein subjektive Kategorie verstanden ohne die objektive Implikation, daß nämlich in diesem Anerkennungsstreben die hierarchische, durch Konkurrenzmechanismen verzerrte Gesellschaft sich widerspiegelt. Zugleich ist der Begriff der Begierde bei Kojève sehr vage und allgemein, weil er die Funktion der Vermittlung in sich aufgenommen hat, verstanden aber nur als gemeinsames Begehren aller Einzelnen.

Auch wenn Kojèves Deutung Hegels »Werden des Systems« auf zu starre Axiome bringt, so spricht er doch das aus, was auch bei Hegel mitschwingt: die ständige Reproduktion einmal erreichter Kategorien, wie es Hegel für den Krieg als Absolutsetzung des Antagonismus ausdrücklich erklärt hat.[38] Der frühe Hegel läßt dabei sicher die Möglichkeit der Verwandlung offen, während er später viel statischer die Momente voneinander abhebt, wie z. B. in der Naturphilosophie die organische Naturschicht von dem geschichtlichen Prozeß. Diese innerhegelsche Entwicklung terminiert in dem idealistischen Motiv im engeren Sinn, daß das Wissen das Ich von der Existenz befreit, daß subjektive Synthesis schon die Versöhnung der Realität sei und der philosophische Trost die Brüche der Welt heile.

Die Schlußdiskussion entfaltete sich an der Nahtstelle der dialektischen Bewegung, dem Übergang vom Bewußtsein zum Selbstbewußtsein, dem reinen sich auf sich beziehenden Wissen – Resultat der Erkenntnisbewegung – soll die animalitas vindiziert werden; wie aber durch die Bewegung des Begriffs unter der Hand das endlich Seiende, der Knecht, entspringt, bleibt ungelöst. Das Selbstbewußtsein, wie es sich als Bewußtsein verkennt, die ontischen Momente als Implikanten seiner Möglichkeit eskamotiert, ist das falsche Selbstbewußtsein, indem es den Widerspruch zu dem, von dem es sich abstrahiert, der bewußten Welt, in sich aufnimmt, als Differenz nur seines eigenen Prozesses begreift, bleibt es unklar, wie es – als Resultat von Objektivem – dieses begründet und deduziert.

---

das aus einer solchen Begierde sich ergebende Tun schafft, verwirklicht und offenbart ein *menschliches*, nicht-biologisches Selbst.« (Kojève, Hegel, a.a.O. [s. Anm. 19], S. 42)
38 Vgl. den Abschnitt »Das äußere Staatsrecht« in den »Grundlinien der Philosophie des Rechts« [1820], HW, Bd. 7, S. 497–503.

354 Helga Pesel,
9. Januar 1964

Helga Pesel

Protokoll der Seminarsitzung vom 9. 1. 1964

Die Diskussion der vorangegangenen Sitzung um das Problem, auf welcher Stufe der Phänomenologie des Geistes das ontische Moment in Erscheinung tritt, wurde weitergeführt. Zur Einleitung legte Prof. Adorno seine Position in der Kontroverse dar: Ohne auch ein Ontisches mitzusetzen, läßt sich von Bewußtsein nicht reden. Denn einerseits ist nichts denkbar ohne Vermittlung des Bewußtseins, andererseits kommt ohne das Sachliche kein Bewußtsein zustande. Die sinnliche Gewißheit, mit der die Phänomenologie einsetzt, bezeichnet genau auch das, was unter unmittelbar Gegebenem verstanden wird. Deshalb ist die Dialektik von Begriff und Existenz oder Subjekt und Objekt im Ansatz der Phänomenologie bereits enthalten und wird im Gang des Geistes entfaltet. Die Kontroverse läßt sich auf die Frage reduzieren, an welcher Stelle der Phänomenologie die Spannung ihrer selbst bewußt wird, d. h. die Reflexion auf das ontische Sinnesimplikat erfolgt. Wieweit diese Frage eine bloß hegelphilologische ist und wieweit, Kantisch gesprochen, das Interesse der Vernunft hierin ist, soll im Verlauf der Diskussion untersucht werden.

Das Subjekt, das sein Selbstbewußtsein gewinnt am anderen Bewußtsein, dem es sich gegenüber weiß, wird dadurch selbst objektiv, ein Ding wie die anderen Dinge, an denen es seiner als Selbstbewußtsein innewurde. Es erfährt die Zufälligkeit seiner selbst als Subjekt und hat nicht den absoluten Vorrang, der im subjektiven Idealismus behauptet wird. Denn die unmittelbare Gewißheit der Erfahrung des einen Ich impliziert denselben Anspruch eines jeden anderen Ichs, an denen als Objekten das eine Ich Subjekt geworden ist. Wenn Kant sagt, daß alle Erkenntnis mit Erfahrung anfange,[39] so ist ihm dabei zuzugestehen, daß Erfahrung stets ein Moment von Faktizität impliziert. Indem Kant von »Gegebenheit«

---

[39] »Daß alle unsere Erkenntnis mit der Erfahrung anfange, daran ist gar kein Zweifel; denn wodurch sollte das Erkenntnisvermögen sonst zur Ausübung erweckt werden, geschähe es nicht durch Gegenstände, die unsere Sinne rühren und teils von selbst Vorstellungen bewirken, teils unsere Verstandestätigkeit in Bewegung bringen, diese zu vergleichen, sie zu verknüpfen oder zu trennen, und so den rohen Stoff sinnlicher Eindrücke zu einer Erkenntnis der Gegenstände zu verarbeiten, die Erfahrung heißt? *Der Zeit nach* geht also keine Erkenntnis in uns vor der Erfahrung vorher, und mit dieser fängt alle an.« (KW, Bd. III, S. 45 [B 1])

spricht oder im Plural des Ich, davon, daß »wir« sinnlich affiziert werden,[40] so liegt darin keine reine Subjektivität vor, sondern die Dialektik ist im Ansatz faktisch enthalten.

Bei Hegel wird unter Subjekt dasjenige verstanden, welches das Objekt in sich aufgenommen hat und insofern mit seinem Subjektsein immer auch objektiver Geist ist. Die Schwierigkeit des Hegelverständnisses heute liegt zum großen Teil in der Unfähigkeit, Geistiges nicht bloß als subjektive Bewußtseinsinhalte, sondern als Objektivität zu begreifen. Aus einem solchen Mißverständnis Hegels interpretierten Kojève wie Mannheim den Begriff der Anerkennung als Prestige,[41] als bloß individuelles Anerkanntsein, während Anerkennung in der Phänomenologie die notwendige Bewegung zur Entwicklung des Selbstbewußtseins ist, die zur Dialektik von Herrschaft und Knechtschaft führt. In der Diskussion um den Übergang vom Bewußtsein zum Selbstbewußtsein wurde von Herrn Kulenkampff[42] ausgeführt, daß das Gegenüber des Bewußtseins als ein neues Moment eingeführt werde, nicht aber aus den vorherigen Stufen abgeleitet werden könne. An diesem Bruch in der Entwicklung des Geistes zeige sich, daß es dem absoluten Idealismus nicht gelingt, die Welt aus dem Subjekt zu erzeugen. Insofern, als der absolute Idealismus sich hier selber kritisiert und nicht mit seinem eigenen Anspruch auftreten kann.

Prof. Adorno hielt dem entgegen, daß das ontische Moment in der Kategorie der sinnlichen Gewißheit bereits mitgesetzt ist und schon in einer Analyse der Sinnesimplikate des ansichseienden Bewußtseins hätte entfaltet werden können. Daß Hegel nicht von Anfang an ontische Momente expliziert, hat seine Ursache im idealistischen System: Der Entwicklungsgang des Geistes zum Absoluten wäre gefährdet, wenn ernstlich auf jeder Stufe das Ontische als Implikat radikal entfaltet würde. Die Frage erhebt sich, wieweit Dialektik selbst als starres Gerüst behauptet wird. Es wäre an dieser Stelle das Verhältnis von Dialektik und Transzendentalphilosophie zu untersuchen.

---

40 Bei Kant heißt es etwa: »Man versuche es [...] einmal, ob wir nicht in den Aufgaben der Metaphysik damit besser fortkommen, daß wir annehmen, die Gegenstände müssen sich nach unserem Erkenntnis richten, welches so schon besser mit der verlangten Möglichkeit einer Erkenntnis derselben a priori zusammenstimmt, die über Gegenstände, ehe sie uns gegeben werden, etwas festsetzen soll.« (Ebd., S. 25 [B XVI])
41 Bei Kojève heißt es, Hegel sage, »daß ein Wesen, das nicht imstande ist, sein Leben zur Erreichung nicht unmittelbar lebenswichtiger Ziele aufs Spiel zu setzen, d. h. das sein Leben nicht in einem Kampf um die *Anerkennung*, in einem reinen *Prestigekampf* einsetzen kann, *kein* wirklich *menschliches* Wesen ist.« (Kojève, Hegel, a.a.O. [s. Anm. 19], S. 42) – Worauf die Erwähnung Karl Mannheims anspielt, ist nicht ermittelt.
42 D.i. Arend Kulenkampff.

Die folgenden Diskussionspunkte ergaben sich an den Ausführungen von Herrn Giegel.[43]

Die Phänomenologie erhebt den Anspruch, unter dem Aspekt der Entwicklung des Geistes das Ganze darzustellen. Sie zu deuten als eine Folge von Gestalten des Bewußtseins, nach deren Ablauf Wissenschaft erst möglich sein soll, hieße, sie zu einer Art Propädeutik zu machen, die sie nicht sein kann. Zur Interpretation der Phänomenologie ist auf die Vorrede zu verweisen, in der es heißt, daß »die Sache nicht in ihrem Zwecke erschöpft ist, sondern in ihrer Ausführung, noch das Resultat das wirkliche Ganze ist, sondern es zusammen mit seinem Werden.«[44] In diesem Sinne ließe sich sagen, daß die Phänomenologie die Wahrheit ist als Prozeß, während die Enzyklopädie die Wahrheit ist als Resultat. Die von Hegel ausdrücklich als »Philosophische Propädeutik« veröffentlichte Schrift[45] ist in ihrem Anspruch, ein Hinführen zur Wissenschaft zu sein, rührend mißlungen, als sie versucht, die Hegelsche Philosophie für ein naives Bewußtsein darzustellen. Sie enthält die gesamte Philosophie, weil deren Wesen nach nichts vor der Wahrheit liegen kann, die stets das Ganze meint.

Die Wahrheit im Gang der Phänomenologie besteht darin, daß unwahre Standpunkte sich als endliche Definitionen des Absoluten durchschauen, das heißt aber, daß Wahrheit in der Totalität der Unwahrheit besteht. Was sich jeweils als Positives herausbildet, ist nur Wahrheitsmoment und damit wesentlich das Unwahre. Der Begriff des Lebens, wie er im Zusammenhang der Phänomenologie erscheint, darf nicht als ontologischer verstanden werden, der das Ganze trägt. Derart interpretierte es der frühe Herbert Marcuse.[46] Nicht ist das Leben etwas

---

43 Ein entsprechender Referatstext von Volker Giegel wurde nicht aufgefunden.
44 »Denn die Sache ist nicht in ihrem *Zwecke* erschöpft, sondern in ihrer *Ausführung*, noch ist das *Resultat* das *wirkliche* Ganze, sondern es zusammen mit seinem Werden; der Zweck für sich ist das unlebendige Allgemeine, wie die Tendenz das bloße Treiben, das seiner Wirklichkeit noch entbehrt, und das nackte Resultat ist der Leichnam, der die Tendenz hinter sich gelassen.« (HW, Bd. 3, S. 13)
45 Hegel spricht im Vorwort zur dritten Ausgabe der »Enzyklopädie« vom »kompendiarischen Zweck des Lehrbuchs«, der es nötig mache, den »Stil gedrängt, formell und abstrakt« zu halten (HW, Bd. 8, S. 32); von einer ›philosophischen Propädeutik‹ ist hingegen nicht die Rede.
46 Bei Marcuse heißt es etwa: »Die erste Gestalt der Idee ist das *Leben*. Hegel betont, daß es sich bei der Explikation des Lebens als eines im Charakter der Idee Seienden nicht darum handeln kann, etwa die Strukturen des faktisch-realen Lebens zu bestimmen; das faktisch-reale Leben existiert nur immer in einzelnen lebendigen Individuen, die die Idee der Lebendigkeit als die sie erst konstituierende Allgemeinheit schon voraussetzt. [...] Das Leben ist ›*an* und *für sich*‹ diese absolute Allgemeinheit. Indem es die daseiende Mannigfaltigkeit der Objektivität in seinem Sein einigt, ihre in ›ein ganz verschiedenes und selbständiges Außereinander‹ fallende Vielheit durch die einfache Beziehung auf sich selbst zusammennimmt, gibt es der Objektivität allererst Substantialität und Bestehen [...].« (Herbert Marcuse, Hegels Ontologie und die Theorie der Ge-

dem Subjekt Heterogenes, sondern es ist vielmehr als Moment dem Subjekt zu eigen. Leben bedeutet, indem es für das Selbstbewußtsein Gegenstand der unmittelbaren Begierde ist, ein dem Subjekt Eigenes und zugleich von ihm Verschiedenes. Die Erfahrung der Selbständigkeit des dem Selbstbewußtsein als Lebendiges noch unmittelbar Gegenüberstehenden führt zur Anerkennung, dem Anerkannten und Anerkennenden und damit zur Herrschaft und Knechtschaft. Insofern darf der Begriff des Lebens nur funktional, als Vermittlungskategorie verstanden werden.

Wieweit ist das Leben, das hier als das Negative des Selbstbewußtseins sich dem gegenüberstellt, tatsächlich dessen eigenes Moment? Das Selbstbewußtsein ist auf dieser Stufe wesentlich Begierde und hat ein Gedoppeltes als Gegenstand, nämlich sich selbst und die sinnliche Gewißheit, die den Charakter des Negativen hat. Läßt sich das behaupten gegen den Vorwurf, daß das Moment des Negativen als eine dem Subjekt fremde ontische Kategorie auftritt? Dann wäre das Selbstbewußtsein hier der bloße Unterschied von sich selbst, die leere Tautologie des »Ich bin Ich«, das keine ihm selbst wesentliche Gegensätzlichkeit hat.

Es geht hier bei Hegel um den Prozeß, in dem das Subjekt aus sich selbst Objektivität erlangt. Der Prozeß ist gegenläufig: Indem im Sinne der Kantischen transzendentalen Deduktion in der reductio ad subiectum Objektivität erreicht wird, vollzieht sich zugleich eine reductio ad obiectum. Das Ich, das Subjekt wird, ist damit zugleich auch Objekt. Es ließe sich dieser Prozeß, in dem das Selbstbewußtsein dinghaft wird, auch aus den Kantischen Prämissen erstellen. Das Ich denke als apriorische Synthesis der subjektiven Vorstellungen ist die synthetische Einheit der Apperzeption.[47] Durch dieses Einheitsmoment wird das darin beschlossene subjektive Bewußtsein zu einem objektiven. Die Anschauung kann nur durch die Spontaneität des Subjekts, das Ich denke, zu Vorstellungen kommen, oder: Nur durch die Einheit des Bewußtseins konstituiert sich die Einheit der Gegenstände. Im Resultat der Kritik der reinen Vernunft stehen sich beide verselbständigt, nur abstrakt aufeinander bezogen gegenüber. Hegel kritisiert an Kant den Chorismos von transzendentaler Subjektivität und Empirie, der durch ein Bewußtsein zustande kam, das sich nur einseitig, nämlich subjektiv reflektiert.[48] Kant hatte versucht, die Gegenständlichkeit aus der Einheit des Bewußt-

---

schichtlichkeit [1932], in: Herbert Marcuse, Schriften, Bd. 2, Frankfurt a.M. 1989, S. 173f.) – Vgl. HW, Bd. 6, S. 472.
47 Vgl. den Abschnitt »Kantische Philosophie« in Hegels Schrift »Glauben und Wissen oder die Reflexionsphilosophie der Subjektivität in der Vollständigkeit ihrer Formen als Kantische, Jacobische und Fichtesche Philosophie« [1802], HW, Bd. 2, S. 301–333.
48 Vgl. etwa HW, Bd. 5, S. 59–61.

seins zu deduzieren. Hegel will auf dem umgekehrten Weg die Vermittlung der isolierten Gegensätze leisten, indem er die Einheit des Bewußtseins aus der Gegenständlichkeit deduziert.

Im Sinne Kants und Hegels läßt sich sagen, daß Bewußtsein, indem es zum Ich wird, sich notwendig dem Bewußtsein entfremdet. Das Ich ist immer schon die Negation des Ich als eines unmittelbar Seienden. In der Entfremdung wird es zu einer Abstraktion, während es bei sich seiend lebendiger Vollzug ist. Derart bedeutet Selbstbewußtsein zunächst die abstrakte Negation des Bewußtseins. Gegenüber der verlorenen Mannigfaltigkeit seiner Bewußtseinsinhalte verhält sich das Ich sodann als begehrendes, um sich mit der Entfremdung zu versöhnen. Je mehr es sich selbst entfremdet ist, desto mehr sucht es, sich neue Inhalte zu geben in der Aneignung der entfremdeten Gegenstände. So ist Kultur als Fortsetzung des Naturzustandes, des Fressens und Gefressenwerdens, zu verstehen. Das Ausmaß der Entfremdung schlägt um in das Ausmaß dessen, was an Geistigem erfahrbar ist. Nur in der äußersten Entfremdung kann sich die völlige Versöhnung vollziehen. Hegel hat damit in einer Vorahnung den Marxschen Gedanken gedeutet, daß nur mit der völligen Naturbeherrschung eine menschenwürdige Gesellschaft erreicht werden kann.

355 Friedhelm Herborth,
16. Januar 1964

Friedhelm Herborth

Protokoll des Philosophischen Hauptseminars vom 16. 1. 1964

Kojèves Versuch einer Vergegenwärtigung der Hegelschen Philosophie besteht – zugespitzt gesagt – darin, daß er diese zu einer Art Anthropologie herabsetzt, nach welcher der Mensch einzig durch den Einsatz seines Lebens »in einem reinen Prestigekampf« (Kojève)[49] sich verwirklicht. Das gelingt ihm, indem er ein sich wieder aufhebendes Moment der Selbstbewegung der Hegelschen absoluten Geistes, das der Selbstbesetzung des reinen Selbstbewußtseins, das damit zugleich seine Selbstzerstörung setzt, isoliert und es dem existentialontologischen Begriffsapparat unterwirft. Konsequent bezieht er dann auch alle Hegelschen Bestimmungen nur auf den empirischen Menschen. So wird die Zeit in eine anthropologische Kategorie verwandelt und mit der Geschichte der Menschen identifiziert. Durch seine Taten bringt der Mensch die Zeit hervor, ja, »der Mensch *ist* die Zeit, die Zeit *ist* der Mensch.«[50] Das folgt für Kojève aus dem Hegelschen

---

49 S. oben, Anm. 41.
50 »Der Mensch, der im Laufe der Geschichte das Sein durch seine Rede offenbart, ist ›der daseiende Begriff‹, und die Zeit ist eben dieser Begriff. Ohne den Menschen wäre die Natur *Raum*, und zwar *nur* Raum. Der Mensch allein ist in der Zeit, und die Zeit existiert nicht außerhalb des Menschen; der Mensch *ist* also die Zeit, und die Zeit *ist* der Mensch, d. h. der ›Begriff, der da ist‹ im räumlichen Dasein der Natur.« (Kojève, Hegel, a. a. O. [s. Anm. 19], S. 97) – Bei Hegel heißt es: »Was die *Zeit* betrifft, von der man meinen sollte, daß sie, zum Gegenstücke gegen den Raum, den Stoff des ändern Teils der reinen Mathematik ausmachen würde, so ist sie der daseiende Begriff selbst.« (HW, Bd. 3, S. 45 f.) Sowie: »Die *Zeit* ist der *Begriff* selbst, der *da ist* und als leere Anschauung sich dem Bewußtsein vorstellt; deswegen erscheint der Geist notwendig in der Zeit, und er erscheint so lange in der Zeit, als er nicht seinen reinen Begriff *erfaßt*, d. h. nicht die Zeit tilgt. Sie ist das *äußere* angeschaute, vom Selbst *nicht erfaßte* reine Selbst, der nur angeschaute Begriff; indem dieser sich selbst erfaßt, hebt er seine Zeitform auf, begreift das Anschauen und ist begriffenes und begreifendes Anschauen. – Die Zeit erscheint daher als das Schicksal und die Notwendigkeit des Geistes, der nicht in sich vollendet ist, – die Notwendigkeit, den Anteil, den das Selbstbewußtsein an dem Bewußtsein hat, zu bereichern, die *Unmittelbarkeit des Ansich* – die Form, in der die Substanz im Bewußtsein ist – in Bewegung zu setzen oder umgekehrt, das Ansich als das *Innerliche* genommen, das, was erst *innerlich* ist, zu realisieren und zu offenbaren, d. h. es der Gewißheit seiner selbst zu vindizieren.« (Ebd., S. 584 f.)

Satz: »Die Zeit ist der Begriff, der da ist«[51], denn der Mensch, so sagt Kojève, ist das »*Dasein* des Begriffs,« da er das »einzige sprechende Wesen in der Welt ist.«[52]

Für Hegel aber ist nicht der Mensch das Absolute, sondern Geist als das absolute Subjekt, und die Zeit ist in dem in Rede stehenden Abschnitt über das absolute Wissen das »Schicksal und die Notwendigkeit« des noch nicht in sich vollendeten Geistes, der auf dem Wege zu sich selber die Sphäre der Endlichkeit, die Zeit als Form seiner Selbstentäußerung durchlaufen muß; oder: Der Hegelsche Begriff als der Vermittlungsprozeß zwischen dem Absoluten, das zeitlos, ewig ist, und dem Endlichen, das zeitlich ist, enthält die Zeit als ein Moment in sich.

Kojèves oben angedeutete Verherrlichung des um seine Anerkennung kämpfenden Menschen, die Bestimmung seines Lebens und seiner Freiheit durch den Tod, ist offenbar der ideologische Ausdruck seiner geschichtlichen Situation, in der man von Individuen kaum noch sprechen kann. Der hier glorifizierten stummen Entschlossenheit zum Tode entspricht das zum Absoluten gewordene Prinzip der Selbsterhaltung des Kollektivs, das durch den Untergang der Einzelnen hindurch sich verwirklicht. Deren Sinn – so wird uns versichert – liegt gerade in ihrem Untergang, der ihnen »einzig und allein die absolute Freiheit« verbürgt. (Kojève)[53]

Die Verabsolutierung der subjektiven Aktion bei Kojève – wie überhaupt bei den vom Kommunismus berührten französischen Philosophen – ist eine Antwort

---

51 »›Die *Zeit* ist der *Begriff* selbst, der *da* ist.‹ Und man muß unterstreichen, daß Hegel seine Worte wohl abgewogen hat, als er diesen seltsamen Satz niederschrieb. Denn er hat schon genau das gleiche in der Vorrede der Ph[änomenologie des] G[eistes] gesagt, wo man liest [...]: ›Was die *Zeit* betrifft, ... so ist sie der daseiende Begriff selbst.‹« (Kojève, Hegel, a.a.O. [s. Anm. 19], S. 69)
52 »Wenn der Mensch und die Zeit der ›daseiende Begriff‹ *ist*, dann kann man sagen, daß der Mensch der ›daseiende Begriff‹ *ist*. Und er ist es ja tatsächlich: da er das einzige sprechende Wesen in der Welt ist, ist er der inkarnierte Logos (oder Rede), der Logos, der Fleisch geworden ist und so als empirische Wirklichkeit in der natürlichen Welt da ist.« (Ebd., S. 103)
53 »Der Mensch ist das einzige Wesen in der Welt, das *weiß*, daß es sterben muß, und man kann sagen, daß er das Bewußtsein seines Todes *ist:* wahrhaft menschliche Existenz ist existierendes Todesbewußtsein oder seiner selbst bewußter Tod. Da die Vollendung des Menschen die Fülle seines Selbstbewußtseins und der Mensch in seinem Sein selbst wesentlich endlich ist, gipfelt die menschliche Existenz im freiwilligen Hinnehmen der Endlichkeit. Und das volle (redehafte) Begreifen des Sinnes des Todes stellt jene Hegelsche Weisheit dar, die die Geschichte zum Abschluß bringt, indem sie dem Menschen Befriedigung verschafft. *[Absatz]* Denn wenn der Mensch zur Weisheit gelangt, begreift er, daß einzig und allein seine Endlichkeit oder sein Tod ihm die absolute Freiheit sichert, indem sie ihn nicht nur von der gegebenen Welt befreit, sondern auch von dem ewigen und unendlichen Gegebenen, das, wäre der Mensch nicht sterblich, Gott sein würde. Und das Bewußtsein dieser absoluten Freiheit befriedigt den unendlichen Stolz des Menschen, der den eigentlichen Grund seiner menschlichen Existenz bildet und die letzte ursprüngliche Triebkraft seiner Selbsterschaffung ist.« (Ebd., S. 231)

darauf, daß die Verdinglichung selbst der Revolution, die die Versöhnung von Allgemeinem und Besonderem bringen sollte, sich bemächtigt hat. Was in der geschichtlichen Dialektik erstickt wurde, wird nun den isolierten Individuen zugeschrieben. In diesem Rückfall in den Anarchismus liegt jedoch auch ein Wahrheitsmoment: die Einsicht, daß der Geschichtslauf allein die Welt nicht verbessern wird. Zur Veränderung bedarf es der spontanen Handlung der geschichtlichen Subjekte. Zugleich ist die trotzige, soldatische Verherrlichung der Negativität Ausdruck einer objektiven Resignation, die die Institutionalisierung und damit die Unterdrückung der Revolution, die das Reich der Freiheit im Sinne von Marx herbeiführen sollte, noch einmal bestätigt.

Das Moment des Sich-Abfindens mit dem was ist und der Herabsetzung des Einzelnen zum Nichtigen gehört freilich auch der Hegelschen Philosophie an – was allerdings nicht dazu berechtigt, sie wie Kojève auf diesen Punkt zusammenzupressen –, der das Wahre das absolute Subjekt ist, das durch die sich entfaltende Gattung hindurch sich darstellt. Der Anspruch des Einzelnen auf Ewigkeit wird abgelöst, indem er in das Ganze der Gesellschaft übernommen wird. Das Absolute der Theologie lebt in der Nation, dem Kollektiv, fort. Das Einzelne, das diesem entgegensteht, erreicht nur durch sein Zugrundegehen seine Wahrheit; im Tod wird es, was es in Wahrheit immer schon war, ein Moment des sich bewegenden Ganzen.

Was auch immer ist, ist ein Teil des Ganzen, das, wird es idealistisch gedacht, ästhetischen Charakter erhält: Scheinbar ist absolute Identität erreicht, wenn das Ganze, die Ewigkeit, mit sich selber spielt. Der Geist schaut sich in seiner Entäußerung an, »in welcher (er) sein Werden zum Geiste in der Form des *freien zufälligen Geschehens* darstellt« (Phänomenologie des Geistes).[54]

So verfällt Hegel schließlich selber dem Zirkel der abstrakten Identitätsphilosophie, dem er zu entrinnen suchte. Das gelingt ihm nicht, weil er das proton pseudos idealistischen Denkens beibehält, das logisch Erste zum ontologisch Ersten zu erheben. Die dialektische Einheit von Identität und Nichtidentität, die Hegel im Absoluten erreicht wähnt, muß dann eine formale bleiben, da in seiner idealistischen Dialektik das Nichtidentische bloß als Begriff, nicht als Inhalt, in die Einheit von Subjekt und Objekt eingegangen ist. Das große Gewicht, das das

---

54 »Das Wissen kennt nicht nur sich, sondern auch das Negative seiner selbst oder seine Grenze. Seine Grenze wissen heißt, sich aufzuopfern wissen. Diese Aufopferung ist die Entäußerung, in welcher der Geist sein Werden zum Geiste in der Form des *freien zufälligen Geschehens* darstellt, sein reines *Selbst* als die *Zeit* außer ihm und ebenso sein *Sein* als Raum anschauend. Dieses sein letzteres Werden, die *Natur*, ist sein lebendiges unmittelbares Werden; sie, der entäußerte Geist, ist in ihrem Dasein nichts als diese ewige Entäußerung ihres *Bestehens* und die Bewegung, die das *Subjekt* herstellt.« (HW, Bd. 3, S. 590)

Nichtidentische im Einzelnen in Hegels Denken erhält, das der Versuch ist, den jedem Einzelnen immanenten objektiven Sinn des Ganzen, die Wahrheit, zu entwickeln, verflüchtigt sich im Ganzen wieder aufgrund seines absoluten Idealismus.

In der Reduktion der Materie auf den Begriff des Nichtidentischen spiegelt sich die Differenz zwischen Kant, der den Versuch, die Selbständigkeit des Nichtidentischen, des Objekts, zu retten, mit dem Verzicht, es in seinem An-sich-Sein zu erkennen, bezahlen muß, und Hegel, der das Objekt zu erreichen sucht, indem er es ins Subjekt einbegreift, womit er aber seine Selbständigkeit vernichtet. Das Kantische transzendentale Subjekt prägt seine Formen der Materie auf, die ihm gegeben ist. (Kant nennt die intelligible Ursache der Erscheinungen auch das »transzendentale Objekt«)[55]. Ohne diese bedeutet es so wenig wie ohne ein empirisches Subjekt, in dem es wiederum selber enthalten sein muß, damit dieses überhaupt der Erkenntnis fähig ist. Zwar hat Kant die Leistung der synthetischen Einheit der transzendentalen Apperzeption scharf von einer psychologischen getrennt. Da jene aber Tätigkeit ist, weist sie zurück auf das Denken eines empirischen Subjekts als ihres realen Substrats. Die Synthesis der transzendentalen Apperzeption ist für Kant dem Empirischen nur logisch vorgeordnet. Wird dieses logische Prinzip zu einem metaphysischen erhoben, ist der absolute Idealismus erreicht: Die Materie wird ein Erzeugtes; sie wird von der transzendentalen Apperzeption produziert. Diese wird damit zu einem Substantiellen, außer welchem es keine Substanz mehr gibt, – und die Substanz ist wesentlich Subjekt.

---

[55] »Die Materie ist substantia phaenomenon. Was ihr innerlich zukomme, suche ich in allen Teilen des Raumes, den sie einnimmt, und in allen Wirkungen, die sie ausübt, und die freilich nur immer Erscheinungen äußerer Sinne sein können. Ich habe also zwar nichts Schlechthin-, sondern lauter Komparativ-Innerliches, das selber wiederum aus äußeren Verhältnissen besteht. Allein, das schlechthin, dem reinen Verstande nach, Innerliche der Materie ist auch eine bloße Grille; denn diese ist überall kein Gegenstand für den reinen Verstand, das transzendentale Objekt aber, welches der Grund dieser Erscheinung sein mag, die wir Materie nennen, ist ein bloßes Etwas, wovon wir nicht einmal verstehen würden, was es sei, wenn es uns auch jemand sagen könnte.« (KW, Bd. III, S. 297 [B 333; A 277])

356 Hanns-Helge Schneider, 23. Januar 1964

Hanns-Helge Schneider, 6. Semester
Protokoll des philosophischen Hauptseminars vom 23. 1. 1964

Im Anschluß an die Verlesung des Protokolls kamen noch einige Aspekte des Hegel-Verständnisses zur Sprache, die sich auf das Buch von Kojève bezogen. Kojèves Tendenz, die Hegelschen Kategorien zu anthropologisieren und ihren Momentcharakter im Ganzen des Systems zu übergehen, ist kennzeichnend für die Verfallsgeschichte der Hegelschen Schule insgesamt. Ebenso unzuständig bliebe jedoch auch ein Versuch, Hegels Begriff des Geistes auf sein gesellschaftliches Modell, die Arbeit, zu bringen, wollte man Geist auf Arbeit reduzieren, diese also zur Totalität machen.

Zum Verhältnis von Absolutem und Zeit wurde angemerkt, daß Hegel zwar behauptet hat, das Absolute sei ewig; gleichwohl werden Ewigkeit und Zeitlichkeit nicht abstrakt in einem theologischen Sinne einander gegenübergestellt. Das Absolute ist weder zeitlos noch zeitlich, es ist immer Gegenwart und konstituiert sich durch die Zeit. Es selbst ist wesentlich im Untergang des Endlichen. Spekulativ gefaßt ist das Absolute die Zeit als Aufgehobene. Der Inbegriff des Zeitlichen selber ist die Bewegung, das Überzeitliche. Nur durch das Prinzip der Negativität, die alles Zeitliche vernichtet, wird die Zeit aufgehoben. Das Prinzip der Zeit ist ihre eigene Selbstaufhebung. Auch wenn Hegel mit einigen Formulierungen wie in der Einleitung zur Logik eine Trennung von Ewigkeit und Zeitlichkeit nahezulegen scheint (»man kann sich deswegen ausdrücken, daß dieser Inhalt (der Logik) die Darstellung Gottes, wie er in seinem ewigen Wesen vor der Erschaffung der Natur und eines endlichen Geistes ist«[56]), so sind diese Gedanken Gottes vor der Erschaffung der Welt zugleich als die Erschaffung der Welt selber zu verstehen.

Zum Verhältnis des Einzelnen zum Ganzen wurde ausgeführt, daß der Anspruch des Einzelnen, ein Moment des sich in sich bewegenden Ganzen zu sein, sich bei Hegel dadurch verflüchtigen muß, daß das Einzelne in Gestalt seines Begriffs, als Kategorie, erscheint. Hegel könnte dem entgegenhalten, es lasse über Einzelnen sich nur vermittels begrifflicher Bestimmungen reden, es sei daher unmöglich, aus dem absoluten Idealismus auszubrechen. Und in der Tat kann ein

---

[56] Der Satz lautet korrekt vollständig: »Die Logik ist sonach als das System der reinen Vernunft, als das Reich des reinen Gedankens zu fassen. *Dieses Reich ist die Wahrheit, wie sie ohne Hülle an und für sich selbst ist.* Man kann sich deswegen ausdrücken, daß dieser Inhalt *die Darstellung Gottes* ist, *wie er in seinem ewigen Wesen vor der Erschaffung der Natur und eines endlichen Geistes ist.*« (HW, Bd. 5, S. 44)

Denken, welches das im Begriff nicht Aufgehende zu retten sucht, sich der begrifflichen Fixierung nicht entziehen. Die Frage bleibt jedoch, ob diese Schwierigkeit nicht im Grunde im Ansatz der Philosophie überhaupt liegt: Diese hat es wesentlich mit Begriffen zu tun. Wenn man auch nur im Denken den Unterschied zwischen dem Begriff einer Sache und ihr selbst fassen kann, so bleibt dieser Unterschied nichtsdestoweniger real bestehen. Aus der Not der Philosophie, nur in Begriffen sich ausdrücken zu können, hat Hegel die Tugend des Idealismus gemacht. Die Hegelsche Einheit von Identität und Nichtidentität bleibt formal, wenn das Nichtidentische bloßer Begriff bleibt. Das Moment des Nichtidentischen fällt durch die Maschen, wenn es nicht reflektiert wird. Es ist mit einem Moment unaufhebbarer Unmittelbarkeit behaftet, das sich in den Weisen seiner Vermittlung nicht erschöpft. Indem die idealistische Philosophie dieses Moment als Begriff faßt, hat sie es im Begriff, zugleich aber auch nicht. Es geht bei Hegel im Grunde um den Anspruch, auch die Materie, worauf sich bei Kant die Formen beziehen, noch abzuleiten. Materie geht auf in ihrem Begriff. Sie wird herabgesetzt zur Selbstunterscheidung der Form in sich. Die Form erzeugt also in sich die Materie und hat damit auch den Unterschied an ihr. »Die Abstraktion, aus der die Materie hervorgeht, ist aber nicht nur ein *äußerliches* Wegnehmen und Aufheben der Form, sondern die Form reduziert sich durch sich selbst, wie sich ergeben hat, zu dieser einfachen Identität.« (Logik I, S. 560)[57]

Im Referat über den Aufsatz von Georg Lukács, »Die Verdinglichung und das Bewußtsein des Proletariats«,[58] kam zum Ausdruck, daß es das unbestreitbare Verdienst des Lukács'schen Buches sei, die im Marx'schen Kapital in dem Abschnitt »Der Fetischcharakter der Ware und sein Geheimnis«[59] aufgedeckte Mystifikation, der gegenständliche Schein, in den historische Beziehungen von Klassen sich hüllen, in ihrem auch die außerökonomische Sphäre des Bewußtseins – damit auch die Philosophie – prägenden Einfluß prinzipiell herausgestellt zu haben. Lukács wird in seiner Neigung, alles auf den Begriff der Verdinglichung

---

57 »Wenn von allen Bestimmungen, aller Form eines Etwas abstrahirt wird, so bleibt die unbestimmte Materie übrig. Die Materie ist ein schlechthin *Abstraktes*. (– Man kann die Materie nicht sehen, fühlen u. s. f. – was man sieht, fühlt, ist eine *bestimmte Materie*, d. h. eine Einheit der Materie und der Form.) Diese Abstraktion, aus der die Materie hervorgeht, ist aber nicht nur ein *äußerliches* Wegnehmen und Aufheben der Form, sondern die Form reducirt sich durch sich selbst, wie sich ergeben hat, zu dieser einfachen Identität.« (HJu, Bd. 4, S. 560; vgl. HW, Bd. 6, S. 88)

58 Ein entsprechender Referatstext wurde nicht aufgefunden. – Vgl. den Abschnitt »Die Verdinglichung und das Bewußtsein des Proletariats«, in: Georg Lukács, Geschichte und Klassenbewußtsein. Studien über marxistische Dialektik [1923], in: Georg Lukács, Werke, Bd. 2, Neuwied und Berlin 1968, S. 161–517; hier: S. 257–397.

59 Vgl. MEW, Bd. 23, S. 85–98.

zu beziehen, jedoch dem nicht gerecht, daß Marx die Verdinglichung selber als ein Sekundäres deduziert hat, nämlich als eine im Tauschverhältnis sich konstituierende Abstraktion. Sofern die Kritik an der Verdinglichung – wie sie Lukács versteht – nur deren negatives Wesen gewahrt, trägt sie als ihren Maßstab einen uneingestandenen Idealismus in sich: Sie drückt aus, daß ihr jedes Subjekt-Fremde unerträglich ist. Das Leiden unter der Verdinglichung erweist sich weitgehend als ideologischer Reflex eines Bewußtseins, das nichts als sich selber vertragen kann. Ohne dieses Moment der Verdinglichung läßt sich wahrscheinlich wahrhafte Humanität gar nicht denken.

Der Vorrang des Begriffs der Identifizierung führt notwendig auf einen Begriff des Systems, in dem der absolute Zwang die Stelle der Versöhnung einnimmt. Prof. Adorno wies darauf hin, daß Lukács damit eine Tendenz des idealistischen Denkens ausdrückt, für das das Wahre mit dem System identisch ist. Allein Hölderlin sei davon ausgenommen, dem Versöhnung das Offene bedeutet habe, die Vorstellung einer versöhnten Vielheit.[60]

Die Bestimmung der Verdinglichung durch den Tauschvorgang in der Produktionssphäre trägt den Fetischcharakter in sich, der in der Analyse des Tauschvorgangs begründet ist und bei dem – auf die abstrakte Äquivalenzform gebracht – der Gebrauchswert verschwunden ist. Dem Fehlen dieses genetisch-dynamischen Momentes entspringt der Fetischcharakter nicht als ein Illusionäres, sondern er ist durch den Tauschakt selber gesetzt. Indem das ganze Leben der Gesellschaft in isolierte Tauschakte zerfällt, erhält jede Beziehung zwischen Personen den Charakter eines Warentausches und auf diese Weise eine »gespenstische Gegenständlichkeit«.[61] Die Verdinglichung des Subjekts ist eine Funktion seiner Einheit.

---

[60] So endet etwa Hölderlins »Hyperion« [1799]: »»O Seele! Seele! Schönheit der Welt! Du unzerstörbare! Du / ›entzükende! mit deiner ewigen Jugend! du bist; was ist denn / ›der Tod und alles Wehe der Menschen? – Ach! viel der leeren / ›Worte haben die Wunderlichen gemacht. Geschiehet doch alles / ›aus Lust, und endet doch alles mit Frieden. [Absatz] ›Wie der Zwist der Liebenden, sind die Dissonanzen der Welt. / ›Versöhnung ist mitten im Streit und alles Getrennte findet sich / ›wieder. [Absatz] ›Es scheiden und kehren im Herzen die Adern und einiges, / ›ewiges, glühendes Leben ist Alles. [Absatz] So dacht' ich. Nächstens mehr.« (Friedrich Hölderlin, Hyperion oder der Eremit in Griechenland. Zweiter Band, in: Friedrich Hölderlin, Sämtliche Werke. ›Frankfurter Ausgabe‹. Historisch-kritische Ausgabe, hrsg. von D. E. Sattler, Bd. 11, hrsg. von Michael Knaupp und D. E. Sattler, Frankfurt a. M. 1982, S. 693–782; hier: S. 782)

[61] »Betrachten wir nun das Residuum der Arbeitsprodukte. Es ist nichts von ihnen übriggeblieben als dieselbe gespenstige Gegenständlichkeit, eine bloße Gallerte unterschiedsloser menschlicher Arbeit, d. h. der Verausgabung menschlicher Arbeitskraft ohne Rücksicht auf die Form ihrer Verausgabung. Diese Dinge stellen nur noch dar, daß in ihrer Produktion menschliche

Engels' Auffassung, das »Ding an sich« sei zu einem »Ding für uns« geworden,[62] entspricht durchaus der Hegelschen, die die Trennung zwischen »Kontemplation und Praxis« (Lukács)[63] nicht vollzieht, indem sie es als ein in sich selbst Vermitteltes faßt.

Die klassische deutsche Philosophie, die den »irrationalen Charakter der Gegebenheit des Begriffsinhalts begreift, an ihm festhält, jedoch über diese Feststellung hinaus, sie überwindend, das System aufzurichten bestrebt ist«

Arbeitskraft verausgabt, menschliche Arbeit aufgehäuft ist. Als Kristalle dieser ihnen gemeinschaftlichen gesellschaftlichen Substanz sind sie Werte – Warenwerte.« (MEW, Bd. 23, S. 52)

62 Engels spricht in der Schrift »Ludwig Feuerbach und der Ausgang der klassischen deutschen Philosophie« [1886] von einer Reihe von Philosophen, »die die Möglichkeit einer Erkenntnis der Welt oder doch einer erschöpfenden Erkenntnis bestreiten. Zu ihnen gehören unter den neueren Hume und Kant, und sie haben eine sehr bedeutende Rolle in der philosophischen Entwicklung gespielt. Das Entscheidende zur Widerlegung dieser Ansicht ist bereits von Hegel gesagt, soweit dies vom idealistischen Standpunkt möglich war; was Feuerbach Materialistisches hinzugefügt, ist mehr geistreich als tief. Die schlagendste Widerlegung dieser wie aller andern philosophischen Schrullen ist die Praxis, nämlich das Experiment und die Industrie. Wenn wir die Richtigkeit unsrer Auffassung eines Naturvorgangs beweisen können, indem wir ihn selbst machen, ihn aus seinen Bedingungen erzeugen, ihn obendrein unsern Zwecken dienstbar werden lassen, so ist es mit dem Kantschen unfaßbaren ›Ding an sich‹ zu Ende. Die im pflanzlichen und tierischen Körper erzeugten chemischen Stoffe blieben solche ›Dinge an sich‹, bis die organische Chemie sie einen nach dem andern darzustellen anfing; damit wurde das ›Ding an sich‹ ein Ding für uns, wie z. B. der Farbstoff des Krapps, das Alizarin, das wir nicht mehr auf dem Felde in den Krappwurzeln wachsen lassen, sondern aus Kohlenteer weit wohlfeiler und einfacher herstellen.« (MEW, Bd. 21, S. 276)

63 Bei Lukács heißt es, »die klassische Philosophie, die unbarmherzig alle metaphysischen Illusionen der vorangegangenen Epoche zerriß, mußte bestimmten eigenen Voraussetzungen gegenüber ebenso kritiklos, ebenso dogmatisch-metaphysisch verfahren, wie ihre Vorgänger. Wir haben bereits andeutungsweise auf diesen Punkt hingewiesen: es ist die – dogmatische – Annahme, daß die rationell-formalistische Erkenntnis weise die einzig mögliche (oder am kritischsten gewendet: die ›uns‹ einzigmögliche) Art der Erfassung der Wirklichkeit ist, im Gegensatz zu der ›uns‹ fremden Gegebenheit der Tatsachen. Die großartige Konzeption, daß das Denken nur das von ihm selbst Erzeugte begreifen kann, ist, wie gezeigt wurde, im Bestreben, die Totalität der Welt als Selbsterzeugtes zu bewältigen, auf die unüberwindliche Schranke der Gegebenheit, des Dinges an sich gestoßen worden. Wollte es nicht auf das Erfassen des Ganzen verzichten, so mußte es den Weg nach Innen gehen. Es mußte versuchen, jenes Subjekt des Denkens aufzufinden, als dessen Produkt das Dasein – ohne hiatus irrationalis, ohne jenseitiges Ding an sich – gedacht werden kann. Der oben angedeutete Dogmatismus ist hierbei zugleich Wegweiser und Irrlicht gewesen. Wegweiser, indem das Denken über das bloße Hinnehmen der gegebenen Wirklichkeit, über die bloße Reflexion, über die Bedingungen ihrer Denkbarkeit hinausgetrieben und in die Richtung auf ein Hinausgehen über die bloße Kontemplation, das bloße Anschauen gelenkt wurde. Irrlicht, indem es eben derselbe Dogmatismus nicht gestattet hat, das wahrhaft gegenseitige und die Kontemplation wirklich überwindende Prinzip des Praktischen aufzufinden.« (Lukács, Geschichte und Klassenbewußtsein, a. a. O. [s. Anm. 58], S. 299f.)

(Lukács)⁶⁴, ist nach Lukács mit der Note der Tragik behaftet. Durch diese Vermengung ästhetischer und philosophischer Kategorien wird die Frage nach der Wahrheit eskamotiert. Lukács betrachtet die ganze Philosophie – das Stringenzmoment außer acht lassend – als ein Schauspiel, aus dem sich die Geschichte des Geistes ableiten läßt.

Darin, daß Lukács das Proletariat die Stelle des Hegelschen absoluten Geistes einnehmen läßt, koinzidieren bei ihm Materialismus und Idealismus. Es resultiert ein irrationalistischer Kultus des Proletariats. Wesentliche Ansätze der Lukács'schen Philosophie lassen sich aus diesem Zusammenhang deduzieren.

---

64 »Die Großartigkeit, die Paradoxie und Tragik der klassischen deutschen Philosophie besteht nun darin, daß sie nicht mehr – wie noch Spinoza – jede Gegebenheit als nichtseiend hinter der monumentalen Architektur der rationalen, vom Verstand erzeugten Formen verschwinden läßt, sondern im Gegenteil den irrationalen Charakter der Gegebenheit des Begriffsinhalts begreift, an ihm festhält, jedoch über diese Feststellung hinaus, sie überwindend, das System aufzurichten bestrebt ist.« (Ebd., S. 295)

357 Jeremy J. Shapiro, 30. Januar 1964

Jeremy J. Shapiro

Protokoll des Philosophischen Hauptseminars vom 30. 1. 1964

Das Seminar befaßte sich mit dem Thema der Beziehung zwischen der materialistischen und idealistischen Dialektik, insbesondere wie sie ein differenzierendes Denken am Verdinglichungsbegriff bei Georg Lukács sichtbar macht. Anfangs wurden noch einige Punkte geklärt, die in der vorigen Seminarsitzung in diesem Zusammenhang noch nicht genügend bestimmt worden waren. Hier traten vor allem die zentralen Verhältnisse von Geist und Arbeit und von Form und Inhalt hervor. Zum ersteren bemerkte Professor Adorno, daß trotz der unverkennbaren inneren Beziehung zwischen Hegels Geistbegriff und der Arbeit, die sich manchmal der Äquivalenz annähert, doch ein wichtiger Unterschied verbleibt, der es einer materialistischen Dialektik unmöglich macht, im selben Sinne alles von der Arbeit abhängig zu machen, wie in der Hegelschen Philosophie alles vom Geist abhängig gemacht wird. Dieser Unterschied besteht darin, daß die wirkliche Arbeit sich notwendigerweise auf ein Objekt, die Natur, also etwas außer ihr beziehen muß, während bei Hegel, bei aller Verwurzelung des Geistes in der Arbeit, die Arbeit selbst vergeistigt wird, und die Gestalt, die sie dabei annimmt, bringt letztlich ihr Objekt aus sich hervor. Deshalb kann Hegels Geistbegriff einen Totalitätsanspruch erheben, der der realen Arbeit vorenthalten ist. Schon bei Kant wanderte die Arbeit als Moment in die Philosophie ein, und zwar vermittels seines Begriffes der Spontaneität, der vom spekulativen Idealismus eine metaphysische Form und einen methodischen Anspruch, aus dem Subjekt das Ganze herauszubilden, erhielt. Ist Hegels Geistbegriff, in dem diese Tendenz sich vollzieht, wie es im dritten Teil seiner *Logik* dargestellt wird,[65] zur Totalität geworden, was seinen Unterschied von der Arbeit ausmacht, so bleibt der Geist wesentlich doch

---

[65] »Der Begriff hat *sich* zunächst zu sich selbst befreit und sich nur erst eine *abstrakte Objektivität* zur Realität gegeben. Aber der Prozeß dieses endlichen Erkennens und Handelns macht die zunächst abstrakte Allgemeinheit zur Totalität, wodurch sie *vollkommene Objektivität* wird. – Oder von der ändern Seite betrachtet, *macht* der endliche, das ist der subjektive Geist sich die *Voraussetzung* einer objektiven Welt, wie das Leben eine solche Voraussetzung *hat*, aber seine Tätigkeit ist, diese Voraussetzung aufzuheben und sie zu einem Gesetzten zu machen. So ist seine Realität für ihn die objektive Welt, oder umgekehrt, die objektive Welt ist die Idealität, in der er sich selbst erkennt.« (HW, Bd. 6, S. 468 f.)

das Ganze als Subjekt, das als ein Spezifisches zugleich in sich wieder unterschieden ist von dem, was sich als Ganzes verwirklicht, und als partikulares Moment noch Tätigkeit des Subjekts ist, das eines Objekts bedarf, woran seine Beziehung zur Arbeit wiederum auffindbar ist. Wenn der Geist nicht ein subjektiv Bestimmtes wäre, dann wäre alles unterschiedslos Geist. Als Marx sich gegen den Ausdruck des Gothaer Programms wandte, nach dem die Arbeit die Quelle allen Reichtums und aller Kultur sei, und erwiderte: »Die Natur ist ebensosehr die Quelle der Gebrauchswerte ... als die Arbeit«[66], hatte er es mit einem Überbleibsel des vom Identitätsprinzip herrührenden Totalitätsanspruchs zu tun, der, wenn er schon bei Hegel zugunsten des Momentcharakters des Subjekts eingeschränkt wurde, in einer materialistischen Konzeption gar nicht mehr erhoben werden kann. Wenn Lukács nun die gesamte Gegenständlichkeit auf die Gesellschaft zurückführt, so daß, wie angemerkt wurde, bei ihm die Natur in der gesellschaftlichen Produktion gründen soll, um dann erst von dieser bearbeitet zu werden, so fällt er nicht nur hinter Marx, sondern auch hinter Hegel zurück, in der Richtung eines unkritischen subjektiven Idealismus.

Obschon die korrelative Stellung des Geistes im Idealismus und der Arbeit im Materialismus die Schranke zwischen den beiden Systemen nicht entfernt, kann bei dem Verhältnis der Begriffe Form und Materie eine solche Abgrenzung nicht aufrechterhalten werden. Vielmehr scheint der Idealismus gerade hier, wo er seinen äußersten Anspruch erhebt, seiner Aufhebung am nächsten zu kommen und seine Wahlverwandtschaft zum Materialismus am tiefsten auszudrücken. Nach Hegels Konzeption heißt es, daß die Form, indem sie sich von sich selbst unterscheidet, die Materie setzt, wobei es keinen Inhalt geben kann, der nicht durch die Form vermittelt wird. Dieser Satz aber behält seine rein idealistische Prägung nur solange, als davon abgesehen wird, daß es ebenfalls keine Form ohne Inhalt gibt, das heißt ohne das, wovon sie die Form ist. Mit demselben Recht, mit dem die These der Vermitteltheit von Form und Inhalt die idealistische Reduktion des Inhalts auf die Form behaupten läßt, kann auch der Primat des Inhalts vor der Form vertreten werden. Die Vermitteltheit des Inhalts durch die Form und die Bezogenheit der Form auf den Inhalt aber führen nicht etwa zur Bestätigung einer Ebenbürtigkeit beider Seiten dieser Beziehung, sondern zu der Frage, ob beide nicht auf eine grundsätzliche Weise unterschieden sind, und ob dieser Unterschied nicht gerade durch die abstrakte Formel unterschlagen wird. Daß es schwerer ist, die Materie ohne Form als die Form ohne Materie sich vorzustellen,

---

66 »Die Arbeit ist *nicht die Quelle* alles Reichtums. Die *Natur* ist ebensosehr die Quelle der Gebrauchswerte (und aus solchen besteht doch wohl der sachliche Reichtum!) als die Arbeit, die selbst nur die Äußerung einer Naturkraft ist, der menschlichen Arbeitskraft.« (MEW, Bd. 19, S. 15)

spricht dafür, daß es die Form ist, die den Begriff enthält, während die Materie begriffslos ist. Bei dem Satz, daß Form ohne Materie unmöglich ist, wird die idealistische Dialektik auf einen Punkt getrieben, der eine Neuformulierung der Dialektik selber fordert.

Da Lukács' Werk »Geschichte und Klassenbewußtsein« den Ruf erworben hat, solch eine neue Art von Dialektik zu entwickeln, vor allem durch sein Kapitel über die Verdinglichung, erwies sich dessen Analyse, die eine Reihe von Unstimmigkeiten zwischen den materialistischen und idealistischen Ansätzen aufzeigte, als fruchtbar für eine Korrektur und Neuformulierung von Dialektik überhaupt. Professor Adorno betonte, daß der philosophische Begriff, gerade weil er sich nur durch seine Momente verwirklicht, ein Höchstmaß an Differenzierung verlangt, um diesen Momenten und dadurch dem Begriff selber gerecht zu werden, anstatt dem Begriff seine Momente und so ihn seinem bloßen Namen aufzuopfern, wie dies bei Lukács oft geschieht. Weil dieser die Totalität für ein materielles Subjekt beanspruchen will, läßt sich die Identität von Subjekt und Objekt nicht aus deren Nicht-Identität durch die Bewegung des Begriffes entfalten, sondern nur durch die Herabsetzung des Objekts versichern. Deshalb wird seine dialektische Methode undialektisch; er hebt allen Dualismus im voraus auf, statt auf die trotz aller Vermittlung wirklichen Widersprüche einzugehen. So werden für ihn die reale Probleme, wie es Professor Adorno formulierte, lediglich Stationen auf der Bahn des Geistes. Für Hegel lag die Dialektik darin, »bei jedem (Moment) sich zu *verweilen*, denn jedes ist selbst eine individuelle ganze Gestalt und wird nur absolut betrachtet, insofern seine Bestimmtheit als Ganzes oder Konkretes, oder das Ganze in der Eigentümlichkeit dieser Bestimmung betrachtet wird.«[67] Bei Lukács dagegen wird das Verweilen durch das Überwinden ersetzt, wonach jede Spur des Objekts, die nicht Subjekt ist, vom Primat der Identität beherrscht wird, eine Identität, in der alles alles ist. In Hegels Philosophie ist zwar die Verflüssigung alles Gegenständlichen ein wesentliches Moment, aber die objektive Vermittlung des Subjektiven bleibt ein ebenso wichtiges, wenn nicht ein noch wichtigeres Moment. Wenn Lukács Schelling dafür kritisiert, daß dieser den verkehrten Weg zum Objekt eingeschlagen habe,[68] der letzten Endes auch der von Marx gewesen ist, weist er darauf hin, daß seine Konzeption der absoluten Ver-

---

67 »Das Ziel ist die Einsicht des Geistes in das, was das Wissen ist. Die Ungeduld verlangt das Unmögliche, nämlich die Erreichung des Ziels ohne die Mittel. Einesteils ist die *Länge* dieses Wegs zu ertragen, denn jedes Moment ist notwendig; – andernteils ist bei jedem sich zu *verweilen*, denn jedes ist selbst eine individuelle ganze Gestalt und wird nur absolut betrachtet, insofern seine Bestimmtheit als Ganzes oder Konkretes oder das Ganze in der Eigentümlichkeit dieser Bestimmung betrachtet wird.« (HW, Bd. 3, S. 33)
68 Vgl. Lukács, Geschichte und Klassenbewußtsein, a. a. O. (s. Anm. 58), S. 324.

söhnung zwischen Subjekt und Objekt, Mensch und Natur, bei Marx nicht zu denken ist.

Der Begriff der Verdinglichung ist nur denkbar, wenn das Ding und die Verdinglichung, die eine Funktion des Subjekts ist, voneinander unterschieden sind. Wenn Lukács die Dinge selbst als verdinglicht auffaßt, verfällt er selber der Verdinglichung, und dem Begriff wird jegliche Bedeutung entzogen. Weil der Verfasser des Verdinglichungskapitels hier doch einen neuen Horizont eröffnet hat, bemerkte abschließend Professor Adorno, sollte das Seminar sich die Aufgabe stellen, das Wahre und das Falsche an diesem Begriff festzustellen, bevor die Frage von Form und Inhalt zur Diskussion kommt.

358 Günther Mensching, 6. Februar 1964

Günther Mensching

Protokoll des Philosophischen Hauptseminars vom 6. 2. 1964

I

Der traditionellen idealistischen Philosophie galt gegenüber der Materie nur die Form als das begrifflich Faßbare. Der Begriff der Form impliziert all das, was an der Materie bekannt, d. h. in den Begriff eingegangen ist. Deshalb ist der Begriff der Form der Begriff des Begriffs. Die Materie galt als das bloß Bestimmbare, als reine Potentialität. Was an der Materie fixiert wurde, konnte nicht von einer Materie, die unabhängig von der Form war, ausgesagt werden. Erkannte Materie war stets geformte Materie. Bei der Analyse eines ens corporeum war dessen materialer Teil nicht rein abzusondern, es sei denn als völlig Unbestimmtes, für das es nur den Begriff des Nichtidentischen gab. Dies letzte Unbestimmte stellte sich somit durch Reflexion her; auch es war nichts der Reflexion unvermittelt Gegenüberstehendes. Daraus folgte für den Idealismus der Primat der Form über die Materie. Bei Hegel wird dieser abstrakt-einseitige Primat gleichwohl gebrochen. Die Form als das in sich Unterschiedene, Tätige setzte das Unbestimmte voraus. Real ist weder reine Form noch reine Materie, sondern die Einheit beider, die geformte Materie. Hegel übernimmt jedoch von der traditionellen Philosophie den Begriff der Materie als »formlose Identität«, bloßer Indifferenz. In seine Entfaltung der Dialektik von Form und Materie geht daher nur der *Begriff* der Materie ein. Damit bleibt für Hegel außer Betracht, daß die Materie real distinkt von ihrem Begriff ist, in ihm sich nicht erschöpft. Die Vermittlung der Materie durch die Form ist daher der Vermittlung der Form durch die Materie logisch völlig gleichwertig. Wenn aber Begriff und Nichtbegriffliches, Allgemeines und Besonderes radikal verschieden sind, dann kann der Begriff der Vermittlung nicht unterschiedslos gebraucht werden. Wäre die Vermittlung des Identischen durch das Nichtidentische der des Nichtidentischen durch das Identische strukturell gleich, so wäre vorentschieden, daß das Nichtidentische in seinem Begriff sich erschöpft. Weil der Hegelsche Idealismus in der Universalität der Vermittlung Form und Materie ohne Unterschied als Begriffe behandelt und sich daher nicht genötigt sieht, den Begriff der Vermittlung zu differenzieren, deshalb scheint ihm Form leichter ohne Materie zu denken, als Materie ohne Form. Der Begriff der Materie meint aber das, was nicht selber Begriff, in gewisser Weise von ihm unabhängig ist, während Form stets nur als Form von Etwas konzipiert werden kann. Die inhaltliche Bestimmung des Nichtbegrifflichen ist daher die Aufgabe, welche Philosophie ernst zu nehmen hat. Um dies zu erreichen, muß der Idealismus durchbrochen werden. Der Übergang von einer idealistischen Dialektik zu einer negativen vollzieht sich in der Veränderung des Begriffs der Vermittlung. Dazu bedarf es einer kritischen Selbstreflexion des Begriffs, wodurch er die Grenze seiner selbst bestimmt. Wenn der Begriff seine Differenz des Nichtbegrifflichen bezeichnen kann, dann ist er zwar noch nicht über sie hinaus, aber der Punkt, an dem eine inhaltliche Bestimmung des Nichtidentischen einsetzen kann, wird deutlich.

Die begriffliche Bestimmung des Individuellen verwandelt dieses stets in ein Allgemeines und wird damit dem Individuellen als solchem nicht gerecht. Deshalb konnte der Satz »Individuum est ineffabile« aufgestellt werden. Dieses Unaussprechliche gilt dem Idealismus als nicht real. Das, »was das Unaussprechliche genannt wird, ist nichts anderes als das Unwahre, Unvernünftige, bloß Gemeinte.« (Hegel, Phänomenologie, ed. Hoffmeister S. 88)[69] Zwar wird bei Hegel das Allgemeine als das begriffen, welches sich realisiert, indem das Individuelle in ihm untergeht, aber dem Allgemeinen kommt dem Individuellen gegenüber letztlich dennoch der Primat zu. »Nur in seinem Begriffe hat Etwas Wirklichkeit, insofern es von seinem Begriffe verschieden ist, hört es auf wirklich zu seyn, und ist ein Nichtiges« (Wissenschaft der Logik I, ed. Glockner S. 46)[70]. Die Alternative: Entweder Begriff oder Nichts, ist falsch. Das, was dem Identitätszwang sich entzieht, ist bestimmbar, wenngleich nicht idealistisch. – Daraus folgt indessen nicht, daß dies Unbestimmbare als etwas Irrationales, sprachlicher Fixierung sich

---

69 »Sie [scil. die Skeptiker] meinen *dieses* Stück Papier, worauf ich *dies* schreibe oder vielmehr geschrieben habe; aber was sie meinen, sagen sie nicht. Wenn sie wirklich dieses Stück Papier, das sie meinen, *sagen* wollten, und sie *wollten sagen*, so ist dies unmöglich, weil das sinnliche Diese, das gemeint wird, der Sprache, die dem Bewußtsein, dem an sich Allgemeinen angehört, *unerreichbar* ist. Unter dem wirklichen Versuche, es zu sagen, würde es daher vermodern; die seine Beschreibung angefangen, könnten sie nicht vollenden, sondern müßten sie anderen überlassen, welche von einem Dinge zu sprechen, das nicht *ist*, zuletzt selbst eingestehen würden. Sie meinen also wohl *dieses* Stück Papier, das hier ein ganz anderes als das obige ist; aber sie sprechen ›wirkliche *Dinge, äußere* oder *sinnliche Gegenstände, absolut einzelne Wesen*‹ usf., d.h. sie sagen von ihnen nur das *Allgemeine*; daher, was das Unaussprechliche genannt wird, nichts anderes ist als das Unwahre, Unvernünftige, bloß Gemeinte.« (Georg Wilhelm Friedrich Hegel, Phänomenologie des Geistes [1807], in: Georg Wilhelm Friedrich Hegel, Gesammelte Werke. Neue kritische Ausgabe, hrsg. von Johannes Hoffmeister, Bd. V, 6. Aufl., Hamburg 1952 [Philosophische Bibliothek; 114], S. 88; vgl. HW, Bd. 3, S. 91f.)
70 »Die platonische Idee ist nichts anderes, als das Allgemeine oder bestimmter der Begriff des Gegenstandes; nur in seinem Begriffe hat Etwas Wirklichkeit; insofern es von seinem Begriffe verschieden ist, hört es auf wirklich zu seyn, und ist ein Nichtiges; die Seite der Handgreiflichkeit und des sinnlichen Außersichseyns gehört dieser nichtigen Seite an.« (HJu, Bd. 4, S. 46; vgl. HW, Bd. 5, S. 44f.)

Entziehendes zu fassen sei. Der Begriff darf nicht zu einem Deus absconditus gemacht werden, über den nichts auszusagen ist. Die Theologie und auch der Irrationalismus wollten das Unaussprechliche unmittelbar zur Darstellung bringen. Das aber mißlang. Das verabsolutierte Unbekannte wurde zur leeren Abstraktion. Durch den Versuch, über das Unaussprechliche dennoch zu reden, erweist Theologie ihren Begriff des Unbedingten als etwas Bedingtes und hebt sich dadurch selbst auf.

Die Anstrengung der Philosophie, das Nichtbegriffliche, Individuelle in einer negativen Dialektik zu bestimmten, kann es deshalb nicht als Unmittelbares nehmen. Die erreichte begriffliche Differenzierung darf nicht wieder aufgegeben werden, wenn nicht auf die dadurch zustande gebrachte, wenn auch partielle Erkenntnis der Materie verzichtet werden soll. In die Begriffe, so sehr sie sich auch verselbständigt haben mögen, ist immer auch etwas von der Beschaffenheit der Sache eingegangen. Deshalb ist Philosophie definiert als der Versuch, mit den Mitteln des Begriffs das auszudrücken, was nicht ausgedrückt werden kann. Dies ist freilich unmöglich, wenn die traditionelle Subsumtionslogik unreflektiert übernommen wird. In ihr kann von einem Einzelnen nur als Exemplar einer species geredet werden. Der Subsumtionslogik ist das Individuum nur insoweit interessant, als es die Merkmale aufweist, deren Einheit der jeweilige Begriff sein soll. Damit geht das Individuum gar nicht als es selbst in den Begriff ein, sondern nur das an ihm, was gerade nicht individuell ist, sondern auch den anderen Exemplaren des Begriffs eigen ist. Selbst Hegel bleibt bei der Subsumtionslogik stehen, weil er in die Dialektik nur den umfangslogischen Begriff des Nichtidentischen aufnimmt. – Negative Dialektik macht es sich dagegen zur Aufgabe, gerade diesem Nichtidentischen, welches von der traditionellen Logik als unwesentlich ausgeschieden wird, zu der Geltung zu verhelfen, die ihm an sich zukommt. Das Individuelle ist deshalb aus der Kraft seiner Individuation zu begreifen. Der Begriff darf dann dem Besonderen gegenüber nicht mehr bloß dessen Allgemeines sein, sondern muß die Reflexion des Individuellen in sich darstellen. Wenn der Begriff derart kritisch gegen das bloß Umfangslogische gewendet wird, dann ist er nicht mehr ein Instrument der Subsumtion und Identifikation – beides sind Operationen der Herrschaft –, sondern er strebt danach, vom Wesen des Individuellen nicht bloß für das für uns Wesentliche zu erfassen, sondern das auszudrücken, was für das Besondere selbst wesentlich ist. Dies erfordert die ständige Konfrontation des Begriffs mit der von ihm gemeinten Sache, wobei die Frage nach der Zweckdienlichkeit des an der Sache neu zu Erkennenden den Gang der Reflexion nicht beeinflussen darf. Dort, wo Philosophie erkennt, daß der Begriff nicht mehr auf das Nichtidentische paßt, muß auf der Differenz insistiert werden, bis sie inhaltlich bestimmbar und damit aufgehoben wird.

Ähnlich wie die Philosophie gewinnt die Kunst ihr Leben, indem sie dem Individuierten zum Ausdruck verhilft. Bei einer Interpretation von Kunstwerken kommt es nicht darauf an, sie geistesgeschichtlichen oder gesellschaftlichen Kategorien äußerlich zuzuordnen, sondern diesem Individuellen nachzugehen, das in Kunst zur Darstellung strebt. »Die Versenkung ins Indiviuierte erhebt das lyrische Gedicht dadurch zum Allgemeinen, daß es Unentstelltes, Unerfaßtes, noch nicht Subsumiertes in die Erscheinung setzt und so geistig etwas vorweg nimmt von einem Zustand, in dem kein schlecht Allgemeines, nämlich zutiefst Partikulares mehr das andere, Menschliche fesselte. Von rückhaltloser Individuation erhofft sich das lyrische Gebilde das Allgemeine. ... Jene Allgemeinheit des lyrischen Gehalts jedoch ist wesentlich gesellschaftlich. Nur der versteht, was das Gedicht sagt, wer in dessen Einsamkeit der Menschheit Stimme vernimmt; ja, noch die Einsamkeit des lyrischen Wortes selber ist von der individualistischen und schließlich atomistischen Gesellschaft vorgezeichnet, so wie umgekehrt seine allgemeine Verbindlichkeit von der Dichte seiner Individuation lebt.« (Adorno, Rede über Lyrik und Gesellschaft, Noten zur Literatur I, S. 74 f.)[71]

Für die Philosophie wird so das Moment des Ausdrucks wesentlich, welches der Positivismus aus ihr auszutreiben strebt. Es gilt ihm als archaischer Rest, der sich mit der vorgeblichen Rationalität moderner Wissenschaft nicht vertrage. Der Positivismus hat nur noch das Ziel, immer stringentere Systeme aufzustellen, die ihren Wert einzig in ihrer Anwendbarkeit haben. Das Moment der Stringenz ist hier verabsolutiert; die logischen Systeme sollen in keiner Weise Ausdruck der Sache sein, welche durch sie nur manipuliert werden soll. Das hier einseitig hervorgekehrte Moment der Stringenz muß aber dennoch durch das des Ausdrucks der Sache vermittelt sein, wenn die Sache durch das aufgestellte Modell beherrschbar sein soll. – Gerade das Moment des Ausdrucks ist dasjenige, welches in einer Philosophie entscheidende Bedeutung gewinnt, welche nicht bloß ordnen und klassifizieren will, sondern dem Individuellen als solchem zum Sprechen verhelfen möchte. Denken, dessen Bestreben es ist, seinen Gegenstand so auszudrücken, wie er an sich selber ist, bedarf der äußersten mimetischen Anstrengung. Es sucht sich der Sache anzugleichen, nicht sie so lange zu pressen, bis sie in die operationellen Begriffe paßt. Jedoch ist die Sache nicht unabhängig vom Denken so geworden, wie sie ist. Natur gewann erst dadurch Bestimmtheit, daß das Denken sich in ihr entfremdete und Allgemeines und Besonderes unterschied. Die Konstellation von Allgemeinem und Besonderem wechselte in der Geschichte mit den gesellschaftlichen Verhältnissen; eine Dynamik, die sich in

---

[71] Theodor W. Adorno, *Rede über Lyrik und Gesellschaft*, in: Theodor W. Adorno, *Noten zur Literatur*, Berlin und Frankfurt a. M. 1958, S. 73–104; hier: S. 74 f.; vgl. GS, Bd. 11, S. 50.

den Begriffen niedergeschlagen hat, in denen die Reflexion dessen stattfindet, was nicht in sie einging. Die Mimesis des Denkens kann sich deshalb nicht einem Gegenstand überlassen, der unabhängig von ihr so wäre, wie er ist, sondern er ist selber vermittelt durch den historisch-gesellschaftlichen Prozeß. Philosophie ist somit zugleich auch Ausdruck des gesellschaftlichen Zustandes, in dem sie konzipiert wurde.

II

Georg Lukács versucht im Verdinglichungskapitel seines Buches »Geschichte und Klassenbewußtsein«[72] mit relativ differenzierten begrifflichen Mitteln aufzuweisen, wie die Bewegung der Gesellschaft in der Hegelschen Philosophie erscheint. Dies ist für die Zeit, in der das Buch geschrieben wurde, etwas Neues. Jedoch erweist sich, das Lukács an vielem in jener Zeit Kurrenten unkritisch festhält. Reale gesellschaftliche Probleme werden als geistesgeschichtliche gefaßt. Die Kritik sozialer Verhältnisse wird direkt nicht geleistet. Lukács kommt auf die Klassenproblematik nur über die geistesgeschichtliche Methode. Er bleibt bei der Entfaltung philosophischer Kategorien innerhalb der Geistesgeschichte stehen. Die Frage nach Wahr und Falsch kann deshalb bei Lukács gar nicht im Ernst gestellt werden, weil ein philosophischer Gedanke, dadurch, daß er in der Geistesgeschichte auftritt, schon Index seiner Wahrheit sein soll. Lukács entwirft eine Skizze der Geistesgeschichte, ohne nach dem zu fragen, was mit den geistesgeschichtlichen Kategorien gemeint ist. Deshalb kann er Gesellschaftliches gar nicht als deren Implikat darstellen; Philosophie soll lediglich Abbild der jeweiligen gesellschaftlichen Verhältnisse sein. Das Moment der Stringenz in ihren Urteilen, das der Philosophie genauso zu eigen ist, wie das des Ausdrucks gesellschaftlicher Verhältnisse, wird vernachlässigt. Philosophie büßt so ihren Charakter als kritische Reflexion der Realität ein. Gesellschaftliche Kategorien wie das Proletariat werden bei Lukács an den philosophischen Gedanken nur äußerlich herantragen, nicht aber als das von ihm implizit Gemeinte entfaltet. Dies ist möglich nur, wenn die geistesgeschichtlichen Kategorien ernstgenommen werden, wenn sie mit der Sache, an der sie gewonnen wurden, konfrontiert werden. Erst so ist es möglich, philosophische Probleme einer Lösung näherzubringen und auf die Frage nach dem Wahrheitsgehalt einer Philosophie Antwort zu geben. Ein solches erkenntniskritisches Motiv fehlt bei Lukács. Ihn interessiert im Verdinglichungskapitel nur das Problem, wie die Verdinglichung als ein gesellschaftliches Phänomen im Deutschen Idealismus erscheint. Lukács verabsolutiert damit ein Mo-

---

72 S. oben, Anm. 58.

ment der Philosophie. Stets hat diese auch bewußtlos die gesellschaftlichen Verhältnisse verzeichnet; jedoch hat sie dort, wo sie nicht von vornherein der Apologie sich verschrieb, danach getrachtet, der Realität vermöge ihrer kritischen Reflexion Herr zu werden.

359 Heinz Lüdde, 13. Februar 1964

Heinz Lüdde

Philosophisches Hauptseminar, Protokoll der Sitzung vom 13. 2. 1964

Die »erschlichene Identität« von Form und Inhalt als den bestimmbaren Fehler der Hegelschen Philosophie nachzuweisen, bedarf es der ausgeführten Kritik an Hegels Begriff des Systems. Zu fragen ist, ob das Nichtidentische, als Moment des Absoluten bestimmt, nicht schon unter dem Zwang der Identität stehe, also vorweg Begriff sei, ehe es seiner Konkretion innewerde.

Für das Individuum in der Gesellschaft bedeutet dies, daß es als Moment der Gesellschaft schon immer bloß als deformiertes, als leidendes seine Wirklichkeit hat, weil es in ihr (der Gesellschaft) unters Allgemeine subsumiert ist.

Setzt sich das Individuum aus Ohnmacht und Widerstand zusammen, so gälte es, dessen Ohnmacht als Negation des Widerstandes zu fassen, als die Macht des Allgemeinen und eben darin als den Schaden, den das Individuum tatsächlich erleidet. Die wirkliche Freiheit des Individuums liege aber in dem, wie Herr Prof. Adorno sagte, daß man es aus der Kraft seiner Individuation begreife.

Gibt es nun innerhalb der Problematik des Verhältnisses von Form und Materie, die Materie als das nicht im Begriff Aufgehende weiter zu bestimmen, ohne daß sie darin zugleich wieder Begriff wird, oder: zu sagen, was dieses »nicht aufgehende« heiße, so bleibt die Kritik an Hegel zunächst im Bereich der bloßen Vorstellung, indem man sagt, man könne sich eher Materie ohne Form als Form ohne Materie vorstellen; auch das: Daß die Materie nur in der Differenz bestimmbar sei, wie Herr Prof. Adorno sagte, ist zunächst nur das Insistieren auf dem Gemeinten, daß Materie eben nicht bloß Begriff sei.

Den Nachdruck derart ins Gesagte als ins bloße Wort zu legen, hat seine Legitimation darin, daß die Begriffe der hegelschen Philosophie selber ihren Gehalt aus der äußersten Anstrengung der Sprache schöpfen.

In der Kritik des Hegelschen Begriffs des Begriffs gilt es zu zeigen, daß dieser in Hegels Denken selber ein verschiedener ist, daß »die Hegelsche Praxis sich vom emphatischen Begriff des Begriffs unterscheidet«. Das heißt, die Differenz ist als die des Begriffs selber nachzuweisen.

Die Bestimmungen »jetzt« und »hier« stehen nicht zufällig am Anfang der Hegelschen Phänomenologie.[73] Als Bestimmung der Räumlichkeit und Zeitlichkeit werden sie zum Ansatzpunkt der dialektischen Einheit.

An der Prozessualität der Wahrheit entzündet sich das Problem von Genesis und Geltung, das Herr Dr. Altwicker im zweiten Teil der Seminarsitzung referierte.[74] Es bezeichnet in bezug auf die Problematik die Frage, ob nicht auf jeder der vom Bewußtsein zum Selbstbewußtsein zu durchlaufenden Stufe diese Synthesis immer schon vorausgesetzt wird. Geltung wäre also nur als die als Unmittelbarkeit gefaßte Wahrheit zu bezeichnen.

Insofern der Gang des Bewußtseins zugleich der Gang der Geschichte ist, ist das Problem von Genesis und Geltung das vom Verhältnis der Wahrheit zur Geschichte oder die Frage, inwieweit Wahrheit, die ihrem eigenen Sinne nach immer Werden und Gewordenes ist, als Prozeß und Resultat der Geschichte im weiteren Verlauf der Geschichte gültig ist.

Im transzendentalphilosophischen Sinne ist Geltung eine Kategorie, die die Trennung von Logos und Realität impliziert. Die Hegelsche Dialektik, in der sich Logos und Realität nicht zum Fürsichsein distanzieren, macht den Versuch, in den Begriff der Geltung das Genetische mit hineinzunehmen.

Da das Denken in seiner Bewegung wesentlich Zeit ist und diese Bewegung, der Prozeß, zugleich Geschichte, so enthüllt sich allererst am Begriff der Zeit die Problematik von Genesis und Geltung.

Raum und Zeit, bei Kant subjektive Formen der Anschauung, und als solche weder Eigenschaften noch Verhältnisse von Gegenständen, werden bei Hegel zu Formen der Einheit von Denken und Gedachtem; entweder Einheit von Denken und Raum hinsichtlich der Substanzkategorie, oder Einheit von Denken und Zeit hinsichtlich der Substanz qua Subjekt.

Ist nun der Prozeß, das Werden des Begriffs, Zeit, so wird die Frage der Vermittlung der Momente zur Frage nach dem Verhältnis der Zeitmomente untereinander.

---

73 Hegel schreibt, die sinnliche Gewissheit sei über ihren Gegenstand »zu fragen: *Was ist das Diese?* Nehmen wir es in der gedoppelten Gestalt seines Seins, als das *Jetzt* und als das *Hier*, so wird die Dialektik, die es an ihm hat, eine so verständliche Form erhalten, als es selbst ist. Auf die Frage: *was ist das Jetzt* antworten wir also zum Beispiel: *das Jetzt ist die Nacht*. Um die Wahrheit dieser sinnlichen Gewißheit zu prüfen, ist ein einfacher Versuch hinreichend. Wir schreiben diese Wahrheit auf; eine Wahrheit kann durch Aufschreiben nicht verlieren; ebensowenig dadurch, daß wir sie aufbewahren. Sehen wir *jetzt, diesen Mittag*, die aufgeschriebene Wahrheit wieder an, so werden wir sagen müssen, daß sie schal geworden ist.« (HW, Bd. 3, S. 84)

74 Der Referatstext von Norbert Altwicker wurde nicht aufgefunden. – Altwicker wird 1951 mit der Schrift »Der Begriff der Zeit im philosophischen System Hegels« in Frankfurt a. M. promoviert.

Hegel versucht, das Werden am prozessualen Zusammenhang von Vergangenheit, Gegenwart und Zukunft, an der Dialektik des »jetzt« durchzuführen.

Das »jetzt«, das immer »jetzt« sein will, muß, wenn es diese seine Wirklichkeit erhalten will, sich zugleich als zukünftiges bestimmen, und darin ist es immer auch schon das vergangene. Darauf wäre noch zu fragen, was dieses »will« heiße.

Als Prozeß ist Zeit ganz vom Subjekt her gedacht; sie ist nun als Zeit zugleich das Prinzip der Objektivierung des Subjekts und das Prinzip der Subjektivierung des Objekts. Darin ist Natur im subjektiven Zustand geordnet. Auch bei Kant ist Zeit subjektive Bedingung, notwendige Vorstellung, Grund aller Anschauung.

»Die Unendlichkeit der Zeit bedeutet nichts weiter, als daß alle bestimmte Größe der Zeit nur durch Einschränkungen einer einigen zum Grunde liegenden Zeit möglich sei. Daher muß die ursprüngliche Vorstellung von *Zeit* als uneingeschränkt gegeben sein. Wovon aber die Teile selbst, und jede Größe eines Gegenstandes, nur durch Einschränkung bestimmt vorgestellt werden können, da muß die ganze Vorstellung nicht durch Begriffe gegeben sein (denn *die enthalten nur* Teilvorstellungen), sondern es muß *ihnen* unmittelbare Anschauung zum Grunde liegen.«[75]

---

[75] KW, Bd. III, S. 79 (B 47 f.; A 32)

Wintersemester 1963/64:
Besprechung ausgewählter Kapitel
aus Max Webers »Wirtschaft und Gesellschaft«

Soziologisches Seminar

In diesem Semester hält Adorno zudem die philosophische Vorlesung »Fragen der Dialektik« und gibt das philosophische Hauptseminar »Hegel«

Das Seminar findet dienstags von 17 bis 19 Uhr statt

360 UAF Abt. 139 Nr. 12, 2–6; **361** UAF Abt. 139 Nr. 12, 7–9; **362** UAF Abt. 139 Nr. 12, 10–13; **363** UAF Abt. 139 Nr. 12, 14; **364** UAF Abt. 139 Nr. 12, 15–19; **365** UAF Abt. 139 Nr. 12, 20; **366** UAF Abt. 139 Nr. 12, 21–27; **367** UAF Abt. 139 Nr. 12, 28–33; **368** UAF Abt. 139 Nr. 12, 34–39; **369** UAF Abt. 139 Nr. 12, 40–42; **370** UAF Abt. 139 Nr. 12, 43–48; **371** UAF Abt. 139 Nr. 12, 49–56

360 Manfred Bretz, 12. November 1963

Manfred Bretz

Soziologisches Seminar Wintersemester 1963/64
Protokoll der Sitzung vom 12. 11. 1963

Einleitend verwies Prof. Adorno auf das 100. Jubiläum von Max Webers Geburtstag[1] und hob hervor, daß Weber bedeutender als in seiner Methodologie in seiner Beziehung zum Material sei, d.h. durch seinen Versuch, die ungeheure Fülle der Tatsachen, die der heutigen Soziologie zu entgleiten drohe und entgleiten müsse, von bestimmten theoretischen Kategorien her zu organisieren; denn Empirie sei in der Soziologie nicht nur empirische Sozialforschung, sondern ebenso Verarbeitung von Materialien aus anderen Zweigen der Wissenschaft, etwa der Rechts- oder der Wirtschaftsgeschichte.

Das Thema der ersten Sitzung des Seminars war: Die Objektivität der Sozialwissenschaften in der Wissenschaftslehre Max Webers (Referent Herr Clemenz),[2] Grundlage dazu insbesondere Webers Aufsatz: Die »Objektivität« sozialwissenschaftlicher und sozialpolitischer Erkenntnis (aus: Gesammelte Aufsätze zur Wissenschaftslehre, Tübingen 1951, S. 146–214)[3].

Max Weber wendet sich gegen die Behauptung der Möglichkeit einer voraussetzungslosen Erkenntnis. Die Objektivität sozialwissenschaftlicher Erkenntnis ist zwar für ihn nur durch Ausschaltung aller Wertungen erreichbar, jedoch setzt wissenschaftliche Erkenntnis selbst Wertungen des Forschers voraus. Deren Notwendigkeit leitet sich her aus Webers Konzeption der gesellschaftlich-historischen Wirklichkeit: sie ist bei ihm »unendliche Fülle der Erscheinungen«[4],

---

[1] Aus Anlass des hundertsten Geburtstags Max Webers steht der 15. Deutsche Soziologentag vom 28.–30. April 1964 in Heidelberg unter dem Motto »Max Weber und die Soziologie heute«. Adorno, von 1963 bis 1967 Vorsitzender der Deutschen Gesellschaft für Soziologie, hält bei dieser Gelegenheit eine *Rede beim Empfang anläßlich des 15. Deutschen Soziologentages* (vgl. GS, Bd. 20·2, S. 703–707).

[2] Manfred Clemenz, »Die Objektivität der Sozialwissenschaften in der Wissenschaftslehre Max Webers«, UAF Abt. 139 Nr. 12.

[3] Vgl. Max Weber, Die »Objektivität« sozialwissenschaftlicher und sozialpolitischer Erkenntnis [1904], in: Max Weber, Gesammelte Aufsätze zur Wissenschaftslehre [1922], bes. von Johannes Winckelmann, 2. Aufl., Tübingen 1951, S. 146–214; vgl. MWG, Bd. I/7, S. 142–234.

[4] »Wir erstreben [...] die Erkenntnis einer historischen, d. h. einer in ihrer *Eigenart bedeutungsvollen*, Erscheinung. Und das entscheidende dabei ist: nur durch die Voraussetzung, daß ein *endlicher* Teil der unendlichen Fülle der Erscheinungen allein *bedeutungsvoll* sei, wird der Ge-

»absolute Irrationalität des Mannigfaltigen«[5]. Ziel der Sozialwissenschaften ist es, Ausschnitte aus dieser – als Grenze unerkennbaren – Totalität zu analysieren. Kriterium der Auswahl ist die »Kulturbedeutung«, d. h. der den Forscher bei der Wahl der Untersuchungsgegenstände leitende Gesichtspunkt ist die Beziehung der Wirklichkeit auf Kulturwerte[6] und die sie bestimmenden Wertideen.[7] Prof. Adorno wies darauf hin, daß der Begriff des Kulturwertes bei Weber nicht Akzeptierung impliziere, sondern lediglich eine deskriptive Kategorie für das darstelle, was in einer Kultur normativen Charakter habe.

Anschließend erläuterte Prof. Adorno das Problem des Verhältnisses von überindividuellen Wertideen zur Freiheit des Forschers in Webers Wissenschaftslehre. Weber vertritt gegenüber der – bereits von ihm festgestellten – Bürokratisierungstendenz in Forschung und Wissenschaft für sein eigenes wissenschaftliches Verhalten das Recht der subjektiven Auswahl, der Individualität in der Frage der Hinwendung ebenso unbedingt, wie er sonst Objektivität und wissenschaftliche Strenge fordert. Wonach sich der Forscher bei der Auswahl der

---

danke einer Erkenntnis *individueller* Erscheinungen überhaupt logisch sinnvoll.« (Weber, Die »Objektivität« sozialwissenschaftlicher und sozialpolitischer Erkenntnis, a.a.O. [s. vorige Anm.], S. 177; vgl. MWG, Bd. I/7, S. 184)

5 Bei Weber heißt es: »[A]uch Simmel wird nicht verkennen können, daß nur die auch von ihm zugegebene Unendlichkeit und absolute Irrationalität jedes konkreten Mannigfaltigen die absolute Sinnlosigkeit des Gedankens einer ›Abbildung‹ der Wirklichkeit durch irgendeine Art von Wissenschaft wirklich zwingend erkenntnistheoretisch *erweist*.« (Ebd., S. 308, Anm. 47)

6 Vgl. Weber, Die »Objektivität« sozialwissenschaftlicher und sozialpolitischer Erkenntnis, a.a.O. (s. Anm. 3), S. 192–202; vgl. MWG, Bd. I/7, S. 206–219.

7 »Ohne alle Frage sind nun jene Wertideen ›subjektiv‹. Zwischen dem ›historischen‹ Interesse an einer Familienchronik und demjenigen an der Entwicklung der denkbar größten Kulturerscheinungen, welche einer Nation oder der Menschheit in langen Epochen gemeinsam waren und sind, besteht eine unendliche Stufenleiter der ›Bedeutungen‹, deren Staffeln für jeden einzelnen von uns eine andere Reihenfolge haben werden. Und ebenso sind sie natürlich historisch wandelbar mit dem Charakter der Kultur und der die Menschen beherrschenden Gedanken selbst. Daraus folgt nun aber selbstverständlich *nicht*, daß auch die kulturwissenschaftliche *Forschung* nur *Ergebnisse* haben könne, die ›subjektiv‹ in *dem* Sinne seien, daß sie für den einen *gelten* und für den andern nicht. Was wechselt, ist vielmehr der Grad, in dem sie den einen *interessieren* und den andern nicht. Mit anderen Worten: *was* Gegenstand der Untersuchung wird, und wie weit diese Untersuchung sich in die Unendlichkeit der Kausalzusammenhänge erstreckt, das bestimmen die den Forscher und seine Zeit beherrschenden Wertideen; – im Wie?, in der Methode der Forschung, ist der leitende ›Gesichtspunkt‹ zwar – wie wir noch sehen werden – für die Bildung der begrifflichen Hilfsmittel, die er verwendet, bestimmend, in der Art ihrer Verwendung aber ist der Forscher selbstverständlich hier wie überall an die Normen unseres Denkens gebunden. Denn wissenschaftliche Wahrheit ist nur, was für alle gelten *will*, die Wahrheit *wollen*.« (Weber, Die »Objektivität« sozialwissenschaftlicher und sozialpolitischer Erkenntnis, a.a.O. [s. Anm. 3], S. 183f.; vgl. MWG, Bd. I/7, S. 193)

Gegenstände seiner Untersuchung richtet, steht einzig und allein bei ihm, ohne objektives Kriterium. Allerdings – und das ist durchaus nicht als Unklarheit oder Widerspruch bei Weber aufzufassen – sind die den Forscher leitenden Ideen durch die in der Zeit maßgebenden normativen Vorstellungen vermittelt, steckt in ihnen das Ganze der Gesellschaft.

An anderer Stelle bemerkte Prof. Adorno, daß eine große Schwierigkeit, Weber zu verstehen, in seinem Begriff des Wertes liege, weil er einerseits als Subjektives gefaßt sei, durch das sich der Forscher leiten läßt, aber ebenso als Objekt, insoweit wertende Verhaltensweisen Gegenstand der Soziologie sein können, z. B. die Adäquanz von Zweck und Mittel als Grundlange der Rationalität. (Gerade Webers Werk ist weithin eine Untersuchung wertender Verhaltensweisen.)

Als Beispiel für Webers Begriff wissenschaftlicher Objektivität führt das Referat die These des historischen Individuums und seiner Erklärung durch den kausalen Regressus an.[8] Zunächst vermerkte Prof. Adorno dazu, daß M. Weber auch darin der südwestdeutschen Schule folgt, daß er glaubt, die Geisteswissenschaft habe es nur mit dem Individuellen und nicht mit dem Gesetzmäßigen zu tun (vgl. Rickert: Kulturwissenschaften und Naturwissenschaften)[9]. Die Bildung des historischen Individuums, die auf Werturteil und Wertanalyse beruht und als wissenschaftliche Vorarbeit streng vom kausalen Regressus zu trennen ist, beinhaltet, wie Prof. Adorno erläuterte, bereits die Absage an die Theorie. Wenn das, was ihn interessiert, ausschließlich bei der souveränen Entscheidung des Forschers steht, so schließt das die Theorie der Gesellschaft als eines Ganzen aus, innerhalb deren er sich den Gegenständen zuwendet. Die Trennung von Tatsache und Werturteil führt zu der positivistischen Auffassung, daß man nur Tatsachen feststellen kann ohne übergreifendes Gesetz, das die Tatsachen organisiert und mit meinem Interesse sich deckt; daß man also auf eine emphatische Theorie der Gesellschaft verzichten muß.

Prof. Adorno wies anschließend darauf hin, daß es nicht genüge, an der gewissermaßen idealtypischen Struktur objektiver Erkenntnis die von Weber selbst angewandten Methoden zu messen, sondern daß man auch den »Idealtyp« der Methode von der Sache her kritisieren müsse.

Weber definiert Soziologie als »eine Wissenschaft, welche soziales Handeln deutend verstehen und dadurch in seinem Ablauf und seinen Wirkungen ur-

---

8 Vgl. Weber, Die »Objektivität« sozialwissenschaftlicher und sozialpolitischer Erkenntnis, a. a. O. (s. Anm. 3), S. 175–178; vgl. MWG, Bd. I/7, S. 181–186.
9 Vgl. Heinrich Rickert, Kulturwissenschaft und Naturwissenschaft [1899], 6. und 7. Aufl., Tübingen 1926.

sächlich erklären will.« (W[issenschafts-]L[ehre] 528)¹⁰ Das setzt ihn, wie Prof. Adorno erläuterte, in Gegensatz zu Durkheim, der gerade das Verstehen als die Kardinalsünde der Soziologie ansieht, die eben dort anfängt, wo das Verstehen aufhört.¹¹ Auch widerspreche die Behauptung, deutendes Verstehen gehe der ursächlichen Erkenntnis voraus, der philosophischen Erkenntnistheorie, deren Kausalitätsbegriff Verstehen von innen her ausschließe. Die sog. Philosophie sei bei Weber nur zum Schein Philosophie, weil es sich nicht darum handle, wie die Gegenstände zustande kommen, sondern um Verhältnisse in einer bereits konstituierten sozialen Welt. Webers Erkenntnistheorie sei keine im kantischen Sinne, sondern eine Methodologie, die die Kantische Konstitutionsfrage ersetzt und den radikalen Anspruch der Philosophie aufgegeben hat.

Webers Begriff des Verstehens wurde noch von einem anderen Aspekt her kritisiert: Webers Unternehmungen hatten ihn zum Begriff der Rationalität geführt; so wird Wirklichkeit für ihn dadurch verständlich, daß in ihr eine Tendenz zu sinnvollem Handeln herrscht. Das hat die Konsequenz, daß das, was er erkennen will, so ausgewählt wird, daß es sich dem Verstehensbegriff einfügt, und daß nur das, was sich ihm einfügt, zum Gegenstand der Soziologie wird.

Auch impliziert die Reduzierung aller Formen menschlicher Assoziation auf das individuelle Handeln ein Modell des Sozialen, das sich am Individuum und seinen Motivationen orientiert. Dem widerspricht wiederum Durkheim: Das Individuum darf nicht hypostasiert werden; das Soziale ist nicht nur in den einzelnen Menschen aufzusuchen, sondern hat Objektivität, es setzt auch die Gesellschaft im Individuum sich durch; man kann aus individuellen Verhaltensweisen etwas über die Gesellschaft erfahren, aber dazu muß ich auch über die Gesellschaft etwas

---

10 Vgl. Max Weber, Soziologische Grundbegriffe [1921], in: Weber, Gesammelte Aufsätze zur Wissenschaftslehre, a.a.O. (s. Anm. 3), S. 527–565; hier: S. 528; vgl. MWG, Bd. I/23, S. 149.
11 In seiner Vorlesung zur *Einleitung in die Soziologie*, gehalten im Sommersemester 1968, bemerkt Adorno: *Die berühmtesten soziologischen Werke, sagen wir der vorigen Soziologengeneration, die der Methodologie gewidmet sind, die ›Règles‹ von Durkheim, die bei Luchterhand in der Ausgabe von René König auch auf deutsch vorliegen, und die wissenschaftstheoretischen Schriften von Max Weber, widersprechen sich gegenseitig in eigentlich den entscheidenden Punkten, nämlich – um diese Punkte Ihnen wenigstens stichworthaft anzugeben – darin: daß Max Weber den Begriff der ›verstehenden Soziologie‹ eingeführt hat und prinzipiell glaubt, daß soziologische Erkenntnis im Verstehen der ›Zweckrationalität‹, der Chancenbeurteilung gesellschaftlich handelnder Subjekte besteht; während demgegenüber Durkheim die Ansicht vertritt, daß das eigentlich Soziologische, eben das der soziologischen Wissenschaft spezifisch Zugehörige, gerade dadurch sich unterscheidet von vor allem der Psychologie – die übrigens auch von Max Weber scharf von der Soziologie getrennt ist –, daß die eigentlich sozialen Tatsachen, die ›faits sociaux‹, sich nicht verstehen lassen, daß sie undurchdringlich sind, daß sie opak sind oder daß sie, wie er es ausdrückte [...], daß man sie wie ›Dinge‹, wie ›des choses‹ behandeln soll* [...] (NaS IV·15, S. 132). – Vgl. auch NaS IV·6, S. 74.

wissen.¹² Zwar stellt Weber die Bedeutung des Menschen gegenüber einer metaphysischen Verklärung der Gesellschaft heraus,¹³ aber er übersieht das Eigengewicht der Gesellschaft.

Die Problematik des Begriffes der Evidenz menschlichen Handelns¹⁴ sucht Weber durch etwas für ihn sehr Charakteristisches zu lösen: durch fortschreitende Differenzierung des Begriffsapparats, hier durch die Unterscheidung zwischen subjektiver Zweckrationalität und objektiver Richtigkeitsrationalität. Prof. Adorno vermerkte außerdem dazu, daß der Typus der objektiven Richtigkeitsrationalität bereits den Ansatz enthalte zur Annahme eines objektiven Geistes.

Die Evidenz menschlichen Handelns ist eine notwendige, aber nicht ausreichende Bedingung seiner ursächlichen Erklärung. Weber vertritt im allgemeinen den ideographischen Standpunkt der Erkenntnis, aber nun zieht er das Nomothetische oder, wie er es nennt, Nomologische hinzu.¹⁵ Eine weitere Methode liefert die Kategorie der objektiven Möglichkeit, die Auflösung in Wenn-dann-Beziehungen (vgl. Hegels Unterscheidung der abstrakten und konkreten Möglichkeit)¹⁶. Prof. Adorno zeigte auf, daß diese Fragestellung durchaus der Sozio-

---

12 Nochmalige Anspielung auf den sogenannten ›Chosismus‹ bei Durkheim, also darauf, dass dieser seiner soziologischen Methode das Erkenntnisprinzip zugrunde gelegt hat, alle sozialen Tatsachen wie Dinge zu betrachten. (Vgl. den Abschnitt »Was ist ein soziologischer Tatbestand?«, in: Emile Durkheim, Die Regeln der soziologischen Methode [1894], übers. von René König, Neuwied und Berlin 1961, S. 105–114.) – Vgl. hierzu auch Adornos *Einleitung zu Emile Durkheim, »Soziologie und Philosophie«* [1967], GS, Bd. 8, S. 245–279.
13 »Wenn sich [...] in methodologischen Erörterungen nicht selten der Satz findet, daß ›auch‹ der Mensch in seinem Handeln (objektiv) einem ›immer *gleichen*‹ (also: gesetzlichen) ›Kausalnexus‹ unterworfen ›sei‹, so ist dies eine das Gebiet der wissenschaftlichen Praxis nicht berührende und nicht unbedenklich formulierte protestatio fidei zu gunsten des metaphysischen Determinismus, aus welcher der Historiker keinerlei Konsequenzen für seinen praktischen Betrieb ziehen kann.« (MWG, Bd. I/7, S. 368)
14 Vgl. ebd., S. 355–361.
15 »Was folgt nun aus alledem? *[Absatz]* Natürlich nicht etwa, daß auf dem Gebiet der Kulturwissenschaften die Erkenntnis des *Generellen*, die Bildung abstrakter Gattungsbegriffe, die Erkenntnis von Regelmäßigkeiten und der Versuch der Formulierung von ›gesetzlichen‹ Zusammenhängen keine wissenschaftliche Berechtigung hätte. Im geraden Gegenteil: wenn die kausale Erkenntnis des Historikers *Zurechnung* konkreter Erfolge zu konkreten Ursachen ist, so ist eine *gültige* Zurechnung irgend eines individuellen Erfolges ohne die Verwendung ›nomologischer‹ Kenntnis – Kenntnis der Regelmäßigkeiten der kausalen Zusammenhänge – überhaupt nicht *möglich*.« (Weber, Die »Objektivität« sozialwissenschaftlicher und sozialpolitischer Erkenntnis, a.a.O. [s. Anm. 3], S. 178 f.)
16 Vgl. das Kapitel »Die Wirklichkeit« in Hegels »Enzyklopädie« (HW, Bd. 8, S. 279–306) sowie Adornos Schrift *Zur Metakritik der Erkenntnistheorie. Studien über Husserl und die phänomenologischen Antinomien* [1956], in der der Autor auf die *Distinktion von abstrakter und realer Möglichkeit* als *eine der fragwürdigsten Thesen Hegels* zu sprechen kommt (GS, Bd. 5, S. 320).

logie zugänglich ist, denn die Tatsache, daß es so gekommen ist, hat auch ein Gewicht, dem man gerecht werden muß.

Charakteristisch für die »Wirklichkeitswissenschaften« sind nach Max Weber die individuellen »Dingbegriffe«, denn wesentlich und wissenswert sind Bestandteile der Wirklichkeit in ihrer individuellen Eigenart. Das leisten für ihn die Idealtypen »durch einseitige *Steigerung eines* oder *einiger* Gesichtspunkte und durch Zusammenschluß einer Fülle von diffus und diskret, hier mehr, dort weniger, stellenweise gar nicht vorhandener *Einzel*erscheinungen, die sich jenen einseitig herausgehobenen Gesichtspunkten fügen, zu einem einheitlichen *Gedanken*gebilde.« (W[issenschafts-]L[ehre] 191)[17] Entscheidend für die Definition der Idealtypen ist allein ihr heuristischer Wert. Es wurde darauf hingewiesen, daß Idealtypen keine Merkmalseinheiten der darunter befaßten Phänomene darstellen, sondern sie sind eine Konstruktion, die keine Existenz an sich hat (so hat z. B. der Idealtypus Kapitalismus keine Realität), sie sind ephemere Instrumente, um vermittels der Adäquanz an sie Ordnung in der unendlichen Mannigfaltigkeit zu schaffen. (Die auffallend große Zahl der Definitionen in »Wirtschaft und Gesellschaft« besteht ebenfalls in Idealtypen, die deshalb auch nie für sich genommen werden dürfen, sondern stets in Beziehung zum Material zu sehen sind.)

Zur Frage der Erklärung der Differenz von Idealtyp und Wirklichkeit – bei Weber ein Mittel kausaler Zurechnung – wurde angeführt, daß auch der Idealtyp falsch gewählt sein könne. Dieses Problem taucht bei Weber nicht auf, weil das Material unqualifiziert und die Wahl der Idealtypen somit zufällig ist.

Zum Schluß wurde dann noch die Frage aufgeworfen nach dem Verhältnis von Freiheit und Zweckrationalität. Prof. Adorno führte hierzu an, daß Zweckrationalität zwar eine Seite der Autonomie des Individuums darstelle, Webers Begriff der Freiheit aber insofern einseitig sei, als er die Möglichkeit übersehe,

---

17 »Für die *Forschung* will der idealtypische Begriff das Zurechnungsurteil schulen: er *ist* keine ›Hypothese‹, aber er will der Hypothesenbildung die Richtung weisen. Er *ist* nicht eine *Darstellung* des Wirklichen, aber er will der Darstellung eindeutige Ausdrucksmittel verleihen. Es ist also die ›Idee‹ der *historisch* gegebenen modernen verkehrswirtschaftlichen Organisation der Gesellschaft, die uns da nach ganz denselben logischen Prinzipien entwickelt wird, wie man z. B. die Idee der ›Stadtwirtschaft‹ des Mittelalters als ›genetischen‹ Begriff konstruiert hat. Tut man dies, so bildet man den Begriff ›Stadtwirtschaft‹ *nicht* etwa als einen *Durchschnitt* der in sämtlichen beobachteten Städten tatsächlich bestehenden Wirtschaftsprinzipien, sondern ebenfalls als einen *Idealtypus*. Er wird gewonnen durch einseitige *Steigerung eines* oder *einiger* Gesichtspunkte und durch Zusammenschluß einer Fülle von diffus und diskret, hier mehr, dort weniger, stellenweise gar nicht, vorhandenen *Einzel*erscheinungen, die sich jenen einseitig herausgehobenen Gesichtspunkten fügen, zu einem in sich einheitlichen *Gedanken*bilde.« (Weber, Die »Objektivität« sozialwissenschaftlicher und sozialpolitischer Erkenntnis, a.a.O. [s. Anm. 3], S. 190 f.; vgl. MWG, Bd. I/7, S. 203 f.)

daß, soweit wir uns zweckrational verhalten, wir uns selbst in einen Zwangsmechanismus hineinbegeben können.

Manfred Bretz[18]

---

[18] Unterschrift.

361 Werner Brede,
19. November 1963

Werner Brede

Seminar: Besprechung ausgewählter Artikel aus
Max Webers Wirtschaft und Gesellschaft
Protokoll vom 19. November 1963

Der letzte Teil des Referates über die Objektivität der sozialwissenschaftlichen Erkenntnis[19] (s. Max Weber: Gesammelte Aufsätze zur Wissenschaftslehre, 2. Aufl., S. 146–214) wurde verlesen. Zum Referat wurden folgende Erläuterungen gegeben:

1. Empirische Forschung hat bei Max Weber nicht die moderne Bedeutung, sondern heißt Konfrontation historischer Daten mit einem Idealtyp.

2. In einem bestimmten Wirtschaftssystem kann das rationale Handeln der Einzelnen in gesamtgesellschaftliche Irrationalität umschlagen. Beispiel: die freie Konkurrenz der Unternehmer kann im Kapitalismus zur Krise führen.

3. Die freie Entscheidung des Individuums ist nicht absolut zu setzen. Jede Wertsetzung des Individuums enthält in sich bereits die Vermittlung durch die Gesellschaft. Indem Webers Soziologie nur vom verstehbaren gesellschaftlichen Verhalten von Individuen handelt, fällt sie hinter die Erkenntnisse der großen Philosophie zurück, wird zu einer Soziologie ohne Gesellschaft.

Im Anschluß an das Referat sprach Professor Adorno über die Problematik der Wertfreiheit bei Max Weber. Dieser ganze Komplex mache heute den Eindruck des Veralteten. Es stecken darin Ansichten über Werttheorie und über den individuellen, einfach zuschauenden und klassifizierenden Gelehrten, dessen Voraussetzungen inzwischen so erschüttert seien, daß niemand mehr sie recht, ernst nehmen könne. Eine Gesellschaft mit der zugespitzten Problematik wie die unsere heute, dulde nicht mehr die Distanz des Zuschauenden, nicht mehr Wertfreiheit. Das Ideal der reinen Wissenschaft als von Affekten reiner Erkenntnis, worin ein Moment von Aufklärung bewahrt ist, sei antiquiert. Andererseits falle Webers Soziologie, indem sie nur registriere, hinter den eigenen Begriff von Rationalität zurück.

---

19 S. oben, Anm. 2.

Der Wertbegriff stamme aus der klassischen Ökonomie und sei von der Philosophie aufgenommen worden,[20] als diese nicht mehr zwischen praktischer und theoretischer Vernunft vermittelte. Die Spaltung in Tatsache und Wert drücke die Abstraktheit der Werte aus. In Wirklichkeit seien die Tatsachen nicht neutral und die Werte nicht in voller Freiheit zu suchen.

In der Diskussion wurde die Frage nach dem Verhältnis von Werturteil und gesellschaftlicher Vermittlung in bezug auf die Entfremdung gestellt. Professor Adorno führte dazu aus, daß das Persönlichkeitsideal gesellschaftlich vermittelt sei. Das Individuum wurde in der Gesellschaft zu etwas Substantiellem, zu einer zentralen Kategorie. Die Erfahrung der Entfremdung mache das Individuum in dem Augenblick, da es der Diskrepanz zwischen Begriff und Wirklichkeit seiner selbst gewahr werde. Im Begriff der Rolle habe die Soziologie diese Diskrepanz unzulässig verallgemeinert. Zur Erfahrung dieses Gegensatzes in der Literatur verwies Professor Adorno auf Fieldings Roman Tom Jones.[21]

Es wurde weiter gefragt, ob die Kategorie der Entfremdung nicht hinfällig würde, wenn das Individuum sich mit der Gesellschaft in Einklang wähne. Dazu sagte Professor Adorno, daß selbst Formen universaler Vergesellschaftung in totalitären Systemen keine reine Identität von Individuum und Gesellschaft schaffe, sondern daß sie lediglich die Entfremdung in ausgeprägtester Form hervorbringen. Menschen ließen sich weder auf den Begriff des Individuums noch auf den der Gesellschaft ganz bringen, da beide vermittelt seien. Das Denken, das so tut, als ob das möglich sei, behandele beide in einer Spannung zueinanderstehenden Begriffe als verdinglichte Modelle (zum Vergleich: Durkheim und M. Weber)[22].

Zum Moment des Veraltens am Wertfreiheitsstreit[23] stellte Dr. Teschner[24] die Frage, wie das gesellschaftlich abzuleiten sei. Es sei damals um sozialpolitische

---

20 In der *Einleitung zum »Positivismusstreit in der deutschen Soziologie«* [1969] spricht Adorno ebenfalls davon, dass der *ökonomische Wertbegriff* [...] *dem philosophischen Lotzes, den Südwestdeutschen und dann dem Objektivitätsstreit als Modell diente* (GS, Bd. 8, S. 347).
21 Vgl. Henry Fielding, Geschichte von Tom Jones, eines Findlings [1749], übers. von Wilhelm von Luedmann, München 1913. – In der *Negativen Dialektik* [1966] schreibt Adorno: *Je mehr einer Persönlichkeit sei, wird suggeriert, desto besser sei er, unbekümmert um die Fragwürdigkeit des Man-selber-Seins. Große Romane des achtzehnten Jahrhunderts waren darin noch argwöhnisch. Fieldings Tom Jones, das Findelkind, ein im psychologischen Sinn ›triebhafter Charakter‹, steht für den von Konvention unverstümmelten Menschen ein und wird zugleich komisch.* (GS, Bd. 6, S. 289)
22 S. oben, Anm. 11.
23 Gemeint ist der sogenannte ›Werturteilsstreit‹. Zu ihm kommt es im Zuge der Gründung der Deutschen Gesellschaft für Soziologie 1909. Deren Satzung propagiert im ersten Paragraphen die Wertfreiheit, was sich allerdings bereits auf dem zweiten Soziologentag 1912 als unfruchtbar erweist, woraufhin es bis in die 1930er Jahre immer wieder zu Streitfällen kommt.

Werturteile gegangen. Um diese Schwierigkeit zu überbrücken, sei das Problem der Wertfreiheit erst aufgekommen. Der Grund des Streits seien Klassenkonflikte gewesen. Dr. Teschner fragte nun, inwieweit sich im Veralten des Wertfreiheitproblems eine Veränderung unserer sozialen Wirklichkeit spiegele.

Professor Adorno sagte zunächst, daß genetisch wohl die Liberalen für Wertfreiheit, die Sozialisten für Wertung gewesen seien, daß auch wissenssoziologische Motive hereinspielten. Dr. Teschner war der Ansicht, daß inhaltliche Dinge den Ausschlag gaben. In den Maße jedoch, wie diese – nämlich der soziale Kampf – zurücktraten, seien wohl auch die Wertentscheidungen uninteressant geworden. Anstelle der Unterscheidung von Kapitalismus und Sozialismus in der soziologischen Diskussion sei heute der Begriff der industriellen Gesellschaft getreten.

Herr Thomssen[25] sagte hierzu, man könne das Problem auch von der Bedeutung der Ideologie her sehen. Da die Ideologien das Ganze der Gesellschaft nicht mehr zu reflektieren vermochten, scheine man um die letzte Jahrhundertwende das Problem Ideologie auf die Frage der Wertfreiheit reduziert zu haben. Insbesondere auf die Frage: Was ist Ideologie an der Wissenschaft, was nicht?

Professor Adorno sagte, daß im einem bestimmten Sinn im Werk Max Webers schon etwas vom totalen Ideologiebegriff stecke.[26] Nämlich: alles, was über die Sammlung und Organisation von Fakten und deren Konfrontation mit Idealtypen hinausgehe, sei schon Ideologie. Hier werde der Ideologiebegriff so allgemein, daß er Kritik oder eine spezifische Theorie von vornherein unmöglich machen solle.

---

24 Manfred Teschner wird 1960 mit der Schrift »Entwicklung eines Interessenverbandes. Ein empirischer Beitrag zum Problem der Verselbständigung von Massenorganisationen« in Frankfurt a. M. promoviert.
25 D.i. Wilke Thomssen.
26 Karl Mannheim unterscheidet in »Ideologie und Utopie« [1929] den ›partikularen‹ vom ›totalen Ideologiebegriff‹: »Während der partikulare Ideologiebegriff nur einen *Teil der Behauptungen* des Gegners – und auch diese nur auf ihre *Inhaltlichkeit* hin – als Ideologien ansprechen will, stellt der totale Ideologiebegriff die gesamte Weltanschauung des Gegners (einschließlich der kategorialen Apparatur) in Frage und will auch diese Kategorien vom Kollektivsubjekt her verstehen.« (Karl Mannheim, Ideologie und Utopie, übers. von Heinz Maus, 3. Aufl., Frankfurt a. M. 1952, S. 54) Infolgedessen arbeite »der partikulare Ideologiebegriff hauptsächlich mit einer *Interessenpsychologie*, der totale dagegen mit einem viel eher formalisierten, womöglich objektive Strukturzusammenhänge intendierenden Funktionsbegriff.« (Ebd., S. 55) – Vgl. Adornos *Dialektische Epilegomena: Marginalien zu Theorie und Praxis* [1969], GS, Bd. 10·2, S. 779.

362 Wolfgang Holler, 3. Dezember 1963

Protokoll vom 3. 12. 1963 W. Holler

Prof. Adorno wies einleitend auf die Problematik hin (die in einer späteren Diskussion zu entfalten sei), die sich aus der Kontroverse über subjektiven und objektiven Ansatz der Soziologie ergebe. Er deutete an, daß eine (im Hegelschen Sinne) konkrete Soziologie von selbst über die abstrakte Entgegensetzung von Methodologie und eigentlicher wissenschaftlicher Forschung hinauskomme. Nur eine beharrliche Versenkung in den Gegenstand der Soziologie, nämlich die gesellschaftliche Totalität, könne eine angemessene Methode zutage bringen.[27] Die Struktur ihres *Gegenstandes* müsse den Charakter der soziologischen Methode bestimmen; eine selbständige Methodologie im Sinne eines apriorischen obersten Kategoriensystems sei illusorisch.

Das den Weberschen Herrschaftstypen zugrundeliegende Verfahren wolle sich zwar als rein systematisch-deduktives Verfahren wissen, sei in Wahrheit aber historisch: die Herrschaftstypen seien nicht dem Kopfe des Forschers entsprungene Gebilde, sondern bezeichneten die gesellschaftliche Herrschaft, unter der die Menschen in bestimmten gesellschaftlichen Verhältnissen gelebt hätten. Deshalb sei ihr wissenschaftlicher Wert nicht an ihrer logischen Stimmigkeit und Eindeutigkeit zu messen, sondern daran, wie sie sich mit der gesellschaftlichen Realität deckten. Es erweise sich, daß die Weberschen Idealtypen, was ihre materiale Seite anbelange, im allgemeinen besser seien als die Methodologie, die sie begründeten.

Die Typen traditionaler Herrschaft wurden im Referat dargestellt unter dem Gesichtspunkt ihrer fortschreitenden Rationalisierung und der dadurch bedingten organisatorischen Differenzierung und Vergegenständlichung.[28]

Prof. Adorno wies nachdrücklich darauf hin, daß ein Verständnis der Weberschen Theorie vor allem deren polemische Stellung gegen die materialistische Geschichtsauffassung zu berücksichtigen habe. Weber will die ökonomische Geschichtsauffassung, der er Monismus und Nomothetismus vorwirft, durch eine

---

27 Damit ist implizit auf ein Gründungsdokument der Kritischen Theorie zurückverwiesen, nämlich auf Max Horkheimers Aufsatz »Traditionelle und kritische Theorie« [1937]. Dort heißt es: »Während selbst die kategorischen Urteile der Fachwissenschaften im Grunde hypothetischen Charakter tragen und Existenzialurteile, wenn überhaupt, nur in eigenen Kapiteln, beschreibenden oder praktischen Teilen geduldet werden, ist die kritische Gesellschaftstheorie als ganze ein einziges entfaltetes Existenzialurteil.« (HGS, Bd. 4, S. 201)
28 Walter Günteroth, »Traditionale Herrschaft«, UAF Abt. 139 Nr. 12, 78 – 89.

pluralistische und ideographische Konzeption ersetzen. So dient ihm die prononcierte Hervorkehrung eines – als autonom wirkend gedachten – geistigen Elementes in der Geschichte gewissermaßen als Korrektiv gegen die marxistische Theorie. Den geistigen Kräften wird prinzipiell, die gleiche geschichtliche Gewalt zugesprochen wie den ökonomischen. Weber betrachtet die Reduktion der geschichtlichen Dynamik auf Ökonomie als Willkürakt.[29] Für ihn ist der »Verzicht auf eine umfassende Weltformel« (Löwith)[30] Gebot wissenschaftlicher Redlichkeit. Dabei deutet er unter der Hand die objektive Theorie der Gesellschaft interessenpsychologisch um. So entsteht tatsächlich zunächst der Anschein, als rangiere eine Analyse von (nicht-ökonomischen) Gesinnungen und Motiven gleichberechtigt neben einer ökonomischen. Durch die Isolierung der subjektiven »Ebene« vom materiellen Lebensprozeß der Gesellschaft vollzieht Weber die Hypostasierung, die er der Marxschen Theorie vorwirft – mit umgekehrtem Vorzeichen. So verselbständigt er z. B. den Begriff der Ehre,[31] erhebt ihn zur geschichtswirksamen Kraft und vergißt, daß er wiederum im Sinne objektiver materieller Interessen von Gruppen der Gesamtgesellschaft fungiert.

Zum Begriff der traditionalen Herrschaft, deren wesentliches Element bei Weber der Glaube der Beherrschten an die »Heiligkeit« des Herrschaftsverhältnisses sei,[32] äußerte sich Prof. Adorno dahin, daß durch die idealtypische Fixierung gerade etwas Entscheidendes verschwinde, nämlich daß es so etwas wie eine durchgängige Entwicklung zur rationalen Herrschaft gebe. Auch traditionale Herrschaft sei von rationalen Momenten durchsetzt, insofern sie Naturbeherrschung organisiere.

Die abstrakte Juxtaposition der Herrschaftstypen widerspricht ihrer dialektischen Bewegung in der Geschichte. Wenn auch Weber bei der charismatischen Herrschaft eine Tendenz zum Umschlag aufspürt, so sträubt er sich doch von seinen wissenschaftstheoretischen Prämissen her, die Einsicht in die historische Entwicklung der gesellschaftlichen Herrschaft thematisch zu machen.

---

29 Vgl. MWG, Bd. I/7, S. 168–174.
30 Löwith spricht zustimmend vom »Verzicht auf jedes theologische und metaphysische Ordnungsschema« sowie vom »Verzicht auf Vorsehung *und* Fortschritt« in der Geschichtsdarstellung Jacob Burckhardts (Karl Löwith, Weltgeschichte und Heilsgeschehen. Die theologischen Voraussetzungen der Geschichtsphilosophie [1949], 3. Aufl., Stuttgart 1953, S. 12).
31 Bei Weber heißt es etwa: »Die antiautoritäre Umdeutung des Charisma führt normalerweise in die Bahn der Rationalität. Der plebiszitäre Herrscher wird regelmäßig sich auf einen prompt und reibungslos fungierenden Beamtenstab zu stützen suchen. Die Beherrschten wird er *entweder* durch kriegerischen Ruhm und Ehre *oder* durch Förderung ihres materiellen Wohlseins – unter Umständen durch den Versuch der Kombination beider – an sein Charisma als ›bewährt‹ zu binden suchen.« (MWG, Bd. I/23, S. 538)
32 S. den übernächsten Abschnitt des Protokolls.

Webers Definition traditioneller Herrschaft als solcher, »kraft Glaubens an die Heiligkeit der von jeher vorhandenen Ordnungen und Herrengewalten«[33], schließe in gewissem Sinn schon Rationalität ein. Denn sobald die Frage nach der Legitimität aufkomme, sei das ganz dumpfe, bloß »funktionale« Herrschaftsverhältnis bereits gebrochen. Substantielle Tradition sei unreflektiert, »Heiligkeit« dagegen bereits Reflexionsform und insofern Rationalisierung durch eine bürgerliche Wissenschaft. Bei Weber ginge das unter, weil die ideologischen Momente bewußt als gleichgewichtig (den objektiven gegenüber) dargestellt würden. Hinter dem Appell an die Heiligkeit einer Tradition stehe eine brüchig gewordene Herrschaft. Unmittelbare Herrschaftsverhältnisse bedürften keiner Ideologie (»Legitimation«).

Der Typus der Hausgemeinschaft eigne sich zur Exemplifikation der traditionalen Herrschaft am besten, solange das Problem der gesamtgesellschaftlichen Organisation, des gesellschaftlichen »Verkehrs« noch (so gut wie) nicht auftrete, träten rationale Momente am weitesten zurück zugunsten Unmittelbarkeit. Sobald die Hausgemeinschaften aber zum Tausch gezwungen seien, entfalte sich Rationalität: Die These Webers, daß die Hauswirtschaft die ursprüngliche Quelle von Pietät sei,[34] forderte Kritik heraus: die Familie sei keine Ur- oder Naturform des gesellschaftlichen Lebens, sondern bereits Produkt einer entwickelten Zivilisation, mit allen Problemen der Normierung und der Triebunterdrückung behaftet. In Fällen von Regression zu primitivem Egoismus drücke sich aus, daß der Familie ältere, archaische Formen des Zusammenlebens vorausgingen. Das Problem der Familie falle zusammen mit dem ihrer Rationalität.

Im Zusammenhang mit den nach Weber auch in der traditionalen Herrschaft waltenden Prinzipien der Gerechtigkeit und Billigkeit bemerkte Prof. Adorno, daß der Gerechtigkeit das Tauschprinzip innewohne: Gleiches um Gleiches, Abstraktion auf ein Gemeinsames.[35] Das Egalitäre in ihm widerspricht einer idealtypi-

---

33 MWG, Bd. I/22–4, S. 729.
34 »Die durch Erziehung und Gewöhnung eingelebte Pietät in der Beziehung des Kindes zum Familienoberhaupt ist der am meisten typische Gegensatz einerseits zur Stellung eines kontraktlich angestellten Arbeiters in einem Betriebe, anderseits zur emotionalen Glaubensbeziehung eines Gemeindemitgliedes zu einem Propheten.« (Ebd., S. 731)
35 Auf den gesellschaftlich zentralen Zusammenhang von Tausch und Gerechtigkeit weist Adorno an verschiedenen Stellen hin, so etwa in seinem *Beitrag zur Ideologienlehre* [1953/1954]: *Als objektiv notwendiges und zugleich falsches Bewußtsein, als Verschränkung des Wahren und Unwahren, die sich von der vollen Wahrheit ebenso scheidet wie von der bloßen Lüge, gehört Ideologie, wenn nicht bloß der modernen, so jedenfalls einer entfalteten städtischen Marktwirtschaft an. Denn Ideologie ist Rechtfertigung. Sie erheischt ebenso die Erfahrung eines bereits problematischen gesellschaftlichen Zustandes, den es zu verteidigen gilt, wie andererseits die Idee der Ge-*

schen Traditionalität – Gerechtigkeit, wie sie das positive bürgerliche Recht prätendiert, erfüllt ihren Anspruch nicht, weil einerseits in der bürgerlichen Gesellschaft die Rechtssubjekte in Wirklichkeit nicht gleich sind und andererseits, weil sie die Subjekte formal gleich macht, wo sie doch »Individuen« sein sollen.[36] Diese Antinomien der Gerechtigkeit (im formalen positiven Recht) soll der (auf Aristoteles zurückgehende)[37] Begriff der Billigkeit[38] auflösen. In seiner Verabsolutierung falle auch er der Willkür anheim und verkehre sich ins Unrecht.

Webers Theorie des Patriarchalismus[39] läuft auf dessen naturalisierende Erhöhung hinaus. Dagegen hat die moderne Anthropologie mit Evidenz nachgewiesen, daß das Matriarchat diesem an Bedeutung nicht nachstand.[40]

---

rechtigkeit selbst, ohne die eine solche apologetische Notwendigkeit nicht bestünde, und die ihr Modell am Tausch von Vergleichbarem hat. (GS 8, S. 465)

36 Die Negation von allem Individuellen an den Individuen als formale Voraussetzung von Rechtsverhältnissen wird bereits in der *Dialektik der Aufklärung* [1947] bemerkt: *Der Schritt vom Chaos zur Zivilisation, in der die natürlichen Verhältnisse nicht mehr unmittelbar sondern durch das Bewußtsein der Menschen hindurch ihre Macht ausüben, hat am Prinzip der Gleichheit nichts geändert. Ja die Menschen büßten gerade diesen Schritt mit der Anbetung dessen, dem sie vorher bloß wie alle anderen Kreaturen unterworfen waren. Zuvor standen die Fetische unter dem Gesetz der Gleichheit. Nun wird die Gleichheit selber zum Fetisch. Die Binde über den Augen der Justitia bedeutet nicht bloß, daß ins Recht nicht eingegriffen werden soll, sondern daß es nicht aus Freiheit stammt.* (GS 3, S. 33)

37 Vgl. Aristoteles, Nikomachische Ethik, nach der Übers. von Eugen Rolfes bearb. von Günther Bien, in: Aristoteles, Philosophische Schriften in sechs Bänden, Bd. 3, Hamburg 1995, S. 124–127 (1137a–1138a).

38 »Neues Recht gegenüber den Traditionsnormen zu schaffen gilt als prinzipiell unmöglich. Es geschieht der Tatsache nach im Wege der ›Erkenntnis‹ eines Satzes als ›von jeher geltend‹ (durch ›Weistum‹). Außerhalb der Normen der Tradition dagegen ist der Wille des Herrn nur durch Schranken, welche im Einzelfall das Billigkeitsgefühl zieht, also in äußerst elastischer Art gebunden: seine Herrschaft zerfällt daher in ein streng traditionsgebundenes Gebiet und ein solches der freien Gnade und Willkür, in dem er nach Gefallen, Zuneigung, Abneigung und rein persönlichen, insbesondere auch durch persönliche Gefälligkeiten zu beeinflussenden Gesichtspunkten schaltet. Soweit aber Verwaltung und Streitschlichtung Prinzipien zugrunde gelegt werden, sind es solche der materialen ethischen Billigkeit, Gerechtigkeit oder utilitaristischen Zweckmäßigkeit, nicht solche formaler Art wie bei der legalen Herrschaft.« (MWG, Bd. I/22–4, S. 729 f.)

39 Vgl. ebd., S. 730–734.

40 Hier dürfte an Bachofens Studie über das Matriarchat gedacht sein, vgl. J[ohann] J[akob] Bachofen, Das Mutterrecht. Eine Untersuchung über die Gynaikokratie der alten Welt nach ihrer religiösen und rechtlichen Natur, Stuttgart 1861, auf die Adorno unter anderem auch in der *Ästhetischen Theorie* [1970] anspielt: *Schikaneder hat nichts von Bachofen sich träumen lassen. Das Libretto der Zauberflöte kontaminiert die verschiedensten Quellen, ohne Einstimmigkeit herzustellen. Objektiv aber erscheint in dem Textbuch der Konflikt von Matriarchat und Patriarchat, von lunarem und solarem Wesen.* (GS, Bd. 7, S. 400)

Der Wandel der hauswirtschaftlichen Produktionsverhältnisse in tauschwirtschaftliche ruft eine Vergrößerung der Hausgemeinschaft hervor. Die patriarchalische Herrschaft erfährt eine Dezentralisierung durch einen Verwaltungsstab, welcher in nuce die Formen bürokratischer Herrschaft enthält. Weber nennt diese Form traditionaler Herrschaft patrimonial.[41] Die (am Bedürfnis der gesellschaftlichen Selbsterhaltung zu messende) Zweckrationalität der gesellschaftlichen Herrschaft kommt mehr und mehr zum Durchbruch und vergegenständlicht sich in deren Verwaltungsapparaturen. Durch ihre Verflechtung mit gesellschaftlicher Herrschaft bleibt aber diese Rationalität partikular.

Die traditionale Herrschaft bringt im Zuge der gesellschaftlichen Entwicklung unter dem Drucke fortschreitender Naturbeherrschung, um sich selbst zu erhalten, rationale Organisation hervor. Diese wächst über die patrimoniale Struktur zur regelrechten Gegengewalt gegen die ursprünglich monolithische Herrschaft heran. Endpunkt der historischen Bewegung der traditionalen Herrschaft ist der gewaltengeteilte Feudalstaat, in dem die Vasallen den Lehensherren gegenüber politische Selbständigkeit erlangt haben. Die Expansion der patrimonialen Verhältnisse erzeugt notwendig aus sich den Übergang zu hierarchischen Lebensverhältnissen. »Irrationale« Kategorien wie Ehre, Treue und Pietät, denen Weber wesentlich Unmittelbarkeit zuschreibt,[42] kommen, so beweist die Feudalgesellschaft, zur Entfaltung erst unter der Voraussetzung relativ entwickelter gesellschaftlicher Rationalität. –

In der ganzen bisherigen Geschichte seien zwei Tendenzen unauflöslich miteinander verknüpft. Erstens: fortschreitende Rationalität der Technik und Organisation der gesellschaftlichen Naturbeherrschung und, daraus resultierend, vernünftigere und autonomere Gestaltung der Lebensverhältnisse. Zweitens: fortschreitende Verselbständigung der Institutionen, die der Unmittelbarkeit des gesellschaftlichen Stoffwechsels relativ enthoben sind, Verfestigung der Produkte der gesellschaftlichen Arbeit gegen die Produzenten. Die Dialektik von Rationalität und Irrationalität: daß, je mehr Wirklichkeit die Vernunft sich unterwerfe, um so mehr jene zum Ding, zur zweiten Natur erstarre – diese Dialektik sei das

---

[41] Vgl. MWG, Bd. I/22-4, S. 730-733, sowie den Abschnitt »{Patrimoniale und feudale Strukturformen der Herrschaft in ihrem Verhältnis zur Wirtschaft}«, ebd., S. 418-453.

[42] »Der Feudalismus, speziell in der Form der freien Vasallität und vor allem des Lehenswesens, appelliert an ›Ehre‹ und persönliche, frei gewährte und gehaltene ›Treue‹ als konstitutive Beweggründe des Handelns. ›Pietät‹ und persönliche ›Treue‹ liegen auch vielen der plebejischen Formen des patrimonialen oder leiturgischen Feudalismus (Sklavenheere, Kolonen- oder Klientenaufgebot, als Kleruchen oder Bauern und Grenzer angesiedelte Soldaten) zugrunde, speziell den Klienten- und Kolonenaufgeboten. Allein es fehlt ihnen die ständische ›Ehre‹ als integrierender Bestandteil.« (Ebd., S. 446)

Grundgesetz aller bisherigen Geschichte. Solange die Rationalität nur eingleisig ist, nur auf Entfesselung der Produktivkräfte aus ist und sich tendenziell auf bloße Technik zurücknimmt, bleibe sie in ihre Widersprüche verstrickt. –

Am Ende des Seminars machte Prof. Adorno einige grundsätzliche Ausführungen über das geschichtliche Verhältnis von Feudalismus und Bürgertum. Die Konzeption des Staatsvertrages reife im Feudalismus real heran. Die Beziehung zwischen Lehensherren und Vasall stehe Modell für die Theorie des Staatsvertrages. Daraus habe sich dann die spezifisch bürgerliche Variante des Gesellschaftsvertrages entwickelt. Sie stelle eine Universalisierung dar – wie überhaupt alle bürgerlichen Kategorien als zur Universalität erhobene feudale gelten könnten.

Der bürgerlichen Idee der Freiheit des Individuums ginge die Forderung der Vasallen nach Freiheit und Unabhängigkeit vom Landesherren voraus. »Treue[43]« und »Ehre« seien feudal entsprungen. Die Treue des Feudalherren sei zur Zuverlässigkeit des Geschäftsmannes geworden. Die ganze Gesellschaft (und ihre Geschichte) stecke gerade im Allerindividuellsten.

---

43 Konjiziert für: »Liebe«.

363 Jens Jahnke,
10. Dezember 1963

Protokoll vom 10. 12. 63[44]*; Soziologisches Hauptseminar;*
Seminarleiter: Prof. Adorno

Der in Wirtschaft und Gesellschaft 1. III. § 10 abgedruckte Idealtypus der charismatischen Herrschaft[45] wurde einer Analyse unterzogen, wobei sich erneut der Mangel der Weberschen Idealtypologie erwies.[46] Diese nämlich liefert statische Figuren, welche gegen die Wirklichkeit verschlossen sind und sie, als eine dynamische und extrem differenzierte, nicht plastisch genug abbilden können. Deshalb müssen die Idealtypen aufbrechen, sobald sie mit der Wirklichkeit kollidieren. Der Versuch, durch Formulierung von ›Mischformen‹ oder ›Ausnahmen‹ das Gesetzhafte der Idealtypologie aufrechtzuerhalten,[47] ist illegitim.

Das Zerbrechen des Idealtyps der charismatischen Herrschaft wurde an dem Attribut »außeralltäglich« vollzogen, welches Weber dem charismatisch Herrschenden als wesentlich zuordnet,[48] welches aber nicht mit der penetranten Alltäglichkeit eines Hitler, dessen Führerschaft sicher charismatisch war, in Einklang gebracht werden kann. Selbst wenn von diesem Einwand als einem einzelnen abgesehen wird, ist der Idealtyp nicht zu retten, da er Bezüge und Abläufe in der Wirklichkeit als irrational ausgibt, die tatsächlich jedoch sehr rational genannt werden müssen. Wie der Definition der charismatischen Herrschaft zu entnehmen ist, knüpft Weber die Gefolgschaft der ihr Folgenden an ein gewisses

---

44 Da sowohl dieses Protokoll als auch das vom 7. Januar vom selben Verfasser deutlich kürzer ausfällt als die übrigen Protokolle, liegt die Vermutung nahe, dass sich in den entsprechenden Sitzungen niemand gefunden hat, ein Protokoll auf freiwilliger Basis zu führen, so dass der Verfasser beide Mal einspringt, die so entstandene Lücke kurzerhand zu füllen.
45 Vgl. Max Weber, Wirtschaft und Gesellschaft. Grundriß der verstehenden Soziologie [1921–1922]. Mit einem Anhang: Die rationalen und soziologischen Grundlagen der Musik, 4. Aufl., bes. von Johannes Winckelmann, zwei Halbbde., Tübingen 1956, Halbbd. 1, S. 140–142; vgl. MWG, Bd. I/23, S. 490–497.
46 Alfred Krovoza, »Der Idealtypus der charismatischen Herrschaft bei Max Weber«, UAF Abt. 139 Nr. 12, 104–109; das Referat fragt u. a., weshalb Weber den Herrschaftstypus charismatischen Charakters überhaupt als Typus konzipiert, wenn er doch empirisch kaum existiere, sondern erst als »Abwandlung des reinen Charisma durch Veralltäglichung [...] Anschluß an die empirischen Herrschaftsformen« (MWG, Bd. I/23, S. 455) gewinne.
47 Vgl. ebd., S. 527–532.
48 »Die charismatische Herrschaft ist, als das *Außer*alltägliche, sowohl der rationalen, insbesondere der bureaukratischen, als der traditionalen, insbesondre der patriarchalen und patrimonialen oder ständischen, schroff entgegengesetzt. Beide sind spezifische *Alltags*-Formen der Herrschaft, – die (genuin) charismatische ist spezifisch das Gegenteil.« (Ebd., S. 494)

Attribut der betr. Herrschaftsperson, welches, wie immer es auch geartet sein mag, irrational sein muß. Und bei dieser Gefolgschaft ist nur der subjektive Glaube der Folgenden ausschlaggebend, welcher, als Glaube, ebenfalls irrational ist. Dieser Ansicht Webers widerspricht jedoch das Phänomen des sog. Expertencharismas[49], welches weniger an die persönlichen Eigenschaften des Führenden gebunden ist, als an die Erwartungen, die an einen Experten gestellt werden, nämlich mit Hilfe seiner Fähigkeiten einem Notstand abzuhelfen oder eine Gefahr zu beseitigen. In diesem Falle ist sowohl die Anhängerschaft rational motiviert, insofern Notstände rational analysierbar oder wenigstens zu registrieren sind, als auch das eigentliche ›Charisma‹ des Führers, welches in kontrollierbaren Fähigkeiten besteht. Auch da, wo auf den ersten Blick charismatische Herrschaft sich irrational zu gebärden scheint, hat das rationale Moment erheblichen Anteil an der Entstehung und Erhaltung dieser Herrschaftsform. Weltwirtschaftskrise und Arbeitslosigkeit als Notstand und das schließlich alleinige Übrigbleiben Hitlers nach mehreren abgetretenen Kanzlern, sind rationale Momente, welche neben der ebenfalls rationalen Raffinesse seines Propagandaministers[50] Hitlers Herrschaft dienlich waren. Hitler war sogar so klug, sich nie auf irrationalen Glauben seiner Anhänger zu verlassen, sondern die drei Machthierarchien Staat, Partei und Wirtschaft mit durchaus rationalem Kalkül gegeneinander auszuspielen und sich als jonglierende Spitze über diesen zu halten.

Das Erwähnte macht auf eine Gefahr der Weberschen Idealtypologie aufmerksam, welche aktuell wurde, als Faschisten sich mit Webers Begriff zu rechtfertigen versuchten[51]: die Rationalität Webers beschränkt sich rein auf Zweck-Mittel-Relationen, ohne die Zwecke zu analysieren oder unter rationalen Anspruch zu stellen. Der Gefahr irrationaler Verwertung ist die Idealtypologie also schon strukturell ausgesetzt. Diese Gefahr ist um so größer, als diese Form von Irrationalität mit positivistischer Wertfreiheit in eins geht und somit keine Ab-

---

49 Gemeint ist hier das von Weber so bezeichnete »*Amtscharisma*«: »Der Legitimitätsglaube gilt dann nicht mehr der Person, sondern den erworbenen Qualitäten und der Wirksamkeit der hierurgischen Akte. *[Absatz]* Wichtigstes Beispiel: Das priesterliche Charisma, durch Salbung, Weihe oder Händeauflegung, das königliche, durch Salbung und Krönung übertragen oder bestätigt. Der character indelebilis bedeutet die Loslösung der amtscharismatischen Fähigkeiten von den Qualitäten der Person des Priesters. Eben deshalb gab er, vom Donatismus und Montanismus angefangen bis zur puritanischen (täuferischen) Revolution, Anlaß zu steten Kämpfen (der ›Mietling‹ der Quäker ist der *amts*charismatische Prediger).« (Ebd., S. 502f.)
50 Joseph Goebbels ist von 1933 bis 1945 Reichsminister für Volksaufklärung und Propaganda sowie Vorsitzender der Reichskulturkammer.
51 Gemeint ist hier eine Idealtypologie im Sinne der nationalsozialistischen Rassenlehre, welche die vermeinten ›Arier‹ aufgrund willkürlich gewählter Merkmale allen anderen angeblichen Rassen als überlegen gegenüberstellt.

wehrstoffe gegen Mißbrauch in sich enthält. Dagegen wäre eine rationale Soziologie zu fordern, welche etwa wie Freud in der Psychologie, in der Lage ist, alles Irrationale einer rationalen Auflösung zuzuführen.

Jens Jahnke.[52]
Jens Jahnke
3. Semester

---

52 Unterschrift.

364 Edgar Balzter, 17. Dezember 1963

Edgar Balzter Wintersemester 1963/64
Protokoll des soziologischen Hauptseminars
vom 17. 12. 1963

Im Seminar vom 17.[53] 12. wurde das Referat über den Idealtypus der charismatischen Herrschaft bei Max Weber zu Ende geführt[54] und mit dem Ansatz einer »objektiven soziologischen Theorie«, die von dem tatsächlichen Lebensprozeß ausgehen muß, kritisch konfrontiert. Man kann Weber konzedieren, daß es möglicherweise einmal charismatische Führer gegeben hat, die gegenüber »veralteten und verrotteten Gesamtverfassungen« progressiveren Entwicklungstendenzen auf Grund ihrer persönlichen Ausstrahlungskraft zum Durchbruch verhalfen – hier wäre etwa an Napoleon zu denken –, aber heute hat der Begriff des charismatischen Führers seine letzte Berechtigung verloren. Konnte ein sog. charismatischer Führer vielleicht noch vor zwei Jahrhunderten der Anforderung, Retter in einer politischen oder militärischen Notlage zu sein, auf Grund einer besonderen Befähigung gerecht werden, so ist ein solcher Anspruch eines einzelnen bei der heutigen Entwicklung des wissenschaftlichen Potentials der Kriegsführung notwendig irrational, und eher selbstmörderisch als zwecksprechend. Die militärische Intuition eines Hitler ist das beste Beispiel dafür.

Weber kommt es nun auch gar nicht darauf an – und auf Grund seines Wertfreiheitspostulates ist er auch gar nicht in der Lage –, objektive Gründe zu nennen, unter welchen Umständen jemand berechtigt ist, als charismatischer Führer zu gelten. Entscheidend ist nur die Wirkung, die von ihm ausgeht. Ob er eine charismatische Begabung hat oder nicht, ist unwichtig, wenn die Leute nur daran glauben.[55] Wenn man von diesem Kriterium ausgeht, so gibt es auch heute noch charismatische Führer, wenn man jedoch von der Sache selbst ausgeht, dann wird man eher bezweifeln, ob es überhaupt je charismatische Führer gegeben hat oder ob nicht auch schon früher die Tätigkeit von Propagandisten eine wichtigere Rolle gespielt hat als das eigentliche Charisma, ob man nicht auch schon früher die »Führer«, wie Ortega y Gasset es tut, als Theaterschwindler bezeichnen muß.[56] Man könnte dann allenfalls noch differenzieren zwischen dem

---

53 Korrigiert für: »16.«.
54 S. oben, Anm. 46.
55 Vgl. MWG, Bd. I/23, S. 490 f.
56 Ortega y Gasset schreibt etwa: »Typische Massenbewegungen, die wie alle ihrer Art von mittelmäßigen, zeitfremden Männern ohne altes Gedächtnis und historischen Sinn geführt wer-

»objektiven Schwindel« der primitiven Form des Charismas und dem »subjektiven Schwindel« des charismatischen Anspruchs in einer durchrationalisierten Gesellschaft. Während man dem Treiben des Medizinmannes in einer Gesellschaft mit wenig entwickelter Rationalität ein gewisses Maß an »Unschuldsglauben« zugestehen darf – wobei man allerdings beachten muß, daß das prälogische Denken in Grundbedürfnissen gar nicht so irrational war, wie es z. B. Lévy-Bruhl meint[57] –, so haftet dem Charisma heute zusätzlich ein Moment der Lüge an. Die rationalen Kategorien einer rationalen Gesellschaft werden unterbrochen, wenn es um Herrschaft geht. Der Glaube an irrationale Elemente wird ausgenutzt, um rationale Herrschaft zu befestigen.

An Konstruktionen wie der der charismatischen Herrschaft läßt sich die Mythologisierung der modernen Gesellschaft aufzeigen. Zur Aufrechterhaltung einer Gesellschaft, die mit rationalen Mitteln irrationale Zwecke verfolgt, gehört der Glaube als Kult dazu. Das Charisma wird zum Mittel und zur Ideologie. Die Frage, wie es möglich ist, daß ein derartiger Führer eigentlich eine solche Gewalt ausüben kann, wird aus Definitionsgründen kaschiert. Webers Methodologie schneidet die Erkenntnis da ab, wo es um die gesellschaftliche Realität geht. (Diesen Vorwurf muß man auch Parsons machen). Man kann die Frage, ob ein mit charismatischem Anspruch auftretender Führer ein Schwindler oder ein begnadeter Prophet ist, als Soziologe nicht einfach unter den Tisch fallen lassen.

An Webers Idealtyp der charismatischen Herrschaft lassen sich noch andere Schwächen aufzeigen. Der charismatische Führer ist nach ihm immer wirtschaftsfremd.[58] Dagegen ließe sich zeigen, daß dessen Entscheidungen bis ins Einzelne von wirtschaftlichen Interessen, die von Machtgruppen an ihn herangetragen werden, beeinflußt sind. Nach Weber soll charismatische Herrschaft zuerst immer zerstörend auf die wirtschaftliche Struktur einer Gesellschaft wir-

---

den, benehmen sie [scil. Bolschewismus und Faschismus] sich von Anfang an, als wären sie schon Vergangenheit, als gehörten sie, die doch zu dieser Stunde vorfallen, einer verflossenen Fauna an.« (José Ortega y Gasset, Der Aufstand der Massen, übers. von Helene Weyl, Hamburg 1956 [Rowohlts deutsche Enzyklopädie; 10], S. 67) – Vgl. Adorno, *Offener Brief an Rolf Hochhuth* [1967], GS, Bd. 11, S. 594.
57 Vgl. Lucien Lévy-Bruhl, Das Denken der Naturvölker [1910], hrsg. von Wilhelm Jerusalem, Wien 1921; vgl. auch die *Einleitung zu Emile Durkheim, »Soziologie und Philosophie«* [1967], in der Adorno kursorisch auf den Zusammenhang der Theorien Lévy-Bruhls und Durkheims zu sprechen kommt (vgl. GS, Bd. 8, S. 258).
58 »Reines Charisma ist spezifisch *wirtschaftsfremd*. Es konstituiert, wo es auftritt, einen ›Beruf‹ im emphatischen Sinn des Worts: als ›Sendung‹ oder innere ›Aufgabe‹. Es verschmäht und verwirft, im reinen Typus, die ökonomische Verwertung der Gnadengaben als Einkommensquelle, – was freilich oft mehr Anforderung als Tatsache bleibt.« (MWG, Bd. I/23, S. 495)

ken, im Laufe ihrer Veralltäglichung aber fördern und begünstigen.[59] Tatsächlich ist diese Entwicklung im Dritten Reich gerade umgekehrt verlaufen. Zuerst wurde Rücksicht auf die Industrie genommen, später verselbständigte sich die politische Herrschaft gegenüber der Wirtschaftsmacht. Eine ähnliche Entwicklung, nämlich eine Verselbständigung der Herrschaft gegenüber dem Machtapparat, der sie getragen hat, ließe sich auch in der Französischen Revolution nachweisen. Zwar verlangt Weber nicht, daß die soziale Wirklichkeit seinen Idealtypen entspricht, jedoch die Tatsache, daß die Entwicklung gerade umgekehrt verlaufen ist, macht die Schwächen einer Methode doch offenkundig. Es gehen in seine Definitionen immer materiale Elemente ein, die eine Anwendung der Idealtypen auf verschiedene Gesellschaften unmöglich machen. Am ehesten sind sie noch auf kleine Gesellschaften zugeschnitten.

Das Verhältnis zwischen traditionaler[60] und charismatischer Herrschaft verdeutlicht Weber durch den Satz im Neuen Testament: »Es steht geschrieben, ich aber sage euch«.[61] Man muß Weber hier jedoch den Vorwurf machen, daß er dem Sinn des Textes nichts gerecht wird. Das Verhältnis Christi zu der Überlieferung aus dem Alten Testament darf nicht als einfacher Gegensatz gesehen werden. Es wird durch seine Lehre vielmehr eine Verschärfung und Radikalisierung der schon geltenden Gebote gefordert. Diese verlieren ihre institutionelle Vermittlung.

Auch die Art des Einflusses der charismatischen Herrschaft auf die geschichtliche Entwicklung einer Gesellschaft würde man vom Standpunkt einer »objektiven soziologischen Theorie« anders beurteilen. Für Weber bedeutet charismatische Herrschaft eine Revolutionierung der Gesellschaft von innen, und rationale Herrschaft Revolutionierung von außen. Demgegenüber gilt jedoch zumindest für die moderne industrielle Gesellschaft, daß die steigende Rationalität in der Güterproduktion der entscheidende Faktor für die soziale Veränderung ist und daß die Rationalität systemimmanent ist, also »von innen« revolutionierend wirkt, während charismatische Herrschaft eher als Eingriff oder Übergriff aus einer Sphäre außerhalb der ökonomischen Dimension anzusehen ist. Dabei darf man jedoch die Frage nicht aus der Reflexion ausschließen, ob sich nicht die

---

59 Vgl. ebd., S. 507–513.
60 Konjiziert für: »rationaler«.
61 »Material aber gilt für alle genuin charismatische Herrschaft der Satz: ›es steht geschrieben, – ich aber sage euch‹; der genuine Prophet sowohl wie der genuine Kriegsfürst wie jeder genuine Führer überhaupt verkündet, schafft, fordert *neue* Gebote, – im ursprünglichen Sinn des Charisma: kraft Offenbarung, Orakel, Eingebung oder: kraft konkretem Gestaltungswillen, der von der Glaubens-, Wehr-, Partei- oder anderer Gemeinschaft um seiner Herkunft willen anerkannt wird.« (Ebd., S. 494) Der genannte »Satz« ist der biblischen Bergpredigt entnommen (vgl. Mt 5,21–45).

charismatische Herrschaft gerade auf Grund der nur partikularen Zweck-Mittel-Rationalität einer sich vollkommen rational gebärdenden Gesellschaft konstituiert. Eine Theorie, die einer charismatischen, auf persönlicher Gnadengabe beruhenden Herrschaft, deren einzige Legitimation ihre Wirksamkeit ist, einen Überlegenheitsanspruch zugesteht, kann leicht als Ideologie machtbesessener, faschistischer Gruppen mißbraucht werden, wie es sich etwa an der Lehre von der Zirkulation der Eliten von Pareto gezeigt hat.[62] Auch Sombarts Unterscheidung von Händlern und Helden liegt in dieser Richtung.[63]

Die Notwendigkeit charismatischer Herrschaft ergibt sich aus der Tendenz Webers, alles Institutionelle gegenüber dem tatsächlichen Lebensprozeß der Gesellschaft zu überschätzen. Für ihn ist die charismatische Herrschaft die einzige Möglichkeit, die Erstarrung einer Gesellschaft in institutionellen Gebilden hinauszuschieben. Diese sind für die moderne Gesellschaft so lebensnotwendig, daß an ihre Vernichtung durch Revolution nicht zu denken ist. Als Korrektur und als einzige Möglichkeit einer relativen Bewegungsfreiheit bleibt lediglich eine charismatische Herrschaft über den Verwaltungsapparat. Revolutionen sind also insofern statisch, als trotz einzelner Veränderungen die Allgemeinheit der Gesellschaft erhalten bleibt. Typisch für ihren Ablauf ist das Umschlagen von gesellschaftskritischen Momenten in apologetische. Die Geschichte der Soziologie bietet hier selbst das beste Beispiel. Lenin vertritt an dieser Stelle eine weit radikalere Ansicht als Max Weber. Wenn eine Revolution gelingen soll, dann ist die Beteiligung der Apparatur des Fachbeamtentums unbedingt notwendig.[64] Es ist

---

62 Vgl. Vilfredo Pareto, Allgemeine Soziologie [1916], bes. von Hans Wolfram Gerhard, übers. und eingel. von Carl Brinkmann, Tübingen 1955, S. 220–231. – Das Sitzungsprotokoll spielt darauf an, dass sich Benito Mussolini *als einen Fortsetzer oder Schüler von Pareto betrachtet hat* (NaS, Bd. IV·6, S. 172).

63 Vgl. Werner Sombart, Händler und Helden. Patriotische Besinnungen, München und Leipzig 1915.

64 So schreibt Lenin etwa: »Von einer Vernichtung des Beamtentums mit einem Schlag, überall, restlos, kann keine Rede sein. Das wäre eine Utopie. Aber mit einem Schlag die alte Beamtenmaschinerie *zerbrechen* und sofort mit dem Aufbau einer neuen beginnen, die allmählich jegliches Beamtentum überflüssig macht und aufhebt – das ist *keine* Utopie, das lehrt die Erfahrung der Kommune, das ist die direkte, nächstliegende Aufgabe des revolutionären Proletariats.« (W. I. Lenin, Staat und Revolution. Die Lehre des Marxismus vom Staat und die Aufgaben des Proletariats in der Revolution [1918], in: W. I. Lenin, Werke, hrsg. vom Institut für Marxismus-Leninismus beim ZK der KPdSU, übers. vom Institut für Marxismus-Leninismus beim Zentralkomitee der SED, Bd. 25, Berlin 1960, S. 393–507; hier: S. 438) Weber hingegen bemerkt: »Nur durch Erhebung charismatischer Führer gegen die legalen Vorgesetzten und durch Schaffung charismatischer Gefolgschaften war die Enteignung der Macht der alten Gewalten möglich und durch Erhaltung des Fachbeamtenstabes auch technisch die Behauptung der Macht durchführbar. Vorher scheiterte gerade unter den modernen Verhältnissen jede Revolution hoffnungslos an der

nun der tragische Irrtum der Sache, daß Max Weber gegen Lenin Recht behalten hat. Auch die neue sowjetische Bürokratie hat sich verselbständigt. Der Faschismus versuchte, dieses Dilemma durch Verdopplung der Bürokratie zu lösen. Durch Beibehaltung der alten Bürokratie sollte eine gewisse Kontinuität gewährleistet werden, während die neue Bürokratie als Kontrollorgan wirken sollte. Max Weber persönlich schwebte als Ideal ein demokratisches System vor, in dem charismatische Herrschaft eine Erstarrung in einer totalen Bürokratie verhindert. Er hat jedoch nicht bedacht, daß das eine das andere verschlingt. Zwar [be]ruht die charismatische Autorität auf dem Glauben an den Führer, dieser selbst leitet jedoch seine Legitimität nie aus der Anerkennung seiner Gefolgsleute ab, sondern diese Anerkennung gilt umgekehrt als Pflicht, deren Verletzung unter Umständen durch Terror geahndet werden kann. Für charismatische Herrschaft ist schon bloße Neutralität verdächtig.

Die sozialpsychologischen Aspekte der charismatischen Herrschaft sind von Weber teilweise richtig gesehen. Jedoch kann zur Klärung dieser Phänomene noch mehr getan werden, vor allem auch von der Seite der modernen Psychologie. In Freuds »Massenpsychologie und Ich-Analyse« werden die entsprechenden Probleme behandelt.[65] Eine Erklärung, die das Charisma als soziale Urgegebenheit hinstellt, leistet demgegenüber nur wenig. Man darf bei derartigen komplexen Zusammenhängen nicht an einer starren Arbeitsteilung der wissenschaftlichen Disziplinen festhalten. Von der soziologischen Seite wäre noch Webers statische

---

Unentbehrlichkeit der Fachbeamten und dem Fehlen eigner Stäbe.« (MWG, Bd. I/23, S. 532) – Das Referat, das der Sitzung zugrunde liegt, zitiert in diesem Zusammenhang aus Wolfgang J. Mommsen, Max Weber und die deutsche Politik 1890 – 1920, Tübingen 1959: »Weber glaubte nicht an spontane Massenbewegungen, sondern nur an politische Gestaltungen, die durch große Persönlichkeiten mit festgefügtem Verwaltungsstab Ziel und Richtung erhielten. [...] Eine so völlige Zerschlagung der alten Staatsbürokratie, wie sie Lenin bewußt anstrebte, lag außerhalb der politischen Möglichkeiten, die Webers politisch-soziologischer Horizont erfaßte.« (Ebd., S. 275.) Adorno hat diese Stelle im Referatstext angestrichen und daneben die Marginalie *ja* gesetzt.

65 In seinem Aufsatz *Zum Verhältnis von Soziologie und Psychologie* [1955] schreibt Adorno: *Große geistige Wirkungen sind stets einem Moment der Gewaltsamkeit, der Herrschaft über Menschen, verschworen; gerade das Narzißtische und Isolierte von Befehlenden lockt, wie Freud selbst wußte, das Kollektiv. Die Ideologie der großen und starken Persönlichkeit neigt dazu, dieser als menschlichen Rang das Unmenschliche, die brutale Verfügung über Ungleichnamiges gutzuschreiben. Es gehört zur Ohnmacht der Wahrheit im Bestehenden, daß sie, um Wahrheit zu sein, eben dieses Zwangsmoments sich entschlagen muß.* (GS, Bd. 8, S. 51 f.) Adorno zitiert in einer Anmerkung (vgl. ebd., S. 51, Anm. 15) aus Freuds »Massenpsychologie und Ich-Analyse« [1922]: »Noch heute bedürfen die Massenindividuen der Vorspiegelung, daß sie in gleicher und gerechter Weise vom Führer geliebt werden, aber der Führer selbst braucht niemand anderen zu lieben, er darf von Herrennatur sein, absolut narzißtisch, aber selbstsicher und selbständig.« (FGW, Bd. XIII, S. 138)

Anthropologie zu kritisieren. Auch die Kategorie des Individuums hat geschichtliche und soziale Dynamik. Sie ist erst das »pragmatische Produkt einer individualistischen Gesellschaft«. Neben diesen mehr sozialpsychologischen Aspekten müßte auch »das charismatische Verhalten nach der Objektseite«, der Selektionsmechanismus, die Unterstützung charismatischer Führer von Machtgruppen noch weiter erforscht werden. –

365 Jens Jahnke,
7. Januar 1964

Protokoll vom 7. 1. 64; Soziologisches Hauptseminar;
Seminarleiter: Prof. Adorno

Das Referat, in welchem Max Webers Gedanken über die Schranken legitimer Herrschaft abgehandelt wurden,[66] füllte die Sitzung bis auf wenige Minuten. In der verbliebenen Zeit wurde die These Webers diskutiert, welche bei zunehmender Rationalisierung der gesellschaftlichen Bezüge zunehmende Bürokratisierung im Gefolge meint und mit Monopolisierung der wirtschaftlichen Macht dichtere Integration der Gesellschaft behauptet.[67] Im Wechselspiel zwischen Menschen und sie umgreifendem institutionellem Apparat verschöbe sich unter Einfluß des wirtschaftlichen Machtmonopols allmählich der Schwerpunkt zur Seite des Apparates, welcher bald das Leben der Gesellschaft in Monokratie zu ersticken drohe. Aus dieser Umklammerung (deren fort- oder rückschreitende Entwicklung nachzuweisen eine Aufgabe empirischer Sozialforschung sei – Prof. Adorno) sähe Max Weber nur einen Ausweg: charismatisch-plebiszitäre Herrschaft. Den so angedeuteten circulus vitiosus jedoch, daß nämlich bei Ablehnung des Plebiszits Diktatur des sich verselbständigenden Apparates zu befürchten sei, bei Annahme aber Terror der immer emotional reagierenden Massen, habe Max Weber deutlich gesehen.[68]

Dem wurde die These Prof. Adornos entgegengesetzt: konsequente Durchführung von Rationalität in der Gesellschaft wirke zersetzend, weil Rationalität eo ipso Zweckrationalität sei, und sich, um lebensfähig bleiben zu können, immer auf Irrationalismen stützen müsse. So ist es beispielsweise unmöglich, im Privatrecht auf Irrationalismen wie »Treu und Glauben« zu verzichten, ja, oft träfe der durchrationalisierte Rechtsapparat sogar auf zu behandelnde Irrationalismen in der Wirklichkeit, die sich seiner Bearbeitung zunächst entzögen, so daß Kompetenzschwierigkeiten entstünden. Doch selbst, wenn die konsequente Durchführung von Rationalität zugegeben werde, sei die These Webers zu bezweifeln, denn mit der ökonomischen Zusammenballung reproduziere sich auch

---

66 Christian Lehnhardt, »Die Schranken legitimer Herrschaft«, UAF Abt. 139 Nr. 12, 91–103.
67 Vgl. MWG, Bd. I/23, S. 542–562.
68 Tatsächlich äußert sich Weber zu diesem Punkt abweichend: »Die ›Diktatur des Proletariats‹ zum Zwecke der Sozialisierung insbesondere erforderte eben den vom Vertrauen der Massen getragenen ›Diktator‹. Eben diesen aber können und wollen – nicht etwa: die ›Massen‹, sondern: – die massenhaften parlamentarischen, parteimäßigen, oder (was nicht den geringsten Unterschied macht) in den ›Räten‹ herrschenden Gewalthaber nicht ertragen.« (Ebd., S. 555)

die Gewaltenteilung, so daß Gesellschaft durch Rationalität (und das heißt durchaus Weiterbestehen der Interessenantagonismen) zerfiele und ihre Einheit nur Schein sei.

Die Scheinhaftigkeit konsequenter Rationalität ließe sich wiederum am Beispiele der Herrschaft Hitlers ablesen, die ebenfalls den irrationalen Gegebenheiten vorhandener Machtkonstellationen in Kompromißhaltung habe gegenüberstehen müssen, und deren Rationalität habe sich darauf beschränken müssen, sich in einem rationalen Abwägen und Gegeneinanderausspielen der nichtrationalen Machtblöcke zu üben.

Jens Jahnke.[69]
Jens Jahnke
3. Semester

---

[69] Unterschrift.

366 Gerti Fey,
14. Januar 1964

|Protokoll

Max Weber: »Wirtschaft und Gesellschaft«

Prof. Adorno

Seminarsitzung vom 14. 1. 1964

Thema: »Politische Gemeinschaften (Entwicklungsstadien politischer Verge-
sellschaftung; Imperialismus, Nation)«
»Wirtschaft und Gesellschaft« 2. Halbband
Seite 514–540[70]

Gerti Fey|

Prof. Adorno leitete das Seminar ein mit dem Hinweis, daß man es in dieser Sitzung mit einem zentralen Problem von »Wirtschaft und Gesellschaft« zu tun haben werde. Es gehe um den inneren Zusammenhang von Herrschaftsverhältnissen und wirtschaftlichen Verhältnissen, um das Verhältnis von wirtschaftlichen Determinanten und gesellschaftlichen, politischen Formen.

Das Referat beginnt mit der Definition der politischen Gemeinschaft bei Max Weber.[71]

---

70 Korrigiert aus: »553«. Der genannte Abschnitt, »Politische Gemeinschaften«, findet sich in Weber, Wirtschaft und Gesellschaft, a.a.O. (s. Anm. 45), Halbbd. 2, auf den Seiten 514–540, enthaltend die Abschnitte »Entwicklungsstadien politischer Vergesellschaftung« (ebd., S. 516–519), »Die wirtschaftlichen Grundlagen des ›Imperialismus‹« (ebd., S. 521–527) und »Die ›Nation‹« (ebd., S. 527–530); vgl. MWG, Bd. I/22–1, S. 208–217, ebd., S. 226–240, sowie ebd., S. 240–247.

71 Ulrich Rödel, »Politische Gemeinschaften«, UAF Abt. 139 Nr. 12, 163–170; das Referat beginnt mit einem Zitat Webers: »Unter *politischer* Gemeinschaft wollen wir eine solche verstehen, deren Gemeinschaftshandeln dahin verläuft: ›ein Gebiet‹ (nicht notwendig: ein absolut konstantes und fest begrenztes, aber doch ein jeweils irgendwie begrenzbares Gebiet) und das Handeln der darauf dauernd oder auch zeitweilig befindlichen Menschen durch Bereitschaft zu physischer Gewalt, und zwar normalerweise auch Waffengewalt, der geordneten Beherrschung durch die Beteiligten vorzubehalten (und eventuell weitere Gebiete für diese zu erwerben).« (Weber, Wirtschaft und Gesellschaft, a.a.O. [s. Anm. 45], Halbbd. 2, S. 514; vgl. MWG, Bd. I/22–1, S. 204) – Im Referatstext

In ihr ist implizit die Bestimmung des gesamten Bereichs des Politischen durch das Freund-Feind-Verhältnis enthalten. Diese Vorstellung vom Politischen liegt später mit weitgehenden ideologischen Konsequenzen der politischen Theorie Carl Schmitts explizit zugrunde.[72] Das Freund-Feind-Verhältnis enthält ein wahres Moment, denn es gibt Politik nur soweit, wie es antagonistische, d. h. Herrschaftsverhältnisse gibt. Politik ohne das Moment des Freund-Feind-Verhältnisses zu denken, hat etwas Ideologisches.

Hier drängt sich die Frage auf, ob nicht die Herrschaft und damit die Sphäre der Politik selber abzuschaffen sei, anstatt ideologisch zu fragen, ob Politik nicht ohne das Freund-Feind-Verhältnis möglich sei. Prof. Adorno wies darauf hin, daß man an dieser Stelle auf ein dialektisches Moment in der Politik stoße. Einerseits hat die Politik Sonderfunktionen, die die Gesellschaft mitbestimmen – sie vielleicht sogar zu verändern vermögen – andererseits ist die Politik nur die Fassade vor dem Kräftespiel der Gesellschaft, die Ideologie der wirtschaftlichen Mächte.

Aus der Definition der politischen Gemeinschaft von Max Weber geht hervor, daß am Horizont jeder Herrschaft und Politik die physische Gewalt steht, auch wenn sie unmittelbar nicht in Erscheinung tritt. Soweit die Gesellschaft eine politische ist und damit eine beherrschte, erscheint immer physische Gewalt – zumindest am Rande, so daß die Menschen, die sich nicht den Entscheidungen der Herrschaft unterwerfen, sie erfahren werden. Dieses Moment der Allgegenwart der physischen Gewalt gegenüber dem Moment des Aushandelns steckt in der Politik selber. Webers Begriff von Politik hat hier ein materialistisches Moment: Die Bestimmung des Politischen steht hier für das Wesen der Herrschaft selber und für das Wesen aller bisherigen Gesellschaften.

---

findet sich neben dem Zitat eine Marginalie von Adornos Hand: *implizit Freund–Feind* / sehr wichtig.
72 »Die spezifisch politische Unterscheidung, auf welche sich die politischen Handlungen und Motive zurückführen lassen, ist die Unterscheidung von *Freund* und *Feind*. Sie gibt eine Begriffsbestimmung im Sinne eines Kriteriums, nicht als erschöpfende Definition oder Inhaltsangabe. Insofern sie nicht aus anderen Kriterien ableitbar ist, entspricht sie für das Politische den relativ selbständigen Kriterien anderer Gegensätze: Gut und Böse im Moralischen; Schön und Häßlich im Ästhetischen usw. Jedenfalls ist sie selbständig, nicht im Sinne eines eigenen neuen Sachgebietes, sondern in der Weise, daß sie weder auf einem jener anderen Gegensätze oder auf mehreren von ihnen begründet, noch auf sie zurückgeführt werden kann.« (Carl Schmitt, Der Begriff des Politischen [1927]. Text von 1932 mit einem Vorwort und drei Corollarien, Berlin 1963, S. 26 f.)

Weber sagt explizit nichts darüber aus, wie er sich den Übergang von der sozialen Gruppe (Familie) zur politischen Gemeinschaft vorstellt. Es kommt jedoch zum Ausdruck, daß er die politische Gemeinschaft als eine Fortführung der physischen Gewalt des Vaters ansieht.[73] Die Gewalt des Vaters, der Weib und Kinder verprügelt, und die Gewalt, die die politische Gemeinschaft konstituiert, sind jedoch nicht unmittelbar dasselbe. Zur politischen Gemeinschaft gehört eine gewisse Objektivation der Interessen von Gruppen, ein bestimmtes Maß von planmäßiger Gütererzeugung, feste materielle Interessen etc.

In diesem Sinne ist die Familie nicht unbedingt als Prototyp einer politischen Gemeinschaft anzusehen. Das Beispiel der heutigen Ehe zeigt, daß die Menschen sich in einer gewissen Weise ergänzen müssen, um auf diese Weise ihre rationalen Ziele in einer irrationalen Gesellschaft durchsetzen zu können.

Richtig gesehen hat Weber, daß die Gewalt, die politische Gemeinschaften ausüben, eine Regression ist auf den Hordenvater und den Patriarchen. Die archaischen, primitiven Züge von Gewalt werden wieder mobilisiert, weil die politische Gemeinschaft nicht ohne sie auskommt. Zwischen Familie und politischer Gemeinschaft liegt aber ein qualitativer Sprung, den Weber übersieht. Die totemistische Gemeinschaft ist organisatorisch zusammengeschlossen – das gilt für die Familie nicht. Sie ist ursprünglich nicht politisch. Weber stellt sich ein soziales Kontinuum vor von der Familie bis zum Staat, wobei das Moment der Objektivierung, der Vergegenständlichung – durch das es erst zu eigenständigen politischen Gebilden kommt – nicht in Erscheinung tritt.

An dieser Stelle wurde eingeworfen, daß die Objektivierung nur möglich sei, wenn die Handlungen zwischen den Einzelnen sublimiert würden und dann wieder im Gemeinschaftshandeln zum Ausdruck kämen.

---

73 So heißt es etwa bei Weber: »Die ebenso interessante wie bisher unvollkommen durchgeführte ethnographische Kasuistik der verschiedenen Entwicklungsstadien primitiver politischer Verbände kann hier nicht erledigt werden. Noch bei relativ entwickelten Güterbesitzverhältnissen kann ein gesonderter politischer Verband und können selbst alle Organe eines solchen völlig fehlen. So etwa in der heidnischen Zeit der Araber nach der Darstellung [Julius] Wellhausens. Außer den Sippen mit ihren Aeltesten (Scheichs) existiert hier keinerlei außerhäusliche geordnete Dauergewalt. Denn die Einverständnisgemeinschaft der jeweils zusammenwohnenden, wandernden und weidenden Schwärme, welche dem Sicherheitsbedürfnis entspringt, entbehrt der Sonderorgane, ist prinzipiell labil, und alle Autorität im Fall eines feindlichen Zusammenstoßes ist Gelegenheitsautorität. Dieser Zustand bleibt unter allen Arten von Wirtschaftsordnungen sehr lange bestehen. Die regulären, dauernd vorhandenen Autoritäten sind die Familienhäupter und Sippenältesten, daneben die Zauberer und Orakelspender.« (Weber, Wirtschaft und Gesellschaft, a.a.O. [s. Anm. 45], Halbbd. 2, S. 519; vgl. MWG, Bd. I/22–1, S. 216)

Prof. Adorno entgegnete, daß es so einfach mit der Sublimierung nicht sei. Er erinnerte an das Beispiel Nagold[74] und die nationalsozialistische Zeit des Terrors, der ja durch die Durchsetzung von physischer Gewalt in der eigenen Gruppe definiert wird. Gewaltakte, die sich gegen outgroups richten, heben auch drohend den Zeigefinger nach innen: So geht es auch euch, wenn ihr nicht gehorcht. Auf der anderen Seite wurde den Einzelnen suggeriert, daß sie die Herrschaft hätten. Die Majorität wurde zur Elite erhoben.[75]

Ist das gewaltsame Gemeinschaftshandeln etwas schlechthin Urwüchsiges, wie Weber behauptet?[76]

---

74 Die Stadt bei Pforzheim ist bis 1996 Bundeswehrstandort mit einer Ausbildungskaserne einer Kompanie der Fallschirmspringer. Nachdem aufgrund schwerster Schikanen seitens der Ausbilder im August 1963 ein Rekrut zu Tode kommt, wird die ganze Kompanie aufgelöst.

75 *Es ist in diesem Betracht recht interessant, daß die Nationalsozialisten, obwohl sie eine elitäre Theorie hatten und eine Theorie, die die Gleichheit, den bürgerlichen Begriff der Gleichheit eben aufs nachdrücklichste verleumdet hat, doch nun keineswegs eine eigentliche Minderheitentheorie gehabt haben, sondern daß ihr Elitebegriff – Karl Mannheim hat darauf einmal sehr geistreich hingewiesen – selber eigentlich ein plebiszitärer Elitebegriff ist, das heißt, daß die Elite, von der die Nazis geredet haben, einfach die Mehrheit, nämlich alle diejenigen waren, die nicht jüdische Großmütter hatten, so daß man also dadurch einer verschwindenden Minderheit der Bevölkerung gegenüber sich nun gewissermaßen als ein auserwähltes Volk hat fühlen dürfen.* (NaS, Bd. IV·6, S. 265) – Mannheim schreibt über den Zusammenhang von Elitebildung und gesellschaftlicher Entwicklung: »Wir wollen kein Wort darüber verlieren, daß das neuerdings verkündete Rassenprinzip interessanterweise nicht mehr das echte Blutprinzip ist. Es geht nicht mehr wie früher um die Reinheit edler Zuchtminoritäten und deren Traditionen, sondern man ist in dieser Beziehung demokratisch geworden und möchte den offenen Gruppen der großen Massen plötzlich das Privileg des leistungslosen Emporkommens gewährleisten. Bisher war es das oft beneidete Vorrecht Adeliger gewesen, den Anspruch auf bestimmte Funktionen und Stellen in erster Reihe auf Grund der blutmäßigen Herkunft zu erheben und ihren Erfolg nur sekundär auf Leistung zu gründen. Nunmehr soll der Geringste einer bestimmten Gefolgschaft den Vorzug haben, sich nicht auf Leistung, sondern Abstammung berufen zu dürfen. [...] Man fordert plötzlich, daß riesige Massengruppen privilegiert werden und daß auch der Mann von der Straße das Vorrecht der guten Rasse und Leistungsenthobenheit haben möge.« (Karl Mannheim, Mensch und Gesellschaft im Zeitalter des Umbaus, Leiden 1935, S. 69) – Im Aufsatz *Das Bewußtsein der Wissenssoziologie* [1953], in dem Adorno das Buch Mannheims bespricht, äußert er sich ebenfalls zu dessen Elitetheorie (vgl. GS, Bd. 10·1, S. 34).

76 »Gewaltsames Gemeinschaftshandeln ist selbstverständlich an sich etwas schlechthin Urwüchsiges: von der Hausgemeinschaft bis zur Partei griff von jeher jede Gemeinschaft da zur physischen Gewalt, wo sie mußte oder konnte, um die Interessen der Beteiligten zu wahren. Entwicklungsprodukt ist nur die Monopolisierung der legitimen Gewaltsamkeit durch den politischen Gebietsverband und dessen rationale Vergesellschaftung zu einer anstaltsmäßigen Ordnung.« (Weber, Wirtschaft und Gesellschaft, a. a. O. [s. Anm. 45], Halbbd. 2, S. 516; vgl. MWG, Bd. I/22–1, S. 208 f.)

Weber meint damit nicht nur Archaisches, sondern daß physische Gewalt in jeder Gesellschaft notwendig ist. Jede Gesellschaft basiert auf einem Interessengegensatz.

Weber bemüht sich zu beweisen, daß kein notwendiger Zusammenhang zwischen Wirtschaft und Politik besteht. Er will die materialistische Interpretation politischer Macht einschränken, wenn er sagt, der Zusammenhang zwischen relativ entwickelten Güterbesitzverhältnissen und dem Entstehen einer gesonderten politischen Gemeinschaft sei nicht allgemein gegeben, sondern nur für die Geschichte Westeuropas spezifisch. Ein Gegenbeispiel seien die Beduinen.[77]

Den Unterschied dürfte Weber im Nomadentum sehen, das eine Arbeitsteilung wie bei Seßhaftigkeit nicht erlaubt. Dort müssen notfalls alle bereit sein, eine jegliche Funktion zu übernehmen. Nach dieser Auffassung könnte nur die arbeitsteilige Marktwirtschaft eine politische Gestalt haben.

Prof. Adorno hält diese Einschränkung für nicht sehr überzeugend, weil die Gewaltanwendung in diesen Stämmen durchaus auch mit der Reproduktion des Lebens – und das wäre ja Ökonomie – zusammenhängt. Man streitet sich hier um Jagdgründe, um Gebiete, die das Leben der Nomaden ausmachen. Dadurch, daß es sich hier um primitive, undifferenzierte wirtschaftliche Interessen handelt, ändert sich nichts am Zusammenhang von politischer Gewalt und Wirtschaft.

Es wurde angemerkt, daß immer, wenn Weber gegen die materialistische Auffassung argumentiere, er etwas Geistiges – hier das Politische – vorrangig nehme und dann das Materielle davon ableite – hier die Ökonomie.

Ein anderer Einwurf besagte, daß sich eine Vereinheitlichung der Zentralgewalt bei den Nomaden nicht ergeben, könne, weil jeweils nur ein Minimum von Leuten zusammenwohne. Jede größere Gruppierung wäre ihr Untergang; deshalb streben die Nomaden mit ihren Herden auseinander, so daß man auch hier sagen kann, daß die Grundlage der Vergesellschaftung eine ökonomische ist.

Weber ist prinzipiell geneigt, eine unitarische, vereinheitlichende Erklärung von gesellschaftlichen Phänomenen abzulehnen. Der wissenschaftlichen Gesinnung nach ist er pluralistisch. Er will eine offene Erklärungsweise und wirft der politischen Ökonomie vor, sie sei aprioristisch. Es seien auch Prestige und religiöse Motive zu berücksichtigen. Da Weber sich aber mit einer Fülle von Material auseinandergesetzt hat, ist er in der Mehrzahl der Phänomene auf das ökonomische Motiv gestoßen. Weil er die Ökonomie real in der Welt findet, setzt sich die ökonomische Struktur in seinem Material immer wieder durch – auch wenn seine

---

[77] S. oben, Anm. 73.

Methode, seine Erkenntnistheorie sie verleugnet. Deshalb tut man gut daran, sich mehr an die ausgeführten Teile bei Weber zu halten, anstatt an seine methodologischen Erklärungen.

Es stellt sich hier die Frage nach dem Verhältnis von Methode und Inhalt in der Soziologie.

Vor allem in der Religionssoziologie Max Webers findet man dieses Problem, wenn er auf den Geist des Kapitalismus als gesellschaftliche Bedingung verweist.

Will man nicht abstrakt dogmatisch verfahren, so darf man diese These Webers nicht ganz von der Hand weisen. Denn die Bewußtseinsformen innerhalb des Gesamtprozesses der Gesellschaft wirken ja wieder auf die wirtschaftlichen Verhältnisse zurück. Wenn z. B. die objektive wirtschaftliche Tendenz den Typ des Lohnarbeiters produziert hat,[78] dann hat diese soziale Gegebenheit auch wieder die Expansion der Wirtschaft beeinflußt. Entscheidend ist hier, ob man diese Erscheinungen als Momente betrachtet oder vergegenständlicht.

Es wurde darauf hingewiesen, daß, wenn Geistiges sich aus Materiellem entwickelt, dies mit der Frage von Rationalität und Irrationalität zusammenhänge. Es entsteht dann eine höhere Basis, die nicht auf Niedrigeres einfach zu reduzieren ist. Weber beginne auf einer solchen höheren Stufe.

Es handelt sich hier um ein undialektisches Verhältnis von Wirtschaft und Gesellschaft. Weber geht vom Vulgärmarxismus aus, der alles aus den wirtschaftlichen Interessen der Subjekte ableitet. Die Objektivität der Institutionen war damals den Menschen noch fremd, deshalb ist es heute leicht, die Interessenpsychologen zu widerlegen. Innerhalb des subjektiven Bereichs hat Weber recht. Mit der Ableitung geistiger Formen aus materiellen Bedingungen ist keineswegs erschöpft, was diese selbst sind. Hier ist dialektisch zu denken, daß aus bestimmt gearteten gesellschaftlichen Bedingungen etwas sich entwickeln kann, das qualitativ von dem verschieden ist, aus dem es sich entwickelt hat. Das, was entsprungen ist, ist nicht reduzierbar auf das, woraus es entsprungen ist; es darf

---

[78] Marx äußert sich an mehreren Stellen dazu, dass die Existenz des Lohnarbeiters das Resultat der herrschenden Produktionsweise ist, am prominentesten wohl im ersten Band des »Kapitals«: »Das Kapitalverhältnis setzt die Scheidung zwischen den Arbeitern und dem Eigentum an den Verwirklichungsbedingungen der Arbeit voraus. Sobald die kapitalistische Produktion einmal auf eignen Füßen steht, erhält sie nicht nur jene Scheidung, sondern reproduziert sie auf stets wachsender Stufenleiter. Der Prozeß, der das Kapitalverhältnis schafft, kann also nichts andres sein als der Scheidungsprozeß des Arbeiters vom Eigentum an seinen Arbeitsbedingungen, ein Prozeß, der einerseits die gesellschaftlichen Lebens- und Produktionsmittel in Kapital verwandelt, andrerseits die unmittelbaren Produzenten in Lohnarbeiter.« (MEW, Bd. 23, S. 742)

aber auch nicht von ihm getrennt und abstrakt als Wertewelt[79] gegen eine Welt des Ursprungs gesetzt werden. Es handelt sich hier um einen wesentlichen Sektor der Ideologieforschung.[80]

Webers Formulierungen – hier das Legitimitätseinverständnis[81] – regen dazu an, sie mit den Erfahrungen des totalen Staates zu konfrontieren. Die Zustimmung der Beherrschten läuft im Grunde darauf hinaus, daß man, wenn man nicht zustimmt, umgebracht wird. Die Reproduktion des Lebens schrumpft darauf zusammen, daß man am Leben gelassen wird. Umgekehrt würden die extremen politischen Formen, wenn sie die Reproduktion der Gesellschaft nicht mehr garantierten, untergehen. Kompromißformen gibt es auch in Gesellschaften, die den Kompromiß formal abgeschafft haben.

---

79 Konjiziert für: »Wertwelt«.
80 In der Vorlesung über *Philosophie und Soziologie* führt Adorno zu jener *Ideologie, die daher rührt, dass das Gewordene, das Genetische, das Produzierte zu einem Geltenden, zu einer Wahrheit, zu einem absolut an sich Seienden* (NaS, Bd. IV·6, S. 268) gemacht werde, weiter aus: *Die Geltung also ist nicht rein, sage ich, unabhängig von der Genese, und auf der andern Seite ist die soziologische Position, daß die Genese die Geltung sei, wie sie im totalen Ideologiebegriff enthalten ist, ebenfalls nicht zu halten. Es kommt also auf Vermittlung an. Aber nun, indem ich ›Vermittlung‹ sage, muß ich Sie auch hier warnen vor einem Mißverständnis, das sehr nahe liegt, und das um so näher liegt, als wir gerade im Rahmen dieser Vorlesung ja die philosophische Problematik des Vermittlungsbegriffs, einfach durch die uns thematisch gesteckten Grenzen, nicht wirklich haben entfalten können. Unter ›Vermittlung‹ also meine ich nicht etwa einen Mittelweg, ich meine nicht etwa eine Anschauung, die der Genesis und der Geltung jeweils ihr eigenes Recht zukommen läßt. [...] Nun, das, worauf es also ankommt, wäre nicht etwa Vermittlung in dem Sinn, daß man sagt, es gibt einerseits Geltung und andererseits Genese, und man muß das gegeneinander ausgleichen, sondern der philosophische Begriff der Vermittlung – und ich glaube, damit sage ich etwas, was für das Verständnis der dialektischen Methode überhaupt fundamental ist, was man kapiert haben muß schon aus Hegel, wenn man verstehen will, worum es in diesem ganzen Ansatz geht –, das Problem der Vermittlung steckt jeweils in dem Begriff selbst, der als ein vermittelter gedacht werden soll. Es ist nicht ein den einzelnen Begriffen äußerliches Verhältnis zwischen Begriffen, also nicht ein Mittleres, ein Ausgleichendes zwischen ihnen, sondern es bedeutet, daß den einzelnen Begriffen ihrem eigenen Sinn nach die Momente, als ihre Voraussetzung, zugleich innewohnen, welche diese Begriffe von sich aus, {mit} Nachdruck im Gegenteil gerade auszuschließen scheinen.* (Ebd., S. 271 f.)
81 Konjiziert für »Legitimationseinverständnis« – Weber schreibt: »Die moderne Stellung der politischen Verbände beruht auf dem Prestige, welches ihnen der unter den Beteiligten verbreitete spezifische Glaube an eine besondere Weihe: die ›Rechtmäßigkeit‹ des von ihnen geordneten Gemeinschaftshandelns verleiht, auch und gerade insofern es physischen Zwang mit Einschluß der Verfügung über Leben und Tod umfaßt: das hierauf bezügliche spezifische Legitimitätseinverständnis.« (Weber, Wirtschaft und Gesellschaft, a. a. O. [s. Anm. 45], Halbbd. 2, S. 516; vgl. MWG, Bd. I/22–1, S. 207)

Die Struktur von Gehorchen und Herrschen ist sehr kompliziert. Beide sind nicht ursprünglich eins. Gehorchen geht nicht in Herrschen unter. Herrschende Gruppen haben, um an der Macht zu bleiben, die Tendenz, sich extremer Disziplin zu unterwerfen. Je größer die Disziplin, desto größer die Chance, andere zu beherrschen.

Die Herrschaft nach außen hängt davon ab, daß sie nach innen funktioniert. Dadurch entsteht der Schein, daß der am besten herrscht, der am besten gehorchen kann.

Die Menschen müssen das, was ihnen eingebrannt wird – die Herrschaftsverhältnisse – verinnerlichen, zu ihrer eigenen Sache machen, d. h. sie rationalisieren, weil das Leben sonst für sie nicht zu ertragen ist.

So ist Legitimität das Produkt des Verinnerlichungsprozesses von Gewalt, die von außen angetan wird. Das ist der Prozeß der Herrschaft. Die Menschen kommen dann schließlich zu der Überzeugung, daß es ohne Herrschaft nicht geht. Ihre Reaktionsweise ist automatisiert. Sie setzen sich begeistert ein für das, was ihnen angetan wird, sie halten es für legitim.[82]

Ein Kommilitone gab zu bedenken, daß in dem, was Weber sagt, doch auch steckt, daß, wenn die Menschen sich nicht so verhielten, die Gesellschaft sich nicht reproduzieren könne.

Prof. Adorno antwortete hierauf, der Druck sei zwar so ungeheuer, daß die Menschen sich ihm nicht entziehen könnten, aber die Vorstellung, daß die Gesellschaft sich ohne den Druck nicht reproduzierte, sei ein Stück Ideologie.

Ein Stück Ideologie sei aber auch bei Marx und Engels vorhanden. Es ist nicht so, daß eine freie Gesellschaft ganz ohne Zwang auskommt.

---

82 Adorno benutzt in diesem Zusammenhang häufig die von Anna Freud entlehnte Wendung von der »Identifizierung mit dem Angreifer« (vgl. den Abschnitt »Die Identifizierung mit dem Angreifer«, in: Anna Freud, Das Ich und die Abwehrmechanismen [1936], mit Vorw. von Lottie M. Newman, München [1964], S. 115–127); in bezug auf Max Weber prägnant in den *Marginalien zu Theorie und Praxis*: *Die von Weber mit offenem Schauder prophezeite Entwicklung der Bürokratie, der reinsten Form rationaler Herrschaft, in die Gesellschaft des Gehäuses ist irrational. Worte wie Gehäuse, Verfestigung, Verselbständigung der Apparatur und ihre Synonyma indizieren, daß die damit bezeichneten Mittel sich zum Selbstzweck werden, anstatt ihre Zweck-Mittel-Rationalität zu erfüllen. Das jedoch ist keine Entartungserscheinung, wie es dem bürgerlichen Selbstverständnis behagt. Weber erkannte so durchdringend wie für seine Konzeption konsequenzlos, daß die von ihm beschriebene und verschwiegene Irrationalität aus der Bestimmung von ratio als Mittel, ihrer Abblendung gegen Zwecke und gegen das kritische Bewußtsein von ihnen folge. Die resignative Webersche Rationalität wird irrational gerade dadurch, daß, wie Weber in wütender Identifikation mit dem Angreifer postuliert, ihrer Askese die Zwecke irrational bleiben.* (GS, Bd. 10·2, S. 755f.)

Ist es wirklich so, daß der Gedanke an die Legitimität nur die Verinnerlichung von Herrschaft ist? Wenn ich von der Legitimität einer Herrschaft spreche, dann ist darin auch das Moment der subjektiven Rationalität. Herrschaft ist dann legitim, wenn ohne sie meine eigenen Interessen mehr beeinträchtigt würden als es unter den bestehenden Verhältnissen der Fall ist. Soweit eine solche Ordnung hinter der historischen Herrschaft steht, hat sie auch die Interessen der Menschen gewährleistet und es ihnen ermöglicht, sich zu orientieren. Insofern ist im Begriff der Legitimität auch ein Wahrheitsmoment. Die Dialektik zeigt sich darin, daß die beiden Momente Rationalität und Irrationalität verschränkt sind. Eine Ordnung ist dann legitim, wenn sie durch die Interessen des Ganzen hindurch auch die Interessen der Einzelnen garantiert und umgekehrt.

Die Großmächte, denen Weber eine Sonderstellung in den äußeren Beziehungen der politischen Gemeinschaften einräumt,[83] sind heute den Großblöcken gewichen. Klassische Souveränitätsbegegnungen sind damit unwirklich geworden. Heute entscheiden die Waffen. Die Interessen eines bestimmten Machtbereiches zwingen die Menschen so zu handeln, wie der große Bruder will.

Die ökonomische Ableitung des Phänomens des Imperialismus lehnt Weber ab. Wirtschaftliche und politische Expansionstendenzen verlaufen nach ihm zwar normalerweise parallel zueinander, jedoch nicht notwendig immer. Diese Einschränkung sucht Weber am Beispiel Deutschlands nachzuweisen.[84]

Prof. Adorno führte als Gegenbeispiel die USA an, deren Verhalten zur kapitalistischen Expansion durch ihre ökonomische Situation bestimmt wurde.

Die USA haben an der Gesamtbewegung das Imperialismus – abgesehen von Roosevelt[85] – nicht teilgenommen. Tendenziell ist das mit der weitgehenden Autarkie der USA zu erklären. Die Ursache ist also ihre positive wirtschaftliche Situation, während England durch eine entsprechend negative zum Imperialismus gezwungen wurde, weil es zwar eine großangelegte Industrie besitzt, aber weder über eine ausreichende Rohstoffbasis, noch über einen adäquaten Absatzmarkt im eigenen Lande verfügt.

---

83 Vgl. Weber, Wirtschaft und Gesellschaft, a. a. O. (s. Anm. 45), Halbbd. 2, S. 520 f.; vgl. MWG, Bd. I/22–1, S. 222–226.
84 Vgl. Weber, Wirtschaft und Gesellschaft, a. a. O. (s. Anm. 45), Halbbd. 2, S. 521 f.; vgl. MWG, Bd. I/22–1, S. 226–228.
85 Theodore Roosevelt spricht sich in seiner Amtszeit als 26. Präsident der USA (1901–1909) für eine expansorische Außenpolitik in Mittel- und Südamerika aus, nachdem einige europäische Staaten militärisch gegen lateinamerikanische Länder vorzugehen gedroht haben.

Die Frage nach den ökonomischen Determinanten ist nicht weltanschaulich abstrakt zu beantworten, sondern man muß die spezifischen ökonomischen Verhältnisse der Länder genau analysieren.

Überraschend werden dann bei Weber die ökonomischen Gründe für die Expansion von dem Begriff des Prestiges überdeckt, der hier plötzlich als Urphänomen erscheint – obschon er sich doch auch aus dem Ökonomischen herleitet.

Die nationalen Einigungsbewegungen seit dem Aufkommen des Kapitalismus hängen damit zusammen, daß in den verschiedenen Ländern die Wirtschaft sich nur entfalten konnte durch einen entsprechenden Verkehr und Güteraustausch – was nur möglich ist aufgrund einer einheitlichen, politischen Gewalt. Das Interesse an der nationalen Einigung ist also das Interesse am Verkehr, gleichbedeutend mit dem an Güteraustausch.

Es ist unerklärlich, weshalb Weber dieses Moment von der Wirtschaft abtrennt und so tut, als sei Wirtschaft allein Produktionssphäre und nicht auch Zirkulationssphäre, die ja wieder auf die Produktionssphäre zurückwirkt.

Weber ist der Ansicht, daß von der Expansion der Großmächte in der Antike nicht gesagt werden könne, daß sie den Interessenrichtungen eines entwickelten Güterverkehrs gefolgt sei.[86]

Prof. Adorno sagte hierzu, die ökonomische Sphäre sei nicht gleichzusetzen mit Interessenpsychologie. Die römischen Interessen waren objektiv bedingt. Das römische Imperium zählte zu den wichtigsten Rohstoff- und Absatzländern. Dazu kommt die primäre Aneignung der Steuerpächter, die in die eroberten Provinzen gegangen sind, Boden in Besitz nahmen und sich dort bereicherten. Diese Interessen der Mächtigen, die durch Ausbeutung der Unterworfenen ihre Hausmacht aufbauten, kann man von ökonomischen Dingen nicht ablösen und auf politische Macht in abstracto bringen.

Weber macht es sich sehr einfach, indem er sich eine Strohpuppe des Materialismus zurechtmacht, die überall Interessenpsychologie zugrunde lege, und diese dann zerstört. Weber setzt immer, um seiner Theorie Genüge zu tun, voraus, daß eine Erscheinung nichts mit Ökonomie zu tun hat. Der Blick auf die Realität zeigt ihm dann, daß es anders ist, daß das Getriebe sich in erster Linie durch die Interessen der Reproduktion bestimmt.

---

86 Vgl. Weber, Wirtschaft und Gesellschaft, a. a. O. (s. Anm. 45), Halbbd. 2, S. 522–527; vgl. MWG, Bd. I/22–1, S. 226–240.

Weil etwas notwendig ist, ist es für Weber auch gerechtfertigt. Es kann jedoch etwas die Konsequenz aus einer Entwicklungskraft sein – etwa die Atombombe –, aber muß man deshalb nicht doch versuchen, diese Entwicklung aufzuhalten?

Es handelt sich hier bei Weber um Nuancen. Wenn er etwa sagt, der Imperialismus sei eine notwendige Folge gewesen, dann steckt darin schon: wer sich über den Imperialismus entrüstet, denkt ideologisch.

Ideologie liegt vielmehr dann vor, wenn etwas in seiner Notwendigkeit erkannt wird und damit schon als gerechtfertigt gilt.[87] Im andern Falle wird das Phänomen die Menschen bewegen, und man wird versuchen, es zu ändern.

Nach Weber lehnten die Arbeiter aus ökonomischen und ideologischen Gründen die imperialistische Expansion ab.[88]

Von einer pazifistischen Gesinnung der Arbeiter zu reden, scheint naiv. Weber hätte die Differenz zwischen der offiziellen Ideologie der sozialistischen Partei und dem Bewußtsein der Arbeiter sehen müssen.

1914 unterschrieben auch die Sozialdemokraten die Bewilligung der Kriegskredite.[89] Die Arbeiter waren imperialistisch, soweit sie sich davon Vorteile ver-

---

[87] Im Vortrag *Ohne Leitbild* [1960] bemerkt Adorno: *Die kritische Gesamtbewegung des Nominalismus, welche die abstrakte Vorgeordnetheit des Begriffs vor dem darunter befaßten Einzelnen zerstörte, läßt im ästhetischen Bereich so wenig mit einem Spruch sich auslöschen wie in der Metaphysik und der Erkenntnislehre. Die Sehnsucht danach, als eine nach Haltung und Ordnung verdächtig genug, garantiert nicht die Wahrheit und Objektivität dessen, worauf sie zielt. Heute wie vor achtzig Jahren gilt die Einsicht Nietzsches, daß die Rechtfertigung eines Gehalts aus dem Bedürfnis, ihn zu haben, eher ein Argument gegen ihn ist als eines für ihn.* (GS, Bd. 10·1, S. 296) Adorno nimmt sich hier eines Gedankens an, den Nietzsche unter anderem in seiner Schrift »Menschliches, Allzumenschliches« [1878] äußert. Im Aphorismus »Schlechte Gewohnheiten im Schliessen« heißt es: »Die gewöhnlichsten Irrschlüsse der Menschen sind diese: eine Sache existirt, also hat sie ein Recht. Hier wird aus der Lebensfähigkeit auf die Zweckmässigkeit, aus der Zweckmässigkeit auf die Rechtmässigkeit geschlossen. Sodann: eine Meinung beglückt, also ist sie die wahre, ihre Wirkung ist gut, also ist sie selber gut und wahr. Hier legt man der Wirkung das Prädicat beglückend, gut, im Sinne des Nützlichen, bei und versieht nun die Ursache mit demselben Prädicat gut, aber hier im Sinne des Logisch-Gültigen. Die Umkehrung der Sätze lautet: eine Sache kann sich nicht durchsetzen, erhalten, also ist sie unrecht; eine Meinung quält, regt auf, also ist sie falsch. Der Freigeist, der das Fehlerhafte dieser Art zu schliessen nur allzu häufig kennen lernt und an ihren Folgen zu leiden hat, unterliegt oft der Verführung, die entgegengesetzten Schlüsse zu machen, welche im Allgemeinen natürlich ebenso sehr Irrschlüsse sind: eine Sache kann sich nicht durchsetzen, also ist sie gut; eine Meinung macht Noth, beunruhigt, also ist sie wahr.« (NW, Bd. 2, S. 50)

[88] Vgl. Weber, Wirtschaft und Gesellschaft, a.a.O. (s. Anm. 45), Halbbd. 2, S. 526 f.; vgl. MWG, Bd. I/22–1, S. 237–240.

[89] Drei Tage nach Eintritt des Deutschen Reiches in den Ersten Weltkrieg, am 4. August 1914, stimmt die Fraktion der Sozialdemokraten im Reichstag für die Genehmigung von Kriegskrediten.

sprachen. Heute sind sie realiter viel pazifistischer, weil sie den Antrieb zur Identifikation mit der Nation nicht mehr haben. Das Leben zu verlieren, bedeutet dem um so mehr, der sonst nichts zu verlieren hat – im Gegensatz zu der Ansicht Webers, der hier stark vereinfacht.

Es ist erstaunlich, daß Weber den Begriff der Nation im Bereich des politischen Denkens akzeptiert.[90] Wenn Weber mit Nachdruck vom Unterschied der persönlichen Entscheidung und dem wissenschaftlichen Urteil spricht, dann ist das die Stelle, wo die Ambivalenz gründet, wo er als Wissenschaftler durch die wissenschaftliche Objektivität zu Einsichten gedrängt wird, die seiner Konzeption nicht entsprechen. Er hat sich dem entzogen, indem er zwei Wahrheiten gelehrt hat: die irrationale Wahrheit der subjektiven Entscheidung für die Nation und die Wahrheit der wissenschaftlichen Objektivität. In der wissenschaftlichen Entscheidung hat er den Begriff der Nation als Ideologie kritisiert.

Zur Kritik an Weber gehört, daß man darauf hinweist, daß, wenn man das Denken nicht willkürlich setzen will, man es bei einem Nebeneinander von privaten und wissenschaftlichen Entscheidungen nicht belassen kann; denn in beiden ist dieselbe Vernunft am Werke. Weber hat die Arbeitsteilung auf den Menschen übertragen, wenn er zwischen Mensch und Wissenschaftler so abstrakt unterscheidet. Aber dabei kann man nicht stehenbleiben, wenn die Wissenschaft nach der Theorie der Gesellschaft etwas Definitives ist.

Das Richten nach den Tatsachen – im Sinne des Positivismus – läßt die materialistischen Momente hervortreten, und wird Weber gegen seinen eigenen Willen zur Theorie.

Abschließend sagte Prof. Adorno, man müsse Weber als Kraftfeld begreifen – nicht als historisches Monument.

Dies – sowie ein vergleichbares Agieren der Sozialdemokraten in den Parlamenten anderer europäischer Länder – führt zur Auflösung der Zweiten Internationale.
90 Vgl. Weber, Wirtschaft und Gesellschaft, a. a. O. (s. Anm. 45), Halbbd. 2, S. 527–530; vgl. MWG, Bd. I/22–1, S. 240–247.

367 Elizabeth Chempolil Koshy, 21. Januar 1964

|Protokoll der Seminarsitzung vom 21. Januar 1964: Prof. Th. W. Adorno

Elizabeth Chempolil Koshy

Stud. Phil. / Soziologie|

Soziologisches Hauptseminar

Prof. Th. W. Adorno

Protokoll der Seminarsitzung vom 21. Januar 1964

Im Referat von Frl. Rajewsky, dem der Abschnitt »Die nichtlegitime Herrschaft« mit dem Untertitel »Typologie der Städte« aus »Wirtschaft und Gesellschaft« zu Grunde lag,[91] wurde nur die Entwicklung der okzidentalen Stadt im Mittelalter als für die Entstehung des Kapitalismus wesentlich berücksichtigt.

Das Kapitel, so bemerkte Prof. Adorno, leiste einen wesentlichen Beitrag zur Stadtsoziologie; die sozialen Kategorien »Herrschaft« und »Bürgertum« werden in ihrer geschichtlichen Dynamik aufgezeigt. Hier zeige sich, daß der Idealtypus der Stadt aus Momenten sich bilde und nicht aus einer einfachen verbalen Definition sich ergebe. Nach Weber trat die nichtlegitime Herrschaft infolge der politischen Konstituierung der Städte als unabhängige, freie Gemeinwesen im okzidentalen Kulturkreis zuerst hervor.[92] Dazu sagte Prof. Adorno, daß alle legitime Herrschaft einmal illegitim gewesen sei. Illegitime Herrschaft bedeute hier, daß die Herrschaftsverhältnisse in der Stadt sich historisch herausgebildet haben und nicht von etablierten Institutionen deriviert seien.

Prof. Adorno wies auf die dialektische Entwicklung der Stadt hin: Die Stadt, die zunächst auf eine fürstliche Autorität zurückgehe, entwindet sich der tradi-

---

[91] Xenia Rajewsky, »Typologie der Städte«, UAF Abt. 139 Nr. 12, 150 – 162; »Typologie der Städte« ist der vom Hrsg. eingefügte Untertitel des Abschnitts »Die nichtlegitime Herrschaft« in: Weber, Wirtschaft und Gesellschaft, a. a. O. (s. Anm. 45), Halbbd. 2, S. 735 – 822; vgl. MWG, Bd. I/22 – 5.
[92] »Nicht jede ›Stadt‹ im ökonomischen und nicht jede, im politisch-administrativen Sinn einem Sonderrecht der Einwohner unterstellte, Festung war eine ›*Gemeinde*‹. Eine Stadtgemeinde im vollen Sinn des Wortes hat als Massenerscheinung vielmehr nur der Okzident gekannt. Daneben nur ein Teil des vorderasiatischen Orients (Syrien und Phönizien, vielleicht Mesopotamien) und dieser nur zeitweise und sonst in Ansätzen.« (Ebd., S. 84)

tionellen Herrschaft des Fürsten vermöge der Entfaltung des eigenen rationalen Prinzips, der Marktwirtschaft.

In der Geschichte des Mittelalters herrsche eine große Dichotomie: Bis ins 12. Jahrhundert expandieren Wirtschaft und Gesellschaft; es gibt keine Überbevölkerung, keine Arbeitslosigkeit, kaum Konflikte. Vom 12. Jahrhundert an wachsen in der entfalteten städtischen Marktwirtschaft mit ihren etablierten Institutionen die in ihr vorhandenen Widersprüche. Die städtische Marktwirtschaft schließt sich zunehmend ab. Diese Dynamik mündet in die bürgerliche Gesellschaft. Allgemein gilt für die bürgerliche Gesellschaft, daß der Akt der Emanzipation und der des Sich-Abschließens eng miteinander verknüpft sind. Die formale Gesellschaft der Freien und Gleichen hat immer auch die Tendenz, die anderen auszuschließen. Schon im 13./14. Jh. gab es eine Vorstufe der bürgerlichen Gesellschaft – eine bürgerliche Renaissance, eine Vor-Renaissance mit bürgerlichen Formen, die dann zurücktritt, um sich im 15. Jh. voll zu entfalten. Im Mittelalter gab es ein Nebeneinander von spezifisch bürgerlicher und feudaler Sozialstruktur. Da die Gesellschaft damals noch nicht einem Prinzip gehorchte, duldete sie mehrere Kräfte nebeneinander. Mit der Dynamik der fortschreitenden Entwicklung der Gesellschaft gerieten jedoch die ungleichzeitigen Kräfte in Konflikt. Diese Struktur – die offene Gesellschaft im frühen Mittelalter und die geschlossene antagonistische Feudalgesellschaft – sich zu vergegenwärtigen, ist äußerst wichtig. Prof. Adorno verwies hier auf die Arbeit Kirchheimers, in der der Zusammenhang von Arbeitslosigkeit und Strafvollzug aufgezeigt wird[93]: bei Knappheit von Arbeitskräften sei der Strafvollzug relativ mild; er verschärfe sich mit steigendem Angebot auf dem Arbeitsmarkt.

Weber unterscheidet drei Stadttypen: Konsumentenstadt, Produzentenstadt, Händlerstadt.[94] Es wäre zu untersuchen, ob diese von Weber aufgestellten Stadttypen für die Gegenwart noch wichtige Unterschiede bezeichnen. Prof. Adorno erläuterte die verschiedenen Typen an einigen Beispielen: Unter die Kategorie Konsumentenstadt fielen Wiesbaden, Graz oder Meran; eine Produzentenstadt sei z. B. Dortmund, wie überhaupt mehrere Städte des Ruhrgebietes. Es sei zu fragen ob die Produzentenstadt überhaupt als Stadt wirke; ob sie nicht mehr eine große Fabrik mit Arbeiterwohnvierteln ohne Kultur, oder mit künstlich aufgepfropfter Kultur sei. Händlerstädte seien Frankfurt, Köln oder Hamburg. Eine Untersuchung dieser Stadttypen heute müßte weniger die berufliche Gliederung der Bevölkerung ermitteln, vielmehr wäre eine institutionelle Analyse

---

[93] Vgl. George Rusche und Otto Kirchheimer, Sozialstruktur und Strafvollzug [1939], übers. von Helmut Kapczynski und Susan Kapczynski, bearb. von Falco Werkentin, Frankfurt a. M. und Köln 1974.
[94] Vgl. MWG, Bd. I/22–5, S. 65–67.

erforderlich. Sie hätte zu fragen, wie den verschiedenen Stadttypen verschiedene Lebensweisen und verschiedene Institutionen zugeordnet sind.

Während Weber die Stadt als ›rationales Gebilde‹ versteht,[95] sehen Sombart und im Anschluß an ihn Spengler[96] die Stadt als eine Vergrößerung der Hausgemeinschaft. In Sombarts Arbeit »Warum gibt es in Amerika keinen Sozialismus?« unterscheidet er zwei Stadttypen: die europäische und die amerikanische. Während die europäischen Städte sich um einen Stadtkern entwickelt hätten, seien die amerikanischen bloße Agglomerate.[97] Als Beispiel nannte Prof. Adorno Chicago und Los Angeles. Administrativ autonome Städte hält Weber für eine rein okzidentale Erscheinung. Im Orient hat es Stadtgemeinden als Gebietskörperschaft nie gegeben.

Das Bürgertum als soziale Kategorie hat es in der Antike wie im Mittelalter gegeben; z. B. etwa schon bei Aristoteles, also in der Sklavengesellschaft. Es ist zu differenzieren zwischen Typen bürgerlicher Sozialformen und bürgerlicher Totalität. Der Bürger als soziale Kategorie ist älter als die Totalität der bürgerlichen Gesellschaft.

Max Weber unterscheidet zwischen ›abgeleiteter‹ und ›originärer‹ Entstehung der mittelalterlichen Stadtverbände. Die abgeleitete Entstehung der Bürgerver-

---

95 So heißt es etwa bei Weber: »Die mittelalterliche Stadt war unter der Herrschaft der Zünfte ein ganz außerordentlich viel stärker in der Richtung des Erwerbs durch rationale Wirtschaft orientiertes Gebilde als irgendeine Stadt des Altertums, solange die Epoche der unabhängigen Polis dauerte.« (Ebd., S. 289)

96 »Die guten Geister des Herdes und der Tür, des Grundstücks und der Räume: Vesta, Janus, die Laren und Penaten haben ihren festen Ort so gut wie der Mensch selbst. *[Absatz]* Dies ist die Voraussetzung jeder Kultur, die selbst wieder pflanzenhaft aus ihrer Mutterlandschaft emporwächst und die seelische Verbundenheit des Menschen mit dem Boden noch einmal vertieft. Was dem Bauern sein Haus, *das ist dem Kulturmenschen die Stadt.*« (Oswald Spengler, Der Untergang des Abendlandes. Umrisse einer Morphologie der Weltgeschichte. Vollständige Ausgabe in einem Band [1918/1922], München 1963, S. 660)

97 »Aber wenn ich sage: die Vereinigten Staaten seien ein Städteland, so meinte ich das in einem tieferen, innerlichen Sinne, der es auch erst verständlich macht, warum ich Städtetum und Kapitalismus in Beziehung setze. Ich meine es in dem Sinne einer Siedlungsweise, die allem organischen Wachstum fremd geworden, auf rein rationaler Basis ruht und nach rein quantitativen Gesichtspunkten orientiert ist, die gleichsam der *Idee* nach eine ›städtische‹ ist. Die europäische ›Stadt‹ verkörpert nur in den seltensten Fällen diese Idee ganz. Sie ist meist organisch gewachsen, ist im Grunde doch nur ein vergrößertes Dorf, dessen Wesen ihr Bild widerspiegelt.« (Werner Sombart, Warum gibt es in den Vereinigten Staaten keinen Sozialismus?, Tübingen 1906, S. 14) – Adorno macht auf diese Bemerkung Sombarts bereits in seiner Einleitung in eine Monographie zur Darmstädter Gemeindestudie (s. unten, Anm. 111) – Gerhard Teiwes, Der Nebenerwerbslandwirt und seine Familie im Schnittpunkt ländlicher und städtischer Lebensform, Darmstadt 1952 – aufmerksam (vgl. GS, Bd. 20·2, S. 615).

bände entsprach dem formalrechtlichen Schema; die Stadt entstand »durch vertragsmäßig oder oktroyierte Satzung eines mehr oder minder weiten oder begrenzten Rechts der Autonomie und Autokephalie seitens des Stadtgründers oder seiner Nachfolger«[98]. Bei der originären Entstehung war der Bürgerverband das Ergebnis einer politischen Vergesellschaftung der Bürger trotz und gegen die legitime Gewalt. Die Stadtverbände haben in diesem Fall nach Weber revolutionären Charakter. Prof. Adorno wies daraufhin, daß der Begriff Revolution bei Weber nicht eine Änderung der gesellschaftlichen Struktur meine, sondern die Legalisierung bereits bestehender ökonomischer und Herrschaftsverhältnisse. Das gilt allgemein für bürgerliche Revolutionen: die staatsrechtliche Form paßt sich den Wirtschaftsverhältnissen an. Der Begriff der Revolution im Sinne einer Änderung der Gesellschaftsstruktur ist eine Konzeption des Sozialismus.

Interessengegensätze gibt es nicht nur zwischen den Klassen, sondern auch in einer Klasse selbst. Nicht nur zwischen Bürgertum und dem Proletariat gibt es Antagonismen, sondern innerhalb des Bürgertums selber. Diese Interessengegensätze im Bürgertum sind nicht bloß ideologisch, sie sind ökonomisch bedingt. Die Kämpfe zwischen Patriziern und Plebejern zeigen, daß ökonomisch bedingte Antagonismen innerhalb des Bürgertums sich als stärker erweisen können als die Einheit innerhalb der Klasse, betonte Prof. Adorno.[99] Die Erkenntnis, daß es innerhalb einer Klasse Antagonismen gebe, sei wichtig für eine nicht nur formale Klassentheorie.

---

98 Der zitierte Satz lautet vollständig und korrekt: »Abgeleitet entstand der Bürgerverband durch eine vertragsmäßige oder oktroyierte Satzung eines mehr oder minder weiten oder begrenzten Rechtes der Autonomie und Autokephalie seitens des Stadtgründers oder seiner Nachfolger, besonders häufig bei der Neugründung von Städten zugunsten der Neusiedler und deren Rechtsnachfolger.« (MWG, Bd. I/22-5, S. 125)

99 Vgl. eine Passage dieses Sinnes aus der *Ästhetischen Theorie*: *Gesellschaftlich in Shakespeare sind Kategorien wie Individuum, Leidenschaft, Züge wie der bürgerliche Konkretismus des Caliban, wohl auch die windigen Kaufleute von Venedig, die Konzeption einer halb-matriarchalen Vorwelt in Macbeth und Lear; vollends der Ekel vor der Macht in Antonius und Cleopatra, noch der Gestus des abdankenden Prospero. Demgegenüber sind die aus der römischen Historie bezogenen Konflikte von Patriziern und Plebejern Bildungsgüter. An Shakespeare mag nicht weniger sich indizieren als die Fragwürdigkeit der Marxischen These, alle Geschichte sei die von Klassenkämpfen, wofern man jene These verbindlich nimmt. Klassenkampf setzt objektiv einen hohen Grad sozialer Integration und Differenzierung, subjektiv ein Klassenbewußtsein voraus, wie es erst in der bürgerlichen Gesellschaft rudimentär entwickelt wurde. Nicht neu, daß Klasse selbst, die gesellschaftliche Subsumtion von Atomen unter einen Allgemeinbegriff, der die ebenso für sie konstitutiven wie ihnen heteronomen Beziehungen ausdrückt, strukturell ein Bürgerliches sei. Soziale Antagonismen sind uralt; zu Klassenkämpfen wurden sie vordem bloß desultorisch: wo eine der bürgerlichen Gesellschaft verwandte Marktökonomie sich formiert hatte.* (GS, Bd. 7, S. 378)

Als besonders relevant für die Entwicklung der mittelalterlichen okzidentalen Stadt bezeichnet Weber die Schaffung eines spezifischen ›rationalen Rechts‹ für die Stadtbürger.[100] Rationales Recht bei Weber sei formales Recht; er meine damit, so interpretierte Prof. Adorno, das römische Recht.[101]

Webers zentrale Fragestellung, warum sich die Entwicklung im Orient von der des Okzidents unterscheidet, führt in die Erkenntnistheorie. Weber will nachweisen, warum es im Orient keine Stadt als administrativ autonome Einheit gegeben hat. Prof. Adorno gab zu bedenken, ob ein solches Verfahren überhaupt zulässig ist; ob man überhaupt fragen kann, »warum etwas *nicht* ist.« Die Antwort hierauf kann nur hypothetisch sein. Erklären kann man nur da, wo Erfahrungsmaterial vorliegt.

Zu Webers These von der Protestantischen Ethik[102] bemerkte Prof. Adorno, daß die soziale Funktion der Religion mit der Struktur der Gesellschaft sich verändere. Auf früheren Stufen war das monotheistische Christentum als Supranaturalismus eine Kritik am pantheistischen Heidentum und den verschiedenen magischen Praktiken, eine eminente Kraft der Vereinheitlichung und damit der Rationalisierung. Bis zur Schwelle der Renaissance und Aufklärung war die Kirche mit der Tendenz der Rationalität gegen das traditionelle System liiert. Das Irrationale gewinnt sie erst in der voll entfalteten Tauschgesellschaft. Wenn die Kirche früher zur rationalen Marktwirtschaft und zur Entstehung des Bürgertums beigetragen hat, so ist sie in der Gesellschaft heute ein Hort der Irrationalität. Ein konkretes soziales Gebilde kann niemals einen invarianten geschichtlichen Sinn haben. Der Monotheismus hat zwar die Rationalität der städtischen Marktwirtschaft gefördert, zugleich aber hat die Marktwirtschaft von der Religion ein rationales Verhalten erwartet. Weber habe das auch erkannt, insofern finde sich bei ihm ein materielles Moment.

Weber fragt, warum es im Orient nicht zur Bildung von Städten wie im Okzident kam.[103] In Asien hemmte die Sippen- und Kastengebundenheit das Entstehen einer Kulturgemeinde[104]. In China war die Sippe Träger des Ahnenkults. In Indien schrieb die Kaste eine spezifische Lebensführung vor. Ein weiterer Grund

---

100 Vgl. MWG, Bd. I/22–5, S. 131f.
101 So schreibt Weber etwa: »Die bürokratisch am stärksten rationalisierte Hierokratie: die des Abendlandes ist von allen die einzige, welche neben einem rationalen kirchlichen Recht auch – in ihrem eigenen Interesse – ein rationales Prozeßverfahren entwickelte und überdies ihr ganzes Gewicht in die Wagschale der Rezeption eines rationalen, des römischen Rechts warf.« (MWG, Bd. I/22–4, S. 634)
102 Vgl. MWG, Bd. I/18, S. 123–492.
103 Vgl. den Abschnitt »Die Stadt des Okzidents«, MWG, Bd. I/22–5, S. 100–145.
104 Konjiziert für: »Kultgemeinde«.

lag in dem Unterschied zwischen der Militärverfassung in Asien und im Okzident. In Asien lag die Heeresverwaltung ausschließlich in der Hand des Königs, der Untertan war militärisch wehrlos im Gegensatz zum Okzident, wo die Militärverfassung auf dem Prinzip der Selbstausrüstung beruhte. Ferner hatte in Vorderasien die Notwendigkeit der Stromregulierung und Bewässerungspolitik eine königliche Bürokratie entstehen lassen, die die Macht des Königs begründet. Eine starke Zentralgewalt stand der Entwicklung von korporativen Stadtgemeinden entgegen. In Europa dagegen, besonders in Italien und Deutschland, hatte sich die Zentralgewalt noch kaum entwickelt. Deshalb konnten hier autonome Selbstverwaltungskörperschaften entstehen – im Unterschied zu Frankreich und England, wo eine Zentralgewalt der Städtebildung entgegenstand.

Weber hebt die Identifikation des Bürgertums mit dem Adel hervor.[105] Dazu sagte Prof. Adorno, daß trotz der Tendenz des Patriziats, sich mit der Feudalität zu identifizieren – womit es seinen Herrschaftsanspruch befestigen wollte – das Erwerbsprinzip doch grundlegend gewesen sei. Zwar bemühten sich die Bürger, nicht offen Erwerb zu treiben; man wollte Geld verdienen, ohne daß die anderen es merkten. Dieses Verhalten komme im Monopol ganz zu sich selbst: vom Feilschen dispensiert verfügen zu können, sei eine bürgerliche Sehnsucht, die schon in der Antike sich zeigte. Man kann nicht dem Patrizier systematische Erwerbstätigkeit absprechen, wie Weber es tue. Prof. Adorno meinte, daß Weber den Adelscharakter des Patriziers überschätzt. Hierin liegt ein Moment der Trennung des materiellen Prozesses der Produktion von der Planung. Das Patriziat hat sich oft nicht an die alte Feudalität angelehnt, sondern in bewußter Distanzierung einen neuen Typ der Aristokratie herausgebildet.

Die Entstehung der Stadttyrannis, der sog. Signorie, begründet Weber u. a. mit dem politischen Desinteresse der Bürger.[106] Hierin liege eine tiefe Einsicht; bei beschränktem Wettbewerb sei politisches Interesse vorhanden; bei ungehemmter Erwerbswirtschaft schwindet das politisch Interesse; die Politik wird als Spezialgebiet Einzelner angesehen. Das Bürgertum begab sich damit eines Moments seiner Bürgerlichkeit.

Elizabeth Chempolil Koshy[107]

---

105 Vgl. ebd., S. 743.
106 Vgl. ebd., S. 785–788.
107 Unterschrift.

368 Uta Lindgren,
28. Januar 1964

Soziologisches Hauptseminar, Professor Adorno
Protokoll vom 28. 1. 64

Im Anschluß an das Referat von Frl. Rajewsky[108] wurde im 1. Teil der Seminarsitzung über Max Webers Typologie der Städte diskutiert.

Weber stellt der kontinentaleuropäischen, speziell der deutschen und holländischen Stadt, die englische gegenüber. Er sagt, der Begriff der Stadtgemeinde fehle in England ganz (vielleicht mit Ausnahme von London, aber London habe eine Sonderentwicklung genommen). Vielmehr hätten sich eine zentralistische Königsmacht, Finanzmacht und zentralistischer Zusammenhalt des Rechts (vom König ausgehend) und vor allem der Parlamentarismus, der ja eine überregionale Institution darstellt, stark ausgebildet. Während in Kontinentaleuropa auch auf kommunaler Ebene eine beamtete Bürokratie entstanden sei, liege in englischen Städten ein großer Teil der Verwaltung in den Händen von Honoratioren, die ebensowenig wie die Parlamentarier ein Interesse an einer Verselbständigung der kommunalen Verwaltung gehabt hätten.[109]

Prof. Adorno nimmt an, daß die Polarität kontinentaleuropäische – englische Stadttypen bei Weber wohl zu drastisch dargestellt werde. In englischen Dörfern gebe es ja eine ausgeprägt selbständige Verwaltung und in den Städten finde man ein durchaus ebenso ausgeprägtes Bürgertum wie im kontinentalen Europa. Der Unterschied in der Entwicklung der englischen und kontinentaleuropäischen Stadt, so wie Weber ihn sehe, sei Prof. Adorno nicht ganz einsichtig. Aber Weber wollte Idealtypen konstruieren, deshalb hatte er großes Interesse daran, Gegensätze zu schaffen. Prof. Adorno meinte, die Methodologie Webers werfe ein erkenntnistheoretisches Problem auf. Es sei nämlich die Frage, ob bewiesen werden könne, warum irgend etwas *nicht* geschehen ist. Diesen Nachweis des »Warum-nicht« versuche Weber oft zu bringen, um seine Idealtypen damit zu stützen. Weber lege großen Wert auf Definitionen, die Empirie leide dann aber unter deren Prägnanz (das sei auch bei Sombart und Spengler der Fall).

Frl. von Alth[110] wies in diesem Zusammenhang noch darauf hin, daß Webers These, die Auflösung der Sippenverbände seien eine notwendige Grundlage zur

---

108 S. oben, Anm. 91.
109 Vgl. MWG, Bd. I/22–5, S. 163–170.
110 D.i. Michaela von Alth, nachmals von Freyhold.

Entstehung der Städte gewesen, problematisch sei. In Ostafrika gebe es Stämme, in denen die Städte einen Sippenverband darstellen. Prof. Adorno unterstrich dahingegen, daß es Weber weniger um die Entstehung der Städte überhaupt ging, sondern um einen verwaltungsrechtlichen Städtetyp, und daß er seine Definition auf die illegitime Herrschaft einengte. Es frage sich allerdings, ob es ratsam sei, diese Beschränkung aufrechtzuerhalten. Allzu viele Städte, die dem Idealtyp nicht entsprechen, fallen aus dem Definitionsschema heraus.

Prof. Adorno kam nun auf Probleme von theoretischer Relevanz zu sprechen. 1) Es sei die Frage, ob nicht Weber in seinem Kapitel über illegitime Herrschaft die *dialektische Struktur* der okzidentalen kontinentaleuropäischen Stadt darstelle. Es handele sich doch wohl um eine bestimmte Entwicklung, die einsetzte mit der allgemeinen Abhängigkeit der Stadt von den Landesfürsten. Dann folgten durch die immanente Dialektik des städtischen Lebens Befreiung von der Patrimonialherrschaft, Verselbständigung, Verbürgerlichung und Ausbildung der Patrizierherrschaft. Mit dem steigenden Selbstbewußtsein der Plebejer komme es zu Kämpfen zwischen Patriziern und Plebejern. Schließlich werde die Stadt vermöge der immanenten Tendenzen wieder von der Staatsgewalt abhängig. Es gebe also nicht *einen* Idealtypus Stadt, sondern diese setzt sich aus Momenten zusammen, die durch eine gewisse typische Dynamik untereinander verbunden seien. Das Sozialgebilde »Stadt« erschöpfe sich nicht in einer formalen Definition, auch bei Weber nicht, obwohl es das seinem methodologischen Anspruch nach tun müßte. Prof. Adorno sagt, man müsse in der Stadt eine Art Retorte der bürgerlichen Gesellschaft sehen, indem sich in den Städten ein herrschendes Bürgertum etablierte, als die Gesamtgesellschaft noch längst eine feudale war. Die moderne Soziologie allerdings gehe noch weiter, indem sie, wenn sie Gemeindestudien betreibe, in gewisser Weise unterstelle, daß die Stadt heute ein Mikrokosmos der bürgerlichen Gesellschaft sei, die empirisch nicht in den Griff zu bekommen sei. Zu bedenken sei bei dieser Übertragung die Verschiedenheit der Städte, daß es z. B. Konsumenten- und Produzentenstädte der verschiedensten Ausprägungen gebe, die weder untereinander vergleichbar seien, noch direkte Schlüsse auf die Gesamtgesellschaft erlaubten. So könne man z. B. von der Darmstadtgemeindestudie[111] nicht unmittelbar auf die Gesellschaft schließen, da Darmstadt eine reine

---

111 Die Darmstädter Gemeindestudie wird ab Ende der 1940er Jahre vom Institut für Sozialwissenschaftliche Forschung in Darmstadt vorbereitet und von der Alliierten Hohen Kommission finanziert. Ziel dieser Studie ist die exemplarische Untersuchung des Zusammenhangs von Stadt- und Landentwicklung nach dem Zweiten Weltkrieg. Ab 1951 löst Adorno den bisherigen Wissenschaftlichen Leiter der Studiengruppe, Hans-Georg Schachtschabel, ab und fungiert als Berater bei der Auswertung der Forschungsergebnisse und deren Publikation in Form von insgesamt

Residenz- und Pensionärstadt sei. Prof. Adorno merkte hier an, daß, wenn er eher gefragt worden wäre, er eine andere Stadt für eine Untersuchung dieses Typs gewählt hätte.

Als ein 2. Problem von theoretischer Bedeutung führte Prof. Adorno an, daß die Klassenvorstellung unter dem Banne der sozialistischen Lehre, die ausgeht von der Einheit der Klassen, falsch sei. Und zwar nicht im Sinne des Nominalismus, daß es überhaupt keine bürgerliche Klasse gäbe, sondern daß durch die Verteilung des Reichtums die bürgerliche Klasse nicht der von ihr beanspruchten Idee von Allgemeinheit entspricht, auch innerhalb der bürgerlichen Klasse Spannungsverhältnisse als wesentliches gesellschaftliches Moment entstehen. Durch das Konkurrenzprinzip, das die bürgerliche Klasse definiere, bestünden eine Reihe typischer Klassengegensätze innerhalb des Bürgertums. Bis heute ist jedoch keine Strukturanalyse dieser Antagonismen vorhanden. Als solche Gegensätze wären zu nennen diejenigen zwischen Patriziern und Plebejern (die Patrizier haben eine Tendenz zu geschlossenen Herrschaftstypen, zur Amalgamierung des Adels oder dessen Ersetzung durch sie selbst als neuer Aristokratie) oder zwischen Groß- und Kleinbürgertum (Prof. Adorno wies kurz hin auf frühe Arbeiten Fromms und seine eigene Analyse groß- und kleinbürgerlicher Musiktypen)[112]. Diese Gegensätze hingen nicht ausschließlich mit Reichtum oder Verfügungsgewalt über Produktionsmittel zusammen. Die objektiven Unterschiede zwischen Groß- und Kleinbürgertum müßten untersucht werden. Ein Antagonismus bestehe auch zwischen Beamten und Angestellten einerseits, deren Charakteristika Pension bzw. Altersrente, festes Einkommen, wirtschaftliche und soziale Sicherheit trotz niedrigerer Einkommen seien, und anderseits Selbständigen, die ihr eigener Herr seien, größere soziale und ökonomische Unsicherheit in Kauf nehmen müßten, dafür aber bessere Chancen zu größerem Verdienst hätten. Bei der Konstatierung all dieser einzelnen Gegensätze stelle sich die Frage nach den objektiven Determinanten.

Ob nicht bei diesen Gegensätzen gerade in Deutschland der Obrigkeitsstaat eine determinierende Rolle gespielt habe, gab Frl. Schmidt[113] zu bedenken. Und

---

neun Monographien; vgl. den Abschnitt *Gemeindestudien*, in: Institut für Sozialforschung, *Soziologische Exkurse. Nach Vorträgen und Diskussionen*, Frankfurt a.M. 1956 (*Frankfurter Beiträge zur Soziologie*; 4), S. 133–150, sowie Adornos *Einführungen in die Darmstädter Gemeindestudien* [1952/1954], in: GS, Bd. 20·2, S. 605–639.
112 Vgl. Erich Fromm, Die psychoanalytische Charakterologie und ihre Bedeutung für die Sozialpsychologie, in: Zeitschrift für Sozialforschung, I. Jg., 1932, H. 3, S. 253–277, sowie Adornos Schrift *Zur gesellschaftlichen Lage der Musik* [1932], GS, Bd. 18, S. 729–777.
113 D.i. Regina Schmidt, nachmals Becker-Schmidt.

Herr Herkommer[114] fragte, ob diese *Klassen*definition nicht das Marxsche Modell verwässere, und man deshalb bei Differenzierungen innerhalb des Bürgertums nicht lieber von *Schichten* sprechen sollte.

Darauf antwortete Prof. Adorno, daß Marx zwar die bürgerliche Klasse durch die Verfügungsgewalt über Produktionsgüter, das Proletariat durch den Ausschluß von jeglicher Verfügungsgewalt *definiere*. Allerdings habe Marx seine strikt dualistische Klassentheorie nie voll ausgeführt.[115] Wenn man sich streng an die Klassendefinition (im Gegensatz zur Schicht) halte, bestehe der Einwand zu Recht. Es sei vielleicht auch weniger wichtig, ob man bei den genannten Gegensätzen mit dem Klassen- oder dem Schichtbegriff operiere. Er glaube aber, daß die Gegensätze nicht bloß subjektiv, sondern auf die verschiedene Stellung im Produktionsprozeß rückführbar seien. Es handele sich um ganz handfeste Antagonismen, die man nicht bagatellisieren dürfe. Deshalb habe er es für gerechtfertigt gehalten, die vorhandenen Antagonismen innerhalb des Bürgertums als *Klassengegensätze* zu bezeichnen. Diese Gegensätze seien z.B. für die Entwicklung des nationalsozialistischen Regimes von großer Bedeutung gewesen. In der Verdoppelung des Beamtenapparates und der Beseitigung des Kopfes der halbfeudalen Beamtenhierarchie habe es sich als bürgerlich erwiesen. Die Frage, wieweit die Einheit der Interessen der bürgerlichen Klasse bestehe, sei sehr relevant, weil im Krisenfall mächtigere Gruppen die Macht über die ganze Klasse usurpierten. Man müßte die dahinterstehende Gesetzmäßigkeit erforschen, keinesfalls dürfe man sich mit klotzigen Definitionen begnügen. Dabei erhebe sich die Frage, warf Frl. Schmidt ein, wieweit man in Deutschland überhaupt von Bürgertum sprechen könne, im Gegensatz z.B. zu Frankreich.

Prof. Adorno führte weiter aus, eine formale Charakteristik des Bürgertums besage deshalb wenig, weil der historische Stellenwert innerhalb der Entwicklung von entscheidender Wichtigkeit sei. Je nach der Epoche habe der Begriff der bürgerlichen Klasse verschiedenen Sinn.

Herr Thomssen wandte ein, alle genannten Beispiele der Interessengegensätze innerhalb der bürgerlichen Klasse gehörten der Zirkulationssphäre an. Der Gegensatz Zirkulationssphäre–Produktionssphäre sei aber bei Marx konstituie-

---

114 D.i. Sebastian Herkommer.
115 Marx stellt seine Klassenanalyse im Rahmen der Kritik der politischen Ökonomie des »Kapitals« nicht mehr fertig. Im von Engels postum herausgegebenen dritten Band heißt es nach etwa einer Seite des Kapitels »Die Klassen« lediglich: »{Hier bricht das Ms. ab.}« (MEW, Bd. 25, S. 893) – In den *Reflexionen zur Klassentheorie*, entstanden 1942, konstatiert Adorno: *Marx ist über der Ausführung der Klassentheorie gestorben, und die Arbeiterbewegung hat sie auf sich beruhen lassen.* (GS, Bd. 8, S. 381)

rend für die bürgerliche Gesellschaft. Insofern sei Marxens Theorie gar nicht angegriffen worden.

Darauf erwiderte Prof. Adorno, der Einwurf stimme nicht ganz. Für die Antagonismen innerhalb der bürgerlichen Klasse spiele der Gegensatz Zirkulationssphäre–Produktionssphäre sehr wohl eine Rolle, es liege ja eine eindeutige Bevorzugung der Produktionssphäre vor. Hitler habe sehr negativ vom »Raffen« (Zirkulationssphäre) gesprochen.[116] Auch *innerhalb* des Bürgertums könne man unbedingt tragende Gegensätze der Gesamtgesellschaft erkennen.

Es gehe ja nicht nur um formale Definitionen, griff Herr Herkommer seinen Gedanken auf, sondern um deren Inhalt. Hier sei die Frage, ob es sich um einen notwendigen explosiven Gegensatz handele.

Prof. Adorno stimmte zu, daß der Gegensatz nicht im radikalen Sinn explosiv sei. Im Ernstfall halte die bürgerliche Klasse unter Führung der mächtigsten Gruppen zusammen. Prof. Adorno betonte, es liege ihm fern, die objektive Klassenstruktur aufzuweichen. Er wolle nur sagen, daß in einer antagonistischen Gesellschaft auch innerhalb der Klassen diese Antagonismen zum Vorschein kommen. Es handele sich also um eine dialektische Verknüpfung von Antagonismus (Ausbildung von Subklassen) und Zusammenhalt. Wahrscheinlich seien die Antagonismen innerhalb des Bürgertums sogar oft stärker als zwischen den großen objektiven Klassen. Deshalb wäre eine objektive Untersuchung dringend nötig. Darauf meinte wieder Herr Thomssen, es gehe doch wohl wesentlich um die Stufe bzw. den Stellenwert dieser Antagonismen innerhalb der Gesamtgesellschaft. Um das zu untersuchen, sei die geschichtliche Ableitung der Antagonismen unumgänglich und da seien die Marxschen objektiven Definitionen des Klassendualismus doch bestimmend.

Prof. Adorno entgegnete, er meine nur, daß die bürgerliche Klasse näher untersucht werden müsse. Das sei, so meine er, ein empirisches Moment, das geehrt werden müsse! Es gehöre zum Begriff der bürgerlichen Klasse dazu, daß sie nie eine rein bürgerliche sei. In der bürgerlichen Freiheit liege immer schon die reale Differenzierung der bürgerlichen Macht: vorbürgerliche feudale Herrschaftsstrukturen verökonomisieren sich in der bürgerlichen Gesellschaft, um der Erhaltung ihrer selbst willen müsse die bürgerliche Gesellschaft immer eine Einschränkung ihrer eigenen Prinzipien vornehmen. (Das sei schon von Comte

---

116 Dem Wort vom ›raffenden Kapital‹, das in antisemitischer Absicht den Beschäftigten innerhalb der Zirkulationssphäre, zumal denen im Bank- und Börsenwesen, zugeschrieben wird, setzen die Nationalsozialisten das vom ›schaffenden Kapital‹ entgegen, mit dem vor allem der sogenannte ehrliche Arbeiter als Deutscher geadelt werden soll, der sich um die Sache des Volkes verdient mache.

und Hegel gesehen worden)[117]. Diese Zusammenhänge müßten kompliziert gedacht werden, man dürfe nicht bei der Großarchitektur der 2 Klassen stehenbleiben.

Ein Kommilitone fragte, ob die Antagonismen nicht auch als Integrationsmoment wirkten?, worauf Prof. Adorno antwortete, eine Wortführerschaft einzelner Gruppen sei nur möglich durch die Zerrissenheit des Bürgertums selbst. Hitlers Erfolg liege unter anderem darin, daß er versprochen habe, Antagonismen innerhalb des Bürgertums in einer höheren Gesellschaft (nämlich in der Volksgemeinschaft) aufzuheben.

In erster Linie desintegrieren die Antagonismen, wie das Beispiel der Weimarer Republik zeige. Das Interesse am Einheitsstaat werde dann allerdings wohl gesteigert durch Gegensätze wie die oben erwähnten. Zusammenfassend betonte Prof. Adorno, daß die Antagonismen der Gesamtgesellschaft in die Klassen hineinreichen, und zwar nicht nur in die bürgerliche, sondern auch in die proletarische.

Im 2. Teil der Seminarsitzung begann Frl. Jaerisch, ihr Referat über die Vorgeschichte des Kapitalismus und den Begriff des rationalen Kapitalismus bei Max Weber zu verlesen.[118]

Uta Lindgren[119]

---

[117] Auf die Analogien zwischen Hegel und Comte in Bezug auf die Ordnungsfunktionen ihrer Theorien weist Adorno verschiedentlich hin (vgl. etwa *Über Statik und Dynamik als soziologische Kategorien* [1956], GS, Bd. 8, S. 226f., sowie NaS, Bd. IV·6, S. 25–41). Zur Zeit dieses Seminars wird ein Schüler Adornos, Oskar Negt, mit einer Dissertation über dieses Thema bei Adorno und Horkheimer promoviert; vgl. Oskar Negt, Strukturbeziehungen zwischen den Gesellschaftslehren Comtes und Hegels, Frankfurt a. M. 1964 (*Frankfurter Beiträge zur Soziologie*; 14). – Im Vorwort der Studie schreiben Adorno und Horkheimer: *Das Buch von Negt hat das Verdienst, die vergleichende Analyse der Hegelschen und Comteschen Lehre von der Gesellschaft differenziert durchzuführen. Dabei ergibt sich viel von der gängigen Meinung Abweichendes. Damals schon ging die Gleichung nicht auf, welche den Positivismus auf die Seite emphatischen Fortschritts und die spekulative Philosophie auf die ideologische nimmt. [...] Parallelen wie Kontraste zwischen Hegel und Comte sind so auffällig, daß es erstaunlich ist, wie wenig die soziologische Wissenschaft bis heute damit sich einließ.* (GS, Bd. 20·2, S. 660)
[118] Der Referatstext von Ursula Jaerisch, »Zum Begriff des rationalen Kapitalismus bei M. Weber«, wurde nicht aufgefunden.
[119] Unterschrift.

369 Hans-Volker Hacker,
4. Februar 1964

Prof. Adorno: Hauptseminar   Wintersemester 1963/64
Protokoll der Sitzung vom 4. Februar 1964

Prof. Adorno führte einleitend aus, die Materialanalyse Max Webers über das Verhältnis von Rationalität und Kapitalismus zeige, daß sich eine bestimmte Art von Dialektik von Rationalismus und Irrationalismus notwendig aus dem Gegenstand entwickle. Entgegen der von Weber angewandten Methode der verstehenden Soziologie setze sich das dialektische Prinzip der gesellschaftlichen Dynamik durch.

Als Thema der »Generaldebatte«, die in der letzten Sitzung des Semesters stattfinden soll,[120] schlug Prof. Adorno vor: Ob die These Webers, daß sich die moderne kapitalistische Gesellschaft nicht aus ökonomischen, sondern Herrschaftsverhältnissen ableite, richtig sei, und ob Weber diese These immer aufrecht halten könne. Frl. Jaerisch gab eine Zusammenfassung des ersten Teils ihres Referats: Rationalismus sei bei Weber der Verstehensbegriff für die bürgerliche Gesellschaft. Für die Entstehung des Rationalisierungsprozesses mache Weber *isolierte* rationale Elemente verantwortlich. Prof. Adorno fügte hinzu, daß Weber Rationalismus als Beherrschbarkeit durch Berechnung definiere. Wieso aber leite Weber die Rationalität aus pluralistischen Motiven ab, wenn er von der *Universalität* der Rationalisierung spreche? Ein Grund dafür – antwortete Frl. Jaerisch – liege in der Weberschen Aversion gegen eine einheitliche Erklärung der gesellschaftlichen Entwicklung. Weber, der sich gegen eine materialistische Geschichtsauffassung wende, versuche deshalb den Rationalisierungsprozeß aus der Labilität der Herrschaftsverhältnisse und dem Auftreten des Protestantismus calvinistischer Prägung abzuleiten.

Im weiteren Verlauf der Sitzung weist Prof. Adorno auf die Webersche Korrektur seiner Typologie der Herrschaft hin. Nach Weber gibt es außer der legalen, traditionellen und charismatischen Herrschaftsform noch andere Herrschaftstypen, die durch Kapitalbesitz und Marktmechanismus bestimmt sind. Die rein ökonomische Herrschaft, die bei den drei genannten Herrschaftstypen ausge-

---

120 Derlei »Generaldebatten«, wie Adorno sie nennt, in denen das im Seminar Erarbeitete frei diskutiert wurde, finden regelmäßig in der letzten Stunde des jeweiligen Seminars statt, so auch in der übernächsten, letzten Sitzung.

klammert worden war, werde nachträglich als Korrektur wieder hinzugenommen.[121] Der Streit zwischen Weber und den Vertretern der ökonomischen Gesellschaftstheorie sei letzthin ein Streit um die *zeitliche* Priorität von »Unter- und Überbau«.[122] Prof. Adorno gibt zu bedenken, ob diese Frage für die Analyse der kapitalistischen Gesellschaft angebracht ist; müßte man nicht vielmehr von dem von Weber angewandten Kausalmodell loskommen und ein neues Erkenntnismodell schaffen?

Prof. Adorno meint, der Begriff des Kapitalismus wäre strenger zu bestimmen als Weber es tut. So könne man in einer Sklavenwirtschaft nicht von Kapitalismus sprechen, da es den freien Tausch der Arbeitskraft nicht gebe. Wohl habe es bürgerliche Momente in der antiken Wirtschaft gegeben.[123] Zum Kapitalismus gehöre, daß er ein ökonomisches *System* ist. Die Künstlichkeit der Weberschen Konstruktionen zeige sehr deutlich sein Begriff des »politischen Kapitalismus«.[124] Dieser Begriff sei nicht adäquat, da das wesensbestimmende Merkmal des Kapitalismus der Tausch sei, durch den Herrschaft erst vermittelt werde.

Prof. Adorno macht darauf aufmerksam, Weber habe gesehen, daß beim Tausch die Identität der Äquivalente nicht gegeben sei, da sich die Herrschaftsverhältnisse durchsetzten. Der Tausch als der Typus allen zweckrationalen Handelns werde, da nicht nur ökonomische Güter durch ökonomisch Gleiche

---

121 Vgl. den Abschnitt »Macht und Herrschaft. Übergangsformen«, in MWG, Bd. I/22–4, S. 126–138.
122 S. die entsprechende Diskussion zwischen Adorno und Horkheimer, wie sie das Sitzungsprotokoll 145 aus dem soziologischen Hauptseminar »Wirtschaft und Gesellschaft II« des Sommersemesters 1958 dargelegt.
123 Diese Annahme steht zentral im Exkurs *Odysseus oder Mythos und Aufklärung* in der *Dialektik der Aufklärung* [1947] (vgl. GS, Bd. 3, S. 61–99).
124 Weber spricht an mehreren Stellen seines Werkes vom ›politisch orientierten Kapitalismus‹, so etwa, wenn es heißt: »Nur der Okzident kennt rationale kapitalistische Betriebe mit *stehendem Kapital*, freier Arbeit und rationaler Arbeitsspezialisierung und -verbindung und rein verkehrswirtschaftliche Leistungsverteilung auf der Grundlage kapitalistischer Erwerbswirtschaften. Also: die kapitalistische Form der formal rein voluntaristischen *Organisation der Arbeit* als typische und herrschende Form der Bedarfsdeckung breiter Massen, mit Expropriation der Arbeiter von den Beschaffungsmitteln, Appropriation der Unternehmungen an Wertpapierbesitzer. Nur er kennt öffentlichen Kredit in Form von Rentenpapieremissionen, Kommerzialisierung, Emissions- und Finanzierungsgeschäfte als Gegenstand rationaler Betriebe, den Börsenhandel in Waren und Wertpapieren, den ›Geld‹- und ›Kapitalmarkt‹, die monopolistischen Verbände als Form erwerbswirtschaftlich rationaler Organisation der unternehmungsweisen Güter*herstellung* (nicht nur: des Güterumsatzes). [Absatz] Der Unterschied bedarf der *Erklärung*, die nicht aus ökonomischen Gründen *allein* gegeben werden kann. Die Fälle 3–5 sollen hier als *politisch* orientierter Kapitalismus zusammengefaßt werden. Die ganzen späteren Erörterungen gelten vor allem *auch* diesem Problem.« (MWG, Bd. I/23, S. 381)

getauscht werden, als antagonistisches Verhältnis bestimmt.[125] Mit dieser Konzession komme Weber sehr nahe an Marx heran. An sich wäre aus den Kategorien der verstehenden Soziologie diese Einsicht nicht zu gewinnen. Weber habe richtig gesehen, daß die individuelle Freiheit historisch geworden ist und daß diese Freiheit von der Gesellschaft wieder kassiert werden kann.

Ferner habe Weber etwas gesehen, worauf Freud im anderen Sinn gestoßen ist, daß nämlich die Triebverzichte, die das Realitätsprinzip dem Menschen abverlange, immer außerordentlich prekär und problematisch blieben, da sie später eigentlich nie kompensiert werden.[126] Die Rationalität, der wir gehorchen, erweise sich à la longue doch als irrational. So verstehe Weber die Rückbildung des Religiösen zu irrationalen, rein gefühlsmäßigen Formen als Reflex der den Individuen abverlangten Fügung in das rationalisierte System.[127] Diese Erkenntnis besitze eine außerordentliche Bedeutung, da diese Einsicht unter einer subjektiven Voraussetzung zwangsläufig gefunden wurde. Die immanente Dialektik, die hier vorliege, wende sich eigentlich gegen die Wertfreiheit, denn es komme – wie der Begriff der Freiheit zeige – ein normatives Moment hinzu und zwar aus der Sache selbst.

Weber stoße auch auf das Problem, daß innerhalb einer total versachlichten Welt die traditionellen Kategorien der Ethik mit der Zunahme der Bürokratisierung absterben würden.[128] Diese Einsicht meint etwas Anderes als bloße Relativierung ethischer Normen; vielmehr schrumpfe mit der Versachlichung der Welt das Substrat der Ethik zusammen.

Hans-Volker Hacker

---

125 Vgl. ebd., S. 230 f.
126 In der Vorlesung *Probleme der Moralphilosophie* macht Adorno seine Zuhörer auf Freuds *sogenannte[...] technische[...] Schriften* aufmerksam, in denen dieser *konstatiert, daß das Prekäre des Triebverzichtes, das den Triebverzicht immer wieder auch problematisch und hinfällig macht – und zugleich das Prekäre der Psychoanalyse selber –, darin liegt, daß das Lustquantum [...], auf das die Individuen jeweils verzichten sollen, keineswegs so, wie es in dem dabei zugrundeliegenden Prinzip der Vernünftigkeit liegt, [i]hnen dann später an anderer Stelle zurückerstattet wird, sondern daß diese ganze Ermahnung eigentlich nur erfolgt, damit das Ganze sozusagen sich erhält, ohne daß das Individuum – mit Ausnahme von ganz wenigen Menschen[,] und auch bei denen ist es mehr als fraglich – jeweils also von dem, worauf es verzichtet, nun tatsächlich profitieren würde.* (NaS, Bd. IV·10, S. 205 f.) – Vgl. etwa Freuds Schrift »Die endliche und die unendliche Analyse« [1937], FGW, Bd. XVI, S. 59–99.
127 Vgl. MWG, Bd. I/22-2, S. 155–157.
128 Vgl. ebd., S. 232–234.

370 Gundula Kordatzki, 18. Februar 1964

Prof. Th. W. Adorno – Hauptseminar über Max Weber

Protokoll der Sitzung vom 18. 2. 1964

Prof. Adorno wies zu Beginn der Sitzung auf die zentrale Stellung der beiden Referate über den rationalen Kapitalismus[129] und die Bürokratie[130] hin. Es gehe M. Weber besonders darum, den Vorrang soziologischer Kategorien der gesellschaftlichen Organisation vor rein wirtschaftlichen zu beweisen. Man müsse die Frage stellen, ob es Weber gelungen sei, das zu verwirklichen, was ihm vorgeschwebt hatte, wenn er die Eigenständigkeit der Soziologie als Wissenschaft vertrat. Deren Sinn bestand für ihn nur soweit, als sie zeigen konnte, daß bestimmte Kategorien in der Gesellschaft, die über die Menschen Macht haben, nicht unmittelbar aus dem ökonomischen Prozeß abgeleitet werden können. Wenn Weber jedoch seine Behauptungen mit der gesellschaftlichen Wirklichkeit konfrontierte, so sei er doch auf ökonomische Kategorien gestoßen. Der Begriff des Organisatorischen sei nur sinnvoll als rationaler und in bezug auf etwas, das der Organisation unterliegt. Dieses werde durch die Gesellschaft als eine sich selbst am Leben erhaltende und produzierende konstituiert. Die Rationalität beziehe sich auf die Angemessenheit der Mittel an die Zwecke, d. h. auf die adäquateste Möglichkeit der Reproduktion gesellschaftlichen Lebens.

Bei Webers »Wirtschaft und Gesellschaft« dürfe man den Begriff der Wirtschaft nicht in zu engem Sinn von bereits etablierten Marktgesetzen, wirtschaftlichen Interessen oder ähnlichem fassen, sondern als Prozeß, in dem die Gesellschaft sich selbst am Leben erhält. Weber verstehe die Zweck-Mittel-Relation als gesamtgesellschaftliche, in der die Erhaltung des realen Lebens inbegriffen sei.

Weber stoße auf das Phänomen, daß Organisationsformen die Tendenz haben, sich gegenüber dem Lebensprozeß der Gesellschaft zu verhärten. (Die gleiche Erkenntnis mit metaphysischem Akzent könne man bei G. Simmel,[131] ihre

---

129 S. oben, Anm. 118.
130 Jost von Maydell, »Wesen, Voraussetzungen und Entfaltung der bürokratischen Herrschaft«, UAF Abt. 139 Nr. 12, 90 und 132–149.
131 So bemerkt Simmel etwa: »Wenn […] die Tendenzen zur Individualisierung einerseits, zur Undifferenziertheit andererseits sich derart gleich bleiben, daß es relativ gleichgiltig ist, ob sie sich auf dem rein persönlichen oder auf dem Gebiet der sozialen Gemeinschaft, der die Person angehört, zur Geltung bringen, – so wird das Plus an Individualisierung oder ihrem Gegenteil auf

Ausführung als extremen Anti-Parlamentarismus bei R. Michels finden)[132]. Es ergebe sich das Problem, ob die Verfestigung von organisatorischen Formen etwas rein Soziologisches ist, das aus den Strukturen des Zusammenlebens folgt, oder ob gerade in dieser Verfestigung der Bürokratie sich ein Materielles ausdrückt: das verfestigte Klassenverhältnis, das sich gegenüber formalen Verhältnissen durchsetzt. Weber kritisiere am Sozialismus, daß mit der unvermeidlichen Bürokratisierung neue Hörigkeit der Menschen geschaffen würde. Man brauche nur an die russische Bürokratie denken, die von Weber richtig prognostiziert und von Trotzki kritisiert wurde.[133]

Im folgenden führte Frl. Jaerisch ihr Referat über den rationalen Kapitalismus zu Ende. Zur Antinomie zwischen Verantwortungsethik und Gesinnungsethik bemerkte Prof. Adorno: Weber dringe hier tief in die antagonistische Struktur der Gesellschaft ein, in der Diskrepanz herrsche zwischen Gesamtinteresse und Einzelinteresse des Individuums. Wenn das Individuum seine Selbstbehauptungstendenzen rücksichtslos durchsetze, wozu es durch die wirtschaftliche Rationalität gezwungen sei, verstoße es notwendig gegen ethische Grundsätze. Bloße Verantwortungsethik laufe dagegen durch die Einbeziehung der Wirkung auf reine Anpassung hinaus.[134] (Schon Hegel verfocht die Verantwortungsethik gegen Kants Gesinnungsethik)[135]. Andrerseits sei die Wirtschaftsethik ja Bestandteil der

---

dem einen Gebiet ein Minus auf dem andern fordern.« (Georg Simmel, Über sociale Differenzierung. Sociologische und psychologische Untersuchungen [1890], in: Georg Simmel, Gesamtausgabe, hrsg. von Otthein Rammstedt, Bd. 2, hrsg. von Heinz-Jürgen Dahme, Frankfurt a. M. 1989, S. 109–295; hier: S. 174)

132 Vgl. den Abschnitt »Die Demokratie und das eherne Gesetz der Oligarchie«, in: Robert Michels, Zur Soziologie des Parteiwesens in der modernen Demokratie. Untersuchungen über die oligarchischen Tendenzen des Gruppenlebens [1911], hrsg. und mit Nachw. von Werner Conze, 3. Aufl., Stuttgart [1957], S. 351–369.

133 Leo Trotzki kritisiert bereits in den frühen 1920er Jahren die Totalitarisierungstendenz der sowjetischen Führung unter Josef Stalin, die einsetzende Bürokratisierung sowie den aufkommenden Nationalismus in der entstehenden Sowjetunion.

134 Vgl. MWG, Bd. I/12, S. 478–480.

135 Die wohl bündigste Gegenüberstellung von dem, was man bei Hegel ›Verantwortungsethik‹ nennen könnte, und dem, was bei Kant demgegenüber ›Gesinnungsethik‹ heißen mag, findet sich in: HW, Bd. 7, S. 252–254. – In den *Marginalien zu Theorie und Praxis* weist Adorno darauf hin, Politik sei *der Ort der Differenz zwischen der Kantischen Ethik und den Anschauungen Hegels, der [...] Ethik im traditionellen Verstande eigentlich nicht mehr kennt. Die moralphilosophischen Schriften Kants waren, dem Stand von Aufklärung im achtzehnten Jahrhundert gemäß, bei allem Antipsychologismus und aller Anstrengung zu schlechthin verbindlicher, übergreifender Gültigkeit, individualistisch soweit, wie sie an das Individuum sich wendeten als an das Substrat richtigen – bei Kant: radikal vernünftigen – Handelns. Kants Beispiele kommen allesamt aus der Privat- und der*

bürgerlichen Ordnung. Sie zwinge aber einen bürgerlichen Geschäftsmann, den ethischen Grundsätzen des Bürgertums zuwiderzuhandeln. Es handle sich hier um einen immanenten Widerspruch, um einen Normenkonflikt innerhalb der bürgerlichen Gesellschaft selbst.

Dann erwähnte Prof. Adorno den Haupteinwand B. Croces gegen die Dialektik: Alle möglichen Lebensbereiche erschienen als unabhängig voneinander bestehend und ohne Bezug auf den gesamtgesellschaftlichen Prozeß.[136] Weber dagegen sehe, daß diese Lebensbereiche sich verselbständigten, aber trotzdem noch zusammenhingen. Ihre Verselbständigung sei eine Funktion der gesellschaftlichen Entwicklung. In Wirklichkeit kommuniziere das sich Entfremdete. Ein Beleg dafür sei unter anderem das Auftauchen des Inhalts des formalen Rechtsanspruchs »ohne Haß und ohne Liebe« zu urteilen in der Dichtung des 19. Jahrhunderts als durchgängiges Prinzip der Melancholie.[137]

Webers Aussage über die immanente Eigengesetzlichkeit der modernen Justiz nehme das vorweg, was bei uns vor kurzem im Fall des ehemaligen Vertriebenenministers Krüger sich zeigte, der aussagte, daß die Richter damals Todesurteile ja routinemäßig vollzogen hatten.[138] Das, was uns hier als Ausgeburt einer fürchterlichen Gewaltherrschaft erscheint, liege im Prinzip des rationalen Rechts selbst.

Eine Folge der zunehmenden Rationalisierung der Rechtstechnik sind – nach Weber – »alle, auch und gerade die irrationalen Spielarten der Abkehr von der rein logischen Rechtssystematik« als Formen der Flucht ins Irrationale.[139] Diesen

---

geschäftlichen Sphäre; der Begriff der Gesinnungsethik, deren Subjekt der individuierte Einzelne sein muß, wird davon bedingt. In Hegel meldet erstmals die Erfahrung sich an, daß das Verhalten des Individuums, sei es noch so reinen Willens, nicht heranreicht an eine Realität, die dem Individuum die Bedingungen seines Handelns vorschreibt und einschränkt. Indem Hegel den Begriff des Moralischen ins Politische erweitert, löst er ihn auf. Keine unpolitische Reflexion über Praxis seitdem ist triftig. (GS, Bd. 10·1, S. 764 f.)

136 Vgl. den Abschnitt »Die Verknüpfung der Unterschiede und die falsche Anwendung der dialektischen Form«, in: B[enedetto] Croce, Lebendiges und Totes in Hegels Philosophie, mit einer Hegel-Bibliographie [1907], übers. von K[arl] Büchler, Heidelberg 1909, S. 64–81.
137 Vgl. etwa MWG, Bd. I/22–4, S. 186–188.
138 Hans Krüger ist seit 1963 für die CDU Bundesminister für Vertriebene, Flüchtlinge und Kriegsgeschädigte. Nachdem bekannt wird, daß er während des Zweiten Weltkrieges als ›Sonderrichter‹ im besetzten Polen Todesurteile verhängt hat, äußert Krüger im Januar 1964: »Wissen Sie, ein Todesurteil, das macht ein Richter doch rein routinemäßig.« ([Ohne Autorenangabe], Einfach durchhalten, in: Der Spiegel, 1964, Nr. 4, S. 19 f.; hier: S. 19) Eine Woche später tritt Krüger von seinem Ministeramt zurück.
139 Bei Weber heißt es: »Alle, auch und gerade die irrationalistischen, Spielarten der Abkehr von der in der gemeinrechtlichen Wissenschaft entwickelten rein logischen Rechtssystematik sind aber andererseits auch wieder Konsequenzen der sich selbst überschlagenden wissenschaftlichen

Gedanken weitete Prof. Adorno aus auf alle möglichen Erscheinungen in Kultur und Bewußtsein, die sich als Funktionen des zunehmenden Rationalisierungsprozesses darstellen. Irrationale Momente in der modernen Kunst (die Tendenz, der abstrakten Regel sich zu entziehen)[140] wie irrationale philosophische Strömungen als Reaktion auf den Zwang der rationalen Gesellschaft (Bergson)[141] lassen sich aus der Rationalisierung der gesamten Welt ableiten. Rationalität und Irrationalität sind – gesellschaftlich gesehen – funktionell voneinander abhängig und durcheinander vermittelt. Rationalität produziere aus sich selbst notwendig irrationale Momente, die sie abspaltet und dadurch ihrerseits verdinglicht. Irrationale Momente lehnen sich in ihrer Form an Archaisches. Selbst Relikte sind nicht einfach »Übriggebliebenes«, sondern Funktionen des Fortschritts. Das Zurückbleibende sei Funktion der gesellschaftlichen Tendenz.[142]

Rationalisierung und voraussetzungslosen Selbstbesinnung des Rechtsdenkens.« (MWG, Bd. I/22–3, S. 631)

140 In der *Ästhetischen Theorie* heißt es: *Irrationale, den Spielregeln der auf Praxis gerichteten Vernunft ein Schnippchen schlagende Kunst des Irrationalismus zu zeihen, ist auf seine Weise nicht weniger ideologisch als die Irrationalität des offiziellen Kunstglaubens; paßt den Apparatschiks aller Couleurs je nach Bedarf gut ins Konzept. Richtungen wie der Expressionismus und der Surrealismus, deren Irrationalitäten befremdeten, gingen an gegen Gewalt, Autorität, Obskurantismus.* (GS, Bd. 7, S. 88)

141 Vgl. eine Erläuterung, die Adorno wenig später, im Juli 1964 in seiner Vorlesung *Philosophische Elemente einer Theorie der Gesellschaft* gibt: *Ich glaube, daß wir heute uns kaum mehr vorstellen können, von welcher Gewalt der Verlust des κόσμος νοητικός, der geschlossenen mittelalterlichen christlichen Welt gewesen sein muß, wie grauenvoll die Erfahrung für die Menschen gewesen sein muß, daß die Welt nicht als ein objektiv Sinnvolles sich über ihnen wölbt, daß sie ihnen nicht die bestimmte Aussicht auf Erlösung und auf eine Art von Wiedergutmachung all des Schrecklichen gewährt, das ihnen im Leben gegenübergestellt wird. Und es hat sich eben doch die Wissenschaft als die Macht wirklich dargestellt, die den alten theologischen Kosmos gestürzt hat und die in sich selbst jene ungeheure, fast unwiderstehliche Stringenz der reinen Methode [...] hat, die anstelle dieses Kosmos getreten ist, und es hat einer langen Entwicklung bedurft, die eigentlich erst in Denkern wie Nietzsche und Henri Bergson ganz aktuell geworden ist, um darüber zu belehren, daß das szientifische Denken eben nicht imstande ist, das zu leisten, was man ihm sozusagen als eine Ersatzfunktion gegenüber diesem κόσμος νοητικός einmal zugetraut hatte.* (NaS, Bd. IV·12, S. 181 f.)

142 *Mag immer es unmöglich sein, das begriffliche Netz zu zerreißen, so ist es doch die ganze Differenz, ob man seiner als eines solchen gewahr wird, es kritisch reflektiert, oder ob man es um seiner Dichte willen für das »Phänomen« hält. Freilich ist dieser Schein selbst eine Funktion der Realität, der geschichtlichen Tendenz. Je mehr die Form der Vergesellschaftung zur Totalität sich ausbreitet und ein jegliches Menschliche, vorab die Sprache, präformiert, und je weniger das einzelne Bewußtsein dem zu widerstehen vermag, um so mehr nehmen die vorgegebenen Formen mit dem Charakter der Fatalität den des an sich Seienden an. Verdinglichtes Denken ist der Abdruck der verdinglichten Welt.* (GS, Bd. 6, S. 115 f.)

Im Referat wurde dann weiter ausgeführt, daß am Ende des Rationalisierungsprozesses selbst die als schlechthin unberechenbar geltenden Affekte zum Gegenstand der Berechnung gemacht werden.[143]

Als Gegenschlag auf den Taylorismus[144] sei, wie Prof. Adorno dazu sagte, nicht nur Irrationales berechenbar gemacht worden, sondern irrationale Momente würden als irrationale einkalkuliert. Mayos gesamte Lehre von den kleinen informellen Gruppen[145] habe nicht beabsichtigt, diese aufzulösen, sondern habe sie mit einbezogen in den Produktionsprozeß, insofern als sie der Rationalisierung (= der Steigerung der Produktivität) zugute kamen. Zum gleichen Zweck tendiere auch die Psychoanalyse dazu, irrationale Momente unter dem Realitätsprinzip zu befriedigen. Irrationalität werde in den Prozeß der Rationalität eingebaut.

Bei dieser Tendenz sei zunehmende Quantität in Qualität umgeschlagen; eine Steigerung des Ausmaßes in der Wirtschaft und dem gesamten Leben sei eingetreten, von der Weber noch nichts ahnen konnte.

Dann trug Herr von Maydell sein Referat über »Wesen, Voraussetzungen und Entfaltung der bürokratischen Herrschaft« vor.[146] Im ersten Teil sprach er über den Idealtypus »Bürokratie«, wie Weber ihn sieht:

Herrschaft und Organisation sind untrennbar miteinander verbunden und aufeinander angewiesen, wobei die spezifische Verwaltungsform rationaler oder legaler Herrschaft die Bürokratie ist. Weber untersucht deren Entwicklungschancen und ihre ökonomischen Konsequenzen. Mit diesem Ansatz wandte sich

---

[143] In seiner Schrift über »Wissenschaft als Beruf« [1917/1919] schreibt Weber etwa: »Die zunehmende Intellektualisierung und Rationalisierung bedeutet also *nicht* eine zunehmende allgemeine Kenntnis der Lebensbedingungen, unter denen man steht. Sondern sie bedeutet etwas anderes: das Wissen davon oder den Glauben daran: daß man, wenn man *nur wollte*, es jederzeit erfahren *könnte*, daß es also prinzipiell keine geheimnisvollen unberechenbaren Mächte gebe, die da hineinspielen, daß man vielmehr alle Dinge – im Prinzip – durch *Berechnen beherrschen* könne. Das aber bedeutet: die Entzauberung der Welt.« (MWG, Bd. I/17, S. 86 f.)

[144] »Taylorismus« bezeichnet die Umstrukturierung der industriellen Produktionszweige hin zu einer durchrationalisierten, effizienteren Ordnung sowie die soziale Wirkung dieser Rationalisierung. – Vgl. Frederick Winslow Taylor, Die Grundsätze wissenschaftlicher Betriebsführung [1911], hrsg. und eingel. von Walter Volpert und Richard Vahrenkamp, übers. von Rudolf Roesler, Weinheim und Basel 1977.

[145] Im Zuge der sogenannten ›Human-Relations-Bewegung‹, die die Arbeiter als Subjekte in den industriellen Produktionsprozess einbeziehen will, erforscht Mayo die spontane Herausbildung informeller Kleingruppen in den Betrieben. Einige Resultate sind dargelegt in: Elton Mayo, Probleme industrieller Arbeitsbedingungen [1945], übers. von Rüdiger Proske, Frankfurt a.M. [1949]; vgl. vor allem ebd., S. 95–183. Zu Adornos Behandlung dieser Studie vgl. NaS, Bd. IV·15, S. 97, sowie ebd., S. 220 f.

[146] S. oben, Anm. 131.

Weber gegen Marx, der, wie Prof. Adorno zufügte, die Organisationsformen als dem Überbau zugehörig dachte, während sie nach Weber den Überbau beherrschten.

Weber unterscheidet zwei Arten der Herrschaft: die ökonomische, die auf einem Marktvorteil des Herrschenden beruht, und die politische, die auf Gehorsamspflicht der Beherrschten sich gründet. Diesen letzten Typus teilt Weber in traditionelle, rationale und charismatische Herrschaft.

Die Überführung traditioneller in rationale Herrschaft geschah durch die Bürokratisierung der ehemals patrimonialen Verwaltung. Durch diesen Vorgang wurde die Herrschaft – aufgrund ihrer Berechenbarkeit – nahezu unzerbrechlich.[147] Dagegen wandte Prof. Adorno ein, daß die großen totalitären Bewegungen gezeigt hätten, daß alle Bürokratie durchaus stürzbar sei. Dem Faschismus sei es gelungen, die Macht der traditionellen Bürokratie einzuschränken; Hitler hätte sich geradezu überschlagen in Verachtung gegenüber der Bürokratie. Diese habe es unter ihm nie zum reibungslosen Funktionieren gebracht, ganz im Gegenteil zur russischen, wo allerdings das Personal auch ersetzt wurde.

Herr von Maydell gab nun eine Charakterisierung der Bürokratie im idealtypischen Sinn: Sie ist nur definiert nach ihrer Organisationsstruktur und nicht nach ihrem Inhalt. Ihr Aufbau ist hierarchisch; in der Spitze, die Kontrollmöglichkeit über die ganze Organisation hat, ist alle Herrschaftsgewalt konzentriert. Durch Arbeitsteilung in Kompetenzen wird exakte Ausführung der Befehle der monokratischen Spitze garantiert.[148] Prof. Adorno wandte ein, daß sich die Verhältnisse heute insofern geändert hätten, als die Bürokratien untereinander abhängig seien. Die Spitze der Kultusverwaltung zum Beispiel sei vom Finanzministerium abhängig, da ihr Etat kleiner sei als die Befriedigung der Bedürfnisse es verlange. Die monokratische Spitze existiere auch nicht mehr in dieser Form; sie sei abhängig von Ressortbeamten, die ihnen nicht genehme Anordnungen durchaus boykottieren können. Man müsse hier die Frage stellen, ob dieser Ide-

---

[147] »Eine einmal voll durchgeführte Bürokratie gehört zu den am schwersten zu zertrümmernden sozialen Gebilden. Die Bürokratisierung ist *das* spezifische Mittel, ›Gemeinschaftshandeln‹ in rational geordnetes ›Gesellschaftshandeln‹ zu überführen. Als Instrument der ›Vergesellschaftung‹ der Herrschaftsbeziehungen war und ist sie daher ein Machtmittel allerersten Ranges für den, der über den bürokratischen Apparat verfügt. Denn unter sonst gleichen Chancen ist planvoll geordnetes und geleitetes ›Gesellschaftshandeln‹ jedem widerstrebenden ›Massen‹- oder auch ›Gemeinschaftshandeln‹ überlegen. Wo die Bürokratisierung der Verwaltung einmal restlos durchgeführt ist, da ist eine praktisch so gut wie unzerbrechliche Form der Herrschaftsbeziehungen geschaffen.« (MWG, Bd. I/22–4, S. 208)

[148] Vgl. den Abschnitt »Der staatliche Herrschaftsbetrieb als Verwaltung. Politische Leitung und Beamtenherrschaft«, in: Weber, Wirtschaft und Gesellschaft, a.a.O. (s. Anm. 45), Halbbd. 2, S. 833–845.

altypus wirklich Idealtypus ist; ob man nicht Verfestigungsmerkmale in ihn hineinnehmen müßte, die seine ursprüngliche Struktur so verändern, daß der Idealtypus eben »nicht mehr stimmt«.

Weitere Charakteristika der Bürokratie nach Weber sind Rationalität und Sachlichkeit ihres Handelns im Sinne einer Berechenbarkeit ihres Funktionierens, dann die Aktenmäßigkeit der Verwaltung und die allgemeine Trennung der Verwaltungsbetriebsmittel von der Person des Beamten. Diese Strukturmerkmale bedingen eine strenge Amtsdisziplin aller Beamten, die erst das exakte Funktionieren des Apparates garantiert.[149]

Die Rationalität der Bürokratie erstreckt sich nur auf ihre formale Struktur und Funktion, nicht auf ihren Inhalt, durch den sie nicht definiert wird. Die Bürokratie ist den Zwecken gegenüber neutral, sie bekommt sie von außen (von der Herrschaft) vorgegeben.[150]

Parallele zur Neutralität der Bürokratie ist die Wertfreiheit der Wissenschaft.[151] Hier wies Prof. Adorno darauf hin, wie ungemein nahe Weber hier einer Kritik seiner eigenen Wissenschaftslehre sei. Er bestimme als das Wesen der Bürokratie ihre gegenständliche objektive Verfahrensweise, was eine Kritik an der potentiellen Irrationalität ihres Inhalts einschließt. Ebenso erkennt er die wissenschaftliche Wertfreiheit als Anpassung an den verdinglichten Betrieb der

---

149 Vgl. MWG, Bd. I/23, S. 459f.
150 Vgl. etwa Weber, Wirtschaft und Gesellschaft, a.a.O. (s. Anm. 45), Halbbd. 2, S. 825.
151 »Geronnener Geist ist auch jene lebende Maschine, welche die bürokratische Organisation mit ihrer Spezialisierung der geschulten Facharbeit, ihrer Abgrenzung der Kompetenzen, ihren Reglements und hierarchisch abgestuften Gehorsamsverhältnissen darstellt. Im Verein mit der toten Maschine ist sie an der Arbeit, das Gehäuse jener Hörigkeit der Zukunft herzustellen, in welche vielleicht dereinst die Menschen sich, wie die Fellachen im altägyptischen Staat, ohnmächtig zu fügen gezwungen sein werden, wenn ihnen eine rein technisch gute und das heißt: eine rationale Beamten-Verwaltung und -Versorgung der letzte und einzige Wert ist, der über die Art der Leitung ihrer Angelegenheiten entscheiden soll. Denn das leistet die Bürokratie ganz unvergleichlich viel besser als jegliche andere Struktur der Herrschaft.« (Ebd., S. 835) Der Herausgeber der *Gesammelten Schriften* Adornos, Rolf Tiedemann, macht auf eine Anmerkung aufmerksam, die Adorno 1969 notiert, um sie in eine folgende Auflage der *Negativen Dialektik* einzufügen: *Die von ihm* [scil. Max Weber] *prognostizierte Entwicklung der Bürokratie als der reinsten Form rationaler Herrschaft in eine Gesellschaft des Gehäuses ist irrational. Begriffe wie Gehäuse, Verfestigung der Apparatur sagen nichts anderes, als daß sie sich zum Selbstzweck werden anstatt ihre Zweck-Mittel-Rationalität zu erfüllen. Diese wird irrational wenn, wie W{eber} es will, die Zwecke es bleiben. Das Abbrechen der Zweck-Mittel-Rationalität ist pure Ideologie, gerichtet gegen den Marxismus. Sie demaskiert sich als untriftig, widerspruchsvoll in sich. (Ratio darf nicht weniger sein als Selbsterhaltung; durch Selbsterhaltung hindurch muß sie diese transzendieren.)* (GS, Bd. 6, S. 530f.) – Zu dieser Einfügung ist es nicht mehr gekommen, aber unstreitig dürfte sich die Notiz auch auf den zuvor zitierten Passus bei Weber beziehen. – S. auch oben, Anm. 82.

Wissenschaft, als Funktion der Verdinglichung der gesamten Welt. Schließlich aber übernehme er das Kritisierte als Norm für sein wissenschaftliches Verfahren. Ein kleiner Schritt würde ihn zur Wissenssoziologie seiner selbst führen; sein Prinzip der Wertfreiheit wäre damit total in Frage gestellt. Webers soziologisch-materiale Einstellung führe ihn an die Grenze seiner wissenschaftlichen Verfahrensweise. Weiter führte Prof. Adorno aus, daß Weber – wie anfangs erwähnt – die Grenze der Marxschen Theorie von Überbau und Unterbau zeigen wolle indem er behaupte, daß Kategorien des Überbaus – der Organisation – das gesellschaftliche Leben bestimmen. Andernteils aber sage er, daß in manchen Gesellschaften das Wesen der Bürokratie aus ökonomischen Gründen sich nicht voll entfalten konnte;[152] er mache die Organisation also von der Wirtschaftsstruktur abhängig. Weber handle in diesem Fall »ungeheuer anständig«; er getraue sich, Konsequenzen aus seinem Material zu ziehen, die seiner wissenschaftlichen Einstellung widersprechen.

Die Bürokratie trat – nach Weber – niemals in reiner idealtypischer Form auf, nur in Annäherungen an dieses Modell. Ihre Entwicklung war gebunden an die Entstehung moderner Staaten und die Entfaltung des bürgerlichen Kapitalismus.

Im 2. Teil seines Referats stellte Herr von Maydell die historische Entwicklung der modernen Bürokratie dar:

Sie entstand auf dem Boden des absolutistischen Fürstenstaates, der auch das erste Objekt war, dessen sie sich bemächtigte. Dies führte zur Entwicklung eines Staatswesens, das aber noch weitgehend irrational war, insofern, als es nicht auf gesetztem Recht beruhte. Die feudalen Lehensträger wurden dann zunehmend entmachtet; Heerwesen, Finanzwesen, Recht und Justiz wurden rationalisiert und somit bürokratisiert. Zum Punkt der Schaffung eines stehenden Heeres bemerkte Prof. Adorno, daß dies mit der Entwicklung der Technik zusammenhänge; die Geschichte des Kriegswesens sei einzig die Geschichte von Rationalisierung. Demgegenüber meinte der Referent, Weber führe nicht die Rationalisierung des Heeres auf technische Entwicklung, wie zum Beispiel die Erfindung des Schießpulvers, zurück, sondern umgekehrt: Die Einführung des Pulvers sei eine Funktion der Organisation des Heeres.[153] Prof. Adorno meinte jedoch, man müsse der Entwicklung des technischen Fortschritts doch den Vorrang geben. Sie habe jedoch ihre Grenze in den Produktionsverhältnissen. In der Antike seien Mathematik und Physik auf gleichem Niveau gestanden wie dann wieder im 17. Jahrhundert, wären aber für die Produktion nicht angewendet worden, da eine wirtschaftliche Notwendigkeit (wegen der Sklavenarbeit) nicht

---

152 Vgl. MWG, Bd. I/22–4, S. 169–185.
153 Vgl. ebd., S. 545–550.

gegeben war. Aus diesem Grund sei ihre Beherrschung dann auch wieder weitgehend zerfallen.

Im Referat wurde weiter gezeigt, wie die Umgestaltung des Heerwesens die Revolutionierung der Finanz- und Wirtschaftspolitik des absolutistischen Staates zur Folge hatten. Die entstehende Verwaltungsbürokratie sah sich dem Fürsten als monokratischem Herrscher unterstellt. Ständige Vergrößerung des Staatshaushalts machte ein Bündnis mit der kapitalistischen Wirtschaftsform notwendig, das auch deren Interessen entgegenkam.

Prof. Adorno wies auf die Französische Revolution von 1789 hin, die deshalb etwas so Scheinhaftes habe, weil die Bürokratisierung und Rationalisierung der Wirtschaft so weit getrieben waren, daß das Bürgertum eigentlich die entscheidenden Machtpositionen bereits innehatte.[154] Der Absolutismus war nur »ein alter Zopf, der ohne weiteres abfiel«. Weil diese Revolution am gesamtgesellschaftlichen Inhalt so wenig geändert hatte, sei aus ihr eine Ideologie solchen Ausmaßes gemacht worden. Sozialistische Revolutionen hätten demgegenüber ganz anderen Charakter.

Der nächste Schritt war, wie Herr von Maydell ausführte, eine umfassende Rechtsrationalisierung.

Kapitalistische Wirtschaft kann sich nur unabhängig von politischer Herrschaft entwickeln. Rationalisierung des Kapitalismus und der absolutistischen Herrschaft bedingen einander und treiben sich gegenseitig voran. Der entstehende konstitutionelle Staat ist der Boden, auf dem Bürokratie und bürgerlicher Kapitalismus rational sich entfalten konnten. Eingriffe in die Wirtschaft sind dem Staat durch Gesetze verwehrt.[155] Dazu bemerkte Prof. Adorno, dies sei ein klas-

---

154 Adorno weist in diesem Sinne auch in seiner Vorlesung *Zur Lehre von der Geschichte und von der Freiheit*, gehalten im Wintersemester 1964/65, darauf hin, *daß um die Zeit als die große Französische Revolution stattgefunden hat, die entscheidenden wirtschaftlichen Positionen bereits von dem Bürgertum besetzt waren; das heißt also, daß das manufakturelle und bereits das beginnende industrielle Bürgertum die Produktion beherrschte, während demgegenüber [...] die feudale Klasse und die mit ihr assoziierten und in der absolutistischen Sphäre zusammengefaßten Gruppen eigentlich an Produktivität im Sinne der gesellschaftlich nützlichen Arbeit kaum mehr einen Anteil gehabt haben. Diese Schwäche des Absolutismus ist die Bedingung dafür gewesen, daß die Revolution hat ausbrechen können, und man wird [...] schwer bestreiten können, daß das, was in der Selbstglorifizierung des revolutionären Bürgertums wie eine unbeschreibliche Tat der Freiheit erschien, eigentlich viel mehr eine Verifizierung eines Zustandes ist, der bereits gegeben war.* (NaS, Bd. IV·13, S. 53 f.)
155 Tatsächlich bemerkt Weber: »Eine staatliche Wirtschaftspolitik, die diesen Namen verdient, d. h. kontinuierlich und konsequent ist, entsteht erst in moderner Zeit. Das erste System, das sie hervorbringt, ist das des sogenannten Merkantilismus.« (Weber, Wirtschaft und Gesellschaft, a.a.O. [s. Anm. 45], Halbbd. 2, S. 825.) – Vgl. weiterhin Webers Behandlung des englischen Merkantilismus: ebd., S. 827–829.

sisch-liberales Wirtschaftsmodell, das heute keine Gültigkeit mehr habe. Wenn die Wirtschaft die Selbsterhaltung der Gesellschaft gefährde, werde der Staat sehr wohl zur Intervention gezwungen.[156]

Der Referent wies auf den in Webers Denken zentralen Widerspruch zwischen formaler und materialer Rationalität des Rechts hin; die formale Rechtsgleichheit erlaube es jedem, eine Aktiengesellschaft zu gründen; sie schaffe aber dadurch eine Art faktischer »Autonomie« der Klassen, die materiell dazu in der Lage seien. Dies unterstrich Prof. Adorno mit einem Ausspruch von Anatole France, der von der erhabenen Gleichheit des Gesetzes sprach, das Armen und Reichen gleichermaßen verbietet, Holz zu stehlen und unter Brücken zu schlafen.[157]

Durch die immer zunehmende Wichtigkeit und Unentbehrlichkeit der Bürokratie wird – nach Weber – eine »Revolution im Sinne der gewaltsamen Schaffung ganz neuer Herrschaftsbildungen« zunehmend unmöglich.[158] Diese Beobachtung sei richtig, meinte Prof. Adorno, die Begründung aber falsch. Man könne sehr wohl mit der Bürokratie fertig werden. Weber habe aber mit seinem außerordentlichen Sensorium gemerkt, daß durch die rationale Durchbildung der Herrschaft die Möglichkeit einer Revolution immer mehr abnehme. Es sei kein Zufall, daß es zu wirklich revolutionären Akten nach dem 2. Weltkrieg (wie noch nach dem 1.) nicht gekommen sei. Veränderungen seien auf dem Verwaltungswege, mittels der Bürokratie, herbeigeführt worden. Es stelle sich die Frage, ob bei dem heute erreichten Punkt der technisch-militärischen Entwicklung Revolutionen überhaupt noch möglich seien. Weber habe eine soziologische Tendenz genau gesehen, aber fälschlich an der Bürokratie aufgehängt.

---

[156] Schlagendes Beispiel hierfür ist wohl die sogenannte Keynesianische Revolution und der folgende Keynesianismus. Dieser besteht in einer Abkehr vom Laissez-faire-Liberalismus, der als einer der Auslöser der Weltwirtschaftskrise erachtet wird, hin zu einer Politik, die die Nationalökonomie unter staatliche Aufsicht und Lenkung stellte. Die theoretische Grundlage legt der Namensgeber dieser neuen Ordnungspolitik, John Maynard Keynes, in seinem Werk »Allgemeine Theorie der Beschäftigung, des Zinses und des Geldes« [1936], übers. von Fritz Waeger, München 1936.

[157] In seinem Roman »Le lys rouge« schreibt France: »Ils y doivent travailler devant la majestueuse égalité des lois, qui interdit au riche comme au pauvre de coucher sous les ponts, de mendier dans les rues et de voler du pain.« (Anatole France, Le lys rouge, Paris 1894, S. 118) – Adorno übernimmt das nicht ganz korrekt übersetzte Zitat so von Ernst Bloch, der in der Zweitauflage seines »Geists der Utopie« [1923] notiert: »Das ist, sagt Anatole France, die Gleichheit vor dem Gesetz, daß es den Reichen wie den Armen gleichmäßig verbietet, Holz zu stehlen oder unter Brücken zu schlafen.« (Ernst Bloch, Werkausgabe, Bd. 3, Frankfurt a.M. 1985 [Suhrkamp-Taschenbuch Wissenschaft; 552], S. 297)

[158] S. oben, Anm. 64 und 147.

Im 3. Teil seines Referats sprach Herr von Maydell über das Verhältnis von Demokratie und Bürokratie.

Die Bürokratie ist eine »unvermeidliche Begleiterscheinung der modernen *Massen*demokratie«[159] und wird von ihr gefördert. Der Zugang zu ihr wird im Prinzip demokratisiert, da er auf Fachwissen beruht, das von jedermann erworben werden kann. Doch geraten Bürokratie und Demokratie notwendig in Widerspruch, da Fachwissen als Voraussetzung für Amtstätigkeit eine neue ständische Entwicklung zeitigt. Der Erwerb von Fachqualifikationen ist eben faktisch nicht jedem gleich leichtgemacht.

Für bedrohlicher hält Weber aber die Abwesenheit eines starken Parlaments, das den Herrschaftsanspruch der Bürokratie eindämmen und unter Kontrolle halten soll. Grundlage für die politische Macht der Bürokratie ist ihre Unentbehrlichkeit, gesteigert wird sie noch durch die Tendenz der »*Geheimhaltung* ihrer Kenntnisse und Absichten«[160]. Dazu bemerkte Prof. Adorno, daß ›das Geheimnis‹ ursprünglich ein feudaler Begriff sei, der als feudales Ideal von der Bürokratie übernommen und in Amts-, Fakultätsgeheimnis etc. verwandelt worden sei. Von mancher Seite (Jaspers) würde der modernen Massengesellschaft heute der Vorwurf gemacht, sie dulde kein Geheimnis.[161] Hier kämen pseudo-aristokratische

---

159 Weber schreibt, die bürokratische Organisation sei »regelmäßig zur Herrschaft gelangt [...] auf der Basis einer, mindestens relativen, *Nivellierung der ökonomischen und sozialen Unterschiede* in ihrer Bedeutsamkeit für die Innehabung der Verwaltungsfunktionen. Sie ist insbesondere eine unvermeidliche Begleiterscheinung der modernen *Massen*demokratie im Gegensatz zu der demokratischen Selbstverwaltung kleiner homogener Einheiten.« (MWG, Bd. I/22-4, S. 201)

160 »Stets ist die Machtstellung der vollentwickelten Bürokratie eine sehr große, unter normalen Verhältnissen eine überragende. Einerlei, ob der ›Herr‹, dem sie dient, ein mit der Waffe der ›Gesetzesinitiative‹, des ›Referendums‹ und der Beamtenabsetzung ausgerüstetes ›Volk‹, ein mit dem Recht oder der faktischen Maßgeblichkeit des ›Mißtrauensvotums‹ ausgerüstetes, auf mehr aristokratischer oder mehr ›demokratischer‹ Basis gewähltes Parlament oder ein rechtlich oder faktisch sich selbst ergänzendes aristokratisches Kollegium oder ein vom Volk gewählter Präsident oder ein erblicher ›absoluter‹ oder ›konstitutioneller‹ Monarch ist, – stets befindet er sich den im Betrieb der Verwaltung stehenden geschulten Beamten gegenüber in der Lage des ›Dilettanten‹ gegenüber dem ›Fachmann‹. Diese Überlegenheit des berufsmäßig Wissenden sucht jede Bürokratie noch durch das Mittel der *Geheimhaltung* ihrer Kenntnisse und Absichten zu steigern.« (Ebd., S. 214 f.)

161 »Die innere Haltung in dieser technischen Welt hat man *Sachlichkeit* genannt. Man will nicht Redensarten, sondern Wissen, nicht Grübeln über den Sinn, sondern geschicktes Zugreifen, nicht Gefühle, sondern Objektivität, kein Geheimnis wirkender Mächte, sondern klare Feststellung des Faktischen.« (Karl Jaspers, Die geistige Situation der Zeit [1931], 5. Aufl., Berlin, Leipzig 1932 [Sammlung Göschen; 1000], S. 43) – Gegen derlei Kulturpessimismus verwahren sich die Autoren der *Dialektik der Aufklärung* bereits in deren Einleitung: *Es geht nicht um die Kultur als Wert, wie die Kritiker der Zivilisation, Huxley, Jaspers, Ortega y Gasset und andere, im Sinn haben, sondern die*

Identifikationen zum Vorschein; die Irrationalität des Verfahrens solle mit dem Privileg einer Gruppe verbunden werden.

Neben der Geheimhaltung als Machtprinzip wird von Weber der Gedanke der ›Staatsraison‹ als bloße Verschleierung bürokratischen Machtstrebens bezeichnet.[162]

Das Parlament ist – nach Weber – die einzige Instanz, die die Entwicklung der Bürokratie zur totalen Herrschaft verhindern kann. Es muß dem charismatischen Führer, von dem Weber die Rettung von Resten individueller Freiheit erhofft, Stütze und Wegbereiterin sein.[163]

Zum Schluß bemerkte Herr von Maydell, daß Weber die Gefahr der Verbindung von charismatischer Herrschaft mit bürokratischem Apparat ohne bürokratische Rationalität nicht gesehen habe. Er sah die Demokratie einseitig durch die Bürokratie bedroht.

Prof. Adorno unterstrich dies abschließend mit dem Hinweis, daß die Bürokratie zum Sündenbock der verwalteten Welt gemacht werde, was sich schon bei Weber feststellen lasse. Der Begriff der Bürokratie sei zur ideologischen Funktion geworden; die Bürokratie werde angegriffen, wenn man die vergegenständlichte rationale Wirtschaft meint, die sich in ihr personalisiert. Gefordert sei ein dialektisches Verhalten gegenüber der Bürokratie: die Kritik müsse an einer vernünftigen Gesellschaft orientiert sein, um nicht der Rechtsnorm entäußerte Herrschaftsformen zu unterstützen.

Gunda Kordatzki
stud. phil.
Frankfurt/Main

Aufklärung muß sich auf sich selbst besinnen, wenn die Menschen nicht vollends verraten werden sollen. Nicht um die Konservierung der Vergangenheit, sondern um die Einlösung der vergangenen Hoffnung ist es zu tun. (GS 3, S. 15)
162 »Auf dem Gebiete der staatlichen Verwaltung speziell gilt gerade der das ›schöpferische‹ Belieben des Beamten am stärksten verklärenden Ansicht als höchster und letzter Leitstern seiner Gebarung der spezifisch moderne, streng ›sachliche‹ Gedanke der ›Staatsraison‹.« (MWG, Bd. 22–4, S. 196)
163 Vgl. Weber, Wirtschaft und Gesellschaft, a.a.O. (s. Anm. 45), Halbbd. 2, S. 859.

371 Heinz Dieter Jaenicke, 25. Februar 1964

Soziologisches Seminar
Wintersemester 1963/64. »Ausgewählte Kapitel aus Max Weber: ›Wirtschaft und Gesellschaft‹«

Heinz D. Jaenicke

Protokoll
der Seminarsitzung am 25. 2. 1964

Übersicht[164]

In dieser letzten Seminarsitzung des Semesters sollten – in einer »Generaldebatte«[165] – zentrale Fragen diskutiert werden, die sich für die Soziologie im Anschluß an die Beschäftigung mit Max *Weber* stellen. Dabei kamen jedoch nicht noch einmal jene zur Sprache, die sich aus dessen Methodologie ergeben – insbesondere die nach der Möglichkeit von Untersuchungsansätzen an subjektiven und an objektiven Momenten –, sondern im Zentrum der Diskussion stand eine inhaltliche; die nämlich nach dem Verhältnis geistig-organisatorischer und materieller Momente bei Max *Weber*. Sie ergab sich vor allem aus *Weber*s These von der tendenziell beherrschenden Kraft der Bürokratie in der industriellen Gesellschaft und führte zu der Behandlung des Verhältnisses von Technik, Bürokratie und moderner Gesellschaft, wobei die Vermutung ausgesprochen wurde, die Sphären »Stand der Produktivkräfte« und »Produktionsverhältnisse« ließen sich heute nicht mehr eindeutig voneinander trennen, ja würden durch zweckrationale Mechanismen künstlich zum Ausgleich gebracht. Ausgehend von der Vermutung eines die wahren Verhältnisse verdeckenden »technologischen Schleiers«[166] wurde schließlich auf die Dialektik der Technik hingewiesen, die Konzentration der Verwaltung, also Bürokratie, und Austauschbarkeit der Arbeitenden hervorbringe, wobei die Austauschbarkeit aber tendenziell die Aufhebbarkeit bürokra-

---

164 Die Zwischentitel dieses Protokolls stehen in der Vorlage links als Marginalien.
165 S. oben, Anm. 120.
166 Adorno erklärt den Terminus ›technologischer Schleier‹, den Horkheimer und er im Zusammenhang mit der Arbeit an der *Dialektik der Aufklärung* entwickeln, in seinem Vortrag *Erziehung nach Auschwitz* [1966]: *Die Menschen sind geneigt, die Technik für die Sache selbst, für Selbstzweck, für eine Kraft eigenen Wesens zu halten und darüber zu vergessen, daß sie der verlängerte Arm der Menschen ist. Die Mittel – und Technik ist ein Inbegriff von Mitteln zur Selbsterhaltung der Gattung Mensch – werden fetischisiert, weil die Zwecke – ein menschenwürdiges Leben – verdeckt und vom Bewußtsein der Menschen abgeschnitten sind.* (GS, Bd. 10·2, S. 686)

tischer Hierarchie anzeige, die sie jedoch gerade voraussetzte. Die Austauschbarkeit der Funktionen setze die hierarchische Organisation voraus, denunziere sie jedoch zugleich, wurde geschlossen.

Bürokratie als Schicksal?

Einleitend hatte Professor *Adorno* darauf hingewiesen, daß Max Weber heute keinesfalls aus scheinbar realsoziologischer Motivation ad acta gelegt werden dürfe. Entscheidende Fragen seien auch heute aus seinem Werk zu gewinnen, ja stellten sich erst durch die Beschäftigung mit ihm. So insbesondere die nach dem Verhältnis von Bürokratie und Demokratie, d. h. die, ob denn wirklich die Herrschaft der Bürokratie ausweglos genannt werden dürfe, ob also die Bürokratie Schicksal sei. Wenn etwas, so habe das Studium der Soziologie dies zu leisten: die entscheidenden Fragen, die sich der Gesellschaft stellten, zu reflektieren und nach Möglichkeit zu beantworten.

Überbau und Unterbau

Im einzelnen formulierte Professor *Adorno* die zu diskutierenden Fragen folgendermaßen:

Max *Weber* leitet die moderne Gesellschaft aus Herrschaftsverhältnissen, nicht aus ökonomischen Momenten ab. Die Organisationsformen würden so zum Schlüssel der Gesellschaft. Abgesehen davon, daß Max *Weber* wohl selbst diese Konzeption nicht konsequent durchhalte, stelle sich von hier aus seine Arbeit als Streit gegen die Priorität des Unterbaus und für die des Überbaus der gesellschaftlichen Entwicklung dar, als Gegenposition also zu Karl *Marx*. Zwar seien allerdings bei *Marx* die Organisationsformen von den ökonomischen Verhältnissen abhängig gewesen, doch habe er auch darauf hingewiesen, wie gesellschaftliche Organisationsformen sich zu verselbständigen imstande seien. Es müsse also von hier aus gefragt werden, wie weit das Verhältnis der Organisationsformen zum ökonomischen Bereich bei *Weber* der Dialektik von Produktivkräften und Produktionsverhältnissen bei *Marx* entspreche. Professor *Adorno* sprach die Vermutung aus, daß *Marx* dazu tendiert habe, die Produktivkräfte am Ende als das Stärkere zu sehen, was mit seinem teleologischen Geschichtsverständnis zusammenhänge,[167] während *Weber* tendenziell den Schlüsselcharakter

---

[167] In der *Vorlesung über Negative Dialektik* bemerkt Adorno, es gebe *bei Marx etwas, was mein verstorbener Jungendfreund Alfred Seidel einmal mit ›Metaphysik der Produktivkräfte‹ bezeichnet hat. Das heißt, daß den produktiven Kräften der Menschen und ihrer Verlängerung in der Technik ein schlechthin absolutes Potential zugeschrieben wird [...]. Und ohne daß dieses ungeheure metaphysische Pathos, dieses spekulative Pathos auf den Produktivkräften läge, von denen da erwartet wird, daß sie auf eine ja im Grunde nie mehr abgeleitete Weise, die aber etwas wie die metaphy-*

der Produktionsverhältnisse in der Gesellschaft betont habe. Darin komme möglicherweise, so vermutete Professor *Adorno*, nicht zuletzt die andersartige geschichtliche Phase zum Ausdruck, in der *Weber* Marx gegenüber gelebt habe: Die objektiven Formen der Gesellschaft seien nun unendlich verfestigt gewesen, das Vertrauen in den Vorrang der Produktivkräfte bei der gesellschaftlichen Entwicklung erschüttert.

In der Diskussion wies zunächst Frau Dr. *Pross*[168] auf eine Tendenz in der modernen Soziologie hin, in gewisser Weise den Produktivkräften wieder den Vorrang bei der Entwicklung der Gesellschaft zuzubilligen, so bei *Schelsky*, der die totale Herrschaft der Technik selbst visiert habe und so, obzwar mit pessimistischer Beurteilung, die Herrschaft der Bürokratie bei Max *Weber* weitergedacht und gleichzeitig in den Bereich der materiellen ökonomischen Basis der Gesellschaft zurückgeführt habe.[169] Zugleich wies sie darauf hin, daß die Frage nach der Priorität von Unterbau oder Überbau, wenn man sie als solche, unabhängig von den Theorien, betrachte, gar nicht als Alternativfrage sich stelle. Professor *Adorno* stimmte dem prinzipiell zu. Im strengen Sinn dialektisch seien die beiden Kategorien nur als vermittelte zu begreifen. Auch in früherer Zeit habe nicht immer davon gesprochen werden können, daß der Stand der Produktivkräfte entscheidend für gesellschaftliche Entwicklung gewesen sei. Das Beispiel Ägyptens, wo der Stand der naturwissenschaftlichen Erkenntnisse längst über die herrschenden Produktionsverhältnisse hinausgewiesen habe, die dennoch wegen des guten Funktionierens der Sklavenarbeit nicht sich veränderten, zeige dies.[170] Aber – und hier schränkte Professor *Adorno* seinen anfangs gegebenen Hinweis auf das dialektische Verhältnis von Produktivkräften und Produktionsverhältnissen, die sich verselbständigen könnten, bei *Marx* ein – obwohl *Marx* im Prinzip dialektisch gedacht habe, hätten die Produktivkräfte dennoch in gewisser Weise metaphysischen Charakter bei ihm erhalten. Er habe das unmittelbar von *Saint-Simon*

---

sische Substantialität dieser Produktivkräfte voraussetzt, in dem Konflikt von Produktivkräften und Produktionsverhältnissen siegreich sich behaupten werden, – ohne diese Konstruktion ist der gesamte Marxische Ansatz zunächst einmal überhaupt nicht zu verstehen. Ich möchte gerade mit dieser spekulativen Seite von Marx mich selbst keineswegs identifizieren. (NaS, Bd. IV·16, S. 142) – Vgl. Alfred Seidel, Bewußtsein als Verhängnis, hrsg. von Hans Prinzhorn, Bonn 1927, S. 209 f.
168 Helge Pross wird 1950 mit der Schrift »Zur Soziologie der Romantik und des vormarxistischen Sozialismus in Deutschland. Bettine von Arnims soziale Ideen« in Heidelberg promoviert.
169 Vgl. Helmut Schelsky, Der Mensch in der wissenschaftlichen Zivilisation, Köln und Opladen 1961 (Arbeitsgemeinschaft für Forschung des Landes Nordrhein-Westfalen · Geisteswissenschaften; 96). Schelsky kommt dort unter anderem zu dem Ergebnis: »Die moderne Technik bedarf keiner Legitimität; mit ihr ›herrscht‹ man, weil sie funktioniert und solange sie optimal funktioniert.« (Ebd., S. 469)
170 S. oben, Anm. 122.

übernommen,[171] und noch einmal wies Professor *Adorno* auf den Zusammenhang dieses Phänomens bei *Marx* mit dessen Geschichtsoptimismus hin, der ihn dazu gedrängt hätte, die Produktivkräfte am Ende doch recht behalten zu lassen.

Der technologische Schleier

Zu der von *Schelsky* vertretenen Auffassung, die Technik an sich tendiere dazu, beherrschende Macht zu werden und der daran angeschlossenen Vermutung von Frau Dr. *Pross*, darin zeige sich eine Rückkehr zum Betonen der Bedeutung der materiellen Basis, bemerkte Professor *Adorno*, das sei keineswegs sicher. Es könne durchaus vorgestellt werden, daß dieser Begriff von Technik, der diese zur entscheidend beherrschenden Macht erhebe, nur zum Schein Ausdruck der objektiven Verhältnisse, d. h. des Standes der Produktivkräfte, ist. Möglicherweise drücke dieser Begriff allein die Organisationsformen aus, die über der Technik liegen und sie begreifbar machen: »Wenn dies so wäre, dann käme doch wieder heraus, daß die Herrschaft, die ausgeübt wird, nur wieder die Herrschaft der sie Ausübenden ist.«

Ergänzend wurde hierzu bemerkt, das Unbehagen an der Technik habe wohl seine Ursache in der Differenz zwischen dem konstitutiven Prinzip der Gesellschaft und dem der Bedürfnisbefriedigung. Indem beide nicht identisch seien, ließen sie dieses Unbehagen entstehen.

Das Verhältnis zwischen Technik und den gesellschaftlichen Organisationsformen stelle die zentrale Frage dar, der man sich heute gegenübersehe, erklärte Professor *Adorno* schließlich. Es sei denkbar und real festzustellen, daß hinter der Behauptung irgendwelcher von der Technologie notwendigerweise an die Menschen gestellten Anforderungen Gesellschaftliches sich verberge. Dies habe er mit dem früher gebrauchten Wort vom »technologischen Schleier« gemeint. Der Begriff der Technik sei möglicherweise zum Deckbild gesellschaftlicher Organisationsverhältnisse geworden, die die Verhältnisse in Wahrheit beherrschen: »Die Welt wäre zu ihrer eigenen Ideologie geworden.«[172] Denn es werde möglich, den Produktivkräften etwas zuzurechnen, was allein Form der gesellschaftlichen Organisation sei. An der Einrichtung der Welt erscheine so etwas rational motiviert, das allein Ausdruck der Organisationsformen sei.

---

171 Vgl. zu dieser Interpretation Adornos NaS, Bd. IV·6, S. 31 f., sowie NaS, Bd. IV·15, S. 27 f.
172 Diesen Gedanken formuliert Adorno auch in der *Negativen Dialektik: Unfreiheit vollendet sich in ihrer unsichtbaren Totalität, die kein Draußen mehr toleriert, von dem aus sie zu erblicken und zu brechen wäre. Die Welt wie sie ist wird zur einzigen Ideologie und die Menschen deren Bestandteil.* (GS, Bd. 6, S. 271)

Technik und Bürokratie
Um diese Konzeption entwickelte sich eine weiterführende Diskussion, die von Frau Dr. *Pross* eröffnet wurde. Daß die Form der Technik ihr[173] von den Produktionsverhältnissen aufgedrängt worden sei, stelle wohl nur eine Seite des Problems dar. Es könne ebensogut sein, daß Technik tatsächlich zum entscheidend prägenden Faktor geworden sei, indem sie beispielsweise Bürokratie erzwinge. Wenn es so wäre, hätte sich in der Technik ein nichtökonomischer Faktor ergeben, der selber den Produktivkräften[174] zuzurechnen sei. Hier zeige sich zumindest das vermittelte Verhältnis der Bereiche in der heutigen Gesellschaft.

Professor *Adorno* entgegnete darauf fragend, ob nicht in solcher Anschauung doch Technik hypostasiert werde. Zwei Indices vor allem ließen ihm die notwendige Zusammengehörigkeit von Technik, Konzentration und Bürokratie zweifelhaft werden. Einmal habe *Löwe* behauptet, beim heutigen Stand der Technik wäre deren weitgehende Dezentralisierung möglich, wobei die Produktivität der Arbeit möglicherweise noch gesteigert werden könnte.[175] Damit entfiele die Behauptung von der notwendigen Bedingung der Bürokratie für die technische Entwicklung. Zum anderen habe *Lukács* schon vor langer Zeit hervorgehoben, daß durch die Herrschaft des Profitmotivs ganze Schichten des technischen Entwicklungsprozesses verkümmerten, zum Beispiel die, die sich auf die Arbeitsprozesse selbst beziehen. (Verbesserung der Arbeitsbedingungen durch Anwendung der Technik.)[176] Dies sei zwar möglicherweise durch die Automation der

---

173 Gemeint ist die Bürokratie.
174 Konjiziert für: »Produktivverhältnissen«.
175 Vgl. etwa Adolph Löwe, The Social Productivity of Technical Improvements, in: The Manchester School of Economic and Social Studies, 8. Jg., 1937, H. 2, S. 109–124.
176 »Die Bureaukratie bedeutet eine ähnliche Anpassung der Lebens- und Arbeitsweise und dementsprechend auch des Bewußtseins an die allgemeinen gesellschaftlich-ökonomischen Voraussetzungen der kapitalistischen Wirtschaft, wie wir dies für die Arbeiter im Einzelbetrieb festgestellt haben. [...] Es handelt sich dabei nicht nur um die völlig mechanisierte, ›geistlose‹ Arbeitsweise der unteren Bureaukratie, die der bloßen Maschinenbedienung außerordentlich nahe kommt, ja sie an Öde und Einförmigkeit oft übertrifft. Sondern einerseits um eine immer stärker *formell*-rationalistisch werdende Behandlung aller Fragen in objektiver Hinsicht, um eine sich immer steigernde Abtrennung vom qualitativ-materiellen Wesen der ›Dinge‹, auf die sich die bureaukratische Behandlung bezieht. Andererseits um eine noch monströsere Steigerung der einseitigen, das menschliche Wesen des Menschen vergewaltigenden Spezialisierung in der Arbeitsteilung. [...] Die Trennung der Arbeitskraft von der Persönlichkeit des Arbeiters, ihre Verwandlung in ein Ding, in einen Gegenstand, den er auf dem Markte verkauft, wiederholt sich auch hier. Nur mit dem Unterschied, daß nicht sämtliche geistigen Fähigkeiten durch die maschinelle Mechanisierung unterdrückt werden, sondern eine Fähigkeit (oder ein Komplex von Fähigkeiten) von der Gesamtpersönlichkeit losgelöst, ihr gegenüber objektiviert, zum Ding, zur Ware wird.«

Arbeitsprozesse teilweise überholt, dennoch weise es auf die Möglichkeit der Deformation der Technik durch gesellschaftliche Verhältnisse hin.

Perpetuierung der Produktionsverhältnisse

In einem Exkurs führte die Diskussion auf die Frage, ob nicht die These vom technologischen Schleier die Unterschiede der Wirtschaftsformen in Ost und West verdecke, anstatt sie deutlich zu machen. Dazu erklärte Professor *Adorno*, er sehe dieses Problem umgekehrt. Indem das Phänomen des technologischen Schleiers in beiden Wirtschaftssystemen zu beobachten sei, zeige sich gerade, wie weitgehend beide in entscheidenden Prozessen übereinstimmten: auch im Osten sei die Perpetuierung der Produktionsverhältnisse zu sehen, und zwar zum Beispiel an der Forderung nach Produktion um der Produktion willen.[177] Möglicherweise, so wurde dazu eingewandt, müsse die Irrationalität des Wirtschaftens im Osten als reaktiv angesehen werden. Zur Beantwortung einer solchen Frage erklärte Professor *Adorno* sich nicht kompetent; eingehende Analysen hätten dies zu untersuchen und dem nachzugehen. Wohl sei am Anfang der östlichen Wirtschaftssysteme diese Erscheinung nicht dagewesen, dann hätten sich jedoch auch dort sehr schnell die Produktionsverhältnisse verselbständigt.

Verlust gesellschaftlicher Dynamik?

Zur These der Priorität der Produktionsverhältnisse in der Theorie Max *Webers* zurückkehrend, wies Herr *Thomssen* noch einmal auf die Verschränkung der Sphären der Produktivkräfte[178] und der Produktionsverhältnisse heute hin. Bei *Marx*, wo diese Sphären sich gegenübergestanden hätten, habe sich schließlich gerade dadurch ergeben, daß die Verhältnisse über sich hinaustrieben, und zwar durch die zunehmende Verhärtung der Produktionsverhältnisse, wodurch zu-

---

(Georg Lukács, Geschichte und Klassenbewußtsein. Studien über marxistische Dialektik [1923], in: Georg Lukács, Werke, Bd. 2, Neuwied und Berlin 1968, S. 161–517; hier: S. 273f.)

177 Marx schreibt im »Kapital« [1867] über den Kapitalisten: »Als Fanatiker der Verwertung des Werts zwingt er rücksichtslos die Menschheit zur Produktion um der Produktion willen, daher zu einer Entwicklung der gesellschaftlichen Produktivkräfte und zur Schöpfung von materiellen Produktionsbedingungen, welche allein die reale Basis einer höheren Gesellschaftsform bilden können, deren Grundprinzip die volle und freie Entwicklung jedes Individuums ist.« (MEW, Bd. 23, S. 618) In der *Negativen Dialektik* heißt es mit Blick auf die offizielle Ideologie der Ostblockländer: *Die Dialektik von Praxis verlangte auch: Praxis, Produktion um der Produktion willen, universales Deckbild einer falschen, abzuschaffen. Das ist der materialistische Grund der Züge, die in negativer Dialektik gegen den offiziellen Lehrbegriff von Materialismus rebellieren.* (GS, Bd. 6, S. 382)

178 Konjiziert für: »Produktivverhältnisse«.

nehmende Härte des Klassengegensatzes sich ergeben hätte.[179] Dynamik der gesellschaftlichen Entwicklung sei also das Ergebnis gewesen. Heute aber, wenn die Sphären in dieser Form nicht länger sich gegenüberständen, sondern als verschränkt begriffen werden müßten, könne man doch wohl im Grunde zwischen Ideologie und Falschheit gar nicht mehr unterscheiden.

Professor *Adorno* entgegnete darauf, die Verschränkung der Sphären dürfe nicht in abstracto gesehen werden, auch die These vom technologischen Schleier nicht. Es könne aber wohl gezeigt werden, was als Fessel der Technik wirksam werde. Herr *Thomssen* meinte darauf, das könne man doch eigentlich nur unter der Voraussetzung, daß eben die beiden Sphären doch getrennt begriffen werden könnten. Dem widersprach Professor *Adorno*, indem er darauf hinwies, daß eben gewisse Indices zur Stützung der These vom technologischen Schleier sich zeigen ließen. Einmal die vorher von ihm angeführten, dann aber zum Beispiel auch die, daß ein ganz unproportionaler Prozentsatz des Sozialprodukts von der Bürokratie gefressen werde. Noch einmal wurde in einem Beitrag die Frage nach der Möglichkeit von Dynamik der gesellschaftlichen Entwicklung gestellt, wenn man an der Priorität der Produktivkräfte[180] nicht festhalte, und Herr *Thomssen* präzisierte seine Vermutung: Es könnte sein, führte er aus, daß gerade durch bürokratische zweckrationale Eingriffe der Gegensatz der Sphäre der Produktivkräfte[181] und der der Produktionsverhältnisse sozusagen ausgebügelt würde. Damit entstünde eine unendliche Reproduktion der Gesellschaft, weil weder Chaos, noch eine menschlichere Gesellschaft aus der Entwicklung hervorgingen. Stagnation, unendliche Betriebsamkeit ohne Dynamik, wäre die Folge.

Davon jedoch erklärte Professor *Adorno* sich nicht überzeugt. Die genaue Beantwortung verwies er in den Bereich der Konjunkturforschung. Doch dürfe man sich auch durch noch so lang anhaltende Perioden der Prosperität nicht dazu verleiten lassen, den Verlust von Dynamik überhaupt anzunehmen.

---

179 Vgl. etwa einen Passus aus der »Deutschen Ideologie« [1932]: »Von Tag zu Tag wird es somit klarer, daß die Produktionsverhältnisse, in denen sich die Bourgeoisie bewegt, nicht einen einheitlichen, einfachen Charakter haben, sondern einen zwieschlächtigen; daß in denselben Verhältnissen, in denen der Reichtum produziert wird, auch das Elend produziert wird; daß in denselben Verhältnissen, in denen die Entwicklung der Produktivkräfte vor sich geht, sich eine Repressionskraft entwickelt; daß diese Verhältnisse den *bürgerlichen Reichtum*, d.h. den Reichtum der Bourgeoisklasse, nur erzeugen unter fortgesetzter Vernichtung des Reichtums einzelner Glieder dieser Klasse und unter Schaffung eines stets wachsenden Proletariats.« (MEW, Bd. 4, S. 141)
180 Konjiziert für: »Produktivverhältnisse«.
181 Konjiziert für: »Produktivverhältnisse«.

Dialektik der Technik

Auch bei *Marx*, wurde eingewandt, seien die Sphären vermittelt gewesen, und zwar durch die Kategorie des Tauschs. Daraus gerade habe er das charakteristische Spannungsverhältnis abgeleitet. Heute jedoch sei wohl die vermittelnde Charakteristik des Tauschs schwierig zu zeigen, setzte sie doch eine spezifisch ökonomische Sphäre voraus.

Hieran schloß Professor *Adorno* die Bemerkung, es gelte für die Technik ähnliches, wie *Marx* über den Fetischcharakter der Ware gezeigt habe.[182] Jede Maschine bleibe doch immer ein Phänomen der menschlichen Arbeit. Wenn das aber so sei, könne die Technik sich nicht verselbständigen. Spiegele sie solches vor, sei das eben Ideologie. So zeige sich: die Technik ist verflochten in die Sphäre der Produktionsverhältnisse, aber auch von ihr unterschieden.

Als zentrale, aber nicht zu beantwortende Frage bezeichnete Professor *Adorno* die nach dem Konstitutum der Gesellschaft bei abnehmender Notwendigkeit zu arbeiten. Sollten es die Wenigen sein, die dann noch arbeiten, d.h. Mehrwert schaffen?, wurde gefragt. Einmal, antwortete Professor *Adorno*, werde weiter für Profit produziert. Zum zweiten sei die Tendenz der Notwendigkeit der Arbeit marginal. Trotzdem bestehe das Klassenverhältnis weiter. Aber wie sich angesichts der Entwicklung, daß es kaum noch möglich sei, die Klassen exakt zu fassen, die Kategorien der Klassentheorie durchhalten ließen, könne er nicht sagen. Irgendwie lebten wir alle immer mehr vom Mehrwert, würden tendenziell zu Unterstützungsempfängern.[183]

Frau Dr. *Pross* führte schließlich auf die Frage nach der Notwendigkeit, mit der Technik Bürokratie erzwinge, so also zum objektiven gesellschaftlichen Faktor werde, zurück. Eine Objektivität eigener Art, führte sie aus, entwickle zweifellos

---

[182] Vgl. den Abschnitt »Der Fetischcharakter der Ware und sein Geheimnis«, MEW, Bd. 23, S. 85–99.

[183] Diesen Gedanken legt Adorno auch in seinem Einleitungsvortrag zum 16. Deutschen Soziologentag in Frankfurt a. M., *Spätkapitalismus oder Industriegesellschaft?* [1968], dar: *Klassenbewußtsein, von dem der Marxischen Theorie zufolge der qualitative Sprung abhängen sollte, war ihm zufolge zugleich ein Epiphänomen. Wenn jedoch in den fürs Klassenverhältnis prototypischen Ländern, zumal Nordamerika, über lange Perioden hin überhaupt kein Klassenbewußtsein mehr aufkommt, wofern es überhaupt je dort lebendig war; wenn die Frage nach dem Proletariat zum Vexierbild wird, so schlägt Quantität in Qualität um, und der Verdacht von Begriffsmythologie ist allenfalls durchs Dekret zu unterdrücken, nicht für den Gedanken zu beseitigen. Die Entwicklung läßt sich schwer vom Kernstück der Marxischen Theorie, der Lehre vom Mehrwert, trennen. Dies sollte das Klassenverhältnis und das Anwachsen des Klassenantagonismus objektiv-ökonomisch erklären. Sinkt aber, durch den Umfang des technischen Fortschritts, tatsächlich durch Industrialisierung, der Anteil der lebendigen Arbeit, aus der seinem Begriff nach allein der Mehrwert fließt, tendenziell bis zu einem Grenzwert, so wird davon das Kernstück, die Mehrwerttheorie affiziert.* (GS, Bd. 8, S. 358f.)

auch die Produktionssphäre. Sie bezweifelte aber die vorher erwähnte These von *Löwe*, nach der Technik sehr weitgehend dezentralisiert werden könnte. Die konzentrierende Tendenz der Technik lasse sich nicht abschneiden, zumal bei der weltweiten Verflechtung der wirtschaftlichen Prozesse heute. Verwaltung und Bürokratie seien notwendige Folgen. Auf Professor *Adornos* Einwand, die Automation scheine ihm doch die weitgehende Dezentralisierung zu ermöglichen, erwiderte sie, dennoch bleibe die Notwendigkeit der Zusammenfassung der dezentralisierten Arbeitsprozesse zum Zweck des internationalen Austausches und damit die Notwendigkeit, mit der Technik Bürokratie erzwinge.

Von hier aus ergab sich die letzte These, daß nämlich die Technik eine spezifische Dialektik entwickle. Durch Entqualifizierung, erklärte Professor *Adorno*, ergebe sich die Austauschbarkeit der Arbeitsfunktionen. Wenn das stimme, ergebe sich daraus die Erschütterung der Logizität hierarchischer Bürokratie. Daß diese Entwicklung sich nicht vollzogen habe, bilde das entscheidende Argument für die Behauptung der Ideologie der Produktionsverhältnisse. Zwar wurde eingewandt, für die restlose Austauschbarkeit der Arbeitsfunktionen, z. B. der des Hilfsarbeiters und des Direktors, sei die Existenz der bürokratischen Hierarchie gerade Voraussetzung, doch zeigte Professor *Adorno* in seiner Entgegnung, daß eben von einem dialektischen Prozeß gesprochen werden müsse. Die Austauschbarkeit setze die Hierarchie voraus und denunziere sie gleichzeitig.

H. D. Jaenicke[184]

---

184 Unterschrift.

Personenverzeichnis

Adam, Heribert 489
Adenauer, Konrad 105, 114
Agop, Rolf 241
Ahlers, Conrad 494
Aischylos 57
Alth, Michaela von (s. Freyhold, Michaela von)
Althaus, Axel 488, 573, 591–594
Altwicker, Norbert 620
Anaximander 176
Antonius, Marcus 665
Apelles 394
Aristoteles 163, 310, 636, 664
Arnim, Bettine von 480, 691
Aron, Betty 79–81, 85, 91, 554
Augstein, Rudolf 494
Augustinus von Hippo 207, 419
Axmann, Max 101

Bach, Johann Sebastian 198, 206, 215, 218, 241, 247
Bachmann, Ingeborg 250
Bachofen, Johann Jakob 636
Backhaus, Hans-Georg 359, 361
Bacon, Francis 436–441, 449f.
Bahrdt, Hans Paul 478
Balser, Ewald 200
Balzac, Honoré de 314
Balzter, Edgar 445–450, 642–647
Barbarossa (s. Friedrich I.)
Barck, Klaus 405–409, 576–579
Bartels, Siegfried 24, 163–165
Bartók, Béla 217, 251
Barton, Allan H. 73f., 79
Baudelaire, Charles 593
Bauer, Bruno 385
Baumann, Rüdeger 317–323
Beaumarchais, Pierre-Augustin Caron de 207
Becker, Egon 492
Beckett, Samuel 224, 231, 408
Beethoven, Ludwig van 208–210, 218f., 223, 241, 247, 257–260

Behncke, Claus 548
Bekker, Paul 260
Benecke, Brigitte 20–23
Benjamin, Walter 123, 246
Benn, Gottfried 552
Berelson, Bernard 66
Berg, Alban 200, 241, 251f.
Bergson, Henri 268, 297f., 344–354, 356, 395, 680
Berkeley, George 20–22, 513
Berle, Adolf A. 482
Berlioz, Hector 249
Berndt-Schröter, (?) 531–534
Bernstein, Eduard 492
Besseler, Heinrich 234
Beyer, Ulrich 217–220, 540–543, 580–584
Billerbeck, Rudolf 251
Bismarck, Otto von 94f.
Blacher, Boris 241
Blasche, Siegfried 43, 50
Blaukopf, Kurt 245, 247–252
Bloch, Ernst 353, 686
Blumenstock, Konrad 183–189, 305–307
Bonaventura da Bagnoregio (eigentlich Giovanni di Fidanza) 305
Börne, Ludwig 185
Brahms, Johannes 208, 251, 258
Brandt, Gerhard 528f.
Braun, Otto 187
Brecht, Bertolt 179, 228
Brede, Werner 550–554, 630–632
Bretz, Manfred 623–629
Breuning, Stephan von 209
Brockmann, Jürgen 359
Bruckner, Anton 219, 241, 251
Burbach, Gisela 92, 118–121, 486
Burckhardt, Jacob 634

Cassirer, Ernst 141
Cebulla, Claus 159–163
Chempolil Koshy, Elizabeth 662–667
Cherubini, Luigi 210

Chopin, Fréderic 208
Claussen, Detlev 548
Clemenz, Manfred 480–485, 520–523, 623
Cocteau, Jean 107
Comte, Auguste 326, 329, 333, 340, 344, 361, 531f., 672f.
Coolidge, Calvin 93
Coughlin, Charles 100
Cramer, Fokko 206–208
Croce, Benedetto 679
Crossmann, Richard H. S. 363
Curtius, Ernst Robert 489

Dahmer, Helmut 544–549
Dahms, Hellmuth Günther 103
Dahrendorf, Ralf 313, 452–454, 524, 532–534, 540–543
Darwin, Charles 54, 278, 466, 468
Debussy, Claude 213, 219
Demokrit von Abdera 294
Denney, Reuel 482
Derrik, Leo 430–434
Descartes, René 20–22, 58, 160, 174, 189, 436, 449, 475, 510
Dewey, John 255, 390
Diels, Hermann 23
Dilthey, Wilhelm 368f.
Döll, Klaus 80–85, 213–216
Dolls, Margot 202–205
Don Carlos 200, 209
Dowling, Walter C. 93
Drake, Eberhard 221–224
Dubiel, Helmut 87
Dühring, Eugen 36, 312
Durkheim, Émile 331f., 334–340, 347–349, 351–354, 449, 471, 479, 487, 540, 551f., 626f., 631, 643
Durkheim, Moïse 352
Dvořák, Antonín 213, 241
Dyck, Anthonis van 208

Eberhard, Johann August 419
Eichmann, Adolf 101f., 106
Einstein, Albert 95, 120
Eisenhower, Dwight D. 93
Eisler, Hanns 76

Engel, Hans 233–239, 241–244
Engels, Friedrich 36, 49, 56, 59, 62, 312, 330, 342f., 453, 457f., 491, 533, 607, 657, 671, 695
Epiktet 143
Epikur 144

Felsenstein, Walter 209
Feuerbach, Ludwig 40, 62, 181f., 185, 303, 355, 437, 558f., 577, 582, 590, 593, 607
Fey, Gerti 650–661
Fichte, Johann Gottlieb 27f., 31, 48f., 53, 133, 147, 155, 163, 178, 180, 183f., 191f., 194, 196, 264, 269, 289, 307, 368–372, 374–378, 380–385, 398f., 413, 419f., 422f., 518, 574, 580, 598
Fielding, Henry 631
Fijalkowski, Jürgen 553f.
Fischer, Dietrich 459–464
Fischer, Helga 359–366
Fischer, Karl Anton 239
Fleck, Christian 563
Forkel, Johann Nikolaus 247
Fourier, Charles 342
France, Anatole 686
Frank, Karl Hermann 407
Franke, Helmut 112
Frans Hals 249
Franz von Sickingen 264
Frazier, E. Franklin 75
Frenkel-Brunswik, Else 79–81, 83, 85, 91, 554
Freud, Anna 657
Freud, Sigmund 66, 75, 80, 82, 87, 94, 96, 205, 230, 348, 356, 471, 486–488, 536f., 547, 553, 641, 646, 676
Frey, Gerhard 97f.
Freyer, Hans 478, 554
Freyhold, Klaus von 340
Freyhold, Michaela von 80f., 85, 313, 520, 527, 531f., 668
Friedeburg, Ludwig von 64, 79, 83f., 243
Friedrich I. (Kaiser des römisch-deutschen Reichs) 104
Friedrich, Hannes 436
Frisch, Max 407
Fromm, Erich 75f., 670

Füg, Heinz 392–397, 585–590
Funke, Rainer 310–315
Furtwängler, Wilhelm 226

Gäbe, Lüdger 405, 547
Gainsborough, Thomas 208
Galbraith, John Kenneth 321–325, 481–483
Gall, Franz Joseph 147
Gassmann, Florian Leopold 236
Gehlen, Arnold 534, 551
Geiger, Theodor 440
Gershwin, George 241
Giegel, Hans-Joachim 571–575
Giegel, Volker 591, 597
Glaß, Christian 324–328, 494–496
Glasebock, Willy 99
Glazer, Nathan 482
Glockner, Hermann 131, 133, 135, 137f., 167, 401f., 404, 614
Gock, Johanna Christiana 24f.
Goebbels, Joseph 100, 106, 121, 640
Goethe, Johann Wolfgang 44f., 161, 191, 257, 303, 383, 419
Goode, William J. 553
Göring, Hermann 97, 107
Grenfell, Russell 102
Grossmann, Henryk 555
Günteroth, Walter 633
Günther, Albrecht Erich 112
Gurvitch, Georges 254
Guterman, Norbert 87
Gutfleisch, Wolfgang 380–384
Guttman, Louis 79

Haag, Karl Heinz 139, 163
Habermas, Jürgen 534
Hacker, Volker 674–676
Haenisch, (?) 465
Hamann, Johann Georg 418
Händel, Georg Friedrich 219, 241f.
Hänel, Gisela 86
Harding, Warren G. 93
Häring, Dieter 552, 554
Hartmann, Karl Amadeus 241
Haydn, Joseph 207, 213, 236, 241
Hebel, Johann Peter 306f., 582

Hegel, Georg Wilhelm Friedrich 28, 32–47, 49–51, 53, 55, 58, 62, 123–144, 146–148, 150f., 153–158, 160–175, 177–196, 201, 230, 233, 246, 255f., 258, 262–281, 283, 285–293, 295–299, 301–307, 312, 314, 318f., 347, 359–362, 364–366, 368–371, 373–375, 378–434, 456, 462, 489, 494, 506f., 511, 516, 528, 540, 552, 557, 563f., 567–589, 591–605, 607–611, 613–615, 617, 619–621, 627, 633, 656, 673, 678f.
Heidegger, Martin 382, 386, 415, 419f., 424, 580, 593
Heifetz, Jascha 226
Heine, Heinrich 185
Heinz, Friedrich Wilhelm 112
Heisenberg, Werner 140
Helvétius, Claude-Adrien 441f., 444–448, 489
Henze, Hans Werner 250, 252
Heraklit von Ephesos 176
Herborth, Friedhelm 600–603
Herder, Johann Gottfried 419
Herding, Richard 436–444, 544
Herkommer, Sebastian 671f.
Herodot von Halikarnassos 489
Hertz Levinson, Maria 79–81, 85, 91, 554
Herzer, Ludwig 203
Herzog, Herta 81, 83f., 121
Heuer, Bernhard 417–423
Heydrich, Reinhard 407
Hielscher, Friedrich 112
Hietala, Marjatta 112
Hindemith, Paul 241
Hippel, Theodor Gottlieb von, der Ältere 419
Hitler, Adolf 70, 93–95, 97, 100f., 110–112, 481, 639f., 642, 649, 672f., 682
Hobbes, Thomas 441, 473f., 479, 533
Hobson, Wilder 74
Hochhuth, Rolf 643
Hoffmeister, Johannes 164, 171, 187, 434, 614
Hofmannsthal, Hugo von 247
Holbach, Paul Thiry d' 441–448, 450
Hölderlin, Friedrich 24f., 369, 420, 439f., 606

Holler, Wolfgang 633–638
Homer 193 f., 394
Honegger, Arthur 241
Honigsheim, Paul 254
Hoover, Herbert 93
Horkheimer, Max 30, 36 f., 43, 45, 49, 56, 100 f., 153, 166, 172–175, 193 f., 256, 277, 301, 412, 437, 460, 500, 521, 532 f., 535, 538, 544 f., 549–551, 560–564, 633, 636, 673, 675, 687–689
Horn, Klaus 64 f., 96, 198–201, 315
Horowitz, Vladimir 226
Huch, Kurt Jürgen 38–42, 125, 134
Hull, Cordell 92
Humboldt, Wilhelm von 160
Hume, David 22, 39, 152, 607
Husserl, Edmund 128, 431, 475, 580, 627
Huxley, Aldous 536, 547, 687

Ibsen, Henrik 192

Jacobi, Friedrich Heinrich 368, 418–420, 598
Jaenicke, Heinz Dieter 689–697
Jaerisch, Ursula 470, 673 f., 678
Jahnke, Jens 639–641, 648 f.
Jakob, J. 225–227
Jaspers, Karl 687
Jericho, (?) 50–52
Jerusalem, Johann Friedrich Wilhelm 419
Jost, Heinrich 272–276, 414–416, 555
Jung, Helga 176–182
Jünger, Ernst 112
Jünger, Friedrich Georg 112
Junghölter, Gisela 337–343
Jüres, Ernst August 478

Kafka, Franz 343
Kant, Immanuel 22, 24–32, 35 f., 38–42, 47 f., 53, 125, 127, 129, 132 f., 135–137, 139–142, 145–147, 151–153, 155 f., 158, 160, 163, 173 f., 177 f., 183 f., 190, 192 f., 196, 257 f., 262 f., 267, 270–272, 274–276, 278, 281–292, 297–299, 301 f., 305–307, 312, 334 f., 365, 368–382, 384, 387, 390, 395, 398, 404, 410–412, 417–420, 427, 430, 432–434, 436, 439, 446, 500–518, 544–546, 563, 567–571, 574, 581, 583 f., 587, 589, 595 f., 598 f., 603, 605, 607, 609, 620 f., 626, 678
Keitel, Wilhelm 407
Kennedy, John F. 92 f., 105, 109–113
Kesselring, Albert 107
Kesting, Hanno 478
Keynes, John Maynard 686
Kierkegaard, Søren 51, 144, 181, 185, 385, 419, 593
Kirchheimer, Otto 663
Kleist, Heinrich von 24, 190, 250
Kleopatra 665
Kloss, Elisabeth 560–565
Knox, Frank 93
Kojève, Alexander 580, 582, 585, 592–594, 596, 600–602, 604
Kolisch, Rudolf 251 f.
König, René 544 f., 552–555, 626
Kopernikus, Nikolaus 137
Körber, Klaus 456–458
Kordatzki, Gundula 677–688
Kracauer, Siegfried 68, 70 f.
Kraus, Karl 79, 94
Kretschmer, (?) 132–138
Kriesel, Werner 73, 337 f., 488, 532
Kröner, Alfred 82, 479
Kroner, Richard 125, 129, 132 f., 156–158, 183
Krovoza, Alfred 639, 642
Krüger, Hans 679
Kulenkampff, Arend 139–144, 293–300, 596

Lass, Werner 112
Lassalle, Ferdinand 54
Lasson, Georg 44, 49, 151, 171, 188, 279, 304, 570
Laternser, Hans 106
Lautemann, Willi 56–62, 145–151, 277–283, 369
Lazarsfeld, Paul F. 73 f., 79
Leeb, Wilhelm von 107
Lehár, Franz 203
Lehnhardt, Christian 648

Leibniz, Gottfried Wilhelm 48, 265, 302f., 516
Leinhos, Jürgen 325
Leithäuser, Thomas 152f., 301–304, 456, 459f., 462
Lenin, Wladimir Iljitsch 176, 491, 645f.
Léon, Victor 203
Lepper, Gisbert 424–429
Lequis, Arnold 98
Lessing, Gotthold Ephraim 419
Levinson, Daniel J. 79–81, 85, 91, 554
Lévy-Bruhl, Lucien 643
Lewis, Sinclair 74, 79
Liebel, Manfred 451
Liebrucks, Bruno 191
Lindgren, Uta 668–673
Lindquist, Elken 209–212, 329–336, 495–498
Lindquist, Nils 73–79, 535
List, Wilhelm 107
Llull, Ramon 438
Locke, John 21f., 355, 513–515
Lockwood, David 533
Loesch, Hans von 89–91
Löhner-Beda, Fritz 203
Löns, Hermann 103
Lorenz, Erika 68
Lorenz, Margarete 100–109
Lortzing, Albert 243
Lotze, Hermann 631
Löwe, Adolph 693, 697
Löwenthal, Leo 87
Löwith, Karl 179, 181, 634
Lübbe, Hermann 185
Lüdde, Heinz 154–158, 619–621
Ludendorff, Erich 95f.
Lukács, Georg 345, 564, 605–612, 617, 693f.
Lukian von Samosata 57
Lüter, Irmgard 470–479
Luther, Martin 477

Mach, Ernst 89, 483, 528, 649
Machiavelli, Niccolò 441, 487
Magnus, Evelies (s. Mayer, Evelies)
Mahler, Gustav 219, 258
Maimon, Salomon 183f.

Malinowski, Bronislaw 233f.
Mannheim, Karl 446f., 560, 596, 632, 653
Marcuse, Herbert 230, 561, 597f.
Marshall, George C. 92
Marx, Karl 37, 51, 53–62, 176, 192, 201, 265, 270, 276, 312–314, 317, 320, 324f., 330–334, 342, 348, 353–355, 359–362, 364–366, 400, 437, 443, 450–453, 456–459, 461–463, 466–468, 476, 480, 487–489, 491f., 494f., 525f., 530f., 533, 536, 539, 548, 554–559, 563–565, 577f., 580, 588–590, 592, 599, 602, 605–607, 610–612, 634, 645, 655, 657, 665, 671f., 676, 682–684, 690–692, 694–696
Massing, Otwin 76, 316
Matthes, Werner 233–244
Maydell, Jost von 555–559, 677, 681f., 684f., 687f.
Mayer, Evelies 110–121, 356
Mayo, Elton 681
Meiner, Felix 42, 53, 135, 143, 151, 153, 184, 192, 279, 282, 381, 409
Mendelssohn, Moses 206, 418
Mensching, Günther 513–518, 613–618
Menzel, Gertraude 30–34
Merton, Robert K. 77, 455, 538f.
Meyersohn, Rolf 64, 67, 94
Michel, Karl Markus 262
Michels, Robert 476, 678
Mills, C. Wright 77, 362, 483f.
Mitchell, Brigitta 453
Mitscherlich, Alexander 537
Mohr, Grudrun 368–371
Moldenhauer, Eva 262
Möller-Witten, Hanns 98
Mommsen, Wolfgang J. 646
Monteux, Pierre 226
Morgenthau, Henry 93
Morrow, William 79–81, 85, 91, 554
Mosca, Gaetano 77f.
Motika, Barbara 491–494
Mozart, Wolfgang Amadeus 206f., 213, 218, 239, 241, 258, 636
Müller-Liebsch, Inge 398–404
Münch, Ernst 264
Mussolini, Benito 100, 645

Nägeli, Hans Georg 236 f.
Napoleon I. (Napoléon Bonaparte) 359
Negt, Ingeborg 441
Negt, Oskar 673
Neubeck, Klaus 344–352
Neuendorff, Hartmut 356
Neumann, Franz 481
Newton, Isaac 310 f.
Nicolai, Friedrich 418
Niekisch, Ernst 112
Nietzsche, Friedrich 168, 172, 179, 181, 219 f., 345, 385, 424, 660, 680
Nitz, Irmela 86–88, 254–256, 344, 353
Nivelle, Robert 116

Oberländer, Theodor 107 f.
Ogburn, William Fielding 536
Opolony, Maximilian L. 101 f., 106
Orff, Carl 199
Ortega y Gasset, José 642 f., 687
Orwell, George 547

Padilla Sánchez, José 218
Pareto, Vilfredo 317 f., 350, 440, 476, 486 f., 522, 645
Parmenides von Elea 23
Parsons, Talcott 453–455, 478, 520–531, 533, 535 f., 559, 561, 643
Pesel, Helga 595–599
Pesel, Sigrid 66 f.
Petri, Horst 257–260
Phaidon von Elis 294
Philipp II. (Spanischer Monarch) 200
Picasso, Pablo 219, 232
Plaas, Hartmut 112
Platon 66, 294 f., 299, 301, 303, 357, 360, 363, 439, 614
Ponte, Lorenzo da 207
Popitz, Heinrich 478
Popper, Karl Raimund 356–364, 534
Preus, Otmar 486–490
Pross, Helge 480 f., 483–485, 494, 691–693, 696
Proust, Marcel 282, 347
Puder, Martin 506–512

Raffael da Urbino 394

Raible, U. 535–539
Rajewsky, Xenia 662, 668
Rang, Bernhard 500–505
Ravel, Maurice 213
Reck, Siegfried 284–289, 528
Reichert, Klaus 249
Reichpietsch, Max 96
Reimer, Georg Andreas 418
Reinhold, Karl Leonhard 412 f., 432
Reiße, Rosemarie 538
Rembrandt van Rijn 249
Ricardo, David 320, 549, 556
Richard von Greiffenklau zu Vollrads 264
Rickert, Heinrich 329, 529, 625
Riem, Andreas 183
Riesman, David 482
Righter, Caroll 86
Robespierre, Maximilien de 385
Rödel, Ulrich 376–379, 650
Rolshausen, Klaus 451–455
Roosevelt, Franklin D. 92 f., 95
Roosevelt, Theodore 658
Rostow, Walt Whitman 310–320, 322, 324 f.
Roth, Friedrich 418
Röttges, (?) 32
Royce, Josiah 390
Rubini, Nicolò 210
Rusche, George 663
Russell, Bertrand 563
Rüstow, Alexander 95

Saint-Simon, Claude-Henri de Rouvroy de 312, 350, 450–453, 468, 531, 691
Salomon, Ernst von 112
Sanford, R. Nevitt 79–81, 85, 91, 554
Sargeant, Winthrop 74
Sartre, Jean-Paul 355
Schachtschabel, Hans-Georg 669
Schad, Susanna 95
Schäfer, Herbert 81, 83, 269
Schafmeister, Peter 262–268
Schanze, Helmut 166–171
Schauwecker, Franz 112
Scheler, Max 23, 353 f., 440
Schelling, Friedrich Wilhelm Joseph 28, 45–47, 126 f., 131, 166, 174, 186 f.,

368f., 375f., 380f., 383, 396, 399, 411, 413, 415, 419, 422f., 611
Schelsky, Helmut 478, 544–547, 549–552, 691f.
Schikaneder, Emanuel 636
Schiller, Friedrich 150, 164, 200, 209, 384, 419
Schlegel, Friedrich 369, 383
Schlichting, Manfred 290–292, 567–570
Schmidt, Alfred 50, 525, 531f., 534, 555, 557f.
Schmidt, Regina 89, 97, 228–232, 532, 670f.
Schmitt, Carl 473f., 479–481, 651
Schmückle, Gerd 108
Schnädelbach, Herbert 160
Schneider, Hanns-Helge 604–608
Scholem, Gershom 563f.
Schönbach, Peter 67, 96, 527
Schönberg, Arnold 218f., 241, 248, 250f.
Schopenhauer, Arthur 36, 184, 188, 516
Schubert, Franz 219, 241
Schumann, Robert 241
Schumpeter, Joseph 494–497
Schwarz, Michael 249
Sebottendorf, Rudolf von 101
Sedlmayr, Hans 245f.
Seidel, Alfred 312, 690f.
Seifert, Monika 354
Sewig, Niels 269–271
Shakespeare, William 394, 665
Shapiro, Jeremy J. 609–612
Siebert, Renate 334
Silbermann, Alphons 254–256
Simmel, Georg 78, 254, 365, 546, 624, 677f.
Smith, Adam 318, 320, 549, 556
Sokrates 363
Sombart, Werner 311, 527, 645, 664, 668
Sonnleithner, Joseph 209
Sophokles 247, 394
Sörgel, Werner 98
Spalding, Johann Joachim 418
Spencer, Herbert 313, 325–327, 329, 333, 335, 337, 340, 357, 529
Spengler, Oswald 664, 668

Spinoza, Baruch de 179, 271, 293, 422, 430f., 438, 516, 582, 608
Spitta, Philipp 215
Spontini, Gaspare 210
Sprecher, Thomas 89, 407, 438
Stalin, Josef Wissarionowitsch 678
Stammberger, Wolfgang 494
Stark, Harold R. 92
Stein, Leo 203
Stein, Lorenz von 317
Steinbart, Gotthelf Samuel 419
Steuermann, Eduard 250f.
Stimson, Henry L. 93
Stockhausen, Karlheinz 215, 229, 249, 251f.
Strauß, Franz Josef 494
Strauss, Richard 241, 247, 249
Strawinsky, Igor 203, 217, 231f.
Strick, Hans-Georg 105
Striker, Fran 82
Sturm, Kaspar 264
Suárez, Francisco 305

Taylor, Frederick Winslow 681
Teller, Wilhelm Abraham 418
Tertullian (Quintus Septimius Florens Tertullianus) 419
Teschner, Manfred 84, 452, 454–456, 478, 485, 488, 520, 524f., 528f., 531–534, 559, 564, 631f.
Thomae, Jutta 35–37
Thomas von Aquin 306
Thomssen, Wilke 632, 671f., 694f.
Tiedemann, Rolf 5, 683
Tiewes, Gerhard 664
Tillack, Hilmar 92–99, 154, 245–253
Tirpitz, Alfred von 96
Tolstoi, Lew Nikolajewitsch 180
Tönnies, Ferdinand 340–343
Toscanini, Arturo 222f., 225f.
Toynbee, Arnold J. 254, 355
Treitschke, Georg Friedrich 209
Treitschke, Heinrich von 443
Trendle, George W. 82
Troost, (?) 560
Trost, Hella 172–175, 410–413, 560
Trotzki, Leo 678

Truman, Harry S.   93
Tschaikowsky, Pjotr Iljitsch   241
Turner, William   249

Urbach, Dietrich   309–316

Valéry, Paul   82f., 347, 389
Veblen, Kari   465
Veblen, Thomas Anderson   465
Veblen, Thorstein   465–469, 523, 536
Velázquez, Diego   249
Vergil (Publius Vergilius Maro)   394
Vico, Giambattista   349
Voelkel, Klaus   465–469
Voltaire (eigentlich François-Marie Arouet)   265

Waeger, Fritz   686
Wagner, Richard   205f., 219f., 222, 231, 241, 243, 246–249
Wallenstein, Alfred von   226
Weber, Alfred   254, 447, 560
Weber, Carl Maria von   241
Weber, Max   198, 311, 330, 381, 470–479, 488, 522f., 535, 539, 552, 623–628, 630–637, 639f., 642–646, 648, 650–669, 673–691, 694
Webern, Anton   251

Wegeleben, Gunter   53–55, 190–196, 385–391, 524–530
Weick, Edgar   353–358
Weill, Kurt   76, 228
Weiß, Hilde   75
Weizsäcker, Carl Friedrich von   140f.
Wellek, Albert   248
Wellhausen, Julius   652
Wesener, Udo   531
Whyte, William Foote   78
Wieland, Christoph Martin   419
Wilde, Oscar   247
Wilson, Woodrow   93, 113, 115
Winckelmann, Johannes   662
Wittgenstein, Ludwig   296
Wolf, Hartmut   24–29, 123–131
Wolf, Hugo   243
Wolff, Christian   370
Wolff, Imme   68–72
Wysocki, Gisela von   372–375

Zapf, Wolfgang   81
Zehm, Günther   43–49
Zelter, Carl Friedrich   237
Zenge, Wilhelmine von   24, 190
Ziesel, Kurt   107
Zoll, Ralf   321, 488
Zöllner, Johann Friedrich   418
Zuckmayer, Carl   224

www.ingramcontent.com/pod-product-compliance
Lightning Source LLC
Chambersburg PA
CBHW022131300426
44115CB00006B/143